麗水年鑑

LISHUI YEARBOOK

2021

中共丽水市委、丽水市人民政府 主办

丽水市地方志编纂委员会 编

方志出版社
Publishing House of Local Records

图书在版编目（CIP）数据

丽水年鉴. 2021 / 丽水市地方志编纂委员会编. --北京：方志出版社，2021.12
ISBN 978-7-5144-5047-7

Ⅰ. ①丽… Ⅱ. ①丽… Ⅲ. ①丽水—2021—年鉴
Ⅳ. ①Z525.53

中国版本图书馆 CIP 数据核字（2021）第 265529 号

丽水年鉴（2021）

编　　者：丽水市地方志编纂委员会
责任编辑：刘方圆

出 版 者：方志出版社
　　地址　北京市朝阳区潘家园东里 9 号（国家方志馆 4 层）
　　邮编　100021
　　网址　http://www.zgfzcb.cn
发　　行：方志出版社图书经销中心
　　电话（010）67110500
经　　销：各地新华书店
印　　刷：丽水市旺盛印刷有限公司

开　　本：889 × 1194　　1/16
印　　张：32
字　　数：1023 千字
版　　次：2021 年 12 月第 1 版　　2021 年 12 月第 1 次印刷
印　　数：0001~1500 册

ISBN 978-7-5144-5047-7　　定价：200.00 元

LISHUI YEARBOOK

LISHUI YEARBOOK

编辑说明

一、《丽水年鉴》是由中共丽水市委、丽水市人民政府主办，丽水市地方志编纂委员会负责编纂的综合性地方年鉴。1996年首卷面世，此后每年编纂出版一卷，《丽水年鉴(2021)》是第26卷。

二、本卷年鉴以马克思列宁主义、毛泽东思想、邓小平理论、“三个代表”重要思想、科学发展观、习近平新时代中国特色社会主义思想为指导，坚持辩证唯物主义和历史唯物主义的立场、观点和方法，围绕丽水市经济社会发展大局，全面、真实、系统地记述2020年丽水市政治、经济、文化、社会、生态和党建等方面基本情况及重大活动、重要成果，为社会各界读者了解和研究丽水提供信息资料。

三、本卷年鉴分类编辑，框架结构由卷首、百科、卷尾三个部分组成。除特载、专辑、文件选编采用综合性文体外，其他类目均采用条目体。百科部分设类目、分目、条目三个层次。

四、本卷年鉴依次设：专辑、大事记、丽水概览、中国共产党丽水市委员会、丽水市人民代表大会、丽水市人民政府、政协丽水市委员会、中共丽水市纪律检查委员会 丽水市监察委员会、民主党派 工商联、工会 共青团 妇联、人力资源和社会保障、外事侨务 台务、法治、军事、农村建设、林业、工业化信息化建设、经济合作交流、丽水生态产业集聚区(经济技术开发区)、交通、网络 电信 邮政、城建 城管 环保、文化 广电旅游 体育、财政 税务、金融、国内贸易、对外经济贸易、经济管理、教育、科学技术、报刊 广播 电视、卫生 红十字会、社会生活、县(市、区)、人物 名录、文选、附录、索引。

五、本卷年鉴记述时限从2020年1月1日至12月31日，跨年的事物延长至截止日期。文中的“景宁县”指“景宁畲族自治县”。

六、本卷年鉴收入市和县(市、区)机构及负责人名录均系担任实职的副县(处)级(不含高配和内设机构)以上领导干部；收入逝世人物均系担任实职的副市(地)级以上领导干部和原行政十四级以上享受副地(厅)级待遇的离休干部。

七、本卷年鉴由市直单位、县(市、区)和驻丽水国家、省企事业单位提供初稿，经年鉴编辑部编辑后返回原单位复审确认。图片由各撰稿单位提供。主要数据以《丽水统计年鉴(2021)》公布的数据为准。

丽水中心城区图

浙江省测绘科学技术研究院 编制 地图审核号：浙丽S（2020）4号 2020年

丽水市行政区划图

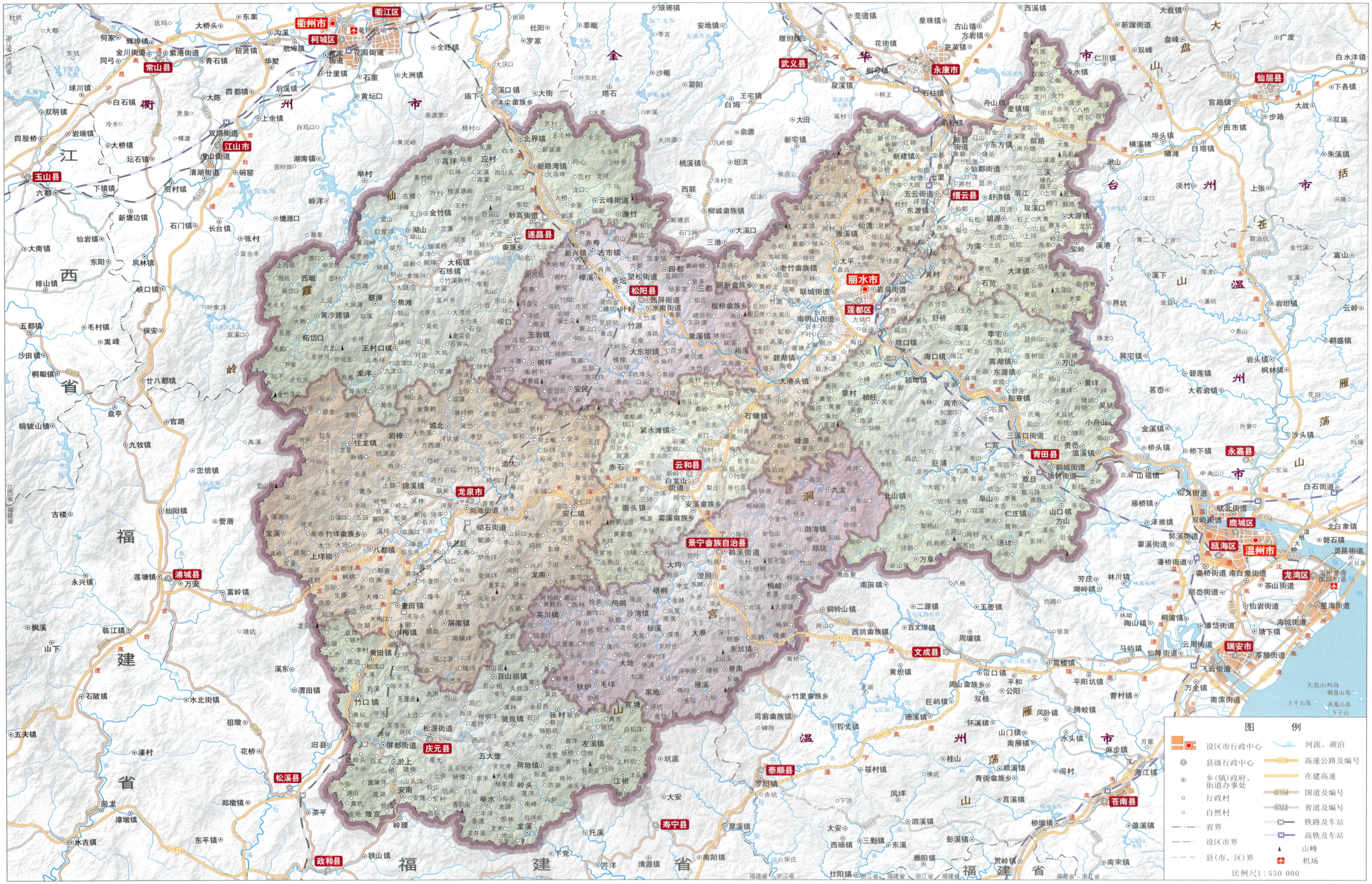

丽水市自然资源和规划局 浙江省测绘科学技术研究院 编制 地图审核号：浙丽S（2020）2号 2020年

2020年10月21日至22日，省委书记袁家军（右四）到丽水调研“十四五”规划编制工作

（市委办 提供）

2020年11月16日至17日，省长郑栅洁（右二）到丽水调研 （市委办 提供）

2020年2月4日，市委书记胡海峰（左二）暗访督查疫情防控工作　　（市委办 提供）

2020年2月27日，市长吴晓东（左三）围绕企业疫情防控和复工复产开展“三服务”活动
（市委办 提供）

2020年12月24日，中共丽水市委四届九次全体（扩大）会议召开　　（市委办 提供）

2020年6月19日，浙西南革命精神论坛在丽水举办　　（市委宣传部 提供）

2020年7月13日，四届市委第八轮巡察工作动员部署会暨巡察整改推进会召开（徐楚楚 提供）

2020年10月27日，市委书记胡海峰（二排左四）与参加抗美援朝出国作战的老战士代表合影
（戴昕律 提供）

2020年4月，丽水援鄂医疗队平安凯旋欢迎仪式在丽水举行　　（施思羽 提供）

2020年12月11日，丽水瓯江山水诗路启动启航仪式在龙泉举行　　（杨震山 提供）

2020年5月12日，丽水好溪江滨水东区块建设 （夏天戈 提供）

2020年3月2日，方正电机智能流水线车间 （浙江方正电机股份有限公司 提供）

2020年9月9日，浙江省国家公园体制试点评估验收座谈会暨钱江源—百山祖国家公园百山祖园区创建工作汇报会在丽水召开 （戴昕律 提供）

2020年1月8日，全国乡村春晚集中展示活动启动仪式在莲都区古堰画乡举行 （施思羽 提供）

2020年2月28日至29日，首届世界健康产业院士论坛暨全国百家药企招商推介会在丽水举办

（杜　成 提供）

2020年11月5日，丽水市第十三届乡村文化艺术节全市村歌大赛举办　（厉剑弘 提供）

2020年11月10日，全国皮划艇静水锦标赛暨第十四届全国运动会皮划艇静水资格赛开幕式在丽水举行　　（施思羽　提供）

2020年9月19日，浙江省首届生态运动会·生态跑在丽水举办　　（肖冬丽　提供）

2020年12月28日，衢丽铁路项目开工仪式举行　　（柳含烟　提供）

2020年11月14日至16日，第三届华侨进口商品博览会暨青田进口葡萄酒交易会、首届国际咖啡博览会在青田举办　　（毛　微　提供）

目　录

丽水市人民代表大会

丽水市人民政府

政协丽水市委员会

中共丽水市纪律检查委员会 丽水市监察委员会

民主党派　工商联

工会　共青团　妇联

人力资源和社会保障

外事　侨务　台务

法　治

军　事

农村建设

林　　业

工业化信息化建设

经济合作交流

丽水生态产业集聚区（经济技术开发区）

交　通

网络　电信　邮政

城建　城管　环保

文化　广电　旅游　体育

财政 税务

金 融

国内贸易

对外经济贸易

经济管理

教　育

科学技术

报刊 广播 电视

卫生 红十字会

社会生活

县(市、区)

人物　名录

文　选

附　录

索　引

Table of Contents

Lishui Municipal People's Government

Lishui Municipal Committee of the CPPCC

Lishui Municipal Committee for Discipline Inspection of the CPC and Lishui Municipal Supervisory Committee

Democratic Parties & Association of Industry and Commerce

Health & Red Cross

Social Life

County (City, District)

Personage List

Anthology

Appendix

Index

专　　辑

百山祖国家公园创建

2005年8月11日，时任省委书记习近平考察凤阳山—百山祖国家级自然保护区时，提出“国家公园就是尊重自然”，称赞“凤阳山真是一幅山水大画卷。中国的山水画讲究高远、深远、平远，在这里都看到了”。2020年4月，习近平总书记在浙江考察时殷切希望浙江“要努力成为新时代全面展示中国特色社会主义制度优越性的重要窗口”。丽水自2018年启动国家公园创建工作以来，深入贯彻习近平总书记关于“国家公园就是尊重自然”重要论述，按照《建立国家公园体制总体方案》和浙江省委省政府“培育新引擎，建设大花园”的重大部署，将其作为深入贯彻落实习近平生态文明思想的创新实践和重大载体来抓，努力将国家公园建设成为展示浙江生态文明建设的重要窗口。

一、深入践行“国家公园就是尊重自然”理念，积极承担创建任务

丽水是“绿水青山就是金山银山”理念的重要萌发地和先行实践地，也是“国家公园就是尊重自然”理念的诞生地。近年来，丽水坚决贯彻上级的决策部署，忠实践行“八八战略”、奋力打造“重要窗口”，在中央相关部委和浙江省委、省政府的重视关心和直接指导下，举全市之力、聚全民之智、下非常之功，谋划和推动国家公园创建工作。

一是率先开展试验，夯实创建基础。在国家公园创建过程中，丽水始终厉行“丽水之干”，不等不靠、以干得助。2018年以来，丽水市委、市政府主要领导先后4次到中央全面深化改革领导小组办公室、国家林业和草原局，争取各方支持。2019年1月，

百山祖国家公园　　　　（刘康弟　提供）

国家林业和草原局把丽水确定为全国唯一的国家公园设立标准试验区，率先开展设立标准的试验检验。国家林业和草原局调查规划设计院牵头组建多学科的专家团队，从生态系统、生物物种、地质、水文、气象、文化遗产等多视角对国家公园符合性进行研究，提炼出8项具有国家代表性、完整性、原真性、典型性优势，形成《百山祖国家公园科学考察及符合性评估报告》《百山祖国家公园设立方案》《设立百山祖国家公园社会影响评估报告》3项研究成果，为完善《国家公园设立标准》提供试验成果、作出丽水贡献。

二是加强谋划研究，明确创建思路。丽水研究谋划以国家公园设立标准试验区为依托，把试验工作与创建工作有机结合，得到国家林业和草原局、浙江省委、省政府的认可。国家林业和草原局根据浙江省委、省政府的意见，结合实际，创新谋划，创造性提出“一园两区”思路，把钱江源与百山祖等区域整合为“钱江源—百山祖国家公园”，同时予以同步创建验收，解决浙江省国家公园建设遇到的面积和代表性不足问题，使国家公园生态系统、生物物种更具国家代表性，也为丽水带来与体制试点同步创建国家公园的历史机遇。浙江省按照“一园两区”建设思路，批复实施《钱江源—百山祖国家公园总体规划》，丽水第一时间完成《百山祖园区总体规划》。规划范围涉及龙泉、庆元、景宁3个县(市)10个乡镇(街道)个村5518人，面积505.29平方千米。《总体规划》编制完成与批复实施，标志着国家公园创建迈出坚实的步伐。

三是凝聚各方力量，形成创建合力。丽水坚持主动作为抓创建，贯彻省委提出“全力创建丽水国家公园，为‘两个高水平’建设作出更大贡献”指示要求，想尽一切办法、用尽一切力量、整合一切资源推进创建工作。坚持市县合力抓创建，市县两级都成立党政主要领导任双组长的国家公园创建工作领导小组，组建工作专班、细化责任分工、明确攻坚重点，形成市县乡一体、各部门合力推进的创建态势。坚持全民齐心抓创建，通过出台政策、加强宣传，引导群众支持创建、关心创建、参与创建，构建形成国家公园“共建、共治、共享”的良好局面。

二、始终紧扣“同步创成国家公园”目标，全力完成创建工作

丽水把创建国家公园作为难得的历史机遇和重大的政治任务，认真落实中央、国家林业和草原局、浙江省委、省政府的各项要求，对照《建立国家公园体制总体方案》《关于建立以国家公园为主体的自然保护地体系的指导意见》，查漏补缺，扬长避短，推动创建工作。

一是全面完成各项指标任务。以超常规的推进力度和效率，完成管理体制、运行机制、生态保护、社区发展、试点保障、宣传推广、特色创新等10个方面40项体制试点指标任务。成立钱江源—百山祖国家公园百山祖管理局，建立国家公园管理体制机制；编制《钱江源—百山祖国家公园总体规划》《百山祖园区总体规划》，并通过省政府批复实施；编制《百山祖国家公园生态保护与修复专项规划》《百山祖国家公园基础设施建设专项规划》《百山祖国家公园全域联动发展专项规划》通过专家评审；推进生态搬迁，完成核心区31户98人搬迁，完成率100%；开展一般控制区原住民搬迁，搬迁1913人，占户籍人口的35.3%；做好小水电退出处置工作，实现核心区所有矿产水电类生产性活动全面停止；完成自然资源权属调查和内业数据建库入库工作，划清自然资源权属边界，制定《百山祖国家公园勘界定标工作方案》。完成国家公园濒危树种楠木野生资源保护技术规程、国家公园生态廊道建设技术规范2项标准立项评审。2020年9月7日至9日，国家公园体制试点评估验收组赴丽水评估验收，百山祖国家公园创建工作得到评估验收组专家的高度认可。

二是强化综合保障力度。浙江省委、省政府按照“一园两区”建设思路，加大财政支持力度，百山祖国家公园政策参照钱江源国家公园执行。丽水把国家公园创建作为全市的重点工程，整合资金，加强财政保障，2020年市财政安排创建经费4800万元，龙泉、庆元、景宁县(市)也安排相应专项配套经费。完善政策，把生态搬迁对象全部纳入省级扶贫搬迁范围，享受每人3万元补助政策；把集体林地设立地役权的补偿标准从每年43.2元/亩提高到48.2元/亩，片区群众每年可实现增收534元/人，确保在地役权改革、生态搬迁、小水电退出等涉农涉企工作中，让国家公园创建区域的群众和企业享受政策红利、获得实惠，实现生态保护和百姓受益的有机统一。

三是落实严格管护措施。丽水坚持两手抓，两手硬。一手抓生态管理，对园区内资源林政、森林防火和森防森检实行网格化、数字化管理，基本建成百山祖国家公园信息监管平台(一期)和凤阳山森林防火视频监控中心。加强园区项目管控，对园区内的承包经营活动实行“三个一律”，即一律停止发包到期承包经营项目，一律停止受理新设探矿权、采矿权申请，一律停止受理征用占用

林地、林木采伐等项目审批申请。同时，做好小水电退出处置工作，实现核心区所有矿产水电类生产性活动全面停止。一手抓生态保护，加强科研监测工作，成立百山祖科研监测中心、浙江大学—百山祖国家公园联合研究中心等平台，开展百山祖冷杉、大型真菌、锆石、植物本底调查、大型动物监测等一系列的科学研究。百山祖冷杉珍稀濒危物种保护取得突破性进展，2018 年以来百山祖冷杉原生地自然萌发并保存 200 余株野生幼苗。

四是构建联动发展格局。运用“跨山统筹”理念，按照“园内严格保护、园外积极联动”的工作要求，坚持一体化、协同化、差异化原则，探索构建“保护控制区+辐射带动区+联动发展区”三层级全市域协同发展格局，努力打造全域共建国家公园的丽水标杆。同时，探索围绕国家公园项目联动机制，高起点、高标准谋划布局国家公园科普教育基地、国家公园入口社区、特色小镇以及国家公园大道等重点项目，初步规划实施交通、产业等重大项目十大类 107 项，总投资 865 亿元。

三、紧紧聚焦“建设有丽水特色国家公园”定位，探索推进创建工作

丽水以开展国家公园设立标准试验检验为载体，以抓好生态系统原真性、完整性保护为基础，坚持走出一条富有丽水特色的国家公园创建之路，为经济发达、人口密集、集体林地占比高的地方推进以国家公园为主体的自然保护地体系建设，提供可复制、可推广的丽水经验。2020 年 12 月，丽水创建国家公园“丽水样本”探索实践荣膺“2020 中国改革年度十佳案例”。

一是创新集体林地地役权改革，破解统一管理难题。百山祖国家公园是中国南方集体林地占比高的典型区域。丽水充分发挥林权制度改革率先探索地的优势，制定地役权改革实施方案，在不改变集体林地和林木权属的基础上，建立科学合理的地役权补偿机制和社区共管机制，实现国家公园内自然资源资产的统一高效管理。2020 年年底，集体林地权籍调查完成率 100%，地役权改革“两决议三委托”协议签订率 98.1%，地役权发证率 97.6%。率先出台《林地地役权补偿收益质押贷款管理办法（试行）》，完成首批林地地役权补偿收益质押贷款发放。园区地役权补偿收益 2858 万元/年。通过地役权补偿收益质押贷款融资，户均可贷 8 万元，可盘活资产近 6 亿元，实现“资源”变“资产”。

二是开展国家公园 GEP 单独核算，探索生态产品价值实现路径。丽水充分利用全国首个生态产品价值实现机制改革试点的有利条件，率先开展国家公园 GEP 单独核算，完成百山祖园区县乡村三级生态产品价值核算。根据核算报告显示，百山祖园区 2019 年生态系统生产总值（GEP）达 535 亿元，其中支持服务价值 371 亿元，占比 69%。百山祖园区联合周边乡镇组建“两山”公司，作为生态产品供给主体和交易主体。由县级政府出资向“两山”公司购买调节服务类生态产品，开启生态产品政府采购先河。

三是率先建立健全司法保障机制，助力国家公园创建。丽水整合公检法司的相关职能，在全国率先探索建立国家公园司法保障制度，制定出台《关于全市政法系统服务和保障百山祖国家公园创建的工作意见》《关于服务保障百山祖国家公园创建工作的意见》等系列司法联合保障机制和措施，发挥“一中心、四平台、一网格”基础作用，在执法监督、普法宣传、案件办理、矛盾纠纷调解、自然资源保护等方面为国家公园创建提供司法保障，进行全方位的保驾护航。　　（周伟龙）

“全国文明城市”复评

2017年，丽水市以全省第一、全国第四的优异成绩一举创成全国文明城市。后创建时代，丽水市不忘初心，牢记使命，大力弘扬践行浙西南革命精神，厉行“丽水之干”，全市上下高度共识、高度合力，推进经常化创建全国文明城市工作，巩固提升创建成果。2020年，丽水市迎来创成全国文明城市后的第一次复评大考，在各方的共同努力下，丽水市以全国第八名的优异成绩通过，受到中央文明办全国通报表扬，全国文明城市创建实现“两连冠”。

2020年8月20日，丽水市迎国测工作动员会暨经常化创建全国文明城市工作第三次点评会　（夏贻索　提供）

一、坚持高位推动，实现全要素保障。一是指挥有力。全市创建工作坚持党政“一把手”负总责，以上率下、全民创建。2020年是全国文明城市复评年，丽水市委、市政府主要领导高度重视，市委书记胡海峰、市长吴晓东及四套班子主要领导深入联系社区，高密度调研、高频次巡查，作出批示指示41次，其他市领导开展调研督查50多次。市领导先后召开全国文明城市复评动员大会、推进会、点评会、工作部署会等会议20多次，全面部署经常化创建工作。二是督查推动。实行“每天一督查、每天一通报、每周一小结”推进机制，累计印发督查通报76期，下发督办交办单693份，协调明确部门责任980多项。三是要素保障。完善全国文明城市创建人力、物力、财力保障机制，抽调20名业务骨干组建创建专班，保障市区经费创建1.17亿元。市、区、街道、社区基层创建压力逐级传导、责任到人，落实市区领导联系帮扶社区（城中村）和市直部门包路口、包路段责任制，丽水移动公司等一批全国和省级文明单位，连续开展路口文明交通志愿服务100余天。

二、坚持常态创建，夯实工作基础。一是完善架构。完善市经常化创建全国文明城市办公室，下设综合处、城市处、公德处、督查考评处、创建宣传处。莲都区在疫情防控、全面小康、城中村改造三方面压力下，仍为区创建办专班抽调30名工作人员集中办公。市直各部门分别组建创建网格，建立创建联络员组群，形成政令通畅、信息互通、运行高效、通力协作的创建架构。二是完善制度。出台《关于建立健全全国文明城市创建工作常态长效机制的实施意见》，印发《实施意见》责任分工。完善督查考核机制，印发《2020年度丽水市经常化创建文明城市工作督查考核办法》，明确莲都区经常化创建工作考核总分占市委、市政府年度综合考核总分的加扣1.5分，开发区为加扣0.75分，市直部门为3分。建立问题曝光机制，完善“常创文明城曝光台”，鼓励市民参与监督，形成上下贯通、整体联动、合力推进的工作局面，保障创建工作的常态化长效化。三是推进立法。推动《丽水市文明行为促进条例》《丽水市市容和环境卫生管理条例》《丽水市物业管理条例》《丽水市犬类管理条例》落实落地。2020年8月，《丽水市文明行为促进条例》经省人大常委会审议通过正式颁发，11月1日正式实施。加强宣传引导，推动《丽水市文明行为促进条例》进机关、进农村、进社区、进学校、进企业，开展讲座、咨询等各类宣传活动1900余场。各职能部门持续治理不文明行为，查处典型案例，推进以案释法，全年累计处罚各类不文明行为5.9万起，教育不文明行为6.7万起，文明行为立法为丽水市文明软实力提升提供法律保障。

三、坚持品牌打造，优化城市环境。推进群众性创建活动创造性转化、创新性发展，增强时代性、实效性。一是坚持打造“五最城”品牌。深化“最整洁、最礼让、最有序、最有爱心、最平安”城市建设。“捡不到烟头城市”形象深入人心；在全国率先出台《礼让斑马线行为规范》，省交管局礼让率暗访抽查，丽水市礼让率99.86%；每月11日“排队推动日”活动常态开展；连续16年成为省级平安市，人民群众安全感满意度连续7年位居全省前列。二是推进“最美”系列建设。在持续推进“美丽楼道、文明小巷、示范社区”建设的基础上，拓宽建设目标，推进“最美市场、最美小区、最美社区、最美校园、最美公厕、最美小巷、最美城镇、最美村庄、最美家园、最美景区”10个系列建设。年末，建成“最美楼道”2800多条、“最美小巷”10条、“最美社区”5个。三是打造丽水“小园丁”志愿服务品牌。以推进“大花园核心区”建设为切入点，打造“大花园”里的“小园丁”志愿服务品牌，推进“1+9小园丁”品牌矩阵建设，形成“小园丁”母品牌和9个县（市、区）志愿服务子品牌。推广宣传“小园丁”志愿服务平台，创新推出“随手做志愿”模块，实施百姓点单、中心派单、志愿者接单、群众评单的工作模式，打通供需对接渠道。以“两山+五色”为主题，精心设计志愿服务项目，组织新时代文明实践中心暨志愿服务专题培训班，举办首届丽水小园丁志愿服务大赛，在首届浙江志愿服务展示交流会暨项目大赛上，丽水“小园丁”志愿服务品牌得到浙江省委宣传部部长朱国贤高度肯定，先后在新华社、浙江经视等媒体宣传报道。陈爱萍入选全国“四个100”先进典型，莲都区“小荷”说新语、遂昌县“芝麻绿豆”志愿服务项目等7个对象入选2020年浙江省志愿服务最美（最佳）典型。出台《丽水市志愿服务嘉许激励办法（试行）》，完善志愿服务制度体系。截至2020年年底，全市志愿者服务队伍达3261支，注册志愿者72.69万人，较2019年增长8.03万人，增幅12.4%。

四、坚持惠民创建，兑现创建红利。坚持以人民为中心的发展思想，通过聚焦群众普遍关切、社会反响强烈的重点难点问题，推动“创建为民、创建利民、创建惠民”理念落地，让群众在环境改善优化中提升公德意识。一是提升城市基础设施。完成丽阳街东段改造工程、丽水市图书馆迁建工程等7个项目建设，完成老小区绿化补植养护、背街小巷改造、楼道粉白、公共停车场建设等“二十大民生项目”，新改造老旧小区8个、新增停车泊位5800个。完成市区智慧停车系统建设，改造市区26条主次干道路边咪表泊位和4个收费停车场。二是优化人居环境。开展“展‘窗口’”专项整治工作，对群众反映强烈的交通秩序、城市立面、社区（城中村）“六乱”、占道经营等30类重点问题组织开展专项整治。推进沿街厨余垃圾、共享单车乱停放等10项重点事项处置，优化市区市容环境。三是实施便民服务。对群众迫切需要的养老、文体、医疗等服务，打造“15分钟生活圈”，推进“长者之家”等养老服务特色项目建设，提升街道、社区综合文化服务中心服务能力。四是深入推进文明行为养成。实施文明好习惯养成工程，倡导公筷公勺、光盘行动、文明“一米”线。出台《丽水市坚决制止餐饮浪费行为行动方案》，遏制餐饮浪费行为。省文明办发布制止餐饮浪费专项测评通报，丽水市测评结果为全省第一。五是着力特色打造提升宣传效应。举办第六届“最美丽水”公益广告创意大赛，评选并表彰85个优秀作品，促进本地广告设计水平良性提升。推进公益广告精品化，在市区公园广场、景区景点、主次干道等地设置与城市环境相融、体现丽水区域特色的公益景观小品。

（夏贻索）

大　事　记

1月

1日　2020全国新年登高健身大会（丽水站）在丽水白云国家森林公园举行，1000余人参加。

2日至3日　省委常委、统战部部长熊建平，副省长高兴夫，省政协副主席郑继伟率省直相关部门负责人，到丽水为基层送服务解难题。

6日　结束3年援疆工作的丽水市第九批援疆干部人才返乡，并召开返丽水座谈会。市委副书记、市长吴晓东会见援疆干部人才。

同日　丽水市生态产业集聚区水阁至腊口公路通车。

同日　市税务局副局长刘小平获评"全国税务系统先进工作者"，享受省部级先进个人和劳模待遇。

7日　丽水市举行市"法治化营商环境优化年"暨首场涉企法律风险点发布会。

同日　缙云仙都景区被评为国家AAAAA级旅游景区，这是丽水市首个国家AAAAA级旅游景区。

8日　2020年全国乡村春晚集中展示活动在莲都区古堰画乡特色小镇启动。

同日　丽水市侨界名媛会第三次会员代表大会暨丽水市侨界妇女协会成立大会召开。会议选举产生丽水市侨界妇女协会第一届理事，会长、执行会长、副会长、秘书长，宣布丽水市侨界妇女协会成立。

9日　全市"不忘初心、牢记使命"主题教育总结大会召开。市委书记胡海峰出席会议并讲话。

同日　景宁畲族自治县入选浙江省首批AAAA级景区城，遂昌县王村口镇入选浙江省首批AAAAA级景区镇。

10日　丽水市发布实施《关于推进养老服务体系建设的实施意见》。

11日　丽水市"对标欧盟　打造肥药双控升级版"绿色农业发展方案获"2019全国绿色农业十佳发展范例"。

16日　以"沪丽融合、绿色金融"为主题的上海——丽水绿色金融友好合作研讨活动启动仪式在丽水举行。

20日　市委召开经济工作会议，全面贯彻落实中共十九大和中央、省委经济工作会议精神，总结2019年经济工作，深入分析当前经济形势，研究部署今后经济工作。

22日　市委、市政府举办新春团拜会。

28日　市委常委会召开会议，传达学习中央政治局常务委员会会议、中央应对新型冠状病毒感染的肺炎疫情工作领导小组会议和省委常委会会议精神，听取丽水市应对新型冠状病毒感染的肺炎疫情工作汇报，研究部署贯彻落实意见和下步举措。

1月　丽水市编制发布全国首个

2020年1月9日，全市"不忘初心、牢记使命"主题教育总结大会召开
（市委办　提供）

民族乡村振兴专项规划。

2 月

5 日 丽水市出台应对疫情支持企业健康发展十八条意见。

8日至 13 日 "松阳故事"远程亮相第十届世界城市论坛，也是全国受邀的县域代表。

10 日 市委常委会召开扩大会议，传达学习省委常委会扩大会议精神，研究贯彻落实意见；研究部署丽水市新冠肺炎疫情防控和企业复工复产工作。

20 日 省委书记车俊到丽水督查疫情防控和复工复产工作。

28 日 松阳双童山景区获批国家 AAAA 级旅游景区。至此，全市有 AAAA 级旅游景区 23 家，数量位列全省第三名。

3 月

3 日 省委、省政府举行 2020 年全省扩大有效投资重大项目集中开工活动。丽水全市重大项目集中开工 30 个，总投资 438 亿元。

同日 丽水市与中国铁建华东区域总部签署合作框架协议。

3日至 4 日 副省长陈奕君带队到丽水开展"三服务"活动，调研美丽城镇建设、污水处置和垃圾分类工作，督查指导疫情防控及企业复工复产工作。

9 日 市机场口岸入境到丽水人员疫情防控和服务工作组抽调干部动员会举行。全市 87 名干部到国内 10 家机场接站服务入境到丽水的人员。

10 日 全省文化和旅游重大项目举行集中开工仪式。丽水分会场活动在花园路精品酒店项目现场举行，此次集中开工共 14 个项目，年度计划投资 44.8 亿元。

同日 丽水市发布地方标准《自然灾害应急指挥体系建设规范》(DB3311/T 134—2020)。2020 年 4 月 10 日，该标准在丽水全市范围实施，成为国内首个自然灾害应急指挥体系建设的地方标准。

18 日 省委副书记、省长袁家军到青田县调研防控境外疫情输入工作。

22 日 《丽水市革命遗址保护条例》立法工作启动。

24 日 丽水市百个医护团队结对百个侨团活动启动，全市 800 名医师和咨询师组成的医护团体与 120 个海外侨团进行结对。

同日 全省"同心同行 聚力扶贫"主题活动在遂昌县举行。

25 日 "此刻，丽水最美"2020 丽水健康养生游"云推介"暨订购会在丽水网、"指尖丽水"移动客户端同步开启，这是丽水首次通过互联网方式面向全国推介健康养生游。线上直播，共吸引近 120 万名网友在线参与，37 家长三角地区旅行社达成订购意向。

26 日 丽水市举行第十批援疆干部人才欢送会。丽水 52 名干部赴新疆开展新一轮对口支援工作。

30 日 四届市委第七轮巡察工作动员部署会召开。市委书记、市委巡察工作领导小组组长胡海峰在会上强调，全市上下要深入贯彻落实中央和省委关于巡视巡察工作的新部署新要求，更好推动巡察工作迈向高质量目标，全方位建设海晏河清的清廉丽水。

同日 丽水市地方标准《生态产品价值核算指南》审评会在丽水举行。

31 日 全省首个野生动物源头治理司法与行政保护基地在莲都区建立。

3 月 2019 年度全省"五水共治"工作公众满意度调查结果出炉，丽水以 182.54 分的总成绩位列全省第一。

3 月 省市场监督管理局公布一项新的省级地方标准——《农村信用建设规范》，此标准由人行丽水市中心支行起草编制，4 月 3 日开始实施，成为全国首个农村信用建设省级地方标准。

3 月 景宁畲族自治县草鱼塘森林康养基地、龙泉市泉灵谷森林康养基地入选浙江首批省级森林康养基地。

3 月 丽水处州府城步行街被列入浙江省高品质步行街建设培育名单。

4 月

1 日 首届松阳香茶现场拍卖会在松阳县举行。来自全国各地 80 余

2020 年 4 月 1 日，首届松阳香茶现场拍卖会在松阳举行 （胡颖岚 提供）

位茶商、茶人参与拍卖竞标。

3 月 胡海峰、吴晓东、虞红鸣、陈瑞商等市四套班子领导在市行政中心，与干部群众和医疗队员家属代表，欢迎丽水市第三批援鄂医疗队。15 日，丽水市共 5 批援鄂医疗队队员 80 人全部凯旋。

7 日 青田万山红色革命根据地和庆元百山祖斋郎战斗遗址入选第八批省级国防教育基地。

8日至 9 日 省人大常委会副主任赵光君到丽水开展疫情防控、数字经济发展和居民生活垃圾分类处置等工作调研。

9日至 10 日 省委书记、省疫情防控工作领导小组第一组组长车俊到丽水调研。

14 日 在全省建设平安浙江工作会议上，省委、省政府对 2019 年度全省平安建设和综治工作先进进行表彰。会上，市委书记胡海峰捧回全省首批一星“平安金鼎”，并作典型发言。9 个县(市、区)均被命名为“平安县(市、区)”，其中，龙泉市、云和县、景宁畲族自治县、庆元县、松阳县、遂昌县(市)与市里同步夺取一星“平安金鼎”。

同日 丽水市召开市区城中村改造工作部署会，全面总结 2019 年度市区城中村改造工作，表彰工作先进，并部署 2020 年工作。

15 日 市政府与中国移动通信集团浙江有限公司签署新基建(5G)战略合作协议。

17 日 丽水市生态工业发展大会召开。

同日 市发改委发布《丽水市“康养 600”小镇发展规划》，是全国首个以“康养 600”小镇为载体，实现生态产品价值转换的发展规划。

21日至 23 日 中国人民政治协商会议第四届丽水市委员会第四次会议召开。

22日至 24 日 丽水市第四届人民代表大会第五次会议召开。

24 日 市委、市政府联合发布《关于推进新时代民政事业高质量发展的实施意见》。

26 日 “两山”青咖论坛在丽水学院图书馆“两山”学术交流中心启动。启动仪式上，发布《丽水市 GEP 核算试点单位核算报告》，公示《生态产品价值核算指南》地方标准，展示《生态产品价值实现机制案例集(三)》，并颁发中国(丽水)两山学院兼职研究员聘书。

同日 市政府与浙江清华长三角研究院举行院地合作工作推进会，总结 2019 年丽水市与清华长三院交流合作工作开展情况，通报院地合作优秀项目，表彰先进个人。

同日 “丽水之赞”2 周年。市政府新闻办召开新闻发布会，发布丽水市生态产品价值实现机制试点建设情况。

同日 浙江省财政厅公布《扶持村级集体经济发展的浙江实践优秀案例选编》文本，丽水市莲都区、青田县、缙云县、遂昌县、云和县、松阳县、庆元县(区)共 11 个优秀案例入选，数量位居全省第一位。

27 日 丽水获批国家级跨境电子商务综合试验区。

28 日 省发改委印发《数字浙江基础设施建设项目清单》，其中，丽水大数据云中心建设项目、紧水滩水冷式绿色数据中心项目、浙江移动丽水 5G 基站项目、浙江电信丽水 5G 二期建设项目、浙江联通丽水 5G 基站项目、上上德盛不锈钢管智能制造无人工厂项目选入，总投资 40.12 亿元，年度投资 11.62 亿元。

29 日 浙江卫视专访丽水市委书记胡海峰。

29日至 30 日 2020 年丽水首届鸟类观察邀请赛在百山祖国家公园举行。通过调查，大赛共记录鸟类 133 种，其中，国家一级保护物种 1 种(黄腹角雉)，国家二级保护物种 13 种(含白鹇、蛇雕、林雕、鹰雕等)。棕腹大仙鹟被评为此次大赛的至尊鸟种。

2020 年 4 月 29 日，丽水首届鸟类观察邀请赛在百山祖国家公园举行

(董　浩　提供)

30 日 共青团丽水市委四届五次全委(扩大)会议召开。

同日 2020 首届中国(庆元)灰树花节暨第五届龙头山杜鹃花节在庆元县举行。

同日 丽水市的“一车一码一员”机制获省政府点赞，丽水复工复产五项指标居全省第一位。

同日 丽水枇杷、处州白莲、缙云黄花菜、青田御茶、遂昌龙谷茶、遂昌土蜂蜜6个产品入选2020年第一批农产品地理标志登记名单。至此，丽水有农产品地理标志17个。

4月 遂昌王村口镇入选第四批新型城镇化标准化国家试点。

5月

3日 《浙江日报》头版刊发《探索绿色发展的一次战略抉择 丽水推进生态工业高质量发展》一文。

6日至8日 省委常委、省纪委书记、省监委主任许罗德到丽水调研并召开座谈会，了解丽水市委落实全面从严治党主体责任工作和丽水市纪委市监委履行监督责任情况。

9日 丽水市莲都区大港头镇、龙泉市住龙镇、云和县崇头镇、庆元县竹口镇、缙云县壶镇镇、遂昌县王村口镇、景宁县大均乡获评浙江省2020年度优秀样板创建乡镇行动方案。

12日 丽水市首个安全生产宣传教育基地在国网丽水供电公司安全警示教育厅挂牌。

15日 央视《新闻联播》播出《浙江推动“两山”转化 加快绿色发展》新闻，点赞丽水以改革推动“绿水青山就是金山银山”转化，加快高质量绿色发展，特别是在生态产品价值实现机制方面持续探索和创新实践，探寻GDP和GEP互相转化、协同发展的好经验、好做法。

同日 龙泉市获全省首批水生态环境示范试点。

18日 《丽水市自然资源统一确权登记工作方案》印发，标志着丽水市在全省率先启动自然资源统一确权登记工作。

19日 丽水市物流企业获全省首张“网络货运”牌照。

20日 “2020丽水市首届数字生活节”在市区处州府城启动。

21日至22日 副省长刘小涛到丽水调研重大交通工程项目推进工作。

22日 丽水市“公筷公勺”推进行动部署会召开。

同日 市委宣传部、市妇联联合举行2019年度省级“最美家庭”表彰会暨爱心联盟单位授牌仪式，全市9户家庭被授予2019年度浙江省“最美家庭”称号，24家单位企业建立爱心联盟。

同日 丽水市召开生态产品价值实现机制国家试点建设推进会，对试点建设各项工作再部署、再落实。会上，举行生态经济数字化工程（丽水）研究院、“两山银行”交易平台授牌仪式。

23日 全国人大代表、市委书记胡海峰在北京接受《浙江日报》记者采访。

25日 莲都区“郎奇—白桥康养”农村产业融合发展示范园、青田县“枫澜青云丽洲”农村产业融合发展示范园、云和县“云和梯田”农村产业融合发展示范园、缙云县“江南藏北·云上牧场”农村产业融合发展示范园入选第二批省级农村产业融合发展示范园创建名单。至此，丽水市有国家级农村产业融合发展示范园1个，省级6个。

25日至26日 山西省临汾市委书记董一兵率党政代表团到丽水考察交流。

27日 丽水市体育产业联合会成立大会在丽水举行。共有会员单位41家，涵盖体育健身休闲、体育装备制造、体育竞赛表演类等多种产业分类。

同日 省政协副主席周国辉到丽水开展瓯江流域调研工作。

27日至28日 省委常委、组织部部长黄建发到丽水调研。

28日 丽水市首次生物医药产业线上招商推介会举办，来自全国各地200余家生物医药和医疗器械企业500余名专业观众参加，近13000人次在线。会议得到人民网、《浙江日报》、新浪网等20余家国家、省、市主流媒体关注、报道。

同日 全国首个生态环境体检中心——浙西南生态环境健康体检

2020年5月28日，浙西南生态环境健康体检中心揭牌仪式在丽水市挂牌成立
（董 浩 提供）

中心在丽水市挂牌成立。

29日 市委召开全市领导干部会议，传达学习全国“两会”精神和省委书记车俊在全省领导干部会议上的讲话精神，研究部署全市学习宣传贯彻工作。

同日 缙云县入围全国县城新型城镇化建设示范名单。

31日 丽水市下发《关于公开丽水市既有住宅符合加装电梯“能装”条件名单及有关事项的通知》。经各县(市、区)、丽水开发区初步排查摸底，全市3533个单元(楼道)符合加装电梯“能装”条件。

5月 丽水市衢宁铁路、金台铁路、衢丽铁路、温武吉铁路、杭丽铁路、丽水机场、景文高速项目入选省大通道建设行动计划。

6月

3日 全省首个水治理司法协同中心在丽水成立。

同日 浙江大花园建设研究院专家智库平台启动。

3日至5日 省人大常委会党组书记、副主任梁黎明带队到丽水，开展动物防疫、野生动物保护“两法两条例两决定”执法检查工作。

5日 丽水白云国家森林公园入选第一批国家森林康养基地。

6日 生态经济数字化工程(丽水)研究院在丽水广播电视大学挂牌。

9日 深化全国文明城市创建工作推进会暨高水平迎接国家卫生城市复审动员会在丽水举行。

同日 第22届中国浙江投资贸易(网上)洽谈会开幕式暨主论坛活动在宁波举行。丽水市签约项目16个，投资总额205.57亿元。

9日至11日 省人大常委会副主任史济锡到丽水调研粮食安全、乡村振兴、畜牧业高质量发展、全域旅游等工作。

11日至12日 清华大学经济管理学院院长白重恩、院党委书记陈煜波一行到丽水市考察。

14日 丽水市被省政府授予“2016—2018年度无偿献血先进市”称号。

15日 丽水市发布全省首份《被性侵未成年人保护实施意见》。

18日 浙西南红色文化研究会成立大会在丽水举行。会议审议通过《浙西南红色文化研究会章程》，选举产生研究会第一届理事会理事、会长、常务副会长、副会长和秘书长，并向革命先辈后人代表刘红宇、粟志军颁发名誉会长聘书。

19日 中央党校(国家行政学院)报刊社、中共浙江省委宣传部、中共浙江省委党史和文献研究室、中共丽水市委共同主办的“浙西南革命精神论坛”在丽水举行。《春风又绿江南》《挺进吧》《归园田居》《挺进师》等影视剧进行摄制签约。

同日 浙西南革命精神研究中心挂牌成立，浙西南革命根据地纪念馆提升工程同步启动。

22日至24日 市委书记胡海峰率队到青海省海西蒙古族藏族自治州考察调研。

28日 市政协举行首场“请你来协商”活动，邀请市委副书记、市长吴晓东和市直相关部门、部分市政协委员、有关群众代表专题协商“建立行之有效的丽水养老人才培养机制”。

29日 省政府发文，丽水市龙泉青瓷宝剑技师学院获批设立，系丽水地区第一所技师学院。

30日 新时代山水城市—丽水山居图•城市设计国际竞赛线下启动会在丽水举行。来自各地100名竞赛单位代表、评委代表，部分知名网络媒体、专业建筑媒体以及知名企业代表等300人参加。

同日 市委副书记、市长吴晓东与日本三岛市市长丰冈武士、议长大房正治视频连线，交流疫情防控经验，增进国际友城情谊。

6月 市委全面依法治市委员会办公室印发《关于进一步加强地方性法规普法工作的意见》，从落实普法责任主体、及时出台配套制度、开展专项执法行动等10个方面对如何加强地方性法规普法工作提出切实意见，并明确相关责任单位。也是全省首个加强地方性法规普法工作的意见。

6月 龙泉青瓷文化、遂昌“天工之城”、云和梯田获批全省首批山地休闲度假发展试点。

7月

1日 丽水“绿水青山就是金山银山”发展公益直播盛典暨丽水市视频电商产业孵化基地启动仪式在丽水绿谷信息产业园举行。

1日至2日 省长袁家军到丽水调研，宣讲省委十四届七次全会精神。

6日 市政府与省金融控股有限公司在丽水举行“上门送‘1+3’服务”合作协议签约仪式暨资源对接会。

同日 丽水职业技术学院绿谷校区启用。

7日 云和县档案馆通过省级数字档案馆评估。至此，市本级、9个县(市、区)全部建成数字档案馆(通过国家级测试或省级评估)，市本级、莲都区、龙泉市档案馆通过国家级数字档案馆测试，全市完成本地区数字档案馆全覆盖目标。

7日至9日 省政协主席葛慧君到丽水调研政协工作。

8日 “浙江丽水市—上海黄浦区”加强信用联动推动长三角信用一

体化战略合作备忘录签约仪式在丽水举行。

同日 丽水市举行勇夺星级平安金鼎先进事迹报告会。

9日 浙江日报头版刊发《丽水创新推动高质量绿色发展 护好“金饭碗”•找准“两山路”》文章。

同日 缙云县新建镇河阳村、松阳县大东坝镇茶排村入选第二批全国乡村旅游重点村。

9日至11日 市委副书记、市长吴晓东率市政府代表团到上海、绍兴学习考察。

10日 中共丽水市委全面深化改革委员会办公室和丽水市住房和城乡建设局联合印发《进一步推进丽水市城市公共厕所服务大提升的行动方案》。

同日 商务部确认松阳县、遂昌县为2020年度全国电子商务进农村综合示范县。至此，丽水市缙云县、遂昌县、松阳县获此殊荣。

13日 四届市委第八轮巡察工作动员部署会暨巡察整改推进会召开。会议深入学习贯彻习近平总书记关于巡视巡察工作的重要论述，认真贯彻落实中央和省委、市委有关巡视巡察的新部署新要求，坚定不移深化政治巡察，对推进市委第八轮巡察工作和抓好巡察整改工作进行动员部署。

14日 省粮食行业协会印发《关于公布全省第五批“放心粮油”示范企业名单的通知》，丽水5家企业入选。

14日至16日 省人大常委会党组副书记、副主任李卫宁到丽水调研。

15日至16日 杭州市人大常委会主任于跃敏率考察团到丽水考察交流。

17日 市府办印发《2020年度丽水市人民政府重大行政决策事项目录》。

同日 位于丽水市云和县紧水滩镇仙牛岛的商业用地在省土地使用权网上交易系统出让，是全国首宗通过“经济产出价值+生态环境增值”方式进行生态资产评估核算的出让地块。

18日 生态环境部宣教司、中宣部理论局、生态环境部环境与经济政策研究中心联合主办的2020年深入学习贯彻习近平生态文明思想研讨会在北京举行。会上，云和县分享牢固树立和努力践行“绿水青山就是金山银山”理念。

20日 “庆元香菇”地理标志入选首批中欧地理标志协定保护名录，是丽水市唯一入选的特色农产品。

21日 丽水开发区举行产业创新服务综合体签约仪式，成立滚动功能部件和生态合成革两大产业创新服务综合体以及9个科技创新平台。

同日 庆元县司法局《法律援助“ETC”项目》、缙云县市场监管局《食品安全网格化智慧监管基层治理模式》、松阳县委组织部《“民情地图”助推基层治理现代化》、景宁畲族自治县建设法治政府（依法行政）工作领导小组办公室《打造法律顾问参与法治政府建设山区样板》项目入选省县乡法治政府建设“最佳实践”项目。

22日 全市建设平安丽水工作会议暨市域社会治理现代化试点工作推进会在丽水举行。

同日 丽水市东西部扶贫协作工作推进会召开。

22日至23日 省委常委、政法委书记王昌荣到庆元县、龙泉市调研。

23日 全市经常化文明城市创建问题分析会举行。会议通报丽水市2020年度浙江省城市文明程度指数测评工作存在的问题、经常化创建文明城市工作进展，并对全国文明城市复评工作进行专题部署。

同日 浙江省文化和旅游厅公布第二批浙江省优秀非遗旅游商品名单，缙云烧饼、茶叶、木玩、青瓷、石雕等类型6件非遗旅游商品榜上有名。

23日至26日 得利亚自动化先进制造、丽水山耕梦农特产品和丽水三宝（青田石雕、龙泉青瓷、龙泉宝剑）参加第二十一届“青洽会”。

27日 首个“丽水工地码”在丽水市区金周农居新社区北地块项目完成挂牌，通过扫描工地码，可让监管人员、参加企业、工地职工和周边群众更加便捷使用“智慧工地”系统。

同日 丽水市体育发展服务中心在市体育中心东门挂牌。

27日至30日 上海市普陀区政协主席钱城乡率考察团到丽水考察。

28日 丽水市与华为技术有限公司签订“数字丽水”战略合作协议，共同推进丽水大花园智慧城市建设和数字经济发展。

30日 国家药监局副局长陈时飞率调研组到丽水调研，并召开生物医药产业发展座谈会。

7月 丽水市首个地方公务员考录管理标准获批立项。

7月 古堰画乡景区入选省首批未来景区试点。

7月 丽水市批捕全省首例搭建专业平台虚假刷单案嫌疑人。

7月 省发展改革委、省自然资源厅联合印发《2020年浙江省重大产业项目（第一批）名单》，丽水市3个项目入选。

8月

3日 2020年度社会主义劳动竞赛启动仪式在市行政中心举行。

同日 丽水市发布《环境空气质量健康指数（AQHI）技术规定》市级地方标准，系全国首个AQHI地方标准。

4日 市委四届八次全体（扩大）会议在丽水举行。全会学习贯彻习近平总书记考察浙江重要讲话精神和省委十四届七次全会精神，回顾总结撤地设市20年来各项事业发展所取得的成绩，研究部署坚定不移走创新实践“绿水青山就是金山银山”理念发展道路，努力打造全面展示浙江高水平生态文明建设和高质量绿色发展两方面成果和经验的重要窗口。全会审议通过《中共丽水市委关于大力推进跨山统筹全面加快区域协调发展的决定》。

同日　践行“两山”路　奋进新时代——丽水撤地设市20周年成就展在市美术馆开展，展览以图片、视频、图表和文字等形式全面展示撤地设市20年来丽水经济社会的巨大发展成就。网上展馆（网址：http://app.lsol.com.cn/ls20zn）同步开展，丽水日报社、市广电总台媒体微信号同步推出微信版网上展馆。

6日　全市低收入农户高水平全面小康攻坚暨“大搬快聚富民安居”工程推进现场会在遂昌县举行。

11日　第二届“浙江人大工作与时俱进奖”揭晓。丽水市人大“探索开发区人大监督新模式”项目获优秀奖，云和县人大等单位的“新时代街道人大工作的‘浙江探索’”项目获特别奖。

13日　丽水市与阿里巴巴（中国）有限公司签订打造“中国超市创业之乡”合作协议，推动中国超市产业在互联网时代数字化升级转型。

15日　丽水市获评2019年度美丽浙江建设考核优秀市，龙泉市、缙云县、遂昌县获评2019年度美丽浙江建设考核优秀县（市、区）。

同日　中央电视台新闻频道播出《“绿水青山就是金山银山”理念15年 浙江“转化”做文章》，报道丽水一以贯之护好绿水青山，创新推出生态产品价值实现机制，打通“绿水青山就是金山银山”转化通道。

16日　首届浙江技能大赛在宁波举行，丽水市代表团22位选手参赛，4位选手获“浙江省技术能手”称号和每人2万元奖励；姜新莲、郑笑里女选手被授予“浙江省巾帼建功标兵”称号，姜新莲还被授予“浙江省青年岗位能手”称号。

17日　浙江广播电视集团出品、丽水市委宣传部和浙江影视（集团）有限公司联合摄制的重大现实题材电视剧《春风又绿江南》在丽水开机。该剧全程在丽水取景拍摄，2021年一季度完成制作。

18日　丽水市妇联开展“争当‘高水平建设和高质量发展重要窗口’巾帼模范生”暨幸福丽水家庭建设工作推进活动。

19日　省委生态环境保护专项督察第三督察组到丽水开展生态环保专项督察，并召开专项督察工作汇报反馈会。

同日　新建浙江丽水机场工程初步设计（第二批）获省发展改革委、华东民航局联合批复（民航华东函〔2020〕254号）。

20日　莲都区老竹畲族镇、庆元县百山祖镇、景宁畲族自治县大均乡、龙泉市住龙镇入选第四批省级旅游风情小镇创建名单。

24日　丽水企业维康药业（股票简称维康药业，股票代码300878）在深圳证券交易所创业板上市。

25日　全市首个北京大学思想政治实践课教育基地签约授牌仪式在松阳县举行。

25日至27日　中央党校报刊社调研组到丽水调研。

26日　全市国土空间规划支撑“绿水青山就是金山银山”转化实践试点工作部署会暨国土空间规划编制培训会在丽水举行。

27日　丽水创新实践“绿水青山就是金山银山”理念15周年暨撤地设市20周年理论研讨会在丽水学院举行。会上，宣读省社科联关于授予中国（丽水）绿水青山就是金山银山学院为省新型重点专业智库培育单位的批复，市政府与省社科院签订进一步深化全面合作战略协议，并为“浙江省社会科学院丽水研究院”授牌。

31日　《钱江源—百山祖国家公园总体规划（2020—2025年）》获浙江省人民政府批复。

8月　莲都区、龙泉市、青田县、缙云县、庆元县、遂昌县、松阳县（市、区）9位健康百岁老人获“中国长寿之乡健康百岁老人”称号。

8月　市委、市政府联合印发《关于加快推进城乡融合发展的实施意见》。

8月　遂昌县、缙云县、龙泉市上榜“2020年全国县域旅游综合实力百强县”。

9月

1日　全市新时代青年理论宣讲工作部署会暨宣传思想重点工作推进会召开。会议传达学习省委、市委有关会议精神，研究部署新时代理论宣讲工作和全市宣传思想重点推进工作。

1日至3日　省爱卫办主任、省卫生健康委党委委员、副主任夏时畅带队对丽水市国家卫生城市巩固工作进行省级复查。

1日至4日　市委书记胡海峰率丽水市党政代表团到宁波市、嘉兴市、湖州市学习考察。

5日　丽水水街基金产业园举行开园仪式。

9日　市委书记胡海峰会见四川省广元市委书记王菲率领的广元市党政代表团一行，并就进一步对接东西部扶贫协作工作进行座谈交流。

同日　丽水市完成全省首例农村公路财产综合保险全市统一招标工作。

11日　全省首批"发明研学示范基地"授牌，丽水鱼跃1919文化产业园、莲都静舞堂手工文艺坊上榜。

14日至19日　"你好，丽水"庆祝丽水撤地设市20周年暨丽水市第一届群星视觉艺术展在市美术馆开展。展出美术、书法、摄影作品共150件。

15日　省政协副主席郑继伟到丽水参加丽水山耕政协委员会客厅首场活动。

同日　市委副书记、市长吴晓东会见四川省巴中市委副书记、市长何平率领的巴中市党政代表团一行，并就进一步深化两地扶贫协作进行座谈交流。

18日　机关内部"最多跑一次"改革暨市域社会治理丽水实践研讨会在丽水举行。

18日至22日　全省首届社会应急力量技能竞赛在景宁畲族自治县举行。

19日　浙江省首届生态运动会开幕式及首站赛事在丽水举行。

21日至22日　全省民族乡村振兴示范建设推进现场会在景宁畲族自治县举行。

24日　全市旅游业发展大会暨缙云仙都创建国家AAAAA级景区总结大会在丽水举行。

25日　安徽省黄山市委书记任泽锋、市长孙勇率黄山市党政代表团到丽水考察。

27日　衢宁铁路（浙江段）通车首发仪式在庆元火车站举行。

9月　丽水市出台《3岁以下婴幼儿照护服务发展实施意见》。

10月

7日　浙江日报头版刊发《丽水创新实践绿水青山就是金山银山理念护好一抹绿　捧起"金饭碗"》文章。

9日　2019中国马拉松等级赛事及特色赛事评定结果公布，2019丽水超级马拉松获评中国田协银牌赛事，2019田园松阳国际半程马拉松、2019缙云仙都国际半程马拉松获评中国田协铜牌赛事。

12日至13日　全国政协常委、民族和宗教委员会主任王伟光率领全国政协少数民族界和宗教界委员视察团到丽水开展视察工作。

14日　丽水市第四次民族团结进步大会在丽水举行。

16日　丽水市召开第二轮中央生态环境保护督察问题整改汇报会暨全市生态环境整治工作推进会，听取生态环保督察交办问题整改情况，并就下一步"举一反三"系统抓好丽水市生态环境保护和治理工作作出部署。

16日至17日　第十届全国老年医院联盟大会、中国老年医学学会老年医疗机构管理分会年会在丽水举行。

17日至18日　国务院第七次大督查第六督查组到丽水开展督查工作。

18日　中国菌类博物馆建设研讨会在丽水举行。

19日　省级专家服务丽水"一带三区"建设暨"百博入乡镇"在丽水启动。

20日　全国双拥模范城（县）命名暨双拥模范单位和个人表彰大会在北京召开，丽水市被命名为"全国双拥模范城"。

21日至22日　省委书记袁家军到丽水调研"十四五"规划重大问题，并主持召开座谈会。

21日至23日　省政协副主席吴晶带队到丽水开展扶贫考察活动。

22日　全省文联系统组联干部培训暨组联工作现场会在丽水举行。

23日　省委、省政府举行全省扩大有效投资重大项目集中开工活动。全市重大项目集中开工40个，总投资385亿元。

同日　2020年首届"青鸿鹄"长三角数字经济创业创新大赛暨人才论坛在丽水举行。

同日　丽水网上中介超市获2020年政府信息化管理创新奖，也是全省审批系统唯一获奖项目。

同日　全国首例丽水市首笔GEP直接信贷发放。

24日　第二届全国"绿水青山就是金山银山"发展人才论坛在丽水举行。

同日　第九届"智汇丽水"人才科技峰会在丽水举行。国家部委、省级有关部门领导，院士、创业创新人才代表，高层次人才及各领域专家学者等260余人参加峰会，现场签约人才科技合作项目16个。

24日至25日　长三角区域一体化产教融合发展论坛在丽水举行。

24日至28日　市委副书记、市长吴晓东率丽水市代表团到四川省巴中市、广元市对接东西部扶贫协作工作。

25日　庚子（2020）年中国仙都祭祀轩辕黄帝大典在缙云仙都国家AAAAA级旅游景区举行。

26日　浙江浙南茶叶市场电子商务中心（松阳县）、联动电商众创园（缙云县）、丽水市缙云跨境电商园众创空间（缙云县）、云策创业小院（遂昌县）、庆元电商创业园众创空间（庆元县）入选2020年度省级众创空间名单。至此，全市有省级以上科技企业孵化器9家，市级以上众创空间19家。

同日　国家林草局印发《集体林业综合改革试验典型案例》（第一批），共刊载全国有典型意义的案例16个，《浙江省丽水市探索集体林地地役权制度》《浙江省龙泉市实行公益林信息化管理》林改典型案例入选。

27日　全省首届老年主题摄影

大赛优秀作品展在丽水举行。

27日至28日 省政协副主席蔡秀军带队到丽水开展“校园足球发展问题”调研。

27日至28日 省人大常委会副主任李学忠到丽水调研矛盾纠纷调处化解“最多跑一地”工作。

27日至29日 省人大常委会副主任赵光君到丽水市督查省委人大常委会工作会议和浙委发〔2019〕21号文件精神贯彻落实情况，并开展《浙江省医疗保障条例（草案）》立法调研和“三服务”活动。

29日 丽水市与上海市浙江商会举行座谈会暨战略合作框架协议签署仪式。

同日 “中国茶乡 田园松阳”品牌列车首发仪式在上海虹桥火车站举行。

30日 中国国际电子商务中心、浙江省商务厅、丽水市人民政府主办的第五届中国农村电子商务大会在古堰画乡举行。大会举行“2020中国农村电商致富带头人暨助农直播带头人”颁奖仪式，发布《中国农村电子商务发展报告（2019—2020）》。

31日 2020年“智汇丽水·发展同行”——“千企万岗”全国大学生双选会（丽水）活动在丽水举行。

10月 丽水市出台《关于高质量推进丽水市特色小镇2.0版建设的实施意见》。

10月 龙泉市被列为省级资源循环化利用示范城市试点。

11月

1日 《丽水市文明行为促进条例》《丽水市城市养犬管理规定》实施。

同日 丽水市启动第七次全国人口普查。

2日 市委召开全市领导干部会议，传达学习贯彻中共十九届五中全会精神。

3日 “丽水山居图”城市设计国际竞赛颁奖典礼暨山水城市论坛在丽水大修厂文创园会展中心举行。

同日 法国华侨华人会、法国青田同乡会、法国工商联合会、欧洲浙江华人联谊会等6个法国侨团负责人到丽水访问考察。

5日 全市巡察工作会议暨四届市委第九轮巡察工作动员部署会召开。会议深入学习贯彻习近平总书记关于巡视巡察工作的重要论述，全面贯彻全国巡视工作会议、十九届中央第六轮巡视工作动员部署会、全省巡视巡察工作会议、十四届省委第十一轮巡视工作动员部署会和市委书记专题会议精神，对全市巡察工作进行部署，对四届市委第九轮巡察工作进行动员安排。

同日 省科技厅印发2021年度省级重点实验室认定和培育建设名单，浙江金马逊机械有限公司和丽水学院作为依托单位建设的“浙江省航空航天金属导管塑性成形技术与装备重点实验室”列入认定名单。至此，丽水市有省级重点实验室3家。

同日 2020两岸农业文创云上高峰论坛暨第二届“丽水山耕奖”农业文创大赛颁奖典礼在丽水举行。

5日至10日 第三届中国国际进口博览会在上海举行，丽水组织265家企业（单位）678人参加。

10日 丽水市通过全国文明城市复核。

同日 为期5天2020年全国皮划艇静水锦标赛暨第十四届全国运动会皮划艇静水资格赛在丽水水上运动中心举行。全国各地23支队伍，687人、719条船艇参赛。中国皮划艇协会、中国赛艇协会授予丽水市水上运动中心“中国皮划艇、赛艇青年训练基地”称号。

11至12日 宁波市委副书记、市长裘东耀率宁波市党政代表团到丽水考察。

12日 首届中国（浙江）畲族文化创意产品设计展演颁奖典礼在遂昌县举行。

同日 遂昌县《“点绿成金”拓宽“绿水青山就是金山银山”转化通道》、龙泉市《打造剑瓷大花园 促进古城文旅兴》入选全省大花园示范县建设典型案例。

同日 龙泉市获首届“全国公共资源交易百强县”称号。

12日至15日 丽水市人社部门组织用工企业到四川巴中、广元举办东西部扶贫劳务协作专场招聘活动。活动组织用工企业140家参加招聘，推出就业岗位6500余个。现场达成意向性协议683人，其中建档立卡贫困人员210人。

13日 全国水文化工作建设座谈会在丽水举行。

同日 全省抗击新冠肺炎疫情表彰大会在杭州举行，表彰浙江省为抗击新冠肺炎疫情作出突出贡献的先进个人和先进集体。丽水有44人获“浙江省抗击新冠肺炎疫情先进个人”称号、12个集体获“浙江省抗击新冠肺炎疫情先进集体”称号。

同日 市政府召开电视电话会议，对2021年度城乡居民基本医疗保险和全民健康补充医疗保险（浙丽保）征缴工作进行动员部署，这标志着全国首创、丽水独有的全民健康补充医疗保险（浙丽保）发布、启动实施。

14日 浙江省第十八届摄影艺术展暨2020浙江摄影周、2020“缙云仙都杯”瓯江行丽水摄影大展开幕式在市区万象摄影坊举行。

14日至16日 第三届华侨进口

2020 年 11 月 14 日，第三届华侨进口商品博览会暨青田进口葡萄酒交易会、首届国际咖啡博览会签约仪式 （梅丽森 提供）

商品博览会暨青田进口葡萄酒交易会、首届国际咖啡博览会在青田县举办。

15 日 2021“古堰画乡杯”瓯江行丽水摄影大展启动仪式暨莲都区省级摄影创作基地授牌仪式在莲都区古堰画乡举行。

16日至 17 日 省长郑栅洁到丽水调研。

18 日 松阳县获“‘十三五’茶业发展十强县”和“2020 年度茶业百强县”2 个国家级称号。

19 日 省政府新闻办在杭州举行浙江高水平全面建成小康社会主题系列新闻发布会丽水专场，邀请市委书记胡海峰，市委副书记、市长吴晓东，市委常委、组织部部长方健忠围绕全面厉行“丽水之干”，奋力打造“高水平建设和高质量发展重要窗口”介绍有关情况，并回答记者提问。

同日 “丽水香茶”冠名高铁列车首发仪式在上海虹桥站举行。

20 日 市委召开全市领导干部会议，传达学习贯彻省委十四届八次全体（扩大）会议精神。

同日 3 年一度的全国精神文明建设表彰大会在北京举行。丽水市经复查确认，继续保留全国文明城市称号，实现全国文明城市“两连冠”。中国银行保险监督管理委员会丽水监管分局、国网浙江丽水市莲都区供电有限公司等 5 家单位获评第六届全国文明单位；云和县雾溪畲族乡、莲都区老竹畲族镇沙溪村、龙泉市竹垟畲族乡盖竹村等 10 个村镇获评第六届全国文明村镇；景宁畲族自治县大漈乡潘宅村任一文家庭获评第二届全国文明家庭；缙云中学获评第二届全国文明校园；丽水市实验学校获评新一届全国未成年人思想道德建设工作先进单位。

同日 国际小水电中心在丽水举行“绿色水电丽水示范区”授牌仪式。

同日 缙云县舒洪镇仁岸村（杨梅）、松阳县新兴镇、庆元县竹口镇黄坛村入选全国“一村一品”示范村镇、乡村特色产业十亿元镇、乡村特色产业亿元村名单。

20日至 22 日 2020 年中日交流会暨“花园乡村 田园康养”学术研讨会在丽水举行。

24 日 丽水市举行省委宣讲团中共十九届五中全会精神报告会。省委宣讲团成员、浙江省社会科学院院长何显明作题为《开启全面建设社会主义现代化国家新征程——深入学习十九届五中全会精神》的宣讲。

同日 2020 年全国劳动模范和先进工作者表彰大会在北京人民大会堂举行，陈万平、赖建兵、洪健萍获“全国劳动模范”称号，纪建松获“全国先进工作者”称号。

25 日 丽水市高质量绿色发展产业基金设立。

11 月 丽水市缙云羊上航空飞行营地、松阳双童山山地生态运动休闲基地入选省级运动休闲旅游示范基地；青田乐园室内滑雪、龙泉屏南越野小镇越野跑、遂昌浙西川藏线汽车越野、松阳七沐山滑草入选省级运动休闲旅游优秀项目。

11 月 松阳茶产业创新服务综合体、青田鞋产业创新服务综合体、丽水滚动功能部件产业创新服务综合体列入省级创建名单。至此，全市有省级产业创新服务综合体 9 家。

11 月 缙云县、松阳县、青田县、庆元县、莲都区入选第三批大花园示范县创建名单。至此，丽水市大花园示范县创建实现“县县全覆盖”。

11 月 人力资源和社会保障部、全国博士后管委会联合公布，批准全国 497 家单位设立国家级博士后科研工作站，其中，丽水市浙江畅尔智能装备股份有限公司、浙江晨龙锯床股份有限公司、市农林科学研究院获批。市农林科学研究院成为浙江省首个设立国家级站的地市级农林科研院所、丽水市首家事业单位国家级站。至此，丽水市有设立博士后工作站 41 家（已授牌 38 家），其中国家级博士后工作站 5 家、省级博士后工作站 33 家、设站单位 3 家。

12 月

2 日 松阳县入选第二批国家全域旅游示范区名单。

2日至 5 日 新疆维吾尔自治区阿克苏地区新和县党政代表团到丽水考察。

3日 全国首个世界农遗文化生态环境司法保护基地在青田县成立。

5日 丽水市第一届运动休闲体验季活动在青田县举行。

8日 全市规范干部退休工作推进会举行。

同日 全市“清廉文化进村晚”系列活动启动仪式在市文化馆举行。

10日 丽水市科学技术协会第七次代表大会召开。

同日 云和梯田景区被列入国家AAAAA级景区创建名单。

11日 丽水瓯江山水诗路启动启航仪式在龙泉市举行。同时，举行丽水瓯江山水诗路重要项目签约，发布《瓯江山水诗路旅游联盟宣言》。

同日 第三届世界青瓷大会在龙泉市举行。会上，举行“中国陶瓷行业特有工种职业技能鉴定基地”“中国国际陨石科技文化产业联盟龙泉创新研发基地”“微拍堂龙泉青瓷宝剑服务站”以及文创名家工作室授牌仪式。

11日至17日 丽水市开展大花园瓯江绿道宣传推介周活动，共有30余项“绿道+”活动在全市开展。

12日 2020(首届)中国不锈钢管高峰论坛在松阳县举行。会上，还举行授牌和签约仪式，钢铁研究总院与松阳县签订《战略合作协议》。

14日 国家卫生健康委、全国老龄办公布2020年全国“敬老文明号”名单，中国农业银行股份有限公司丽水分行营业部、缙云县高铁站综合管理中心、缙云县公安办事服务中心、龙泉市城北乡养老服务中心、庆元县公共法律服务中心(法律援助中心)获全国“敬老文明号”称号。至此，丽水市创建全国“敬老文明号”11个。

15日 京东智联云(丽水)数字经济产业园举行开园仪式。仪式上，市政府与京东集团签署战略合作协议。

17日至18日 嘉兴市委书记张兵率嘉兴市党政代表团到丽水考察。

18日 2020生态价值数字化国际高峰论坛系列活动在丽水启动。

19日 全省首个“抗战文化主题图书馆”在云和县建成开放。

20日 丽水市创建国家公园“丽水样本”探索实践改革获评“2020中国改革年度十佳案例”。

同日 市委、市政府印发《丽水市“一带三区”发展规划》，规划立足丽水发展优势和短板，推动解决市域空间布局不优、资源要素配置分散、全域统筹协调不足的现实问题。

同日 “丽水山耕”区域公用品牌以98.03的品牌影响力指数获2020中国区域农业品牌影响力排行榜——区域农业形象品牌(地级市)类别第一位。

21日 市委召开全市领导干部会议，传达学习贯彻中央经济工作会议和全省领导干部会议精神。

同日 丽水市地方志编纂委员会会议召开，《丽水市志》(重修本)通过终审。

23日 遂昌县职业中等专业学校、松阳县职业中等专业学校、缙云县职业中等专业学校、青田县职业技术学校、景宁畲族自治县职业高级中学、庆元县职业高级中学、丽水市职业技术学院入选浙江省中小学劳动实践基地(第二批)。

24日 市委四届九次全体(扩大)会议在丽水举行。全会以习近平新时代中国特色社会主义思想为指导，学习贯彻中共十九大和十九届二中、三中、四中、五中全会及省委十四届八次全会精神，审议通过《中共丽水市委关于制定丽水市国民经济和社会发展第十四个五年规划和二〇三五年远景目标的建议》。

同日 宁波、丽水两地共同发起的浙江丽水两山股权投资基金在丽水水街基金产业园成立，基金总规模8.08亿元。

25日 丽水市在全省率先完成野生动植物资源编目调查工作。

同日 青田田鱼和庆元香菇产品入选2020年第二批农产品地理标志登记名单。

26日 丽水市入选“2020年度中国全面小康特别贡献城市”。

28日 衢丽铁路项目开工仪式在莲都区丽新畲族乡白岸口村举行。

同日 “健康中国·生物医药”首届世界健康产业院士论坛在丽水举办。

30日 丽水市人民对外友好协会第四届理事会召开。

同日 “丽水茶叶”获评全国快递服务现代农业金牌项目。

31日 丽水市社会科学界联合会第七次代表大会在丽水举行。

同日 浙江省农业农村厅公布，丽水市被认定为农业绿色发展先行市。

12月 市人力社保局、市教育局、市财政局联合印发《丽水市职业教育“百名大师、千名高徒”结对培养工程实施方案》。

12月 浙江省生态环境厅公布第十批浙江省生态文明教育基地名单。松阳县水文化公园、青田县小舟山乡、遂昌县垵口乡榜上有名。至此，丽水市共创建21家生态文明教育基地。

12月 丽水市印发《丽水市坚决制止餐饮浪费行为行动方案》。

12月 市行政服务中心主导建设的《政务服务礼仪规范》在全国团体标准信息平台发布，该规范为全省首个政务服务领域和公共服务领域的礼仪标准服务规范。

12月 丽水市全年累计报告新型冠状病毒肺炎确诊病例35例，其中，本地确诊17例，分别为庆元县7例、青田县6例、缙云县1例、景宁县1例、松阳县1例、莲都区1例；境外

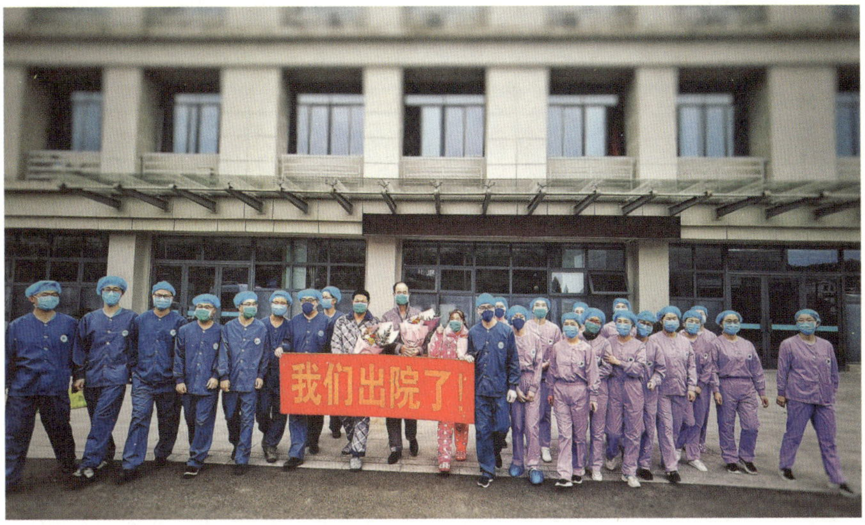

2020年2月27日，丽水本土新冠肺炎确诊病例清零　　（潘佳楠　提供）

输入18例（均为青田籍华侨）。丽水市用时32天在全省率先实现本土确诊病例清零，用时60天在全省率先实现境外输入病例全部治愈出院，实现新冠肺炎患者“零病亡”、医务人员“零感染”。　（市地方志研究室）

十大民生实事

一、完善养老服务体系，新增乡镇（街道）级居家养老服务中心53个、社区嵌入式养老护理机构15家；完成550户生活困难老人家庭适老化改造；实现全市养老护理员职业技能培训全覆盖、家庭照护者培训2500人以上。

完成情况：全市新增乡镇（街道）级居家养老服务中心53个、社区嵌入式养老护理机构15家；完成550户生活困难老人家庭适老化改造；实现养老服务机构养老护理员培训全覆盖、完成家庭照护者培训4059人。

二、全面完成农村饮用水达标提标三年行动计划，新增提升49.3万名农村居民饮用水标准。

完成情况：全市新增提升50.88万名农村居民饮用水标准，全面完成农村饮用水达标提标三年行动计划。

三、缓解停车难，新增规划配建停车位5000个（其中市区3200个），新增公共停车位900个（其中市区300个）；实行全市行政事业单位和国有企业停车泊位错时开放清单管理，处州公园地下停车场全年全天候对外开放；市区建成智慧停车管理系统。

完成情况：全市新增配建停车位9077个（其中市区4507个），新增公共停车位2172个（其中市区589个）；6月30日起，全市147家符合条件的机关企事业单位共5045个共享车位向市民错时开放；5月30日起，处州公园地下停车场150个停车位对社会全天候免费开放；市区智慧停车管理系统已建成启用。

四、丽水市户籍60岁以上老人免费接种1针23价肺炎疫苗并建立长效机制。

完成情况：全市完成丽水市户籍60周岁以上老人免费接种1针23价肺炎疫苗接种疫苗112290人份。

五、实现城镇学校交通安全设施全覆盖。

完成情况：已实现全市704所城镇学校交通安全设施全覆盖。

六、开展幼儿园放学后托管，实现有放学后刚性托管需求的幼儿园全覆盖。

完成情况：实现有刚性需求的幼儿园和有刚性需求的幼儿全面实现托管。其中，上半年77所幼儿园5039名幼儿参加放学后托管，占幼儿在园人数6.7%；下半年124所幼儿园7956名幼儿参加放学后托管，占幼儿在园人数10.36%。

七、关爱农村留守儿童，建设“儿童之家”100家，其中省级规范化“儿童之家”26家。

完成情况：全市新建成“儿童之家”100家，其中省级规范化“儿童之家”26家。

八、加快既有住宅加装电梯，对全市符合加装条件的既有住宅做到“能加、愿加则尽加、快加”。

完成情况：按照“能加、愿加则尽加、快加”要求，全市既有住宅加装电梯开工建设242台（其中市区81台），是2015—2019年累计加装台数的10倍。

九、加强助残服务，实施康复基本服务6万人次、0—7周岁残疾儿童康复训练450人、困难残疾人家庭无障碍改造300户、辅助器具适配1500件。

完成情况：全年全市实施残疾人康复基本服务72983人次、0—7周岁残疾儿童在定点康复机构接受康复训练487人、完成困难残疾人家庭无障碍改造356户、发放残疾人辅助器具2213件。

十、加快小区改造，全市完成城镇老旧小区改造21个，其中市区6个；老旧小区消防设施增配改造20个；在全市建设“智慧安防小区”30个。

完成情况：全市完成城镇老旧小区改造21个，完成改造面积70.94万平方米；实施老旧小区消防设施增配改造20个；建成“智慧安防小区”124个。　（叶建城）

丽水概览

自然气候

【地理位置】 丽水市位于浙江省西南浙闽两省结合部。市境介于北纬27°25′—28°57′和东经118°41′—120°26′之间。东南与温州市接壤，西南与福建省宁德市、南平市毗邻，西北与衢州市相接，北部与金华市交界，东北与台州市相连。中共丽水市委、市人民政府驻地莲都区。距省会杭州292千米，距上海512千米、温州126千米、金华122千米、台州218.7千米、衢州185千米。

【地形地貌】 丽水市位于浙闽隆起区组成部分，山脉属武夷山系，主要有仙霞岭、洞宫山、括苍山，呈西南向东北走向，分别延伸西北部、西南部和东北部。海拔1000米以上山峰3573座，1500米以上山峰244座。其中龙泉市凤阳山黄茅尖海拔1929米，庆元县百山祖海拔1856.7米，分别为江浙第一、第二高峰。地势由西南向东北倾斜，西南部以中山为主，间有低山、丘陵和山间谷地；东北部以低山为主，间有中山及河谷盆地。最低处为青田县温溪镇，海拔7米。

【江溪湖泊】 区域内有瓯江、钱塘江、飞云江、椒江、闽江、赛江，被称为“六江之源”。溪流与山脉走向平行。仙霞岭山脉是瓯江水系与钱塘江水系的分水岭，洞宫山山脉是瓯江水系与闽江、飞云江和赛江的分水岭，括苍山山脉是瓯江水系与椒江水系的分水岭。两岸地形陡峻，江、溪源短流急，河床割切较深，水位受雨水影响暴涨暴落，属山溪性河流。瓯江发源于庆元县、龙泉市交界的洞宫山锅帽尖西北麓，自西向东蜿蜒过境，干流长388千米，境内长316千米，流域面积12985.47平方千米，占全市总面积78%，是全市第一大江。位于瓯江上游的紧水滩电站水库，也称“仙宫湖”。位于瓯江中游的开潭电站水库——南明湖，面积5.6平方千米，相当于杭州西湖水域面积。2008年4月29日，位于瓯江支流小溪中游河段的浙江省第二大水库——滩坑水库下闸蓄水，这是一项继新安江电站之后全省最大水电建设项目，拥有库区水面70余平方千米，水库总库容41.5亿立方米。2009年7月10日，滩坑水电站3台发电机组全部投产发电，总装机容量60万千瓦，年发电量10.35亿千瓦时，成为浙江省第二大常规水电站。2010年8月，滩坑水库更名为千峡湖，是全市第一、全省第二大湖泊。 （王　利）

【气候特征】 丽水市在气候区划中隶属于中亚热带季风气候带，在区位上临近东海，受海洋影响较大，具有较明显的亚热带海洋性季风气候特征。地势多中山丘陵地貌，具有较显著的山地立体气候特征。亚热带海洋性季风气候与丘陵山地立体气候的叠加造就丽水优越的气候环境，是“中国气候养生之乡”和首个“中国天然氧吧城市”。丽水气候总体特征为“四季分明、冬暖春早，降水丰沛，雨热同步，垂直气候、类型多样”。全市常年(1981年至2010年，下同)的年平均气温为17.9℃，最低的1月平均气温为6.7℃，最高的7月平均气温为28.4℃。各地呈南高北低分布，最高的青田为18.6℃，最低的遂昌为17.1℃。历年极端最高气温为43.2℃(2003年7月31日出现在丽水市区)，历年极端最低气温为-10.7℃(1977年1月6日出现在缙云)；全市常年的年平均降雨量为1598.9毫米，一年中有80%的降水出现在3月至9月，其中6月最多为289.1毫米，12月最少仅44.3毫米。各地大致自南向北减少，最多的庆元为1746.8毫米，最少的莲都为1405.8毫米；全市常年的年平均降水日数为166.6天，3月最多为18.3天，12月最少为8.3天。各地来看，南部略多于北部，最多的云和为177.1天，最少的莲都为157.8天；全市常年的年平均日照时数1635.1小时，7月最多为215.6小时,2月最少仅84.0小时。各地差异不大,最多的庆元为1729.0小时,最少的遂昌为1575.1小时。丽水市的风速总体都较小且盛行东北偏东风,全市常年的年平均风速在0.8—2.2米/秒之间,在地区分布上,自东南向西北地区减小。丽水市是气象灾害的多发和频发区,气象灾害的种类多,每年暴雨、台风、寒潮、大雪、低温、大风、冰雹、雷击、高温、干旱等各类气象灾害都会发生,容易引发流域洪涝、小流域山洪、山体滑坡、泥石流、森林火灾等次生或衍生灾害。

(周国华 李叶萍)

【自然资源】 丽水市自然资源比较丰富,生态环境优越,被誉为“浙江绿谷”。生态环境质量居全省第一、全国前列,生态环境质量公众满意度继续位居全省首位。2004年,全国生态环境质量评价研究报告显示,丽水市9个县(市、区)均为优秀,列全国前50位,被称为华东地区最大的“天然氧吧”“全国生态环境第一市”,其中4个县列前10位,庆元县列第一位,成为“中国生态环境第一县”。2014年7月22日,丽水市成为第一批国家生态文明先行示范区建设地区。2015年,景宁、缙云县分别通过国家级生态县创建技术评估和现场验收。2019年,丽水市生态环境状况指数连续16年全省第一,生态环境公众满意度连续12年全省第一,组织召开世界低碳城市联盟大会暨低碳城市发展论坛,发布丽水(云和)空气质量健康指数,成为全国内地首个政府官方发布环境空气质量健康指数的地区。2020年,丽水市出台“三线一单”生态环境分区管控方案,优先保护区面积位居全省首位,占全市总面积75.7%;在全省率先开展全域生物多样性本底调查,编制浙江省首个市级生物多样性保护与可持续利用发展规划并发现全球两栖动物新物种——百山祖角蟾;在全省首个研发林业碳汇核定技术方法学,并完成全国首笔公共机构会议碳中和交易。

土地资源 根据2018年度土地变更调查显示,全市总面积1727520.23公顷,其中,耕地174675.43公顷,园地52369.67公顷,林地1349805.68公顷,草地14931.23公顷,城镇及工矿用地43199.56公顷,交通运输用地15376.85公顷,水域及水利设施用地41781.89公顷,其他土地35379.92公顷。

森林资源 丽水市素有“浙南林海”之称。2002年开始,实施生态公益林、千里绿色长廊、退耕还林建设。至2020年,全市林业用地面积146.36万公顷,其中森林面积142.14万公顷,活立木总蓄积量9885.83万立方米,毛竹立竹量4.79亿株。森林覆盖率81.7%。森林资源的特点,以针叶树最多。经过长期的植树造林,已于1994年消灭宜林荒山,1999年实现绿化达标。2010年12月23日,省关注森林组委会正式授予丽水“浙江省森林城市”称号。2012年7月9日,丽水市被全国绿化委员会、国家林业局正式命名为“国家森林城市”。2015年12月31日,国家林业局《关于2015年试点国家湿地公园验收情况的通知》(林湿发〔2015〕188号)批准同意浙江丽水九龙国家湿地公园试点建设正式通过验收,成为丽水市首个国家湿地公园。2017年9月25日,国家林业局授予丽水“全国森林旅游示范市”称号,丽水白云森林公园获“国家级森林公园”称号。2019年12月25日,国家林业和草原局印发《国家林业和草原局关于2019年试点国家湿地公园验收情况的通知》,浙江云和梯田国家湿地公园试点通过国家林草局验收,成为继为丽水九龙国家湿地公园之后丽水市第2个国家级湿地公园。至2020年,全市建有省级以上自然保护区6个,其中国家级自然保护区2个,省级自然保护区4个;自然保护区面积40317.21公顷,占土地总面积2.03%。

矿产资源 丽水市黑色金属、有色金属、贵金属、稀有金属及冶金辅助原料、化工原料、建材原料、非金属矿产、矿泉水、地热等矿产资源较为丰富。探明金(银)、铅锌、钼、稀土、叶蜡石、萤石、沸石、高岭土、珍珠岩、陶瓷黏土、花岗岩、建筑用凝灰岩等矿种57种,其中金属矿25种,非金属矿30种,汽水矿产2种。矿产地494处,其中,大型矿床13个,中型矿床39个,小型矿床125个,矿点317个。探明资源储量和开采的矿产26种,潜在经济价值近千亿元,其中金(银)、钼、叶蜡石、高岭土、沸石等储量居全省首位,缙云县沸石矿为全国三大沸石矿之一。

水力资源 丽水水电资源十分丰富,全市可供开发常规水电资源327.8万千瓦,约占浙江省可开发量40%。2004年,景宁畲族自治县被水利部授予“中国农村水电之乡”称号。2006年11月,丽水市被水利部命名“中国水电第一市”。至2007年年底,小水电(5万千瓦以下)装机总容量122.59万千瓦,成为全省乃至全国首个实现超百万小水电装机的地级市。全市各县(市、区)均实现农村水电电气化。至2012年年底,全市建成水电站797座,总装机251万千瓦,发电量71亿千瓦时(其中农村水电794座,总装机153万千瓦,发电量50亿千瓦时)。“丽水水电”成为丽水一张金名片。至2019年年底,全市建成水电站830座,总装机容量276.13万千瓦,发电量73.2亿千瓦时(其中农村小水电

站826座，总装机166.65万千瓦，发电量47.3亿千瓦时）。2017年至2020年，累计通过绿色水电国家认证总数114座，通过率占全国19%，占全省58%。创建生态水电示范区4个，累计创建共16个，位列全省第一。2020年11月20日，国际小水电中心在丽水市举行"绿色水电丽水示范区"授牌仪式，丽水市成为国际小水电中心在中国设立的第7个示范基地（区）。

生物资源 2020年，已知种子植物、苔藓植物、蕨类植物和大型真菌等4634种，其中种子植物171科，1095属，3265种；大型真菌14目，51科，176属，716种；苔藓植物58科，132属，295种；蕨类植物46科，101属，358种。已知野生动物有2838种，其中脊椎动物有38目，145科，725种；昆虫类20目，200科，2113种。国家重点保护野生动植物有野生植物38种，其中，国家一级重点保护植物有百山祖冷杉、伯乐树、长喙毛茛泽泻、中华水韭、莼菜、东方水韭、南方红豆杉7种；国家二级重点保护植物有金毛狗、长柄双花木、香果树、长序榆、白豆杉等31种。百山祖冷杉、九龙山榧、景宁木兰为丽水市独有。野生动物725种，其中，国家一级重点保护动物有黑麂、金雕、白鹳、黄腹角雉、白颈长尾雉、鼋等23种；国家二级重点保护野生动物有藏酋猴、黑熊、中华鬣羚等101种。2005年6月，联合国粮农组织（FOA）批准，有1200多年历史的青田县稻田养鱼系统成为首批五个世界农业非物质文化遗产保护项目之一。

旅游资源 2014年，丽水市以"生态•休闲•养生"为主题，以瓯江流域和自然山水为主线，创建"秀山丽水、养生福地、长寿之乡"生态、绿色、养生、休闲旅游品牌，相继被命名为"中国优秀旅游城市""中国优秀生态旅游城市""国家卫生城市""全国文明城市""美丽山水城市""国家水生态文明城市"。

丽水市山清水秀，风光秀丽，是长三角地区的一块净土，国家AAAAA级旅游度假区缙云仙都景区、国家全域旅游示范县松阳县、全国农业旅游示范点松阳卯山、全国工业旅游示范点龙泉宝剑厂、省红色旅游经典示范区王村口镇、省首家国家矿山公园遂昌金矿、省五星级农家乐经营点松阳四都寨头摄影休闲园。全市有国家AAAAA级旅游景区1家缙云仙都景区，国家AAAA级旅游景区23家，分别是莲都东西岩风景区、丽水市古堰画乡景区、龙泉山景区、龙泉青瓷小镇•披云青瓷文化园景区、龙泉宝溪景区、中国青田石雕文化旅游区、青田石门洞、缙云黄龙景区、遂昌南尖岩景区、遂昌金矿国家矿山公园、遂昌县神龙飞瀑景区、遂昌千佛山、中国畲乡之窗景区、景宁云中大漈、云和梯田景区、仙宫景区、庆元百山祖景区、庆元巾子峰景区、松阳箬寮原始林景区、松阳大木山茶园、松阳松阴溪景区、松阳双童山景区、缙云河阳古民居景区；AAA级景区38家，AA级景区7家；省级旅游度假区6家，分别为浙江丽水瓯江风情旅游度假区、景宁畲族风情省级旅游度假区、云和湖省级旅游度假区、松阳田园风情旅游度假区、遂昌黄金省级旅游度假区、龙泉青瓷文化旅游度假区。2020年，全市有省级以上森林公园14个，其中国家级森林公园6个，省级森林公园8个；全市获省级森林康养基地2个，省级特色产业示范县1个，省级森林人家1个，浙江森林氧吧11个，新建市级森林康养小镇8个，市森林康养特色村24个，市级森林康养基地4个。风景区内不仅广布奇峰、异洞、幽谷、流泉，还有众多的摩崖题刻、古建筑群、宗教寺观等人文景观。瓯江流域人工湖泊众多，景观如同天成。仙宫湖，周围有"夏洞天""八仙洞""九潭十八湾"等景观；滩坑水库（千峡湖）拥有千峡环湖壮丽景象，给人无限遐想，是丽水又一个风景如画、休闲旅游场所。

丽水9个县（市、区）均为革命老区，全市有红色旅游景点22处，分别为岱后中共丽水县委旧址、浙西南革命根据地中心区域（松阳）遗址、龙泉市革命烈士陵园、景宁畲族自治县寨山烈士陵园、缙云县革命烈士陵园、中共缙云县第一次代表大会旧址、庆元县革命烈士陵园、缙云雪峰村革命历史展示馆、住溪苏维埃政府旧址廖家祠堂、浙西南革命根据地纪念馆、松阳革命烈士陵园、季步高烈士故居（龙泉）、庆元后坑桥（红军桥）、遂昌王村口红色古镇（中国红军王村口纪念馆）、粟裕墓（遂昌）、周恩来视察纪念碑（云和）、上田战斗纪念馆（龙泉）、万象山革命烈士纪念碑、红军挺进师斋郎战斗指挥部旧址（庆元）、中共南乡区委旧址（丽水老竹）、庆元革命老根据地县纪念碑、景宁中共第一党支部党史陈列馆等。

2006年5月，松阳高腔、青田石雕、龙泉青瓷烧制技艺、龙泉宝剑锻制技艺入选国务院第一批国家级非物质文化遗产名录。2008年6月，刘伯温传说、青田鱼灯舞、木拱桥传统营造技艺、畲族医药（痧症疗法）、畲族三月三、畲族民歌、遂昌昆曲十番被列入第二批国家级非物质文化遗产名录。2009年9月，联合国教科文组织保护非物质文化遗产政府间委员会第四次会议上，龙泉青瓷传统烧制技艺被列入人类非物质文化遗产代表作名录，成为全球第一个且是唯一一个入选人类"非遗"陶瓷类项目；包括庆元在内的浙闽两省联合申报的“中国编梁木拱桥营造技艺”被列入急需保护的非物质文化遗产名录。2011年5月，遂昌班春劝农、缙云张山寨七七会、缙云轩辕氏祭典、缙云迎罗汉被列入第三批国家级非物质文化遗产名录。2014年12月，丽水鼓词、畲族婚俗、青田百鸟灯舞被列入第四批国家级非物质文化遗产名录。2016年11月，联合国教科文组织将中国申报的包含遂昌班春劝农等在内的“二十四节气——中国人通过观察太阳周年运动而形成的时间知识体系及其实践”列入人类非物质文化遗产代表作名录。至2020年年底，全市累计人类非遗项目名录3项，国家级非遗项目名录18项，省级非遗项目名录104项，市级非遗项目名录254项，省非物质文化遗产旅游景区（非遗主题小镇和民俗文化村）19个，市级非遗主题小镇16个，市级民俗文化村18个，市级非遗展示体验点53个。全国重点文物保护单位17处（近200个点），省级文保单位77处，市县级文保单位446处，其他文物保护点8000余处，占全省的1/6。

丽水市全国重点文物保护单位有丽水南明山摩崖题刻、莲都通济堰、浙江大学龙泉分校旧址、青田石门洞摩崖题刻、云和银矿遗址、庆元西洋殿、缙云河阳村乡土建筑、遂昌好川遗址、大窑龙泉窑遗址（含上垟窑址）、景宁时思寺、缙云仙都摩崖题记、处州廊桥、松阳延庆寺塔等17处。国家级、省级历史文化名城名镇名村56处。国家级历史文化名城有龙泉市，省级历史文化名城有丽水市、松阳县；国家级历史文化名镇3个，名村5个，街区1个；省级历史文化名镇8个，名村28个，街区8个。中国传统村落257处，浙江省首批省级传统村落198个（不含国家级名单）。古有明御史中丞兼太史令刘基读书处、松阳兄弟进士牌坊、龙泉剑池遗址、缙云独峰书院等人文景观，近有革命遗址遂昌县王村口红军挺进师旧址群、龙泉市水塔村中共浙西南特委驻地、莲都区厦河村中共浙江省委机关旧址、青田县东源镇周恩来题词纪念碑及畲族风情、龙泉登山、仙都攀岩、青田石雕等。丽水摄影和“巴比松”油画独具魅力，连续七届举办国际摄影节，“中国摄影之乡”称号使丽水成为摄影艺术中一颗耀眼的明珠。全市逐渐形成以畲乡文化、侨乡文化、剑瓷文化、黄帝文化、摄影文化、红色文化为主要载体的特色文化旅游。

（王　利）

历史沿革

【概况】 据龙泉市牛门岗、松阳县阴岗山、莲都区后甫及遂昌县好川遗址出土文物鉴定，新石器时代就有人类繁衍生息。

在现丽水市境内，东汉建安四年（199年）始建松阳县，东汉建安二十三年（218年）建置遂昌县两个最早县份。

隋开皇九年（589年）建处州，十二年（592年）改为括州，隋大业三年（607年）改为永嘉郡。唐武德四年（621年）复改为括州，唐天宝元年（742年）改为缙云郡，唐乾元元年（758年）复改为括州，唐大历十四年（779年）改为处州。元世祖至元十三年（1276年）改为处州路，元至正十九年（1359年）改为安南府，不久改为处州府。明景泰三年（1452年）起，处州府辖丽水、松阳、缙云、青田、遂昌、龙泉、庆元、宣平、云和、景宁10个县。清宣统三年（1911年）十一月，辛亥革命后成立处州军政分府。民国元年（1912年）撤销处州军政分府，由浙江省都督府直辖县，民国3年（1914年）属瓯海道管辖，民国16年（1927年）撤销瓯海道改省直辖县，民国21年（1932年）6月设第十一、十二县政督察区管辖，民国24年（1935年）6月改为丽水行政督察区，民国25年（1936年）4月改为第九行政督察区，民国37年（1948年）4月改为第六行政督察区，同年7月改为第七行政督察区，辖丽水、松阳、缙云、龙泉、庆元、宣平、景宁、云和8个县。

1949年4至5月，丽水全境解放。8月，设浙江省人民政府第七专区。10月，改为浙江省丽水专区。1952年1月，撤销丽水专区，各县分别划归温州、金华、衢州专区。1963年5月，恢复丽水专区，辖丽水、青田、缙云、遂昌、云和、龙泉6个县。1968年11月，改为丽水地区。1973年7月，恢复庆元县。1982年1月，恢复松阳县。1984年6月，设立景宁畲族自治县。1986年3月，撤销丽水县，建立丽水市。1990年12月，撤销龙泉县，建立龙泉市。2000年5月，撤销丽水地区，设立地级丽水市，同时撤销县级丽水市，设莲都区；7月18日至19日，莲都区与丽水市先后挂牌。

（王　利）

行政区划

【区划地名】 2020年，丽水市下设莲都区，辖青田、缙云、遂昌、松阳、云和、庆元、景宁7县，代管龙泉市一市。景宁县是全国唯一的畲族自治县。9个县（市、区）均为“革命老根据地县”。全市有31个街道，54个镇（畲族镇1个），88个乡（畲族自治乡6个）。

（叶　珊）

人口与民族

【人口】 2020年，全市人口总户数1093747户，同比增加6463户，总人口数为2707396人，同比减少258人，

2020年丽水市行政区划一览表

表1　　　　单位：个

县(市、区)名称	街道	镇	乡	社区	行政村	乡镇街道名称
全市	31	54	88	128	1890	—
莲都区	6	4	5	35	235	紫金街道、岩泉街道、万象街道、白云街道、南明山街道、联城街道、碧湖镇、大港头镇、老竹畲族镇、雅溪镇、太平乡、仙渡乡、黄村乡、丽新畲族乡、峰源乡
龙泉市	4	8	7	13	236	龙渊街道、西街街道、剑池街道、砝石街道、八都镇、上垟镇、小梅镇、查田镇、屏南镇、安仁镇、锦溪镇、住龙镇、兰巨乡、宝溪乡、龙南乡、道太乡、岩樟乡、城北乡、竹垟畲族乡
青田县	4	10	18	21	363	鹤城街道、瓯南街道、油竹街道、三溪口街道、山口镇、温溪镇、东源镇、船寮镇、北山镇、海口镇、腊口镇、高湖镇、仁庄镇、祯埠镇、章村乡、舒桥乡、贵岙乡、小舟山乡、祯旺乡、万山乡、黄垟乡、季宅乡、海溪乡、高市乡、巨浦乡、万阜乡、汤垟乡、方山乡、吴坑乡、仁宫乡、章旦乡、阜山乡
遂昌县	2	7	11	8	201	妙高街道、云峰街道、北界镇、王村口镇、大柘镇、石练镇、金竹镇、黄沙腰镇、新路湾镇、焦滩乡、应村乡、湖山乡、濂竹乡、高坪乡、蔡源乡、龙洋乡、柘岱口乡、西畈乡、垵口乡、三仁畲族乡
缙云县	3	7	8	8	253	五云街道、新碧街道、仙都街道、壶镇镇、新建镇、东渡镇、舒洪镇、东方镇、大洋镇、大源镇、前路乡、三溪乡、双溪口乡、溶江乡、胡源乡、石笕乡、方溪乡、七里乡
云和县	4	3	3	15	71	浮云街道、元和街道、白龙山街道、凤凰山街道、崇头镇、石塘镇、紧水滩镇、赤石乡、安溪畲族乡、雾溪畲族乡
景宁畲族自治县	2	4	15	8	136	红星街道、鹤溪街道、英川镇、渤海镇、东坑镇、沙湾镇、九龙乡、景南乡、澄照乡、毛垟乡、秋炉乡、大地乡、梅岐乡、郑坑乡、大均乡、梧桐乡、大漈乡、标溪乡、家地乡、鸬鹚乡、雁溪乡
松阳县	3	5	11	11	203	西屏街道、水南街道、望松街道、古市镇、玉岩镇、大东坝镇、象溪镇、新兴镇、赤寿乡、四都乡、樟溪乡、三都乡、斋坛乡、板桥畲族乡、叶村乡、竹源乡、枫坪乡、裕溪乡、安民乡
庆元县	3	6	10	9	192	濛洲街道、松源街道、屏都街道、竹口镇、荷地镇、黄田镇、左溪镇、贤良镇、百山祖镇、安南乡、隆宫乡、五大堡乡、岭头乡、淤上乡、张村乡、江根乡、官塘乡、龙溪乡、举水乡

人口自然增长率为-0.95‰，平均每户2.49人，出现近十年来人口数首次减少。其中，男性1389049人，女性1318347人，分别占人口的51.30%和48.70%，性别比为105.66(女=100)；总人口最多的是青田为572311人，第二是缙云为469576人，第三是莲都为421031人。全市出生22799人，其中男11864人，女10935人，性别比为108.49(女=100)，比2019年出生人数减少7041人，出生率为8.42‰，比2019年减少2.6个千分点，出生率呈下降趋势。出生率最低的3个县(市、区)为遂昌、景宁、庆元，分别是6.59‰、7.62‰和7.68‰；出生率最高的3个县(市、区)为莲都、青田和松阳，分别是10.07‰、8.87‰和8.48‰。全市死亡人口17165人，其中男10343人，女6822人，死亡率为6.34‰，比上年减少0.02个千分点。全年自然净增人口5634人，人口自然增长率2.08‰。全市省内、省外共迁入9056人，迁入率为3.34‰，比上年减少0.63个千分点；迁出14854人，迁出率为5.48‰，比上年减少0.52个千分点。全年机械减少人口5793人。其中人口迁入最多的县(市、区)是莲都区4020人、青田县1696人、缙云县1813人；人口迁出最多的县(市、区)是青田县2697人、缙云县2165人、莲都区2107人。2020年，全市0—17岁511829人，占总人口的18.90%，比上年减少9387人；18—34岁524758人，占总人口的19.38%，比上年减少7235人；35—59岁1119800人，占总人口的41.36%，比上年减少28人；60岁及以上551037人，比上年增加15402人，占总人口的20.35%。数据显示，遂昌、缙云、云和60岁以上人口占总人口比例位列前三位，分别是23.97%、21.70%和21.25%。　　（许立红）

【民族】 丽水市有汉族和44个少数民族。据公安户籍部门显示，全市共有少数民族户籍人口11.26万人(畲族人口9.65万人)，占丽水市总人口4.16%，有畲族、苗族、土家族、壮族、布依族、侗族、彝族、拉祜族、佤族、水族、蒙古族、回族、藏族、朝鲜族、满族、东乡族、纳西族、景颇族、土族、达族、维吾尔族、仫佬族、布朗族、毛南族、仡佬族、锡伯族、怒族、俄罗斯族、赫哲族、羌族、普米族、鄂温克族、裕固族、京族、塔吉克族、阿昌族、基诺族、白族、哈尼族、傣族、黎族、傈僳族、德昂族、瑶族。据当年民族部门统计，全市辖有景宁畲族自治县，7 个民族乡镇（老竹畲族镇和丽新、竹垟、雾溪、安溪、三仁、板桥 6 个畲族乡），161 个少数民族行政村。少数民族人口在 1 万人以上的县（市、区）有莲都、龙泉、云和、遂昌、景宁。 （李 振）

国民经济和社会发展

【综合经济实力】 2020 年，全市地区生产总值（GDP）1540.02 亿元，比上年增长 3.4%。其中，第一产业增加值 104.61 亿元，第二产业增加值 555.19 亿元，第三产业增加值 880.22 亿元，分别增长 2.5%、1.0%和 5.4%，三大产业对经济增长的贡献率分别为 5.2%、12.6%、82.2%。三次产业增加值结构为 6.8:36.0:57.2。人均生产总值 61811 元，按年平均汇率折算为 8961 美元，增长 2.1%。

2020 年，全市实现农林牧渔业总产值 161.78 亿元，比上年增长 4.9%。菌、茶、果、蔬、药、畜牧、笋竹、油茶等 9 大主导产业产值 131.81 亿元，增长 5.6%。全年农林牧渔业增加值 105.76 亿元，增长 2.6%。全年完成粮食生产功能区提标改造 52 个，累计建成粮食生产功能区 547 个，总面积 3.00 万公顷。累计成功申报 8 个省级现代农业园区、9 个特色农业强镇，创成特色农业强镇 6 个。农业产业化组织 1965 家，县级以上农业龙头企业 424 家。新培育农产品旅游地商品生产经营主体 180 家、农产品旅游地商品 259 个，实现年营销额 108.53 亿元。全年新增绿色食品 55 个，地理标志农产品 4 个。“丽水山耕”区域公用品牌背书农产品累计达 323 个，品牌溢价率 30%以上。年末，建制村全部实现生活垃圾集中收集有效处理。创建省级美丽乡村示范县 1 个、示范乡镇 12 个、特色精品村 27 个，累计创建省级美丽乡村示范县 4 个、示范乡镇 55 个、特色精品村 146 个。累计发展农家乐民宿 3380 户，餐位 20.5 万个，床位 4.2 万个，从业人数 2.9 万人，全年农家乐（民宿）共接待游客 2205.1 万人次，实现营业总收入 22.7 亿元。“千万农民素质提升工程”培训 68538 人，其中，农村实用人才培训 8576 人。年末金融系统涉农贷款余额 1368.94 亿元，增长 22.3%。林权抵押贷款余额达 67.21 亿元，增长 1.7%。年末，全市共有省级特色小镇 14 个，其中省级命名小镇 1 个，省级创建小镇 10 个，省级培育小镇 3 个，实现省级特色小镇县（市、区）全覆盖。

2020 年，全市实现工业增加值 434.37 亿元，比上年增长 2.8%。规模以上工业增加值增长 4.5%。规模以上工业企业销售产值增长 3.7%，其中出口交货值增长 0.4%。分行业看，在 35 个行业大类中，27 个行业增加值同比增长。分经济类型看，国有企业增加值增长 7.3%，私营企业增长 5.7%，外商投资企业下降 18.8%，港澳台投资企业增长 6.5%，有限责任公司增长 3.5%，股份有限公司下降 2.9%。十七大重点传统制造业增加值增长 2.4%。规模以上工业企业实现利润总额 102.19 亿元，比上年增长 15.5%。全员劳动生产率 20.2 万元/人，比上年提高 5.2%。全年完成规模以上工业企业投入研发费用 39.24 亿元，比上年增长 18.2%；规模以上工业新产品产值增长 4.0%。新产品产值率 36.5%。规模以上工业中，高技术、高新技术产业、装备制造业和战略性新兴产业增加值分别增长 1.4%、5.5%、11.4%和 7.4%，占规上工业增加值的比重分别为 4.9%、40.3%、29.4%和 17.3%。全年建筑业增加值 120.90 亿元，占 GDP 的比重为 7.9%。

2020 年，全市实现服务业增加值 880.22 亿元，按可比价计算，比上年增长 5.4%，服务业占 GDP 比重 57.2%。全年实现旅游总收入 655.99 亿元，比上年下降 16.0%。其中，国内旅游收入 655.94 亿元，下降 16.0%；旅游外汇收入 72.93 万美元，下降 85.3%。年末全市共有 AAAA 级及以上旅游景区 24 家，其中 AAAAA 级旅游景区 1 家。全年交通运输、仓储和邮政业增加值 38.56 亿元，下降 1.7%。全市公路总里程 15803.7 公里，其中高速公路 419 千米。公路和水运完成货物周转量 83.55 亿吨千米，比 2019 年增长 1.1%；公路和水运旅客周转量 6.5 亿人千米，下降 39.5%。铁路客运量 798.8 万人，下降 31.3%；货运量 238.44 万吨，增长 5.3%。全年邮政行业业务总量完成 38.43 亿元，比 2019 年增长 16.2%；业务收入（不包括邮政储蓄银行直接营业收入）完成 14.95 亿元，增长 8.1%；全市快递业务量完成 1.5 亿件，增长 18.3%。年末，移动电话用户 263.79 万户，比 2019 年减少 0.28 万户，其中使用 3G、4G、5G 移动电话用户 226.65 万户。固定互联网宽带（含华数）接入用户 102.19 万户，增加 3.62 万户。移动互联网用户 241.09 万户。

【社会消费需求】 2020 年，全市社会消费品零售总额 727.48 亿元，比上年下降 0.4%。按经营地统计，城镇消费品零售额 550.71 亿元，下降 2.2%；乡村消费品零售额 176.77 亿元，增长 5.9%。网络零售额 481.6 亿元，增长 29.4%；居民网络消费 276.5 亿元，增长 9.1%。全年完成限额以上社会消费品零售总额129.24亿元，比上年下降0.8%。在限额以上企业销售的商品类别中，饮料和粮油食品分别增长15.0%和27.8%；烟酒、文化办公用品和日用品类均分别下降23.4%、31.1%和0.3%；汽车类增长6.3%（其中新能源汽车增长299.1%）。批零单位通过公共网络实现的商品零售额增长10.9%。年末已登记商品交易实体市场113个，交易额为280.56亿元，比上年下降26.5%。其中，1亿元以上市场41个，10亿元以上市场8个。

【固定资产投资】 2020年，全市固定资产投资比上年增长6.7%。非国有投资增长11.1%，占比60.9%；民间投资增长9.9%，占比59.9%。高新技术产业投资、交通投资、生态环保城市更新和水利设施投资均同比下降，分别下降6.3%、8.1%和4.0%，民间项目投资下降15.5%。工业投资和制造业投资分别下降9.4%和下降12.0%。全市共谋划入选省市县长项目38个，开工建设23个。全年268个重点建设项目完成投资467.8亿元。全年房地产开发投资273.29亿元，比上年增长26.8%，其中住宅投资202.59亿元，增长34.2%。商品房销售面积296.02万平方米，增长18.2%；商品房销售额399.51亿元，增长38.3%。

【进出口总额】 2020年，全市货物进出口总额343.65亿元，比上年增长16.5%。其中，出口300.71亿元，增长12.4%；进口42.94亿元，增长55.8%。其中：流通公司出口149.14亿元，增长21.5%；生产企业出口144.03亿元，增长5.0%，占全市出口总额的47.9%。对亚洲、欧洲、北美洲出口分别增长14.6%、5.7%和31.6%，出口额占全市出口总额的85.4%。对“一带一路”沿线主要国家出口额105.0亿元，增长2.7%。新设外商直接投资项目32个，比上年增加3个；合同外资1.58亿美元，下降45.0%，实际利用外资0.6亿美元，增长16.0%。

【财政金融】 2020年，全市财政总收入240.15亿元，比上年增长5.3%；一般公共预算收入143.86亿元，增长2.9%。其中，税收收入117.67亿元，增长7.2%，占一般公共预算收入的81.8%。公共预算收入与经济增长基本同步，减税降费政策成效得到较好体现。一般公共预算支出527.10亿元，增长0.1%，其中民生支出398.33亿元，占比75.6%。年末全部金融机构本外币各项存款余额3549.78亿元，比上年末增长16.8%，其中人民币存款余额3474.18亿元，增长17.6%。住户本外币存款余额2146.69亿元，增长13.1%。全部金融机构本外币各项贷款余额2773.68亿元，增长23.4%，其中人民币贷款余额2763.72亿元，增长23.8%。年末主要农合机构人民币贷款余额666.82亿元，比年初增加130.54亿元，增长24.3%。年末境内上市公司4家，累计融资44.51亿元。其中，主板上市公司1家，中小板上市公司2家，创业板上市公司1家。全年保险业实现保费收入59.91亿元，比上年增长6.7%。其中，财产险保费收入21.13亿元，增长2.3%；人身险保费收入38.78亿元，增长9.3%。支付各类赔款及给付19.76亿元，增长5.2%。其中，财产险赔付支出12.46亿元，人身险赔付支出7.31亿元。

【文教卫事业】 2020年，全市幼儿园427所，在园幼儿7.64万人，比上年增长1.8%。全市共有小学202所，招生2.56万人；在校生15.66万人，下降1.1%。初中78所，招生2.81万人；在校生8.37万人，增长0.2%。全市各类中等职业教育学校13所，招生1.11万人，在校生2.99万人。普通高中24所，招生1.30万人，在校生3.68万人，毕业生1.14万人。全市共有普通高校3所。高考录取率为94.4%，高等教育毛入学率为62.1%。义务教育中小学专任教师1.68万人，增长2.0%。双师型教师占专任教师和专业课教师的比例分别为47.5%和85.3%。普通高等学校专任教师中具有硕士以上学位教师比例为42.1%。

年末，全市公共图书馆10个，文化馆10个，文化站172个，博物馆19个。县级文化馆和图书馆覆盖率均达100%，乡镇（街道）综合文化站和村（社区）文化服务中心实现全覆盖。全年成功举办全省首届生态运动会开幕式及首站赛，全国级别最高、规格最高、规模最大的国家级专业体育赛事——全国皮划艇静水锦标赛。全年丽水运动员参加各项目省锦标赛共获80枚金牌。全年体育彩票销售额4.77亿元。

全市卫生机构1661个（含村卫生室、诊所），其中，医院59个，卫生院186个，社区卫生服务中心（站）44个，诊所（卫生所、门诊部、医务室）583个，村卫生室747个。卫生技术人员21345人，比上年末增长4.3%，其中，执业（助理）医师8569人，注册护士8884人，分别增长3.0%和4.8%。医疗卫生机构床位数14290张，下降0.2%。医疗机构年诊疗2183万人次，下降2.6%。

全市新认定高新技术企业208家，累计455家。新培育科技型中小企业336家，累计1396家。全市专利申请量和授权量分别为15078件和11606件，比上年分别增长30.5%和55.9%；其中发明专利申请量和授权量分别为2812件和426件，增长42.3%

和 54.9%,财政一般公共预算支出中科技支出 11.50 亿元,增长 0.6%。全年新增“浙江制造”标准 17 个,新增“品字标浙江制造”企业 10 家,新增“品字标浙江农产”企业 4 家。

【生态环境建设】 2020 年,全市年平均降水量为 1526.1 毫米。水资源总量 161.87 亿立方米。全年新增百万国土绿化造林 8469 公顷,完成义务植树 471.1 万株。全市森林覆盖率 81.7%。全市年平均气温 19.1 度。市区 PM2.5 浓度平均为 21 微克/立方米,日空气质量(AQI)优良天数比例为 98.9%。全市 96 个地表水断面Ⅰ—Ⅲ类水质断面占 99%,无劣Ⅴ类水质断面。县级以上城市集中式饮用水水源地水质达标率为 100%。跨行政区域河流交接断面中,满足水环境功能区目标水质要求断面占 100%。全年全市污水排放量 11021.18 万立方米,比上年增长 3.0%;污水处理量为 10795 万立方米,增长 3.3%;全市城市污水处理率 98.0%,比上年提高 0.3 个百分点。城市生活垃圾无害化处理率 100%,城市用水普及率 100%,城市燃气普及率 100%。全市建成区绿地面积 4335.77 公顷,其中公园绿地面积 1389.54 公顷,建成区绿地率 37.2%,人均公园绿地面积 13.83 平方米。

【人民生活和社保】 2020 年,全市居民人均可支配收入 37744 元,比上年增长 6.5%,扣除价格因素增长 4.4%。按常住地分,城镇常住居民和农村常住居民人均可支配收入分别为 48532 元和 23637 元,分别名义增长 4.5%和 7.8%,扣除价格因素分别增长 2.5%和 5.7%。全市居民人均生活消费支出 25940 元,比上年名义增长 0.9%。其中,城镇常住居民人均生活消费支出 31756 元,下降 0.4%;农村常住居民人均生活消费支出 18335 元,增长 1.1%。年末城镇常住居民人均住房建筑面积 50.2 平方米,比上年末增加 0.8 平方米;农村常住居民人均住房建筑面积 67.1 平方米,比 2019年末增加 1.5 平方米。年末每百户城镇居民家用汽车拥有量 38.7 辆,每百户农村居民家用汽车拥有量 21 辆。

年末,全市参加企业职工基本养老保险人数 86.13 万人,比上年末增加 5.92 万人;参加城镇职工基本医疗保险 50.54 万人,增加 3.20 万人;参加失业保险人数 30.66 万人,增加 3.27 万人;参加工伤保险人数 78.39 万人,增加 19.06 万人。参加生育保险人数 33.60 万人,增加 3.26 万人。被征地农民基本生活保障累计参保人数 2.50 万人。正常缴费企业职工基本养老保险退休人员月人均养老金 2441 元;城乡居民养老保险基础养老金最低标准 180 元。年末在册低保对象 7.41 万人,其中,城镇 0.25 万人,农村 7.16 万人。低保资金支出 4.86 亿元,比上年增长 14.4%。城乡低保同标,平均每人每月 850 元。新增各类机构养老床位数 300 张,新建成乡镇(街道)级示范型居家养老服务中心 53 个。社区居家养老服务照料中心实现全覆盖。 (宋李英)

经济体制改革

【概况】 2020 年,全市经济体制改革紧扣高质量发展要求,坚持以供给侧结构性改革为主线,以完善产权制度和要素市场化配置为重点,发挥经济体制改革牵引作用,深化重点领域和关键环节改革,推动现有改革出成果、特色改革出亮点、试点推进出新效。全市新增国家级试点 18 个,省级试点 36 个。《问海借力 打造丽水综合物流通道》获评全省山海协作升级版“最佳实践案例”,网上中介超市荣获全国政府信息化管理创新奖,创建国家公园“丽水样本”探索实践改革荣膺“2020 中国改革年度十佳案例”。

【生态产品价值实现机制试点】 2020 年,丽水市发布全国首个山区市生态产品价值核算地方标准,率先推进 GEP 进规划、进决策、进项目、进交易、进监测、进考核。研究制定森林碳汇方法学,完成全国首笔公共机构会议碳中和交易,构建全市“1+9”“两山银行”体系。在全省率先试行与 GEP 相挂钩的财政奖补机制,建立生态产品政府购买和市场交易制度,截至年末全市累计完成政府购买 5.92 亿元,开展生态产权交易 5155 宗、8.60 亿元。创新促进生态产品价值实现的金融体系,推出“两山贷”“生态贷”“GEP 贷”等绿色金融产品。培育壮大“丽水山耕”“丽水山居”等“山”系品牌,“丽水山耕”连续三年荣获中国区域农业品牌影响力排行榜首位。先后培育生态产品价值实现示范企业 33 家、示范村(社区)27 家、示范学校 9 家、示范医院 1 家。

【集体林业综合改革试验区】 2020 年,《浙江省丽水市探索集体林地地役权制度》《浙江省龙泉市实行公益林信息化管理》作为全省仅有的 2 个林改典型案例入选全国首批集体林业综合改革试验典型案例。推进农村产权制度改革,至年末,全市新增林地流转面积 7226.67 公顷,其中规模林地流转发证面积 2086.67 公顷,新增新型林业经营主体 111 家(其中家庭林场 71 家)。推动农村金融改革,截至年末,全市新发放林权抵押贷款 1.68 万笔 33.36 亿元,累计发放贷款 23.64 万笔、294.76 亿元;贷款余额 3.73 万笔、67.16 亿元;贷款总量(占全省 47.9%）和贷款余额（占全省 65.5%）占全省近一半份额，居全国各地市第一。

【跨境电子商务综合试验区】 2020年，中国（丽水）跨境电子商务综合试验区获批以来，市委、市政府高度重视，成立领导小组、建立工作机制、编制实施方案，制定《中国（丽水）跨境电子商务综合试验区重点工作清单》《中国（丽水）跨境电子商务综合试验区 2020 年重点工作指标》等文件，加快推进各项工作落实。9 月 25 日，浙江臣舟科技有限公司、浙江涛涛车业股份有限公司分别完成跨境电商 9710、9810 首单业务，标志着丽水跨境电商 9710、9810 业务开通运行。至年末，缙云县、莲都区、龙泉市、青田县、丽水经济技术开发区已完成跨境电商 9710 首单业务。

【"一带三区"跨山统筹】 2020 年，丽水市成立以市委常委为组长、副市长为副组长的"一带""三区"四个专项协调工作组。印发实施《丽水市"一带三区"发展规划》，探索构建国土空间统筹机制、财政金融统筹机制、教育资源统筹机制、人才资源统筹机制、产业招商统筹机制等五大统筹机制。谋划建设丽水南城生态工业统筹发展示范区、碧湖新城统筹建设示范区、龙庆经典文创示范区、遂松乡村振兴示范区、云景特色风情示范区五大示范性平台，配套实施八大标志性工程，其中，谋划确定标志性项目 26 个、总投资 5139 亿元，形成"一带三区"统筹发展的重要载体。

【农村金融改革】 2020 年，丽水市深入贯彻中共十九大关于乡村振兴战略部署，在全国农村金融改革试点基础上，推进普惠金融服务乡村振兴改革试验区创建工作。开展金融业务创新，率先破题金融助推生态产品价值实现机制创新，创新推出"生态抵（质）押贷""两山信用贷""生态主题卡""两山金融服务站""生态区块链贷"等金融模式。结合百山祖国家公园创建在全省创新推出地役权补偿收益权质押贷款；结合农村河权改革率先推出农村河道使用经营权抵押贷款。截至年末，农村产权抵押贷款余额达 135 亿元。成为全省第一个拥有两个省级信用县（云和县、景宁县）的地级市。建成首批 107 家标准化乡村振兴金融服务站。发布《农村信用体系建设规范》等 5 项金融标准。

【营商环境优化行动】 2020 年，丽水市推进优化营商环境"10+N"便利化行动，深化"无证明化""证照分离"改革，新批工业用地实现 100%按照"标准地"供地，一般企业投资项目从赋码备案到竣工验收审批实现"最多 80 天"。率先出台丽水经济技术开发区优化营商环境建设工作三年行动计划，建立指标监测机制，推动开发区、产业功能区营商环境工作在全省层面取得成效。实现产业及惠民政策兑现一网发布、信息主动推送、进度全程透明，上线政策事项 1026 项，累计兑现金额 4.35 亿元，平均兑现时间减少 15 个工作日。提升政务服务能力，"网上办""掌上办"实现率99.8%，即办事项比率达 95.3%，"推进互联网+监管"，创新建立花园云每日会商制度。推进丽水花园云、城市大脑并轨运行，上线一批治理"烦难杂"事项的场景应用。

【高质量发展体系建设】 2020 年，全市数字经济加快发展，成立数字经济发展有限公司，京东智联云数字经济产业园投入运营，"三园一基地"新增入园企业 110 家，全年营收、税收分别增长 41.4%和 32.1%。全市数字经济核心产业制造业增加值增长 8.1%，高于规上工业增加值增速。加快科技创新，启用上海张江科创飞地，启动建设长三角 G60 丽水科创基地。新增省级高新技术企业研发中心 24 家、省级企业研究院 13 家、省级重点实验室 1 家。新增省级科技企业孵化器 2 家、省级众创空间 5 家。实现省级领军型创新创业团队"零突破"。生态产业提质增效，把生态工业确定为高质量绿色发展主攻方向，启动实施生态工业高质量绿色发展倍增行动，6 条产业链列入省级链长制试点，新引进制造业大项目 73 个，战略性新兴产业、高新技术产业增加值分别增长 7.4%、5.5%。深化"亩均论英雄"改革，制定《关于加快推进制造业企业资源要素优化配置的若干政策意见》，推动要素差别化配置。创新开展"亩均贷""亩均保"金融产品创新试点，截至年末，市本级共审批通过"亩均保"项目 10 笔，总金额 2600 万元。全年淘汰落后产能涉及企业 62 家，"低散乱"整治 410 家。

【信用体系建设】 丽水市国家城市信用状况监测 2020 年 9 月份排名创历史新高，在全国 261 个地级市中位列第十名，首次进入"全国十强"。全市紧扣生态信用领跑者城市"1 个定位"，完成公共信用平台二期建设，夯实信用建设数字化基础。拓展"信易行""信易游""信易购"等场景 13 个，推进"信易贷"工作，累计发放贷款 13.83 亿元。实现"信易+"创新激励场景县（市、区）100%全覆盖。开展信用监管，累计完成信用核查 164 批次，完成信用修复企业 166 家。与上海市黄浦区签订《加强信用联动推动长三角信用一体化战略合作备忘录》，正式迈出区域信用共建、共享、共融步伐。建立完善企业环保信用等级评价管理制度，对344家企业进行环保信用等级评定。开展拖欠农民工工资专项治理，立案及协调处理欠薪案件254件。推进教育培训领域信用专项治理，发布2020年全市中小学文化类校外培训机构“黑白”名单，涉及机构242家。完成首批生态信用村评定工作，评定产生AAA级生态信用村11个，AA级生态信用村14个。推动生态信用村的绿色金融、财政补助、科技服务、创业创新、生态产业扶持等多项正向激励举措。

【国资国企改革】 2020年，丽水市相继出台《市属企业功能界定与分类意见》《丽水市市属企业全面预算管理办法》《丽水市市属企业担保管理办法》系列文件，完善国资监管体制机制。出台《改革市属企业工资决定机制实施办法(暂行)》，深化市属企业收入分配体系改革，初步建立企业效益和工资同向联动机制。完成小微分散股权整合，丽汽集团23.32%股份、市电影公司100%股权整合至市文旅公司，市天然气公司49%股权整合至市城投公司。深化国有资本运营公司改革，将市国资委持有的市城发公司90%、市农投公司95.71%、市交投公司100%、市数发公司100%和市数管公司80%的国有股权划转给市国运公司。划转市城投公司1.9%和市城发公司10%股权给浙江省财务开发有限责任公司，充实社保基金。基本实现经营性国有资产统一集中监管，丽水市规划建筑设计院和丽水市市场开发服务中心完成“事改企”统一划转国资监管。市数字经济发展有限公司“三园”融合取得实质进展，城西公租房及安置房(二期大学生创业园)工程项目正式移交，完成丽水绿谷信息实业有限公司和杭州括苍投资有限公司100%股权和资产划转。市公交集团有限公司完成合并开始运营。水务集团挂牌成立。市城投公司主体信用等级由AA调升至AA+。探索建立职业经理人制度，完成市场化选聘职业经理人2人。 (吴 新)

个体私营(民营)经济

【概况】 2020年，丽水市市场监管系统深化各项商事制度改革，推进“最多跑一次”，优化营商环境。打响第二轮“小微企业三年成长计划”收官战，激发市场主体活力，增强创业创新活力。组织药店在全省率先实施购买退热类等药品人员信息登记报告制度，开展口罩、额温枪、应急食品、消毒液等防疫物品捐赠活动，合计捐款捐物价值12余万元。年末，全市共有个体工商户230699户，比上年同期增加15%，共有私营(民营)企业51768户，比上年同期增加13.61%。丽水市个民企联合党委在市两新工委的领导下，紧扣“两手硬、两战赢”目标，以“强党建、优服务、促发展”为主题，发动基层党组织和党员投身疫情防控，率先复工复产，凝聚起党建引领小个专非公党建的合力。

2020年，丽水市市场监管局健全党建制度和机制，优化支部和党员考核制度，增加疫情防控、争先创优创新指标，提升党建水平。开展“一支部一阵地”创建、“我是支部书记”等活动，承包果园建党员先锋林，实施“爱心助学”行动，打造特色党建品牌。在市区和碧湖建成2个规范化党员活动室。

【市场监管服务】 2020年，丽水市市场监管局把深化服务作为破解非公企业难题的“总开关”。建立市场监管系统“1+9+n”红色助企新模式，以1个市级党委、9个县级党组织，发动“小个专”广大党员，开展“十百千”助企行动，全系统百名党员干部化身“驻企服务员”“防疫指导员”“企业代办员”，针对复工复产、企业转型等需求和难题，通过建立闭环跟踪、干部驻企、线上审批兑现等机制，助推10个行业、100家企业高质量发展，带动1000家重点小微企业提质增效。共梳理问题清单86项、梳理需求清单134项、落实帮扶举措150条。

【非公党建引领】 2020年，丽水市市场监管局把助推发展作为非公党建的“生命线”。加强党建在“小个专”非公经济引领作用，开展惠企政策宣传，全方位抓好“两直”政策落地。动员全系统1000余名党员干部，开展攻坚大会战，精准地把2.18亿元“两直”补助资金送到23813户市场主体手中，是全省首个完成“两直”任务的地市。全力为企业减压赋能，出台服务企业复工复产“暖企11条”、扶持个体工商户13条，减免各类国有市场租金449.8万元，推行开办“零成本”，实施向新开办企业赠送印章和税控设备政策，惠及5840家新开办企业，累计为企业减免开办费用200万余元。 (李颖颖)

群众性精神文明创建活动

【社会信用体系建设】 2020年，市文明委持续部署推进《丽水市诚信建设制度化实施方案》《集中治理诚信缺失突出问题 提升全社会诚信水平工作方案》，落实牵头责任，明确工作要求，推进各项工作。发动各地各单位发现选树诚实守信类“身边好人”，共选树诚实守信类“丽水好人”12人，6

人入选"浙江好人"榜，4人上榜"最美诚信浙江人"。会同相关主管部门部署开展诚信行业、诚信单位、诚信示范街区、诚信经营示范店等主题实践活动，推动生产企业、流通企业、窗口企业、食品药品企业等开展诚信主题实践活动。会同相关职能部门推进19类诚信缺失突出问题集中治理，提高全社会征信程度。丽水市国家城市信用状况监测9月份排名创历史新高，在全国261个地级市中位列第10名，综合信用指数87.38，首次进入"全国十强"。

2020年3月5日，小荷志愿者开展"你守护城市，我守护你"送温暖送爱心专项行动
（刘佳奇　提供）

【公益广告宣传】 2020年，市文明办举办第六届"最美丽水"公益广告创意大赛，评选并表彰优秀作品。落实十九届五中全会精神、新冠肺炎疫情防控、《丽水市文明行为促进条例》、侨博会等重大主题公益广告宣传工作。设计制作一批融思想性、艺术性于一体的高质量公益广告景观小品，在城北街、人民街、丽阳街、丽青路等主次街道，处州公园、火车站广场、白云山森林公园等公园广场景区景点展示。

【精神文明建设】 2020年，市人大办牵头、市文明办配合推动文明行为立法工作，《丽水市文明行为促进条例》（简称《条例》）于11月1日起正式施行。《条例》颁布实施后，掀起学习宣传条例热潮，推进各项规定落实落地。加强宣传引导，推动《条例》进机关、进农村、进社区、进学校、进企业，开展讲座、咨询等各类宣传活动1900余场。通过案例解析、法条解读等形式，开展宣讲60余场次，受众5000余人次。市公安（交警）、综合执法等部门加强联动配合，采取全方位举措推动《条例》实施，对过马路看手机、车窗抛物、未按指示方向停车、人行横道不礼让等文明条例专项处罚累计5.9万起，教育不文明行为6.7万人次。

【志愿服务推进】 2020年，丽水市不断壮大"小园丁"志愿服务队伍，9县（市、区）志愿者联合会实现全覆盖。全市志愿者服务队伍达3261支，注册志愿者人数72.6万人，超过户籍总人口的25%。推广宣传"小园丁"志愿服务平台，创新推出"随手做志愿"模块，实施百姓点单、中心派单、志愿者接单、群众评单的工作模式，打通供需对接渠道。以"两山+五色"为主题，设计志愿服务项目，组织新时代文明实践中心暨志愿服务专题培训班，举办首届丽水小园丁志愿服务大赛，参加浙江志愿服务展示交流活动暨项目大赛，取得2银1铜佳绩，"丽水小园丁"品牌获省委宣传部部长朱国贤点赞。丽水市莲都区"小荷"说新语、遂昌县"芝麻绿豆"志愿服务项目等7个对象入选2020年浙江省志愿服务最美（最佳）典型。出台《丽水市志愿服务嘉许激励办法（试行）》，完善志愿服务制度体系。

【群众性创建活动】 2020年，青田县、龙泉市、庆元县创成浙江省示范文明城市。中国银行保险监督管理委员会丽水监管分局、国网浙江丽水市莲都区供电有限公司等5个单位、莲都区老竹镇沙溪村、龙泉市竹垟畲族乡盖竹村等10个村镇、缙云中学校园、任一文家庭获全国文明单位等荣誉称号。市人民检察院、市妇幼保健院等31个单位、莲都区仙渡乡、龙泉市八都镇长安村等35个村镇、丽水职业技术学院、莲都区刘英小学等10所校园、郑聪霞家庭、吕晓晖家庭等14户家庭获浙江省文明单位等荣誉称号。市人力资源和社会保障局、市审计局等36个单位、丽水第二高级中学等22所校园获市级文明校园称号，揭亚菊家庭等200户家庭获市级文明单位等荣誉称号。

【乡风文明建设】 2020年，市文明办利用春节、元宵等传统节日，在文明实践阵地开展"中秋诗词歌会""乡村春晚"等系列民族民间文化活动，实现"乡村春晚"在文明实践站全覆盖，发挥文明实践阵地作用，深化慈孝、耕读文化传承弘扬，开展道德模范、好家风家庭、身边好人等先进典型学习宣传活动。推进丽水市乡风文明建设大行动，开展文明家庭、文明村镇等创建活动，深化“文明过节”“垃圾分类”“公筷公勺”等文明实践活动，通过阵地宣传教育，倡导农村红白事简办精办，推进乡村移风易俗，提升农村环境软实力。2020年全国乡村春晚集中展示活动启动仪式在丽水市举办。

【新时代文明实践中心建设】 2020年，市文明委坚持一盘棋统筹构建四级工作体系，建成实践中心9个、乡镇实践所172个、村（社区）实践站1525个、城乡实践点2370个，形成四级覆盖的文明实践网络。在云和召开全市新时代文明实践中心建设推进会，部署推进全市文明实践工作。指导遂昌县、青田县全国试点和莲都区、缙云县、云和县省级试点建设。加强智慧建设，推进新时代文明实践云中心建设，整合新闻资讯、志愿服务、政务服务等资源，设置实践活动、志愿服务、实践讲堂、礼堂直播、互动专区等基本功能，搭建新时代文明实践、智慧礼堂、“小园丁”志愿服务等数据管理平台和视频交互平台，推进移动端、电视端、PC端、大屏端、触屏端、广播端“六端融合”，形成“一云四平台六端口”的工作架构。

【公民道德建设】 2020年，市文明委贯彻落实《新时代公民道德建设实施纲要》，印发《丽水市贯彻落实〈新时代公民道德建设实施纲要〉的实施办法》《丽水市贯彻落实〈新时代爱国主义教育实施纲要〉的实施办法》，推动社会主义核心价值观融入国民教育。以先进典型为引领深化核心价值观建设，开展身边好人选树推荐活动，全年共入选“丽水好人榜”86人，入选“浙江好人榜”29人，入选“中国好人榜”2人。抗疫期间免费提供蔬菜的陈锦林、杨爱娇夫妇入选“中国好人榜”。开展“寻找身边的诚信浙江人”主题宣传活动，丽水市朱宗鹤、叶石云、季明善季子娥夫妇4人上榜。坚持每年有市、县两级开展道德模范、身边好人走访慰问、帮扶礼遇活动，扩大慰问范围，发挥好各级好人关爱基金作用。在全社会树立“好人有好报”的鲜明导向，社会正能量进一步提升。

【未成年人思想道德建设】 2020年，市文明办制定出台《丽水市未成年人思想道德建设工作实施方案》，强化部门常态化工作品牌建设。健全完善学校、家庭、社会“三结合”教育网络。开展思想道德教育实践活动。结合疫情防控，部署安排全市开展“扣好人生第一粒扣子”系列主题教育实践活动，采用微视频评比形式开展第三届未成年人思想道德建设创新大赛，云和中学的“红韵青春：传承红色精神，争做新时代好少年”等18个项目入选。莲都区联城小学《“百草园”体验活动》等7个活动被评为丽水市第八届未成年人道德文化节未成年人最喜爱活动奖。丽水市第九届未成年人道德文化节在云和县实验小学启动。经过层层推荐选拔，共评选出100名丽水市“新时代好少年”，其中2人入选浙江省“新时代好少年”。（夏贻索）

“平安丽水”建设

【概况】 2020年，丽水市政法系统按照中央、省委、市委部署要求，坚定厉行“丽水之干”，持续加强平安丽水、法治丽水建设，为丽水市打造“高水平建设和高质量发展重要窗口”提供保障。丽水市连续16年被省委、省政府命名为“平安市”；2020年度人民群众安全感98.37%，高出全省平均值1.06个百分点，连续9年位居全省前列（其中，6次第一、3次第二）；平安建设群众参与率86.44%，高出全省平均值5.79个百分点，连续5年位居全省第一。社会安全环境持续好转：全市治安案件发件数连续八年下降，命案连续9年全破；全市电信网络诈骗案件受理数同比下降6%；全口径交通事故死亡人数同比下降5.02%；各类生产安全事故起数同比下降23.5%；食品安全公众满意度连续12年全省第一；连续17年生态环境状况指数（EI值）全省第一；风险防控措施更加有力，确保继续实现“四个没有发生”，即没有发生暴力恐怖事件、没有发生大规模群体性事件、没有发生个人极端暴力案（事）件、没有发生重大舆情炒作事件。

【“两手硬、两战赢”服务保障】 2020年，面对疫情防控艰巨任务，全市平安、政法战线主动担当，迅速行动，积极响应，制定下发《关于充分发挥政法机关职能作用做好新型冠状病毒感染的肺炎疫情防控和社会稳定工作的通知》，牵头市政法各单位联合出台严厉打击疫情防控期间违法犯罪行为的通告，围绕风险隐患，排查化解涉疫矛盾纠纷和风险隐患，推动风险隐患妥善化解。依托“一中心、四平台、一网格”社会治理体系，组织1.3万名专兼职网格员累计开展走访排查千万人次，同时，用好市级综治中心信息化综合应用平台，为落实精密智控常态化提供支撑保障。把服务保障“六稳”“六保”工作摆在突出位置，推动市政法各部门出台服务保障复工复产相关措施，推出系列便民服务措施，组建“战时法律服务团”，指导企业防范各类法律风险，为“两手硬、两战赢”织密安全网、法治网。

【市域社会治理现代化】 2020年，全市各级各有关部门聚焦首批全国市域社会治理现代化试点创建工作，全力以赴、克难攻坚，推动各项任务工作落实落地、创新发展。形成党建统领基层治理“五个统筹”的新模式，出台《关于强化“五个统筹”推进市域社会治理现代化试点工作的实施意见》，获省委常委、政法委书记王昌荣批示肯定，并在全省推广。建立可量化、可操作、可考评的标准体系，推动打造县域善治示范标杆。培育形成莲都区黄泥墩村“阳光票决制”、龙泉市溪头村“三化治理”、青田县“季宅模式”、云和县“老李帮忙团”、庆元县“十台合一”、缙云县“110联调中心”、遂昌县“民事村了”松阳县“民情地图”、景宁县“域外网格”等典型。推进县级矛调中心规范化建设。全市共有县级矛调中心10个、矛调分中心74个、各类调解组织2506个；累计接待来访群众4.1万人次，开展调解2.3万余件次，调解成功率95.7%；全市四级走访总量较前三年平均值下降28.2%。创新搭建典型带动的交流平台，出台《丽水市党建统领四个平台建设“十条意见”》，建立平台党支部180个、网格党支部（小组）3502个，打牢基层治理组织根基。推动各类平台统筹融合，庆元县“十台合一”模式创成国家级社会服务管理综合标准化项目。举办5期党建统领基层治理学习交流会，推动互学互看互比，编印《市域社会治理的丽水实践》，总结推广各类经验做法50例。推进“基层治理四平台”信息系统升级改造，加强与“花园云”等系统融合协同，增设动态“触动神经事项”，依托网格日报大数据，搭建“一机在手、平安可见”的数字驾驶舱，率先推出平安丽水日报指数，促进平安创建常态化、精细化、精准化。在实现省标66项核心功能点建设的基础上，完成河长通“多通融合”、统一事项库、重点人员走访、公众爆料预处理等平台改造任务，各项考核指标均已达标。开展全市统一网格地图绘制和标准地址库建设，累计采集人口数据137463条，建筑物地址62558条，房屋47568条，以海量数据为智能治理赋能。推动“雪亮工程”提档加速，推动高铁站点等重点公共区域视频监控联网全覆盖。累计侦破21起封尘多年的命案积案，其中案发时间20年以上9起、10年以上7起，抓获逃犯20人。成立专业调解组织，推行金融类纠纷一站式化解新机制，实现1300余件金融纠纷一地调解、诉前化解；景宁县创新搭建“域外网格”，做好域外群众组织服务工作。

【中共十九届五中全会维稳安保】 2020年，全市公安系统启动重大活动维稳安保等级响应176天，完成全国“两会”、中共十九届五中全会等重点时段维稳安保任务，保持全市社会大局稳定。全年没有发生重大恶性案件、严重群体性事件、网络安全事件和较大以上交通，盗窃案件发案数、五类恶性案件发案数、全口径道路交通事故死亡人数同比均大幅下降。规范风评工作流程，完成风险评估事项645件，举办风评业务培训班，培训1000多人次，完成重大决策评估事项634件。推进各县（市、区）红橙黄“三色预警”和“一体两翼”社会稳定体系工作，以基层稳定助推全市平安。

【全市勇夺星级平安金鼎先进事迹报告会】 2020年7月8日，丽水市举办全市勇夺星级平安金鼎先进事迹报告会，通报表彰先进集体100个、先进个人199位，12名先进代表作事迹报告。市委副书记、政法委书记李锋肯定报告会取得的成效，激励广大政法干部对标先进、见贤思齐，进一步汇聚起“丽水之干”的强大动能。副市长毛建国主持会议。市领导邹培书、高波，市中院院长蒋卫宇、市检察院检察长过孟超等市平安办成员单位主要负责人参加会议。 （朱冯梁）

2020年7月8日，全市勇夺星级平安金鼎先进事迹报告会在丽水举行

（朱冯梁 提供）

中国共产党丽水市委员会

市委重要会议

【市委全体会议】 2020年8月4日，市委四届八次全体(扩大)会议举行。全会认真学习贯彻习近平总书记考察浙江重要讲话精神和省委十四届七次全会精神，回顾总结撤地设市20年来各项事业发展所取得的成绩，研究部署坚定不移走创新实践“两山”理念发展道路，努力打造全面展示浙江高水平生态文明建设和高质量绿色发展两方面成果和经验的重要窗口。市委常委会主持会议。市委书记胡海峰代表市委常委会作工作报告，并作总结讲话。全会审议通过《中共丽水市委关于大力推进跨山统筹全面加快区域协调发展的决定》。胡海峰就《决定(讨论稿)》向全会作了说明。

12月24日，市委四届九次全体(扩大)会议举行。市委常委会主持会议。市委书记胡海峰代表市委常委会作工作报告，并作总结讲话。全会以习近平新时代中国特色社会主义思想为指导，认真学习贯彻中共十九大和十九届二中、三中、四中、五中全会及省委十四届八次全会精神，审议通过《中共丽水市委关于制定丽水市国民经济和社会发展第十四个五年规划和二〇三五年远景目标的建议》，进一步动员全市上下高扬“丽水之干”奋斗旗帜，牢固树立“没有实现加快发展也是一种风险，没有追求实现加快跨越式发展的意识、决心和胆略更是极端危险”的理念，奋力开启高水平全面建设社会主义现代化新征程。胡海峰还就《建议(讨论稿)》向全会作了说明。

【市委常委会会议】 2020年1月28日，会议传达学习中央政治局常务委员会会议、中央应对新型冠状病毒感染的肺炎疫情工作领导小组会议和省委常委会会议精神，听取全市应对新型冠状病毒感染的肺炎疫情工作汇报，研究部署贯彻落实意见和下步举措。市委书记胡海峰主持并讲话。

2月10日，会议传达学习省委常委会扩大会议精神，研究贯彻落实意见，研究部署全市新冠肺炎疫情防控和企业复工复产工作，强调要坚持疫情防控和复工复产“两手抓”，坚决打赢疫情防控阻击战发展总体战。市委书记胡海峰主持。会议还听取市疫情防控指挥部和各县(市、区)、丽水经济技术开发区关于当前疫情防控和企业复工复产工作的汇报。

2月18日，会议传达学习省委常委会扩大会议精神并研究贯彻落实意见，研究部署全市新冠肺炎疫情防控和企业复工复产工作，强调要深刻领会省委常委会扩大会议精神，坚定信心、统筹兼顾、科学施策，确保两手都要硬、两战都要赢。市委书记胡海峰主持会议。

2月21日，会议传达学习贯彻省委书记车俊在丽水督查指导疫情防控

2020年2月10日，市委常委扩大会议举行　　（市委办　提供）

和复工复产工作时的重要指示精神，研究部署全市贯彻落实措施，要求不折不扣落实省委“两个确保”决策部署，全力以赴抓好疫情防控和复工复产工作。市委书记胡海峰主持并讲话。

3月20日，会议传达学习省委副书记、省长袁家军在丽水督查指导境外疫情输入防控和复工复产工作时的讲话精神，研究部署全市贯彻落实措施，强调要慎终如始抓好疫情防控、善作善成推动复工复产，保质保量完成全年经济社会发展目标任务。市委书记胡海峰主持并讲话。

4月3日，会议学习贯彻习近平总书记在浙江考察时的重要讲话精神，传达学习省委常委会扩大会议精神，强调要坚定厉行“丽水之干”，创新实践“绿水青山就是金山银山”理念，为全省实现新目标新定位贡献丽水力量。市委书记胡海峰主持会议并讲话。

4月15日，会议传达学习贯彻省委书记车俊在丽水调研时的重要指示精神，研究部署全市贯彻落实措施。会议还传达学习全省建设平安浙江工作会议精神，听取一季度全市政治安全和社会稳定情况汇报。市委书记胡海峰主持并讲话。

4月30日，会议传达学习全省二季度工作动员部署会精神，分析一季度经济形势，部署下一阶段工作，要求保持战士姿态，进入战时状态，厉行“丽水之干”奋力实现二季红半年正全年胜。市委书记胡海峰主持会议并讲话。

7月3日，会议传达学习省委副书记、省长袁家军在丽水调研时的重要讲话精神，分析上半年经济形势，研究部署贯彻落实意见和下半年经济社会发展各项工作。市委书记胡海峰主持会议并讲话。

7月31日，会议专题研究以“两不愁三保障”为基本要求的高水平全面小康攻坚工作，落实《关于开展全省低收入农户高水平全面小康攻坚的通知》要求。市委书记胡海峰主持。会议还通报6月中旬以来，市委书记胡海峰轻车简从，先后分5次深入8个县(市)19个乡镇31个行政村及自然村，暗访察看“两不愁三保障”工作落实情况发现的有关问题，并明确整改目标、整改措施及责任部门。

8月28日，会议研究分析上半年全市经济运行情况，部署安排下半年经济工作，强调要始终坚持正确方向，坚定不移实施高质量绿色发展战略，砥砺“丽水之干”，紧盯目标要求，力争全年取得满意成绩。市委书记胡海峰主持会议。

9月14日，会议传达学习省委书记袁家军在省委党校2020年秋季学期开学典礼上的重要讲话精神，深入开展专题研讨，研究部署全市贯彻落实意见。市委书记胡海峰主持会议并讲话。市领导吴晓东、方文军、方健忠、杜兴林、杨秀清、戴邦和围绕学习贯彻袁家军书记重要讲话精神，结合工作实际，分别作了发言。

10月26日，会议传达学习省委袁家军书记在丽调研指示精神和省委常委会会议精神，研究部署全市贯彻落实意见。市委书记胡海峰主持会议并讲话。

11月20日，会议传达学习省委副书记、省长郑栅洁到丽水调研讲话精神，研究部署全市贯彻落实措施。市委书记胡海峰主持并讲话。

【全市领导干部会议】 2020年1月19日，会议传达学习省十三届人大三次会议精神和省政协十二届三次会议精神。市委书记胡海峰讲话。市委副书记、市长吴晓东主持。市人大常委会主任虞红鸣，市政协主席陈瑞商分别传达省“两会”精神。市委副书记李锋等出席。

5月29日，会议传达贯彻全国两会精神和省委车俊书记在全省领导干部会议上的讲话精神，研究部署全市学习宣传贯彻工作。全国人大代表、市委书记胡海峰主持会议并讲话。胡海峰和全国政协委员雷后兴分别传达了十三届全国人大三次会议、全国政协十三届三次会议精神。市领导吴晓东、虞红鸣、陈瑞商、李锋等参加会议。

6月18日，会议传达学习贯彻省委十四届七次全会精神。会议还对安全生产、常态化疫情防控等工作作出要求部署。市委书记胡海峰主持并讲话。市委副书记、市长吴晓东传达。

11月2日，会议传达学习贯彻中共十九届五中全会精神，强调要迅速行动，掀起学习宣传贯彻热潮，要深学细悟，准确领会中共十九届五中全会精神实质，要结合实际，把学习贯彻中共十九届五中全会精神和深入贯彻省委忠实践行“八八战略”、奋力打造“重要窗口”的重要部署紧密结合起来，科学制定“十四五”规划。市委书记胡海峰主持会议并讲话，市委副书记、市长吴晓东传达。

11月20日，会议传达学习贯彻省委十四届八次全体(扩大)会议精神。市委书记胡海峰主持会议并讲话，市委副书记、市长吴晓东传达。

12月21日，会议传达学习贯彻中央经济工作会议和全省领导干部会议精神，强调要善始善终抓好工作落实，确保“十四五”开好局起好步。市委书记胡海峰主持会议并讲话，市委副书记、市长吴晓东传达。

【重要会议】 2020年1月9日，全市“不忘初心、牢记使命”主题教育总结大会召开。市委书记胡海峰出席会议并讲话，强调要深入学习贯彻中央和全省主题教育总结大会精神，始终保持“赶考”的心态、“奔跑”的姿态，把“不忘初心、牢记使命”作为终身课题，用初心照亮逐梦征程，以使命召唤行动担当，切实将主题教育激发的政治热情，转化为奋力开辟高质量绿色发展新路，精彩书写践行“两山”理念时代答卷的强大力量。省委第十一巡回指导组组长章文彪讲话。市委副书记、市长吴晓东主持。省委第十一巡回指导组副组长秦长保出席。

1月20日，市委召开经济工作会议，全面贯彻落实中共十九大和中央、省委经济工作会议精神，认真总结去年经济工作，深入分析当前经济形势，研究部署今后经济工作，强调要深刻把握丽水市经济发展的“形”与“势”，在高质量发展前提下实现必要适度的高速度增长。市委书记胡海峰讲话，市委副书记、市长吴晓东主持并作具体部署。市领导虞红鸣、陈瑞商、李锋和其他副市级领导干部出席。

2020年1月20日，市委召开经济工作会议　　（市委办　提供）

4月17日，丽水市生态工业发展大会召开。会议立足于高水平全面建成小康社会“第一个百年奋斗目标”即将历史性实现，继而开启高水平建设社会主义现代化“第二个百年奋斗目标”新征程的关键时间节点，再次高举发展的行动旗帜，进一步推动全力开辟高质量绿色发展新路，是继全市“两山”发展大会后，市委不忘初心、牢记使命，创新实践“两山”理念的又一强有力之举。会议强调全面启动平台“二次创业”，奋力推进生态工业高质量发展。市委书记胡海峰讲话，市委副书记、市长吴晓东主持会议。

9月24日，全市旅游业发展大会暨缙云仙都成功创建国家AAAAA级景区总结大会召开，为打造丽水旅游业加快发展升级版吹响“进军号”、发起“冲锋令”。会议认真总结全市旅游业发展取得的长足进步，深入谋划旅游业未来加快发展的思路举措，聚焦高质量，谋求新跨越，奋力推动丽水旅游业加快大建设大发展大繁荣，为打造“高水平建设和高质量发展重要窗口”提供特色支撑和有力保证。市委书记胡海峰讲话，市委副书记、市长吴晓东主持会议。　　（胡雪峰）

浙西南革命精神弘扬践行活动

【健全常态化弘扬践行机制】 2020年，丽水市委常设浙西南革命精神弘扬践行活动领导小组办公室，完善统筹谋划、分块负责、协同推进机制，构建常态化统筹协调新格局，推动市委“决定”、人大“决议”、市政府“二十条意见”和“规划计划”落地落实，印发《2020年浙西南革命精神弘扬践行工作要点和工作计划》，开创和发展区域性革命精神弘扬践行的“丽水经验”。挂牌浙西南革命精神研究中心，与浙西南革命根据地纪念馆合署办公，逐步承担常态化弘扬践行日常工作，提供智力支持。成立浙西南红色文化研究会，审议通过研究会章程，选举产生研究会第一届理事会理事、会长、副会长和秘书长。举办“红绿辉映 全面小康”油画双年展，开展“重温浙西南革命，传承红色精神”社会实践，组织“我是小红军”夏令营、红色军旅夏令营等活动。“致敬志愿军，追忆七十载”老兵访谈项目荣获省暑期社会实践风采大赛总冠军，推动弘扬践行活动与时俱进、蓬勃发展。

【浙西南革命精神理论研究】 2020年6月19日，由中央党校报刊社、省委宣传部、省委党史和文献研究室、丽水市委联合主办，以“红色浙西南 绿色新丽水”为主题，线上线下联动举办浙西南革命精神论坛，原中央党史研究室第一研究部副主任、浙西南革命精神联合研究专家组副组长李蓉，世界旅游城市联合会首席专家、中国旅游协会休闲度假分会会长魏小安等5位专家学者作主旨发言和专题讲座，革命先辈后人、专家学者、影视剧创作团队、研究会成员等90余人参加论坛，研讨浙西南革命精神丰富内涵，深化阐释解读和理论宣传。参加省红船精神研究指导委员会（扩大）会议，分享弘扬践行活动总体情况、初步收获。作为中央红军长征策重要应地，派代表赴延安参加第三届"红军长征论坛",阐述浙西南革命精神与长征精神的渊源关系。组团赴桂林参加由赣州、遵义、延安、桂林、丽水、阿坝联合举办的第四届"红军长征论坛"筹备会,并于2022年承办第五届"红军长征论坛",浙西南革命精神汇入中国革命精神主流取得重大进展。发布浙西南革命精神论文征集启事,共收到全国各地研究论文300余篇,形成论文汇编。启动编撰《浙西南革命精神与中国革命精神谱系研究》《浙西南革命精神与"丽水之干"》等6本专著,联合编写《浙西南革命精神简明教程》。出版发行《浙西南革命故事》《浙西南革命遗址》等研究成果。

【浙西南革命精神宣传普及】 2020年,丽水市委宣传部组织开展"红绿"融合融媒体创作大赛,举办"网络大V丽水行"主题网络宣传活动,组织20余家国家级、省级主流媒体开展"红绿融合推进高质量绿色发展"集中采访活动,刊播报道400余篇,创作微视频、直播报道等各种类型作品300余个,生动讲述"红绿"融合发展工作成效、鲜活经验和实践探索。"红色浙西南 绿色新丽水"微博话题总阅读量33.8亿人次,讨论数超40.3万条,长期占据新浪同类话题排行榜前列。大型民族歌剧《畲山黎明》、情景音画诗剧《云和故事》首演,中央芭蕾舞团《红色娘子军》在丽公演。原创红色婺剧《三担米》到杭州、上饶等地巡演70余场。完成地方专题教材《浙江绿谷》修编,融入浙西南革命精神弘扬践行内容,全套教材共7个分册。开发《烽火梅岐》《畲乡小红军成长记》红色研学课程,推出《战时浙江省会云和》《红色薪火之箬川》读本,创作连环画《红色浙西南》,编写红色教育读本《红色丽水》。

【浙西南革命精神价值转化】 市委四届八次全会将浙西南革命精神内容作为打造"高水平建设和高质量发展重要窗口"的"八个坚持"和"十二方面工作"之一,市委四届九次全会将其纳入市委"十四五"规划建议。开展全省首个革命遗址保护条例立法工作,已经形成条例(草案)和征求意见稿。组织编制《浙西南革命文物保护利用规划》,加强革命文物的保护、管理和利用。组织实施《丽水市红色乡村振兴三年行动计划》,制定红色乡村示范乡镇示范村评定办法,创成示范乡镇28个、示范村87个。遂昌王村口、龙泉住龙、莲都仙渡等红色旅游小镇实现新发展,"斋郎军旅小镇"主要工程相继完工。启动浙西南革命根据地纪念馆提升工程,对展区进行重新布展以及扩容改造室外广场。完成黄景之律师事务所旧址修缮,谋划建设挺进师纪念公园。遂昌刘英粟裕纪念馆、挺进师师部旧址、龙泉中共处属特委纪念馆、莲都北乡革命纪念馆等12处场所重新修缮或建成开馆,拓展红色培训、红色研学重要节点。 (朱映归)

市委办公室工作

【信息工作】 2020年,市委办信息处编发《工作交流》47期,《信息专报》5期,《每日情况报告》238期,上报省委办公厅信息3000余条,被省委办公厅信息处录用正面经验信息105条,《工作情况交流》16篇,经过省委办公厅转报被中央办公厅录用5条。向上级信息部门报送反映丽水市重点工作和特色经验,发出丽水声音、讲好丽水故事、体现丽水元素。加强与县(市、区)、市直部门信息工作人员联系,开展信息工作培训班、研讨会、座谈会等活动,建立紧密合作的信息工作团队。按照"抓培训,促提高"的要求,对市直部门、县(市、区)信息工作人员采取以会代训、顶岗轮训、专题培训等形式,提高信息工作人员的能力和水平。 (陆江东)

【督查工作】 2020年,市委督查室围绕市委中心工作,厉行"丽水之干",助力打造高水平建设和高质量发展重要窗口,确保中央、省委、市委重大决策部署贯彻落实到位。

强化跟踪落实,抓好中央和省委、市委重大决策部署贯彻落实,重点对习近平总书记重要指示批示贯彻落实情况进行督查,4次跟踪莲都区瓯碧园安置小区信访问题后续进展情况。落实批示件办理工作,全年共办理省委、省政府主要领导批示20件,市委主要领导批示143件。

加强督促检查,制定印发《全市2020年督查检查考核年度计划》《2020年市委、市政府重点工作责任分工》,对年度重点工作进行系统分析、梳理。针对公安工作会议决策部署落实情况、五减工作等开展专项督查36次,印发《重要事项交办函》6期,《重要事项催办函》1期。做好浙江卫视《今日聚焦》、丽水电视台《每周聚焦》曝光问题的整改落实。2020年,《今日聚焦》共曝光问题10起,《每周聚焦》共曝光问题3起,全部处置到位。

注重推陈出新,在原有"两办"督查基础上,多次开展联合督查,印发"三办""四办"督办通知单53期。推动"三服务"走深走实,牵头督促全市2169名驻企服务员和1233名驻企健康指导员开展"三服务"活动,全年共收集企业困难问题4815个,帮助企业解决困难问题4421个,解决率达91.82%。 (刘 俊)

【政研工作】 2020年，市委政研室主要完成市委四届八次、九次全会相关报告材料起草工作。起草《中共丽水市委关于大力推进跨山统筹全面加快区域协调发展的决定》《中共丽水市委关于制定丽水市国民经济和社会发展第十四个五年规划和二〇三五年远景目标的建议》等文件。起草市委经济工作会议、全市生态工业发展大会等重要讲话文稿近30篇。开展政策研究，制定《中共丽水市委常委会2020年工作要点》，组织开展市委市政府领导重点调研课题工作。编发《决策与调研》内刊6期。完成省委政研室部署的各项工作任务，做好每季度省委政研室经济形势分析会的汇报工作，做好《政策瞭望》《学习与研究》发行工作。 （马莹华）

【保密工作】 2020年，市委保密委调整组成成员，成员单位由17家增加至26家，市委副书记担任保密委员会主任。印发《丽水市机关、单位保密重点工作清单》《丽水市机关、单位保密工作操作指南》。在全市部署解密工作，对2020年到期的国家秘密事项以及2010年产生的秘密级国家秘密进行集中解密审核。重新核实在岗和离岗离职涉密人员，加强离岗离职涉密人员管理。严格网络保密管理，做好互联网监测平台升级。做好涉密领域国产化替代工作，严格涉密领域名录外产品采购事项管理，加强被替代产品处置工作中的保密安全管理。做好党政专用保密电话日常业务办理、巡检和维护等工作。做好涉密资质申报初审工作，加强对涉密资质单位业务指导和保密教育。开展对外提供资料的保密审查工作，审查文件资料约280万字，审查互联网门户网站公开发布各类信息近1.5万条。做好高考、法律职业资格考试、国家公务员考试等国家统一考试保密安全监督工作。严格秘密载体收回销毁管理，统一回收、全程监督、集中销毁。在全市部署开展保密法颁布10周年有关活动，开展一次保密专题学习、一次保密安全检查、一次保密制度梳理。以举办保密知识挂图展、开设保密知识专题讲座、发放保密知识书籍、办好《今日丽水》保密工作专栏等形式开展宣传教育活动。创办《丽水保密提醒》，发送警示提醒。建立各机关、单位保密员工作联系群，推送保密宣教文章。开展疫情信息保密检查、档案管理专项保密检查、邮政机要保密检查、国家统一考试保密安全检查等专项检查，同时依托有关检查平台开展网络安全保密检查。执行失泄密案件查处联动机制，处置各类失泄密事件。 （钟　鸣）

【资料编辑工作】 2020年，市委办资料编辑室按时编发市委机关刊物《今日丽水》12期，编辑稿件400余篇，开设“学习贯彻习近平总书记在浙江考察时的重要讲话精神”“创新实践‘绿水青山就是金山银山’理念”“撤地设市二十年、秀山丽水正青春”等重点专题栏目20余个，传递市委重大决策部署和权威声音，确保意识形态工作和舆论引导正确有力。坚持“开放办刊”，扩大党刊交流合作。10月，《今日丽水》首次被全国城市党刊联席会评为“全国城市十佳党刊”；编辑室编辑获评全国城市党刊“十佳编辑”；由编辑部报送的《两省三地党刊聚焦东西部扶贫协作联合宣传》《记录的力量——众志成城 共同战“疫”》获评2020年全国城市党刊“脱贫攻坚典型案例”和“新冠防疫十佳案例”。全力做好市委主要领导日常会议、重要调研等图片、录音、文字收集整理存档，以及市委办内部各类会议、活动的文字图片资料收集整理。 （胡雪峰）

组织工作

【调研宣传】 2020年，市委组织部突出资政辅政抓课题调研，着眼统筹疫情防控和经济社会发展，完成《驻企指导员嵌入式推动高质量复工复产问题研究》《提高组织工作制度执行力问题研究》等重点调研课题、微调研课题27个，其中《村（社）组织换届“一肩挑”问题分析及对策研究》转化为村社组织换届的指导意见。围绕大局全局抓党的建设制度改革创新，形成“16+5”党建改革重点，探索推出组织工作创新项目18项。聚焦重点亮点抓主题宣传，《听党话、跟党走、奔幸福》等121篇稿件在央媒刊发，录用总数排名全省各市第三；升级改版“绿谷先锋”微信公众号宣传平台，推送278期、885条，总阅读量达105.5万人次，其中《全“丽”以“复”》微推展示丽水党员干部助力复工复产的良好风貌；办好“乡村工作手记”“丽水之干”“听党话、跟党走”等专栏，宣传扎根基层、担当作为好故事，得到干部群众好评。紧扣要事急事抓网评和舆情监测工作，制定《丽水市组织系统网络评论员管理办法》，重点打造“瓯卫队”等10支网评特战队，获评省委组织部优秀网评58篇、中央组织部优秀网评3篇，录用总数排名全省各市第一；上报有效舆情399条，录用总数排名全省各市第二。着眼热点难点抓信息编报，研究制定《分管部领导信息指导机制》等五项制度，全年上报信息1507余条，《丽水市建立“两山”实训基地》等64条次信息被中央组织部采用，其中《领导干部直播带货应予规范》作为一类信息被习近平总书记批示，经组织系统统计录用数连续四年居全国

第一位。（林小楚）

【担当作为激励】 2020年，为决战决胜全市疫情防控和经济社会发展，市委组织部联合市直机关工委开展以“敢于负责、比忠诚担当；敢于碰硬、比攻坚克难；敢于创新、比工作业绩”为主要内容的“三敢三比”，争当“丽水之干”模范集体和先锋人物比拼活动，组织各地各单位围绕年度重点目标任务开展专题学习、思想解放大讨论1800多场次，梳理形成大比拼项目清单5000余个，逐一制定责任清单、落实清单，逐项定人定职责、定时定进度，以超常规力度和速度推动各项工作争先创优。经层层推荐和比选考察联审，市委研究确定“丽水之干”模范集体100个、先锋人物190名，在全市抗击新冠肺炎疫情表彰大会上进行集中表彰，形成“撸起袖子加油干、攻坚克难拼命干、争先进位比拼干”的氛围。根据省委组织部《关于开展2020年“浙江省担当作为好干部”评选表彰活动的通知》要求，组织推荐比选，胡伟华等8人被省委组织部评为“浙江省担当作为好干部”并受集中表彰。

【科级干部集中交流】 2020年，市委组织部遵循组织把关、以事择人、平静安静的原则，在梳理全市科级领导干部队伍情况的基础上，分地区、分领域、分层次开展集中调研，对市直重点部门和9个县（市、区）的岗位和人选情况进行全面分析。综合考虑事业发展、单位需求、年轻干部结构、干部个人意愿和平时掌握情况，对拟交流的岗位和人选进行分析比选，在一定范围内进行沟通，7月，完成全市35名科级干部集中交流工作。35名交流对象中，年轻干部培养性交流30人，其中“70后”1人、“80后”18人、“85后”10人、“90后”1人，平均年龄36岁，年龄最小的30岁；大学本科20人、研究生1人；制度性轮岗交流5人，平均年龄44.4岁。

【援派挂职】 2020年，根据省委组织部《关于做好第十批援疆干部人才选派工作有关事项的通知》要求，经推荐比选，市委组织部择优选派援疆干部人才26人，其中党政干部9人、专业技术人才17人。根据《关于做好东西部扶贫协作专业技术人才选派工作的通知》要求，选派新一轮东西部扶贫协作长期专技人才14人，其中龙泉市、松阳县各3人，莲都区、青田县、缙云县、遂昌县各2人。选派短期专业技术人才71人，助力受援地脱贫攻坚。

【中心大局服务】 2020年，面对新冠肺炎疫情，市县联动抽调10092名机关干部下沉参与社区管控、卡口执勤、集中观察等工作，抽调1795名干部组成防境外疫情输入工作专班，助力疫情防控“阻击战”。聚焦复工复产，选派2185名涉企部门业务骨干担任驻企服务员，全链条嵌入式服务企业4933家。以重点工作专班形式，抽调483名干部到国家公园创建、市区城中村改造、机场工程项目等重大项目、重点工程、重要工作一线开展大练兵。（赵素琴　赖祝鑫）

【“两战”专项考核】 2020年，市委组织部建立新冠疫情防控专项考核机制，实施《关于在新型冠状病毒疫情防控一线考察识别干部的实施方案》，指导县（市、区）成立工作专班，以经常化“出现场”形式，深入市县疫情防控指挥部、隔离点、企业、农村和社区，一线考察了解广大干部在疫情防控和复工复产中表现情况，及时把在“两战”中表现好的干部发现出来、推荐出来。推动市县两级考察领导班子574个、领导干部4981人次，掌握一批干部助力“两战”表现。加强考察考核结果运用，对在疫情防控和复工复产中表现突出的干部，优先提拔使用54人次，优先晋升职级85人次，表彰表扬或记功奖励集体525个、个人3716人，问责不担当不作为干部163人，树起“两个担当”的鲜明导向。（严伟锋　吴维维）

【选人用人政治把关】 2020年，市委组织部突出政治过硬严把关，根据市委有关人事工作安排，以及领导干部进退留转有关情况，及时启动干部人事调配工作，坚持把政治上强的干部用起来，把政治上不过关的拿下来。把试用期考核作为领导干部履职的关键期，要求每位干部列出试用期间3件最满意和1件遗憾工作事项来评价工作实绩，通过向班子、所分管处室、所在支部谈话了解，突出政治表现和不足改进情况的考察。探索以市场化公开招聘国有企业领导人1人。

【市属学校医院领导班子及其成员管理体制调整】 2020年，市委常委会研究市属学校医院领导班子及其成员管理体制的调整意见，市委组织部出台市属学校、医院领导班子和领导人员管理体制的操作办法，推进丽水中学、丽水市职业高级中学、丽水第二高级中学，以及丽水市中心医院、丽水市人民医院、丽水市中医院、丽水市第二人民医院、丽水市妇幼保健院等9所市所学校医院管理体制调整，落实学校、医院去行政化改革要求，加强行业主管部门党组织对市属学校医院的领导。

【受处理处分干部教育管理“后半篇”文章】 2020年，市委组织部联合市纪委对5名受处理处分干部进行回访、10名受处分期满干部进行回访考察，及时跟进掌握他们的精神面貌、工作表现、廉洁自律情况，加强教育关怀。建立选派锻炼机制，根据受处理处分干部工作经验、能力特点、思想状况等因素，统筹选派到项目建设、重点工作一线岗位锻炼。

【干部工作创新】 2020年，市委组织部深化干部考察文书档案规范化管理，制作干部考察文书档案目录，实现干部考察组材料统一性、标准化。以清单化细化工作，对干部选拔任用工作从分析研判和动议环节开始分解成小清单、小项目，罗列出四大类31项90余条注意事项清单，对具体环节进行重点提醒，把每次干部选拔任用中经验融入其中，实现干部选拔任用工作迭代升级。 （吴维维）

【法检干部交流】 2020年，市委组织部创新运用"跨山统筹"金钥匙，打通"上下、左右、内外"交流渠道，市县联动开展全市史上力度最大的法检系统干部交流，调整2批73人，交流后在同一班子任职满10年的减少56.3%，班子副职40岁及以下18人占15.5%，推动法检干部交流不畅、班子结构不合理、年轻干部储备不足等问题进一步解决。该做法得到省委常委、组织部部长黄建发和省委常委、政法委书记王昌荣，以及省委组织部常务副部长张学伟和副部长赵雄文等领导的批示肯定，并在全省进行推广。

【县（市、区）干部工作年志】 2020年，市委组织部以"清单制"形式编制县（市、区）干部工作年志，对县（市、区）经济社会发展、班子运行、干部表现、谈心谈话实录等汇编成志，归卷留档，全面历史记录反映每个县（市、区）领导班子和领导干部整体面貌，推动县（市、区）领导班子政治建设和领导干部政治素质考核工作，较好弥补干部工作"人走线断"的情况和残缺失真的短板。 （严伟锋）

【干部教育】 2020年，市委组织部深化"红+绿"特色教学，制作浙西南革命精神党性教育基地（12个现场教学点）宣传片，为全省推进优质干部教育培训资源共建共享贡献丽水红色元素。启动"两山"理念精品课程开发工作，建强"两山"理念实训室和28个"两山"理念实训基地。采取线上与线下相结合等培训方式，全年开展助力企业复工复产短平快培训79场次、32000余人次。组织撰写9个助力复工复产化危为机典型案例，8个入选省委组织部案例。开展县处级领导干部学习贯彻中共十九届四中、五中全会精神轮训工作。做好2021年选调生招录工作，经笔试、面试、考察、公示，全市拟录用97名，其中市本级23名。 （梅培操）

【巡视问题整改】 2020年，根据巡视选人用人问题整改要求，市委组织部抓好选人用人问题查核处理，重点抓好龙泉、庆元立项督办件的问责整改，指导莲都、缙云做好立项督办的调查处理工作等，做到巡视整改认识到位、态度坚决、措施有力。巡视以来，省委组织部交办丽水全市34个选人用人问题立项督查件，共问责316人，其中党政纪处分54人，诫勉45人，调整岗位或免职35人，约谈87人，批评教育65人，书面检查30人。

【长效机制建立健全】 2020年，市委组织部开展机构改革超职数整改消化季度通报，把消化进度排名通报县（市、区）委主要领导和组织部部长，营造比学赶超的氛围，推动超职数消化工作。通报市委巡察选人用人工作检查情况，选派专项检查组参与四届市委第七轮、第八轮巡察工作，至年底，完成21家单位的选人用人和因私出国（境）专项检查工作，就重点问题下发通报，取得较好的震慑效果。11月，召集县（市、区）和市直单位的组织人事部门分管领导、人事处室负责人进行巡视选人用人突出问题"以案说规"专题研修，通过选取8个巡视反馈（或立项督查）的突出问题，从案例情况、如何整改、启示反思等方面进行交流研讨，对全市面上问题举一反三，剖析反思。

【干部选拔预审】 2020年，市委组织部从严把握县（市、区）干部选拔的预审工作，重点关注超职数配备消化、年轻干部配备比例、领导干部近亲属调整等情况。预审实行一批一报，未经同意不得启动相关干部选拔任用事项。事前审核省、市管领导干部近亲属、身边工作人员的提任、职务调整。全年通过严格把关干部预审工作，否决或暂缓县（市、区）拟提任科级干部18人次，解决事业转公务员走"捷径"、干部队伍统筹谋划不够、超职数配备等问题，确保巡视整改工作落实到位。 （邓慧莉）

【干部档案管理】 2020年，市委组织部推进干部人事档案专项审核，面对新冠肺炎疫情影响，立足实际，调整工作方式和计划安排，采取直播辅导、走访调研、"互学联查、量化监测"等加强面上指导，提升专项审核质量，确保防疫和审核工作"两不误"。全市审核国有企事业单位人员档案2.8万余卷。推进干部档案数字化，抓好质量抽查，完成市直单位科级及以下干部1750卷档案数字化项目（二期）。率先完成市管干部数字档案报送省委组织部统一备份工作，实现县（市、区）委管理干部数字档案集中统一备份，扩大数字档案成果运用。改进干部人事档案查阅方式，依托电话预约、档案代查优化服务，严把转递办理关，全年接待档案查阅1300余批次，查阅档案4500余卷，转递接收档案490余卷，审核接收干部档案材料4万余份。做好国企退休人员社会化管理档案接收指导，按照“一县一家”确定接收单位，绘制档案接收地图，方便档案转递单位联系对接。完成库房消防系统和恒温恒湿系统改造，优化档案用房布局，指导县（市、区）开展档案安全检查。开展年轻组工档案“6+1”见习活动，探索干部档案资源开发利用。（梅景慧）

【公务员考录、专项遴选和公开遴选（选调）】 2020年，市委组织部坚持疫情防控和考务实施“两手抓、两手硬”，结合全市高素质专业化公务员队伍建设需要，组织开展公务员考录、面向基层抗疫一线表现突出公务员专项遴选和公开遴选（选调）考试，全市各级机关招录425名新生力量，市本级专项遴选、公开遴选（选调）优秀公务员55名。该工作坚持提高政治站位，突出重点抓好笔试、面试等环节，以“万无一失”的要求，把考录安全落实到每个环节、每个岗位。

【公务员职务与职级并行制度】 2020年，市委组织部按照《丽水市公务员职务与职级并行实施》方案，推进公务员职级晋升工作，指导做好各地各单位职级晋升工作，研究解决实际操作中遇到的问题。完成公安机关综合管理类公务员的职级转换及两个职级序列改革的职级职数重新认定审核报批工作，指导法检系统推进法官、检察官职务序列改革。

【参公管理单位管理】 按照省委组织部《关于做好机构改革后参照公务员法管理有关工作的通知》要求，联合市委编办全市76家原参照公务员法管理单位进行摸底分类，按需重新认定的单位、有变化的单位、无变化的单位、退出参照管理的单位等四类情形进行分类汇总分析。同时，会同市委编办及时梳理分析、从严审核各地各单位上报材料，积极对接省委组织部，按要求做好相关材料的报送工作。

【公务员考录工作基础夯实】 2020年，市委组织部为提高考录工作科学性和规范性，联合市人事考试院，会同省标准化研究院制定首个市级公务员考录地方标准，研究制定《公务员考试录用管理工作规范第1部分：通用要求》《公务员考试录用管理工作规范第2部分：笔试》《公务员考试录用管理工作规范第3部分：面试》，并形成规范化考录操作手册，推动考录的全流程标准化、规范化建设，较好地完成公务员考录标准化和规范化试点工作。

【机关事业单位人员职业生涯全周期管理“一件事”改革】 2020年，市委组织部牵头市委改革办、市人力社保局，按照省委组织部关于公务员和事业单位人员“一件事”业务协同标准要求，逐个梳理、优化“一件事”事项，对公务员录用、转任、调任等9个办理事项和事业单位人员公开招聘、交流调动、岗位变动等7个办理事项进行梳理，把组织人事部门的编制、养老保险、医疗保险等9项业务集成“一件事”办理，形成公务员“9+9”、事业单位“7+9”的改革内容。《中国组织人事报》刊发题为《浙江丽水推行组织人事业务“零次跑”，一张表单申请，一次不跑办成》通讯稿，介绍推广丽水“一件事”改革经验。（吴益平）

【基层党组织和党员队伍建设】 2020年，市委组织部从严落实党内政治生活，建立主题党日调度机制，每月发布提示单，提升党员学习教育实效。抓好党支部工作条例落实，围绕双重组织生活、联系党支部、党委党组专题研究研判等7个方面定期开展通报和调度。聚焦高质量发展党员，实施低学历党员“县级预审、市级备案”制度。开展党员学历提升工程，全年发展党员3442人，35周岁以下占比75%，大专及以上学历的占比59%，初中及以下学历仅占1%。抓好抗疫一线发展党员工作，火线入党46人。围绕庆祝建党99周年，组织开展“七一”系列活动，组织“千堂党课下基层”活动，机关企事业单位党组织与包联村社党组织联合开展主题党日，推行过政治生日、党员先锋指数考评等做法。做好党代表联络服务工作，举办全市基层党代表履职能力专题培训班。（陶铁琦）

【村社组织换届和建设】 2020年，市委组织部选取青田县仁宫乡、遂昌县妙高街道、庆元县荷地镇等5个乡镇（街道）作为试点，创新推出的“张榜招贤、揭榜挂帅”、资格条件“云上联审”、“光荣让贤”等做法，对全市1882个村、124个社区组织进行全面换届。该做法被吸纳到省委工作意见，丽水市在全省村社换届工作会议上作经验交流发言。换届后，新一届村社班子结构实现“一降三升”，“两委”班子平均年龄45.52岁，比上届下降4.27岁；35周岁以下占19.3%，比上届提升10个百分点；大专以上学历占34.8%，比上届提升21个百分点；女性占26.2%，比上届提升6个百分点，各项数据均高于全省平均水平，为历次换届最优。换届中，以换促干抓好“开门一件事”，推进“消薄”攻坚提升行动，推动31个中央和省扶持项目落地见效；推进村级组织活动场所建设“三年提升行动”，完成170余个项目；开展新一批兴村治社名师推选宣传工作，新入选省级4人、市级39人、县级85人；推进扫黑除恶专项斗争三年行动，市委组织部获评全省扫黑除恶专项斗争成绩突出集体。（杨志崇）

【城市基层党建新路子探索】 2020年，针对疫情防控暴露出的短板，市委组织部确定4月至6月为城市基层党建补短攻坚季，研究制定“18+32”城市基层党建高质量指标体系进行定期调度。开展“十街百社”蹲点调研，指导各地在力量下沉、组织体系、经费保障等方面进行探索和突破，各地分别出台《进一步激励关爱城市专职社区工作者的十条举措》《加强城市社区治理能力的实施意见》等政策文件，全市专职社工增配115人，完成15个示范社区的改造提升。加强城市基层党建信息化建设，市区联动开发运行“丽水市城市智治平台”。整合市、县两级组织资源，做大志愿服务品牌，完成各县（市、区）、丽水经济技术开发区“96345”服务总站、分站建设，形成“一个中心、十个总站、百个站点、千支队伍”的志愿服务体系。

【行业系统党建水平提升】 2020年，市委组织部结合行业领域自身特点，分类制定党建重点工作清单，压实“抓行业、行业抓”责任。在国企系统，开展“短板支部”专项整治，探索“一企一品”国企党建品牌建设，把党的领导嵌入公司治理的各个环节。在教育系统，实施“抓院促系、整校建强”铸魂行动，推进中小学党组织领导下的校长负责制试点工作。在卫健系统，推进党建工作入医院章程、党建机构设置调整等工作，推进党委领导下的院长负责制落地落实。在公安系统，完善全面从严管党治警责任制考核办法、党组织领导下的所队长负责制等机制，开展“最红党支部、最红党员”争创活动。（周　程）

【组织体系和治理体系融合推进】 2020年，市委组织部实施“红色领航、村格联心”工程，织密建强党建引领基层治理的组织体系。聚焦党员责任区的科学划分、各类党组织和党员的职责细化、各类事务和群众需求的分类处置等5个方面，在全市选取18个乡镇（街道）、26个村（社区）开展党员责任区建设试点工作。在此基础上，调整构建“村党组织+党小组+党员+责任区”模式，把全市7.3万名村社党员编入2.5万个责任区，每名党员包干负责5—7户，实行为群众办好事实事公告制，打通党员联系服务群众的“最后一米”。（陶铁琦）

【疫情防控“两手硬、两战赢”】 2020年，市委组织部发挥基层党组织和广大党员的战斗堡垒和先锋模范作用，织密建强基层战“疫”组织网络。先后发动全市5200余个“红色网格”、9600余个基层党组织、1.8万余名村社干部、3万余名机关企事业单位党员干部，以硬核管控牢牢守住村（社区）联防联控关键阵地。总结宣传表彰“两战”中涌现的先进典型，2人获评全国抗击新冠肺炎疫情先进个人，8人、4个基层党组织获评全省优秀共产党员、先进基层党组织，44人、12个集体获评全省先进个人、先进集体。召开全市抗击新冠肺炎疫情表彰大会，表彰优秀共产党员50人、先进基层党组织30个，先进个人300人、先进集体100个。牵头组建服务专班1027个，全覆盖联系一线医务人员家属，累计开展暖心服务1.5万余次。（周　程）

【人才工作】 2020年，市委组织部出台《关于做好疫情防控期间全市人才工作的通知》，通过开通“绿色通道”、加强政策扶持等10项举措，做好特殊时期人才关爱、帮扶工作。出台《“绿谷英才”特殊支持计划实施办法》，完善人才政策体系。启动实施“157创新引领行动计划”。加大“绿谷精英•创新引领行动计划”实施力度，全年共申报两批绿谷精英171人，入选101人，数量和质量实现历史性突破。抓住引才“窗口期”，首次面向世界一流大学招聘优秀毕业生30人。培育“农三师”技能人才增长10%，打响缙云“烧饼师傅”、茭白师傅、青田“西餐师傅”、云和师傅等21个子品牌，为全国脱贫攻坚提供人才支持。深化与清华大学、西湖大学等大院名校战略合作，引育各类众创空间、科技创新主体、产业创新服务综合体。发挥生态好优势，探索布局打造“诗与近旁”新型分时共享研发基地、第二创新空间，吸引更多科技团队和人才进驻。举办第九届“智汇丽水”人才科技峰会，吸引包括19位院士、150多位高层次人才在内的重量级嘉宾500人参会，市县累计签订62个合作协议，落地人才科技项目56个。深化人才创新创业全周期“一件事”改革，创新推出“丽水人才码”，打造“掌上人才之家”“天工人才e键办”等管理服务系统，为人才提供集成式、智慧化、全流程优质服务。（叶慧娟）

【“两新”党建】 2020年，“两新”党建突出“抓实覆盖、持续深化、规范提升”工作主线，围绕“五个聚焦”，深化

"争双强、当先锋"组织力提升工程，推进"三整一全"建设，打好"两新党建组合拳"，至年底，全市共有两新党组织 1215 家，其中非公企业党组织 980 家、社会组织党组织 235 家，党委 40 家、总支 20 家、支部 1155 家；共有"工作支部"406 个，纳入有效管理党员 2716 名，累计孵化实体支部 52 个。成立法律援助团、会计师服务团"联企送服务"，帮助解决问题困难 8000 余个，两新党员担任"车间政委"1105 人，开通"书记热线"685 个，组建志愿服务队 988 支，开展项目攻坚及志愿服务 7700 余次，累计捐款 7200 余万。以企业需求为导向深化"两百双传承"计划，针对性选派 92 名新生代企业家赴党政部门挂职锻炼，组织 60 名新生代企业家赴上海交大参加创新转型红色培训班，推荐 5 人参加省里培训。开展"双覆盖百日攻坚行动"，选派新一轮两新党建指导员 2267 人，新建两新党组织 100 家，新发展党员 511 人，打造"双强六好"党组织 97 家，整转软弱后进党组织 30 家。举办全市两新党组织书记(党务工作者)示范班，组织 60 名两新党务工作者集中培训，邀请省内外专家学者现场授课。强化系统行业党建，成立全市互联网行业党委、莲都区红色物业行业党委，基本摸清物业服务、物流快递行业党建底数，在 6 个行业系统试行党组织规范化建设 15 条。优化"互查互学互比"内容形式，在开发区、云和、龙泉等地举办活动 3 次，完成乡镇(街道)和园区党(工)委与两新党组织书记谈心谈话全覆盖。以"引领两新红，助力两战赢"为主题，联合《非公有制企业党建杂志》举办第五届两新党建好故事讲演活动，正式出版《两新党建好故事》书籍，汇编《两新党建品牌》70 个，评选"十大两新党建工作"品牌和"十大两新党组织"品牌。聚焦制度保障，出台《丽水市关于推进两新组织党建高质量发展的指导意见》《关于进一步加强社会组织党的建设工作的指导意见》。 (翁羽翕)

【党建好声音】 2020 年，市委组织部发挥主流媒体阵地优势，改版党建栏目《丽水先锋行》，跟进宣传中心工作，宣传报道得到广大干部群众的欢迎和好评。《杜书记跑物业》参评第七届丽水微电影大赛获得三等奖。加强党建电视对外宣传力度，向中央、省级平台报送全市党员好故事、党建好做法。全年被上级录用播报 273 条，列全省第一。抓好党员教育课件开发，结合省市党员电视片观摩交流活动的开展，讲好身边故事，先后制作"消薄路上""一个人一辈子一件事"等系列短视频，在全省党员教育电视片观摩交流活动中获得 2 个二等奖，3 个三等奖以及最佳策划奖、最佳摄像奖等 8 个奖项，获奖数量居全省第三。参加省组部"学榜样、践初心"视频征集，入选 9 部。《全会精神党员说》两部微党课短视频在抖音和微信平台上点击量突破 100 万次，获省委组织部部长黄建发、副部长马小秋点赞。

【智慧党建平台】 2020 年，市委组织部着眼基层党建实际需求，谋划丽水市党员教育信息化平台建设，为党员学习教育经常化和党支部活动开展规范化提供平台服务和技术支撑。创新打造"先锋云社区"，构建以党建引领基层治理的网上社区。通过"绿谷先锋"微信公众号、浙政钉工作台以及电脑端，面向公众开放党员教育信息化平台。各试点支部在党员教育信息化平台完成组织学习 264 次，组织各类活动 72 次，较好实现试点支部的"活动留痕""服务纪实"，推动丽水基层党建由"实体空间"向"虚拟空间"延伸。

【远程教育】 2020 年，市委组织部突出站点政治功能，做好习近平新时代中国特色社会主义思想学习宣传。以制度为抓手，紧扣支部主题党日、"三会一课"等制度落实，推行"月中提醒、月底督查、季度通报"形式，压实站点建管学用。以远教专题辅助学，帮助党员更好地理解和接受。以活动为载体，激发党员群众参与政治学习的热情。深化品牌建设，联合 7 部门开展远程教育"春节六送"工作。党员群众参与线上学习活动 51.15 万人次。现场直播第九届丽水市微型党课决赛向全市基层党组织，全市 2178 个远教站点以及市直机关各基层党组织均组织党员干部和群众共享"云党课"，实时收看直播 3 万余人次。 (曾于兰)

宣传工作

【概况】 2020 年，全市宣传思想文化战线围绕中心、服务大局，弘扬践行浙西南革命精神，厉行"丽水之干"，在大战大考中践行初心使命、在凝心聚力中彰显实干担当，擘画新时代文化丽水建设新蓝图。全力以赴、尽锐出征，线上线下并肩作战，打好疫情防控舆论引导主动战。在论坛全面清理的背景下，省委批复设立浙西南革命精神论坛。加盟"红军长征论坛"，阐述浙西南革命精神与长征精神渊源关系。聚焦建设"高水平建设和高质量发展重要窗口"，围绕高水平全面建成小康社会、"绿水青山就是金山银山"理念提出 15 周年、丽水撤地设市 20 周年等主题，谋划、设置议题，讲好丽水故事。深化媒体融合改革，拓展主流媒体移动平台"新闻+政务+

服务”功能。“‘侨’见世界，‘青’说中国”项目被评为2020年浙江省宣传思想文化工作创新项目。在全国文明城市复评中取得“全国第八”，受到中央文明办通报表扬。各级文明实践中心动员24.9万名志愿者参加防疫志愿服务，派驻卡点214万人次。编制《丽水国际摄影名城发展规划(2021—2030)》，国际摄影名城建设拉开序幕。《春风又绿江南》入选国家广电总局“百年百部”电视剧选题。获评“传承发展浙江优秀传统文化工作积极主动、成效明显的设区市”。深化网络综合治理体系建设，完善网络舆情线上线下一体化处置机制。制定《中共丽水市委关于贯彻落实〈中国共产党宣传工作条例〉及省委实施办法的通知》，开展年度意识形态主体责任综合检查，推动意识形态主体责任落地生效。全年未发生意识形态领域事件、重大舆情事件和网络安全事件。

【习近平新时代中国特色社会主义思想学习宣传贯彻】 2020年，市委宣传部坚持把习近平新时代中国特色社会主义思想的学习宣传贯彻作为首要政治任务，健全理论武装头脑、指导实践的工作体系，推动党的创新理论入脑入心、走深走实。市委理论中心组围绕中共十九届五中全会精神、习近平总书记考察浙江重要讲话精神等主题，召开集中学习会21次。市委召开“学习贯彻中共十九届五中全会、省委十四届八次全会精神”专题学习会。组织开展《习近平谈治国理政》第三卷及《中国制度面对面》《百年大变局》等学习宣传。开展中共十九届五中全会精神和省委、市委全会精神宣讲活动，组织省委宣讲团来丽宣讲和市领导赴各地开展宣讲。召开新时代青年理论宣讲工作部署会，推进青年宣讲组织、内容和培训体系建设，建成青年理论宣讲队伍300余支。举办“决胜小康，奋斗有我”微型党课大赛、“新时代·青年说”主题宣讲大赛，各地集中开展宣讲活动1.2万场。青田“青言青语”宣讲团、景宁“畲青年”宣讲团入选全省基层理论宣讲成绩突出集体。推进“学习强国”平台推广应用提质工作，日均活跃率高出全省10个百分点。青田县级融媒号入选全省首批试点，上线“学习强国”平台。举办“绿水青山就是金山银山”理念提出15周年暨撤地设市20周年理论研讨会、浙江大花园建设理论研讨会，开展“国家公园保护与发展、品牌推广”课题研究，出版《中国全面小康发展报告·高质量绿色发展丽水样本》。召开市社科联第七次代表大会，举办首届社科学术年会暨河阳论坛，全年获国家社科基金项目3项，入选省部级社科项目40项，中国(丽水)两山研究院入选省新型重点专业智库培育单位。

【意识形态工作主体责任落实】 2020年，市委制定《关于贯彻落实〈中国共产党宣传工作条例〉及省委实施办法的通知》，印发《2020年意识形态工作组织领导与责任分工》，出台加快推进哲学社会科学发展和新型智库建设的实施意见。市委常委会先后19次传达学习、研究部署意识形态工作。意识形态工作全面纳入党政领导班子述职考核和巡察工作重点。开展2019年度意识形态主体责任综合检查，对9个县(市、区)、经济开发区、80个市直单位党委(党组)印发检查通报。围绕省委意识形态检查提出的5个方面14项问题，制定42条整改措施。督促落实省委巡视专项整改要求。市委宣传部制定宣传思想文化工作“九项工程”实施方案。加强对论坛、讲座、报告会、研讨会等阵地管理。加强校园思想文化阵地规范管理，推动思政课程向课程思政转变。丽水学院制定《关于进一步加强思想政治理论课建设的实施意见》，专职思政教师、一线专职辅导员数量达到配比要求。丽水职业技术学院打造马克思与社会主义展馆。推动党委(党组)网络意识形态、网络安全工作责任制落地落实，举办意识形态安全和网络安全专题讲座。

【新冠肺炎疫情防控舆论引导】 2020年，市委宣传部、市委网信办启动互联网应急响应119天，全力做好疫情防控和复工复产舆论引导。全市开设抗疫专栏专题97个，推出专版276个，发布原创报道4万余篇，所属网站、两微一端等平台转发推送报道4.6万篇，总阅读量超3亿人次，新闻报道数量是日常10倍以上。中央、省级主流媒体刊播报道2800余篇(条)。编制《突发公共事件新闻发布应急预案操作手册》，组织防疫专场新闻发布会，通过新媒体平台发布权威信息980条，《捉谣记—丽水疫情辟谣》平台发布辟谣信息770条，发挥主流媒体“一锤定音”作用。策划创作新媒体作品2.1万件，推出H5、组图、歌曲、漫画、微视频等形式多样的宣传作品，营造众志成城抗击疫情的网上正能量。其中视频“英雄爸爸回来了”单贴视频播放量82.7万人次，阅读量达669万人次。挖掘报道党员干部、医务人员、公安民警、志愿者的先进事迹和感人故事，组织记者赴安吉跟访返丽水援鄂医疗队，推出典型人物1654例。多维度开展科普宣传和心理疏导，推出科普类信息1.3万余条，广播电视持续滚动播出科普内容10.5万余条次。推出劝导类、曝光类监督报道2580余篇，播发警示宣传语92万余条次，推出一批增强群众防护意识的方言类短视频。动员41.5万名丽水侨胞讲述中国防控举措，面向华人华侨开展回国应知、政策解读等宣传，搭建“互联网医院”“侨乡帮”等融媒服务平台，架起跨洋抗疫的“暖心桥”。

【高水平全面建成小康社会主题宣传】 2020年，市委宣传部把决胜全面建成小康社会作为宣传工作主基调，制定宣传方案，策划主题宣传，全方位宣传全面小康的伟大成就、鲜活经验和生动探索。开设“决胜全面小康 决战脱贫攻坚”“扶贫印记”等专栏专题，推出《不一样的小康路 了不起的亿元村》系列融媒体报道，举办“小康路上•丽水故事”短视频大赛，开展“走向我们的小康生活”等集中采访活动，宣传全市各地在脱贫攻坚战中的发展历程和典型经验，共刊播报道576篇。开设“东西部扶贫协作”“东西扶贫 共奔小康”专栏专题，到四川巴中、广元2个市6个对口扶贫协作县开展“扶贫协作 共奔小康”主题采访活动，市级媒体刊播援川主题报道237篇。11月19日，省政府新闻办举办“全面厉行‘丽水之干’奋力打造‘高水平建设和高质量发展重要窗口’”丽水专场新闻发布会，市委书记胡海峰作主题发布并回答记者提问，市长吴晓东，市委常委、组织部部长方健忠回答有关提问，概括和展示丽水全面建成小康社会发展成果。人民日报、新华社等50余家主流媒体参加活动，人民网、新华网、中新网等16家主流媒体全网推送直播视频，浙江经视《有请发言人》推出书记访谈20分钟专题片。

【撤地设市20周年主题宣传】 2020年，市委宣传部开设“撤地设市20周年”专栏，策划推出“20年，丽水正青春”系列综述报道、“巨变二十年丽水再出发”图表新闻、“飞跃丽水再出发”融媒直播等主题宣传，推出《二十年 正青春》微视频，累计刊发各类报道140余篇，推出新媒体报道210余篇。举办以“践行‘两山路’奋进新时代”为主题的丽水撤地设市20周年成就展，以图片、视频、VR新技术等多种方式，从生态文明探新路、经济发展增动力、民生春风润心田、改革创新立潮头、开放合作向未来、党的建设显成效、县区风采绽芳华7个部分展示丽水撤地设市20周年来的发展历程和发展成就，线上线下累计观展18万人次。

【重大主题宣传】 2020年，市委宣传部紧扣市委、市政府重大决策部署，制定下发宣传要点提示36期，组织媒体深层次、多角度、全方位宣传报道全市重点工作。围绕十九届五中全会精神、“重要窗口”建设、“最多跑一次”改革、经常化创建文明城市、创建百山祖国家公园等主题，统筹推进专题宣传报道。策划召开生态产品价值实现机制试点工作、丽水山居图•城市设计国际竞赛等主题新闻发布会21场。组织开展“弘扬践行浙西南革命精神 红绿融合推进高质量绿色发展”“人才科技峰会”“衢宁铁路开通运营”集中采访活动，全年中央和省级主流媒体刊发涉丽正面报道6910余篇，大报大台头版头条刊稿率创下历史新高。其中，中央电视台、《人民日报》、《浙江日报》、浙江卫视刊稿率分别增长100%、60%、33%、25%。

【媒体融合发展】 2020年，市委宣传部制定《主流移动传播平台打造工程实施方案》，推进市县两级媒体深化融合。升级打造“指尖丽水”“无限丽水”和县（市、区）“9+2”自主传播平台客户端，拓展“新闻+政务+服务”功能，市、县新媒体用户总量同比分别增长18.4%、14.1%。组织开展公益助农等新媒体直播250余场次，点击量9000万+人次。优化提升市级媒体所属微信公众号、微博等平台，拓展抖音、快手、天目新闻客户端等平台，以短视频为主攻方向，合力打造声势强大的移动宣传矩阵，全年推出传播量千万级作品19个、百万级作品96个、十万级作品523个，其中《胡海峰邀您游丽水》《丽水市长吴晓东邀您品味丽水》等短视频全网阅读量1亿人次。加强融媒共建，打造丽水融媒体联盟移动端阵地，成立“蓝媒联盟”丽水地区协作中心，开播丽水市广电总台电视新闻综合频道高清节目，组织县级融媒体中心评估工作，开展“红绿”融合融媒体创作大赛。

【公共文化服务】 2020年，市委宣传部启动实施新时代文化丽水工程。加强公共文化重点设施建设，建成市游泳馆、市体育生活馆等项目，丽水市图书馆新馆对外运营开放，“瓯江文苑”民办博物馆完成公开招馆。举办2020年全国乡村春晚集中展示启动仪式，举行浙江侨乡中国年•国际村晚，推进乡村春晚示范基地、精品节目评选，乡村春晚“一带三区”IP研究列入省重大文旅融合课题和重大科研创新项目，开启“春晚”向“村晚”转型。广泛开展乡村文化艺术节、送电影下乡等文化惠民活动。推进影院复工复产工作。施行《丽水市大窑龙泉窑遗址保护管理条例》，畲族彩带编织技艺、缙云烧饼制作技艺、梅源芒种开犁节3个项目入选第五批国家级非遗名录。创新“书香丽水，阅读同行”载体，打造“我是角儿——亲子阅读”“我陪你读”等全民阅读品牌，建成省级示范农家书屋24家、精品农家书屋18家。新建文化礼堂199家，举办“百名农村文化礼堂人讲文化、话小康”“乡村春晚进礼堂”等活动。开展“清源、固边、净网、护苗、秋风”五大专项行动，全年查办“扫黄打非”各类案件23起。深化行业行政审批“最多跑一次”改革，推动新闻出版企业监管“上云”和“证照分离”。建立正版软件工作联席会议制度，完成市直机关企事业单位正版办公软件安装。

【文艺精品创作】 2020年，市委宣传部实施文艺精品创优工程。围绕献礼建党100周年，组织影视剧《春风又绿江南》《挺进师》等重大题材创作。《春风又绿江南》入选国家广电总局“百年百部”电视剧选题。《麦香》获“飞天奖”提名。舞台剧《亲水亭》入围第十四届浙江戏剧节，《诗画浙江》《清风有情》获评2020年度浙江省十佳优秀歌曲。大型民族歌剧《畲山黎明》、情景音画诗剧《云和故事》首演。组织“你好丽水”群星视觉展等活动。推出抗击疫情主题作品专栏，创作各类抗疫题材作品1000余件。开展第五届“瓯江文化奖”评选。启动《处州文献集成》编纂工程，编纂出版第一辑《唐宋文献》。举办世界青瓷大会、第40届月山春晚、古堰画乡小镇艺术节、松阳香茶网络茶叶节等特色活动。

【丽水国际摄影名城打造】 2020年，市委宣传部编制《丽水国际摄影名城发展规划》，明确目标定位、重点任务和项目载体，明晰摄影名城建设的思路和路径。谋划重大平台丽水国际数码影像中心项目，成立项目专班，推进项目前期，开展项目招商。与视觉中国合作落地，视觉中国在丽注册成立全资子公司——丽水丽影网络科技有限公司，五大合作项目加快推进，搭建丽水摄影产业链招商中枢，整合行业资源形成摄影名城建设外部助力。启动丽水影像数字中心项目建设，打造一个集影像公共服务、数据管理、线上发布交流、商业平台运作为一体的综合平台，推动摄影产业化和数字化发展。举办瓯江行摄影大展、省第十八届影展暨2020浙江摄影周系列活动。

【文化产业发展】 2020年，市委宣传部立足文化强市目标，编制“十四五”文化产业发展、文化和旅游发展、全域传统村落保护与发展等系列专项规划，策划五大百亿集群、文化产业倍增计划等重大抓手。召开“一带三区”龙庆聚落发展区块工作推进会，推动《聚焦重要窗口 聚力跨山统筹 加快打造龙庆聚落发展区的实施意见》落地。加强产业集聚平台建设，云和园区成功入选省级文化产业重点园区。推进文化企业培育工程，新增省成长型文化企业8家、省数字文化示范企业1家。举办文化产业高级研修班等系列培训活动，组织企业参展第三届长三角文博会、第16届深圳（云上）文博会等系列会展活动，助推企业融入国内国际双循环。开展“三服务”活动，出台定向补助政策为文化企业提供纾困资金200万元，推出“安心游”公众责任险等政策服务组合拳，助力文化企业复工复产。实施艺术助推乡村振兴计划，启动瓯江山水诗路数字e站建设，推动文旅融合新发展。实施文旅续（新）建项目242个，完成项目投资278.6亿元，同比增长13.8%。云和梯田景区通过国家级AAAAA旅游景区景观质量评审。松阳创成全市首个国家全域旅游示范县。

【网络综合治理】 2020年，市委网信办启动互联网应急响应137天，为2019年的2倍。围绕决胜全面建成小康社会、疫情防控等重要主题，精心组织网上宣传报道，开设专题83个，推送稿件7747篇。做精“红色浙西南 绿色新丽水”微博话题讨论，话题阅读量超过33.8亿人次，讨论量40.3万人次，“丽水图书馆闭馆日为84岁老农一人开放”等10条短视频登上新浪微博热搜榜，被人民日报等主流媒体账号转载。举办“网络名博丽水行”、“奔跑吧！丽水”微信PK赛、“最美瞬间”全民随手拍大赛、网络创意作品大赛等活动，一系列作品在新媒体平台播放量12.7亿人次。推进“丽水发布”政务新媒体建设，全年阅读量2026万人次，处理网民咨询留言5688条，传播力指数超过全国99.68%同类平台。推进网络生态“瞭望哨”工程，制定“铸魂强军”三年行动计划，167篇网评文章被“钱江潮评”栏目录用，17篇被中央网信办全网推送，用稿率位列全省第一。完成市县网信部门执法主体资格全覆盖，全年开展涉网行政执法112起，约谈网络单位负责人26次。强化网络舆情“四联”闭环管理机制，完善网络舆情线上线下一体化处置机制，解答“问政直通车”网民提问9309件。完成市网络安全应急指挥中心机构改革，加快市级网络安全协调指挥平台建设。成立市县两级互联网行业党委。开展“护网2020”网络攻防实战演习活动，发现处置网络安全隐患问题68件。举办网络安全宣传周活动，加强网络防诈骗等宣传普及。 （朱映归）

统战工作

【概况】 2020年，市委统战部深入学习贯彻习近平关于加强和改进统一战线工作重要思想，贯彻落实全国、全省统战工作会议精神，以“丽水之干”担纲“丽水之赞”，以实干至上交出统战工作“高分报表”。在市第四次民族团结进步大会上，25个突出贡献集体、45名先进个人得到表扬。牵线搭桥引进项目178个，合同投资324.65亿元，到位资金32.82亿元，引进海内外人才73人。《丽水市创新“五大工作机制”全力打赢境外疫情输入防控阻击战》被评为2020年度全省统战工作实践创新优秀案例。

全市统一战线成员众志成城战疫情，组织全市工商界捐款捐物7820万元、海内外侨团侨胞捐款捐物9076万元。贯彻落实市委提出“清、劝、助、接、管”防控五字方针，推进境外疫情输入防控工作，2.3万名入境到丽水人员全程闭环受控，实现零感染零扩散目标，得到国务院督查组和省委主要领导肯定。丽水市境外人员到丽水疫情防控工作专班获评“省抗击新冠肺炎疫情先进集体”。

2020年，市委统战部把握“人心向背、力量对比是最大的政治”这一统一战线最根本的任务，巩固“不忘合作初心，继续携手前进”主题教育成果，全国率先举办侨商研习班到井冈山干部学院集中学习。开展“以企业家讲、讲给企业家听”系列宣讲活动，厚植丽商永远跟党走的政治基础。组织宗教界人士学习习近平总书记在抗美援朝70周年纪念大会上的讲话精神，增强政治认同，夯实思想政治基础。

【多党合作制度效能提升】 2020年，市委统战部制定《2020年度政党协商（会议协商）计划》，组织各民主党派、工商联和无党派代表人士，聚力“常态化疫情防控”“十四五”规划编制、民营经济发展等，发挥主观能动性，深入调查研究，为推动全市加快跨越式高质量发展提供意见建议。组织召开汇聚统战力量推进高质量绿色发展重点课题调研和专项民主监督工作协商会，促成各相关部门监督成果落实转化。参政议政履职尽责，全年提交政协提案225个、人大议案25个，大会发言21篇，录用各类社情民意1265条，政党协商会上提出意见建议561条，获中央、省、市领导批示43次，部分建议、调研成果通过《统一战线专报》形式报市委、市政府领导参阅。

【党外代表人士队伍建设】 2020年，市委统战部推动参政党建设“三个文件”在丽水市贯彻落实，着眼民主党派换届，组织市县两级完成党外代表人士走访调研644人，建成党外干部队伍信息库。开展1980年或1990年以后出生的、尚未加入民主党派或尚未认定为无党派人士的党外优秀人才的推荐备案工作。举办丽水市无党派人士认定会议暨培训会，用仪式感确认无党派人士的政治身份，全市累计认定无党派人士1331人。举办面向党外中青年干部、民主党派领导班子等党外干部专题培训班。

2020年11月28日，市委统战部举办丽水侨商井冈山之行活动　（余红慧　提供）

【助力民营经济发展】 2020年，市委统战部加强政治引领，强化民营经济人士理想信念教育，举办2020年非公经济人士培训班暨“新生代”企业家培训班，组织全市50余名新生代企业家赴上海参加培训。推进新生代企业家培养行动，实施“丽商青蓝接力工程”，选调10名企业家到政府部门挂职锻炼。推进“精准服务企业、振兴实体经济”，实施“五大行动”，推进“五个一百”服务企业工作。制定《市委统战部关于积极投身疫情防控阻击战和经济发展总体战贡献统战智慧和力量的通知》文件，联系帮扶企业140家，开展“一对一”“一对多”的“清单制”“包干制”服务。开展新经济新业态民营经济代表人士“双走访”工作，走访企业80余家，走访座谈人员360余人。推动构建“亲”“清”政商关系，组织“亲清直通车·政企恳谈会”，强化司法部门协同联动，加强民营企业司法保护。

【民族团结进步事业推进】 2020年，市委统战部以争当全国民族乡村振兴排头兵为目标，推进民族乡村振兴示范先行区建设，支持景宁全国首个民族地区城乡融合发展试点建设，举办浙江省参加第六届全国少数民族文艺会演剧目《畲山黎明》首演，承办浙江省民族乡村振兴示范建设推进现场会、2020首届中国(浙江)畲族文化创意产品设计展演、第五届中国(浙江)畲族服饰设计展演等活动。召开丽水市第四次民族团结进步大会,选树表扬25个突出贡献集体和45名先进个人,推动新时代民族团结进步事业向前发展。

【乡贤工作助力乡村振兴】 2020年,市委统战部推进新时代乡贤工作。全市乡贤回村2234人,建成各级乡贤馆185家;以项目回归带动产业发展,全年举办乡贤联谊座谈交流活动462场次,乡贤建言献策2284条;以公益回扶助力乡村治理,开展公益活动1142场次,捐赠慈善资金4748.7余万元,乡贤"老娘舅"帮助调解矛盾纠纷1570余件。营造做乡贤光荣、当乡贤荣耀、乡贤为家乡奉献的浓厚氛围,召开全市"乡村振兴丽水先行"新时代优秀乡贤表彰会,选树101名在各行各业为丽水市乡村振兴作出贡献的杰出代表。

【"云交流"探索】 2020年,市委统战部、市台办立足台海形势变化和疫情影响,坚持以变应变、创新求变,率先探索开展对台"云交流",举办2020两岸农业文创云上高峰论坛等线上交流活动10余场,架起海峡两岸交流合作"连心桥"。全市新增台资企业4家,引进中国台湾地区专业人才和青年到丽水就业创业13人,对台产业合作和招才引资取得新成果。

【统战领域和谐稳定】 2020年,市委统战部筑牢宗教安全主阵地,完成65处私设聚会点治理,完成取缔59处,并开展"回头看"严防反弹。做好海外涉侨工作,把握正确舆论导向,内外联动处置个别自媒体恶意炒作青田县驰援西班牙抗疫物资去向和诋毁侨团侨领、哥伦比亚华商店铺被查抄等事件。

【基层统战工作延伸覆盖】 2020年,市委统战部坚持"党的一切工作到支部"导向,促成市委把"在村(社区)党组织中设立专兼职统战委员"写入村社换届正式文件,实现全市村(社区)党组织专兼职统战委员全覆盖。开展乡镇统战规范化建设,通过工作述职、工作清单化等形式,调动乡镇(街道)党委书记抓基层统战工作的积极性和主动性,夯实基层统战基础。(刘云飞)

机关党建工作

【机关政治建设】 2020年,市委直属机关工委贯彻落实《中国共产党党和国家机关基层组织工作条例》及省委"实施意见",开展清廉机关、模范机关建设,开展"政治机关意识"教育、政治生态建设动态分析研判,加强对中央、省委、市委重大决策部署贯彻落实的政治监督。建立清廉机关建设"红黑榜"制度,对近三年3起违纪违法案件进行综合分析研判,开展机关党员日常管理领域廉政风险防控典型样本建设。开展强化政治理论、增强政治定力、提高政治能力、防范政治风险专题培训,举办《习近平谈治国理政》读书班、市直单位科级公务员任职培训班、市直机关发展对象培训班,提升机关党员政治站位、政治意识和践行"丽水之干"本领能力。

【意识形态工作】 2020年,市委直属机关工委弘扬践行"浙西南革命精神",开展对党忠诚教育,建立落实党委(党组)第一议题制度,开展"习近平总书记在浙江考察时的重要讲话精神"专题宣讲80余场、"忠诚使命进机关"专题讲座90余场、"践行忠诚"主题党日800余次,巩固拓展"不忘初心、牢记使命"主题教育成果。加强机关意识形态领域形势教育,用好"学习强国"平台,规范机关党员干部"八小时"之外和网上言行。建立"全市机关红色讲师团""红色青年宣讲团",组织机关党员干部学习党史、新中国史、改革开放史、社会主义发展史、浙西南革命史、家乡史。加强党内关心关爱工作,开展纪念建党99周年系列活动,组织走访慰问老党员、困难党员,评选市直机关优秀共产党员611人、优秀党务干部275人、先进基层党组织147个,表扬市直单位疫情防控和复工复产事迹突出党组织63个,党员133人。开展"道德讲堂"活动,举办市直机关主题微型党课比赛,推广党员微视频,讲好机关微故事。

【机关基层组织建设】 2020年,市委直属机关工委召开全市机关党建工作会议,开展工作交流,探索机关党建工作和党员管理新办法。建立丽水市直部门党委(党组)履行机关党建主体责任清单、党委(党组)书记履行机关党建第一责任人任务清单,完善机关党建考核评价办法。开展市直机关党组织集中换届选举工作,编发《换届选举工作实务》,开展业务培训,加强督查通报,推动基层党组织进步。联合市委组织部制定出台《加强和改进新时代机关党务干部队伍建设的意见》,从选优配强、职权保障、素质提升、关心培养、落实责任5个方面提出15条具体措施,完善党务干部责任清单,建立市直机关党务干部人才库。开展"党建知识大赶考""业务技能大比武",组织工作经验交流、互学互比互查,加大党务干部和行政业务干部双向交流。贯彻落实全省机关党建工作座谈会精神，推进市、县两级机关工委领导体制和工作机制调整，同步配强工委委员会成员、健全议事规则和内部管理制度，机关纪检监察工委实行纪委监委、机关工委双重领导体制。

【机关党建服务中心工作】 2020年，市委直属机关工委坚持把疫情防控一线作为检验机关党员干部初心与战斗力的主战场，组织市直机关1万余名党员干部下沉一线，4800余名非一线党员在24小时内完成社区报到，承担市区所有小区的硬核管控和封闭管理工作；4585名机关党员干部担任驻企指导员，开展“一对一”帮扶，帮助复工复产；1795名机关党员干部组成防境外输入工作专班，服务海外侨团侨胞。牵头筛查全市各机关事业单位工作人员情况、居家医学观察对象管控情况，建立每日健康报告制度，累计开展防疫统计231.9万人次。开展“三敢三比”争当“丽水之干”模范集体和先锋人物比拼活动，举行庆七一“三敢三比”丽水之干大比拼现场推进会，组织全市各级各部门聚焦各自重点任务，梳理大比拼项目清单、责任清单、落实清单“三张清单”，逐项定人定职责、定时定进度，确保年度各项任务目标落到实处、见到成效。市直机关大比拼活动覆盖率100%，各部门单位梳理形成大比拼项目清单5000余个，通过领衔攻坚、专项攻坚、专班攻坚等形式，引领党员干部在重大项目、重点工作任务第一线履职尽责、攻坚克难、担当作为。

【机关群团建设】 2020年，市委直属机关工委坚持党建带群建，完善优抚保障，建立健全“关心关爱五必访”、谈心谈话、思想状况定期调查分析研判等制度，帮助机关党员干部解决生产生活困难及问题。推进“1+1”文体活动和“1解1”心理健康行动，举办“凝心聚力担使命，三敢三比促发展”为主题的市直机关文化体育周活动，开展乒乓球、羽毛球、篮球、气排球、象棋围棋等体育比赛和书画摄影展、优秀文化讲座、文化才艺比赛展演等，培育身心舒展、情趣健康、格调高雅的机关文化。（茅　扬）

机构编制

【重点领域改革】 2020年，中共丽水市委机构编制委员会办公室（简称市委编办）深化重点领域关键环节改革，推动设立钱江源—百山祖国家公园百山祖管理局，作为省政府垂直管理的正处级行政机构，下设龙泉、庆元、景宁3个保护中心和百山祖科研监测中心；完成森林公安机关体制改革，森林防火有关职责划至自然资源和规划局（林业局），对应政法专项编制划入各市县公安机关；完成市县自然资源和5个领域综合行政执法改革，统筹配置执法职能和资源力量，解决多头多层和重复执法问题；在编制、职数、内设机构“三不增”前提下对市县83家群团“准三定”进行规范，推动新形势下群团组织高效履职。

【事业单位改革】 2020年，市委编办推进事业单位清理规范整合，全市2432家事业单位精减至1802家，精简比例26.0%，县（市、区）事业机构数一次性精简至200家以下；完成全市28家生产经营类事业单位改革。理顺事业单位运行管理机制，坚持优化协同高效，建立“一对多”的服务保障机制、“多对一”的指导协调机制、“一一对应”的类别管理机制，增强改革的协同性、耦合性。

【体制机制调整】 2020年，市委编办优化党委对重大工作的领导，推动制定深化改革、依法治市等议事协调机构的议事规则，提高议事能力和协调水平。梳理不同场景下部门责任和职责边界，推动职责分工精准化。设立浙西南革命精神研究中心、缙云县仙都风景旅游区管理委员会、市工人文化宫、市妇女儿童服务中心，整合组建市国土空间规划测绘研究院，优化调整各县（市、区）人大常委会工作委员会设置，规范各地开发区领导职数，加强金融风险防范、网络安全管理、生态环境保护、城市大脑建设、基层矛盾纠纷化解、信用体系建设等方机构编制保障。

【编办基层综合治理】 2020年，市委编办编制乡镇（街道）权力事项办事指南和流程图140项，梳理地方特色乡镇（街道）权力事项13项。结合各县（市、区）特点编制形成“属地管理”事项责任清单（平均69项），配套建立动态调整机制和考核评价机制，强化县乡协同。推进乡镇（街道）合法性审查全覆盖，提升乡镇（街道）各项工作的法治化水平。在龙泉市八都镇开展综合行政执法体制改革试点，由镇政府集中行使25个方面329项行政处罚权及相关行政监督检查、行政强制权，推进基层“一支队伍管执法”。

【资源优化配置】 2020年，市委编办出台事业编制周转池管理办法，建立“重要窗口”建设、创新引领人才、教育提质行动三大编制周转池，储备300名事业编制周转使用，推动“沉淀资源”转为“活的资源”。研究提出跨区域跨层级统筹调剂教职工编制的建议方案并推进落实，助推全市教育资源均衡配置和教育事业高质量发展。系统梳理机构、编制、领导职数变动情况并开展财政供养压力分析，形成《2019年度机构编制综合分析报告》。以社保领域为试点开展编制核定标准化探索，制定该领域全国首个市级地方标准——《社会保险事业机构编制核定指南》，推动编制管理向规范化、科学化迈进。

【机构编制法治化管理】 2020年，市委编办深化《中国共产党机构编制工作条例》学习宣传活动，将《条例》纳入市委党校培训课程。推行机构编制"一把手"函告制和派驻纪检监察组长告知制，向市本级100家单位主要负责人和22家纪检监察组发放函告单或告知单，增强广大干部尤其是领导干部的机构编制纪律意识。落实机构编制违纪违规问题清单及中央编办自查自纠、省委巡视选人用人专项检查反馈问题整改，机构设置、领导职数方面全面整改到位，编制《丽水市超编问题专项清单》推进超编问题整改消化。联合审计部门出台《关于加强机构编制监督和审计监督协作配合的实施意见》，推动机构编制审计工作迈向规范化、常态化、法治化轨道。

【机构编制数字化建设】 2020年，市委编办以机构编制实名制数据库作为"一件事"改革数据底库，打通实名制系统与"一件事"管理服务平台数据接口，出入编等机构编制实名制业务与工资、社保、公积金等业务"并联审批、一网通办"，业务办理过程中数据双向动态更新，数据质量和业务办理效率实现双提升。健全机构编制实名制管理系统与公安、社保等部门数据定期比对机制，引入公安部门身份证照片信息充实数据库，实名制数据质量及年报统计工作获省委编办肯定。完善机构编制数据管理平台，收录2000年以来机构编制数据档案9900余份，分部门建立电子台账，形成内容完备、脉络清晰的机构编制资料数据库。

【事业单位登记管理】 2020年，市委编办完成2019年度事业单位法人年度报告公示，市本级205家单位公示率100%。把事业单位年度报告公示信息、被警告或冻结事业单位法人证书的事业单位信息等纳入市公共信用信息目录，推进全市社会信用体系建设。全市事业单位统一社会信用代码、法人代表等19类3000余条数据推送至市数据管理中心。依托省事业单位网上登记管理系统和机关内部协同办事平台完善办事流程，推动事业单位法人登记等事项由"最多跑一次"向"跑零次"迈进。 （陈　政）

信访工作

【概况】 2020年，全市信访系统深入践行浙西南革命精神，厉行"丽水之干"，把信访工作融入社会治理大格局。信访呈现"五降三升一好转"良好态势（信访总量、来信、异常访及赴省进京走访同比下降，网上信访占比、县级走访占比上升、初次信访化解率上升、信访秩序好转）。全市8个县（市、区）实现"无信访积案县市区"，3个县实现国家局"三无县"，创历史新高。其中云和县连续三年实现"三无县"，全省唯一。

2020年，全市来信、走访总量10832件（人）次，同比下降29.8%，其中，来信4941件次，同比下降11.7%；走访3016批次、5891人次，同比分别下降19.4%、33.9%。网上信访22617件，同比下降35.59%；来电697285件，同比增加82.2%。

疫情防控期间，市"12345"政务咨询投诉举报服务中心执行涉疫信访件"即时交办、一小时签收、四小时答复、一天办理"工作机制。建立网、电疫情处置工作专班，急事快办。全市共接听涉疫来电99475个，其中转送办理11691件，平均办理时长1.3天。实现政策对接实时更新落实机制，安排专人专组24小时跟踪联系指挥部及相关单位，确保第一时间获取最新政策，涉疫咨询类一次性答复率92%，答复准确率100%。编发日报121期，累计提供涉疫线索举报3000余条，提出意见建议166条，大批意见建议转化为疫情防控政策，彰显丽水热线担当，获市委领导多次的批示肯定。

【市县领导高度重视信访工作】 2020年初，市委书记胡海峰对全年信访工作作出重要批示，提出明确目标和要求。市长吴晓东亲自研究、亲自接访，带动和要求市政府分口分线化解疑难复杂信访积案。市信访工作领导小组每月召开信访工作点评会，市领导对相关信访工作指标和信访生态逐一点评。市县四套班子领导主动接访、主动对疑难复杂信访积案进行包案。34位市领导包案化解疑难复杂信访积案20件。

【信访维稳服务保障中心工作】 2020年，在护航省"两会"、全国"两会"、市"两会"、十九届五中全会、第六届世界互联网大会、第三届中国国际进口博览会等重大活动中，全市信访战线层层动员部署、压实责任，坚持信息联通、工作联动、力量联合，通过全面部署信息排摸、人员预警、专题研判、值守接访、信息报送、应急处置等举措，保障信访稳定。在服务城中村改造、世界丽水人大会、中央环保督察、国务院第六次大督查、首届生态运动会、第九届智汇丽水人才科技峰会、文明城市复评等中心工作中履职尽责，先后派出信访干部 860 余人次，完成服务保障任务。

【社会矛盾纠纷调处化解中心建设】 2020 年，社会矛盾纠纷调处化解中心建设向纵向深推进，实现群众信访“最多跑一地”。全市各地建立“即接即办”“教育疏导”“会商研判”“协调办事”“公开监督”“依法处置”六大机制，铺开社会矛盾纠纷调处化解协同系统运用，加强业务协同，完善内转机 制。针对一市一区的体制，建立市区联动协办机制，明确各市直部门均为随驻单位。7 月 22 日至23 日，省委常委、政法委书记王昌荣专程到庆元县、龙泉市调研县级矛调中心建设和调解工作，肯定丽水工作开展情况，提出“走在前列”的期待和要求。12 月 23 日，全省矛调中心建设互学互比现场交流会在丽水市庆元县召开，“庆元经验”向全省推广。

【信访工作机制创新】 2020 年，全市信访系统开展“减存控增优秩序”（初信初访质效提升、积案化解攻坚、重点领域整治、信访工作双向规范、领导干部接访下访）五大专项行动，促使信访秩序进一步好转。建立第三方参与化解信访案件工作机制，从人大代表、政协委员、市直有关部门等单位，推选市本级 120 名、全市共 1016 名专家建立第三方参与化解信访案件专家库，负责参与疑难信访件的化解、依法终结件的审核、复核件的会审、严重失信信访人的评定，承担听证员等工作。

【重复信访治理和积案化解】 2020 年，除莲都区外，丽水其余各县实现“无信访积案县（市、区）”目标。历史积案化解率 85.7%，莲都区、云和县、庆元县、缙云县、遂昌县化解率超过 85%。国家级积案化解率 92%，莲都区、庆元县、缙云县、遂昌县、松阳县、开发区化解率实现 100%，云和县、景宁县无国家级积案；省级积案化解率 96.8%，除莲都区外，其余各县化解率实现 100%。新增积案率 0.97%，同比下降 68.8%，莲都区、缙云县、开发区新增积案率最低。创新重复信访件交办形式，采取一对一点评和交办的形式，对所有县（市、区）和涉及有重复信访件的市直部门交办重复信访件。 （张歆雅）

党校工作

【概况】 2020 年，市委党校坚持党校姓党，强化政治机关、政治学校意识，打造听党话、跟党走红色阵地。组织召开全市党校校长工作会议，谋划新时代全市党校系统发展蓝图，明确新时期党校工作方向和重点。分季度召开全市党校系统工作例会，专题研究探讨教学、科研、服务保障、队伍建设工作提升方法，打造全市党校沟通交流新平台。落实事业单位机构改革要求，研究印发新“三定”规定，整合优化内设机构职能，新设财务处、“两山”教研室等，相关经验做法获中央党校网站宣传报道。推进制度建设，形成涵盖党校各项工作的制度汇编并印发。开展内控体系建设，成为全市首批内控制度试点单位。

【教育培训】 2020 年，市委党校举办主体班次 25 期，培训学员 3008 人次，举办对外培训班次 34 期，培训学员 2582 人次。把握教学重点，把学习贯彻习近平新时代中国特色社会主义思想作为核心内容和首要政治任务，落实理论教育与党性教育的课时比例要求，聚焦“21 世纪马克思主义”“党史党建”等“马”字号、“党”字号核心课程加强学科建设，开发新教学专题 18 个，完善课程体系。突出“用学术讲政治”导向，以精品课示范观摩、新专题集体研讨及“精品课建设提升工程”为抓手，深化精品课程培育，推动教学质量提升。组织举办第三届全市党校系统精品课评选活动，评选出全市党校系统精品课程 3 门、优秀课程 7 门，推荐参加第七届全省党校系统精品课评选并入选优秀课程 2 门。打造“红+绿”特色办学模式，加强市县联动，共同开发“红+绿”特色课程 43 门，联合打造各具特

2020 年 9 月 15 日，市委党校秋季主体班开学典礼举行 （叶小盟 提供）

质的“红+绿”干部党性教育现场教学基地13个，完成编写“红绿融合”特色教材《“注魂、赋能、立根”的鲜活样本》，启动《浙西南革命精神简明教程》编写，推动全市特色办学资源共建共享。以宣传“绿水青山就是金山银山”理念实践和浙西南革命精神为主线开展对外培训工作，展示全市生态文明建设和高质量绿色发展成效及经验。推进在职研究生教学管理工作，完成2017级哲学专业研究生毕业论文答辩、毕业证书发放及档案移交等工作；完成2020级宪法与行政法(法治与政府管理方向)专业研究生招录，注册入学51人。

【科研咨政】 2020年，市委党校坚持“教学出题目，科研做文章，成果进课堂”的工作理念，把科研作为全校基础性工作来抓。推进理论研究，组织教师申报省委党校中特理论课题15项、立项6项，完成厅局级课题结题10项、市级结题26项，完成市领导交办课题和各部门课题5项；组织参与各类征文评选活动，获得省级以上奖项14项、市级19项；开展理论文章和专著撰写编写，在省级及以上刊物发表理论文章22篇，市级刊物发表34篇，编写专著3部。开展咨政研究，发挥教师学科专长，借助多种平台开展咨政工作，刊发《送阅件》11期，在省委党校《决策参阅》、市委《决策与调研》等平台发表咨政文章10余篇，其中《关于构建以山区26县为重点的GEP核算应用体系若干建议——基于丽水试点阶段性成果的推广思考》一文获省委书记袁家军批示；获市委书记胡海峰、市长吴晓东等市领导批示8篇10人次，较好发挥市委智库作用。运用学员资源优势，总结学员学习体会和调研思考成果，编发《学与思》14期，获市委书记批示，推进干部教育学习成果转化。

【党校后勤保障】 2020年，市委党校落实基础设施建设，启动校园二期扩建工程前期研究工作；完成篮球场灯光、洗车房改造，优化学员教职工业余生活体验；推进无障碍设施整改，被列为全市无障碍环境建设区示范点。加强物业团队监管，定期召开物业监管工作会议并开展专项服务质量督查，明确服务要求和标准。全年完成257个班次、会议、法纪教育参观团队共计10250人次服务保障工作，学员测评满意度98.78%。开展信息图书工作，提升校园信息化水平，优化校内办公协同系统及智慧党校平台应用，推进学校无纸化办公。推动教学资源信息化建设，更新教学专题视频，充实地方特色教学资源库。加强图书资源保障，更新学员宿舍图书配置，在教学楼各层大厅设立报纸杂志阅读栏，丰富学校图书信息资源。

【党校师资队伍建设】 2020年，市委党校坚持实施人才强校战略，打造一支适应新时代干部教育培训要求的干部队伍。招录新教师5名，充实队伍力量。举办全市党校系统师资骨干培训班2期，组织教师参加各级各类培训230余人次，提升教师业务水平。选派教师到市城中村改造指挥部、市疫情防控指挥部等一线挂职锻炼6人次，提高教师理论联系实际能力。推进“三敢三比”大比拼和“建设清廉党校、创建模范机关”活动，完成机关党委、机关纪委、工会换届选举和党支部重组，增强党务、工会干部队伍力量。开展“我们的节日•端午节”、趣味运动会、秋游等活动，增强团队向心力和凝聚力。开展日常作风纪律检查督查，营造良好氛围。推进巡察整改，巡察反馈问题整改措施全部落实到位。

【留观服务保障】 2020年，市委党校贯彻落实“疫情就是命令，防控就是责任”的指示精神，克服春节期间物资准备、人员安排等困难，建立全市首个留观服务点。按照市长吴晓东“把留观点服务工作当成特殊培训班来办好”指示，保障服务点运行143天，接收集中留观人员722人，服务核酸检测6231人，成为全省党校系统中启用时间最早、持续运行时间最长、接收留观人数最多的服务点，留观服务保障工作得到市领导和留观点人员好评。暖心服务1名非洲穆斯林黑人获中央党校《学习时报》点赞，涉侨疫情防控相关经验做法被《学习时报》专题报道，展现特殊时期的担当。发挥党校优势助力社会经济发展与疫情防控“两手抓”，编发相关咨政文章5篇，完成省委党校重点专项课题1项，组织17名党员下沉社区防控一线、机场接侨前线参与联防联控，展示党校人的精神风貌。 （叶小盟）

老干部工作

【概况】 2020年底，全市共有离休干部508人(不含省部属单位和易地安置的离休干部)，比2019年减少56人，其中85岁及以上的508人，85岁以下的0人，平均年龄92岁，其中生活完全不能自理的176人。全市有退休干部35431人，离退休干部党支部584个，离退休干部党员21290人。市本级有离休干部99人(不含省部属单位12人，易地安置在丽水市2人)。市本级安置和居住在外的离休干部有17人，主要分布在上海、河北和浙江杭州、温州、绍兴、金华、台州。市本级有退休干部5986人，离退休干部党支部114个。全市有担任地(市)级实职以上的离退休干部52人,其中离休6人,退休46人。

2020年,市委老干部局围绕"抗战胜利"75周年、抗美援朝出国70周年等时间节点,在全市开展以读习近平总书记在浙江的重要讲话,谈学习体会、谈永葆初心、谈作用发挥为主题的"一读三谈"主题党日活动,征集到老干部学习体会感言600余条。围绕全面建成小康社会,开展"颂歌献小康,建言现代化"活动,组织老干部建言献策,征集到老干部眼中的新变化推荐100余条、老干部"献计"100余条。围绕弘扬践行浙西南革命精神活动,在全市开展"跟着老同志追寻革命先烈足迹"活动,组织全市红色讲师、离退休支部书记,讲述丽水本地的革命遗址、纪念馆等,讲好红色故事,传好红色精神接力棒。围绕"展风采、颂小康"主题开展系列活动,举办"展风采、颂小康"全市老年书画联展,承办"全省老年书画精品展"。组织开展老干部"党建春联"进万家活动,全市共有1320名老干部参加送"党建春联"活动151场次,向基层群众送出党建春联及福字74300余对(个)。

落实离休干部生活待遇,开展"夏季送清凉、冬季送温暖"的关怀活动,做好纪念志愿军入朝作战70周年和纪念抗战胜利75周年的离休干部走访慰问,全年走访离休干部3790人次,走访异地安置在外地离休干部323人次。坚持离休干部住院和家庭重大变故必访制度,对有特殊困难的离退休干部及遗属给予更多关照,全年入院探望离休干部及遗属500人次,因离休干部家庭变故走访慰问60次,共落实困难帮扶资金近32万元,帮扶250余人次。向市直所有离休干部每年发放800元"老干部温馨服务券",为老干部提供个性化、精准化的服务。疫情期间,向老干部发出温馨提醒和科学防控知识,并开展"电话敲门"行动,帮助老干部解决困难,对市直离休干部开启电话慰问3次,上门送口罩2000余个,帮助老干部代购药品和生活用品20余次。

2020年,在保障健康平安的前提下,引导老干部志愿者参与疫情防控。全市共征集到老干部抗疫短视频作品20余个,老干部抗疫诗词、书画作品2000余篇,其中宣传"公勺公筷"短视频和疫情防控顺口溜等在老干部群体中广为流传。丽水市老干部志愿者协会等团队组织老干部志愿者参与卡口执勤、疫情知识宣传等志愿服务。全市共有50位老干部和3个老干部团体荣获全省"最美银耀老干部抗疫志愿者"称号。全市老干部疫情期间共捐款200余万元。

【离退休干部思想政治建设】 2020年,市委老干部局总结疫情期间线上宣传发动的经验,利用微信、微博、抖音等新媒体,通过"云学习""云讨论""云分享"等方式,发动老干部学习习近平总书记重要讲话精神和中共十九届五中全会精神,促使老干部自觉增强"四个意识"、坚定"四个自信"、做到"两个维护"。落实老干部阅读文件、参加重要会议、通报情况、参观学习等制度,市委书记胡海峰、市长吴晓东先后3次主持召开老干部座谈会,向老干部介绍有关情况,征求意见建议。

【离退休干部党组织规范化管理】 2020年,市委老干部局落实省委老干部局《关于推进离退休干部党支部规范化建设的指导意见》,全市创建示范性离退休干部党支部53个。市本级率先实施离退休干部党组织网格化管理,采取组长牵头、在职党员干部联络的方式,为网格内支部学习交流搭建平台。加强离退休干部党员骨干队伍建设,坚持举办离退休干部党支部书记和党员骨干培训班,全市培训离退休干部党组织书记、党员700余人次。强化党建工作保障,坚持为离退休干部党支部征订党报、党刊,100%落实离退休干部党组织书记工作补贴。成立局机关党委,负责全市离退休干部党建工作,编印离退休干部党建工作制度汇编,帮助离退休干部党务工作者增强业务水平。

【老干部志愿服务】 2020年,市委老干部局组织老干部志愿者分别以"洁净自然""银尚文明""三助三送"为主题,先后围绕"垃圾分类、五水共治""制止餐饮浪费、巩固文明城市创建成果、推广公勺公筷""助学助农助企、送政策、送文化、送医疗"等开展志愿服务。省市县三级联动,开展"乡村振兴我助力——银耀之江走进遂昌北界"活动,实行横向"三家联盟"(老年大学、老科协、成技校),纵向"三级联动"(市、县、乡),为银色人才助力乡村振兴搭建平台。全年累计开展各类老干部志愿服务500余场次,举办"银雁返乡"活动20余次,老干部参与人数近万人。全市2个助力社会治理银耀好团队和113名"最美助力之星"获省委老干部局通报表彰。

【"老党员驿站"全覆盖】 2020年,市委老干部局利用疫情期间常青园暂停开放的契机,投资300余万元完成市本级"常青园"整修工程和老年大学形象提升工程。依托"两个阵地"资源,推进"老党员驿站"建设,实现丽水各地"老党员驿站"全覆盖。6月,疫情防控形势好转后，全市共有40余批次，近千名老干部走进“老党员驿站”参加学习活动。联合丽水市图书馆建立丽水市图书馆常青园分馆，藏书2000册，实现资源共享，让老干部在常青园便能借到市图书馆的书籍。（蓝巧玲）

党史工作

【概况】 2020年，全市党史系统统筹做好疫情防控和党史业务工作，推进弘扬践行浙西南革命精神常态化，把浙西南革命精神力量升华为推动丽水党史事业加快发展的思想自觉。提交出版《中国共产党浙江丽水历史》（第二卷）；推进《中国共产党浙江丽水历史》（第三卷）编研；出版发行《浙西南革命遗址》《浙西南革命故事》。举办浙西南革命精神论坛；启动浙西南革命根据地纪念馆提升工程。浙西南革命精神研究中心和浙西南红色文化研究会挂牌成立。《丽水革命遗址保护条例（草案）》通过一审。继续做好《丽水史志》刊物、丽水史志网的编发工作。

【党史著作编写】 2020年8月，《中国共产党浙江丽水历史》（第二卷）提交市委常委会会议审议通过；9月，市委批准出版；10月，提交中共党史出版社出版。9月，《中国共产党浙江丽水历史》（第三卷）编写大纲通过省委党史和文献研究室评审。指导完成《缙云党史》（一卷）和《松阳党史》（一卷）史稿评审；推动《遂昌党史》（二卷）、《景宁党史》（二卷）、《庆元党史》（二卷）、《莲都党史》（二卷）编写进度；出版发行《浙西南革命遗址》《浙西南革命故事》；承担丽水市中小学地方课程《浙江绿谷》《红色丽水》审读任务。

【浙西南革命精神弘扬践行活动】 2020年5月，市委党史研究室联合市委宣传部、市文旅局、市社科联开展以“红绿融合”为主题的浙西南革命精神学术征文活动，经过筛选，入选论文57篇。6月19日，举办第二届浙西南革命精神论坛。论坛期间，《春风又绿江南》《挺进吧》《归园田居》《挺进师》等影视剧进行摄制签约。浙西南革命精神研究中心和浙西南红色文化研究会挂牌成立，该研究会有个人会员55人、团体会员17个。其中，理事17人，会长、常务副会长、副会长、秘书长、副秘书长10人。浙西南革命根据地纪念馆提升工程开工仪式同步启动。

【浙西南革命根据地纪念馆建设】 2020年，浙西南革命根据地纪念馆提升工程写入市委全会的《决定》，定于2021年7月1日前完成。市委党史研究室组建浙西南革命根据地纪念馆提升工程项目布展大纲编写组，邀请国家博物馆原副馆长马英民、军事博物馆研究馆员马沈等多位国内文博类高级别专家指导和参与大纲文本的起草工作。10月23日，《布展大纲》通过省委党史和文献研究室审定。开展史料征集和文物收集；完成项目可研报告、招标代理、初步设计、设计施工采购一体化等招投标工作；推进库房改造和安防系统安装，制定省委机关旧址修缮方案并上报省文物局批复。

【革命遗址保护立法】 2020年，市委党史研究室呼吁并努力承担《丽水市革命遗址保护条例（草案）》的起草任务，通过成立工作专班、制订实施方案、建立动态基层立法联系点、开展资料收集与立法比较研究、组织外出实地考察与走访调研、广泛征求意见建议与座谈研讨等措施抢时间、赶进度、求实效，用近4个月完成《丽水市革命遗址保护条例（草案）》初稿起草。该草案共6章43条，分为总则、调查认定、保护管理、合理利用、法律责任、附则。11月9日，市革命遗址保护立法工作领导小组召开会议，研究并原则同意条例草案。11月10日，市人大教科文卫委员会召开会议，一致通过条例草案，提请市人大常委会

2020年6月2日，《丽水市革命遗址保护条例》立法工作专题调研座谈会召开

（梁晨媛　提供）

主任会议研究决定。11月24日，市四届人大常委会第二十八次会议一审通过条例草案。丽水是全省第1个、全国第13个制定此类地方性法规的地级市。

【党史宣传教育】 2020年，市委党史研究室推动丽水成为“红军长征论坛”加盟城市，明确2022年第五届“红军长征论坛”由浙江省丽水市主办，形成江西赣州、贵州遵义、陕西延安、广西桂林、浙江丽水、四川阿坝、福建龙岩7个市（州）红军长征论坛战略合作格局。5月，举办浙西南革命旧（遗）址图片展览。制定党史宣教“七进”工作方案，全年组织党史进社区、进企业、进学校活动44场。受疫情影响，浙西南革命根据地纪念馆全年共接待团队642批次，参观者12万余人次。线下继续推出“弘扬社会主义核心价值观、关爱未成年人健康成长”—浙西南革命历史知识答题线下抽奖活动，参与观众9000余人次。举办讲解员培训17场，参与学生680人次；线上开展“我们的节日·清明节”祭英烈活动，参与者17.8万人次。《丽水史志》季刊获2019年度“丽水市十佳期刊”。6月，党史资料数字化工作通过省委党史和文献研究室验收。 （廖依敏）

档案工作

【概况】 2020年，全市档案部门学习贯彻习近平新时代中国特色社会主义思想，围绕“重要窗口”建设，紧扣档案工作目标要求，厉行“丽水之干”，提前完成“十三五”档案工作目标任务，推动丽水档案事业发展。全市累计建成档案新馆6家，完成市本级档案馆二期土建工程和技术用房改造；落实3家省级、6家市级档案工作服务农村基层治理工作试点。实现全市档案馆通过国家综合档案馆业务评价率、档案馆创建国家级数字档案馆创建率、全市机关数字档案室创建率“三个百分百”。累计开展新修订档案法宣讲活动104场、受众5035人次；深化“互联网+执法”双随机执法检查，完成事项认领覆盖率100%，检查完成率100%，公示率100%。庆元通过国家级数字档案馆测试，云和通过数字档案馆省级测评，完成8家示范数字档案室、45家规范数字档案室创建。完成数字化档案39.87万卷（件）。档案查阅中心全年共接待查档2.31万人次，7.90万卷（件）次，各类档案提供复印7.37万张。编辑出版明成化《处州府志》（点校本）等14本图书。举办各类展览9次、参观群众8822人次。市档案局被国家档案局列入电子档案长期安全保管工作试点单位。

2020年，市档案馆选派优秀党员干部参与疫情防控志愿工作126人次。印发《关于做好新型冠状病毒感染的肺炎疫情防控期间档案工作的通知》《新冠肺炎疫情防控工作文件材料归档指南（试行）》《新冠肺炎疫情防控档案工作专项执法检查的通知》《面向社会各界开展新冠肺炎疫情防控工作档案资料的征集公告》，做好疫情防控期间档案征集，全市共征集接收文书、照片、实物等各类疫情防控档案3.5万件。

【档案接收工作】 2020年，市档案馆完善档案接收、档案审核清点等制度，规范流程和要求。下发《关于开展2020年度档案接收进馆的预通知》《丽水市档案馆关于接收档案进馆的通知》，市本级完成8家市直单位到期档案和重点档案的接收、上架工作，计3840卷、6.91万件。云和完成全部乡镇2010年前到期档案资料接收进馆及40家单位到期档案移交进馆工作，景宁、庆元、松阳分别接收59家、30家、17家单位档案进馆，全市国家综合档案馆全年累计接收纸质档案17.71万卷、38.57万件。

【电子档案长期安全保管工作被列入国家档案局试点】 2020年3月，国家档案局、国务院办公厅电子政务办公室、国家电子文件管理部际联席会议办公室确定丽水市档案馆为电子文件单套制归档和电子档案单套制管理试点单位（档发〔2020〕2号），全国仅有2家市级档案馆被列入该试点。至年底，该试点工作具备申请验收条件，向省档案局申请转报国家档案局组织试点验收。

【档案工作服务农村基层治理试点】 2020年，根据省档案局、民政厅、农业农村厅关于开展档案工作服务农村基层治理工作试点的要求，结合丽水特点，市档案馆把档案工作服务农村基层治理工作纳入《丽水市2020年乡村振兴工作要点》，列为特色工作考核，至年底，落实3家省级试点（景宁、云和、缙云），6家市级试点（莲都、龙泉、青田、庆元、松阳、遂昌）。市档案馆以此为契机，完善村档乡管，加快“千村档案”建设，以村级档案的规范化治理和共享助力乡村振兴。

【档案馆开展互联网＋执法检查】 2020年，市档案局推行“双随机一公开”执法检查，开展档案馆、机关档案室、重点建设项目、档案服务机构的档案安全执法检查工作。印发《丽水市档案局关于印发2020年“双随机”执法检查计划的通知》《丽水市档案局关于开展跨部门联合执法检查的通知》《丽水市档案局关于开展新冠肺炎疫

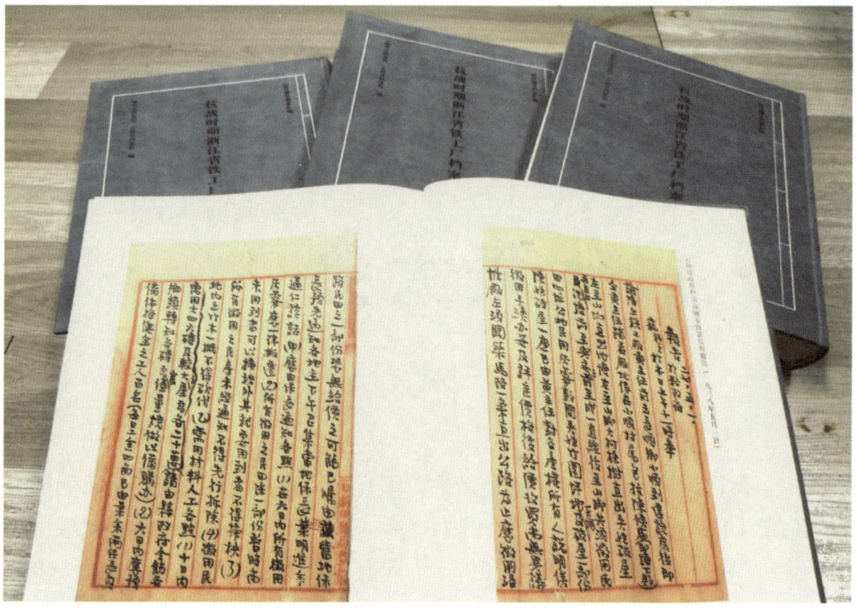

2020 年 6 月，《抗战时期浙江省铁工厂档案汇编》出版发行　（周　率　提供）

情防控档案工作专项执法检查的通知》等。完成档案馆安全风险隐患排查、档案局（馆）履职情况、重点建设项目档案管理情况、单位档案管理情况检查、档案服务外包承揽企业档案安全工作情况等执法检查，联合丽水市气象局开展跨部门执法检查。在“互联网+监管”平台开展的双随机执法检查中，共检查单位 22 家，参与检查人员 46 人次，完成抽查计划完成率 100%、抽查计划公示率 100%、抽查任务完成率 100%、抽查任务公示率 100%、检查完成率 100%、检查结果公示率 100%。

【数字档案馆创建】 2020 年，全市各县（市、区）档案馆继续开展数字档案馆创建工作，完成庆元、云和县的数字档案馆创建工作。至年底，市本级、9 个县（市、区）全部建成数字档案馆。其中，市本级、莲都区、龙泉市、庆元县档案馆通过国家级数字档案馆测试，实现本地区数字档案馆全覆盖目标。

【《抗战时期浙江省铁工厂档案汇编》出版发行】 2020 年，市档案馆贯彻习近平总书记“让历史说话，用史实发言，深入开展中国人民抗日战争研究”重要指示精神，《抗战时期浙江省铁工厂档案汇编》经过 3 余年的编辑、修改、审核，2020 年 6 月，由中华书局出版发行。该书是浙江省第一批出版的《抗日战争档案汇编》之一，收录云和县档案馆、莲都区档案馆和浙江省档案馆馆藏的 1938 年至 1947 年浙江省铁工厂相关档案 130 余件，450 页，具有时间跨度大、资料完整、史料价值高等特点。全书分设勘基建厂、日常事务、与地方协作、撤厂结束 4部分，以档案原件彩色影印，配以概括每份文件主要内容的标题形式，还原浙江省铁工厂在抗战时期艰难的环境下，从草创到发展，再到结束撤离的过程，对研究抗战时期后方工业具有重要史料价值。

【明成化《处州府志》（点校本）出版发行】 2020 年底，由丽水市档案馆整理，赵治中点校的明成化《处州府志》（点校本）由方志出版社出版发行，全书有文字 60 余万字。明成化《处州府志》成书于明成化二十二年（1486 年），是现丽水地区所见最早的府志，由明刘宣编辑，郭忠校正，全志分十八卷，卷一、二为本府志，卷三、四为《丽水县志》，卷五、六为《青田县志》，卷七、八为《缙云县志》，卷九、十为《松阳县志》，卷十一、十二为《遂昌县志》，卷十三、十四为《龙泉县志》，卷十五为《庆元县志》，卷十六为《云和县志》，卷十七为《宣平县志》，卷十八为《景宁县志》。该点校本以馆藏微缩胶卷为底本，缺失部分参照日本国会图书馆藏本补充，把原有繁体古文转换为简体字，进行断句、加入标点，对晦涩难懂的字词加注说明，达到符合当代人的阅读习惯。点校本的出版发行，促进地方历史文化研究，便于广大历史研究者和爱好者研究利用。

【“百姓生活看小康”展览】 2020 年11 月 11 日至 21 日，《百姓生活看小康》展览在丽水市美术馆举办，吸引参观市民 3000 余人。该展览设置展板 70 余块，展出档案和实物近百件，分为《小康说道》《物质生活的变迁》《精神文化新追求》《城市旧貌换新颜》以及复原场景 5 个单元，通过新老照片、数据对比、档案实物、复原场景等形式，展现丽水社会发展历程，回顾丽水百姓在衣、食、住、行、用等方面变迁，反映伟大时代变革。其中，在复原场景区块，放置老款自行车、收音机、黑白电视、手摇电话机、大哥大手机，以及粮票、布票等老物件，勾起人们回忆，珍惜当下，展望未来。　（李岘闻）

丽水市人民代表大会

综　述

【概况】 2020年，市人大常委会全年召开常委会会议8次、主任会议17次，听取和审议专项工作报告22个，制定地方性法规3部，作出决议决定8项，作出审议、视察、评议意见19个，为统筹全市新冠肺炎疫情防控和经济社会发展工作，高水平全面建成小康社会作出贡献。

坚持党的领导、人民当家作主、依法治国有机统一，巩固和拓展"不忘初心、牢记使命"主题教育成果，学习贯彻习近平总书记考察浙江重要讲话精神和习近平法治思想、中共十九届五中全会、省委十四届八次全会精神，增强"四个意识"、坚定"四个自信"、做到"两个维护"，在思想上拥护核心、政治上维护核心、行动上紧跟核心。维护党委总揽全局、协调各方的领导核心地位，执行重大事项向市委请示报告制度，全年就年度工作开展、立法计划调整等重要事项向市委请示汇报8次，贯彻市委部署，统筹安排工作，抓好任务落实，贯彻落实市委对人大工作的指示和要求。坚持党管干部与人大依法任免有机结合，全年任免国家机关工作人员46人次，完成市委重要人事安排。

围绕市域治理"制度设计更加完备、制度运行更加有效"的目标，加强和改进地方立法工作，以良法促进善治，推动制度优势转化为治理效能。贯彻市委关于加强党领导立法工作的实施意见，坚持立法工作中的重大问题及时向市委请示报告，落实重要法规草案起草小组"双组长"制度，按照市委批复的立法工作计划抓好立法项目的起草、调研、审议工作。组织召开中共丽水市委全面依法治市委员会立法协调小组会议，通过立法协调小组工作规则，发挥依法治市委员会在立法工作中的统筹协调作用。推进年度立法。审议通过文明行为促进条例、城市养犬管理规定、烟花爆竹经营燃放管理规定3部地方性法规，对革命遗址保护条例进行初审。科学编制2021年立法计划，完善立法项目库储备。提升法规质量。增设5个动态立法联系点，拓宽公民参与立法渠道。研究制定地方性法规立法后评估工作办法，对城市市容和环境卫生管理条例开展立法后评估，评价实施效果，查找存在问题，提出改进建议。加强对全市已出台法规执行情况的检查，完善规范性文件备案审查机制。

紧扣市委的重大战略决策，行使重大事项决定权，通过法定程序把市委的决策意图转化为全市人民的自觉行动。适应疫情防控需要，作出全力做好当前新型冠状病毒肺炎疫情防控工作的决定，授权政府依法采取

2020年4月9日，市人大常委会学习贯彻习近平总书记在浙江考察重要讲话精神　　（汤迪文　提供）

临时性应急管理措施，督促政府落实防控责任、凝聚防控合力，推动全市疫情防控在法治轨道上运行。紧扣市委关于助推高质量绿色发展、打开“两山”转化通道等重大决策部署落实，作出关于加快推进生态产品价值实现机制国家试点的决定，提出要探索政府主导、企业和社会各界参与、市场化运作、可持续发展的生态产品价值实现路径，构建一套可复制可推广的科学制度体系，实现GDP和GEP规模总量协同较快增长、GDP和GEP之间转化效率较快增长，助力厚植绿色发展优势。依法作出加强新时代检察机关法律监督工作等决定，要求检察机关实行法律监督年度报告制度，制定《法官检察官履职评议办法》，督促审判权、检察权公正行使。

以“盯住法”“管好钱”“把牢图”为关键，打好监督“组合拳”。突出“盯住法”。坚持问题导向，创新工作方法，加强改进执法检查，发挥法律巡视利剑作用。先后就野生动物保护、动物防疫、大气污染防治、公共文化服务保障、华侨权益保护等法规贯彻实施开展执法检查，并就市区大气污染防治开展专题询问。加强政府预算全口径审查、全过程监督，实施预算联网监督，审查市发改委、公安局、人防办及丽水开发区预算草案。听取和审议审计工作报告、审计查出问题整改情况报告，对问题整改进行清单式跟踪监督。开展行政事业性国有资产管理情况专项监督，促进国有资产保值增值。聚焦“把牢图”。坚持实行环境状况和环境保护目标完成情况报告制度，组织开展“十四五”规划调研，听取和审议市政府“十三五”规划纲要执行与“十四五”规划纲要编制情况、市本级政府重大投资项目2019年计划执行情况及2020年计划草案的报告，审议通过2020年市本级17个亿元以上的政府性重大投资项目，强化规划、计划的科学性、严肃性。

重视代表主体作用发挥，为代表履职创新载体、丰富内容，支持和保障代表依法履职。立足联系群众常态化、制度化，深化联络站建设和组织保障，推进规范化代表联络站建设三年行动计划，2020年完成70家联络站规范化建设，完成联络站规范化建设任务的90%。统筹谋划代表培训工作，组织80多名基层市人大代表在全国人大培训中心开展专题培训，基本实现届内基层人大代表参加1次专题培训的要求。组织市人大代表座谈会，强化代表对人大各项工作的参与。建立人大代表向选民和选举单位述职制度，组织8名省代表在常委会会议进行述职活动。细化代表履职登记管理标准，通报履职登记情况、开展履职经验交流、表彰优秀代表建议，推动代表履职经验交流常态化。实施建议办理工作评议、代表约见部门负责人等，增强建议督办实效。市四届人大五次会议立案代表建议286件，全部办理完毕。

加强新时期人大工作融媒体宣传，在《丽水日报》及电视台开设《代表故事》《人大立法》新媒体专栏，以图文、漫画、短视频等多种形式展现人大代表风采、开展法规普法宣传，常委会会议宣传报道做到新媒体宣传全覆盖。2020年，共刊播人大宣传相关报道970余篇。《人大制度在处州大地破茧成蝶》作为浙江人大推荐的系列报道作品，共同荣获第30届中国人大新闻奖二等奖、浙江省第29届人大新闻一等奖。市人大“探索开发区人大监督新模式”获第二届浙江人大工作与时俱进优秀奖，云和县人大参与的“新时代街道人大工作的‘浙江探索’”获特别奖，景宁县人大“构建‘三民工作’机制的实践”获提名奖。《人大立法》新媒体宣传获“全市十佳普法项目”。

贯彻落实省市委关于高水平推进新时代人大工作和建设的意见，开展文件督查，注重联系指导，促进各县(市、区)出台乡镇人大工作清单和街道人大工作清单，明确乡镇人大主席团(人大街道工委)工作职责，加强乡镇(街道)人大工作和建设，推动省市委文件落地见效。健全上下级人大沟通联系和联动工作机制，健全专家咨询组、立法专家库等“人大智库”信息资源共享机制，通过上下级人大的学习互动、工作联动和制度促动，人大工作基础得到加强。

市人民代表大会、常务委员会及各类工作会议

【丽水市第四届人民代表大会第五次会议】 2020年4月21日至24日，丽水市第四届人民代表大会第五次会议在丽水召开，322名市人大代表出席会议，27人列席会议。会议听取和审查市长吴晓东所作的丽水市人民政府工作报告；审查市发展和改革委员会关于丽水市2019年国民经济和社会发展计划执行情况及2020年国民经济和社会发展计划草案的报告，审查、批准丽水市2019年国民经济和社会发展计划执行情况的报告及2020年国民经济和社会发展计划；审查市财政局关于丽水市2019年全市和市本级预算执行情况及2020年全市和市本级预算草案的报告，审查、批准丽水市2019年市本级预算执行情况的报告及2020年市本级预算；听取和审查市人大常委会主任虞红鸣所作的丽水市人民代表大会常务委员会工作报告；听取和审查市中级人民法院院长蒋卫宇所作的丽水市中级人民法院工作报告；听取和审

查市人民检察院检察长过孟超所作的丽水市人民检察院工作报告；审议丽水市2019年环境状况和环境保护目标完成情况的报告；依法选举王炜、叶青、任韩高、阮建明、蔡培新、管伟春(女)为丽水市第四届人民代表大会常务委员会委员；通过丽水市第四届人民代表大会部分专门委员会组成人员人选名单；依法从十三项候选项目中，由全体代表票决出丽水市2020年度十方面民生实事项目。根据地方组织法、代表法和丽水市代表议案处理办法的有关规定，议案转为建议、批评和意见，连同代表提出的建议、批评和意见共286件，一并交有关机关、组织研究办理并负责答复代表。

【丽水市人大常委会会议】 2020年，丽水市人大举行常委会会议8次。

1月19日，市四届人大常委会举行第二十一次会议。会议听取和审议市政府关于市区征收安置三年行动计划完成情况的报告，并进行满意度测评；作出召开市四届人大五次会议的决定，提出市四届人大五次会议议程，表决通过有关人事任免事项。

2月14日，市四届人大常委会举行第二十二次会议。会议表决通过《丽水市人民代表大会常务委员会关于依法全力做好当前新型冠状病毒肺炎疫情防控工作的决定》。

3月27日，市四届人大常委会举行第二十三次会议。会议听取和审议市政府关于丽水市本级政府重大投资项目2019年计划执行情况及2020年计划草案情况、2019年度全市十方面民生实事项目实施情况、2020年全市十方面民生实事项目征集初选工作情况以及新冠肺炎疫情防控和复工复产工作情况的报告，并对2019年度全市十方面民生实事项目完成情况进行满意度测评，表决通过有关人事任免事项。

4月9日，市四届人大常委会举行第二十四次会议。会议表决市人大常委会关于丽水市第四届人民代表大会第五次会议召开时间的决定。通过关于丽水市第四届人民代表大会部分补选代表的代表资格审查及代表变动情况的报告、丽水市第四届人民代表大会第五次会议列席人员名单；通过市人大常委会工作报告稿，提请市四届人大五次会议审查；通过《丽水市人民代表大会常务委员会关于加强新时代检察机关法律监督工作的决定》。提出《丽水市第四届人民代表大会第五次会议主席团和秘书长名单(草案)》，提请市四届人大五次会议预备会议选举；书面听取和审议市政府关于2019年度法治政府建设的报告。会议期间，与会人员还就"一府两院"工作报告等进行认真讨论。

5月28日至29日，市四届人大常委会举行第二十五次会议。会议听取和审议市政府关于丽水市数字经济发展情况的报告，审议通过《丽水市文明行为促进条例》《丽水市城市养犬管理规定》，表决通过有关人事任免事项。

7月29日至30日，市四届人大常委会举行第二十六次会议。会议听取和审议市政府关于2020年上半年全市经济社会发展情况和下半年政府工作的报告(包括民营工业企业发展情况)；听取和审议市政府关于丽水市2020年上半年国民经济和社会发展计划、预算执行情况的报告、2019年度市本级预算执行和其他财政收支的审计工作报告；听取和审查市政府关于丽水市2019年度全市和市本级财政决算草案的报告，审查市人力社保局、统计局、综合行政执法局及丽水开发区2019年决算草案报告；批准丽水市2019年度市本级财政决算；听取和审议市政府关于《中华人民共和国动物防疫法》《浙江省动物防疫条例》实施情况的报告及市人大执法检查组的执法检查报告；审议《丽水市烟花爆竹销售燃放管理规定(草案)》，通过有关人事任免事项。会议期间还就促进民营工业企业发展进行专题询问。

9月24日至25日，市四届人大常委会举行第二十七次会议。会议听取和审议市政府关于2019年度全市和市本级行政事业性国有资产管理情况的专项报告、关于大气污染防治"一法一条例"、公共文化服务保障"一法一条例"、《浙江省食品小作坊小餐饮小食杂店和食品摊贩管理规定》实施情况的报告；听取市人大各执法检查组执法检查情况的报告，并就市区大气污染防治开展专题询问。会议还听取和审议市法院关于民商事审判工作情况的报告，通过《关于推进生态产品价值实现机制改革的决定》，开展政府工作部门主要负责人履职工作评议和满意度测评，表决通过有关人事任免事项。

11月23日至24日，市四届人大常委会举行第二十八次会议。会议听取和审议市政府关于丽水市"十三五"规划纲要执行与"十四五"规划纲要编制情况、2019年度市本级预算执行和其他财政收支审计查出问题整改情况、全市农村饮用水达标提标三年行动实施情况的报告，以及市四届人大五次会议代表建议、批评和意见办理情况的报告；审议《丽水市烟花爆竹经营燃放管理规定(草案)》《丽水市革命遗址保护条例(草案)》、市政府关于《浙江省华侨权益保护条例》实施情况的报告、市人大法工委关于市四届人大以来暨2020年备案审查工作情况的报告；批准丽水市2020年市本级预算调整方案；听取市人大执法检查组关于检查《浙江省华侨权益保护条例》实施情况的报告，代表与选任工委关于代表建议、批评和意见督办工作情况的报告，部分省人大代表履职情况报告；通过有关人事任免事项。

【各类工作会议】 1月9日，市人大常委会及机关举行“不忘初心、牢记使命”主题教育总结大会，学习贯彻中央和省委、市委主题教育总结大会精神，盘点收获、深化认识，巩固拓展主题教育成果。市人大常委会党组书记、主任虞红鸣主持会议并讲话，市人大常委会副主任陈建波、朱继坤、戚永远、沈根花、杜光旻、邹培书、郑力平，秘书长吴小平及机关全体党员干部参加会议。

2020年1月9日，“不忘初心、牢记使命”主题教育总结大会召开 （汤迪文 提供）

4月9日至10日，全市人大代表与选举任免工作座谈会在云和召开。会议传达全国人大常委会深入学习贯彻习近平总书记关于坚持和完善人民代表大会制度的重要思想，加强和改进人大工作交流会精神；通报市人大常委会代表与选举任免工委2019年工作的主要情况和2020年工作的思路。各县（市、区）进行工作交流，并实地考察浮云街道、崇头人大代表城区联络站的建设情况。市人大常委会副主任郑力平出席会议并讲话。

5月14日至15日，全市人大教科文卫工作座谈会在景宁召开。会议组织参会人员考察景宁县疾控中心、启文学校等，会上市、县人大交流新冠肺炎疫情防控监督工作和2021年教科文卫主要工作安排。市人大常委会副主任戚永远出席会议并讲话。

6月4日至5日，全市人大社会建设工作座谈会在龙泉召开。会议学习传达贯彻了全国“两会”精神，邀请省民政厅、丽水学院专家分别围绕民政工作和社会建设专题进行授课，市县两级人大社会建设专（工）委结合本地工作实际，总结交流经验，谋划部署工作。市人大常委会党组副书记、副主任朱继坤出席会议并讲话。

8月5日，市四届人大常委会召开党组（扩大）会议，学习贯彻市委四届八次全会精神，努力在打造“高水平建设和高质量发展重要窗口”中体现人大担当和作为。市人大常委会党组书记、主任虞红鸣主持会议并讲话，副主任陈建波、朱继坤、沈根花、杜光旻、邹培书、郑力平出席会议。

9月15日至17日，市人大常委会机关三个党支部分别召开支部党员大会，选举产生新一届支部委员会。17日上午，市人大常委会机关党员大会召开，审议通过机关第二届党委（纪委）工作报告、机关党委党费收缴使用情况报告，选举产生新一届机关党委、纪委。市人大常委会党组书记、主任虞红鸣，副主任朱继坤、沈根花、邹培书，秘书长吴小平等以普通党员身份参加换届选举会议。

12月17日至18日，全市人大城建环资工作座谈会在景宁召开。会议认真学习贯彻习近平法治思想、中共十九届五中全会和省委十四届八次全会精神，传达全省人大环资工作会议精神，开展生态法治建设培训，总结交流2020年市县人大城建环资工作情况，研究谋划2021年工作思路。市人大常委会党组副书记、副主任朱继坤出席会议并讲话。

12月22日，全市人大农业与农村工作座谈会在云和召开。会议通报市人大常委会农业农村工委2020年工作情况及2021年工作思路；各县（市、区）人大常委会农业农村工委负责同志总结交流2020年农业农村工作完成情况和2021年工作思路。市人大常委会副主任杜光旻出席会议并讲话。

12月22日至23日，全市人大财经工作座谈会在青田县召开。会议通报市人大2020年财经工作情况，并就2021人大财经工作提出思路及要求，各县（市、区）进行交流发言。市人大常委会党组副书记、副主任陈建波参加会议并讲话。

12月29日至30日，全市人大民宗侨外工作座谈会在松阳召开。会议学习贯彻中共十九届五中全会和省委、市委全会精神，传达全省人大民宗侨外工作座谈会精神，总结交流2020年市县人大民宗侨外工作情况，研究谋划2021年工作思路。市人大常委会党组副书记、副主任陈建波出席会议并讲话。

12月29日，全市人大法制工作座谈会在缙云县召开。会议传达全国、省人大立法和规范性文件备案审查工作会议精神，通报市人大法制委、常委会法制工委2020年工作情况和2021年工作思路。各县(市、区)人大就2020年配合立法和规范性文件备案审查工作情况和2021年工作思路进行交流发言。市人大常委会副主任沈根花出席会议并讲话。

2021年1月5日至6日，全市人大监察司法工作座谈会在青田召开。会议传达全省人大监察司法工作座谈会精神，通报市人大监察司法委、常委会监察司法工委2020年工作情况及2021年工作的初步打算，各县(市、区)人大就2020年监察司法工作情况和2021年工作打算进行交流发言。市人大常委会副主任邹培书出席会议并讲话。

讨论决定重大事项

【全市十方面民生实事】 2020年4月24日，经丽水市第四届人民代表大会第五次会议通过，按得票数高低为序，确定丽水市2020年度十方面民生实事项目：完善养老服务体系；全面完成农村饮用水达标提标三年行动计划；缓解停车难；丽水市户籍60岁以上老人免费接种1针23价肺炎疫苗并建立长效机制；实现城镇学校交通安全设施全覆盖；开展幼儿园放学后托管；关爱农村留守儿童；加快既有住宅加装电梯；加强助残服务；加快小区改造。

【助力疫情防控】 2020年2月，在新冠肺炎疫情防控的关键阶段，市人大常委会审议通过《关于依法全力做好当前新型冠状病毒肺炎疫情防控工作的决定》，对全市范围内防控疫情的有关活动及其管理进行规范，为打赢疫情防控阻击战，做好恢复生产生活秩序，稳增长、促改革、惠民生等各项工作提供的法治保障。

【推进生态产品价值实现机制改革】 2020年9月，市人大常委会会议表决通过《关于推进生态产品价值实现机制改革的决定》。针对丽水市推进生态产品价值实现机制改革的重点和关键环节，提出5个方面15条意见，要求不断探索政府主导、企业和社会各界参与、市场化运作、可持续发展的生态产品价值实现路径，构建一套可复制可推广的科学制度体系，实现GDP和GEP规模总量协同较快增长、GDP和GEP之间转化效率较快增长，努力把丽水建设成为高质量绿色发展的全国标杆和全球绿色低碳发展的集大成者，并号召全市人民创新实践“绿水青山就是金山银山”理念，参与生态产品价值实现机制改革。《决定》立足国家权力机关属性，努力使党的主张通过法定程序转化为国家意志和人民的行动准则，促进中央及省委十四届七次全会、丽水市委四届八次全会关于进一步打通“两山”转化通道的决策部署得到贯彻实施。

【检察机关法律监督】 2020年，根据省、市委有关文件精神，市人大常委会审议通过《关于加强新时代检察机关法律监督工作的决定》，加强检察机关自身建设，履行法律监督职责；加强对法律监督工作的支持配合，优化履职环境；加强人大监督，为法律监督工作提供有力支持。

2020年9月4日，省人大代表丽水中心组专题调研丽水市生态产品价值实现机制试点工作 (汤迪文 提供)

国民经济和社会发展计划、预算执行情况监督

【计划、财政相关报告审议】 2020年，市人大常委会听取和审议市政府关于2020年上半年全市经济社会发展情况和下半年政府工作的报告、市本级政府重大投资项目2019年计划执行情况及2020年计划草案的报告、丽水市2020年上半年预算执行情况的报告，审议上半年计划执行情况报告。

【决算、审计工作报告审议】 2020年，市人大常委会听取和审议市政府关于丽水市2019年度全市和市本级财政决算草案的报告，重点审查市统计局、人力社保局、综合执法局及丽水开发区2019年决算；听取和审议市政府关于2019年度市本级财政预算执行和其他财政收支情况的审计工作报告；批准2020年市本级新增地方政府债务预算调整方案和丽水市2019年度全市和市本级财政决算草案。

【市政府“十三五”规划纲要执行与“十四五”规划纲要编制情况的报告审议】 2020年11月，市四届人大常委会第二十八次会议听取和审议市政府专项工作报告。会前调研组开展专题调研，提出增强规划编制科学性、谋深谋实新发展格局、谋划产业集群集聚、谋划引领性重大项目、谋划公共服务供给等意见。会后持续开展专题调研再深化等活动，推进“十四五”规划纲要编制再优化、再完善、再提高，使规划纲要更加反映民声、集中民智，贯彻创新、协调、绿色、开放、共享的新发展理念。

“一府两院”专项监督

【市政府关于疫情防控和复工复产的专项工作报告审议】 继省人大常委会作出《关于依法全力做好当前新型冠状病毒感染肺炎疫情防控工作的决定》后，市人大常委会听取和审议市政府关于疫情防控和复工复产的专项工作报告，并作出决定。市县人大聚焦医疗卫生系统疫情防控、社区（村）疫情防控、企业复工复产、春季农业生产、商贸流通和市场监管等6个方面重点，同步调研、审议、监督，统筹推进疫情防控和复工复产。调研组实地走访市区住宅小区、城中村、宾馆、医院、药店、超市、农贸市场等14个现场和7家企业，录制《人大关注》电视节目和刊发《人大聚焦》报纸专题。常委会经过审议，提出29条审议意见送交市政府及有关部门研究处理。在市县人大共同努力下，疫情防控和复工复产成效明显，丽水市成为全省首个确诊病例清零的地级市，产能恢复率全省第一。

【民营工业企业发展情况专题询问】 在2019年常委会听取和审议市政府关于促进民营经济高质量发展专项工作报告基础上，2020年继续跟踪，创新监督形式，增强监督刚性，要求市长在报告上半年全市经济社会发展情况和下半年政府工作的同时，重点报告促进民营工业企业发展工作，常委会审议期间就促进民营工业企业发展情况开展专题询问。常委会组成人员和部分代表围绕中央宏观发展政策和《浙江省民营企业发展促进条例》的贯彻落实开展询问，市政府副市长及经信、发改、财政、金融、商务、人劳社保、科技、环保等部门及开发区管委会主要负责人到会应答。通过审议和专题询问，督促减税惠企等政策落实到位，解决好“六稳”“六保”问题，助推民营工业高质量发展。

2020年1月3日，市人大常委会主任虞红鸣到缙云调研，助力企业复工复产

（汤迪文　提供）

【政府行政事业性国有资产管理情况专项报告及国有资产管理情况综合报告审议】 9月25日，市四届人大常委会第二十七次会议听取和审议政府行政事业性国有资产管理情况专项报告及国有资产管理情况综合报告。7月开始，常委会分管领导带领财经（工）委到部分县及资产较多的市公安局、建设局开展行政事业性国有资产管理情况调研，召开市政府和相关部门及开发区负责人座谈会，广泛了解情况和听取意见建议，针对家底不清、制度落实不到位、完工项目结转不及时等问题提出意见建议。

【市法院民商事审判工作情况报告审议】 7月中下旬，在常委会分管副主任的带领下，调研组先后听取遂昌县、青田县法院和市中院关于民商事审判工作情况的汇报；广泛征求市县两级政法委、检察院、公安局、司法局等单位以及部分市、县人大代表、律师和监察司法专家咨询组成员的意见建议；走访基层法庭、查阅相关资料，全面了解全市法院2018年以来民商事审判工作的开展情况。通过调研，就民商事审判工作中存在的问题及时向市法院进行反馈。9月25日，市四届人大常委会第二十七次会议听取和审议市法院民商事审判工作情况报告，提出审议意见，推动全市法院民商事审判工作深入开展。

【市政府关于数字经济发展情况的报告审议】 坚持省、市、县人大三级联动监督，邀请部分人大代表参与调研监督。5月29日，市四届人大常委会第二十五次会议听取和审议市政府关于数字经济发展情况的报告，提出狠抓“一号工程”、强化创新领引、加强项目谋划、提升政务服务等审议意见。审议意见送交市政府后，引起高度重视。市政府以“数字产业化、产业数字化”为主线，高标准、高水平谋划推进“十四五”数字经济发展规划研究编制工作，发挥专项规划的引领带动作用。

2020年4月16日，市人大常委会主任虞红鸣到龙泉调研数字经济发展情况

（汤迪文　提供）

【《浙江省食品小作坊小餐饮店小食杂店和食品摊贩管理规定》执法检查】 为推动《浙江省食品小作坊小餐饮店小食杂店和食品摊贩管理规定》（简称《管理规定》）在全市的贯彻实施和“三小一摊”规范难、管理难、执法难、服务难等问题解决，市人大常委会分管领导带队对《管理规定》开展执法检查。执法检查组坚持问题导向，逐条对照《管理规定》二十八条内容，赴青田、庆元、莲都侧重不同重点进行实地检查和听取汇报，委托其他县（市）进行自查，9月24日市四届人大常委会第二十七次会议听取市政府有关工作情况汇报。通过逐条对照法规条文及调研了解，检查出当前经营主体标准化管理不够到位、食品安全认识还不够全面、基层基础仍然比较薄弱、网络餐饮服务监管应对乏力、摊贩管理还不够科学有效等问题难点，提出要正确处理好管理与服务的关系，依法加强管理、狠抓宣传引导、夯实基层基础、优化管理服务等方面意见建议。

【《浙江省华侨权益保护条例》执法检查】 为推动条例落实，发挥条例服务侨胞、维护侨益、吸引侨智、发挥侨力的作用，市人大常委会开展对条例实施情况的执法检查。7月以来，在常委会领导的带领下，执法检查组以条例为依据，突出重点，了解条例实施的成效与不足。同时，配合省人大常委会对丽水市的检查，市县人大上下联动，开展自查或专题调研，合力推动华侨权益保护工作。检查发现，条例宣传的广度和深度不够，华侨身份权益、教育权益和作用发挥等方面的规定有待落实，新冠疫情给华侨权益保护带来新课题。11月23日，市四届人大常委会第二十八次会议审议执法检查报告及市政府实施情况的报告，形成审议意见：要提高站位，进一步推进条例有效实施；要从推进依法行政、积极破解难点问题、引导好华侨思想观念等方面发力，进一步保障华侨合法权益；要从涵养侨务资源、拓展发展平台、凝聚工作合力等方面着手，进一步优化服务，发挥华侨积极作用。审议意见交市政府研究处理，并书面报告有关情况。

【公共文化服务保障一法一条例执法检查】 以《中华人民共和国公共文化服务保障法》《浙江省公共文化服务保障条例》为依据，执法检查聚焦政府责任落实、设施建设与管理、服务供给和服务保障等4个方面重点，市人大常委会实地检查24家乡镇（街道）文化站、农村（社区）文化礼堂（活动中心）、城市书房等公共文化场所，召开6次座谈会。9月24日，市四届人大常委会第二十七次会议听取和审议市政府关于公共文化服务保障“一法一条例”实施情况的报告，提出4个方面的审议意见送交市政府及有关部门研究处理，助推公共文化服务标准化、均等化。执法检查有4个方面的创新和特点：组织业务培训。专门邀请《省条例》起草小组成员、省文旅厅专家作辅导讲座，市、县人大教科文卫工委、市文旅局相关人员参加培训，为对标对表检查作了充分准备。列出问题清单。对标一法一条例，列出21个具体问题，连同审议意见送交市政府及有关部门研究处理。市县联动成常态。召开全市动员会，市县人大一同部署、协同调研、共同审议、同向发力。媒体联动成常态。录制《人大关注》电视节目和刊发《人大聚集》报纸专题，形成监督合力。

【市政府关于全市农村饮用水达标提标三年行动实施情况的报告审议】 2020年是农村饮用水达标提标三年行动计划的收官之年，也是“十四五”规划的谋划之年，为了解全市农村饮用水达标提标工作实施情况，并为今后谋划农村饮用水工作提出意见建议，市人大农委组织调研组，以问题为导向，深入农村农户，实地开展调研，经研究分析，找出三个主要问题：农村饮用水达标提标实际效果仍然不平衡；农村集中规模化供水任务仍然很重；农村饮用水体系的基础仍然薄弱。委员们听取和审议市政府的专项工作报告并提出：思想认识要再提升；大力推进集中规模化供水；不断健全完善运维管护一体化机制建设等审议意见。11月23日，市四届人大常委会第二十八次会议听取和审议市政府关于全市农村饮用水达标提标三年行动实施情况的报告。

【《中华人民共和国动物防疫法》《浙江省动物防疫条例》贯彻执行情况执法检查】 2020年，为贯彻落实习近平总书记关于新冠肺炎疫情防控的重要指示批示精神，根据省、市人大的监督计划，市人大农委在常委会分管副主任带领下，分别赴莲都区、青田县、缙云县等地实地检查，聚焦非洲猪瘟防控、病死猪无害化处理设施建设等人民群众反映强烈的热点问题进行检查。听取当地政府、有关部门、人大代表、部分畜禽养殖及屠宰加工企业的建议；同时，委托全市各县（市、区）人大常委会对本辖区贯彻实施“一法一条例”情况进行检查并提交检查报告。7月29日，市四届人大常委会第二十六次会议听取和审议市政府关于《中华人民共和国动物防疫法》《浙江省动物防疫条例》实施情况的报告及市人大执法检查组的执法检查报告。

【大气污染防治执法检查】 2020年，市人大常委会建立以分管领导为组长的执法检查组，对全市贯彻实施《中华人民共和国大气污染防治法》《浙江省大气污染防治条例》情况开展检查。在实地检查、委托检查的基础上，通过学习借鉴外地经验、暗访制作问题短片等多种方式，做深做实执法检查。9月24日，市四届人大常委会第二十七次会议听取和审议执法检查报告及市政府实施情况的报告，并开展市区大气污染防治专题询问。在分组审议时，常委会组成人员认同执法检查报告，肯定全市依法防治大气污染成效的同时，严肃指出存在问题，提出建议意见。在专题询问中，就履行法定职责、监管执法，以及工业废气治理、城市扬尘防控、餐饮油烟整治、禁止秸秆垃圾露天焚烧等方面存在问题，面对面向政府及部门单位提出询问，参会的政府及部门单位负责人作了应答。综合执法检查报告和审议询问情况，形成保持战略定力、全面厘清职责、聚焦污染问题整改、加强监管执法、营造良好氛围等5个方面审议意见，连同执法检查报告，交市政府研究处理。

【市区征收安置三年行动计划完成情况的报告审议】 1月，市四届人大常委会第二十一次会议听取和审议市政府关于市区征收安置三年行动计划完成情况的报告，并进行满意度测评。常委会组成人员肯定市区征收安置较好地扭转安置严重滞后的被动局面，对三年行动计划完成情况测评结果为总体满意。同时指出，仍有小部分未清零，安置区域及户型不匹配、部分管理工作不到位等问题，并提出建议意见。会后，整理形成要坚持把征收安置抓好抓到底、抓紧2015年年底安置尾欠清零、统筹谋划推进征收安置工作的审议意见，经3月份主任会议审定，交由市政府研究处理。

专题视察和调研活动

【社会矛盾纠纷调处化解“最多跑一地”改革情况专项监督】 2020年，市人大常委会配合省人大调研组赴遂昌、松阳两县同步开展社会矛盾纠纷调处化解“最多跑一地”改革情况专项调研。10月30日，市四届人大常委会第54次主任会议听取市委政法委关于全市社会矛盾纠纷调处化解“最多跑一地”改革情况的通报，并对该项工作所取得的成效予以肯定，就存在的问题提出意见建议。

【消除集体经济薄弱村工作专题调研】 2020年，市人大农委对全市消除集体经济薄弱村工作开展专题调研。通过走访调研遂昌、云和、龙泉等县（市），召开县、乡、村各层面的座谈会，实地到村察看消薄项目等形式广泛收集意见建议，形成调研报告并指出：主体意识还不够强；发展后劲还不够足；工作机制还不够活等问题。提出：进一步巩固好“消薄”三年行动成果；进一步抓好新一轮相对薄弱村三年攻坚提升行动；进一步推进体制机制创新完善等意见建议。得到基层干部群众的普遍欢迎和好评。

【野生动物保护专题调研】 2020年，市人大常委会对照《中华人民共和国野生动物保护法》《浙江省陆生野生动物保护条例》和《全国人民代表大会常务委员会关于全面禁止非法野生动物交易、革除滥食野生动物陋习、切实保障人民群众生命健康安全的决定》《浙江省人民代表大会常务委员会关于全面禁止非法交易和滥食野生动物的决定》，深入调研全市野生动物保护情况。在肯定全市保护野生动物工作的基础上，对调研发现贯彻落实不到位问题进行督促整改；对界定不明确、难度大的问题，及时查找原因，反映情况提出建议，争取尽快解决。综合分析调研情况，形成较为翔实有针对性的专题调研报告，提交主任会议审定，送交市政府研究处理。报告对准存在问题提出：健全野生动物保护管理体系、依法落实全程保护管理工作、严厉打击违法犯罪行为、营造全社会共同保护的浓厚氛围等4方面建议意见。

【公共卫生服务体系建设情况专题调研】 2020年，在新冠肺炎疫情防控工作中，暴露出全市公共卫生领域不少短板和突出问题。市人大及时开展延伸监督，组织公共卫生服务体系建设情况专题调研。调研组聚焦公共卫生服务体系建设相关法律法规执行、疾病预防控制体系、公共卫生队伍建设、重大疫情防控救治和公共卫生应急管理体系建设等6个方面重点，实地走访疾控中心、医疗机构、乡镇卫生院、社区卫生服务中心等10家医疗卫生机构。针对发现问题，及时提出建议，送交市政府及有关部门研究处理，助推全市公共卫生服务体系建设再上新台阶。

【职业教育发展情况】 2020年，市人大常委会以《中华人民共和国职业教育法》《国家职业教育改革实施方案》、国务院及省、市人民政府关于职业教育发展有关文件等为依据，组织市人大代表视察聚焦法律法规政策贯彻落实和制定落实配套政策、实训基地建设、产教融合、人才培训培养、教师队伍建设5个方面重点。调研组实地走访学校、企业等19个现场，召开4次座谈会。听取市政府汇报，集体约见市政府及市直11个部门负责人，听取部门负责人现场回答有关问题。现场录制《人大关注》电视节目，实现代表视察、代表约见和媒体监督有机结合，丰富代表活动内容和创新代表约见方式。

【民间信仰事务规范管理情况专题调研】 为贯彻市委四届七次会议精神，推进基层治理方式和治理能力建设，促进市域治理现代化，2020年5月至6月，市人大常委会调研组到庆元、缙云、松阳等地开展全市民间信仰事务管理调研，形成调研报告向主任会议汇报，并将调研情况反馈给市政府及有关部门。针对存在认识偏差和管理薄弱环节、积极因素挖掘发挥不够等问题，建议市政府及有关部门要正确认识、纳入体系，推进基层治理方式和治理能力建设；要守住底线、综合施策，确保管理规范有序；要为我所用、利国利民，进一步发挥民间信仰的积极作用。

【民族村精准帮扶项目实施情况专题调研】 2020年，为把握“共同团结奋斗、共同繁荣发展”的民族工作主题，促进全市民族地区与全省同步高水平全面建成小康社会，市人大常委会调研组先后到景宁、云和、遂昌等地开展民族村精准帮扶项目实施情况专题调研。8月，向主任会议汇报调研情况，并将调研情况反馈给市政府及有关部门。调研报告肯定全市民族乡村发展成就，指出帮扶资源整合度不高、有些帮扶项目绩效未达预期、“双百村结对行动”部分村没有落实等问题，提出要提高站位，全力推进民族乡村振兴工作；要从落实规划、整合资源，分类指导、整体推进，改进监管、务求实效等方面着手，制定更加精准的帮扶政策；要统筹谋划、因村制宜，以项目化、产业化的思路采取更加精准的帮扶举措等建议。

【专题调研丽水市养老服务体系建设情况】 2020年，为适应时代新要求、呼应群众新期盼，助推完善全市养老服务体系，市人大常委会调研组对全市养老服务体系建设情况开展专题调研。调研组在前期学习养老服务体系建设有关法律法规、政策文件的基础上，坚持问题导向，通过到云和、松阳县实地调研和召开市直部门座谈会等形式，看选址、机构、模式、场地、群众、队伍，了解全市养老服务体系建设情况，形成调研报告。调研报告分析全市养老服务体系建设过程中存在的机构规划布局不够合理、入住水平有待提高、医养结合研究不够、社会参与缺乏氛围等问题，建议政府加快立法、加强规划、加速建设、加大支持、加深融合。

人事任免

【选举任免】 2020年，市人大常委会坚持党管干部与人大依法任免有机结合，完善任免工作程序，落实好任前法律知识考试、表态发言、颁发任命书、宪法宣誓等工作制度，全年任免国家机关工作人员46人次，对提请人大常委会任命的审判人员、检察人员通过人大媒体进行公示。在市本级实职副处干部全覆盖的基础上，重点推进县级各部门国家工作人员的宣誓工作。做好市人大代表的补选、辞职、终止代表职务等工作。

【履职评议】 2020 年，按照“每届原则上对任命的政府工作部门负责人履职工作评议一遍”的要求，市人大常委会对市教育局、国资委、金融办、人防办等 4 位局长（主任），开展履职工作评议。重点是评议对象任职以来依法履行岗位职责，完成市委、市政府重点工作及民生实事项目实施等情况；贯彻执行市人大及其常委会的决议、决定及研究处理审议意见的情况，办理市人大代表意见、建议和批评的情况；落实廉政建设的情况。市人大常委会会议听取各评议对象的履职工作报告、审议并组织测评，评议意见会后交评议对象所在单位办理，并抄送市委、市政府和市委组织部。

服务代表履职及代表中心组活动

【人大代表联络站建设】 2020 年，市人大常委会立足联系群众常态化、制度化，深化人大代表联络站建设、开展丰富活动。推进规范化代表联络站建设三年行动计划，完成 90%的联络站规范化建设。鼓励建立延伸机制，向下到村社设置联络室（点），向上在县城建联络总站，向外在外出人口集聚区域建分站，便利代表活动。举办代表联络站联系群众主题活动，采取商讨代表建议、听取民生实事项目意见及代表参与基层治理等方式，拓宽联系渠道。建立常委会领导与列席常委会会议的代表座谈机制，落实常委会组成人员联系、走访代表制度，邀请更多代表参与立法、监督等活动，强化代表对人大各项工作的参与。深化代表闭会期间履职活动，完善政府部门负责人进代表联络站活动制度，创新代表小组定向视察、主题监督等活动方式，增强活动实效。推动代表通过走访、接待、座谈、微信联系等多种方式保持同人民群众的经常性联系。

【人大代表依法履职】 2020 年，市人大常委会把提升人大代表素质摆在突出位置，支持和保障代表依法履职。统筹谋划代表培训工作，组织 80 余名基层市人大代表到全国人大培训中心开展专题培训，实现基层人大代表专题培训全覆盖。建立人大代表向选民和选举单位述职制度，首次组织省人大代表向常委会述职，省市县乡四级代表分批开展履职报告，增强代表接受监督的意识。细化代表履职登记管理标准，通报履职登记情况、开展履职经验交流、表彰优秀代表建议，推动代表履职经验交流常态化，为代表履职画出“硬杠杠”，晒出“成绩单”，激发代表履职的积极性、主动性。

【人大代表建议办理】 2020 年，市人大常委会把提高办理质量作为推动代表建议办理的首要目标。组织代表开展会前调研视察，通报工作情况，提供议案建议素材，加强培训指导，提升代表的履职能力和水平，引导代表多提好建议、实建议。推动出台市人大代表建议办理工作“一把手责任制”，提高建议办理质量。重视闭会期间代表建议的收集和交办，规范建议办理“三见面”形式，提高代表建议办理的面商率、解决率和满意率。坚持政府领导领办、人大常委会主任会议成员和人大专（工）委督办制度，通过实施建议办理工作评议、代表约见部门负责人等方式，增强建议督办实效。市四届人大五次会议 286 件代表建议全部办理完毕。

2020 年 1 月 6 日，省人大代表丽水中心组专题调研活动座谈会召开

（汤迪文　提供）

【省人大代表丽水中心组活动】 2021 年 1 月 6 日至 8 日，市人大常委会组织省人大代表丽水中心组开展会前视察活动。省人大常委会副主任史济锡参加视察，并以人大代表身份出席座谈会。省人大代表丽水中心组组长、市人大常委会主任虞红鸣主持座谈会，市领导杜兴林、郑力平参加。活动

期间，代表们先后视察浙江正元智慧科技公司、杭州梦想小镇、丽水数字大厦、丽水机场项目和丽景民族工业园，听取市政府关于丽水市“十四五”规划纲要编制和“四个重大”谋划情况汇报。座谈会上，代表们围绕会议主题，结合履职实践，对如何破解“飞地”重点难点问题、发展大健康医药产业等，提出许多富有针对性、可操作性的意见和建议。

县(市、区)人民代表大会会议

【莲都区第十六届人民代表大会第四次会议】 2020年4月28至30日，莲都区第十六届人民代表大会第四次会议在莲都召开。会议听取和审查区人民政府、区人大常委会、区人民法院、区人民检察院工作报告；审查区发展和改革局关于莲都区2019年国民经济和社会发展计划执行情况及2020年国民经济与社会发展计划草案的报告、区财政局关于莲都区2019年财政预算执行情况和2020年财政预算草案的报告。审议区人民政府关于2019年莲都区环境状况和环境保护目标完成情况的报告。表决通过议案审查委员会的议案审查报告。通过关于政府工作报告的决议、关于区2019年国民经济和社会发展计划执行情况与2020年国民经济和社会发展计划的决议、关于区2019年财政预算执行情况及2020年财政预算的决议、关于区人大常委会工作报告的决议、关于区人民法院工作报告的决议和关于区人民检察院工作报告的决议。依法选举蔡昱为丽水市莲都区监察委员会主任，卢进为区人大常委会副主任，王弘、张莲芬、陈江涛、骆美祥为莲都区第十六届人民代表大会常务委员会委员，并对2020年莲都区十方面民生实事项目进行票决。

【龙泉市第十六届人民代表大会第四次会议】 2020年4月27至29日，龙泉市第十六届人民代表大会第四次会议在龙泉召开。会议听取和审查市人民政府、市人大常委会、市人民法院、市人民检察院的工作报告以及计划、预算报告。大会以举手表决的方式，通过关于市政府工作报告的决议、关于龙泉市2019年国民经济和社会发展计划执行情况及2020年国民经济和社会发展计划的决议、关于龙泉市2019年预算执行情况和2020年预算的决议、关于龙泉市2019年环境状况和环境保护目标完成情况报告的决议、关于市人大常委会工作报告的决议、关于市人民法院工作报告的决议和关于市人民检察院工作报告的决议。依法选举陈有南、叶伟玲为龙泉市第十六届人民代表大会常务委员会副主任，补选葛基传为龙泉市第十六届人民代表大会常务委员会委员，并对2020年龙泉市十方面民生实事项目进行票决。

【青田县第十六届人民代表大会第四次会议】 2020年4月28日至30日，青田县第十六届人民代表大会第四次会议在青田召开。会议听取和审查县人民政府、县人大常委会、县人民法院、县人民检察院的工作报告以及计划、预算报告。大会通过关于政府工作报告的决议、关于青田县2019年国民经济和社会发展计划执行情况及2020年国民经济和社会发展计划的决议、关于青田县2019年财政预算执行情况与2020年财政预算的决议、关于青田县人民代表大会常务委员会工作报告的决议、关于青田县人民法院工作报告的决议和关于青田县人民检察院工作报告的决议。大会通过设立青田县人民代表大会社会建设委员会，把青田县人民代表大会法制(内务司法)委员会更名为青田县人民代表大会法制(监察和司法)委员会的决定，依法选举杨军伟、张爱康、郭忠文、程奉圣、傅小彬、舒静峰为青田县第十六届人民代表大会常务委员会委员，通过各专门委员会组成人员名单，并对2020年政府十方面民生实事进行票决。

【云和县第十六届人民代表大会第五次会议】 2020年4月27日至29日，云和县第十六届人民代表大会第五次会议在云和召开。会议听取和审查县人民政府、县人大常委会、县人民法院、县人民检察院的工作报告以及计划、预算报告。会议通报2019年度十件民生实事满意度测评结果，通过云和县第十六届人民代表大会社会建设委员会人选名单。通过关于政府工作报告的决议、关于云和县2019年国民经济和社会发展计划执行情况与2020年国民经济和社会发展计划的决议、关于云和县2019年预算执行情况和2020年预算的决议、关于县人大常委会工作报告的决议、关于县人民法院工作报告的决议和关于县人民检察院工作报告的决议。以无记名投票方式依法补选王永春、李林平为云和县第十六届人民代表大会常务委员会委员。票决选出2020年十件民生实事。

【庆元县第十六届人民代表大会第四次会议】 2020年4月26日至28日，庆元县第十六届人民代表大会第四次会议在庆元召开。会议听取和审查县人民政府、县人大常委会、县人民法院、县人民检察院的工作报告以及计划、预算报告。大会对2019年度县政府民生实事项目满意度进行测评，票决2020年度县政府十件民生实事项目，表决通过县政府工作报告等决议。大会依法选举林高平为庆元县第十六届人民代表大会常务委员会副主任、王鹏为庆元县监察委员会主任，补选杨志豪、练全安、夏念青为庆元县第十六届人民代表大会常务委员会委员。

【缙云县第十七届人民代表大会第四次会议】 2020年4月27日至29日，缙云县第十七届人民代表大会第四次会议在缙云召开。会议听取和审查县人民政府、县人大常委会、县人民法院、县人民检察院的工作报告以及计划、预算报告。表决通过县十七届人大四次会议关于政府工作报告的决议、缙云县2019年国民经济和社会发展计划执行情况及2020年国民经济和社会发展计划的决议、缙云县2019年财政预算执行情况和2020年财政预算的决议、缙云县人民代表大会常务委员会工作报告的决议、缙云县人民法院工作报告的决议、缙云县人民检察院工作报告的决议。通过关于设立社会建设委员会及法制(内务司法)委员会更名的决定，依法选举潘铭军为缙云县监察委员会主任、高德清为缙云县人民检察院检察长，选举刘一成、周利强、郑伟金、赵勇坚、楼晖为缙云县第十七届人民代表人会常务委员会委员，通过缙云县第十七届人民代表大会监察和法制(内务司法)委员会、社会建设委员会组成人员名单。

【遂昌县第十六届人民代表大会第四次会议】 2020年4月27日至29日，遂昌县第十六届人民代表大会第四次会议在遂昌召开。会议听取和审查县人民政府、县人大常委会、县人民法院、县人民检察院的工作报告以及计划、预算报告。会议表决通过关于遂昌县人民政府工作报告的决议、关于遂昌县2019年国民经济和社会发展计划执行情况及2020年国民经济和社会发展计划报告的决议、关于遂昌县2019年财政预算执行情况和2020年财政预算报告的决议、关于遂昌县人民代表大会常务委员会工作报告的决议、关于遂昌县人民法院工作报告的决议、关于遂昌县人民检察院工作报告的决议。表决通过遂昌县人民代表大会关于加快推进“一城五区”生产力布局，奋力谱写遂昌高质量绿色发展新篇章的决定。票决产生2020年度遂昌县民生实事项目。通过大会选举总监票人名单。选举练如库为遂昌县监察委员会主任；选举陈裕琨为遂昌县人民法院院长；选举吴敏、潘光明为遂昌县第十六届人大常委会委员。

【松阳县第十二届人民代表大会第四次会议】 2020年4月28日至30日，松阳县第十二届人民代表大会第四次会议在松阳召开。会议听取和审查县人民政府、县人大常委会、县人民法院、县人民检察院的工作报告以及计划、预算报告。大会通过县十二届人大部分专门委员会组成人员名单；表决通过关于政府工作报告的决议、关于松阳县2019年国民经济和社会发展计划执行情况及2020年国民经济和社会发展计划报告的决议、关于松阳县2019年财政预算执行情况和2020年财政预算报告的决议、关于松阳县人大常委会工作报告的决议、关于松阳县人民法院工作报告的决议、关于松阳县人民检察院工作报告的决议。依法选举徐为民为松阳县第十二届人民代表大会常务委员会主任、潘俊明为松阳县第十二届人民代表大会常务委员会副主任，冯黎明、黄健、程晓东为松阳县第十二届人民代表大会常务委员会委员，票决2020年松阳县十件民生实事项目。

【景宁畲族自治县第九届人民代表大会第四次会议】 2020年4月27日至29日，景宁畲族自治县第九届人民代表大会第四次会议在景宁召开。会议听取和审查县人民政府、县人大常委会、县人民法院、县人民检察院的工作报告以及计划、预算报告。大会通报民生实事项目票决结果，通过关于政府工作报告的决议、关于景宁畲族自治县2019年国民经济和社会发展计划执行情况及2020年国民经济和社会发展计划的决议、关于景宁畲族自治县2019年财政预算执行情况和2020年财政预算的决议。通过关于县人大常委会工作报告、关于县人民法院工作报告、关于县人民检察院工作报告的决议。依法选举余晓军为景宁畲族自治县第九届人民代表大会常务委员会副主任，兰利忠、严伟荣、杨小兵、沈才忠、张纪恩、陈勇、陈丽成、陈建峰、林荣、林明可、林晓洪、柳晓杰、施顺民、钱江、徐敏、梅振清为景宁畲族自治县第九届人民代表大会常务委员会委员，通过景宁畲族自治县第九届人民代表大会部分专门委员会组成人员名单。 （汤迪文）

丽水市人民政府

综　述

【概况】 2020年，面对深刻复杂变化的外部环境特别是突如其来的新冠肺炎疫情，在党中央、省委、省政府和市委的坚强领导下，全市上下忠实践行"八八战略"、坚定厉行"丽水之干"，统筹推进"两手硬、两战赢"，扎实做好"六稳"工作，全面落实"六保"任务，实现经济逆势挺进、稳步向好。全市生产总值1540.02亿元，增长3.4%，一般公共预算收入143.86亿元，增长2.9%，城镇和农村居民收入分别为48532元、23637元，增长4.5%、7.8%，其中农民收入增幅连续12年位居全省第一。空气质量列全国168个排名城市第七位，城市地表水环境质量指数稳居全省首位，国考断面Ⅰ—Ⅲ类水比例、跨行政区域河流交接断面出境水质达标率、县级以上集中式饮用水源地水质达标率均100%。生态环境状况指数连续17年领跑全省。

【疫情防控】 2020年，全市扎紧织密"精密智控+全员自控"网，"人""物"并防构筑工作闭环。启动防疫一级响应、部署境外疫情输入防控，越洋联动海内外丽水人共同战疫，用时32天在全省率先实现本土确诊病例清零，用时60天在全省率先实现境外输入病例全部治愈出院，实现新冠肺炎患者"零病亡"、医务人员"零感染"。用心用情稳侨安侨暖侨，先后选派百名医护人员驰援湖北武汉和新疆。

【争先创优】 2020年，丽水创新集成"一车一码一员""一名单一机制一基金"等企业帮扶举措，出台79项惠企政策，落实"五减""两直"，为企业减负113.96亿元，制造业贷款余额增长21.2%，小微企业贷款新增235.65亿元、增量是2019年的1.9倍，企业产能恢复率全省率先"破百"，新设企业增幅位居全省第一，规上工业增加值增长4.5%。开展"抢时间、补增量"专项行动，提前开工或新增实施项目129个、新增年度投资53.93亿元，新开工省市县长项目23个，132个政府专项债项目全部开工，固定资产投资增长6.7%。实施促消费、稳外贸一揽子政策，社会消费品零售总额、进出口总额增幅均位居全省第三。

【市域生产力布局重塑】 2020年，丽水发布"一带三区"发展规划，谋划实施标志性项目26个、总投资5139亿元。创设"分区共竞"机制，启动平台"二次创业"，抓好市本级平台整合提升。丽水经济技术开发区新谋划发展空间2000公顷，新引进重大招商项目114个、总投资131.36亿元，入园项目中世界500强1个、中国500强3个、央企2个、上市公司7个；新引进总部经济项目25个，落地数字经济项目18个，国家经开区排名从158位跃升至80位。落子建设浙西南科创中心，市县联动建设"天工之城"等原生态第二创新空间，启用上海张江科创飞地，启动建设长三角G60丽水科创基地。新增省级众创空间5家、省级星创天地3家。引进各类人才数增长54.3%，参加人才科技峰会的高层次人才、签约的重大人才科技项目均为历史之最。国家高新技术企业、省级科技型中小企业、产业创新服务综合体、企业研究院新增数量均创新高，实现省级领军型创新创业团队"零突破"。

【生态产业提质增效】 2020年，丽水把生态工业确定为高质量绿色发展主攻方向，启动实施生态工业高质量绿色发展倍增行动，6条产业链列入省级链长制试点，新引进制造业大项目73个，战略性新兴产业、高新技术产业增加值分别增长7.4%、5.5%。芯片产业园一期、丽水大数据云中心、普洛斯物流园、禾森纳罗氏总部等项目投入运营，肖特玻管、珏芯微电子等项目投产，中广电器智能产业园、龙泉龙商鞋产业基地一期、云和木玩产业创新孵化基地、庆元生物科技产业园等项目开工。设立高质量绿色发展产业基金、产业并购基金,控股2家域外上市公司、新增上市公司3家。瓯江山水诗路"启航",云和梯田获得创AAAAA"入场券"。开展"书记市长带你游丽水"和"云游丽水"活动,完成《丽水山景建设和服务导则》编制,推出丽水山路特色自驾游线路。松阳创成全市首个国家全域旅游示范区,古堰画乡入选全省未来景区试点,灵康杏福康旅小镇、萤火虫文旅小镇等项目开工建设。新评定五星级酒店1家、开工建设4家。丽水山耕蝉联全国区域农业形象品牌榜首位,新增省级以上农业龙头企业12家,建成全省首个大型茶树种质资源圃,创成省级绿色农业先行示范市。

【重大改革推进】 2020年,丽水出台全国首个山区市GEP核算地方标准,初步构建全市域生态价值底图。完成全国首笔公共机构会议碳中和交易,发放全国首笔GEP贷,实现"两山银行"县(市、区)全覆盖,各类绿色金融产品余额187.47亿元。建立市级生态产品政府采购和市场交易制度,完成生态产品政府采购5.92亿元。推广基于生态信用的生态绿码,城投公司获评AA+信用等级,全国城市信用监测排名第13位。获批中国(丽水)跨境电子商务综合试验区。政务服务事项"网上办""掌上办"实现率99.8%,实现企业注册登记1小时、企业投资项目审批"最多80天"。完成机关事业单位人员职业生涯全周期管理"一件事"改革。

【国家公园全域创建】 百山祖国家公园通过国家公园体制试点评估验收,完成国家公园设立标准试验区试点,发放全国首本集体林地地役权证,相关经验入选2020中国改革年度十佳案例。完成野生动植物资源编目调查,新记录野生动植物物种(群)81个、居全省首位。发现全球两栖动物新物种——百山祖角蟾。发布"三线一单"生态环境分区管控方案,优先保护单元占全市总面积75.7%。"天眼+地眼+人眼"一体化生态监控体系初步形成,在全省率先完成土壤、地下水采样检测。发布实施大花园河道景观流量标准。全域启动"无废城市"建设,实现市域内危废处置能力与产生量相匹配。

【大通道建设】 2020年,衢宁铁路建成通车,结束沿线遂昌、松阳、龙泉、庆元不通铁路历史。金台铁路具备通车条件,衢丽铁路一期开工。推进丽水机场、景文高速,推进杭丽铁路、温武吉铁路项目前期。国家公园南通道列入国家综合立体交通网规划纲要、北通道列入省高速公路网中长期布局规划,新谋划的7条480千米高速、12条1400千米省道全部进入省路网布局规划。瓯江航道整治主体工程完工。新建和改造提升"四好农村路"1102千米,建成美丽经济交通走廊660千米。

【山海协作】 2020年,丽水加入长三角资本市场城市联盟,长三角招商中心新签约落地大项目26个。未来建筑科技小镇进入规划实施阶段,原能细胞产业园、惠明禅茶文化产业园等重大项目落地开工。引进上海世外合作办学,华东师大附属丽水学校开工建设,实现与长三角地区门诊医保实时结算。新签订山海协作产业项目118个、实际到位资金187.63亿元,与宁波、嘉兴、湖州共同设立山海协作产业基金,义乌—莲都大厦开工。新增海外飞地4个,侨商回归签约项目24个、总投资133.18亿元。

【城乡建设】 2020年,丽水通过全国文明城市复评。举办"丽水山居图"城市设计国际竞赛,"两湖"公园开园,处州府城开街,总投资80亿元的江滨商务中心开工,花园邻里中心启动建设。开展促进咖啡产业发展行动,市区、青田咖啡馆分别达到121家、281家。完成老旧小区改造21个,灯塔社区等4个项目被列入全省第二批未来社区试点。实施城市品质提升"五个一"工程项目39个、完成投资62.95亿元,莲都、松阳成为首批省级文化和旅游消费试点城市,青田、庆元成为首批省级夜间经济培育城市。制定实施最美城市、花园乡村建设标准,创成美丽城镇省级样板10个、美丽乡村特色精品村27个,建成乡村振兴示范带6条。缙云河阳、松阳茶排入选第二批全国乡村旅游重点村,庆元黄坛成为全国特色产业亿元村。

【民生保障】 2020年,丽水入选2020年度中国全面小康特别贡献城市,低收入农户收入增长15.5%,增幅连续5年位居全省第一。城镇新增就业32669人、城镇登记失业率1.65%。高考总录取率超过全省平均水平,向双一流高校输送优秀人才能力达到全省中等位次。乡镇公办中心幼儿园应建尽建。丽水职技院挺进省高职教育"双高"行列。在全省率先推出全民健康补充医疗保险——"浙丽保",惠及203.9万人。为11.22万名60周岁以上老人免费接种肺炎疫苗,重点人群流感疫苗免费接种4.82万人,重点人群结直肠癌免费筛查14.45万人。实现市级公立医院医疗影像结果互认。创成全国首批无障碍环境示范区,完成残疾人家庭无障碍改造356户、生活困难老年人家庭适老化改造550户。棚改交付4535套。整治农村困难家庭C级危房3720户、D级危房553户，实现动态清零。既有住宅加装电梯开工242台。市图书馆开馆，生态体育公园、水上运动中心开工建设。连续三次获评全国双拥模范城。

【政府治理】 2020年，丽水推进丽水花园云、城市大脑并轨运行，建立每日会商制度，发布首批12个“烦难杂”事项场景应用，“i丽水”上线运行。着眼破难攻坚、高效协同，组建重大工作专班27个。政府工作报告944项细化任务完成率96.3%，补短、整改、滞后“三张清单”销号率84.7%。发布自然灾害应急指挥体系建设地方标准，启动新一轮地质灾害“整体智治”三年行动，生产安全事故起数、死亡人数分别下降23.5%、23.3%。行政诉讼发案量下降18.2%、败诉率下降2.84个百分点。全市非刚性、非重点项目支出压减14.9%。完成第二轮市志修编。廉洁政府建设全面加强，正风肃纪持续推进。

【表彰奖励】 2020年4月，市政府对莲都区、市直各有关单位在推进市区城中村改造工作中表现突出的莲都区人民政府等8个集体和林开武等176名个人给予行政奖励。7月，对推进开发区城中村改造工作中表现突出的丽水开发区实业发展集团有限公司等2个集体和汤金铭等32名个人给予行政奖励；表彰雷建松等5位见义勇为先进人物。11月，给予梅中仁记二等功奖励。 （夏文敏）

市政府重要会议

【市政府常务会议】 2020年，市政府召开常务会议21次。

1月10日，市政府召开第52次常务会议，传达学习习近平总书记在十九届中央政治局第十九次集体学习时讲话精神，听取关于政府工作报告（讨论稿）起草情况的汇报、关于全国全省生猪增产保供稳价工作会议贯彻落实情况的汇报、全市安全生产有关工作情况的汇报，审议《丽水市高质量绿色发展指标体系实施方案（送审稿）》《丽水市公共数据资源管理办法（送审稿）》《丽水市本级政府投资信息化项目管理办法（送审稿）》《丽水市房地产市场健康发展长效机制工作方案（送审稿）》。

1月27日，市政府召开第53次常务会议，传达学习习近平总书记关于新型冠状病毒肺炎疫情防控讲话精神、省委常委会会议精神，研究部署全市下一步防控工作。

2月5日，市政府召开第54次常务会议，专题听取关于应对疫情支持企业健康发展的十八条意见情况的汇报。

2月25日，市政府召开第55次常务会议，传达学习中央、省委关于统筹推进新冠肺炎疫情防控和经济社会发展工作会议精神，听取关于2020年全市经济社会发展指标安排建议的汇报、关于2020年市县拟评比表彰通报表扬项目申报审核工作情况的汇报，审议《2020年市本级财政预算编制情况》《2020年市本级政府投资项目计划表》《丽水市“康养600”小镇发展规划（送审稿）》《丽水市生态信用行为正负面清单（试行）》《丽水市个人信用积分（绿谷分）管理办法（试行）》《丽水市企业生态信用评价管理办法（试行）》《丽水市生态信用村评定管理办法（试行）（送审稿）》，书面审议《关于丽水市2019年全市和市本级预算执行情况及2020年全市和市本级预算草案的报告》《关于丽水市2019年国民经济和社会发展计划执行情况及2020年国民经济和社会发展计划草案的报告》。

3月12日，市政府召开第56次常务会议，传达学习贯彻习近平总书记在决战决胜脱贫攻坚座谈会上的重要讲话精神和省政府第五次全体会议精神，学习关于规范廉政账户管理严禁违规收送礼品礼金的通知、习近平总书记关于安全生产批示精神及听取全市安全生产有关工作的汇报，听取关于丽水市东西部扶贫协作2020年度工作任务书的汇报、关于提请对2020年度丽水市区征收集体所有土地房屋公寓式住宅安置房廉购价、优惠价标准进行公告的请示的汇报，审议《丽水市创建百山祖国家公园攻坚会战方案（送审稿）》《丽水市美丽城镇建设实施方案（2020—2022）（送审稿）》《丽水市市区房屋征收临时安置费、搬迁费、停产停业损失补助费以及房屋改变用途补贴标准（送审稿）》。

4月8日，市政府召开第57次常务会议，传达学习习近平总书记在浙江视察时的重要讲话精神等，听取全国春季农业生产工作电视电话会议、省委农村工作会议精神及丽水市贯彻落实意见的汇报、全省对口工作领导小组会议精神及丽水市贯彻落实意见、全省长三角一体化领导小组会议精神及丽水市贯彻落实意见、全省推进“一带一路”建设工作领导小组第三次（扩大）会议精神及丽水市贯彻落实意见的汇报、关于给予丽水市区城中村改造工作表现突出的集体和个人行政奖励的汇报、丽水瓯江风情国家级旅游度假区创建工作汇报，审议《丽水市国民经济和社会发展第十四个五年计划基本思路（审议稿）》《百山祖国家公园集体林地设立地役权的改革实施方案（送审稿）》《百山祖国家公园总体规划(送审稿)》和听取《丽水国家公园候选区科学考察与符合性认定报告》《丽水国家公园设立方案》《设立丽水国家公园的社会影响价报告》3 项试验区研究报告的汇报,听取《关于推进新时代民政事业高质量发展的实施意见(送审稿)》《2020 年丽水市深化"最多跑一次"改革推进政府数字化转型工作实施方案(审议稿)》。

4 月 29 日，市政府召开第 58 次常务会议,听取关于丽水市推荐 2020 年度享受国务院政府特殊津贴人选情况的汇报和省、市政府工作报告重点工作责任清单,听取省、市民生实事任务清单制定情况的汇报、2020 年第一季度全市经济运行情况分析,书面审议《丽水市国有企业退休人员社会化管理工作实施办法(送审稿)》。

5 月 6 日,市政府召开第 59 次常务会议,听取加强高层建筑消防安全治理有关情况的汇报,学习《浙江省高层建筑消防安全管理规定》、关于做好 2020 年义务教育阶段学校招生入学工作的汇报、关于"丽水山居图"城市设计国际竞赛相关情况的汇报,审议《关于补齐"三农"发展短板确保与全省同步高水平全面建成小康社会的十六条意见(送审稿)》《丽水市区扶助残疾人实施办法(送审稿)》《丽水市人民政府关于加强瓯江干流玉溪电站至风化青田界段河道管理的通告(送审稿)》《丽水市职业教育改革实施方案(送审稿)》《丽水市国民经济和社会发展第十四个五年计划基本思路(审议稿)》《丽水市农村违法违规建房专项清查工作方案(送审稿)》《丽水南城七百秧商务中心项目招商方案(送审稿)》,书面听取省推动长江经济带发展领导小组会议精神及丽水市贯彻落实意见的汇报。

5 月 21 日,市政府召开第 60 次常务会议,听取关于 2019 年省"最多跑一次"改革落后指标整改提升情况的汇报,审议《丽水市生态工业高质量绿色发展倍增行动方案(2020—2025 年)(送审稿)》《关于深化制造业企业资源要素优化配置改革的实施意见(送审稿)》《丽水市生态工业发展分区共竞考核暂行办法(送审稿)》《浙江省大花园核心区(丽水市)建设规划 2020 年任务清(送审稿)》《丽水市烟花爆竹销售燃放管理规定(草案)》《丽水市生态保护红线评估调整方案(送审稿)》。

6 月 4 日,市政府召开第 61 次常务会议,传达学习全国"两会"精神,听取关于认购上海浙商 G60 科创中心项目资产有关情况的汇报、关于 2019 年度法治政府建设(依法行政)情况的汇报,审议《中国(丽水)跨境电子商务综合试验区实施方案(送审稿)》《关于进一步加强地方性法规普法工作的意见(送审稿)》《丽水市产业平台整合提升框架方案及行动计划(送审稿)》《关于进一步做好稳就业工作的若干意见(送审稿)》,书面审议《丽水市交通先行发展推进跨山统筹的实施意见(送审稿)》,书面听取关于 2019 年度全省东西部扶贫协作工作考核通报情况及丽水市贯彻落实意见的汇报。

6 月 23 日,市政府召开第 62 次常务会议,传达学习省委十四届七次全会和全市领导干部会议精神,听取关于给予雷建松等 5 名见义勇为人员记个人二等功并授予见义勇为称号奖励等情况的汇报、关于给予丽水经济技术开发区城中村改造工作表现突出的集体和个人行政奖励情况的汇报、丽水技师学院(筹)项目招商方案的汇报,审议《丽水市"一带三区"发展规划(审议稿)》《丽水市全域"无废城市"建设工作实施方案(送审稿)》《丽水市市区征收集体土地区片综合地价补偿标准(送审稿)》《丽水市市区征收集体土地地上附着物和青苗补偿标准(送审稿)》,书面学习《中华人民共和国土地管理法》,书面听取市区城中村改造所涉军产及补偿建议方案情况的汇报。

7 月 17 日,市政府召开第 63 次常务会议,审议《丽水市小微企业和个体工商户"两直"补助工作指导意见(送审稿)》。

7 月 21 日,市政府召开第 64 次常务会议,听取关于改革最低生活保障标准调整机制情况的汇报、关于丽水市合从养护院项目招商方案的汇报、关于丽水市贯彻落实省长袁家军《乐清市统计违法案件约谈情况的报告》批示精神的汇报,审议《丽水市"三线一单"生态环境分区管控方案(送审稿)》《丽水市物业专项维修资金管理办法(送审稿)》《丽水市住宅物业保修金管理办法(送审稿)》,书面听取关于修改和废止部分行政规范性文件情况的汇报。

8 月 12 日,市政府召开第 65 次常务会议,学习贯彻市委四届八次全体(扩大)会议精神,听取全市开展危险化学品运输安全"铁拳整治"专项行动工作情况汇报,审议《丽水市政府行政规范性文件管理办法(送审稿)》《丽水市产业平台整合提升指导意见(送审稿)》《丽水市规划管理办法(送审稿)》《丽水市鼓励和引导总部经济发展的实施意见(试行)(送审稿)》《丽水灯塔社区项目总体实施方案、合作实施方案》《零就业家庭清零行动方案(送审稿)》。

8 月 12 日,市政府召开第 66 次常务会议,学习传达习近平总书记在扎实推进长三角一体化发展座谈会上的重要讲话等精神,听取关于疫情期间容错免责事项的汇报、关于落实丽水市生态环境质量监测网络项目情况的汇报，审议《机关内部“最多跑一次”改革暨市域社会治理丽水实践研讨会方案（送审稿）》《关于调整完善市与莲都区、丽水开发区在自然资源和规划管理方面有关事权划分的意见（送审稿）》《丽水市进一步深化“证照分离”改革全覆盖试点工作实施方案（送审稿）》《关于支持企业股改上市的九条意见（送审稿）》《促进茶饮咖啡消费打造健康时尚丽水行动方案（送审稿）》，书面审议《丽水市人民政府办公室关于推进3岁以下婴幼儿照护服务发展的实施意见（送审稿）》。

9月28日，市政府召开第67次常务会议，听取丽水市秋冬季新冠肺炎疫情防控工作方案及落实情况汇报、丽水市第二轮安全生产综合治理工作情况汇报，审议《第九届“智汇丽水”人才科技峰会方案（送审稿）》《中心城区教育资源统筹配置和品牌化运作实施意见（送审稿）》《丽水旅游学校新建项目招商方案（送审稿）》《丽水市本级财政扶持民办教育发展的实施办法（送审稿）》《丽水市综合行政执法事项划转方案（送审稿）》和《丽水市综合行政执法事项统一目录（送审稿）》，书面听取《全市危化品运输安全“铁拳整治”专项行动和普速铁路沿线外部环境安全隐患综合治理行动情况汇报》。

10月16日，市政府召开第68次常务会议，学习综合保税区相关政策，听取关于全省农村乱占耕地建房问题专项整治行动电视电话会议精神及丽水市贯彻落实意见的汇报、丽水市信创工作“912工程”情况汇报，审议《2020年度市政府部门重点工作责任清单（送审稿）》《关于加强基层应急管理体系建设的实施意见（送审稿）》《关于支持细胞产业高质量发展的若干意见（试行）（送审稿）》《丽水市开发区（园区）整合提升总体方案（送审稿）》。

10月22日，市政府召开第69次常务会议，听取关于建立花园云•城市大脑每日会商工作制度汇报、2020年第三季度全市经济运行情况分析。

11月12日，市政府召开第70次常务会议，学习传达《浙江省党委（党组）意识形态工作责任制问责实施办法（试行）》文件精神等、学习传达全省传统制造业改造提升2.0版现场推进会精神，听取丽水市传统制造业改造提升情况，听取《关于给予公安刑侦工作中表现突出的市公安局梅中仁同志记功奖励的汇报》、全市“五水共治”工作开展情况汇报，审议《丽水市职业教育产教融合发展实施意见（送审稿）》《丽水市口腔医院改革实施方案（送审稿）》和《丽水口腔医院招商方案（送审稿）》《丽水市全民健康补充医疗保险（浙丽保）实施方案（送审稿）》《关于加强引进高校毕业生工作的若干意见（送审稿）》《丽水市高质量绿色发展产业基金管理办法（送审稿）》《关于推进品牌创建和质量建设的若干意见（送审稿）》《关于新时代深化“三位一体”改革的实施意见（送审稿）》，书面学习《浙江省民营企业发展促进条例》。

12月11日，市政府召开第71次常务会议，学习传达全省山海协作工程推进会会议精神，审议《丽水市消防救援队伍职业保障机制暂行办法（送审稿）》《丽水市生物多样性保护和可持续利用发展规划（2020—2035）（送审稿）》《新时代高水平建设美丽丽水规划纲要（2020—2035）（送审稿）》《2020年丽水城乡居民养老保险基础养老金调整方案（送审稿）》《调整完善市与莲都区、丽水开发区在自然资源和规划管理方面有关事权划分的意见（送审稿）》《丽水市行政败诉案件过错责任追究办法（草案）》《丽水市行政裁决程序规则（送审稿）》《关于推动生态旅游业高质量发展的若干意见（送审稿）》《丽水市公立医院医疗服务价格调整方案（送审稿）》《丽水市医疗救助办法（送审稿）》，书面听取丽水市公安工作情况汇报，书面学习全省能源“双控”“减煤”攻坚行动电视电话会议精神和听取下步工作建议汇报、《食品安全法实施条例》和听取丽水市食品安全工作情况汇报。

12月29日，市政府召开第72次常务会议，学习传达中央、省委经济会议、市委四届九次全会精神、《浙江省新型冠状病毒肺炎疫情防控工作领导小组办公室关于印发冬春季新冠肺炎疫情健康防护措施指引的通知》精神，听取2021年主要经济指标预期目标安排及一季度主要指标指导性目标建议汇报、2020年省、市民生实事督查调研情况汇报、丽水市重大战略合作协议及重大招商签约项目落地绩效综合评价汇报、省党政主要领导经济责任审计整改落实推进会精神汇报及涉及丽水市问题整改落实工作建议、关于进一步明确参保全民健康补充医疗保险（浙丽保）相关事项的汇报，研究给予缙云仙都景区创AAAAA工作表现突出的集体和个人行政奖励，审议《丽水市人民政府重大决策出台前向市人大常委会报告制度（送审稿）》《丽水市新型基础设施建设三年行动计划（2020—2022年）（送审稿）》《丽水市关于进一步加强塑料污染治理的实施办法（送审稿）》《丽水市涉林垦造耕地问题整改工作方案（送审稿）》《市本级开发区（园区）整合提升总体方案（送审稿）》《关于市本级开发区（园区）整合提升实施方案编制工作建议（送审稿)》,书面学习传达中央全面依法治国工作会议和省委全面依法治省委员会第三次会议精神,书面学习《关于做好党委中心组学习材料学习使用工作的通知》。(罗 耿)

【新时代推进山区26个县高质量发展座谈会】 2020年10月22日,新时代推进山区26个县高质量发展座谈会在丽水召开。省委书记袁家军主持召开座谈会,并作题为《深入践行绿水青山就是金山银山理念书写山区同步高水平现代化新篇章》的重要讲话。丽水市,省发展改革委、省农业农村厅,以及淳安、柯城、景宁等作交流发言。在座谈会召开后,全市贯彻落实会议精神,把打造山海协作升级版作为加快26个县高质量发展的重要载体来抓,以软硬件提升、协作平台载体建设、绿色产业发展和民生改善为着力点,推进升级版工作落实。

【市对口工作领导小组会议】 2020年3月31日,市对口工作领导小组召开会议,研究部署2020年全市对口工作。市委书记、市对口工作领导小组组长胡海峰出席会议并讲话。会议肯定全市对口工作取得的成效。会议强调,要认真贯彻落实中央和省委关于对口工作的系列决策部署,聚决战决胜之力,下精准务实之功,更加注重无缝衔接,更加注重动能提升,更加注重队伍建设,不断开创"十四五"时期对口工作新局面。

【全市审计整改工作会议】 2020年9月24日,全市审计整改工作会议在丽水召开。市委常委、常务副市长杜兴林出席会议,市审计局和25家审计整改责任单位负责人参加主会场、各县(市、区)政府分管领导参加分会场。会上,市审计局局长邹向阳通报审计工作情况。会议强调,完善部门协调配合机制,从讲政治的高度营造审计整改的良好氛围;推进审计整改结果公告,以刀刃向内的勇气抓好审计整改落实;规范审计整改工作报告,形成长效机制,服务市域治理。

【百山祖国家公园创建会议】 2020年3月6日,百山祖国家公园创建领导小组召开会议,市委副书记、市长吴晓东作工作部署,市委常委、常务副市长杜兴林主持,市政府秘书长沈世山,市政府副秘书长、办公室主任周劲松,市政府副秘书长周瑞琛,丽水国家公园创建办主任廖永平,龙泉、庆元、景宁三县(市)政府主要负责人及成员单位主要负责人等参加会议。

3月26日,百山祖国家公园创建攻坚大会战动员部署会在丽水召开,市委副书记、市长吴晓东主持会议,市委书记胡海峰作重要讲话,市领导虞红鸣、陈瑞商、李锋等出席。

5月13日,百山祖国家公园创建工作点评会在丽水召开,市委副书记、市长吴晓东出席会议并讲话,市委常委、常务副市长杜兴林主持会议。会上,市创建办、龙泉、庆元、景宁以及市委宣传部、市发改委等5家百山祖国家公园创建领导小组成员单位汇报创建工作进展情况、存在问题和下步打算。

【第七次全国人口普查工作推进会】 2020年10月27日,丽水市召开第七次全国人口普查工作推进会。市委常委、常务副市长、市第七次全国人口普查领导小组组长杜兴林出席会议并讲话。杜兴林强调要增强临战意识、增强法治意识、增强责任意识。第七次人口普查领导小组副组长、市统计局党组书记、局长周智飞就全市第七次人口普查前期准备工作开展情况及下阶段主要工作安排作了汇报。

【全市应急管理、安全生产暨消防工作电视电话会议】 2020年3月6日,全市应急管理、安全生产暨消防工作电视电话会议在丽水召开。会议总结过去一年全市安全生产和消防工作,签订2020年应急管理、安全生产和消防工作目标管理责任书,部署2020年重点工作任务。市委副书记、市长吴晓东在会上强调,要深入学习贯彻习近平总书记对安全生产工作的重要指示精神,按照省、市部署要求,切实增强抓安全发展的使命感和紧迫感,紧守安全发展底线、红线,全力保障人民群众生命财产安全,为"两手硬、两战赢"创造安全稳定的社会环境。

【全市国土空间规划支撑"绿水青山就是金山银山"转化实践试点工作部署会暨国土空间规划编制培训会议】 2020年8月26日,全市国土空间规划支撑"绿水青山就是金山银山"转化实践试点工作部署会暨国土空间规划编制培训会在丽水召开。市委书记胡海峰、省自然资源厅厅长黄志平出席并讲话,市委副书记、市长吴晓东主持,市发改委、市自然资源局、龙泉市、遂昌县作交流发言。会议紧扣"在新发展理念的指引下,通过国土空间规划的全新保障支撑,助力形成多元化具有丽水特色的生态产品价值实现路径,推动生态优势转化为发展优势"目标要求,强调要强化"保护优先"的理念,进一步做"优"生态屏障、做"靓"山水底色、做"特"空间环境,要强化"以聚促变"的理念,进一步提高国土空间承载利用;要强化"高效管控"的理念,进一步助推生态产品价值转化。

【机关内部“最多跑一次”改革暨市域社会治理丽水实践研讨会】 2020年9月18日，机关内部“最多跑一次”改革暨市域社会治理丽水实践研讨会在丽水召开。中国经济体制改革研究会会长彭森等改革领域领导和专家作主旨演讲，省委政法委常务副书记朱晨、丽水市委书记胡海峰等相关领导致辞。会上，丽水市与中国经济体制改革杂志社签订战略合作协议，聘任赵艾、孔泾源、许耀桐、黄文艺、汪玉凯、党国英、潘治宏7位改革领域的权威专家为丽水市委全面深化改革委员会咨询专家。据统计，该研讨会线上参会地区覆盖25个省、97个地级市、35个县，全国共有1191个端口接入线上云会议系统，各地通过理论中心组学习、组织集中召开视频会议等形式参会，参会人数共计2万余人，研讨会得到新华网、人民网、中新网、中国经济网、央广网、央视网、腾讯网等国内主流媒体广泛关注和报道。

【深化“最多跑一次”改革推进政府数字化转型专题会议】 2020年5月15日，深化“最多跑一次”改革推进政府数字化转型专题会议在丽水召开。市委常委、常务副市长杜兴林主持会议，市委副书记、市长吴晓东讲话。会上，市委改革办汇报2020年“最多跑一次”改革工作重点及下步安排，市大数据局、市经信局、市农业农村局、市生态环境局和市行政服务中心分别结合场景演示作了专题汇报。会议就聚焦“重要窗口”的新目标新定位，以持续深化“最多跑一次”改革为前提和基础，以数字化转型为根本方向和路径，加快“整体智治”现代政府建设进行研究部署。 （朱柳舟）

【第五届中国农村电商大会】 2020年10月30日，第五届中国农村电子商务大会在莲都区古堰画乡举行。大会由中国国际电子商务中心、浙江省商务厅、丽水市人民政府共同主办，以“农村电商、大有可为”为主题，围绕乡村振兴、精准扶贫、电商脱贫、直播电商等内容，采取实时连线、直播互动形式，共同探讨农村电商发展新趋势、拓宽“绿水青山就是金山银山”转化通道。

商务部原副部长、政协第十三届全国委员会经济委员会副主任房爱卿，浙江省商务厅厅长盛秋平，市委副书记李锋出席会议并致辞。商务部流通业发展司、丽水市、砀山县（安徽）分别作主题发言，商务部电子商务咨询委员会、中国国际电子商务中心、阿里集团有关专家进行观点分享。大会还举行“2020中国农村电商致富带头人暨助农直播带头人”颁奖仪式，发布《中国农村电子商务发展报告（2019—2020）》。

2020年10月30日，第五届中国农村电子商务大会在莲都区古堰画乡举行

（施思羽 提供）

【国家扶贫日浙江主场活动】 2020年10月12日，第7个国家扶贫日浙江主场活动在景宁县举行。活动由省扶贫办、省农业农村厅、丽水市委、丽水市人民政府共同主办，景宁县委、景宁县人民政府承办。活动主题为“勇担重要窗口使命 谱写共同富裕新篇”。

省人大常委会副主任史济锡，国务院扶贫办综合司司长苏国霞，省扶贫办主任、省农业农村厅厅长王通林，丽水市委书记胡海峰，省农业农村厅副厅长刘嫔珺，丽水市委常委、景宁县委书记陈重，市人大常委会副主任杜光旻、市政府副市长杨秀清、市政协副主席丁岳清等出席。省扶贫开发领导小组成员单位负责人及各市、部分县（市、区）扶贫办负责人参加活动。活动启动仪式上，发布《浙江精准扶贫报告》《浙江精准扶贫十大案例》《解决相对贫困——浙江样本》，举行“三联三送三落实”活动深化帮扶、“传化·农创帮扶”项目合作签约，并为浙江省乡村振兴远教专家团授旗。

作为第一批全国扶贫改革试验区，丽水扶贫改革试验区成果丰硕，系统总结编印《丽水市国家扶贫改革试验区工作报告》白皮书和解决相对贫困县域模式。丽水组织参演作品《扶贫攻坚创辉煌》得到好评。新华社、人民日报、农民日报、浙江日报、浙江广电、农村信息报等媒体现场观摩并进行报道。

【全市深化“三位一体”改革现场会】 2020年11月11日，全市深化“三位一体”改革现场会在龙泉召开。省供销社理事会副主任张建出席会议，市委副书记李锋主持会议并讲话，副市长杨秀清作工作部署。省农信联社丽水办事处、市农林科院农作物所、青田县政府、龙泉市供销e城、松阳县供销社、景宁600营销联盟作典型发言。

会议强调，要把深化“三位一体”农合联改革作为浙江农村改革的“金字招牌”加以深化推进，高质量服务全市“三农”发展大局。要培育为农服务主体，搭建为农服务平台，提升农合联为农服务功能；以“产业服务”为落脚点，推动产业发展，加快产品开发，做强产业主体，拓宽农合联为农服务领域；以“供销服务”为突破点，拓宽产销对接渠道，完善市场体系，加快构建快捷物流，巩固农合联为农服务基础，构建现代农业社会化服务体系。要完成农民增收、脱贫攻坚、大搬快聚等重点任务，发挥党建统领优势，健全合作共赢机制，形成改革整体效应。

【全国水文化工作建设座谈会】 2020年11月13日，全国水文化工作建设座谈会在丽水召开。水利部办公厅副主任李晓琳、宣教中心主任李国隆出席会议并讲话，省水利厅副厅长蒋如华、丽水市副市长杨秀清分别致辞。座谈会上，工信部工业文化发展中心副主任孙星、厦门大学教授钞晓鸿分别作《工业文化：从理论到实践》《中国古代的水利管理机构》专题讲座，黄河水利委员会、山东省水利厅、江西省水利厅、丽水市水利局先后作交流发言。

【全国绿色小水电示范电站评定现场会议】 2020年11月19日，全国绿色小水电示范电站评定现场会议在丽水召开。会议总结回顾“十三五”规划以来绿色小水电示范电站创建的工作成效，交流各地的经验做法，并部署下一阶段示范创建工作。水利部总工程师刘伟平出席会议并讲话，水利部农水水电司副司长邢援越主持会议，浙江省水利厅副厅长蒋如华、丽水市人民政府副市长杨秀清分别致辞。山西省水利厅、浙江省水利厅、湖北省水利厅、四川省水利厅、陕西省水利厅、江西省水利厅水电局、丽水市水利局先后作交流发言。

【国际小水电联合会示范基地核心会员年度工作会议】 2020年11月20日，国际小水电联合会示范基地核心会员年度工作会议在丽水召开。水利部总工程师刘伟平出席会议并讲话，水利部农水水电司副司长邢援越主持会议，国际小水电中心主任刘德有作国际小水电联合会报告，浙江省水利厅副厅长蒋如华、丽水市副市长楼志坚分别致辞，国际小水电联合会核心会员代表参加会议。会议专门举行“绿色水电丽水示范区”授牌仪式。丽水成为国际小水电中心在中国设立的第7个示范基地(区)。 （毛　微）

【全市禁毒工作会议】 2020年6月9日，全市禁毒工作会议在市行政中心召开。会议肯定全市禁毒工作取得的成效，并部署下一阶段禁毒工作的目标任务和工作举措。要求提高政治站位，强化思想认识抓落实，准确把握吸毒基数仍居高位、毒品种类多变、毒情发展趋向多元等新形势新要求，聚焦毒品渗透、毒品滥用、新型毒品、毒品扩散等方面的问题，把禁毒工作融入平安建设、扫黑除恶以及全国市域社会治理试点等重点工作当中，坚决打好“净边”保卫仗、管控阵地仗、风险防控仗、精准预防仗等硬仗，做到全链条打击制毒犯罪、全时空遏制贩毒活动、全环节管控制毒物品、全方位管控吸毒人员，进一步强化打防管控和综合治理。时任市委副书记、政法委书记李锋主持会议并讲话，副市长、市禁毒委主任、市公安局局长毛建国部署工作。市禁毒委成员单位领导参加会议。

【全市法治丽水(法治政府)建设第一次点评会暨法治政府示范创建动员部署会】 2020年6月15日，全市法治丽水(法治政府)建设第一次点评会暨法治政府示范创建动员部署会召开。会议强调，要学深悟透习近平总书记考察浙江重要讲话精神，深入贯彻落实市委全面依法治市委员会第二次会议精神，高举发展的行动旗帜，弘扬践行浙西南革命精神，厉行“丽水之干”，全力争创“全国第二批法治政府建设示范市”，全力打造与高质量绿色发展相辅相成、相得益彰的法治丽水。时任市委副书记、政法委书记、市委依法治市办主任李锋出席会议并讲话，副市长毛建国主持会议。省委依法治省办派员参加会议。会议通报2019年法治浙江(法治政府)建设考评情况,对2020年的重点工作进行交办。市发改委、市综合执法局、庆元县、云和县分别作交流发言。

【全市法治政府建设推进会暨丽水市第十四次府院联席会议】 2020年9月4日，全市法治政府建设推进会暨丽水市第十四次府院联席会议在市行政中心召开。会议深入学习贯彻习近平总书记全面依法治国新理念新思想新战略，贯彻落实全省法治政府建设暨综合行政执法改革推进会和市委胡海峰书记重要批示精神，对标对表法治浙江（法治政府）建设考核指标，研究部署下一阶段法治政府建设重点任务。市委副书记、市长吴晓东，时任市委副书记李锋出席会议并讲话。副市长毛建国主持会议。会上，各县（市、区）政府围绕贯彻落实市委书记胡海峰重要批示精神作交流发言。（王利君）

市政府重大活动

【丽水山居图城市设计国际竞赛颁奖典礼暨“山水城市”论坛活动】 2020年11月3日，丽水山居图城市设计国际竞赛颁奖典礼暨“山水城市”论坛活动在丽水举行，国内外知名规划建筑设计单位的80余位规划师、建筑师，30余家大众、建筑专业媒体，政府部门及企业代表等300余人参会。中国著名导演、制片人张纪中受邀出席活动并发言。会上公布10家决赛入围单位及前三名获奖作品。中国城市规划研究院的方案“流光山水”获一等奖；来自法国的Olivier Greder的方案[丽水式]共生城市之变革获二等奖；华南理工大学建筑学院+都灵理工大学中国屋和山地建筑研究所的方案“丽水繁华图”获三等奖。

【重大项目集中开工活动】 2020年10月22日，省委、省政府举行2020年第二批全省扩大有效投资重大项目集中开工活动，丽水分会场活动在浙江晶睿电子晶圆片和外延片制造项目现场举行，全市共40个重大项目集中开工，总投资385亿元，年度计划投资23.8亿元。其中工业及服务业项目21个；社会发展项目9个；城市基础设施项目5个；交通设施项目3个；水利项目1个；能源项目1个。该批项目将推动丽水产业转型升级、城市综合竞争力提升，为丽水打造“高水平建设和高质量发展重要窗口”提供支撑。

【丽水市大花园瓯江绿道宣传推介活动】 2020年12月，丽水市开展大花园瓯江绿道宣传推介月活动，通过召开大花园瓯江绿道建设成果新闻发布会、上线“一图一码一指数”大花园瓯江绿道信息系统、组织“最美绿道”全市文旅体活动、举办大花园瓯江绿道主题展览、编印《丽水大花园瓯江绿道建设样板案例集》、开展绿道电视网络集中宣传报道等多种活动形式，全面介绍和展示丽水市大花园瓯江绿道建设成果，增强人民群众对绿道建设的获得感和幸福感。

【衢宁铁路（浙江段）通车首发仪式】 2020年9月27日，衢宁铁路（浙江段）通车首发仪式在庆元火车站隆重举行。市委书记胡海峰宣布衢宁铁路（浙江段）庆元至上海首发列车发车。中国铁路上海局集团有限公司党委副书记、总经理应慧刚，省交通集团党委副书记、总经理詹小张，省发改委副主任李军，市委副书记、市长吴晓东出席活动并致辞。市领导虞红鸣、陈瑞商、杜兴林、楼志坚，沿海铁路浙江有限公司总经理何晓，省文化和旅游厅副厅长杨建武等领导参加活动。

【衢丽铁路项目开工建设】 2020年12月28日上午，衢丽铁路项目开工仪式在莲都区丽新畲族乡白岸口村举行。市委书记胡海峰宣布项目开工。中国铁路上海局集团有限公司副总经理杨建中，浙江省发改委副主任李军，浙江省交通集团董事、党委委员、副总经理陈江，中铁第四勘察设计院常务副院长田要成，中铁隧道局集团有限公司总经理曹彬，沿海铁路浙江有限公司党委书记、总经理何晓，上海天佑工程咨询有限公司总经理何情，以及市领导虞红鸣、陈瑞商、杜兴林、徐光文、楼志坚等出席活动。（朱柳舟）

【2020年全国乡村春晚“百县万村”区域联动】 2020年1月8日，由文化和旅游部公共服务司主办，文化和旅游部全国公共文化发展中心、浙江省委宣传部、浙江省文化和旅游厅、丽水市人民政府、中国文化馆协会、全国乡村春晚百县联盟承办的2020年全国乡村春晚集中展示活动启动仪式在莲都区古堰画乡举行。文化和旅游部公共服务司司长李宏出席活动并致辞，文化和旅游部国际交流与合作局一级巡视员李健钢、全国公共文化发展中心副主任颜芳、省委宣传部副部长卢春中、省文化和旅游厅副厅长叶菁等领导嘉宾出席启动仪式。市委书记胡海峰宣布2020年全国乡村春晚集中展示活动启动，市委副书记、市长吴晓东致欢迎词。该活动在“国家公共文化云”线上全国同步直播，除丽水主会场外，还设立安徽省、四川省、广东省、河南省、内蒙古自治区、陕西省、黑龙江省、湖南省等8个分会场，通过线下乡村春晚年俗展示、线上互动形式，拉开2020年全国乡村春晚“百县万村”区域联动大幕。启动仪式后，举行全国乡村“闹”春晚才艺展示展演，来自内蒙古、云南、宁夏等9个省11个地区的乡村节目与丽水市民俗节目同台斗艺，集中展示全国乡村艺术普及成果，同时举办“丽水味道”年味集市、“丽水山耕”年货集市和文创集市。

【省委书记车俊到龙泉浙大中学检查开学准备工作】 2020年4月10日，时任省委书记、省疫情防控工作领导小组第一组长车俊到丽水调研。车俊到龙泉浙大中学检查开学准备工作，并到学生入校通道、教室、临时隔离点等重点部位，查看开学后各项防疫措施落实情况。市委书记胡海峰陪同检查。车俊对学校严密的防控措施和提前实时掌握师生动态活动轨迹的做法予以肯定，并强调要始终把师生的健康安全放在第一位，严格落实属地管理责任、部门监管责任和学校主体责任，坚持问题导向，加强隐患排查，细化工作预案，积极稳妥做好开学复课准备。

【丽水援鄂医疗队平安凯旋欢迎仪式】 2020年4月，根据援鄂医护人员的返浙时间，丽水市分4批次在市行政中心一楼南大厅举办欢迎仪式。在首批援鄂医护人员凯旋的欢迎仪式上，市委书记胡海峰等四套班子主要领导亲自迎接并致辞。丽水富岭高速至市行政中心沿线路段设置各类欢迎凯旋宣传牌、彩旗，警用摩托开道、交警护送，市民在车辆经过的沿途路旁挥手欢迎，沿途的电子屏显示“欢迎丽水援鄂医疗队平安凯旋”“白衣战士”“英雄凯旋”等字样。欢迎仪式现场设置签名墙、合影区等，并邀请80名援鄂医护人员的家属一起欢迎丽水援鄂医疗队平安凯旋。

【2020年丽水市“5•12”国际护士节庆祝大会】 2020年5月12日，由市卫生健康委主办、市护理学会承办的2020年丽水市“5•12”国际护士节庆祝大会在丽水大剧院举行。庆祝大会上，抗疫优秀护士分享她们甘于奉献、爱岗敬业的战“疫”故事，展示全市护士英姿风采。大会以真情演绎和颁奖表彰为主线，穿插短视频、文艺表演节目，感谢抗疫期间丽水白衣天使们的辛勤付出，表达对全市护理人员节日的问候和崇高的敬意。庆祝大会共表彰五大类表现突出的护理工作者和优秀护理团队，其中“杰出护士”59人、“优秀护士”10人、“先进护士”100人、“优秀管理者”50人、“优秀团队”5支。市委书记胡海峰亲自接见抗疫优秀护士代表，致辞并合影留念。

【第三个“8•19”中国医师节活动】 2020年8月16日，庆祝第三个中国医师节暨丽水市“护佑生命”医师抗疫故事会在丽水大剧院举办。活动以“弘扬抗疫精神，护佑人民健康”为主题，以援鄂、集中医疗救治点、心理援助、中医抗疫、基层抗疫和疾控抗疫6个抗疫故事为主线，展示全市卫生健康系统在抗疫期间不畏艰难、逆行而上、舍小家顾大家的勇气和精神。活动最后进行百名医师表彰活动，分别为28名逆行援鄂杰出医师、97名坚守抗疫一线杰出医师和78名绿谷名医颁发获奖证书。为表达对抗疫一线医师的敬意，在医师节期间，丽水市书法家协会向全市抗疫一线医生捐赠88幅书法作品。

【丽水市撤地设市20周年暨创新实践“两山”理念15周年活动】 2020年8月27日，丽水创新实践“绿水青山就是金山银山”理念15周年暨撤地设市20周年理论研讨会在丽水学院举行。市委书记胡海峰出席会议并致辞。中央党校报刊社社长许宝健，中科院生态环境研究中心主任、中国(丽水)两山学院院长欧阳志云，市委副书记、市长吴晓东，省社科联党组书记郭华巍，省社科院院长何显明，浙江工商大学副校长赵英军等出席会议。研讨会上，郭华巍作了致辞，许宝健、欧阳志云、何显明、赵英军等专家学者作了主旨发言，宣读省社科联关于授予中国(丽水)两山研究院为省新型重点专业智库培育单位的批复、丽水市人民政府与浙江省社科院签订进一步深化全面合作战略协议，并为“浙江省社会科学院丽水研究院”授牌。市领导虞红鸣、陈瑞商、任淑女、卢彩柳出席会议。

2020年8月4日至9月10日，“丽水撤地设市20周年成就展”在市美术馆展览。8月4日开展当日，胡海峰、吴晓东、虞红鸣、陈瑞商、李锋等市四套班子领导观展。该展览分综合展区和各县(市、区)展区两部分，共设生态文明探新路、经济发展增动力、民生春风润心田、改革创新立潮头、开放合作向未来、党的建设显成效、县区风采绽芳华7个篇章，全面展示丽水市在经济、政治、文化、社会、生态文明建设以及党的建设方面取得成就。

【浙江省首届生态体育运动会开幕式及首站赛】 2020年9月19日，由省体育局、市人民政府主办，省委宣传部、省文化旅游厅、省水利厅、省生态环境厅、省农业农村厅、省自然资源厅、省交通运输厅和省建设厅联办，省体育竞赛中心、市文广旅体局、市体育发展中心、青田县、缙云县和遂昌县人民政府共同承办的浙江省首届生态体育运动会开幕式及首站赛在丽水市区南明湖畔举行。省政府副省长成岳冲、省政府副秘书长蔡晓春、省体育局局长郑瑶、省委宣传部副部长卢春中等领导出席开幕式，市委书记胡海峰、省体育局局长郑瑶致辞，市委副书记、市长吴晓东主持。浙江省首届生态运动会围绕“绿水青山，运动浙江”的主题，发挥浙江绿水青山的资源优势，竞赛项目设置以普遍开展的涉山涉水类户外项目为主，涵盖绿水类、青山类、表演类和特色类等四大类型的15个项目。比赛于9月19日、20日两日进行，以丽水市本级为核心，联动青田、缙云和遂昌等县域，共设9个正式比赛项目和5个表演项目，赛事总规模达8000余人，赛事综合效益评估3382万元。

【长三角区域一体化产教融合发展论坛】 2020年10月24日，长三角区域一体化产教融合发展论坛在丽水举办。论坛由中共丽水市委、丽水市人民政府主办，副市长卢彩柳出席。论坛会上，丽水市人民政府聘请庄西真等11位专家学者为“丽水市职业教育发展顾问”，丽水市教育局聘请朱列等6位上海名师为“丽水市职业教育兼职导师”，上海同济大学职业技术教育学院和丽水市教育局签订《职业教育改革创新与职教师资队伍建设合作意向书》，上海市6所职业院校和丽水市12所职业院校签订《职业院校山海协同发展合作意向书》。

【全省老年主题摄影展】 2020年10月27日至11月9日，以“奔向我们的小康社会”为主题的全省首届老年主题摄影大赛优秀作品展在丽水举办。该作品展由浙江省卫生健康委主办，浙江省老年活动中心、浙江省老龄事业发展基金会、丽水市卫生健康委员会承办，省卫生健康委党委副书记夏建成、副市长卢彩柳致辞并颁奖。摄影展共收集到600余幅摄影作品，评选出金质收藏作品8幅、银质收藏作品12幅、铜质收藏作品20幅，以及优秀作品160幅，共200幅作品入选参展。来自全省11个地市卫健委相关处室人员、获奖嘉宾、摄影爱好者500余人参加活动。

2020年10月27日至11月9日，全省首届老年主题摄影大赛优秀作品展举办

（施思羽　提供）

【丽水市第十三届乡村文化艺术节】 2020年11月5日，丽水市第十三届乡村文化艺术节在遂昌县开幕，成为丽水市推动乡村文化繁荣发展，关注乡村群众文化民生，传承优秀传统文化，促进文农旅融合发展的有效载体。该艺术节设置美术、书法现场创作比赛、摄影现场创作比赛、村歌演唱比赛等活动，选手们通过书法、绘画、摄影、歌曲、舞蹈等形式为观众们带来一场兼具视听享受的文化艺术盛宴。

12月2日至4日，由市委宣传部、市文广旅体局主办的丽水市第十三届乡村文化艺术节视觉艺术巡回展在庆元县菇语美术馆举办。该巡回展展出50余件美术书法摄影作品，从多角度生动记录农民生活、农村变化，富有强烈艺术感染力，展现农村事业取得的成果和农民对美好生活的期待向往，反映新时代农民群众的新思想、新观念和新风貌。

【2020年全国皮划艇静水锦标赛暨第十四届全国运动会皮划艇静水资格赛】 2020年11月10日至14日，2020年全国皮划艇静水锦标赛暨第十四届全国运动会皮划艇静水资格赛在丽水市南明湖水上运动中心举办。该赛事由中国皮划艇协会、浙江省体育局、丽水市人民政府主办，浙江省水上运动管理中心、丽水市文化和广电旅游体育局、丽水市体育发展服务中心承办。来自北京、上海、浙江、广东等省队以及国家集训队共23支队伍参赛，共计687名运动员教练员、719条船艇展开男、女、混合18个项目的争夺，最终，山东、浙江、广东分获本次大赛团体总分前三名。该赛事是奥运备战期间检测国家集训队和各省市队伍训练成效的重要手段，也是第十四届全国运动会皮划艇静水比赛的一场资格赛。该赛事是中国开展皮划艇运动以来，参赛队伍最多、参赛运动员最多、参赛船艇最多的一次大赛，也是2020年皮划艇项目竞技水平最高的一次大赛，赛事产生综合效益1200万元。

【第三届世界青瓷大会】 2020年12月11日，第三届世界青瓷大会在丽水龙泉开幕。该大会以“天下龙泉•匠心开物”为主题，通过国际化、融合化、产业化、场景化、市场化的办会理念，打造一届独具匠心、别具风采的盛宴。市委书记胡海峰宣布大会开幕，省政府副秘书长蔡晓春、省人大环境与资源保护委员会主任委员林健东、省侨联主席连小敏、省委宣传部

2020 年 12 月 11 日，第三届世界青瓷大会在龙泉开幕　（施思羽　提供）

副部长葛学斌，丽水市领导任淑女、戚永远、卢彩柳、汤家友，中陶协、中工美的陶瓷专家，全国有关陶瓷产区领导、大师、企业代表，清华大学、浙江大学、复旦大学、中国美院、景德镇陶瓷大学等高校专家学者，共同出席开幕式。开幕式上，蔡晓春、任淑女、李校堃、奥诺米娜致辞，联合国教科文国际陶瓷学会主席托比恩•卡瓦斯伯，韩国艺术文化团体总联合会会长李范宪，故宫博物院院长王旭东等发表视频致辞。开幕式上还展示和发布龙泉青瓷龙泉宝剑“三化”成果，为“中国陶瓷行业特有工种职业技能鉴定基地”“龙泉市文创名家工作室”等授牌，聘任龙泉文化名城建设高级顾问，举行系列战略合作协议和项目签约仪式。

【丽水瓯江山水诗路启动启航仪式】 2020 年 12 月 11 日，丽水瓯江山水诗路启动启航仪式在龙泉举行。市委书记胡海峰宣布丽水瓯江山水诗路开启通航，省政府副秘书长蔡晓春、省侨联主席连小敏、省委宣传部副部长葛学斌、省文旅厅副厅长叶菁，市领导任淑女、戚永远、卢彩柳、汤家友等出席。仪式上，举行莲都区碧湖新城和全域生态改造项目、龙泉城市文化客厅项目等 10 个重要项目签约；发布《丽水瓯江山水诗路旅游联盟宣言》，整合全市资源，聚力打造瓯江诗路黄金旅游带和“诗画浙江”鲜活样板；开展花船巡游活动，直观展示各地山水资源、非遗文化等特色。该仪式的举行，标志着丽水、温州等瓯江流经地的山水人文景观进一步“串点成线”，诗与远方的结合在瓯江山水之间得到了更加完美的实现。（施思羽）

【第三届华侨进口商品博览会暨青田进口葡萄酒交易会、首届国际咖啡博览会】 2020 年 11 月 14 日至 16 日，第三届华侨进口商品博览会暨青田进口葡萄酒交易会、首届国际咖啡博览会在丽水青田举行。中国侨联副主席李卓彬，中国侨联副主席、省政协副主席吴晶，中国侨联副主席朱奕龙，中国商业联合会会长姜明，中国文化管理协会常务副主席梁鑫华，中宣部原秘书长、中国文化管理协会副主席官景辉，贵州省政协原党组副书记、副主席陈海峰，浙江省人民政府副秘书长高屹，浙江省侨联党组书记、主席连小敏，市委副书记、市长吴晓东等出席开幕式。

本届侨博会以“青田洋货、世界超市”为主题，主宾国为法国，增设美妆区、咖啡区、“哈蒙”区，设主展区和市场展示区等九大展区，共设 1800 个展位，邀请参展国内外进口葡萄酒企业 800 家，咖啡类进口企业 100 家，美妆类进口企业 100 家，其他类进口商企业 500 家，参展商品来自 70 多个国家和地区。受疫情影响，本届侨博会、咖博会专门上线“线上侨博”小程序，可以发布动态信息、展示 600 家参展企业 13000 余款产品，实现云展示、云直播等云上功能。在展会期间，通过小程序还可以游览侨乡进口商品城实景 VR，实现不用出门就能逛进口商品城。本届侨博会、咖博会线下参观人数 19.5 万人次，线上观展人数超过 43 万人次，专业采购商 5000 余人。展会期间举办签约大会、“线上侨博”海外专场签约活动，共签订进口品牌授权代理 523 个，167 家国外酒庄签约入驻，累计意向成交 29 亿元，同比增长 16.6%。该侨博会荣获中国展会经济产业贡献奖、中国十佳最具潜力展会称号，被评为浙江省级重点展贸平台，成为全国唯一纯进口酒庄展。

【“融入长三角服务大上海”丽水新农人来了大型展览活动】 2020 年 11 月 19 日至 22 日，“融入长三角 服务大上海”丽水新农人来了大型展览活动在上海市举办。该活动包括“丽水香茶号”动车组发车仪式、“丽水味道”体验活动暨 2021 山耕家宴上海发布会、丽水山耕精品集市（上海南京路站）三个部分。上海市农业农村委、上海市国资委、浙江省农业农村厅、上海宝山区政府、上海宝山区农业农村委等单位相关领导参加活动。共有 53 家农业主体、500 余种“丽水山耕”生态精品产品参展，集市现场共接待上海市民 3.2 万人次，实现现场销售额 96 万元，意向订货 3000 余万元。该活动在宣传上运用融媒体手段，采用电视、广播、报纸、网络、直播、朋友圈广告等多种形式进行宣传，央级、上海、浙江、丽水在内的29家媒体共发布新闻宣传报道35篇。

【参加第三届中国国际进口博览会】 2020年11月5日至10日，第三届中国国际进口博览会在国家会展中心（上海）举办，丽水市组织267家企业（单位）684人参展，展会期间全市共有18家企业（单位）与来自德国、美国、法国、西班牙等11个国家和地区的参展商达成27项意向协议，实现意向进口3461.14万美元。龙泉玉德青瓷有限公司、龙泉市南宋哥窑瓷业有限公司、青田爱光石雕文化发展有限公司等3家企业参加非遗展示活动，龙泉青瓷、青田石雕在"灵动浙江"馆精彩展示，受到国内外参展商和国内采购商的一致好评，进口博览会成为丽水市"非遗"文化与全球文化交流的新平台。

【参加浙江农业博览会】 2020年11月20至24日，浙江农业博览会在杭州举办，该届农博会以"高质量增产保供、高水平圆梦小康"为主题，采用线上线下相结合的方式，开展农业农村发展成果展示，名特优新产品展销。丽水展团组织85家农业主体1000余种生态精品农产品参加线下农博会，128家主体参加线上农博会，52家主体参加云订货，60个名特优新品申报省百优畅销农产品，19款产品参加线上秒杀活动，同时举办6场云推介活动。展会期间，丽水展团线下销售额192.8万元，现场签约订单额615万元，线上累计成交额130万元，占全省线上成交额1/7，名列全省第二，其中轩德皇菊开发有限公司和丽水市绿洁食品有限公司分列商家销售第一名和第三名。（毛　微）

【"健康中国·生物医药"首届世界健康产业院士论坛】 2020年12月28日，"健康中国·生物医药"首届世界健康产业院士论坛在丽水举办。第十二届全国政协副主席刘晓峰出席论坛并致辞，市领导吴晓东、戴邦和、丁岳清出席论坛。中国工程院、中国科学院多名专家学者齐聚丽水，结合自身研究成果，共同探讨生物医药产业前沿课题和发展方向。论坛期间，中国工程院院士刘昌孝、李校堃，中国科学院院士孙汉董分别发表题为《双循环格局下的新冠疫情疾病防控与中医药发展》《温郁金产业化研究》和《现代中药与天然药物研发的探讨》的主题演讲，共同探讨健康医药产业前沿课题和发展方向，提出落实布局和应对时局的指导性方略、思路和举措。（刘　涛）

【首届"青鸿鹄"长三角数字经济创业创新大赛决赛暨人才论坛】 2020年10月23日，由共青团浙江省委、浙江清华长三角研究院、浙江日报报业集团、丽水市人民政府主办的首届"青鸿鹄"长三角数字经济创业创新大赛决赛暨人才论坛在丽水举行。中国科学院院士、浙江大学航空航天学院博导朱位秋，丽水市人民政府副市长戴邦和，浙江清华长三角研究院副院长杨向东，浙江日报报业集团副总编辑王水明，共青团浙江省委统战部副部长刘俏蕾等出席。该决赛采取项目公开路演答辩形式，由评审专家、地方党政领导、大众评审对晋级决赛的10组选手进行综合评定，最终产生一等奖、二等奖、三等奖和优胜奖。（林　璐）

"城中村改造"工作

【概况】 2020年，丽水市委、市政府坚持人民至上理念，按照《丽水市区城中村改造三年行动计划（2018—2020）》的要求，继续大力实施市区城中村改造，计划完成9个项目2125户36万平方米的改造任务。

2020年，市区城中村改造指挥部下设综合协调组、政策指导组、"两违"（违法用地、违法建设）处置组、融资保障组、宣传舆论组、维稳保障组、安置组、征收组8个专项组。征收组下设6个征收小组，分别由具有丰富基层工作经历的副处级领导担任组长，实行莲都区政府领导下的组长负责制，市指挥部会同莲都区政府进行管理考核。各征收小组之间分工明确，各专项组全力保障，整个指挥部高效运转，各项工作有序推进。市、区两级组织部门共抽调干部339人，其中市直部门抽调187人，莲都区抽调152人。

全年财政累计投入改造资金65.82亿元，完成签约2105户，年度签约率99.06%，整体破坏性拆除率90%以上，共腾出土地47.4公顷，保障市区商住用地出让42.67公顷，出让金121亿元。继续实施安置房项目21个，共支出33.3亿元，召开安置抽签大会17场次，完成安置房分配2309套，安置面积22.51万平方米，分配迁建地基72.5间。

【市区城中村改造部署会】 2020年4月14日，市区城中村改造部署会在市行政中心130报告厅召开。市委副书记、市长吴晓东作动员部署，副市长楼志坚作总结报告和具体工作部署，市委常委、莲都区委书记徐光文、市区城中村指挥部指挥林开武、市综合行政执法局局长周光洪、万象征收二组组长虞海雄、万象街道党工委书记卜广富、白云街道灯塔村党委书记杨丽平等作表态发言。市、区、街道、社区（城中村）各级干部共200余人参加。

【流动红旗比拼排名】 2020年，市区城中村改造指挥部坚持以“三敢三比”大比拼活动为抓手，实行流动红旗制度，依托“阳光征收”管理信息系统创新设立征收工作比拼光荣榜，每日通报进展情况，每半月进行比拼排名，对累计进度前三名的征收小组，邀请市领导或市委组织部领导授予流动红旗。先后完成6次比拼排名，营造你追我赶、争先进位的浓厚氛围。

2020年9月3日，市长吴晓东调研城中村改造工作并授旗　　（张文君　提供）

【第三方巡检提升安置房质量】 2020年，市区城中村改造指挥部在全市首创采用邀请市建设局质监站认可的第三方专业检测机构，开展安置房工程质量督查，对施工单位、监理单位的市场行为、质量行为和工程实体质量进行巡检，共抽查12个工程，涉及8家施工单位，5家监理单位，下发整改通知书12份，发现和反馈问题151个；抽查主要建筑材料11组，其中钢筋原材9组、烟道1组、防水卷材抽1组，均检测合格；混凝土实体检测11个工程31个混凝土构件，检测结果均合格。（蓝乙方）

市政府合作签约

【与中国通用航空有限责任公司签订战略合作协议】 2020年5月29日，丽水市人民政府和中国通用航空有限责任公司在天津签订战略合作协议，双方围绕航空应急救援体系规划、选址和方案设计、通航应急救援体系建设、通用航空关联产业等方面开展合作。

【与航天五院第五〇八所签订战略合作协议】 2020年9月23日，市委副书记、市长吴晓东率丽水考察团一行到中国航天科技集团有限公司第五研究院第五〇八研究所考察。市政府党组成员、市发改委主任饶鸿来代表市政府与航天五院第五〇八所签订关于天眼守望项目等内容的战略合作协议。市政府秘书长沈世山以及市直有关部门主要负责人一同参加。

【与上海市浙江商会举行座谈会暨战略合作框架协议签署仪式】 2020年10月29日，丽水市人民政府与上海市浙江商会举行座谈会暨战略合作框架协议签署仪式。市委副书记、市长吴晓东出席并致辞。省委统战部副部长、省工商联党组书记陈浩，省人民政府驻上海办事处党组书记、主任陈东凌，上海市浙江商会会长王均金，市领导杜兴林、卢彩柳、楼志坚出席。（朱柳舟）

【与上海世外签订合作协议】 2020年10月24日，在第九届“智汇丽水”人才科技峰会上，丽水市教育局局长王平与上海均瑶世外教育科技（集团）有限责任公司董事长王均金签订《战略合作协议》。根据协议，双方按照“试点先行、逐步推广”的思路，通过“公办学校委托管理”“民办学校租赁办学”“‘名校+’合作办学”3种形式，全方位地把上海世外的品牌、师资、管理输入丽水市各层次教育发展中，提高优质教育资源覆盖面，努力满足老百姓对优质教育资源不断增长的需求，实现丽水教育事业高质量均衡发展。

【与浙大合作续约签约仪式】 2020年6月10日，浙江大学—丽水市医学合作协议续签仪式在浙江大学紫金港校区举行，副市长卢彩柳代表丽水市人民政府，副校长周天华代表浙江大学共同签订《浙江大学　丽水市人民政府医学合作协议》。该协议旨在通过浙江大学医学学科品牌、技术和管理优势，进一步推进丽水市医疗卫生事业的改革与发展，满足广大群众对高质量医疗服务的要求。根据协议，双方建立领导机制，支持市中心医院继续挂牌“浙江大学丽水医院”，助力浙江大学医学院及附属医院在市中心医院设立专家工作站，提升市

2020 年 6 月 10 日，浙江大学与丽水市人民政府续签医学合作协议

（施思羽 提供）

中心医院学科建设及人才培养工作，有力推动丽水医疗卫生事业的跨越发展。（施思羽）

【上海—丽水绿色金融友好合作研讨活动】 2020 年 1 月 16 日，丽水市举办以"沪丽融合、绿色金融"为主题的上海—丽水绿色金融友好合作研讨活动。来自上海浦东发展银行股份有限公司、中国太平洋财产保险股份有限公司、中国太平洋人寿保险股份有限公司、上海环境能源交易所等上海金融机构、省内外高校及相关金融领域的领导嘉宾、专家代表共话绿色金融，助力丽水高质量绿色发展。副市长戴邦和出席启动仪式并致辞。该活动旨在深入贯彻践行习近平总书记在深入推动长江经济带发展座谈会上的重要讲话精神，发挥上海金融总部资源优势，构建以上海为主的"问海借力"新机制，加快金融助力生态产品价值实现机制试点，为实现高质量绿色发展注入新的动能和活力。启动仪式后，参加研讨活动的嘉宾还就绿色技术价值评估、绿色信贷实施规范等主题展开座谈，并到莲都区、松阳县实地调研农产品气象指数、价格指数保险、旅游绿色债券等项目。

【与中国移动通信浙江有限公司签署战略合作协议】 2020 年 4 月 15 日，市政府与中国移动通信集团浙江有限公司签署新基建（5G）战略合作协议。未来三年，中国移动对丽水 5G 网络、大数据等新兴基础设施规划建设投资，推进丽水各县（市、区）、重点乡镇一级重点融合应用区域 5G 覆盖和规模组网。双方以此次战略合作为契机，抢抓 5G 带来的产业发展新机遇，深化 5G 技术在丽水智慧城市、智慧应急、智慧农业、智慧旅游、智能环保、智能制造等领域的应用和推广，助推丽水实现市域治理现代化、数字化。市委副书记、市长吴晓东和中国移动浙江公司党委书记、董事长、总经理郑杰出席签约仪式并致辞。副市长戴邦和与中国移动浙江公司党委委员、副总经理张汉良代表双方签约。

【与阿里巴巴签订打造"中国超市创业之乡"合作协议】 2020 年 8 月 13 日，市政府与阿里巴巴（中国）有限公司签订打造"中国超市创业之乡"合作协议，推动中国超市产业在互联网时代数字化升级转型。市委副书记、市长吴晓东，阿里巴巴集团副总裁方建生出席签约仪式并致辞。副市长戴邦和、阿里巴巴本地生活公共事务部总经理唐丽芬代表双方签约。至年底，国内共有"丽水籍"超市（连锁经营）门店 5.07 万家，覆盖全国 31 个省、市（自治区），带动就业 20 余万人，年营业额超千亿元，海外从事零售行业华侨 6 万余人，年营业额超 140 亿美元。协议签署后，借助阿里巴巴的经验和技术，推动丽水超市产业的数字化转型，为丽水超市产业扩容提质发展带来助力。

【维康药业登陆 A 股资本市场】 2020 年 8 月 24 日，浙江维康药业股份有限公司（"维康药业"股票代码：300878）登陆深圳证券交易所 A 股创业板。维康药业此次在创业板上市，实现四个"第一"：一是全国创业板注册制第一批上市企业；二是全国医药制造业第一家创业板注册制上市企业；三是浙江省除宁波市外创业板注册制后第一批且唯一一家上市企业；四是实现丽水市创业板上市公司零的突破。上市仪式上，副市长戴邦和，市政府党组成员、丽水开发区管委会主任刘志伟为企业上市"敲钟"。维康药业此次公开发行新股 2011 万股，发行价格为 41.34 元/股，募集资金总额为 83134.74 万元。

【丽水水街基金产业园正式开园】 2020 年 9 月 5 日，浙西南首家金融产业园—丽水水街基金产业园正式开园，首批 7 家入园企业和 2 个基金合作在开园仪式上进行集中签约。省侨联主席连小敏，市委副书记、市长吴晓东，省创投协会执行会长邱飞章，副市长戴邦和，省股权投资协会会长高强，市政府党组成员、丽水开发区管委会主任刘志伟，省金融业促进会常务副会长汪炜，各位项目代表、签约嘉宾共150余人参加开园仪式。该基金产业园以“金融+科技”为发展方向，按照“一体五翼”的总体思路，挖掘丽水现有政策资源优势，整合杭州以及北上广深等一线城市的优质行业资源、上市公司资源以及丽水侨商资源，结合利用金融资本助推，打造丽水基金的集聚地，带动丽水基金产业链发展。（刘　涛）

政府办公室

【政务督查】 2020年，丽水市政府政务督查工作紧紧围绕以“丽水之干”担纲“丽水之赞”，为打造“高水平建设和高质量发展重要窗口”作出应有的努力。牵头制定防控督查工作方案并组织抓好实地检查、暗访督查等，推动防控之初小区管控、居家隔离点、集中隔离点、重要卡口、高铁站等重点区域、重要部位防控措施的落地。全程参与指挥部疫情防控和复工复产督查、抢时间补增量等专班工作，助推疫情常态化防控和复工复产措施的落实。按照项目化、清单化管理要求，细化督查管理颗粒度，会同办公室综合处组织制定2020年省政府工作报告重点工作丽水市跟进落实责任分工167个大项、417个小项和丽水市政府工作报告重点工作责任清单474个大项、944个小项，并按季跟踪清单事项进度。组织分解落实2020年省政府十方面民生实事丽水36项具体任务和市政府十方面民生实事23项具体任务。5月至6月，组织到每个市直牵头责任单位开展调研服务。11月，组织民生实事专题督查调研，对发现的问题逐个交办、发现的亮点及时总结、互促互进。协调按时办结省人大代表建议1件，省政协提案1件。组织跟踪督办政府系统承办的262件市人大代表建议、237件市政协提案，至年底，全部办结；完成建议所提问题122件、占承办总件数的46.56%，完成提案所提问题131件、占承办总件数的55.27%。按照目标、举措、项目、标准、亮点“五个模块”，编制政府部门重点工作责任清单，纳入市委、市政府年度综合考核。共编制39个政府部门、8个事业单位、7家国有企业、5家临时机构的重点工作责任清单1196项重点工作。年底对完成情况进行评估考核。组织开展补短、整改、滞后“三张清单”督促落实工作。对全面建成小康社会补短板、巡视巡查整改、审计整改、环保整改、省市政府工作报告滞后、省市民生实事滞后等12个大类235个大项686个具体事项，按照表格化清单式工作要求抓好闭环、销号管理，滚动推进。10月，全程做好国务院第七次大督查的迎检工作。龙泉打造“产业创新服务综合体”，为企业提供产业链、创新链、服务链、资金链一站式服务的经验做法获国务院实地督查组肯定。做好省政府督查激励事项的上下衔接，督促市直责任部门和县（市、区）积极争取。开展省民生地图系统、省智慧督查平台在丽水的试点应用工作。会同市重点办等单位做好抢时间补增量指挥部督查组、省市县长项目督查推进等工作。抓好全市生态工业发展大会交办事项等的跟进落实、参与办理相关省长批示件等工作。（周大春）

【政务信息】 2020年，丽水政务信息围绕市委、市政府中心工作，把握为各级领导科学决策服务的宗旨，加强信息报送，狠抓信息质量，提高信息的时效性、针对性和有效性。全年共编发信息485期，其中《政务信息（要情）》74期，《政务信息（专报）》171期，《政务信息（政务工作交流）》3期，《政务信息（上报）》142期；《新冠肺炎防控工作简报（综合组）》11期，《新冠肺炎防控工作简报（文字材料组）》73期，《丽水市既有住宅加装电梯工作简报》11期；市领导批示71条；省政府采用308条，省政府领导批示28条；被国办录用信息102条，国务院领导批示15条。（杨俊龙）

【信息公开】 2020年，全市通过市政府门户网站公开政府信息21005条，公开人大代表建议和政协提案办理结果1912件，政府常务会议信息155条，行政规范性文件567件。通过“丽水发布”微信公众号公布政务信息3612条。发布《丽水市人民政府公报》12期。（曹蔚青）

地方志

【概况】 2020年，地方志部门融入市委、市政府中心工作大局，统筹推进存史、资政、育人等各项工作。志鉴编纂完成“两全目标”，至年底，市、县两级二轮志书全部完成编修任务。12月，丽水市地方志编纂委员会会议召开，《丽水市志》（重修本）通过终审。完成《丽水年鉴（2020）》编纂出版。5月，浙江省地方志办公室主任潘捷军一行到龙泉市调研督导二轮修志，并召开地方志工作座谈会，听取县领导关于龙泉市地方志工作汇报。延伸“一刊一网”平台功能，丰富“丽水史志网”网站内容，提升《丽水史志》刊物品质。完成《丽水革命遗址保护条例（草案）》立法阶段性任务。协办完成市“两会”提案建议3件，其中人大建议1件，政协提案2件。

【《丽水市志》通过终审】 2020年，市地方志研究室加快推进《丽水市志》编纂进度。10月，组建《丽水市志》总纂攻坚工作专班，形成《丽水市志》总纂终审稿共47篇、460万字。12月21日，副市长、市地方志编纂委员会副主任卢彩柳主持召开丽水市地方志编纂委员会会议，市委副书记、市地方志编纂委员会副主任李锋，省方志办主任潘捷军出席会议并讲话。《丽水市志》（重修本）通过终审，并提交方志出版社。

2020年12月21日，丽水市地方志编纂委员会召开《丽水市志》终审会

（马菊花 提供）

【县（市、区）编纂成果】 2020年，市地方志研究室持续督促县（市、区）二轮修志工作，《庆元县志（1991—2010）》《遂昌县志（1991—2010）》出版发行；《云和县志（1991—2010）》《松阳县志》提交出版；《龙泉市志（1991—2010）》《缙云县志（1993—2010）》完成终审。至年底，市、县两级二轮志书全部完成编修任务。指导编纂《丽水市金融志》。莲都出版发行口述史《括苍烽火》《芳华莲都》。青田完成《爱国侨领林三渔图志》《我的中国心——徐松华图志》，举行“林三渔”电视纪录片签约仪式。庆元出版发行《庆元方言歇后语》，重编《施平同志在庆元》，指导编纂《庆元县教育志》《庆元县公安志》《庆元县地名志》，编纂完成《庆元铁路大事记》初稿。云和编印《抗战时期浙江省铁工厂档案汇编》。松阳县录制播出“新视角探寻松阳红色故事”系列电视节目。遂昌重启出版《遂昌县志（旧志综合版）》。景宁县出版《丹碧畲乡》系列丛书，开展跨区域旧志征集工作。

【《丽水年鉴（2020）》编纂出版】 2020年12月，《丽水年鉴（2020）》由方志出版社出版。《丽水年鉴（2020）》是由中共丽水市委、丽水市人民政府主办，丽水市地方志编纂委员会及其办公室负责编纂的综合性地方年鉴。自1996年创刊以来每年出版一卷，至年底，连续出版第25部。全书设类目39个，分目258个，条目1582个，图片149张，记述时限从2019年1月1日至12月31日，共计111.5万字。年鉴全面、系统地记载2019年丽水市政治、经济、文化、社会发展以及生态文明建设的基本情况，发挥存史资政作用，为广大读者了解和研究丽水提供信息资料。 （马菊花）

机关后勤服务

【概况】 2020年，市机关事务服务中心通过实施食堂“一卡通”消费系统升级改造，实现食堂就餐卡人脸识别支付及网上充值、挂失、查询等功能，为干部职工提供方便。机关食堂在完成经营模式从委托经营向劳务外包转变的基础上，通过引入“食采云”管理平台，提高日常食材采购的工作效率和管理水平。全省公务出行“一张网”平台共为市本级涉改单位提供9544次公务派车，安全行驶253万千米，保障公务活动的正常开展。完成18个会议室音视频等设备采购和改造项目，完成行政大楼吸烟房采购安装4间，定期开展市行政大楼设施设备检查维修工作，工程设备维修量总计2029次。完成东边停车场地面、行政中心周边标线施划，完成城北停车场停车棚改造以及处州公园地下停车场车辆门禁系统升级改造，提高抓拍灵敏度和人脸识别匹配度，接入政务内部协同办公平台，实现机关内部办事“最多跑一次”。市中心消防维保人员对大楼每月进行消防检查，更换烟感、温感15个，更换消防主机1台，消防水泵房更换减压阀4个，消控室和巡逻组及时解决3起办公室冒烟火警，避免火灾的发生。行政大楼地下车库道闸系统更换为车牌识别系统，东停车场加装车牌识别系统道闸，延长处州公园地下停车场开放时间，夜间由协警大队巡逻组队员负责对停车场巡查。完善联防联控机制，会同市公安、信访部门处置异常访事件，共接待异常访409批次，上访人数1862人次，没有出现一起因处理不当引发的群体性事件，维护市行政中心区域的安全稳定。

2020年，市机关事务服务中心成立中心疫情防控工作领导小组，设立综合协调、防疫消毒、餐饮保障等7个工作小组，制定防控工作实施方案，明确人员和工作职责。加强人员出入管理，全年核验人员100余万人次，引导重点来访人员691人次。严格防疫消毒，累计消毒面积305万余平方米，电梯消毒3400余台次，会议室消毒2300余场次。做好中心系统人员排摸和登记工作。落实集中医学观察点工作专班后勤保障组有关职责，完成市区25家集中留观点、5家临时团餐配送点以及安保、防疫消杀的价格谈判工作，并指导、协调酒店做好配合工作。共保障防控应急公车136次，发放口罩30970只，84消毒液646公斤，酒精153.5升，泡腾片3桶，橡胶手套708双，测温仪3台，额温枪4只，隔离衣31件。机关食堂实行分散打包供餐方式，累计供餐15359份。

【停车泊位错时开放】 2020年，市机关事务服务中心本着“能开放尽开放、应开放尽开放”的原则，在调查、摸底、沟通对接的基础上，共落实全市147家单位5045个停车位向社会错时开放，其中市本级27家单位开放1969个停车泊位，各县(市、区)、丽水开发区120家单位开放3076个停车泊位。通过智能停车系统改造升级、消防整改等措施，6月1日起，处州公园地下停车场150个停车位正式对社会全天候免费开放，极大地缓解了周边单位和办事群众的停车问题。

【助企直通车开设】 2020年，市机关事务服务中心开通“助企直通车”104辆，为助企服务工作人员“送政策、送物资、送服务”和“进企调研”提供交通保障，做到重点问题“车上办”“上门办”“见面办”。设立企业防疫复工专场，到企业开展三服务及安全生产工作督查。分批次带领复工企业负责人到疫情防控举措规范到位的企业交流学习，保障复工企业“两手抓，两战赢”，助力推动复工复产过程向转型升级过程转变。至年底，全市公车平台累计保障助企服务用车1263车次，为相关部门帮助企业破解发展难题提供保障。

【节约型机关建设】 2020年，市机关事务服务中心出台丽水市行政中心机关食堂厉行节约十条措施，建立劝阻和制止餐饮浪费行为的长效机制。利用信息化手段科学分析预测就餐人数，实施动态管理，减少食材源头浪费。开展制止餐饮浪费的宣传和劝导活动，提高机关干部厉行节约意识。联合市纪委等部门在全市范围开展“厉行节约，杜绝浪费”专项检查。2020年，创建市本级党政机关垃圾分类示范单位22家，完成市行政中心节约型机关创建工作。

【重要公务活动接待与保障】 2020年，市机关事务服务中心严格按照中央八项规定精神和省、市公务接待管理办法，完成四套班子、外事、国家及省市重大会议(活动)等各项接待保障任务。坚持副厅级以上和重要来宾报告制度，共报送副厅级以上和重要来宾报告单312批次2808份，发送短信9672条。至年底，完成接待任务246批次5108人次。完成市“两会”、第二届世界丽水人大会、“融入长三角·接轨海西区”考察、世界青瓷大会、侨博会、石雕节、2020年国家扶贫日浙江主会场活动、浙江省民族乡村振兴示范建设推进现场会、衢宁铁路(浙江段)通车首发仪式等重大会议活动的后勤服务保障工作。市行政大楼各会议室共完成会议保障5052场，参会人数115694人次。

【党政机关办公用房管理】 2020年，市机关事务服务中心维护办公用房智能图形信息平台日常管理，实现市本级及下属行政事业单位297家单位办公用房信息化统一管理，市级单位办公用房管理信息档案库基本形成。完成市直22家单位办公用房审核审批工作，办公用房使用面积总计28963.34平方米；调剂分配办公用房11批次；完成公房管理权移交市城投公司和市旅投公司的相关工作。会同市纪委市监委开展2020年度全市办公用房使用情况专项督查，共检查全市机关事业单位128家，测量办公室638间，对使用管理不规范问题提出整改意见。 (郑春来)

驻外办事处

【丽水市人民政府驻北京办事处】 2020年，该办事处助力丽水发展，通过各种途径加强与国家发改委、国家林草局等国家部委的沟通联络，做好事关丽水经济和社会发展的重大项目、重点工作，对接海军参谋部，争取到一艘驱逐舰以“丽水”号命名。配合相关部门推进生态产品价值实现机制国家试点、百山祖国家公园、金融服务乡村振兴改革试验区等创建工作。对接央企、国企、名企，力促浙商丽商回归，走访三星集团中国总部、太火鸟科技等26家在京名企，邀请12家企业到丽水考察项目，促成国产有机发光半导体材料等11个项目落户丽水。服务人才招引，完善北京高校丽水人才工作联络站工作机制，搭建“丽水—北京高层次人才”工作对接服务平台，牵头促成市人民医院和北大肿瘤医院建立医疗合作关系。加大与国家部委对接干部学习锻炼工作，争取到科技部等十部委干部挂职锻炼12个名额。提高“秀山丽水、养生福地、长寿之乡”知名度和影响力，推动丽水三宝、青田洋货、丽水咖啡进北京等活动。全力以赴抗击疫情，联系发动埃塞俄比亚华侨为丽水捐赠口罩20余万只、防护服5000套，组织干部参与北京入境口岸、社区防疫执勤活动，为疫情防控贡献力量。

【丽水市人民政府驻上海联络处】 2020年，该联络处协调联络服务丽水，会同有关部门促成丽水经济技术开发区在上海张江高科技园区设立科研飞地，促成原能细胞科技集团与市卫生健康委、市中心医院、市人民医院达成合作。加强与华东国土督查局、上海铁路局、上海东方航空公司等国属单位和上海交大、复旦大学等名牌高校沟通联系，与上海虹口区、长宁区保持友好交流，为丽水市发展争取更多政策、资源支持。开展招商引资，完成市招商中心筹建工作，为丽水市推进长三角一体化发展搭好平台，协助丽水数字经济发展公司加强与上海海欣股份公司的合作，签约G60科创走廊丽水数字经济投资项目，协助完成丽水上海农博会和山耕家宴走进南京路、“问海借力•沪享龙泉”上海中心龙泉青瓷宝剑展等推介活动。投身新冠肺炎疫情防控工作，抽调专人参加浙江省防境外输入工作专班驻上海浦东和虹桥机场服务组，服务境外疫情输入防控工作一线，完成相关工作任务。

【丽水市人民政府驻杭州办事处】 2020年，该办事处主动服务，开展招商引资工作，推进恒生电子、康恩贝集团到丽水洽谈投资，促成杭州恒镁电子科技有限公司与丽水数字经济发展公司签订合作协议，蔚复来集团项目在丽水经济技术开发区落地。加强联络，引进人才为推动丽水高质量绿色发展提供人才支撑和智力支持，协助相关部门走访考察浙江智谷云创科技、融创中国东南区域等，协助对接浙江大学与丽水市政府合作续约事宜，联合杭州丽水高层次人才联谊会、杭州市松阳商会组织开展“健康浙江幸福松阳”大型义诊活动。参与疫情防控战，组织在杭丽水及各县市区商会做好疫情防控工作，参与到杭州萧山机场境外输入疫情防控服务工作组，奋战在抗疫一线，组织动员在杭丽水各商会会员为家乡疫情防控捐钱捐物。杭州丽水商会被评为“全国抗击新冠肺炎疫情先进商会”，受到全国工商联通报表扬。（黄　平）

行政审批

【概况】 2020年，市行政服务中心围绕“努力打造高水平建设和高质量发展重要窗口”的目标要求，找准定位，深化“最多跑一次”改革，推进政务服务2.0建设，加强公共资源交易监管、优化公共资源交易服务，以“行政服务之干”增辉“丽水之赞”，提升办事企业和群众的满意度、获得感。市行政服务中心获评“丽水之干”模范集体，获市直部门年度综合考核优秀单位。

优化服务平台，完成“新大厅”改造，新设智能导服区、收件区、出件区等，市本级前后台窗口人员从301人减少至208人；前台人员（窗口）从157人精简至90个。对政务服务大厅实行标准化管理，《丽水市行政服务中心政务服务礼仪规范》升格为省级团队标准，成为全省政务服务领域唯一礼仪规范标准。

统筹疫情防控与工作推进，坚持“两战”并重、双胜双赢。研究制定市行政服务中心《新冠肺炎疫情防控工作要求》《新冠肺炎疫情防控应急预案（试行）》等，落实疫情常态化防控举措，实施“一码一测一口罩”。自2月17日恢复大厅办事以来，累计发放口罩等防疫物资7.93万个，查验办事群众70万人次，消杀面积1058万平方米，确保服务大厅安全高效转运。

【助力企业复工复产】 2020年，市行政服务中心落实《丽水市人民政府关于应对疫情支持企业健康发展的十八条意见》等政策，服务企业复工复产，研究实施向新开办企业赠送印章和税控设备政策，实现企业开办“零成本”，至年底，赠送印章9898套，税控设备3053套，累计为企业开办节约成本358万元；设置“企业开办专窗”，实现企业开办“一次填报、一窗受理、一窗出件”全流程服务。全年全市新开办企业11071家，同比增幅17.85%，增幅连续5个月居全省第一。

【网上办与就近办】 2020年，市行政服务中心依托浙江政务服务网和浙里办、乡镇便民服务中心，自助服务终端，优化“一窗受理”平台，推进“网上办”。至年底，全市“一窗受理”平台累计办件量10.12万件次，其中“跨域办”“跨层办”占比近30%，网上受理率88.51%。开设长三角“一网通办”专窗，江浙沪皖“三省一市”34个事项实现窗口端通办，2147项服务事项可在自助终端受理。推进“跨省通办”，与吉林梅河口市探索建立“跨省通办”网上办事服务系统，全市430个部门1452项政务服务事项实现“跨省通办”。推进“省内通办”，与宁波市共建政务服务事项异地办理合作，全市6个部门98项政务服务事项实现"省内通办"。

【网上中介超市建设】 2020年，市行政服务中心深化丽水"网上中介超市"建设，至年底，入驻中介机构3240家（活跃中介机构2607家），其中市外引进2191家（含省外1438家），甲级或高级资质比例为54.01%。累计成交项目48504项，成交金额34.02亿元，为项目业主节约资金约8.52亿元，节约率22.96%。全年丽水网上中介超市实现入驻中介数量、交易数额、节支金额三个"全省第一"，获2020年"全国政府信息化管理创新奖"，为全省行政审批系统唯一获奖项目。

【公共资源交易和服务制度体系】 2020年，市行政服务中心出台《丽水市本级国有投资建设工程小额项目简易发包指导意见》，修订完善《丽水市工程建设项目招标投标综合管理办法》等，废止招投标领域规范性文件26份，废止一般政策性文件（含招标文件范本等）10份，营造公平竞争环境。全年全市公共资源交易中心共组织实施进场交易4330个（批、次、宗），成交额295.24亿元，节约增收资金21.02亿元。

【公共资源交易服务方式】 2020年，市行政服务中心推进公共资源交易监管、服务"电子化"。建成丽水市公共资源交易监管分析应用系统，实现"智慧监管"。推行电子招标文件备案实现招投标文件备案"零次跑"。完善全省首个市县一体化"远程不见面"开标系统，全年累计实施工程类远程不见面开标项目396个，投标企业32969家，交易金额72.28亿元，直接为投标企业节约成本3815万元。该开标系统入围2020年中招协招标采购全流程电子化交易创新实践成果。完善建设公共资源交易金融服务平台，740家企业通过平台办理电子保函、投标贷、中标贷业务8686笔，合计金额30.91亿元，盘活企业周转资金25.6亿元。 （徐 剑）

公共资源交易

【概况】 2020年，市公共资源交易中心共组织实施进场交易746个（批、次、宗），成交额54.38亿元，其中：建设工程158个，审定价43.3亿元，成交额40.67亿元，节约资金2.63亿元，下浮率6.1%；政府采购377个，预算金额12.67亿元，成交额11.89亿元，节约0.78亿元，节约率6.2%；国有产权资源交易134宗，起价总和0.079亿元，成交额0.081亿元，增收资金0.002亿元，上浮率2.5%；其他交易77个，预算2.05亿元，成交1.74亿元，节约0.31亿元，节约率15%。2020年，"市县一体化"远程不见面开标系统获国家招标采购全流程电子化交易创新实践成果奖。"市县一体化"远程不见面开标系统、公共资源交易金融服务平台在内的改革举措被国家发改委网站收录，并作为地方改革经验推出。出台全国首个由地市级公共资源交易中心制定的代理机构进场管理办法，相关做法被《公共采购》杂志、《浙江招标投标》杂志、《丽水日报》头版刊发，丽水市电视台专题报道，受到省内外同行的关注，打破行业的传统认知，为规范代理行业迈出历史性变革的步伐。完成丽水市公共资源交易监管分析应用系统项目建设工作，并移交监管部门，属全省第二个完成建设的同类项目。获"丽水之干"模范集体荣誉。

【代理机构进场管理办法】 2020年，丽水市公共资源交易中心出台《丽水代理机构进场管理办法（试行）》，这是全国首个由地市级公共资源交易中心以公共资源交易平台内部管理制度为抓手和通过合同承诺履约记分制模式对招投标代理机构进行事中监管的管理办法，属国内招标代理机构资格认定被取消后，对招投标事中管理提出明确要求的一次制度创新。该办法通过合同签订履行、明确公共资源交易中心与各代理机构企业的权利与义务，变压力为动力，完善交易平台服务，提升招标代理机构及其从业人员的服务水平、公共资源交易水平，为各方交易主体提供阳光透明、优质高效的服务。同时推动招标代理机构及其从业人员的法律意识，有利于推动信用体系建设，营造良好的招标代理市场环境，有力打击公共资源交易中出现的"不清""不亲"风气。自该办法出台后，丽水市本级公共资源交易的项目代理业主对代理服务"零差评、零投诉"。破解代理资格取消后管理措施匮乏的后遗症，优化代理业界的业内氛围。

【公共资源交易金融服务平台服务延伸】 2020年，"丽水市公共资源交易金融服务平台"，运用"公共资源交易+互联网+金融服务"理念和科技手段，为中小微企业提供投标电子保函（投标保函、完工履约保函、农民工工资支付履约保证保险）、中标贷款等金融服务。全年该平台共为740家企业提供服务，收到电子保函、投标贷、中标贷业务申请10082笔，办理通过8686笔，通过率86.15%，受理业务金额30.91亿元，为企业盘活周转资金25.6亿元。金融服务平台的推广使用，为企业提供金融支持，减轻企业负担，促进复工复产。

【"市县一体化"远程不见面开标】 2020年，为应对突如其来的新冠肺炎疫情，市公共资源交易中心推进公共资源电子化交易，依托公共资源电子交易平台，推广实施建设工程类等项目"远程不见面开标"系统。该系统解决"投标人开标必到现场"的难题，用数据空间取代物理空间，为广大投标企业降低投标成本，提高交易效率。该系统上线运行，是丽水市在拓展公共资源交易服务链上的里程碑事件，"全流程网上办"的服务闭环完成基本打造，避免线下原来开标造成的人员聚集，为及早恢复公共资源交易活动奠定基础。疫情期间，"远程不见面开标"在帮助招标人、投标人尽早开展公共资源交易活动、确保项目实施进度等方面发挥作用，营造良好的营商环境。2020年，丽水市实施工程类远程不见面开标项目总数396个，项目金额72.28亿元，投标企业32969家次，据估算免去企业来回奔波6万余次，为投标企业减负3815万元。

【政采云网上超市监管】 2020年，丽水市公共资源交易中心加强网上超市管理，规范网上超市供应商准入资格、上架商品、供应商退出、合同规则管理等审核操作。建立政采云供应商联系群，加强对供应商的业务指导，使得供应商能掌握网上超市操作及程序。加强网上超市交易价格动态监管，根据"政采云"公司网超巡检报告结果，处理违规供应商，规范网超采购行为，净化网超市场环境，培育网超诚信体系建设。全年开展12期网超价格动态巡检，监测供应商1204家、商品5546件，违规供应商102家、违约商品155件。根据《浙江省政府采购电子卖场采购管理暂行办法》《浙江省网上超市（全省一张网）供应商承诺书》的有关规定，结合全市实际，在征求财政部门及各县（市、区）分中心意见的基础上，制定《丽水市"政采云"平台网上超市违规处理指导意见》，明确网超违规处理的规程和处理标准，对加强全市网超管理具有指导意义。

【"丽水掌上交易"程序迭代提升】 "丽水掌上交易"自2018年建成上线，以微信小程序平台为载体，整合和对接现有的公共资源交易PC版平台，构建移动端（手机）公共资源交易平台，投标人、社会中介代理机构、中心工作人员通过微信小程序就能直接办理业务、信息查询、订阅信息推送等，开启让群众"多走网络、少走马路"的社会服务新模式，实现移动办公。2020年，根据省政府要求，"丽水掌上交易"小程序完成整体搬迁至浙政钉与浙里办平台，迭代升级后，远程不见面开标功能实现移动办公，扩大"丽水掌上交易"平台使用受众面。 （丁志丰）

住房公积金管理

【概况】 2020年度，丽水市住房公积金管理中心以党建工作为统领，做好疫情防控和助力企业复工复产，深化"最多跑一次"改革，规范业务管理，优化服务质量，提升行业治理能力。开展扫黑除恶专项斗争行业乱象集中整治专项行动，严厉打击骗提、骗贷及侵害缴存职工合法权益的行为。对摸排、收集的黑恶线索及时移送公安等有关部门。全市查处骗提9起，其中7起未遂、2起既遂，被骗提金额26.7万元全数追回。骗提住房公积金的9名缴存职工被列入严重失信行为黑名单，予以失信惩戒。市中心、缙云分中心通过浙江省文明单位复评，青田分中心被评为丽水市文明单位，青田分中心档案室被评为全省"示范数字档案室"。

新冠肺炎疫情期间，丽水市住房公积金管理中心推行业务办理"不见面"服务、预约服务，有序办理住房公积金业务。出台应对新冠肺炎疫情实施住房公积金阶段性支持政策：企业单位经程序可申请缓缴，可申请在12%以内自主确定缴存比例；公积金贷款未能正常还款的不作逾期处理，缓缴期间缴存时间连续计算；租房提取限额从800元/月上调至1000元/月，租房提取频次由每间隔12个月可提取一次调整为每间隔6个月可提取一次；未能在规定时限内办理提取、贷款业务的，可延期至2020年6月30日办理。政策实施期间，全市共有47家企业申请缓缴住房公积金，涉及金额195.68万元；不作逾期处理的贷款总笔数894笔；提高租房提取金额的累计职工3148人，金额268.57万元，解决职工需求，助力企业单位职工"轻装上阵"复工复产。

【住房公积金归集扩面】 2020年，丽水市住房公积金管理中心新开户单位780家，净增单位231家；新开户职工2.66万人，净增职工1.09万人；实缴单位6732家，实缴职工21.80万人，缴存额51.72亿元，分别同比增长3.6%、5.3%、19.7%。至年底，缴存总额376.79亿元，比上年末增加15.9%；缴存余额121.16亿元，同比增长8.1%。受委托办理住房公积金缴存业务银行6家。

【住房公积金贷款与提取】 2020年，丽水市住房公积金管理中心发放个人住房贷款0.5万笔18.17亿元，同比分别下降5.6%、6.6%，其中发放异地贷款119笔3542万元。回收个人住房贷款18.25亿元。2020年年末，提取总额255.64亿元，比上年末增加20.0%。年末，累计发放个人住房贷款8.19万笔259.10亿元，贷款余额127.15亿元，分别比上年末增加6.4%、7.5%、-0.1%，其中发放异地贷款总额21810万元，异地贷款余额16615万元。个人住房贷款余额占缴存余额的104.9%，比上年末减少8.6个百分点。受委托办理住房公积金个人住房贷款业务银行10家。全年，10.16万名缴存职工提取住房公积金42.65亿元，同比增长21.8%；提取额占当年缴存额的82.5%，比上年增加1.5个百分点。

【资金存储及外部融资】 2020年，丽水市住房公积金管理中心压缩授信贷款4.98亿元，归还公转商贴息贷款本金0.95亿元。年末，住房公积金存款5.47亿元。其中，活期0.26亿元，1年(含)以下定期1.28亿元，1年以上定期0亿元，其他(协定、通知存款等)3.93亿元。

【公积金业务收入及支出】 2020年，丽水市住房公积金管理中心业务收入45820万元，同比增长3.8%。其中，存款利息3048万元，委托贷款利息42577万元，国债利息0万元，其他195万元。业务支出25949万元，同比下降2.0%。其中，支付职工住房公积金利息17878万元，归集手续费1万元，委托贷款手续费1119万元，其他6951万元。

【公积金增值收益及分配】 2020年，丽水公积金增值收益19871万元，同比增长12.6%。增值收益率1.70%，比上年增加0.07个百分点。全年提取贷款风险准备金11923万元，提取管理费用3889万元，提取城市廉租住房(公共租赁住房)建设补充资金4059万元。上缴财政管理费用3789万元。上缴财政城市廉租住房(公共租赁住房)建设补充资金3257万元。累计提取城市廉租住房(公共租赁住房)建设补充资金31548万元。

【住房贷款资产风险及状况】 2020年，丽水市住房公积金管理中心加大对不良贷款处置力度，及时通过法院诉讼及其他法律手段回收贷款本息，全市共处置不良贷款4笔金额82.77万元，住房公积金个人贷款逾期率降至历史最低水平。至年底，个人住房贷款逾期额24.09万元，逾期率0.019‰；贷款风险准备金余额114100万元。全年使用个人贷款风险准备金核销呆坏账0万元。

【机构及职能调整】 2020年，丽水市住房公积金管理中心调整为丽水市人民政府直属的负责全市住房公积金管理运作的公益一类事业单位，机构规格相当于副处级，归口丽水市住房和城乡建设局管理。主要职责是：落实市住房公积金管理委员会的决策和决定；编制、执行住房公积金的归集、使用计划、年度预算和决算；负责记载职工住房公积金的缴存、提取、使用等情况；负责住房公积金的核算；审批住房公积金的提取、使用；负责住房公积金的保值和归还；编制住房公积金归集、使用计划执行情况的报告；完成市人民政府交办的其他任务。设综合处、稽核财务处、业务管理处和信息技术处等4个内设机构。设立龙泉、青田、云和、庆元、缙云、遂昌、松阳、景宁8个分中心，为市住房公积金管理中心的分支机构，机构规格相当于副科级，主要承担辖区内住房公积金的缴存、提取、使用等管理服务职责。

【住房公积金政策调整】 2020年4月，丽水市住房公积金管理委员会出台《关于落实既有住宅加装电梯提取住房公积金有关政策的通知》。丽水市行政区域内既有住宅的所有权人出资为该住宅加装电梯的，可在加装电梯建设工程规划许可证发证后两年内申请提取本人及配偶的住房公积金。

【公积金服务改进】 2020年，市住房公积金系统推进住房公积金服务“跨省通办”，个人住房公积金缴存贷款等信息查询、正常退休提取住房公积金、出具贷款职工住房公积金缴存使用证明3个“跨省通办”的事项100%实现全程网办。落实政府数字化转型工作，推进住房公积金数据高铁建设，推广应用政务服务2.0。深化住房公积金组合贷款、企业开办、机关事业单位人员职业生涯全周期管理等“一件事”集成办理。推动住房公积金业务“网上办”“掌上办”，在“浙江政务服务”网、“浙里办”App实现网上受理业务占比88%以上。推出商业银行住房按揭贷款按年约定提取服务，实现系统自动划转。

【“互联网+住房公积金”建设】 2020年，丽水市住房公积金管理中心做好综合业务系统优化工作，提高业务办理效率，实现租房提取业务与政务网和浙里办APP深度融合对接、实现商业贷款按年冲还贷、实现全市贷后管理通查。完成住房公积金报表系统优化工作，推进公积金业务数字化，完成与10家合作银行的贷款信息联网查询和银行卡有效性校验。做好数据治理工作，对业务系统中个人身份证信息缺失，且长期处于封存状态账户进行集中核查，通过单位核实、查阅档案等方式完善信息。依据单位统一信用代码规则，对住房公积金缴存单位性质核查，修复单位性质采集错误。完成住房公积金电子稽查数据报送工作，并进行核查分析。 (陈志和　谢丽莎)

政协丽水市委员会

综　　述

【概况】 2020 年，丽水市政协履行政治协商、民主监督、参政议政职能。全年组织召开各类协商会 32 次，完成调研视察课题 17 个，组织重大民主监督活动 3 项，向市委、市政府报送重点调研视察报告、民主监督建议书 15 份，协商纪要、提案、大会发言、社情民意信息等各类意见建议 637 件，委员参与履职活动 5300 余人次，市委、市政府领导参加政协各类协商会 41 人次，对委员履职成果批示 54 件次。

在市政协四届四次会议期间，举行“深化美丽乡村建设，推动丽水乡村振兴”界别协商会，提出加大“肥药管控”力度；破解农业转型发展用地难，需尽快研究制定落实设施农业用地政策；创新提升农业的组织化程度；建设全市农业大数据系统，为市场提供精准产销对接；加强农业基础设施建设，让传统农业生产活动从“靠天吃饭”转变为依靠精准化管理；加大扶持力度，鼓励大学生、返乡青年、退伍军人回农村创业；推动丽水市茶产业转型升级，从“以市兴茶”转变为“以茶兴市”；发展林下经济，拓宽林农增收渠道、助推乡村经济振兴；加大乡村旅游产业、民宿产业扶持力度；解决“大搬快聚”工作中存在的农户与林地分离、户籍与属地分离两个突出问题；破解受新冠肺炎疫情影响，香菇、黑木耳、茶叶等全市特色优势大宗农产品销售困局 11 方面意见建议。举行“开展爱国卫生运动，提升健康服务水平”界别协商会，提出完善重大突发公共卫生事件防控体制机制；开展全民应急救护知识普及；重视并加强青少年近视防控；加强乡村医生队伍建设；重视中学生心理健康教育；破解县级公立医院债务问题；破解儿科看病难问题；让慢性病门诊配药少跑腿、少花钱 8 个方面意见建议。举行“加强食品安全监管，营造更优生活环境”界别协商会，提出加强小作坊和无证生产食品的监管；加强农产品安全工作；加强食品安全检测工作；加强食品安全溯源体系建设；保障农贸市场食品安全；推进土地污染治理，为食品安全筑基；加强食用菌产品质量安全；加强学校食堂安全管理 8 个方面意见建议。

就“创新引领——深化生态产品价值实现机制”进行常委会会议专题协商，从基础保障、采购机制、市场路径、转化通道、配套制度 5 个方面提出针对性建议。召开常委会会议、主席会议专题协商会，就“十四五”主要经济社会发展目标等重要问题提出建议。组织委员开展“我为‘十四五’献一计”活动，共梳理出建议 76 条。参与瓯江文化内涵挖掘和“瓯江山水

2020 年 4 月 23 日，市政协举行“深化美丽乡村建设，推动丽水乡村振兴”界别协商会

（吴伟松　提供）

诗路”建设，开展“革命烈士纪念设施建设和保护”调研，就“科技·人才新政落地情况”组织高级人才联合会、科技界委员进行调研视察。市、县(市、区)政协领导根据安排，联系85项重点工程建设，其中倍受全市人民关注的衢宁铁路、丽水机场等项目按时序推进。

举行“厚植社会主义协商民主文化”协商研讨活动，市委主要领导到会听取意见，对推进协商民主广泛多层制度化发展作出全面部署。协助市委出台《开展请你来协商平台建设的实施意见》等文件，开展“应急管理体系和能力现代化建设”调研视察，督办“加强公共卫生应急能力建设”重点提案，帮助协调关系破解难题。举行“体育产业赋能大花园建设”请你来协商活动，就培育品牌赛事、完善基础设施等问题提出建议；举行“建立行之有效的养老人才培养机制”请你来协商活动，市政府主要领导对委员建议当场采纳落实，相关部门研究出台《丽水市养老人才培养实施办法》，把养老人才纳入人才体系、创新养老专业技术人员职称评定等政策。组织开展《丽水与全省同步高水平全面建成小康社会补短板建议案》再监督、脱贫攻坚和大搬快聚专项视察，提出“千方百计促进农业增效、农民增收，巩固消贫成果”等10个领域36个方面工作建议。举行“扶贫攻坚专题——民族乡村振兴”常委会协商议政，市政府对委员提出的意见建议进行专题督办落实。举行“扶贫攻坚专题——把更多的关爱献给残疾人”请你来协商活动，提出按比例落实残疾人就业、提升基层对残疾人的服务能力等23条意见，动员华侨爱心人士与残疾人家庭进行一对一帮扶。

2020年8月19日，市政协主席陈瑞商带队到莲都区开展社会治理领域“最多跑一地”改革三级政协联动专项集体民主监督　(吴伟松　提供)

组织“垃圾分类处置”三级政协联动专项民主监督、“提升森林质量情况”调研，向相关部门移交问题清单；举行“毛竹多了还是少了”委员会客厅协商，把毛竹林列入生态公益林试点、建设竹制品小微园区等9条建议，被列为省政府领导领办的重点提案。开展“社会治理领域‘最多跑一地’三级政协联动专项民主监督”，提出的按需配备专职人民调解员等83条建议被吸收采纳，配合相关部门整理《市域治理之丽水实践》典型案例50个，助推丽水市社会治理工作走在前列。举行“深化美丽乡村建设”全会界别协商、“金融支持乡村振兴”请你来协商活动，市政府以交办单形式落实政协监督意见，推动丽水市《政府性融资担保一体化建设方案》等政策出台。

开展市领导领办督办和民主评议、提案集中办理等工作，办理委员提案278件。向党委、政府报送反映社情民意信息324期，编播《委员视点》电视专栏24期。开展《丽水卫生印记》、“浙江传统经典美食文化故事”、“全面小康路上的政协人”、“同心战‘疫’”文史资料征集工作，举办以“纪念撤地设市20周年、高水平全面建成小康社会”为主题的全市政协系统第十四次书画作品联展、第七届全市政协乒乓球联谊赛。

开展“把人民政协制度优势转化为国家治理效能”理论研究，获得省政协理论研究成果一等奖1项、二等奖1项，表彰全市政协系统2020年度优秀论文及调研成果32篇，举办3次常委会学习会和2期委员培训班。组织全市政协委员开展“五送下乡”活动、“千名政协委员联系帮扶千户低收入农户”行动，共为178个集体经济薄弱村和2400余个困难户筹措帮扶资金590余万元，扶持项目157个。

发动组织参与疫情防控工作。新冠肺炎疫情发生后，市政协常委会发出倡议书、下达动员令。医药卫生界委员筑起守护人民群众健康的坚固防线；港澳华侨委员和港澳台侨列席代表筹集防疫物资折合人民币2100万余元；经济界委员坚持“两手硬、两战赢”，带头复工复产；政协领导和机关干部深入企业、农村开展“三服务”，深入社区、隔离点参加志愿活动，配合党委政府做好“六稳”工作，落实

"六保"任务。

【市委领导领办提案】 2020年，市委书记胡海峰领办《厚植协商文化，充分发挥协商民主在市域治理中的作用》提案，时任市委副书记李锋领办《提升社会治理主阵地，实现最多"跑一地"》提案，市委常委、宣传部部长任淑女领办《关于如期打赢打好扶贫攻坚战的建议》提案，市委常委、市纪委书记方文军领办《关于加快研究全市事业编制跨区域调剂办法的建议》提案，时任市委常委、组织部部长方健忠领办《行政村规模调整后更要做好优化文章》提案，市委常委、统战部部长王小荣领办《纾困民营企业，持续推动我市经济健康发展》提案，市委常委、莲都区委书记徐光文领办《关于开展"退二优二"推进工业园区高质量发展的建议》提案。

【市政府领导领办提案】 2020年，市长吴晓东领办《关于建立行之有效的丽水养老人才培养机制的建议》提案，常务副市长杜兴林领办《全市一盘棋：跨山统筹飞地经济》提案，副市长卢彩柳领办《关于创建浙西南革命文化公园的建议》提案，副市长杨秀清领办《"十四五"应高度关注连片空心村问题》提案，副市长毛建国领办《加强我市营商环境法治化建设的建议》提案，副市长戴邦和领办《以改革创新推动金融精准扶贫向纵深发展》提案，副市长楼志坚领办《关于加快老旧小区加装电梯工作进程的建议》提案。

【市政协领导督办提案】 2020年，市政协四届四十二次主席会议确定市政协主席、副主席督办四届四次会议重点提案10件。市政协主席陈瑞商督办《关于加强我市公共卫生应急能力建设的建议》提案，副主席韦铁民督办《关于规划建设老年宜居社区的建议》提案，副主席金爱武督办《推进我市畜牧业高质量绿色发展的建议》提案，副主席丁绍雄督办《关于推进农村饮用水达标提标，助力高水平全面小康的建议》提案，副主席朱山华督办《关于进一步深化国家历史文化名城申报工作的建议》提案，副主席邝平正督办《打造我市农村"文化礼堂"升级版的建议》提案，副主席汤家友督办《瓯江"幸福河"怎么创怎么建》提案，副主席丁岳清督办《打造"瓯江诗路带"，共建"丽水山居图"》提案，副主席高波督办《关于打造"丽水山路"区域公共品牌的建议》提案，副主席王顺发督办《丽水乡村红色旅游开发建议》提案。

【专门委员会工作】 2020年，提案委员会在市政协四届四次会议期间，收到政协委员和政协各参加单位以提案形式提出的意见建议提案354件。经提案委员会审查，立案307件，并案处理后为278件，不立案47件，24件提案列为重点提案，由市委市政府领导领办、主席副主席督办。提案分别送交78个承办单位办理，在规定时间内全部办复，其中采纳146件，部分采纳或列入计划采纳130件，因条件所限未被采纳或留作参考2件。编发《提案选题参考目录》《优秀提案汇编》，为委员撰写提案提供参考。与市委办、市府办、市人大办联合下发《关于落实人大代表建议政协委员提案办理工作"一把手责任制"的通知》，从"明确主抓直管、健全责任清单、完善沟通协商、强化督查督办"4个方面提出要求，压实部门"一把手"在办理政协提案中的职责。对提案工作流程进行梳理，立案率78.5%，15件被评为优秀提案。坚持党政领导领办、政协领导督办重点提案制度，24件重点提案实现高位推动，首次探索把重点提案办理以"请你来协商"形式开展，市委市政府主要领导到会与委员及各界代表互动交流。市委书记胡海峰领办《厚植协商文化，充分发挥协商民主在市域治理中的作用》提案后，关注提案办理，参与"请你来协商——厚植社会主义协商民主文化"重点提案办理协商会，要求加快形成具有丽水地域文化特色的协商民主制度体系。开展"农村养老设施建设"情况民主监督活动，深入龙泉、青田、庆元、景宁等市县乡村，实地调研农村养老机构、老年人日间照料中心、老年活动室、老年人助餐场所、农村养老服务机构和企业运营、农村养老服务人员等情况，了解存在的问题和困难，提出意见建议。

9月、11月，委员工作委员会分别在宁波（舟山）和湖州举办两期委员（干部）培训班，培训学员105人，培训内容包含委员纪律作风建设。创建省政协委员会客厅5个。5月，在松阳县召开委员会客厅工作座谈会并明确各会客厅的市、县政协联系领导及联系专委会，收集整理已运行会客厅的好案例上报省政协。6月，依托省政协以远程视频会议形式举办委员会客厅建设培训研讨会，对全市10个委员会客厅的参与团队成员，市县政协主要领导、分管领导、工作人员等进行培训，总结交流创建、管理与运行经验，部署下阶段工作，推进委员会客厅发展；做好会客厅、工作室的工作计划安排及活动指导，协助办公室做好会客厅、工作室的年度经费发放工作。制定完善各项委员联系管理制度。起草印发《丽水市政协委员廉洁自律若干规定（试行）》《丽水市政协党外委员谈心谈话制度（试行）》《关于调整市政协委员小组成员的通知》《关于调整市政协领导联系委员小组和委员名单的通知》《关于调整〈丽水市政协党组成员联系界别名单〉〈丽水市政协中共党员委员联系非中共党员委员名单〉的通知》等。做好委员活动经费管理和全会期间委员个人健康信息收集、统计、汇总工作,深化委员个人信息库建设,做好委员个人信息变动更新、委员履职信息的输入管理审核工作,完成2019年度委员履职情况综合评价,在全市开展千名政协委员联系帮扶千户低收入农户行动。开展2019—2020年度先进委员小组、优秀委员评选工作。

经济委员会承办开展"高水平全面建成小康社会补短板"三级联动专项集体民主监督工作。市政协组成9个民主监督小组,由市政协领导分别带队到全市9个县(市、区)开展专项集体民主监督。根据民主监督结果汇总形成专项集体民主监督报告,分析梳理丽水市高水平全面建成小康社会7项突出短板和3项主要短板,提出相应补短板举措和建议,引起市委、市政府的重视关注。组织开展"创新引领—深化生态产品价值实现机制"专题调研和协商议政,听取市发改委等10个市直部门关于试点工作进展情况通报,到9个县(市、区)、18个试点乡镇开展实地调研,了解各县(市、区)试点推进情况,听取乡镇基层群众和各地政协委员的意见建议。在调查研究基础上,经过分析、讨论,形成调研报告及建议案,针对丽水生态产品价值实现机制试点工作中存在的5个方面短板和薄弱环节,提出5个方面需进行深入探索、完善提升的意见建议。3月,开展"丽水市2019年全市和市本级预算执行情况及2020年全市和市本级预算草案的报告"对口协商,就提高财政收入质量、支持实体经济发展、提升财政资金绩效、加大民生资金投入等问题进行协商发言,提出意见建议。9月,市政协四届二十次常委会围绕该课题进行专题协商,市委市政府领导肯定调研成果。开展"促进丽水超市经济健康发展"调研,听取市直相关部门、重点县(市、区)的情况通报,实地掌握丽水超市发展现状、存在的困难问题和促进超市经济健康发展路径、举措。助力疫情防控和复工复产,走访企业40余次,向企业宣传省市相关惠企政策,协助部分企业解决贷款担保、生产许可等困难和问题。组织"数字经济1号工程""扩大有效投资"等委员视察。

农业和农村委员会到市农业农村局、市水利局等责任单位就补短清单、整改清单、滞后清单的落实整改情况进行调研座谈,了解影响"十三五"规划目标实现、高水平全面小康成色、高质量绿色发展实现变道超车等方面短板的原因、落实情况和困难问题,就下步落实整改提出意见建议。开展脱贫攻坚工作视察,到龙泉、庆元、青田、缙云等地视察脱贫攻坚工作,采用现场抽查方式随机抽取乡镇、村、低收入农户,先后到龙泉市安仁镇张畈村、塔石街道南弄村,庆元县安南乡安隆村、淤上乡蒲潭村,缙云县大源镇高畈村、双溪口乡周扎村,青田县高湖镇东三村、仁庄镇应庄垟村进行视察。通过召开座谈会,通报视察发现的问题,提出视察建议。开展"大搬快聚富民安居"工作视察,到莲都区太平乡、碧湖镇、云和县崇头镇、元和街道、景宁县澄照乡等地,到拟搬迁自然村和安置点实地察看,与当地干部和村民群众交流座谈,了解相关情况。组织"深化美丽乡村建设,推动丽水乡村振兴"界别协商,形成协商纪要报市委、市政府,供决策参考。组织"金融支持乡村振兴"专题协商,先后到云和、龙泉、景宁等地深入金融机构、乡镇、村庄调研,与乡镇干部、农业经营主体、农户座谈交流,通过听、看、查、访等方式,了解相关金融政策落实情况和农业、农村、农户对金融的需求状况,形成协商意见。7月30日,开展"请你来协商——金融支持乡村振兴"活动,政协委员、农户、业界代表与相关部门、涉农金融机构负责人等围绕"金融支持乡村振兴"主题进行协商议政。会后形成协商纪要报市委、市政府,市长吴晓东作出批示,肯定协商成果,要求分管副市长专题组织研究落实。经专题研究后,市府办形成任务清单,交相关部门办理落实,并向市政协反馈办理情况。组织"送科技下乡"为农服务活动,采用"走出去""请进来"的方式,分批组织遂昌县北界镇农户外出考察学习和本地现场培训。组织水果种植大户到缙云双溪口乡杰帅葡萄种植专业合作社等地学习考察,组织蔬菜种植大户到莲都雾耕科技公司农业基地、郎奇农业专业合作社等地学习考察,组织果酒酿造大户到"二三间"酒坊、鱼跃酿造公司等地学习考察。邀请农业专家开展专题讲座,为农户讲解新技术、新品种、新工艺等相关知识,提升农户果蔬种植经营水平。

人口资源和环境委员会围绕"两手抓、两战赢",专委会成员结合岗位优势、扎实调研、提出建议,撰写大会发言、提案或社情民意信息共计68件。开展城乡生活垃圾分类监督,市、县政协主席会议成员到点上开展监督,累计提出的建议245条、当场整改或被采纳223条。7月,利用"请你来协商X"平台开展对口协商,组织固废处置调研。11月,举办"请你来协商——加强跨山统筹、补齐固废处置能力短板"专题协商会,推动政协意见建议的落地见效。开展珍贵树种视察，对珍贵树种建设情况开展“回头看”，形成《对珍贵树种发展情况的视察报告》。开展国土空间协商，12月，举行对口协商会，与规划设计单位广州市规划院就规划基础、发展战略、市域统筹、国土空间格局优化、生态保护修复等问题进行探讨，为规划编制提供政协智慧。

教科卫体委员会召开“提升健康服务水平”界别协商会，围绕“如何通过爱卫工作提升全市健康服务水平”协商讨论，收集委员建议，以专报的形式报送市委、市政府及相关部门。组织“体育产业赋能大花园建设”“请你来协商”活动。6月，到衢州、绍兴等地考察调研；8月，召开“请你来协商——体育产业赋能大花园建设”专题协商会，为丽水市体育产业提供发展思路。组织“教育提质行动计划落实”课题调研。9月，组织科技界别委员视察“科技•人才新政落地”工作情况，了解全市在推动“人才强市”“科技兴市”战略过程中涉及的相关政策的落实情况、高科技产业发展方面的成效和存在的短板，针对企业研发投入少、创新创业活力不强、科技创新后劲不足、科研人才队伍不强等问题提出意见和建议。9月，组织医药卫生界别委员和医疗专家到龙泉市住龙镇开展“送卫生下乡”活动，开展疫情防控知识和应急救援知识的公益讲座，并提供义诊服务。10月，组织教育界别委员赴庆元县屏都街道开展“送教育下乡”活动，市关工委为50名贫困学生送上助学金。10月，举办全市政协系统第七届乒乓球联谊赛。11月，组织教育主管部门、教育界委员、行业专家组成调研组到相关县(市、区)开展调研，重点围绕2019年市委教育大会精神落实情况，进行逐条监督，助推教育提质再突破。

社会法制和民族宗教委员会开展“加强食品安全监管，营造更优生活环境”为主题的界别协商会，形成协商纪要报市委、市政府供决策参考。开展“民族乡村振兴”专项集体民主监督，到莲都、龙泉、云和、遂昌、松阳、景宁等地开展实地调研。7月，市政协四届十九次常委会会议进行专题协商议政，完善《关于我市民族乡村振兴工作的民主监督报告》上报市委、市政府，获市领导批示。开展宗教团体基层组织建设视察，实地调研景宁马仙祖殿、庆元陈夫人宫和百山祖镇龙岩村吴三公故居等地，了解现状，提出对策建议。配合省政协社法委围绕社会治理领域“最多跑一地”开展三级政协联动专项集体民主监督，8月，把监督调研情况书面报省政协民主监督调研组。9月，到遂昌县湖山乡开展送法律下乡活动，发放宣传资料9000余份，现场开展有奖问答、展板宣传、法律咨询等法律宣传和服务，为湖山乡全体干部及附近群众专题讲授《民法典》。全市政协系统共组织三级政协委员参与监督696人次，提出意见建议142条，其中采纳83条。

港澳台侨和外事委员会组织“云端议政”让台侨界别委员(港澳台侨列席代表)“线上参会”，运用“互联网+”技术创设“云端议政”载体，连线身居国外的侨联界别委员和港澳台侨列席代表“线上参会”，远程参政议政、学习交流，有关报道在人民政协网、同心苑、《联谊报》刊发。组织台联、侨联界别委员和列席代表参加政协举办的专题培训活动，先后推荐3名界别委员和7名港澳台侨列席代表参加。发动组织华侨购买捐赠国外医疗物资，用于国内抗击疫情，仅港澳台侨列席代表捐款捐物2100余万元。组织召开“请你来协商——引导丽水籍海外留学人才反哺家乡”专题协商会。9月，组织开展“残疾人全面小康”专题协商活动，得到市政协主席陈瑞商、市政府副市长杨秀清肯定，并登上学习强国浙江学习平台、浙江政协同心苑、联谊报等新闻媒体。组织华侨视察考察活动，增进祖国发展认同感。

文化文史和学习委员会完成《丽水卫生印记》征集工作，征集30余万字的丽水卫生工作“三亲”(亲历、亲闻、亲见)史料的初稿。落实省政协部署的“浙江传统经典美食文化故事”“全面小康路上的政协人”“同心战‘疫’”文史资料征集报送工作。在《丽水政协》《丽水日报》上发表《丽水三宝》《李邕栝州任职时期的书翰钩沉》《小账本见证国家发展》等文史资料，发挥文史资料的“团结、育人、存史、资政”作用。到莲都、缙云、龙泉、金华、湖州等地开展“革命烈士纪念设施建设情况”专题调研，查找丽水市革命烈士纪念设施建设工作中存在问题，为推进市级革命烈士纪念设施建设提供参考依据，获市长吴晓东批示肯定。开展何澹墓保护和利用提案专题调研，组织讨论座谈，建议发挥何澹墓历史文化、生态文明、民生建设方面的传承价值，并在丽水日报上刊登专题版面。开展瓯江“海丝之路”(山水诗路)文物保护专题调研，加强瓯江“丝(诗)路”文物遗产挖掘、传承、保护和利用工作。开展送文化下乡活动。春节前，到松阳望松街道山仁下村及六都村开展新春慰问并为村民写春联送祝福。“八一”建军节，到武警部队和驻丽某部开展书画联谊慰问活动，赠送书画作品。9月，到松阳望松街道开展文艺演出和书画笔会。10月，举办以“纪念撤地设市20周年、高水平全面建成小康社会”为主题的全市政协系统第十四次书画作品联展，展出100余幅主题作品。

政协全体会议及常务委员会会议

【政协第四届丽水市委员会第四次会议】 2020年4月21日至23日，政协第四届丽水市委员会第四次会议在丽水举行。应到委员337人，实到委员329人。全会审议通过政协第四届丽水市委员会常务委员会工作报告和关于提案工作情况的报告，听取并讨论政府工作报告和其他报告，补选高波、王顺发为四届市政协副主席，补选王奕、石渊文、聂陈杰、蓝先芬、潘碧武为市政协常务委员。市政协主席陈瑞商代表政协第四届丽水市委员会常务委员会向大会报告常委会工作。受政协第四届丽水市委员会常务委员会委托，市政协副主席汤家友作提案工作情况的报告。市政协四届三次会议以来，广大政协委员，各民主党派、工商联、人民团体和政协各界别组，以提案形式提出意见建议451件，经审查，立案351件，并案处理后313件。其中集体提案65件，委员个人提案248件，22件提案被列为重点提案。提案送交106家单位办理，全部办复。

会议期间，广大政协委员和政协各参加单位履行职责，运用提案建言献策。大会共收到以提案形式提出的意见建议354件。其中，集体提出49件，委员个人提出305件。涉及经济建设方面105件，政治建设方面21件，文化建设方面51件，社会建设方面145件，生态文明方面32件。

大会共有12位委员作口头发言，23位委员作书面发言。《用好三把“金钥匙”打造优质区域医疗中心》《纾困民营企业，持续推动我市高质量绿色发展》《再提“亩均效益”倒逼“十四五”工业高质量绿色发展》等发言，围绕全市经济、政治、文化、社会和生态建设，提出很多富有建设性的意见建议，市委、市政府领导现场批示44条。

会议期间分别举行“深化美丽乡村建设 推动丽水乡村振兴”“开展爱国卫生运动 提升健康服务水平”“加强食品安全监管 营造更优生活环境”界别协商会。政协委员结合各自调研和工作情况，围绕深化美丽乡村建设要着力构建现代乡村产业体系、生产体系、经营体系，坚持农业产业化发展、生态化发展、与其他产业融合发展；推动爱国卫生运动走深走实，要优化提升卫生健康信息平台、普及全民急救知识，完善疾病预防控制体系、深化县域医共体改革；加强食品安全监管要提高全过程监管能力，提升食品全链条质量安全保障水平等方面，从不同角度和层面建言献策。市相关部门单位负责人对委员们提出的问题和建议进行回应，双方就加强食品安全监管、壮大丽水乡村产业和通过爱卫工作提升全市健康服务水平进行探讨，共谋解决之道。

会议落实疫情防控要求，探索开设“政协全会网上议政平台”、网络直播政府工作报告等形式，实现线上线下参会、场内场外议政，让身居海外心系家乡的委员、列席代表“云端参会”。会议期间，共举办两场越洋“视频连线会议”，15名港澳台侨委员、列席代表围绕生态经济、大花园建设、农旅融合等话题进行发言。

在闭幕会上，市委书记胡海峰充分肯定四届市政协和广大政协委员一年来所取得的成绩，并提出殷切期望。陈瑞商作工作要求讲话。表彰市政协四届三次会议以来的优秀提案18件、2019年度全市政协反映社情民意信息工作先进单位13个和先进个人16人、市政协四届四次会议优秀大会发言19篇、全市政协系统2019年度优秀调研成果44篇和优秀论文16篇。通过政协第四届丽水市委员会提案委员会关于市政协四届四次会议提案初审情况的报告。通过政协第四届丽水市委员会第四次会议决议。

2020年8月26日，市政协通过“请你来协商”平台，围绕“体育产业赋能大花园建设”主题开展专题协商 （吴伟松 提供）

【政协第四届丽水市委员会常务委员会第十七次会议】 2020年3月20日，政协第四届丽水市委员会常务委员会第十七次会议在丽水召开。会议审议通过市政协常委会工作报告、提案工作情况报告，围绕“一府两院”工作报告（讨论稿）进行协商讨论。会议还研究决定市政协四届四次会议有关事宜，审议通过有关人事事项。

【政协第四届丽水市委员会常务委员会第十八次会议】 2020年4月23日，政协第四届丽水市委员会常务委员会第十八次会议在丽水召开。会议审议通过政协第四届丽水市委员会第四次会议选举办法（草案）、人事事项（草案）、大会选举总监票人、监票人名单（草案）、政协第四届丽水市委员会提案委员会关于市政协四届四次会议提案初审情况的报告（草案）、政协第四届丽水市委员会第四次会议决议（草案）。

【政协第四届丽水市委员会常务委员会第十九次会议】 2020年7月21日，政协第四届丽水市委员会常务委员会第十九次会议在丽水召开。会议传达学习省政协主席葛慧君在丽水调研讲话精神，听取市委常委、常务副市长杜兴林关于上半年全市经济形势和下半年政府工作打算的通报、市发改委关于全方位高质量接轨上海情况、市自然资源和规划局关于国家公园建设情况通报。举行"民族乡村振兴工作"民主监督情况通报会，审议通过有关人事事项。

【政协第四届丽水市委员会常务委员会第二十次会议】 2020年9月21日，政协第四届丽水市委员会常务委员会第二十次会议在丽水召开。举行"创新引领——深化生态产品价值实现机制"专题协商会，市委常委、常务副市长杜兴林到会听取意见并讲话。听取市发改委关于高水平全面建成小康社会实现度情况、市教育局关于教育提质行动计划实施情况通报、提案办理双向民主评议工作方案汇报；专题传达学习省委书记袁家军在省委党校2020年秋季学期开学典礼上的重要讲话精神。审议通过有关人事事项。

【政协第四届丽水市委员会常务委员会第二十一次会议】 2020年12月28日，政协第四届丽水市委员会常务委员会第二十一次会议在丽水召开。会议听取市政府关于推进美丽城市建设的规划思路、市委市政府关于市政协四届四次会议以来提案办理情况、市政府关于"创新引领—深化生态产品价值实现机制"建议案办理情况、市发改委关于园区二次开发情况、市应急管理局关于应急管理体系和能力现代化建设情况通报；开展重点提案双向评议；书面听取市政府、市纪委、市中级人民法院、市人民检察院有关情况通报、市政协各专委会2020年工作总结汇报；审议通过《关于授权主席会议审议政协第四届丽水市委员会第五次会议有关事宜的决定》、有关人事事项。

调研活动和重要会议

【全市政协主席读书会】 2020年8月27日至28日，全市政协主席读书会在丽水举行。会议期间，各县（市、区）政协围绕"高水平建设和高质量发展重要窗口"建设作了交流发言。市发改委通报丽水市生态产品价值实现机制试点最新进展情况。举办"潮起东方：'绿水青山就是金山银山'理念15年"专题讲座，中国（丽水）两山学院副院长陈光炬从"绿水青山就是金山银山"理念的时代方位、真理力量、研究进展以及实践探索4个方面进行专题辅导。

【习近平总书记在浙江考察时的重要讲话精神专题传达学习】 2020年4月13日，市政协召开四届三十九次主席会议暨市政协党组（扩大）会议。市政协党组书记、主席陈瑞商主持会议并讲话。会议专题传达学习习近平总书记在浙江考察时的重要讲话精神。会议强调，市政协要把"重要窗口"要求作为开展各项工作的重要纲领，履行政协职能，彰显政协的作为和担当；要推动工作创新、加强平台建设、提高委员素质；要聚焦政协的主责主业，按照在建言资政和凝聚共识上双向发力的要求，助力做到"两手都要硬，两战都要赢"，为确保完成全年经济社会各项发展目标任务贡献政协的智慧和力量。

【《习近平谈治国理政》第三卷、省委书记袁家军在省委党校2020年秋季学期开学典礼上的重要讲话精神专题学习】 2020年9月15日，市政协召开四届四十六次主席会议暨市政协党组（扩大）会议。市政协党组书记、主席陈瑞商主持会议并讲话。会议组织学习《习近平谈治国理政》第三卷。会议传达学习省委书记袁家军在省委党校2020年秋季学期开学典礼上的重要讲话精神。会议强调，要深刻领会"忠""实"要求，一以贯之，一贯到底，干在实处，走在前列，坚定不移沿着"八八战略"指引的路子走下去，努力在"重要窗口"建设中见行动、显担当。要落实落细对标对表，对照十大新课题、全面创新五种思维、十张高分报表，分析丽水优势短板，找准谋定努力方向，当好"重要窗口"的积极建设者和全面展示者。要高扬"丽水之干"旗帜，唯实惟先、善作善成，打造团结协作的政协团队，努力以务实苦干的作风推动丽水市政协工作高质量发展。要践行政协职能作用，坚持在建言资政和凝聚共识上双向发力，发挥人民政协作为专门协商机构的独特作用，为丽水市打造"高水平建设和高质量发展重要窗口”贡献更多的政协智慧和力量。

【上级重要会议精神传达学习】 2020年11月2日，市政协四届四十八次主席会议暨市政协党组（扩大）会议专题传达贯彻中共十九届五中全会精神。市政协党组书记、主席陈瑞商主持会议并讲话。会议强调，要坚定政治立场、学深学透入心、强化使命担当，增强“四个自信”，做到“两个维护”，弘扬浙西南革命精神，厉行“丽水之干”，做到议政议在关键处、建言建在点子上，为丽水市努力成为“高水平建设和高质量发展重要窗口”贡献更多的政协智慧和力量。

2020年6月19日，市政协召开四届四十三次主席会议暨市政协党组（扩大）会议专题传达学习省委十四届七次全会精神。市政协党组书记、主席陈瑞商主持会议并讲话，会议专题传达学习了省委十四届七次全会精神。会议指出，深入学习贯彻习近平总书记考察浙江重要讲话精神，加强“重要窗口”建设，建设高素质强大人才队伍，打造高水平创新型省份，对浙江政治、经济、社会发展具有里程碑意义，体现习近平总书记对浙江的新期待、新希望，是浙江经济转型升级、释放发展潜力的重大部署。全市各级政协组织和广大政协委员要认真学习，把思想和行动统一到习近平总书记考察浙江重要讲话精神、省委全会精神上来。

2020年11月23日，市政协召开四届四十九次主席会议暨市政协党组（扩大）会议专题传达学习省委十四届八次全会精神。市政协党组书记、主席陈瑞商主持会议并讲话。会议专题传达学习省委十四届八次全会精神。会议强调，要在忠实践行“两山”理念中锚定方向，把准战略定位、抓好系统谋划，在全方位、全地域、全过程加强生态文明建设方面多建真言、广献良策，促进生态产品价值高效转化，让“绿水青山就是金山银山”这张金名片在“十四五”时期擦得更亮。

2020年8月5日，市政协召开党组（扩大）会议，传达学习市委四届八次全体（扩大）会议精神。会议强调，要深学深悟全会精神，贯彻落实市委决策部署，在全面加快区域协调发展中发挥政协作用，为努力打造全面展示浙江高水平生态文明建设和高质量绿色发展两方面成果和经验的重要窗口贡献政协力量。会议强调，要深学贯彻落实好市委四届八次全会精神。

2020年4月28日，市政协召开四届四十一次主席会议暨市政协党组（扩大）会议专题传达全市生态工业发展大会精神。市政协党组书记、主席陈瑞商主持会议并讲话。会议专题传达全市生态工业发展大会精神。

2020年1月22日，市政协召开党组（扩大）会议，传达学习贯彻市委经济工作会议精神。会议强调，要学深悟透市委经济工作会议的精神实质，跟进市委决策部署，广泛凝聚共识，汇聚发展合力，在招商引资、招才引智等工作中发挥政协作用，彰显政协作为。会议要求，要营造形成“双招双引”的浓厚氛围，要聚焦锚定“双招双引”贡献政协力量。

【“请你来协商”活动】 2020年10月29日，丽水市政协和莲都区政协联合举办“请你来协商——厚植社会主义协商民主文化”重点提案办理协商会，市委书记胡海峰与部分市政协委员、区县相关部门、有关基层代表一起座谈协商，面对面听取大家的意见建议。胡海峰肯定提案办理前期工作并强调，厚植社会主义协商民主文化要关注三个重要方面。要关注协商主体，解决好“谁来协商”的问题。要关注协商形式，解决好“如何协商”的问题。要关注协商成果，解决好“协商何用”的问题。各级党委要切实担起领导和推进协商民主的政治责任，抓住“协商民主广泛多层制度化建设”这个根本，进行专题性研究、整体性谋划、系统性建设，努力形成具有丽水地域文化特色的协商民主制度体系。各级政协要充分发挥协商民主重要渠道和专门协商机构作用，模范带头开展民主协商，做到建言资政和凝聚共识“双向发力”。广大政协委员要做“有心人”，以耐心、真心、初心和恒心推进民主协商，为基层群众多排忧解难，为党委政府多献计出力。

2020年6月28日，市政协举行首场“请你来协商——建立行之有效的丽水养老人才培养机制”活动，邀请市委副书记、市长吴晓东和市直相关部门、部分市政协委员、有关群众代表开展专题协商。市政协主席陈瑞商主持会议。会上，部分市政协委员和专家、养老从业者等，结合调研成果与切身体会作协商发言，面对面交流互动，并就养老人才短缺、理念提升、设施改善等问题提出一系列意见建议。吴晓东强调建立行之有效的丽水养老人才培养机制，是落实习近平总书记“着力发展养老服务业和老龄产业”重要指示精神的实际行动。市政协课题组抓问题善于钉钉子、调查研究充分深入、对策建议针对性强，与会委员与各界代表提出的意见建议，也具有很强的针对性、建设性和操作性。市政府将专题研究、认真吸纳协商意见，一锤接着一锤，认真落实到位，更好地推动下阶段工作。吴晓东希望广大政协委员继续发挥自身优势，发挥“智库”“桥梁”和“监督”作用，持续助推市委、市政府各项重点工作落实。陈瑞商表示，养老事业任重道远、前景光明，希望市政府和相关部门高度重视协商意见建议办理工作，认真研究此次“请你来协商”政协提交的意见建议，研究透彻相关问题和政策，做好成果转化落地文章，为丽水的养老事业补短板、强弱项、增活力，擦亮丽水长寿之乡、养生福地的金字招牌。

2020年7月30日，市政协通过“请你来协商”平台，围绕“金融支持乡村振兴”主题开展专题协商。市政协主席陈瑞商主持会议并讲话，副市长戴邦和应邀参会。协商会上，市政协“金融支持乡村振兴”课题调研组结合调研情况作了综述发言，市政协委员和农户、业界代表等12人分别就提升农村金融服务、加强农村信用体系建设、创新完善农村产权融资机制、推广“政银保”模式等方面提出意见建议，市金融办、人行丽水市中心支行、银保监会丽水分局、市农业农村局、市财政局等相关部门按照各自职责进行回应。下一步把创建金融支持乡村振兴改革试验区工作放到更加重要的位置，推出深化农村信用体系建设、完善农村产权融资机制、创新数字普惠金融服务等针对性强的助农举措，改善提升金融服务，以实际行动推动金融惠民政策落地，助力乡村振兴。

2020年8月26日，市政协通过“请你来协商”平台，围绕“体育产业赋能大花园建设”主题开展专题协商。市政协主席陈瑞商主持会议并讲话，副市长卢彩柳应邀参会。协商会上，市体育发展服务中心介绍丽水市体育产业发展情况，市政协委员、行业代表、专家学者等7人分别就强化规划引领、培育品牌赛事、完善基础设施等方面提出意见建议，汤家友代表市政协课题调研组作了总结发言，市体育发展服务中心、市文广旅体局、市发改委、市总工会、市水利局等相关部门按照各自职责进行回应。陈瑞商强调，要深化认识，领悟发展体育产业助力大花园建设的重要性，通过绿色生态和休闲体育的高度融合，推动丽水市旅游业的特色化、时代化、品牌化发展；要抓实举措，加强规划引领、确定重点项目、强化政策保障，深谋发展体育产业的良策；要强化担当，发挥政协的职能作用，重视关注体育产业发展，多献真言，多建良策，为丽水市打造“高水平建设和高质量发展重要窗口”贡献更多的政协智慧和力量。卢彩柳提出，下一步针对协商成果研究制定任务清单，加强综合协调、跟踪督办。把体育产业发展摆在突出的位置，集聚政策、要素、人才合力，为体育产业领域的创业创新提供良好发展环境。

2020年9月14日，市政协通过“请你来协商”平台，围绕“残疾人全面小康”主题开展专题协商。市政协主席陈瑞商主持会议并讲话，副市长杨秀清应邀参会。协商会上，市残联通报丽水市残疾人全面小康实现程度情况，市政协课题调研组结合调研情况作了综述发言，市政协委员、基层残联工作者、残疾人家庭代表等分别就建好无障碍设施、按比例安排残疾人就业、规范家庭医生签约服务、增加基层残疾人专职委员配备等方面提出意见建议，市建设局、市委组织部、市委编办等相关部门按照各自职责进行回应。陈瑞商指出，本次专题协商会题目很重要、议题很深入、事业很光明，要认真贯彻落实省委书记袁家军忠实践行“八八战略”、奋力打造“重要窗口”的重要指示精神，唯实惟先，对照更高的标准补齐残疾人事业短板，为不断谱写新时代中国特色社会主义在浙江实践的新篇章贡献丽水力量。杨秀清提出，把实现残疾人全面小康摆在突出位置，聚焦短板不足，在康复服务、就医、就业等方面下大功夫、花大力气，推动残疾人事业全面发展。

2020年11月30日，市政协通过“请你来协商”平台，围绕“加强跨山统筹、补齐固废处置能力短板”主题开展专题协商。副市长戴邦和应邀参会。协商会上，市生态环境局介绍全市固废处置工作情况，市政协委员、专家学者、种粮大户、企业代表等就规范医疗废物管理、提升污泥处置能力、创新建筑垃圾管理模式等方面提出意见建议，市政协课题调研组作了综述发言，市生态环境局、市建设局、市农业农村局、市卫生健康委等相关部门按照各自职责进行回应。陈瑞商指出，会议就“补齐固废处置能力短板”重点难点问题进行沟通和协商，气氛热烈、氛围很好，体现人民政协“有事好商量、众人的事情由众人商量”以及平等协商、求真务实、开放包容的协商特质。戴邦和指出，市政协围绕固废处置工作开展专题协商，选题准、落点实，与会人员结合调研和自身实际提出真知灼见，既有针对性又有可操作性，为下一阶段丽水市开展好固废处置工作提供质量很高的意见建议。戴邦和提出，把深入践行习近平生态文明思想，围绕大花园核心区建设，提高固废处置思想认识，加大固废处置环保基础设施建设，加强协调监管，强化宣传引导，为打造“高水平建设和高质量发展重要窗口”提供良好发展环境。

【专项集体民主监督】 2020年，市政协组织“丽水高水平全面建成小康社会补短板”三级联动专项集体民主监督工作。制定实施意见，明确总体要求、监督重点、监督方式和具体安排。

召开专项集体民主监督动员会，听取市发改委关于丽水“高水平全面建成小康社会补短板”工作情况通报，市政协主席陈瑞商就做好工作提出“调研要做实、情况要摸深、问题要看准、路子要找对”具体要求。市政协组成9个民主监督小组，由市政协领导分别带队，各相关专委会成员及部分市、县政协委员共同参加，到全市9个县（市、区）开展专项集体民主监督。根据民主监督结果汇总形成专项集体民主监督报告，分析梳理丽水市高水平全面建成小康社会7项突出短板和3项主要短板，提出相应补短板举措和建议。引起市委、市政府的重视关注，市政府及相关部门与政协沟通对接，市政府出台“补短、整改、滞后‘三张清单’”，明确责任部门和整改时限，市长吴晓东批示请政协监督指导、协助推进。

组织全市政协“城乡生活垃圾分类处理”专项集体民主监督，市县政协主席会议成员到点上开展监督，市县政协开展监督调研142次，参加的政协委员和政协工作者分2030人次，查看的点位数267个、发现的问题203个，累计提出的建议总数245条、当场整改或被采纳223条。7月27日，市、区政协联合举行“请你来协商”活动，邀请市、区两级政协委员、市民代表同莲都区政府和市、区相关部门等，面对面围绕“城乡生活垃圾分类处理”这一议题进行专题民主协商。协商会上，市政协人资环委通报2020年“城乡生活垃圾分类处理”专项集体民主监督情况。政协委员、市民代表等结合调研成果与切身体会作了协商发言，并就垃圾分类宣传、把好垃圾分类关、生活垃圾源头减量、生活垃圾资源化回收利用、垃圾焚烧处理等方面提出意见建议。莲都区政府及市建设局、农业农村局、财政局等相关部门当场给予回应。会议要求，要强化前端管理，加强精准宣传，强化志愿服务推动，加快建立垃圾分类规则和信用评价制度，完善生活垃圾处理收费制度和积分奖惩机制，引导市民养成分类习惯。要强化顶层设计，统筹设置垃圾分类设施、明确垃圾分类路径。要补齐末端能力，倒排进度计划，建立“一月一检查、一月一通报”工作制度，加快推进生活垃圾处置设施建设。要强化组织保障，把垃圾分类作为专项工作纳入考核，落实街道、社区、物业等主体责任和各部门相关责任，努力完成年初确定的垃圾分类工作目标。

配合省政协社法委围绕社会治理领域“最多跑一地”开展三级政协联动专项集体民主监督。8月，召开动员会，成立9个监督组，由市政协领导带队、各专委会参加，分别到9个县（市、区），与各县（市、区）政协联动，通过实地走访考察、发放调查问卷、召开座谈会等形式开展民主监督调研和视察活动，于8月底把监督调研情况书面报省政协民主监督调研组。全市及所辖县（市、区）政协共组织三级政协委员参与监督696人次，提出意见建议142条，其中采纳83条。

【市委政协工作会议精神贯彻落实情况督查】 为贯彻落实中央、省委和市委政协工作会议和《中共丽水市委关于新时代加强和改进人民政协工作的实施意见》（丽委办发〔2019〕31号）文件精神，2020年7月，市委办、市政协办牵头对市直有关单位和各县（市、区）开展一次专项督查。督查内容主要包括落实的措施和取得的成效，贯彻落实过程中遇到的困难与存在的问题，以及下一步的工作措施和意见建议。督查共分7个组，由市政协副主席带队，成员由市委办、市政协办、市委组织部、市委宣传部、市委统战部、市编委办、市直机关党工委、市委党校、派驻市政协纪检组抽调组成。督查就进一步贯彻落实习近平总书记在中央政协工作会议上作出的“要重点解决市县政协基础工作薄弱、人员力量薄弱的问题”重要指示，提出2个方面8项工作24条督查意见并报市委，作为市委对县（市、区）、市直各单位年终综合目标考核的重要依据。

【“十四五”规划编制情况通报会】 2020年12月4日，市政协召开“十四五”规划编制情况通报会。市“十四五”规划编制单位和市一带三区办公室介绍丽水市谋划编制“十四五”规划纲要和“一带三区”的相关工作情况。会议指出，“十四五”时期是丽水市开启高水平推进社会主义现代化建设新征程，实现加快跨越式发展、打造全省经济新增长点的第一个五年，谋划好、编制好“十四五”规划《纲要》具有重要意义。要在学深悟透中央战略决策、省委重要部署、市“十四五”规划纲要（征求意见稿）上下功夫。要深入群众中去，开展调查研究，把界别群众的呼声、意见、建议收集上来、汇总起来、分享出来。要拉高标杆、拓宽视野、解放思想，挖掘吸收国内外好的经验做法，提出更多既符合丽水实际、又富有创造性、建设性的意见建议，为“十四五”期间丽水市乘势而上打造“高水平建设和高质量发展”重要窗口作出应有贡献。

【“双千”行动助农增收】 2020年6月，市政协在市县两级政协委员中开展“千名政协委员联系帮扶千户低收入农户”行动，专门印发工作方案，围绕帮助提供发展项目、帮助村民就业、为村民提供服务、结对送温暖等内容，市县两级政协委员积极行动做实事、办好事，共为178个集体经济薄弱村和2416户困难户筹资498.3万元，提供发展项目155个。

县（市、区）政协工作

【县（市、区）政协全体会议】 2020年3月8日，政协第九届龙泉市委员会第五次会议召开。应到委员175人，实到委员169人。提交提案建议176件，立案165件，并案处理后为117件。大会发言26篇，其中口头发言8篇。选举政协第九届龙泉市委员会副主席1人、常务委员2人。

4月25日，政协第九届庆元县委员会第四次会议召开。应到委员163人，实到委员156人。提交提案建议209件，立案190件，9位委员作口头发言，7位委员作书面交流。选举政协第九届庆元县委员会主席1人、常务委员2人。

4月25日，政协第九届遂昌县委员会第四次会议召开。应到委员172人，实到委员167人。提交提案建议131件，立案112件。大会发言24篇，其中口头发言10人，即席发言8人。选举政协第九届遂昌县委员会常务委员3人。

4月26日，政协第十五届莲都区委员会第四次会议召开。应到委员205人，实到委员197人。提交提案建议243件，立案168件。29位委员（单位）作大会发言。选举政协第十五届莲都区委员会主席1人、秘书长1人、常务委员3人。

4月26日，政协第九届云和县委员会第四次会议召开。应到委员150人，实到委员146人。提交提案建议156件，立案152件，并案处理后为137件。8位委员作口头发言，15位委员作书面交流。选举政协第九届云和县委员会常务委员8人。

4月26日，政协第九届缙云县委员会第四次会议召开。应到委员215人，实到委员209人。提交提案建议202件，立案182件。大会发言21人，其中口头发言9人，书面发言12人。选举政协第九届缙云县委员会常务委员3人。

4月26日，政协第九届景宁畲族自治县委员会第四次会议召开。应到委员159人，实到委员143人。提交提案建议125件，立案116件，并案3件。大会发言18篇，其中口头发言8篇。选举政协第九届景宁畲族自治县委员会常务委员5人。

4月27日，政协第十届青田县委员会第四次会议召开。应到委员228人，实到委员216人。提交提案208件，立案145件。大会发言24人。选举政协第十届青田县委员会副主席1人、常务委员3人。

4月27日，政协第九届松阳县委员会第四次会议召开。应到委员178人，实到委员176人。提交提案建议241件，立案203件，并案后为136件，大会发言27篇，其中口头发言20人。

【县（市、区）政协常委会工作】 2020年，莲都区政协常委会组成人员36人。召开常委会会议5次、主席会议13次、"请你来协商"专题会议17次，组织调研视察和评议活动26次，向区委、区政府递交政协建议案或政协建议8件、协商纪要7件。

龙泉市政协常委会组成人员31人。召开常委会会议5次、主席会议9次、专题协商会议6次，对口协商8次。组织调研视察活动15次，各类监督活动20余次，向市委、市政府报送建议案10件和专题调研报告6件。

青田县政协常委会组成人员42人。召开常委会会议8次、主席会议11次、"请你来协商"专题会议6次，组织视察活动12次、民主评议活动3次，向县委、县政府报送建议案2件、专题调研报告6件、民主评议报告3件、"请你来协商"专题协商纪要6件。

云和县政协常委会组成人员28人。召开常委会会议5次、主席会议11次、专题协商会议10次，开展调研视察20余次，向县委、县政府报送协商纪要7件、调研报告7篇。

庆元县政协常委会组成人员27人。召开常委会会议5次、主席会议12次、"请你来协商"专题活动7次，组织评议活动7次，向县委县政府报送重点课题建议案1份、协商建议6份、专题调研报告13份。

缙云县政协常委会组成人员36人。召开常委会会议5次，主席会议8次、"请你来协商"专题会议6次，组织各类视察、民主监督活动30余次，向县委、县政府报送《协商纪要》9期、调研报告9份。

遂昌县政协常委会组成人员35人。召开常委会会议10次、主席会议9次、专题协商会议2次，开展对口协商、重点提案办理协商、"请你来协商"活动22次、委员会客厅活动6次、政协论坛1次，组织各类视察、调研和民主监督活动40余次，向县委、县政府报送专题报告8篇、协商纪要9期。

松阳县政协常委会组成人员35人。召开常委会会议6次、主席会议8次、专题协商会议6次，组织视察和专项民主监督20次，向县委、县政府报送建议案1件、协商纪要6份、调研报告6篇。

景宁畲族自治县政协常委会组成人员29人。召开常委会会议7次、主席会议14次、"请你来协商"等专题协商会9次，组织视察和评议活动15次、提案办理电视追踪5次，向县委县政府报送建议案9件、专题报告5篇。

【丽水各地政协特色工作】 2020年，莲都区政协推动政协协商向基层延伸、同社会治理结合，建立政协专委会联系乡镇(街道)工作机制，组建5支政协委员专业服务队，指导雅溪、联城、老竹、仙渡、丽新等乡镇(街道)建设协商治理联合会(简称协治会)，组织地方政协委员、党代表、人大代表、乡贤会成员、老人会成员和其他优秀人士，开展协商监督600余人次、化解矛盾纠纷100余起，获省政协副主席吴晶批示肯定。其中雅溪镇试点做法被《丽水改革先锋》专报市委、市政府主要领导，被浙江日报关注，并以《乡村大小事百姓一起议》为题刊发评论文章。

龙泉市政协明确市委常委、统战部长兼任政协党组副书记，选优配齐专委会主任2人、副主任9人，新提拔1名机关干部为提案委副主任。健全龙泉市政协党组成员联系专委会、联络组和龙泉市政协党组成员联系联络组党员委员、党员委员联系党外委员制度，成立8个专委会党小组，确保党的组织对党员委员和党的工作对政协委员“两个全覆盖”。针对政协常委占政协机关编制现象开展整改落实，至年底，占编2人人事关系均调整返回原单位。探索政协履职向基层延伸的相关机制，明确各乡镇(街道)党(工)委副书记分管联系政协工作。把龙泉市19个乡镇(街道)按区域划分，建立6个委员乡镇(街道)基层工作组，强化与基层委员的联络服务，推动政协履职向基层延伸和覆盖。

青田县政协致力于服务抗击疫情全场不缺位。在国内疫情防控形势严峻的“上半场”，动员全体政协委员、各界别群众同心协力、共抗疫情。全体政协委员、青田公共外交协会理事、港澳台侨事务顾问仅以个人名义，捐献各类口罩21.35万个、各类防护手套8.3万双、防护服1.2万套、额温枪2000余个。在疫情肆虐国外的“下半场”，引导委员围绕外防疫情输入建言献策，其中民革界别提出《严防境外疫情输入扩散建议强化口岸检疫和就近集中隔离》建议，被全国政协采纳。依托青田公共外交协会平台，团结海外侨团和华人华侨，发动力量协助分发青田县政府支援海外侨胞的口罩、中药等抗疫物资，彰显政协为民本色。

云和县政协探索跨区域联合协商机制，打破地域和行政区划壁垒，连续两年主动与景宁县政协联合开展“云景古道建设”“景宁籍新云和人服务管理”专题协商，两地政协联合选题、调研、协商，整合两地资源、统筹两地力量，形成两地政协履职整体合力，拓宽协商渠道，增强平台活力，迈出组团协商、联合发展的新路子，实现“跨山统筹、合作共赢”。

庆元县政协开展“跨乡”“跨省”“跨境”协商，邀请乡镇负责人参加“十四五”综合交通规划专题协商，助推成立高铁专班等多个项目；联合松溪、政和政协举办浙闽边界竹产业联动发展协商活动；连线香港等地乡贤、华侨和商会代表共谋铁路时代全域旅游发展。成立“中国香菇城委员会客厅”，组织“菇+美食文化”等“4+X”主题活动，吸引党外知识分子、非公有制经济人士和各行业代表与三级政协委员为庆元食用菌产业高质量转型发展献策。建设“民生议事堂”，在黄坞村举办“数字赋能乡村振兴”首场专题协商活动。“请你来协商”围绕“聚力防控，助推复工复产”“古村落保护利用”“农产品加工小微园建设”“矛调中心建设”“老城区有机更新”“城市绿道建设管理”6个课题开展活动，其中，“老城区有机更新”课题协商活动，同心苑的报道阅读量近2.3万人次。“农产品加工小微园建设”课题协商活动，省政协同心苑推送之后，在学习强国的浙江学习平台上发表，并登上全国政协《人民政协报》“政能量”榜周榜榜首。

遂昌县政协走出县域，先后两次在结对的四川省通江县、甘孜县开展委员会客厅活动，把“农村电商委员会客厅”搬到四川，让浙江的“委员会客厅”在巴蜀大地上借地会客。活动期间两地政协委员、企业家代表齐聚“会客厅”，发挥智慧和力量，共话东西部扶贫协作，两地持续深化协作理念达成共识。遂昌县政协会客厅平台活动形式开放、范围广泛，并把委员会客厅推广到帮扶的兄弟县市，获浙江省政协主席葛慧君肯定。

松阳县政协以加强干部、委员队伍建设为出发点，先后制定出台《政协界别组考评办法》等文件，量化对委员、界别、参加单位的履职实绩，激发和树立干部、委员队伍的争先创优、廉洁自律意识，实现用制度管人、管行、管言。

景宁县政协通过“民情速递”窗口，开展“微协商”活动，推动委员联系群众的常态化、实效化，先后解决“红星小学停车难”“公共泊车位收费过高”等热点问题。与云和县政协合作，先后围绕“在云和的景宁籍人员服务平台建设”等课题开展合作协商，为打造“云景特色风情聚落区”献计出力。完成“疫情防控常态化后在外小超市经营破局之道”等线上协商课题7个项目，发挥专门协商机构作用，实现建言资政和凝聚共识双向发力。（吴伟松）

中共丽水市纪律检查委员会
丽水市监察委员会

综　　述

【概况】　2020年，丽水市纪委市监委按照十九届中央纪委四次全会、省纪委十四届五次全会和市委四届七次全会部署要求，坚持稳中求进的总基调，紧扣高质量发展的主题主线，弘扬践行浙西南革命精神，以“纪检之干”高扬“丽水之干”奋斗旗帜，推进一体化、规范化、专业化建设，履行党章和宪法赋予的职责，纪检监察工作呈现高质量发展的良好态势。围绕2020年习近平总书记在浙江考察时重要讲话精神、疫情防控、脱贫攻坚、市域治理能力现代化等贯彻落实情况，加强监督执纪问责。贯彻落实《党委（党组）落实全面从严治党主体责任规定》，推动构建“四责协同”机制，全市共对63起关于落实全面从严治党主体责任和监督责任不力问题进行责任追究，6个党组织、83名党员干部受到问责。把握“严”的主基调，推进“打虎”“拍蝇”“猎狐”，全市共立案1322件，党纪政务处分1248人，移送司法机关81人。

【市纪委四届五次全会】　2020年3月20日，中国共产党丽水市第四届纪律检查委员会第五次全体会议在丽水举行。会议传达学习十九届中央纪委四次全会和省纪委十四届五次全会精神，回顾总结2019年丽水市纪律检查工作，部署2020年任务。全会审议通过市委常委、市纪委书记、市监委主任方文军代表市纪委常委会所作的《奋力推进纪检监察工作高质量发展 为与全省同步高水平全面建成小康社会提供坚强保障》的工作报告。市委书记胡海峰出席全会并作讲话，市委常委和有关市领导出席会议，有关部门负责人参加会议。

【巡察工作】　2020年，市纪委市监委把握政治巡察的根本定位，把常规、专项、机动巡察和“回头看”贯通起来、穿插使用，打好巡察“组合拳”。推进四届市委巡察工作，共巡察党组织30个，发现问题823个，移交问题线索56条。推进村（居）巡察，对全市1974个村（社区）党组织开展巡察，覆盖率达97.18%。出台《丽水市交叉（提级）巡察暂行办法》，深化“推磨式”交叉（提级）巡察经验成果，共交叉（提级）巡察27个县（市、区）重点单位，较好破解“熟人社会监督难”问题。改进方式方法，探索开展同步式、接力式、对口式巡察，上下联动，横向贯通，得到中央巡视指导督导组肯定。建立巡察机构与纪检监察机关和组织、审计等部门协作配合机制，整合监督力量、共享监督成果。探索构建巡察整改全过程监督链条，制定出台并落实《丽水市巡察整改全过程监督责任清单（试行）》，扎牢巡察整改监督网。丽水市巡察工作在全省巡视巡察工作会议上作经验交流。

【政治监督】　2020年，市监委落实“两报告”“两档案”“四清单”等制度，建立政治生态建设档案和领导干部廉政档案900余份，对105家市直单位党委（党组）和600余名市管领导干部进行“政治画像”。紧扣供给侧结构性改革、三大攻坚战、“六稳”“六保”、服务民营经济发展、减税降费等重大部署，跟进监督、精准监督、做实监督。强化扶贫开发和扶贫协作专项监督，开展市县乡“三级联查”，全市共组建专项督查组185个，查处问题线索63件，给予党纪政务处分64人，移送司法机关11人，通报曝光典型案例38起58人。围绕打赢疫情防控阻击战，组建9个疫情防控督查组下沉各县（市、区），查处违规违纪违法案件149起，处理269人，为“两手硬、两战赢”提供监督执纪保障。推进扫黑除恶监督执纪问责工作，开展“打伞破网”百日攻坚战，23个涉黑组织和恶势力犯罪集团均查实腐败和“保护伞”问题，查实率达100%，纪检监察机关立案查结率达100%，完成专项斗争决胜之年、收官之年任务。制定出台《全市纪检监察机关服务保障民营经济发展的十项措施》，推动完善《亲清政商交往正反面清单》，既监督规范权力运行，又助力护航企业发展。

【清廉丽水建设】　2020年，市纪委市监委贯彻落实省委、市委关于建设清廉浙江、清廉丽水的各项部署要求，全市域推进清廉丽水建设。一体推进廉政风险防控，在2019年12个重点领域风险防控典型样本的基础上，出台《廉政风险“三色预警、五环联控”防控机制》，在15家单位开展第二批典型样本建设，形成廉政风险审查、防范、预警、治理、评估监督闭环。一体推进各清廉单元建设，督促各牵头单位分别制定推进清廉机关、清廉村居、清廉学校、清廉医院、清廉企业建设的三年行动计划，制定年度重点任务书、排出时间表，实行“项目化”推进。创新工作抓手，在全省率先探索建立县级“清廉指数”指标体系，组织开展全市乡镇（街道）政治生态排行榜评选；探索建立清廉丽水建设“红黑榜”制度，各地在创新中形成“阳光村务”监督平台、村干部履职红线“20条”、“廉情地图”、廉情“吹哨人”、信访举报“云中心”等典型做法。着力建设全省一流法纪教育基地矩阵，深化“清廉文化进村晚”品牌建设，打响清廉教育品牌。

【作风建设】　2020年，市纪委市监委推动落实中央八项规定及其实施细则精神，紧盯省纪委省监委部署六类重点问题和全市突出问题，部署开展“一月一主题、一月一亮剑”正风肃纪“月亮”行动，形成纪委统筹、部门轮值、市县同步的正风肃纪全市大联盟。组织开展会所歪风治理、“烟票”专项整治、反对餐饮浪费等12轮检查，查处违反中央八项规定精神问题119起，处理干部157人，给予党纪政务处分121人。整治形式主义、官僚主义，全市共查处不担当不作为等问题26个，处理40人，党纪政务处分33人。严肃村（社区）组织换届纪律，落实“十严禁”“十不准”要求，全市共查处违反换届纪律案件11起，涉及党员干部18人。推动落实省委为基层“持续减负40条”，让基层干部从繁文缛节中解脱出来。贯彻“三个区分开来”的要求，全市共为94名党员干部澄清正名，对27家部门疫情防控“事急从权”的45个事项予以容错免责，发挥执纪监督的正向效应。开展受处分处理干部回访教育和考察工作。

【体制改革】　2020年，市纪委市监委深化纪检监察体制改革，织密监督网，构建横向到边、纵向到底的监督格局。制定《关于推进“四项监督”统筹衔接提升监督质效的实施意见（试行）》，建立监督检查部门和派驻机构协作片“六联一体化”工作机制，推动纪律监督、监察监督、派驻监督、巡察监督统筹衔接、互促共进、放大叠加、形成合力。深化派驻机构改革，实现派驻机构与机关在干部选调录用、选拔任用、轮岗交流、教育培训、党建工作和经费保障方面“六个一体化”，制定《派驻机构工作办法》及履职工作手册。加强乡镇（街道）纪检监察工作规范化建设，建立健全基层监察组织“三级联动”区域协作机制，制定乡镇（街道）监察办履职清单、权力清单、责任清单和相关履职指导手册。全市乡镇纪检监察机构共立案830件，党纪政务处分788人，有自办案件的乡镇（街道）比例达到100%。依托村务监督委员会建立2030个村级监察工作联络站，推动监察监督与村级民主监督有机结合，全面拓展延伸基层监督触角。推进纪检监察职能“四进”矛调中心，整合来访接待、涉纪矛盾调处、监督保障以及清廉文化建设等职能，提升基层治理效能。开展基层信访举报工作质量评查，全年检举控告、初次举报、重复举报同比分别下降28.8%、24.5%、43.9%，在全省率先完成“多年、多层、多头”信访件“清淤”工作。

【重拳反腐】　2020年，市纪委市监委探索审查调查一体化工作机制，提升高质量办案效果。依法规范使用留置措施，守住零安全事故、零疫情的底线。坚持受贿行贿一起查，建立全市行贿人员数据库，将“围猎”领导干部、存在行贿行为的企业和个人纳入“黑名单”。发挥市委反腐败协调小组作用，探索形成在逃人员“一案一专班”丽水特色做法，实现防逃追逃追赃内外上下一体化，劝返潜逃国外多年的职务犯罪嫌疑人回国投案1人，阻止涉案人员潜逃国外1人。精准把握运用监督执纪“四种形态”，全市共运用“四种形态”处置3548人，其中第一、第二、第三、第四种形态分别占比63.6%、24.7%、4.5%、7.2%。做深查办案件“后半篇文章”，组建“清廉公开课”讲师团，发挥“1+9”法纪教育基地矩阵作用，推进以案促改制度化常态化。在强大震慑和政策感召下，全市共有36人向纪检监察机关主动投案。

（徐楚楚）

民主党派　工商联

综　　述

【概况】　2020年，丽水市有民革、民盟、民建、民进、农工党、九三学社6个民主党派市级委员会，致公党丽水市总支部1个，下属7个县级委员会，5个基层委员会，7个基层总支，103个基层支部。全市有民主党派成员2846人。其中，民革党员439人、民盟盟员750人、民建会员372人、民进会员603人、农工党党员318人、致公党党员69人、九三学社社员295人。成员分布较为集中，在高等学校科研院所、科技卫生、文化艺术、国有企事业单位及政府部门、社会团体等领域（女性1248人，占43.9%；大学本科以上文化程度的2197人，占77.2%），其中，硕士、博士有264人，占总数9.3%；中高级以上技术职称的2102人，占73.9%。平均年龄为51.7岁。

【多党合作制度效能提升】　市委印发2020年政党协商计划后，市委统战部组织召开情况通报会、意见建议座谈会等8次，梳理和分解落实意见建议，推动建议意见的转化运用。落实参政议政职责，各民主党派、工商联和无党派代表人士提出意见建议561条，获中央、省、市领导批示43次，部分建议、调研成果通过《统一战线专报》形式报市委、市政府领导参阅。组织开展"以制度建设现代化推进市域治理现代化"专项民主监督工作，助推提升市域治理体系和治理能力现代化。举办各民主党派、工商联负责人和无党派代表人士参加的统一战线暑期读书会。

【民主党派自身建设】　2020年，市委统战部推动参政党建设"三个文件"的贯彻落实，结合全市实际，制定印发具体实施意见。加强思想政治引领，举办"不忘合作初心，继续携手前进"主题教育演讲活动，组织各民主党派市委会领导班子开展民主生活会、述职与民主评议会。全年全市发展民主党派新成员130人，发展率4.8%。

【党外干部队伍建设】　2020年，市县两级分批、分层开展党外干部队伍走访调研，共走访党外代表人士644人，建成党外干部队伍信息库。举办党外中青年干部专题学习座谈会，开展党外中青年干部培训班、民主党派领导班子培训班等党外干部专题学习，增强民主党派干部的政治定力、政治担当，拓宽视野，提高履职能力。注重从各条战线、各个领域、各个行业、各个层面发现优秀党外干部，开展尚未加入民主党派或尚未认定为无党派人士的党外优秀人才的推荐备案工作（重点掌握1980年以后出生、1990年以后出生两个年龄段），为党外代表人士队伍建好"蓄水池"。　（陈雪勤）

民革丽水市委会

【概况】　2020年，中国国民党革命委员会丽水市委员会（简称民革市委会）下辖民革莲都区委员会、民革青田县委员会，市直支部7个、县（区）支部7个、松阳县支部1个，设专委会6个和监督委员会。有党员439人，平均年龄51.17岁，其中女性201人，占45.79%；退休人员76人，占17.31%；具有大学以上学历329人，占74.94%。

民革市委会注重理论学习，全年召开中心组学习会8次。围绕浙江民革成立70周年开展系列纪念活动，结合民革工作和自身体会，报送寄语2篇；结合多党合作实践和民革本职工作，优选报送征文10篇，其中：《一条十二年不断的帮扶路——丽水民革与岱后村的结对联谊纪实》获中共丽水市委统战部"庆祝新中国成立70周年与多党合作制度确立70周年"主题征文比赛一等奖，《桑梓情怀，传承发扬——记传承公益事业 不忘桑梓回报家乡的松阳两代台胞乡贤》《9年12件提案 改变了这个小山村——记丽水民革与红色岱后的情缘》获三等奖；

以"'携手共成长'——我与民革的故事"为主题，拍摄莲都民革二支部与岱后村的结对联谊纪实；《多党合作制度的文化内涵》获2019年度全省统战理论政策研究优秀成果三等奖。

民革市委会领导参加中共丽水市委、市政府、市政协和市委统战部组织的各类协商会、座谈会、情况通报会10余次。提交省政协提案2件、市人大代表提交建议11件，市政协大会发言3篇、团体提案6件、个人提案22件，大会发言材料获市领导批示4条。其中：《别让涉农补贴补到"刀柄"上》被评为市政协优秀大会发言材料；《关于推进丽水农业生态产品价值转换的建议》《乡贤工作要厘清三大误区》获丽水市政协四届三次会议以来优秀提案。《青田火车站何时才能建成》《以农旅融合推进我市生态旅游全域化》入选浙江民革70年重要参政议政成果。报送社情民意信息125条，获全国政协录用4篇、民革中央录用7篇、省委会统战部录用11篇、省委会录用51篇、市政协录用42篇，其中：2篇信息获市领导批示，1篇获部门落实反馈。市委会获2019年度全市政协反映社情民意信息工作一等奖，江浩、阙沛军获2019年度全市政协反映社情民意信息工作先进个人。《发展康养农业 破解山区农业增效难》《消除集体经济薄弱村工作专项民主监督报告》分获全市政协系统2019年度优秀调研成果二等奖、三等奖，《激励全体党员满怀奋斗豪情投入丽水之干》获全市政协系统2019年度优秀论文三等奖。《发展康养农业破解山区农业增效难》《关于后疫情时代电商经济助推乡村振兴的思考》《最美的乡愁在回家的路上》《艺术介入乡村振兴的路径探索》《探索养老产业进乡村提高农民财产性收入》《浅议全面建成小康社会背景下精准扶贫》等6篇论文获第三届莫干山会议录用。

民革市委会把投身疫情防控第一线作为践行初心使命、体现责任担当的主战场。全市40余位民革医疗战线党员放弃春节假期，坚守岗位、抗击疫情；广大党员发挥民革法律人才智力优势，开展"致力抗疫服务发展"法律服务专项行动；市委会领导班子成员分头走访调研党员企业，服务指导党员企业疫情防控、复工复产。商振球、李锋入选省委统战部"最美逆行人"系列宣传，41名党员获浙江民革防控抗疫先进个人荣誉称号。市委会发出倡议，发动广大党员奉献爱心，全市民革党员共捐赠现金178万余元，医疗、生活物资等价值53万余元。宣传疫情防控的先进典型和感人事迹，编发宣传信息39条；以"抗击疫情民革行动——身边的感动"为主题，举行"同心圆梦故事会"；举办网上抗疫主题书画展活动，展出作品38件。

民革市委会组织党员医生到结对村缙云县溶江乡田洋村开展免费义诊，围绕胡公文化建设把脉献策，走访慰问困难群众，帮助村低收入农户C级危房改造2幢，安装路灯150盏。向市看守所、城南小学捐赠图书共4000余册、12万余元。在青田县舒桥乡、仁宫乡开展"博爱•牵手"关爱健康医疗服务活动，惠及群众500余人，发放慢病用药及常用药近10万元。牵线省委会教育服务团到松阳县三都乡小学调研帮扶，举行"博爱•牵手"暖冬行暨新年音乐会活动，帮助建立"小桃铃童声合唱团"及音乐网上教学试点班级。在松阳县大东坝镇成立"博爱"法律服务站。投身社会公益，发动党员自费购买湖北滞销农产品近7000元，4位党员企业家签订消费扶贫承诺书。各级基层组织开展"博爱•牵手"活动10次，受益群众1400余人次，关爱留守儿童和空巢老人活动3次。

民革市委会到由台资企业浙江省唯康为老服务发展中心运营管理的市怡福家园开展"同心•怡福"——新春送温暖活动，组织党员医生为老人义诊，牵线浙江泓晨农业产业有限公司为怡福家园赠送500千克新鲜蔬菜。青田县委会联动台北、香港青田同乡会，邮寄作品，在台北举办第三届"艺海同源"书画展，展出书画、篆刻作品130件，其中台北59幅、青田41幅、香港30幅。开展涉台涉侨参政议政，在疫情国外回流、华侨外籍子女来华留学、外派医疗服务团、海外华人治疗费用、中药驰援海外、疫情外宣等方面提出了12条建议意见。

民革市委会推进"民革e家"、民革网站、微信公众号、《丽水民革》多元合一的宣传平台建设，微信公众号全年发布文章180篇。开展统计领域数字造假、正风肃纪和制度落实专项工作自查，完善了《干部个人重要事项报告制度》《工作人员因私出国（境）有关事项的规定》《机关工作人员考勤制度》等，成立机关廉政建设工作小组，签订《民革丽水市委会办公室廉政建设责任书》。

【自身建设年活动】 民革市委会确定2020年为自身建设年，制定活动方案，明确思想建设、组织建设、履职能力建设、作风建设、制度建设5个方面重点内容，通过一年努力，28个具体建设项目基本完成，全市15个支部继续巩固达标支部建设成果，2个支部获全省示范支部。新发展党员30人，其中特色党员达17人，占比57%。开展丽水民革伯乐奖评选，4位党员获2020年民革市委会"伯乐奖"。组织12位党员参加丽水民主党派领导班子暨骨干党员培训班，推荐6名党员参加省委会骨干党员培训班。

【线上教学资源共享】 2020年，根据民革省委会部署，民革市委会实施“远程教育，牵线与纳雍董地开展线上教学资源共享”项目。9月3日至4日，市委会主委戚永远率队，市教育局、青田伯温中学和市委会机关工作人员等到贵州省毕节市纳雍县开展实地对接，深入董地乡中学、中心小学、沙落小学、青山小学、青山幼儿园等实地察看，并与董地乡政府、教管中心及各校相关负责人座谈交流，了解各校教学、教学网络设备、实验室等有关情况。根据考察对接情况，市委会出资近2万元购置小鱼易联教研设备帮助董地中学建立同步教研办公室（工作室），开展两地远程、实时、可互动的同步教研活动。利用市教育资源公共服务平台，为董地中学开放共享端口，创建机构账号，与董地乡中学共享试题、微课、公开课、科研成果、名师工作室等。

【参政议政骨干培训班】 9月27至30日，民革市委会2020年参政议政骨干培训班在庆元举行，全市32名党员参加培训。培训班组织学习市委统一战线工作领导小组会议暨全市统一战线暑期读书会精神，邀请庆元县政府咨询委委员、县委党校兼职教师王庆荣作“了解形势 保持信心 贡献力量”讲座，青田县政协经济委副主任汪智影作“如何提高调研分析能力”讲座，缙云县委党校教师马凤兴作“努力打造最具丽水特色的重要窗口”讲座等，到庆元县斋郎村开展“浙西南革命精神”学习，参观红军战斗指挥部旧址、水口战场遗址、斋郎战斗纪念碑；到百山祖国家公园自然教育中心，了解百山祖国家公园创建情况等。

【枫桥式司法所建设专项民主监督】 2020年，根据中共丽水市委会的统一安排，民革市委会开展枫桥式司法所建设专项民主监督。12月10日，市委会到松阳县开展监督活动，与松阳政法委、司法局、信访局分别围绕“枫桥式”司法所创建、矛调中心建设、基层矛盾纠纷化解等进行座谈交流，实地走访松阳县矛调中心和西屏街道、新兴镇司法所。12月31日，市委会走访丽水市司法局，听取全市开展枫桥式司法建设工作情况的通报，重点围绕当前工作中存在的短板和破解举措进行探讨。实地监督结束后，监督组按照内部分工对监督内容进行系统梳理，撰写监督报告，共查找5个方面具体问题，有针对性地提出3个方面8条具体建议。 （叶华伟）

2020年12月10日，民革丽水市委会到松阳开展民主监督活动（叶华伟 提供）

民盟丽水市委会

【概况】 2020年，中国民主同盟丽水市委员会（简称民盟市委会）下辖莲都区委员会（下设4个支部）、龙泉市基层委员会（下设6个支部）、云和县基层委员会（下设4个支部）、松阳县基层委员会（下设7个支部）、丽水学院总支委员会（下设3个支部）和市直属丽水职业技术学院支部、丽水中学支部、丽水职业高级中学支部、科技支部、城建支部、经济支部、医卫支部、文化支部、丽水市第二中学支部、庆元县支部等10个支部。至年底，全市有盟员750人，平均年龄52.41岁，其中重点界别人数337人，比例44.93%；女盟员322人，占42.93%；在职盟员588人，占78.4%；大学以上文化程度613人，占81.73%；中、高级职称624人，占83.2%；中上层人士667人，占88.93%。

2020年，民盟市委会向全市各级民盟组织和广大盟员，发出助力打赢新型冠状病毒肺炎疫情攻坚战的倡议书。全市参与捐款捐物盟员共计461人，捐款累计总额42.2万元，捐赠物资价值13.8万元。疫情防控初期，医务人员口罩紧缺，市委会积极对接民盟浙江省委会，争取到医用外科口罩6480只，捐助给丽水市中心医院、莲都区岩泉街道社区卫生院、庆元县人民医院。抗疫期间，全市74名盟员医护人员奋战在抗疫一线，42名盟员坚守岗位或下沉到一线开展防控工作。民盟丽水市委会、松阳县基层委员会、龙泉市基层委员会、云和县基层委员会、市直医卫支部、市直经济支部获“民盟浙江省委会抗击新冠肺炎疫情先进集体”称号，周萩燕、尹春被省政府授予“浙江省抗击新冠肺炎疫情先进个人”称号，王祖飞等16人获“民盟省委会抗击新冠肺炎疫情先进个人”称号。

2020年，民盟市委会推送专题报道20余篇。《“同心奔小康”科普惠农政协委员成长记》等10篇稿件被民盟省委会微信公众号转载推送。王国华画作《绿水青山就是金山银山》被《群言》杂志封面采用，《民盟盟员廖旭青：“甜蜜区长”的扶贫路》被民盟中央网站和《团结报》录用。参政党理论研究课题《关于发挥县级区域民盟组织参政党职能的研究》《关于民主党派基层组织政党意识淡化的思考及对策研究》分别获民盟省委会参政党理论研究优秀成果二、三等奖。市委会被民盟中央评为民盟思想政治建设和宣传工作先进集体。

民盟市委会制定并实施组织发展规划，召开组织工作会议，贯彻落实《民盟浙江省委会组织发展实施细则》《民盟浙江省基层组织换届工作实施办法（2020年修订）》《民盟组织发展重点分工领域解释（试行）》等相关文件精神。开展代表性盟员谈心谈话和走访活动，加强代表人士推荐力度，市委会领导先后到庆元、云和等地对接中共党组织和统战部门，加强代表性人士的物色举荐。全年新发展盟员19人，净增率2.57%，大学以上文化程度比例100%，中上层人士比例84.2%，重点界别比例57.9%，代表性人士1人。2020年，完成民盟市委会领导班子届中调整，指导莲都区委会、丽水学院总支、市直属丽水中学支部、城建支部完成换届工作。加强盟员教育培训，举办骨干盟员、社情民意骨干培训，与市委统战部在浙江大学合办党外干部培训班，推荐10名盟员参加民盟省委会举办的盟务机关干部培训班、中青班、基层研讨班、社情民意培训班。

在市政协四届四次会议上，民盟市委会提交大会发言3篇，其中2篇被评为优秀大会发言。口头发言《推进我市畜牧业高质量绿色发展的建议》获得市委书记胡海峰和市委副书记李锋的批示肯定。市委会提交团体提案6件，委员提交个人提案38件，其中4件提案被列为重点提案，3件提案被评为优秀提案。市委会连续围绕“最多跑一次”改革开展建言献策，《关于进一步推进我省部门间“最多跑一次”改革的几点建议》作为民盟省委会团体提案提交省政协十二届三次会议，并被列为重点提案，由省委常委、省委秘书长陈金彪领办，省政协副主席、党组副书记孙景淼协办，该提案首次以全省工作推进会的形式进行办理，百余家省级单位参加，各地市设分会场，助推“最多跑一次”改革持续向纵深推进，扩大民盟组织的影响力。全年社情民意信息被民盟省委会录用87篇，被市政协录用25篇，其中社情民意专报4期，《以数字政府优化营商环境　打造企业综合服务平台》获市长吴晓东批示肯定。省委统战部综合采用4篇，民盟中央录用2篇，《切实发挥政协委员特约监督员作用的几点建议》被全国政协每日社情采用。《请省委、省政府支持加快发展的丽水搭建留住人才重要平台建设——支持丽水学院申报设立硕士点工作》被省政协以专报形式报送省政府，得到副省长成岳冲的批示肯定。参与民盟中央和民盟省委会举办的各类论坛，《“双一流”建设背景下高校教师考核评价制度改革的思考》获民盟中央教育论坛优秀论文，《完善社会救助工作机制　强化困难群体兜底保障》入选民盟中央举办的第十一届民生论坛。3篇论文被民盟省委会“盟声议政”教育论坛、民生法治研讨会评为优秀论文。获丽水市政协社情民意信息工作三等奖。

2020年，“民盟同心”工作站开展活动17场次，扩大民盟组织的影响力。丽水学院总支方建平到“烛光示范学校”建德新安江中学开展《我的中国芯》公益科普讲座1次。各级民盟组织继续开展“一支部一品牌”服务，形成固定的品牌特色，丰富社会服务的内容，提升各级民盟组织的社会知晓度。傅石林、刘志云参加助力民盟中央贵州毕节、黔西南、兰溪市范院坞村等对口帮扶工作4人次，扶贫消费4.7万元。市委会到云和县杭汀村调研帮扶2次，落实帮扶资金1.7万元，为脱贫攻坚贡献民盟力量。

民盟市委会贯彻落实《民盟丽水市委会领导班子述职述廉制度》《民盟市委会委员履职情况登记制度》，开展领导班子述职述廉。按照《民盟丽水市委会民主生活会（谈心会）实施方案》开展领导班子民主谈心、找不足促改进，涵养风清气正的政治生态。根据纪委派驻统战部纪检组的要求，排查单位廉政建设风险点，制定《民盟丽水市委会廉政风险防控“三张清单”》，梳理出市委会权力清单3项，风险清单4项，落实防范措施4项。梳理换届以来各项规章制度，市委会共修订完善24项制度，其中新出台3项，废止2项，编印《民盟丽水市委会制度选编》，保障各项工作有章可循。市委会被纳入内控建设试点单位，完成内控体系建设。获评民盟省委会2020年度市级组织盟务工作先进单位。

【“基层组织建设年”活动】 2020年，民盟市委会出台《民盟丽水市委会基层组织标准化建设实施意见》，推进支部建设标准化。建立支委轮值制，发挥班子成员作用，市直经济支部被评为“十佳特色基层组织”，累计创建省“双十佳”基层组织5个。推进支部组织生活标准化。把握“一活动一主题+理论学习+资政建言”的原则，制定印发《中国民主同盟丽水市委会基层组织工作手册》，引导促进基层组织活动规范化、标准化。推进盟员发展标准化。加强对发展对象入盟前的综合考察，把好新盟员的政治关、学历职称关和参政议政关。推进保障机制建设标准化。推进盟员之家标准化，建立健全市委会（区委会、基层委、总支）委员联系支部制度，支部委员联系盟员制度，规范支部档案管理等。

【“见证·初心”经典讲述活动】 2020年，民盟市委会组织“见证·初心”经典讲述会演，全市各级民盟组织选送13个节目参加，内容涵盖民盟先贤的经典事迹、身边盟员的抗疫故事、助力复工复产的典型案例、抗疫歌曲等，展现丽水盟员的多才多艺和积极向上的精神面貌。通过线下专场选拔，选送优秀节目参加民盟省委会的展播，并在微信公众号上连载展播优秀视频节目，深受盟员的喜爱和好评。

【“雏鹰·关爱之家”留守儿童心理健康辅导活动】 2020年4月，民盟市委会在“雏鹰·关爱之家”古市中学开展心理健康筛查，9月，走访古市中学留守儿童，走进学生家中，面对面与学生、监护人沟通，了解留守儿童学习生活和心理情况。通过筛选走访，发现参加心理测评的6个班级261人中，存在心理健康问题偏重的有104人，偏重人群当中重度的有9人。12月，民盟浙江省委会社会服务部带领心理精神科专家团队到古市中学开展讲学和诊疗活动，为存在重度问题的留守儿童做了心理诊断与指导。

【盟员立足本职建功立业】 2020年，张笑俏获“全国公共法律服务工作先进个人”称号，蒋离子作品《糖婚：人间慢步》入选中国作家协会重点作品扶持项目，张凌君被省教育厅教育教学研究院评为浙江省优秀教研员，陈操牵头的“笋竹产业效益提升关键技术集成与应用”成果被省林业局评为浙江省科技兴林奖二等奖，金松的论文《运用虚拟仿真软件培养学生思维能力》被中国科协评为二等奖，王慕华获一项发明专利《一种唑类抗真菌药片段印迹聚合物及其制备方法和应用》（专利号：ZL2018 1 04146），尹春被浙江省医师协会感染科医师分会和浙江省医学会感染病学分会联合授予“浙江省抗疫优秀青年感染科医师”称号。 （阙水兰）

2020年7月24日，“见证·初心”经典讲述活动专场 （阙水兰 提供）

民建丽水市委会

【概况】 2020年中国民主建国会丽水市委员会（简称民建市委会）辖莲都区委会、12个直属支部及缙云县支部；设参政议政、企业、妇女工作、老龄、理论研究与宣传工作等5个专门委员会和1个社会团体组织丽水市民建社会服务志愿者协会（简称协会）。年末，有会员372人，平均年龄50.5岁。其中，女会员147人，占总数的39.5%；经济界人士308人，占总数的82.8%；会员中，担任市政协委员14人，县人大代表2人、政协委员19人。

2020年，民建市委会以习近平新时代中国特色社会主义思想为指导，贯彻落实《中共中央关于加强中国特色社会主义参政党建设的意见》等文件精神，在全国民建市级组织中率先制定《关于加强新时代中国特色社会主义参政党市级组织建设的实施意见》，出台《全面加强作风建设实施方案》，制定《民建丽水市委会反映社情民意信息工作制度》《民建丽水市委会基层组织工作考评办法（试行）》，加强自身建设，推进会内监督，提高履职能力。民建市委会获民建省委会理论研究先进集体二等奖、信息工作先进集体三等奖、《浙江民建》会刊先进集体三等奖、浙江民建网站先进集体三等奖，获市政协反映社情民意信息工作先进单位三等奖，民建界别活动组获“2019—2020年度市政协先进委员小组”称号。“坚持进步性，实践进步性”系列活动做法，被民建中央《民建工作交流》刊发全国各地交流借鉴，并获省政协副主席、省委会主委陈小平和省委统战部副部长王利月的批示肯定。

2020 年，民建市委会在全省民建组织和全市各民主党派中率先发出倡议，号召全市会员服从疫情防控大局，募集物资，捐献爱心，收到捐款 10.19 万元，其中 5 万元购买防疫物资捐给市卫健委，5.19 万元捐给市红十字会。在疫情防控一级响应期间，2 位会员奋战在抗疫医疗一线，11 位会员坚守在物资保障、大数据收集、应急调配、督查等抗疫前沿，30 余名会员参与志愿服务，会员、会员企业通过其他渠道捐款捐物 126.34 万元。在全省民建市级组织中率先印发《关于“同心抗疫情、全力促发展”的意见》，开展“助企抗疫复生产”行动。市委会领导带队走访调研会员企业 30 余家。汇总、梳理收集到的困难问题，形成清单，组织讨论，分析对策，向省委会、市政协、市委统战部等部门反映困难问题 17 个、提出意见建议 15 条、报送社情民意信息 34 篇，其中徐丽波执笔的信息得到副省长成岳冲批示。建立法律服务专班，组织律师会员编制企业防疫期间用工法律风险防范手册、经营管理法律风险建议书等，为会员企业提供法律服务。莲都区委会和会员姚洁、郭洪安、涂勇妙分别被授予民建全省抗击新冠肺炎疫情先进集体、先进个人称号。会员廖彩霞被市委、市政府评为丽水市抗击新冠肺炎疫情先进个人。

【“坚持进步性，实践进步性”系列活动】 2020 年，民建市委会贯彻落实《民建中央关于加强会的思想政治建设的意见》精神，以纪念中国民主建国会成立 75 周年和浙江民建成立 65 周年为契机，组织开展“坚持进步性，实践进步性”系列活动。理论学习中心组专题学习 6 次。组织领导集体和机关干部到浙西南革命根据地纪念馆，开展“初心之行”。在公众号开设“会史微课堂”，推送 60 课学习资料；组织会员研读《中国民主建国会章程》；指导各级组织开展线上线下学习，每位会员发表感悟。在公众号开设“学思践悟”专栏，推送 17 期，精编 70 位会员的学习体会。举办会章会史知识竞赛暨经典故事讲述活动，14 支代表队参赛，5 位会员讲述民建经典故事。

2020 年 12 月 17 日，民建市委会举办会章会史知识竞赛暨经典故事讲述活动

（姚志华　提供）

【理论研究与宣传】 2020 年，民建市委会围绕“民建在新时代如何更好发挥作用”等主题，向省委会申报课题 8 个，4 个得到立项并按时结项。高波撰写的《以进步性引领推动民建在新时代更好发挥作用》获民建中央重点理论研究课题优秀成果二等奖、省委会优秀理论研究成果三等奖。施金焕、朱颖、丁想撰写的《新建基层组织如何长期保持旺盛活力的思考》获省委会优秀理论研究成果二等奖。推动章乃器生平事迹陈列馆被省委统战部确定为第二批浙江省多党合作传统教育基地。全年编印《丽水民建》杂志 4 期，推送公众号信息 168 条，信息被民建中央、省政协同心苑、浙江统战、中新网、澎湃网、丽水在线等网站、杂志、公众号转载报道 247 篇（次）。姚志华、蓝雨婷撰写的《风雨同心　守望相助》被省委会评为优秀新闻作品。蓝雨婷获省委会新闻宣传工作先进个人。

【参政议政】 2020 年，民建市委会在市政协四届四次会议上，提交大会发言 3 篇、团体提案 6 件，其中大会发言《加快食品安全追溯体系建设　实现食品全链条快速管控》得到市委书记、市长等 4 位市领导批示，被评为优秀大会发言；2 件团体提案被市领导选为领（督）办的重点提案；2 件团体提案被评为优秀提案；2 篇调研课题被评为市政协优秀调研成果三等奖、优秀奖。1 个调研课题被省委会评为参政议政优秀成果二等奖。

民建市委会完成省委会立项课题《完善省域空间布局，推动区域优势互补协调发展》。市委会完成“推进政府数字化转型”专项民主监督课题，形成对策建议，参加市委组织的专题协商。提出打造生态电子科创部落、打造绿色硅谷（智谷）新地标、提升设计赋能制造业、建设上海进博会丽水（青田）分会场、打造山海协作工程升级版等建议。

创设"萤火虫沙龙"，邀请专家辅导，开展头脑风暴，提高建言质量。全年向各级部门报送社情民意信息150余篇，被全国政协录用1篇，民建中央录用3篇，省政协录用1篇，省委统战部录用3篇，省委会录用72篇，市政协录用32篇。李海振、翁阁谞获省委会信息工作积极分子。李海振获市政协反映社情民意信息工作先进个人。

【社会服务】 2020年，民建市委会发挥优势，整合资源，助推"双招双引"战略举措落实。邀请省民建企业家协会35位知名企业家，在丽水经济技术开发区召开助推丽水经济发展座谈会；邀请省委会和省委统战部领导、知名企业家、专家学者，在遂昌县协办第五期"同舟经济圆桌•周四下午茶"活动，助力乡村数字化变革；邀请浙江工业大学工业设计院院长一行，与丽水经济技术开发区管委会、市直部门对接，助力工业设计赋能提升丽水制造业核心竞争力。牵线搭桥争取民建专家的研究成果落地丽水。发动会员购买河北丰宁农特产品7万余元，周魏斌、李光平、朱凯、钟伟林、张锋等会员向河北丰宁爱心超市捐赠物资15万余元。协会、莲都区委会和金融、医卫、综合一、综合二等支部向贫困乡村、贫困学生捐款捐物近14万元。

【组织建设】 2020年，民建市委会召开主委会议6次，全会5次。领导班子于1月、4月、12月召开述职和民主评议会、民主生活会、工作务虚会。更新会员基础信息，完善代表人士数据库。召开副科实职以上会员座谈会。重新组建参政议政委员会，成立反映社情民意信息员队伍突击队。邀请市政协和省委会负责信息工作的干部作专题培训，与市委统战部和兄弟民主党派市委会联合举办骨干会员培训班，提高整体履职能力。制定会员发展年度计划，落实入会申请人集体面谈制度，召开入会申请人集体面谈会。委会领导带队到杭州、宁波交流，并与宁波市委会结为友好市委会。省外四川巴中、山东德州、吉林梅河口等民建组织，省内湖州、绍兴、台州、衢州等市委会，到丽水交流工作。在市级"民建之家"增设图书角，添置政治、经济、社会、会史等方面的书籍。莲都区委会新建"民建之家"1个。 （姚志华）

民进丽水市委会

【概况】 2020年，中国民主促进会丽水市委会(简称民进市委会)下辖莲都区委员会、缙云县、遂昌县两个基层委员会和景宁县总支部及市直11个支部(总支部)，基层组织26个，会员603人，平均年龄54岁。其中，女性282人，占46.8%；离退休人员185人，占30.7%，会员中大学文化程度以上458人，占76%；中高级职称499人，占82.7%；高等教育界46人，占7.6%，普通教育界213人，占35.3%；文化艺术界42人，占7%；出版传媒界12人，占2%；医卫界116人，占19.2%；科技界30人，占5%；经济界37人，占6.1%；新的社会阶层15人，占2.5%，政府机关69人，占11.4%，其他(社会团体、人大政协和司法机关等)23人，占3.8%。会员中省、市、县人大代表8人，省、市、县政协委员71人，担任政府实职副处以上3人。

民进市委会深化"不忘合作初心，继续携手前进"主题教育，坚持议政建言和凝心聚力双向发力，服务大局和自身建设紧密结合，发挥特色优势，助力疫情防控，为助推丽水高水平生态文明建设和高质量绿色发展"重要窗口"贡献力量。把主题教育活动与民进成立75周年纪念系列活动相结合，组织开展民进成立75周年座谈会、观看《中国民主促进会75周年》专题片、走访民进先贤故里及开展"初心•笃行""我向民进献祝福""学先进树典型"等活动。举办骨干会员培训班两期，学习会史会章和统战理论，开展国情教育，邀请专家就中共十九届四中和五中全会精神、"重要窗口"建设做专题辅导讲座。利用新媒体平台，采取线上线下学习相结合，组织开展会史会章"大学习"和知识测试。全年微信公众号推送50余篇，编辑《丽水民进》杂志4期，其中抗疫主题专刊一期，宣传会内先进典型。做好会史资料的抢救工作，推进景宁金海观故居会史教育基地建设。

2020年，全市100余名民进会员参与疫情防控各项工作，其中有60余名民进医卫工作者坚守抗击疫情前沿阵地。副市长、市委会主委卢彩柳一线指挥全市抗疫，副主委陈荣富疫情流调工作得到市委书记胡海峰表扬肯定。缙云总支李潘良、陈巧瑛带领医疗团队治愈全省第四例、县级医院首例病例。市中心医院杜蓉冰作为丽水市第四批驰援湖北医疗队队员，奔赴武汉抗疫一线。罗昱带领救援队先后对社区、学校、企业等开展30余个场次的义务消杀行动。170余名会员积极捐款捐物，合计捐款113.8万元，捐赠各类抗疫物资价值17.8万元。文艺界会员们以"文"抗疫，创作书画、诗词、歌曲作品声援和慰问一线抗疫的医生护士。杜蓉冰获"民进全国抗击新冠肺炎疫情先进个人"称号，陈巧瑛获"浙江省抗击新冠肺炎疫情先进个人"称号，李潘良、杜蓉冰获省委会"开明先锋"称号，杜蓉冰、陈巧瑛、李潘良、陈荣富被省委统战部评为"最美逆行者"，雷仕聪、舒鹏、范仙贵、柳伟英、杨敏等会员获市级"坚守抗疫一线杰出医师"称号，季红薇获"防疫一线最美援疆医师"称号，徐梅玉获市级疫情防控"优秀护理管理者"称号。市委会聚焦疫情防控、社会治理、复工复产、教育教学等方面的重点难点问题建言献策，10余篇信息被民进中央、省委会、市政协采用。

民进市委会加强基层组织规范化标准化建设，落实"五有"建设目标。重视会内廉政教育，探索会内监督方式，首次开展市直支部经费管理使用监督检查。专题研究市直支部班子建设，优化基层组织设置，缙云总支、遂昌总支升格为基层委员会，5个支部升格为总支，组建市文化传媒支部，调整市教育支部为教育一支部、二支部。选强配优支部班子，市直支部完成换届。分批次选送基层组织负责人、骨干会员60余人次参加省、市组织举办的各类民主党派干部培训班，会员政党意识和参政能力得到加强。严格入会程序，全年发展会员32人，市委会被评为省级反映社情民意工作先进单位和市政协反映社情民意工作先进单位一等奖，市综合支部被评为省级先进基层组织。李潘良、杜蓉冰获省委会"开明先锋"称号，曾宙红获省级优秀基层组织负责人称号。陈万平获全国劳动模范，方浩获省巾帼建功标兵，陈巧瑛获市绿谷名医，陈战耕获市民族团结进步模范个人，陈巧瑛、贺小丰获市"创新引领"工作突出贡献奖，周慧武获市教育提质工作突出贡献个人。

2020年10月13日至16日，民进丽水市委会举办参政议政能力提升培训班

（蓝武杰　提供）

【参政议政】 2020年，民进市委会向市政协大会提交大会发言3篇、集体提案6件。内容涉及产业发展、文化传承、科技创新、食品安全、社会民生和乡村振兴等领域。委员提交个人提案25件。市委书记胡海峰等5位市领导分别对《关于创建浙西南革命文化公园的建议》《打造丽水"山路"区域公共品牌》作出批示，两个提案被确定为市政协重点督办领办提案。《关于创建浙西南革命文化公园的建议》获评市政协四届四次会议优秀大会发言。莲都区委会、缙云总支、遂昌总支、景宁支部等县级组织"两会"议政成果丰硕，共提交6篇大会发言，34件集体提案，32件个人提案。全年编报信息90余篇，被全国政协综合采用1篇，民进中央采用6篇，省委会采用32篇，市政协采用20篇。市委会获评省级反映社情民意工作先进单位和市政协反映社情民意工作先进单位一等奖，谭雪梅的《加强基层卫生人才培养与使用激励，推进县域医共体建设》、孟景建的《建议在海关检疫官网设立防疫物资认证标准公共服务平台》分别被省委会评为2020年度参政议政优秀成果二等奖、三等奖。

新组建参政议政智库。开展分层次针对性培养，通过抓"新手"、抓"写手"、抓"强手"，发现骨干，培养骨干，一批能够"挑大梁"的骨干会员脱颖而出。王拥军、王军获民进全国履职能力建设先进个人。全年开展课题调研30个。参与政党协商，先后就"十四五"规划、市委四届八次、九次全会决定、政府及两院工作、党风廉政建设等提出意见建议。开展城市垃圾分类、公共文化体系建设专题监督调研，监督成效明显。参加"委员视点"栏目访谈、"请你来协商"民主监督活动，为打造丽水山路品牌、无障碍设施建设、全民健身等建言献策。

【社会服务】 2020年，民进市委会巩固"春联万家"文化服务品牌，组织开明画院送春联进开发区，联合莲都区书法家协会组织开展公益书法培训。做好新一轮扶贫结对帮扶工作，第二期帮扶资金落实到位。发动民进企业家联谊会参与并完成省、市消费扶贫任务。各级组织按照"一县一品牌，一支部一特色"的要求，发挥自身优势，积极为民服务。遂昌总支坚持一月一次固定日专家送医下乡活动、开展暑期青少年公益培训，季红薇、周亚君两位会员参与新疆、四川的脱贫攻坚项目，得到社会各界肯定。　（蓝武杰）

农工党丽水市委会

【概况】 2020年，中国农工民主党丽水市委员会（简称农工党市委会）下辖莲都区委会、龙泉市支部和9个市直支部，有党员318人，平均年龄49.9岁。其中：女性157人，退休党员97人；大学以上文化程度237人，占74.53%。发展青年党员7人，平均年龄35.7岁。

2020年，农工党市委会坚持以习近平新时代中国特色社会主义思想为指导，学习贯彻中共十九大和十九届二中、三中、四中、五中全会精神，采用理论学习中心组会议和钉钉群线上学习相结合，共开展重要时事和会议精神专题学习6次；立足丽水农工党特色，开展农工党成立90周年系列纪念活动；依托"一刊一网一号"围绕专题开展专题宣传；开展自查，建立健全党派和机关相关制度；落实集体领导，加强领导班子建设；建立党员之家，加强基层组织建设；联合各民主党派市委会举办骨干培训班，提高培训成效；市委会获农工党中央"纪念中国农工民主党成立90周年优秀地市级组织"。丽水市综合一支部获农工党中央"纪念中国农工民主党成立90周年参政议政工作先进集体"。丽水市文教支部获农工党中央"纪念中国农工民主党成立90周年党史和理论工作先进集体"。丽水市综合一支部、龙泉市支部、丽水市综合二支部获评省委会"2020年度先进基层组织"。虞作春、陈可乐分别获农工党中央"纪念中国农工民主党成立90周年先进个人"和"优秀党员"称号。沈绍春等2位党员获省委会"2020年度宣传工作先进个人"称号。

2020年1月22日至3月21日，丽水农工党14位信息员撰写64篇与疫情相关的社情民意，20余篇被农工党中央、省委会和市政协采用。《旅游业"春天的复苏"如何到来?》等6篇被《人民政协报》刊登。疫情期间，有45位农工党党员医务工作者奋斗在抗疫一线，40余名党员在坚守本职岗位和参加基层防控中作出自己的贡献，农工党市委会及所属党员筹集医疗物资折合人民币约10万元，全市党员累计捐款8.586万元。市委会主委带队开展三服务工作，走访党员企业，了解企业疫情防控、复工复产情况，建立党员企业家微信群，收集报送诉求。发动党员开展消费扶贫，购买湖北滞销特色农产品4139元。《丽水日报》《人民政协报》分别报道市委会和党员助力疫情防控的工作；农工党孝感市委会向丽水市委会发来感谢信。虞作春获"农工党中央抗击新冠肺炎疫情先进个人"称号；季巧英获"抗击新冠肺炎疫情浙江省三八红旗手"称号；虞作春、温涛获农工党浙江省委会"抗疫一线优秀党员"称号。

2020年，在省"两会"上，1篇社情民意被委员丁岳清作为个人提案提交省政协会议。在市"两会"上，丽水农工党共有11位市政协委员出席市政协四届四次会议，1位市人大代表出席市人大四届五次会议。市委会共提交大会发言3篇，集体提案6篇，即席发言2篇。市人大代表、市政协委员共提交议案、提案15篇。毛伟华委员代表市委会作《瓯江幸福河怎么创怎么建》的口头发言。大会发言《瓯江幸福河怎么创怎么建》《垃圾焚烧需要"跨山统筹"》《行政村规模调整后更要做好优化"文章"》得到4位市领导的批示，均获评优秀大会发言。市委会在市政协四届三次会议上提交的集体提案《丽水绿道应该这样"绿"》《人才：不能引来女婿气走儿子》获评优秀提案；《加强政策支持 优化营商环境 激发我市化妆品产业快速发展》获评全市政协系统2019年度优秀调研成果优秀奖；《谱写农工党投身人民政协事业发展的新篇章》获评全市政协系统2019年度优秀论文三等奖。会后，集体提案《行政村规模调整后更要做好优化"文章"》《瓯江幸福河怎么创怎么建》和个人提案《丽水乡村红色旅游开发建议》被列为重点提案。其中《行政村规模调整后更要做好优化"文章"》《瓯江幸福河怎么创怎么建》被评为优秀提案。全年立项课题16个，通过省委会立项课题1个，分别到景宁、松阳等地开展调研。围绕"以制度建设现代化推进市域治理现代化"民主监督课题，组建监督小组开展民主监督，撰写监督报告，参加协商会。先后征集意见42条，参加暑期读书会、立法协商会等协商活动，就丽水市"十四五"规划、生态优势发挥、卫生队伍人才建设和《丽水市文明促进条例》等提出协商意见。报送社情民意129篇，被各级政协和农工党上级组织采用101篇，其中，全国政协5篇，农工党中央12篇，省政协5篇，丽水市《社情反映》专刊采用10篇。市委会获省委会"2019年度参政议政工作先进集体二等奖""2019年度反映社情民意信息先进集体二等奖""2020年度参政议政工作先进集体三等奖""2020年度反映社情民意信息工作先进集体二等奖"，获市政协"2019年度、2020年度全市政协系统反映社情民意信息先进单位特等奖"。陈可乐、丁波澜、张晓芹、杨春旋获农工党中央"2018—2019年全党反映社情民意信息工作先进个人"称号，毛伟华等4人获省委会"2019年度参政议政先进个人"称号，沈绍春获省委会"2020年度参政议政工作先进个人"称号；陈志和等10人获省委会"2019年度反映社情民意工作先进个人"称号，陈晓英等9人获省委会"2020年度反映社情民意工作先进个人"称号，陈可乐等3人获市政协"2019年度全市政协系统反映社情民意信息先进个人"称号，沈绍春等3人获市政协"2020年度全市政协系统反映社情民意信息先进个人"称号。

农工党市委会围绕健康和美丽主题，立足党派界别特色，集聚全市各级组织资源，开展"健康美丽你我他”系列服务。关注民生，市委会主委带队开展结对帮扶村和社区的困难群众慰问，推进扶贫结对帮扶工作，与民革、九三学社市委会共同结对缙云县溶江乡田洋村，提供帮扶经费1.7万元；协助省委会对莲都区富山头村开展结对帮扶工作。丽水市综合一支部与市节水办联合开展节约用水宣传活动，丽水市中心医院支部到丽水学院开展传染病防治知识宣传活动。莲都区委会获农工党浙江省委会“2020年度社会服务工作先进县（市、区）组织”称号，农工党龙泉市支部获农工党浙江省委会“2020年度社会服务工作先进基层组织”称号，郭巧燕等2人获农工党浙江省委会“2020年度社会服务工作先进个人”称号。

【农工党成立90周年系列纪念活动】 2020年，农工党市委会立足丽水特色，开展农工党成立90周年系列纪念活动。突出特色，结合农工党在丽水的革命历史，制定市委会庆祝农工党成立90周年系列活动方案；邀请省委会领导、农工党地市级组织和农工党革命烈士黄立本的后人在松阳举行庆祝农工党成立90周年座谈会；赶赴枫坪乡高亭村拜谒革命先烈，缅怀农工党前辈事迹，弘扬践行浙西南革命精神。举办庆祝农工党成立90周年摄影美术书法作品展，全市15个支部的61件摄影、书法和美术作品参展。积极报送23件作品参加农工党中央举办的“农工党成立90周年”美术摄影作品展，4件入选。组织党员代表参加省委会召开的农工党成立90周年庆祝大会，同时在丽水设分会场，收看庆祝大会直播；发动党员参加省委会“知党史、学党史、讲党史”网络知识竞赛活动。市直支部开展纪念活动。丽水学院支部、丽水市综合一支部先后到高亭村开展“寻访先辈足迹”主题活动；丽水市文教支部组织党员到浙西南革命根据地纪念馆接受红色教育；丽水学院支部、丽水市综合一支部在市图书馆联合开展“庆祝农工党成立90周年”学党史读书活动等。

【制度建设】 2020年根据《各民主党派省委会关于加强基层组织规范化标准化建设若干问题座谈会纪要》《各民主党派省委会关于建立健全民主党派地方组织领导班子及其成员述职和民主评议制度座谈会纪要》以及省委会出台的相关制度精神，农工党市委会结合工作实际，全面自查、整合细化自成立以来的制度，建立健全《农工党丽水市代表大会代表在闭会期间发挥作用的办法（试行）》《农工党丽水市委会机关干部廉情报告制度》《农工党市委会反映社情民意信息工作制度》《农工党市委会“草心社”管理制度（试行）》等16项工作制度。

【首个“农工党党员之家”建成揭牌】 2020年7月17日，位于丽水市莲都区括苍路511号的农工党丽水市委会首个“农工党党员之家”建成揭牌，农工党浙江省委会专职副主委田野和中共丽水市委统战部常务副部长李邦生为“农工党党员之家”揭牌。揭牌仪式由农工党丽水市委会副主委卢汝兰主持，农工党丽水市委会主委丁岳清代表市委会作讲话。市委会原主委李江波、农工党省委会秘书长戚青青、省委会组织部部长米静、宣传部副部长王伟、衢州市委会专职副主委胡康雷、台州市委会专职副主委梁海兵、中共丽水市委统战部民主党派和党外知识分子工作处处长舒荟荟等领导和来宾应邀出席，来自全市各级组织班子成员和党员代表近四十人参加揭牌仪式。“农工党党员之家”配套固定墙面和灵活PPT展示，为广大农工党党员学习交流、展示风采、互帮互助、服务社会等方面提供载体和平台。　（蔡丰蔚）

2020年7月17日，农工党浙江省委会专职副主委田野（左）、中共丽水市委统战部常务副部长李邦生（右）为“农工党党员之家”揭牌　（蔡丰蔚　提供）

九三学社丽水市委会

【概况】 2020年，九三学社丽水市委员会（简称九三学社市委会）下辖九三学社莲都区委和10个市直支社，其中九三学社莲都区委下属3个支社。2020年，新发展社员12人，平均年龄41.9岁，其中具有高级技术职称的3人，高层次人才6人，浙江省151人才1人。年末，全市共有社员295人，社员主要分布在科学技术、医药卫生和教育界。社员中有全国政协委员1人，省政协委员1人，市政协委员14人，市人大代表2人，县(市、区)人大代表或政协委员21人。社员中高层次人才占76.32%，其中高级技术职称185人，正高二级岗2人，三级岗10人，国务院特殊津贴专家2人，浙江省突出贡献中青年专家2人，浙江省151人才7人，丽水市138人才24人。

2020年，九三学社市委会深化"不忘合作初心，继续携手前进"主题教育活动，召开领导班子专题民主生活会，查摆出问题清单8项，梳理出任务清单8项，推进领导班子建设。

全市有65人次获国家、省、市等各级表彰。韦铁民获中国医院管理奖——优秀管理奖、中国高血压达标中心"区域建设卓越推动"奖；倪京丽获省卫健委、省人力资源和社会保障厅和省中医药管理局授予的"浙江省名中医"称号，被省卫健委评为浙江省中医住院医师规范化培训"优秀带教老师"；倪荣新被省林业局评为2020年浙江省林业产业先进工作者；张根获共青团浙江省委授予的"首届'青鸿鹄'长三角数字经济创业创新大赛优胜奖"；黄露菲获2019年度浙江省商务运行监测系统优秀工作人员；何登伟、吕侃被中共丽水市委、市人民政府评为"创新引领"突出贡献个人；刘娇英被中共丽水市委、市人民政府评为教育提质工作突出贡献个人；麻巍巍被中共海西州委授予"对口支援海西先进个人"；雷后兴被丽水市政协评为"最美政协人"。

30项各类科研项目获省部级、市厅级立项。韦铁民的《基于药物代谢体系大数据的临床安全用药即时预警系统的研究和应用》、何登伟的《经腰大肌前方入路的胸腰椎骨折微创前路重建技术的建立和优化及其临床应用研究》被列入浙江省科技厅的省重点研发计划项目；倪京丽的《中医药治疗新型冠状病毒肺炎的临床研究》项目被列入省科技厅公益技术研究计划；沈洋的《深度学习下的图像及图形几何特征表示方法研究》被立为省自然科学基金探索项目；谭啸的《全国村晚扶持机制创新课题研究》项目被文化和旅游部公共文化司立项；倪京丽的《防感合剂对甲型H1N1流感病毒的抑制作用及其作用机制研究》项目被立为浙江省卫健委省重点研发计划应急攻关项目；雷后兴的《畲医外治捏痧法治疗小儿疳积技术》、张隽瑜的《防风草提取物对伊马替尼耐药CML作用及机制研究》、黄旭芳的《DRGs框架下肝癌经皮射频消融术护理质量评价指标构建及临床应用研究》被列入浙江省中医药科技计划项目；陈敏华的《基于新冠肺炎疫情下护士规范化培训体系建设》被列入浙江省教育厅课题；刘庆成的《废旧橡胶轮胎在路用沥青材料的应用研究》获省住房和城乡建设厅立项；韦铁民的《区域医疗机构新型冠状病毒肺炎应急响应体系建设》、张向东的《宫颈癌精准筛查智慧医疗模式构建及宫颈癌基因诊断技术研发》、雷后兴的《畲族民间验方消疳健胃合剂的医院制剂开发研究》被列入丽水市重点研发计划项目。

2020年，社员在二级以上刊物共发表学术论文86篇，其中一级期刊37篇，被SCI收录11篇；韦铁民、梅雪、谭啸、王建丽、何翠球等分别出版相关著作。11人次获科研成果奖。何登伟的《老年骨质疏松脊柱骨折的治疗策略优化》、陈礼平的《畲药成分分析技术与畲医药临床应用》分别以第一完成人身份获2020年度省科学技术奖单位提名。同时陈礼平的上述项目获中国民族医药学会颁发的三等奖；夏丽旻的《庆元县龙溪乡小城镇环境综合整治规划》获浙江省城市规划学会颁发的三等奖，王伟影的《畲药质量控制关键技术研究及应用》获中国民族医药协会科学技术奖、《常用畲药全产业链质量提升关键技术创新与应用》获中国民族医药学会二等奖。社员获国家专利28项，其中发明专利3项。

韦铁民被选为"长三角脑血管病专科联盟副会长""中国高血压达标中心认证专家""中国胸痛中心核查专家"，徐丽英入选"国家卫生健康委感染防控专家库成员"。截至2020年12月，社员中共有5人次任国家级学会会长、副会长，6人次担任国家级评审专家，48人次在国际或国家级学术团体兼职。

2020年，丽水九三学社医护社员为全市的疫情防控献策献力。在海外侨胞疫情防控中，主委韦铁民向相关部门建议在各海外侨团微信社群加入2至3名医生，利用互联网平台搭建"空中医院"，为侨胞疏导心理，提供医疗咨询。张宁负责市人民医院200余例留观患者诊疗，诊治莲都区第一例新冠肺炎患者；徐丽英为丽水市首批援鄂医疗队进行专业培训，先后为全市医务人员指导培训200余人次；倪京丽带领团队研制出1号、2号中药"防感汤"；樊慧苏、吕玲春等11名专家社员为境外华侨开展线上防控讲座和医疗咨询，服务侨胞万余人次；滞留在武汉疫区的崔淑芬，利用网课保证丽水学院教学工作的开展，事迹被丽水日报报道。九三学社市委会发动社员共捐款4.98万元，口罩、防护服等防控物资共计19.4万元。撰写疫情防控社情民意信息100

余篇，其中45篇次获社中央、社省委、省委统战部、省市政协等采用。社市委与社省委联合调研成果《在经济上如何打赢新冠肺炎阻击战——基于1315家民营企业的调研报告》获袁家军、冯飞、熊建平、朱从玖4位省领导批示。何登伟撰写的《建议紧急制定新冠病毒核酸检测试剂的行业国家标准》获国务委员批示。市中心医院支社和市人民医院支社被社省委评为"新冠肺炎疫情防控工作先进集体"，徐丽英被社中央评为"抗击新冠肺炎疫情先进个人"；张宁被省人民政府评为"浙江省抗击新冠肺炎疫情先进个人"；张宁、黄旭芳被社省委评为"新冠肺炎疫情防控工作"先进个人；何登伟被省科协评为"打赢新冠肺炎疫情防控阻击战百名'科技追梦人'"；吕海燕获浙江省慈善联合总会授予的"浙江省'战役群英'优秀个人"称号；潘红英被丽水市护理学会授予"新冠肺炎疫情防控工作优秀护理管理者"称号；黄旭芳被丽水市护理学会授予"抗疫先进护士"称号。

【九三学社创建75周年活动】 2020年，九三学社市委会开展以"牢记历史使命　传承九三精神"为主题的九三学社创建75周年纪念活动，对表现比较突出的3个先进社组织、6名"丽水九三榜样"和10名"丽水九三抗疫先锋"予以表彰。结合重阳节活动，召开纪念九三学社创建75周年座谈会，回顾历史，展望未来，增强凝聚力。同时，参加社省委开展的九三学社创建75周年纪念活动，厚植九三情怀，激发使命担当。市综合支社被社省委评为先进基层组织，何登伟获"浙江九三榜样"称号，张向东、倪京丽、崔淑芬、谭啸被社省委评为"优秀社员"，赵国华、徐君妙被社省委评为"优秀社务工作者"。

【参政议政】 2020年，九三学社市委会探索推行"集体提案逐层招标、重点课题严格把关、社情民意即日反馈、参政议政月汇总评"等制度，提高建言资政的质量。崔淑芬等参与的《着力提升国有企业技术创新能力　加快打造高水平创新型省份》调研报告获省委书记车俊、省长袁家军等省领导批示。《打造优质区域医疗中心，造福一方百姓》《"十四五"规划要关注乡村"空心化"问题》等5件大会发言被评为市政协四届四次全会优秀大会发言，占获奖总篇数的26%，并获市领导批示9次。2件提案被列为市政协重点提案、4件提案获评优秀提案。上报社情民意信息254篇，得分位列全省各地市级社组织第4名。其中，社中央采用7篇，社省委采用38篇，市政协采用33篇。韦铁民、何登伟、雷后兴、张德勇、崔淑芬被社省委评为信息工作先进个人，占全省25名先进个人的五分之一。崔淑芬被社省委评为"参政议政工作先进个人"。

参加市政协牵头的"请你来协商"活动和市人大组织的《丽水市文明行为促进条例》《丽水市烟花爆竹销售燃放管理规定》立法等协商座谈会。到景宁、云和、莲都等地开展"高水平全面建成小康社会补短板""最多跑一地""城乡生活垃圾分类处理"等专项集体民主监督。市区联动开展"完善疾控机构体制机制建设，提升重大疫情应急处置能力"专项民主监督，在监督中建言资政，发挥参政议政、民主监督作用。

【获全省机关规范化建设先进单位】 2020年，九三学社市委会以社中央机关规范化建设检查为契机，提升建章立制、公文处理、档案管理、用语规范、机关运转、组织活动等水平，促使社务工作更加规范化、标准化和精细化，得到社中央检查组专家们高度评价。社市委以99.9的高分被社中央命名为全省唯一的"2020年度机关规范化建设市级组织先进单位称号"，同时获全省唯一的"2020年度机关规范化建设市级组织工作成效奖"。

【结对帮扶】 2020年，九三学社市委会对标全面建成小康社会，合力推进脱贫攻坚和乡村振兴。组织社员和九三学社界别市政协委员帮扶缙云县七里乡犁坑村、溶江乡田洋村，共提

2020年7月21日，省人大常委会副主任、九三学社浙江省委主委姒健敏带队到松阳县金钟村调研指导结对帮扶工作　（朱云鸯　提供）

供帮扶资金10余万元，并走访慰问困难群众，提供生活物资。协助社省委到松阳县象溪镇金钟村落实“两不愁三保障”工作。连续15年协助社省委对老竹镇民族学校开展助教、助学的教育帮扶活动。社莲都区委帮助解决莲都老竹榴溪畲族山背自然村农村饮用水改造经费5.3万元，提升150余人饮用水质量。

【社会服务】 2020年，九三学社市委会继承和发扬社会服务项目，将界别优势与开展社会服务、党派特色与基层群众需求相结合，提升九三学社社会影响力。全年举办科普讲座、科技服务等活动5场，医疗义诊3场，累计参与专家60余人次，发放科普资料1000余份，累计服务群众3000余人次。社市委被社中央评为2016—2020年社会服务先进集体。韦铁民被社中央评为2016—2020年社会服务先进个人；市医卫支社被社省委评为2020年全省社会服务先进基层组织；虞高星、倪荣新、周兆成被社省委评为2020年全省社会服务先进个人。（朱云骞）

丽水市工商业联合会（总商会）

【概况】 2020年，丽水市工商业联合会（总商会）（简称市工商联）坚持以习近平新时代中国特色社会主义思想为指导，落实市委、市政府和省工商联各项决策部署，开展非公有制经济人士教育实践活动54场，参加活动5847人次；举办各类非公有制经济人士培训班31期，参加培训2574人次；开展“三服务”活动走访企业874家，收集问题建议187个。年末，全市工商联有会员19376人；商会210家，其中异地商会165家，直属和行业商会25家，基层商会20家。

2020年，市工商联开展“新时代工商联新样子”大讨论，依托主席书记笔谈、集中研讨、走访调研等形式，先后举办“企业家心目中的工商联”“我和我们的工商联”“奔跑的工商联”互学互促交流等主题活动。贯彻落实《关于做新时代“奔跑的工商联”全力助推我省“重要窗口”建设的意见》《丽水市工商联深化改革实施方案》，推进市县工商联改革。

2020年，全市工商联系统为本次疫情募捐总额8102.79万元，其中纳爱斯集团有限公司和意尔康股份有限公司获评全国工商联“抗击疫情先进民营企业”。指导企业做好复工疫情防控，累计向企业发放医用口罩9万余个，测温仪400余支。坚持以“三服务”活动为总抓手，开展“助企抗疫情、联企复生产”专项行动，先后设立25个工作专班，组织85名联企指导员，对接联系866家执委企业，并向企业印发《疫情防控政策兑付指引》，将省助企27条和市助企18条复工优惠政策传递到企业家手中。成立疫情防控律师公益服务团，提供疫情防控、劳动用工等法律咨询，为企业复工提供法律保障。多形式抓实复工复产扶企惠企政策落实反馈，加强与有关市直部门沟通，完善各类惠企政策，让广大企业有政策获得感。开展民营企业参与抗击疫情跟踪报道，《同舟共济 共克时艰 丽商在行动》《抗击疫情 综述丽水篇》等信息在中央、省级、市级等媒体发表。

【非公有制经济人士理想信念教育实践活动】 2020年，市工商联开展民营经济人士理想信念教育活动。发动商会组织、会员企业学习习近平总书记考察浙江重要讲话精神、企业家座谈会重要讲话精神以及对新时代民营经济统战工作的重要指示精神。组织新生代企业家开展“庆祝建党99周年嘉兴行”，走访15名企业家开展民营经济代表人士谈心活动，邀请省工商联主席王建沂来丽以“企业家讲、讲给企业家听”的形式宣讲十九届五中全会精神，并组建市级民营企业家宣讲团前往青田、缙云举办中央全会精神专题宣讲会，参会企业家达400余名。参与省联“讲述浙商好故事、宣传浙商好典型、弘扬新时代浙商精神”活动，推选陈频、章利民等2名企业家作为丽商代表参加评选，其中陈频《变革就是习惯在焦虑中入定》入选浙商好故事。

【企业家教育培训】 市工商联举办2020年非公经济人士培训班暨“新生代”企业家培训班，组织全市50余名新生代企业家到上海参加培训。举办丽水商会会长培训班，来自北京、上海、杭州等30余家商会共计52名会长、秘书长受邀前往深圳学习考察。推荐3名企业家代表参加省工商联专题培训班。开展新生代企业家“两百双传承”工作，择优选派涵盖智能制造、商贸科技、旅游、农业、医药卫生等多个领域的10名新生代企业家到10家市直党政机关挂职锻炼，召开挂职新生代企业家交流座谈会4场。推荐3名新生代企业家参加省委统战部举办的“浙江省新生代企业家青蓝接力培训班”。实施“丽商青蓝接力工程”，举办第二期“青蓝接力”导师论坛，强化资深企业家、新生代企业家、创业新青年代表以“1+1+1”导师结对的创新模式实现双向导师传承，先后开展“青蓝接力”活动2场、“青蓝对话”活动2场，鼓励支持新时代新青年创业创新发展。

【民营企业精准帮扶】 2020年，市工商联开展“五个一百”服务企业专项行动，聚焦企业防疫抗疫复工复产、支持民营企业参与长三角一体化等专题，先后开展企业、商会集中走访活动4场次，走访企业商会60余家，召开企业家座谈会18场，落实各项调研10余次，发放调研问卷350余份，梳理形成降成本、减负担、防风险、扩融资、稳发展等方面问题建议24条。组织参与大型问卷调查8次，市本级工商联与遂昌、庆元两县工商联获评省级先进基层工商联，缙云工商联获评全国工商联2020年民营企业调查点工作示范单位。联合市统战部、人行丽水市中心支行等部门，深入开展"百地千名行长助企业复工复产"专项走访行动，落实专人"一对一"服务，为企业提出金融解决方案。自走访开展以来，参与走访的市县两级行长2058人次，走访调研企业6676家，累计为企业授信613.3亿元，发放贷款437.8亿元。其中，拓展企业首贷户2061户，贷款金额118.2亿元。

市工商联按照主题、形式、内容、管理"四统一"要求，搭建新时代政企沟通协商平台。5月21日，联合市经信局等6个相关部门召开了以"强信心、保增长"为主题的首期"亲清直通车•政企恳谈会"。8月31日，联合全市生态环境局召开以"践行'两山'理念　助力绿色发展"为主题的第二期"亲清直通车•政企恳谈会"。10月30日，会同全市各级检察院举办"服务'六稳''六保'护航民企发展"检察开放日活动。至年底，全市分级召开恳谈会30场，面对面听取308名民营企业家意见，收集建议诉求312条，全部录入"三服务"小管家平台系统，形成管理闭环。

组织召开《浙江省民营企业发展促进条例》专题培训班与实施情况座谈会，推动条例贯彻落实。与市法院、检察院、司法局协同联动，开展百名企业家"法治大讲堂"专项行动、"法治体检"活动及涉企控告申诉案件清理监督活动，建立15个省级、市级民营企业立法联系点，强化民营企业法治宣传、风险防范与司法保护，推进清廉民企建设。与市人社局、民政局职能衔接，加强与超市从业会员联系交流，推进超市行业数字化升级，合力筹建"丽水市超市联盟"，促进丽水市超市产业高质量发展。与市供销社加强合作，完善"浙里汇"消费扶贫购销平台建设。与浙江大学深化科技帮扶，上报有意与浙江大学建立合作技术研发平台企业5家，先进技术需求10项。

【参政议政】　2020年，市工商联共上报社情民意9篇、政协提案会办意见5篇，提交大会发言1篇、团体提案2件、人大建议1件。其中，大会发言《纾困民营企业，持续推动我市经济健康发展》得到市委书记胡海峰、市长吴晓东等领导的批示肯定，获评优秀提案，并促成环保等执法部门推出"首违不罚"制度和清单等一系列惠企纾困举措。团体提案《分类处置闲置土地　让企业卸下包袱》促成丽水市企业开竣工问题处置过渡期政策出台，大幅下调土地违约金，减轻企业资金压力。

【商会组织建设】　2020年，市工商联修订《丽水市商会规范化建设实施意见》，通过巩固基础、补齐短板、挖掘潜能、优化功能，加强对商会组织筹建、运营管理、党建工作、考核评估的制度化、标准化、系统化管理。年底，成都丽水商会、丽水合成革商会、新生代企业家联合会和新疆丽水商会、宁波丽水商会、乌鲁木齐丽水商会完成换届，义乌市丽水商会超市行业分会成立，黑龙江(东北三省)丽水商会、太原市丽水商会获得批复并完成筹备小组组建，兰州市丽水商会召开换届大会，周清华任新一届商会会长。

【招商引资】　2020年，市工商联与市发改委、经信局、经济技术开发区联合，对接长三角高水平成熟市场主体及行业"领头羊"型企业，开展百家民企对接、招商推介和商会家乡行活动，探索成立长三角民营企业联盟，承接上海产业转移。完善商会招商引资顾问机制，各直属商会和异地商会新推荐招商引资顾问17名，引导丽商回归。至年末，遂昌温州商会会长旅居房车项目达成签约意向，总投资5000万元；绍兴丽水商会会长垃圾焚烧炉渣综合利用制作环保砖项目意向落地青田，总投资6680万元。

【"万企帮万村"脱贫攻坚】　2020年，市工商联引导民营企业打赢"万企帮万村"精准扶贫攻坚战，组织企业家和结对商会到四川巴中、广元开展工作交流与公益帮扶行动。至年末，共达成消费扶贫采购意向15万元，完成采购2万余元，累计帮助对口帮扶四省在当地就近就业2320人，完成率198.29%，帮助对口帮扶四省到其他地区就业1487人，完成率381.28%，成都丽水商会荣获浙江省东西部扶贫协作"社会责任奖"。推进"千企结百村、消灭薄弱村"专项行动，组织企业与四川省凉山州布拖县6个挂牌督战村开展结对帮扶，累计捐款60万元。组织结对企业到梅河口参与省联"浙商吉林行"对口合作经贸考察活动，召集工商联界别政协委员到青田北山镇开展"千名政协委员联系帮扶千户低收入农户"活动，引导广大丽商参与消费扶贫工作。　（丁　怡）

工会 共青团 妇联

丽水市总工会

【概况】 2020年，市总工会制定下发《关于在全市开展工会组建“双覆盖百日攻坚”行动的通知》，推动全市25人以上单位工会组织应建尽建，25人以下小微企业实现基本覆盖。行动期间，成立美容美发行业联合工会，新建25人以上企业工会121家，联合工会8家，新增会员2000余人。年底，全市共有基层工会4144家、联合工会153家，涵盖单位8千余家，工会会员33.6万人。下发《关于开展全市工会基层组织和工会会员实名制信息录入集中攻坚行动的通知》，定期开展摸底排查及通报，完成实名制数据库建设目标及数据归集工作，录入工会会员25万人。

下发《关于加快推进全市域基层工会改革工作的指导意见》，将基层工会改革试点从27个推广到全市域63个乡镇(街道)总工会。选树5家基层工会改革示范点，国网庆元供电公司获全国厂务公开民主管理先进单位。制定《丽水市非公企业工会“推优入党”工作实施细则(试行)》，174名优秀职工光荣加入党组织。贯彻落实省政府办公厅文件精神，加强社会化职业化工会工作者管理，实行工资分级负担。

2020年，全市工会系统参加疫情防控总计1.8万人次，其中党员干部2830人次，125名工会干部赴疫情联防联控指挥部听从统一调配。全市各级劳模为疫情防控捐款共计346.4万元，捐献物资78.4万元，491名劳模参与疫情防控工作。制定下发《关于深入开展“三服务”活动，助力企业疫情防控和复工复产工作的通知》，市县联动、线上线下互动开展招聘活动15场，协助企业制定复工方案80个，组织包机、包专列、包车协助工人返岗1099人。组织开展转岗再就业技能培训39场，帮助375家企业626名职工解决再就业问题。贯彻执行民营企业工会经费缓减和小微企业工会经费减免政策，缓减企业上缴经费1812万元，小微企业全额返还经费511.9万元。

【产业工人队伍建设改革】 2020年，全市各县(市、区)总工会全部出台产业工人队伍建设改革实施方案，成立由各县(市、区)副书记担任组长的协调小组，市县两级共召开协调小组会议14次、现场推进会10次、专题培训班6次。市县工会指导所辖地区三分之一规上企业开展产改工作，所辖规上企业对产改工作知晓率均在90%以上。推荐23家非公企业作为全市产改试点单位。

【技能竞赛和人才培养】 2020年，全市组织开展劳动和技能竞赛150场，参加省级技能竞赛20场。启动2020—2021年重点工程立功竞赛，市级立功竞赛项目32个，其中溧阳至宁德高速公路(G4012)景宁至文成段工程、丽水灵山社区两个项目纳入省级2020—2021年立功竞赛项目。

开展农民工“求学圆梦行动”，179名职工享受到学历提升补助。开展“名师带徒”活动，发挥劳模、工匠等高技能人才的示范带动作用，全年完成“师带徒”签约645对，拓展职工职业技能培养途径。弘扬劳模精神、劳动精神、工匠精神，2020年推荐评选全国劳模3名、全国先进工作者1名，省五一劳动奖章1名，省五一劳动奖状1个，省工人先锋号2个。成立21支劳模志愿服务小队，组织劳模志愿服务活动90场。

【职工文体活动】 2020年，市总工会开展“中国梦•劳动美”系列主题宣传教育活动，市县两级工会建立劳模工匠宣讲团，全年宣讲共453场，听众2万余人次。举办“最美工作照”选树、“咱们工人有力量”音画展播，讴歌劳动精神的微视频《新时代的追梦人》被学习强国收录，市总工会的诵读作品《点绿成金的致富宝典》荣获全国总工会和中央网信办联合主办的“网聚职工正能量，争做中国好网民”活动全国最佳原创作品奖；青田县总工会选送的扶贫短视频故事《幸福路上的猪司令》获全国二等奖。开展职工文体“双百引领”活动，全年全市工会系统共开展“中国梦·劳动美”文化活动18场，体育活动22场。

【职工权益保障】　2020年，全市共排查企业2799家，排查出影响职工队伍稳定的问题41件，化解41件；开展公益法律服务行动，全市11支法律服务分队共开展服务活动57次，现场受理劳动争议案件8件，援助农民工862人次；开展2020年集体协商要约行动，全市培育集体协商示范点20余家，签订集体合同、工资专项集体合同、区域性行业性集体合同4387份，覆盖职工27.47万人，全市共有工资集体协商指导员21人，其中专职7人，兼职14人。

【困难职工解困脱困】　2020年，全市工会慰问困难职工2380人，发放救助慰问金190.7万元。疫情期间，专门拨付生活补贴资金22.24万元保障困难职工基本生活。年底，全市在档困难职工412户，同比下降25.6%；与2016年相比，2015—2020年已有92%的困难职工实现解困脱困。　（董　方）

共青团丽水市委员会

【概况】　2020年，全市共有团员116743个，基层团委（包括团工委）425个，团总支98个，团支部（包括学校）7220个。全市共有团干部13097人，其中专职团干部832人。全市共青团系统荣获国家级先进集体3个、先进个人9个，省级先进集体30个、先进个人23人。

【青少年思想政治引领】　2020年，团市委学习贯彻习近平总书记考察浙江讲话、五四寄语、致全国八少贺信等重要精神，线上推进“青年大学习”行动，线下拓展“青年大学习”阵地，青年参与率连续13期位居全省第一，累计开展主题学习活动400余场次。组织各级团组开展“绽放战疫青春，坚定制度自信”五四团日活动，《青春的模样》战疫宣传片观看达36万人次，激发丽水青年责任担当。实施青少年“真善美”种子工程，创新打造全链条的思政育人新体系。组建“新时代青年说”理论宣讲团，举办思政微课大赛，办好新世纪人才学院青苗班、青马班，做好“十八岁成人礼”“少先队入队仪式”等仪式教育；立足丽水本土特色，开发“三色教育”系列课程，通过寻访、研学等实践体验活动，强化青少年思想政治引领。

【青年人才培养】　2020年，团市委聚焦丽籍大学生回归培养，建立12个丽水在外青年乡贤联络站和丽籍在外（在校就读）青年人才数据库，开展“家燕归巢”大学生创梦丽水行动，吸引2800余名优秀大学生来丽开展岗位实习和社会实践，引导大学生了解乡村、认识乡村、融入乡村。开展“推优入党”集中活动月，共推优2082名团员青年。参与村社换届工作，建立村社干部青年后备人才，实施“青雁计划”，重点培训农村优秀青年骨干人才500人，分批组织动员、精准推荐基层社会治理青年人才691人，为村（社区）换届储备大批青年人才。聚焦乡村振兴“两进两回”任务，通过乡村振兴青学堂、创建示范性青创农场等载体，外引内培乡村振兴新青年人才队伍5000余人。

2020年4月26日，丽水市乡村振兴青学堂线上公益直播课　（王　静　提供）

【青年创业创新】　2020年，团市委举办首届“青鸿鹄”长三角数字经济主题活动，吸引全国各地高端装备、先进制造、信息科技、人工智能、乡村旅游、智慧城市等多行业多领域等百余项目参赛，为丽水数字经济招才引智搭建平台。紧跟电商经济迭代更新推进农村电商工作创新升级，举办电商

2020 年 10 月 23 日，首届"青鸿鹄"长三角数字经济创业创新人才论坛在丽水举行

（王 静 提供）

培训班共 106 期 7307 人，培养青年电商人才。聚焦直播电商、社交电商等新电商应用模式的新视野，提出"打造全国农旅视频电商第一市"的政策建议。实施"青春圈粉"计划，挖掘本土青年网红 113 个，选树 10 名"青春助农网红"典型开展 11 期"青春网红，公益助农"直播活动，助力脱贫攻坚。助力企业复工复产，推出"团团助企复工十条"，发布助企复工复产大学生见习生岗位 460 个。

【青少年参与社会治理】 2020 年，团市委以大花园最美核心区建设为目标，重点攻坚百山祖国家公园创建志愿服务工作，围绕"五色"志愿服务内容，实施"小园丁"青年志愿服务标准化品牌化提升行动，大型赛会志愿服务体系更加成熟，全市共有"小园丁"志愿者近 73 万人，累计志愿服务时长近 700 万小时。面对突如其来的疫情，各级团组织闻令而动，共组建 137 支疫情防控青年突击队，组织 11206 名"小园丁"青年志愿者参与疫情防控和复工复产志愿服务，发挥共青团生力军和突击队作用。深化"共青团与人大代表、政协委员面对面"主题活动，开展主题调研 10 次，倾听活动 10 次，畅通青年参政议政通道。

【青少年权益维护】 2020 年，团市委针对青年成长成才过程中的迫切需求，以互联网思维专业化、社会化推进"亲青筹""亲青恋""亲青创""亲青帮"四个亲青平台建设，着力为青年解决成长的烦恼。全年共计开展青春交友活动 106 场，服务青年 4200人次；资助贫困学生约 1100 人，资助金额约 700 万元；"亲青帮"注册青少年36911 人，入驻各类青少年工作专家 529 人，办结有效青少年咨询 21 个，开展亲青帮系列活动 40 余场。做好重点青少年帮扶工作，实现 5750 余名重点青少年结对帮扶全覆盖。

【基层团组织规范化建设】 2020 年，团市委实施提升"潮头"工程，突出大抓基层导向，通过制定乡镇（街道）、中学、市直机关企事业单位不同领域的团建"进位提升"对标清单，实行四个等次动态管理，以每季度设置不同主题举办基层团建擂台赛、互观互学、团支部对标定级等方式，促进基层团组织比学赶超，实现基层团建有方向、有榜样、有保障，乡镇（街道）和中学创成示范型团组织 54 家，提升型团组织 99 家，合格型团组织 120 家，不合格团组织全面消除，为期三年的基层团建"进位提升"行动基本收官。

（王 静）

丽水市妇女联合会

【概况】 2020 年，丽水市妇联大力弘扬践行浙西南革命精神，厉行"丽水之干"，守正创新，奋斗实干，做好引领联系服务三篇文章，为"高水平建设和高质量发展重要窗口"积极贡献巾帼力量。市妇联获评丽水市 2020 年度大花园建设先进集体。市妇联机关支部获市直单位疫情防控事迹突出党组织、市直党政机关生活垃圾分类示范单位等称号。市妇联干部杨觅玫、李慧妙分别获评"丽水之干"先锋人物、大花园建设先进个人。陈建敏获全市创建一星"平安金鼎"工作表现突出个人，谢翀获评全市实施乡村振兴战略中作出突出贡献个人。

全市妇女抗疫工作得到市委书记胡海峰肯定。2020 年，市妇联组织全市 3058 个基层妇联、1098 支巾帼志愿者队伍、2 万余名妇联干部和执委参与新冠疫情防控。市妇联微信公众号发布动态信息 500 余条，多角度宣传党委政府最新政策、防疫防控知识和先进典型。开展"幸福丽水幸福家"我们抗"疫"在一起云系列活动，教育引导市民居家抗疫。开展"千里战疫有你，无微不至有我""特别的爱给特别的你""致敬英雄 丽爱回家"等医护人员关爱活动。建立一线医护及其家属"一人一专班"服务，招募巾帼志愿者，送上贴心服务 4778 人次。争取省妇女儿童基金资金、防疫物资驰援一线医护人员和在丽水的医疗机构。对接移动、联通为援鄂和丽水集中救治点156位医护赠送流量和话费。为丽水80位援鄂医疗队队员筹措羽绒服和棉鞋，价值9.5万余元，发动巾帼民宿业主提供疫后关爱房2680个。联合印发《关于做好疫情防控期间留守儿童和困境儿童关爱帮扶工作的通知》，为留守儿童、困境儿童提供陪伴“五送”活动。发动丽水海外巾帼募集各类防疫物资价值410余万元。携手社会专业力量共完成心理咨询疏导1170件。

【妇女思想引领】 2020年，全市各级妇联开展党的十九届五中全会精神大学习、大讨论、大宣讲活动30余场次。组建“浙西南女儿”宣讲团，深入开展党的理论宣讲活动200多场次，覆盖20余万妇女群众。市妇联有关工作在学习强国和《中国妇女报》《中国妇女》《农民日报》等国家级媒体报道22篇，浙江日报、浙江新闻客户端等省级媒体报道81篇，微信公众号、抖音发布图文、视频900余条次。开展纪念“三八国际妇女节110周年暨致敬浙西南巾帼英雄”“三敢三比丽水之干·巾帼岗位建新功”“听妇联主席讲巾帼英模故事”“丽姐进万家暨幸福丽水家庭建设工作推进月”等系列活动，线上线下参与群众达20余万人。深入贯彻市委四届八次全会精神，第一时间开展争当“高水平建设和高质量发展重要窗口”巾帼模范生活动。市委、市政府首次表彰市级三八红旗集体12个，三八红旗手14位。全市28名个人（家庭）、34个集体分别获评全国、省、市三八红旗手（集体）、巾帼建功标兵等荣誉。

【妇女创业创新】 2020年，市妇联开展“复工复产”春风行动，开设女企业家“复工复产口罩银行”，推出惠企助企政策“服务包”210个，组织助企复工服务1000余人次，联合农信社为创业女性提供1.5亿信贷资金，全市农信新增妇女创业贷款443户，贷款总额9093万元。启动“妇联云集市”“妇联云民宿”“妇联云创客”三大云端服务。市县妇联举办“妇联云集市喊你买好货” “妇联喊你享民宿”活动70余场，开展“2020年丽水市妇联巾帼云创客培育项目”培训150余场次。实现云端带货1000多万元，新培育巾帼村播650名，打造乡村振兴巾帼云创基地10个。深化“来料加工增收行动”，举办2020年丽水市“巧手工匠”来料加工（平车）技能大赛、来料加工重点经纪人培训班、来料加工平车技能培训班等培训班次280期，技能大赛46场。组织经纪人参加老博会、义博会等各类展会发放宣传资料8000余份，承接订单额达3051万元。2020年累计发放来料加工费为25.69亿元，同比增长5.63%，超额完成全年目标任务的2.76%。与上海黄浦、静安、奉贤、松江、金山等五区妇联深度合作交流。丽水家庭游网红线路受到上海家庭热烈欢迎。3条家庭游网红线路入选省20强，“江南秘境探寻之旅”被评为全省十大美丽家庭游网红线路。与市农业局联合举办丽水味道创意大赛。组织民间厨娘参加全省“妈妈的味道 民间美食巧女秀”活动并斩获最佳人气奖2个，优胜奖6个。市女企协会长企业正式上市。出台首个花园庭院建设标准，建成花园庭院样板村10个，花园庭院样板户100个。联合对口帮扶的四川巴中、广元，新疆新和三地妇联推出“东西携手 巾帼云创 丽水市妇联巾帼云创客培育项目”，培训创业女性350余名。推进“归雁工程”来料加工项目，在广元昭化县、剑阁县打造19个来料加工扶贫车间，帮助280余名妇女实现家门口就业。带领来料加工企业赴四川广元开展东西协作交流，签订《绿色农产品认购合作框架协议》，开展平车实用技术操作培训。

2020年8月18日，市妇联开展争当“高水平建设和高质量发展重要窗口”巾帼模范生活动 （王 静 提供）

【妇女儿童权益维护】 2020年，市妇联出台《丽水市反家庭暴力联动工作机制》《关于加强被性侵未成年人保护的实施意见》《全市公安机关家庭暴力警情处置工作规范》等制度，加强与公检法司、农业农村、民政、人社等部门的协同联动，形成源头预防、及时研判、高效处置的闭环联动机制。组建莲都“侠姐”、青田“叶姐”、云和“和姐”、遂昌“娟姐”、缙云“缙姐”

等56支集维权、普法、调解为一体的“平安丽姐”队伍，并融入基层一中心四平台建设。市本级和9个县(市、区)妇联先后举办“平安丽姐”维权专业素养提升班，增强妇联干部和专业维权团队专业能力。在全市较大的来料加工点、就业培训机构、邻里中心等妇女群众集中点位建立“平安丽姐”调解工作室，实现婚姻家庭纠纷预防化解“最多跑一地”。全市累计调解婚姻家庭纠纷3531例，调解有效率99%。“平安丽姐”贾维侠作为调解家庭邻里矛盾代表受邀参加中央电视台第12套社会与法频道的《夜线》节目连线。组织开展三八维权周、“巾帼送法下基层”、妇联微普法等主题活动，成立8个民法典讲师团，深入基层开展系列宣讲教育活动，开展线上线下培训辅导136次，发放宣传册3000余份，受益妇女5.3万余人次。开展丽水市“12338”热线提优工作，将热线纳入“12345”市长热线。

2020年11月20日，丽水市开展“倡清廉家风、建最美家庭”主题教育活动

（潘江浩　提供）

【家庭工作】　2020年，市妇联开展“家家心向党”系列活动。4户家庭获全国最美家庭，1户家庭获五好家庭，18户家庭获省级最美家庭，8户家庭获省级绿色家庭，202户获市级绿色家庭。召开省级“最美家庭”表彰会暨礼遇“最美家庭”爱心联盟单位签约仪式，为“最美家庭”提供48项礼遇服务，发放好家风信用贷款26笔，合计金额606万元。联合市纪委监委举办“倡清廉家风、建最美家庭”主题教育活动，让清廉家风走入丽水家庭。开展丽台邻里节活动，增进台胞对祖国与民族的认同感。开展妇女儿童发展“十四五”规划编制暨“十三五”规划终期评估。实施《浙江省家庭教育促进条例》，打造“幸福丽水”家教品牌，开展“面对面”+“键对键”家教活动330场次。组织召开丽水市推进家庭教育工作电视电话会议，举办“家庭教育主题论坛”、第二届家庭教育讲师选拔赛，联合教育局出台《丽水市家庭教育讲师团宣讲活动方案》。全市儿童之家建设列入市县两级政府民生实事，配合市民政局共建成规范化儿童之家200家，基本实现乡镇和重点村(社区)全覆盖。举办人才峰会“缘来处州 智汇丽水”优秀人才集体婚礼。开展“相伴童行、阅来悦好”活动，为农村儿童之家募集到图书价值4万余元；开展点亮微心愿活动，为留守困境儿童完成微心愿300多个。开展“保护儿童安全·携手共同成长”暑期关爱服务活动，受益留守儿童达26662人次；争取省儿基会的支持，常态化开展焕新乐园、圆梦助学等项目，全年改造低保留守儿童家庭553家，帮助136名困难学生，发放助学金24.8万元。

【妇联组织改革】　2020年，市妇联聚焦改革重点难点，开展组织覆盖攻坚、整体优化提升、网络引领增强等系列破难行动，全省首个实现高校妇联组织全覆盖，全年共建成“四新”领域妇联组织35家，新建成妇女微家57家，建成“三个一百”示范妇女组织100家。推进村(社区)妇联换届工作，制定下发换届重点提示单，召开换届选举试点观摩会，开展专题督导，女性参与基层治理比例进一步提高。开展“有为才有位争先创优”活动，妇联干部干事创业激情迸发，妇联组织争先创优氛围浓厚。举办全市女领导干部、妇联系统干部等系列培训班，参加培训600余人次。举行全市妇联系统品牌工作大比武活动。开展市妇联“大学习”、最多说一次执行力建设、最多问一次服务力建设。完成第四期中国妇女社会地位调查。　（潘江浩）

人力资源和社会保障

【概况】 2020年，市人力资源和社会保障局贯彻落实市委、市政府决策部署，坚持疫情防控和业务攻坚“两手抓、两手硬”，坚持保民生助发展促稳定三管齐下，做好稳就业、稳金融、稳外贸、稳外资、稳投资、稳预期工作，全面落实保居民就业、保基本民生、保市场主体、保粮食能源安全、保产业链供应链稳定、保基层运转任务，因时因地做好服务，分门分类做好保障，全市就业基本盘保持稳定，不断壮大人才蓄水池，社会保险运行平稳，劳动关系总体和谐，深入推进人社改革，完成年初确定的各项目标任务。连续第10年获市政府综合目标责任制考核优秀。

人　事

【事业单位人事管理】 2020年，市人力资源和社会保障局完成贯穿公开招聘、岗位变动、人员交流、解除、开除等7个事业单位工作人员职业生涯“一件事”改革，覆盖全市事业单位2700余家，事业单位工作人员5.4万余人。根据市委深化改革领导小组要求，做好机构改革人员转隶工作，完成市直事业单位42家，共381人转隶入岗审核；完成市农业农村局、市体育发展中心、市气象局、市民政局等16家下属事业单位岗位设置调整工作，推进自然规划、建设、交通、水利等下属事业单位岗位设置工作。首次组织开展2020年度全市中小学教师专业技术二级、三级岗位评审工作，推荐人选5人，其中二级岗1人、三级岗4人；完成事业单位岗位聘用变动（晋升）审核工作，共审核岗位变动210批次，涉及1312人。全市招聘事业单位工作人员2466人。

【工资福利】 2020年，丽水市人力资源和社会保障局制定出台《丽水市本级机关事业单位工资统发“一件事”实施方案》，将市本级机关事业单位、市人力资源和社会保障局、市财政局、代发银行涉及的所有业务合并为“一件事”，实现一站式联办、一体化服务、一次提交、零次跑动改革目标。完成非营利性服务业劳动工资总额半年度增幅阶段性目标任务，丽水市2020年非营利性服务业工资总额增长18.3%，位列全省第一。完成市直机关事业单位2019年度综合目标考核奖金发放工作，提高市本级事业单位人员年度考核奖和月度考核奖人均水平，实现事业单位人员年度绩效考核奖金人均水平与机关工作人员基本持平。会同市卫生健康委、市财政局按政策为全市援鄂医疗队员、援疆医疗队员和疫情防控一线医务人员发放临时性工作补助，并为市本级在疫情防控工作中作出较大贡献的医疗卫生单位核增一次性绩效工资总量。核定完成5家公立医院2018年度和2019年度薪酬总量。完成全市245人“抗美援朝志愿军出国作战70周年”纪念章颁发工作。完成2020年度市、县评比表彰和通报表扬申报项目审核、推荐、上报工作，开展纪检监察机关审查调查一体化工作等9个行政奖励，共记功嘉奖集体35个、记功嘉奖个人337人。

【人事考试】 2020年，市人力资源和社会保障局组织实施人事考试63场，应考人数48607人，查处考试违纪违规人员2人，其中纳入浙江人事考试网诚信记录9人。联合标准化研究专业机构，完成公务员考录规范化标准化试点。完善人事考试考官库信息化管理项目，实现考官抽取、短信电话通知等环节的电子化运作。制定发布《公务员考试录用管理工作规范》，依托浙江省人事考试报名系统，启用人事考试报名平台系统，为考生提供更为高效、方便、快捷报名服务。

人　才

【人才开发】 2020年，市政府办公室出台《关于加强引进高校毕业生工作的若干意见》，提出人才住房保障、交流招聘、实习训练、典型选树等举措。根据《丽水市138人才工程(2011—2020年)实施意见》《关于印发〈进一步激励关爱一线党员干部和医务工作者在疫情防控中担当作为的十条举措〉的通知》《关于进一步做好疫情防控期间全市人才工作的通知》精神,加大对疫情防控一线卫技人才激励力度,会同市委人才办、市卫生健康委开展面向援鄂一线卫技人员专项选拔"138"人才工程培养人员,宋晶晶等5人、杨燕等15人分别入选市"138"人才工程第一、第二层次培养人员。对246名市"138"人才工程培养人员开展跟踪考核及综合考核评估。丽水市推荐的博士纪建松入选2020年,百千万人才工程国家级人选名单,这是丽水市专家首次在该项国家级人才项目上取得荣誉。举办第三批重点企业技术创新团队建设情况年度汇报会,10家重点企业技术创新团队的企业负责人和团队带头人就建设任务、创新成果、人才队伍建设、资助资金使用等内容作汇报和交流。2020年市"138"人才高级研修班在浙江大学华家池校区举行,全市49名培养管理期内的省"151"人才工程和市"138"人才工程培养人员参加研修。举办丽水市人力资源服务业人才高级研修班、丽水市企业人力资源经理高级研修班。开展精准服务企业专项行动,实施"强供给优服务助企业"专项行动。12月11日,丽水人力资源服务产业园开园,实现丽水市人力资源服务产业园零突破。省人力资源和社会保障厅发布《2020浙江省人力资源服务业发展白皮书》,来自青田县浙江邦芒实业有限公司登上2019年度浙江省人力资源服务机构综合100强榜单,丽水市首次有人力资源服务企业入围全省百强;丽水市就业服务中心、缙云县人才和就业服务中心、丽水云聘人力资源服务有限公司入围省人力资源服务机构助力脱贫攻坚榜;丽水市祥瑞劳务派遣有限公司入围省人力资源服务机构劳务派遣100强;丽水市人才管理服务局、缙云人才管理服务处入围省人力资源服务机构流动人员人事档案服务榜。2月中旬起,组织发动人力资源服务机构开展助力企业复工复产线上调查活动,为企业复工复产提供有效的人力资源服务供给。

【专业技术和留学人员管理】 2020年,市人力资源和社会保障局深化"双百"人才计划并出台实施意见,选派"百博入百企"第五批挂职人才52人到52家企业挂职,选派"百博入乡镇"首批挂职博士专家12人到12个乡镇挂职服务,围绕美丽乡村建设、农文旅融合、中药材康养产业、文化挖掘传承等项目挂职服务。新建成国家级博士后工作站3家,新设及授牌博士后设站单位6家,招收博士后11人,获批省级博士后科研项目择优资助3项。完成博士后工作站设站指引目录编制工作,制定《博士后工作站考核办法》并开展博士后工作站考核,考核优秀11家、良好10家、合格2家、限期整改2家。组织开展省、市级现代服务业和专业技术人员高级研修班申报遴选工作,获批入选省级高级研修班12个,其中现代服务业高级研修班省级资助2个、专业技术人员高级研修班省级一般资助2个、自筹8个,遴选市级高级研修班9个。开展省级专家服务丽水"一带三区"建设活动,卫生、教育、农林、文旅、制造业等领域省级专家20人到丽水服务,共举办专题讲座5场,座谈交流10余次,技术指导80余次,医患交流400余人次。

【职称制度改革】 2020年,市人力资源和社会保障局深化职称制度改革,全年全市职称评审通过7803人,其中,高级628人、中级2753人、初级4422人。增设自然资源中评委会,开展3年任期专家库调整优化工作,开展省级职称申报与评审系统培训,并使用系统按计划推进各系列职称评审和大中专毕业生初定工作。先行先试养老服务领域专业技术人才职称评定机制,出台《丽水市养老服务领域专业技术职务管理办法(试行)》《丽水市养老服务领域照护专业技术职务任职资格评价标准(试行)》,组建

2020年10月19日,"百博入乡镇"启动仪式现场　(王黎丽 提供)

专家库，推进养老服务领域专技术人才培育。做好疫情防控一线人员职称评聘工作，将疫情防控一线工作情况纳入职称评价量化考核指标予以加分，未实行量化考核的予以优先评定。开展年度职称改革督查复审工作，以单位自查、行业巡查和重点抽查相结合的复审方式，对青田县、松阳县、景宁畲族自治县的卫生、教育中评委和自主评聘单位，以及市文广旅体、市林业工程中评委进行重点检查。出台《丽水市专业技术人员继续教育学时制管理实施办法》，完成“丽水市专业技术人员继续教育学时制管理平台”优化升级工作，并与省继续教育系统无缝对接。

【职业能力建设】 2020年，市人力资源和社会保障局以“稳就业、广扶持、促提升、抓实效”为导向，以“金蓝领”职业技能提升行动为抓手，开展职业培训，培养一支知识型、技能型、创新型技能人才队伍，全年开展职业技能培训46085人次，使用职业技能提升行动专项资金13071.89万元，培养高技能人才3165人，组织技能鉴定1.84万人次；应对疫情和发展需求，探索开展“互联网+”职业技能线上培训工作，疫情期间共对15家企业780名员工开展职业技能线上培训，探索线上线下学分互通职业技能线上培训平台备案工作，2家培训机构通过线上培训平台备案，并运用相关平台开展职业技能线上培训，共60266课时，受益1796人次；开展企业以工代训，助力企业稳岗和员工技能提升，共对全市12202家企业129847名员工开展企业以工代训补贴工作。组织各类职业技能竞赛，以赛促训培育高技能人才，主办第二届“绿谷工匠”职业技能大赛，培育丽水市首席技师9人、丽水市技术能手42人、“绿谷工匠”93人，以及35周岁以下“丽水市青年岗位能手”和女性“丽水市巾帼建功标兵”。实施高技能人才建设项目，建成省级技能大师工作室2家，丽水市技能大师工作室10家。会同鉴定中心开展职业技能等级认定工作和职业技能直接认定工作。加大技工院校建设力度，丽水技师学院成功招商并申请筹建，龙泉市青瓷宝剑技师学院摘筹。

【人才引进与服务】 2020年，丽水市推进人才创新创业全周期“一件事”改革，推出“智汇丽水，‘码’上服务”丽水人才码集成专属服务，并于10月24日在第九届“智汇丽水”人才科技峰会开幕之际，在“浙里办”APP上线。流动人员人事档案综合服务政务2.0上线，实现一网办理一网办结，网办率100%。举办首届“千企万岗”全国大学生双选会（丽水），是丽水市首次大规模、有组织、多批次地把各高校人才组织到丽水开展现场招聘活动，浙江日报头版、学习强国作专门报道。2020年，丽水市与黑龙江东方学院、西北师范大学等4所重点高校签订或续签“人才金桥”合作协议，与甘肃省人力资源市场、陕西省人才交流服务中心等3家知名人才服务机构建立“人才金桥”合作关系。组织开展甘肃兰州专场招聘会、贵州大学校园招聘等线下招聘活动274场次；举办丽水百校百城云聘直通车、智汇丽水·千企万岗大型人才等网络招聘会319场次，全年引进各类人才24190人，完成年度任务数155%。丽水市进一步拓展人才交流合作平台，举办第二届全国“绿水青山就是金山银山”发展人才论坛，促成中国人才交流协会与中国（丽水）两山学院签订“绿水青山就是金山银山”发展人才战略合作框架协议。丽水市在第九届全国中小城市人才服务工作座谈会交流发言，配合推进人力资源服务产业园开园。完成2020年高层次人才健康体检、购房补贴、大学生租房补贴等一系列政策审核兑现共2091.98万元。举办丽水市高级人才联合会2020年上半年工作总结会暨专家服务百山祖国家公园建设专题研讨活动、第二届人才趣味运动会、引进人才代表“迎中秋庆国庆”茶话会等各类高层次人才活动20余场，营造丽水市人才工作良好氛围。

2020年10月31日，“千企万岗”全国大学生双选会（丽水）活动举行

（王黎丽 提供）

劳　动

【劳动关系】　2020年，市人力资源和社会保障局召开全市劳动关系座谈会，分析研判疫情期间劳动关系。组建由劳动关系、监察、仲裁等骨干组成的专业帮扶队伍，为企业解决劳动关系问题提供统一政策解读和对口帮扶。制定规模性裁员应急处置预案，妥善处置用人单位裁员事件3起，涉及劳动者100人。举办全市首届劳动关系协调员高级研修班，培养高素质劳动关系协调人才。制定技术工人工资集体协商工作手册，实现全市省级以上和谐企业技术工人工资集体协商工作全覆盖。开展企业构建和谐劳动关系诊断评估试点工作，市本级和莲都区共10家企业参加和谐劳动关系诊断评估。组织推荐丽水市农民工参加全国优秀农民工评选活动，金林凤、柏友周、周春芳、季加贵4人被国务院农民工工作领导小组授予"全国优秀农民工"称号。发布2020年全市人力资源市场工资指导价位，各县（市、区）同时发布当地主导及特色产业相关岗位工资指导价位，使工资指导价位更符合丽水经济实际。2020年，全市许可103家企业实行特殊工时制度，有3家外商投资企业实行特殊工时审批清单式管理。召开全市国有企业工资决定机制改革动员会，全面推进国有企业工资决定机制改革，完成市管企业负责人2019年度薪酬兑现和市属国企2019年度工资总额清算工作。

【劳动保障监察】　2020年，市劳动保障监察支队围绕根治欠薪总目标，全面推进"丽水无欠薪"行动，缙云县、松阳县、庆元县、丽水经济技术开发区四地通过"无欠薪"县（市、区）验收，实现"无欠薪"县（市、区）全覆盖。全市劳动保障监察机构共巡查用人单位5206户，办理各类欠薪案件478起，涉及人数1762人，清欠金额2463.24万元；办理行政处罚案件32起，罚没金额18.8万元；参与"110"应急联动出警393起；向公安机关移送拒不支付劳动报酬案件9起；向社会公布重大违法案件11起，纳入黑名单惩戒7起。开展清理整顿人力资源市场秩序、交叉执法检查、根治欠薪夏季行动和冬季专项行动，对辖区内重点企业和在建项目实行全覆盖检查。全面畅通维权渠道，加强欠薪隐患排查，及时查处欠薪案件，对已查办督办结案的欠薪案件和历史存量欠薪案件开展"回头看"，督促巩固"无欠薪"创建成果，达到"三查两清零"目标。组织多部门开展劳资纠纷突发群体性事件应急演练，组织召开根治欠薪冬季专项行动调度视频会议，完成春节期间治欠保支维稳任务。全面贯彻落实《保障农民工工资支付条例》，组织召开《保障农民工工资支付条例》专题培训会，组织开展建设领域劳资专管员培训。申报《工程建设项目劳动者工资支付管理规范》地方标准，完成调研起草、立项论证、征求意见、审评、报批等环节。推进浙江省企业工资支付监管系统应用，举办浙江省工资支付监管平台系统培训班，做全做实做细实名制和考勤信息等各项制度，推进线上发薪和六项制度落实。推进基层全口径应用劳动纠纷治理一体化经办平台，提升劳动纠纷化解能力。提升"互联网+监管"及"掌上执法"覆盖率，制定并执行双随机年度抽查计划。

【劳动人事争议调解仲裁】　2020年，丽水市劳动人事争议仲裁院作为第一批列入全省"建标准院、开标准庭、办标准案"的"三标"试点单位，按"机构设置科学、工作制度完善、保障措施有力、案件处理规范、专业化水平高的劳动人事争议仲裁院建设标准"核心目标，紧盯"化解争议"指针导向，多方运用"互联网+调解仲裁"手段，打造"三标"劳动人事争议仲裁院建设，实现劳动争议当事人合法权益"双维护"，跑出新形势下劳动维权"加速度"。丽水市劳动人事争议仲裁院通过省级"三标"仲裁院验收。全市立案受理劳动人事争议案件1760件，上年累计未结案件133件，当年审结1859件，结案率98.2%，调解结案1596件，调解率85.8%，结案金额6571.01万元。丽水市莲都区人民法院在市仲裁院劳动人事争议巡回庭挂牌成立，巡回庭的设立有利于进一步密切区法院与仲裁院交流沟通，方便当事人参与诉讼，快速处理劳动争议案件，扩大法制宣传效果，发挥司法指引作用，切实保障劳动者和企业的合法权益。加强长江三角地区劳动人事争议调解仲裁合作，长三角区域（奉贤—常州—丽水—六安）四地劳动人事争议调解仲裁工作战略合作签约仪式活动。丽水市劳动人事争议仲裁院获全省劳动人事争议仲裁练兵比武团体优胜奖、优秀案例奖、最佳仲裁员奖；丽水市劳动人事争议仲裁院获全省劳动人事争议"互联网+调解仲裁"成绩突出单位，全市8名仲裁员、8名调解员获全省优秀仲裁员和优秀调解员称号。

就　业

【复工复产用工保障】　2020年，市人力资源和社会保障局成立省外务工人员到丽水务工服务和复工复产指导工作专班，出台《关于开展保障企业用工促进企业复工复产专项行动的通知》，10个工作组下沉到县，落实每日工作会商、工作专报日报和工作问责制度。建立和完善用工监测网络，将全市1111家规上工业企业和用工集中的特色产业纳入用工监测范围，绘制“返岗五色图”，掌握企业返岗情况和缺工情况。编制发布丽水市企业外员工返岗指引，开发启用“丽水市企业员工复工畅通码”，向5省12市派出驻点工作组，全市组织返岗专车222辆，复工专列2辆，累计接返员工6156人。市新冠肺炎疫情防控指挥部出台《加强复工企业用工保障的若干政策举措》，开辟全天候线上招聘栏目和复工企业紧缺用工招募平台，为1.4万家(次)企业发布岗位信息22万个(次)，达成就业意向2.7万人，在全省率先实现全市规上企业返岗率99%以上。

2020年2月27日，返岗专车接送省外员工复工复产　　(蓝海燕 提供)

【促进就业】 2020年，全市城镇新增就业32669人，完成目标任务130.68%；城镇登记失业率1.65%，控制在3%的目标之内；全市失业保险参保人数30.66万人，较上年末增长11.92%。促进城乡居民增收，城镇常住居民人均可支配收入48532元，同比增长4.5%，增速居全省第四位。市政府成立就业创业工作领导小组，召开领导小组会议3次，研究部署稳就业保民生工作。丽水市人民政府出台《关于进一步做好稳就业工作的若干意见》，从稳定就业岗位、引导高校毕业生到基层就业、鼓励创业和灵活就业、强化就业服务和就业帮扶4个方面，全面落实党中央、国务院和省政府关于稳就业工作决策部署。市人力资源和社会保障局联合市财政局出台《丽水市本级落实稳就业相关政策实施细则》，明确申报对象、申报条件、补助标准、申请材料、办理流程，确保各项就业创业政策全面落实。市人力资源和社会保障局联合市财政局出台《关于贯彻落实扩大失业保险保障范围有关政策的通知》，明确失业补助金领取人员范围和发放标准。市人力资源和社会保障局出台《关于进一步规范丽水市本级创业培训补贴工作的通知》，对创业培训补贴对象、培训项目、补贴标准和补贴方式等方面进行细化。市人力资源和社会保障局联合市民政局、市商务局、市农业农村局印发《养老、家政服务和现代农业企业创业就业补贴实施细则(试行)》，进一步明确养老、家政服务和现代农业企业创业就业补贴申领条件、流程，确保政策落实到位。

【公共就业服务】 2020年，市人力资源和社会保障局做好失业保险稳岗返还工作，全市兑现失业保险稳岗返还资金2.4亿元，惠及企业1.48万家、职工29.3万人，其中市区返还资金1.034亿元。继续实施失业保险单位缴费比例下调政策，失业保险单位费率由1%降为0.5%，个人费率仍按0.5%执行，全年全市减征企业失业保险费1.62亿元。将服务企业用工摆在突出位置，共组织各类招聘活动175场，提供招聘岗位8.3万余个，达成意向数2.4万余人。举办“相约周末·人力资源夜市专场招聘会暨局长服务之夜”活动，推进人社服务进广场、进园区、进院校、进社区活动，组织招聘单位40余家，提供岗位837个，入场求职者2000余人，达成就业意向202人。市人力资源和社会保障局提出创制的市地方标准《家政服务机构运营管理规范》和《家政服务员岗位通用要求》发布，弥补丽水市家政服务行业地方标准的空白。

【重点群体就业】 2020年，市人力资源和社会保障局把高校毕业生等青年就业作为重中之重，促进高校毕业生多渠道就业。年内共对3696名高校毕业生进行精准帮扶，全市有见习基地698个，在岗见习1238人。丽水市人民政府出台《丽水市零就业家庭“清零行动”实施方案》，将农村符合条件的低收入家庭列入清零计划，完成符合“零就业家庭”认定条件的63户66人帮扶工作。深入推进社区(村)公益性岗位开发工作，全市有社区(村)公益性岗位1635个，在岗低收入农户成员和就业困难人员1286人，分别完成目标任务116.8%和128.6%。持续开展公益性岗位托底安置工作，全市有公益性岗位1902个，在岗人员1511人。全市新认定高质量就业社区(村)309个,累计建成高质量就业社区(村)634个。

【创业服务】 2020年,市人力资源和社会保障局落实各类创业扶持政策,新发放创业担保贷款首次突破1亿元,发放贴息补助357万元。浙江省创业精准服务活动首站落户丽水,全市开展"丽创荟"创业服务活动112场。举办"丽创荟"创业云讲堂——网红创客系列讲座,活动受众30万余人次。推出丽水市首个网红创客线上训练营,为160名主播提供直播带货专门培训。全年举办创业培训112场,培训人员6685人,举办返乡入乡合作创业带头人培训班83班次。连续第六届举办丽水市"奇思妙想·创赢绿谷"创业创新大赛,全市有参赛项目196个,线上路演观看人数160万余人次。推出"丽创荟"创业集市,累计销售额突破200万元,直播、宣传受众突破600万人次。推进创业孵化载体建设,至年底,全市认定创业园21个,在孵创业实体1111家,带动就业6934人。开展"创业绿谷 乐业丽水"创业孵化服务系列活动65场,服务1.8万人次。在丽水高校均挂牌高校创业指导站及市本级创业园,连续合作举办11届职业生涯规划和创业大赛。提升"丽水超市"品牌,组织人员到金华、台州等地超市开展精准服务活动,线下服务500余人。筹建"丽水市商超联合会",受理1940名丽水超市从业者入会申请,涉及超市实体5135家。研究制定《丽水超市产业转型提质工作方案》,编制《丽水市超市业态(创业创新)发展分析报告》。丽水市政府与阿里巴巴(中国)有限公司签订打造"中国超市创业之乡"合作协议,推动2091家丽水超市完成数字化转型,实现回流资金至丽水金融机构近18亿元。

【东西部扶贫工作】 2020年,市人力资源和社会保障局以"搭建供需平台、促进就业脱贫"为主题,围绕"突出特色、发挥优势、精准对接"目标要求,4月、11月,先后2次到四川巴中、广元举办东西部扶贫劳务协作系列招聘活动,共组织282家用工企业参加招聘,推出就业岗位1.07万余个,入场求职人员1.5万余人,其中贫困劳动力1700余人,现场达成意向性协议1500余人。现场提供职业指导服务、岗位信息、岗位推荐、就业创业培训报名、就业政策咨询等政策宣传,咨询服务6000余人次,发放政策宣传资料2万余份。开展2020年东西部扶贫劳务协作建档立卡贫困人员在浙江省就业情况核实工作,在全省率先完成22个中西部省份建档立卡人员信息核查工作,完善到丽水就业贫困人员信息6000余人,新增建档立卡人员到丽水就业5145人。

2020年4月15日,"四川巴中·浙江丽水"东西部扶贫劳务协作暨民营企业招聘周专场招聘会在四川巴中举行 (王 帅 提供)

社会保障

【社会保险参保情况】 2020年,市人力资源和社会保障局加大对灵活就业人员、城乡居民等重点人群政策宣传,分类精准施策,促进职工和城乡居民全面持续参保。全市养老保险参保人数198.87万人,较2019年年末新增12.94万人,参保率99.12%;工伤保险参保人数78.39万人,净增19.06万人;失业保险参保人数30.66万人。全市失地农民基本生活保障参保人数2.5万人,共办理征地保障转保职工养老1.34万人。

【社会保险政策】 2020年,丽水市人力资源和社会保障局、市财政局印发《关于调整市区被征地农民基本生活保障金标准的通知》(丽人社〔2020〕121号),8月1日起,市区总体规划用地范围内的被征地农民基本生活保障金标准调整为:一档510元每月,二档680元每月,三档850元每月。完成企业退休人员基本养老金调整工作,实现企业退休人员待遇16连涨。印发《关于2020年提高城乡居民基本养老保险基础养老金最低标准的通知》,自2020年1月1日起,全市城乡居民基本养老保险基础养老金最低标准从每人每月155元提高到每人每月180元,65周岁及以上参保城乡老年居民在基础养老金最低标准上每人每月再增加5元。落实阶段性减免企业社会保险费政策,全市减免社保费15.18亿元，失业保险稳岗返还资金2.4亿元，降低失业保险费1.62亿元，降低工伤费0.3亿元，累计为企业减负19.48亿元。12月20日，市人力资源和社会保障局、市财政局、市自然资源和规划局、国家税务总局丽水市税务局联合印发《关于进一步做好被征地农民参加基本养老保险有关工作的实施意见》，进一步规范丽水市被征地农民参加基本养老保险工作。

【社会保险经办管理服务】 2020年，市人力资源和社会保障局推进社保数据和经办系统省级集中，1月，在全省率先实现城乡居民养老保险系统省级集中；6月，第一批实现企业职工养老保险业务系统省级集中。完成社保扶贫工作，全面推进全市贫困人口参保、政府代缴和待遇支付，实现所有符合条件低保、特困人员应保尽保、应发尽发。开展国有企业离退休人员社会化管理工作。研究制定国有企业离退休人员社会化管理经办流程，做好省属国有企业社会化管理工作。推行网上办、预约办、延期办以及钉钉微信帮办等便民服务方式，多种渠道为参保单位及群众提供社保服务，确保疫情防控期间安全、有序、平稳开展社保经办工作。推动社保经办业务向基层平台延伸，80%以上社保“最多跑一次”事项实现“就近跑一次”服务延伸，58项社保业务服务延伸至全市173个乡镇(街道)、258个银行服务网点。开展工伤保险待遇先行支付调研工作，梳理并规范因第三人原因造成工伤的直接支付业务流程。落实被征地农民参加基本养老保险经办工作，并完成待遇发放，实现1635名重点人员、17523名完善人员的政策和业务调整。

【社会保险基金监督】 2020年，市人力资源和社会保障局组织开展基金疑点信息专项核查、全市企业职工基本养老保险提前退休问题专项核查、全市社会保险经办人员亲属参保及待遇领取情况核查和全市失业保险基金管理内控专项检查，及时跟踪督促专项检查发现问题整改落实。组织开展社保基金取消现金业务、取消手工办理、取消社银手工报盘的“三个全面取消”自查整改工作，进一步堵塞基金管理漏洞。开展失业保险基金管理内控第三方审计工作。严格按照要情报告制度做好基金要情的上报，2020年，全市上报要情48起48人，涉及金额111.83万元。

【社会保障卡】 2020年，全市社保卡持卡人数282万余人，新增持卡人数11万人，电子社保卡签发人数108万人，新增签发电子社保卡60.5万张；建成电子社保卡应用支撑平台，实现利用电子社保卡在全市1000余家乡镇卫生院、诊所和医保协议药店扫码就医购药；市本级、莲都区、缙云县、青田县、云和县公共图书馆实现凭社会保障卡和电子社保卡借阅图书功能，并向其他县(市、区)公共图书馆推广；根据省厅统一部署，获人力资源和社会保障部批准准予发行加载交通功能的第三代社保卡。通过完善持卡库信息、规范社保卡事项办理流程、健全社保卡事项“网上办”“掌上办”等举措，进一步提升社保卡服务能力。

【信息化建设】 2020年，“就业创业码”试点和网络信息安全指数试点2个项目通过省人力资源和社人保障厅竞争性改革试点验收，其中“就业创业码”项目被评为试点优秀项目。“就业创业码”试点上线七大类80项人社服务事项，开设政务服务网人社专区、打通“掌上人社”接口、对接“企业码”、“智慧工地”等其他部门应用系统。网络信息安全指数试点完成市本级、青田县、庆元县专网安全管控试点工作，同时完成全市专网安全管控体系建设，实现与省厅建立市、县三级联动。机关内部“最多跑一次”连续2年作为全省人力社保系统改革试点，全省率先完成事业单位工作人员职业生涯“一件事”改革，获常务副省长冯飞、省人力资源和社人保障厅厅长鲁俊和市委书记胡海峰等领导批示肯定。完成政务2.0半管控事项18项的开发、政务2.0窗口端系统适配工作、大厅实现政务2.0窗口端系统收件，推进数据共享，依托“全域一证通办”系统，2020年，调用共享接口12万余次。推进人社业务系统省集中建设。上线电子社保卡，全市卫生机构1646个(含村卫生室、诊所)电子社保卡使用17.4万人次，窗口柜台业务办理1.3万人次，浙里办调用量5321人次，为10.3万人提供210.6万人次打卡服务。开展继续教育学时管理建设，完成注册专技人员2471人，登记总学时近5.6学时。归集全市继续教育学时，市人力资源综合服务平台10.3万条、省继续教育移动学习平台丽水专区1270条、建设行业8795条，向省专业技术人员继续教育学时登记管理系统推送学时数据9014条。加强网络与信息安全，处理全市业务需求7105份，解决各类信息系统业务和数据需求单7056份，全年365天全天24小时不间断提供运维服务。（吴松平）

外事　侨务　台务

外事工作

【概况】 2020年，全市外事系统全面落实从严治党，逐级压实“两个责任”。落实党风廉政建设“4+X”责任清单，推动警示教育常态化。严格执行领导干部个人重要事项报告制度，制定《市外办科级干部个人重大事项报告清单》。规范机关党建工作，严格落实党支部“三会一课”、主题党日等制度。加强党管外事工作力度，统筹部署全市外事工作。召开市委外事工作委员会第二次会议和全市外事工作会议，坚持全市外事工作“一盘棋”理念，加强全市各级对外工作的统筹谋划和协调管理，加快实现从“干外事”向“谋外事、干外事”相结合转变。开展外事资源调查，加强资源整合利用。全面了解丽水市涉外企业、人才等外事资源现状，建立首批“外事窗口企业”26家，搭建企业与领保联络平台，发挥和扩大领保助企作用，助力丽水“问海借力”和高质量绿色发展。开展“双拥”工作。组织开展“八一”建军节退役军人大走访活动，给全办退役军人发送一封慰问信。7月29日，联合市台办、市金融办、市红十字会、中国人寿保险丽水分公司等单位到部队开展“八一”拥军慰问，与部队官兵代表座谈交流。做好遂昌县龙祥村联系帮扶工作。支持发展食用菌产业，改善村容村貌，推进村两委换届和“一肩挑”以及后进党支部转换工作，关爱老年人和体弱多病人群，落实帮扶资金和赠送物资共计9.6万元。完成群团改革工作。市委编办核定市友协办新增事业参公编制1人，经全市公务员遴选考试选拔录用。12月，组织召开市友协第四届理事会，规范换届工作流程，强化友协队伍建设。

做好涉外新冠病毒疫情防控工作，内防扩散、外防输入。年初开通24小时疫情防控咨询热线、成立线上沟通群、实行每日通报制度、参与境外疫情防控专班，全面摸排掌握涉外人员信息和健康动态，落实落细疫情防控措施。发布《给海外丽水人的一封信》和《关于做好海外丽水人疫情防控服务保障工作的通知》，增强海外丽水人同心抗疫决心。加强疫情期间领事保护工作力度，协助解决侨胞和留学生诊断治疗、签证到期等问题；争取财政拨款60万元防疫补贴，鼓励海外领保联络站为当地侨民提供抗疫援助。牵头做好外国人到华入丽“快捷通道”工作，对疫情期间需入境复工复产的企业外籍人员，专门制定防控流程图和白名单管理机制，统筹做好到华审批、入境闭环管理各项工作全过程管控和服务。完成缙云肖特等大型企业上百名外籍专家入境转运服务。做好疫情期间外国人到华入丽邀请核实和报送工作，上报邀请函10人次，9人次获批。加强全市企业境外投资项目疫情防控工作，做好人员信息、健康状况、防疫准备、疫情风险等排查，督促落实防控措施和应急预案。开展涉外企业“三服务”，分3组到各县（市、区）走访调研涉外企业，帮助纳爱斯、缙云肖特等重点企业协调化解困难矛盾，化解疫情对涉外企业的影响，助力企业复工复产。多渠道分发抗疫物资，为海外留学人员发放“爱心健康包”2200余份，为海外华人华侨支持物资172万件、运送中药颗粒剂72万份。3月29日，中医“云药房”平台上线，该平台突破大批量中药制剂国际运输难瓶颈，为海外华侨解决迫切需求中药难题。通过平台对接海外预约采购496人次，采购金额66.06万元。

全面推进友城交流和互助。突如其来的新冠疫情发生初期，先后收到日本三岛市、保加利亚索菲亚市纳德日达区、法属留尼汪圣皮埃尔市等友城来信表示慰问。同时，第一时间向遭受严重疫情的国际友城和友好组织等发去慰问函电。针对国际友城和友好组织提出的防疫物资和医疗力量紧缺，急需外界提供资金、物资、技术、经验等方面帮助和支持的愿望，以多种形式支持国外有困难、有需求的友好城市和组织。全市向9个国家15个国际友城捐赠一次性普通口罩19万只、医用外科口罩13万只、N95口罩5500只、隔离服1300套，其中市本级向8国9城捐赠一次性普通口罩10万只、医用外科口罩7万只、N95口罩5500只、隔离服800套。后疫情时期，开展系列活动推进友城合作。6月30日，市委副书记、市长吴晓东与日本三岛市市长丰冈武士、议长大房正治视频连线，交流疫情防控经验，增进国际友城情谊。9月24日，举办丽水市与智利圣地亚哥市缔结3周年活动。

做好领事保护工作。拓展领保服务网络，在"一带一路"沿线国家新设立海外领保联络站25个，聘任站长、副站长、联络员和顾问100人，推进外事领域治理体系和治理能力建设。以海外领保站为着力点，形成政府引领、多方参与、中外衔接、纵横联动的涉外联络格局，有效发挥领保联络站在协助处置境外突发事件、维护丽水市华人华侨及企业机构合法权益等方面作用。全年协助处置海外领保事件10起，有效保障丽水市公民及机构在外安全。建立海外领保联络站评选制度，评选贡献突出"十佳海外领保站"及"最美海外领保人"进行表彰，制作"领保记在心、携手平安行"微网页，专题宣传获奖海外领保站、领保人的感人故事。加大领事保护知识和理念宣传力度，11月至12月，开展预防性领事保护进校进村活动，分别在丽水学院、莲都外国语学校、遂昌县龙祥村举行海外领事保护宣传图片展。12月11日，邀请省外办领事处二级调研员吴鸿炜到丽水作《中国领事保护的原则与实务》专题讲座，印制《海外领事保护手册》100份，分发海外领保站负责人、联络员和外事窗口企业代表。

完善外国人管理制度，抓好涉外维稳工作。出台《丽水市涉外突发事件应急预案》，保障境外丽水市公民和机构、外国驻丽人员和机构、外国其他在丽水人员生命财产安全和合法权益，维护良好对外开放环境。加大部门间联动协同，重点做好外籍新娘、留学生、就业务工人员等在丽水的外国人服务管理。指导庆元县开展外籍新娘服务工作。12月3日，全省首家集服务管理、展示成果、学习教育、休闲娱乐、亲子互动等功能为一体的外籍新娘服务管理中心暨洋媳妇娘家在庆元成立，标志着丽水市外籍新娘管理服务迈上新台阶。

加强与使领馆之间联系联谊，融入长三角一体化发展。8月至11月，市外办工作组专程到上海拜会新加坡、斯里兰卡、以色列、瑞士、荷兰、智利、阿联酋等国驻沪总领事馆，围绕丽水"国家公园"建设、大花园城市建设、旅游、康养等重点工作开展深入交流。9月24日至25日，斯里兰卡驻上海总领事马诺瑞·马莉卡瑞琪（Manorie Mallikaratchy）一行应邀到丽水访问，寻求两地在商贸、旅游、农业等领域互惠合作。丽水市副市长戴邦和会见总领事一行，双方就进一步促进双边经贸合作进行交流。总领事一行还走访青田进口商品城，双方就开设斯里兰卡进口商品馆进行初步洽谈。11月14日，市外办主任刘崇民参加第三届华侨进口商品博览会暨青田进口葡萄酒交易会、首届国际咖啡博览会开幕式，活动期间，会见智利大使路易斯·施密特·蒙特斯、黑山驻华大使达尔科·帕约维奇，双方就经贸合作和人文交流探寻合作机遇。

规范办理APEC商务旅行卡业务。根据巡察整改工作要求，明确市友协办作为APEC卡办理业务主管处室，加强业务指导和管理。5月，从丽水市国际交流中心收回办理APEC商务旅行卡业务全部密钥，做好业务移交及与省外服中心业务对接工作。推动APEC商务旅行卡新办、补办、续办业务搭载政务2.0系统以及浙里办APP，切实优化APEC商务旅行卡审批办理流程，做到"网上办""实时办"。

加强与省外办、金华市外办工作交流，学习外事先进经验。服务华侨进口商品博览会等重大市、县涉外活动，充分推广丽水市发展特色和优势，增强发展引力，不断巩固深化交流成果。助力全国文明城市复评工作，组织开展志愿活动5次。做好数字化转型各项工作，督促落实花园云（城市大脑）创建、最多跑一次项目数据梳理等交办单任务。统筹抓好平安建设、市域社会治理现代化等工作。

【慰问丽水学院在校国际留学生】 2020年2月19日，市外办主任刘崇

2020年主要到访团组一览表

表2

到访时间	到访团组主要代表	到访地点
6月19—20日	金华市外办主任钟世杰	市本级、青田县
9月24—25日	斯里兰卡驻上海总领事马诺瑞·马莉卡瑞琪（Manorie Mallikaratchy）	市本级、青田县
11月12—13日	省外办副主任姚国文	松阳县、莲都区
12月29—30日	省友协专职副会长陈艳勤	市本级、龙泉市、云和县

民带领相关处室人员到丽水学院，调研涉外疫情防控情况，看望在校国际留学生。刘崇民一行参观留学生宿舍楼和学校餐厅，详细询问新冠肺炎疫情发生以来防控和食宿保障情况，与留学生代表一一交流，送上慰问物品，转达市委、市政府对外国留学生的关怀与慰问，叮嘱大家在提高防范意识、做好自身防护前提下，合理安排好学习和生活。丽水学院共有在校国际留学生116人，在丽水外籍教师12人。

【与海外领保联络站开展视频连线活动】 2020年3月20日、4月29日，市外办2次组织与海外领保联络站开展视频连线活动，市外办领导刘崇民、刘光利等与意大利米兰、罗马和西班牙巴塞罗那、安达卢西亚等18个海外领事保护联络站负责人进行视频连线。详细了解海外疫情和海外侨胞防疫情况，听取海外联络服务举措和存在的困难问题。鼓励海外领保联络站要依托人脉资源丰富和联系广泛的优势，牢记使命，勇当先锋，在中国驻外使领馆的指导帮助下，团结侨团侨领，带领海外侨胞和留学生做好自我防护，共同抗疫，为最终战胜疫情做出历史性贡献。

【丽水市海外留学生疫情防控现状调查碰头会召开】 2020年4月3日，丽水市召开海外留学生疫情防控现状调查碰头会。市教育局、市侨联、市公安局出入境管理局、市大数据管理局分管负责人及境外专班涉外政策组全体成员参加。会议要求，要第一时间成立留学生疫情防控工作领导小组，按照“摸清底数、建立联络、安抚帮助”目标，进一步明确任务分工。制定完善《丽水在境外留学人员调查表》，由大数据局进行比对后生成填报二维码，下发海外留学生疫情现状调查通知，由各县(市、区)负责开展扫描二维码填报工作，排摸汇总丽水市在外留学生数量，年龄、国家、县(市、区)分布，回国意愿和具体困难等重要信息，进行数据化管理，为下一步开展研判分析和制定应对措施奠定基础。

【中国·丽水驰援塞尔维亚抗疫物资交接仪式举办】 2020年4月3日，中国·丽水驰援塞尔维亚抗疫物资交接仪式在塞尔维亚驻上海总领事馆举行。此次援塞抗疫物资由市外办会同青田县高市乡人民政府、浙江维拉纳酒业有限公司、塞尔维亚华人华侨商业总会等单位筹措，包括一次性口罩6.8万只、医用隔离眼罩900只、医用防护服700套、制氧机6台。塞尔维亚驻上海总领事戴阳·马林科维奇出席交接仪式。

【与日本三岛市市长视频连线】 2020年6月30日，市外办举办与日本三岛市市长视频连线活动，市委副书记、市长吴晓东与日本三岛市市长丰冈武士、议长大房正治视频连线，交流疫情防控经验，增进国际友城情谊。日本三岛市是丽水市对外结好的第一个国际友城。在丽水市疫情防控关键时刻，三岛市在物资同样紧缺情况下，多方筹措，为丽水市送来防护服、医用口罩等防疫物资，是第一个向丽水市捐助防疫物资的国际友城。市长吴晓东对三岛市帮助支持丽水市抗击疫情表示感谢，希望与三岛市在“后疫情时代”进一步深化经验共享、优势互补，探索建立以疫情防控为核心的公共卫生安全合作机制，同舟共济打赢疫情防控战；希望下一步两地能在产业发展、教育提质、全域旅游、现代化山水城市建设等领域进行深入合作，共谋发展。

【市委外事工作委员会第二次会议召开】 2020年8月18日，市委外事工作委员会第二次会议召开，学习贯彻省委外事工作委员会第二次全体会议精神，研究部署下阶段全市外事工作。市委书记、市委外事工作委员会主任胡海峰主持并讲话。胡海峰强调，要再强化认识，慎终如始抓好涉外疫情防控；要再优化服务，精准有力助推经济社会发展；要再细化措施，积极主动应对外事领域风险。

【全市外事工作业务交流会召开】 2020年9月1日，全市外事工作业务交流会在云和县召开。会议学习习近平新时代中国特色社会主义外交思想，省委外事工作委员会、全省外办主任会议、市委外事工作委员会会议精神，传达学习副市长戴邦和对本次会议的专门批示，总结回顾2019年以来全市外事工作，研究部署2020年外事工作、常态化疫情防控和助力复工复产工作。云和县委副书记、政法委书记蒋璟璟出席会议并致辞。市外办班子成员、各县(市、区)外办主任和市外办科级以上干部参加会议。

【《丽水市涉外突发事件应急预案》专家论证会召开】 2020年9月15日，《丽水市涉外突发事件应急预案》专家论证会在丽水召开，市外办邀请市委网信办、市民政局、市文广旅体局、市商务局、市出入境管理局等部门专家参加会议。《丽水市涉外突发事件应急预案》对建立健全丽水市涉外突发事件应急处置机制，保障丽水市境外公民和机构、外国驻丽水机构和人员、外国其他在丽水人员生命财产安全和合法权益，维护良好的对外开放环境，具有重要意义。

【丽水市领事保护工作推进会召开】12月11日，丽水市领事保护工作推进会召开，副市长戴邦和、省外办领事处二级调研员吴鸿炜、市政府副秘书长刘海明、市外办主任刘崇民出席会议，市商务局、市出入境管理局、经济开发区、各县（市、区）外办负责人、丽水市海外领保联络站代表以及全市外事窗口企业代表参加会议。会议表彰2020年度丽水市海外“十佳领保站”“最美领保人”；增设第二批海外领保联络站25个，为联络站及联络员发放聘书；授予纳爱斯集团有限公司等首批26家企业“外事窗口企业”称号；开展海外领事保护专题培训，省外办吴鸿炜作《中国领事保护的原则与实务》专题讲座。

【市友协第四届理事会召开】 2020年12月30日，丽水市人民对外友好协会第四届理事会召开。省友协专职副会长陈艳勤，市领导胡海峰、吴晓东、虞红鸣、陈瑞商出席开幕式，戴邦和主持。市委书记胡海峰强调，市友协要充分把握形势变化，积极顺应时代要求，广泛联系、广交朋友、广结友情，用辛勤和智慧书写新时代丽水对外友好工作新篇章。大会选举产生新一届常务理事会和领导班子，设有会长1人，常务副会长3人，副会长6人，秘书长1人，副秘书长3人，常务理事42人。丽水市人民政府副市长戴邦和当选会长，市外办主任刘崇民、艾莱依集团有限公司董事长陈频、国和控股集团有限公司董事长陈乃科当选常务副会长。新一届理事会优化结构，吸纳20名重要国家和地区的海外侨领，26家重点涉外涉侨企业。

【友好城市交流】 2020年2月7日，日本三岛市市长丰冈武士第一时间发来慰问信，送来防护服、医用口罩等物资，是第一个向丽水市捐助防疫物资的国际友城。4月20日，丽水市支持日本三岛市的68箱抗疫医疗物资（一次性普通口罩5万只、N95口罩2000只、防护服100套）和市长吴晓东的慰问信，启程运往日本三岛市。两市相互问候、互赠抗疫物资，充分体现两市“千里同好，坚于金石”的深厚友谊。

3月17日，丽水市发挥“同舟共济，守望相助”国际合作精神，向韩国丽水市捐赠防疫物资（医用防护口罩5万只），助力两市抗击疫情，共克时艰。4月3日下午，友城韩国丽水市收到丽水市捐赠物资。友城人民深受感动，当地媒体对丽水市捐赠进行多方报道。韩国丽水市市长权五俸第一时间向市委副书记、市长吴晓东发来感谢信，感谢丽水市雪中送炭之举。

2020年12月30日，丽水市人民对外友好协会第四届理事会召开（王伟丽　提供）

4月8日，丽水市向意大利曼托瓦市捐赠抗疫医疗物资（医用外科口罩1万只、N95口罩500只、防护服100套）。

4月8日，丽水市向智利塔尔卡市捐赠抗疫医疗物资（医用外科口罩1万只、N95口罩500只、防护服100套）。

4月8日，丽水市向法属留尼汪圣皮埃尔市捐赠抗疫医疗物资（医用外科口罩1万只、N95口罩500只、防护服100套）。6月11日，法国留尼汪省圣皮埃尔市市长米歇尔·封丹致函丽水市政府表示感谢。

4月8日，丽水市向塞尔维亚萨夫斯基韦纳茨市捐赠抗疫医疗物资（医用外科口罩1万只、N95口罩500只、防护服100套）。6月16日，塞尔维亚萨夫斯基韦纳茨市市长依雷娜·武约维奇致函丽水市政府表示感谢。

4月8日，丽水市向柬埔寨暹粒省捐赠抗疫医疗物资（医用外科口罩1万只、N95口罩500只、防护服100套）。4月20日，抗疫物资抵达柬埔寨，柬埔寨浙江总商会受丽水市政府委托，与暹粒省举行物资捐赠仪式，暹粒省省长狄赛哈、中国驻暹粒领事馆主任刘志杰等出席捐赠活动。4月28日，暹粒省省长狄赛哈致函丽水市政府表示感谢。

4月8日，丽水市向保加利亚索非亚市纳德日达区捐赠抗疫医疗物资（医用外科口罩1万只、N95口罩500只、防护服100套）。4月27日，抗疫物资顺利抵达，在索非亚第二城市医院举行捐赠仪式。索非亚副市长Doncho Barbalov、纳德日达区长Dimityr Dimov、索非亚第二城市医院院长 Stefan Uzunov、保加利亚中国商会会长王普剑、名誉会长陈建军等出席活动。

4月20日，丽水市向智利圣地亚哥市捐赠抗疫物资（医用外科口罩1万只、N95口罩500只、防护服100套）。9月24日，丽水市与圣地亚哥市举办缔结3周年活动，丽水市政府、智利丽水青田同乡会、丽水市佑夫针织有限公司，共同援助圣地亚哥1万名老年人1万份爱心包（纳米银口罩与免洗酒精），并在智利首都奥金斯公园举行爱心抗疫物资交接发放仪式。圣地亚哥市市长费里佩、智利丽水青田同乡会会长徐一评等参加仪式。

2月10日，云和县收到友好城市智利库里科市慰问函电；3月13日，莲都区收到友好城市意大利奥拉市慰问函电；3月14日，莲都区分别向友好城市意大利奥拉市和意大利萨尔扎纳市发出慰问函电；3月19日，龙泉市收到友好城市匈牙利道包什市慰问函电，龙泉市向友好城市意大利佩萨罗和乌尔比诺卡里市捐赠一次性普通口罩2万只；3月20日，缙云县向友好城市塞尔维亚兹韦兹达拉市发出慰问函电；3月23日，缙云县向塞尔维亚兹韦兹达拉市捐赠一次性医用口罩5万只；3月25日，龙泉市向友好城市匈牙利道包什市发出慰问函电；3月27日，龙泉市向友好城市匈牙利布达佩斯道包什市捐赠一次性普通口罩3万只；3月29日，莲都区向友好城市意大利奥拉市和意大利萨尔扎纳市各捐赠一次性普通口罩1万只；3月31日，缙云县向友好城市德国皮尔纳市发出慰问函电；4月3日，云和县向友城智利库里科市捐赠医用外科口罩1万只，并发出慰问函电；4月初，青田县人民政府向意向友城意大利富切基奥市捐赠口罩2万只、防护服500件，4月17日，青田县人民政府收到意大利富切基奥市市长阿莱西奥·斯皮内利（Alessio Spinelli）感谢信。（王伟丽）

华侨事务

【概况】 2020年，全市侨务系统学习贯彻习近平新时代中国特色社会主义思想，厉行“丽水之干”，聚焦国内国外疫情防控，助力侨企复工复产，加强侨务工作统筹协调，推进侨务平台建设和为侨服务“最多跑一次”改革。1月至2月，走访慰问困难归侨侨眷，发动海外华侨华人助力家乡疫情防控，开展医疗物资“全球买”；3月，组织开展“助企抗疫情、联企复生产”服务侨企专项行动、援助海外侨胞疫情防疫工作；4月，开展全市精密智控指数3.0评价考核工作；5月，开展全市重点侨资企业、侨界重点人士数据录入浙江统战基础侨情信息管理系统工作；6月，召开华侨城项目产业招商工作座谈会、项目招商启动会；7月，完成归侨学生、华侨子女、归侨子女考生高考、中考身份确认工作；9月，举办2020海外新生代华侨家乡行活动、丽水侨商嘉兴南湖·昆山行活动；10月，召开丽水市侨商协会第三届会员大会（换届大会）及第三届理事会就职典礼；11月，举办丽水侨商井冈山之行活动；12月，制定出台《丽水市海外涉侨突发事件协调处置工作制度（试行）》《丽水市涉侨重大事项统筹工作制度（试行）》，举办全市侨务干部培训会。

2020年，市委统战部（市侨办）发动意大利、法国、西班牙、巴西、柬埔寨等50余个国家和地区的海外侨胞，寻找、购买、运输丽水抗击疫情急需的医疗物资，缓解疫情防控医疗物资短缺的状况。丽水籍海外侨胞捐款905万元，捐赠医疗物资549.38万件，其中，口罩427.86万只，防护服6.53万件。动员社会力量捐款捐物，援助海外侨胞疫情防控，为意大利、西班牙、法国、德国等重点国家侨胞筹集一次性口罩245.25万只、中药预防颗粒76.75万包、大米5万公斤，筹集资金106万元。开展全市精密智控指数3.0评价考核工作，启动《浙江省入境人员信息预申报平台》进行数据采集，累计排摸华侨华人信息41.1万条，为做好劝侨安侨、防境外输入工作奠定基础。

【华侨城项目实施推进】 2020年2月，市委统战部（侨办）协助解决中南布拉格（华侨城）重点侨资项目外地员工返回丽水、防疫物资短缺等问题。6月，制定招商方案、招商手册等，到杭州、宁波、义乌等进口商品城商户及侨商开展前期调研。在青田县、丽水市召开侨商座谈会、招商启动会，开展国际咖啡和红酒街区招商推介。全年完成投资近11.3亿元。

【为侨公共服务】 2020年，市委统战部（侨办）启动“三侨生”（归侨学生、归侨子女、华侨子女）中考、高考优待网上办理机制，出台《关于做好疫情期间“三侨生”高考加分审核工作的通知》，采取“容缺受理”机制，帮助华侨解决因海外疫情影响出行受限、驻外使领馆暂停认证或公证工作等问题。全年审批“三侨生”高考优待加分312人，中考优待加分523人。为侨服务“全球通”办证点开通手机在线办证系统中的微信功能为海外华侨提供公证服务。全年办理涉外公证1435件，其中远程视频594件，接受华侨咨询1682次，涉及意大利、西班牙、奥地利、加拿大、巴西等45个国家，办理事项包括出国所需的涉外公证，国内业务中的房地产买卖、银行业务、子女读书业务、涉诉业务、签订合同、放弃继承等20余类100余项。

【“侨资企业服务年”活动】 2020年，市委统战部（市侨办）围绕做好“六稳”工作、落实“六保”任务，建立健全服务侨资企业长效机制，启动“侨资企业服务年”活动。组织开展“助企抗疫情、联企复生产”服务侨企专项行动，引导全市侨资企业有序复工，把疫情防控与重点建设工作有效衔接、统筹推进，做到“两手抓、两不误”。派出联企指导员，全面了解重点侨资企业在常态化疫情防控中复工复产达产情况，累计收集各类问题67条，协调有关部门解决企业疫情防控、融资等方面问题，为侨资企业复工复产纾困解难。

【丽水侨商研学活动】 2020年，市委统战部（侨办）为贯彻落实市委书记胡海峰批示精神，进一步加强海外侨胞“诚信立足、公平竞争、和睦相处、和谐发展”思想教育引领，9月7日至11日、11月28日至12月3日，先后举办丽水侨商嘉兴南湖·昆山行活动、丽水侨商井冈山之行活动，组织海外侨胞80余人，分别走进嘉兴南湖、江西井冈山以及遂昌王村口、龙泉住龙镇开展红色研学活动，进一步弘扬践行浙西南革命精神，激发侨胞爱国爱乡情怀，增强侨商干事创业动力，坚定侨商回乡投资信心。

【2020海外新生代华侨家乡行活动】 2020年9月26日至29日，2020海外新生代华侨家乡行活动在丽水举行，近20名丽水籍海外大学生参加活动。活动期间，大学生们参观丽水市博物馆、丽水市城市规划展览馆，体验莲都区、云和县、龙泉市等地农旅、青瓷文化，参观侨资企业，到龙泉住龙镇走红军路，进行浙西南革命精神洗礼。

【第三届丽水市侨商协会理事（会员）大会暨丽水市侨商协会第三届理事会就职典礼召开】 2020年10月16日，第三届丽水市侨商协会理事（会员）大会暨丽水市侨商协会第三届理事会就职典礼在丽水召开。省委统战部副部长谢辉出席就职典礼并致辞，市委常委、统战部部长王小荣讲话。市人大常委会副主任邹培书、市人民政府副市长戴邦和、市政协副主席朱山华以及市委统战部、市民宗侨外工委、市政协港澳台侨和外事委、市外办、市台办、市侨联等部门负责人，各县（市、区）委统战部负责人，第三届丽水市侨商协会理事（会员）等200余人参加。大会选举产生会长、执行常务副会长、副会长、秘书长及副秘书长等会长团成员62人；选举产生监事长、副监事长、监事等监事会成员4人。希腊华侨、浙江惠侨置业有限公司董事长何晓娟连任第三届丽水市侨商会监事长。会议还通过名誉会长、侨商顾问名单。 （余红慧）

侨联工作

【概况】 2020年，丽水市归国华侨联合会（简称市侨联）增加参公事业编制2人、公开遴选公务员1人。全市开展“侨胞之家”“最美百忙官”“党建带侨建示范基地”等评选活动。市侨联开展“侨心向党”系列活动，践行浙西南革命精神，带领侨胞参观浙西南革命根据地纪念馆、遂昌革命纪念馆、王村口挺进师革命纪念馆等红色教育基地；开展“亲情中华·为你讲故事”网上夏令营活动，共举办8期125个班级4879名华裔青少年参加学习；联合龙泉小梅镇台湖村党支部开展“不忘初心、牢记使命”主题党日活动。履行党风廉政建设，修订完善机关内部制度共23项，并完成巡察反馈问题的整改。开展学习、宣传、贯彻《中华人民共和国归侨侨眷保护法》和《浙江省华侨权益保护条例》，以颁布《中华人民共和国归侨侨眷保护法》30周年为契机，发放侨法宣传资料500余份。全市接待侨界群众来信来访1018起，帮助因疫情失业、生活困难100余名侨胞解决各类困难。全市侨联界别委员提交提案和建议86件，其中，涉侨提议案15件，集体提案4件，会办提案4件。市侨联组织意大利、西班牙、法国等在国内的侨胞到贵州考察丽水籍侨胞投资企业。2020年，各级侨联领导班子到各地慰问困难归侨侨眷468人次。法国侨胞卓旭光出资15万元编辑出版《见证侨爱——2020丽水侨界抗疫捐赠纪实》书籍，意大利侨胞陈光洪捐资336万元到缙云慈善总会。1月，市侨界妇女协会为莲都区城中中学捐赠书籍2300册总价值5万元；9月初，结对丽水中学13名学子捐助助学金6万元。全年全市侨界除抗疫捐赠外，签订捐赠协议或扶贫助困资金1.07亿元。

2020年，市侨联组织100余个国家200余个丽水籍侨团，抢捐物资驰援国内。广大侨胞买断库存，组团式采购，跨国购买。各侨团开展捐款捐物接龙，有10万余名华侨华人直接参与捐款捐物、抢购抢运，捐款1000万元，医疗物资近1000万件；市侨联帮扶结对援鄂战士，开展以“5+X”（5是发一封倡议书、寄一个暖心包、捐一次定向款、建一个关怀群、致一封慰问信，X是各侨团自选动作）为抓手的“百个侨团”结对“百名援鄂白衣战士”活动。近300个侨团报名参加活动，我们择优80个侨团与全市80名援鄂医护人员“一对一”结对。结对侨团为结对医护人员捐赠防疫用品17.5万件，送去物资折合资金124万元(其中,慰问金80万元、暖心包24万元、橄榄油20万元)。该活动先后在20余家国家级、省级主流媒体报道,并获中国侨联领导肯定。筑牢海外防疫屏障,全面摸清华侨底数。以“侨干+侨团+侨胞+侨眷+村居(社区)干部”为主体打造海内外“网格之家”,国内外组建微信、QQ、钉钉群,其中国内组建600余个(青田530个)、国外组建1720个(青田1600个),覆盖100余个国家、345个丽水籍侨团(其中青田籍群团312个)。通过海外侨团、国内亲属、侨联干部发出温馨提示、告知书22封,引导侨胞居家防疫、提醒回程风险;牵头负责专班侨务联络组工作,邀请4位会长每日16时30分至次日凌晨与海外侨胞进行3—5场视频连线。连线融入心理咨询、网上问诊、法制宣传,消除海外侨胞恐慌心理,普及科学防疫知识,共开展视频连线247场,刊发研判信息136篇。牵头组建211个500人的海外侨胞微信义诊群,开展“千名医生”结对“百个侨团”活动,联合7家医院、44名院领导、800余名医师和咨询师组建微信小群结对问诊,累计服务1.6万人次,网上健康讲坛68场次,在线观看5万余人次,评论数1980条,咨询问题1100条,收到意大利、西班牙、法国、德国等60余个侨团的感谢信。广泛动员社会力量,为意大利、西班牙、法国、德国等重点国家侨胞筹集一次性口罩235.35万只、中药预防颗粒60.06万包、大米5万公斤,发动社会爱心人士筹集海外侨胞防疫专项资金275万元;号召侨胞海外互助,引导当地华侨为住在国的医院和警署捐款捐物,丽水市80个侨团与当地政府和群众并肩抗击疫情。2020年,市侨联被评为“全国侨联系统抗击新冠疫情先进集体”“浙江省侨联系统先进集体”,被市委、市政府授予“丽水之干”模范集体称号。

【创新侨务工作】 2020年,丽水市侨联编制《丽水侨务百事通》手册,该手册涵盖线下办事导引与线上办事指南,汇集投资兴业、政务办事与生活服务等内容,连接丽水为侨服务“全球通”平台和丽水“警侨驿站”,搜集惠侨政策16项、行政办事事项47项、便民服务事项12项,为侨胞回乡创业创新提供全面、贴心的服务;筹备成立丽水市为侨服务志愿者协会、丽水市华侨公益事业促进会、谋划成立华侨双创服务中心和为侨服务联盟,为发挥社会力量参与丽水市“双招双引”工作,为华侨提供一站式、全方位服务;开展丽水籍华侨新生代及留学生调查研究,了解丽水籍侨界英人的现状和回乡发展意愿,引导侨务资源回流创业;开展丽水侨资回归工作的调研,形成《做好侨商回归“大文章”打造华侨经济“升级版”》调研成果,为市委、市政府提供决策建议。组织召开侨界人士回乡创业创新助推丽水发展座谈会,市领导吴晓东、王小荣、戴邦和参加会议,会议听取侨界人士代表关于自身回国创业发展情况以及侨界助推丽水经济发展的想法和建议的汇报,并对相关建议进行研究讨论;谋划丽水市华侨产业城建设,加快推进“六个一”(设立一个华侨创业创新服务中心、打造一条欧洲风情走廊、建设一个华侨博物馆、设立一支华侨创业基金、出台涉侨一揽子政策、梳理一本侨务手册)建设。

【“侨资回归”服务】 2020年,市侨联举办“问海借力·侨商回家”活动。邀请知名侨领、侨界精英200余人先后参加30余场“问海借力·侨商回家”活动,共达成签约或落地项目10项,投资额46.5亿元。全市侨资引进合同投资和落地项目24个,投资总额133亿元;开展“引智引才·侨联有为”活动,承办“智汇丽水”人才科技峰会·西湖大学丽水分享会活动,丽水市侨联副主席、起步股份有限公司董事长章利民与西湖教育基金会代表施一公签订捐赠1亿元协议;承办“2020高层次留学回国人才为国服务志愿团”走进青田活动;举办2020丽水市留学生科技人才高峰论坛暨丽水市留联会年会,邀请160余名留学人员和家属参加活动;开展“五库”(著名侨领库、高端人才库、侨商企业库、困难侨眷库、侨史资料库)及侨界精英调研工作,广发调研表,收集侨界精英信息3532条。承接做好华侨经济产业城项目,承办第三届华侨进口商品博览会暨青田进口葡萄酒交易会、首届国际咖啡博览会,共签订进口品牌授权代理523个,国外酒庄签约入驻167家,累计意向成交29.5亿元,线上线下参观总人数60万余人次。承办第五届中国农村电子商务大会,开展“百名讲师”授课“万名侨胞”活动,市侨联、丽水经济技术开发区侨联联手京东搭建跨境线上创业平台,引导服务侨胞入驻京东云(丽水)数字经济产业园区,至年底,涉侨公司入驻7家,为6786名侨胞解答出入境、华侨子女中考高考加分、涉外婚姻登记、跨境电商等问题。

【侨联宣传】 2020年3月,“丽水侨联”微信公众号开通运行,至年底,共刊发信息1000余篇,关注公众号1万余人次,丽水市侨联美篇发布426篇,公众号和美篇阅读量100万余人次,单篇阅读量9万余人次,形成侨界群众“互联网+”时代新格局;市侨联撰写刊发《侨情专报》20期,获市委书记胡海峰批示2次、市长吴晓东批示3次、副市长戴邦和批示1次,市委统战部部长王小荣批示10次，19篇被中国侨联、省侨联录用，工作经验交流先后在《中国侨联工作》《情系中华》《中国政协报》等刊发，《倾情“连线”守望相助——浙江丽水依托“侨联天下”e矩阵稳侨援侨暖侨》被省委组织部收入为全省干部教育培训案例。广泛征集侨界抗疫资料，共征集到侨团侨企会员捐资接龙数据202个，视频20余个，图片368张。编撰30万字近600页的抗疫捐赠纪实书籍《2020见证侨爱》，组织拍摄《“同心战‘疫’丽水温度——丽水侨界抗‘疫’”》电视纪录短片，编写丽水市海内外丽水人共同抗疫为主题的报告文学《丽水流芳》，为后续拍摄有影响力的影视作品奠定基础。（陈玥蓉）

台湾事务

【概况】 2020年，市台办围绕涉台疫情防控和对台重点工作“两手硬、两战赢”，坚持线上交流与线下交流相结合，全市开展对台交流交往活动19场次821人次，其中线下交流14场次，到丽水台胞213人次。全市新增台资企业4家，总投资17197万美元；签订投资意向项目2个，潜在项目1个。引进6位台湾博士组团申报“绿谷精英”创新项目；开展涉台培训讲座14场次，参训人员990人次。

【举办2020两岸农业文创云上高峰论坛活动】 2020年11月5日，2020两岸农业文创云上高峰论坛暨第二届“丽水山耕奖”农业文创大赛在丽水市举行，邀请美丽乡村建设评价国家标准审查组组长魏玉栋，原台北市副市长、台湾艺术创生基金会董事长李永萍，台北故宫博物院文创部门前主管何春寰等嘉宾参加，中央电视台、新华社、《人民日报》海外版和台湾中时电子报等两岸30余家媒体进行宣传报道。

2020年11月5日，两岸农业文创云上高峰论坛暨第二届“丽水山耕奖”农业文创大赛颁奖典礼在丽水举行（郑剑巍 提供）

【对台交流交往】 2020年，对台交流品牌群建设有新进展。省市县三级形成共识，支持缙云仙都创建海峡两岸交流基地。举办2020中国仙都祭祀轩辕黄帝大典活动，邀请福建、广东、浙江等地的台青台胞60余人参加，同时广泛动员在台台胞参加网上祭祀活动，增进广大台胞的国家认同、民族认同和文化认同。

【对台联谊宣传】 2020年，全市通过丽台邻里节、云台乡亲中秋云团聚等线上交流活动，加强台联会和旅台同乡会的“两会”交流联谊。做好市台联会换届筹备工作，完成景宁县台联会换届工作。全年完成入岛宣传稿件49篇，市级以上媒体刊发丽水对台工作信息88余条，其中中央电视台、新华社、《人民日报》、中新社等国家级媒体报道15条。

【全市对台工作会议召开】 2020年8月20日，全市对台工作会议召开，贯彻落实中央和全省对台工作相关会议精神，总结丽水市2019年和2020年以来对台工作，研究部署下步对台工作任务。会议指出，2019年以来，全市上下认真学习贯彻习近平总书记在《告台湾同胞书》发表40周年纪念会上的重要讲话精神，坚决贯彻落实中央和省委对台工作的决策部署，聚焦主体任务，服务“两个大局”，对台工作取得新突破新成效。2020年，全市上下要提高站位、把握大势，始终以习近平总书记关于对台工作的重要论述为根本遵循，主动作为、精准施策、扎实稳妥推进丽水市对台各项工作，为服务中央和省委对台工作大局、推进祖国和平统一大业贡献更多丽水力量。会议强调，要进一步深化经贸合作，推动丽台融合发展。常态化抓好涉台疫情防控，主动为台企台商复工复产排忧解难，享受同等待遇，落实惠台惠企政策，鼓励台企台商做大做优、加快转型升级。借助平台“二次创业”契机，提升台商投资区和台湾农民创业园等平台功能，推进对台招商引资、招才引智工作。持续推进丽台文化、青年、基层等各领域交流交往，增进丽台两地的同胞情感。会议要求，要进一步强化组织保障，形成对台工作合力。各地各部门要加强对台工作集中统一领导，严明对台工作纪律，努力打造过硬队伍，确保全市对台各项工作落到实处。（郑剑巍）

法　治

推进地方立法

【立法工作格局完善】 2020年，市人大常委会落实立法工作相关制度，完善党委领导、人大主导、政府依托、各方参与的立法工作格局，推进科学、民主、依法立法。根据市委部署，成立以市人大法（工）委为主要成员的中共丽水市委全面依法治市委员会立法协调小组，并召开小组第一次会议，通过《中共丽水市委全面依法治市委员会立法协调小组工作规则》，发挥依法治市委员会在立法工作中的统筹协调作用。深入实施《重要法规草案起草“双组长”制度实施办法》，在制定《丽水市烟花爆竹经营燃放管理规定》《丽水市革命遗址保护条例》等重要法规起草过程中实行“双组长”制度。拓宽人民群众参与立法的途径，及时将法规草案送发给社会各界广泛征求意见；发挥立法专家库和人大各专委设立的专家咨询组成员等专家作用。全年共召开相关部门、街道社区、基层群众座谈会、各民主党派立法协商座谈会、立法专家论证会等60余场，征集各类意见、建议3500余条。根据基层立法联系点人事变动情况，及时调整联系点人员，鉴于《丽水市革命遗址保护条例》立法工作需要，设置龙泉市住龙镇、青田县万山乡、缙云县大源镇、遂昌县王村口镇、松阳县枫坪乡等5家动态基层立法联系点。

【立法质量提升】 2020年，市人大常委会履行统一审议职责，强化法委在维护法制统一、突出地方特色、提高立法质量等方面的作用，共召开法制委员会会议4次，提高法规审议质量。按照年度立法计划，对《丽水市文明行为促进条例》《丽水市城市养犬管理规定》《丽水市烟花爆竹经营燃放管理规定》3部法规进行修改审议。《丽水市文明行为促进条例》《丽水市城市养犬管理规定》于11月1日正式实施，《丽水市烟花爆竹经营燃放管理规定》于12月24日经省人大常委会审议通过。根据年度立法计划安排，通过调研走访重点部门等方式，督促市生态环境局、市建设局、市市场监管局等单位认真组织开展2020年度立法计划中《丽水市餐饮业油烟管理规定》《丽水市建筑工程施工扬尘防治规定》等调研项目的立法调研工作，并专门形成立法调研报告，为编制2021年立法计划打好基础。

【立法队伍建设】 2020年，市人大常委会坚持以党建为引领，提升立法队伍素质，努力打造一支政治坚定、业务精通、务实高效、作风过硬、勤政廉洁的高素质立法队伍。增配法工委副主任1名，遴选硕士研究生1名，法工委立法人员达到省定的6名。及时向市委汇报全省加强新时代立法队伍建设工作推进会精神，由市委组织部牵头抓总把立法队伍建设纳入市干部人才总体规划。参与省市级立法调研课题及学术交流活动，提升立法研究能力，完成市社科联重点课题《“一园两区”模式下的国家公园立法研究——以钱江源——百山祖国家公园为例》，助力百山祖国家公园创建。

【法规落地实施】 2020年，市人大常委会推动市委依法治市委员会出台《关于进一步加强地方性法规普法工作的意见》，对全市地方性法规宣传工作进行制度安排。推动市普法办在全市公职人员范围内开展地方性法规专题考试。推动市司法局印发《关于印发〈2020年丽水市普法依法治理工作要点〉的通知》，要求各地各部门加大丽水市地方性法规宣传力度并制定实施《丽水市传统村落保护条例》《丽水市物业管理条例》等6部地方性法规的宣传实施方案。组织开展《丽水市文明行为促进条例》《丽水市城市养犬管理规定》颁布实施新闻发布会，就法规主要内容进行发布解读，现场问答，取得良好宣传效果。推出集微视频、长图、漫画为一体的“人大立法”普法宣传栏目，获丽水市首届“十佳普法项目”第一名。在建立法规实施前的普法宣传制度基础上，督促建立并实施法规实施中的报告和监督制度、法规实施后研究评估制度。市政府办公室、市文明委分别就《丽水市大窑龙泉窑遗址保护条例》和《丽水市文明行为促进条例》有关配套制度制定及宣传实施作了明确的部署和安排。市建设局、市水利局、市综合行政执法局等相关单位已就城市市容和环境卫生管理条例、物业管理条例、南明湖管理条例等法规实施情况作了专门报告。研究制定《丽水市人大常委会地方性法规立法后评估工作办法(试行)》，探索构建立法后评估机制，并对《丽水市城市市容和环境卫生管理条例》进行立法后评估，全面评价条例的实施效果。

【文件备案审查】 2020年，市人大常委会共接收报送备案的规范性文件总计36件，其中，市政府报备的规范性文件31件，县(市、区)人大常委会报备的规范性文件5件；及时向省人大常委会报送备案地方性法规3件、有关决议决定3件。2020年9月，在市人大常委会会议后为全体常委会组成人员、有关市直单位和人大机关干部专题举办规范性文件备案审查制度讲座。2020年10月，组织开展全市规范性文件备案审查研讨培训会，首次采用主旨发言、交流研讨、专家指导、辅导讲座四元结合的方式，将传统培训“填鸭式”的单向知识灌输模式，变为专家、学员共同参与的多向互动模式，取得较好的质效。（汤迪文）

政法委与综治

【执法司法规范化水平提升年活动】 2020年，全市政法各部门以执法司法规范化水平提升年活动为主线，提升执法司法质效和公信力，营造公正司法环境。市检察院加强贯彻“三个规定”，落实重大事项记录报告制度，受到省检察院通报肯定。市公安局深化公安执法监督管理机制改革，实行“日清周结月通报”制度，推进执法隐患排查。按照省委政法委的部署要求，推进一体化办案系统的应用，完善一体化单轨制协同办案工作机制。铺开单轨制协同办案模式，同步推进逮捕、起诉、审判、执行、法律援助、检察监督等协同应用，实现从移送、审查、审理、判决全过程闭环。落实侦查人员等各类人员出庭作证制度，继续推进认罪认罚从宽制度和刑事辩护全覆盖工作，完善刑事案件审判制度，推进刑事诉讼制度规范化建设。市法院创新完善“一本主义”管理体系，创新推出“核心战斗力指数”考评体系，在智慧法院建设评价中位居全省第一，得到省委政法委书记王昌荣批示肯定。市检察院紧扣“四大检察”主线，推动刑事、民事、行政、公益诉讼检察全面协调发展，在双赢多赢共赢中增强法律监督实效。市公安局坚持“数据证据化、证据数据化”加强现场勘查能力建设，DNA检出率名列全省第一。市司法局会同市检察院联合开展“无再犯罪”县创建活动，提高社区矫正质量，加强和规范社区矫正制度执行，推动社区矫正工作制度化、规范化。

【扫黑除恶专项斗争】 2020年，全市始终坚持紧扣三年为期的总目标，巩固提升斗争成果，累计惩治黑恶团伙83个，抓获犯罪嫌疑人1183人，破获刑事案件1175起，查扣资产7亿元；起诉黑恶案件92件、459人；审结一二审案件146件、778人；对党员干部和公职人员涉黑涉恶腐败或充当“保护伞”问题立案78人，给予党纪政务处分71人，移送司法机关15人。部署开展线索核查清仓见底专项行动，完成查结目标线索82条，查实犯罪问题10个、违纪问题12个。部署开展案件诉讼提质增效专项行动，10个市级以上重点挂牌案件全部判决。部署开展“打伞破网”深挖彻查专项行动，23个涉黑组织和恶势力犯罪集团案件均查实腐败和“保护伞”问题，查实率100%，18个涉黑涉恶腐败和“保护伞”目标存量案件全部实现清除，累计抓获境外逃犯6人。建立健全涉黑财查控机制，畅通行政执法与刑事司法衔接，全市查封、冻结、扣押涉案资产5.5亿元，查扣到位率100%；应执财产刑金额1.4357亿元，执行财产刑金额1.4055亿元，执行到位率97.90%，应执追缴没收违法所得金额1.7084亿元，执追缴没收违法所得金额1.7016亿元，执行到位率99.60%；均高于全省平均水平。政法各单位和纪检监察机关共发送“三书一函”133份。创新“亲情劝投、法制教育、正面敲打、旁敲侧击”的跨境追逃技战法，得到省领导批示肯定。

【法学研究】 2020年12月4日，市法学会第二次会员代表大会在丽水市召开，市委书记胡海峰、省法学会副会长陆剑锋等出席开幕式并讲话。发挥市、县法学会特色优势和职能作用，参与各类学术研讨和论文征集活动，市法学会被授予“第十七届长三角论坛”优秀组织奖、“浙江省第二届乡村振兴法治论坛暨第八届山区经济发展法治论坛征文”优秀组织奖，累计获部级奖项2个、省级奖项11篇。在省法学会年度课题申报中，全市申报43个、立项4个，其中重点课题1个。举办云上论文写作辅导会4次，累计培训学会会员3000余人次。

【市域社会治理丽水实践研讨会】 2020年9月18日，由中国经济体制改革研究会、中国经济改革研究基金会指导，中国经济体制改革杂志社、中共丽水市委、丽水市人民政府联合主办，中共丽水市委改革办、中共丽水市委政法委承办的“新时代地方治理体系和治理能力现代化——机关内部‘最多跑一次’改革暨市域社会治理丽水实践研讨会”在丽水召开。国家发改委体改司二级巡视员董文，中共浙江省委政法委常务副书记朱晨，经济学家、原国家体改委副主任高尚全，中国经济体制改革研究会会长、十二届全国人大财经委副主任委员彭森等领导现场或以视频形式参会、致辞或讲话。

【全省县级矛调中心建设现场会】 2020年12月23日，全省数字赋能县域社会治理现代化推进会暨县级社会矛盾纠纷调处化解中心建设互学互比第三次视频交流会在庆元县召开。省委常委、政法委书记、省委建设县级矛调中心协调小组组长王昌荣出席并讲话，丽水市委书记胡海峰介绍相关情况，王双全主持，李占国、王忠志、朱晨等参加。会前，与会代表实地考察庆元县矛调中心，推广“十台合一”做法。会上，省人力社保厅、宁波市、湖州市、永嘉县、绍兴市越城区、龙游县、庆元县作交流发言。省、市、县三级到庆元主会场参会200余人。

【全省数字赋能基层社会治理研讨培训班】 2020年12月8日至10日，全省数字赋能基层社会治理研讨培训班在云和县举办。研讨班围绕“忠实践行‘八八战略’、奋力打造‘重要窗口’主题主线”，由专题授课、实地考察、研讨交流等环节组成，通过理论与实践相结合的方式，集中学习研讨数字赋能基层社会治理工作。省大数据局、浙江大学公共管理学院及阿里云专家作专题辅导，省委政法委相关处室和职能部门负责人，各市、县(市、区)党委政法委负责人参加培训。省委政法委常务副书记朱晨出席总结会议并讲话。省委政法委副书记王中毅，省委政法委二级巡视员郑曙鸣，云和县上官国明、饶钦英、徐志雄、吴新志等参加会议。

【政法机关党的政治建设】 2020年，市委政法委学习贯彻习近平总书记重要讲话精神和中央省委市委重要会议、文件精神，执行《中国共产党政法工作条例》。全年召开市委政法委员会全体会议4次，先后11次向市委常委会会议作专题汇报，组织理论学习中心组专题研讨12次，举办集中轮训1次、工作交流会5期、业务培训5期，覆盖政法领导干部和政法干警1.3万余人次，召开专题部署会、会商会、交办会等40余个，推动科学思想伟力转化为工作强大动力。召开全市政法系统提升核心战斗力专题推进会，总结推广政法机关队伍建设典型做法，举办全市党委政法委系统干部能力素质提升培训班等系列培训班，提升干部队伍的能力水平。做好政法干部协管工作，累计完成32批、167人次的政法领导干部任免审批。市法院建立50周岁以下“全科法官”轮岗进修制度，开展“我的初心、我的成长”主题宣讲100余场次，“智慧党建”工作获评全国法院党建创新优秀案例。市检察院加强推进法律监督，全面推行法律监督年度报告制度，助力党委运用法治方式加强和改善法治建设。市公安局注重加强基层党支部工作，出台党支部建设工作指引，加强党支部政治功能，夯实基层组织基础。市司法局开展“三敢三比”大比拼活动，对标对表年度考核目标，进行现场考、全亮晒、真比拼，实现“千斤重担一起挑、人人肩上有指标”。（朱冯梁）

公　　安

【概况】 2020年，全市公安机关围绕“135”新时代丽水公安发展战略，锚定“绿色警务、护航‘两山’，红色铁军、挺进长安”工作主题，锻造与“重要窗口”匹配的“红绿融合”公安机关核心战斗力，护航丽水高质量绿色发展。全年全市发各类刑事案件9341起，同比上升1.26%，破现案2633起，同比下降11.64%，其中命案13起，破13起，破案率100%。抓获历年逃犯39.5人(含研判得分)，全市上网总数1526人，抓获903人，落地抓捕率51.33%。上报全口径道路交通事故654起，同比下降4.8%；死亡273人，同比下降7.77%。没有发生重大恶性案件、严重群体性事件、较大以上道路交通事故及网络安全事件，全警动员助力打赢疫情防控阻击战，确保社会大局持续保持高质量稳定。聘请反恐专家15人、行家17人，在全省率先把反恐基础管控纳入村(社)网格，散装汽油点、重点宗教场所视频监控纳入人像识别。处置松阳“5·26”精神病人抢夺汽车事件，受到副省长、公安厅厅长王双全批示肯定。加强“云上公安、智能防控”大数据规划，市公安局数据中心系全国公安唯一入选2020年度国家绿色数据中心，民生项目《银龄卫士》获浙江省数据开放创新应用大赛二等奖，建设通过小程序、APP等实现报警的多媒体信息报警平台。上线发布大数据实战应用模型6个，推进全息感知网络建设。全年全市公安系统7个集体、13人立二等功，53个集体、228人立三等功。叶

2020 年 9 月 8 日，市公安局民警叶超群在北京人民大会堂参加全国抗疫英雄表彰大会　（许立红　提供）

超群被党中央、国务院、中央军委授予全国抗击新冠肺炎疫情先进个人。青田县公安局境外疫情防控工作专班和黄叶银被公安部评为全国公安系统抗击新冠肺炎疫情先进集体和个人。松阳县公安局交通警察大队和曹樟伟、黄根寅、徐晓军、张剑被中共浙江省委、省政府评为浙江省抗击新冠肺炎疫情先进集体和个人。7 个集体、15 人被省委宣传部、省公安厅评为 2020 年度“最美浙警”。被中共丽水市委、市政府评为丽水市抗击新冠肺炎疫情先进集体 8 个、先进个人 14 人。2 个集体、10 名个人被中共丽水市委、市政府评为“丽水之干”模范集体、先锋人物。8 个党支部被市委直属机关工委评为“先进基层党组织”，获评市直“优秀党务工作者”19 人，获评“市直优秀共产党员”47 人。

【疫情防控网络化管理】 2020 年，新冠肺炎疫情期间，全市公安机关成立战时指挥部，组建大数据等专班 12 个，坚持“大数据+情指行一体化+网格化”精密智控机制，创新实践“大数据研判参照大要案侦破标准、入境人员‘接转收’安全保卫参照相关警卫标准、涉疫打处参照‘教科书式执法标准’”，统筹境内境外、网上网下各领域，实现“管控对象无一脱管、研判落地无一漏控”。抽调民警 27 人，组成疫情防控大数据专班。自主研发专题数据库、计算模型 27 个，梳理、研判各类数据 9085万条。办理涉疫案件 181 起，刑事、行政处罚 423 人。其间，运用“三同步”机制处置境外输入病例舆情事件，得到省委常委、政法委书记王昌荣批示肯定。坚持“两手抓、两战赢”，出台《丽水市公安机关服务保障企业返工复工十六条措施》，助力打赢防控阻击战和发展总体战。抓好秋冬季疫情防控，加强“源头查控+硬核隔离+精密智控”工作机制，开展“疫后综合征”矛盾纠纷排查化解，配合教育、卫健等部门落实防护措施。

【扫黑除恶专项斗争】 2020 年，丽水市公安机关推进扫黑除恶长治长效。全年打掉涉恶团伙 8 个，其中，恶势力集团 2 个，破获案件 102 起，抓获违法犯罪人员 58 人，查扣资产 3860 万元；立十类涉黑涉恶案件 391 起，采取刑事强制措施 731 人，移送起诉 722 人；抓获涉黑涉恶目标逃犯 16 人，其中从境外抓获 7 人。境外逃犯缉捕经验做法受到副省长、公安厅厅长王双全，市委副书记、政法委书记李锋的批示肯定，并在全省推广。

【命案积案侦破】 2020 年，丽水市公安机关合力打好夯实基础、重点攻坚、科技支撑、逃犯缉捕等组合拳，加强命案积案攻坚行动。全年破获命案积案 24 起（其中丽水市命案积案 22 起，破获外地案件 2 起；案发时间 20 年以上 9 起、10 年以上 7 起），抓获命案逃犯 12 人。其中，青田“2010 年 10·4”谭某某被杀案侦破经验被公安部发文，并在全国推广。庆元“2008 年 12·4”吴某某被杀案入选公安部经典案例。

【电信网络诈骗犯罪惩治】 2020 年，丽水市公安机关创新运用技战法，加强惩治电信网络诈骗犯罪。8 月 26 日，出台“十五条”刚性措施，利用黄牌警示、红牌警告、挂牌整改、平安考核扣分等措施，压实属地管理责任，构建全市惩治电信诈骗新格局，受到市长吴晓东批示肯定。全年破获电信网络诈骗案件 2365 起，同比上升 73.39%；抓获犯罪嫌疑人 925 人，每百起立案抓获犯罪嫌疑人 22.54 人，每百人立案移诉省内外案件 77.14 起，本地百条部推有效线索抓获犯罪嫌疑人 764 人，均完成考核任务指标。云和县公安局受邀在省厅刑侦总队断卡行动发布会上作工作经验介绍。成立“11·3”专案领导小组，历经 2

个月，侦破该案，通过各级反诈平台开展紧急止付，共冻结747万余元，抓获犯罪嫌疑人43人。接警止付冻结团队全年止付金额4300余万元，同比上升1333.3%，该项工作获《人民公安报》点赞。

【刑事技术水平提升】 2020年，丽水市公安机关注重刑事技术在实战中的运用。全年Y库家系检验率99.78%，位列全省第一；现场手印提取率32.1%，足迹提取率36.6%，位列全省第三；生物物证提取率42.8%，位列全省第九；办案区人员指纹采集率100%；利用指纹DNA比中各类案件1477起，其中本地案件702起，公安部协查案件775起；通过刑事技术手段侦破命案积案13起。全年全市各地均完成电子物证实验室建设。9月30日、12月24日，卞卫平指纹工作室先后被市、省总工会命名为“劳模创新工作室”，卞卫平被浙江警察学院聘为客座教授。

【经济犯罪惩治】 2020年，丽水市公安机关加大对非法支付结算平台、金融领域、涉税犯罪、侵犯企业利益犯罪的惩治力度，加强知识产权刑事保护；探索“打全国，全国打”模式，围绕“打大、打深、打透”，坚持“云端”惩治主战模式，创新“集群打击”“会战打击”。全年受理各类经济犯罪案件437起，同比下降9.34%；立案348起，同比持平；涉案总价值28709.29万元，同比下降56.62%；破案98起（含年前案件20起），同比下降43.35%；移送起诉案件97起，同比上升14.16%。市本级受理各类经济犯罪案件9起，立案7起，破案5起；涉案总价值2649.54万元；刑事拘留7人，逮捕6人，取保候审5人；移送起诉案件5起。

【“猎狐2020”专项行动】 2020年，丽水市公安机关按照公安部、省公安厅的统一部署，早部署、早推进“猎狐2020”专项行动，召开猎狐逃犯线索研判会议。抓住国外疫情防控压力大的契机，加大劝投强度。全年从意大利、泰国、柬埔寨等国家和地区抓获境外逃犯9人（其中在册逃犯8人，协助纪委抓获1人），确认在海外死亡1人。公安部最终认定抓获境外逃犯5人，赋分缉捕率和赋分在册缉捕率均为50.1%，追回赃款186万元，综合绩效考评位列全省第六、三类地区第一。

【“云端2020”专项行动】 2020年，丽水市公安机关开展“云端2020”专项行动。通过加强信息研判，坚持情报导侦等措施，捕捉小线索经营大案件。上报省厅、公安部涉税、走私、烟草等犯罪活动“云端”集群打击线索12起，公安部经侦局最终认定并批准在全国发起集群案件10起，完成省厅下达的“云端”专项行动任务。

【网络犯罪惩治】 2020年，丽水市公安机关把握情报导侦，推动“小警种、大作为”的网络安全模式转型升级。全年主侦涉网案件195起，抓获犯罪嫌疑人812人，移送起诉犯罪嫌疑人521人。共冻结涉案资金4.25亿元，扣押现金1000余万元，汽车25辆，查扣房产20套。侦破“1·15”特大网络制贩毒情报专案、庆元“407”跨境网络赌博案、龙泉传奇娱乐开设赌场案等一批重（特）大案件。办理配侦案件1250起，采取刑事强制措施331人。协助外地网警部门到丽办案25批次，抓获犯罪嫌疑人31人。7月24日，公安部禁毒局召集7省相关部门在丽水召开“1·15”特大网络制贩毒情报专案现场会并部署抓捕工作，各地共抓获嫌疑人26人，上网追逃1人；缴获海洛因约54.2千克、麻古38.8千克、冰毒2.6千克、鸦片膏0.35千克。全年预警网约情报37条，刑事拘留犯罪嫌疑人11人。其中，预警并协助四川警方侦破雇凶伤害案件1起；预警输出杀猪盘诈骗线索30条，劝阻受害人11人，挽回损失1000余万元。受到省、部级领导批示肯定3次，受到省级以上媒体宣传报道48次。

【涉毒违法犯罪惩治】 2020年，丽水市公安机关加大缉毒惩治、涉毒管控力度，开展“净边2020”“云战”系列专项行动，推动禁毒各项工作纵深发展。全年查处涉毒刑事案件32起，起诉犯罪嫌疑人77人，查获吸毒人员172人，强制隔离戒毒25人。5月24日，抓获部级境外涉毒逃犯孙某，得到公安部领导批示肯定。7月24日，公安部禁毒局在丽水召开专案工作会议推广丽水禁毒“集群打零”工作经验，丽水主侦发起集群战役的“4·13”案件被公安部禁毒局确定为涉网跨省集群和战果共享试点案件。侦破“2020—26”省毒品目标案件，抓获涉毒犯罪嫌疑人19人。

【禁种铲毒工作】 2020年，丽水市公安机关发挥护林员、农技员、公安信息员、电力巡线员、狩猎员“五大员”的层级作用，同时加强科技化运用。龙泉市公安局作为省级非法种植毒品原植物（无人机）监测体系建设项目试点，采用“无人机”监测踏勘，巡查居民楼顶、露台、田角山坳等零星隐蔽种植的地方。全年查处种植毒品原植物案件160余起，铲除并收缴毒品原植物罂粟12582株，守住“零产量”的底线。

【社区戒毒（康复）管控】 2020年，丽水市公安机关健全涉毒人员管控帮教机制，加强分级分类、异地管控、网格化管理、毛发检测、污水检测等措施，并应用移动互联网、大数据、云计算等前沿科技，加强技术合作攻关，创新吸毒人员管控方法手段。至年底，全市新增吸毒人员88人，责令社区戒毒数56人，责令社区康复数120人。

【互联网安全监管】 2020年，丽水市公安机关开展现场检查相关单位及信息系统549次，责令整改89次，行政处罚114次。并对承载全市80%以上政务信息系统的移动政务云和电信政务云开展网络安全执法检查，并针对问题作出行政处罚。“丽水网安加强执法监督检查，推进政务系统网络安全专项整治工作”经验在省公安厅“网上秩序打击整治‘净网2020’专项行动”专刊上发表。开展全市电子政务网勒索病毒感染核查工作，对全市31家单位（147个IP）涉嫌中勒索病毒的政务外网开展检查。10月19日，联合市委网信办在市政府行政中心开展丽水市“两山卫士”暨“护网2020”网络攻防实战演习。发现各类网络安全隐患68处，攻入内网8家，30家单位、35个目标系统被不同程度攻陷，并对获前三名的攻击团队进行颁奖。

【黄赌违法犯罪惩治】 2020年，丽水市公安机关坚持黄赌惩治“零容忍、全覆盖、无死角”工作理念，聚焦“110”警情热点，完善黄赌警情分析研判常态长效工作机制，运用打防管控治一体化，惩治黄赌丑恶犯罪。全年全市“110”接报警平台累计接报涉黄赌警情8543起，比上年同期减少126起。共侦办涉黄赌刑事案件392起，其中，公安部督办案件2起，省厅督办案件2起；采取刑事强制措施854人，移送起诉832人。4月10日，缙云县公安局破获徐某等人容留、介绍卖淫案，抓获犯罪嫌疑人35人；11月13日，莲都区公安分局破获厦河商城“10•12”介绍、容留卖淫案，抓获违法犯罪嫌疑人63人。

【食药环犯罪专项行动惩治】 2020年，丽水市公安机关贯彻落实省厅深入开展高水平建设平安浙江“铁拳护航”十大行动部署要求，持续加强食药环和知识产权、野生动物领域违法犯罪惩治整治工作。6至12月，开展“昆仑2020”专项行动暨“护美”行动。8月13日，市公安局成立“两山”警务机动队，并举行授牌仪式。全年破获食药环领域刑事案件163起，移送起诉361人，其中被省公安厅列为督办案件7起。

【跨境赌博违法犯罪惩治】 2020年，全市公安机关落实国家、省“122”机制办部署要求，推进惩治治理跨境赌博工作。全年侦破跨境赌博案件188起，其中国家机制办督办案件1起，省机制办督办案件2起，抓获犯罪嫌疑人1333人，打掉涉案团伙138个，查扣、冻结涉案资金10.56亿元。

【监所管理】 2020年，丽水市公安监所管理以“实现三零”为目标，提高监所防疫常态化、监所建设一体化、执法管理规范化和队伍建设正规化水平。1月31日起，丽水市看守所执行封闭管理模式，以14天为周期实行三班制封闭式管理战时勤务模式，防止疫情在监所传播扩散。市公安局党委统筹调配警力从市拘留所抽调19名警力和3名医生增援看守所。3月6日起，市看守所、拘留所启动战时联合勤务模式，同时三班制勤务时间延长至20天为一个周期。遂昌涉疫事件的处置得到省厅肯定，实现监所“零感染”“零事故”。10月15日，丽水市拘留人员矛盾纠纷人民调解委员会在市拘留所成立。

【市拘留所推行“拘学同步”机制】 2020年，市拘留所推行拘学同步教育，实行合力帮教。联合法制部门、卫生部门、社会组织开展联合帮教工作，搭建涵盖文化学习、法律援助、未成年关怀、心理辅导等平台，形成帮教共建体系。全年组织开展国学教育20课时，覆盖学习人员500余人次，邀请丽水市中心医院工作人员开展医疗卫生教育4次，化解在拘人员绝食问题2起、各类不良心理状况引发的问题60余起。

【公安派出所建设】 2020年，丽水市公安机关加强“一加、二红、三好、四优、五小”丽水特色警务模式，分别在5月、6月、11月组织召开全市第二次派出所所长工作座谈会、创建亮晒活动，重点培育所、重点督创所实地评比活动。通过亮晒评比、实地检查、专家评审等方式，在全市选树、培育“示范派出所”10个。6月，被省公安厅列为全省“枫桥式公安派出所”重点培育单位。6个派出所获全省30个“枫桥式公安派出所”创建专项资金。84个派出所推行“两队一室”“二队一室”“一室多警务区”模式，均设立驻所调解室或建立多元调解工作机制。12月18日，丽水矛盾纠纷管理平台被省公安厅明确为全省派出所模块2.0版中的试点板块。

【“智安小区”建设】 2020年4月，丽水市政府把“智安小区”建设工作纳入全市十大民生实事工程，明确全市120个智慧安防小区建设清单。6月12日，联合市委政法委、市发改委、市财政局、市建设局、市大数据局下发《全市智慧安防小区建设实施方案》。9月15日，召开全市“智安小区”建设现场推进会，具体部署建设工作。至年底，全市建成“智安小区”124个，完成率103.3%。完成人脸识别378套、299套车牌抓拍等应设标配应用系统的建设，采集物联数据8000万余条。

【枪爆物品监管】 2020年4月至12月，丽水市公安机关开展危化品专项整治行动，检查各类危化品企业2075家，排查整治隐患637家次。7月至8月，开展易制爆危化品企业安全隐患排查整治暨储存场所达标攻坚行动，检查易制爆和剧毒品企业1511次，整改隐患576处，重新备案易制爆企业452家，清理注销企业账号128家。8月至10月，滚动开展全市公务用枪安全专项督察，累计排查配枪单位11个、派出所88个、配枪人员2458人，发现隐患、漏洞96处。开展惩治整治枪爆违法犯罪专项行动，全市查破涉枪刑事案件27起，采取刑事强制38人、移送起诉27人，治安案件30起，行政处罚32人；查破涉爆治安案件4起。

【场所行业管理】 2020年5月26日，民宿管理全域发展“平安样板”被《平安时报》头版头条报道。全市有2315家带有住宿功能民宿（农家乐），旅客登记系统安装率100%，特种行业许可证办证率95.4%。全年下发场所问题督办单5次，整治泡泡屋、星空帐篷、树屋等高危业态，维护产业健康发展；为7个县市、60余个乡镇、106家“未办证”民宿农家乐提供上门服务。加强“证照分离”改革，牵头全市印章刻制业治安管理改革工作，为全市企业节省成本700余万元。

【烟花爆竹管理立法】 2020年，丽水市公安局根据市人大2020年立法计划，2月21日，推进《丽水市销售燃放烟花爆竹管理规定（草案）》（送审稿）起草工作，带领专家团队到县（市、区）开展调研，并借鉴吸收青岛、杭州、金华、湖州、衢州等地烟花爆竹管理的经验做法，草拟草案（送审稿）。征求市直部门、各县（市、区）职能部门、基层乡镇（街道）以及烟花爆竹批发（零售）代表、人大代表的意见。4月1日，报送草案（送审稿）、附注稿、起草说明、调研报告等至市政府，同时函送市司法局审查。11月24日，市第四届人民代表大会常务委员会第二十八次会议审议通过《丽水市销售燃放烟花爆竹管理规定》，自2021年3月1日起施行。

【丽水市第七次人口普查户口整顿暨解决无户口人员落户专项行动】 2020年7至11月，丽水市公安机关开展第七次人口普查户口整顿暨解决无户口人员落户专项行动，确保户口登记项目更完整准确、管理制度更健全完善、人口资料更全面翔实，为第七次全国人口普查工作打好基础。全年全市登记户籍人口1107912户、2715623人，流动人口450371人，境外人员5759人；排查人户分离人员1060050人，数据核查率99.53%，位列全省第一。通过上门见面与电话走访，同时依托“浙里办”APP等线上软件，探索“在线申报多渠便捷、智能防控多源采集、数据比对精准补缺”登记管理新模式。至9月底，全市受理户口办理事项22.6万笔、新办理流动人口居住登记38.11万人次、注销30.72万人次，上门核查流动人口随同儿童2.28万人。对接民政局、卫生健康委员会、社会治安综合治理委员会办公室、司法局、村委会、居委会等部门，综合应用出入境、治安、督察等业务部门资源，落实“大数据碰撞比对、在线推送、实地核查”工作闭环。比对省民政厅下发火化数据及公安交通事故非正常死亡人员数据等存疑数据3387条，未注销、未登记流动人口数据5700余条，为弃婴、精神病患者、流浪人员等无户口人员落户189人。

【流动人口和居住出租房屋排查】 2020年，丽水市公安机关落实“一网格（村）一警”制度，以社区（村）警务室为工作主体，组织动员“社区民辅警+网格员+基层党政干部”，实行分片包干、全市覆盖，以企业、出租房为重点，逐村、逐小区、逐楼栋、逐户、逐人“地毯式、滚动式”排查，确保楼清、户准、人实。抗击疫情期间，对境外、外省、外市到丽水人员核实健康码、14天内旅居史、健康状况等信息。至3月20日，排查流动人口543321人，其中新登记95511人，同比增加47.64%，注销74045人，登记在册流动人口排查率99.76%；排查出租房屋260544间，其中新登记8597间，注销82477间，登记在册出租房屋排查率98.93%；查处不如实申报流动人口、出租房屋的行政案件158起，抓获逃犯6人，发现隐患402处，均落实整改措施。依托市、县两级疫情防控指挥部远程提醒渠道，在“丽水公安”微信公众号开设“外来人口返丽情况调查表”模块，重点调查涉丽外来人员返丽意愿，主动申报返丽意向2658人，其中返回丽水1241人。要求各地政府部门企事业单位报送工作人员流动人口信息和房屋出租信息。全市有978个部门单位报送相关信息，其中出租房屋7596间（套），承租人员16268人，11559名非当地户籍工作人员信息。向房东业主、用人单位、房屋中介发放《流动人口、居住出租房屋登记告知书》，依托微信、钉钉建立区块防控责任圈群，明确管控要求及相关职责，引导通过“浙里办”APP等申报居住登记。

【公安交通管理】 2020年，全市公安交通管理部门加大事故防控、交通治堵、秩序整治、文明创建管理力度，交通安全形势持续平稳、有序。至年底，全市驾驶人84.7万人，机动车保有量62.9万辆，其中，汽车45.9万辆，全市二、三轮电动车保有量约90万辆。全年发生全口径道路交通事故654起，减少33起，同比下降4.8%；死亡273人，减少23人，同比下降7.77%，受伤495年，减少105人，同比下降17.5%，未发生较大及以上事故。完成文明城市测评及各项交通安保、警保任务41批次。

【重点交通违法行为整治】 2020年，丽水市公安机关结合“创文明交通、治秩序乱象”暨“减量控大”三年整治行动等系列专项工作，重点开展“两客一危”、重型货车、农村面包车、拖拉机、电动(机动)二、三轮车等车辆管理，推进公共交通安全综合治理。9月，开展危化品车辆“铁拳整治”专项行动。排查危化品运输车7810辆，约谈问题企业78家，危化品运输车辆检验率、报废率、违法处理率均为100%。全年查处交通违法行为160.2万起，其中，二、三轮电动车违法行为30万起，行政拘留33人。通过整治，城市道路驾驶电动车头盔平均佩戴率92.95%，市区主干道斑马线前礼让行人率91.82%。

【车驾管服务措施优化】 2020年，丽水市公安局落实“放管服”改革优化营商环境措施12项，根据市政府“一证办”“一网办”改革工作目标，涉及车驾管的122项服务事项(其中查询事项14项)实现网上办、掌上办，25项实现“跑零次”，48项实现一证通办。全年办理车驾业务79.02万件(次)，其中办理机动车各类业务60.57万辆(次)、驾驶证业务17.31万件(次)、非机动车登记业务1.14万辆(次)。

【出入境管理】 2020年，丽水市公安出入境部门深化“最多跑一次”改革，新增港澳签注受理机、自助拍照机等现代化硬件设施，推动窗口自助化、信息化设备升级扩容。推出延时服务、错峰办证、港澳签注立等可取、周六全天候办证、护照签证办理一体化等便民举措。拍摄制作的标准化工作规范视频片作为教学视频在全省出入境推广学习。9月16日，在莲都区分局大港头派出所设立出入境受理点，实现“少跑腿”“不跑腿”“零跑腿”。10月21日，联合市科技局在出入境办证中心设立外国人到丽水工作证件办理窗口。外国人到华工作许可、工作居留办理由“跑多地”到“跑一地”，由“跑四次以上”变为“跑一次”，审批时限由原来的35个工作日缩减至10个工作日，形成“一窗受理，一站办结”外国人服务新模式。此创新服务经验被中宣部学习强国平台、人民网、《浙江法制报》、《平安时报》、丽水公安微信公众号上报道。全年签发中国公民因私出国(境)证件20228人次，居留许可、签证2841人次，录入涉外案件301起，遣送出境13人，登记临时入境境外人员7843人次，法定不准出境人员报备数据21242条、国家工作人员报备数据13831条。抗击新冠肺炎疫情期间，驻温州机场工作组利用专业优势创新数据研判技战法，梳理、研判各类数据106万余条，预警处置涉疫国返回的旅客事件20余次，补漏机场登记放行境外返回人员185人，接送1900余名旅客回丽水隔离。同时抽调3名警力配合局里大数据专班做好涉丽水入境人员数据研判、收集、整理等工作。4月20日，通过市侨联举办的在线讲坛平台，向海外华人华侨直播授课《丽水出入境为侨服务小贴士》，详细解读疫情期间针对华人华侨的相关政策。加强外国人日常基础排摸，做到在丽水外国人“零感染”。

【“三服务”“助企双引”直通车活动】 2020年，丽水市公安局出入境管理局落实“优商”“铸魂”工程，护航丽水高质量绿色发展。3月，制定《丽水市开展“助企双引”直通车活动实施方案》，组织政策宣讲14场，结对外籍专家41人，机构备案278家，发放《丽水市12条出入境新政办事指南》500余册，建立微信、钉钉等专门工作群9个。将“助企双引”直通车工作纳入市局对县局的考核，作为重点工作进行督办。8月17日，走访开发区华侨总部大厦、京东智联云(丽水)数字产业园，8月26日，走访浙江凯尊汽车配件有限公司、龙泉市迪迪龙教育培训有限公司等高新技术和创新领军型企业，优化最优营商环境建设。

【警务保障能力提升】 2020年，丽水市公安局警务保障处提升警务保障能力。4月，制定《丽水市公安局固定资产报废细则》，规范资产管理。1月12日至4月14日，组织局机关部门对13025件、5.04亿元固定资产进行自查并开展抽查，完成442项、4349.77万元报废固定资产处置。在抗击新冠肺炎疫情期间，筹集防疫物资，确保防疫物资不断供。按战备物资管理要求，实际需求配发，调拨支援县(市、区)公安机关的防控一线，确保物资发放快速、规范。全年发放口罩28.65万只、防护服2588件、医用手套20556双、护目镜1068只及其他防疫物资。6月17日至18日，组织全市公安机关警务保障部门在莲都区碧湖镇周巷村开展野外应急保障大练兵活动，训练应急状态下警保部门战勤保障反应速度，提高区域性突发状况下警务保障协同作战能力和水平。11月，由市局科技信息化局开发的非法资金账户智能预警处置系统入选2020年“财政支持政法工作现代化三年行动计划”项目，获2021年竞争性项目转移资金200万元。全市5个派出所向省厅申报2021年“枫桥式公安派出所”创建专项资金支持，入围派出所4个，获创建资金800万元（每个派出所200万元）。

【装备智能化管理中心试点建设】 2020年12月21日，丽水市公安局完成在开发区分局建设装备智能化管理中心试点。该项目建设总面积150平方米，存储物资大类90种、小类114种，共1167件。初步解决传统模式下装备存储难、维护难、使用难等问题，实现装备动态实时掌控，一线信息实时更新的目标。

【执法办案管理中心建设】 2020年，丽水市公安机关投入资金1300万余元，完成10个县级执法办案管理中心新建、改建。细化修改《丽水市公安机关执法管理中心岗位工作标准》，规范全市执法办案管理中心各岗位职责。各中心配备专职管理民警14人，专职辅警122人。设置行政罚款、取保候审保证金扫码支付、笔录语音智能转换、远程审讯等功能，提升工作效率；开通邮寄、鉴定、物价材料调取、法律援助、合适成年人联系、押解等拓展服务13类。全年为民警拓展服务3523次。

【执法质量提升】 2020年，丽水市公安机关开展执法规范化水平提升年活动。4月15日，制定《执法考评办法》，有6个大项、40个小项。明确执法工作重点和执法考核方向，并纳入全市公安机关执法质量考核。全年市公安局法制支队开展实地考评1次、案件抽查2次、专项巡查9次，走访检察机关核查20次，检查案件1800余件，网上巡查案件2500余件。在省厅半年度执法考评中取得第二名、年度取得第五名，位列三类地区第一，在法治政府考核中，公安业务位列全省并列第一。全年排查问题6114个，整改问题6095个，整改率99.69%。2月5日、11月27日、12月16日，市局先后制定《丽水市公安机关案件卷宗管理规定》《丽水市公安机关采取刑事扣押、查封、冻结财物等措施内部规定》《全市公安机关重大疑难案件集体议案规定》，抓住重要领域和关键环节，集中开展伤害类积案、案件卷宗保管等专项治理8个，共梳理2015年至2020年未结伤害类案件7874起，现结案6539起，结案率从30%上升到83%；共清理近5年的执法档案136596个，全部归入档案库，从源头杜绝案卷丢失乱管。在年度省委政法委提升年工作考核中，位列公安条线三类地区第一，被省委政法委评为执法办法突出集体。

【政法一体化协同办案机制推进】 2020年，丽水市公安机关一体化办案投入资金283万元，购买打印机、签名板，专用电脑等500余套，提升硬件条件；全市新建远程提审室24间，实现视频讯问、同步刻录、远程签名等功能，建成后远程提审105次。单轨制协同办案率98.57%，涉案财物协同率96.89%，APP应用覆盖率92.46%。

【执法主体能力提升】 2020年，丽水市公安局坚持把“教科书式执法”与日常业务结合，制作执法教学片13部，开展教科书式执法教学100余次。4月17日，组织全市公安机关法制辅警岗位技能大比武，以考促学，是全省唯一进行法制辅警大比武的单位。按市局人才计划安排，组织全市140余名民警参加法律职业资格考试培训，取得法律职业资格60人，通过率连续第三年全省排名第一，公安系统通过人数占全市通过人数的29.1%。至年底，全市公安机关在职民警具有法律职业资格160人。

【警（保）卫工作】 2020年，丽水市公安机关完成省委、省政府主要领导到丽水考察、中央环保督察组到丽水、省委省政府慰问组到丽水慰问等各级警卫勤务10批次。完成浙西南革命精神论坛等革命系列活动、省两会随团保卫、全国农村春晚集中启动仪式、2020年全国皮划艇静水锦标赛暨第十四届全国运动会皮划艇静水资格赛、全省扩大有效投资重大项目集中开工仪式、浙江省首届生态运动会、全国机关内部“最多跑一次”改革暨市域社会治理丽水实践研讨会、市“两会”等各类保卫任务共58批次。

【情指行一体化改革推进】 2020年，丽水市公安局情指联勤中心围绕“警务实战指挥中枢”职能定位，推进情指行一体化改革。围绕机制和平台建设两大任务，推进市、县两级公安机关“联勤联动、合成作战”机制建设。6月，下发《丽水市公安局关于印发〈丽水市公安局情指行一体化合成作战机制实施方案(试行)〉的通知》,依托情指联勤中心建立合成作战中心,推进"合成研判、合成指挥、合成作战"工作,落实省厅"情指行一体化"工作要求,协调处置重大活动安保及重大紧急警情和突发案事件,推动社会应急联动,维护社会治安大局稳定。处置"5•26"松阳重大突发警情,在全省情指行一体化推进会上作为案例教材进行推广。至年底,全市10个县(市、区)公安机关完成"联勤联动、合成作战"机制建设和职能整合,设区市主城区、县(市、区)主要城镇所在地18个派出所全部建成综合指挥室。发挥合成作战优势,协调完成第五届世界互联网大会•乌镇峰会等重大活动、重要节点安保维稳工作。牵头组织会商65次。

【"110"报警工作】　2020年,丽水市公安机关以执法规范化水平提升年活动为抓手,狠抓规范"110"接处警、报案处置环节,重点巡查有警不派、有警不出、处警不规范、录入不规范、有案不受5类易发多发问题。全年"110"报警服务台接报警57.72万余起,其中有效接警214383起(刑事类警情10623起,治安类警情34141起,交通类警情86436起,求助类警情31388起,纠纷类警情31933起)。11月,完成省厅"110"接处警系统升级改造多媒体报警模块试点任务。12月,市局情报中心编写《丽水公安110多媒体接处警工作规范(试行)》,并被省厅作为全省规范蓝本。

【警情分流、应急联动工作推动】　2020年,丽水市公安局结合情指中心的工作特点和服务性质,探索"最多拨一次"工作机制建设,为基层所队工作减负。6月,市局情报中心对莲都分局岩泉所辖区噪声类警情进行分析,向环保、城管等部门提出整治建议,并形成调研报告。加强"110"接警平台与"12345"政府服务平台的对接协调,明确各单位应急联动工作职责;针对"114"移车服务存在的部门间协作问题,召集"114"、交警等部门召开协调会;全市10个县、市(区)公安(分)局建立醒酒室。9月,会同市根治欠薪办开展处置群体性讨薪事件应急演练,重点检查市本级应急联动单位到场速度、应急装备、应急车辆、处置流程等情况。12月,市委政法委、市公安局、市应急管理局共同出台《丽水市社会应急联动工作监督考核机制(试行)》。

【公安信访工作】　2020年,丽水市公安机关信访部门攻坚化解积案,减少信访存量,推进公安信访"最多访一地"工作。5月6日始,全市10个县(市、区)公安局信访窗口全部按"成建制"要求入驻当地社会矛盾纠纷调处化解中心,实现矛盾纠纷"一窗受理""集成办理",提前完成省厅部署的入驻任务。全年接收群众传统来信来访1148批(次),同比下降17.48%;到公安部走访登记22批(次),同比下降59.26%;到省厅走访登记18批(次),同比下降70%;"浙里访"平台接收各类信访件2222件(次),同比下降10.73%;县级走访占比73.65%,同比上升13.13%。共处理非访人员71人,其中刑事拘留21人、行政拘留35人、训诫17人。

【"最美浙警"推选宣传】　2020年10月始,丽水市公安局组织开展全省"最美浙警"推选宣传活动,组建典型储备库、开展新媒体创作展播及比拼亮晒活动、邀请新闻媒体采访典型事迹、组织开展文学创作和警营开放日活动。至年底,宣传"最美浙警"个人及集体90个,在主流媒体刊发宣传报道150余篇,通过全市公安新媒体矩阵发布推文及短视频271条,阅读总量447万次。丽水推选出"最美浙警"22个,其中"最美警察"5个、"最美辅警"5个、"最美警嫂"5个、"最美警队"7个,"最美浙江人•最美浙警"5个、年度最具影响力的"最美浙警"1个。

【公安新媒体宣传创新】　2020年,丽水市公安局加强新媒体建设,完善微信矩阵联动机制,12月1日开通"快手"新媒体账号,组建3000余人的全市公安网宣员队伍,提升公安新闻舆论工作能力。对公安战"疫"典型、构建"红绿融合"现代警务模式等开展宣传报道。全年在中央、省、市级新闻媒体发表新闻稿件973篇,其中中央级媒体289篇;全市公安政务微信公众号发布962条,微博5903篇,抖音等短视频383条,累计阅读量1.3亿余次。丽水公安融媒体宣传品牌《丽警0距离》获2020年度丽水市宣传思想文化工作创新奖。原创抗击疫情短视频作品《深夜vlog带你探访一线的他们》在"守护浙花园"浙江省抗击疫情短视频大赛中获优秀奖。

【公安教育训练】　2020年,丽水市公安局教育训练处(警校)提升人才强警战略及全市公安机关核心战斗力。按照"分警种、分岗位、分层级"要求,推出小班化教学、"砺警云课堂""送教至所队"等教学模式。制作"砺警云课堂"46门、累计点击量10520余次,组织送教下基层授课200余场次。《丽水教官上门送"警务能量大餐"》《"红色育警"引领练兵走实走深》《丽水"砺警"云课堂开启"线上练兵"》等报道被《人民公安报》《平安时报》等媒体刊发点赞。是年，在全省率先完成体系性比武练兵，推进“砺警2020”全警实战大练兵，组织市级警种比武25个，参加全省20个警种比武。市级警种比武设全警基本技能、警务实战技能、专业警种技能大项3个，基本体能达标、狙击枪、视频侦查等小项28个，做到基本技能“全警员”覆盖、专业警种技能模块“全领域”覆盖、警务实战技能模块“全时空”覆盖。在全省“四项抽测”中合格率排名全省第一。1月至7月，完成全省首届新警培训班。全年完成警衔班、辅警岗前班、政治轮训班等各类培训班87期、25480万余人(次、天)。

【首届新警培训班完成】 2020年1月至7月，丽水市公安局教育训练处(警校)在丽水市公安警务技能训练基地完成首届全省新警培训任务。来自杭州、金华等6个地市26个县(市、区)共78名学员结业。有人民警察基本政治理论、廉政教育、基本警务技能、法律法规、保密知识、队列和体能等基础训练课目59种，增加安排主题教育、35公里励志拉练、水上救生、现场急救等专题特色课目。7月9日，举行结业典礼，新警大队作训练科目汇报表演，受到省、市领导的肯定。

【监察留置工作】 2020年6月24日，丽水市监察留置所运行，协助执行监察留置措施的具体执行部门，承担安全看护、视频监控、被留置人员日常管理职责。制定《丽水市监察留置所管理规定》《值班民警工作职责》《监控人员工作职责》《驻所医生工作职责》《看护队员工作职责》等规章制度，确保留置场所安全、有序、高效运转。至年底，收置被留置人员65人，组织看护队员260余批、2800余人次参与执勤。

【警务督察】 2020年，丽水市公安机关警务督察部门出动警力3168人次，开展现场督察1392次，查纠问题1297个，提出督察建议572条。其中，新冠肺炎疫情防控工作督察，检查卡点165个(次)，留观点28个(次)，检查市局机关居家留观人员55人(次)，查纠问题82个，提出督察建议26条；重大活动安保现场督察，检查学校20所，宾馆20家，派出所10个，交警中队10个，国保大队10个，蹲点暗访路口20个，查纠问题隐患64个。“12389”投诉举报平台受理各类举报件110件(部督察局、厅督察总队交办线索34件、“12389”接收74件、支队自接来信来电来访2件)，其中属实2件，部分属实20件，撤销投诉4件。办理维权案件128起，处理侵权人员123人，其中追究刑事责任35人，治安管理处罚88人；慰问民警47人、辅警49人，发放慰问金123300元。

【公安审计工作】 2020年，丽水市公安局审计处开展领导干部经济责任、全市交管部门执法活动财物专项审计、项目审计等21个，审计金额8201万元，提出审计意见56条，查出违规违纪金额71万余元，促进增收节支167万余元。被省审计厅、市审计局评为2017—2019年全省、全市内部审计先进集体。

【办公效能提升】 2020年，丽水市公安局办公室实现办文办会精简高效、信息调研成果丰富、综合协调极力保障。联合市局科技信息化局开发新版OA系统，强化统计报表清理整治，开展精文减会，重点文件精简率5.9%。牵头推进“互联网+政务服务”2.0平台建设，开展“金牌窗口”“金牌跑办员”评比活动，公安窗口服务环境、服务品质不断优化提升。信息调研成果丰富，起草的《绿色警务理念引领公安工作现代化的路径探究》调研文章在《公安学刊》刊发；9篇文章收录在《2020年“平安浙江”论坛论文集》；完成市委、市政府信息考核要求并有6条政务信息得到省、市领导批示肯定。8月，编撰的《丽水公安年鉴(2012—2018)》发行。 (许立红)

检　察

【概况】 2020年，全市检察机关坚持以习近平新时代中国特色社会主义思想为指导，贯彻中央、省委、市委和上级检察院重大决策部署，围绕打造“高水平建设和高质量发展重要窗口”的历史使命，以浙西南革命精神注魂赋能立根，厉行“丽水之干”，履行法律监督职责。全年获省级以上荣誉48个集体和个人，得到省、市领导批示肯定51次，41个案件被最高人民检察院、浙江省人民检察院评为典型、精品和优秀案例。市检察院获全国检察机关特赦检察工作表现突出集体，缙云县检察院获评全国先进基层检察院，青田县检察院立集体二等功。全年办理各类案件5899件，其中，审查逮捕1293件，审查起诉2941件，刑事、民事、行政诉讼监督1124件，公益诉讼541件。

【涉疫犯罪惩治】 2020年，丽水市人民检察院会同市法院、市公安局、市司法局出台办理涉疫刑事案件工作规则，从严从快惩治制假售假、妨害传染病防治等涉疫犯罪，提起公诉33人。组织开展野生动物保护领域公益诉讼专项行动，办理案件43件，龙泉市检察院办理的2起案件入选最高人民检察院典型案例，分别是第二批“12309”检察服务中心依法妥善处理涉疫典型案（事）例和全国检察机关野生动物保护公益诉讼典型案例。针对部分超市、餐饮店等公共场所未严格落实防疫措施问题，发出公益诉讼诉前检察建议4份，督促行政机关依法履职。开展监狱、看守所等监管场所疫情防控专项检察，消除风险隐患。深入企业了解司法需求，推送法律风险防范合规建议，开展典型案例以案释法和线上直播云解答，为企业复工复产提供法律服务。

【诉讼监督】 2020年，丽水市人民检察院做优刑事检察，加强刑事立案和侦查活动监督，监督立案80人，监督撤案66人，纠正漏捕漏诉68人，纠正违法71件；加强刑事审判监督，提出抗诉25件，法院采纳抗诉意见23件；办理减刑、假释、暂予监外执行监督案件636件，监督收监执行16人，严防“提钱”出狱、“纸面服刑”；会同市司法局在全国率先推出社区矫正对象“无再犯罪”县创建工作，经验材料被省检察院和最高人民检察院转发。做强民事检察，办结民事生效裁判监督案件201件，发出再审检察建议、提请提出抗诉69件，法院改判50件；加强虚假诉讼监督，办理虚假诉讼案件138件，涉案金额4000万余元；助力破解“执行难”，办理的一起虚假仲裁执行监督案系全省唯一入选的最高人民检察院民事非诉执行监督典型案例。做实行政检察，市县两级检察院与法院、司法局建立协作机制，协同推进行政争议实质性化解，参与化解行政争议43件，促进案结事了政和人和；向行政机关发出公益诉讼诉前检察建议459份，督促依法履职尽责。

【公益诉讼检察】 2020年，丽水市人民检察院组织开展“保障千家万户舌尖上的安全”“山区道路交通安全”等专项监督活动，办理生态环境和资源保护领域案件406件、食品药品安全领域案件67件、国有财产保护领域案件41件、国有土地使用权出让领域案件4件，拓展公共安全等新领域案件23件，提起民事和刑事附带民事公益诉讼27件。通过公益诉讼，挽回国有财产损失1289万元，督促收缴土地出让金和闲置费1880万元。龙泉市检察院针对部分机动车非法改装可能引发安全隐患问题，发出检察建议，督促龙泉市交警大队、龙泉市运管局落实整改并健全监管机制。松阳县检察院办理的一起生产销售有毒有害食品刑事附带民事公益诉讼案件，诉请法院判令被告人支付销售价款10倍惩罚性赔偿金1317万元。

【扫黑除恶专项斗争】 2020年，丽水市人民检察院开展“六清”攻坚等行动，依法严惩黑恶犯罪，坚决打赢扫黑除恶收官战。全年批准逮捕涉黑涉恶犯罪嫌疑人326人，提起公诉459人。加强审前主导把关，保证案件质量，提前介入重大复杂案件86件，市、县两级检察院领导带头办理黑恶案件77件。合力“破网打伞”，起诉黑恶势力“保护伞”15人，移送“保护伞”线索74条，成案22人。在检察环节追加查控涉黑恶财产894万元。向相关部门发出社会治理类检察建议24份，促进行业清源。市检察院获评全省扫黑除恶专项斗争成绩突出集体。

【生态检察】 2020年，丽水市人民检察院严格保护生态环境。出台服务保障百山祖国家公园创建工作意见，建立跨区域生态保护协作机制。采取“专业化监督+精细化办案+恢复性司法+社会化治理”的生态检察模式，开展“守护美丽河湖”“保护古树名木”等系列检察监督专项行动，加强山水林田湖生态系统保护修复。服务生态经济，贯彻落实中央“六稳”“六保”决策部署，制定出台服务保障平台“二次创业”等系列意见，法治护航生态经济健康发展。保护民营企业和企业家合法权益，做到依法能不捕的不捕、能不诉的不诉、能不判实刑的就提出适用缓刑建议，对41名情节轻微的犯罪嫌疑人作出不起诉决定。优化法治营商环境，助推营造稳定公平透明、可预期的营商环境，让投资者和企业家放心投资、安心经营、专心创业。严厉惩治“黄赌毒”“盗抢骗”、危害食药安全等犯罪，批捕663人，起诉1495人，营造安全稳定的社会环境。

【特殊群体权益保障】 2020年，丽水市人民检察院联合市委政法委等单位12家，出台全省首份专门为被性侵未成年人提供全方位保护的实施意见，依法批准逮捕侵害未成年人权益犯罪嫌疑人54人，提起公诉54人，对107名不捕不诉的罪错未成年人开展观护帮教，会同市委政法委、市法院、市公安局、市教育局、市民政局、市妇联对涉案未成年人法定监护人开展强制亲职教育，法治微课堂覆盖全市中小学，构建未成年人权益保护大格局。遂昌县检察院的“爱·相随”鲁冰花青少年普法项目获评第五届中国青年志愿服务项目大赛银奖。依法惩治侵害妇女人身权利犯罪，提起公诉72人。开展无障碍环境建设公益诉讼专项行动，保障残疾人、老年人合法权益，督促整治盲道等公共设施60余处。惩处恶意欠薪犯罪，帮助124名农民工追回拖欠工资217万元。

【市域社会治理现代化推进】 2020年，丽水市人民检察院突出惩治人民群众深恶痛绝的网络犯罪，批准逮捕84人，提起公诉202人。秉持“少捕慎诉慎押”理念，对犯罪情节轻微的，依法不批捕424人，不起诉759人，开展羁押必要性审查并监督变更强制措施32人。在全省率先建立教育转化和量刑协商机制，加强实施认罪认罚从宽制度，适用率89.6%，一审服判率98.3%。加强司法救助，助力脱贫攻坚，为156名贫困涉案对象发放救助金116万元，其中包含退役军人7人。推进“12309”检察服务中心入驻矛调中心和进百企千村活动，实现“群众信访件件有回复”，化解纠纷396件。落实最高人民检察院“四号检察建议”，推动解决问题窨井盖380处，督促市应急管理局建立窨井盖监管长效机制，维护人民群众“脚底下的安全”。缙云、云和等检察院部署开展剥夺政治权利刑罚执行专项监督，监督纠正109人，护航村社组织换届选举，得到省委、省政府和最高人民检察院主要领导批示肯定。

【清廉丽水建设】 2020年，丽水市人民检察院依法查办司法工作人员犯罪案件，立案侦查8人，法院作出有罪判决4人。完善监检衔接机制，加强反腐败合力，全年受理监委移送审查起诉的职务犯罪案件64件，提起公诉62人，其中厅局级1人、县处级7人、科级21人。在检察环节追缴赃款298万元。依法审查起诉省公安厅原警务技术二级总监丁仁仁等一批领导干部职务犯罪案件。有2个案件被最高人民检察院评为精品案件。

【履职能力建设】 2020年，丽水市人民检察院坚持讲政治与抓业务有机统一，学习贯彻中共十九届五中全会精神和习近平法治思想，落实《中国共产党政法工作条例》，把党的绝对领导贯穿到检察工作全过程各环节。落实党风廉政建设和意识形态工作责任制。秉持“严管就是厚爱”理念，处理处分违纪违规检察人员5人，营造机关风清气正政治生态。开展“学先进、争一流”“‘三敢三比’争当‘丽水之干’模范集体和先锋人物大比拼”等系列主题活动，激励实干争先，提振精神状态。注重智慧借助，聘请法学专家学者，成立教授工作室，疑案会商和专家咨询机制入选全省检察机关检校合作十大典型事例。加强优秀年轻干部培养使用，协助市委调整基层检察院班子成员45人，推动干部上下、左右、内外全方位交流，该做法得到省、市领导肯定。加大培训力度，加强轮岗锻炼，提升队伍专业化水平，有22名干警入选省检察院业务人才库。补强智慧检察建设弱项，牵头抓好数字卷宗单轨制协同办案模式推广应用，全省分类考核排名第一，遂昌县检察院数字卷宗质量核查系统设计方案获评全省政法一体化创新项目。

【检察创新制度】 2020年，丽水市检察院在全国首创的法律监督年度报告制度，被全省推广，入选全省检察机关年度创新成果，写入第十五次全国检察工作会议报告。减少当事人讼累，严防诉讼程序空转，“案件比”同比下降23.9%。深化司法责任制综合配套制度改革，建立完善检察官业绩考评、员额检察官动态管理机制，推动司法责任制落实。探索建立“四诺”机制，推动工作创新创优，景宁县检察院检察监督网格化等3项工作获全市改革先锋十佳实践案例等奖项。

【检察内部监督】 2020年，丽水市人民检察院开展执法司法规范化水平提升年活动，推进“补短板、治顽疾”专项行动，制定规范司法长效机制制度20余项，6项工作得到省检察院肯定并推广。推进政治巡察、质量评查、检务督察等工作，实现基层检察院巡察全覆盖，该做法在全省检察机关党风廉政建设会议上作经验交流。执行防止干预司法“三个规定”和重大事项记录报告制度，全年报告383件，“逢问必录”成为大多数检察人员行动。出台绩效评价督察办法，建立“红橙黄”三色预警机制，加强正向激励和反向倒逼，促进检察工作整体提升。

【检察机关接受外部监督】 2020年，丽水市人民检察院针对人大代表、政协委员“两会”期间提出的意见建议29条，逐条逐项落实整改，注重源头解决问题。定期向市政协、各民主党派、工商联和无党派人士通报检察工作。参加代表联络站活动。邀请2700余名代表委员、人民监督员等参与检察开放日、案件公开听证等活动，听取意见建议，改进检察工作。

（赵蓉蓉）

法　院

【概况】 2020年，全市法院新收各类案件67038件、办结69339件（含旧存，下同），其中市中级人民法院受理2929件、办结3034件。全市法院法官人均结案218件；正常审限内结案率99.9%、服判息诉率92.4%，均名列全省第一。全市法院围绕打造"高水平建设和高质量发展重要窗口"的历史使命，弘扬践行浙西南革命精神，厉行"丽水之干"，加强全域统筹发展，全市法院涌现市级以上先进集体42个、先进个人86人，其中，全国先进集体2个(丽水中级人民法院、丽水市中级人民法院办公室)、先进个人5人。持续加强智慧法院建设，市中级人民法院智慧法院建设综合指数排名居全国中院第六、全省中院第一。注重文化建设、学术研究，承办最高人民法院在丽水召开的法院文化建设座谈会并作专题经验介绍，调研文章和案例获省级以上奖项85个，其中国家级奖项39个。建立覆盖全员的"核心战斗力指数"新型业绩考评体系。工作中存在的问题：司法理念、司法能力还需提升，司法改革还需深化，对妨碍公正司法、扰乱诉讼秩序等影响司法权威行为的惩治需持续发力。

【"两手硬、两战赢"服务】 2020年，全市法院统筹推进疫情防控和执法办案，保障"两手硬、两战赢"。依法从严从快惩处涉疫犯罪案件18件25人，青田县人民法院审结的一起妨害传染病防治案和松阳县人民法院审结的一起涉防疫物品诈骗案分别入选最高人民法院、浙江省高级人民法院依法惩处妨害疫情防控犯罪典型案例。办理涉疫纠纷，缙云县人民法院助力企业恢复生产，帮助55名农民工兑现劳动报酬50万元，入选浙江法院"战疫情、保民生、促发展"十大案例。加强"三服务"活动，排摸企业涉疫法律风险，开展线上线下法治宣讲活动，助力企业解决实际困难。遂昌县人民法院编发复工复产法治保障手册，获评浙江法院十大最佳保障"两手硬、两战赢"司法成果。

【法院助力企业发展】 2020年，全市法院促进解决中小微企业融资难、融资贵问题，审结民间借贷、金融借款等案件11382件，涉案金额35.9亿元。服务创新驱动发展，审结知识产权案件162件，联合公安、检察建立知识产权刑事司法保护联席会议制度，在莲都区、龙泉市、遂昌县设立知识产权巡回审判点。出台办理企业破产案件指引，审结破产案件48件，其中缙云县人民法院在全市首次运用"预重整"机制审结破产重整案件，盘活企业资产1.25亿元，保障就业岗位700余个。遂昌县人民法院在全国率先探索个人债务重整，市中级人民法院出台《关于个人债务重整程序的实施意见》，累计对49名"诚信而不幸"债务人开展个人债务重整，化解执行案件170件，涉及标的额2651万元。发布十大善意文明执行案例，灵活运用"活封活扣"等方式助力企业渡过难关。

【刑事审判】 2020年，全市法院审结一审刑事案件2472件、4143人。严惩危害社会安全犯罪，审结故意杀人、抢劫、绑架等案件86件94人。保障人民安居乐业、社会安定有序，审结交通肇事等危害公共安全犯罪案件388件390人、"黄赌毒"犯罪案件358件877人。推进网络空间治理，审结电信网络诈骗、侵犯公民个人信息等犯罪案件14件46人。保持反腐高压态势，审结贪污贿赂、渎职犯罪案件64件73人。落实宽严相济刑事政策，对1975名符合法定条件的被告人宣告缓刑，对206名罪犯裁定减刑、假释，对70名未成年人封存犯罪记录。决战决胜扫黑除恶，全年审结44件219人，市中级人民法院、缙云县人民法院获评全省扫黑除恶专项斗争成绩突出集体。

【民事审判】 2020年，全市法院审结一审民商事案件27818件，一审民商事可调撤率82.9%。审结涉物权、股权等财产权案件768件，增强企业经营者财富安全感；审结合同纠纷案件18538件，促进市场要素快速流转；审结涉房屋买卖、租赁、物业纠纷等案件1763件，提升人居品质。加强民生权益保护，审结人身损害赔偿、医疗纠纷、劳动争议等案件2389件。加大反家暴力度，审结婚姻、继承等家事纠纷案件3564件，签发人身安全保护令13份。坚决维护军人军属合法权益，依法稳妥审结涉军案件5件。

【行政审判】 2020年，全市法院审结一审行政案件523件，推动行政机关负责人实际出庭应诉329人次，市中级人民法院审结的一起行政处罚案获"全国法院系统2020年度优秀案例"二等奖。加强司法与行政良性互动，协调化解行政案件178件，发布行政审判白皮书10份、发送司法建议19份，7家基层法院推动召开跨县域府院联席会议，凝聚法治建设合力。市中级人民法院发布《行政诉讼典型案例汇编》，专题调研市区城中村改造涉诉法律问题，并制定出台解答意见2个、发布典型案例10个，促进行政机关依法行政，引导群众依法维权。

【胜诉权益维护】 2020年，全市法院新收执行案件26498件，同比下降19.6%，执结案件27791件，执行到位金额28.5亿元。探索自动履行正向激励机制，完善"自动履行为主、强制执行为辅"执行工作长效机制，自动履行率43.8%，同比上升4.5个百分点。云和县人民法院创新建立执行预告书制度，并在全市法院推广，推动执源治理。加大对逃避执行的惩戒力度，执行案件违法制裁率12.7%，其中罚款1515万元，司法拘留195人，判处拒执罪55件61人。开展“发挥执行职能、做好‘六稳’工作、落实‘六保’任务”专项执行行动，执结涉民生案件959件4380万元、涉金融案件2492件5.4亿元，为750家企业追回执行款2.4亿元。

【生态文明建设保障】 2020年，全市法院审结环境资源案件470件，其中环境资源公益诉讼案件32件，4个案例分别被最高人民法院、浙江省高级人民法院作为典型案例发布。健全生态环境司法一体化保护机制，出台司法意见服务保障百山祖国家公园创建，推动丽温两地10家法院建立全省首个以流域为体系的瓯江生态司法协作机制，建立全省首个水治理司法协同中心，构建生态司法新格局。市中级人民法院审结全省首个由环保组织提起、检察机关支持起诉的环境民事公益诉讼案，松阳县人民法院开出涉陆生野生动物资源损害全省最贵“生态罚单”，并发出全省首张野生动物行业从业禁止令。市中级人民法院参与建立浙闽廊桥文化遗产司法保护协同机制，青田县人民法院联合相关部门设立世界农遗文化生态环境司法保护基地等，拓宽生态司法服务领域。

【现代化诉讼服务体系】 2020年，全市法院深化司法领域“最多跑一次”改革，网上立案45367件、跨域立案169件，诉前纠纷化解率58.3%，居全省第一。市中级人民法院获评“全国法院一站式多元解纷诉讼服务体系建设先进单位”，青田县人民法院承办最高人民法院涉侨跨境纠纷多元化解机制工作座谈会。硬核支撑县级社会矛盾纠纷调处化解中心建设，全市9家基层法院派驻人员63人，莲都、庆元法院诉讼服务中心整体入驻，全市法院收案量同比下降15.5%，降幅居全省首位。推动全市矛调中心建立金融纠纷调解平台，青田县、庆元县、景宁县法院建成“共享法庭”，缙云县人民法院开发“云治”掌上解纷平台等，为城乡群众就近提供均质化、便捷化司法服务。遂昌县人民法院推动建设“信用村”，并获评“长三角区域社会治理现代化法治保障创新实例”。

2020年，丽水法院融媒体宣传调度中心　　（蓝松娟　提供）

【司法责任制改革】 2020年，全市法院逐步完善审判委员会和专业法官会议工作规则，推行类案与关联案件强制检索机制，解决“同案不同判”问题。加强院庭长监督管理职责，持续加强“四类案件”监管。发挥院庭长示范引领作用，办结各类案件28950件，占结案总数41.8%。落实员额法官考核、惩戒机制，对12828件案件开展评查，运用谈话提醒、取消评优评先资格等方式问责24人。市中级人民法院探索全市法官员额动态管理，从其他基层法院划转法官员额3人、政法专项编制4人供莲都法院使用，得到最高人民法院院长周强批示肯定。

【智慧法院建设】 2020年，全市法院按照“专业化、品牌化、合成化、协同化、科学化”工作要求，实现“全领域推进、全要素覆盖、全链条衔接”无纸化办案模式常态化，全年网上开庭2808件、网上调撤5486件。建立高效流转、全程留痕的司法政务办理机制，实现公文在线流转、审批在线操作、管理在线开展。推进诉讼信息采集中心、科技法庭、数字指挥中心、数字工作室、数字展厅等智能化建设的综合集成、迭代升级，其中市中级人民法院“智慧党建”平台获“全国法院党建创新优秀案例”等。“市区一体、市域统筹”执行管理体制改革入选2021年全省政法工作现代化创新引导项目。联合打造融媒体平台，形成全媒体传播格局，全市法院在最高人民法院、浙江省高级人民法院官微创造“10万+”推文8个。

【法院接受社会监督】 2020年，全市法院接受人大监督和政协民主监督，办理建议、提案，参加代表联络站活动，邀请代表委员视察法院、旁听庭审、见证执行等838人次，聘请代表委员担任特邀监督员，帮助发现问题，促进整改提高。依法接受检察机关法律监督，邀请两级检察长列席审判委员会会议63人次，办理检察建议115件，审结抗诉案件33件，依法改判发回21件，共同维护公平正义。接受社会各界监督，召开新闻发布会31次，组织公众开放日活动60次，上网裁判文书56379份，直播庭审16109场，人民陪审员参审案件4694件，一审普通程序案件陪审率99.2%，居全省第一。　　（蓝松娟）

司法行政

【概况】　2020年，丽水市司法行政机关围绕深化改革、法治丽水建设、平安丽水建设，推进司法行政各项工作。全年收到行政复议案件445件，结案率76.9%；新收一审行政诉讼案件454件，比2019年同期下降18%；已结一审行政诉讼案件523件，败诉45件，败诉率8.6%；各级人民组织调解纠纷12953件，调解成功率99.68%；全年全市律师人数589人，同比增长18.5%，“律师万人比”上升至万分之2.66，提前完成全面建成小康社会目标；全市办理公证21481件，办理司法鉴定案件4563件，法援案件7520件；浙江省委机关旧址（黄景之律师事务所）旧址修缮项目竣工；法治浙江（法治政府）建设考核获评优秀。

【法治政府示范创建】　2020年，市、县均建立“点评、交办、亮晒、通报、督察”五大制度以及法治建设工作专班，坚持每两个月定期召开市领导点评会，重点任务一对一“清单化”交办、重点指标“红黄绿”亮晒比拼、滞后指标通报督办、突出问题督察约谈。市、县同步启动第二批全国法治政府建设示范地区创建活动。12月31日，中央全面依法治国委员会办公室编发的第29期《工作简报》刊发丽水市法治建设“五制度一专班”的创新做法。法治浙江（法治政府）建设考核中丽水市名列第四，并获评优秀。

【人民调解】　2020年，市司法局突出“专职化”优势，建立健全激励保障机制，人民调解经费纳入政府采购指导目录，全市人民调解专项资金1459.46万元和政府财政资金保障的575名专职调解员均配备到位，并为全市所有专职调解员购买人身意外伤害保险，人民调解工作得到省委常委、政法委书记王昌荣的批示肯定。推进境外、省际矛盾纠纷联调工作，被司法部要情信息录用。

【“无证明”城市创建】　2020年，全市清理取消证明事项692项，5085项政务服务事项证明材料减少比例91.3%，累计减少各类证明9631件，新增告知承诺事项61项，6部地方性法规证明事项梳理清零。发布全省首个《政务办事材料基础信息规范》地方标准，统一梳理证明材料基础信息912项，实现部门间基础信息互联互通和窗口办事效率提升。

【法治化营商环境】　2020年，市司法局在全省率先部署开展“法治化营商环境优化年”十大专项行动。出台发挥法治保障职能全力帮助企业复工复产措施10条。实现公平竞争审查全覆盖，清理废止文件112件，组建“涉企法律服务专家团”4个，调解成功涉企矛盾纠纷5802件，网上“法治体检”企业3127家，提出法律意见4629件，举办“涉企法律问题云解答”“民法典宣传”直播等宣传活动1811场。司法部《司法要情》进行报道。全年全市获“全省司法行政系统法治化营商环境优化专项行动”个人三等功2人、个人嘉奖6人。

【公共法律服务体系建设】　2020年，市司法局建立“全市通办、就近能办、异地可办”的办事模式，实现全业务可“一网、一门、一次”办理；新投放一批智能一体机，实现万人以上乡镇（街道）全覆盖；设置海外公共法律服务工作站3个，为境外45个国家的华人华侨办理远程视频公证188件；《丽水市全面打造公证参与终本管理破解“执行难”的新模式》获评丽水市撤地设市20周年“高质量绿色发展20大创新样本”。丽水公共法律服务被司法部授予全国先进集体称号，全市获全国表彰集体4个、个人4人。1月18日，央视《新闻联播》报道丽水公共法律服务，央视《新闻直播间》《朝闻天下》也分别进行报道。

【行政裁决】　2020年，市司法局在全省率先出台《丽水市行政裁决程序规定》，梳理公布《丽水市市级部门行政裁决事项基本清单（第一批）》，全年全市行政裁决数量1021件，调解结案率98.80%，调解数量、调解结案率均居全省第一。12月17日，司法部网站和微信公众号均报道丽水市加强行政裁决工作化解矛盾纠纷的做法。

【行政复议规范化建设】　2020年，市司法局出台《丽水市行政复议责任追究办法》《关于建立健全行政复议统计分析、工作情况汇报和重大案件报告制度的通知》等制度26项，行政复议咨询委员会实现市、县全覆盖，市、县两级均通过省级行政复议规范化建设评估验收。

2020 年 12 月 7 日，丽水市"十佳普法项目"颁奖典礼暨司法行政系统民法典微课比赛举行 （郭　晨　提供）

【普法宣传】 2020 年，市司法局出台全省首个《加强地方性法规普法工作的意见》。落实重点普法责任单位共性清单 6 项和个性清单 187 项。开展"十佳普法项目"评选，实现 9 个县（市、区）宪法公园创建"全覆盖"。丽水市"普法农家院"创建指导标准被省普法办借鉴并在全省推广。社会公众"宪法知晓率""找法用法意识"全省指标双第一。"七五"普法任务高质量完成。

【社区矫正】 2020 年，市司法局组织全系统开展《中华人民共和国社区矫正法》集中宣传月活动，举办学习研讨、专题培训、现场巡展等活动 100 余场。加强与检察机关协作，联合开展社区矫正"无再犯罪"县创建活动，通过 2020 年至 2022 年的 3 年创建、巩固、提升工作，实现社区矫正对象"零"再犯罪、"零"脱漏管、社区矫正工作人员"零"违法违纪的"三大平安"工作目标。全省首个四端一体社区矫正阳光教育平台上线。市、县两级均依法成立社区矫正委员会，庆元县在全省首个成立；至年底，全市在册社区矫正对象 2257 人，再犯罪率 0.16%，无脱漏管；帮教率和安置率均为 100%。 （郭　晨）

仲　裁

【概况】 2020年，丽水仲裁委员会受理仲裁案件 226 件，标的额 29060.72 万元。审理案件 154 件，其中，调解裁定 70 件，调解和解率 45.45%；裁决案件 75 件，裁决率 48.70%；快速结案 108 件，快速结案率 70.13%；自动履行 136 件，自动履行率 88.31%，无不予执行案件和被撤销案件。全年案件数量比较集中的领域为商品房买卖合同纠纷（87 件）、买卖合同纠纷（21 件）、物业服务合同纠纷（20 件）领域。丽水仲裁委员会秘书处完成机构改革，属于公益二类事业单位。

2020 年，丽水仲裁委员会组织开展优秀仲裁员评选活动，评选出优秀仲裁员 10 人。增加聘用 39 名第五届丽水仲裁委员会仲裁员，至年底，仲裁员人数 200 人。组织仲裁员开展系统化业务培训，丰富理论知识，拓宽处理仲裁案件的工作思路，确保仲裁案件优质高效审理。

【丽水仲裁委员会专家咨询委员会工作制度】 2020 年，丽水仲裁委员会制定《丽水仲裁委员会专家咨询委员会工作制度》，提高仲裁办案质量，加强案件业务指导，为仲裁庭重大、疑难、复杂案件的处理提供参考意见。加强紧急重大事项的管理工作，落实《丽水仲裁委员会秘书处重大事项报告制度》，并向市司法局上报重大案情。落实《领导干部干预仲裁活动记录及风险防范管理办法》，推行仲裁员信息披露制度，实行仲裁员独立审理案件承诺书制度，提高仲裁公信力，提升仲裁程序透明度。

【丽水仲裁案卷规范化建设】 2020 年，丽水仲裁委员会开展仲裁案卷规范化建设，委托专业团队对案卷纸质档案分批实施电子化转换，保障档案实体与档案信息安全，提高案卷信息化和系统化管理水平，为当事人提供资料查询服务。疫情防控期间，出台《关于充分发挥仲裁职能应对疫情为企业健康发展提供优质高效服务的八项措施》，成立法律服务志愿团和仲裁员法制指导员队伍，对企业开展法律帮扶工作。 （季其颖）

军　事

思想政治建设

【概况】 2020年，丽水军分区坚持以习近平新时代中国特色社会主义思想为指导，贯彻习近平强军思想，把学习党的创新理论作为首要政治任务，围绕党的建设、中共十九届五中全会精神、动员备战、疫情防控专题，采取“一学牵引、七学互动”方法，抓好理论学习每月两天、每月一课，团以上领导带头授课辅导，推动理论武装走深走实。融入红色基因，打造集强军文化、国动文化、廉政文化和安全文化于一体的军史陈列室，规范布设营区政治环境，促进“不忘初心、牢记使命”“传承红色基因、担当强军重任”主题教育巩固。贯彻军委主席负责制，落实习近平总书记有关决策指示，梳理台账和任务清单，做好意识形态领域工作，开展手机“清网”行动，落实“三交”“四讲”大谈心活动，化解思想问题。开展政治领域安全教育，汇编政治纪律“五个决不允许”“十不准”、军人网上交友“六个严禁”等应知应会内容，印发全区人员学习。

【党委八届六次全体（扩大）会议召开】 2020年1月21日至22日，丽水军分区党委八届六次全体（扩大）会议在丽水召开，传达学习军委国防动员部、省军区党委扩大会议精神，分析总结全面建设形势，研究部署2020年重点工作，同步召开总结表彰大会，市委书记、军分区党委第一书记胡海峰出席会议并讲话。

【军分区纪检监察】 2020年，丽水军分区纪委严纠训风演风，全程参与第三届岗位练兵大比武和全军法律自考监督，确保考核过程和结果客观公正；参与招投标、物资采购、大项经费开支等方面监督监察8次，提出意见建议；消除征兵领域“微腐败”，组织签订保证书、填写反馈卡、建立“零报告”制度；推进基层风气监察联系点工作，组织全区20名基层风气监督员网上培训，提升能力素质。落实军地交往纪律规定13条，抓好党风廉政建设。

国防动员和后备力量建设

【党管武装】 2020年，丽水军分区推进党管武装制度落实。5月9日，市四套班子和国动委单位相关人员到“红色军旅小镇”庆元县斋郎村开展“军事日”活动。7月15日，召开市委党管武装会议暨市国动委第二十二次全体会议，组织武装工作述职。11月6日，召开市委议军会议，向新任人武部党委第一书记颁发任命状，专题汇报军事斗争形势、解决驻丽部队新扩营区选址、随军家属就业安置等4个问题。结合丽水开发区整合提升，研究理顺开发区武装工作职权行使机制；协调市委、市政府将开发区和市直单位纳入党管武装考核，实现考核“全覆盖”。联合地方出台《关于做好丽水市专职人民武装干部资格认证工作的通知》，加强各级领导干部党管武装意识。

【常态化战备】 2020年，丽水军分区贯彻习近平主席训令和军委军事训练会议精神，加强党委抓战领训，定期梳理短板问题、研究对策措施，把正、把准作战准备方向。以理论辅导、自训、集训、动员指挥研练等方法，落实首长机关按纲施训。采取“自训+统训”的模式，完成全区1/3的专武干部和民兵干部骨干集中训练。依托训练基地完成水上救援、应急维稳专业区内联训。开展省军区第三届岗位练兵比武（丽水分赛场）活动；参加全省第三届岗位练兵比武暨应战能力检验评估，获综合成绩第二名。推进军事职业教育，现役官兵、文职人员共完成150门在线课程学习并取得结业证书，完成军队高等教育自学考试丽水考点2次组考任务。

【兵员征集】 2020年，丽水军分区坚持党委统揽、突出政府主导、注重军地合力，严把质量标准，持续加强征兵“五率”考评，依托地方媒体、信息平台发布征兵动态，精准摸排大学生兵员对象，开展“一对一”宣传发动。严把体检、政考、走访等环节，开展征集新兵和直招士官工作。严密组织役前封闭式训练，完成征集任务，兵员质量继续提高。

【民兵调整改革】 2020年，丽水军分区贯彻落实《浙江省后备力量建设“十三五”规划》，压缩规模、优化布局、改进训练、夯实基础，围绕“四个转型”建设目标，遵循“五个坚持”基本原则，突出应急、新质力量队伍建设，优化编组布局、规范训练管理、夯实基层基础、加强保障措施，推进民兵调整改革工作。协调市经信局、市住房和城乡建设局、市应急管理局等部门，调整重建市民兵应急营，优化民兵结构；落实民兵党组织建设、干部骨干任命等制度，组织点验，加强后备力量基础；3次普查改革落实情况，采取当面指出问题、下达整改通知书等办法，推动问题整改，按照“一分不丢”要求做好迎接军委国防动员部考评。

【基层武装工作】 2020年，丽水军分区贯彻落实《军队基层建设纲要》和省军区基层建设会议精神，落实常委挂钩帮建人武部、机关基层双向讲评制度，每季度召开政工会专题学习研讨和工作指导，修订基层武装部、基干民兵营连、普通民兵营连3类建设标准，持续推进基层武装部规范化建设达标考评，开展基层武装部评星挂牌工作，通过量化考评、评星挂牌、督导整改，推动基层建设全面进步、全面过硬。全市基层武装部全部达标，“五星级”“四星级”合计占比55%。

2020年5月9日，庆元县“百山祖斋郎战斗遗址”省级国防教育基地揭牌

（雷金香　提供）

【专武干部队伍建设】 2020年，丽水军分区会同地方组织部门落实专武干部教育管理、招考录用等政策，落实专武干部资格认证和后备干部制度，提高专武干部、民兵干部补贴津贴标准，紧盯专武干部“出路”做工作，全市有2名部长直接提升乡镇正职、15名干部交流到其他重要岗位，为全市应急营连基干民兵办理丽水民兵预备役人员景区优待卡，增强民兵荣誉感、自豪感。

【国防教育】 2020年，丽水军分区加强国防教育工作。5月9日，召开市国防教育委员会全体会议，分析总结工作、研究部署任务。9月12日，以国家级国防教育示范校——丽水市职业高级中学为典型引领，组织全市参与“国防教育示范校”经验交流活动。9月19日，在市民广场开展第二十个“全民国防教育日”和全省第九个“国防教育宣传周”活动，采取国防知识有奖竞答、军事技能体验、现场录制小视频、朋友圈留言分享等互动形式，增强市民国防意识。军地合力在城区南明湖景观带建成国防教育、双拥共建主题公园2个。创评省级国防教育基地，青田县“万山红色根据地”、庆元县“百山祖斋郎战斗遗址”被省政府命名为浙江省国防教育基地。投入经费布置军史陈列室，打造传承红色基因、存史资政育人新阵地。

【军分区双拥扶贫工作】 2020年，丽水军分区组织驻丽水部队召开任务推进会3次，梳理收集2016年以来拥政爱民特色亮点工作，助力驻地蝉联全国双拥模范城“三连冠”。核查人武部帮扶11个村，配合做好省军区核查军分区本级帮扶村2个，帮扶成效明显。军分区、人武部两级层层签订承诺书，制订乡村振兴计划。投入经费与松阳县安民乡安岱后村、庆元县百山祖镇斋郎村结对帮扶。军分区机关团职以上干部继续与丽水中学11名贫困生开展“一对一”助学活动，协调安排驻地军人子女就近入学。

【后勤保障建设】 2020年，丽水军分区协调政府加大投入资金，投入资金用于军分区民兵训练基地、靶场和武器装备仓库等设施维护完善、运转有序。落实武器装备管理制度，定期组织训练演练，提升装备管理能力，协调地方政府为军人办理拥军医保卡，持续提高卫生防疫、健康体检、资源共享等服务质量。开展后勤重点行业领域整肃治理，从严抓制度落实、问题整改，促进后勤保障能力提升。（雷金香）

武　警

【概况】 2020年，武警丽水支队（简称“支队”）牢记贺信嘱托，聚焦争创“四铁”先进支队目标，接力打基础，聚力抓备战，奋力谋发展，高标准实现“三个确保”。支队被武警部队表彰为“暑期百日安全竞赛优胜单位”，支队教导队通过武警部队一级教导队考评，支队被总队表彰为“保密工作先进单位”，车辆年检年审以总队第一名的成绩获评优胜单位，后装年终考核获评总队优胜单位，实现连续31年执勤无事故。执勤二大队被总队评为“四铁先进大队”，青田、遂昌、云和中队被总队评为“正规化执勤优秀单位”。2人分获总队“十大忠诚卫士”和“十大标兵士官”称号。

【思想政治建设】 2020年，支队以《习近平新时代中国特色社会主义学习纲要》《习近平强军思想学习纲要》和《习近平谈治国理政》第三卷为基本教材，以党委中心组理论学习为基本阵地，推广莲都中队“三支笔”，抓实理论武装。组织“深入学训词、奋斗决胜年”开年教育，持续推进“传承红色基因、担当强军重任”主题教育，加强开展“冲锋号”系列文化活动，用好保卫委员网上集训成果，搞好“大谈心大走访”，分层开好“吐槽大会”，做好军人思想稳定工作。推进“金华会议”成果落地，完成支队军史长廊、图书馆武警分馆、军事体育训练馆、基层荣誉墙和阅读吧建设任务，抓好“一队一品”特色文化队伍建设。举办“十佳”先进典型评比表彰，办军衔晋升（授予）仪式，做好退役军人转业安置工作，参与景宁县吴布村扶贫项目。

【执勤训练】 2020年，支队聚焦应对强敌抬高备战基点，专题组织任务研究，修订方案预案，开展专攻精练，建成“一室一站”“一厅七室”和战备综合库，建强指挥中枢，打通指挥链路，更新装备器材，补齐战储物资，提升部队“两个不经”战备水平。持续巩固执勤主阵地，推进执勤方式优化改革，统筹推进首长机关、预提士官和教练员集训，开展“魔鬼周”极限训练、群众性大练兵竞赛、“创破纪录”活动和“龙虎榜”评比，突出为战导向，表彰训练标杆，训练典型记功有8人、先进个人嘉奖60余人，松阳中队刘方新获评总队教练员集训后装专业第一名，警勤中队黄志权获总队通信士官集训第一名，警勤中队糜雨琪获总队报务集训第二名，机动中队黄泳钧获总队“巅峰”特战比武个人全能第三名。

【抓建基层】 2020年，支队对表“三个过硬”新标尺，做好总队纲要集训成果转化工作，开展“学纲要、理思路、强能力”应用培训，科学制定党委机关服务指导基层计划，健全完善帮建指导基层机制9项，组织党委机关当兵蹲连和蹲点帮建，全年落实4批下部队指导帮建。及时修订完善《按纲建队考评实施细则》和《“双争”评比实施办法》，探索推广“分层次竞争、按比例升降”机制，莲都、青田、遂昌中队实现连续创先，云和中队脱贫摘帽，松阳、景宁中队稳中有进，开展“条令年”活动，推进安全领域专项整治7个，推进“治酒净网”活动，召开正规化管理推进会，细化规范“四表一簿”落实，规范部队秩序，支队获评武警部队安全工作先进单位和暑期百日安全竞赛优胜单位，2人被武警部队表彰为“暑期百日安全竞赛先进个人”。落实利军惠兵政策，加强纠治土政策、土规定，统筹压减“五多四过”，持续推广“军属生日假”，全年向困难军人发放补助，解决干部家属就业和子女入学入托。

【现代后勤建设】 2020年，支队紧盯为战导向，突出前勤要求，修订完善保障方案计划，预先补充战储物资，落实编携配装，依托演训任务常态化开展“一组五队”训练演练，提升应急应战保障水平。落实新伙食标准，开展专业兵轮岗培养、精细组伙、营养配餐，规范公寓住房审批使用，解决军人公寓住房问题，帮助军人大病治疗，推动军人评残事宜，协调机动中队营房建设项目落地，增强服务保障效益。落实“装备日”制度，开展财务巡查、医疗巡诊、装备巡修和技能巡帮活动，推进车辆入库、军械库室整改和枪弹安全问题整治，参加总队车辆年度审验，以第一名的成绩获评优胜单位。落实最严措施突出抓好疫情防控，专题召开防控工作会议9次，紧急出台特别机制10项，筹措防疫物资3.5万件（套），建立隔离点14个，支撑战“疫”行动，实现零感染目标。

【党风建设】 2020年，支队贯彻军委党的建设会议精神和《军队党的建设条例》，持续加强“不忘初心、牢记使命”主题教育成效，突出抓好政治能力训练锤炼，纠治政治领域官僚主义，彻底清除“郭徐房张”流毒，组织

“重温初心担使命，彻纠彻改作表率”主题党日活动，专题研究加强支队党委班子建设措施，做好新调整的基层党组织平稳过渡工作。紧盯总队“两个会议”规范落地，落实学党章、上党课、过党日、交党费制度，做好批评与自我批评，党员干部为抗击疫情捐款3.8万元，树立良好形象。畅通民主渠道，选定青田中队为基层风气建设监察联系点，聘用基层风气建设监督员21人，全年支队未发生一起信访举报问题。坚持从快传达学习案例通报、从实督抓警示教育，公开处理违规使用手机2起和1起打骂体罚问题苗头，严肃问责责任人4人，立起从严执纪问责导向。（鲁伟健）

人民防空

【概况】 2020年，丽水市人民防空办公室（以下简称“市人防办”）始终坚持党对人民防空的绝对领导，贯彻落实新时期军事战略方针和习近平关于人民防空及对浙江人防的重要指示，围绕“能打仗、打胜仗”核心要求，提高战备意识，坚持战备牵引、平战一体，统筹发展，坚持改革创新、提质增效，坚持常态运行、统筹发展，履行“战时防空、平时服务、应急支援”任务，推进人防指挥部常态化和人防指挥体系建设，加强人防专业队和人防应急救援队伍，加强重要经济目标防护建设，提升人民防空备战能力，促进丽水人防建设高质量发展。

【指挥体系建设】 2020年，人防指挥部推进常态化建设，推进军地一体化发展，全市人防干部和各级指挥部成员单位提高战备意识和战时组织指挥能力。城市防空预警报知能力不断提升，市本级警报完成数字化升级改造及发放实现数字化统控，警报点延伸到人防重点镇，全市现有警报完好率、鸣响率均100%。省、市、县、镇四级人防指挥网络顺畅，建成市本级人防机动指挥所卫星地面站，实现人防机动指挥，指挥通信系统更加稳定顺畅。开展偏远山区应急通信系统科研项目研究，研制出适合在偏远山区遂行应急任务使用的通信样机，满足省、市、县、镇四级指挥系统跨区域的互联互通。

【基本指挥所建设】 2020年，市本级完成人防基本指挥所提升改造，提升人防基本指挥所的组织指挥功能。龙泉、松阳、青田、遂昌、云和、庆元县（市）级人防地面指挥中心投入使用，缙云、景宁县地面与地下基本指挥所同步推进；庆元县基本指挥所完成工程建设并初步投入使用；龙泉、缙云、遂昌、景宁、云和县基本指挥所完成主体建设；松阳、青田县基本指挥所在建设前期，按照丽水市人防“十三五”规划有序推进，取得进展和成效。

【人防演习】 2020年，市人防办结合“5·12”全国防灾减灾日，组织全市各县（市）人防及重点镇（街道）、社区和重要经济目标单位开展人民防空人口疏散演练活动。丽水人民防空实战化演习在青田举行。各县（市）人防指挥部相继开展人民防空系列演习，并结合演习召开全市人防指挥长会议。

【人防宣传教育】 2020年，丽水市人防宣传教育基础建设不断完善，全市建成人防宣传教育示范社区12个、人防宣传教育基地8个，累计受教育97万人次。开展人民防空创立70周年专题宣传活动，举办“我与人防的故事”征集等一系列活动。10月17日，组织市区100个家庭参与“寻迹历史，见证发展”跨越人防70年亲子打卡活动，通过到市区各点位人防工程打卡，寻找不同年代的人民防空建设足迹，见证不同历史时期人民防空建设成果，取得良好宣传效果。（郑茹茹）

2020年10月17日，丽水市人防办开展“跨越人防70年亲子打卡”活动

（郑茹茹 提供）

农村建设

综　述

【概况】 2020年，丽水市以习近平新时代中国特色社会主义思想为指导，贯彻落实中央、省委、市委关于"三农"工作的重要会议和文件精神，全市"三农"在应对新冠肺炎疫情以及各项不确定性因素过程中稳住经济底盘，稳固战略后院。提升政策富农惠农水平，制定实施《关于补齐"三农"发展短板确保与全省同步建成高水平全面小康社会的十六条意见》《丽水市"新农人"素质大提升行动方案》《丽水市"两进两回"实施意见》等系列政策文件。农业高质量绿色发展取得新突破，完成浙江（丽水）农业绿色发展先行示范区建设三年行动目标任务，丽水市成为浙江省3个整市制创成农业绿色发展先行市之一。全市农林牧渔业总产值161.81亿元，增长2.6%；农林牧渔业增加值105.76亿元，增长2.6%，增幅位于全省第二位。全市九大农业主导产业农业产值131.81亿元，占农业总产值的81.46%。"丽水山耕"连续3年蝉联全国区域农业形象品牌排行榜首位，年销售额突破100亿元。与上海市宝山区农业农村委、宁波市、嘉兴市农业农村局签订《共同推进农业农村合作与交流框架协议》，举办"融入长三角　服务大上海"展览活动，全方位接轨上海。持续推进"千万工程"，高质量推进"花园乡村"建设，农村人居环境持续改善，全市农村生活垃圾分类处理建制村覆盖率90.3%，完成农村生活污水处理设施标准化运维三年行动，建立农村公厕管护清单，形成责任清晰、条块结合的农村环境长效化管理机制。打赢低收入农户同步高水平全面小康攻坚战，实现"两不愁三保障"突出问题、家庭人均收入8000元以下情况、村级集体经济薄弱村、零就业家庭"四个清零"。全年全市农村常住居民人均可支配收入23637元，同比增长7.8%，实现农民收入增幅全省"十二连冠"；全市低收入农户人均可支配收入12394元，同比增长15.5%，实现低收入农户增幅全省"五连冠"。丽水市农业农村局被省委、省政府授予民族团结进步模范集体，丽水入选"2020年度中国全面小康特别贡献城市"。（王艳杰）

【乡村振兴示范带建设】 2020年，全市以"丽水之干"担纲"丽水之赞"，坚持"稳"字当头，"干"字为要，推动《关于全面实施乡村振兴战略　争当中国特色乡村振兴排头兵行动计划（2018—2022年）》落实，编制印发《丽水市乡村振兴示范带建设方案（2020—2022年）》，统筹推进部省共建乡村振兴示范市建设。按照"1（市本级）+10县（市、区）+51（部门）+16（专业处室）"工作体制推进，建立"一季一督查、一季一通报、一季一评估、一季一例会"运行机制。统筹推进"五大振兴"，开展连片"空心乡村"振兴专题调研，组织编制《乡村振兴十大激活行动方案》，推动民族乡村振兴、红色乡村振兴，推进金融服务乡村振兴国家试验区申报，激发乡村发展动力，启动10条乡村振兴示范带创建，创成缙云县"括苍新韵"乡村振兴示范带、龙泉市"不灭窑火•挺进之路"乡村振兴示范带、遂昌县"天工之城"乡村振兴示范带、青田县"青田之窗"乡村振兴示范带、景宁县环敕木山城乡融合乡村振兴示范带、庆元县百山祖国家公园乡村振兴示范带6条市级乡村振兴示范带。接续推进"六边三化三美"行动实施，新启动9条乡村美丽乡村风景线创建，松阳县摄影四都线、青田县千峡探源美丽乡村精品线、遂昌县"湖光山色"风景线、景宁县溪杉线（青景庆县道）、庆元县龙后线（淤上至安南段）5条线路被评定为"2020年省级绿化美化精品道路"。（马加瑞）

【农家乐乡村休闲旅游业】 2020年，丽水市把发展农家乐民宿乡村休闲旅游业作为"生态经济化、经济生态化"的重要内容来抓。全市累计创建农家乐综合体74个，农家乐民宿精品民宿示范项目122个。全市农家乐民宿3380户，全年农家乐（民宿）接待游客2205.1万人次，同比减少14.8%；实现营业总收入22.7亿元，同比减少7.1%。（余爱华）

【低收入农户增收攻坚战】 2020年，丽水市坚持精准扶贫基本方略，高水平促进低收入农户全面小康。调整市扶贫工作领导小组成员单位，明确扶贫办和各成员单位工作任务。出台《丽水市全面打赢低收入农户增收攻坚战行动方案》，实施“四增一减”工程，促进低收入农户增收。实施“八个万元”系列增收行动，发放产业直补资金3914万元。实行省、市、县三级与重点帮扶村的结对帮扶制度，实现乡镇（街道）、扶贫重点帮扶村（经济薄弱村）、低收入农户全覆盖，累计走访帮扶38万余次。低收入农户人均可支配收入12394元，同比增长15.5%。推进“两不愁三保障”和饮用水安全工作，实施“四个清零”行动，消除家庭人均年收入8000元以下368户、728人，落实低保兜底72662人，资助困难学生11997人，落实困难人员基本医疗保险416753人次，保障低收入农户住房安全4273户、农村饮用水467户，消除无就业家庭60户，消除集体经济相对薄弱村464个。来料加工实现就业23万余人，增长5%，累计发放加工费25.69亿元，增长5.63%；扶贫重点村发放加工费4.48亿元，增长8.4%。推进商业保险助推扶贫，实施低收入农户补充医疗保险，全市低收入农户补充医疗保险保费由财政全额补贴1720万元，惠及人数10.9人。（李永军）

【农村工作指导员】 2020年，丽水市有农村工作指导员2569人。其中，省派丽水第十一批农指员25人，市派第十一批农村工作指导员82人；县级农村工作指导员632人；乡镇派农村指导员1830人。农村工作指导员依托派出单位优势，发挥自身特长，在帮助联系村引进项目资金、培育优势产业、制定发展规划、改善基础设施、解决驻地民生、推进基层组织建设等方面做实事好事。据统计，全年省、市、县、乡四级指导员走访农户13.8户，召开会议10294次，落实经济发展项目464个，落实基础设施项目761个，落实扶贫资金11120万元，捐赠物资价值755万元，调处矛盾纠纷2200起，劝阻上访459次，主讲党课2802次，指导党组织生活3602次，撰写调研报告396篇，支持所驻村发展和低收入农户增收。（苏　明）

【“大搬快聚　富民安居”工程】 2020年，丽水市遵循习近平总书记对丽水的重要嘱托，让山区群众彻底远离危险、彻底摆脱贫困，同时彻底恢复山区生态，印发《丽水市“大搬快聚富民安居”工程示范县评价办法》，启动“大搬快聚富民安居”工程，力求在2019年至2023年建设农民易地搬迁安置小区69个、安置点38个，完成安置小区（点）投资199.64亿元，实现16.46万山区农民的“富民安居”，并在全国率先探索“解危除险”“小县大城”“众创空间”“幸福社区”4个维度的农民易地搬迁县域实践模式。全年新建安置小区13个，续建安置小区（点）31个。至年底，全市安置小区（点）累计完成投资60.49亿元，实现24875户、69085人的安居梦，并开展针对搬迁农民的培训人次30014人次，实现就业15634人。（练　彦）

【消除集体经济薄弱村】 2020年，丽水各级贯彻落实中央和省、市委工作要求，系统周密谋划，村级集体经济巩固提升三年行动开局良好。全市1891个行政村均实现年收入10万元、经营性收入5万元。全市村集体总收入10.34亿元，其中经营性收入5.06亿元（经营收入3.18亿元、发包上交收入0.37亿元、投资收益1.51亿元），补助收入4.61亿元，其他收入0.67亿元。年收入超100万元的村186个，较2019年年底新增52个，增长38.8%。丽水市村级集体经济持续造血能力明显提高，全年累计新增集体经济增收项目304个，覆盖行政村1516个，预计带动增收0.9亿元。各级强村公司实施消薄项目379个，总投资13.09亿元，实现盈利1.19亿元，实现分红0.71亿元。（苏　明）

【历史文化村落保护利用】 2020年，丽水市按照“立足保护、科学规划、合理开发、永续利用”原则，继续开展历史文化村落保护利用项目建设。至年底，全市启动9批次、559个历史文化村落的保护利用，占全省23.64%，其中重点村79个，一般村480个，分别占全省20.36%、25.48%。获省补资金7.45亿元，累计获省专项建设用地指标51公顷，列入项目的数量和获补助资金居全省各市之首。按照“一年成形、二年成品、三年成景”要求，全市完成前5批、43个重点村和199个一般村历史文化村落保护利用验收工作。9个重点村获评省级历史文化村落保护利用示范村。全市一批破旧损毁的古建筑得到抢救性修复，前5批完成顶瓦修补1222幢、墙体加固667幢、立面改造744幢、构件修复712幢；立面改造1206幢、结构降层36幢、整体拆除69215平方米、易地搬迁258户；修复古道81千米。改善农村环境面貌，引发乡村产业发展、文化生活变革、村民素质提升，历史文化村落重新焕发活力。（叶国军）

【农村垃圾减量化资源化处理试点】 2020年，全市推进分类投放、分类收集、分类运输、分类处理的垃圾分类治理体系，通过新建资源化站点、增强部门联动、开展示范乡镇(村)创建、委托第三方开展铺面宣传等措施，提升全市农村生活垃圾分类水平，逐步形成政府推动、全民参与、城乡统筹、因地制宜的农村生活垃圾治理格局。全年全市完成巩固提升村479个，累计实施农村生活垃圾分类处理村1612个(总行政村数按1891个计算)，全市农村生活垃圾分类处理村覆盖率85%，回收利用率45.6%，资源化利用率90.5%。 (叶昴成)

【农村公厕服务提升】 2020年，丽水市按照省统一部署，规范化管护，持续推进农村公厕服务提升。围绕所有农村公厕常态化实现“三有四无”即“有水、有电、有人管，无味、无垢、无尘、无积水”的规范化管护目标，印发《丽水市农村公厕服务大提升行动方案》。建立农村公厕清单5442座，全面抓实所长制，落实管护费平均每座3100元，加强工作清单动态管理，确保每座公厕不失管、不漏管。开展星级评定工作，参照农村公厕设计规格、设施水平、服务机制等因素，评出星级公厕180座。 (项宗余)

农业科技服务

【概况】 2020年，丽水市以创建整市制创建农业绿色发展先行示范区、农业高品质绿色科技示范基地建设为抓手，整体构建农业绿色发展科技创新和推广应用平台，促进科技与生产、集成与示范、培训与推广紧密结合，加强农业现代化科技支撑。各地立足产业发展实际和农民群众技术需求，以加快农业科技自主创新技术集成和推广应用为目标，按照“整合提升、分类建设、集聚集成、见形见效”的思路和要求，通过加强服务条件建设、对接科研单位及技术专家、落实技术补助等措施，第二批建成省级41个，市级7个技术较先进、功能较多元、设施配套较好、带动比较明显、运行较规范的农业高品质绿色科技示范基地。

【农业绿色发展】 2020年，丽水市按照《丽水市整市制创建农业绿色发展先行市实施计划(2019—2020年)》要求，继续推进农业绿色发展先行创建工作，完成青田、云和、庆元、遂昌及景宁县的先行创建工作任务，结合2019年的首批创建任务(莲都、龙泉、缙云及松阳)，全市9个县(市、区)完成农业绿色发展先行县创建工作；全市101个农业绿色发展示范区完成创建任务，并通过省、市级考核验收；提升培育农业绿色发展示范主体1021个。丽水市被省农业农村厅发文认定为全省3个整市制创建农业绿色发展先行市之一。 (齐 川)

【农业科技推广服务】 2020年，丽水市开展“送科技下乡”服务活动，全市1652名农技人员开展科技入户工作，服务农民62312人次，发放技术资料5.6万份，开展现场培训会510次，培训科技示范户10217人次。重点发布推广应用“2020年丽水市农业主导品种与主推技术”，发布2020年主要农作物(包括牧草)206个、畜禽主导品种29个以及渔业品种8个；农业主推技术81项。以院地合作为平台，组织主导主业关键技术研究与推广工作。对《观光采摘型大棚草莓生产模式建立与示范推广》等第四、五批16个院地合作项目组织现场检查与成果验收，并总结成果，推广应用。继续以浙江大学和省农业农村厅8个产业首席专家领衔、本土专家作为产业技术推广首席专家、各县(市、区)专家和主体业主作为团队成员的产业团队为依托，围绕产业发展的瓶颈问题，组织各产业团队实施26个技术创新与应用示范推广任务，为丽水市农业主导产业发展提供技术支撑。

【农业科技推广项目实施】 2020年，全市加大力度组织实施省、市农业“丰收计划”项目，共评出2019年度市农业丰收奖20项，其中一等奖3项，二等奖7项，三项10项，由市政府发文通报奖励。同时推荐到省农业农村厅参评省农业丰收奖7项，申报省厅技术进步奖3项。其中，《杨梅产业提升综合技术应用与推广》入围省丰收一等奖候选名单，《杂交稻制种多熟制水旱轮作模式及农机农艺融合技术示范与推广》入围主体一等奖候选名单。6月，下发《关于下达2020年度市农业丰收计划项目的通知》，省、市丰收奖计划立项共64项，其中，省丰收奖12项，市丰收奖52项。

【农业教育培训】 2020年，市农业农村局出台《丽水市乡村振兴示范实训基地评定和管理办法》，加快推进丽水市乡村振兴人才培养平台体系建设，提高全市乡村振兴人才培育的实用性和专业性水平，组织开展乡村振兴实训基地和示范实训基地评选工作；推进乡村振兴首席专家制度，聘请乡村振兴相关产业(行业领域)内有突出成就、知名度较大的专家教授和学者担任丽水市乡村振兴首席专家，带动全市各类高层次农村实用人才队伍建设和重点农业科技项目的研究和突破；实施分层级精准化农民培训，市级和各县(市、区)依托农民学院(校)和乡村振兴讲习所,针对不同群体、不同要求开展乡村振兴领军人才(农三师)培训、农村实用人才培训、高素质农民培训以及普及性培训等不同层次培训,并创新融合实训基地体验式教学、聘请知名专家讲学、以赛促训等各培训形式,突出需求导向,做到培训对象、内容、方式精准化,提升培训效果。全年全市培训农民68538人次,其中,培训农村实用人才8576人;培训高素质农民1430人;农广校中专学历招生522人。组织参加全省农业技能大赛,获一等奖2个、二等奖4个、三等奖5个。

【农业人才培养】 2020年,全市发挥丽水"农三师"乡土人才的辐射带动作用,在疫情影响、不利于人员流动的情况下,通过拍摄短视频、开通微信课堂、就近指导帮扶等方式,推广"土"办法、好经验,带动周边群众增收致富。据统计,130余名中高级"农三师"培训农民5200人次。同时,选拔出第二批高级"农三师"50人,中级"农三师"278人。

【农业水环境治理】 2020年,农业农村系统落实治水任务指标,统筹推进、对标分解,持续开展农业面源污染治理和农药化肥禁限用工作,打造浙江(丽水)农业绿色发展先行示范区,加快推进农业高质量绿色发展。全市创建完成省级肥药两制改革示范性农资店47家;9个县(市、区)全部落实化肥实名制购买,商品有机肥地方财政补贴资金全部到位;所有涉农县均出台废旧农膜回收处置政策文件;完成创建水产健康养殖示范场19家;农田高效节水灌溉345.33公顷;新建万头以上生态美丽牧场3家;培育肥药两制改革示范主体333家。新建农田氮磷拦截沟渠5条。改善农田沟渠生境条件,重建和恢复沟渠生态系统,新建农田氮磷生态拦截沟渠9条。 (齐　川)

【数字农业工厂试点示范】 2020年,丽水市完成数字化种养基地改造74个,农产品电商销售额26.1亿元,各县(市、区)农业农村主管部门网上办事受理率均80%以上、平台掌上执法率均90%以上、"双随机"事项覆盖率均100%,数字"三农"知识培训人数9127人次。全市累计建成各类益农信息社1883个,覆盖率100%。累计开展村级信息员培训20512人次,依托村级站提供语音咨询服务累计56.76万人次,发送"12316"短彩信条数累计6608.15万条,受理便民服务累计3611.23万人次、涉及金额19514.66万元,促成网上商品代购、农产品网上营销等电商服务成交金额115009.98万元,并呈现增长态势。经县(市、区)申报、市级审核推荐和省厅组织专家评审,缙云县列入数字乡村试点示范县,丽水郎奇农家乐农产品专业合作社等9个主体被列入省数字农业工厂试点示范项目。

【县域数字农业农村发展水平评价】 2020年,丽水市组织各县(市、区)开展2020全国县域数字农业农村发展水平评价工作,丽水市、县域数字农业农村总体发展水平为68.5%,高于全国36%的综合发展水平,略低于浙江省68.8%的综合发展水平,位列全省第五位。

【"数字乡村·智慧三农"云平台信息化项目建设】 2020年,市农业农村局实现"三农"数据整合、互通和共享,推动"三农"产业经济高速增长,实施丽水市"数字乡村·智慧三农"信息化项目。至年底,一期项目完成项目系统内数据资源采集、整合、集成。完成整体框架,建成1个云引擎平台和1套大数据分析系统,开发智慧"三农"云平台核心引擎。部署"三农"人员管理系统、"三农"项目监管系统、"三农"农业主体管理系统、"三农"大数据分析系统、"三农"便民服务系统和绿色惠农一卡通信息系统等六大应用系统。打通数据接口,对接省、市相关单位,打通不动产信息、事业单位信息、企业基本信息、社会保险个人参保、低保救助信息残疾人信息、省公安厅居民户口簿(个人)等13个数据接口。建立数据库,完成"三农"基础数据库、运维数据库、项目数据库、便民数据库、农业主体数据库建库工作。全年建立库表46张、601个字段的数据采集表单。完成全市50个村全景制作;采集37.6万名农民123万条、1627万字段数据;采集近500个行政村33600条字段数据;采集13类7390家农业主体72万条字段数据,实现高水平的三农信息化管理。 (林国文)

【生态农业建设】 2020年,全市以新时代浙江"三农"工作"369"行动为引领,围绕浙江(丽水)农业绿色发展先行示范区建设,实施化肥、农药减量增效行动,推进"肥药两制"改革。不断完善主要农作物施肥指标体系,引导农民改进施肥方式方法,减少不合理施肥,全年共推广测土配方施肥263.85万亩次,商品有机肥推广应用面积19420公顷,减少化肥使用量7490吨。龙泉市被农业农村部列为全国蔬菜有机肥替代化肥项目试点市。加强统防统治与绿色防控融合推进,创建省级农作物病虫害绿色防控示范区13个,全市农作物病虫害绿色防控应用面积5.21万公顷,减少农药使用量110吨。莲都区、龙泉市、青田县、缙云县、松阳县被列为省级“农作物病虫害专业化统防统治与绿色防控融合推进示范县”。推进农药废弃包装物回收处置工作，全年回收农药废弃包装物212.55吨，无害化处置率100%。推进养殖废弃物、农作物秸秆综合利用，养殖废弃物利用率98.1%，农作物秸秆综合利用率95.29%。（池永清）

【农业机械化】 2020年，全市农业机械总动力95.61万千瓦。耕作机械31837台、15.88万千瓦，其中，大中型拖拉机86台、4037千瓦，耕整机26446台、110063千瓦；种植机械188台，其中，水稻插秧机149台；收获机械1032台、1.34万千瓦，其中，联合收割机319台、11385千瓦；植保机械23000台、3.55万千瓦，其中，农用无人机69架；排灌机械48293台、9.14万千瓦；茶叶机械92829台、15.37万千瓦；食用菌机械43676台、13.48万千瓦；农副产品加工机械31705台、13.95万千瓦；运输机械1356台、2.97万千瓦，其中，轨道运输机166条、478千瓦、69881米；设施农业设备648万平方米，冷藏保鲜库738套，134888立方米。

2020年，全市机械耕作面积7.44万公顷，机械收获面积1.51万公顷，机械种植面积3787公顷，机械植保面积3.66万公顷，水稻耕种收综合机械化水平54.49%，机械灌溉面积2.08万公顷，机械秸秆还田面积10681公顷，机械加工农产品71.52万吨，水果分级机械作业量11321吨。

全年全市农机化投入1.11亿元，其中，财政投入0.335亿元，农民个人投入0.68亿元。实施农机购置补贴政策，全年落实中央资金2395.58万元、省级资金229.88万元，购置补贴机具15351台套，10469个农业生产经营主体受益。

2020年，继续开展农业“机器换人”和“平安农机”示范创建活动，庆元县和松阳县创成省级农业主导产业“机器换人”示范县，庆元县屏都街道、缙云县舒洪镇、松阳县古市镇创成省级“机器换人”示范镇（街道），丽水市炜奕粮食专业合作社的水稻生产基地等7个基地创成省级“机器换人”示范基地。莲都区创成省级“平安农机”示范区，莲都区丽新畲族乡等6个乡镇创成省级“平安农机”示范乡镇。8月27日至28日，在2020年浙江省农机操作手职业技能竞赛中，戴兆春、田倍嘉、赵会明分别获一、二、三等奖，同时获“浙江省农业技术能手”称号；丽水市代表队获“优秀组织奖”。11月7日至10日，朱锦扬代表浙江省参加第三届全国农业行业职业技能大赛，并获农机修理工一等奖。（吴志珍）

莲都丽新畲族乡月亮湖图景　（蓝　帅　提供）

生态精品农业

【概况】 2020年，全市农业农村系统贯彻落实中央、省委、市委关于“三农”工作的重要会议和文件精神，探索生态产品价值转换机制，推进“生态经济化、经济生态化”，推动全市“三农”高质量绿色发展。11月19日至22日，市农业农村局会同市国资委、市农投公司、市驻沪办在上海共同举办“融入长三角 服务大上海”丽水新农人来了展览活动。市农业农村局组织36家农业主体、500余种“丽水山耕”生态精品产品参展，达成合作意向的企业有30多家，实现现场销售额96万元，意向订货3000余万元。11月20日至24日，2020浙江农业博览会在杭州举办，丽水展团组织85家农业主体1000余种生态精品农产品参加线下农博会，128家参展主体参加线上农博会，52家主体参加云订货，60个名特优新品申报省百优畅销农产品，线下现场销售额192.8万元，现场签约订单额615万元，线上累计成交额130万元，居全省线上成交额第二位。

【农业农村宣传】 2020年，丽水市农业农村局组织搭建以《农民日报》、今日头条、一点资讯、《浙江日报》、《农村信息报》、浙江电台交通之声、丽水发布、《丽水日报》、《处州晚报》、丽水电视台、丽水电台、丽水网等媒体为平台的丽水农业农村宣传团队，全方位、多层次宣传报道丽水市乡村振兴工作亮点和成效。《农民日报》宣传报道33篇，其中，3月20日，头版刊发

《丽水大书“两山”文章》；新华网宣传报道8篇，《人民日报》宣传报道23篇。市本级《丽水日报》、丽水电视台开辟《丽水“三农”》栏目，丽水电台开辟《聚焦消薄》栏目。（张　靓）

【农产品转化为旅游地商品和“丽水山耕”品牌建设工作】　2020年，丽水市细化、量化工作指标，采取培育“丽水山耕”600基地，提升主体及产品包装、加强品牌管理、包装设计、质量安全、市场营销、科技服务体系建设等措施，通过举办培训班、农产品包装设计大赛和擂台赛等形式，共同推进“丽水山耕”品牌建设。全年全市提升农产品旅游地商品生产经营主体180个，提升农产品旅游地商品259个，农产品旅游地商品营销额68.057亿元，提升“丽水山耕”背书农产品323个，新建600基地1.62万公顷，实现“丽水山耕”农产品年销售额108.53亿元，平均溢价率30%，“丽水山耕”连续3年蝉联全国区域农业形象品牌排行榜首位。

【“农行杯”首届浙江省农播超级联赛总决赛】　2020年11月6日，由浙江省农业农村厅、浙江日报报业集团、共青团浙江省委、中国农业银行浙江省分行联合主办，浙江省农业农村厅宣传中心、丽水市农业农村局承办的农播超级联赛总决赛在丽水举办。此次联赛作为农播的载体，培育首批“新锐农播客”，建设农播达人队伍，把推动手机网络销售成为重要渠道，推广宣传“丽水山耕”各类产品，激发乡村网红经济活力。经初赛、训练赛、模拟直播带货赛，最终从各地推选的213支队伍中决出20强选手入围总决赛。其中，丽水的3名农创客带着丽水特色农产品成为总决赛10强选手。（廖小丽）

农业产业化经营

【现代农业园区建设】　2020年，丽水市新增遂昌县柘里茶香省级现代农业园区1个省现代农业园区创建对象，青田县阜山稻菊特色农业强镇、松阳县象溪果蔬特色农业强镇2个特色农业强镇通过省级验收。累计列入省级现代农业园区创建对象8个（含9个农业可持续发展示范园），列入省级特色农业强镇创建对象9个。新认定莲都区老竹镇农业产业强镇为国家级农业强镇，累计2个。新认定9个省级特色农产品优势区。联合温州市，新申报浙南早茶优势产业集群项目，获中央财政资金6500万元。

【农业企业培育】　2020年，农业农村部认定浙江百兴食品有限公司为农业产业化国家重点龙头企业，累计4家。新增省级骨干农业龙头企业11家，评定小微田园综合体15家，合计28个。全市累计培育市级重点农业龙头企业214家，其中，省级骨干农业龙头企业48家，国家级重点农业龙头企业4家。（黄　昀）

农村经营管理

【概况】　2020年，全市9个县（市、区），1个经济技术开发区，173个乡镇、因有6个县（市）进行村规模调整。至年底，全市有1909个村（社），23892个村民小组、85.13万农户、227.8万农业人口。村集体所有农用地总面积216.03万公顷，其中耕地14.4万公顷、园地4.2万公顷、林地124.17万公顷、草地0.22万公顷、养殖水面0.27万公顷，其他类型农用地0.19万公顷。户均耕地面积0.14公顷，人均耕地面积0.05公顷。全市农村劳动力135.75万人。其中，从事家庭经营劳动力73.36万人，外出务工劳动力65.08万人，其中常年外出务工劳动力58.87万人（其中，乡外县内27.3万人，县外省内19.11万人，省外12.45人）。至年底，全市1917个村（社）完成经济合作社股份制改革，确定股东数222.79万人，量化资产17.33亿元，累计分红19882万元。

【农业经营主体】　2020年，丽水市重视新型农业经营主体培育工作，贯彻落实中央、省、市委、市政府的精神，规范全市新型农业经营体系建设。开展市级新型示范家庭农场（青创农场）认定工作。做好家庭农场名录系统信息填报和监测工作，家庭农场名录系统录入率215%，全省率先完成。至年底，全市家庭农场（种养大户）6865家，全年新申报省级示范家庭农场27家，监测合格195家，全省省级示范1710家，丽水222家，全省占比13%。缙云县被省农业农村厅列为首批家庭农场整体提升县；庆元县鱼富家庭农场被农业农村部推介为全国第二批家庭农场典型案例。根据市政府工作报告重点工作责任清单要求，引导小农户与农业社会化服务组织建立合作关系。开展“空壳社”专项排查清理回头看工作。至年底，全市在农业农村部门登记在册合作社3645家。全市通过农业农村部第三次监测合格的国家农民合作示范社22家，全省140家，占比15.7%；丽水市国家级示范社累计30家，全省197家，占比15.2%。全年新增大学生农创客190人，全省农创客6173人，丽水市683人，占比全省9%。推进各地做好农创客网红带货宣传报道工作，为农业增效、农民增收、农场和谐奠定基础。发展各类社会化服务组织，累计建立社会化服务组织649家，培育提升社会化、专业化服务组织300个。

【村集体经济组织】 2020年，全市村集体总收入10.32亿元，其中经营性收入5.16亿元(经营收入3.24亿元、发包上交收入0.40亿元、投资收益1.52亿元)，补助收入4.5亿元，其他收入0.66亿元。当年有经营收益的村1674个，其中：100万元以上村71个。 (吴玉平 瞿存伟)

【土地承包经营权流转】 2020年，丽水市严格规范土地有序流转行为，合理把握土地流转规模，推进整村整组集中连片流转，促进现代农业规模化、集约化、标准化经营。全年全市累计流转土地3.70万公顷，流转率45.97%；新增发放土地流转经营权证345本，累计颁发土地流转经营权证发证4807本。推进全国“两权”抵押贷款试点工作，其中土地承包经营权抵押贷款余额10.17亿元。

【农村产权交易市场建设】 2020年，9个县(市、区)搭建县级农村产权交易平台，全市173个乡镇(街道)建成产权交易窗口，建成覆盖市、县、乡三级农村产权交易平台体系。包括土地流转经营权在内的农村产权交易实行“统一信息发布、统一交易规则、统一交易鉴证、统一网络操作、统一平台建设”的“五统一”管理模式。全年新增农村产权公开交易691宗，成交金额4848.98万元，累计农村产权交易5138宗，成交金额5.47亿元。其中，土地承包经营权3408宗，成交金额3.59亿元；林权623宗，成交金额9894万元；房屋所有权560宗，成交金额8282万元；农村集体物业租赁484宗，成交金额5357万元。 (叶建军)

农业安全生产管理

【农产品质量安全】 2020年，市农业农村局持续加强追溯体系建设，加强农产品生产经营主体核查与动态更新，确保列入省级农产品质量安全监管系统的主体信息全面、真实、可靠。推行食用农产品合格证制度，指导主体通过上市开具“一证一码”(追溯码、合格证)，展示“自我承诺”内容，落实农产品质量安全责任。至年底，全市纳入省农产品质量安全监管系统的农业生产经营主体2809家，上传快速检测数据32.45万条，实施追溯管理的主体2221家，累计产生追溯码5.65万条。全市县级以上示范性合作社、农业龙头企业、家庭农场等主体全部实施食用农产品合格证，实施率100%。加强农产品质量安全监测，全市省级农产品质量安全例行监测抽检农产品1100批次，合格1094批次，合格率99.5%。其中，生产环节抽检农产品874批次，合格871批次，合格率99.66%，全年全市未发生重大农产品质量安全事件，农产品质量安全水平稳定向好。

【农产品质量安全专项整治“利剑”行动】 2020年，市农业农村局开展农产品质量安全专项整治“利剑”行动，针对农产品种植养殖过程中违法使用禁用药物和非法添加物、农药兽药残留超标等突出问题和薄弱环节，加大对种植养殖者安全用药培训指导力度，加强隐患排查、监督抽查和执法检查，严格落实农产品生产记录、农药安全间隔期、兽药休药期制度和合格证制度，惩治农产品质量安全领域的违法违规行为。5月至12月，全市出动监管执法人员5609人次，检查生产经营主体3759家次，发现农产品质量安全问题26起，行政立案17件，处罚金额3.745万元，开展监督抽检2604批次，不合格7批次，组织媒体宣传62次，发放资料2.4万份，指导培训110次，指导4770余人次。

【农业农村标准化】 2020年，市农业农村局推进农业农村标准化，加强标准制修订和标准备案管理，推荐市级农业地方标准制订项目13项，获立项11项。至年底，全市为主或参与国家标准制修订6项，行业标准5项，省级地方标准15项，现行有效市级农业地方标准37项，县级农业地方标准35项，“丽水山耕”对标欧盟系列团体标准8个。配合市市场监管局完成现行全部市级农业地方标准备案工作。加强标准实施推广，启动首批省级农产品标准化生产示范县创建3个。通过创建，加强规模生产主体试验示范、辐射带动作用，集成推广农产品质量安全风险综合管控策略，促进农产品质量安全水平整体提升，实现农产品质量安全抽检合格率99%以上。 (黄庆 林燕)

【绿色农产品认证】 2020年，增加绿色优质农产品供给，净增绿色食品认定50个，全市有效期内绿色食品166个。创建“云和雪梨”“遂昌高山水果”“缙云茭白”省级绿色精品基地3个。梳理制定2022年至2024年省级精品绿色农产品基地计划。新增农产品地理标志4个，新启动农产品地理标志登记申请3个，全市累计获农产品地理标志17个。创建实施全国地理标志农产品保护工程“遂昌三叶青及遂昌菊米”“庆元甜橘柚”2个，完成“景宁惠明茶”地理标志品牌价值评估申报1个。推进农产品地理标志三年(2020年至2022年)登记保护计划。全市绿色优质农产品比率59.7%。 (蒋凯亚)

【重大动物疫病防控】 2020年，全市开展以高致病性禽流感、口蹄疫、高致病性猪蓝耳病、猪瘟、小反刍兽疫等为主的重大动物疫病强制免疫工作，实现"应免尽免、不留空当"工作目标，全年未发生区域性重大动物疫情。对1965个场点开展动物疫病监测，累计检测各类样品7.5万份，其中，病原学样品2.6万份，主要动物疫病免疫抗体合格率均为70%以上。非洲猪瘟病原学检测20514份，H7N9病原学检测3450份，牛布鲁氏菌病、结核病检测114份，羊布鲁氏菌病检测2995份，未发现阳性样品。城区犬类狂犬病5个免疫点完成狂犬病免疫1900头次。7月，市农业农村局、市人力资源社会保障局、市总工会联合举办全市动物防检疫职业技能竞赛，6人被市总工会授予"金蓝领"称号。8月，丽水市在全省农业技能竞赛防疫、检疫岗位中5人获奖，4人获省技术能手称号。全省兽医系统实验室比对中，全市参加的6个实验室结果全部正确，市、县参比实验室连续3年比对结果正确。 （张盈盈）

【动物卫生监督管理】 2020年，全市畜牧兽医体系完成机构改革，改革后县级畜牧兽医机构编制112个、派出机构编制62个。现有动物卫生监督分所27个，动物产地检疫申报点24个，屠宰检疫工作室8个，省际动物卫生监督检查站1个，县域病死动物无害化处理场2个，累计规范化建设所站25个。派驻检疫的生猪定点屠宰场点9个，其中，场8个，点1个；家禽屠宰场2个（莲都区、龙泉市）；牛集中宰杀点2个（莲都区、景宁县）。推行机关内部最多跑一次工作，实现官方兽医受理率100%。累计确认官方兽医325人、注销72人。登记乡村兽医405人，完成执业兽医资格确认47人、执业助理兽医师资格确认41人。全年全市产地检疫生猪29.85万头，屠宰检疫生猪19.13万头；产地检疫家禽857.77万只，屠宰检疫家禽147.14万只。省外调入活畜禽82.22万头（只）、肉品3987吨。建成县域无害化处理场2个、设立病死动物收集点158个，配备收集车3辆。乡镇公共无害化处理设施80个，生猪保险与无害化处理联动实现全覆盖。 （程燕芬）

【重大植物疫情控制】 2020年，丽水市统筹推进植物检疫事业发展，加强农作物重大病虫疫情监测预警、科学防控和应急处置能力，做好重大农业植物疫情监测、普查和防控工作，保障农业"三个安全"（农业生产安全、生态安全和农产品质量安全），促进农业增收、农民增效。全年松阳县和景宁县发生红火蚁疫情，省、市、县、乡四级联动，遏制疫情扩散。松阳摸清确定疫情发生核心区面积2.15公顷，蚁巢216个，红火蚁预防扩散潜在发生区面积72.22公顷。景宁发生面积42.33公顷，发生程度为一级。通过对全县各村开展访问调查、诱集调查和实地调查，其他乡镇（街道）没有发现有红火蚁发生。开展种子苗木检疫执法工作，初步摸底调查种子种苗繁育主体（基地）。全年全市开展检查生产基地数量42个，出动执法人员127人次，重点检查种子种苗生产繁育单位数量20个，没有发现疫情，产地检疫89批次，检疫面积826.67公顷，产地检疫合格率100%，调运批次181批次。全市16个柑橘黄龙病监测点，共覆盖柑橘种植面积0.31万公顷，开展柑橘黄龙病防控工作，其中病害发生地莲都、庆元及松阳，总计4951株病株全部挖除，挖除率100%，防止病害扩散；木虱防止次数37次，防治面积0.75万公顷，挽回直接经济损失272.16万元，铲除疫情点19个。开展梨树疫病防控工作，全市普查梨0.23万公顷，主要梨树疫病发生在松阳县和景宁县，经普查，松阳县有梨面积376.63公顷，总株数247578株，梨树疫病发生面积24.93公顷，发病株数67株，发病程度比上年减少。景宁县发病面积8.13公顷、病株47株，分别比上年下降40.49%和59.48%。 （齐 川）

【生态农业建设】 2020年，全市围绕浙江（丽水）农业绿色发展先行示范区建设，实施化肥、农药减量增效行动，推进"肥药两制"改革。完善主要农作物施肥指标体系，引导农民改进施肥方式方法，减少不合理施肥，全年推广测土配方施肥263.85万亩次，商品有机肥推广应用面积1.94万公顷，减少化肥使用量7490吨。龙泉市被农业农村部列为全国蔬菜有机肥替代化肥项目试点市。加强统防统治与绿色防控融合推进，创建省级农作物病虫害绿色防控示范区13个，全市农作物病虫害绿色防控应用面积5.21万公顷，减少农药使用量110吨。莲都区、龙泉市、青田县、缙云县、松阳县被列为省级"农作物病虫害专业化统防统治与绿色防控融合推进示范县"。持续推进农药废弃包装物回收处置工作，全年回收农药废弃包装物212.55吨，无害化处置率100%。推进养殖废弃物、农作物秸秆综合利用，养殖废弃物利用率98.1%，农作物秸秆综合利用率95.29%。 （池永清）

【农作物秸秆综合利用】 2020年，丽水市推进农作物秸秆综合利用，以直接还田、堆沤还田等秸秆就地还田为主，推进果园、毛竹园、中药材基地等离田覆盖肥料化利用、青贮加工饲料化利用、以大球盖菇、木耳为主的基料化利用等为补充。各地出台补助政策，推进秸秆肥料化、饲料化、基料化、燃料化和原料化“五化”利用。缙云县根据当地茭白产业发展需求，鼓励开展茭白秸秆旱地覆盖、发酵堆肥、饲料加工等综合利用，对离田、收贮、调运并综合利用的给予补助1200元/亩。全市农作物秸秆综合利用率逐年提高，秸秆综合利用长效机制逐步形成。根据各县(市、区)调查统计，全市年秸秆总可收集量41.37万吨，总利用量39.72万吨，其中，肥料化35.59万吨，饲料化2.73万吨，基料化0.65万吨，用作其他原料0.08万吨，燃料化0.67万吨，可再生资源利用指数95.98%。扣除农村炊事燃料用量，农作物秸秆“五化”综合利用率95.29%。全年全市秸秆露天焚烧火点10个，比2019年同期(16个)大幅下降37.5%。 (李官平)

粮食作物

【概况】 2020年，全市播种面积7.2877万公顷，总产量37.4977万吨。其中单季稻3.382万公顷、总产量24.672万吨。全市开展绿色高产创建活动，建设34个省级粮食绿色高产示范基地，总面积1373.3公顷。其中水稻千亩方18个、1218公顷、旱粮百亩方16个、155.3公顷，示范方内水稻最高亩产901千克。

【粮食生产功能区提标改造】 2020年，全市完成52个、总面积3413.3公顷粮食生产功能区提标改造，累计完成投资1679万元。完成修建(修复)排灌渠10.94千米，机耕路35.81千米，修建泵站1座、下田坡23处；新建水稻育秧中心1个、烘干中心1个，提标改造区开展统防统治、集中育秧等服务面积3520公顷。

【农作创新和提质增效】 2020年，丽水市推广应用水旱轮作、粮经结合、种养结合等农作制度创新模式2.14万公顷。开展丽水市“十佳好稻米”评比活动；获浙江省好稻米评比金奖4个、优质奖3个；获2020年黑龙江国际稻米节金奖2个。 (刘 波)

经济作物

【蔬菜】 2020年，全市蔬菜播种面积5.13万公顷，产量145万吨，产值35亿元。水生蔬菜播种面积0.69万公顷，产量18.6万吨，产值7.0亿元；茭白播种面积0.65万公顷，产量17.5万吨。豆类蔬菜播种面积0.87万公顷，产量20.7万吨，产值5.9亿元；四季豆播种面积0.47万公顷，产量9.5万吨；长豇豆播种面积0.34万公顷，产量9.6万吨。设施蔬菜播种面积0.69万公顷，27.2万吨。

全市立项浙江省蔬菜产业技术团队项目6个，其中区域试验站1个，示范基地5个。完成2019年市蔬菜团队项目《丽水市高山脱毒草莓种苗繁育技术研究与示范》的总结和验收。实施2020年市蔬菜团队项目(黄花菜种质资源调查及新材料筛选、黄花菜新病害鉴定与药剂筛选)，对本地黄花菜品种进行调查收集并筛选新品系，对新病害进行鉴定分类并筛选高效安全防治药剂。做好省级地方标准制定《高山菜豆绿色生产技术规程》。

做好省级“放心菜园”创建工作。2020年，经主体自主申报、县级推荐创建、市级择优认定，丽水申报和创建省级“放心菜园”7家；2018至2020年，累计创建省级“放心菜园”15家。加强蔬菜育苗中心和育苗基地建设。全市建成年育苗能力大于100万株的专业化蔬菜育苗场7家，全市年育苗能力超过3000万株。龙泉龙南新培育全省海拔最高的高山集约化嫁接育苗基地。抓好保障型蔬菜基地建设，确保丽水市菜篮子供应。

组团参加2020浙江精品番茄评选和精品草莓评选，选送6个番茄样品和2个草莓样品参加评选，番茄获金奖1个，草莓获银奖1个。9月23至24日，高山集约化嫁接育苗现场观摩活动在龙泉龙南举办，邀请省农技推广中心领导、省内蔬菜专家、温州市蔬菜业务干部和育苗主体参加。 (张 哲)

【水果】 2020年，水果产业生产因天气因素影响较大。新发展果园主导品种较突出，全年全市新发展果园586.67余公顷，同比增幅10%，品种以“甜橘柚”“鸡尾葡萄柚”等杂柑及早晚熟桃、猕猴桃、“阳光玫瑰”葡萄、“云和雪梨”等为主，规模种植。销售价格上半年走低，下半年拉高。受疫情影响，上半年枇杷、桃等品种价格走低，同比下降20%—30%，但销售总体顺畅，产量增加，枇杷、桃、李等效益同比略降或基本持平。杨梅、梨产量增加，销售顺畅，产值增幅4%以上。果品优质优价突显，设施等优质栽培技术推广应用，精品果供不应求，价格优势明显，其中，莲都枇杷智能大棚精品白枇杷60元/公斤，采收期40天，亩产值7万—8万元；青田促成栽培大棚杨梅160—200元/公斤，采收期20天，亩产值8万—10万元；精品“阳光玫瑰”葡萄60元/公斤，“云和雪梨”30元/公斤，且今年网络市场销量成倍增加。灾害性天气频发，产业问题突出，9月下旬至11月，出现气象干旱，12月中旬至1月上旬，极端低温冰冻，柑橘产业尤其椪柑园在2016年严重冻害后又遭重创。至年底，椪柑产业衰退，产量低，柑橘产业整体效益低；桃产业经30余年发展，连作障碍严重，产能下降，面临更新改造任务；其他水果品种多样，但未形成丽水水果主导产业。果实受柑橘小实蝇为害,受暖冬、早春温暖气候、疫情影响下果园清园不到位等因素影响,柑橘小实蝇为害桃、柑橘、李等各种水果,防控形势严峻。

水果产业继续加强技术创新和推广服务，其中,2020年水果创新团队实施完成7个项目,开展全国首创枇杷无损伤检测、果园以草防草草种筛选、葡萄不减产不减收换品种等创新技术,推动引领全市水果产业发展。收集、发掘、保护和利用本地枇杷优株(系)、云和雪梨优株、野生猕猴桃优株等种质资源,其中,丽水枇杷优良单株资源收集87份,建立资源圃3个、母本园2个,并进行分子标记系统鉴定,2019年至2020年对60余份种质资源开展性状描述和记录,系统梳理登记,为丽水枇杷品种审定、资源开发利用等提供基础。“云和雪梨”收集种质资源63个,筛选优良单株14个,建立资源圃1个、优良单株母本园1个,进行分子标记鉴定。组织开展“2020丽水十佳猕猴桃优良单株”评选,青田县开维果业有限公司“开维1号”等10个品种被入选。枇杷无损检测全国首次。2017年至2020年,与浙江大学、温州大学合作,采用近红外光谱技术,连续4年采集6万余个枇杷果实可溶性固形物(TSS)及近红外光谱数据,建立光谱模型,验证模型应用通用性、适用性和鲁棒性,无损检测平均误差0.9°Brix(白利度)。云和雪梨团队开展的云和雪梨优株选育、授粉试验、疏果套袋、控产高效等试验示范工作在2020年结束,其中,授粉试验开展5年,筛选翠玉、新玉、平顶、豆梨等授粉品种。2015年开始与中国农业科学院果树研究所、浙江省农科院园艺所等单位合作开展的云和雪梨贮藏保鲜试验研究在2020年进入第2轮中试,云和雪梨可贮藏至次年6月上旬,贮藏期长达8个多月。2019年至2020年指导缙云双溪口乡杰帅葡萄合作社把“夏黑”葡萄改接“阳光玫瑰”获成功,全园更换为“阳光玫瑰”,2020年效益提高2倍以上,亩产值从9000元提高到2万余元,解决葡萄生产成本高、品种间效益差异大、品种更新快等问题。2017年至2020年,在庆元、莲都等地开展果园以草防草栽培试验示范,其中在庆元县竹口镇黄坛水果园引进试验鼠茅草、箭筈豌豆、光叶苕子、印尼大绿豆、百喜草、黄花苜蓿、黑麦草等,全年筛选出鼠茅草、黄花苜蓿等适宜幼龄果园种植草种,实现以草防草、不使用除草剂、减少化肥农药使用、增加有机质目标。全年新增省级“精品果园”8个。

2020年,研究员培训葡萄不减产不减收换品种创新技术　　(吴宝玉　提供)

2020年水果产业成果丰硕。由青田县农作物站、丽水市农作物站等单位承担的“杨梅产业提升综合技术应用与推广”项目获2019年度浙江省农业丰收一等奖;由遂昌县果蔬管理站等承担的“猕猴桃生态高效栽培综合技术示范与推广”项目获2019年度丽水市农业丰奖一等奖。浙江农业之最杨梅擂台赛丽水包揽4项荣誉,青田平风寨春华家庭农场的“东魁”获综合品质一等奖、可溶性固形物三等奖,青田县建科果蔬种植专业合作社的“东魁”获综合品质二等奖、可溶性固形物二等奖;丽水市养生源农业开发有限公司选送的毛花猕猴桃以890毫克/100克维生素C含量取得浙江农业之最维生素C含量最高的猕猴桃纪录;丽水市莲都区凤鸣水果专业合作社的“巨峰”葡萄获“2020浙江省十佳葡萄”;浙江农业之最桃擂台赛,丽水市仙渡农华蓝莓专业合作社“夏之梦”获综合品质类三等奖、可溶性固形物类三等奖。市农业农村局组织评选出“2020丽水十佳杨梅”,其中,青田县平风寨春华家庭农场的“东魁”被评为“丽水十佳杨梅之冠”、缙云县仙都绿盈果蔬专业合作社的“东魁”获“丽水杨梅最佳风味奖”。　(周晓音　吴宝玉)

【食用菌】 2020年,丽水市食用菌栽培量5.91亿袋(折算),比上年度增加1.37%,产量47.18万吨(鲜品),比上年度增加1.33%,其中,香菇3.47亿袋,比上年度增加0.29%,香菇产量

25.49万吨，比上年度增加2.66%；黑木耳1.6亿袋，比上年度增加1.27%，黑木耳产量18.4万吨，比上年度减少0.32%；其他，灰树花1820万袋，杏鲍菇2250万瓶，秀珍菇425万袋，金针菇270万瓶，鹿茸菇1080万瓶，灵芝33.68公顷（约10105立方米）。全年食用菌总产值30.60亿元，比上年度增加1.56%。

推进"万袋菌万元钱"增收行动，全年完成新培育食用菌1100万袋的目标任务。全市实施浙江省农业重大技术协同推广计划项目6个子项目，补助资金120万元；实施浙江省食用菌产业技术团队项目8个子项目，补助资金130万元；实施丽水市食用菌产业技术团队项目1个，补助资金15万元。香菇工厂化栽培、香菇周年化生产、黑木耳液体菌种示范、南方黑木耳高效栽培技术集成与推广等项目的实施为丽水食用菌产业发展提供科技支撑。（吴邦仁）

【茶叶】 2020年，丽水市茶叶生产形势继续表现为量增、价稳、销售平稳态势。全市茶园面积3.99万公顷，同比增长2.61%；投产茶园面积3.61万公顷，增长1.63%；无性系良种茶园面积3.41万公顷，无性系良种率85.62%；茶叶产量4.29万吨，增长5.2%；茶叶一产产值46.21亿元，增长5.43%。规模茶叶交易市场茶叶交易量8.85万吨，交易额70.98亿元，同比减少6.46%和12.2%，其中浙南茶叶市场毛茶交易量8万吨，交易额62亿元，同比增长0.06%和0.33%。丽水市解决茶产业复工复产采茶工紧缺问题，莲都区发布《莲都区关于加快茶产业发展的实施方案》文件；龙泉市发布《龙泉市疫情期间茶叶企业外出招收采茶工的补助政策》；缙云县发布《疫情当前缙云茶产业如何应对》并出台《缙云县应对疫情解决茶叶产业贷款贴息的专项政策》文件；松阳县发布《松阳县外来采茶工、茶叶市场新型冠状病毒感染肺炎疫情应急管控方案》《松阳县茶产业复工及疫情防控工作方案》和《春茶复产抗疫防聚行为规范》等文件；遂昌县发布《遂昌县企业疫情防控期复工指导意见》《遂昌县茶叶加工单位复工实施细则》等政策文件，为全市茶叶生产恢复提供支撑。

2020年，制定发布《松阳香茶》全国团体标准，制定（修订）发布《功夫红茶加工技术规程》《茶树新品系丽早香栽培技术规范》《丽水香茶生产技术规范》。完成2020年度浙南早茶特色优势产业集群项目的申报工作，争取中央财政资金6500万元，并在莲都区、缙云县、遂昌县、松阳县4个县（区）组织实施工作。松阳县、遂昌县申请到2020年度地方政府专项债券资金项目1.6亿元，用于遂昌县数字茶业创业园（扶贫创业园）一期建设项目和浙西南高山茶叶市场建设。"遂昌龙谷茶"通过省农产品质量安全中心和农业农村部组织的专家评审，4月30日，获国家农产品地理标志登记保护。

3月29日至4月3日，第十三届中国（国际）茶商大会·松阳香茶网络茶叶节在松阳举办，涵盖"松阳大美茶园采茶大比拼""寻找松阳老茶树""绿茶怎么选我在松阳教你""走松阳吃茶去""县长来了直播带货"等活动。4月12日，致敬英雄暨第五届缙云黄茶线上文化节活动在缙云县举办，并慰问缙云籍援鄂抗击新冠肺炎医护人员；5月21日，首个以"茶与世界 共品共享"为主题的"国际茶日"宣传活动在缙云县滨江公园举办。5月21日，市本级举办"向世界敬一杯丽水香茶"直播活动，9个县（市、区）均派茶企现场直播销售茶叶（每家企业线上直播销售0.5小时），观看人数1700万余人次，线上销售6万余元，为当天茶叶类网上直播销售金额最多。9月，龙泉市组织5家茶企参加"2020第十届上海国际茶业交易（秋季）博览会"，进行展示展销及宣传活动。10月至11月，省农博会和上海活动周组织"丽水香茶"茶艺表演及展示展销。11月下旬，遂昌县组织4家茶企抱团参展"南京茶叶博览会"和"第十八届中国国际农产品交易会农产品地理标志专展"；遂昌县首届"天工巧匠"制茶技能大赛在遂昌龙峰茶厂举办。

10月15日至19日，龙泉红首次参加厦门国际茶博会。莲都区开展茶叶区域品牌"莲城雾峰"包装设计大赛，评出金、银、铜奖，并进行商标注册。11月19日，"丽水香茶"冠名高铁专列首发仪式在上海高铁虹桥站举办。市本级投入200万元财政专项资金，实施丽水香茶高铁冠名专列用于丽水香茶区域品牌宣传，丽水香茶继续在市公交（自行车亭）站牌、《中国茶叶》期刊进行广告宣传。龙泉市组织开展（龙泉）上茶街二期店铺统一租赁、腾空和招商工作，二期有29家商铺进驻。

2020年，丽水市推荐申报的14个茶园基地入选2020年度省级生态茶园示范基地。分别是浙江丽水三义黄茶开发有限公司、浙江金福茶业有限公司、龙泉市陈氏家庭农场、青田峰之润茶业有限公司、庆元县鹰峰家庭农场、庆元县吴小兵家庭农场、缙云县津味果蔬专业合作社、遂昌县名茶开发服务公司、遂昌红宇茶叶专业合作社、浙江越玉兰茶叶有限公司、松阳县雪峰云尖茶业有限公司、景宁东山茶叶专业合作社、景宁敕木蓝氏茶叶专业合作社等企业茶叶基地。继续在莲都区、缙云县、松阳县、遂昌县进行茶叶低温气象指数综合保险工作。遂昌、松阳、莲都区、缙云等投保茶园面积309.2公顷，保费66万元，兑现政策性保险赔偿金约6万元。

2020年，市本级举办丽水市生态茶园建设及多茶类加工技术提升培训班，参加培训学员50余人。5月13日至16日，龙泉市组织茶叶企业到武夷山桐木关参加第4期红茶加工培训。华慧荟在浙江省茶叶加工(精制)职业技能竞赛中，获第一名及“浙江省技术能手”称号。同时，在全国茶叶加工工(精制)职业技能竞赛中以第三名的成绩获“全国技术能手”称号。

2020年，中国茶叶区域公用品牌价值评估中松阳银猴品牌价值24.7亿元，位居丽水市茶叶品牌价值第一，全省茶叶品牌价值第七位。景宁金奖惠明茶品牌价值15.80亿元、遂昌县龙谷丽人茶品牌价值12.83亿元、缙云仙都笋峰茶品牌价值8.74亿元、缙云黄茶品牌价值3.04亿元，均位列2020年中国茶叶区域公用品牌榜前100位。 （马军辉）

中 药 材

【概况】 2020年，全市中药材种植面积2.03万公顷，其中新增种植面积847.67公顷(黄精502.27公顷、白及131公顷、华重楼102.67公顷、浙贝母96.4公顷)同比增长4.35%；总产值9.98亿元，总产量2.75万吨，分别增长6.12%和3.62%。其中，草本药材10364.27公顷(覆盆子1697公顷、黄精1103公顷、浙贝母484.07公顷、菊米410公顷、三叶青396.67公顷、白莲361公顷、米仁330.67公顷、白及319.33公顷、重楼281.4公顷、百合218.27公顷、元胡190.8公顷、铁皮石斛180.07公顷、皇菊119公顷)；木本药材9772.6公顷(厚朴7758.6公顷，红豆杉911.6公顷)；菌药193.2公顷(灰树花104.67公顷、灵芝73.67公顷)。

【“丽水道地中药材示范基地”和“丽水中药材养生园”评选活动】 2020年，丽水市继续重点培育一批效益高、示范效果好、道地性强的中药材基地和以养生为主题的中药材园，促进丽水市中药材产业生产规模化、规范化、标准化与品牌化发展，提升“丽产药材”的综合竞争力，促进产业健康发展。10月28日，市农业农村局组织开展丽水市道地中药材基地和中药材养生园评选活动，经由专家组根据现场陈述和申报材料结合评选标准打分，评选出浙江汉邦生物科技有限公司的道地三叶青基地等“丽水市道地中药材示范基地”16个和浙江碧丰农业开发有限公司的百合养生园等“丽水市中药材养生园”6个。2018年至2020年，累计评选出“丽水市道地中药材示范基地”36个和“丽水市中药材养生园”16个。

【7个中药材基地入选2020年度“道地药园”创建省级示范基地】 2020年12月13日，浙江省农业农村厅发布《浙江省农业农村厅关于公布2020年度种植业“五园”创建省级示范基地名单的通知》文件，其中，丽水市推荐申报认定的7个基地入选，分别为龙泉市秉松中药材专业合作社三叶青基地、松阳县君凯安农家庭农场黄精基地、庆元县三禾元农业发展有限公司华重楼基地、遂昌远扬农产品专业合作社青钱柳基地、缙云县双峰绿园家庭农场铁皮石斛基地、浙江景宁畲翰农业发展有限公司黄精基地和遂昌星火中草药专业合作社三叶青基地，2018年至2020年，丽水市累计有15个基地入选浙江省道地药园。

【“丽水覆盆子”获国家地理标志证明商标】 2020年10月21日，国家知识产权局核定“丽水覆盆子”为国家地理标志证明商标。证明商标由丽水市覆盆子行业协会发起申请，历经2年创建，是丽水市首个全市域性的农产品国家地理标志证明商标。2018年至2020年，全市覆盆子基地50余个，按照绿色种植方式，肥药双控提升产品品质，推行覆盆子标准化生态技术、为覆盆子产业注入新活力。

【市中药材产业技术创新与推广服务团队】 2020年，市农作物总站牵头实施丽水市中药材产业技术创新与推广服务团队任务，任务以中药材绿色高品质技术提升与示范为主题，包括温郁金秸秆无烟处理及利用技术模式推广、黄精大田无遮阴与稻草覆盖种植技术示范和皇菊绿色防控栽培技术示范等3个子任务。任务资金28万元，在龙泉市小梅镇大窑村建立温郁金秸秆无烟处理及利用技术模式推广基地1个(2公顷)、景宁县标溪乡何庄村建立黄精大田无遮阴与稻草覆盖种植技术示范基地1个(3.33公顷)、莲都区岩泉街道叶平头村建立皇菊绿色防控栽培基地1个(3.33公顷)，同时开展温郁金秸秆无烟处理及利用技术、黄精大田无遮阴与稻草覆盖种植技术和皇菊绿色防控栽培技术研究。11月12日至13日，全市中药材产业团队现场观摩活动在龙泉召开，团队成员及部分种植业主现场观摩温郁金秸秆无烟处理及利用技术模式示范基地、龙泉伯济堂生物科技有限公司黄精SC生产车间和龙泉市渊健生物科技有限公司中药饮品加工。

【温郁金与玉米间套作高效栽培关键技术研究】 2020年，市农作物总站开展《温郁金与玉米间套作高效栽培技术示范与推广》项目的实施工作，在龙泉市八都镇松际村实施1.33公顷温郁金套种玉米种植高效栽培示范推广工作，项目实施成效良好，该示范基地平均亩产莪术、片姜黄1650千克（鲜品），郁金600千克，鲜食玉米350千克左右，亩总产值8350元左右，亩效益4500元左右。（吴剑锋）

畜牧业

【概况】 2020年，丽水市坚持高质量绿色发展之路，落实生猪增产保供政策措施，加快提升非洲猪瘟等重大动物疫病防控能力，加强动物卫生监督和屠宰行业监管，夯实产业安全发展基础，取得明显成效。全市畜牧业总产值32.34亿元，同比下降0.9%；肉类总产量5.9万吨，同比减少12.6%。重大动物疫病强制免疫密度100%，省部级畜产品抽检合格率继续保持100%，未发生区域性重大动物疫情和畜产品安全事件。

2020年，市农业农村组织开展重要物资保障，梳理复工复产难点堵点。2月4日，确保绿园饲料厂在全省率先复工复产，第一时间帮助一鸣乳业36家门店复工，道路管控期间办理畜牧车辆通行证180份，保障饲料等应急物资车辆通行400余车次，避免畜禽养殖“断供”和畜产品“卖难”，维护畜牧业正常生产和畜产品供应稳定。

【生猪增产保供】 2020年，丽水市贯彻落实省委、省政府决策部署，推进生猪增产保供，加快推动全市畜牧业高质量、跨越式发展，完成各项目标任务。至年底，全市生猪存栏44.1万头，超过省定目标13万头，完成年度任务142%，通过出台政策、规划用地、优化服务，先后引进浙江华统集团、浙江青莲食品股份有限公司、双胞胎（集团）股份有限公司、河南裕嘉农业发展有限公司等知名畜牧企业到丽水投资办实体，全市落实畜牧用地160余公顷，落地新建项目18个，设计总产能150万头，全年新建投产万头以上规模猪场8家，在生猪增产保供专班月度测评中连续8个月列全省前三位，其中从8月开始连续4个月位列全省第二位，丽水市农业农村局获全省生猪增产保供成绩突出集体荣誉，莲都区生猪保供实践获评2020年四季度全省争先创优行动“最佳实践”，收获省政府奖励财政资金900万元、土地指标6公顷、能耗指标4.5万吨。

【产业绿色发展】 2020年，丽水市继续争取农业农村部蜂业质量提升项目资金200万元，以基地建设、蜂旅融合为重点加快蜂业发展，继续实施“十箱蜂万元钱”助农增收计划。开展全市蜂业技能培训，邀请中国蜜蜂协会理事长、秘书长等蜂业专家到堂授课，提升从业人员技术水平。发挥禽肉产品的替代作用，家禽存栏、出栏分别为416.99万只、899.64万只，超过上年同期水平。绿园禽业里河肉鸡基地完成智能化养殖基地改造，实现数字温控、自动喂料、线上智控，可单批次存栏30万只，成为全市乃至全省具有现代化水平的肉禽养殖基地。扩展牛羊基地，引进浙江牧歌、风清农牧等企业，在莲都区、庆元县落地万头肉羊养殖基地，提升全市肉羊生产能力。对接浙江华成控股集团有限公司，并在缙云、龙泉等县（市）谋划上千亩地块4块。

2020年丽水市畜牧业生产情况表

表3

项　目	单 位	数量	比2019年增减(%)
1. 生猪存栏数	万头	44.13	34.46
其中：母猪存栏	万头	5.1	77.08
出栏数	万头	54.3098	21.50
2. 牛存栏数	头	16526	9.87
出栏数	头	7890	49.40
3. 羊存栏数	万头	4.52	11.88
出栏数	万头	3.8954	-5.91
4. 家禽存栏数	万羽	404.42	8.32
出栏数	万羽	858.3351	6.48
5. 兔存栏数	万只	6.3	38.16
6. 蜂年末养蜂	箱	143654	-1.55

2020年丽水市畜产品产量情况表

表4

项　目	单 位	畜产品产量	比2019年增减(%)
1. 肉类总产量	吨	59033	26.56
其中：猪肉	吨	45080	33.53
牛肉	吨	838	69.98
羊肉	吨	597	-4.02
禽肉	吨	12518	6.38
2. 禽蛋产量	吨	12054	-14.76
3. 奶产量	吨	180.2	-84.81

【畜产品安全】 2020年，市农业农村局制定印发2020年度畜产品抽检目标任务，分解落实到各县（市、区）。完成农业农村部4个季度畜产品安全双随机抽检，抽取样品49个，合格率100%。完成省畜产品安全例行抽检，检测样品190个，合格率99.5%。开展美丽牧场创建，全市完成18个牧场的创建工作，并全部通过县（市）验收。至年底，全市累计创成省级美丽牧场173家。推进粪污综合利用，坚持目标导向和问题导向，压实资源化利用考核任务，全市粪污综合利用率99.04%。 （罗叶平 李清泉）

【畜禽屠宰】 2020年，全市正常运行生猪定点屠宰企业8家，日屠宰能力0.5万头，屠宰生猪18.9万头；设区市政府认定的家禽定点屠宰企业2家，分别为丽水三农食品有限公司、浙江久益农业综合开发有限公司，日屠宰能力9万只以上，全年屠宰家禽157.79万只。浙江景宁宏盛食品有限公司首批创建浙江省生猪屠宰标准化厂。8家生猪屠宰企业均配置PCR设备，并配备技术人员，开展非洲猪瘟自检工作，全年非洲猪瘟自检1.2万批次，未报告有阳性样本。 （刘子嘉）

渔 业

【概况】 2020年，丽水市水系众多、地形复杂，自然环境的多样性造就生物种类的多样性，水系生态环境孕育水生生物资源。据中科院与浙江省淡水水产研究所调查，瓯江丽水江段中有鱼类84种，隶属11目、21科。水产养殖品种涵盖鱼类、两栖类、甲壳类，以及龟鳖、贝类等五大类近30个品种，除传统“四大家鱼”，还有鲤鱼、圆吻鲴、唇䱻、花䱻、喀氏倒刺鲃、鳜鱼、台湾突吻鱼、光唇鱼、马口鱼、宽鳍鱲、鳗鲡、鲇鱼、黄颡鱼、香鱼等。另外还有软体动物、甲壳动物、爬行动物和两栖动物等，其中有珍稀物种和名贵产品。鼋、花鳗、大鲵、鹰嘴龟、水獭等分别被国家Ⅰ、Ⅱ级保护动物，还有瓯江彩鲤、高山薄壳田螺、泥鳅、棘胸蛙等名贵特产和品类繁多的溪流性鱼类（简称“溪鱼”）。至年底，全市建立庆元县大鲵国家级水产种质资源保护区、青田县鼋省级自然保护区、龙泉紧水滩倒刺鲃省级水产种质资源保护区等。丰富的水生生物资源，为丽水特色渔业产业的培育提供种质资源的保障。

2020年，丽水有可渔业利用水域面积20802公顷，以水库湖泊等大水面及江河为主。全市有水库345座，宜渔面积1.56万公顷。其中，大型水库3座，宜渔面积0.96万公顷；中型水库31座，宜渔面积3687公顷；小（1）型水库63座，宜渔面积733公顷；小（2）型水库249座，宜渔面积0.14万公顷。另有山塘2957座，宜渔面积0.14万公顷。

2020年，全市规模渔业主体109家，淡水养殖面积9203公顷，水产品总产量2.67万吨，同比增长5.13%。其中，养殖产量22541吨，捕捞产量4174吨。全市渔业总产值3.88亿元，同比增长4.9%；全市有机动渔船645艘，其中，捕捞渔船387艘，养殖渔船190艘，休闲渔船63艘，以及执法船5艘。机动渔船累计1260总吨，总功率7764千瓦。全市有渔业村9个，渔业户4714户，渔业人口25910人（其中传统渔民5501人），比上年减少。渔业从业人员17945人，其中，专业从业人员5570人，兼业从业人员8277人，临时从业人员4095人。

【渔业水产品种丰富】 丽水渔业立足生态优势和山区特色，推进渔业高质量绿色发展，走出一条山区特色渔业发展道路。丽水渔业的主要养殖品种有娃娃鱼、石蛙、溪流性鱼类、龟鳖类、瓯江彩鲤、水库洁水鱼（鲢、鳙鱼）等；主要养殖方式包括大水面洁水养殖、流水式生态养殖、循环水设施养殖、稻田生态种养等。

2020年，全市有水产种苗企业25家，年繁育水产种苗规模超过7.52亿尾，年产值3100万元，品种包括青草鲢鳙等“传统四大家鱼”、唇䱻、光唇鱼、马口鱼、赤眼鳟、泥鳅、龟鳖等，以及青虾、鳗鲡、河蟹、香鱼等自然洄游性水产品种。有大鲵人工繁育单位17家，大鲵种苗年繁育能力超过100万尾，石蛙人工繁育企业69家，石蛙种苗年繁育能力超过200万只。金鱼等观赏鱼苗种年生产能力200万尾。全市有水生生物自然保护地3个，分别是庆元大鲵国家级水产种质资源保护区、青田鼋省级野生动物自然保护区和龙泉紧水滩倒刺鲃省级水产种质资源保护区。

全年全市创成省级健康养殖示范县1个，部级渔业健康养殖示范场5家，省级渔业健康养殖示范场30家，省级稻鱼综合种养示范县1个，示范基地7家。1家水产企业申报到GAP认证，2个水产品登陆全国名特优新农产品。新认证无公害水产品14个，青田田鱼被认定为地理标志产品。

【生态品质渔业发展】 2020年，丽水有0.87万公顷有机鱼生产基地，包括紧水滩水库0.31万公顷、千峡湖0.5万公顷和乌溪江水库0.06万公顷。利用鲢、鳙鱼等滤食性鱼类的保水洁水功能，开展洁水鱼养殖，发展丽水有机鱼产业。丽水是“中国石蛙之乡”，全市石蛙养殖单位100余家（其中龙泉40余家，遂昌30余家），基地面积26.67公顷，成品蛙年产量

154余吨，年产值3000万余元。丽水是“中国娃娃鱼之乡”，全市有大鲵办证企业17家，包括“浙江永强”“从都园大鲵产业园”“山鼎大鲵”等规模化养殖企业，年生产能力可达到繁育苗种100万余尾、生产成鲵100万尾（500吨以上），成为华东最大的大鲵产区。发展大鲵加工业，完善大鲵产业链。丽水是“中国生态溪鱼之乡”，年总产量3000余吨（其中捕捞产量1500余吨），至年底，先后开发倒刺鲃、唇䱻、光唇鱼、马口鱼、宽鳍鱲5个品种，多鳞铲颌鱼和沙塘鳢的人工繁育正在研究，倒刺鲃的人工养殖已普及；创成唇䱻苗种生产能力2000万尾以上的规模化繁育基地，在瓯江增殖取得效果；光唇鱼、马口鱼、宽鳍鱲的苗种繁育进入规模化生产，并推广规模化养殖。

【渔旅融合产业发展】 2020年，丽水利用紧水滩、石塘、滩坑等水库及其他生态河道资源，依托丽水大众休闲垂钓氛围，发展休闲垂钓产业，丽水被誉为“中国休闲垂钓之都”。结合农业非物质文化遗产保护项目，挖掘传统“稻鱼共生”理念与田鱼文化内涵，加快一、二、三次产业深度融合发展。 （丁小丰）

水　　利

【概况】 2020年，丽水市水利系统以“补短板、强监管、走前列、勇担当”为主，完成各项工作任务。至年底，创成绿色水电114座，数量居全国地级市第一位；全国首笔20万元河权贷发放；率先开展水文化遗产普查、保护和利用工作；全市农村供水工程数3452个，居全省第一位；累计创省级“美丽河湖”41条（个），创建完成率200%，为全省第一位。大花园瓯江绿道里程累计3022千米，居全省第一位；完成415个水文防汛“5+1”（预报双提升工程、通信双保障工程、站网优化工程、直属站示范工程和综合平台工程五大工程+补短板）站点建设，完成投资数和站点数列全省第一位；累计完成投资39.5亿元，水利管理业投资增长率12.7%。拆除龙泉水然居等涉水违章建筑，解决水域占用历史遗留问题；全市完成水土保持补偿费4149万元，其中，市本级征收2468万元，是2019年同期的15倍；完成瓯江干流市本级段河道管理范围的全线重新划界工作，新增20.4公顷可开发用地。 （吴根锋　刘晓敏）

【水资源】 2020年，丽水市水资源总量161.8742亿立方米，比多年平均偏少15.3%。其中地表水资源总量161.8742亿立方米，地下水资源总量39.8392亿立方米，与地表水资源间重复计算量为39.8392亿立方米。全市产水系数0.57，产水模数93.4万立方米/平方千米。人均年拥有水资源量6855.33立方米（常住人口）。全市有大中型水库33座，2020年年末总蓄水量31.3328亿立方米，比年初减少5.4928亿立方米。城乡居民人均年生活用水量39.80立方米，农田灌溉亩均年用水量为321.35立方米，万元工业增加值用水量19.59立方米，万元GDP用水量43.13立方米。全市总耗水量4.0328亿立方米，其中农田灌溉耗水量2.8661亿立方米，占总耗水量71.1%。全市城镇居民生活、第二产业、第三产业退水总量为1.1314亿吨。 （蓝姝佳　纪　莹）

【水旱灾害防御】 2020年，丽水市遭遇超长梅汛期、第4号台风“黑格比”、年底干旱等自然灾害侵袭，水利设施直接经济损失2.71亿元。汛前，丽水市、县两级水利部门成立水旱灾害防御领导小组，开展防汛检查工作，全市累计派出技术人员4769人，检查防御重点部位1949处，发现隐患175处，完成整改销号104处，落实管控措施71处；完成水毁工程修复工程58处，储备价值1000万余元的水旱灾害专用物资。汛期，执行“24小时”值班制度，发送各类预警短信56万条次。丽水市本级调度水库22次，梅汛期间大型水库累计入库水量19.02亿立方米，拦蓄大于1000立方米/秒洪水4场，拦蓄洪水量2.53亿立方米，未发生泄洪。完成莲都区、松阳县的山洪灾害防治项目建设。推进山洪灾害调查评价工作，确定防御重点村落2044个，明确山洪灾害极高危险区和高危险区涉及人口5万余人。汛期结束后，全市降水量偏少近六成，遭遇旱情，作物累计受灾面积1.05万公顷，粮食和经济作物因旱损失1.7亿元，累计因旱饮水困难1.5万人，丽水市投入机电井280眼、泵站98处、机动运水车21辆等，累计投入抗旱资金362万元，挽回粮食和经济作物损失1342.4万元。 （黄　旌）

【水利规划】 2020年，丽水市在编规划（含前期课题研究）8项，其中续编4项，分别为丽水市城市内河规划修编、丽水市水经济发展规划、瓯江山居图中重要河段生态流量研究和瓯江山水诗之路水文化支撑利用研究；新编4项，分别为丽水市水利发展“十四五”规划、丽水市“十四五”水安全保障规划、丽水市农村饮用水“十四五”规划和丽水市水资源优化配置与水利设施布局专题。 （徐　彬）

【水利工程建设】 2020年，丽水市完成水利投资39.5亿元，完成省水利厅下达投资计划110%。同比增长12.7%，列全省第三位。全年全市向上争取到资金12亿元。完成山塘综合整治28座，完成农业水价综合改革面积3.09万公顷。2020年，完成745个农村饮用水达标提标项目建设；达标提标人口50.9万人，达标人口覆盖率97.84%，供水保证率95.31%，水质合格率95.21%，城乡规模化供水工程人口覆盖58.79%。

全年丽水市水利重大建设项目24个，其中青田小溪水利枢纽开工建设，滩坑引水工程、龙泉市梅溪河流综合治理工程、龙泉市八都溪河流综合治理工程、龙泉市瑞垟引水一期工程、青田瓯江治理二期工程、青田县四都港汤垟至仁庄段综合治理工程、青田县四都港山口段片综合治理工程、云和县浮云溪流域综合治理工程、云和县紧水滩引水工程、庆元兰溪桥扩建工程、庆元松源溪流域综合治理工程、缙云县潜明水库引水工程、缙云县好溪流域综合治理工程、遂昌县清水源工程、松阳县松阴溪干流河流综合治理工程、景宁金村水库及供水工程和景宁县小溪流域综合治理工程，主体工程建设，丽水机场沙溪改道、青田水利枢纽和松阳县黄南水库工程基本完工，云和县龙泉溪治理二期和大溪治理提升改造工程总项目结转至2021年开工。至年底，完成年度投资20.8亿元。 （徐　彬　沈春玲）

【水资源管理与节约保护】 2020年，丽水市累计核查登记取水口4057个、取水项目809个。严格水资源费征收管理，开展28家重点取水企业、2所高校“三服务”(服务企业、服务群众、服务基层)工作，落实水资源费减免479万元，其中市本级减免86万元。完成全市144处日供水规模200吨以上农村饮用水源地水源名录公布和保护范围划定，10个县级以上重要饮用水源地安全保障达标建设年度评估，制定出台《丽水市本级备用饮用水水源管理办法(试行)》。实施节水行动，制定印发丽水市及县级节水行动实施方案，创建成标杆小区7个、省级节水型灌区2个、节水型小区10个、节水宣传教育基地1个，对17家企业开展水平衡测试、44家企业进行清洁生产审核、20个项目开展节水评价登记工作，完成市本级及莲都、龙泉、庆元、松阳、景宁5个县(区)水利局节水型机关建设。2019年度，云和县域节水型达标建设通过水利部复核，缙云县、松阳县、遂昌县通过省级验收。省级节水型企业纳爱斯集团的洗涤全生命周期高效节水技术入选2020年全国高效节水产品唯一技术绿色推广名录。 （毛瑞翔）

【河道管理与保护】 2020年，丽水市完成河道综合整治97.2千米，完成河道管理范围划界19541千米；创建“美丽河湖”23条(个)，创建里程266千米，莲都区宣平溪(章湾电站至大溪)、景宁县小溪(大均至梧桐)、龙泉市梅溪(查田镇至金村)、遂昌县松阴溪(成屏三级电站引水堰至金岸)、云和县龙泉溪(紧水滩至长汀)、缙云县章溪(舒洪镇仁岸村至好溪)等18条(个)河湖被评为省级“美丽河湖”；创建乐水小镇28个、水美乡村164个。累计完成涉河审批24个，开展涉河涉堤项目批后检查38次，下发整改通知书5份，涉及项目12个；完成规模以上水利工程录入省级运管平台；完成瓯江干流划界，新增可开发用地约20.4公顷；完成丽水市城市内河控制性规划修编的专家评审；基本完成全市水域调查成果图和数据库，摸清全市河湖的家底；以“河(湖)长制提档升级”工作为抓手加强河长履职，设置四级河(湖)长2964人，各级河(湖)长全年巡河13.13万次，巡河率97%，发现涉水问题1378个，问题处理率100%。策划“巡河大PK”品牌活动，全市巡河参与人数超过2万人，获奖(优胜奖和幸运奖)115人，获奖人数居全省第一位。参与省“五水共治”摄影大赛，向省治水办投稿600余幅摄影作品，获优秀奖1副，入围奖3副，参与人数1000余人；编写完成《丽水治水采风点位推介》，详细介绍水美点位16个，在全省媒体采风启动仪式上，推介丽水市治水成效显著的点位，吸引浙江电台民生资讯广播等媒体记者到丽水古堰画乡、云和石浦等水美乡村进行采风，并在《寻找浙江那片红——见山望水寄乡愁》栏目中播出；撰写跨省治水、引侨治水、阁楼养猪、以鱼洁水、水治理司法协同机制等治水典型特色案例20余个。 （傅张俊　常亚静）

【水利工程运行管理】 2020年，丽水市完成水库除险加固5座，山塘综合整治28座，水利核查安全鉴定74座，水利项目竣工验收52项，水库工程运行安全平稳。至年底，丽水市11类、1091处水利工程被纳入省级标准化管理工程名录，其中，中型水库27座、中型灌区4处、中型堤防28段、中型泵站3座、小型水库339座、小型堤防104段、山塘98座、农村供水工程81座、水电站314座、水文测站92座、水土保持监测站1座。全年全市完成77处水利工程的标准化管理创建，包括小型水库46座，山塘11座，堤防8段，农村供水工程8座，电站3座，灌区1处；累计完成创建1084处，占纳入标准化工程名录数量99.6%。 （秦俊虹　沈新方　黄　鹃）

【水土流失治理和水土保持监管】 2020年，全市加强水土流失治理，完成水土流失治理面积44.35平方千米，“十三五”期间，累计完成325.4平方千米，水土保持率提升至93.14%，水土流失强度下降，下降幅度平均为80%以上，现状以轻度水土流失为主，占比为水土流失面积87%。全年全市完成水土保持方案审批521个，其中，水土保持方案报告书132个，报告表124个，登记表265个；全市水土保持设施验收备案104个；在建生产建设项目监督检查449个，监督检查539次；卫星遥感图斑复核876个，发现不合规项目11个，查处整改项目10个，移交执法部门1个；开展违法违规项目约谈10个，列入“重点关注名单”信用监管单位1家，市级挂牌督办项目1个。（周秀霞）

【水利行业监督】 2020年，丽水市聚焦水利建设、水利工程运行、保障民生安全、水资源管理和水生态环境五大领域，构建“五化”（系统化、制度化、专业化、清单化、信息化）监管体系。至年底，丽水市检查出问题3523个。其中，丽水市水利局派出1026人次，开展专项监督检查，检查出问题1924个。建立信息化监管体系，推广“互联网+监管”系统应用，开发河道采砂在线监管系统，推进丽水“智慧水利”系统建设。全市开展无违建河道创建、水土保持监督、违法采砂、饮用水源地保护、河湖“清四乱”、扫黑除恶为重点的执法工作，维护水事秩序，重点解决云和云曼酒店、滩坑水库水上渔村、神幻刘府等占用水域历史遗留问题。全市立案水政案件55件，警告16起，罚没款72万元，督促指导县（市、区）信访件处理5起。11月，成立市河道采砂工作专班，专班成员到县（市、区）巡查暗访河道约5300千米，发现问题并下发重要事项交办单38份，至年底，销号18份。（赖心会 贾显武）

【南明湖景区管理】 2020年，南明湖管理所推进基础设施维修维护、水面保洁、绿化养护、环境卫生、秩序管理等日常工作，完成江滨智慧公园提升改造工作。配合市体育局做好浙江省首届生态运动会、2020年皮划艇静水锦标赛暨第十四届全国运动会皮划艇静水资格赛后勤保障工作。持续推进《丽水市南明湖保护管理条例》宣传及配套制度制定工作，先后出台《南明湖保护管理投诉举报受理程序》《南明湖保护管理部门工作人员发现违法行为后相关工作程序要求》《涉南明湖行政许可通知南明湖保护管理部门程序》《涉南明湖行政处罚告知南明湖管理部门程序》《丽水市南明湖综合管理协调制度》。开展南明湖禁钓、禁泳区2.4平方千米水域的划设工作，于11月1日全面实施管理。南明湖景区获评“浙江省优质综合公园”。（潘美鸯）

【生态水电创建】 2020年，丽水市持续推进绿色水电创建工作，全年通过认证电站56座，占全国278座20%，全省97座58%。2017年至2020年，累计通过绿色小水电示范电站认证总数114座，通过率占全国19%，占全省58%。创建省级生态水电示范区14个，示范区创建数量占全省总数25%。1月，丽水市小水电地方标准《小水电生态建设技术规范》实施；9月，完成823座小水电清理整改销号任务。12月，“智慧水电”系统投入使用，465座小水电生态流量纳入平台监管，并启动小水电生态流量监控全覆盖安装工作。11月19日，全国绿色水电示范电站评定现场会议在丽水举办，来自全国各省、市水利厅、局80人参加会议。会议评定审议2020年度全国绿色水电名单，丽水在会上做绿色水电创建典型发言。11月20日，国际小水电联合会示范基地和核心会员年度工作会议在丽水召开，参会人数90人，丽水在会上做示范区创建典型发言。会议期间，水利部副部长刘伟平为丽水市授牌，国际小水电中心绿色水电丽水示范区成立。（秦俊虹 王晶晶）

2020年11月20日，国际小水电联合会示范基地暨核心会员年度工作会议在丽水召开　（樊文滔　提供）

“五水共治”工作

【概况】 2020年，丽水市继续遵循习近平总书记“绿水青山就是金山银山，对丽水来说尤为如此”的重要嘱托，贯彻落实省委“绝不把污泥浊水带入全面小康”“‘五水共治’工作只能加强，不能放松”和“再接再厉，努力使全省城乡水环境面貌持续改善”的批示精神，落实市委、市政府对高质量建设美丽丽水、高水平推进“五水共治”工作的决策部署，续夺“大禹鼎”银鼎目标不动摇，持续推进治水各项工作，取得显著成效。全年丽水市“水十条”地表水考核断面、省控断面水、交接断面水环境质量均100%达标。2个国考断面（均溪、水东桥下）水质提升一个类别。

【“污水零直排区”建设提升行动】 2020年，丽水市先后召开“污水零直排区”建设现场推进会、“污水零直排”推进会，出台《丽水市“污水零直排区”建设指导手册》，开展“污水零直排区”建设“四个一”专项督查、“回头看”活动。完成5个工业集聚区、21个生活小区、31个镇（街道）“污水零直排区”建设任务。

【“美丽河湖”建设】 2020年，丽水市作为全省“美丽河湖”示范市试点单位，率先在全省探索实施全域建设“美丽河湖”治水新模式，编制完成全省首个美丽河湖建设规划，开展美丽河湖建设规范、示范市创建实施方案编制工作。全年申报省级“美丽河湖”9条，超标准完成18条，其中松阴溪获评长江经济带最美河流、浙江“最美家乡河”，鹤溪河获评省级“美丽河湖”，为浙江“美丽河湖”建设工作提供“丽水样板、丽水经验”。

【饮用水水源保护提升行动】 2020年，丽水市严格饮用水源保护，全面排查饮用水水源保护区范围内的环境违法问题，完善饮用水水源保护制度建设，印发《丽水市饮用水水源保护诚信评价办法（试行）》以及饮用水水源保护联动协调机制、生态补偿实施办法等饮用水水源保护配套制度，成为全国首个实行饮用水水源保护诚信评价的城市。打好农村饮用水达标提标攻坚战，完成50.88万人的农村饮用水达标提标建设任务，完成率103%。

【“五水共治”宣传】 2020年，丽水市以省治水办“七个一”为总基调，结合丽水治水中心工作实际，开展“五进五个一”“治水三好”系列品牌宣传活动。以“纪念‘两山’理念，共谱治水长歌”为主题的系列亲水、纳凉晚会活动40余场次，群众参与20余万人次；策划“巡河大PK”品牌活动，全市巡河参与人数超过2万人，获奖115人；组织开展“五水共治”“摄影大赛”，编写《丽水治水采风点位推介》，撰写治水典型特色案例20余个；丽水市治水工作先后被《新闻联播》《人民日报》《浙江日报》等省级以上媒体报道70余篇，宣传信息被省治水办微信公众号录用84篇，省简报录用26篇，宣传考核列全省第一位。

【城市黑臭水体治理】 2020年，丽水市持续推进城市黑臭水体治理成果巩固，开展巩固城市黑臭水体治理成果专项行动，分组对全市县（市、区）开展全覆盖排查，重点对建成区7个水体开展全方位排查。对省治水办交办的4个个别水体指标异常情况，全部落实整改。全国城市黑臭水体整治监管平台重点整治河道1个，现水体情况无黑臭，达到“长治久清”要求。

【“河（湖）长制”工作】 2020年，丽水市继续实施《浙江省河长制规定》，持续深化“五位一体”河（湖）长制标准化体系建设，实现“河（湖）长制”全覆盖。设置市、县、乡、村四级河（湖）长3013人，其中市级河（湖）长10人，县级河（湖）长146人，乡级河（湖）长892人，村级河（湖）长1965人，建立立体式河长履职体系。加强推进“一河（湖）一档”创建工作，10条市级河道、186条县级河道、893条乡镇级河道、2267条村级河道均完成创建。全年流域各级河（湖）长开展巡河14.09万次，巡河发现各类涉水问题1364个，问题处理率100%。（蓝　帅）

气　　象

【概况】 2020年，全市气温异常偏高、高温日数明显偏多、低温日数明显偏少，降水接近常年略偏少、暴雨日数略偏多，日照显著偏少。总体来看，在气候变暖的大背景下，天气气候仍较异常，而且气象要素变幅大，多个时段的多个气象要素接近或突破历史极值，而且寒潮低温严寒、超长梅汛期降水集中期、台风“黑格比”、春季暴雨、春夏季短时强天气、秋季大范围暴雨、秋季长时间的气象干旱等灾害性天气造成较明显的不利影响。

气温。全市年平均气温为19.1℃，较常年偏高1.2℃，为历年最高。各县（市、区）的年平均气温分布在18.5—19.9℃之间，遂昌和缙云最低，莲都和青田最高。与常年相比，偏高0.9—1.5℃，庆元偏高最少，莲都和云和偏高最多。其中，遂昌、莲都、龙泉、青田和云和均为历年最高，缙云与历年最高持平，庆元为历年第三高。1月，全市平均气温为10.1℃，较常年偏高3.4℃，为历年第二高。其中，青田和云和的月平均气温与历年最高持平，其他各地的月平均气温为历年第二高，上旬全市以及各地的旬平均气温为历年第二高。2月，全市平均气温为11.5℃，较常年偏高2.8℃，为历年第四高，其中，莲都、缙云、青田和云和的月平均气温为历年第三高，下旬全市以及各地的旬平均气温为历年第二高。3月，全市平均气温为14.2℃，较常年偏高2.0℃，其中全市及遂昌、缙云、青田的月平均气温为历年第三高。4月，全市平均气温为16.6℃，较常年偏低1.1℃，其中庆元的月平均气温为历年第三低。5月，全市平均气温为24.1℃，较常年偏高2.1℃，为历年第二高，其中云和的月平均气温与历年最高持平，遂昌、龙泉、缙云、青田、庆元的月平均气温为历年第二高，莲都的月平均气温为历年第三高，上旬全市除庆元外其他各地的旬平均气温为历年最高。6月，全市平均气温为26.9℃，较常年偏高1.8℃，其中市本级和莲都、云和的月平均气温为历年最高，青田和庆元的月平均气温与历年最高持平，遂昌和龙泉的月平均气温为历年第二高，缙云的月平均气温为历年第三高，中旬全市平均气温与历年最高持平，莲都、云和、龙泉和庆元的旬平均气温为历年最高。7月，全市平均气温为28.4℃，与常年持平。8月，全市平均气温为29.3℃，较常年偏高1.6℃，与2013年持平同为历年最高，其中龙泉的月平均气温为历年最高，遂昌和云和的月平均气温为历年第二高，庆元的月平均气温为历年第三高，中旬遂昌、云和的旬平均气温为历年最高，全市和莲都、龙泉、缙云的旬平均气温为历年第二高，下旬云和的旬平均气温为历年第二高，下旬青田的旬平均气温为历年第三高。9月，全市平均气温为23.3℃，较常年偏低1.0℃。10月，全市平均气温为19.5℃，较常年偏高0.1℃。11月，全市平均气温为16.4℃，较常年偏高2.5℃，为历年第二高，其中庆元的月平均气温为历年最高，莲都的月平均气温与历年最高持平，龙泉、缙云、青田和云和的月平均气温为历年第二高。中旬全市平均气温为历年第三高，莲都和庆元的旬平均气温为历年最高，青田的旬平均气温与历年最高持平，缙云和云和的旬平均气温为历年第二高，龙泉的旬平均气温为历年第三高。下旬庆元的旬平均气温为历年第二高。12月，全市平均气温为9.0℃，较常年偏高0.7℃。

降水。全市年平均降水量为1526.1毫米，较常年偏少4.6%。各县（市、区）的年降水量分布在1312.9—1664.9毫米之间，云和最少，缙云最多。与常年相比，莲都、遂昌和缙云分别偏多1.6%、4.9%和12.3%，其他各地偏少0.9%—19.5%，龙泉偏少最少，云和偏少最多。1月，全市平均降水量为80.2毫米，较常年偏多17.3%。2月，全市平均降水量为81.5毫米，较常年偏少9.4%。3月，全市平均降水量为223.1毫米，较常年偏多34.8%，其中庆元的月降水量为历年第二多，中旬遂昌和缙云的旬降水量为历年第二少，下旬云和、龙泉和庆元的旬降水量为历年第三多。4月，全市平均降水量为63.9毫米，较常年偏少64.6%，其中全市和缙云、青田的月降水量为历年第二少，莲都、龙泉和云和的月降水量为历年第三少，上旬全市和龙泉、青田、庆元的旬降水量为历年最少。5月，全市平均降水量为211.5毫米，较常年偏多8.6%。6月，全市平均降水量为286.7毫米，较常年偏少0.8%。7月，全市平均降水量为176.6毫米，较常年偏多13.2%。8月，全市平均降水量为124.1毫米，较常年偏少24.7%。9月，全市平均降水量为226.1毫米，较常年偏多83.4%，其中遂昌、龙泉和庆元的月降水量为历年第二多，中旬全市平均降水量为历年第二多，中旬遂昌和龙泉的旬降水量为历年最多，莲都、缙云和云和的旬降水量为历年第三多。10月，全市平均降水量为13.7毫米，较常年偏少76.7%。11月，全市平均降水量为11.5毫米，较常年偏少81.9%。其中庆元的月降水量为历年第三少。12月，全市平均降水量为27.1毫米，较常年偏少38.9%。

日照。全市年平均日照时数为1391.7小时，较常年偏少243.4小时，为历年第二少。各县（市、区）的年日照时数分布在1332.4—1469.7小时之间，遂昌最少，缙云最多。与常年相比，偏少149.9—302.1小时，缙云偏少最少，庆元偏少最多。其中云和为历年最少，龙泉和青田为历年第二少，遂昌和庆元为历年第三少。1月，

2020年全市及各县（市、区）年气象要素一览表

表5

站名	气温（℃）			降水量（毫米）			雨日（天）			日照（小时）		
	当年	常年	距平	当年	常年	距平	当年	常年	距平	当年	常年	距平
莲都	19.9	18.4	1.5	1428.2	1405.8	22.4	154	157.8	–3.8	1413	1624.5	–211.5
龙泉	19.1	18	1.1	1633.8	1649.1	–15.3	161	160.4	0.6	1376.9	1621.4	–244.5
青田	19.9	18.6	1.3	1380	1697.6	–317.6	159	166.4	–7.4	1394.3	1664	–269.7
云和	19.3	17.8	1.5	1312.9	1631.5	–318.6	162	177.1	–15.1	1383.3	1612	–228.7
庆元	18.9	18.0	0.9	1526.7	1746.8	–220.1	151	168.6	–17.6	1426.9	1729	–302.1
缙云	18.5	17.2	1.3	1664.9	1482.2	182.7	165	166.3	–1.3	1469.7	1619.6	–149.9
遂昌	18.5	17.1	1.4	1656	1579.3	76.7	170	169.4	0.6	1332.4	1575.1	–242.7
松阳	19.1	—	—	1640.7	—	—	148	—	—	1392.3	—	—
景宁	18.7	—	—	1491.9	—	—	158	—	—	1336.1	—	—
全市	19.1	17.9	1.2	1526.1	1598.9	–72.8	158.7	166.6	–7.9	1391.7	1635.1	–243.4

说明：常年资料统计年限为1981—2010年，全市常年平均值和距平值不包含景宁和松阳县

全市平均日照时数为83.9小时，较常年偏少12.2小时。2月，全市平均日照时数为97.6小时，较常年偏多13.6小时。3月，全市平均日照时数为62.4小时，较常年偏少32.2小时。4月，全市平均日照时数为168.9小时，较常年偏多50.1小时，为历年第三多。其中庆元和缙云的月日照时数为历年第二多。5月，全市平均日照时数为125.0小时，较常年偏少13.3小时。6月，全市平均日照时数为86.8小时，较常年偏少43.5小时。7月，全市平均日照时数为150.4小时，较常年偏少65.2小时。8月，全市平均日照时数为207.7小时，较常年偏多7.9小时。9月，全市平均日照时数为94.1小时，较常年偏少57.9小时，为历年第二少。其中龙泉的月日照时数为历年最少，庆元的月日照时数为历年第二少，青田和云和的月日照时数为历年第三少。10月，全市平均日照时数为128.4小时，较常年偏少19.8小时。11月，全市平均日照时数为135.5小时，较常年偏多10.3小时。12月，全市平均日照时数为50.9小时，较常年偏少81.2小时，为历年第二少。其中青田的月日照时数为历年第二少，庆元和云和的月日照时数为历年第三少。

【重大天气气候事件】 2020年，全市平均气温为19.1℃，较常年偏高1.2℃，为历年最高。各县（市、区）的年平均气温分布在18.5—19.9℃之间（遂昌和缙云最低，莲都和青田最高），较常年偏高0.9—1.5℃（庆元偏高最少，莲都和云和偏高最多）。其中遂昌、莲都、龙泉、青田和云和为历年最高，缙云与历年最高持平。

日照显著偏少，云和年日照时数破历年最少极值。全年全市平均日照时数为1391.7小时，较常年偏少243.4小时，为历年第二少。其中云和为历年最少，龙泉和青田为历年第二少，遂昌和庆元为历年第三少。各月来看，除2月、4月、8月和11月外，其他各月均偏少，其中9月和12月全市平均月日照时数为历年第二少（9月龙泉的月日照时数为历年最少，庆元的月日照时数为历年第二少，青田和云和的月日照时数为历年第三少；12月青田的月日照时数为历年第二少，庆元和云和的月日照时数为历年第三少）。

暖冬明显，大部分地方经历有气象记录以来最暖冬季。2020年冬季（2019年12月至2020年2月）全市平均气温为10.6℃，较常年偏高2.7℃，为有气象记录以来最暖。全市和遂昌、莲都、龙泉、缙云、青田、云和的季平均气温为历年最高，莲都的季极端最低气温与历年最高持平，莲都和青田的季低温日数与历年最少持平。其中，1月，全市平均气温较常年偏高3.4℃（青田和云和的月平均气温与历年最高持平）；2月，全市平均气温较常年偏高2.8℃。

寒潮过程多、范围大，岁末年初出现大范围严寒天气。2020年有4次寒潮天气过程，分别出现在2月14日至17日、3月26日至29日、12月13日至15日和12月29日至31日。其中2月14日至17日全市各地均出现寒潮天气；3月26日至29日庆元和缙云达到寒潮天气标准；12月13日至15日缙云、青田和庆元达到寒潮天气标准；12月29日至31日全市绝大部分地方出现强寒潮天气，而且12月31日和1月1日气温低，大部分地方出现严寒天气（1月1日，缙云、遂昌、松阳、云和、龙泉城区的最低气温降至-5℃以下，最低的缙云为-7.1℃）。

3月，局地暴雨过程多，月底部分地方出现春汛，有6次局地暴雨过程，分别出现在8日、9日、22日、27日、28日和31日。其中以28日的过程暴雨范围最大、强度最强，28日，受西南暖湿气流和强冷空气共同影响，全市出现大范围的大到暴雨天气过程。其中西南面的庆元和龙泉普降暴雨，全市132个站点累计雨量超过50毫米，最大的庆元青草村91.5毫米。受大范围的暴雨影响，春汛突现。

入梅早、出梅迟，降水集中期持续时间长、暴雨强度强。2020年5月29日，丽水市进入梅汛期降水集中期，7月18日出梅，历时50天。梅汛期降水集中期持续时间长，部分过程暴雨强度强，造成部分地区洪涝灾害。其中，6月30日，受梅雨带南压影响，全市大到暴雨局部大暴雨，共有226个站累计雨量超过50毫米（遂昌和松阳有26个站超过100毫米，最大的遂昌湖山141.8毫米）；7月9日，遂昌、龙泉、云和、景宁、庆元大部出现暴雨，部分大暴雨，共有158个站累计雨量超过50毫米，65个站超过100毫米，累计雨量最大为龙泉供村村188.8毫米，小时雨量最大为龙泉供村村64.8毫米。

梅中有伏，6月，全市及部分县的月平均气温为历年最高，全市平均气温26.9℃，较常年偏高1.8℃。各县（市、区）的月平均气温分布在25.8—28.1℃之间（庆元最低，莲都最高），较常年偏高1.1—2.3℃（庆元偏高最少，莲都和云和偏高最多）。其中全市以及莲都、云和的月平均气温为历年最高，青田和庆元的月平均气温与历年最高持平，遂昌和龙泉的月平均气温为历年第二高，缙云的月平均气温为历年第三高。特别是中旬气温异常偏高，全市旬平均气温与历年最高持平，莲都、云和、龙泉和庆元的旬平均气温均为历年最高，莲都、青田和缙云的旬最高气温与历年最高持平。

台风“黑格比”对丽水市东部地区造成严重影响。8月4日凌晨3时

30分，2004号台风“黑格比”登陆温州乐清沿海后，纵穿永嘉、仙居、磐安、嵊州、绍兴、嘉兴等地，4日20时，离开浙江进入江苏境内。受“黑格比”影响，8月3日后半夜至4日白天，丽水市东部地区出现大范围的暴雨或大暴雨天气。8月3日20时至8月4日20时，缙云和青田的平均雨量高达193.3毫米和120.9毫米。缙云、青田和莲都东部共有71个站日雨量超过100毫米，其中有24个站超过200毫米，最大的缙云黄茶基地320.7毫米。受强降水影响，缙云部分乡镇遭受严重洪涝灾害，并造成人员伤亡。

入秋伴随大范围暴雨过程，部分地方出现秋汛。受较强冷空气影响，9月18日开始，全市气温明显下降并持续走低，18日至19日，各地先后入秋，入秋时间较明显偏早。其中，19日至20日，全市出现大范围的暴雨大暴雨天气。全市过程平均雨量为116.7毫米，各县(市、区)的平均雨量依次为：遂昌164.6毫米、松阳155毫米、龙泉138.6毫米、莲都127.3毫米、云和126.9毫米、景宁110.5毫米、缙云90.5毫米、庆元80毫米、青田65.6毫米。全市361个站累计雨量超过50毫米，其中有225个站超过100毫米，最大的松阳竹源乡245.6毫米。此次暴雨过程范围广、累计雨量大。

秋冬季降水显著偏少，气象干旱范围大、持续时间长。2020年10至12月，全市降水持续偏少。全市平均降水量51.6毫米，较常年同期(166.6毫米)偏少近七成(青田和庆元为历年第二少，莲都和云和为历年第三少)。10月6日至16日、10月23日至11月19日和11月25日至12月13日，各地不同程度出现长时间的连晴少雨天气。受降水显著偏少和长时间的连晴少雨天气影响，大部分地方出现气象干旱。至12月中旬中后期受强冷空气影响，气温大幅下降，并出现雨雪天气过程，特别是山区的积雪和冰冻天气缓和秋季以来的气象干旱。

【气象防灾减灾工作】 2020年，全市气象部门严密监测、滚动预报、及时预警，启动重大气象灾害业务服务应急响应8次，持续时间17天13小时。全市发布气象服务材料1804期，气象灾害预警信号389次。预警短信120条(接收人数约276.9万人次)，发送天气提醒短信约557.38万人次。地方主要领导批示13次。会同自然资源和规划局、市水利局、市应急管理局开展联合会商66次，联合发布地质灾害、小流域洪涝风险预警150次。全年实施人工增雨作业49轮次，烟炉作业13轮次。做好浙江省首届生态运动会等各类重要活动气象保障工作，发布气象专题专项服务318期。全市重大灾害性天气监测预报预警无失误。

【气象现代化】 2020年，市局气象监测与预警中心、大气垂直廓线探测系统、生态气象观测系统3个续建项目和新建项目综合监测系统加密工程列入政府性投资计划，总投资1460万元。气象灾害监测预警中心主体建设施工通过验收，室内完成50%装修。垂直廓线系统(风廓线雷达与微波辐射计)完成建设任务，开始试运行；生态气象监测项目建设完成2个梯度温度观测选点及基础安装等。龙泉雷达项目完成上山道路建设，开展施工图设计。丽水气象应急系统通过验收。全年新增自动站37个，站网由6.9千米缩小到6.5千米。11月4日国家局同意丽水基本站迁址南城，民俗乐园站调整城市站。4月1日起，地面气象观测自动化改革从试运行切换调整为业务运行。《丽水市气象事业“十四五”规划》完成初稿编制。

【生态气象服务】 2020年，丽水市服务百山祖国家公园建设，承担气候养生基地、天文基地建设推进思路研究，《气候养生基地建设指南》申报立项；完成《百山祖国家公园气候及气候资源分析报告》。推进丽水国家气象公园建设，颁布《丽水国家气象公园建设规划》。开发生态气象系列指数产品，发布云海概率预报、杜鹃花(荷花、桂花)观赏指数等旅游指数，推进开发气候养生指数、避暑指数、云海(观星、朝晚霞、雾凇)等气象景观观赏指数。推进云和梯田观云、南

2020年，丽水国家气象公园建设规划通过评审　　(李叶萍　提供)

尖岩观星等6个项目以及河阳气象馆等3地气象馆建设；指导和服务大毛岘背观星等5地项目建设。对接丽水两山学院，探索气候资源生态产品价值核算及转换途径；与市全域旅游发展中心签订战略合作协议，推进丽水国家气象公园试点建设及气象旅游资源研究及开发利用。

【气象综合管理】 2020年，市气象局推进“互联网+监管”，推进监管事项清单认领编制工作，完成认领气象条线全部17个事项，完成15个需要编制实施清单监管事项清单编制，做到100%完备翔实。落实“互联网+监管”和“双随机”监管，执法人员掌上执法账号开通率100%，账号激活率100%，所有检查全部使用“浙政钉·掌上执法”。加强科普宣传，参加宝贝画天气活动，丽水分赛区获二等奖6个（占比60%）、三等奖7个、最佳创意奖4个、最佳技艺奖3个，丽水市丽水局获突出贡献奖。《一封有声明信片》获中国局“初心与使命 青春与担当”网络创意大赛网络人气奖。短视频《天气日记》入围第二届全国气象短视频创作大赛二等奖。 （周国华 李叶萍）

水 文

【概况】 2020年，全市年降水量为1629毫米（折合降水总量282.21亿立方米），比多年平均偏少8.4%，比2019年偏少18.1%。全年全市降水量年内分配不均，年降水量分布西北高东南低。遂昌、龙泉、庆元、缙云较高，其中遂昌西部、龙泉西北部为高值区，年降水量在1800毫米以上，龙泉青井站年降水量2621毫米为全市最大值。青田、云和、景宁、莲都较低，其中青田西部、莲都南部、景宁东部为低值区，年降水量在1200毫米左右，景宁县九龙站1057.5毫米为全市最小值。

丽水市降水量年内分配不均，非汛期（按1月至3月，11月至12月统计）累计降水量485.2毫米，占全年降水量29.8%，比多年平均同期降水量（434.6毫米）偏多11.6%；汛期（按4月至10月统计）累计降水量1143.8毫米，占全年降水量70.2%，比多年平均同期降水量（1304.2毫米）偏少12.3%。其中，6月，为降水量最大月，全市平均降水量为281.4毫米；11月，为降水量最小月，全市平均降水量为15.1毫米。全市水资源总量为161.8742亿立方米，比多年平均偏少15.3%。产水系数全市平均0.57，产水模数为93.4万立方米每平方千米。人均年拥有水资源量为6855.33立方米（常住人口）。全市有大型水库2座，中型水库31座。紧水滩水库年末蓄水量6.3122亿立方米，比年初增加0.0323亿立方米；滩坑水库年末蓄水量21.5279亿立方米，比年初减少5.4078亿立方米；中型水库31座，年末蓄水总量3.4927亿立方米，比年初减少0.1173亿立方米。

【水资源利用】 2020年，全市总水资源量161.8742亿立方米，较上年减少30.9%，人均年拥有水资源量为6855.33立方米（常住人口）。全市水资源利用率平均为4.1%。城乡居民生活用水量0.9399亿立方米，人均年生活用水量39.8立方米。其中城镇和农村居民人均年生活用水量分别为41.97立方米和36.03立方米；农田灌溉亩均年用水量为321.35立方米，其中水田灌溉亩均年用水量385.03立方米；万元工业增加值用水量19.59立方米；万元GDP用水量43.13立方米。9个县（市、区）人均年综合用水量差别较大，人均年综合用水量中庆元县（354.18立方米）为最大，缙云县（236.49立方米）为最小。

【梅汛期】 2020年，丽水市5月29日进入梅汛降水集中期，7月18日降水集中期结束，梅汛期主要呈现以下特点：

入梅早，梅期长，梅雨总量大，属典型梅雨。浙江省5月29日入梅，比常年偏早（常年6月10日），7月18日出梅，较常年偏迟（常年7月10日），梅雨期50天，比常年偏多20天，列1951年以来梅雨期第六位。丽水市5月29日进入降雨集中期，29日夜里丽水市西部和北部地区（龙泉、遂昌、松阳、莲都、缙云）开始出现暴雨过程，局部大暴雨。5月29日至7月18日，全市平均过程雨量为466.4毫米，居历史第五（最大为1954年，梅雨总量969.9毫米，4月18日入梅，8月2日出梅），比常年梅雨量（273.5毫米）偏多70.53%，比上年梅雨量（527.2毫米）偏少11.53%。市县面雨量最大前三名分别为遂昌县657.8毫米、龙泉市650.9毫米、松阳县557.2毫米，单站雨量最大前三名分别为遂昌县际下站1064.5毫米、龙泉市青井站1049.0毫米、龙泉市碧龙站995.0毫米。

暴雨过程频繁、短历时暴雨雨强强。梅汛期间，丽水市出现四轮强降水过程。第一轮强降水主要发生在5月29日至30日，降水主要集中在丽水市西部和北部。5月29日8时至31日8时，全市面雨量74.5毫米，市县面雨量最大前三名分别为松阳县123毫米、遂昌县123毫米、缙云县93.7毫米，单站雨量最大前三名分别为遂昌县大茂坑193毫米、西坑里站183.5毫米、龙泉市碧龙站183毫米。强降水期间，1小时雨量（30毫米）超警80站次，2小时雨量（50毫米）超警17站次。第二轮强降水主要发生在6月4至7日，降水自西南向东北减弱。6月4日8时至8日8时，全市面雨量74毫米，市县面雨量最大前三

2020 年丽水市降水量、水资源量一览表

表6

行政分区	计算面积（平方千米）	年降水量（毫米）	年总水资源量（亿立方米）	产水系数	产水模数（万立方米每平方千米）
莲都	1502.0	1445.1	11.8057	0.54	78.6
龙泉	3059.0	1825.5	34.2038	0.61	111.8
青田	2493.0	1385.2	18.3829	0.53	73.7
云和	984.0	1424.0	7.3129	0.52	74.3
庆元	1898.0	1657.7	19.1289	0.61	100.8
缙云	1494.0	1647.3	14.0316	0.57	93.9
遂昌	2539.0	1944.6	30.1188	0.61	118.6
松阳	1406.0	1617.5	12.4951	0.55	88.9
景宁	1949.0	1432.7	14.3945	0.52	73.9
全市	17324.0	1629.0	161.8742	0.57	93.4

名分别为龙泉市 127.2 毫米、庆元县 115.3 毫米、云和县 78.4 毫米，单站雨量最大前三名分别为龙泉市青井站 209 毫米、湖住溪站 196 毫米、横溪站 195.5 毫米。强降水期间，1 小时雨量（30 毫米）超警 57 站次，2 小时雨量（50 毫米）超警 16 站次，3 小时雨量（70 毫米）超警 8 站次。第三轮强降水主要发生在 6 月 29 日至 30 日，降水主要集中在丽水市北部。6 月 29 日 8 时至 7 月 1 日 8 时，全市面雨量 58.7 毫米，市县面雨量最大前三名分别为遂昌县 97.7 毫米、松阳县 75.9毫米、莲都区 61.1 毫米，单站雨量最大前三名分别为遂昌县奕山站 147 毫米、珠村畈 136.5 毫米、古楼电站 136 毫米。强降水期间，1 小时雨量（30 毫米）超警 118 站次，2 小时雨量（50 毫米）超警 81 站次，3 小时雨量（70 毫米）超警 16 站次。第四轮强降水主要发生在 7 月 8 日，降水主要集中在丽水市西部和西北部。7 月 8 日 8 时至 9 日 8 时，全市面雨量 49.1 毫米，市县面雨量最大前三名分别为龙泉市 120 毫米、遂昌县 86 毫米、云和县 73 毫米，单站雨量最大前三名分别为龙泉市供村站 195.5 毫米、金坑站 189.5 毫米、青井站 188.5 毫米。强降水期间，1 小时雨量（30 毫米）超警 202 站次，2 小时雨量（50 毫米）超警 217 站次，3 小时雨量（70 毫米）超警 149 站次。

强降雨时空分布不均、强降雨区域重叠较多。梅雨期强降雨时空分布不均，四轮强降水多集中在丽水市西部和西北部，龙泉、遂昌重叠区域最多，场次降水总量前三和梅汛期降水量前三均发生在这 2 个县。

局地降雨强度较大。5 月 29 日 8 时至 7 月 18 日 8 时，全市有 294 个站点雨量超过 500 毫米，147 个站点雨量在 400—500 毫米之间，256 个站点雨量在 300—400 毫米之间。其中，1 小时雨量（30 毫米）超警 750 站次，2 小时雨量（60 毫米）超警 428 站次，3 小时雨量（90 毫米）超警 205 站次。梅汛期日最大降水量为龙泉市供村站 195.5 毫米。

【台汛期】 2020 年，影响丽水市台风偏少，仅 4 号台风“黑格比”对丽水市有影响。受其影响，8 月 3 日 21 时到 4 日 19 时，全市面雨量 49.4 毫米，好溪流域面雨量 176.7 毫米，小安溪流域面雨量 58.2 毫米，开潭以上流域面雨量 38.7 毫米，小溪流域面雨量 22.2 毫米，宣平溪流域面雨量 14.8 毫米，松阴溪靖居口以上流域面雨量 7.7 毫米，紧水滩流域面雨量 1.9 毫米。面雨量前三名分别为缙云县 186.7 毫米、青田县 126.9 毫米、莲都区 44.3 毫米，单站雨量最大前三名分别为缙云县牛大坑站 337.5 毫米、南坑水库站 319 毫米、龙溪水库站 312.5 毫米。受台风影响，水库蓄水量有所增加，全市主要江河控制站大部分平稳，但好溪流域主要控制站水位上涨迅速，好溪秋塘站 4 日 17:55 出现洪峰水位 62.77 米，超保证水位（62.6 米）0.17 米，洪峰流量 2300 立方米/秒，接近五年一遇洪水标准；大溪祯埠站 4 日 16:55 出现洪峰水位 30.42 米，实测最大流量 3050 立方米/秒。瓯江鹤城站 4 日 13:25 出现洪峰水位 8.35 米，水位稍有回落后又于 18:00 左右再次到达洪峰水位，实测最大流量 3870 立方米/秒（相应水位 8.10 米）。

【非汛期】 2020 年，汛前（1 月至 3 月），全市平均降雨量 432.5 毫米，与常年同期相比偏多 20.7%。9 个县（市、区）降雨量均比常年同期偏多，偏多幅度为 6.3%—26.4%。汛前（1 月至 3 月），全市未出现大范围明显暴雨过程，全市主要江河水势平稳，均未出现超警戒洪水。

依据代表站数据统计，2020 年 11 月，丽水市平均降水 15.1 毫米，与常年同期相比偏少 80.4%。各县（市、区）均比常年同期偏少，偏少幅度为 66.7%—89.4%。各代表站中，11 月，降水量最大为遂昌县北界站 50.5 毫米，降水量最小为庆元县庆元站 2.5 毫米。12 月，丽水市平均降水 37.6 毫米，与常年同期相比偏少 35.5%。各县（市、区）均比常年同期偏少，偏少幅度为 12.3%—49.2%。各代表站中，12 月，降水量最大为缙云县雪峰站 63 毫米，降水量最小为庆元县庆元站 20 毫米。（麻敏敏 纪 莹）

林　业

综　述

【概况】 2020年,丽水林业工作践行"绿水青山就是金山银山"理念,加强生态建设、资源保护,推进产业富民,弘扬生态文化,推动林业各项重点工作落地见效。百山祖国家公园以"一园两区"思路进入国家公园创建序列,与试点单位同步验收,创建国家公园"丽水样本",获"中国改革年度十佳案例"。国土绿化美化高质量推进,新增百万亩国土绿化6800公顷、建设美丽林相6.12万余公顷、新植珍贵树455.3万株,建成"一村万树"示范村54个、推进村351个。全域推进松材线虫病防治,清理染疫松林6.8万公顷、病死树147万株,高发势头得到控制;全面落实《全国人大常委会关于全面禁止非法野生动物交易、革除滥食野生动物陋习、切实保障人民群众生命健康安全的决定》精神,推进陆生野生动物养殖监管、转(停)产处置等工作。持续深化林业综合改革,《浙江省丽水市探索集体林地地役权制度》《浙江省龙泉市实行公益林信息化管理》2个案例入选国家林草局典型案例,全市新增林地流转7200公顷,新发放林权抵押贷款33.36亿元、贷款余额67.16亿元,贷款总量和余额继续保持全省第一、居全国各地市第一。森林旅游、木本油料、林下中药材等林业产业稳步发展。（李雪姿）

【林权抵押贷款余额67亿元】 2020年,全市加强林业金融协作机制,发展村级互助担保组织,重点推动公益林补偿收益权质押贷款和林地经营权流转证抵押贷款,满足林农小户、林业经营大户、龙头企业等各层级的贷款需求。据中国人民银行丽水市中心支行统计,全市全年新发放林权抵押贷款1.68万笔、33.36亿元,累计发放贷款23.64万笔、294.77亿元,贷款余额3.73万笔、67.16亿元,贷款总量(占全省47.9%)和贷款余额(占全省65.5%)继续占全省近一半份额、居全国各地市第一。其中,新发放林地经营权流转证抵押贷款150笔、0.60亿元,贷款余额475笔、1.67亿元。新发放公益林补偿收益权质押贷款80笔、1575万元,贷款余额289笔、5844万元。不良贷款57笔657万元,不良率0.1%,风险得到控制。

【林业综合改革持续深化】 2020年,丽水市通过全国集体林业综合改革试验区评估,并在全国集体林业综合改革政策培训班上作"探索集体林地地役权制度"交流典型经验;《浙江省丽水市探索集体林地地役权制度》《浙江省龙泉市实行公益林信息化管理》案例入选国家林草局《集体林业综合改革试验典型案例(第一批)》,会同市人行起草《林木所有/使用权、林地使用权抵押登记管理规范》《公益林补偿收益权证明与质押登记管理规范》《林地经营权办证与抵押登记管理规范》标准,助推全市林权抵(质)押贷款工作推进和可持续发展。

【森林保险推进】 2020年,市自然资源局(市林业局)指导推动特色森林保险创新,在青田试行油茶气象指数保险。据统计,全年全市森林火灾投保面积84.59万公顷,保费567.42万元,连续12年实现全市公益林火灾保险"全覆盖";以竹林为重点的林木综合保险投保面积6.63万公顷,保费566.41万元。全年森林保险合计面积91.22万公顷,保费1133.83万元。2007年至2020年,全市森林保险累计面积1577.98万公顷,保费16302.94万元。（张彦博）

【林业建设资金投入10.2亿元】 2020年,全市林业建设资金投入10.2亿元,其中,到位中央林业建设资金1.2亿元,省级林业建设资金8.7亿元。林业建设资金主要用于生态建设与保护、林业产业发展、林业支撑与保障、

林业基础设施建设等。（杨艺薇）

【林业科技成果】 2020年，全市新增省级以上立项项目38个，其中，中央林业科技推广项目3个，省级林业发展和资源保护项目35个，项目成果登记9个。制定(修订)市、县级地方标准8个。丽水市“浙南香榧产业化关键技术集成示范及推广”“毛竹林鞭笋高效培育关键技术创新及应用”2项成果分别获中国林学会第十一届梁希林业科学技术二、三等奖，“笋竹产业效益提升关键技术集成与应用”等14个成果获浙江省第二十届科技兴林奖，其中，二等奖3个，三等奖11个。（朱国华）

【林业人才培养】 2020年，全市招录基层林技人员定向培养生(本科)18人，累计招收150人。丽水市生态林业发展中心与丽水职业技术学院联合开办林业专业本(专)科班，全市林业系统非林专业102名职工入学。10月31日，全市林业工程技术人员任职资格评审会在丽水市职业技术学院召开，取得工程师任职资格41人，取得高级工程师任职资格19人、取得正高级工程师任职资格3人。全市共推荐国家林草局认定的林草乡土专家1人、省林业局认定的林业乡土专家18人。全市获省林业局表彰“最美林技推广员”2人、“优秀林技推广员”14人。（兰冬香）

【林业科技服务】 2020年11月，浙江省第十七届林业科技周丽水分会场活动在松阳举行，举办培训11场，培训人数530余人，送科技下乡8次，发放科普资料1620余份。全年组织送科技下乡75次，专家参与850人次，入户帮扶近1560户，科普宣讲98场，培训林农14980人次，发放科普资料32300份。（朱国华）

【国有林场建设】 2020年，全市现有国有林场21个(列入公益一类11个、公益二类10个)，经营总面积7.58万公顷，其中生态公益林面积5.71万公顷。加强国有森林资源培育保护，全年发展珍贵树种示范基地211.73公顷、林木良种基地118.2公顷、彩色健康森林381.27公顷、森林休闲养生基地1038.33公顷；造林283.53公顷，场外合作造林面积139.07公顷；森林抚育1415.33公顷、大径材培育841.4公顷。加强国有林场基础设施建设，完成修缮管护用房1400平方米，林区道路建设29千米，电力线路设施建设24千米。加强现代国有林场建设，松阳县湖溪林场、林村林场创建成浙江省现代国有林场。丽水市白云山生态林场获评“国家森林康养基地”和“全国林业生态价值转换研究实践基地”；庆元林场被列入现代国有林场生态价值转换智能化建设试点；青田县林业总场和丽水市白云山生态林场梁炜、遂昌县白马林场林少波获“森林浙江建设工作突出贡献集体和个人”称号；景宁县林业总场和青田县林业局赵雪康、松阳县湖溪林场叶根华获“浙江省森林生态保护突出贡献集体和个人”称号。（兰冬香）

森林生态体系建设

【概况】 2020年，全市自然资源(林业)部门以推进国土绿化美化，助推浙江(丽水)绿色发展综合改革创新区(大花园核心区)建设为主线，实施全省百万亩国土绿化造林行动和美丽林相建设，持续推进丽水国家公园创建，推进美丽林相、华东药用植物园(丽水植物园)、生态公益林、森林公园、自然保护区、森林系列创建等重点生态林业工程建设，提升森林生态系统质量和稳定性，构建布局合理、结构优化、功能完备、效益显著的国土绿化体系，为实施乡村振兴战略、促进农民增收和大花园最美核心区建设提供支撑。全市新增百万亩国土绿化确认面积8468.9公顷，县级自查计划完成率127.16%。全市实际参加义务植树129.3万人，义务植树471.1万株。建成“一村万树”示范村

庆元县万里林场　（兰冬香　提供）

54个、推进村351个，浙江省生态文化基地2个、省级森林城镇2个。

【百万亩国土绿化行动】 2020年，省委、省政府启动全省百万亩国土绿化行动，丽水市相应制定《丽水市高质量推进国土绿化美化行动实施方案（2020—2024年）》，统筹推进山地森林、坡地森林、城市森林、乡村森林和通道森林建设，根据县级自查，全市新增百万亩国土绿化确认面积8468.9公顷，超额完成新增百万亩国土绿化行动年度任务。10月中旬，组织开展市级核查，全市外业抽查地块329个、面积1033.5公顷，占县级自查确认合格总面积13.06%，通过分析现场核实反馈结果，全市抽查面积核实率93.71%，抽查面积合格率86.12%。

【美丽林相建设】 2020年，丽水市自然资源（林业）系统继续按照建设"多树种、多层次、多色彩、多功能"森林目标，通过"点、线、面"结合，持续推进美丽林相建设规划实施，全市美丽林相建设投资3.93亿元，面积6.128万公顷，完成年度计划任务的132.9%，其中，投资0.8697亿元，建设彩色森林1.08万公顷；投资0.5636亿元，建设健康森林1.12万公顷；投资0.7015亿元，发展珍贵树种0.539万公顷（其中新造0.1335万公顷、改培0.4053万公顷）；投资0.7664亿元，培育大径材0.6833万公顷；投资1.0294亿元，培育一般森林抚育2.6753万公顷。2016年至2020年，全市落实投资18.5亿元，完成美丽林相建设29.5827万公顷。其中，投资4.84亿元，完成彩色林建设4.8553万公顷；投资2.99亿元，完成健康林建设5.8013万公顷；投资2.93亿元，发展珍贵树种2.2433万公顷（其中新造0.5767万公顷、改培1.6666万公顷）；投资3.0亿元，培育大径材2.9407万公顷；投资4.74亿元，实施一般森林抚育13.742万公顷。

【全民义务植树】 2020年1月2日，丽水市自然资源（林业）部门组织林业干部职工在开发区水阁东公园开展义务植树活动，种下深山含笑、木荷、红豆杉等珍贵树种160余株。据统计，全市9个县（市、区）联动，参加元旦后上班第一天义务植树活动有840人，种植浙江楠、赤皮青岗、枫香、红豆树等珍贵树种8690株，面积9.8公顷。莲都区、云和县、庆元县、缙云县、遂昌县、松阳县等地，组织区、县四套班子领导、机关单位和各乡镇（街道）干部职工，开展"春节后上班第一天"义务植树活动。其中，庆元县连续第16年坚持"春节后上班第一天"开展义务植树活动。全民持续参与义务植树、共建森林城市成为丽水迎春绿色风尚。

2020年1月2日，市自然资源（林业）干部职工参加义务植树活动（李雪姿　提供）

【森林系列创建活动】 2020年，丽水市继续秉承"绿水青山就是金山银山"理念，践行"让森林走进城市、让城市拥抱森林"宗旨，按照"山上造林为主"逐步转为"山上造林和平地绿化并重，更加注重城乡绿化"建设要求，通过森林城镇建设、中心村培育、美丽乡村创建、生态文明村建设和村庄综合整治等重点项目，开展"新增百万亩国土绿化行动"，推动森林城镇建设高质量发展，推进城镇、村庄绿化美化建设。根据浙江省关注森林组织委员会《关于命名杭州市余杭区鸬鸟镇等81个城镇为"浙江省森林城镇"的通知》文件精神，松阳县大东坝镇和遂昌县湖山乡创建为2020年度"浙江省森林城镇"。据统计，至年底，全市创建国家级森林林城市2个，分别为丽水市、龙泉市，省级森林城市实现全覆盖、全市创建省级森林城市9个，省级森林城镇30个，省级森林村庄131个，市级绿化示范村961个。

【"一村万树"示范行动】 2020年，丽水市自然资源（林业）系统根据浙江省实施"一村万树"三年行动，以1个村新植1万株树为载体，发展珍贵树种、乡土树种，持续加快农村绿化步伐，优化农业农村生态环境，构建覆盖全面、布局合理、结构优化的乡村绿化体系，增强森林生态系统质量和稳定性，促进人与自然和谐相处。市级组织验收组到各县（市、区）验收“一村万树”工作，现场检查验收2020年“一村万树”示范村，随机抽查10%推进村的建设完成情况。从检查情况看，绿化体量大、层次高，建设质量较好。全市年度完成以珍贵树种或彩色树种为主的“一村万树”示范村54个，推进村351个。2018年至2020年，全市累计建成“一村万树”示范村163个，推进村1003个。

【生态文化基地创建】 2020年，丽水市继续践行“绿水青山就是金山银山”发展理念，加快实施乡村振兴战略，围绕浙江“大花园”建设和高质量建成“森林浙江”的目标任务，弘扬生态文化，加强挖掘丽水市生态自然资源和生态人文资源，开展“生态文化基地”遴选活动，展示“人与自然和谐共生、生态文明高度发达”重要窗口，推荐缙云县仙都黄龙景区开发有限公司、庆元县举水乡月山村这2家单位创建成为2020年度“浙江省生态文化基地”。至年底，全市累计经中国生态文化协会发文命名的“全国生态文化村”4家，经浙江省生态文化协会发文命名的“浙江省生态文化基地”21家。　（潘永柱）

【生态公益林建设】 2020年，全市现有省级以上公益林85.78万公顷，新增优质林分1.73万公顷，累计建成优质公益林68.64万公顷。继续加强公益林补偿资金发放阳光工程，公示率100%；应发损失性补偿资金48081.92万元，受益国有单位39个，村集体3992个，农户281412户。9个县（市、区）公益林补偿标准全部按照源头县的补偿标准补偿，莲都区、青田县和云和县这3个县（区）公益林补偿标准从每亩31元提高到每亩40元。全市7个县（市、区）申报天然商品林停伐管护面积2.33万公顷，补偿资金551.4万元。　（毛小荣）

【华东药用植物园（丽水植物园）建设】 2020年，华东药用植物园（丽水植物园）项目基本完工，全年项目投资金额14258万元，累计投资83909万元。完成主入口配套用房、药材展示廊、兰园、中医药博物馆等房建项目建设，建筑面积42887平方米，建设园区道路面积26598平方米，完成主游览区、景观及绿化种植，并于12月30日完成初步验收工作。　（刘　艳）

【开发区绿化工作】 2020年，开发区生态林业发展中心组织开展珍贵树种进村入企活动，向辖区内18个村、企业、学校赠送闽楠、檫树、山樱花等珍贵树种苗木1万株。完成七百秧森林公园林相改造1.33公顷，种植D4、D6两种规格红枫1500株。完成国土绿化面积26.8公顷，其中，城市森林3.67公顷，通道森林23.13公顷。完成美丽林相丽水大梁山生态景观防火林带建设（一期）项目，改造面积46.67公顷，投资560万元。完成丽水水阁东公园修复改造项目，修复改造东公园内毁坏林地7300平方米，投资100万元。完成七百秧西北入口景观提升项目B区块，建设面积28070平方米，投资600万元。　（刘克飞）

【白云森林公园建设】 2020年，丽水白云国家森林公园被国家林草局、民政部等四部委授予第一批国家森林康养基地（全国96家，浙江4家），入选第二批浙江省自然教育学校（基地）名单。启动丽水白云国家森林公园公建项目，完成项目立项、拟选址、可研批复、用地预审批复和项目一期初设批复，估算总投资10.45亿元。2020年争取到位专项债券资金1.2亿元。7月，该项目设计完成公开招标，中标单位为上海市园林设计研究总院有限公司，中标价1618万元。其中，丽水白云国家森林公园公建项目（一期）300森林康养体验步道、迎城坡彩色林改造工程，通过EPC模式完成公开招投标程序，中标单位为宁波市风景园林设计研究院有限公司，中标价43665684元，并于12月10日开工建设。　（周小强）

【空气负氧离子监测】 2020年，市森林生态环境和林业标准化检验检测站每周开展负氧离子监测工作并上报市养生办，在丽水文化休闲和新闻综合频道公布养生指数。丽水白云国家森林公园、处州公园、防洪堤、九龙国家湿地公园空气负氧离子和9个县（市、区）共13个监测点，实时监测上报53期，累计监测实时数据689个，全部数据都达到清新以上，清新率100%，全市空气负氧离子平均浓度为每立方厘米2661个，达到二级，为非常清新。国家林业和草原局在丽水按照城区—近郊—远郊—森林公园、湿地公园、自然保护区4种不同类型，设置监测点（试点）7个，对应分别是丽水生态林业发展中心大院—白云国家森林公园双根桥—白云国家森林公园丽阳坑管护站—莲都区峰源省级自然保护区—龙泉凤阳山国家级自然保护区—庆元国家森林公园巾子峰景区，通过不间断地实时监测并统计分析数据：龙泉凤阳山国家级自然保护区数据最高，平均值为每立方厘米5000个，白云国家森林公园双根桥和庆元国家森林公园巾子峰景区平均值为每立方厘米3500个，白云国家森林公园丽阳坑管护站和峰源省级自然保护区平均值为每立方厘米2000个，九龙国家湿地公

园平均值在每立方厘米1500个，丽水市生态林业发展中心大院平均值在每立方厘米1000个。（梅少保）

林业产业体系建设

【概况】 2020年，全市实现林业总产值683.2亿元，比2019年下降4%，占全省林业行业总产值10%，全省排名第五，增幅全省排名第四。受新冠肺炎疫情影响，全年全市9个县（市、区）林业行业总产值同比均下降。缙云县、遂昌县的林业行业总产值下降幅度较大，分别下降了17%和5%。

【林业产业结构调整】 2020年，全市林业一、二、三产业比重为17:26:57，第一产业比重比上年上升1个百分点，第二产业比重上升1个百分点，第三产业比重下降2个百分点。加大一产资金和技术投入力度，提高林地生产效率，提升林业第一产业，林业第一产业产值114.1亿元，同比增长3%；林业产品附加值不高，林业第二产业产值179.1亿元，基本与上年持平；受新冠肺炎疫情影响，森林旅游业和生态精品林业发展缓慢，林业第三产业产值390亿元，同比下降7%。

【林业产业品牌创建】 2020年，市自然资源局（市林业局）组织119家企业参加第十三届中国义乌国际森林产品博览会，展出展位157个。获第十三届中国义乌国际森林产品博览会优质产品评选金奖34个，优质奖56个；丽水展团连续第13年获中国义乌国际森林产品博览会最佳组织奖。

【木业产业建设】 2020年，市自然资源局（市林业局）推进木业产业向规模化、产业化和集群化方向发展。全市生产木材25.4万立方米，实现产值2.2亿元，分别同比下降32%和33%。全市木材加工企业578家，从业人员2万人，以“一扇木门、一支铅笔、一副玩具、一把太阳伞、一块纤维板”为代表的木材加工业全年实现产值66.5亿元，同比下降5%。

【森林休闲旅游业发展】 2020年，全年创建森林康养特色小镇8个，森林康养基地4个，森林康养特色村24个。全年实现森林旅游总收入363亿元（占第三产业产值93%），同比下降7%。（杨艺薇）

【新型林业经营主体培育】 2020年，市自然资源局（市林业局）探索林业股份合作模式，创建林业股份合作社、省级示范性家庭林场，培育新型林业经营主体。全年全市新增浙江省示范性家庭林场19家，累计64家；新增新型林业经营主体111家，其中家庭林场73家，累计培育新型林业经营主体1153家。

【林地规模流转推进】 2020年，市自然资源局（市林业局）探索推进集体林地“三权分置”改革，推动各地落实林地流转激励措施，促进林地规模流转。全年全市新增林地流转7226公顷，累计流转面积13.29万公顷；规模林地流转颁发林地经营权流转证141本，面积2086公顷，累计办证1257本，面积1.79万公顷。（张彦博）

【“一亩山万元钱”行动】 2020年，全市继续推广香榧、薄壳山核桃、油茶高效生态栽培技术，铁皮石斛仿生栽培技术，林下三叶青、多花黄精复合经营技术，花卉苗木、森林休闲和珍贵树种等“一亩山万元钱”生态高效经营模式。全市新建培育示范基地1400公顷，辐射推广3800公顷，巩固深化基地7666.7公顷，参与企业或合作社399家、参与农户4600余人，培训林农5500人次，提供“一亩山万元钱”推广模式典型案例25个。累计建成“一亩山万元钱”基地3.26万公顷，累计新增产值27.5亿元。（黄宇南）

【木本油料产业】 2020年，全市新建油茶新品种造林基地1071公顷，新造香榧基地606公顷，抚育木本油料基地12402公顷。举办各类木本油料产业技术培训10余次，培训基层林技员和林农1000余人次。全年实现油茶产业产值125101万元，其中，一产69320万元、二产55781万元。（倪荣新）

【笋竹产业建设】 2020年，丽水市继续实施竹产业首席专家（顾问）制度，开展技术研发、集成和应用推广工作。全年全市完成建设海拔600米以上绿色有机笋竹产品基地4666.7公顷。龙泉市组建国有独资竹木产业发展有限公司，开展竹木电商园和森林经济综合体；遂昌县新引进竹纤维产业园区项目；接待湖南常德、四川宜宾等竹产业考察团的考察学习活动；参加四川眉山国际竹产业交易博览会，加入中国竹产业高质量发展联盟并共同发布中国竹产业高质量发展联盟创建宣言。全年实现竹业总产值69.6亿元，其中，一产17.6亿元，二产52.0亿元。（孙 政）

【种苗花卉产业】 2020年，全市有苗圃299处（其中国有苗圃9处），育苗面积共1092.2公顷（其中新育5.93余公顷），苗木产量6645.15万株（其中容器苗1602.82万株），花卉产业总产值50110.5万元，其中，一产产值25935.9万元，二产产值11389万元，三产产值12785.6万元。全市开展林木种苗专项执法和种苗质量检查，共检查49个苗圃（造林地）的苗木，58个苗木批次，涉及银杏、木荷、红豆树、红豆杉、枫香、浙江楠、赤皮青冈、桢楠、红叶石楠、榧树、光皮桦等树种25个，抽检苗批合格率100%。全市拥有授权林业植物新品种1个，从事林业植物新品种生产经营单位1家，该生产经营单位所在地为云和县，品种为云林紫枫。省检查组抽查青田、庆元、遂昌这3个县的林业保障性苗圃和造林地用苗，抽查苗批均合格。2020年，丽水“珍贵彩色树种赠苗”赠送种植苗木420.5万株，其中省林业局赠送丽水市种植的珍贵彩色树种149.7万株，其中，一类苗38.0万株，二类苗44.5万株，三类苗67.2万株。全市通过珍贵彩色树种省调控容器苗营建示范村（林）76个，建设造林面积578.35公顷。　（兰蒋慧）

【食用林产品质量安全】　2020年，市生态林业发展中心对全市食用笋（春笋、鞭笋、冬笋）、木本药材（铁皮石斛、黄精、三叶青）、干果（板栗、香榧）、油茶籽等食用林产品进行例行监测、专项监测和风险监测，重点检测汞、砷、铅、镉、铬等重金属含量和检测硫磷、乐果、敌敌畏等农药残留指标20项。全年抽检705批次，合格700批次，合格率99.29%。加快推进食用林产品溯源体系建设，全市9个县（市、区）都建立追溯点，98家规模生产主体录入浙江省食用林产品追溯平台，均开展食用林产品质量安全合格证管理工作。　（梅少保）

林业安全管理

【概况】　2020年，全市自然资源（林业）部门加强森林资源保护管理，执行森林采伐限额管理制度和征占用林地定额管理制度，全市森林蓄积量持续增长，森林面积、森林覆盖率保持稳定。省政府下达丽水市年森林采伐限额165.865万立方米，全年发放林木采伐许可证0.61万份，发证采伐蓄积42.993万立方米，其中，占限额采伐蓄积37.847万立方米，为省下达采伐限额的22.6%。加强“人防、物防、技防”三防体系建设，推进以水灭火示范建设工程，提升森林防火综合防控能力。全市发生森林火灾7起，受害森林面积71.6公顷，森林火灾受害率0.05‰；森林火灾起数同比上升16.67%，受害森林面积同比上升44.7%。未发生重特大森林火灾和人员伤亡事故。林业系统加强行业防火工作，全市自然保护地和国有林场未发生森林火灾，确保森林资源安全和林区社会稳定。　（朱郑平　梁　毅）

【林业有害生物检疫防治】　2020年，全市林业有害生物发生面积16.45万公顷，发生率11.55%。林业有害生物有效防治作业面积16.52万公顷，其中，无公害防治面积16.45万公顷，无公害防治率99.58%。全年完成种苗花卉产地检疫1113.33余公顷，签发产地检疫合格证69份，种苗产地检疫率100%。全年开展各类检疫执法行动162次，共出动执法人员573人次，检查涉松企业184家、非涉松企业155家、使用松木企业83家；累计查处各类违法案件9起，共处罚款2.72万元，没收、烧毁疫木21.77立方米；全年累计培训执法人员372人次，培训企业相关人员332人次。全市松材线虫病发生面积15.87万公顷，枯死松树137.76万株，累计投入防治资金2.02亿元，清理染疫松林面积15.87万公顷、病枯死松树17万吨（约170万株），安全利用15万吨；全市注射注干保护剂157.2万支，预防保护重点区域松树、古松树104.93万株。　（王林伟）

【森林资源违法犯罪惩治】　2020年，全市组织开展“禁种铲毒、2020雷霆、昆仑2020、扫黑除恶、打击秋冬季候鸟等野生动物犯罪”等专项惩治行动，成效显著。全市森林公安机关受理各类森林和野生动植物案件675起，查结645起，综合查处率95.56%。其中，刑事立案99起（特大刑事案件3起，重大刑事案件8起），侦破88起，破案率88.89%；行政案件受理576起，查处557起，查处率96.70%；收缴林木239.698立方米、野生动物及其制品3645只（头），行政罚款822.9872万元。

【森林消防建设】　2020年，全市自然资源（林业）系统投入防火装备和基础设施建设资金233.1万元，采购高压水泵、风力灭火机、油锯和个人防护服等物资，安装电子警察49个、蓄水桶419只。青田、遂昌这2个县列入全省“以水灭火”工程建设示范县，投入资金217万元，加强“以水灭火”基础设施和装备建设，提升“以水灭火”扑救能力。　（朱郑平）

【林地保护管理】　2020年，全市审核审批各类征占用林地项目825个、面积1293.9公顷，其中，长期占用林地项目424个、面积957.0公顷，临时占用林地项目32个、面积70.3公顷，林业设施占用林地项目369个、面积266.6公顷，共征收森林植被恢复费23518.4万元。　（梁　毅）

【自然保护地整合优化】　2020年，根据中办国办、省两办部署，丽水市自然资源（林业）系统启动自然保护地整合优化工作。查清每个自然保护地的面积、边界、主要保护对象、功能区划、经济社会、土地利用、开发建设、交叉重叠、自然资源产权、管理体制、机构编制、人员队伍等情况，并编制分述报告。据统计，至2020年1月底（整合优化前），丽水市有省级（含）以上自然保护地32个，总批复面积128726.59公顷。莲都、缙云、青田、景宁这4个县（区）、10个自然保护地涉及交叉重叠，重叠面积10490.61公顷，全市自然保护地实际面积118235.98公顷。自然保护地矛盾冲突区域较为普遍。以县（市、区）为单位，完成每个自然保护地边界和功能区划界线的矢量化，编制自然保护地整合优化预案；各地按照省林业局下发的初步审查意见，再次提交优化整合优化预案，统一报国家林业和草原局审查。根据整合优化预案，全市省级以上自然保护地升格1个（浙江凤阳山——百山祖国家级自然保护区优化为百山祖国家公园）、撤并4个，保留28个，面积131680.47公顷，占市域面积7.61%，比整合优化前增加14302.49公顷。

【自然保护地管理】 2020年，全市自然资源（林业）部门按照“一园两区”思路，推进百山祖国家公园创建，构建科学合理的自然保护地体系。全市有9个自然保护地启动勘界定标。7月至10月，开展风景名胜区建设活动大检查。11月，会同市生态环境局等部门联合开展“绿盾2019”自然保护地加强监督检查；按照自然保护地“双随机”抽查的要求，检查自然保护地5个。按照《浙江省自然保护地融合发展示范村建设指标体系》要求，推进建设自然保护地融合发展示范村10个。（李秀旺）

【林木采伐管理】 2020年，全年发放林木采伐许可证0.61万份，发证采伐蓄积42.993万立方米，其中，占限额采伐蓄积37.847万立方米，为省下达采伐限额的22.6%。全市各县（市、区）均建立森林采伐限额执行情况检查制度，并定期开展森林采伐限额执行情况检查。3月，全市完成“十四五”期间年森林采伐限额编制并通过专家论证。（梁　毅）

【野生动植物保护】 2020年，全市自然资源（林业）部门加强野生动植物保护管理，4月，在全市范围开展“爱鸟新时代 共建好生态”为主题的野生动植物保护宣传月暨“爱鸟周”活动。各地以电视、广播、报纸、网络等媒体为宣传主平台，宣传野生动植物保护成果，弘扬生态文明。在全省率先完成野生动植物编目调查，共查出全市已知高等植物3623种，野生脊椎动物724种，资源总数约占全省75%，资源实现全面增长，物种多样性、国家重点保护物种、新记录物种均居全省第一，12月，调查成果在浙江日报、丽水日报等媒体发布。

【野生动物管控】 2020年，全市自然资源（林业）部门贯彻落实全国人大、省人大《全国人大常委会关于全面禁止非法野生动物交易、革除滥食野生动物陋习、切实保障人民群众生命健康安全的决定》《浙江省人民代表大会常务委员会关于依法全力做好当前新型冠状病毒感染肺炎疫情防控工作的决定》精神，组织开展联合专项执法，严禁任何形式的野生动物交易活动，严密监测与野生动物密切接触人员身体健康状况，全市累计派出5400个检查组9万人次，检查各类场所2.3万次，查处行政案件15起、处罚16人，行政罚款3.766万元，收缴作案工具218件，收缴野生动物41头（只）。开展野外疫病疫源监测，累计开展野外巡查35.2万千米，未发现异常死亡野生动物。开展禁食野生动物处置工作，提前全面完成全市45家合法野生动物养殖企业的处置工作，涉及蛇类、黄麂、竹鼠、豪猪等野生动物，补偿资金2030万元，处置在养野生动物1.4万只（黄麂、竹鼠、豪猪等）、蛇类5.7万公斤，完成新公布的畜禽和水生动物共551.6万只，并管理移交。

【古树名木保护】 2020年，全市各地继续开展古树名木保护工程，全市保护古树名木125株，建成古树主题公园1个。开展认捐认养古树名木活动，全市各地在政府门户网站上公布可被认捐认养古树名木127株。（王林伟）

2020年1月28日，遂昌县组织工作人员开展人工驯养野生动物养殖场所疫病防控工作

（李雪姿　提供）

工业化信息化建设

综　　述

【概况】 2020年，全市经信系统以"经信之干"担纲"丽水之赞"，围绕"高水平建设和高质量发展重要窗口"新目标新定位，落实"六稳""六保"任务要求，坚持疫情防控和复工复产"两手硬、两战赢"，专班运作，争先创优，推动全市工业经济"V形"反转逐月回升向好，实现"全年胜、满堂红"目标，全市生态工业高质量稳健发展。2020年，全市实现规上工业增加值297.2亿元，增长4.5%，增速居全省第七位。

【工业投资】 2020年，市工业投资负增长9.4%，分别较一季度、半年和三季度回升21.7个、2.9个和4.7个百分点。其中，制造业投资负增长12%，技改投资负增长3.9%，全市工业投资总体呈现缓慢回升态势。全年全市新增工业供地154宗，总面积372.37公顷，其中，新出让面积304.67公顷，二次开发面积67.7公顷，完成年度任务数的109.5%。全市推广应用工业机器人465台，完成年度任务目标112%。

【县域经济】 2020年，全市各地规上工业增加值增速全部实现正增长，其中，缙云县（12.9%）、云和县（8.7%）、莲都区（8.5%）、龙泉市（6.3%）、丽水经济技术开发区（4.6%）高于全市平均水平，缙云县、云和县、莲都区、龙泉市则高于全省平均增速（5.4%）；遂昌县、庆元县、松阳县、景宁畲族自治县、青田县分别实现增长4.2%、2.8%、1.6%、1.1%和0.5%。龙泉市、莲都区、景宁畲族自治县占比较2019年度有所提高，其他县域占比下降。

【结构优化】 2020年，全市规上高新技术产业增加值、战略性新兴产业增加值、装备制造业增加值分别增长5.5%、7.4%、11.4%，分别高于规上工业增加值1个、2.9个、6.9个百分点。全市规上高端装备制造业增长10.2%、健康医药制造业增长13.0%，分别高于规上工业增加值5.7个和8.5个百分点。

【数字经济】 2020年，丽水市数字经济发展态势良好，全市规上数字经济核心制造业增加值11.5亿元，同比增长8.1%，高于规上工业增加值增速3.6个百分点。软件和信息技术服务业主营业务收入32.71亿元，同比增长14.84%，软件业务收入15.50亿元，同比增长7.73%。全市73家电子信息制造业主营业务收入83.14亿元，同比增长5.79%，实现工业总产值87.91亿元，同比增长8.14%。

绿谷信息产业园　　（杨　静　提供）

2020年，丽水市数字经济主要发展平台"三园一基地"(绿谷信息产业园、杭州丽水数字大厦、丽水数字经济双创园、丽水数字经济天宁基地)企业实现营收50.1亿元，同比增长41.4%；实现税收1.3亿元，同比增长32.1%。

【复工复产】 2020年2月5日，丽水市制定出台全市工业企业开复工指导意见和应对疫情支持企业健康发展十八条意见等惠企政策，2月8日，印发关于调整企业复工工作组成员并做好全市市场主体有序复工和疫情防控工作的通知，着力破解防疫物资采购难，推进员工返岗复岗服务和金融服务，全力抓复工复产，复工复产指数领跑全省。至4月30日，全市规上工业企业产能恢复率123.05%，居全省第一位，高出全省23.28个百分点。

【倍增行动】 2020年4月17日，市委、市政府召开规格高、规模大、影响广的生态工业发展大会，开展系列评选表彰，出台系列政策，部署生态工业"二次创业"，极大提振信心和浓厚氛围。制定《生态工业高质量绿色发展五年倍增行动方案》，系统谋划丽水未来五年生态工业发展的总体要求，主要目标，重点领域、主要任务和保障措施，提出工业产值、研发费用、亩均增加值、亩均税收、工业投资"五个倍增"目标，努力培育形成半导体全链条、精密制造、健康医药、时尚产业、数字经济"五大主导产业"。

【分区共竞】 2020年，丽水市出台《生态工业发展分区共竞考核暂行办法》，将全市按规上工业产值总量大小分成3个梯队，实行同档竞争考核，涉及五个方面18项指标，考核结果纳入市委综合考核，以进一步营造"争先进位，比学赶超"浓厚氛围。第一档200亿元以上，青田县、丽水经济开发区、缙云县；第二档100亿至200亿元，遂昌县、松阳县、云和县；第三档100亿元以下，龙泉市、庆元县、莲都区、景宁畲族自治县。

【"争先创优"行动工业专班成立】 2020年，市经信局成立全市"争先创优"行动工业专班，制定工业"争先创优"攻坚行动方案，部署开展帮扶纾困、金融助企、平台整合提升、扩大制造业投资等十大专项行动，开展重点指标周监测分析，建立领导联系重点企业清单、重点监测保障企业清单、重点帮扶纾困企业清单、重点投资技改项目清单、重点培育企业等"五张清单"，实行工业"争先创优"月考核评价，有效推动工业经济企稳回升。全年工业类案例共获评市级最佳实践8个、全省经信系统最佳实践3个。市经信局获2020年度丽水市争先创优行动考核优秀单位。

【传统产业改造提升】 2020年，全市完成淘汰落后产能涉及企业62家，完成年度目标124%，"低散乱"整治410家，完成年度目标137%。全市累计完成推广应用工业机器人465台，完成年度目标112%。全年创成节水型企业17家，通过清洁生产审核70家，完成年度目标140%。全年评审通过23家市级企业技术中心。全市新产品开发计划备案104个，有76个新产品通过专家验收。全市规上工业新产品产值率36.5%，同比增长0.2个百分点。

【"亩均论英雄"改革】 2020年，市经信局组织开展2019年工业企业"领跑者"评选活动，评出全市工业企业"领跑者"20人。组织完成对全市2409家企业的2019年度综合绩效评价，其中评为A类企业363家。制定《关于加快推进制造业企业资源要素优化配置的若干政策意见》，推动要素差别化配置。完成低效企业整治提升304家。开展"亩均贷""亩均保"金融产品创新试点，市本级共审批通过"亩均保"项目10笔，总金额2600万元。继续推进丽水市"亩均论英雄"大数据平台开发，移动端APP开发。

【小微企业园建设】 2020年，丽水市新增省认定小微企业园9家，累计达到36家；新增入园企业399家，累计入园企业1496家，均超额完成年度任务数。制定出台《丽水市小微企业园绩效评价和星级认定办法》，全面组织开展小微企业园绩效评价和星级评定工作，评定出三星级园区2家、二星级园区15家、一星级园区3家，其中绿谷信息产业园获评省级四星级园区、省级小微企业创业创新示范基地。

【企业精准服务】 2020年，全市开通助企直通车104辆，统一外观标识，实现服务企业范围全覆盖，累计服务企业2696车次，解决企业问题1117个。推出"惠企一码通"，并升级为"企业码"，全市领码企业51869家，企业领码率133.08%，扫码应用54116次。推进企业码地方特色专区建设，丽水专区上线特色应用场景45个。建立驻企服务员机制，全市为7个行业领域选派驻企服务员1823人，服务企业2679家，收集企业问题5121个，办结问题4679个，办结率91.37%。深化丽水市企业服务综合平台，按照市场化机制运作，全年完成工单2623单，服务企业2713家，337家企业申领服务券350万元。

【减轻企业负担】 2020年，全市贯彻落实各项企业减负政策，累计为企业减轻各类负担113.96亿元，其中减税、减费、减息、减租"四减"46.87亿元(剔除减支20.87亿元)，其他降本减负55.37亿元，取消投标保证金、降低履约保证金缴纳比例等为企业减负11.72亿元。企业减负成效显著。全市规模以上企业销售费用同比下降5.8%，降幅居全省第一位，财务费用同比下降7.7%，为全省唯一下降地区。 (李建敏)

经济开发区(工业园区)建设

【概况】 2020年，全市12个省级以上经济开发区(工业园区)累计开发土地106.44平方千米，出让工业用地51.92平方千米，入园企业5044家，其中规上企业919家；全年实现规上工业产值1115.62亿元，入库税金65.18亿元，园区企业投资强度、亩均产出、亩均税收分别为250.41万元/亩、302.20万元/亩、14.86万元/亩。2020年，经丽水市开发区建设领导小组办公室综合考评，全市经济开发区(工业园区)考核结果，丽水经济技术开发区获一等奖，缙云经济开发区、丽水工业园区、龙泉经济开发区获二等奖，青田经济开发区、景宁经济开发区、庆元工业园区、云和工业园区、松阳工业园区、丽景民族工业园获三等奖。

【园区亮点工作】 2020年，丽水工业园区累计盘活4.6公顷闲置空间，累计完成闲置厂房租赁盘活近4万平方米，完成新项目入库20个，实现投资1.7亿元。企业项目累计总投资近160亿元。及时落实《莲都区加强复工企业用工保障的若干政策举措》相关政策，全年兑现各类补助138.9万元，惠及75家企业2349人。与莲都区金融发展中心联合开展金融顾问集中"进企业"服务活动。全年解决企业反馈的困难建议70个。丽水工业园区内企业获评省科技型中小企业14家，省级高新技术企业研究开发中心3家，省级企业研究院3家。开展安全隐患排查企业176家次，发现问题593个，全部实现整改闭环。

丽水经济技术开发区财政总收入首次突破20亿元。全省国家级经开区综合考核前进6名、排名第14名；全国国家级经开区考核前进78名，历史性跨入80强行列。全年完成丽水机场等225个项目共计866.67公顷的土地征收任务。启动第二轮安全生产综合治理三年行动，化工园区首次获省级评审认定。疫情期间实现

开发区(工业园区)情况表

表7

开发区(园区)名称	园区主要产业及产业定位	园区规划总面积(平方千米)	园区工业用地规划面积(平方千米)	已开发总面积(公顷)	已开发工业用地面积(公顷)	已投产企业占地面积(公顷)	现存可供工业用地面积(公顷)
丽水经济技术开发区	精密制造、时尚产业、医药大健康、半导体、数字经济	110.00	16.00	3542.00	1795.00	677.67	220.00
浙江缙云经济开发区	金属制品、健康医疗、智能家居	19.13	8.06	556.07	335.67	226.60	0.00
青田经济开发区	精密制造(高端不锈钢及深加工)产业、时尚(鞋服)产业、精密制造(阀门)产业	19.23	9.63	911.20	773.00	497.80	40.00
浙江龙泉经济开发区	五金汽配、竹木加工、青瓷宝剑、健康产业	16.62	3.62	1184.12	340.83	216.52	21.27
浙江遂昌工业园区	金属制品、精细化工、特种纸	9.50	6.00	1000.00	466.67	366.67	46.67
丽水生态产业集聚区松阳分区	高端不锈钢管、高端装备制造、时尚产业、特色产业(农产品精深加工业、中医药产业、有色金属压延加工)	52.00	36.00	1001.53	600.80	243.66	124.68
浙江云和工业园区	木制玩具、阀门、轴承、金属压延业	16.87	4.50	590.00	370.53	249.96	8.33
浙江庆元工业园区	竹木、铅笔、食用菌	32.48	6.33	406.46	268.13	169.93	12.87
浙江省丽水工业园区	通用设备制造、电气机械制造、鞋服轻工；打造先进装备制造、时尚轻工、健康制造产业园区	11.97	5.54	582.00	442.67	117.49	4.67
景宁经济开发区	竹木加工、幼教木玩产业	16.39	16.39	153.33	64.00	6.67	13.33
丽景民族工业园	电工电器(气)	4.00	2.16	300.00	113.33	53.13	50.00
浙江丽缙五金科技产业园	高端装备制造业、智能家电、医疗健康及节能环保和新一代信息技术	42.70	9.00	416.87	292.79	98.67	140.00

2020 年工业产出情况表

表8

开发区(园区)名称	建区始累计入园企业数(家)	其中规上企业数(家)	高新技术企业家数(家)	亿元以上产值企业家数(家)	园区工业总产值(亿元)	规上工业产值(亿元)	规上增加值(亿元)	园区上缴税收(亿元)	外贸出口总额(万美元)
丽水经济技术开发区	1280	220	116	67	259.00	229.00	47.78	9.47	45344.00
浙江缙云经济开发区	533	88	17	17	121.62	98.60	19.50	3.52	52680.07
青田经济开发区	1037	154	41	28	271.06	213.44	33.24	13.68	88182.00
浙江龙泉经济开发区	256	80	47	11	77.76	43.34	10.47	2.78	22450.00
浙江遂昌工业园区	258	67	27	30	164.69	157.31	28.79	3.91	22696.99
丽水生态产业集聚区松阳分区	207	73	26	32	111.15	110.00	20.47	3.14	11117.00
浙江云和工业园区	775	69	7	10	156.21	127.11	18.38	7.21	18467.00
浙江庆元工业园区	132	56	23	11	51.07	47.96	7.98	1.26	25675.00
浙江省丽水工业园区	320	60	31	12	47.72	35.22	6.87	2.46	10164.40
景宁经济开发区	41	2	2	0	5.30	5.10	1.20	9.32	6144.00
丽景民族工业园	35	17	2	3	15.20	8.54	2.05	6.33	469.44
浙江丽缙五金科技产业园	170	33	16	6	45.00	40.00	10.10	2.10	29518.00

2020 年工业投入情况表

表9

开发区(园区)名称	全社会固定资产投资额(亿元)	其中:工业投资额(亿元)	实际利用内资(亿元)	实际利用外资(万美元)	2020年引进亿元以上重大工业投资项目数(家)	规上工业万元增加值综合能耗(吨标煤/万元)
丽水经济技术开发区	48.41	15.41	37.20	2879.00	28	0.89
浙江缙云经济开发区	5.52	4.65	9.26	102.00	4	0.93
青田经济开发区	46.49	15.34	12.74	6.00	8	0.83
浙江龙泉经济开发区	12.34	10.58	14.70	0.00	5	0.69
浙江遂昌工业园区	9.24	7.37	7.37	0.00	12	0.94
丽水生态产业集聚区松阳分区	6.48	4.93	4.93	546.00	8	0.92
浙江云和工业园区	0.00	7.23	4.62	310.97	1	1.84
浙江庆元工业园区	8.03	6.06	6.37	20.00	2	0.54
浙江省丽水工业园区	17.59	16.16	16.16	400.00	4	0.70
景宁经济开发区	0.95	0.38	5.90	139.00	1	0.44
丽景民族工业园	2.44	2.04	2.53	0.00	1	–
浙江丽缙五金科技产业园	12.08	10.00	10.00	1687.00	8	1.80

2020 年土地利用情况表

表10

开发区(园区)名称	投资强度(万元/亩)	亩均产值(万元/亩)	亩均税收(万元/亩)
丽水经济技术开发区	190.46	254.80	9.32
浙江缙云经济开发区	287.65	348.78	10.08
青田经济开发区	335.03	363.04	18.32
浙江龙泉经济开发区	265.60	239.40	8.50

续表10

开发区(园区)名称	投资强度(万元/亩)	亩均产值(万元/亩)	亩均税收(万元/亩)
浙江遂昌工业园区	196.34	393.51	11.81
丽水生态产业集聚区松阳分区	346.23	333.51	9.25
浙江云和工业园区	215.45	416.61	19.23
浙江庆元工业园区	239.96	200.35	4.95
浙江省丽水工业园区	296.36	270.78	13.96
景宁经济开发区	403.90	260.60	8.86
丽景民族工业园	275.20	258.23	107.47
浙江丽缙五金科技产业园	162.39	304.00	9.00

“零病例、零疑似”。114个招引项目被列入全省首批“产教融合”示范基地；滚动功能部件以及特色工业机器人和生态合成革产业分别被列入省级“链长制”试点示范和试点单位。市首创窗口职业化改革、拿地即开工、“浙里通办、多厅互办”、政策计算器、企业免息转贷等惠企便民举措。首创企业土壤健康码，创新应用“环保问题整改在线监管系统”获生态环境部肯定，开发试点污染治理设施运行在线监控平台；推进第二轮中央生态环保督察整改工作，区域臭气治理取得明显成效。

青田经济开发区疫情期间通过上海招商部，引入一家阀门精加工企业(总部在上海)。组织财政局、县招商中心等部门拟订出台青田县新引进企业厂房建设(筹建)期间财政扶持政策。做好园区相关规划的编制、落实等工作。不断完善园区零星工程配套设施建设，11月，对原工程管理办法进行内容补充，出台《青田经济开发区零星工程项目管理办法(修订)》补充意见，进一步规范工程项目管理、资金管理。

缙云经济开发区招引运动休闲企业上下游企业，考察项目200余次，签约项目12个，落地大项目4个。推进百村千巷万户和洁美乡村工作，开展各类大扫除活动30余次，500余人参与，清理垃圾堆放86处，整改乱堆放106处。确保低收入农户干部结对帮扶全覆盖；全力推进“农村饮用水”提标工作，总投资380万元；新增新康村避灾安置点；深化“最多跑一次”改革，便民服务中心共接待办事群众8651人次，受理各类服务事项8284件，各类咨询3156人次。全年发展党员38人，党员转正36人。

遂昌工业园区新制定《遂昌县中小企业科技孵化中心管理办法》、配合制定《遂昌县推进生态工业高质量绿色发展三十条》，优化招商政策环境。遂昌工业园区被认定为国家级绿色产业示范基地、浙江省化工园区。出台《关于深化遂昌县工业园区体制机制调整的补充意见》。10月，省委书记袁家军到遂昌县考察遂昌—诸暨山海协作产业园企业孵化中心，对遂昌县山海协作成果和产业转型升级给予高度肯定。建立闲置用地处置项目库，先后对瀚天科技、绿源木业等闲置厂房和用地进行合理处置，为生态工业转型升级、提质扩容开拓新空间。

松阳工业园区重新规划布局，重点谋划346.67余公顷的赤寿生态工业区块以西区块。推动总占地近78.8公顷，总投资28.44亿元的不锈钢产业示范园建设。制定《集聚区不锈钢管企业设备安全规范及操作规范》，走访企业40余家，督促、指导整改150余次，下发整改指令书40余份，实现工伤事故零死亡。不锈钢行业油烟治理累计投资1000万余元，完成退火炉油烟改造46台。完成不锈钢下脚泥“存量清零”转移处置工作，共清运污泥1.9万吨。印发《2020年全面从严治党工作计划》《2020年党风廉政建设和反腐败工作组织领导与责任分工》等文件，签订《党风廉政责任书》17份。

云和工业园区联合县委组织部选派抽调优秀干部116人，指导企业分批复工复产。300余家企业申领“两直”政策补助款。申报债券资金合计160300万元，中央预算内资金1170万元。申报园区未来雨水管网改造建设项目、园区“智慧园区”建设项目等共计6900万元。与上海真如铁三角科技园管理委员会签订合作框架协议。针对“一事一议”项目，《关于扶持云和县木玩产业创新孵化基地小微园的相关意见》通过县委常委会审议。开展安全生产检查活动700余次、消防演习活动80余次。开展爱心捐赠，共捐款捐物近17万元。

庆元工业园区完成整合设立开发区申报全部工作。完成七通一平工程建设；建成屏都二期南辅路等工程12个。规划空间可开发面积733.33公顷。妥善解决“11·6”案巨额国有资产被侵吞，影响入园企业履约保证金、工程履约保证金到期退还及屏都一、二期土石方工程工队欠薪纠纷、八二村三个组自来水等历史遗留问题。40公顷生物科技产业园开工建设。园区管委会及机关党支部被评为“菇乡战‘疫’先锋”集体，6人被评为先锋个人，2人受市级表彰。落实《全员联系企业制度》，全年累计为企业解决问题100余件。智慧汽车产业园开工建设，完成投资1.5109亿元。园区“污水零直排区”创建工作通过市级验收。

景宁经济开发区全区税费收入超亿元企业2家（浙江娃哈哈食品饮料营销有限公司、浙江启力投资有限公司）、超千万元11家、超百万元22家；销售收入超百亿元1家（浙江四邦实业有限公司）、超十亿元5家、超亿元13家。7月1日，省长袁家军到景宁经济开发区考察生态工业，给出“想不到在这里能见到这么好的企业”评价，并特别指出，景宁不是不能发展工业，关键是要有好的理念、有好的路子。幼教木玩产业链被评为浙江省开发区产业链“链长制”试点示范单位。景宁经济开发区美丽园区创建列入省第二批试点名单。

龙泉经济开发区为27家企业争取授信2.615亿元，解决转贷资金11.65亿元，新增银行贷款5.83亿元。累计实现政策兑现3002万元。出台《中国龙泉鞋城鞋产业辅料生产企业招商政策》；成立工程机械行业协会。制定出台《开发区大企业培育战略计划》，遴选14家企业列入培育清单。搭建“大企业”比武擂台，定期点评大企业发展情况。制定出台《“厂中厂”问题整治提升行动方案》，整改存在“厂中厂”问题的出租宗地企业47家（承租户99家）。制定出台《低效及闲置土地三年行动计划》，制定下发《僵尸企业处置三年行动计划》并成立工作专班，盘活用地12.35公顷，盘活厂房93206平方米。制定出台《开发区债权债务管理办法》，完成应收款处置8笔共计1508.43万元。

丽缙五金科技产业园的缙云苍山科技孵化器通过省级验收。丽缙园省级商业秘密保护示范区（全市首家）通过验收。为13家涉及铸造工艺企业申报争取累计98104吨产能。争取到政府专项债券资金共5.2亿元、抗疫特别国债0.78亿元。解决园区10家企业34名企业外来员工子女就读问题。生态环境部采纳肖特关于“对中性硼硅玻璃纯氧燃烧基准含氧量参考肖特玻管公司实测值而设定”的建议并重新发布《玻璃工业大气污染物排放标准（征求意见稿）》。7月2日，省长袁家军到缙云调研，并走访肖特新康、肖特玻管、天喜厨电3家外资外贸企业，并作出创建德国小镇的重要指示。出台“带疫解封”方案，保障13批次96名德国专家到华开展生产线安装工作，确保肖特玻管工厂投产点火。

丽景民族工业园累计对接摸排企业和在建工程项目200余家（个）、2600余人。丽景园党工委被评为全市疫情防控事迹突出基层党组织，丽景园网格被评为丽水经济技术开发区“战疫先锋”团队，15名干部受通报表扬。累计兑现疫情惠企政策和其他工业扶持政策资金642.43万元。成功处置企业劳资纠纷10起，为农民工讨回资金近50万元。全年开展各类安全检查200余次，发放整改通知单150余份；园区3家企业获县2020年度安全生产先进单位，2名安管员获先进个人。邀请市环保协会为企业开展免费环保体检，共开出16份环保体检反馈单，现场指导整改40余处。（郑万里）

工业行业

【概况】 2020年，全市工业战线围绕加快生态工业高质量绿色发展目标，推进生态工业倍增行动计划，全市生态工业高质量稳健发展。全年实现规上工业增加值297.2亿元，增长4.5%，增速居全省第七位。从占比来看，高新技术产业、装备制造业、战略性新兴产业分别占规上工业比重40.3%、29.4%、17.3%，较2019年度提高3.66个、3.56个和-0.61个百分点；高耗能行业占比从45.8%下降到44.1%。从行业结构上看，轻工业、重工业分别增长1.1%和6.3%，大中型企业、小微型企业分别增长0.7%和7.2%；35个行业大类中27个行业增加值累计实现正增长，增长面达77.1%。全市规上工业增加值占比居前十位的行业实现增加值202.14亿元，占规上工业增加值比重68%，同比增长4.1%，拉动规上工业增加值增速2.7个百分点。其中，电气机械和器材制造业（16.1%）、通用设备制造业（8.9%）、黑色金属冶炼和压延加工业（6%）、金属制品业（5.2%）高于规上工业增加值增速。（柳卢飞）

【浙江新云木业集团】 浙江新云木业集团是木制、幼教玩具行业龙头企业，挂牌浙江省高企研发中心和浙江省企业技术中心，是中国木制玩具制造业基地的翘楚，也是全国最大的一家集研发、生产、经营幼教玩具及文化与动漫为主的民营企业。企业与沃尔玛、COSCO、迪士尼、亚马逊等国际大型连锁集团建立长久战略合作，在欧美国家建立研发和销售中心。集团始创于1984年，现有11个子公司，集团厂房占地面积8.67公顷，厂房建筑面积10万平方米，共有员工1000余人，年产值达10亿元以上，产品远销欧美、日本、韩国等100余个国家和地区。新云作为行为龙头企业在不断发展同时带动当地中小企业和农村农户的成长和壮大。与新云有业务生产关系的外协加工厂有100余家、有原辅料供需关系的客商80余家，带动当地农户2000户，5000余人。集团先后被评为国家级林业龙头企业、全国诚信守法乡镇企业、中国木制玩具行业优秀企业、国家级高新技术企业、全国农产品加工出口示范企业、浙江省文化产业发展“122”工程重点文化企业、浙江省品牌文化建设优秀企业。集团“一点”商标被认定为中国驰名商标，“一点”系列产品被评为浙江省名牌产品。

【浙江可信竹木有限公司】 浙江可信竹木有限公司是一家专业生产竹木复合竹胶板的企业，公司成立于2003年7月，注册资本3000万元，公司坐落于浙闽交界的中国生态环境第一县——庆元县屏都综合新区。公司占地6.02公顷，员工100余人，拥有世界先进的竹木复合竹胶板生产线11条，年产竹木复合竹胶板6万立方米，是国家高新技术企业，中国模板脚手架行业特级资质企业。公司依托当地丰富毛竹资源优势，精深加工为带动的特色产业区域优势，运用自有的34项专利技术，形成三个新型（竹木）合成结构建筑模板和一个集装箱地板系列产品。产品为国内各大重点工程和建筑公司指定用板，与中铁建、中国路桥（集团）总公司、中天、广厦等国家资深的路桥建筑企业建立长期战略合作，同时出口欧洲及南非、赞比亚、马来西亚、埃塞俄比亚、俄罗斯等20余个国家和地区。公司先后获质量管理体系、职业健康管理体系认证，并获省市县各级政府及行业协会授予的浙江省科技进步奖三等奖、丽水市科技进步奖二等奖、“浙江名牌产品”、“浙江省林业龙头企业”、“浙江省农业龙头企业”、“庆元县首届政府质量奖”等荣誉。 （杨艺薇）

电力工业

【概况】 2020年，全市全社会用电量118.1亿千瓦时，同比增长5.06%。全市最高用电负荷226.72万千瓦，同比增长12.87%。全年丽水电业局累计完成固定资产投资16.89亿元；新开工变电75万千伏安、线路207千米，投产变电69万千伏安、线路342千米。完成售电量110.83亿千瓦时，同比增长6.38%。至年底，丽水电业局管理员工4667人，实现连续安全日4505天。丽水电网共有1000千伏变电站和500千伏变电站各1座，220千伏变电站13座，110千伏变电站43座，110千伏及以上变电容量1878.25万千伏安，110千伏及以上输电线路长度3947.884千米。丽水地区并网水电站885座，总装机347.10万千瓦。

【多举措助力复工复产】 2020年，丽水电业局出台助推企业复工复产举措，供电零故障支撑丽水市抗疫斗争取得重大战略成果。创新推出“电力复工指数”“电力消费指数”“电力经济指数”，精准服务政府决策。严格落实国家阶段性降电价和国家电网惠民助企政策，累计为用户减少电费成本4.65亿元。完成转供电价格专项检查，清退金额263万元。开展供应链金融服务，帮助中小微企业获低息融资0.97亿元，有效解决受疫情影响的中小微企业融资难、融资贵、融资慢问题。

【电网建设实现“三个翻番”】 2020年，丽水电业局全面推进电网高质量建设，推进主网“123”工程，“一号工程”500千伏丽西变开工，220千伏金亭变、西南电网补强等15项重点项目投运，“双百计划”超额完成节点任务，在建工程数量、投产线路长度、投产变电容量实现“三个翻番”。编制“十四五”电网规划，形成135亿规划项目库，完成1座500千伏变电站、5座220千伏变电站、28座110千伏变电站的目标网架选址。网格化推进山区特色配电自动化建设及应用三年行动，“2+8”（莲都区和南城区+8个县市）高可靠性城市配电网、“三全”坚强智能山区配电网加速形成。

【“示范窗口”建设】 2020年，丽水电业局编制“169”（围绕山区生态能源互联网建设示范窗口这1个目标，实施生态电网升级、源网荷储交互、数智赋能提级、营商环境优化、企业提质增效、红色先锋引领六大实施工程，实现“9+1”特色实践场景）战略落地行动体系，加快推进省地水电智慧调度、多级协同精准降损、基于弹性策略的有序用电模式、首个国家级开发区负荷聚合示范工程、百万级绿色能源虚拟聚合电厂等多个先行场景，在打造“山区生态能源互联网建设示范窗口”中展现担当作为。推动政府出台全省首个《基于弹性策略的有序用电方案》，《可调负荷需求响应激励补贴政策》实现县域全覆盖。全省率先完成秒级可中断负荷用户接入工作，率先实现“北斗+电力”落地应用，率先试点应用接地故障暂态判定技术。

【供电保障】 2020年，丽水电业局完成4条线路动态增容，实现通道断面载流能力提升10%—15%，年供电能力增加2.728亿千瓦时。持续加强电力应急体系建设，深化市县应急联动和应急物资储备，经受连续高温、"黑格比"超强台风、超强寒潮等重重考验。推进精益智能巡检、配网调控e指挥，实现分支线直调全覆盖，建成智能巡检中心，持续推进不停电作业体系建设，加强输变配精益化管理，有效助力高效率、高弹性、高可靠性的山区生态电网设备管理体系建设。开展供电可靠性全面提升行动，户均停电时长5.31小时，同比减少37.46%。

【"获得电力"指数提升】 2020年，丽水电业局推进优化电力营商环境再提升，创新开发"办电e助手"在全省推广应用，创新试点"办电e指挥"，推动全市"获得电力"指数大幅提升。建立优化营商环境指数，推行"阳光业扩"工作举措，实现客户"零证办电"，提升业扩服务效率，有效降低用户成本。深化最多跑一次改革，实现办电16项业务"最多跑一次"，9项业务"一次都不跑"。深化电力大数据服务，巧推"e普查"助力人口精准普查。智慧充电服务快速发展，实现市区1.2千米智慧充电服务圈，建成充电桩3629个，公共充电量同比增长141.59%。 （洪瑜阳）

2020年12月17日，丽水电业局实现客户"零证办电"服务 （洪瑜阳 提供）

【国网浙江省电力有限公司紧水滩水力发电厂】 2020年，国网浙江省电力有限公司紧水滩水力发电厂在职员工451人，其中党员178人。全年完成发电量4.34亿千瓦时。全年未发生八级以上人身、设备及信息系统事故（事件），未发生一般及以上火灾和交通事故，全年累计安全行车110万千米。至年底，连续安全生产天数5825天。加强各级安全责任落实，修订安全责任清单，实现所有部门、岗位全覆盖。开展安全生产专项整治三年行动，完成国网第四轮安全性评价查评、国网浙江省电力有限公司各类安全检查的迎查工作，按要求落实整改工作。2020年，启动国家能源局对电厂的第五轮大坝安全定检工作，修订《水库安全应急预案操作手册》和《防汛工作手册》，完成全年防洪度汛任务。完成紧站1号机和2号机B级检修、220千伏开关站设备改造等37项技改大修项目，完成省能监办技术监督检查迎查工作，推进"三防三查"电气防误专项行动、二次系统精准"排雷"行动，提升设备可靠性。全年组织开展水淹厂房、黑启动等16个专项预案演练，全面提升应急管理能力。持续提升网络安全技防和管理水平，完成2020国家网络安全专项演习保障任务。编制完成7个方面的企业"十四五"规划。重点推进水冷式绿色数据中心消防实训基地建设。推进闲置资产价值释放，开展存量资产盘活利用工作，共梳理出账外物资1433项、房产土地85处。完善企业风险管控机制，梳理11个方面70余项内控流程，编制《2020版内部控制管理流程手册》和《风险防范手册》。加强成本精益化管控，编制水轮发电机组A、B级检修定额，修订C级检修定额。开展重点调研课题7项、管理创新课题4项，1项重点调研课题获省公司三等奖，1项管理创新课题在省公司立项。优化规章制度管理职能，规范"三重一大"审核程序和事项报备，改进完善合同管理承办模式，提升企业合规管理水平。开展"4·15"全民国家安全教育日全员普法宣传，制作"民法典与我们同行"微视频，推进水电特色法治文化示范阵地建设，不断深化依法治企。加强统筹协调，物资供应保障及时可靠，采购管理精益高效。

完成涉及184位员工的组织机构优化调整，设置部门专项奖，修订绩效考核管理办法，制订产业单位专项激励办法，激发队伍干事创业活力。11月17日，召开科技创新大会，系统总结"十三五"规划以来企业科技创新工作，启动高弹性智慧电厂建设，成立五大创新攻关团队，发布第一批正高级后备"麒麟人才"名单，立项十大"十四五"创新课题，实施科技人才培养"三大工程"（专家人才培养

2020 年 12 月 28 日，国网浙江紧水滩电厂“5G+ 无人驾驶”启动仪式在云和举行

（陶 萱 提供）

工程、紧电工匠塑造工程、青年人才托举工程）。与中国联通签订战略合作框架协议，成立 5G 联合创新试验室，实现“5G+无人驾驶”场景应用。基本建成智慧水电综合管理平台，项目入选“2020 年十大云原生行业落地典范”榜单。深化大溪流域洪水预报研究成果应用，实现松阴溪、南大洋等流域的实时洪水预报，项目被特邀参加全国第四届工业大数据创新大赛进行成果分享。5 月 25 日，第五次党员代表大会召开，完成“两委”换届选举。深入基层一线开展战略宣讲，统一思想，凝聚打造常规水电厂转型发展示范窗口共识。深化人才培养“四个计划”(强担当计划、深扎根计划、金种子计划、常青树计划)，进一步激活人才队伍。举办“浙电记忆 口述历史”紧电《溯源》首发仪式，重温企业发展史和老一辈紧电人奋斗史。履行社会责任，承办丽水市“德润处州”道德讲堂活动。落实 2020 年为职工办实事项目 7 个，组织开展职工文体活动，不断深化“幸福紧电”。选树先进典型，华云鑫获评国网浙江省电力有限公司劳动模范称号，徐小将获省政府颁发的无偿献血之江杯奖，叶石云获“最美诚信浙江人”称号。（陶 萱）

中小企业

【企业培育工作】 2020 年，全市完成企业新升规 150 家，退规 61 家，合计净升规 89 家。市经信局推进“雄鹰行动”，做好第一批“雄鹰行动”培育企业定向帮扶工作，制定纳爱斯“一企一策”帮扶措施；瑞浦科技集团有限公司获评省第二批“雄鹰行动”培育企业。实施“雏鹰行动”，松阳科马摩擦材料、缙云锯力煌锯床、云和兴昌轴承 3 家企业获评省级隐形冠军企业，浙江中广电器股份有限公司、浙江普崎数码科技有限公司、浙江欧凯车业有限公司等 7 家企业获评省级隐形冠军培育企业；加快“专精特新”培育企业入库，全年完成 234 家，累计完成企业入库 938 家。遂昌县浙江凯恩电池有限公司和缙云县浙江涛涛车业股份有限公司 2 家企业入选工业和信息化部第二批专精特新“小巨人”称号；建立高质量“小升规”重点企业培育库，加强对入库企业培育指导、动态调整、跟踪服务和运行监测，全年小升规入库培育企业 195家。实施“放水养鱼”行动，组织开展优质企业推荐申报，全市 55 家企业被列入省级优质企业培育。

【中小企业公共服务体系建设】 2020 年，丽水市深化“一车一码一员”服务企业机制，丽水市企业服务综合平台作为“政府助手、企业帮手、社会推手”，实行市场化机制运营模式。新增注册服务机构 101 家，上传服务产品 403 项；注册企业客户 683 家，完善企业信息 5931 家；受理企业问题(需求) 366 个；接收“96871”热线 372 次；开展各类活动 34 场次，服务中小企业 2713 家。发放三批服务券 350 万元，共 1232 家(次)企业申领，产生交易订单 312 笔，交易总金额 467.77 万元，服务券抵用兑付 249.55 万元，拉动消费比 1:1.87。开展《浙江省民营企业发展促进条例》宣传贯彻工作，并印发条例宣传贯彻工作方案和《丽水市人民政府办公室关于调整丽水市促进中小企业发展工作领导小组的通知》，发放条例 4000 册，依托微信、网站、直播等线上载体开展宣传活动，全市 500 余家民营企业组织 1.5 万余人观看直播。

【企业人才素质提升工作】 2020 年，市经信局对接第九届“智汇丽水”人才科技峰会，牵头举办高层次人才与企业家现场对接会子活动，100 余名高层次人才与各县(市、区)政府分管领导、经商、招商部门负责人40 余人以及 100 余位本土企业家参会，现场面对面与高层次人才进行对接交流；组织“丽商菁英—清华大学丽水市企业家创新发展高级研修班”55 名企业家学员，开展培训和外出考察交流活动。11 月

初，组织100余名企业家和全市经信系统干部在浙江大学参加丽水市企业家创新发展专题研讨班。

【小微企业园区建设管理】 2020年，丽水市新增省级小微企业园9个，累计建设省级小微企业园36个，入园企业达到1496家，建筑面积730.47万平方米，园区内规上企业27家、高新技术企业20家；根据《丽水市小微企业园绩效评价和星级认定办法》，评选A档园区2家、B档园区7家、C档园区11家、D档园区4家，三星级园区2家、二星级园区15家、一星级园区3家。绿谷信息产业园获评省级四星级园区和省级小微企业创业创新示范基地称号。 （吴 毅）

信息化推进与管理

【数字经济产业体发展】 2020年，快报数据显示丽水数字经济核心产业增加值46.89亿元，现价增长11.3%（可比价增长11.0%），占GDP比重3.04%。其中全市规上数字经济核心制造业增加值11.5亿元，同比增长8.1%，高于规上工业增加值增速3.6个百分点。全市规上数字经济核心产业实现营业收入77.11亿元，同比增长6.8%，位列全省第九名。全市软件和信息技术服务业主营业务收入32.71亿元，同比增长14.8%，软件业务收入15.50亿元，同比增长7.7%。全市73家电子信息制造业主营业务收入83.14亿元，同比增长5.8%，实现工业总产值87.91亿元，同比增长8.1%。全年全市数字经济发展主平台“三园一基地”共招引优质数字经济企业114家，累计入驻企业448家，就业人数6000余人。园区企业实现营收50.1亿元，同比增长41.4%，实现税收1.3亿元，同比增长32.1%。

【数字产业化发展】 2020年，市发展信息经济“十条”促进意见兑付2020年信息经济发展扶持资金310万元。制定出台丽水市数字经济平台招商政策资金管理办法等配套政策，兑现2020年丽水市数字经济平台招商奖励1343.36万元。争取省级软件新动能培育专项资金1000万元，组织完成两批软件新动能培育重点建设项目申报并通过立项5个，其中艾莱依服装柔性智造数字化综合平台项目完成验收，并拨付项目补助资金200万元。培育建设浙江（丽水）工业互联网创新中心、5G互联网智慧工厂创新实验室等行业技术创新载体2家。全市科技新政二十六条兑现数字经济类涉企资金共334.28万元。6月，丽水市数字经济发展公司挂牌成立并独立运营，具体负责管理绿谷信息产业园、杭州丽水数字大厦、数字经济双创园、天宁基地等数字经济发展主平台。“三园一基地”全年新引进企业114家，引进仓鼠电子商务、新中大软件、运道网络科技、欧软无人机防务、开浦科技、熊猫不走、新量象等一批优质企业入园。细化“三园一基地”功能定位，构建核心研发、加速在杭州等市外飞地，总部在绿谷信息产业园，孵化在双创园，实验测试在天宁基地，生产制造在县（市、区）的数字经济发展生态圈。至年底，丽水市数字经济发展公司与开发区、莲都区达成合作意向，禾森纳医药、丽谷科技落户开发区；碧澄新材料、炽云科技落户莲都区；与缙云县、龙泉市洽谈中，推动形成“研发在杭州，产业化在丽水”互动局面。结合谋划“十四五”发展规划，依托开发区、工业园区等平台二次创业，谋划数字产业化项目。开发区布局设备生产基地、技术研究院、产业孵化器、服务平台、投资公司等半导体全产业链项目。珏芯微电子、香农通信、中科半导体、光珀智能、晶睿电子、百可半导体、江丰电子7个核心产业项目实现入园并陆续开工建设。遂昌县谋划建设数字经济发展平台“天工之城”，引进阿里云，并与网易、海康威视、中信旅游等一批企业达成战略合作意向。发挥丽水长三角招商中心桥头堡作用，开展“线上招商”等新模式，至年底，完成招引落地大项目65个。沈氏省心物流科技有限公司总部项目落地景宁畲族自治县；开发区智能装备产业集群引进意大利雕刻机器人、智能建筑模块等项目；数字经济产业集群引进京东云、优商美地、普洛斯智慧物流园、诚通物流园、圆通丽水智创园等项目。 （杨 静）

【产业数字化发展】 2020年，全市累计上云企业7425家，超额完成企业上云三年行动计划7000家上云任务106.1%。推荐3家企业申报2020年度省级上云标杆企业，浙江三田汽车空调压缩机有限公司入选。组织开展工业互联网平台创建工作，浙燃绿色能源管控工业互联网平台入选浙江省2020年度省级工业互联网平台行业级创建名单；浙江三辰电器股份有限公司的“三辰直流电源APP应用解决方案”入围全国工业互联网APP优秀解决方案名单，公司入选全国工业互联网企业库。开展2020年制造业与互联网融合发展试点示范项目申报，共推荐上上德盛集团等2个项目申报工信部试点示范，推荐三田汽车空调压缩机等6个项目申报省级试点示范，其中浙江山蒲照明电器有限公司、浙江三田汽车空调压缩机有限公司等5家企业入选省制造业与互联网融合发展试点示范企业。推进数字化试点园区建设，丽水开发区智慧园区信息平台投入试运行。创建国际绿色水电示范区，全面完成智慧水电系统项目建设，实现全市水电生态流量数字化监管。加快发展数字商贸，制订出台《大力发展数字生活新服务行动计划》，重点培育“网上菜场”“网上超市”“网上培训”“智慧商业”等网上项目，培育新零售企业20家。与阿里巴巴签订打造“中国超市创业之乡”合作协议，推进1703家超市数字化转型。组织实施百项智能化技术改造示范项目，全年完成推广应用工业机器人应用465余台，重点推进天喜厨电智能厨电产品数字化车间、前进暖通智能化环保中央供暖系统项目实施。组织19个项目申报2021年度浙江省制造业高质量发展产业链协同创新项目、生产制造方式转型示范项目计划。其中，畅尔智能装备年产100台套汽车工业机器人集成智能化生产线项目和国镜药业输液产品B线车间生产自动化技术改造项目获省级配套资金400万元、390万元。畅尔产品可替代德国进口，产品进入全球汽车零部件供应链并出口欧美；国镜药业产品进入创新协同供应链，年提供产量3.5亿瓶/袋大输液产品。推进浙西南科创中心建设，谋划浙西南科创产业园项目。市政府出台《丽水市产业创新服务综合体建设实施方案》，补齐产业公共服务短板，营造有利于新技术、新模式、新业态发展和推广应用的良好环境。至年底，全市累计建设省级产业创新服务综合体9家，其中市级7家，实现县（市、区）全覆盖。

【通信基础设施建设】 2020年，丽水市加快5G等新一代网络基础设施建设。4月，市政府与中国移动通信集团浙江有限公司签署新基建（5G）战略合作协议；作为全省首批华数广电5G试点建设城市于5月中旬启动试点建设。首次将5G基础设施建设工作纳入市委、市政府综合考核，8月，全市5G通信基站规划批复发布。组建5G新基建工作专班，抽调市经信局、铁塔公司、移动公司等单位人员集中办公，印发《专班工作方案》。专班召开部署会、协调会6次，召开周例会11次，组织保护性施工3次。发出疑难点位《交办任务单》150份、《督办任务单》3份，年内销号率91.4%。根据全省部署，结合丽水实际，12月，8个部门联合印发《5G通信基础设施建设“一件事”改革实施方案》，开通5G审批“绿色通道”。2020年，全市建成5G基站建设2826个，完成年度目标任务的101%。全市5G通信网络初具规模，实现各县（市、区）主城区连续覆盖，重点乡镇、AAAA级景区、重要工业园区等热点覆盖。衢宁铁路、台金铁路丽水段隧道内5G信号覆盖率100%、90%。结合丽水本地行业需求，丽水市主要围绕智慧城市、智慧农业、智慧医疗、智慧旅游、工业互联网等重点领域开展5G行业应用拓展12个，5G小流域应急灾害系统、缙云锯切行业大数据平台、莲都妇幼保健院远程B超、缙云仙都AAAAA景区5G信息化、青田华侨进出口商品城5G无人驾驶等应用。加快无线城市和光网城市建设。丽水移动完成53个小区200兆及以上带宽免费改造和18个千兆示范小区建设，城域网出口带宽从480G提升至800G；丽水电信实现全市百兆宽带占比达91%，光纤宽带用户占比达97%，市区新建千兆小区5个；丽水联通新增64个新国标宽带小区接入，存量用户免费提速到100兆。推进宽带网络提速降费，丽水移动宽带资费平均下降50%；丽水电信对全市71条互联网专线、648条商务专线分别免费提速至50兆或100兆，中小企业宽带资费平均降低15%，5G套餐比4G套餐平均资费降低20%；丽水联通100兆、200兆宽带资费均下降19.2%，100兆及以上宽带占比94.5%。

【电信业务发展】 2020年期末，根据省通管局监测数据显示，全市电信业务总量（按2015年不变单价计）完成212.19亿元，同比增长31.39%。其中，全市电信业务收入19.52亿元，同比增长6.58%；全市固定电话用户数42.97万户，同比增长-2.39%；固定互联网宽带接入用户99.93万户，同比增长4.77%。全市移动电话用户266.25万户，同比增长-2.74%；全市移动互联网用户215.28万户，同比增长2.20%。

【智能网联汽车测试管理】 2020年，市政府支持青田县引进清华大学项目团队的“无人控制系统”孵化项目，组织开展智能网联汽车自动驾驶道路测试工作。组织召开车联网联席小组会议，制定出台《丽水市智能网联汽车道路测试管理办法实施细则（试行）》，明确有关议事规则。组织对青田县智能网联汽车拟开放测试道路现场考察和专家评审论证，明确丽水市智能网联汽车道路测试检测机构、青田县智能网联汽车测试道路路段等。至年底，该项目落地成立的越影科技有限公司的2辆无人驾驶汽车在青田开展路测工作。（程俊杰）

经济合作交流

招商引资

【概况】 2020年，全市招商系统聚焦聚力招商引资"一号工程"，开启"走出去、引进来"双引擎，完善招商机制，创新招引模式，持续精准招商。全年全市引进项目342个，合同投资额523.2亿元，其中，大项目142个，完成年度任务的142%（年度任务项目100个），实际内资到位189.2亿元，完成年度任务（168亿元）的112.6%。

【招大引强选优】 2020年，丽水市发改委开展"走出去、请进来"招商活动，盯引对接恒大、万达、世茂、上海城建、网易、融创、树兰医疗、中铁集团等央企、民企及大型企业，推动"康养600"、联城山地休闲、两湖、中岸屿、南明山等重大非工项目招商等，洽谈对接到丽水考察活动100余批次，接待客商1200余人次，参与各类投资推介活动20余次。京东智联云产业园、龙威微电子、晶睿电子、上海城建、中广智能产业园等一批高新技术产业项目，丽水南城七百秧商务中心、松阳卯山森林康养小镇、青田环球购物中心、云和紧水滩水冷式绿色数据中心、庆元半湾休闲文化养生园、景宁惠明茶禅产业园等项目落户丽水。

【长三角招商】 2020年，丽水市政府设立丽水长三角招商中心，全市抽调65名干部驻沪招商，开启"尖刀连"精准招商、县（市、区）"抱团招商"的长三角招商新时代。开发区在张家高科、莲都区在普洛斯自贸壹号、遂昌县在黄埔区和闵行区、龙泉市在奉贤区等分别购置或租赁飞地飞楼，构建"研发在上海，智造在丽水"的协同创新模式，助推丽水招商向更高层次、更高水平发展。上海市浙江商会与市政府签署战略合作协议，丽水被上海浙江商会评为"最佳战略合作伙伴"。全年长三角招商中心签约项目84个，总投资513.4882亿元；落地项目37个，总投资232.15亿元。

【招引方式创新】 2020年，丽水市发改委编制《丽水市产业招商地图》，围绕"招什么、到哪招、落哪里、如何落地"等问题，绘制招商"愿景图、导引图、布局图、作战图"，实现精准招商；探索"云招商"模式，5月28日，举办丽水市首场生物医药线上招商推介会，200余家知名企业和行业人员在线参加，新华社、凤凰网等20余家主流媒体专题报道，指导县（市、区）分别召开云招商活动，疫情期间招引签约重大招商项目20余个；推进与火石创造、文筑国际、云创等服务机构、平台公司合作委托招商，指导各地加强与优质证券公司、投资银行、会计师事务所等服务机构合作，获取资源。

【总部经济招商】 2020年，丽水市发改委制定出台《丽水市关于鼓励和引导总部经济发展的实施意见（试行）》，加强总部企业以及金融、人力资源、新业态新经济引进；引进优商美地、优医保、京东云、沈氏物流网络货运平台等平台总部项目。据统计，全市新引进总部企业131家，全年实现总部企业累计税收32.35亿元。 （叶蕾波）

山海协作工程及区域合作交流

【概况】 2020年，丽水市创新运用"问海借力"金钥匙，重点围绕产业项目合作、平台载体建设、乡村振兴和社会事业合作、消费帮扶等各项工作，打造山海协作工程"升级版"。全年全市新签订山海协作产业合作项目118个，项目到位资金187.63亿元（含续建项目），完成省下达任务134.03%。实施乡村振兴和社会事业合作项目106个，到位援建资金6499.5万元，其中，市本级1500万元，安排落实项目17个。完成劳动力培训7764人次，组织干部培训1146人次，完成省下达任务222.75%；发挥支援地区的市场资源优势，全年实现消费帮扶1.807亿元，完成省年度任务1亿元的180.7%。推进山海协作产业园、飞地等平台载体建设，山海协作“消薄飞地”16个，实现收益7204.19万元，10个省级山海协作产业园完成81.84亿元，与宁波、嘉兴、湖州共建山海协作产业基金。

【26个县高质量发展座谈会承办】 2020年，全市根据省委、省政府工作安排，筹备在新时代推进山区26县高质量发展座谈会工作。10月22日，在新时代推进山区26个县高质量发展座谈会在丽水市召开。省委书记袁家军主持召开座谈会，并作题为《深入践行绿水青山就是金山银山理念书写山区同步高水平现代化新篇章》的重要讲话。丽水市贯彻落实会议精神，把打造山海协作“升级版”作为加快26个县高质量发展的重要载体，结合软硬件提升、协作平台载体建设、绿色产业发展和民生改善，推进升级版工作落实。

【高层互访交流活动】 2020年9月1日至4日，丽水市委书记胡海峰率丽水市党政代表团到宁波、嘉兴、湖州开展高层互访活动，并与三地政府签订合作协议，推进山海协作走深走实。11月11日至12日，宁波市委副书记、市长裘东耀率宁波市党政代表团到丽水考察，实地考察宁波—丽水乡村振兴示范点等项目。12月17日至18日，嘉兴市委书记张兵率嘉兴市党政代表团到丽水对接交流山海协作工作。

【省级山海协作产业园建设】 2020年，莲都—义乌、龙泉—萧山、遂昌—诸暨、松阳—余姚4个省级山海协作工业产业园加快推进园区基础设施建设和项目、人才、资本的发展导入，1月至12月，完成政府性投资6.94亿元、社会性投资28.47亿元，各园区的大项目承载能力显著提升，产业集聚效逐步显现。丽水—宁波、青田—平湖、云和—北仑、庆元—嘉善、缙云—富阳、景宁—温岭6个省级山海协作生态旅游产业园按照“一园多点、绿色发展”的开发模式，完成规划编制，突出特色发展休闲旅游、养生养老等生态旅游产业的发展，1月至12月，完成政府性投资4.6亿元，社会性投资41.83亿元，推进产业园项目串珠成链、打造精品。10个产业园获2019年度省山海协作产业园绩效奖励和2021年度基础补助资金共计1.56亿元。

【“飞地经济”发展】 2020年，全市“消薄飞地”16个，“飞出地”投资10.35亿元，2019年和2020年共到位收益1.29亿元，其中，2020年度收益7204.19万元，带动1217个村增加集体经济收入。丽水首个“科创飞地”杭州丽水数字大厦投入运营，入园企业46家；宁波杭州湾新区丽水工业园（飞地）一期项目完成主体工程65%；推进萧山—龙泉、嘉兴经开—松阳这2个具有消薄和科创“双功能”的“飞地”建设，分别完成主体工程32%和62%；拟投资15亿元的义乌—莲都山海协作科创金融飞地（莲都大厦）完成摘牌工作。

【乡村振兴和社会事业合作】 2020年，全市实施群众增收、新农村建设和社会事业合作项目106个，到位援建资金6499.5万元，其中乡村振兴项目36个，到位资金3875.5万元。加强市、县两级与结对地在科技、教育、医疗、文化等民生领域合作，签订合作协议（项目）79个，其中市本级与宁波签订民生领域合作协议4个，与嘉兴签订6个。

【山海协作人力资源合作】 2020年，市、县两级组织开展干部交流培训、农村带头人培训以及符合丽水本地产业发展需要的食用种植、电子商务、育婴师等劳务职业技能培训。全市举办培训班208期，累计培训劳动力人数7764万人次，组织干部培训1146人次。与嘉兴市举办2020年山海协作干部培训班，推进双方多层次人才交流，共同提升干部素质。

【山海协作产业基金建设】 2020年5月7日，湖州—丽水山海协作产业基金规模1亿元成立，由宁波、丽水共同发起两山股权投资合伙企业（有限合伙）（简称“两山基金”）挂牌成立，该基金加大对丽水重点产业、重大招商等方面投入，推动当地产业转型升级和高质量发展。嘉兴—丽水山海协作基金拟投5亿元，完成基金管理人招募工作。

【获2021年部分省发展与改革专项补助】 2020年，获提前下发的2021年部分省发展与改革专项资金，丽水8个乡村振兴示范点项目和4个消薄飞地项目共获补助资金823万元。其中，青田县申报项目2个，获补助资金142万元；缙云县申报项目1个，获补助资金71万元；遂昌县申报项目2个，获补助资金142万元；松阳县申报项目1个，获补助资金80万元；庆元县申报项目2个，获补助资金80万元；景宁县申报项目3个，获补助资金237万元；龙泉市申报项目1个，获补助资金71万元。

【丽水市参加长三角城市协调会第20次全体会议】 2020年9月16日，长江三角洲城市经济协调会第20次全体会议在江苏省连云港召开。沪苏浙皖的41个城市市长及相关代表参加会议，学习贯彻习近平总书记重要讲话和指示批示精神，促进城市间合作，推动长三角一体化发展。市委常委、常务副市长杜兴林出席会议。

【闽浙赣皖九方经济区四届七次党政联席会议召开】 2020年12月4日，闽浙赣皖九方经济区四届七次党政联席会议在衢州市召开。南平、金华、上饶、黄山、丽水、抚州、衢州、景德镇、鹰潭这9个市的领导参加会议，围绕“协同一体化、发展高质量”主题，共同商讨和推进区域一体化高质量发展。市委常委、常务副市长杜兴林出席会议并作题为《奋力打造最美大花园 协同推进高质量发展》交流发言。 （胡灵慧）

对口支援工作

【“三交工作”开展】 2020年，市政府副市长杨秀青、市政协副主席朱山华分别率团队到新和县调研对接对口支援工作，推动丽水市“十四五”援疆规划编制、产业合作等方面工作。12月，新和县委书记肖林率党政代表团到丽水考察，参加丽水——新和对口支援工作座谈会，慰问丽水历届援疆干部人才，开创两地共商共享共荣局面。专项对接，引入浙江深海文旅公司，打造“一机游·新和”线上平台项目，推广新和县旅游项目，实现互联共享。协调、推进中国（丽水）两山学院与中共新和县委党校签订《中国（丽水）两山学院新和分院合作共建协议》。探索构建多方位、多层次对口援疆格局，组织市审计局、市电视台、北京丽水商会等30余个团队（单位）、共计300余人次，到新和县开展“三交活动”，助推新和县高水平高质量发展。

【援疆项目建设】 2020年，丽水市受疫情影响，坚持做到“三个率先”。率先制定项目资金管理办法，4月初，在全省援疆系统内率先制定《丽水援疆项目资金管理办法》，注重与当地部门联动、资金的绩效考核、项目的质量和进度控制，确保项目安全、高效、有序推进。率先完成富民安居工程，5月底，1833户富民安居工程项目全部完成，在阿克苏地区7个县2个市中，率先完成建设任务。率先建立常态化推进机制，建立援疆项目全员联系制，每半个月参加新和县召开的援疆项目调度会，每月召开项目推进分析例会1次，听取项目单位进度汇报，并解决存在的问题。新和县塔什艾日克镇卫生院病房楼、新和县丽水小学多功能阶梯教室等25个项目全部完工，完成项目投资1.21亿元。

【教育医疗文化领域援疆】 2020年，丽水市创新教研员制度，派3名教师到新和县教科局任教研员；创新“红柳·绿谷”工作室建设模式，新增子工作室4个；开展“同步课堂”，依托互联网等信息技术优势，云端共享丽水优质教育资源；推出“我是朗读高手”活动，涵盖师生国语朗读作品600余期，参与活动人数超过7.9万人，带动新和县5万余个家庭参与国语学习。开展医疗援疆“扬帆工程”，加强两地“跨区域医联体”建设，重点从日常带教、技能培训、交流义诊、实地见习和项目课题研究这5个方面推进，组织新和县2批次医疗卫生技术人员到丽水进修学习；援派医疗人才开展各类手术操作带教152台次，参与抢救危急重症患者80人次。开展“走出去”“请进来”活动，邀请丽水市电视台拍摄团队为新和县拍摄文旅专题宣传片、招商引资宣传片，促成新和县委宣传部与丽水市广播电视台签订协议，选派记者徐凯到新和县开展4个月工作交流；组建丽水文旅专家团到新和县调研考察，举办“智汇新和——文化与旅游发展”论坛。

【援疆产业发展】 2020年，丽水市完成“十城百店”“百村千厂”“万亩亿元”项目，选派种植技术专家到新疆进行指导，带动当地农民致富增收。梳理完善招商引资政策，开通招引审批绿色通道，在浙开展招商专题活动4次，建设含300个项目的招商项目库；邀请30余名企业家到新和县考察并洽谈投资，拟定农特产品采购意向5800吨；完成招引阿克苏隆信达农业科技有限公司落地新和，签约赶街网项目。开展新和县“核桃开采节”当天签订核桃订单2.99亿元，第七届新疆特色果品（阿克苏）交易会签下1.28亿元的采购协议；推动“疆果东送”，助力都护臻品新和区域农产品旗下产品品牌提质升级。

【疫情防控援疆工作】 2020年，丽水市根据疫情发展情况和省援疆指挥部统一安排，援疆全体干部人才在3月和4月分2批次到新疆，其中，党政干部9人，专技人才37人。疫情防控期间，要求全体援疆干部人才学习贯彻各级疫情防控精神和决策部署，结合“层级管理、网格化管理”要求，严守纪律、严格落实防控措施。同时，做好受援地物资支援。拓宽物资采购渠道，向受援地提供消毒液20吨、防护服200套、进口口罩19000个，手套4000双，红外测温仪87个。组建10名专家组成核酸检测队到新和县，帮助其核酸检测能力从4小时检测93人份提升到558人份，日最高检测量41785人份，共完成检测量18万

余人份，在阿克苏地区率先完成全民核酸检测任务，开展当地核酸检测人员理论培训34次，覆盖阿克苏全地区。（陈旸内）

东西部扶贫协作

【概况】 2020年，丽水市贯彻落实党中央、国务院和省委、省政府关于东西部扶贫协作决策部署，围绕新时期“重要窗口”定位，立足“受援地所需，丽水所能”，在组织领导、资金支持、人才支援、产业合作、劳务协作、携手奔小康、挂牌督战贫困村等方面推进东西部扶贫协作工作，助力四川省广元、巴中两市、6个结对县（区）和凉山州6个国家挂牌督战贫困村打赢脱贫攻坚战，丽水对口支援工作获浙川两地领导批示肯定10次。

【扶贫协作工作】 2020年，市委副书记、市长吴晓东率党政代表团到四川广元、巴中两市、6个县（区）开展对接考察交流工作。市人大常委会主任虞红鸣、市委常委宣传部部长任淑女、市政协副主席丁岳清等7位领导分别率团到四川开展扶贫协作、国家挂牌督战贫困村对接工作，县（市、区）主要领导分6批次到帮扶县（区）开展对接工作，市教育局等28个市级扶贫协作部门开展对接交流工作。召开市委、常委会议1次、市政府常务会议2次、市对口领导小组会议1次、专题会议4次，研究部署东西部扶贫协作工作。

【帮扶资金支持】 2020年，丽水市根据历年各类项目带贫成效，研究受援地实情，科学谋划安排扶贫项目。拨付项目资金2.526亿元，实施帮扶项目75个，受益贫困人口43537人。拓宽社会参与方式，动员社会各界参与东西部扶贫协作工作，市、县共计向四川对口受援地区捐赠社会帮扶资金（含捐赠物资价值）2410.8万元。

【智力支援】 2020年，丽水市围绕人才和技术支援2个关键点，加强东西部扶贫协作提质。全年派出领导干部13人（县级7人、科级6人）和专业技术人才85人，到受援地挂职。接收广元、巴中两市领导干部21人和专业技术人才49人，到丽水挂职交流。联合开展党政干部和专技人才培训77期，培训共计10094人次，推动两地干部人才交流。针对受援地医疗技术和产业发展所需，发挥丽水优势，输出肺结节良恶性跟踪、无保护会阴接产、茶园测土配方施肥等技术17项，惠及1009人。照单发货加快补足紧缺型技术空白，提升结对地区科学技术水平。

【产业合作】 2020年，丽水市组织和引导各类行业协会、商会、企业到受援地考察对接，引导更多的市场主体参与对口扶贫帮扶工作。全年向受援地引入企业34家，累计投资17.95亿元，带动贫困人员3024人。利用农村和城市闲置劳动力，解开人口红利转换密码，建设龙泉—昭化“归雁工程”来料加工等精准扶贫车间36个，带动贫困人员就近就业有550人。多渠道促进消费扶贫提质增效，发挥丽水市电商优势，通过“线上+线下”，扶贫产品进机关、进商超、进食堂、进社区等方式帮助受援地销售农特产品等，实现销售额1.368亿元，受益增收贫困人员4058人。搭建社会购买扶贫产品的便捷渠道，推进消费扶贫“三专”载体建设，全年全市开设专馆4个，专区12个，铺设电子智能专柜32个。

【劳务协作帮扶】 2020年，丽水市组织开展农村电商、民宿旅游、种养殖技术、残疾人就业等职业技术和致富带头人培训班185期，培训5362人次，其中创业成功有85人，实现贫困人员稳定就业有912人。持续性开展“服务不见面，招聘不打烊”的网络招聘活动，阶段性开展线下招聘会14场次，累计推送提供就业岗位38493个。对企业、员工和人力资源服务机构实施企业包车补贴、吸纳就业补贴等激励措施7项，提供“点对点”输送服务，组织专车210辆，专列2列，接回员工5912人，其中广元和巴中籍建档立卡贫困人员65人。帮助中西部22省份贫困人员到丽水市稳定就业13372人，吸纳对口帮扶4省贫困人员到丽水市就业6476人，其中四川省到丽水新增就业293人，帮助受援地贫困人员就近就业3618人，帮助受援地贫困人员到其他地区就业2309人。

【医疗和教育帮扶】 2020年，丽水市各级医院与受援地各级医院结成对子19个，两地开展线上、线下医疗培训交流会6次，医疗代表团互访9次，开展义诊活动2次；全市18所学校与受援地21所学校结对，两地开展教育培训交流会13次，教育代表团互访7次。开展“万企帮万村”活动，动员各类企业参与，向西部受援地转移企业或增加投资，全年有85家企业与受援地153个行政村建立结对关系，资助结对村356.7万元，用于村庄项目建设和资助贫困学生就读等。促成社会组织与村结对3个，镇镇结对10个，村村结对18个，形成多领域、宽渠道帮扶格局。依托丽水市医疗、教育专家团资源，开展传帮带工作。

【挂牌督战工作】 2020年，丽水市根据国务院扶贫办社会力量助力挂牌督战工作视频会精神和浙江省部署要求，丽水新增结对凉山州布拖县乐安乡6个挂牌督战村。调动更多帮扶力量向深度贫困地区倾斜，引导企业6家、社会组织6个、3个原未承担广元、巴中结对帮扶任务的县（云和、庆元、景宁）共同参与帮扶，购买和帮助销售扶贫产品39.42万元，帮助结对村设立公益岗位，带动贫困人员就业有140人。累计捐资捐物363万元，其中300万元用于结对的6个村设立专项帮扶基金，并与乐安乡政府签订《东西部扶贫协作设立挂牌督战村扶贫基金专户协议书》，制定基金运营监管长效机制，预计每年受益分红18万元，为后续乡村振兴村集体经济建设发展注入长期"活水"，该帮扶模式在全省为首例。（陈旸内）

对口合作交流

【概况】 2020年，丽水市坚持将推动南北方思想理念交流作为首位和突破口，建立常态化对口合作机制，推动两地在体制机制、特色小镇、市场商贸、产业发展、乡村振兴、文化旅游等方面开展深层次合作。市委书记胡海峰、市人大常委会主任虞红鸣、市长吴晓东、市政协主席陈瑞商四套班子主要领导及多名市级领导分别带队到梅河口市考察交流；梅河口市委书记王爱明、市长崔彦磊5次带队到丽水市开展对口合作工作。2017—2020年两地间累计开展考察交流活动93批、879人次，学习培训25批、3463人次；共有79名梅河口市干部到丽水市挂职学习；浙江大学客座教授张学宁被聘请为梅河口市政府经济顾问，谋划高铁、高校建设。加强两地在摄影、马拉松比赛等方面交流。

【招商引资互补】 2020年，丽水市坚持把项目合作作为重要抓手，以浙商、丽商、侨商为招商重点，组织两地开展招商引资活动44批、268人次，引进杭州蓝城集团、丽水梦马电商等企业6家。山东世基集团、烟台啤酒集团和杭州蓝城集团合作，总投资100亿元，用于建设占地2.5平方千米的蓝城桃李春风啤酒生态小镇项目，2020年6月，新梅河精酿啤酒投产。梅河口市金宝药业投资2.6亿元，收购浙江亚利大胶丸有限公司，年销售收入1.5亿元。投资3亿元的温州凯购城香榭里商住综合体项目建成进入验收阶段。投资4亿元的浙江磊邦控股"磊邦公馆"地产开发项目，一、二期工程完工，三期工程正在推进。梅河口市谷红制药与浙江大学药学院共同成立联合研究中心，开展产学研合作。

【产业园区互建】 2020年，丽水与梅河口抓住国家支持东北地区发展电商产业的机遇，借鉴丽水市"遂昌赶街""北山模式"等经验，加强电商产业合作。打造投资3.2亿元、占地3.2万平方米的电商产业园，引进浙江梦马公司进行运营，指导全市电商产业发展，为企业提供办公场所和培训服务。每年列支专项资金500万元，为入驻园区企业提供八类扶持政策、给予资金奖励，并为大学生提供带薪培训和"创业基金"。借鉴"丽水山耕"运营模式，重点围绕六大系列产品，打造"梅河臻品"区域公共品牌，线上冷面销售额超过3亿元，占全国休闲食品冷面品种25%。建设市乡村三级电商网络，实现全域覆盖。培育发展"网红经济"新业态，培育发展网红机构20余家。

【商贸流通互荣】 2020年，丽水市青田县发挥侨乡资源优势，两地5次对接沟通合作事宜。投资5000万元、建筑面积3000平方米的丽水青田侨乡进口商品城梅河口直销中心，销售来自全球各地的精选原装进口商品5000余种，至年底，累计销售额超过900万元。同时，投资360万元，用于建设意大利伯爵西餐厅，受到梅河口人民欢迎。7月23日，梅河口市大米O2O体验店在丽水市区开业，受到丽水市民欢迎。

【体制机制互学】 2020年，丽水市坚持把共享浙江改革经验、丽水改革历程作为对口合作的重要抓手和主要依据。3年累计推进改革事项180项，梅河口改革工作年度考核始终位列吉林省第一。结合两地实际，打造吉林省"只跑一次"改革样板，将320项行政审批职能进行整合，组建行政服务和数字化建设管理局，实现"一窗受理、集成服务"，压缩审批事项、环节和时间。探索生态产品价值实现机制合作，签订《生态产品价值实现机制交流合作协议书》，设立中国（丽水）两山学院梅河口分院，探索开展产业互补合作、生态产品区域公用品牌互相推广合作、生态系统生产总值（GEP）核算工作，提供生态产品价值实现机制借鉴。

【乡村振兴互鉴】 2020年，丽水把"绿水青山就是金山银山"理念落实到对口合作工作中，引导梅河口市破除旧思想、旧观念，借鉴浙江"千万工程"经验，在吉林省率先实现农业现代化，让乡村"绿起来""美起来""清起来"。2019—2020年共投入1.5亿元实施"百村示范"工程，推进垃圾、厕所、污水、柴草垛搬迁、农民生活方式"五大革命"，按照"统一拆乱、统一规划、统一建设、统一管理、统一领导"的"五统一"要求，将梅河口50%的行政村打造成为示范村。梅河口市在吉林省国家现代农业示范区建设评比中位列第一名，获国家农村环境综合整治奖补资金2200万元。（金伟晓）

丽水生态产业集聚区(经济技术开发区)

综　　述

【概况】　2020 年，丽水经济开发区在市委、市政府的领导下，贯彻落实习近平总书记视察浙江的重要讲话精神，围绕打造"高水平建设和高质量发展重要窗口"的新目标，实现经济逆势挺进。全年实现地区生产总值 86.1 亿元，同比增长 6.5%；二产增加值、三产增加值同比分别增长 5.1%和 11.3%；建筑业总产值同比增长 54.5%；规上企业研发经费投入同比增长 32.8%，GDP 同比增长 6.5%，三产增加值 11.3%，建筑业总产值同比增长 54.55%，建安工程投资增长 23.9%，限上批发业销售总额同比增长 142.6%，限上零售业销售总额同比增长 43.5%，一般公共预算支出同比增长 68.4%，固定资产投资增长 11%，工业投资增长 12%，民间项目投资增长 36.5%，全年新设市场主体同比增长 57.6%，R&D 经费支出占 GDP 比重超过 5%，这 13 项"分区共竞"考核全市第一。财政总收入首次突破 20 亿元，其中，一般公共预算收入 12.75 亿元，同比分别增长 19.6%和 23.6%。全国国家级经开区排名从 158 位上升至 80 位，前进 78 位。

产业发展

【概况】　2020 年，开发区围绕半导体全链条、精密制造、健康医药、时尚产业、数字经济奋力构建五大产业集群"五个有"产业链生态，以生态产业科创平台、长三角一体化山海协作平台、中欧国际合作产业平台等"三大平台"和国家火炬智能装备与机器人特色产业基地、中国水性生态合成革示范基地、中国滚动功能部件生产基地等"三大基地"为载体，实施产业赋能工程。

2020 年 10 月 25 日，丽水开发区第二届"南明英才"选拔赛暨天使中国科技创新大赛颁奖现场
（杜　成　提供）

【园区人才科技】　2020 年，"南明英才"科创大赛在上海、杭州、苏州等一线城市举办，落地人才项目 21 个。入选"绿谷精英·创新引领行动计划"项目 27 个，总量全市第一。首创人才社区、创客空间、主题公园等人才配套设施。兑付人才奖励资金 2200 万元，投放人才项目基金 4 亿元。对接中科院半导体研究所、中科院工程过程所、哈工大新材料研究所，新增硕士 122 人、博士 96 人。新增省级高新技术企业研发中心和省级企业研究院 9 家、国家高新技术企业 35 家、省级科技型中小企业 130 家，增量均为全市第一。

【园区招商引资】　2020 年，开发区招引项目 114 个、同比增长 153.3%，总投资131.4亿元，实际到位资金39.7亿元、同比增长55.6%，供地86.7公顷、同比增长35.4%，实际到位外资2879万美元，占全市总量的47.9%。成立全市首个招商公司，在美、英、法、德四国设立海外授权联络站，引进境内外上市公司。成立浙西南首个基金产业园，入驻企业58家，基金规模超210亿元，税收超1亿元。设立15亿元的绿色产业基金，创新"基金+银行+社会资本+产业项目"模式，直接撬动资本123亿元。

2020年9月5日，松江经济技术开发区与丽水经济技术开发区战略合作签约仪式举行　（陈　栋　提供）

【园区企业转型升级】　2020年，开发区整治"低散乱"企业100家，盘活土地62.39余公顷，整治后企业销售收入同比增加90.8%。滚动功能部件和生态合成革产业分别被列入"链长制"省级示范、试点。滚动功能部件产值同比增长30%，研制出高精度滚动直线导轨"母机"，精度超过中国台湾地区水平；水性合成革产值同比增长59%，引进科天、嘉科等水性革项目6个，与美国陶氏化学、万华化学共建新材料应用推广中心。维康药业登陆首批注册制创业板，中广电器基本完成首次公开募股辅导，培育珏芯微电子、光珀智能、晶睿电子、杰祥科技、吉瑞通等企业入选上市后备库。

【园区山海协作】　2020年，开发区与上海松江国家级经开区开展战略合作，与湖州联合设立"山海协作"产业基金1亿元。落地"山海协作"项目11个，总投资96.6亿元，宁波杭州湾"飞地"产业园主体完工。开办全市首个上海科创飞地。

【园区营商环境】　2020年，开发区在全市率先推出惠企政策18条，全年兑付惠企资金5.7亿元，同比增长79.25%；落实"五减""两直"资金4.5亿元，设立绿色产业基金15亿元，全市首创窗口职业化改革、拿地即开工、"浙里通办、多厅互办"、政策计算器、企业免息转贷等惠企便民举措。参与制定《全国政务服务礼仪规范标准》。获全市撤地设市20周年十大改革样板。

南城建设

【污染防治】　2020年，开发区推进中央生态环保督察整改工作，完成生态环保和公共设施投资4.4亿元，首创企业土壤"健康码"，推出环保问题整改和污染治理设施在线监控平台，区域空气质量优良率99.7%，PM2.5平均浓度每立方米21微克，同比下降2微克。完成文明城市和卫生城市"双国测"工作。

【产城融合】　2020年，开发区开工建设华师大附属丽水学校、丽水技师学院、丽水第三人民医院等项目，9月11日，丽水职业技术学院开发区分校投入使用。既有住宅加装电梯、新增停车位和公共停车位分别完成年度目标的112.5%、285%和160%。新增城市绿地和公园绿地5.7公顷。

【城改征安】　2020年，开发区处置违建和改造旧厂区20万平方米，达到"无违建园区"标准。全年征收房屋10.6万平方米，完成丽水机场项目土地征收800公顷，完成迁建安置1043户1806间、公寓安置440户781套，按时完成省委巡视整改任务。

【消薄攻坚】　2020年，开发区实施"三农"项目31个，总投资3284万元，同比增长37%。创新医药企业助力农民增收、数字经济赋能乡村振兴等模式，农民收入同比增长13%，27个村集体收入均超过20万元，"百万村"有7个。南明山街道明兴强村公司全年营业收入123.3万元，全市第一。　（陈　栋）

交　通

综　述

【概况】 2020年，全市公路水运完成投资68.3亿元，完成年度计划102%。开工建设235国道松阳段改建工程、G528遂昌新路湾至石练段、温岭至常山公路遂昌湖山至黄沙腰段工程等国省道项目，建成322国道龙泉安仁至西街段、235国道景宁溪口至澄照段等4个国省道项目，推进景文高速公路、瓯江航道整治工程等重大项目。落实《交通强国建设纲要》，紧抓建设高水平交通强省等重大机遇，深化厅市合作机制，全面启动丽水市综合立体交通网规划（2021—2050年）编制，科学谋划和争取一批项目纳入部省规划，以交通先行支撑引领经济社会发展。围绕"一带三区"市域发展新格局，加快区域深度融合发展，跨山统筹谋划新时代丽水市交通发展宏伟蓝图，起草制定的《丽水市交通先行发展推进跨山统筹的实施意见》经市政府常务会议审议通过，围绕"高速公路加密、干线公路提档、内河航道扩能、枢纽布局完善、农村公路强基"，构建近期至2025年、中期至2035年、远期至2050年公路水运"三步走"作战图。同时，根据省交通强国试点要求，编制《丽水市美丽交通建设试点实施方案》上报省厅，进一步谋划打通"绿水青山"转化为"金山银山"畅途。谋划的合肥至温州高速公路缙云段等7个总里程480千米总投资近1200亿元的高速公路项目进入《浙江省高速公路网中长期布局规划》，构筑起"一带三区"市域高速公路三环线。谋划的规划省道有12条全长1400千米纳入《浙江省普通省道网布局规划》，较现有普通省道增加3条，总里程增加900千米，普通国省道网将由"八纵五横"加密为"十纵六横"。谋划的瓯江（丽水—温州）航道等8个总投资近56.5亿元的项目纳入《浙江省内河航道与港口中长期布局规划》，其中瓯江三级航道纳入国家高等级航道布局。做好重大项目前期工作。缙云至江山（广丰）高速公路丽水段完成线位方案论证；庆景青公路完成一、二级线位方案研究，临安至苍南公路莲都北互通至武义段、奉化至庆元公路莲都段完成线位方案论证；321省道缙云姓汪至里弄、龙泉G25长深高速龙泉东互通扩建及连接线工程完成工可审查，完成330国道青田温溪至船寮段、奉化至庆元公路龙泉下庄儿至兰头段改建工程工可和初步设计审批，完成235国道云和段工可批复。

龙丽高速公路　　（张锦国　提供）

聚焦稳投资稳增长，立足项目建设主责主业，推进公路水运基础设施建设，以扩大交通有效投资为"六稳""六保"做贡献。召开全市交通项目推进大会和综合交通工作专题推进会，对交通强市建设及加快项目建设作全面动员和部署，各县（市、区）先后召开项目推进会。市、县两级成立抓交通投资工作专班，完善考评督查机制，强化过程考核，共印发任务清单

35份、组织召开专题会议36次，协调推动项目业主、相关部门、沿线乡镇等落实责任、加快进度。深入开展争先创优行动，切实用好“一图一表一指数”精准评估分析任务目标实现度、月度项目推进力度和投资月度波动形势，形成“一个项目一名责任领导一个专班一张清单一抓到底”责任体系，实行“月对账、季例会”量化并晾晒项目攻坚成效，确保交通投资逐月回升。针对项目推进中的难题，突破财评制约，想方设法破解用地等难题。235国道云和段采取缩小工程规模形式解决财评问题，528国道遂昌段、330国道温溪至船寮段项目采用县财政资金承诺及县土地出让计划作为依据的方式通过财评。遂昌湖山至黄沙腰项目通过列入战备公路解决永农问题。莲都区南山至丽新公路二期工程、S321缙云县壶镇姓汪至里隆段、奉化至庆元公路龙泉下庄儿至兰头段3个不涉及永农路段作为项目控制性工程先行立项实施。

围绕人民群众在交通运输方面日益增长的美好生活需要，切实抓好“四好农村路”、公共交通等民生实事，夯实平安交通基层基础，不断增强群众在交通运输领域获得感、幸福感和安全感。11月，全面完成省民生实事任务，新建美丽经济交通走廊660千米、新建农村港湾式停靠站187个、新改建公交站点20个、新建村级物流服务点900个、新建和改造提升农村公路1020千米。有序推进治超非现场执法车道和新增超限运输检测站建设，持续开展信用治超、非现场执法和联合执法工作。全市累计查处违法超限车辆1570辆，其中路警联合执法查处超限车辆733辆，驾驶证累计扣分3090分，卸载吨位29303.56吨；利用治超非现场执法查处837辆。突出抓好“双百”车辆专项整治，尤其是青田县由政府牵头、多部门参与，将重点监管货运车辆纳入交警路面预警布控系统，开展路面执法，取得较为明显成效。全面部署开展普速铁路沿线外部环境安全隐患综合治理，成立领导机构、组建工作专班和印发工作方案，集中开展安全隐患治理。加强“三防”监督检查，全面落实防汛防台安全责任，加强防汛物资储备和各项防汛措施，确保安全度汛。抓交通安全科技运用，全市1041辆“两客一危”车辆100%完成智能视频监控报警装置安装，启动实施城市公交防护隔离专项行动。全面开展省市事故多发点段整治，14个整治点段均进入施工程序。全市交通运输行业安全生产形势总体平稳，交通建设工程领域、水上交通均未发生事故，并连续十一年实现春运旅客零死亡。

针对交通运输行业发展中的难点热点问题，坚持以党建为引领、向改革要动力、用创新求突破，努力形成发展新动能，不断提升行业治理能力和治理现代化水平。贯彻落实省、市要求，以“最多跑一次”为牵引，持续深化简政放权，深入推进“证照分离”改革，推动“互联网+政务服务”持续领跑。深化农村公路财产保险，丽水市率先完成全省首例农村公路财产综合保险全市统一招标。打造互联网化、多元化、智慧化的出行新业态，推动丽水市“帮邦行”网约出行服务平台落地，首开丽水—松阳段拼包车出行线路，方便群众通过网络预约享受到安全便捷的点对点城际拼、包车服务。围绕市委、市政府对机构改革的工作部署要求，按照“一队两中心”29个机构数的框架，推进交通运输综合行政执法和事业单位改革。对“一队两中心”内设机构设置、职责划分、编制分配和人员划转等方案广泛征求意见，凝聚最大共识，确保稳妥落地。丽水市交通运输综合行政执法队获“全国交通运输先进集体”称号。

局党委以市委巡察组巡察交通工作为契机，坚决履行全面从严治党主体责任，切实增强“四个意识”，以上率下带领全局党员干部职工从讲政治、讲责任、讲担当的高度，切实增强政治巡察意识，自觉把思想和行动统一到市委对巡察工作的要求上来，加强党风廉政建设，狠抓问题整改，持之以恒深化“清廉交通”，统筹协调配合巡察工作与做好其他重点工作的关系，做到“两不误、两促进”，以实际成效体现巡察成果。

【交通运输行业】 2020年，面对突如其来的疫情，全市交通运输部门响应“疫情就是命令、防控就是责任”战斗号令，全力投入打好疫情防控人民战争、总体战、阻击战。把“防输入”阻断传播途径作为头等大事，管控期间累计出动交通执勤人员6000余人次，参与公路卡口等管控，检查车辆10万辆次、客渡运船470艘次、人员20万人次、移送观察1268人次，劝返车辆9312辆次、劝返人员1.6万人次。全市客运站场和营运车辆确保早晚各消毒一次。根据市防控指挥部要求，及时暂停营运班车和包车客运、公交车、农村渡运等，有效切断病毒传播途径。参与防控境外疫情输入，完成接回境外人员运输4579人次。及时出台保通保畅行动实施方案并全面抓好落实，简化“免通证、包车证”办理程序，累计开出疫情防控应急物资及人员运输车辆通行证1324张。做好应急运输服务，累计调派51辆次厢式货车和80名驾驶员赴上海等地运输口罩等应急物资，调派应急客车301辆次运送执勤人员、被隔离人员等，并及时开通“三返专线保障车”127车次、运送“三返”人员2288

人次。根据疫情形势变化及时恢复公共交通，实现“管要管得住”“通要通得快”。精密智控指数中丽水市的公共交通开通率等指标达满分，城市交通恢复指数位居全省前列。第一时间出台全市公路水运建设项目施工企业、道路运输企业有序复工及疫情防控指导意见，局班子成员带队派出7个服务联系组深化“三服务”，及时协调解决项目复工中的防疫物资、原材料供应等难题，全市34个在建重大交通项目率先全部复工。牵头拟订支持交通运输企业复工的实施意见，组建35个货运企业服务组，深入258家货运企业，并通过《丽水日报》、指尖丽水及丽水交通官微等渠道及时公布主要货运企业信息，搭建货运信息公共服务平台，全市入驻货运企业2814家（含货源单位）、4601辆货车入驻，达成交易198421单，完成运输货物39万吨、运费达2026万元。交通行业的率先复工复产，为全市复工复产打通“大动脉”、畅通“微循环”。

【危货运输集中整治】 2020年，市交通运输局建立企业清单抓隐患整改，车辆清单抓问题清零，从业人员清单抓人员合规，设施清单抓提升改造。约谈训诫企业18家次，停业整顿企业4家，淘汰取缔1家。共发放企业隐患整改清单31张，梳理出的248个问题全部完成整改。全市实现道路危险货物运输领域从业人员全部合规、“两外”车辆全部清零、挂靠车辆基本清零、危运车辆超速数较整治前下降88.6%，事故多发易发势头得到初步遏制。完善联合执法、异常问题管控、企业动态评价事故多发点段整治、电子运单人脸识别管控机制，以危险货物非法营运、非法充装存储、超速疲劳驾驶等违法行为为重点，出动交通执法人员3493人次，检查企业59家次、车辆3453辆次。查获危险货物运输违法违章行为51起。全市危险货物运输企业共配备动态监控人员70名对危货运输车辆进行全覆盖、全过程监控。抽查车辆15062车次，发现异常信息92条，其中超速18条，疲劳驾驶74条，所有异常情况均由24小时值班室即时督促企业立即整改落实。用好全省智控指数通报表强推进，用好县（市）智控指数排名表强比拼，用好企业智控指数完成表强落实。建立各县（市）综合智控指数排名表，通过采集各地“雷霆整治”相关动态信息，客观反映各地道路危险货物运输行业安全态势和专项整治工作成效，推动丽水市各地对照评价结果，分析原因，针对性地推进相关工作落实到位。每半月开展1次智控指数评价，“雷霆整治”专项行动结束后，每月开展1次智控指数评价，用红、黄、绿三色晾晒各县（市、区）综合智控指数得分和排名。全市挂靠车辆清理实现基本清零目标。

【交通工程质量监督】 2020年度，市交通运输局监督交通项目11个，总投资额89.8亿元，包括322国道龙泉八都至上垟段改建工程等新建和续建500万元以上公路项目7个、瓯江航道整治工程丽水段等水运工程4个，项目监督覆盖率达到100%；配合省中心参与景文高速监督管理。全年开展质量安全等各类监督检查176次，发出抽查意见书176份，收到检查整改反馈176份，反馈率100%。开展国省道、重点水运工程综合执法大检查2次，农村公路质量安全综合监督检查2次。通过检查情况看，丽水市交通工程质量总体稳定可控，未发生生产安全责任事故。在330国道缙云东渡至永康交界段改建工程、松阳县2020年度普通国省道养护大中修工程开展品质工程示范创建活动，并按照高质量高水平打造品质工程的要求，全面推进“因地制宜、各具特色”“小而精、精而美”“绿色环保”丽水山区特色的平安百年品质工程建设。在330国道丽水市塔下至腊口段公路改建工程中开展桩基套管环切桩头施工工艺提升攻关活动，对工艺进行提升和微改进，解决桩头不规范问题。通过一系列的努力，至年底，全市交通建设工程项目路基施工基本配备平地机，路基顶面平整度指标得到提升；水稳基层基本落实振动成型法基层施工工艺，沥青路面信息化、智能化水平逐步提高；隧道施工逐步落实“机器换人”理念，拱顶锚杆打设角度、喷射砼大面平整度指标得到提高；基本落实小型构件的工厂化生产，桥梁施工胎架法工艺，工程实体和外观质量得到一定提高；“二区三厂”标化建设逐渐完善，机制砂管理更加规范。全市交通建设工程实体和外观质量稳中有升。

【交通工程建设市场监管】 2020年，市交通运输局全面推进丽水市公路水运项目品质工程建设，制定出台《丽水市公路水运工程全面推进品质工程建设2020—2022年工作要点》。全面贯彻落实建设领域改革保证金制度的相关政策，并部署开展工程建设领域清理规范保证金专项整治行动。加强农民工工资支付管理，配合劳动监察部门落实浙江省工资支付监管平台应用，并开展农民工工资支付管理相关检查工作。制定并印发《关于实施丽水市交通施工企业农民工工资支付保证金制度的通知》，完善民工工资保证金管理制度，及时审核办理农民工工资保证金缴存和退还。加强项目招投标监管，推行招标文件专家审查制度，严格招标文件审查备案，如528国道遂昌段全过程咨询服务招标组织相关专家进行审查把关。按时完成S227龙泉上垟岙隧道及接线工程勘察设计招投标投诉处理以及行政复议回复。定期通报全市交通建设市场管理情况。督促各县（市、区）进一步加强建设市场管理，加快推进项目竣工验收工作。加强廉政制度建设。为切实加强交通建设领域廉政建设，明晰廉政风险，抓好风险防控，编制印发《交通建设项目廉政风险防控手册（试行）》。组织召开全市国省道项目品质工程示范创建暨推进全市交通工程领域清廉建设现场会。传达全省清廉交通建设推进工作电视电话会议等有关会议精神和要求，部署各单位下阶段关于全市品质工程、阳光监管平台使用及交通工程领域清廉交通建设等相关要求。

【交通行业安全生产】 2020年6月底，丽水市1041辆车（客车、旅游包车539辆，危货品车辆502辆）100%完成智能视频监控报警装置安装。行业管理部门将引导运输企业利用大数据应用，加强司机驾驶行为分析，梳理确定分级分类管理对象，并采取针对性的管理措施，提升本质安全。组织开展“双百”车辆百日专项整治行动，制订具体实施方案，实施路面执法、非现场执法精准打击；加强治超源头监管，严格落实重点货运源头单位出场称重管理，通过案件溯源，实现“一超四罚”，追究货运源头单位责任。推进非现场执法设备建设。到2022年预计非现场执法车道数将超过90条，满足对重要国省道、农村公路，重点桥梁监控和保护。2020年，全市累计查处违法超限车辆2862辆，其中路警联合执法查处超限车辆1750辆，驾驶证累计扣分7742分，卸载吨位70671.72吨，公路部门利用治超非现场执法查处1112辆，非现场查处率38.85%。全市建立公路应急抢险中心9个，实现县级公路应急抢险中心全覆盖，共建有机械、物资储备仓库9处、2.5万平方米，在编抢险人员594人，成员由工程技术人员、路政队员、机驾操作手及养护工组成。

【农村公路财产保险】 2014年8月，丽水市在全省率先探索实施农村公路财产保险，历经6年逐步形成“335”[“出险及时报、损毁全部及时修、资金及时到”“乡镇报险—三方核定（险企、公路、乡镇）—险企拨付资金—乡镇修复—三方验收”“明确理赔服务标准、损毁金额标准、保险费率标准、灾后修复标准、款项流转标准”]为主要内容的农村公路财产保险“丽水机制”。2019年，推动并以市政府名义出台《关于丽水市深化农村公路财产保险机制指导意见的通知》；2020年9月，以“市”为单位完成农村公路财产综合保险的招标工作，全市保额3376.9万元，并组建由6家保险公司组成的“共保体”。至年底，农村公路参保总里程达1.4万千米，累计保费1.04亿元，理赔金额2.15亿元，赔付率206.7%。在农村渡运公交化改革经验基础上，进一步探索创新渡口水毁保险，并在云和县进行试点，全县库区35个渡埠码头共投保6.9万元，理赔额度达到4600万元，有效解决农村码头水毁损失修复资金难题，提高码头抵御风险的能力。

【公路、水路服务站（区）创建】 2020年，丽水市完成公路服务站创建58个，项目投资2653万元。按照“因地制宜、布局合理、功能实用、资源共享、服务优良、管理规范”原则，并对照省中心标准进一步完善。开展与地方加油站、农家乐、经营户、景区共同创建普通公路服务区，不断延伸公路服务内容，提升公路服务水平。提升高速公路服务区水平。丽水市高速公路服务区实现三星级全覆盖。2020年，松阳、云和服务区成功创建四星级服务区，四星级覆盖率达66.7%。全年全市投入1500万余元，以综合环境专项整治活动为抓手，对丽水、松阳等服务区进行全面改造升级，争创四星级服务区和“司机之家”称号。推进水上服务区创建前期工作，丽水综合服务区、下白浦服务区、紧水滩水上服务站新建服务区（站）提升方案与施工图同步编制完成。

【“最多跑一次”改革】 2020年，市交通运输局围绕简政放权、公共服务等方面，推进“最多跑一次”改革提质增效扩面。全市办结交通行政许可案件8550件（市本级6969件），行政确认和其他行政权力事项40028件（市本级28159件），群众满意率100%。做好权力事项取消、承接、调整等工作，道路运输从业人员诚信考核实现“跑零次”“无感办”，“审核、签注”全流程网办。在“雷霆行动”专项整治中，对市内35家全部危险品运输企业许可档案逐一复核，核发道路危险货物运输驾驶员从业资格证478人次、装卸管理人员和押运人员从业资格证499人次。推进“证照分离”改革，推行交通运输行政许可告知承诺，推广行政审批“异地网上帮办”。

【春运工作】 2020年春运，受新冠肺炎疫情影响，丽水市道路、水路运输量与去年同期相比均有大幅下降，其中，道路运输完成客运量166.34万人，周转量6723.68万人千米（含城乡公交与出租车），与2019年春运同期相比客运量下降62.6%，客运周转量下降 63.7%；水路运输完成水路旅客运输量 8.3 万人次（客运量 1.63 万人次、渡运量 6.67 万人次），与 2019 年春运同期相比下降 75.7%。道路水路旅客运输平稳有序，未发生安全事故，全市连续 11 年实现春运旅客运输“零死亡”。

【城乡交通运输一体化】 2020 年，市交通运输局开展 2019 年度丽水市城乡交通运输一体化发展水平自评估工作，向省交通运输厅报送自评估报告，松阳县、遂昌县城乡交通运输一体化水平被评为 AAAAA 级，其他地区为 AAAA 级。做好“村村通”自查迎检，7 月 21 日至 23 日，交通运输部评估组到丽水市开展乡镇和建制村通客车质量评估检查，对丽水市“村村通”工作所取得的成绩给予肯定。推进“四好农村路”三年行动计划最后一年任务，完成新改建乡镇运输服务站 33 个，完成率 103%；农村港湾式停靠站 316 个，完成率 101%；淘汰或更新农村客车 94 辆，完成率 109%；建设农村物流服务点 900 个，完成率 100%。9 月 29 日，莲都区丽新乡畎岸村至松阳县板桥乡板桥村跨县公交开通。

【市交通运输机构改革】 2020 年 6 月，市机改办下发《关于市交通运输综合行政执法队“三定”框架的函》，市委编办下发《市交通运输局下属事业单位机构编制框架的函》，明确一队两中心的机构编制框架；8 月，市委编办印发《市交通运输行政执法队的职能配置、内设机构和人员编制规定》《丽水市公路港航与运输管理中心职能配置、内设机构和人员编制规定》，市编办印发《市交通运输局所属丽水市交通工程管理中心等 3 家事业单位机构编制规定》。根据丽水市交通实际，按照市委常委会研究确定剥离原市公路局、运管局、港航局、交通质监站等 4 家单位相关行政执法职能，整合组建“一队两中心”，分别为交通运输综合行政执法队、市公路港航与运输管理中心、市交通工程管理中心，共内设机构 29 个、科级职数 58个。12 月 25 日，丽水市交通运输“一队三中心”全部揭牌成立，机构改革三大目标任务“调整优化市级党政机构和职能、深化整合综合行政执法改革和清理规范承担行政职能的事业单位改革”的主要工作全面落地。

市交通运输局下属事业单位机构改革新组建和名称变更一览表

表11

撤　销	成　立
丽水市道路运输管理局	丽水市交通运输综合行政执法队
丽水市公路管理局（公路路政管理支队）	丽水市公路港航与运输管理中心
丽水市港航管理局（地方海事局、船舶检验处、航道管理局）	丽水市交通工程管理中心
丽水市工程质量监督站（丽水市交通工程造价管理站）	丽水市直属公路港航管理中心（丽水市公路水上抢险救援中心）
丽水市公路管理局直属分局（丽水市公路应急抢险中心）	—
丽水市港航管理局船闸管理所	—
丽水市水上应急救援中心	—
市城市公共交通管理处	—

【交通治堵】 2020 年，丽水市全部超额完成省政府下达的所有可量化考核指标，主城区新建改造城市道路和联网路、新增停车位（公共停车位）、新增更新公交车等项目。“城市交通运行指数、交通满意度、公交分担率和交通守法率”四项指标取得良好成效。全市新增更新公交车 171 辆，完成率 171%；新增或改造微公交线路 13 条、新建和改建城市公交站点 32 个，其中，港湾式停靠站 10 个，城市建成区公交站点 500 米半径覆盖率达 98%以上，建设公交电子站牌 100 个，实现公交线路移动支付功能全覆盖。丽水市出台《丽水市文明行为促进条例》，于 11 月 1 日起实施。条例实施后，“机动车不按停车位指示

2020 年 11 月 16 日，丽水市新增微公交 1 号线开通　（周毅敏　提供）

方向停放”“机动车不礼让行人”“共享单车乱停放”等不文明行为，得到有效整治。结合全域旅游，加强县域间公共交通联系，全市开通莲都至青田、缙云、景宁、松阳、云和五地的跨县公交线路5条，9个县(市、区)开通微公交线路13条。引进清华长三角研究院“浙江帮邦行”，首开丽水—松阳段拼包车出行线路，方便市民通过网络预约享受点对点城际拼、包车服务。各县(市、区)结合地方特色，融入文化因子，改造城市交通硬件设施。龙泉市结合名城提质，在公交停靠站和隔离栏杆外观设计当中融入剑瓷元素，打造治堵文化微景观；遂昌县结合汤显祖文化，打造富含戏曲文化的公交停靠站；青田县以侨乡特色，打造集休闲健身于一体的欧式景观步行桥—景云大桥；市区丽阳街改造打破常规，在中央绿化带上种植苔藓，布置出瓯江两岸山水景观，兼顾硬隔离的实用功能和城市微景观的展示功能。（吴锡平）

铁　路

【铁路项目进展】 2020年，丽水市铁路工作委员会办公室围绕“三年拉框架、五年建网络、八年县县通”总体目标，抓住国家宏观政策“窗口期”“机遇期”，推进全市铁路项目建设，并取得较好成效。杭丽铁路纳入《长江三角洲地区交通运输更高质量一体化发展规划》；衢宁铁路建成通车，结束丽水市遂昌县、松阳县、龙泉市、庆元县不通铁路的历史；衢丽铁路松阳至丽水段项目建设标准从单线时速160千米提升至双线200千米，项目征地拆迁费用从审查阶段6.8亿元增加至初步设计批复16.34亿元，并争取到10.6亿元专项债，项目于12月28日开工建设；温武吉铁路途经景宁、云和、龙泉3个县(市)的线站位方案以及双线200千米/小时的速度建设标准得到进一步稳定；4月2日，衢丽铁路衢州至松阳段项目筹建办公室成立，前期工作稳步推进，并明确招标形式；立足长远开展《新时代丽水市铁路战略和规划研究(2020—2050)》等重大规划课题研究，科学系统谋划丽水铁路发展，为丽水未来铁路事业更好更快发展打基础、立长远、画蓝图。（张竞艺）

【丽水高铁站】 2020年，丽水高铁站落实总公司党组、集团公司及车务段党政决策部署，聚焦“五个确保、五个见实效”目标，坚持强基达标、从严务实，结合“节支降耗作贡献，改革创新立新功”主题宣讲，推进疫情防控、安全管理、运输经营、客运提质、队伍建设等各项重点任务，确保车站保持健康良好发展态势。严防疫情，全面落实“外防输入、内防反弹、严防输出”，实现职工“零感染、零隔离、零责任”全年车站服务重点旅客1118人(次)，同比增长245%。2020年，丽水高铁站共开行旅客列车126趟，其中，动车组列车106趟，普速旅客列车20趟。至年底，丽水高铁站实现车站安全7886天，完成客运收入25317.35万元，完成年度计划105.73%；旅客发送293.07万人，完成年度计划109.35%。缙云西高铁站完成客运收入5007.97万元，完成年度计划110.16%；旅客发送65.68万人，完成年度计划113.63%。青田高铁站完成客运收入5799.25万元，完成年度计划105.63%；旅客发送100.06万人，完成年度计划107.48%。（王方清）

【浙江金温铁道开发有限公司丽水经营部】 位于浙江省丽水市城区的东部，紧邻330国道线、背倚丽水高铁站，中心里程位于金温货线K118+787，系金温铁路公司所辖的二等货运站。经营部占地28.93公顷，站场铺设正线1条，到发线3条，货物线3条、专用线7条、段管线1条。经营部货场建筑面积5.1万平方米，现有货运仓库2座，雨棚2座，42吨门吊1台，3吨叉车3台、1.5吨叉车5台、7吨叉车1台。2020年，浙江金温铁道开发有限公司货运中心丽水经营部在编主业45人，三产6人，装卸39人。所辖区域有小处、石帆、祯埠、南岸4个中间站。开办整车、批量快运、集装箱运输业务。全年货物到达62.39万吨，货物发送22.1万吨，完成运输收入5409.4万元，货车平均停留时间18.1小时/车。全年通过开展“不忘初心、牢记使命”主题教育、安全生产“基层基础强化年”、“履职大检查、纪律大整顿、作风大转变”暨“安全大检查大整治”等活动，落实职工政治思想建设、规章制度检查、安全警示教育、标准化经营部创建、管理人员履职“一岗双责”制度；通过开展汛期非正常接发列车应急处置演练、车辆脱轨起复应急演练、消防安全应急演练、装卸车一次作业标准演练、门吊防风应急演练、道口非正常处置应急演练，提升职工的应急处置能力和技能水平。结合公司《安全生产综合治理三年(2020—2022)行动计划实施方案》和“普速铁路外部环境隐患整治”，安排志愿者进村入户开展现场路外安全宣传活动，提升路外安全环境整治力度；通过视频学习、线上学习、微信转发、写反思、写承诺书和专题会议等多形式落实各阶段性警示教育，长期灌输“警钟长鸣、安全第一、预防为主”工作理念。实行24小时货运挂车工作，定期组织职工安全教育、车站管理人员现场检查。至年底，实现第21个安全年。（李　克）

【青田火车站】　2020年，青田火车站落实国铁集团党组、集团公司及金华车务段党政决策部署，深化强基达标、提质增效，全面对标找差、创优争先，推进车站各项工作，实现车站安全生产稳定、疫情防控措施有序实施、服务质量显著提高的工作目标。2020年，青田火车站共有旅客列车33.5对，其中，动车组列车26.5对，普速旅客列车7对。至年底，青田火车站实现安全生产8239天，完成旅客发送100.1万人，完成年度计划107.5%。青田火车站获“金华车务段年度先进集体”“金华车务段标杆班组”“金华车务段年度新冠肺炎疫情防控工作先进集体”等称号。（沈　剑）

【缙云火车站】　2020年，缙云火车站有在职员工70人，管辖缙云站、新碧站和长坑站。全年实现行车安全8070天，开行旅客列车14对，货车14对，旅客发送4.8万人次，货运到发量99.58万吨。收到锦旗8面，感谢信16封，工单表扬20起。车站初次获市级巾帼文明岗称号并通过市级文明单位的复评。车站党政工团围绕年度安全经营目标开展各项工作，实现安全生产目标，杜绝责任铁路交通一般D类及以上和程度相当的其他生产安全事故、杜绝责任职工工伤事故、杜绝较大环境污染事件、杜绝较大职业卫生健康事件、杜绝社会管理综合治理不良事件。夯实安全工作基础，提升安全管理水平，确保安全生产持续稳定。根据省政府关于普速铁路沿线外部环境安全隐患整治的通知，车站对接当地政府、公司和安监部门，7月实现车站全封闭，取缔长达20余年的站内非法通道，有效遏制路伤事件发生，实现年拦停26件，同比下降40%。车站持续开展“巩固深化优化服务提升年”活动，培育核心竞争力，完善“货运五化”品牌内涵和载体。加强中间站美丽站所标准化行车室创建，落实现场管理措施，加强软硬件设备的补强与创新，采购正面吊，强化货场作业设备；客运的“三合一”（验检合一、售服合一、进出合一）改造，实现旅客的“三个出行”（安全出行、方便出行、温馨出行）；宿舍改造，提高职工的家文化，实现年度各项评比达标。（陈阿慧）

【庆元火车站】　庆元站地处浙江省庆元县屏都街道洋背村，隶属于金华车务段松阳车间管辖的客运站（三等站），于2015年11月开工建设，2020年9月27日投入使用，车站以“风雨廊桥、生态庆元”为主题，凸显庆元的地域特色，打造庆元对外展示的亮丽名片。候车室面积近4500平方米，最高可聚集人数500人，检票口1个（进站闸机3台）；候车室主楼的右侧设有贵宾室，面积40平方米。车站共有职工22人，其中党员3人、团员6人。旅客列车5对，其中，动车组列车2对，普速旅客列车3对。庆元站落实总公司党组、集团公司及车务段决策部署，贯彻“以人民为中心”思想，传承浙西南革命精神，站好上海铁路局首岗。至年底，庆元火车站实现首个安全年，安全96天，完成旅客发送50246人。（张晋诚）

【龙泉火车站】　2020年9月27日，随着衢宁铁路的开通，龙泉市火车站投入运营。龙泉市火车站位于浙江省丽水市龙泉市剑池街道茶坦村，以“青瓷莲花、现代龙泉”为主题，塑造一个特色化城市门户形象。车站站场规模为3台4线（其中1站台为温武吉铁路预留站台）站房总建筑面积7998平方米，最高可容纳旅客3000人次。站内设有人工售票窗口2个、自动售取票机3台，并推出服务台购票的新服务形式。车站配备旅游咨询中心、旅游集散中心等配套设施，从而更好地服务旅客。龙泉市火车站现有管理人员2人、行车人员8人、客运人员9人、安检人员5人，共24人，其中党员3人。实行二班制。至年底，旅客发送8万余人次，日均发送量800人，其中单日最高发送旅客近2300人。（祝峰军）

【松阳火车站】　2020年9月27日，衢宁铁路开通运营，改变松阳县不通火车的历史。松阳火车站是隶属于中国铁路上海局集团有限公司金华车务段管辖区段内的三等车站，位于浙江省丽水市松阳县斋坛乡花田垄西岭根自然村，主要负责办理松阳地区旅客乘降运输工作。站场规模为2站台4线，站房建筑面积近4985平方米，最高可聚集1200人次，设有售票窗口2个，自助售票机5台。车站以“千年古县，田园松阳”为主题，力求展现松阳的地域文化特色，整体造型现代、简洁，提取当地具有代表性的传统建筑符号木构架及夯土墙，利用现代建构手法加以处理，既蕴含传统文化内涵，又展示现代车站特色。松阳火车站有职工36人，党员8人。行车岗位设车站值班员8人，助理值班员2人，应急值守2人，行车班组实行四班制。客运值班员1人、客运员7人、售票员4人、安检员5人，实行日勤班制。2020年，车站共发送旅客43519人，日均发送旅客453人，其中单日最高发送旅客达1527人；完成运输收入176.58万元，日均运输收入1.84万元。（赵建新）

【遂昌火车站】　2020年9月27日，衢宁铁路开通运营，遂昌迈入铁路时代。遂昌火车站属客货运综合车站，隶属于金华车务段管辖。站场规模为2台4线，站房建筑面积3992平方米，其中候车室面积1900平方米，可同时容纳600人进站候车。车站以“金山林海，仙县遂昌”为主题，提取遂昌传统建筑形式，以四坡屋顶结合遂昌之“昌”字，造型整体简洁典雅，站房中央采用大面积玻璃，贴合中式廊柱，饰以金色灯光设计，将传统建筑元素完美融合到现代车站设计中，车站四周青山环绕，林木叠翠，夜晚车站泛出古老金矿光泽，体现自然与建筑的和谐之美。车站采用“售服合一，验检合一”的全新旅客购票乘车模式。售票处设有人工售票窗口2个，自动售（取）票机3台，另在候车大厅内设有“售服合一”服务台1个，自动售（取）票机1台。车站现有职工27人，党员4人。行车岗位设车站值班员2人，助理值班员2人，客运岗位设客运值班员1人，客运小组长1人，客运员5人，售票员2人，安检员5人，实行两班制；设备维保人员4人，保洁人员3人。至年底，共发送旅客4.72万人，日均发送旅客492人，其中单日最高发送旅客1286人，完成运输收入181.16万元，日均运输收入18871元。（姚云俊）

公　路

【概况】 2020年，市公路管理局以市委巡察组巡察交通工作为契机，坚决履行全面从严治党主体责任，切实增强“四个意识”，从讲政治、讲责任、讲担当的高度，切实增强政治巡察意识，自觉把思想和行动统一到市委对巡察工作的要求上来，加强党风廉政建设，狠抓问题整改，持之以恒深化“清廉交通”建设，统筹协调配合巡察工作与做好其他重点工作的关系，做到“两不误、两促进”，以实际成效体现巡察成果。2020年，丽水市公路总数达3320条，总里程15803.743千米。全市公路密度91.36千米/百平方千米。公路通乡镇142个，通乡率100%。行政村通达2110个，公路通村率100%、硬化率100%。全市公路桥梁3652座总计262340.95延米，公路隧道346道总计274378.64延米。完成5个ETC在停车场拓展应用任务，完成辖区内收费站入口混合车道ETC交易成功率达99.1%。做好深化公路收费制度改革取消高速公路省界收费站后续工作，确保系统稳定。贯彻落实省、市要求，深入推进“证照分离”改革，推动“互联网+政务服务”持续领跑。所有行政权力事项全部关联到“浙里办”平台，实现100%掌上办、100%网上办，累计公路超限运输通行证886件。

【公路规划研究】 2020年，市公路管理局紧抓建设高水平交通强省等重大机遇，深化厅市合作机制，科学谋划和争取一批项目纳入部省规划，以交通先行支撑引领经济社会发展，其中合肥至温州高速公路缙云段等7个总里程480千米总投资约1200亿元的高速公路项目全部进入《浙江省高速公路网中长期布局规划》，构筑起“一带三区”市域高速公路三环线。谋划的规划省道有12条全长1400千米纳入《浙江省普通省道网布局规划》，较现有普通省道增加3条，总里程增加900千米，普通国省道网将由“八纵五横”加密为“十纵六横”。

【公路重点工程项目建设】 2020年1月6日，丽水市生态产业集聚区水阁至腊口公路建成通车，该项目总投资11.99亿元，其中，省补资金4.5亿元、地方配套7.49亿元，水腊项目对沟通丽水经济技术开发区、景宁民族工业园及腊口集疏运基地等区块，促进丽水市经济持续快速发展，加快丽水城乡一体化进程，带动区域经济发展有着重要的作用。推进浙西南省级应急保障基地建设，该项目总投资2725.94万元，总建筑面积3857.33平方米，包含2栋车库及1栋技术管理用房。1月20日，完成项目招投标工作，并于10月入场施工。至年底，项目主体工程已经完成45%，基地计划2021年内建成。

【“四好农村路”建设】 2020年，丽水市超额完成“四好农村路”省三年行动任务考核指标，完成实施新改建提升农村公路3149.5千米（其中，通乡通景公路改扩建493.9千米、打通自然村断头路452.3千米、低等级公路提升改造2203.3千米），安全生命防护工程3801千米，路面维修工程2303.8千米，危桥病隧改造80座，新建普通公路服务站131个，分别完成三年任务的116%、112%、120%、108%、102%。其中完成2020年省民生实事新建和改造提升农村公路1101.5千米，完成考核任务108%。完成危桥病隧改造13座，完成考核任务100%。实施临水临崖4米以上高落差路段安防设施276千米，完成考核任务106%。完成《丽水市“四好农村路”中长期发展规划》工作，对标全省“四好农村路”建设“四个”领先和创建示范县目标，为2035年全面建成具有丽水特色的高水平“四好农村路”奠定坚实基础。

【公路管养】 2020年，市公路管理局完成国省道路面大中修3.1亿元，完成266千米的路面维护，维修改造桥梁18座，隧道提质升级49道。丽水市松阳县摄影四都线、青田县千峡探源美丽乡村精品线、遂昌县“湖光山

青田千峡探源美丽乡村精品线　　（徐奕婧 提供）

色”风景线、景宁县溪杉线（青景庆县道）及庆元县龙后线（淤上至安南段）获评“2020年省级绿化美化精品道路”，其中，松阳县摄影四都线、青田县千峡探源美丽乡村精品线同时获评“2020年省级特色精品道路”。丽水市普通国省道检测12条共1650.72千米，路面技术状况指数（PQI）均值93.52，全省排名第二位，为全省提升幅度最大的市（提升2.63），其中路面损坏状况指数（PCI）均值94.46，排名全省第二位；优良路率98.94%，排名全省第三位；次差路率0%；路面行驶质量指数（RQI）均值92.37，排名全省第四位。2020年，迎国检路况检测，丽水市被抽检里程353千米，其中，高速公路204千米，普通国省道149千米，占全省检测总里程的近30%。为确保实现“保位争先”目标，全市上下早部署、早安排、早落实，投入4.6亿元，完成390千米国省道（含高速公路100千米）路面维护。10月25日，完成丽水市境内路面检测工作，获得检测组普遍好评。

【公路治超】　2020年，市公路管理局有序推进治超非现场执法车道和新增超限运输检测站建设，持续开展信用治超、非现场执法和联合执法工作。完成年度建设任务22条。突出抓好“双百”车辆专项整治，尤其是青田县由政府牵头、多部门参与，将重点监管货运车辆纳入交警路面预警布控系统，有针对性地开展路面执法，取得较为明显成效，“双百”车辆占比由整治前的25.1%降至6.9%。完善治超执法网络，至年底，建成治超非现场执法车道8条。

【开展公路应急演练】　2020年，市公路管理局组织开展公路应急演练25次。11月24日至26日，为期3天的“省级公路交通突发事件暨国防交通应急演练”在龙泉市举行。演练以“应急处置综合技能比武”为主题，共设置“灾情侦察与研判、开辟应急抢险通道、圆管涵铺设及路面恢复、架设应急通道桥”4个科目。演练中，各代表队展示出良好的精神风貌、默契的团队配合、过硬的操作技能，充分体现应急处突的实战能力。最终，丽水市交通运输代表队在演练中获团体总分一等奖。

【美丽经济交通走廊】　2020年，市公路管理局完成美丽经济交通走廊660

2020年丽水市公路里程一览表

表12　　单位：千米

行政区域	公路总里程	按行政等级分									
		国道	国道高速	普通国道	省道	省道高速	普通省道	县道	乡道	专用道路	村道
丽水市合计	15803.743	1003.959	381.698	622.261	547.08	36.915	510.165	3480.426	1349.54	182.998	9239.744
莲都区	1320.53	95.915	68.603	27.312	86.54	—	86.54	318.243	65.03	31.068	723.736
龙泉市	2650.341	215.537	65.484	150.053	73.789	23.192	50.597	589.936	235.89	35.664	1499.523
青田县	2457.89	139.919	67.301	72.618	70.418	—	70.418	410.121	169.08	—	1668.353
云和县	929.043	124.859	43.9	80.959	5.568	—	5.568	151.075	172.30	19.564	455.681
庆元县	1601.19	66.759	21.332	45.427	112.413	—	112.413	415.416	159.08	4.215	843.305
缙云县	1474.723	50.661	21.3	29.361	98.13	13.723	84.407	341.931	67.19	19.939	896.877
遂昌县	1836.199	126.762	28.987	97.775	54.129	—	54.129	630.043	134.71	57.488	833.065
松阳县	1555.839	99.209	52.791	46.418	46.093	—	46.093	256.099	119.08	15.06	1020.294
景宁县	1977.988	84.338	12	72.338	—	—	—	367.562	227.18	—	1298.91

千米创建任务，其中，公路600千米，航道60千米。青田县被评为2020年全省万里美丽经济交通走廊达标县。至年底，丽水市辖区共创成万里美丽经济交通走廊3328千米，总里程居全省第二位，其中精品创建811千米居全省前三位，完成规划任务（3217千米）的103.5%。创成万里美丽经济交通走廊达标县（市、区）9个，其中，示范县1个（云和县），串联起“山海林田湖、城镇乡村景”美丽经济要素，奋力打通“绿水青山”转化为“金山银山”畅途。

【普通公路服务站建设】 2020年，市公路管理局建设公路服务站7个，项目投资350万元。按照“因地制宜，布局合理，功能实用、资源共享、服务优良、管理规范”原则，并对照省中心标准进一步完善。开展与地方加油站、农家乐、经营户、景区共同创建普通公路服务区，不断延伸公路服务内容，提升公路服务水平。丽水市高速公路服务区实现三星级全覆盖，松阳、云和服务区成功创建四星级服务区，四星覆盖率达66.7%。全年全市投入1500万余元，以综合环境专项整治活动为抓手，对丽水、松阳等服务区进行全面改造升级，争创四星级服务区和“司机之家”称号。 （季琳瑜）

运　管

【概况】 2020年，市道路运输管理局建起交通抗疫“防护网，实行网格化责任落实体系，组建应急保障车队，奔赴上海、杭州、温州等地运输口罩、防护服、医用酒精等应急物资，调派应急客车运送执勤人员、被隔离人员和“三返”人员，保障防控应急需求。停车停班期间，采取“点对点、一站式”包车方式，制定“一车一策”运输方案，协助务工人员返丽水返岗，主动当好复工复产“先行官”。出台《全市道路运输企业有序复工和疫情防控工作指导意见》，派出复工指导组、驻企联络员帮助企业解决实际困难，搭建丽水市货运信息服务平台，以帮助解决复工期间货运企业找货难、商贸企业找车难的问题。

【运营“四好农村路”】 2020年，市道路运输管理局完成新建改建港湾式停靠站187个，完成率100%；新建农村物流服务点901个，完成率100.1%；完成乡镇运输服务站33个，完成率103%；新增更新农村客运班车94辆，完成率109%。继续保持建制村通客车率100%，确保“四好农村路”三年行动圆满收官。

【危货品运输专项整治】 2020年，市道路运输管理局开展“铁拳整治”“雷霆整治”专项行动，实行网格化全链条整治。共发放企业隐患整改清单38张，梳理出的248个问题全部完成整改。约谈训诫企业27家次，停业整顿企业7家，淘汰取缔1家。完善联合执法、异常问题管控、企业动态评价事故多发点段整治、电子运单人脸识别管控机制，以危险货物非法营运、非法充装存储、超速疲劳驾驶等违法行为为重点，出动交通执法人员3493人次，对全市36家企业、690辆危运车辆、1088名从业人员进行全面排查清理。全市实现道路危险货物运输领域从业人员全部合规、“两外”车辆和挂靠车辆已全部清零。危运车辆超速数较整治前下降88.6%，事故多发易发势头得到遏制。

【绿色智慧交通发展】 2020年，市道路运输管理局新增和更新清洁能源公交车100辆，新增和更新清洁能源出租车65辆，淘汰国三及以下排放标准的柴油货车669辆，新增8家尾气治理维修企业（M站）。新增电子公交站牌80个，新增改建公交站点20个，城市建成区公交站500米半径覆盖率98.5%，发展微公交线路12条。完成丽水智慧交通数字化监测平台（一期）建设并上线试运行。打造智慧化出行新业态，丽水市与浙江清华长三角研究院的合作融入长三角一体化的首个运营项目——“帮邦行”网约出行服务平台落地并投入运营。

【运输行业治理】 2020年，市道路运输管理局完成“两客一危”车辆智能视频监控报警改造456辆，安装率达到100%。办理完成行政处罚案件249件，其中，客运车辆违法82件、出租车违法27件、普通货运车辆违法41件、危险品货运违法46件、驾培业违法11件、非法营运（黑车）26件、网约车非法营运16件，罚款总额133.6万元。不断深化“互联网+执法”。启用综合监管平台3.0系统，更新和加密热点营运地区的监控设备，加强线上与线下执法配合，提高打击的精准性。 （范丽兵）

城市（乡）公共交通

【概况】 2020年，丽水市公共交通集团有限公司（简称市公交集团）完成运营里程2570万千米，2019年同期1588万千米，同比增长61.8%；实际完成运营班次195万次，完成客流量2741万人次；市区公交IC卡发行量15016张，刷卡量3120.6万人次；市区办理公共自行车卡2883张，各县市办理公共自行车卡2839张。全年投入使用自行车服务点197个，有桩车位5348个，投放运营车辆6550

辆（其中，市区 5700 辆、水阁 500 辆、碧湖 350 辆）；公共自行车租用量共 172.05 万人次，移动扫码无桩租用量 45.09 万人次，有桩租用量 12.55 万人次，单个车位市民日均使用率近 2.2 次。2020 年，市公交集团为 70 周岁以上老年人提供免乘服务 581 万人次；为残疾人和持有献血荣誉证书的提供免乘服务 168.76 万人次。受疫情影响有所下降，同比分别下降 26.2%和 26.7%。

11 月，公司承办 2020 年省公交协会年会；完成“全国最美公交司机”巡回演讲报告会任务，组建丽水市公共交通集团有限公司文体团队，参加市国资委组织的“文旅杯”篮球赛暨趣味运动会，并在多个项目中勇夺桂冠，展现公交人的良好精神风貌。组建 2 个基层党支部、团支部，通过完善组织机构，推进“支部标准化”“党建标准化”工作建设。

【公交安全生产】 2020 年，市公交集团完善、落实安全责任制度，切实把安全生产目标落到实处，对各类安全台账进行完善和补充，层层签订安全生产责任书，做到人大重点提案要求责任到人，落实到位。以公交营运“动态、静态”安全隐患排查为主线，对公交运行的人、车、站亭（牌）、站场等生产经营场所进行全面的安全隐患排查。安全设施设备检查 81 次，检查车辆 1692 辆次，参加检查人员 538 人次，查出问题 283 处，及时落实整改，推进安全建设。坚持每月组织从业人员 2 次安全教育培训，并结合公交运行实际，协调沟通公安治安、反恐、交警、消防、市红十字会等相关部门，邀请专业人员给从业人员讲解公交车行车安全、反恐防范、车辆消防安全、现场应急救护、突发事件应急处置等专业知识，会同相关部门开展应急演练，不断提升从业人员现场处置突发事件的能力和水平。加强安全检查，落实文明城市测评体系期间的安全检查工作，不断提高从业人员安保意识，确保文明城市测评体系期间安保防范工作的完成。开展安全隐患排查，建立长效安全督察机制，重点对办公场所、站场站点安全隐患，疫情防控工作落实情况进行督查。全年安全形势平稳，未发生一般以上道路交通事故，修理厂、公交站场、办公区域等均无发生机械、火灾、电路、电器、失窃、人身伤害等安全事故。

【公交文明服务】 2020 年，市公交集团开展“丽水公交天天进步”文明创建活动。斑马线礼让率 100%。助力全国文明城市、国家卫生城市创建工作。对各站场、公交站亭、站牌公益广告进行网格化巡查，发现问题及时落实整改；在规定时间内完成 25 个点位共计 46 幅十九届五中全会主题公益广告画面的布设工作；不定期对照文明城市、卫生城市创建指标对日常工作进行巡查。建立成效管理机制，确保常态化管理。

抓线网优化。根据市人大重点提案要求及上级部门的指示精神，新增 5 条公交线。完成跨县公交线路 310-C（畎岸至松阳板桥）、203-C（均溪至云和石塘镇）开通工作。开通微循环公交 1 号线（中梁滨江首府至绿城玫瑰园）、22B 线（丽华行政村环线）、501-2 线（黄村至皂坑村）。优化调整公交路线 7 条，其中，对 5 条公交线路进行延伸，13 路（由公交公司南延伸至城西公交站）、24 路（由公交公司南延伸至教工路北）、28 路（由港口延伸至万洋众创城）、2 路（由商贸物流城延伸至陆港国际物流）、村村通线路 N322（雅溪至泄下村）；对 2 条公交线路进行优化，7 路（完善中梁滨湖苑区域、教工路北区块的线网）、22 路（完善星湖国际区域的线网）。合理调配车辆，促使公交资源调度更加切合实际。制定服务标准，加强服务质量考核，不断改进公交服务正点率、车厢服务合格率、公交服务承诺兑现率等，打通服务市民“最后一公里”。公交线网覆盖范围不断扩大，已覆盖莲都区所有乡镇及缙云、青田、云和、景宁、松

2020 年 9 月 29 日，板桥—畎岸跨县公交线路开通仪式在松阳板桥村举行

（方思茜 提供）

阳5个县在内的接壤乡镇，总服务面积1600余平方千米，中心城区公共交通站点500米覆盖率98%，群众出行更加便捷。

做好公共自行车维保和装配工作。在车辆保养方面，除日常保养外主要侧重于车辆前后轮紧固件的调整，全年修复故障车6515车次，车辆维保养16415车次。至年底，共有公共自行车6550辆。

【公交科技信息投入】 2020年，市公交公司通过技术手段完成原城乡、城市公交GPS、视频监控等平台整合，逐步完善车辆动态监控的统一管理；配合大数据局开放GPS定位服务相关数据目录，完善信息服务；完成微信公众号扩展，在继续运营微信服务号基础上，同时运营微信订阅号，加强信息宣传报道，全年报道信息73篇，进一步运用信息化手段为乘客提供移动端精准信息查询服务，市民出行更便捷。　（方思茜）

港　航

【港航规划研究】 2020年，丽水市谋划的瓯江（丽水—温州）航道，瓯江上游旅游航道（龙泉、遂昌—丽水），丽水港腊口、船寮、温溪、港头、海口作业区等8个总投资近56.5亿元的项目纳入《浙江省内河航道与港口中长期布局规划》。其中，瓯江（丽水白岩大桥—温州岐头）三级航道纳入国家高等级航道布局规划，项目全长156.8千米，占全省新增国家高等级航道里程的9.8%，总投资32.5亿元；瓯江上游（龙泉、遂昌—丽水）五级旅游航道纳入省级支线航道布局，项目全长201.1千米，占全省新增支线及旅游航道里程的31.6%，总投资18亿元。

【航道项目建设】 2020年，瓯江航道整治工程丽水段累计完成投资12.93亿元，超额完成计划（12.65亿元）。其中，上游段完成年度投资1.505亿元，完成航道工程近96.90%，船闸工程近95.80%，桥梁工程97.50%；下游段完成年度投资12800万元，完成三溪口船闸主体工程，累计完成航道工程88%，完成青田船闸工程88%。

【美丽航道、水运基础设施建设】 2020年，全市完成美丽航道60千米创建任务。其中，青田县30千米、龙泉市20千米、景宁畲族自治县10千米，各段均按标准创成。温溪港区货运码头1个1000吨级散货泊位改建工程于2020年10月通过交工验收，设计年吞吐量63万吨。实施美丽渡口创建7道，渡船提升改造23艘，渡埠改造22个，撤销2个。建成油污收集设施8处，码头前沿生活污水设施5处，配置码头和船舶垃圾收集设施32处。100—400总吨货运船舶生活污水柜改造77艘，改造率实现100%。新增港口岸电设施2套，淘汰老旧船舶7艘，节能环保营型运船舶比例达到3.6%。2020年，全市有水路运输企业9家（客运企业7家，货运企业2家），水路运输辅助业企业4家，营运船舶146艘、1529客位、43168载重吨。其中，普通货船108艘、43168载重吨；旅游客船38艘、1529客位。

【船舶污染防治】 2020年，全市港口、水路客运企业均与有资质的转运公司签订转运协议，实现油污水、生活污水、垃圾接收转运处置闭环管理；与丽水海关技术中心签订船舶燃油检测战略合作框架协议，为船舶燃油质量监督检查和行政执法提供技术支撑。完成大港头管理码头2套岸电设施的年度建设任务，为具备受电设施且靠港停泊时间2小时以上的船舶使用岸电。全市配置港口码头渡埠船舶污染物垃圾接收设施340个，油污水收集储存柜14个，处理装置6处，建设生活污水接收设施10处，更新生活污水接收船1艘，各项建设任务完成率100%。

景宁绿草渡口　（季琳瑜　提供）

【港航行政服务】 2020年，港航深化“最多跑一次”改革，用好“互联网+政务”，探索服务新举措。所有行政权力事项关联到“浙里办”平台，实现掌上办100%、网上办100%，其中水路运输企业经营许可、航道通航条件影响评价审核（法人/个人）事项进入“互联网+政务服务”中交通综合服务专区。疫情期间，创新推出“云确认+同步办”模式，通过网络视频身份确认，整合流程同步受理，群众好评率100%。

【平安港航】 2020年，辖区73个渡口、7家水路客运企业、4家港口码头、2家水路货运服务企业运行秩序良好。全年出动检查人员1247人次，检查渡口、码头、船舶1083艘（项）次，检查水路企业170家次，开展联合巡查16次，发现并整改隐患68起。辖区未发生一般及以上水上交通责任事故，未发生“三防”安全险情，未发生瓯江航道整治工程和上游库区在建施工项目安全事故，丽水市辖区水上交通安全形势总体保持平稳、有序、可控。 （季琳瑜）

航　空

【概况】 2020年，丽水机场工程建设指挥部克服新冠肺炎疫情影响，落实“抢时间、补增量”工作部署，深入开展“三敢三比”活动，攻坚克难、抢抓进度，推进机场及配套项目建设，完成丽水机场初步设计（第二批）、机场主体土地农转用报批，土地、房屋征收成效显著。丽水机场土地报批工作自2019年4月启动，因报批程序较复杂，为保证项目工程进度，在省、市两级自然资源部门的支持下，于2020年4月获批49.04公顷先行用地，为抢抓土石方施工进度创造条件。11月18日，机场主体共228.7公顷用地农转用获省政府批准，机场建设进入全面大规模施工阶段。土地征收方面，机场及配套项目总用地近693.33公顷，累计完成征收近601.07公顷，完成总量的86.69%。房屋征收方面，计划征收总面积近7.8万平方米，累计完成拆除7个村7.36万平方米，完成总量的94%；完成鸿运气体有限公司的腾空拆除。

【完成机场项目前期报批工作】 2020年6月10日至12日，丽水机场初步设计（第二批）评审会召开，初步设计通过专家评审。8月20日，中国民航华东地区管理局、浙江省发改委联合印发《关于新建浙江丽水机场初步设计（第二批）的批复》，标志着丽水机场项目完成前期报批工作。此次批复明确飞行区、航站楼、货运区、空管、消防救援等工程内容。根据初步设计，丽水机场将新建一条长2800米、宽45米跑道，新建长370米、宽91.5米站坪，设置机位8个。经过评审调整，丽水机场初步设计（含第一批初步设计）总概算290048.91万元。

【机场及配套工程建设】 2020年1月10日，土石方试验段工程通过竣工验收。土石方工程3个标段依法完成施工、监理、第三方检测及监测的公开招投标，其中03标段已基本完成地基处理并全面进入回填强夯施工。至年底，修筑施工便道近8千米，清表31.53万立方米，挖淤泥3.59万立方米，土石方挖运59.54万立方米，土石方填筑150.8万立方米。2020年，取土区清表188.67公顷，累计清表210公顷，完成总量的50.38%；开挖土石方1101.7万立方米，累计开挖1172.83万立方米，完成总量的26.78%；进场道路工程开挖土石方18.13万立方米，累计开挖42.43万立方米，完成总量的64.71%。 （涂敏静）

2020年6月10日至12日，丽水机场初步设计（第二批）评审会召开

（涂敏静 提供）

网络　电信　邮政

电子政务建设

【概况】 2020年，市大数据局遵循省政府总体框架和思路，围绕"整体智治、唯实惟先"现代政府建设要求，融合数字赋能、改革破题、集成创新的工作方式，定位丽水一带三区、美丽大花园核心区，做好顶层设计。发布丽水数字化转型三年行动目标方案，明确推进政府数字化转型的理论框架、实施路径和工作方案，建设"四横四纵"（"四横"：业务应用体系、应用支撑体系、数据资源体系和基础设施体系；"四纵"：政策制度体系、标准规范体系、组织保障体系和政务网络安全体系）一体化智能化公共数据平台；建立由市政府主要领导担任数转领导小组组长，市数转办具体统筹协调，六大领域专班实体高效运作，市领导牵头每日花园云会商的运转机制，各地各部门一同建立横向联动、纵向协同的工作机制；配置一套保障体系，出台《丽水市公共数据资源管理办法》《丽水市本级政府投资信息化项目管理办法》《丽水电子政务外网网络与信息安全管理暂行办法》《公共数据共享安全管理规范》《政务部门核心业务梳理规范》，组建花园云联合创新实验室，市财政专门设立数字化转型专项资金；打造一个公共数据平台，以业务协同、数据共享两大模型为突破，建成贯通国家、省、市的数据中心共享平台，各部门均建立首席数据官和数据专员机制；建立一套考核评价体系，将年度数转工作目标制成细化、量化、可考核、可操作的指标体系，明确路线图、任务书、时间表，周抓推进，月度晾晒。上线"好差评"系统，以办事群众反馈精准提升政务服务水平。

【政务网络设施建设】 2020年，市大数据局持续提升政务"一朵云"支撑能力，有效承载83家单位的186个业务系统，推动实现全市80%的部门业务系统上云，进一步提升云资源使用效率。全市政务网络全面升级，纵向覆盖市、县、乡三级共1800个政府单位，横向整合10个部门业务专网至省政务外网，为数据共享开放等提供高效可靠的网络基础。推进"雪亮工程"建设，覆盖包括公安教育、医疗、交通、水利等多个行业，为应急指挥、治安动态监管、重大活动安全保障提供有效支撑。

【数据资源治理】 2020年，市大数据局完成全省统一架构的市公共数据平台搭建；跨部门、跨区域、跨层级数据归集共享开放成效显著，丽水市"数据高铁"22号线开通，上行数据超672.2万条；对接全省"数据高铁"，开放500个以上数据集；不断优化数据归集模式，至年底，归集数据55.91亿条，比2019年年底增长4301%；问题数据比例不断下降，累计共享调用1.65亿次，同比增长1926%；开放公共数据集563个，开放数据4.94亿条，同比增长83785.62%。"银龄卫士"获全省数据开放大赛二等奖，"区块链+普惠金融"获全省数据开放大赛优胜奖。

【掌上应用】 2020年，市大数据局聚焦"掌上办事之市""掌上办公之市"目标，不断深化放管服改革，提升服务效能。"浙里办"是数字化改革面向群众企业的总入口，支撑全省政务服务"一网通办"，集成汇聚全省政务服务、城市生活、社区治理等领域场景化应用，联通全国一体化在线政务服务平台；"浙政钉"是数字化改革面向机关工作人员的总入口，支撑跨部门、跨层级的信息互通、业务联动与协作，集成汇聚全省决策、执行、监督、评价等数字化应用。构建"浙里办"自运营服务平台，累计发展用户80.08万户；全面完成浙政钉2.0迁移升级工作，激活率99.65%；全面推进市县两级依申请政务服务事项接入政务服务2.0平台，推出一批与群众、企业密切相关的高频政务服务事项，实现智能"秒办"完成3个批次的政务2.0

事项改造，实现事项通过政务 2.0 网上受理达 80%。

【政府数字化】 2020 年，市大数据局花园云“城市大脑”收录 33 个场景，涉及 9 个部门。疫情期间，建立“惠企一码通”平台，动态集成、量身定制惠企助企扶企政策“服务包”106 个，推动企业办事“码上就办”“一次不用跑”，数字赋能有效助力疫情精密智控、企业复工复产，获省委、省政府主要领导肯定。以“花园云”（城市大脑）、小流域自然灾害预警平台等为代表的一批典型平台、项目和应用，集中展现数字政府的先发优势转化为治理效能，为全省数字政府建设贡献丽水智慧。 （杨 威）

电信传输

【概况】 2020 年，丽水长途电信传输局（简称传输局）以服务为中心，加强价值观管理，较好地完成全年度各项重点工作。传输局始终将干线保畅通任务作为全局工作的重中之重，加强基础维护管理，采用构建运行顺畅、衔接紧密的工作模式，健全各项规章制度和工作标准，做好干线保畅、本地网主干光缆维护、运营管理支撑、市场化创收、队伍建设等工作，确保丽水境内 、二级国防光缆安全畅通。至年底，丽水传输局负责维护管理的国防光缆线路共 16804.64 千米，其中，干线光缆 1514.19 千米（一干光缆 959.41 千米、二干架空光缆 554.78 千米），本地网光缆 15290.45 千米（中继光缆 11002.09 千米，主干光缆 4261.33 千米，集团客户光缆 27.03 千米）。干线光缆维持全年 0 障碍率，本地网障碍率 0.026 次/月。全年更换本地网光缆 46.57 千米，更换电杆 253 根，更换防鼠光缆 27.32 千米，新增三线交越保护 52 处。新型冠状病毒肺炎疫情期间，传输局成立应对新型冠状病毒肺炎疫情工作领导小组，对接保障客户需求，优先保障党政机关、卫健委、医院等疫情防控重要单位的通信服务，并做好政府项目的支撑工作。

【缆路整治】 2020 年，传输局在缆路薄弱环节整治和明显化补缺方面，共计整治提升缆路 39.74 千米，管道明显化提升 20 千米，缆路隐患和明显化补缺 67 千米；干线直埋光缆迁改 30.6 千米，干线架空光缆迁改 30 千米；水泥封沟修补 2978 米，水泥台阶 1774 米，油漆宣传牌 1243 块，管道路由铺地砖332 块，花岗岩描字 536 处，安装拉线警示套管 134 根，干线路由砍青 2166.56 百米。丽水辖区内共接收维护 22 家 27 条集团客户光缆，全部完成光缆摸底、定位和基础维护资料成册等工作。

【专业化支撑服务】 2020 年，传输局在全市范围内开展光网建设质量联合检查验收，对装维服务进行帮扶支撑，联合验收光网项目 34 个，其中，光网建设项目 24 个，维护类项目 10 个，累计组织培训 30 人次，完成属地装维实操培训 1 期，计 25 人次，其中为第三方队伍开展装维培训 15 次，并应邀参与丽水分公司装维竞赛评委工作，受到丽水分公司好评。开展装维质量管控共 11 期，涉及工单1725 张，复查工单 124 张，出具质量分析报告，FTTH 装维重点管控环节质量指标中 8 项明显改善，2 项劣化，装维质量尤其是装维工艺和固定器件的使用得到明显提升。在每期装维联合检查中，传输局协助丽水分公司，对资源准确率进行核对，全年核查工单 2500 条，平均资源准确率97.64%。通过 1 年持续高压式追踪，丽水 H 光交资源准确性稳定在 96%以上，有效地促进资源增效。

【军警民联合护线宣传活动】 2020 年，传输局牵头组织开展丽水市“三电”设施保护暨第二十二届军警民联合护线宣传月活动，采取与军方联合巡线的方式，持续开展分层次走访，利用电视、媒体、抖音平台等形式进行宣传，与丽水市护线宣传工作组和

2020 年 6 月 11 日，军警民联合护线宣传 （吴夏冰 提供）

各运营商共走访沿线乡镇、人武部、公安、电信及其他相关单位150余个，张贴通告3000余张、宣传彩页1万份、送护线宣传品8000份，市电视台新闻报道1次、广播电台宣传30天。排除违章建筑安全隐患10处、制止违章施工9处，消除线路隐患8处。各县级传输分局会同军警民联合护线宣传各成员单位制订护线常态化工作方案，建立与国防光缆沿线的公安机关和乡、镇、村干部相互联系的模式，依靠各级力量，形成多渠道的护线网络，施工造成的线路危害率较2019年下降8%。（吴夏冰）

电　　信

【概况】 2020年，中国电信股份有限公司丽水分公司（简称丽水电信）发挥网络强国"主导者"、网信安全"国家队"、数字丽水"主力军"作用，加快5G网络建设，持续打造云网融合优势，实现万兆到园区、千兆到用户，维护网信安全；承建的智慧停车、"生态视窗"项目投入使用，提升城市智慧管理能力；完成市住建局建筑物全生命周期管理平台及BIM系统建设，助力住建系统信息化提升。落实脱贫攻坚举措，发挥信息化企业优势，实现信息化扶贫、业务扶贫、公益扶贫落地，通过丽水市红十字会向各扶贫结对村捐赠扶贫资金14.3万元。2月6日，副市长杜兴林对丽水电信在此次疫情防控中所做的通信安全保障工作给予肯定。5月17日，与丽水联通联合举办1+1>2发布会，双方推进共建共享，联合探索综合虚拟网业务。11月12日，副市长戴邦和一行到丽水电信调研指导，并肯定丽水电信在助力智慧城市建设方面做出的贡献。

2020年5月17日，丽水电信&丽水联通战略联合发布会举行（钟郑卉　提供）

【通信保障】 2020年1月，丽水电信组建11支通信保障应急突击队，共400余人，从海量数据中筛查相关数据7605条，发送防控定向公益短信9167万条，保障视频会议445场，出动保障人员2028人次；加强信息化支撑，全市安装"天翼看家"300余个，助力"停课不停学"，为450所学校、30万名师生提供服务；保障复工复产，累计服务企业1000余家、复工人员1万余人；"12345"打造群众暖心线，24小时轮岗战斗在"疫线"，日最高呼入量18367次，组建"湖北小分队"远程支援武汉。2月24日，丽水市委组织部举办"百个侨团结对百名'白衣战士'深化'一人一专班'服务活动"。市委常委、组织部部长方健忠，市委常委、统战部部长王小荣以及市委组织部、市卫健委、市侨联、市人民医院等有关单位领导和部分侨团代表参加仪式，丽水电信发挥通信保障主力军作用，通过天翼云会议系统，实现与白衣战士和海外华侨的视频连线。

【推动数字丽水建设】 2020年，丽水电信坚持以数字平台、智云护航、雪亮工程、大数据为抓手，以精耕行业、树标杆、规模发展为业务拓展模式，拓展DICT信息化业务，助力数字丽水建设。全年累计签约项目425个，业务涵盖政府、公安、教育、医疗、金融、农业等重点领域。丽水电信中标丽水市花园云平台"生态视窗"、莲都区教育局教育网络光纤租赁、遂昌县2020年交通优化提升（5个信号灯）采购、丽水市电子政务基础设施一体化管控平台、丽水市建设局全生命周期综合管理平台、丽水市电子政务应用系统硬件平台（电信云平台）服务、丽水市公安局情指联勤中心大屏系统集成等项目。（钟郑卉）

移　　动

【概况】 2020年，中国移动通信集团浙江有限公司丽水分公司（简称丽水移动）累计通信服务收入13.6亿元，增幅7.5%，位列全省第二。个人市场通话用户到达200万户，日通份额85.3%，位列全省第一；流量份额77.9%，位列全省第二；手机客户满意度位列全省第一。家庭市场宽带用户到达55万户，宽带份额58%，位列全省第一；宽带客户满意度位列全省第二。政企市场收入份额52.2%，位列全省第一，其中DICT收入份额超50%，位列全省第一；专线收入份额46.4%，位列全省第一；政企客户满意度位列全省第一。全年无线网络累计投资5亿元，新建5G基站1500余个，占全市80%以上，实现市县城区、重点乡镇和重要景区覆盖；有线网络累计投资2亿元，新建端口10万余个，宽带户籍覆盖率137%，行政村覆盖率99%。

丽水移动实践国企党建"党建和创""亲情网格""和格行动""和力量"四大品牌，公司党委响应"百企结百村、消灭薄弱村"号召，完成8个县市11个结对村精准帮扶，累计投入扶贫资金28.3万元，帮销扶贫农产品18.6万元。与浙西南革命根据地纪念馆签署红色文化教育基地共建合作协议，打造丽水特色红色文化教育基地品牌。发布"和力量"党建工作品牌，不断发挥党委、支部和党员三大作用显性化。先后与市政府等单位开展红色讲堂22场，与55个外单位党支部建立和创联盟，打造浙西南等10个红色实践基地，依托红色先锋累计开展扶贫、义诊等服务20余次。设立党员"先锋岗"25人、党员"责任区"52个、党员"突击队"63支，开展"主题党日"活动228场次，岗区队活动600余次，参与党员人数1000余人次。丽水移动以"五大强化"扛起新冠肺炎疫情防控政治责任，抓好通信、服务、防控"三个保障"。组织员工捐款支持抗疫工作，为政府推送疫情防控大数据分析专报，以"移动大数据"助力政府"精密智控"，对驰援武汉等6500余名医护人员给予通信优惠政策，推广"5G+居家隔离智能管控""5G+云客服智能机器人""5G热成像+晨检机器人"等应用落实疫情防控措施，自主研发"智慧工地""复工防疫""务工通招聘平台""神灯疫扫"等平台助力复工复产复学。

【5G网络建设及应用成果】 2020年，丽水移动贯彻网络强国战略，加快5G等新基建发展，打造丽水新型基础设施建设、应用和发展。承担丽水市建设网络强市、数字丽水、智慧社会的重要任务，是丽水市5G建设启动最早、投入最大、覆盖最广的运营商，确保丽水市移动5G发展"网络领先、能力领先、应用领先、运营领先、生态领先"五大领先。推进市政府和省公司签订的新基建（5G）战略合作协议落实，率先完成天面收编，C-RAN比例全省最高，完成700M NR试点组网。先后与丽水各县（市、区）及经济技术开发区、杭州数梦工场签订5G战略合作协议，双方将充分发挥各自优势，在5G网络、大数据、工业互联网等"新基建"和应用领域建立全面战略合作伙伴关系。至年底，丽水5G移动用户超25万户，5G活跃用户超20万户。打造7个省级龙头示范项目，建立5G锯床大数据、5G公安专网、5G+电力等创新实验室，丽水山耕5G农业数字化项目落地，并打造全省首个自然灾害应急预警平台和5G可视化指挥系统。

【信息化城市建设】 2020年，丽水移动推进小流域监测预警、丽水山耕智慧农业、仙都5G+5A智慧景区等重点项目建设。小流域监测预警项目进行多数据采集、多渠道告警、多维度决策、多险种预警模型搭建，作为全市唯一项目纳入全省政府数字化转型重点项目清单，并纳入科技部"重大自然灾害监测预警与防范"重点专项项目示范工程。9月10日，丽水移动与丽水市住房和城乡建设局签署战略合作协议，双方将以浙江省住房和城乡建设事业"十三五"规划纲要为指导，重点开展通信基础设施建设、业务管理信息化、创新技术应用、信息技术支撑等信息化建设工作。12月15日，"云聚产业 智汇丽水"京东智联云（丽水）数字经济产业园开园大会在丽水举行，中国移动浙江公司副总经理张汉良代表省公司为京东集团"浙江移动（丽水）5G直播示范基地"揭牌，丽水移动总经理郑武积代表公司与京东智联云（丽水）数字经济产业园签订战略合作协议。该示范基地将更好推动浙江移动5G创新应用拓展落地，签约双方将在5G业务、云服务、物联网、大数据等多个前端技术领域达成深度合作，共同推动丽水乃至全省的数智化转型发展。

2020年12月15日，浙江移动（丽水）5G直播示范基地揭牌仪式在丽水举行
（黄 锋 提供）

【网络保障】 2020年，丽水移动在应急保障方面应对“黑格比”台风、山火、冰冻等自然灾害，参与各类应急保障及通信保障工作，全年累计保障189次，出动人员2722人次，车辆92辆次，保障10余万户用户网络正常使用。6月19日，浙西南革命精神论坛在丽水召开。丽水移动做好丽水主会场与北京分会场视频会议支撑及通信保障等工作，联合保障小组搭建双路由保护网络，为会议提供直播网络专线、互联网专线、云视讯、电视电话视频会议系统等网络技术服务支撑。10月31日，丽水市2020“智汇丽水，发展同行——千企万岗”全国大学生双选会在体育中心举行，近5000人参加招聘会。丽水移动提前制定专项保障方案，现场通过扩容站点保障LTE高负荷场景下的客户网络感知，并以专线方式进行“直播带岗”实现网络实时直播。其间，保障区域网络平稳，各项指标运行正常，无重大故障、突发事件发生。

【移动创新与管理】 2020年，丽水移动开展企业创新和内部管理提升，全面对接省公司深化智慧运营项目，助力管理提质提效。全市注册QC小组62个，员工参与率超过45%，组织开展各类培训4次，累计参训人员140余人次。每季度开展主题创新活动，全年创新提案共786个，员工参与率80%以上。推进在岗技术革新，各条线三等奖以上优秀项目达到96个。网络部《研究基于5G网络的公安现场勘察新方法》、遂昌移动《提升渠道机伶绑定用户数》获2020年度丽水市优秀QC成果评选一等奖，其中《研究基于5G网络的公安现场勘察新方法》获全国QC小组成果发表赛一等奖、全国质量创新与技术大赛一等奖、亚洲质量改进与创新案例大赛二等奖。财务部采购物流中心“阳光采购QC小组”获中国质量协会、中华全国总工会、中华全国妇女联合会联合授予的“2020年全国优秀质量管理小组”称号；《降低采购超时项目占比》获全省QC小组成果发表赛一等奖。 （黄　锋）

联　通

【概况】 2020年，中国联合网络通信有限公司丽水市分公司（简称丽水联通）坚持以党建为引领，一手抓疫情防控、一手抓经营发展。全年公司收入同比增长8.7%，增幅高于行业2.4个百分点，排名行业第一位。思想政治研究成果再获中国联通二等奖，连续4年获集团级奖项；全省率先完成2G精简和4G共享目标；景宁党支部彭晔在浙江联通微党课比赛中获一等奖。丽水联通获“丽水市抗击新冠肺炎疫情先进集体”称号，被丽水市国防动员委员会授予国防动员工作先进单位，并创成浙江省文明单位。承建的龙泉小微企业园区被评为浙江省数字化示范小微企业园区。携手丽水电信联合举办1+1>2发布会，双方推进共建共享，联合探索综合虚拟网业务，并在青田拨通全省第一个跨网虚拟网电话。持续助力云和梅垄、青田周济村开展“消薄”帮扶，开展线上助农扶贫直播“带货”活动，助销丽水市扶贫对口城市的绿色农产品。与浙江闽锋化学有限公司、艾莱依时尚股份有限公司及国网浙江紧水滩发电厂等本地行业龙头企业签订5G+工业互联网战略合作协议，并为紧水滩电厂打造上线运行了全市首辆5G无人驾驶车。“降本增效篇”写出运营新成果，全年收入、利润均完成省公司下达预算目标。顺应市场发展，推进划小改革2.0。完成政企、大市场运营和网络线运营体系变革，成立5G共建共享工作组。

【搭建丽水市企业开复工审批平台】 2020年2月10日，丽水联通为丽水市经信局搭建的基于钉钉系统的“丽水市企业开复工审批平台”上线使用，为全市工业企业在做好疫情防控的前提下有序开复工提供信息化助力。该平台以《丽水市工业企业有序开复工和疫情防控指导意见》为搭建原则，具体包括企业复工申报和企业返岗员工健康监测两大平台，通过企业复工申报平台上报数据信息，辅助各级政府对各级汇总数据进行实时分析，贯彻落实各级政府疫情防控有关要求和部署；通过企业返岗员工健康监测平台可实现企业员工健康数据主动填报、企业员工健康数据上报、企业数据统计汇总。该平台首先在丽水绿谷产业园投入使用，服务园内400家企业、5000余位员工。

【“中国联通未来医院实践基地”战略合作授牌签约仪式】 2020年10月20日，“中国联通未来医院实践基地”战略合作授牌签约仪式在浙江浙大一院民族分院景宁县人民医院举行。丽水联通党委副书记、副总经理（主持工作）王振华、浙大一院民族分院景宁县人民医院院长李谷代表双方签约，浙江联通科教文卫金融客户部副总经理陈坚代表浙江联通现场授牌。景宁县委常委、副县长陈荣世出席并作重要讲话。此次签约标志着畲乡人民将拥有一家“家门口的未来医院”，可享有优质的医疗资源、现代化的诊疗服务和更低的医疗开支。

【浙江省卫生信息5G高峰论坛（丽水站）】 2020年12月19日，浙江省卫生信息5G高峰论坛（丽水站）在丽水联通举行。此次高峰论坛由浙江省卫生信息学会医院专委会和浙江联通联合举办，丽水联通承办。作为首发站，云集浙江省信息学会医院专委会以及丽水卫健委下属22家医院和联通省市公司70余位专家。此次论坛主题为"中国联通5G+助力基层医院"，重点围绕5G在医疗健康领域的前沿趋势，5G在智慧医院、智能监管领域的典型应用推动医卫行业信息化、医共体、医院信息化建设等方面工作展开。丽水市卫生健康委员会副主任王峰、丽水联通副总经理（主持工作）王振华以及新华三浙江代表处科教文卫总监杨辉出席论坛并讲话。浙江省人民医院信息中心主任郎义青、浙江医院信息中心主任费科峰作专题演讲。论坛上，丽水市卫生健康委员会与丽水联通开启全面战略合作。（徐　晓）

2020年12月19日，浙江省卫生信息5G高峰论坛（丽水站）在丽水联通举行

（周青云　提供）

邮　　政

【概况】　2020年，全市邮政快递业坚持"稳态势、提质效、优服务、惠民生、保安全"总基调，深入实施快递业"两进一出"（进村、进厂、出海）战略工程试点，科学统筹疫情防控和复产复工。全年完成邮政业务总量38.43亿元，同比增长16.24%；业务收入14.95亿元，同比增长8.10%。全市快递业务量1.53亿件，同比增长18.30%；业务收入10.08亿元，同比增长12.77%。全市邮政普遍服务营业场所196个，民营快递法人企业79家，邮政普遍服务和快递服务满意度保持平稳。市邮政管理局连续4年获市政府综合考核优秀，市局机关党支部连续7年获市直单位先进基层党组织，办公室被评为市级"巾帼文明岗"，市场监管处被命名为市级"青年文明号"。市邮政分公司获"丽水市生态产品价值实现示范企业"称号，龙泉市伟林快递服务有限公司获"全国邮政行业先进集体"称号，丽水市"快递+茶叶"项目被国家邮政局评为"2020年快递服务现代农业金牌项目"。

【邮快合作】　2020年4月8日，市邮政管理局联合市邮政分公司、市快递协会下发《关于加快推进邮快合作下乡进村的指导意见》，指出要充分认识邮快合作下乡进村的重要意义，营造邮快合作下乡进村的良好氛围，共建共享邮快合作下乡进村的服务设施，共同打造邮快合作下乡进村的供应链体系，切实提升邮快合作下乡进村的服务水平。邮快合作是邮政企业和快递企业"资源共享、补齐短板、互惠互赢"的合作。通过合作，邮政企业与快递企业可以互相学习借鉴同行业的企业文化、发展理念、管理方式等，为企业长远发展注入更大动力。全年全市邮政企业在缙云、遂昌、龙泉、青田、庆元县（市）开展邮快合作，取得初步成效，主要品牌快递企业进村率61.06%。

单位：万元

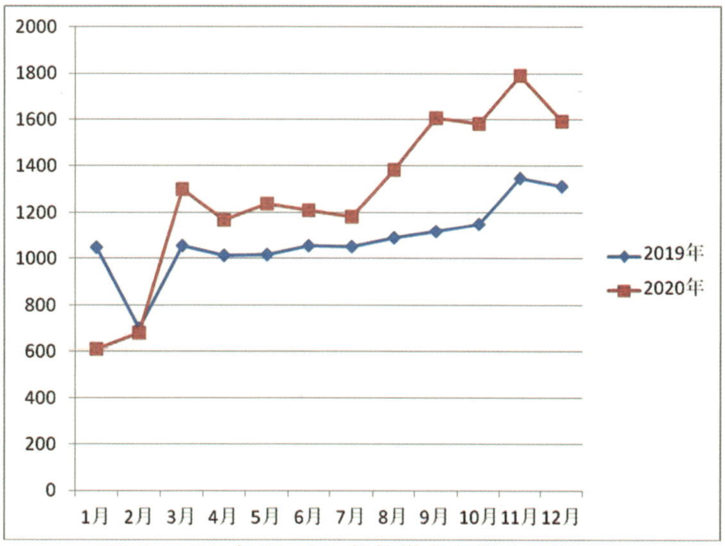

图1　2019年和2020年快递业务量分月图

2020年县(区)快递业务发展情况表

表13

地区	全年业务量(万件)	同比增长(%)	全年业务收入(万元)	同比增长(%)
莲都区	4012.52	22.16%	40015.03	14.13%
龙泉市	1464.25	16.15%	10997.88	25.86%
青田县	711.43	1.48%	6865.78	-5.53%
云和县	2266.80	-5.79%	9530.61	-8.37%
庆元县	601.65	31.80%	3532.53	30.29%
缙云县	4623.71	37.88%	19699.83	20.89%
遂昌县	594.95	-14.22%	4017.60	12.98%
松阳县	789.15	42.40%	4399.12	24.23%
景宁县	268.34	6.94%	1778.77	-3.75%
合　计	15332.80	18.30%	100837.15	12.77%

说明:同比增长数据为累计业务同比增长

【邮政助力乡村振兴】 2020年7月10日,市邮政管理局联合市发改委、市邮政分公司、市邮储银行下发《关于邮政助推生态产品价值实现助力乡村振兴的实施意见》,对邮政助推生态产品价值实现提出五个方面具体任务和实施路径:打造具有丽水特色的“两山邮政”示范站点;打通生态产品价值转化的“两山邮政”服务渠道;探索多渠道全方位惠农的“两山邮政”服务模式;搭建高质量助力精准脱贫的“两山邮政”互动桥梁;完善生态产品价值转化的“两山邮政”金融体系。全年全市建成“两山邮政”网点9个,其中龙泉市、景宁县各建成1个“两山邮政”精品服务站,市邮政分公司获“丽水市生态产品价值实现示范企业”称号。

【村级农村物流服务点建设】 2020年,市邮政管理局依托“四好农村路”合作项目,利用城乡物流运输网络车辆和村镇公交班线,打造快递下乡专线,实现快递进位置偏远、人口稀少的农村地区和物流运输有效衔接,扩大快递进村覆盖面。其中,龙泉伟林快递服务有限公司推进农村物流服务点建设,完善“县、乡、村”三级服务网,实现多网络末端共配共派共收。该服务模式入选浙江省物流新业态新模式发展试点名单和浙江省交通运输厅第二批农村物流服务品牌,获市委副书记、市长吴晓东批示肯定。龙泉市伟林快递服务有限公司获“全国邮政行业先进集体”称号。

【快递业“两进一出”工程试点】 2020年7月16日,市政府出台《丽水市快递业“两进一出”工程试点实施方案》,成立工作专班定期会商部署。分类引导“快递进村”合作模式,2020年,市主要品牌快递平均进村率61%。融合拓展深化“快递进厂”合作,全市30个小微企业园快递服务覆盖28个,占比93.3%。探索打通“快递出海”通道,配合市政府推进中国“丽水”跨境电子商务综合试验区建设,指导邮政企业向省公司申请设立温州国际邮件互换局丽水延伸点。

【“丽水茶叶”获全国快递服务现代农业金牌项目】 2020年,市邮政管理局依托互联网、直播平台、遍布城乡网络,推动县乡村三级电商物流快递体系建设,助力丽水茶叶远销世界各地,形成“互联网+快递”农业发展新常态。通过引导快递企业为电商企业实行定制化服务,向企业总部争取快递单价优惠、分拨中心优先操作、快递优先派送等政策,引回部分在外设仓的电商企业,在茶叶直产地的乡镇设立快递网点,精准服务茶叶企业,为当地农村电子商务和农业发展增添新动力。2020年,丽水全市寄递茶叶快递业务量1195万件,首次突破1000万件,业务收入2980万元,带动农业总产值8.9亿元。

【市邮政业安全与发展中心获批成立】 2020年4月22日,市委机构编制委员会批复设立丽水市邮政业安全与发展中心。丽编办〔2020〕37号文件批复明确,同意设立市邮政业安全与发展中心,为市邮政管理局所属的公益一类事业单位,机构规格相当于正科级,经费来源为市财政拨款。主要负责全市邮政业安全监管信息系统的建设运行维护、承担邮政业安全监管、应急管理的技术工作、从业人员安全教育、培训、邮政业消费者申诉受理等工作,2020年,处理申诉件1882件。

【青田邮政管理局获批成立】 2020年4月8日,丽水市第三家县级邮政管理机构——青田邮政管理局获浙江省邮政管理局批复同意成立,由市邮政管理局管理。市邮政管理局与青田县机构编制委员会对接,批复同意设立青田县邮政业安全中心。设立青田邮政管理局,有助于加强全市邮政行业安全监管力量,进一步维护寄递渠道安全,助力市邮政快递业健康发展。青田邮政管理局为丽水市邮政管理局派出机构,机构规格为正科级,监管范围为青田县全境,主要监管对象为辖区内邮政企业、快递企业和邮政用品用具生产企业。　　(章良勇)

城建　城管　环保

综　　述

【概况】　2020年，丽水市创成美丽城镇省级样板乡镇10个，美丽城镇升级基本达标24个。莲都区、云和县、缙云县、松阳县的县域行动方案被评为省级优秀，17个乡镇的行动方案被评为省级优秀。传统村落保护成效显著，全年全市完成传统村落保护规划编制91个，传统村落风貌保护提升工作启动34个，省级美丽宜居示范村试点申报成功26个。丽水市加快现代化山水城市建设，江滨商务中心完成投资21.1亿元（含土地出让金），中央公园绿化完成主体工程施工，全面启动海潮河老旧小区改造暨历史街区改造项目房屋收购工作，并完成设计方案招标工作；完成北城慢行系统规划初稿编制工作。切实抓好各县（市、区）城市品质提升“五个一”（建一座商业综合体，打造一片文化街区，培育一条高品质步行街，建成一个五星级酒店，建设一个未来社区）项目，完成项目投资额近62亿元。全市处理垃圾总量76.25万吨，日均处理垃圾量2276吨，无害化处理率100%。全市城镇生活垃圾分类覆盖面90.46%；完成省级高标准垃圾分类小区20个、示范片区2个、定时定点投放清运试点商业街10条和定时定点投放清运试点生活小区创建10个；跨山统筹推进市区和云和县、松阳县以及龙泉市和庆元县协同处置，全市9座生活垃圾填埋场转为生活垃圾无害化处理应急保障设施。全市完成城镇生活小区“污水零直排区”建设21个，新建改造污水管网178.11千米，管网排查194.53千米，均超半额以上完成年度任务。全市新增城市绿地127.51公顷，新建绿道126.9千米；创建省级园林式居住区（单位）10个、优质综合公园4个、绿化美化示范路4条和街容示范街4条；以经常化创建文明城市为抓手，常态化做好城区公园绿地维护管养工作，开展城区万象山等公园基础设施提升改造；有序推进中山公园及地下停车场项目、紫金路绿道等项目前期工作，完成东地路临时绿化基地、紫金北路水利内河景观等4个街头绿地建设和体育场围墙、绕城线、卢镗街等城市主要道路沿线栅栏的立体绿化建设。全年全市建筑业总产值近395.96亿元，同比增长2.53%，实现增速由负转正。房地产业势头良好。全市完成房地产投资273.29亿元，同比增长26.8%，增速高于全省平均水平20个百分点。全面改革工程建设领域保证金制度，全市建筑业企业缴纳的60.64亿元保证金中已通过保函释放现金56.27亿元，保函替代率92.79%。　（夏天戈）

城市规划

【国土空间总体规划】　2020年，市自然资源部门推进国土空间总体规划编制，基本完成“三条控制线”划示工作，生态保护红线评估调整成果通过市政府常务会议审议和省自然资源厅专班审查，上报自然资源部审核；永久基本农田保护红线和城镇开发边界划示方案已上报省自然资源厅。加强省、市、县三级联动，对接省级总规，落实上位规划，反映市级诉求；形成市级总规方案，并向市委、市人大、市政府、市政协作汇报；按照“一带三区”战略格局强化市域统筹，指导县级总规编制，9个县（市、区）均完成县级总规初步方案，71个乡镇完成乡镇级总规招标工作。

【全市国土空间规划支撑“绿水青山就是金山银山”转化实践试点工作部署会暨国土空间规划编制培训会】　2020年，丽水市成立由市委、市政府主要领导任双组长的实践试点领导小组和工作专班。8月26日，全市国土空间规划支撑“绿水青山就是金山银山”转化实践试点工作部署会暨国土空间规划编制培训会在丽水召开。省自然资源厅厅长黄志平、市委书记胡海峰出席会议并讲话。统一思想认

2020 年 8 月 26 日，全市国土空间规划支撑“绿水青山就是金山银山”转化实践试点工作部署会在丽水召开　　（李雪姿　提供）

识，下发试点实施方案，明确各项任务责任单位和完成时限，确保试点工作有序推进。试点以高水平保护为前提，形成《百山祖国家公园全域联动发展专项规划》《瓯江流域山水林田湖草生态保护修复工程实施方案》等系列研究成果，为提升自然生态资源价值奠定基础。形成《丽水市产业平台整合提升总体方案》，并积极谋划飞地政策，推动要素集聚和流动。初步探索形成丽水市生态空间分级分类划分方法和生态空间详细规划技术导则，助推生态产品价值转换。

【中心城市控制性详细规划、城市设计】 2020 年，市自然资源部门按照“城市修补、生态修复”原则，完成南城产业及功能提升布局规划与重点片区城市设计，开展北城总体城市设计、联城区块城市设计，提升城市设计水平，营造丽水特色景观风貌；开展重要区块控制性详细规划编制，完成中医院区块、丽阳路与紫金路东北侧区块、城东路与灯塔街东北侧区块等 9 个区块控制性详细规划并获市政府批复实施，做优中心城区存量空间，落实重点项目空间布局，实现城市建设空间管控。　　（纪　颖）

【专项规划及重点规划课题研究】 2020 年，市自然资源部门完成《丽水市邻里中心规划研究》，并配合相关行业主管部门完成《丽水市莲都区通信基站专项规划》《丽水市规划区城乡环境卫生专项规划》《丽水市中心城市体育空间布局专项规划》《丽水市区社会养老服务设施布局专项规划》等规划编制，组织有关部门和专家对《丽水市中心城市消防专项规划》《丽水市城市内河控制性专项规划》等规划进行审查，进一步推进《丽水市中心城市给水专项规划》《丽水市中心城市排水专项规划》《丽水市区医疗卫生设施布局专项规划》《丽水市区殡葬设施专项规划》等规划的编制工作。　　（张　越）

【规划宣传】 2020 年，丽水市城市规划展览馆发挥城市规划宣传职能，增加与群众沟通桥梁作用。围绕宣传自然资源和规划等主题，举办“护大家•爱小家”帐篷绘画、“小绿植•大世界”爱护自然资源苔藓微景观制作现场活动 2 场，以及微信线上“云活动”——“我在丽水，我为丽水代言”录音视频征集展示活动。推出“2020 年丽水市政府工作报告解读”“市委四届八次会议全体（扩大）会议报告解读”“学习传达中共十九届五中全会精神”“丽水市道德模范”等六期户外临展；完成《丽阳街与大洋路西北侧地块控规》《水东路与东地路东南侧地块控规》等现场项目公示 50 余个。全年接待各级领导、党政考察团、投资客商、社区学校等团队 100 余批，接待游客 8 万余人次。　　（汤伟娥）

城市建设

【市本级基础设施建设】 2020 年，全市新增城市道路 64.82 千米。市区着眼南北城组团发展，构建道路框架，新增城市道路 26.4 千米，完成和平路（寿元路—丽青路）、中梁悦湖雅苑北侧支路、东苑小区北侧支路、平东路（联平路—联花路）、教工路北延伸段、欣苑街（中山街—括苍路）、大溪南路（小水门大桥—南明山路）、南明山路等道路建设；桐岭路 PPP 项目完成建设投资 9.33 亿元。　　（张　扬　卢　凌）

面对新冠肺炎疫情负面影响，全体干部职工坚定信念、团结协作、共克时艰，弘扬浙西南革命精神、工匠精神和园丁情怀，推进全市垃圾分类、五水共治、园林绿化、市政设施等城市建设管理各项事业高质量绿色发展，为建设“重要窗口”打下坚实基础。2020 年，腊口污水处理厂建成试运行，推进水阁污水处理厂二期建设。市区全面开展主次干道、住宅小区、城中村和六小行业、机关企事业单位排查整改。牵头落实莲都区、市市场监督管理局等责任单位完成市政道路管网混排点位整改 310 处；督促莲都区完成 3073 幢雨污混排房屋改造任务。市本级基本建成旺能二期日处理能力 600 吨，市区完成省级高标准垃圾分类示范小区创建6个，完成省级高标准垃圾分类示范片区、商业街定时定点投放清运试点和生活小区定时定点投放清运试点各1个，市区生活垃圾分类收集覆盖率90%以上，生活垃圾同比实现零增长。配合市残联有序推进市区城市公园、主次干道等无障碍化改造，莲都区创成首批全国无障碍环境示范区。（吴　越）

【保障性安居工程】　2020年，保障性安居工程均完成年度任务。全市完成棚户区改造开工4295套、基本建成3798套、竣工3833套、交付入住4535套。持续加大公租房保障力度。全年发放城镇住房保障家庭租赁补贴2719户，全市政府投资公租房累计保障人数比例2.02%，各县（市、区）比例均超过1.2%。推进公租房"提标扩面"工作。丽水市各地陆续出台2020年公共租赁住房保障标准。公租房保障面积标准提高到人均18平方米，社保缴纳年限缩短为半年，将新就业无房职工、稳定就业的外来务工人员纳入公租房租赁补贴保障，并新增一线环卫工人、公交司机等重点保障对象。（钟剑飞）

城乡一体化建设

【美丽乡村建设】　2020年，丽水市建设局高举"丽水之干"旗帜，以乡村振兴为抓手，通过美丽宜居示范村试点和传统村落保护发展，示范带动全市美丽乡村建设。全市新增省级美丽宜居示范村试点26个，全市有省级美丽宜居示范村试点178个。42个村申报2021年度省级美丽宜居示范村试点，共有36个村被列入，居全省首位。

【农村住房救助】　2020年，丽水市继续把农村危房改造工程质量和安全监管摆到维护农民群众生命和财产安全的高度，将消除住房安全隐患作为改造核心任务，确保改造一栋、安全一栋，改造一户、安全一户。全市完成农村困难家庭危房改造3896户，共争取上级资金5844万元。至年底，全市完成农村困难家庭危房改造39383户，中央补助资金20891.75万元，省级补助资金11944.5万元。

【农村危旧房治理】　2020年，在市委、市政府领导和全省各级各有关部门共同努力下，丽水市经过14年持续改造，同时经过连续两轮农村危房全面治理改造，全市较大规模的农村存量危房安全隐患基本消除。由于房屋安全状况在不断动态变化，随着房屋自然老化和受外界各种因素影响，今后仍会不断新出现部分危房。为及时有效治理改造今后动态出现农村危房，确保农民群众住有所安，从2020年起，全面建立农村危房常态化长效治理改造机制，及时发现新出现的农村危房，做到发现一户、及时鉴定和治理改造一户，切实保障农民群众住房安全和农村困难家庭基本住房条件。全年全市排查出疑似危房688户，鉴定396户（其中C级340户，D级56户），通过拆除、新建、修缮加固、腾空防控等措施，396户危房已全面改造完成。（蓝振奇）

【"五水共治"】　2020年，全市完成城镇生活小区"污水零直排区"建设21个，新建改造污水管网178.11千米，雨水管网建设73.32千米，清淤排水管网1367千米，供水管网建设100.94千米，供水管网改造67.11千米，管网排查194.53千米；完成污水处理厂清洁排放改造4座，腊口污水处理厂基本建成具备通水试运行条件，水阁污水处理厂二期完成土建工程量35%。（潜程炮）

美丽城镇建设

【概况】　2020年，市委办、市府办联合出台《丽水市美丽城镇建设实施方案（2020—2022年）》文件，全方位引领全市美丽城镇建设工作，明确将美丽城镇建设工作纳入乡村振兴工作范畴，成立丽水市乡村振兴美丽城镇建设办公室，负责具体工作。全面启动美丽城镇建设，分3年验收全市147个乡镇（街道），其中40个乡镇（街道）创建美丽城镇样板镇，107个乡镇（街道）达到美丽城镇基本要

美丽城镇—莲都大港头镇"浙派民居"金港小区　（夏天戈 提供）

求。根据省美丽城镇办公布的考核验收结果，莲都区大港头镇等10个城镇被评为美丽城镇省级样板镇，莲都区黄村乡等24个城镇上榜美丽城镇基本达标城镇名单，超额完成2020年政府工作报告中明确指出丽水市要高品质打造大花园最美核心区，协同推进美丽丽水建设，其中要打造8个省级美丽城镇样板乡镇的年度目标任务。缙云县、青田县和景宁畲族自治县获评2020年度新时代美丽城镇建设优秀县。

【乡村振兴】 2020年，市美丽城镇办落实“擦亮小城镇”“树样板学样板”“项目建设比赶超”“最多跑一次进客厅”“双师进镇村”“美丽城镇智慧管家”六大行动，推进美丽城镇“五美”（环境美、生活美、产业美、人文美、治理美）建设项目有序实施，开展比学赶超擂台赛、督导并举，做好技术指导全面推进美丽城镇建设。加大环境设施提升力度。全市各乡镇新增城镇道路300千米，新增停车位5000余个，新增公交站点130个。莲都区大港头镇开通高铁站旅游专线、建成新能源电动汽车分时租赁设施；云和县崇头镇完成通景公路提升改造。全市新增公厕150座，新增污水管网2500千米，新建污水零直排区域200平方千米。进一步提升生活服务设施。随着住房建设水平、优质商贸设施供给、医疗健康服务水平、乡镇教育水平、优质养老服务等相继提升和加强，使居民幸福指数随之不断攀升。加快产业提升进度。全市新增市级以上创业创新基地14个，新增智能工厂5所，新增高端装备制造工厂2个，新引进龙头企业2家。缙云县壶镇镇依靠丽缙园高新技术产业园，逐步出清低效产能，引进生物医药、智能装备、新型材料等“高精尖”产业链。新增田园综合体19个，新引进省级以上科研院所9家，新增国家级发明专利48项，新培育省级以上农产品品牌9个。大幅度提升城镇品质。新增绿道310千米，新建绿地公园75个，新建休闲广场106个。缙云县壶镇镇通过开展“花满壶镇”建设，打造线路4条、交叉口10个和地块的花镜5个，因其独特，获浙江省园林工程建设的最高奖——浙江省“优秀园林工程”金奖。新建星级民宿200余家，同时引进开元曼居等国内超星级品牌酒店，新增小镇客厅25个，改造老厂房22万平方米，改造历史街区26条。提升城镇治理水平。全市各乡镇新增枫桥式基层站所34个，新增智慧管理平台53个。莲都区大港头镇建立“画乡义警——民宿联盟”、古堰画乡党群服务中心帮帮团、“画乡小荷”志愿服务队等平台。 （吴 飞）

市政公用事业管理

【概况】 2020年，丽水市本级市政管养道路88条，总长度161.6千米，总面积近450.9万平方米，其中，城市道路83条，长度近127.3千米，面积近352万平方米，雨水管道近229千米，污水管道近156千米；委托管养公路5条，长度约34.3千米，总面积近98.86万平方米。职责范围桥涵124座、隧道2座，其中，城市桥梁100座，Ⅰ类养护城市桥梁1座（紫金大桥），Ⅱ类养护城市桥梁2座（水东大桥和小水门大桥），Ⅲ—Ⅴ类桥梁97座；委托管养公路桥梁24座、隧道2座，其中特大桥1座（社后特大桥），大桥7座（塔下大桥、联城大桥、敏河大桥、牛岭头栈道、九里立交桥、太平港大桥、白岩大桥），中小桥16座，隧道2座（路湾隧道、塔下隧道）。

【市政设施维护管养】 2020年，修复人行道21898平方米、侧石414米，沥青零星修补4704.2平方米，砼路面2106.8平方米，更换各类井盖165座。设施维护完好率在99%以上，数字城管案卷结案率100%，及时结案率100%。维护管养截污泵站和污水泵站4座（大洋河截污泵站、东银苑截污泵站、教工路1号污水泵站、好溪东路泵站），截污管线3条，其中，丽阳坑截污管线长近2.7千米，海潮河截污管线长近1.1千米，贺家坑截污管线长近1.1千米。维护南明大钟1座、广场公园2座（处州公园、火车站广场）、市区街道休闲坐凳1135张、道路护栏维护管理总长6707米（其中，人车分离护栏6167米、中央分离护栏540米）。

【市政设施建设】 2020年，市市政设施管理中心完善市政基础设施建设。完成城北路、中东路、清远街、庆春街、长虹街、和平路、北苑路、明珠街8条道路污水管网修复工程；完成太平港大桥维修工程；完成丽阳街（括苍路-开发路）道路改造工程；开展下水南污水提升泵站新建工程，主体工程已结项；开展附属设施工作；开展水东大桥修复工程，并完成总工程量50%。

【燃气行业安全监管】 2020年，市市政设施管理中心推动管道燃气行业发展，完善城市燃气管网。北城区建设市政燃气管网127.83千米，燃气管网到小区门口覆盖率95%以上，基本形成框架。加快老小区管道天然气普及。市区完成30余个老小区、开放式小区天然气管道建设施工，建设完成户数2万余户。规范瓶装燃气行业管理，全面落实瓶装燃气实名制销售管控工作，同时通过专项整治行动进一步提升燃气行业规范化管理和监

管水平。（施力诚）

园林绿化建设管理

【概况】 2020年，丽水市园林绿化工作围绕诗画浙江大花园最美核心区建设目标，发挥“丽水之干”精神，创新开展亮点园林项目建设，提升园林绿化管理水平，做好“最多跑一次”审批改革等工作，进一步提升城区园林绿化景观。全年全市新增城市绿地面积204.97公顷，其中市本级建成区新增城市绿地面积81.95公顷；全市建成区绿化覆盖率42.14%、绿地率37.18%，其中，市本级建成区绿化覆盖率42.82%、绿地率38.2%。全市绿化建设工作获2020年度浙江省“优秀园林工程”金奖4个、获评浙江省2020年度“园林式居住区”9个、“园林式单位”1个、“优质综合公园”4个、“绿化美化示范路”4条、“街容示范街”4条。

【城市园林规划建设】 2020年，市园林管理中心持续开展城区公园绿地建设和改造提升工作，完成中山公园及地下停车场项目前期工作并开工建设；完成东地路临时绿化基地、紫金北路水利内河景观、城北路莲外初中部对面绿地提升改造、飞鹤大厦沿街绿地园林景观改造等5个街头绿地建设；完成体育场围墙、绕城线、卢镗街等城市主要道路沿线栅栏立体绿化建设，其中，立体绿化项目以月季为主题，有效拓展绿化空间，形成的月季花墙取得较好景观效果，成为城区热门“网红”景观。

【城市园林绿化管理】 2020年，市园林管理中心以经常化创建文明城市为抓手，依托信息化园林绿化管理平台，结合日常巡查考核、数字城管等多途径，做好城区公园绿地维护管养工作；不断优化城区绿地基础设施零星维护派工流程、绿化移交接管养等制度，并重点开展城区万象山等公园基础设施提升工作，其中，维修更换公园指示牌20块、健身游乐器材27组、各式铺装近3000平方米、栈道护栏近900米，进一步提升公园服务水平。（常晓静 张虹韵）

建 筑 业

【概况】 2020年，全市年度建筑业总产值近395.96亿元，同比增长2.53%，实现增速由负转正。全年实施新开工装配式建筑面积421.56万平方米，其中装配式住宅和公共建筑面积281.3万平方米。完成既有公共建筑节能改造5.3万平方米、可再生能源建筑应用面积157.3万平方米、实施高星级绿色建筑示范工程25项。全市建筑施工企业总数546家，同比增长15.92%。全面改革工程建设领域保证金制度，全市建筑业企业缴纳的60.64亿元保证金中已通过保函释放现金56.27亿元，保函替代率92.79%。（夏天戈）

【建筑业安全生产】 2020年，持续推进城市建设安全生产综合治理三年行动、“查隐患、除风险、保安全”“百镇千村万户”“平安护航新中国成立70周年大会战”等专项行动。加强责任落实，年初制定明确工作计划，开展季度和专项督查，共签订安全生产责任书25份，层层落实监管责任。开展督查5次，检查在建工地62个，燃气和供水设施14处，下发督办通知书76份，执法建议书2份，通报典型案例2起，全市处罚41起金额130.88万元，责令停工项目153个。提升标准化水平，48个项目被评为市级安全文明标化工地，19个项目被评为市级标杆工地，召开市级现场观摩会2次，持续强化标准化建设，鼓励企业“要安全，抓安全”。提高应急抢险能力，修订应急预案，组织应急演练，完成各项防灾任务。开展“智慧工地”平台建设，构建覆盖“主管部门、企业、项目”三级智慧监管服务体系。至年底，实现智慧工地“线上”监管481个，覆盖率73.90%。（应 佩）

房地产业

【概况】 2020年，丽水市房地产市场形势总体保持平衡。全市完成房地产投资273.29亿元，同比增长26.8%，位居全省第一位；全市房屋施工面积1925.88万平方米，同比增长22.8%；房屋竣工面积155.27万平方米，同比减少21.3%；销售面积296.02万平方米，同比增长18.2%，位居全省第二位；实现销售金额399.51亿元，同比增长38.3%。

【房地产开发企业】 2020年，全市核发房地产开发企业资质证书153本，其中，核发新成立的房地产开发企业61家，定三级房地产开发企业5家。至年底，全市房地产开发企业216家，其中一级资质企业2家，二级资质企业8家，三级资质企业46家。（胡晓荣）

测绘事业

【基础测绘管理】 2020年，全市基础测绘年度计划和实施经费基本列入国民经济和社会发展计划和财政预算。全市基础测绘经费投入3400万元，其中市区财政投入1121万元。开展测量标志巡查工作，根据浙江省财政厅、浙江省自然资源厅关于下达2020年省级测量标志保护资金的通知要求，全市测量标志维护管理和普查经费支出共10.35万元。市自然资源和规划局加强应急测绘预案演练。4月，组织开展应急测绘预演练暨现场技术培训活动；5月，丽水市2支演练队伍参加省厅组织的应急演练比赛。不断扩大地理信息数据资源覆盖范围。及时测制更新1:500数字地形图和1:2000数字线划图，全面完成市、县1:2000数字线划图生产项目，并通过质检验收和成果交付使用；丽水市连续4年统筹航天影像全省统一集中采购并完成0.5米分辨率全市域1.73万平方千米卫星影像的生产更新。2020年，全市域1.73万平方千米范围实现0.2米、0.5米分辨率高精度地理信息资源获取更新和实现全覆盖。

【测绘资质与市场监管】 2020年，市自然资源和规划局加强行业监管，规范测绘市场。开展测绘资质、质量、成果、地图管理“双随机”抽查8家；行政许可事项基本实现网上办理，共办理行政许可事项58件，其中，成果申领49件，地图审批6件，测绘资质申请3件；办理测绘资质注销3家，测绘资质信息变更4家，数据修改补充办理34家。开展“8•29”测绘法宣传日活动。不断加强测绘法及国家版图意识宣传。联合丽水电视(天气预报)在气象栏目播放测绘法宣传口号“强化国家版图意识，共同守护美丽中国”。8月28日，在白云社区开展测绘法现场咨询活动，发放扇子、环保宣传袋、《中华人民共和国测绘法》宣传册、国家版图拼图、全国地图等宣传资料，在丽水新闻综合频道播出《脚步丈量城市 绘图秀美丽水》专题片。9月2日，在天宁中学开展国家版图意识“进社区、进校园、进媒体”宣传教育，使学生们树立版图意识，了解维护国家版图重要性。对房地产领域、新闻媒体、互联网地图、汽车站、高铁站等重点领域进行“问题地图”专项执法检查。对全市47家房地产开发企业进行实地检查，共发出整改通知书3份，其中，市本级对丽水银泰置业有限公司、丽水众安房地产开发有限公司等10家房地产企业进行回头看检查，发出整改通知书1份，并责令存在“问题地图”的企业按要求整改到位；对丽水汽车东站、高铁站以及丽水发布、丽水信息港等微信公众号进行互联网领域问题地图检查。排查全市涉及“问题地图”进出口企业12家，特别是云和木质玩具生产企业8家进行重点检查；排查新闻出版单位、地图销售场所34家，未发现问题。通过对重点行业、重大活动场所的检查和标准地图宣传，进一步提高公众对国家版图认识。加强测绘成果保障服务，为政府和部门及各行业领域提供高精度、现势性的地理信息数据资源，包括正射影像成果、矢量地图数据，为市领导决策分析、国土空间规划编制、自然灾害、气象灾害分析、应急演练指挥等工作提供保障服务。为市政府提供最新的丽水山居152平方千米范围的1:2000正射影像图、庆元县百山祖镇1:2000正射影像图，为市领导调研和区域功能规划等决策提供科学依据和保障服务。同时，为部门国土空间规划编制、丽水市消防救援指挥中心、丽水市公安局应急指挥中心以及资源调查等提供数据资源和成果地图服务。

【测绘重大项目建设】 2020年，市自然资源和规划局围绕国家自然资源管理“两统一”(统一行使全民所有自然资源资产所有者职责，统一行使所有国土空间管制和生态保护修复职责)职责和经济社会发展需要，坚持需求牵引，推进1:2000线划图更新和航天影像统筹项目建设，丽水全市域范围0.2米、0.5米分辨率高精度地理信息资源获取实现全覆盖。市本级、景宁畲族自治县、青田县、龙泉市完成1:2000数字线划图更新1496平方千米，并全部通过质检验收和成果交付使用；完成全市域1.73万平方千米0.5分辨率航空影像和DOM数据更新工作；市区中闲区块(包含主城区的丽水山居研究范围)525平方千米实施1:2000数字正射影像每年更新1次，数字线划图DOM数据申领交付使用。为不断满足当前城市建设发展、自然资源保护开发利用需求，保持基础测绘成果现势性、准确性和可靠性，对市区国土空间规划范围1:500地形图进行修测更新，辅助政府和部门科学决策及社会各界提供测绘保障服务，测制更新面积149平方千米。继续推进“综合测绘”改革。根据《浙江省自然资源厅关于加快推进工程建设项目综合测绘改革的通知》文件精神，结合丽水市实际，2020年，对丽水市“综合测绘”中介服务机构基本名录库进行审核认定和公布，对今后符合综合测绘条件的中介服务机构建立动态调整机制，实现每季度审核调整公布一次，加强对综合测绘事中事后的监管。丽水市符合“综合测绘”中介服务机构基本名录库共34家，完善综合测绘改革线上审批流程，政府投资工程建设项目和房屋建筑项目相关流程纳入综合测绘并通过流程审批。全市在工程建设政府投资3.0平台上实施的综合测绘项目712个，其中市本级实施项目98个。统筹建设天地图地理信息公共服务平台。统筹联合省级专业部门对丽水市天地图地理信息公共服务“916”平台进行重新部署和统筹运维建设，满足市、县节点大比例尺地理信息数据已覆盖区域数据更新及未覆盖区域数据获取，对电子地图、航摄影像、地名地址及POI生产逐步纳入正常化、标准化，开展天地图评估工作，促进数据采集、数据融合和数据库建库规范化。2020年，完成市区1:2000电子地图500平方千米生产、融合航摄影像一批、地名地址及POI新采近80平方千米，不断丰富平台数据资源、扩大融合面积。以及完成525平方千米市区中闲区块数字正射影像（含丽水山居研究范围）等数据的生产。通过项目实施统筹部署和建设市、县平台，丰富平台数据资源，不断提高平台资源共享能力。（应文宇）

“三改一拆”工作

【概况】 2020年，市“三改一拆”行动领导小组办公室（简称市“三改一拆”办）推动“防违控违拆违”体系建设，做实拆改结合，持续深化“三改一拆”和“无违建”创建工作，着力构建生态、生产、生活共融共生的大花园最美核心区，提升丽水人民幸福感、获得感，为丽水高质量绿色发展注入强大动能。全市完成拆除违法建筑面积396.96万平方米，完成“三改”面积215.44万平方米，分别完成省下达年度任务量180.44%和153.89%。云和县创成全市首个“无违建县”，莲都区、缙云县、丽水市经济技术开发区创成“基本无违建县”，实现“基本无违建县”全覆盖；全市173个乡镇（街道）有158个创成“无违建乡镇（街道）”，完成“十三五”行动计划。

【防违控违】 2020年，市“三改一拆”办探索“违建智控”新路径，充分运用科技手段推进违建“防控”，推动违建管控科技化、便捷化、全域化，初步实现智能化防违控违。市区采用无人机摄影测量方式采集影像数据，对城区45平方千米范围的各类存量违建调查摸底，建立城市真三维模型，且每半年采集更新1次，实现违法建筑准确定位，填补日常管控漏洞。庆元县依托“钉钉+执法”和“无人机+高空摄像头”的“天眼”工程建设，借助大数据、“5G+”、“人脸识别”、云技术等新型科技，打造审批、监管、劝导、执法的防违控违科技链条，做到第一时间遏制新增违建。

【拆改工作显成效】 2020年，“拆改”结合释放城市空间，加强部门联动，落实属地管理责任，基层监管职责和即查即拆制，建立健全三项违法建设（筑）防控治理长效机制，形成“存量违建销号，新发违建清零”的“一拆”推进机制；结合“拆违、拆危、拆破、拆旧”和违建别墅、小微企业违建整治等专项整治，集中拆除重点区域、重点类型的存量违法建筑。推进整村整治，全市排查违建小微企业916259家，处置253家涉及违建面积36.15万平方米，违建面积处置率99.13%，同时因地制宜将部分拆后利用重点落实到民生实事和公益项目上，留住乡愁焕发村镇活力，打造一批高质量绿色发展的丽水样本。龙泉市剑池街道拆除南秦区块违法建筑面积3万余平方米，征收房屋面积7万余平方米，投资21.44亿元打造“剑瓷文化的国家名片，长三角的艺术客厅”；青田县温溪镇拆除违建面积44353平方米，投资716万元打造“金中公园”“晒谷场公园”等休闲公园；松阳县象溪镇雅溪口村拆除违建面积4200平方米，建成休闲娱乐广场、文化礼堂、公厕等配套设施；景宁县梅岐乡整乡推进，拆除违建面积1100余平方米，完成整治点位153个，升级为红色旅游打卡胜地。

【“无违建”创建】 2020年，市“三改一拆”办成立专项工作指导组到县（市、区）蹲点指导，召开“无违建”创建政策解读培训会、创建工作交流会、台账对比分析会等，组织31个申

2020年12月31日，云和县创成全市首个无违建县（刘莉莉 提供）

报的“无违建乡镇(街道)”验收、123个“无违建乡镇(街道)”抽查复评,全程做好“无违建”创建指导督查和协调推进工作。云和县开展菇棚专项整治,狠抓点位销号,以县级交办点位为突破口,以整路、整区块推进为手段,推进存量违建“清零”,共处置(整改)点位3486个,创成全市首个“无违建县”。缙云县推进反馈问题整改,就省考核验收组现场指出问题,召集18个乡镇(街道)、10个县属相关部门召开专题会议,并完成整改。莲都区结合“一市一区”体制,成立由市“三改一拆”办主任、莲都区区长为“双组长”的创建工作领导小组,明确市区各部门职责,形成攻坚合力。丽水经济技术开发区开展服务企业打造更好营商环境与重点区域内违建整治同步并行,处置量10万余平方米;强制拆除大体量顽固违建共4万余平方米,拆除瓯江沿线52家共4.2万平方米。

【“防违控违拆违”全域宣传】 2020年,市“三改一拆”办深化“防违控违拆违”全域宣传活动,借助以融媒体为平台、以重点区域为抓手,向全民普及防违控违拆违常识,通过全域性、多样性、立体式的宣传,营造“不敢违不能违不想违”浓厚氛围,增强全民“防违控违”意识。在全域百日宣传活动基础上,再开展“防违控违”宣传进社区活动,市区各小区重要出入口道闸进行“防违控违”标语宣传;丽水电视台新闻综合频道每晚7点19分播放违建后果宣传动漫视频,丽水网开设专栏,发表“三改一拆”动态新闻近2000条,发放宣传折页4000份。市级媒体录用2452条,连续三年居全省第一位,省办录用信息416条,居全省第二位,信息宣传总分居全省第三位。 (刘莉莉)

综合行政执法

【概况】 2020年,全市综合执法系统(以下简称全系统)办理一般程序处罚案件4916件,简易程序处罚案件4827件,采集违停车辆136042辆(次),掌上执法检查11098户次,处置数字城管事项73806件,信访投诉18008件,处置率100%。

全系统抽调960名执法队员参与新冠肺炎疫情防控工作(高铁站卡口220人,街道社区545人,高速卡口195人),其中,市综合行政执法局52名执法队员在丽水高铁站卡口坚守113天接待列车4583班次共27.35万人,根据高铁卡口真实故事改编的微电影《摆渡人》在省政法战疫专题中获三等奖, 系全省执法系统、全市唯一。为促进复工复产,第一时间制定出台《丽水市综合行政执法系统涉企案件“首违不罚”清单(试行)》《丽水市综合行政执法系统轻微违法违规经营行为免罚事项目录清单》,明确涉企“首违不罚”清单涵盖城乡规划类、园林绿化类、建筑施工噪声类、市政公用类4大类共30项具体执法事项适用“首违不罚”,对涉及综合行政执法领域的“擅自超出门、窗进行店外经营、作业或者展示商品”等17项违法违规行为给予容错改正机会。坚持“有序、可控、开放和三不影响”原则,全市设置各类地摊、夜市150处,就业人员4864人,开通大型商超占道促销“绿道”,取消占道审批次数限制,在“执法蓝”助力下,城市“文明风”“烟火气”并存。市区继光街复市被央视新闻频道报道;景宁畲族自治县试点环城北路“美食一条街”店外经营开创全省先例;庆元县开设市民广场步行街夜市被列入省级夜间经济培育城市。

【综合行政执法体制改革】 2020年9月30日,《丽水市综合行政执法事项统一目录》公布实施,明确20方面共300项行政执法事项的行政处罚权、与行政处罚相关的行政调查权和行政强制权划转,各县(市)按照“市县统一、同步完成”原则全面完成事项划转。同步建立《丽水市综合行政执法与刑事司法衔接机制管理办法

2020年11月1日,执法队开展《丽水市文明行为促进条例》《丽水市城市养犬管理规定》宣传活动 (邹　丽　提供)

（试行）》《丽水市综合行政执法统一执法事项清单管理制度》《丽水市行政执法争议协调办法》《丽水市综合行政执法部门与业务主管部门执法协作配合机制实施方案》系列配套机制，优化综合行政执法效能。全市10个县（市、区）173个乡镇（街道）整合设立综合执法中队73个，一线执法队员下沉比例超过85%；文明规范公正执法队建设通过达标验收63个，达标率86.3%。10月15日，全市第一支乡镇（街道）综合行政执法队在龙泉市八都镇挂牌成立。通过综合行政执法力量下沉，生态环境、自然资源、林业、水利四部门派驻，行使25个方面329项法律、法规、规章规定的行政处罚权及相关行政监督检查、行政强制权，有效推进综合行政执法与“四个平台”（综治工作、市场监管、综合执法、便民服务四个功能性工作平台）深度融合，形成“发现—查处—反馈”全流程执法闭环，提高违法行为发现率、处置率。

【执法规范建设】 2020年，市综合行政执法局深入推进行政执法公示、执法全过程记录、重大执法决定法制审核“三项制度”，推行执法办案“一张光盘”执法全过程记录，通过案审会、联席会议、交叉审核、提级联审、评判分析等载体加强法制审核。制定落实《行政执法三项制度及事项清单》《关于规范非现场执法的指导意见》《行政执法全过程记录信息调阅制度》，编制《丽水市综合行政执法系统指导案例汇编》《丽水市综合行政执法系统教科书式执法材料汇编》，规范行政处罚案件办理。市本级应当取得执法资格人数87人，现持证87本，执证率100%，全年配备执法记录仪224台，掌上执法终端250台，刻录机5台，数据采集器5台，无人机5台，为全面推行执法全过程记录提供充分保障。

【综合行政执法】 2020年，市综合行政执法局深入推进“三个执行年”实现“三个转变”活动，落实《丽水市城市市容和环境卫生管理条例》《丽水市城市养犬管理规定》《丽水市文明行为促进条例》《丽水市违法建筑处罚办法》等法规制度执行，以国家文明城市、国家卫生城市常创为契机，深化流动摊贩、占道经营、餐饮油烟、农贸市场、共享单车等常态化整治，以“物业+执法”“一区一长一规范”方式实现城市治理抓早抓小抓苗头。市本级首推餐厨垃圾外放检查处置模式，试点“共享单车投放（停放）设置指引”，设置“单车禁停区”，推出护考“综合查一次”。在网格管理中建立“微信群”44个，微信群涉及商户3800户。落实“责任区管理制度”，在专项工作中组建牛皮癣管理、共享单车整治、在建工地等管理群，以“线上+线下”方式及时发现纠正市容乱象。

【城市管理数字化转型】 2020年，市综合行政执法局完成市区智慧停车管理系统（一期）项目建设，通过运用国内最先进视频识别技术、互联网技术、云技术，升级改造市区2604个道路智慧泊车位及6个公共智慧停车场358个泊位，结合“智慧停车”管理平台和“浙里办”APP，形成一套集收费、监管、取证等功能于一体的道路停车管理系统，以最大获得感方便市民。同时，接入丽水市行政事业单位和国有企业停车错时开放停车场37个2114个泊位，基投公司6个停车场1460个泊位。143路高位高清摄像头实行24小时监管创新，实现对人行道违停、跨门经营等10项市容和环境卫生违法违章行为进行自动报警、抓拍取证，助力“非现场执法”。建设“花园云·餐饮油烟污染在线监管场景应用”项目，以“打通各油烟污染源治理主体、管理单位、执法部门间的信息数据壁垒”为路径，理清各方责权，优化油烟餐饮单位监管流程。试点安装餐饮油烟在线监测设备100套，实现餐饮油烟污染在线监测和可视化管理。对1626家餐饮企业一对一进行排摸，进一步明晰丽水市餐饮油烟企业现状。

【违建防控】 2020年1月8日，《丽水市违法建筑处置办法》印发实施，完善组织领导、约谈责任、协调指导三大体系，明确列举属违法建筑的6大常见类型和不属于违法建设的9大常见类型，对违法建筑明确不得办理不动产转移、抵押登记、相关证照登记、供电供水供气等手续，并将违法信息计入主体信用档案。制定《丽水市区新发违法建筑处置流程》，明确新发违法建筑处置六大机制，进一步规范新发违法建筑发现—勘验—立案—处置—结案程序，从制度上保障新发违建处置规范化、程序化。市区实现违建防控合作机制，突出顶层设计、源头管控、建中巡查、事后处置等合作事项，建立“无违建创建合力推进机制、新发违建即查即拆机制、违建防控日常巡查机制”三大机制，使综合执法与行业管理衔接更为有效。

【行政执法“最多跑一次”改革】 2020年，市综合行政执法局围绕“最多跑一次”改革部署，“最多跑一次”审批和登记服务事项共5项，实现跑零次实现率、即办率、承诺期限压缩比、“网上办”实现率、“掌上办”实现率、材料电子化率6项指标均100%。全年“城市大型户外广告设置审批”类办理量

30件；城市建筑物、设施上张挂、张贴宣传品审批办理量263件；临时占用城市道路审批类办理量1129件，总办件量1422件。根据《丽水市城市养犬管理办法》，依托养犬管理信息系统，在市区宠物诊疗设立机构开设服务点，实现养犬“免疫、植入芯片、登记、年检”一站式服务，从过去的“跑四次”实现“最多跑一次”，全年办理犬类登记898件。（邹　丽）

生态环境保护

【概况】 2020年，丽水市生态环境局围绕打造“全面展示浙江高水平生态文明建设、高质量绿色发展成果和经验的重要窗口”，全面打好污染防治攻坚战，全方位推进生态环境综合治理。丽水生态环境状况指数连续18年全省第一，生态环境质量公众满意度全省第二。空气质量状况在全国168个重点城市中排名第七位，连续6年保持在全国前十位；城市地表水环境质量指数排名稳居全省第一位。持续提升人民群众对生态环境幸福感和获得感。

【环境质量】 2020年，丽水空气质量指数AQI优良率98.9%，未出现重污染天数，全年优良率居全省第一位。国考Ⅰ—Ⅲ类水比例、跨行政区域河流交接断面水质达标率、县级以上集中式饮用水水源地水质达标率实现“三个100%”。2个国考断面水质提升一个类别，云和均溪断面水质从Ⅱ类提升Ⅰ类，莲都区水东大桥下断面水质从Ⅲ类提升Ⅱ类；遂昌大石出境断面水质达到Ⅱ类水。全市无劣Ⅴ类断面。各县（市、区）昼间区域环境噪声平均值53.8分贝，电离辐射环境质量和电磁辐射环境质量处于正常范围。受污染耕地安全利用率100%。

【生态环境治理】 2020年，污染防治攻坚战效果显著，持续巩固“五水共治”成果。完成5个工业园区“污水零直排”建设任务。开展“千吨万人”及以上饮用水水源地“划立”工作。8月，在全省高水平建设新时代美丽浙江推进大会上，丽水市首次获“大禹鼎”银鼎。市生态环境局制定《丽水市2020年细颗粒物和臭氧“双控双减”实施方案》，重点抓好细颗粒物（PM2.5）与臭氧协同控制。全市完成淘汰落后产能涉及企业62家，钢铁超低排放改造5个，臭气异味治理项目12个，VOCs整治项目15个，整治“低散乱”企业（作坊）410家，淘汰燃煤锅炉12台，淘汰国三及以下营运柴油车669辆，路检路查柴油车1773辆（含遥感车监测）。治土方面，完成全市土壤质量类别划分工作。完成19个农用地土壤超标点位“对账销号”工作，完成262家重点企业用地土壤污染状况调查空间信息整合、风险纠偏，在全省率先完成43个采样地块土壤和地下水采样、检测工作。全域“无废城市”建设启动，新增危废处置能力16.5万吨/年，实现市域内危险废物处置能力与产生量相匹配。全市1397家固体废物产生企业纳入“浙江省固体废物管理信息系统”。全市危险废物规范化管理考核优秀率93.5%。

【生态环境管控】 2020年9月，市生态环境局出台丽水市“三线一单”（生态保护红线、环境质量底线、资源利用上线和生态环境准入清单）生态环境分区管控方案，优先保护区面积居全省第一位，占全市总面积75.7%，结合“大花园”核心区和丽水市“一带三区”发展定位，对三类工业项目制定严于省级标准的个性化管控要求；率先提出“规范小微园区及工业集聚点设置、管理，编制小微园区及工业集聚点发展规划”等差异化要求。

【生态环保督察】 2020年，丽水市贯彻落实中央和省级环保督察整改工作精神，继续对第一轮中央和省级环保督察任务中的信访交办件和反馈问题开展整改落实，并按时报送整改调度情况。至年底，第一轮中央环保督察交办的250件信访件和省级环保督察交办的392件信访件均已按时办结。在第二轮中央生态环境保护督察期间，丽水市生态环境局做好督察协调保障工作，依法推进边督边改，丽水市信访件总数较第一轮中央环保督察有所下降，全市收到中央交办信访件211件，其中重点件3件；较上轮（250件）下降15.6%、重点件（14件）下降78.57%。本轮信访投诉主要涉及河道侵占、垃圾倾倒、山林生态破坏等群众切身感受的环境问题。丽水市依法依规办理中央生态环保督察组交办信访问题，已全部办结回复，并及时报送督察调阅资料和相关工作材料，第二轮中央生态环保督察发布的典型案例未涉及丽水市。督察期间，依纪依法严肃追责相关单位和人员，累计约谈47人，其中公职人员28人；责令企业整改130家，立案处罚55家，刑事拘留3人，罚款445.9万元。至年底，第二轮中央生态环保督察信访件211件已完成整改167件，完成率79.1%。

【生态改革创新】 2020年，市生态环境局加快推进生态文明体制改革，在全省率先开展全域生物多样性本底调查，编制浙江省首个市级生物多样性保护与可持续利用发展规划——《丽水市生物多样性保护与可持续利用发展规划（2020—2035年）》，并发现全球两栖动物新物种——百山祖角蟾，得到人民日报客户端、新华社、

2020 年 6 月，市生态环境局开展全域生物多样性本底调查之水生生物调查

（董 浩 提供）

人民网等各级媒体广泛关注。印发《丽水市生物多样性保护工作三年行动计划（2020—2022 年）》，编制《丽水市生物多样性管理办法》等相关制度，进一步完善法规和制度保障。在全省首个研发林业碳汇核定技术方法学，并完成全国首笔公共机构会议碳中和交易。发布全国首个空气质量健康指数地方标准，为生态环境保护工作从污染物总量控制向环境质量管理和风险控制转变作出有益探索。致力于持续提升生态治理和监管的系统化、标准化、数字化水平，出台《丽水市关于加快推进生态环境治理体系和治理能力现代化的实施意见》。聚焦数字赋能，建设丽水"花园云"平台，污染源监管、秸秆焚烧监管、噪声监管等场景上线应用。

【生态环境执法】 2020 年，丽水市办理环境信访举报投诉件 966 件，信访总量同比下降 22.72%，信访事件闭环处置率 100%，其中作为线索立案 34 件。集中力量开展"风雷一号""风雷二号"专项执法行动，精准执法、科学执法、依法执法，有效震慑环境违法行为。全年全市作出行政处罚 178 件，罚款金额 1950.85 万元，五个配套办法案件 22 件，其中，查封扣押 6 件、限产停产 4 件、行政拘留 6 人、刑事拘留 6 人。市生态环境局开设"丽水生态环境大学堂"，分行业、分领域开展菜单式培训，共举办培训 19 期，参训企业 1060 家、6000 余人次，并编印 10 个重点涉污行业《环保管理应知应会手册》，取得良好的社会反响。

【生态环境技术支持与服务】 2020 年，市生态环境局深化区域环境质量诊断，优化企业端治理，严控单位排污，对企业开展环境管理技术指导服务，与浙江省环境环科院、浙西南生态环境健康体检中心合作，为企业环保管理和区域生态环境提供"体检""诊断""治疗"等服务，累计对 80 家重点企业及 2 家重点园区进行全面体检摸排，查找出不健康"症状"470 余个，已整改问题 291 个。对青田温溪工业园区、丽水经济技术开发区、遂昌工业园区的生态环境状况，出具环境空气和地表水走航监测分析报告。

【生态环境宣传教育】 2020 年，市生态环境局以"5·22"国际生物多样性日、世界环境日、浙江生态日、丽水生态文明日等为平台，通过制作海报、研讨交流、媒体宣传等方式，加强生态环境知识普及、普法宣法和政策解读，增进全社会对生态环保的了解和认识。通过推动省、市两级绿色学校创建，邀请专家为丽水初中学生线上视频授课科普知识、组织开展环保设施公众开放等活动，将生态环境领域宣传教育纳入青少年教育体系，建立平等、广泛、便利的公众参与机制，充分用好生态文明教育基地，营造公众了解、参与和维护生态环境的良好氛围。2020 年，松阳县水文化公园、青田县小舟山乡、遂昌县垵口乡被命名为第十批浙江省生态文明教育基地，丽水市第二高级中学、莲都区天宁小学、龙泉市住龙镇中心小学等 10 所学校被命名为浙江省第十批省级绿色学校，202 户家庭被授予"2020 年丽水市绿色家庭"称号。

【医疗废物处置】 2020 年，丽水市新增危废处置能力 16.5 万吨/年，填补全市危险废物处置缺口，实现"自我平衡、略有富余"目标。疫情期间，全面落实医疗废物处置专人、专车、专区、专送"四专"要求，确保全市医疗废物得到及时收集转运、及时安全处置。全市医疗废物、医疗废水基本做到"应收尽收、应处尽处"，全年接收处置医疗废物 3443.54 吧，含疫情医疗废物 814.47 吨。制定突发环境事件应急处置方案，快速妥善应对突发环境事件，切实维护生态环境安全。2020 年，全市未发生突发环境事件和辐射安全事故。 （董 浩）

文化 广电 旅游 体育

综　　述

【概况】 2020年，全市文广旅体系统以“两手抓、两手硬、两战赢”为目标，紧扣高质量发展主题，突出重点、狠抓落实，推进直属事业单位机构改革，文化、广电、旅游、体育发展取得新成绩。文化示范建设取得新成效，获评2019年度“传承发展浙江优秀传统文化工作积极主动、成效明显的设区市”，持续深化公共文化服务体系建设，市图书馆新馆试运营开放，完成《浙西南革命文物保护利用规划》《全域传统村落暨老屋保护与发展规划》编制，《全国重点文物保护单位处州廊桥保护规划》通过国家文物局审查。市委、市政府召开全市旅游业发展大会暨缙云仙都成功创建国家AAAAA级景区总结大会。《关于推动生态旅游业高质量发展的若干意见》经市政府常务会议审议通过，云和梯田景区通过国家级AAAAA旅游景区景观质量评审，松阳创成丽水首个国家全域旅游示范县，连续第11次到上海做文化旅游推介活动，高质量融入长三角文旅大市场。2020年，丽水市实现旅游总收入655.99亿元，恢复至2019年同期84%，旅游收入恢复率并列全省第三位。　（孙　楠）

2020年，丽水市国民体质监测合格率93.5%、经常参加体育锻炼人数比例（不含学生）28.4%、人均体育场地面积2.64平方米，全市符合开放条件的公共体育设施和学校体育场地开放率100%。全市累计拥有各级社会体育指导员7907人，平均每千人拥有社会体育指导员3.57人。完成省政府民生实事体育类191个项目和中心机构改革任务。丽水运动员参加各项省锦标赛（冠军赛）共获金牌82枚。全年体彩销售总额4.77亿元，与福利彩票的市场占比为6:4，市场占有率全省排名第二位。丽水市体育发展“十四五”“1+4”系列规划编制工作启动；发布《丽水市中心城市体育空间布局专项规划（2017—2030年）》；丽水市体育产业联合会成立；松阳县获“浙江省运动休闲基地”称号。缙云三溪汽车越野小镇入围第三批省级运动休闲小镇培育名单。新获评省级运动休闲旅游示范基地2个、优秀项目2个，复评优秀项目2个；4项赛事入选2020年浙江省重点培育品牌体育赛事名录库；2020年度省体育产业资金项目库获补资金408.29万元。开展丽水市第一批市级发展资金项目库、市级品牌赛事、运动健身示范场馆、运动休闲示范基地等体育产业品牌评定工作。2020年，举办全省首届生态运动会开幕式及首站赛（赛事综合效益3382万元）、全国皮划艇静水锦标赛（赛事综合效益1200万元）、2020丽水大花园瓯江绿道宣传推介周活动等全国性大型赛事活动。以赛事为平台，提升“秀山丽水、诗画田园、养生福地、长寿之乡”城市品牌的知名度和影响力，以赛事助推丽水经济和社会发展。　（肖冬丽）

公共文化服务

【公共文化服务体系建设】 2020年，市文广旅体局持续深化文化惠民，全年完成送戏下乡1396场；送书下乡157488册。遂昌县通过省基本公共文化服务标准认定，全面完成浙江省基本公共文化服务标准建设，全市达标率100%。城市15分钟、乡村30分钟“文化圈”布局不断优化，图书馆实现全市通借通还。莲都区万象街道、松阳县大东坝镇、景宁县鸬鹚乡入选浙江省文化强镇，遂昌县云峰街道湖边村、青田县小舟乡黄员平村、缙云县壶镇镇湖川村、松阳县赤寿乡界首村入选浙江省文化示范村（社区）。

【丽水市图书馆新馆试运行开放】 2020年4月29日，丽水市图书馆新馆试运行开放，市委常委宣传部部长任淑女宣布丽水市图书馆新馆试运

2020年7月20日，市图书馆闭馆日为朱贞元老人开放 （市图书馆 提供）

行，市政府副市长卢彩柳为新馆开放致辞。市图书新馆项目总投资3.03亿元，总建筑面积3.45万平方米，按照中型馆规模进行建设，规划藏书量120万册，阅览座位数1380座，机动车停车位共411个，非机动车停车位850个，为广大公众提供图书借阅、专题展览、音乐鉴赏、文化创意、参考咨询等公共文化服务。市图书新馆开放后成为市民网红打卡地，闭馆日为“斗笠老人”朱贞元暖心服务的事迹被《人民日报》《光明日报》等主流媒体广泛宣传，被网友赞为“最温暖图书馆”。

【文化标准化体系建设】 2020年，市文广旅体局推进文化标准化体系建设，《乡村春晚建设规范》、莲都《数字文化馆建设规范》标准通过市市场监管局验收。莲都《爱心书屋建设规范》、遂昌《乡村文化理事会建设规范》、丽水市本级《乡村春晚品牌建设规范》及《乡村春晚评价规范》获市市场监管局立项，完成《公共文化设施美化规范》编制。莲都区、松阳县、景宁县、龙泉市率先颁布县级公共文化服务标准。

【文化品牌建设成果】 2020年，市文广旅体局推进乡村“春晚”变“村晚”，培育特色乡村春晚100台，评选乡村春晚示范基地36个，全市有20余个乡村纳入市“艺术助推乡村振兴专项资金”进行奖励。文旅部公共服务司把乡村春晚作为“凝聚人民力量、向建党100周年献礼”开局内容，在全国所有省份开展2021年全国村晚示范展示活动。庆元“月山春晚”特色节目《一个村的集体记忆》受文化和旅游部公共服务司邀请，走进央视的梅地亚演播中心，参加“欢乐过大年 迈向新征程”2021年全国“村晚”示范展示活动启动仪式。乡村春晚“一带三区”IP研究，被列为2020年浙江省文化和旅游厅重大文旅融合课题、重大科研创新项目。推进二十四节气品牌建设，启动首批二十四节气文旅融合示范项目申报，共有49个项目入库。“青瓷”入选首批“浙江文化印记”名单。 （孙 楠）

文艺精品创作

【文艺精品创作成果】 2020年，全市文艺工作者围绕中国共产党成立100周年和“中国梦”等重大主题，创作推出原创文艺作品50件。以“三个地”文艺创作为基础，打造情景音画诗剧《云和故事》、舞台艺术《畲山黎明》等精品剧目15个。《因为有你》等10首原创歌曲被“学习强国”平台选登。《诗画浙江》《清风有情》被评为2020年度浙江省十佳优秀歌曲。丽水市在2020年全省示范性群文活动中获金奖1个、银奖3个，其中，书法作品《詹宝诗》获浙江省群星行草书法大展金奖，书法作品《白居易诗》《世说新语》获浙江省群星行草书法大展银奖，小品《洗碗》获浙江省第三十一届戏剧小品邀请赛银奖。

【抗疫主题作品创作】 2020年，全市文化系统响应“文化抗疫”之战，发动市县文化艺术家，创作大批积极向上、鼓舞士气的文艺作品，营造抗疫必胜的舆论氛围。全年共创作美术作品382件，音乐歌曲66首，音乐歌词58件，视觉艺术作品37件，戏剧曲艺作品11件，并向浙江省红十字会艺术筹捐爱心款66500元。代表作品有《让平凡不平凡》《回家过年》《幸福可期》《这么近 那么远》《因为有你》《空城之爱》等。

【丽水撤地设市20周年主题活动】 2020年，市文广旅体局围绕庆祝丽水撤地设市20周年主题活动，组织开展“你好丽水”庆祝撤地设市20周年暨丽水市第一届群星视觉大展、丽水市第十五届原创歌曲大赛、全市中小学生主题读书、第三届丽水市女画家女书法家小幅作品展、首届“清廉文化进村晚”展演等文艺活动。9月18日至19日，中央芭蕾舞团演绎的中国芭蕾经典巨作《红色娘子军》在丽水大剧院上演，70余位顶级芭蕾舞演员带来一场红色文化盛宴，演绎具有56年历史的芭蕾传奇。（孙　楠）

文艺团体

【概况】 2020年，丽水市文学艺术界联合会（简称市文联）坚持以人民为中心的创作导向，围绕中心、服务大局，切实履行新时期文联职能，为“文化丽水”建设、弘扬践行浙西南革命精神发挥文艺主力军作用。加强文联党组建设，运行“兼专挂职”机制，充实文联党组班子。推进协会党建，落实党建带群建责任要求，在11个协会中实现党的工作支部建设全覆盖，并在工作支部中创新性设立纪律委员。严格规范协会财务管理，建立完善协会财务管理制度，在委托万邦会计师事务所统一管理协会账目的基础上，组织专业人员对协会账目进行一年2次审计，及时发现问题、整改规范到位。至年底，全市有会员团体单位20个，县（市、区）文联9个，市直文艺家协会11个，全市有国家级会员497人，省级会员1812人，市级会员4851人。全市各艺术门类会员在省级以上公开发表、演出、展出、获奖文艺作品达2371件（次），省级以上492件（次）。

2020年，全市广大文艺工作者响应丽水市文联关于抗击疫情主题文艺创作的倡议，投入各类艺术创作之中，为坚决打赢疫情防控阻击战贡献丽水文艺界力量，共创作出“短小精悍、新颖别致、适合网络传播”原创作品1000余件（篇）。微信公众号推出艺术作品37期，文学作品13期。其中，《防护服里的你》《空城之爱》《幸福可期》等10个音乐作品入选“学习强国”，反映丽水人民抗疫精神的油画作品《救援——时间就是生命》在《人民日报》刊登。

2020年12月14日，第八届丽水油画作品展在丽水美术馆举行（尹建光　提供）

【丽水文学创作大赛活动】 2020年，市文联围绕高质量绿色发展的历史使命和浙西南革命精神的红色基因传承，通过文学的笔触全方位地呈现丽水所取得的巨大成就，组织创作一批优秀主题文学（诗歌、散文）作品，并择优在《丽水文学》刊出。结合文学创作大赛主题，邀请国内知名作家胡弦、知名诗人李樯到丽水授课，开展现场教学点评，提升文学骨干创作能力和水平。2020年，丽水市文学创作大赛（散文诗歌专题）共收到参赛作品813篇（首），其中，散文214篇、诗歌520首、纪实类79篇。最终，评出大赛金奖2人、银奖6人、铜奖10人、创作奖8人、优秀奖33人，大赛优秀组织奖单位3个。

【“红绿辉映·全面小康”暨“红色记忆”第八届丽水油画双年展】 2020年，市文联组织美术创作群体深入生活，创作一批反映“绿水青山就是金山银山”理念重要萌发地和先行实践地、“丽水之赞”的光荣赋予地、全省唯一所有县（市、区）都是革命老根据地、全面建成小康社会、丽水撤地设市20周年等主题的优秀油画作品。12月14日，第八届丽水油画作品展在丽水市美术馆举行，通过“红色浙西南”和“诗意浙西南”两大板块展示120件作品，并汇编成《“红绿辉映　全面小康”第八届丽水油画双年展作品集》。

【各文艺类别创作采风展演活动】 8月24至26日，开展2020年全市文艺骨干集中创作采风活动。市文联组织市直文艺家协会创作骨干55人深入遂昌文艺创作基地和乡村开展为期3天的集中创作采风，深层次地发掘当地特色文化元素，创作出一大批接地气的优秀文艺作品，作品包括文学、美术、书法、摄影、音乐、舞蹈、戏剧曲艺等艺术门类近480件。举办“一城山水20年”庆祝丽水撤地设市20周年暨丽水市第四届摄影艺术展览。围绕丽水市撤地设市20年来在决胜全面建成小康社会、绿色生态文明建设、社会民生发展、城市建设、乡村振兴等方面所取得的成就，通过专题挖掘、单幅创作、影像档案编辑等方式，以纸质、视频、文献实物多种形式，综合展出500余件摄影、视频作品及生活影像档案。举办“小康怡然书斋明心”丽水·绍兴楹联书法作品展。经两地专家进行多轮评审，评选出两地优秀主题作品各50件，分别于绍兴展览馆和丽水市美术馆巡回展出。举办“咏颂丽水大花园”诗词楹联大赛。围绕丽水大花园主题，共评选出诗词200首、楹联200副，汇编成《丽水大花园诗联作品集》，优秀作品在《诗瓯江》和丽水市诗词楹联《微刊》上推介发布。

【文艺助力百山祖国家公园创建】 2020年，市文联响应百山祖国家公园创建工作需求，承办“百山祖国家公园”主题摄影大赛，围绕百山祖国家公园的自然景观、自然生物、社会人文等重点内容进行创作，评出168件获奖作品，并制作成《百山祖国家公园印象》画册。发动全市作家撰写“百山祖国家公园”主题文学作品，完成《走进百山祖国家公园》一书评审工作。其中庆元作家吴存灿创作的散文《相约百山祖》获第七届中外诗歌散文邀请赛一等奖。

【系列文艺惠民活动】 2020年，市文联打造“文化进万家”文艺志愿品牌活动。组织市直戏剧、舞蹈、音乐文艺志愿者60余人，开展艺术家送欢乐下基层暨“文化进万家”活动，深入各县（市、区）农村文化礼堂、社区、乡镇文艺慰问演出16场。组织摄影家、书法家等深入乡村开展送摄影和写春联活动，为基层群众带去欢乐，营造年味，受到当地群众的广泛赞誉。开展文艺志愿“三服务”活动。在5月24日第七个“中国文艺志愿者服务日”前后，丽水市广大文艺工作者响应号召，围绕“脱贫攻坚”“抗击疫情”“全面小康”和新时代文明实践中心建设开展文艺志愿服务。组织文艺志愿者围绕主题创作书法、摄影、美术、音乐等作品1170余件，体现广大文艺工作者深入基层、扎根沃土，向人民学习、向英雄致敬的美好情怀。9月22日，丽水·莲都“中国农民丰收节”活动举行，市文联集中组织书画家举办“庆丰收　迎小康”主题书画作品展，开展速写、农产品绘画展示等书法、美术作品赠送活动；摄影家配合主办方拍摄丰收节场景、村景村貌等；表演艺术家编排主题文艺节目与浙江省文联文艺志愿者一行30余人共同在咸阳村农村文化礼堂开展“浙江省文联文艺志愿服务总团走进莲都区丽新乡文艺演出”，受到当地群众的欢迎。　（尹建光）

文物保护

【浙西南革命文物保护利用】 2020年，市文广旅体局组织浙西南革命文物保护利用专题研究，完成编制《浙西南革命文物保护利用规划》，参与起草完成《丽水市革命遗址保护条例》，61处不可移动革命文物和55件（套）可移动革命文物入选浙江省第一批革命文物名录。推进丽水市革命文物保护利用9个特色片区建设，组织全市开展国家资金项目申报，重点推进市区省委机关旧址——黄景之律师事务所旧址、刘英旧居及新四军驻浙办事处旧址等一批保护修缮和展示工程。至年底，完成黄景之律师事务所旧址工程修缮项目。

【世界文化遗产申报管理】 2020年3月1日，市文广旅体局牵头起草的《丽水市大窑龙泉窑遗址保护管理条例》施行。组织开展《丽水市大窑龙泉窑遗址保护条例》实施暨“海丝”申遗专题宣传活动；组织人员参加海丝联合申遗办组织的“海上丝绸之路：文明交流互鉴”学术会议；完成龙泉溪口瓦窑垟窑址、小梅瓦窑路窑址的保护展示工程施工，进一步推进“海丝”申遗与大窑龙泉窑国家考古遗址公园建设开放。加强闽浙木拱廊桥世界文化遗产预备名单项目的保护管理，推进《全国重点文物保护单位处州廊桥保护规划》编制工作，规划送审稿通过国家文物局审查。

【文物保护利用】 2020年，市文广旅体局推进全市区域文物评估工作，完成省级以上平台文物区域评估任务总量的94.4%。深入推进文物平安工程建设，启动文物保护单位消防安全风险红、黄、绿“三色”分级管理，组织开展全市民居类文物建筑消防安全隐患排查整治行动与文物保护单位白蚁危害专项调查行动。遂昌县首个全国重点文物保护单位——好川遗址保护规划获省政府批复。龙泉市竹垟畲族乡盖竹村、青田县仁庄镇仁庄村入选历史文化名村，松阳县南直街、松阳县北直街、松阳县汤兰公所—文庙入选第六批浙江省历史文化名镇名村街区。

【传统村落保护】 2020年，市文广旅体局立足“松阳全国试点经验”推进全市域行动，基本完成全域传统村落保护暨拯救老屋行动保护与发展规划文本编制。编制完成全域传统村落暨老屋保护与发展规划；全市组织文物“老屋”修缮125幢，已完工50幢，其中松阳“拯救老屋行动”二期项目完工30幢，并通过验收。完成缙云县河阳村第二批国保省保集中成片传统村落保护项目涉及文物建筑孝子祠、七如公祠、朱大宗祠等 9 个点位修缮工作。松阳县以“老屋”保护为契机，建成一批特色博物馆（展示馆），创新建设全县域生态博物馆，同时组织开展传统工匠培训，培训 292 人，新增传统工匠 115 人。

【旧城改造文物保护】 2020 年，市文广旅体局协调推进丽水饭店区块文物保护工作，完成原丽水建筑公司办公楼墙面堆砌丽阳门古城墙砖人工拆除与收集工作，完成古城墙考古勘探任务，编制保护与展示方案。分步分类实施青林村门楼迁移、吴垵古戏台迁移等保护工程。落实省政府 2020 年度十方面民生实事之“实施古井水源保护工程”相关工作，按照上级工作部署，联合水利部门开展古井水源普查，全市实地核查第三次全国文物普查登记古井 252 个。指导县（市、区）抓好通济堰、浙江大学龙泉分校旧址、处州廊桥之龙济桥、吾际下姚氏宗祠等一批文物保护修缮重点项目建设。

【博物馆体系建设】 2020 年，市文广旅体局启动《丽水市博物馆馆藏文物预防性保护项目》建设，争取到国家专项补助资金 477 万元。开展市区民办博物馆补助政策修订工作，推进“瓯江文苑”民办博物馆群招馆引馆工作，推进海德（国际）音乐艺术收藏馆项目建设。推进博物馆社会服务功能提升，结合“国际博物馆日”“文化和自然遗产日”等文博节庆，组织全市文博单位推出线上云看展、云讲解、云课堂、云互动、短视频等数字活动，推出微信原创音频节目“丽博瓯朋邀你听——《丽水有意思》”、图文宣传栏目《丽博瓯朋微周刊——丽博观古·处州遗存》。提升展览品质，创新推出合作展览“山水清音——丽水·温州瓯江山水诗路特展”、利用民间藏家藏品原创展“丝路瑰宝，吉金鉴古——‘一带一路’中古铜器特展”等系列文博展览。举办 2020 年“讲好丽水故事——全市博物馆优秀讲解案例选拔大赛”，叶冰冰、吴璟延入围全省博物馆优秀讲解案例推介活动非专业“十佳”。龙泉市博物馆获评国家二级博物馆；景宁畲族博物馆获浙江省文物局全省博物馆免费开放最佳做法项目评选最佳文旅融合；松阳县博物馆“这里是我们的家”展览获第十四届全省博物馆陈列展览优秀奖。

龙泉青瓷博物馆 （季晨吟 提供）

【博物馆文创产品开发】 2020 年，市文广旅体局组织国有馆景宁畲族博物馆、庆元廊桥博物馆和非国有馆景宁畲银博物馆文创产品参加义乌文交会工艺美术奖评选，获金牌 1 枚、铜牌 3 枚；组织景宁畲族博物馆、庆元廊桥博物馆文创产品参加全省博物馆十佳文创产品推介，分别获“文创产品优秀奖”“最佳趣味奖”和“十佳文创产品奖”。完善网络服务体系建设，9 个县（市、区）文博展馆均实现线上预约并提供免费网络权限服务。 （季晨吟）

广电事业

【广电安全播出】 2020 年，市文广旅体局系统层层压实安全播出工作责任，重点完成元旦、春节、省“两会”、清明、“五一”、全国“两会”、端午、中秋、国庆 6 个重要保障期和 3 个重要节日共 49 天的安全播出特别保障任务，完成“零插播、零停播”工作目标。开展“黑广播”检测工作，实现机器自动监测 3162.24 万轮次，人工辅助监测 1098 轮次，人工监听 1098 轮次，联合市无管局查获“黑广播”1 处。

【非法卫星电视接收设施整治】 2020 年，全市文广旅体系统在省广电局的统一部署指挥下，与公安、市场监管等部门开展联合行动，全面持续开展非法卫星电视接收设施整治工作，不断加大打击非法销售、安装和使用卫星电视接收设施的不法行为，取得阶段性工作成效，全年发出整改通知书 1006 份；通过报纸、广播、电视、网络、墙报、公告等宣传相关政策法规 1709 次；联合相关部门执法共 284 次；出动执法人员 1507 人次，立案 4 起；取缔非法销售点24个，共收缴非法接收设备624套，现场整治及拆除982套，用户自行拆除非法境外卫星电视接收设施3597座，强制拆除非法境外卫星电视接收设施746座。

【2019年度丽水市新闻奖（广播电视部分）评选】 2020年3月，市文广旅体局联合市记者协会、广电学会举办2019年度丽水市新闻奖（广播电视部分）评选工作，共收到稿件171件，其中，广播新闻类50件，电视新闻类77件，广电综合类44件。经评委组审评，评出新闻奖作品73件，其中，广播新闻类一等奖4件、二等奖6件、三等奖10件；电视新闻类一等奖6件、二等奖10件、三等奖15件；纪录片、服务类节目、内参、广播电视报刊和专稿类一等奖2件、二等奖2件、三等奖6件；广播电视新媒体奖一等奖3件、二等奖4件、三等奖5件。（孙　楠）

非物质文化遗产保护

【非遗保护传承体系】 2020年，市文广旅体局打造省级非遗保护和优秀传统文化"双创"发展示范引领区，全市非遗工作取得重大突破，畲族彩带编织技艺、缙云烧饼制作技艺、梅源芒种开犁项目入选第五批国家级非物质文化遗产代表性项目名录推荐项目名单，龙泉青瓷文化传承生态保护区、松阳田园文化传承生态保护区入选首批省级文化传承生态保护区（创建）名单。景宁县"银杏树下共成长，畲乡红领巾永传承"非遗走进青少年宫案例入选第二届全国"非遗进校园"十大优秀实践案例，系全省唯一。组织开展"少年非遗说"丽水传说故事讲述比赛，推荐的王芊之、杜奕慧、杨欣睿、李函睿、何栩墨5位小选手进入第三届"少年非遗说"浙江传说故事讲述大赛获奖名单，缙云县非遗保护中心获优秀组织奖。

【非遗展示展演】 2020年，市文广旅体局组织开展线上非遗展示展演，举办以"非遗传承　健康生活"为主题的"文化和自然遗产日"系列活动，进行处州板龙、丽水提线木偶戏、畲族医药、缙云剪纸的网络直播教学，联合淘宝、拼多多、京东、东家、抖音等多家网络直播销售平台，引导非遗企业、非遗传承人入驻平台，拓宽销售渠道。举办"浙江好腔调"全省传统戏剧展演丽水专场暨丽水市第五届传统戏剧展演、"木偶情缘"第六届丽水市提线木偶戏展演、2020丽水市处州板龙研讨会及进校园活动、畲族医药进社区义诊活动及养生讲座直播、陈十四传说进校园讲故事等一系列展示展演活动。

【非遗宣传交流】 2020年，丽水市"多彩非遗乡村四季行"活动先后在青田县油竹街道、庆元香菇市场广场、云和县采真里历史文化街区举行，来自丽水9个县（市、区）以及舟山、金华、龙游等地的非遗项目参与，让广大群众在家门口领略不同地方、不同特色的非遗风采。1月，组织缙云烧饼制作技艺、缙云土面制作技艺、莲都鱼跃食品酿造技艺项目参加金华新春文化庙会暨"非遗一台戏"系列活动。5月，组织全市17个（竹木制品）非遗项目参加全省非遗薪传奖传统工艺大展。7月，组织缙云烧饼制作技艺、畲族医药、缙云土面制作技艺项目参加"非遗薪传"浙江传统美食展评活动，缙云烧饼制作技艺、畲族医药获薪传奖，缙云土面制作技艺获优秀展演奖，缙云县非遗中心获"优秀组织奖"；组织丽水提线木偶戏、云和包山花鼓戏等项目参加舟山市非遗"三进·四季行"活动；聘请市有关非遗专家组成评估指导组，对全市三大门类（传统技艺、传统美术、传统医药）省级非遗项目共33项、项目代表传承人共45名进行评估。11月，召开全市省级非遗代表性项目和代表性传承人评估工作座谈会，交流丽水市评估工作经验。

【非遗与旅游融合发展】 2020年，市文广旅体局发挥旅游业的独特优势，推动非遗与旅游融合发展，为非遗保护传承和发展振兴注入新的内生动力。浙西南畲乡非遗技艺体验游入选全国非遗主题旅游线路系全省唯一，线路包括畲族婚假习俗、木拱廊桥营造技艺等非遗项目，途径景宁畲乡之窗、景宁时思寺、国宝处州廊桥之护关桥和永平桥等非遗景点。丽水市缙云烧饼、景宁会友茶、云和"游家木玩"中国古典益智玩具四件套、龙泉青瓷比翼鸟杯、龙泉青瓷舒云杯、青田石雕金玉良缘系列产品6项商品入选第二批省优秀非遗旅游商品名单。（孙　楠）

文化旅游市场管理

【文旅市场疫情防控和复工复产】 2020年，市文广旅体局第一时间采取措施，关停A级景区和文化娱乐场所，暂停文化活动，有效防止疫情传播扩散。根据疫情形势变化及时调整防控措施，按照"限量、预约、错峰、限流"要求，推动旅游景区、文化娱乐场所、文博场馆等有序恢复开放，以"防得住"保障"放得开"。2月8日，市文广旅体局印发《关于落实暂退部分旅游服务质量保证金工作的通知》，落实旅游业扶持政策。此次旅游服务质量保证金暂退标准为现有缴纳数额的80%，利息按原存款协议或合同约定计算。丽水市在全省最早启动并最快完成疫情期间“无见面式”旅游质保金暂退业务83件，共发放质保金1110万元。2月20日，市文广旅体局制定出台《丽水市A级旅游景区新冠肺炎疫情防控和复工复产指导意见》，从综合管理、游览管理、安全管理、应急管理方面提出18条具体指导意见，要求各A级旅游景区规范做好疫情防控工作。同日，市文广旅体局联合市财政局出台《关于应对疫情支持旅游企业共渡难关的十一条措施》，从财政资金支持、减轻企业负担、加大宣传营销、提振行业信心4个方面，帮助受新冠肺炎疫情影响，生产经营遇到困难的全市旅游企业(旅行社、星级饭店、特色文化主题酒店、绿色饭店、旅游景区、旅游项目等)渡难关，优先支持参与防疫工作的旅游企业。3月30日，市文广旅体局联合市财政局印发《应对疫情支持旅游企业共渡难关的十一条措施实施细则》，对阶段性调整地接奖励政策、贴补星级饭店疫情期间部分能耗费用、贴补建成旅游项目营销费用、贴补在建重点旅游项目贷款利息、贴补专职导游员生活保障、承保公众责任险6个方面的扶持政策做细化规定。全年支付扶持资金303万元。

【“安心游”防控传染病公众责任险】 2020年3月10日，市文广旅体局与阳光产险公司举行签约仪式，推出全省首创的“安心游”防控传染病公众责任险，通过创新“旅游保险+安全服务”的政保合作新模式，为参加旅游团队或者自助方式到丽水旅游的市外游客保驾护航。该责任险累计赔偿限额3000万元，每次事故赔偿限额200万元，感染新型冠状病毒或乙类以上传染病而死亡的每人赔偿30万元，全残(一级)每人赔偿22万元，每人药费1万元，保险期限为1年。

【文旅市场管理】 2020年，市文广旅体局加速全市文化、旅游、广电、体育、电影、文物、出版七大领域执法业务融合发展，全市出动日常巡查15038人次，检查经营场所12854家次。受理举报(督查)线索9条，行政处罚立案调查45件，办结案件47件，实行警告17家次，罚款108750元，停业整顿2家次，没收非法所得2110.4元，没收违法物品1539个。举办2020年丽水市文旅行业人员密集场所消防疏散应急演练活动。

【旅游饭店评定与导游员培训】 2020年，全市新获评五星级饭店1家，新增三星级旅游饭店3家，金树叶级绿色旅游饭店1家，银树叶级绿色旅游饭店2家，金鼎级特色文化主题饭店1家，银鼎级特色文化主题饭店1家，银桂级品质饭店3家，三星级品质旅行社3家。2020年，市文广旅体局累

2020年丽水市旅游饭店名录一览表

表14

序号	饭店名称	星级	地址	备注
1	丽水华侨开元名都大酒店	5	丽水市丽阳街651号	银桂级品质饭店 金树叶级绿色旅游饭店
2	东方文廷酒店	5	丽水市人民街688号	银桂级品质饭店
1	缙云县中维香溢大酒店	4	缙云县仙都路99号	银桂级品质饭店 银树叶级绿色旅游饭店
2	青田人和王朝大酒店	4	青田县新大街8号	银树叶级绿色旅游饭店
3	景宁畲乡鸿宾大酒店	4	景宁县团结路129号	银桂级品质饭店 银树叶级绿色旅游饭店
4	云和华威国际大酒店	4	云和仙宫大道8号	银树叶级绿色旅游饭店
5	遂昌元立国际饭店	4	遂昌县城东街95号	银树叶级绿色旅游饭店
6	松阳天元名都大酒店	4	松阳县要津路155号	—
1	丽水市香溢紫荆花大酒店	3	丽水市丽阳街438号	银树叶级绿色旅游饭店
2	丽水市莲城宾馆	3	丽水市丽阳街254号	银树叶级绿色旅游饭店
3	丽水市飞达国际大酒店	3	丽水市中东路848号	—
4	丽水市新世界大酒店	3	丽水市丽青路219号	银树叶级绿色旅游饭店
5	丽水东方宾馆	3	丽水市中山街433号	银树叶级绿色旅游饭店
6	丽水市现代广场大酒店	3	丽水市大洋路598号	银树叶级绿色旅游饭店
7	丽水市辉煌大酒店	3	丽水市开发区绿谷大道208号	—

续表14

序号	饭 店 名 称	星级	地址	备　注
8	松阳天元国际酒店	3	松阳县长虹东路 183 号	银树叶级绿色旅游饭店
9	松阳县旭日摄影主题饭店	3	松阳县长虹中路 2 号	银树叶级绿色旅游饭店 银鼎级特色文化主题饭店
10	龙泉市南国花园酒店	3	龙泉市剑川大道 155 号	银树叶级绿色旅游饭店
11	龙泉香溢大酒店	3	龙泉市贤良路 218 号	银树叶级绿色旅游饭店 银鼎级特色文化主题饭店
12	龙泉大酒店	3	龙泉市新华街 83 号	银树叶级绿色旅游饭店
13	龙泉将军大酒店	3	龙泉市东茶路 668 号	银树叶级绿色旅游饭店
14	青田县侨乡国际大酒店	3	青田县江南大道 108 号	银树叶级绿色旅游饭店
15	庆元国际大酒店	3	庆元县松源镇濛州街 201 号	银树叶级绿色旅游饭店
16	遂昌凯恩大酒店	3	遂昌县北街 1 号	银树叶级绿色旅游饭店
17	遂昌黄金大酒店	3	遂昌县濂竹乡花园岭	银树叶级绿色旅游饭店
18	遂昌南尖岩山庄	3	遂昌县王村口石笋头村	—
19	遂昌汤公度假酒店	3	遂昌县君子路与水阁路交叉口	银树叶级绿色旅游饭店
20	遂昌红星坪温泉酒店	3	遂昌县湖山乡红星坪村	金鼎级特色文化主题饭店
21	云和大酒店	3	云和县府前路 8 号	银树叶级绿色旅游饭店
22	景宁正明酒店	3	景宁人民北路 111 号	—
23	景宁欣和华侨大酒店	3	景宁县新人民南路 549 号	—
24	庆元山水九章大酒店	3	庆元县濛州街道西演村 1 号	—
25	松阳隐巷艺术酒店	3	松阳水南街道要津南路 53 号	—
26	景宁凤凰国际大酒店	3	景宁县人民北路 188 号	—
1	松阳箬寮山庄	2	松阳县安民乡李坑村	—
2	松阳中澳大酒店	2	松阳县长虹中路 85 号	—
3	龙泉市山水商务酒店	2	龙泉市环城东路 201 号	—
4	龙泉市信用宾馆	2	龙泉市公园路 70 号	—
5	景宁县鸿宾大酒店	2	景宁县人民中路 68 号	—
6	庆元皇庭商务大酒店	2	庆元县新建路 83 号	—
1	龙泉市供销商务宾馆	1	龙泉市中山西路 74 号	—
2	松阳宾馆	1	松阳县新华街 18 号	—
1	松阳松泰酒店		松阳县要津南路 56 号	银桂级品质饭店 银鼎级特色文化主题饭店
2	青田侨乡世茂大酒店	—	青田县平演村高湾 1 号	银桂级品质饭店 金树叶级绿色旅游饭店
3	龙泉市金沙温泉酒店	—	龙泉市青瓷博物馆北面	银桂级品质饭店 银树叶级绿色旅游饭店
4	遂昌县久宿文化酒店	—	遂昌县妙高街道东街 38 号	银桂级品质饭店
1	丽水市和隐酒店	—	莲都区学院路 36 号	金树叶级绿色旅游饭店 银鼎级特色文化主题饭店
2	丽水中心智选假日酒店	—	莲都区人民路 886 号	银树叶级绿色旅游饭店
3	龙泉国际大酒店	—	龙泉市剑池东路 29 号	银树叶级绿色旅游饭店
4	龙泉市红豆林酒店	—	龙泉市清风路 2 号	银树叶级绿色旅游饭店 银鼎级特色文化主题饭店

计组织1400余人开展导游员轮训；开展红色政务讲解员培训1期，参训人员近30人；组织330人参考2020年度全国导游员资格考试工作，提升导游员队伍素质。

【文化旅游体育领域“最多跑一次”改革】 2020年，市文广旅体局深化“一窗受理、集成服务”改革，实现文旅市场智慧化监管，借力“互联网+监管”平台，实现抽查事项覆盖率100%、事件处置率100%；借力政务服务平台，实现156个“最多跑一次”事项的网办率、即办率、材料电子化率、承诺期限压缩比4个“100%”；借力政务服务2.0平台建设，实现应用场景100%覆盖政务服务事项和文体旅游等公共场所事项。图书馆普通图书阅览、图书馆图书外借、图书馆期刊外借等3个文化事项列入“全域一证通办”事项，实现跨区域办理，缩短办事距离，提升办事效率。丽水大剧院政府用场服务、丽水市博物馆预约讲解、广播电视应急预案备案等22个事项列入“机关部门间跑一次”事项库，进一步提升行政办事效能，降低办事成本。全年完成行政许可事项834件，其中，旅行社新设立8家，体育游泳馆新设立7家，广播电视节目制作经营单位1家，导游证核发818本；备案事项33件，其中，旅行社变更25家，旅行社注销2家，艺术考级备案5件，文物设立备案1件；行政确认事项209件，其中，二级运动员资质审批183人次，三级运动员资质审批2人次，一级运动员审核转报24人次。 （孙　楠）

旅游资源开发与产品建设

【景区全面恢复开放】 2020年2月18日，市文广旅体局发布《丽水市A级旅游景区恢复开放公告》，在全国率先推进景区全面恢复开放。所有游客可凭“绿色健康码”(或健康证明)实名制购票和游览。2月29日，市文广旅体局发布《丽水市关于面向全国医护人员免A级旅游景区门票优惠政策说明的公告》，对免门票的对象、时间、办理手续和景区名单进行明确。全市各A级旅游景区自恢复运营之日起至2020年12月31日止，向全国医护人员及其家属免费开放(凭医师证、护士证等有效资格证件及身份证)。

【文旅项目建设】 2020年，全市实施文旅新建及续建项目242个，累计完成文旅项目投资278.6亿元，同比增长13.8%，完成省里下达年度任务计划总量的121%，完成“十三五”期间“千亿”投资任务。全市列入省“四条诗路”项目29个，完成投资42.1亿元；列入省百张文旅“金名片”项目14个，完成投资22.9亿元；列入省“千亿投资”项目40个，完成投资95.1亿元。举办省重点文化旅游项目“处州府城”开街暨新春文化旅游启动仪式。推进莲都郎奇—白桥康养旅游小镇、青田东堡山华侨文化旅游项目、龙泉城市文化客厅、缙云黄龙研学旅游综合基地、遂昌“天工之城”、松阳清露乡隐旅游度假区、景宁“那云·天空之城”等一批重大项目建设。全年计划新开工五星级酒店4家，实际开工率达到100%，全市19家续建高品位项目按计划推进。全年新建、改造提升景区厕所100座。松阳县的“文里·松阳三庙文化交流中心”项目获2020世界未来城市计划特别奖，全球仅5个。

【文旅项目招引】 2020年，市文广旅体局通过滚动招商项目储备，突出“生态休闲”特色，筛选重点文旅招商项目，招引恒大集团期、伟光汇通、融创集团、网易公司、云彩时代、浙旅集团、杭商旅集团、树兰集团等文旅大企业投资丽水，全年新签订投资项目协议或框架协议51个，项目总投资478亿元，按照“签约项目抓落地、落地项目抓开工、开工项目抓进度”工作机制，实现新开工招商项目10个，项目总投资116亿元。

【高等级景区(旅游度假区)创建】 2020年，市文广旅体局指导推进古堰画乡、云和梯田、遂昌金矿等景区做好AAAAA创建工作，其中，云和梯田景区通过国家AAAAA级旅游景区景观质量评审，并被列入国家AAAAA级旅游景区创建名单，标志着云和梯田景区创建国家AAAAA级景区工

丽水市A级旅游景区一览表

表15

市县区	序号	景区名称	等级	景区地址	电话
缙云县	1	仙都景区	AAAAA	缙云县仙都街道鼎湖村	3012861
遂昌县	1	丽水市遂昌金矿国家矿山公园	AAAA	遂昌县濂竹乡花园岭	8146488
遂昌县	2	丽水市遂昌南尖岩景区	AAAA	遂昌县王村口镇石笋头村	8126018

续表15

市县区	序号	景区名称	等级	景区地址	电话
龙泉市	3	丽水市龙泉山旅游区	AAAA	龙泉市龙南乡	7755888
遂昌县	4	丽水市遂昌县神龙飞瀑景区	AAAA	遂昌县安口乡桂洋林场	8366777
景宁县	5	丽水市景宁中国畲乡之窗景区	AAAA	景宁县大均乡大均村	5088567
青田县	6	丽水市青田石雕文化旅游区	AAAA	青田县鹤城街道发布10条红色之旅精品线路	6512887
莲都区	7	丽水市东西岩景区	AAAA	丽水市丽莲都区老竹镇东西岩	2186819
缙云县	8	丽水市缙云仙都黄龙风景区	AAAA	缙云县五云镇黄龙景区内	3128333
景宁县	9	丽水景宁云中大漈景区	AAAA	景宁畲族自治县大漈乡	5066110
遂昌县	10	丽水市遂昌千佛山景区	AAAA	遂昌县石练镇黄皮村	8522999
青田县	11	丽水市青田石门洞景区	AAAA	青田县高市乡石门洞林场	6503683
云和县	12	丽水云和梯田景区	AAAA	云和县崇头镇	5156688
云和县	13	丽水市云和湖仙宫景区	AAAA	云和县紧水滩镇	5141173
庆元县	14	丽水市庆元百山祖景区	AAAA	庆元县百山祖镇车坑村	6133333
松阳县	15	丽水市箬寮原始林景区	AAAA	松阳县安民乡李坑村	8095288
莲都区	16	丽水市古堰画乡景区	AAAA	浙江省丽水市莲都区大港头镇渡南路31号	2577297
龙泉市	17	丽水市中国青瓷小镇•披云青瓷文化园景区	AAAA	浙江省龙泉市上垟镇木岱口村	7398253
松阳县	18	松阳大木山茶园景区	AAAA	松阳县新兴镇横溪村	8013788
龙泉市	19	龙泉宝溪景区	AAAA	龙泉市宝溪乡溪头村	7421339
庆元县	20	庆元市子峰森林公园	AAAA	庆元县屏都镇八都大街18号	6136160
松阳县	21	松阳松阴溪景区	AAAA	松阳县水南街道	—
松阳县	22	松阳双童山景区	AAAA	松阳县水南街道岩下村	8055699
缙云县	23	缙云河阳古民居景区	AAAA	缙云新建镇河阳村	3172808
青田县	1	青田县阜山清真禅寺旅游区	AAA	青田县阜山清真禅寺	6601169
遂昌县	2	遂昌竹炭博物馆	AAA	遂昌县上江工业园区	8185218
遂昌县	3	遂昌红星坪温泉度假村	AAA	遂昌县湖山乡红星坪村	8155158
遂昌县	4	遂昌汤沐园温泉景区	AAA	遂昌县大柘镇大田村	8151978
龙泉市	5	龙泉白云岩景区	AAA	龙泉市西街街道下樟村	7763655
缙云县	6	丽水市缙云大龙门景区	AAA	缙云县壶镇镇大龙门景区	3550303
景宁县	7	丽水市景宁中国畲族博物馆	AAA	景宁县鹤城镇	5096381
遂昌县	8	遂昌长濂村	AAA	遂昌县云峰街道长濂村	8195798
遂昌县	9	遂昌高坪新村	AAA	遂昌县高坪乡高坪新村	13735928717
龙泉市	10	龙泉宝剑厂	AAA	龙泉市大沙工业区	7218369
松阳县	11	松阳象溪一村景区	AAA	松阳县象溪镇象溪一村	—
松阳县	12	松阳李坑村景区	AAA	松阳县安民乡李坑村	8095528
云和县	13	云和小顺景区	AAA	云和县石塘镇小顺村	5520833
莲都区	14	莲都诗画利山景区	AAA	莲都区大港头镇利山村	2278128
莲都区	15	莲都区西城广场	AAA	莲都区学院路36号	2183995
遂昌县	16	遂昌遂昌独山村	AAA	遂昌县焦滩乡独山村	8451003
庆元县	17	庆元月山村	AAA	庆元县举水乡月山村	6196557
松阳县	18	松阳上梅畲寨旅游区	AAA	松阳县象溪镇上梅村	667318
松阳县	19	松阳古驿界首旅游区	AAA	松阳县赤寿乡界首村	649517
缙云县	20	缙云笕川花海景区	AAA	缙云县新建镇笕川村	3173535
龙泉市	21	龙泉住龙红色小镇景区	AAA	龙泉市住龙镇住溪村	7181306
龙泉市	22	龙泉青瓷博物馆	AAA	龙泉市剑川大道258号	7129071

续表15

市县区	序号	景区名称	等级	景区地址	电话
龙泉市	23	龙泉兰巨现代农业观光园景区	AAA	龙泉市兰巨乡独田村	7761663
龙泉市	24	龙泉市沈广隆铸剑园景区	AAA	浙江省龙泉市广通街88号	7122257
云和县	25	云和县长汀景区	AAA	云和县石塘镇长汀村	5520833
松阳县	26	松阳县七沐山景区	AAA	浙江省松阳县象溪镇南坑口村	8818999
缙云县	27	缙云县仁岸景区	AAA	缙云县舒洪镇仁岸村	3193881
缙云县	28	缙云县岩下石头村景区	AAA	缙云县壶镇镇岩下村	—
龙泉市	29	龙泉市唯珍堂石斛文化园景区	AAA	龙泉市西街街道周村村	7311888
庆元县	30	庆元县莲湖村景区	AAA	庆元县隆宫乡莲湖村	6012727
云和县	31	云和县梅湾景区	AAA	云和县元和街道梅湾村	5520833
缙云县	32	缙云县机床小镇	AAA	缙云县壶镇	3312573
松阳县	33	松阳云上平田景区	AAA	松阳县四都乡平田村	15957826452
青田县	34	青田石雕小镇景区	AAA	青田县山口镇永安路242号	6861254
云和县	35	玫瑰小镇景区	AAA	云和县赤石乡赤石乡村	15990823399
景宁县	36	红色毛垟景区	AAA	景宁畲族自治县毛垟乡人民政府	15988071017
景宁县	37	封金山景区	AAA	景宁县澄照乡金坵村	13867047658
庆元县	38	庆元香菇小镇景区	AAA	庆元县松源街道电商创业园	18806780565
龙泉市	1	龙泉凤羽山庄景区	AA	龙泉市龙南乡西岙	7316888
青田县	2	青田太鹤公园	AA	青田县鹤城镇公园路	6823094
景宁县	3	草鱼塘森林公园	AA	景宁县草鱼塘林场	5088567
遂昌县	4	神龙谷漂流景区	AA	遂昌县垵口乡	8380008
青田县	5	青田诗画小舟山景区	AA	青田县小舟山乡小舟山村	6500933
莲都区	6	蘑幻菇林	AA	莲都区碧湖镇采桑路808号	18906780511
莲都区	7	鱼跃1919文化产业园	AA	莲都区碧湖镇碧云街862号	18805781919

作迈出实质性关键一步。松阳双童山创成AAAA级景区，丽水市AAAA级旅游景区达到23家，在省内排名第三位。新增景宁红色毛垟景区、景宁封金山景区、庆元香菇小镇景区、青田石雕小镇景区、云和玫瑰小镇景区5家国家AAA级旅游景区。古堰画乡入选全省首批未来景区改革试点。龙泉青瓷文化、遂昌“天工之城”、云和梯田3家单位入选浙江省首批山地休闲度假发展试点名单，数量与杭州、湖州并列全省第一。龙泉市创成省级AAAA级景区城，松阳、青田创成省AAA级景区城，莲都区仙渡乡等23个镇（乡、街道）创成省AAA级景区镇（乡、街道），碧湖镇等24个创成省AAAA级景区镇（乡、街道）。与市农业农村局联合认定莲都区黄村乡黄村村等22个村庄为省AAA级景区村庄。超额完成景区镇、景区村庄创建任务。

【红色旅游】 2020年，市文广旅体局指导推进龙泉住龙获评省红色旅游教育基地。全市主要红色景区、景点共接待游客209.19万人次。组织开展浙西南革命精神红色之旅主题宣传活动，发布10条（莲都•溯革命历史，传承浙西南革命精神；莲都•叹丹霞地貌，瞻南乡烈士；松阳•寻革命足迹，承红色基因；遂昌•逛红色古镇，探千年金窟；龙泉•品剑风瓷韵，抚岁月生机；青田•访人豪故里，学红军精神；云和•听红军故事，游最美梯田；庆元•观战斗遗迹，慨人杰地灵；缙云•访中共旧址，记使命初心；景宁•忆艰苦往昔，醉畲乡风情）红色之旅精品线路，并在上海、江苏及省内宣传营销活动中重点推广。完成《浙西南革命红色故事导游词》编写。 （孙　楠）

旅游宣传

【文旅营销宣传】 2020年2月28日，市文广旅体局制定印发《关于应对新冠肺炎疫情开展丽水文旅宣传推广工作方案》，助力丽水文旅市场复苏。3月25日，举办“此刻，丽水最美”2020丽水健康养生游“云推介”暨订购会并在丽水网、“指尖丽水”移动客户端同步开启，这是丽水首次通过互联网方式面向全国推介健康养生游，活动吸引长三角100余家旅行社和媒体线上关注丽水旅游产品，120余万名网友在线参与，微博话题阅读量近

2500万人次。4月3日，组织开展“九城联动·丽水人游丽水”活动启动仪式，拉开丽水本地游、近郊游的序幕，来自市内的100余名游客组成首发团，乘车前往莲都古堰画乡、缙云仙都、云和梯田等景区游玩。

【“致敬最美逆行者‘浙丽’等你深呼吸”公益活动】 2020年5月19日，丽水迎来“致敬最美逆行者，‘浙丽’等你深呼吸”援鄂医护人员。15组援鄂医护人员及其家人近200人到丽水体验一次与自然零距离接触的免费疗休养，感受丽水“深呼吸”之旅，体验养生慢生活。此次活动线路考虑到年龄、喜好这些因素，安排体验神龙谷、千佛山、松阳大木山骑行茶园等景区体验观光，并为抗疫一线的医护人员准备丽水“百县千碗”应季美味以及丽水山耕农产品制作的特色菜肴。

【“书记、市长带你游丽水”宣传活动】 2020年4月，市文广旅体局启动书记市长云吆喝宣传微视频的编摄工作微视频，分别在学习强国平台、人民网、今日头条等40余个平台多轮多批次推出。其中，《胡海峰邀您游丽水》短视频阅读量4500万人次，《丽水市长吴晓东邀您品味丽水》短视频阅读量3900万人次，进一步提升丽水旅游品牌的知名度、美誉度。该活动策划获评浙江省文化和旅游系统2020年十大优秀宣传案例。

【长三角文旅市场营销】 2020年，市文广旅体局连续第11次到上海作高规格的文化旅游推介活动，举办2020年丽水（上海）文旅推介会，针对后疫情时代自驾游成为旅游出行主要方式的发展变化，以自驾游群体为主开展精准营销推介活动。与上海都市旅游卡发展有限公司、长三角一体化旅游联盟、长三角自驾俱乐部联盟签订合作协议，打造多元化自驾游文旅产品，推动区域旅游经济合作，高质量融入长三角文旅大市场。举办2020浙江·丽水（上海）文化旅游夜市活动，组织参加“烟火长三角”亲子美食旅游活动、2020江南吃货节等长三角联动系列美食活动，推广丽水“百县千碗”旅游美食品牌、展示丽水文旅形象。与上海都市旅游卡公司合作推出丽水“99玩1城”旅游年卡和长三角PASS（沪丽版）旅游年卡。“99”特色优惠旅游年票产品在上海旅游节开幕式期间面向长三角游客发布，丽水是“99”特色优惠旅游年票产品首批涵盖的上海、杭州、南京等17个长三角重点城市之一。组织全市重点旅行社参加2020长三角旅行商大会暨“诗画浙江”秋冬休闲旅游产品发布会，推进丽水秋冬休闲旅游产品融入长三角文旅市场。

【山海协作互动和区域旅游营销】 2020年，市文广旅体局借力衢宁铁路开通的机遇，抓住国内跨省游恢复的契机，深入拓展衢宁铁路沿线客源市场，组织全市文旅行业开展福建市场整合营销推广活动，开展衢宁铁路高铁沿线宣传工作。组织参加第十六届海峡旅游博览会暨第六届中国（厦门）国际休闲旅游博览会。组织参加2020浙江·丽水文化旅游衢宁铁路（福州、宁德）联合推广活动，推介会上衢宁铁路沿线遂昌县、松阳县、龙泉市、庆元县等地携手共同成立丽水至衢宁铁路联合体，4个县（市）代表分别进行文旅产品推介，丽水与福建当地大型旅行社签订合作协议。在江苏常州、南京举办“乘着高铁游丽水”2020丽水文旅（江苏）推广活动。丽水市文化和广电旅游体育局获携程2020年度新锐营销奖。10月22日至23日，上海市文化和旅游局局长于秀芬、副局长程梅红率队到丽水深入考察文旅产业发展，探索沪丽合作新方向。12月28日，2020上海文化和旅游推介会在丽水举行。

【“丽水山路”电子路书】 2020年，市文广旅体局根据后疫情时代自驾游出行更受青睐的趋势，打造并推出“丽水山路”自驾特色线路电子路书。依托丽水作为华东地区自驾游基地，山势陡峭、山高路险的天然资源优势，通过微信小程序开发独具特色的丽水山路探险特色主题产品，进一步挖掘丽水自驾游市场潜力。“丽水山路”自驾特色线路在国庆节前发布推出，为来丽水自驾游客户提供线上信息咨询、线路引导、导航定位等综合服务，进一步拉动国庆长假丽水文旅消费。累计推出松阳—秘境点茶、莲都—画乡逐星、云和—梯田追日、景宁—畲乡天径、青田—千峡探秘、缙云—云岩时光、龙泉—江浙之巅、庆元—廊桥技艺、遂昌—江南丙察察等20条线路。

【百县千碗·丽水味道】 2020年，市文广旅体局鼓励引导全市重点餐饮企业参与百县千碗美食体验（示范）店、旗舰店创建工作，完成申报“百县千碗”特色美食体验（示范）店22家、旗舰店1家。遂昌县厨娘·牡丹亭入选全省首批“诗画浙江·百县千碗”体验店。加大“百县千碗”丽水特色美食专题宣传，在丽水旅游官方资讯网、一机游丽水等线上平台开设百县千碗专栏，做实做深“百县千碗”宣传工作。组织开展2020丽水（杭州）文旅宣传推广活动暨“百县千碗·丽水味道”美食展活动，推进丽水百县千碗美食“五进”工作，不断提升丽水旅游美食的知名度和美誉度，全面展示丽水文旅资源产品。 （孙 楠）

全域旅游

【全市旅游业发展大会暨缙云仙都成功创建国家AAAAA级景区总结大会】 2020年9月24日，全市旅游业发展大会暨缙云仙都成功创建国家AAAAA级景区总结大会在丽水举行。会议总结全市旅游业发展取得的长足进步，深入谋划旅游业加快发展的思路举措，聚焦高质量，谋求新跨越，动员全市上下以缙云仙都创成AAAAA级景区为动力、为激励、为榜样。市委书记胡海峰在会上强调，加快旅游业发展是全市以厉行“丽水之干”精彩书写创新实践“绿水青山就是金山银山”理念时代答卷的重要战略选择和科学手段。

【全域旅游创建】 2020年，市文广旅体局推进全域旅游创建工作，松阳县创成国家全域旅游示范县，龙泉市、青田县创成省级全域旅游示范县（市、区），创建新增量与总量均居全省第一。缙云县、遂昌县、松阳县完成首次全域旅游示范县复核工作。全域旅游高速（丽水）服务区项目完成验收。遂昌“全域共建、全业共融、全民共享”，松阳“文化引领、品质建设”创建经验被列入《浙江全域旅游发展模式》典型案例。加强考核推动机制，制定县（市、区）、市直相关部门全域旅游考核办法。

【与农行丽水分行举行战略合作签约仪式】 2020年3月23日，市文广旅体局与农行丽水分行举行战略合作签约仪式。根据协议，农行丽水分行将在未来5年内提供100亿元意向性信用额度，助力丽水文旅体产业高质量发展。双方将充分发挥各自平台资源优势，在县域旅游开发建设、乡村旅游、美丽城镇建设、特色小镇建设、旅游文化开发建设、全域旅游、旅游配套设施等领域开展合作，共同推动完善文旅体产业投融资体制，加快推进文旅体产业转型升级与创新发展，特别是在疫期加快对文旅体产业的支持，帮助企业复工复产和项目推进。仪式上，遂昌县两山投资发展集团有限责任公司、云和梯田投资发展有限公司、龙泉市正武刀剑有限公司分别与农行遂昌县支行、农行云和县支行、农行龙泉市支行签订合作协议，农行将在未来五年为签约的3家公司提供25.05亿元的意向性信用额度，全力支持企业壮大发展。

【旅游品牌创建】 2020年，遂昌县、缙云县、龙泉市入围2020全国县域旅游综合实力百强县名单，青田县入围2020全国县域旅游发展潜力百佳县。龙泉市、缙云县、遂昌县、松阳县入选首批省文旅产业融合试验区名单，入选数量居全省首位。全市有5个单位分别入选浙江文化和旅游总评榜中的4个榜单，松阳县入选文化和旅游产业融合发展十佳县区，缙云县、景宁县被评为2019诗画浙江·百县千碗工程示范县区，松阳县石仓鸣珂里文化民宿获2019浙江非遗特色民宿，“仙都景区被评定为国家AAAAA级景区，浙江省11个市实现AAAAA景区全覆盖”入选2019浙江文化和旅游十大新闻事件。

【旅游小镇建设和产业融合基地建设】 2020年，景宁县大均乡、龙泉市住龙镇入选第四批省级旅游风情小镇，龙泉兰巨、庆元竹口、青田方山3家单位列入培育创建单位。莲都区、松阳县被列为省级文化和旅游消费试点城市。全市获评白金宿1家，金宿3家，银宿22家；3家民宿获2020年度中国民宿榜“黑松露”奖。遂昌县木槿花康养基地获评省中医药文化养生旅游示范基地；莲都区艾莱依集团有限公司获评省工业旅游示范基地；庆元县浙江鸿星文具有限公司获评文化产业示范基地；龙泉住龙镇获评省红色旅游教育基地；景宁县毛垟乡入选第二批浙江文艺创作采风基地；莲都古堰画乡小镇、龙泉住龙镇、龙泉兰巨乡官浦垟村、青田千峡湖生态旅游度假区、云和紧水滩镇龙门村、庆元举水乡月山村、缙云仙都旅游度假区、遂昌王村口红色古镇、松阳茶香小镇、景宁大漈乡大漈村入选首批119家浙江省职工疗休养基地名单。

【乡村旅游】 2020年，松阳茶排村、缙云河阳村入选第二批全国乡村旅游重点村。缙云县舒洪黄龙国家农村产业融合发展示范园入选第二批国家农村产业融合发展示范园名单。遂昌县龙洋乡茶园村以《用“情境乡村”建设新路径破解乡村活化难题》入选“世界旅游联盟旅游减贫案例100”。松阳四都乡列入全省首批民宿（农家乐）助推乡村振兴改革试点。全市有10个村入选浙江首批“农文旅”融合开发培育民族村名单，数量居全省第一，其中，景宁畲族自治县7个、云和县、遂昌县、庆元县各1个。莲都区一默家民宿“布布生香”、景宁县炉溪小筑“畲集高山有机石斛花”、龙泉市朴谷小院“在河之洲”手工青瓷白首礼等7项产品入选浙江省首届乡村民宿伴手礼大赛获奖名单。“快时代慢生活”秀山丽水茶香游入选首批浙江十大茶旅精品线路。遂昌浙西川藏线汽车越野线路入选“2020年度长三角地区精品体育旅游项目”。江南之巅剑瓷龙泉休闲避暑自驾线路入选长三角十佳自驾精品线路。 （孙 楠）

群众体育

【体育创强】 2020年，丽水市本级、青田县、景宁畲族自治县通过“四提升四覆盖”[提升群众身边的体育场地建设水平，实现“15分钟健身圈”便民体育设施全覆盖；提升群众身边的体育组织水平，实现乡镇（街道）“1+5”体育社会组织网络全覆盖；提升群众身边的健身活动水平，实现常态化健身活动全覆盖；提升群众身边的健身指导水平，实现行政村（社区）各健身项目社会体育指导员及乡镇（街道）体质测试网点全覆盖]工程建设考核，全市“四提升四覆盖”工程实现全覆盖。新建完成省级小康体育村升级工程100个、社区多功能运动场27个、笼式足球场19个、游泳池（拆装式游泳池）11个、百姓健身房34个。

【群众体育赛事】 2020年，市体育发展中心举办2020年全国新年登高健身大会（丽水站），1000名登山徒步爱好者到白云山体验运动休闲。丽水市9个县（市、区）围绕活动主题，结合自身特色，组织不同形式的全民健身活动，实现市内多点联动，全市参与健身迎新活动的群众近1万人次，新年登高成为丽水市民欢度新年的新方式，成为年度全民健身“1号活动”。7至8月，丽水市派出259名运动员参加浙江省第三届女子体育节20项比赛，拔河、飞镖、广播操、健美操、篮球等项目共获团体一等奖4个，二等奖5个，三等奖9个；个人金牌10枚，银牌8枚，铜牌3枚，五等奖2人次。

【体育社团及人才培育】 2020年，市本级成立丽水市体育产业联合会单项体育协会1个，完成丽水市体育总会换届工作。市本级单项体育协会38个（达到AAA级以上17个），全市体育社团241个，形成市、县、镇（乡）、村四级群众体育组织网络。2020年，市本级举办社会体育指导员培训班，共培训二级176人。全年全市累计拥有各级社会体育指导员7907人，平均每千人拥有社会体育指导员3.57人。

【科学健身指导】 2020年，市体育发展中心开展《国家体育锻炼标准》达标测试及第五次国民体质监测活动。《国家体育锻炼标准》达标测试赛共测试270人。完成第五次国民体质监测工作，共测试4391人，提交4391个样本量。全年进行公安、消防、社区、农村、企业、学校等送体测活动15次。举办2020年浙江省一级社会体育指导员等级暨技能提高培训班（丽水站）、浙江省省部属企事业健身气功培训班，共200余人参加培训。 （肖冬丽）

竞技体育

【参加省级以上赛事】 2020年，丽水运动员参加省级以上竞赛的情况看，在参加田径、篮球、足球、海模、体操、网球、跆拳道、赛艇、皮划艇、山地自行车、国跳、轮滑等项目的省锦标赛及冠军赛，获较好的成绩。市少体校运动员共计获金牌82枚、银牌63枚、铜牌42枚，其中，轮滑项目获金牌38枚、国跳项目获金牌23枚、海模项目获金牌7枚、田径项目获金牌5枚、体操项目获金牌4枚、赛艇项目获金牌2枚、皮划艇项目获金牌1枚、山地自行车项目获金牌1枚、篮球项目获金牌1枚。

【竞技体育提升工作】 2020年，丽水市布局田径、游泳、篮球、足球、排球、沙滩排球、乒乓球等17个大项19个分项的奥运项目及轮滑、国际跳棋、航海模型3个非奥项目运动队训练，各布局项目均已组队参加省年度青少年锦标赛。2019年至2022年，浙江省体育后备人才训练网布局，丽水市布局包括重点非奥项目在内的项目25个，布局人数3635人，其中重点748人，普通2887人，全市在省体育局注册运动员人数10113人。全年有30名运动员考入各类高等院校继续深造，其中，浙江大学1人（轮滑运动员）、华中科技大学1人（足球运动员）、南京大学1人（足球运动员），山东大学1人（田径运动员）、北京体育大学1人（足球运动员）、湖南师范大学2人（足球运动员）、上海大学1人（足球运动员）、南昌大学2人（网球运动员）。 （肖冬丽）

体育产业

【丽水市体育发展“十四五”“1+4”系列规划编制工作启动】 2020年，丽水市体育发展“十四五”“1+4”系列规划编制工作启动，分别为《丽水市最美户外运动天堂规划》《丽水市体育事业发展“十四五”规划》《丽水市全民健身实施计划（2021—2025）》《丽水市体育训练及后备人才培养“十四五”规划》《丽水市体育产业发展“十四五”规划》，其中《丽水市最美户外运动天堂规划》是结合丽水“最美户外运动天堂”打造工程，新增的一项规划。

【《丽水市中心城市体育空间布局规划(2017—2030)》发布】 2020年9月25日,《丽水市中心城市体育空间布局专项规划(2017—2030)》(简称《规划》)获批发布,该《规划》是全省首个地级市中心城市体育空间布局专项规划,对丽水市中心城区2030年前体育设施的发展目标、设施布局、功能布局、实施保障进行系统规划。《规划》按照全民健身需求,分2017—2020年、2021—2025年及2026—2030年3个阶段,整体形成竞技体育"一主一副六中心",具备承办省级及以上综合性运动会的硬件设施,群众体育"一园十心、多点均衡"网络化格局,建成"十分钟健身圈"。

【指导体育产业项目及平台创评】 2020年,缙云县三溪汽车越野小镇入围第三批省级运动休闲培育名单;4项赛事(丽水全国轮滑锦标赛、庆元廊桥国际越野赛、遂昌王村口百里红军古道越野赛、松阳中国天空跑国际挑战赛)入选省重点培育品牌体育赛事名录库,2019庆元廊桥国际越野赛、普崎杯2019全国轮滑锦标赛、华洋赛车培训基地等9个项目入选省级体育产业发展资金项目库,获奖补资金400余万元;4个项目(青田乐园室内滑雪、龙泉屏南越野小镇越野跑、遂昌浙西川藏线汽车越野、松阳七沐山滑草)入选省级运动休闲旅游优秀项目。新获评省级运动休闲旅游示范基地2个(缙云羊上航空飞行营地、松阳双童山运动休闲基地);获长三角地区精品体育旅游项目1个(浙江遂昌浙西川藏线汽车越野线路)。

【市级体育产业示范平台评审】 2020年,丽水市开展第一批市级发展资金项目库、运动健身示范场馆、运动休闲示范基地等体育产业品牌评定工作,打造一批具有示范引领作用,辐射性强、带动性强的运动健身场馆及运动休闲项目综合体,形成一批市级体育产业品牌。共评出2019年度、2020年度市级体育产业发展资金项目库项目4个(三联文体广场体育产业园区、2018美丽乡村•环浙骑游龙泉总决赛暨第二届江南之巅天空自行车骑行挑战赛、2018全国定向锦标赛暨世界定向排位赛、三龙探险乐园丛林探险基地),首批市级运动健身示范场馆4个(优赞体育、乐享体育绿城店、龙泉市体育公园、松阳齐乐健身中心),首批市级运动休闲示范基地3个(松阳双童山山地生态运动休闲基地、青田乐园、羊上航空飞行营地)。

【体育彩票销量4.77亿元】 2020年,全市体彩销售总量达4.77亿元,与福利彩票的市场占比为6:4,市场占有率全省排名第二位。市体育发展中心组织开展体育公益活动,共组织体彩"送福进万家"活动15场、"体彩助学"活动2场、送出新春福袋1.7万余份。 (肖冬丽)

品牌赛事

【浙江马拉松线上赛系列赛暨2020丽水超级马拉松线上赛】 2020年7月27日至8月2日,由浙江马拉松协会牵头的浙江马拉松线上赛系列赛暨2020丽水超级马拉松线上赛开赛,线上赛设置3千米、10.18千米两个组别。本届浙江马拉松线上系列赛主题为"一马一景,跑遍浙里",比赛共有8站赛事,赛事时间从6月底持续至8月下旬。赛事提供少量杭州马拉松直通车名额。丽水站总报名人数5518人(其中丽水市参赛选手1058人),缴费人数2545人,报名额总额75605.5元,完赛人数4512,完赛率81.76%。

【丽水市"体彩杯"线上健步走活动】 2020年10月1日至12月25日,丽水市体育发展服务中心举办弘扬践行浙西南革命精神丽水市"体彩杯"线上健步走活动。此次活动依托丽水深厚的红色文化,以弘扬浙西南革命精神为主题,倡导全民健身为目的。活动采取线上集中,线下分散开展的模式,10人成团,不限地域,不限参与人员;设置虚拟地图,在地图上模拟12个浙西南红色革命地和红色基地位置,每个基地设置知识答题闯关,闯关内容以浙西南革命根据地、学习强国知识、丽水市历史人文以及体育为主要内容,通过趣味竞赛、知识竞答达到弘扬浙西南革命精神、普及健康知识和宣传丽水的目的。参加活动队伍共50支,该赛事是首次以线上赛的形式与弘扬浙西南革命精神相结合。

【2020丽水大花园瓯江绿道宣传推介周活动】 2020年12月12日至13日,2020丽水大花园瓯江绿道宣传推介周活动在市区举行。此次活动由丽水市人民政府主办,丽水市发展和改革委员会、丽水市文化和广电旅游体育局、丽水市体育发展服务中心承办,共设置瓯江绿道骑行大会、滨水绿道毅行大会和白云山绿道山地半程马拉松3个项目。此次活动赛事参赛运动员2000人,运动员分布于21个省份、76个城市,其中,山地半程马拉松活动吸引近80%的市外选手。活动展示丽水市"一江丝路盛景、十城秀美河川、百乡韫玉怀珠、千里山水画廊"的丽水大花园绿道网络建设成果。 (肖冬丽)

财政　税务

财政工作

【概况】　2020年，全市财政总收入240.15亿元，增长5.3%；一般公共预算收入143.86亿元，增长2.9%；一般公共预算税收收入117.67亿元，增长7.2%；一般公共预算支出527.1亿元，增长0.1%。其中，市本级财政总收入63.50亿元，同口径增长7.6%；一般公共预算收入38.47亿元，同口径增长2.9%；一般公共预算税收收入32.24亿元，同口径增长15.0%；一般公共预算支出82.46亿元，同口径增长7.8%。全市和市本级财政收支实现平衡。

2020年，丽水市财政局巩固文明单位创建成果，通过"全国文明单位"复评，获"丽水之干"模范集体；推进下属事业单位机构改革，牵头编制完成7家下属事业单位"三定"方案；按照"综合处室业务化""业务处室专业化""一线岗位年轻化"的干部队伍建设思路，组织职级晋升24人，轮岗交流22人，其中，一般干部17人、中层干部5人，提任正科级干部5人、副科级干部5人；组织开展"财政讲坛"6期、培训班7个，组织全国财政系统人才库人员推荐，入选财政部法律人才库干部1人；定期专题研究意识形态工作，制定年度意识形态工作要点，落实意识形态工作责任。

【组织财政收入工作】　2020年，丽水市财政局加强与税务、自然资源、人民银行等部门沟通联系，做好组织财政收入工作。全市财政总收入占GDP的比重为15.6%，全年一般公共预算税收收入占一般公共预算收入的比重81.8%，其中市本级为83.8%；一般公共预算收入占财政总收入的比重59.9%，其中市本级为60.6%。加强非税收入征管、土地出让金收缴力度。全年全市非税收入399亿元（含国有土地使用权出让收入334.68亿元，增长49.77%），其中纳入一般公共预算管理的非税收入26.19亿元；市本级非税收入190.64亿元（含国有土地使用权出让收入178.49亿元，增长33.37%），其中纳入一般公共预算管理的非税收入6.89亿元。

【经济发展扶持】　2020年，丽水市财政局助力"两手硬、两战赢"，落实"六稳"工作和"六保"任务要求，建立"一策一图一清单"机制，梳理疫情政策34条，全市财政部门拨付疫情防控资金5.1亿元。全年全市兑付企业扶持资金39.25亿元，其中市级9.88亿元。推进"两直"资金支付工作，全市获直达资金37.96亿元，实现支付

2020年9月23日，丽水开发区在杭州举办丽水（杭州）数字经济产业招商（招才）推介会暨叶檀财经《数字经济》论坛　（杜　成　提供）

37.96亿元，支付进度100%。实施数字经济“一号工程”，配合开展绿谷信息产业园、数字经济双创园、数字经济天宁基地、杭州丽水数字大厦及有关“飞地”园区等平台集聚融合，完善丽水市数字经济平台运用和招商政策。配合做好减税降费政策解读、宣传，促进减税降费政策落实到位。设立60亿元规模的高质量绿色发展产业基金，与嘉兴、湖州等地合作组建山海协作基金；协同推进市县政府性融资担保体系一体化建设，市融担公司龙泉分公司和缙云分公司挂牌成立，完成首批市县一体化试点工作。

【加大民生事业倾斜力度】 2020年，丽水市财政局加大民生事业倾斜力度，全市民生类支出398亿元，占一般公共预算支出75.6%。加强实施教育提质行动，依法保障教师待遇，落实义务教育教师平均工资水平不低于当地公务员政策，推动建立民生支出清单管理制度，推进丽水技师学院、丽水南明旅游学校建设。全市城乡居民基础养老金提高至每人每月180元，65周岁以上人员每人每月再增加5元。全市完成7家国有企业10%股权划转充实社保基金，划转国有资本1.76亿元。集中财力保障大花园大通道大都市区建设，全年市直政府投资项目支出43.9亿元，城中村改造资本金支出67.2亿元，保障丽水机场、衢丽铁路和城中村改造等重点项目建设。保障脱贫攻坚决战决胜，实施“大搬快聚富民安居”工程，助力完成“两不愁、三保障”工作任务。全年全市财政扶贫支出10.5亿元，援助东西部扶贫资金9560万元。

【财政管理创新】 2020年，丽水市财政局贯彻落实上级关于全面实施预算绩效管理的决策部署，落实全市全面实施预算绩效管理三年行动计划，完善工作机制，推进预算和绩效管理一体化。制定出台《丽水市市直事前绩效评估管理暂行办法》，开展新增政府重大投资项目事前绩效评估试点。加大财政电子票据改革力度，推进财政数字化转型，全市23家公立医院实现医疗电子票据全覆盖，完成交警交通罚没收入收缴管理系统转换，全面推进非税收入及其他财政电子票据上线。开展机关内部“最多跑一次”改革，梳理内部办事事项59项，精减至57项，实现事项应网办尽网办。梳理“财务报销”一件事、“道路交通事故抢救费用垫付”一件事、“预算单位账户开立事项”一件事等。做好新冠肺炎疫情防控期间企业房租的减免工作，全市行政事业单位共为1346户企业、个体户免租2153.25万元，完成应减租金额100%。做好国资委企业资产配置工作，持续推进经营性资产划国资委注入国有企业，市直各国资营运公司配置到位资产545项，累计评估价值29.41亿元。加强会计队伍建设，持续开展会计领军人才培养工作。

【财政监管】 2020年，丽水市财政局加强行政事业单位内控建设，组织财政扶贫资金和项目管理、行政事业单位财政监督、反对餐饮浪费违规吃喝问题等专项检查，全市重点监督检查单位595家，查处财政违法、违规、违纪金额28774.59万元。深化财政内部控制建设，修订完善财政内部控制制度体系，开展内控专项检查和考核。完善差旅费管理制度，规范劳务费支出，压缩一般性支出，市本级“三公”经费下降43.1%。加强国库集中支付审核和政府投资项目预决算审核，全年国库集中支付审核18.14万笔，支付资金81.82亿元；工程项目审核169项，节约财政性资金6.95亿元。牢固树立过“紧日子”思想，加强财政监管，全年全市财政压减支出20.9亿元，其中市本级7.05亿元，压减资金统筹用于“六稳”“六保”等重点支出。

【生态产品价值试点建设】 2020年，丽水市财政局助推生态产品价值实现机制国家试点建设。建立对丽水试行与生态产品质量和价值挂钩的财政奖补机制，并新增空气质量财政奖惩制度、湿地生态补偿机制，扩大丽水生态产品价值受益面。支持国家公园创建，争取国家公园省级财政资金保障机制，加强国家公园创建工作经费保障，安排3000万元专项资金支持龙泉、庆元、景宁3个县（市）创建国家公园。 （应 佳）

税务工作

【概况】 2020年，丽水市税务系统应对新冠疫情冲击以及税收改革发展任务，在组织税费收入、落实减税降费、支持复工复产、加强税费管理、优化纳税服务、推进队伍建设等方面取得新突破，实现服务改革发展和税收主业“双赢”。获“全国文明单位”“全国模范职工小家”“全国税务系统先进工作者”“省级青年文明号”“省级志愿服务工作先进集体、先进个人”“浙江省首届最美税务人”“全省税务系统疫情防控工作先进个人”“市级三八红旗集体”等称号。全年丽水市税务系统管辖全市纳税户数32.9万户，其中，增值税一般纳税人1.58万户；缴费企业2.1万户，灵活就业人员34万人，全市缴费人数223万人。全年全市组织税费收入339.7亿元，同比增长3.6%。其中，税收收入221.8

亿元，同比增长5.9%，增幅排名全省第三位，快于全省平均增幅2.7个百分点；社会保险费收入110.5亿元，同比下降0.8%；非税收入7.4亿元，同比增长6%。

2020年，丽水市税务系统推进各税种管理工作，完善零散税源委托代征管理，加强土地增值税清算审核，完成清算审核项目24个，入库税款2.4亿元。实施“首违不罚”，全年作出不予行政处罚决定265次。做好纳税信用修复工作，对整改后符合条件的企业，提前撤下行政公示信息。加强重点企业风险应对，全年推送风险任务80批次，入库税额2137万元，降低企业涉税风险。加强涉税案件查处，全市检查涉税案件195件，查补收入7326.2万元，其中查处大要案7件，查补收入2526.5万元。开展打虚打骗两年专项行动，全市立案查处案件29户，其中，移送公安26户，涉及增值税发票886份，涉及税额671.4万元。

2020年，丽水市税务系统响应浙江省税务局“党旗红、税务蓝”文化场景和税务文化品牌建设，聚力培树“红色驿站”“服务先锋”“8090党员工作室”等特色文化品牌，总结提炼“新时代税务讲习堂”“红色铸魂税务蓝”文化成果，巩固形成丽水税务文化品牌体系。

2020年，丽水市税务局组织干部帮助农户农企复工复产　（吴淑婷　提供）

【抗疫助企】 2020年，丽水市税务系统扛起打赢抗疫助企“攻坚战”的政治责任，建立市、县两级实体化工作专班，制定助力疫情防控和复工复产意见32条，开展线上线下精准政策宣传辅导。结合“万名党员进万企”“服务企业365专项行动”，选派89名“驻企服务员”下沉企业，走访服务企业4120户次，解决企业困难问题312个。全年全市新增减税降费27.5亿元，激发市场主体活力。优化电子税务局办税缴费渠道，拓宽网申邮寄范围，推行“二维码”预约办税，开设办税绿色通道，推出“容缺办理”制度、“不见面代办服务”缴费办税服务，保障纳税人在非常时期安全、高效、便捷办税。全市纳税人综合网上办税率97.57%，位居全省第二。拓展税收大数据分析应用，发挥税收增值效应，支撑高效落实税收优惠政策、加快落实防疫定向资金和奖励落地，提供企业复工复产供应链需求。全市帮扶企业解决供应链问题16户次，合计金额802万元。建立“领导带班+工作专班+网格化管理”疫情防控体系，筑牢疫情防控“税务堡垒”。组建党员志愿服务队15支，在职党员干部100%向社区报到，全市参与卡口检查检测、社区志愿服务、群防群控7189人次。

【开展“党建+”对口帮扶工作】 2020年，丽水市税务系统开展“党建+”对口帮扶工作，全市38个党支部参与帮扶27个薄弱村，11名专职干部担任农村指导员或驻村“第一书记”，274名干部参与结对帮扶工作。全市落实脱贫攻坚税收优惠1.9亿元，其中，支持“三农”税收优惠1.41亿元，惠及农民专业合作社5277家，共减免契税、印花税等税收385万元，惠及易地搬迁户494户，帮助贫困人口安心入住。通过“涉农贷”发放贷款6.2亿元，惠及涉农企业284家，扶持乡村龙头企业和农村合作社15家，支持涉农企业配备检测仪器、新产品研发等用途。引进帮扶资金722万元，购买和推销扶贫产品233万元，为决胜决战脱贫攻坚贡献税务力量。

【税收营商环境】 2020年，丽水市税务系统推出便民办税服务措施4类、24项、90条，发放“暖心电子服务卡”，提供全网格、全方位、全天候涉税服务。推广“智能一网通”平台，实现企业全生命周期“一件事”涉税事项半小时办结。贯彻落实浙江省优化营商环境便利化行动方案，开设营商环境专栏，开展全市营商环境直播，宣传优惠政策和服务举措。推广财务报表转化软件，减轻企业财务管理负担。制定发布《丽水市列名大企业税收服务和管理规程》，打造线上线下互动服务机制，为大企业提供“一对一”涉税服务。

【首次个人所得税综合所得年度汇算清缴实施】 2020年，丽水市税务系统首次开展个人所得税综合所得年度汇算清缴申报，将2019年度工资薪金、劳务报酬、稿酬与特许权使用费等4项综合所得合计，减除费用6万元以及专项扣除、专项附加扣除和依法确定的其他扣除后，根据“按年算账、多退少补”的原则进行年度汇算清缴，其中，专项附加扣除项目包括子女教育、继续教育、大病医疗、住房贷款利息或者住房租金、赡养老人等6项。3月1日至6月30日，开展年度汇算办理。全市税务系统组建专家团队，建立分类分批引导和网格化管理辅导机制。推出自行车动态巡街队、“小禾网上直播间”、“小范说税”网课、“丽税帮帮团”、个税问答二维码锦囊等个性化宣传辅导活动。畅通纳税人沟通渠道，推广征纳互动平台应用，并配备一批个税骨干力量处理征纳互动平台咨询业务。全市通过征纳互动平台推送资讯1818个，处理率99.45%。全市申报2019年综合所得年度汇算181958人。其中，补税10051人，税额2294万元；申报退税106015人，税额4712万元。

【纳税信用等级评定应用】 2020年，全市参加2019年度纳税信用评价企业55313户，比上年增加6311户。其中，A级纳税人4109户，占8.1%，B级纳税人14686户，占28.94%，M级纳税人26284户，占51.79%，C级纳税人1202户，占2.37%，D级纳税人4466户，占8.8%，全市企业整体纳税信用状况持续向好，税法遵从度提升。完善“税银合作”长效机制，与市金融办、银监、市市场监管局召开“拓展首贷户行动”专题会议，制订“税金银企”四方合作机制，通过数据共享、风险评估等方式，实现纳税信用贷在疫情期间精确助企的升级服务。拓展纳税信用增值应用，梳理受疫情影响较大的企业名单，依法提供相关税收数据。联合金融机构全面升级“银税互动”项目，放宽“以信放贷”条件，将受惠企业范围从纳税信用A级、B级拓展到M级，全年为全市3788户企业新增授信超过23.6亿元。

【“云办税·智慧大厅”启用】 2020年9月，丽水市税务局围绕“全业务全网办”建设目标，聚焦办税服务“智能化”和“云端化”，通过云签章、云传输、云坐席、云辅导、云直播一系列智能云端办税创新举措，启用集智能服务、云端共享、多维宣传为一体的“云办税·智慧大厅”，涉税事项办理从“最多跑一次”向“零次跑”升级，提高纳税人办税便捷性和高效性，提升纳税人满意度和获得感。10—12月，退税辅导、新办企业税控设备发行、申报更正等26项高频业务通过“云办税·智慧大厅”办理，合计办理业务2000余件次，占窗口企业办件量30%左右，办税大厅办理量减少8450人次，同比下降52.8%。开发智能语音咨询系统，增设8路智能语音，人工咨询电话从2路增至6路，电话接听能力提高2倍，对外公开电话的日均最大接通量由120余个提升到1000以上，接通率由原先低于40%提高至98%。定期汇总梳理咨询热点难点，实施分类咨询，业务咨询平均通话时长缩短30%。实体窗口由19个减少到11个。涉税档案实现“一户一档”云端存储，打破传统纸质资料存储耗费人力、物力和空间的限制，实现与市场、社保等部门数据共享应用。 （虞丰平）

2020年9月27日，丽水市税务局启用云办税·智慧大厅 （虞丰平 提供）

金　融

综　述

【概况】 2020年，中国人民银行丽水市中心支行（简称"市人行"）提高政治站位，贯彻落实市委、市政府一系列决策部署，围绕"两手硬、两战赢"目标任务和"重要窗口"的使命担当，为抗击疫情和助推经济社会发展提供金融支撑。至年底，全市银行业金融机构本外币各项存款余额3549.78亿元，新增509.91亿元，余额同比增长18.18%，其中，住户存款余额1898亿元，同比增长16.77%；非金融企业存款余额751.17亿元，同比增长41.67%；广义政府存款余额594.62亿元，同比增长6.18%。本外币各项贷款余额2773.68亿元，新增526.61亿元，余额同比增长23.44%，其中，住户贷款余额1632亿元，同比增长18.8%；企（事）业单位贷款余额1140.50亿元，同比增长30.79%。境外存款余额47.66亿元，新增4.28亿元，余额同比增长9.87%；境外贷款余额1.17亿元，减少8.15亿元，余额同比下降13.12%。全市金融机构不良贷款率0.62%，比年初下降0.18个百分点。2020年，全年投放发行基金161.7亿元，回笼发行基金151.02亿元，分别同比增长32%、29.33%，净投放发行基金16.09亿元。

【金融保障新举措落实】 2020年，市人行争取连续推出的3000亿元、5000亿元、1万亿元三轮央行专项政策资金更多更快落地丽水，落实货币政策直达工具和助企纾困政策。打好金融支持疫情防控阻击战。市人行以战时状态"5+2""白加黑"抢抓时间进度，推动3000亿元疫情防控专项再贷款资金快速精准投放，实现贷款覆盖率和贷款满足度"两个100%"、排名全省第一。其中，专项再贷款资金支持纳爱斯公司抗疫的案例获中国人民银行副行长潘功胜批示肯定。精准支持企业复工复产，牵头制定金融支持政策，组织开展"百地千名行长助企业复工复产""三服务""金融地摊"三项对接活动。实现复工复产专项再贷款投放6.3亿元，撬动全市复工复产期间贷款投放351亿元，累计支持小微企业6075家。下达征信逾期豁免政策，1.1万余名自然人和30余家企业享受到政策红利。高效落地"六稳六保"各项支持政策。在落地1万亿元政策方面，主动向上争取资金额度，加快审批办理。全年全市累计实现普惠性再贷款投放25亿元。在落实两项直达工具方面，综合运用考核、督查等方式，指导金融机构对符合条件的信用贷款"应放尽放"，普惠小微贷款延期还本"应延尽延"。全市累计向1.8万户小微企业发放符合央行资金支持条件的信用贷款33.4亿元，占相关机构新发放贷款40%，排名全省第一。累计为1.36万户企业实施阶段性延期还本付息政策，涉及贷款本息93.6亿元。金融支持稳企业保就业的做法及成效被中国人民银行总行宣传推广，《金融时报》《中华工商时报》等国家级媒体进行专题报道。在落实助企纾困政策方面，共同组建市小微和个体工商户纾困专班，对接市场监管和财政部门，安排国库人员加班加点，在全省率先完成"两直"资金拨付工作，全年发放社保、纾困、安置等补助资金2.79万笔、金额27.36亿元。

【资金保障体系】 2020年，市人行合理运用央行逆周期调节工具，做大金融总量盘子，紧盯民营企业、小微企业、制造业和外贸企业4个信贷支持薄弱领域，打造"1+4"（"1"指金融总量，"4"指民营企业、小微企业、制造业、外贸）资金保障体系。金融总量方面，发挥地方法人银行机构主力军作用，主动向上争取政策倾斜。全年全市存贷款总量首次突破6000亿元大关。其中，全年法人银行机构新增贷款136.8亿元，同比增长29%。结构优化方面，强调信贷投放和精准服务统一，4个重点领域的信贷支持力度显著提升。至年底，全市民营经济贷款同比增长 28.36%，增速高出各项贷款增速 4.92 个百分点；普惠小微贷款同比增长 29.9%，高出各项贷款增速 6.46 个百分点；制造业贷款同比增长 21.12%，其中，中长期制造业贷款同比增长 104.07%；全市外贸企业累计实现贸易融资 3.67 亿元。

【融资畅通工程】 2020 年，市人行探索“融资畅通工程”的丽水渠道、丽水方案，相关做法获市委、市政府领导批示肯定 7 次。拓展小微企业“首贷户”专项行动。组织全市金融机构主动下沉走访，做实做细做精首贷客户拓展工作。全市拓展企业首贷户2061 户，其中小微企业首贷户 1719 户，占小微企业有贷户数 24.9%，高于全省预定目标近 10 个百分点。开展“三张清单”专项行动。在全省率先完成辖内所有金融机构制定授权、授信、尽职免责“三张清单”，并在媒体公布，简化小微和民营企业贷款办理流程。至年底，实现抵押登记“一次不用跑”，贷款从申请到办结平均耗时 3 天左右。该做法得到省人行行长殷兴山肯定。组织开展“稳外贸”专项行动。成立外汇政策宣讲团，指导金融机构对接“订单+清单”系统。全市 419 家重点外贸企业支持率 69%（289 家），排名全省第三。持续加强投资贸易便利化改革试点，全年通过减少手续、简化材料等方式办理贸易收支 3.2 万笔、金额 16.3 亿美元。开展金融支持脱贫攻坚专项行动，召开金融支持扶贫再贷款工作推进会，定向扶贫结对，全年累计向全市贫困对象发放扶贫再贷款 3.32 亿元，结对帮扶的 3 个贫困村如期脱贫。组织评选全市金融扶贫十大案例，被中国人民银行评为金融扶贫先进集体。

推进银行减费让利。指导和督促全市金融机构贯彻落实疫情时期的减免利息和常态化的减费让利工作。全年累计为企业让利 25.5 亿元，其中，企业贷款利率下行让利 12.3 亿元、减免各类费用让利 0.2 亿元、央行低成本资金让利 0.6 亿元、两项直达工具让利 0.9 亿元，不良贷款核销让利 11.5 亿元。

打造优良金融服务环境，推进移动支付便民化，青田县创成首批“浙江省移动支付应用示范县”，在丽水核心商圈完成首批“刷脸付”设备布设。提升现金服务规范化水平，开展整治拒收人民币现金专项行动，实现全国首例拒收现金经济处罚在丽水落地。推进征信服务网格化，建成信用报告自助查询代理点 50 个。创新金融消费纠纷多元化，会同市中院等部门出台金融消费纠纷化解专项政策，建设县级金融创新产品和服务消费纠纷调解工作站、银行网点金融维权绿色专区，农村金融消费权益保护模式升级至“2.0 版”。

【农村金融改革】 2020 年，丽水农村金融改革创新向纵深发展。金融服务乡村振兴改革试验区创建取得阶段性进展，试验区方案得到总行认可。金融支持生态产品价值实现机制实现连续性突破。率先在全国推出“三贷一卡”“一行一站”生态金融模式，创新“绿色惠农卡”“茶商溯源卡”等生态主题卡系列产品。至年底，“生态抵（质）押贷”余额 187.47 亿元，累计发放 “两山信用贷”3.73 亿元、“生态区块链贷”8783.3 万元。在全省率先出台乡村振兴金融服务站管理办法，创新建立“两山”银行评定机制，累计完成改造提升农村金融服务站 1539 家，建成首批标准化乡村振兴金融服务站 107 家。受邀“2020 中国普惠金

2020 年全市分机构本外币存贷款统计指标一览表

表16

单位名称	存款		贷款	
	余额（万元）	同比增长（%）	余额（万元）	同比增长（%）
农发银行丽水分行	198278	38.38	800536	33.45
工行银行丽水分行	5120996	19.58	3302320	8.43
农业银行丽水分行	4842679	22.19	3384811	20.32
中行银行丽水分行	3712571	9.44	3189293	21.16
建设银行丽水分行	3456234	10.68	3282918	29.52
交行银行丽水分行	117758	23.86	264302	89.23
中信银行丽水分行	694707	20.18	810904	17.52
浦发银行丽水分行	412632	30.62	295422	29.91
浙商银行丽水分行	465699	36.96	489779	79.33
华夏银行丽水分行	123846	77.90	119596	98.08
泰隆银行丽水分行	1255624	22.17	1145784	13.42
稠州商业银行丽水分行	914634	28.18	623606	24.58
温州银行丽水分行	361318	23.95	196321	4.29
杭州银行丽水分行	128476	-15.00	314565	15.64
民泰银行丽水分行	159440	0.06	93285	34.07
台州银行丽水分行	137700	64.66	212141	55.30
宁波银行丽水分行	357041	87.28	515913	125.18
邮政储蓄银行丽水市分行	2512649	13.07	1239723	29.47
农合机构	9080773	16.84	6683385	24.19
其中：莲都农商行	2062279	35.42	1312500	33.00
村镇银行	775873	8.05	772184	8.95

融国际论坛”交流经验，创新做法在全省区域金融改革经验交流会上推广，得到金融时报、浙江电视台、浙江日报等媒体报道。农村金融供给与服务创新持续加强。创新推出地役权补偿收益权质押贷款、农村河道使用权抵押贷款。推动农村产权抵押贷款扩面增量，至年底，全市“三权”抵押贷款余额135.11亿元；组织开展信用户、信用村、信用乡复评，升级完善丽水市信用信息服务平台，生态信用数据实现互联共享；全年平台累计查询量54万次，同比增长50%，全市农户信用贷款余额158.81亿元，占农户贷款20%，增速为38.83%。推进14项金融标准和2项标准化试点项目创新，2项省级地方标准、3项市级地方标准已发布，2项标准化试点项目通过验收。（周　星）

【银行保险监管】　2020年，丽水银保监分局加强监管引领，优化金融服务，为疫情防控、复工复产“两手硬”“两战赢”提供金融保障。梳理归纳企业疫情防控和企业复工复产金融服务指导意见，作为全市唯一的金融政策被纳入市政府“惠企政策一码通”平台。依托“丽水银行界”公众号，每日发布网点营业情况，编发机构服务热线、线上服务渠道、金融服务指南，实现“金融基础服务不中断”。开展金融支持复工复产政策落地专项行动，组建金融系统144支党员先锋队入企服务，推进“双保”应急融资和不动产余值抵押工作，打造精准支持疫情防控监管“组合拳”。市委书记胡海峰到分局调研时肯定分局精气神。

2020年，丽水银保局打造金融服务实体经济特色品牌，提升金融服务质效。实施“丽水版”融资畅通工程，持续出台服务实体经济十件实事，推动预算400万元的省金综平台丽水特色专区项目落地丽水银保监分局，存款贷款增速7年来首次位列全省第一，贷款增速7年来首次位列全省第二。制定金融服务乡村振兴行动专项方案，构建“四聚焦十体系”，全省首创金融支持乡村振兴评价机制。召开“放心金融”暨村级消保驿站推进会，率先开展“放心金融”网点建设，推进“消保驿站”向乡村拓展延伸，探索建立金融消保工作标准体系，成立全国首家银行业保险业人民调解委员会，打造全国金融消保示范区。实施绿色金融发展三年行动计划，加强“一表三图”绿色金融引导机制，组建“两山金融”专家委员会，评定绿色支行、两山支行，全国首创“两山贷”等金融产品，推进金融助力生态产品价值实现机制建设。联合医保局在全国率先推进纯公益补充医疗保险项目“浙丽保”，参保率超过80%，受群众欢迎。实施农业保险“增品提标扩面”工程，推广保险机制在保证金领域的运用，保险参与市域治理效能成效显著。

2020年，丽水银保监分局抓重点机构和重点领域风险，严守区域金融风险底线。联合市政府每月通报各县（市、区）不良贷款压降情况，开展困难企业联合会商帮扶，累计稳定并化解风险贷款14亿元，辖内信贷质量位居全省第四。实行重点风险机构“一行一策”清单式监管，化解3家法人重点机构存量风险。持续推进丽水农商银行合规建设和治理水平提升三年行动，加强银行重点员工跨行账户资金往来排查平台，2年排查面19.8%。探索建立“智能检查云平台”，完善问题整改效果跟踪监测及违规案例常态化通报机制，加强“交叉审计+监管检查”“双随机”等现场检查模式，持续提升现场检查威慑力，拟实施行政处罚1400万元，创历史新高。（叶黎昱）

【中国农业发展银行丽水市分行】　2020年，中国农业发展银行丽水市分行（简称“农发行”）各项贷款余额800536万元，比上年增加200670万元，增幅33.45%；各项存款余额223583万元，比上年增加63577万元，增幅39.73%。存款和贷款增幅分别位列全省农发行系统第一、第二。全年无新增不良贷款，除粮食财务挂账贷款外，不良贷款保持零余额。2020年，农发行丽水市分行发挥政策性银行“当先导、补短板、逆周期”的职能作用，服务“六稳”“六保”，助力丽水疫情防控和经济社会发展，全年累计投放各类贷款32.01亿元，同比增加8.35亿元，执行优惠利率政策贷款投放占比64%，为企业减少资金成本约3300万元。统筹疫情防控，全年累放应急救灾和复工复产贷款29.49亿元，涉及企业53家，支持丽水各县（市、区）疫情联防联控。保障农副产品“稳价保供”。全年累放购销储贷款52笔、金额2.42亿元，生猪全产业链贷款4笔、金额8200万元，守护丽水社会公众的“米袋子”和“菜篮子”。助力乡村振兴，全年累计获批各类中长期贷款14笔，授信总额61.93亿元。累放中长期项目贷款22.18亿元，支持水利建设、农村交通、改善农村人居等重点领域、薄弱环节，助推补齐农村基础设施短板。聚焦“文旅融合”，牵头组织银团贷款7.5亿元，支持龙泉文化会客厅项目，助力打造城市发展新引擎。服务脱贫攻坚，全年累放扶贫贷款4笔、金额8200万元，支持引导企业采购贫困地区的农副产品，带动当地建档立卡人口脱贫增收。贯彻“百行进万企”工作要求，推进“民营小微企业提升工程”，全年累放小微、民营企业贷款1.48亿元，支持缙云、景宁等地10家民营小微企业发展。加强全面风险管理，推进内控合规垂直管理体系建设，开展案防教育季学习、市场乱象整治“回头看”活动，夯实内部管理根基。扶贫帮困，履行社会职责，向国定贫困县、消薄结对村等采购农副产品13.55万元，向东西部金融结对扶贫协作地区捐款5万元，助力低收入百姓增收。加强党建引领，开展以“爱党铸忠诚、爱国担使命、爱农有作为、爱岗作贡献”为主题的四爱教育，推进党建和业务深度融合。（叶力成）

【中国工商银行丽水分行】 2020年，中国工商银行丽水分行本外币各项存款余额512.12亿元，比年初增加83.92亿元；本外币各项贷款余额330.23亿元，比年初增加25.66亿元；不良贷款率0.25%，较年初下降0.25个百分点。贯彻全面从严治党从严治行要求，加强党建与经营融合，落实党中央服务实体经济决策部署，服务“六稳”“六保”，发放防疫和复工贷款138亿元，累计向实体经济让利超1.06亿元。支持地方建设，发放全市首个未来社区项目贷款和全市首笔政府隐债置换贷款，全年审批通过项目贷款155.71亿元、累计发放34.95亿元，均创新高。加速推进“融资畅通工程”，将70%的信贷资源投向民营、制造业和普惠金融领域，民营贷款、制造业贷款、普惠贷款增速分别高于各项贷款平均增速19.49个、6.44个、26.79个百分点。探索“绿色金融”发展新路子，生态经济贷款余额超120亿元。推进农村金融改革，加强金融扶贫和“消薄”，支持扶贫产业、扶贫项目和农村金融工作，为脱贫攻坚注入“金融活水”。防控信用风险，提升资产质量，连续6年保持不良贷款和不良率“双降”。提升内控精细化管理水平，全年实现安全经营。（赵歆宜）

【中国农业银行丽水分行】 2020年，中国农业银行丽水分行（简称“市农行”）围绕市委、市政府中心工作，服务丽水高质量绿色发展，统筹推进疫情防控和业务经营，支持丽水经济社会发展。全年存贷款总增量145.12亿元、增速21.42%，均居“工、农、中、建”四大国有商业银行（以下简称“四行”）首位，连续3年保持四行第一；贷款余额338.48亿元，居四行第一；贷款增量57.16亿元，同比多增23.04亿元，增速20.34%；为市场主体减费让利超亿元；不良贷款余额0.95亿元，不良率0.28%。

围绕“两山”发展，支持重大项目建设。2020年，市农行落实市委、市政府“两山”发展大会精神和“一带三区”战略部署，增强工作主动性，出台实施金融助推丽水跨山统筹措施12条，启动实施千亿信贷投放计划，全年上报、获批和投放项目分别为75个、52个和51个，金额分别为378亿元、169亿元和45亿元，比上年分别多增240亿元、78亿元和20亿元。全年县域项目贷款增量27.34亿元，增量四行占比57.11%，超过“工、中、建”三行增量总和。支持缙云好溪水利枢纽、遂昌城市更新、丽缙小微园等县域项目建设。创新“大搬快聚”项目融资模式，全年审批项目6个、金额52.1亿元，投放5.27亿元，审批、投放项目数量和金额均居同业第一。该模式得到省农行高度认可，并在全省农行系统推广。同时，创新研发“水电贷”产品，为丽水水电项目建设打通融资渠道。

围绕“六稳”“六保”，支持抗疫复产。加大防疫贷款投放力度。率先全市同业全面复工营业，设立“三个专班”、制定“三张清单”，推出金融助力复工复产措施12条，开展企业关怀专项行动，对接企业4200余家，发放全市首笔“防疫贷款”，投放重点防疫企业贷款2.16亿元，投放量、覆盖率和满足率均居四行第一。支持农产品稳产保供。出台支持农产品稳产保供措施12条，创新推出“生猪活体抵押贷款”，全年为26家生猪企业发放贷款1.35亿元，发放农户惠农贷款3亿元，推动生猪、茶叶等产业发展，助力“种粮大户”经营，得到新华社、人民日报等26家主流媒体报道肯定。落实“双保”应急融资机制，为41家小微企业应急融资9135万元，全部执行普惠利率，持续破解融资难、融资贵难题。《浙江日报》以题为《“双保”应急融资为实体经济持续输血——农行丽水分行深化“银政企保”合作新模式》报道点赞。

围绕普惠金融，服务实体经济。加强民营企业、制造业贷款投放。加强“融资畅通工程”，出台支持制造业高质量发展措施8条，民营企业、制造业贷款增量分别为24.35、11.35亿元，增速分别为40.08%、24.77%，分别高出各项贷款增速19.76个百分点和4.45个百分点。以信用方式为维康药业授信1.6亿元，助推成为全国创业板注册制改革首批上市公司。加强普惠金融贷款投放，开展小微企业“春蕾计划”“秋实计划”和“百行进万企”等专项活动，全年银监口径、央行口径普惠金融领域贷款增量分别为15.03亿元、19.03亿元，同比多增11.96亿元、13.41亿元，总量、增量均居四行首位，利率比上年下降54个基点。新增普惠小微企业贷款1109户，位列四行第一，线上小微客户数占比83.76%。加强新兴产业、绿色产业贷款投放。推出科创企业“七专”运作模式，实施差异化信贷政策，构建科创和绿色金融服务体系。绿色信贷余额39.04亿元、增量12.88亿元；战略新兴产业贷款余额6.97亿元，增量2.78亿元，服务新兴产业客户比年初增加21户。

围绕“三农”发展，支持乡村振兴。加强涉农贷款投放，围绕丽水创建金融支持乡村振兴改革试验区，加大“三农”信贷投放。全年涉农贷款增量36.01亿元，增速29.69%，增量、增速保持四行第一，累计支持家庭农场、“农创客”380户、金额9.26亿元。支持生态产品价值转化，创建首家“两山”银行，累计投放“惠农茶商贷”“惠农菇商贷”和“惠农电商贷”6.1亿元，助力生态产品价值实现。累计投放“三权”贷款14.16亿元，推进农村产权融资。试点数字乡村建设，全年移动支付交易超150万笔，构建农村支付服务体系。加大金融扶贫力度。精准对接“消薄村”、贫困户资金需求，全年新增精准扶贫贷款1275万元，为179户低收入农户发放小额扶贫贷款490万元，获评全市金融扶贫十大案例；帮助贫困地区销售农产品268万元，向龙泉临江村捐赠5万元，资助四川13名贫困家庭学生上学。 （周君东）

【中国银行丽水市分行】 2020年，中国银行丽水市分行（简称“市中行”）本外币时点存款余额388.10亿元，比年初新增29.64亿元，四大行余额占比22.43%，位列第三。本外币贷款时点余额319.09亿元，比年初新增55.66亿元，增幅21.13%，居全省中行系统第二，余额四大行市场占比24.25%，位列第四，比年初上升0.36个百分点。不良余额1.07亿元，比年初减少0.63亿元，不良率0.34%，比年初下降0.31个百分点。支持重点项目建设。对接地方基础设施、新兴产业、先进制造、民营企业等重大投资项目的融资需求，做好重大战略部署的金融服务工作。累计获批遂昌城市有机更新、灵山未来社区、大搬快聚富民安居工程、龙泉城市会客厅、银泰江滨商务中心等5000万元以上项目26个，批复金额合计110亿元，为近5年来批复项目最多，金额最大。加强银政合作。促成省中行与青田县政府签署战略合作协议，深度融入浙江（青田）华侨经济文化合作试验区建设，与政府携手打造“侨商之家”，助力青田构建新发展格局。促成杭州热联集团与遂昌建投达成战略合作，助力遂昌政府引进域外企业。响应市政府“最多跑一次”改革，支持市卫健委投产人民医院“刷脸就医”项目，首次与市级大型公立医院建立合作项目。加强贯彻“融资畅通”，至年底，民营企业贷款余额104.21亿元，比年初新增23.74亿元，企业户数531户，比年初新增92户，民营企业贷款余额占全部对公贷款63.98%，新投放民营企业贷款占比73.14%。普惠贷款定向降准、“两增”口径余额分别为38.50亿元、37.10亿元，增幅分别为32.30%、33.45%；普惠金融贷款累放利率3.96%，四大行最低，比2019年下降41个基点，小微企业综合融资成本下降85个基点，民营企业和普惠金融绩效考核在全省中行系统内均为第一。在2020年全省中行系统“稳企业，促发展”对公贷款投放竞赛中，获对公贷款高质量发展奖、基础设施贷款发展优秀分行、民营贷款发展优秀分行、制造业中长期贷款发展优秀分行四大奖项。 （刘 馨）

【中国建设银行股份有限公司丽水分行】 2020年，中国建设银行股份有限公司丽水分行（简称“市建行”）本外币存款余额345.6亿元，比2019年增长10.67%。各项贷款余额328.3亿元，比2019年增长29.53%。全年实现中间业务净收入1.81亿元，比2019年下降5.73%。实现账面利润7.08亿元，比2019年增长30.9%。系统口径不良贷款1.15亿元，同比下降0.28亿元。不良贷款率0.35%，同比下降0.21个百分点。

抓住发展机遇，支持地方重大项目建设。全年累计投放基础设施、地方重点等项目贷款56.3亿元。在全省建行系统首个获批未来智慧社区项目14亿元。“大搬快聚”模式实现全域复制，累计授信47.3亿元，全年投放3.73亿元。以“小微快贷”“惠懂你APP”为抓手，加大实体经济支持力度，普惠金融不断扩面、上量和提质。全年新增民营贷款33.3亿元，占对公贷款比重提升6.7个百分点。新增制造业贷款6.4亿元，信用贷款比例较上年提升12.3个百分点。新增绿色贷款28.97亿元，比2019年增长286%。

助力乡村振兴，提升“三农”金融服务水平。涉农贷款余额78.06亿元，同比增长9.96%，其中新增生猪养殖贷款1.09亿元，生猪养殖贷款余额和新增额均列全省建行系统内第一；创新推出“两山惠农贷”产品，全年累计投放“两山惠农贷”8800万元。携手四川通江、昭化发起东西部“善融扶贫”活动，全年实现“善融扶贫”交易额1125万元。创新推出“裕农通+善融商务”模式，帮助景宁县同兴村等乡镇销售农副产品100万元。依托“裕农通+政务”“裕农通+赶街”“裕农通+福彩”等模式，加快“裕农通”金融服务点建设，“裕农通”金融服务点覆盖行政村1963个，服务农户1.4万户。

扛起社会责任，做实“六稳”“六保”工作。畅通防疫企业融资渠道，支持企业复工复产。为防疫企业发放专项再贷款6.09亿元，在当地同业占比50.1%。创新推出疫情专属产品“云义贷”，发放“云义贷”1.3亿元。“网络供应链”贷款余额2.57亿元，比上年新增2.26亿元。为企业绑定跨境撮合平台，累计投放"跨境融资"6.78亿元。投放"民工惠"贷款1.07亿元，保障农民工工资发放。做好减费减息政策落地，当年新发放贷款加权平均利率3.98%，全年对贷款客户减息让利1.47亿元，惠及6000余家抗疫企业、小微企业及个体工商户。通过"抵押快贷"年审制、"信用快贷"续贷、延期还本付息等手段，减轻企业还款压力，全年为小微企业办理无还本续贷及延期还本3.5亿元。完成"聚合支付"渠道对接，上线"线上菜篮子"项目，为遂昌、松阳、龙游3个县居民提供特殊时期线上支付结算服务。

运用科技手段，提升综合金融服务能力。推进"网络银行""手机银行""微信银行""校园E银行"等移动金融业务，加大"善融商务""悦生活""企业ERP云服务""善行宗教"等金融科技平台建设。2020年年末，全市网银活跃客户数3.13万户、手机银行活跃客户数22.31万户、微信银行客户数16.94万户，搭建"悦生活"全渠道活跃场景48户，搭建智慧宗教、智慧校园、智慧政务等金融服务场景18个，实现"善融商务"交易额10.51亿元。与丽水市行政审批中心签订战略合作协议，推进智慧政务进网点，打造网点政务服务大厅，在市建行所辖33个网点智慧柜员机上，为百姓提供证照查询打印政务服务，涉及公安、社保、建设、教育等13个领域59项。（王学亮）

【交通银行股份有限公司丽水分行】 2020年，丽水交行贯彻落实市委、市政府和监管部门决策，支持地方经济发展。"加"大投放，支持实体经济的发展。年末，贷款增幅90%。向丽水南城新区投资发展有限公司投放5.1亿元，用于并购贷款，助力其成为省内除杭州、宁波以外第三家控股主板上市公司的市级国有企业。同时，向城投应急救灾中心项目授信6000万元，市交投工业一体化项目授信8000万元。做好制造业、民营企业支持工作，制造业贷款、民营企业贷款分别比年初新增100%、78.57%。支持乡村振兴，贷款比年初新增100%。

"减"免利率，减轻企业负担。疫情期间，执行优惠利率和费用减免，发放企业类贷款加权平均利率4.37%，线上抵押贷年利率低至3.75%，减轻企业融资成本。2月21日，一次性调减制造业、批发和零售业、住宿和餐饮业等行业客户利息，减免客户利息12户，涉及贷款金额2.13亿元，累计减息让利218.40万元。优化服务，提升效率。授信条线开通绿色通道，按"急事急办、特事特办"原则，保障审批效率，快收快审，即收即审，简化业务流程，灵活准入。开展"百行进万企"活动，采取电话、微信以及上门走访等方式向客户发放调查问卷，了解客户的融资意愿。发挥线上渠道"24小时"服务优势，利用手机银行、网上银行、"线上税融通""线上抵押贷"等线上渠道及产品，提升为小微企业服务效率，普惠贷款比年初新增120%。优化措施，为3户受疫情影响较大的企业办理贷款续贷、调整还款、还息计划、无还本续贷等业务，总金额7710万元。针对经营性贷款，批量为客户增加宽限期30天，帮助企业渡过难关。（罗婷婷）

【丽水农信】 2020年，丽水农信服务实体经济、乡村振兴，实施普惠金融，融入城乡治理、实施普惠金融，助力丽水高质量绿色发展，各项工作取得显著成效。主营业务全面领跑，丽水农信存贷主业继续保持快速增长态势。至年底，丽水农信各项存款余额908.08亿元，比年初增长130.89亿元，增幅16.84%；各项贷款余额668.34亿元，比年初增长130.18亿元，增幅24.19%，存贷款规模1576.42亿元，余额及增量位居全市银行业第一，存款和贷款增速分列全省农信系统第二、三位。劳动竞赛全面领跑，在全省农信系统劳动竞赛中，省农信联社丽水办事处获全省一等奖，辖内莲都农商行获全省一等奖，景宁、缙云农商行获全省二等奖，青田、龙泉农商行获全省三等级，获奖行数量占全省农信系统获奖行数量20%，是获奖行数量最多的地区，创出历史最好成绩。支农支小全面领跑，坚持"资金来于地方、用于地方"，落实"六稳""六保"，增强金融保障力度。至年底，涉农贷款余额596.18亿元，比年初增加125.51亿元，占全市金融机构44%，余额及增量均位居全市银行业第一；小微企业贷款余额275.17亿元，比年初增加63.78亿元，其中，制造业贷款83.78亿元，比年初增加19.62亿元，惠及小微企业9.39万家，余额、增量及户数均位居全市银行业第一。普惠金融全面领跑，自2013年率先全市银行业实施普惠金融工程，实现乡镇级、村级基础金融服务覆盖面分别为100%和96.8%，金融服务覆盖面全市第一。发展全方位普惠金融，开展农户小额普惠贷款工作，至年底，实现全市农户60.69万户（剔除赌博、失信等负面清单人员）无感授信、线上获贷，有效覆盖面100%，普惠金融覆盖率全市第一。纳税贡献全面领跑，全年丽水农信实际纳税额5.37亿元，增幅9.95%。2018—2020年合计纳税14.60亿元，年均增长率11.20%，始终位居金融机构第一、全市企业第三（烟草、纳爱斯之后）。

疫情发生以来，省农信联社丽水办事处带领全市农商行9家，担当地方抗疫的金融后备军。做好自身疫情防控，确保2700名员工"0"感染；主动靠前驰援疫情防控，在地方银行机构中率先捐款捐物200万余元，输送1109名志愿者参与政府序列抗疫工作；全省首发《致贷款客户的公开信》，稳定人心；出台《丽水农信助企惠企复工复产十条措施》，专列20亿元驰援企业复工，安排50亿元支持“三农”复产，紧急制定战“疫”惠企产品26款和个体工商户帮扶特惠产品10款，安排1210万元降息让利资金，对接中国人寿丽水分公司为劳动密集型小微企业员工派送免费保险1.8万份，帮助免除员工复工后顾之忧，受到地方党委政府领导批示肯定18次。

落实“六稳”“六保”，开展“助企复工复产大走访”活动，至年底，丽水农信企业对公贷款户数3468户，比年初增加1220户，增长54.27%。推广“浙里贷”“小微速贷”线上化产品，简化办贷手续、提高审批权限、取消首贷总行审批制，提升办贷效率。创新“小微企业走访十问”电子调查表、农商行贷款专用二维码、客户经理专属二维码，开展移动办贷、线上审批，实现贷款“一次不用跑”。运用好中国人民银行1万亿再贷款再贴现政策、普惠小微信用贷款回购政策和延期还本付息政策，提供金融服务。丰富信贷产品36种，持续提升企业和百姓金融需求满足度，发放全市首笔“双保应急贷”，专项支持吸纳就业多且融资有困难的中小微企业；对接市农业农村局，为全市3152家农家乐和民宿量身定制信贷产品；推出抗“疫”志愿者贷、“足额贷”等线上化产品；与保险公司联合推出“浙里贷·太易贷”产品，让全市5万期缴保险的百姓享受公务员同等低利率纯线上信贷服务。至年底，丽水农信中国人民银行再贷款投放户数及额度均位居全市银行业第一，累计减息客户数3.57万户，减息金额2.8亿元，帮助民营小微企业和个体工商户渡过难关。

发挥乡村振兴主办银行作用，助力丽水创建国家级金融支持乡村振兴改革试验区。探索金融支持生态产品价值实现机制建设，在云和县雾溪畲族乡成立全市首家“两山银行”，创新推出“两山贷”；以青田县祯埠镇优质生态产品GEP价值为质押物向祯埠生态强村公司发放全国首笔GEP直接信贷500万元；在遂昌县大柘镇大田村试点建立GEP指标信贷体系；向景宁县大均乡生态授信5亿元，并创建全国首家“两山”转化金融服务站，与大均两山生态发展公司开展战略合作并发放“生态贷”，助力生态保护项目智慧生态监控系统建设；与庆元县百山祖镇开展战略合作，助力百山祖国家公园创建，对纳入生态搬迁范围的农户，实行信用贷款授信全覆盖。在浙江农信丰收购平台开设“丽水生态产品专区”，并与团市委合作“青村益起”滞销农产品帮售行动，上线丽水生态农产品39款，助力打响“生态”招牌。支持富民增收8个万元计划，扶持产业振兴，助力生态精品农业、“丽水山耕、山居”品牌建设，发放相关贷款46.31亿元。参与“三位一体”改革，为全市56个产业农合联会员发放贷款3.56亿元。助力消薄攻坚，探索村级资金入股农商行助力消薄开创全国先河，为968个薄弱村发放贷款3.56亿元。推动上线新省版农村“三资”系统（农信版），满足农村集体经济数字管理需要，覆盖全市行政村127个。助力大搬快聚，发放项目贷款2.82亿元，安置房按揭贷款27.23亿元，搬迁农户创业贷款7.16亿元。

2020年，云和农商银行被评为“两山银行”　　（卢　芸　提供）

发挥网点优势，立足金融科技，代办各类行政事项，减轻政府公共服务压力，承接代办人社、自然资源、公安、税务、公积金、市场监管等部门9个、公共服务112项，让企业和百姓在遍布城乡的农信网点感受“最多跑一次”改革红利。与市市场监管局联动开展“助商惠民助力放心消费在浙江建设工作”省级试点，3年支持放心商户贷款30亿元，让百姓放心消费。与市医保局、社保局、市市场监管局、缙云中学、市公交公司等双向联动，推动智慧医疗、智慧菜场、智慧校园、智慧公交等行业应用体系建设，构建“线上+线下、金融+生活”的农信金融服务体系。探索创新“党建+金融”服务模式，与地方组织部、两新工委推行党建共建，打造“有困难找党员”

“两新红管家”“金融书记”等党建服务品牌。实现党建与金融工作融合。至年底,全市农信与174个乡镇(街道)、1886个村组织、235个各类两新组织建立党建联盟,帮助建设完善村级党员活动场所64个,开展党员联学、活动联办、服务联抓733次。同时推出挂钩村干部履职评定结果的“领雁贷”,获市委组织部部长批示肯定;在浙西南革命根据地住龙镇等地创建“红色支行”,赋能革命小镇,获《浙江日报》报道点赞。

兼顾低收入农户、困难小微企业等金融服务薄弱环节,发展全方位普惠金融。与农业农村局联合推进农户小额普惠贷款工作,全覆盖完成“无感授信”行动,开展“有感反馈”行动,让小额普惠贷款家喻户晓,以数字化增信机制和纯线上移动办贷,提升农户金融服务获得感,让丽水百姓获贷一次不跑,打造百姓随贷随用的“备用钱包”。将林权、绿谷分等作为农户小额普惠贷款的增信条件,给予额度和利率倾斜,打造金融助力生态产品价值实现的普惠样板。至年底,61.22万户授信农户中,用信户数17.31万户,用信金额167.75亿元。同时,农信构建“基础金融不出镇,综合金融不出村”服务网络,营业网点253个、丰收驿站520个以及村级金融服务点1065个,覆盖全市所有乡镇。在农村,农信以乡村振兴金融服务站和“丰收驿站”为依托,与村两委、物业、商超、物流等开展跨业跨界合作,打造百姓的“生活便利店”。 (卢 芸)

【中国邮政储蓄银行丽水市分行】 2020年底,丽水市分行资产总额273.96亿元,同比增长13.36%。全年实现自营收入4.09亿元,实现利润总额1.70亿元,预算目标完成率分别排名系统内全省第四和第二。各项存款余额251.26亿元,同比增长13.07%。其中,自营储蓄存款余额66.07亿元,年净增7.09亿元;公司存款余额26.10亿元,年净增6.37亿元。各项贷款余额123.97亿元,同比增长29.47%。其中,个人贷款余额97.91亿元,年净增15.39亿元;小企业贷款余额15.63亿元,年净增3.59亿元;公司贷款余额4.66亿元,年净增3.06亿元。不良额、不良率实现双降,不良贷款余额4680.58万元,比年初减少2765.85万元;不良率0.37%,比年初下降0.37个百分点。

2020年,邮政银行丽水市分行坚持围绕党建引领、可持续发展、绩效考核三条主线。加强党的领导,以党建引领高质量发展,发挥党委把方向、管大局、保落实的领导作用。落实重大决策见成效,服务“六稳”“六保”大局;打好“三大攻坚战”,连续3年超额完成精准扶贫净增目标,缙云大集村高山有机大米扶贫项目、景宁“政银保”低收入农户贷款项目获评邮储银行总行脱贫攻坚优秀项目。树立“贷款兴行、公司富行、新零售”三大发展理念,推进业务转型,推动健康可持续发展。加强精细管理,实现管理上台阶,通过思维导图、重点任务分解表、绩效考核分解表,细化部门管理的关键环节,设置一级支行看板。坚持“三重三先”和“全面、全员、全程”的风险管理理念,落实“减存量、控增量、防变量”工作,全年累计清收不良贷款4325.72万元,完成呆账核销本金2888.79万元。组织开展市分行党委管理领导人员岗位竞聘,提拔年轻干部14人;抓好二级支行长、理财经理、客户经理三支队伍建设;创新推出项目经理制,形成“事事有人盯、件件抓落实”氛围;试点推行“风险行长”工作机制,实现风险防控前置;成立财务数据分析和风险数据分析团队,为业务发展和风险防控提供有效支撑;打造学习型组织,线上开办邮储学堂,每月推荐共读书目,每旬分享读书心得。加强品牌建设,实现社会影响力,获省分行“2020•邮储阳光行动引领转型先进分行”一等奖;缙云县支行营业部被评为2017年至2019年邮储银行巾帼建功先进集体。 (留津津)

保 险

【概况】 2020年,丽水市保险行业协会有会员单位128家,其中,理事单位23家,财险公司13家,寿险公司10家。全辖销售人员9509人,其中,财产险1347人,人身险8162人。

【保险行业自律】 2020年,协会加强推进行业自律工作,依法合规开展自律活动,依托专委会加强行业自律工作,推行精细化管理,推动保险业实现新旧动能转换。完善专委会工作机制,促进车险市场、人员流动及理赔服务等更加规范、高效,牵头制定保险行业保险(政保)业务项目招投标规范公约、合规经营自律公约、财产险公司理赔服务公约、人身保险公司理赔服务公约、保险营销员管理自律公约。2020年5月1日,这5个自律公约实施。配合丽水银保监分局车险高质量发展专项行动,整治车险市场乱象。组织保险公司签署《丽水市财险行业推动车险高质量发展自律公约》,形成加强车险高质量发展的具体意见予以实施。开展车险高质量发展落实情况现场评估工作,到人保财险、平安产险、太平保险、太保财险、国寿财险5家公司核查,出具车险高质量发展落实情况评估报告。落实中国银保监会发布的《关于实施车险综合改革的指导意见》,全年召开车险会议8次,交流探讨车险市场规范问题。落实车险费用审核工作，3月11日至7月10日，根据浙江省保险行业协会统一行动要求，审核辖内财产险公司广告宣传、增值服务、劳务人员薪酬、销售激励四大项费用情况，审核财险公司报备费用783笔。开展“好车主互助”平台市场情况摸排。开展人身险公司标准服务窗口复查、验收。全年窗口查验31家，其中复查23家，迁址6家，新增2家。全年各人身险公司预报产品说明会223场，实际召开186场。

【消费者权益保护】　2020年，丽水市保险行业协会落实消费者权益保护工作，化解保险消费矛盾纠纷，助力保险业诚信建设。成立丽水市银行业保险业人民调解委员会。3月13日入驻丽水中级人民法院、莲都法院调解中心并完成揭牌仪式。11月，向司法局备案，丽水市银行业保险业人民调解委员会更名为丽水市金融纠纷调解委员会。重视消费者投诉，全年协会接受消费者投诉咨询27件。各驻法院调解中心调解案件243件，其中调解成功237件，调解成功率97.53%。调解申请总金额4380.87万元，调解成功件申请总金额4336.55万元，调整成功达成金额3497.81万元。推进“消保驿站”建设，举办丽水市银行业保险业“放心金融”暨村级“消保驿站”推进会，发挥金融宣教网格化管理优势。

【保险正能量宣传】　2020年，协会通过媒体开展内外宣传，提升行业正能量。《丽水日报》《处州晚报》刊登保险专版，刊发丽水保险业服务实体经济、助力民生发展、积极参与社会公益等文章11篇；协会自有媒体“丽水保险”微信公众号信息推送信息66期、183篇；征订2021年《中国银行保险报》46份。开展“以金融消费者为中心助力疫情防控”为主题的“3·15”消费者权益保护教育宣传周活动、消费维权线上宣传，举办“7·8”全国保险公众宣传日系列宣传活动，落实防范非法集资宣传月、金融知识普及月等专题宣传活动，鼓励保险机构开展“保险五进入”（进学校、进农村、进社区、进机关、进企业）活动。发力教育培训，举办“崇尚法典精神 共筑美好生活”民法典系列培训会2场，全市银行业保险业新闻信息写作培训会1场，助推行业人才培养和储备。对接交警推进“警保联动”再加强，国庆、春节期间联合组织市级13家财险公司在高速路口设立“警保联动心服务站”，为群众假期出行提供轻微事故快处快赔、旅途救助等便民服务；配合丽水市机动车检测“一件事”集成改革工作，组织市级财产险公司提供代办车辆年检服务，并制定联合工作机制；与莲都交警支队联合举办车险理赔“便捷通”培训。启动丽水保险业清廉金融文化建设工作，成立清廉金融文化建设专委会，印发清廉金融文化建设倡议书。

【保险行业监管辅助作用】　2020年，丽水市保险行业协会在丽水银保监分局指导下，助力战“疫”复工，组织行业开展新冠疫情防控工作。统计金融服务调查统计表、保险行业有序复工情况表、保险机构人员返岗情况表、保险从业人员直系亲属返浙返丽水情况等，协助发放保险机构口罩、消毒水、额温枪等防疫物资；向保险机构印发《充分发挥保险保障功能 坚决打赢疫情防控攻坚战》倡议书；配合丽水银保监分局推动金融支持复工复产、开展“金融消保战疫情”金融知识有奖问题活动，开展丽水保险业“2019年十大最具影响力赔案”评选活动。与市应急管理局对接安责险事宜，参与起草新一轮安责险共保体章程。推进“两山金融”助力生态产品价值实现机制建设工作，联合成立丽水“两山金融”专家委员会。　（李　莉）

2020年7月2日，丽水保险业开展“2019年十大最具影响力赔案”评选活动
（李　莉　提供）

【人保财险丽水市分公司】　2020年，中国人民财产保险股份有限公司丽水市分公司（简称“人保财险丽水市分公司”）有县域支公司、区支公司9个，营业部及营销服务部14个。至年

底，实现保费收入101229万元，同比下降1.05%。综合成本率94.59%，同比下降0.49个百分点；实现报表利润总额5392万元，同比上升7.47%。

疫情防控精准到位。无偿保障驰援武汉医护人员、线上“助力复工战疫”、爱心捐赠及全市系统的志愿服务活动；通过“创、助、延、免、访”等多举措支持各类企业复工复产，期间全国首创的“丽水山居”复工安居畅游保险获央视新闻频道战役特别报道。政保业务提质增效。首席中标全市老年人意外险统筹项目，承保年龄从80周岁以上扩展至60周岁以上，人群年龄结构优化。以共保形式承保全市农村公路综合保险，确保项目可持续发展。因地制宜发挥保险在生态价值链建设方面作用，在全市推广野生动物致害责任险，实现莲都、遂昌区域承保全覆盖。全市首创“处州白莲”地理标志被侵权损失保险，通过商业手段减少地方品牌保护过程中的资金损失风险。

农险实现跨越发展。作为政策性农险首席承保单位，全年农业保险实现保费收入5170万元，同比增长13.26%，创新开办叶菜价格指数保险、灰树花保险、母猪生猪养殖险附加保额扩展保险，农险保费突破5000万元，其中青田支公司成为全市首个农险保费千万级的县支公司。

社保业务提速显著。拓展云和、庆元、遂昌、松阳4个县域高额补充医疗保险和全市低收入农户政策补充医疗保险，实现社保保费收入5125万元，同比上升281.04%。全国首创全民健康补充医疗保险（浙丽保），“浙丽保”项目参保率82.91%，覆盖全市198.6万人，份额内保费1.19亿元，并提供市内“一站式”结算服务。客户服务品质升级。通过无纸化服务持续深化、商保直赔平台的搭建、“警保联动”延伸开展、全市各乡镇农村交通劝导站铺设和“消保驿站”持续落地等一系列工作推进，彰显人保担当和人保温度。 （周楚睿）

【中国人寿丽水分公司】 中国人寿保险股份有限公司丽水分公司（简称“中国人寿丽水分公司”）拥有遍及全市的机构网点和服务网络，县（市）支公司8家，营销服务部10个。公司通过个人营销、团体直销、银行代理、网络销售等渠道，为社会大众提供生存、养老、疾病、医疗、身故、残疾等多种保险保障与服务。全年实现保费收入14.56亿元，市场份额37.65%，继续引领寿险行业发展。公司坚持党建引领，将全面从严治党向纵深推进，通过“弘扬南泥湾精神复工复产”“三敢三比”“双线作战好干部”等活动开展，提升组织体系运转效能。助力打开脱贫攻坚战，持续开展缙云方溪上陆村、景宁毛垟乡沙垟村、景宁英川镇岗粗岭村、庆元淤上乡外童村等结对单位精准帮扶及“一户一策一干部”等主题帮扶活动。加强政保合作，持续开展大病保险、外伤调查经办项目、农村小额保险、计生系列等项目，入围“浙丽保”政保合作项目，创新驱动，提升服务品质。以“诚实守信、客户至上”为服务理念，践行服务承诺，优化服务环境，发挥科技赋能作用，打造智能化柜面，提升客户服务体验。加大科技对销售、运营和客户服务的支持力度，持续推进“浙里办”和理赔直付服务。加强消费者权益保护，改善客户体验，市本级消保驿站被评为丽水市优秀消保驿站，市本级、景宁、缙云被授予“放心金融”机构。落实“最多跑一次”2.0改革的延伸扩面，响应银保监局“无证明化”改革，首批推出14类“减证便民”清单。全年提供长险新单服务2.94万人次，提供理赔服务7.23万人次，提供保全服务24.62万人次。推动客户经营计划，提供创业和就业平台。被丽水市政府授予2020年度金融支持地方经济发展先进单位一等奖。 （王海玲）

【中国太保寿险丽水中心支公司】 2020年，中国太平洋人寿保险股份有限公司丽水中心支公司（简称“中国太保寿险丽水中心支公司”）全年实现保费收入4.48亿元，同比降低3.73%，市场份额占比11.55%，同比降低8.9%。新保费收入0.96亿元，受理审核并结案理赔案件26546件，累计赔款给付0.725亿元。公司致力于提供基于客户全生命周期的风险保障解决方案，覆盖人寿保险、健康保险、意外伤害保险等人身保险业务。公司探索和实践基于新技术应用的模式创新和流程再造，加快布局企业级移动应用，聚焦客户端，形成以“神行太保”、“太平洋寿险”APP、“太平洋寿险”官微及“太慧赔”四大应用平台为主要构成的企业级移动应用体系，推动销售和服务模式在业内率先转型。公司坚持诚信经营，履行保险责任，保障保险消费者的合法权益。推进“转型2•0”落地和“太保服务”品牌建设，实施“数字太保”发展战略，服务国家战略、服务地方实体经济、精准脱贫和民生改善等国家战略，打造行业健康稳定发展引领者。 （沈　丹）

【太保产险丽水中心支公司】 2020年，中国太平洋财产保险股份有限公司丽水中心支公司（简称“太保产险丽水中心支公司”）全年实现保费收入3.44亿元，市场份额16.31%，稳居全市财险市场第二位。2020年，基于“两山战略”“乡村振兴战略”的指导思想，响应丽水市委、市政府关于开展保险服务民生工作要求，借助全国农村金融改革试点地区的契机，落实银保监会“1+4”文件精神，发挥保险服务实体经济的作用，参与政保合作项目开拓及创新，探索解决脱贫问题途径，为政府分忧解愁。2020年，景宁低收入补充医疗保险落地，成为全省首单防贫保项目，该项目获颁“全球减贫案例征集活动”最佳减贫案例；国家三部委(工信部、财政部、银保监会)支持实体经济创新机制，促进企业创新和科技成果的产业化，更好服务《中国制造2025》，出台首台(套)重大技术装备保险和重点新材料首批次应用保险。主动对接经信部门和列入省级目录的客户，提供风险保障超过1亿元，并赔付全市第一笔首台(套)重大技术装备保险赔款578115.49元；在市金融办、市安监局、市保险行业协会牵头下，安全生产责任险的共保体继续以“保险+服务”模式，排查生产隐患、管理培训、安全风险分析以及发生事故赔付，发挥安全风险防控、经济补偿和社会管理功能，健全安全生产保障和突发事件应急保险机制，客户服务能力显著提升，服务评价总分99.34分，位列太保系统全省第一。在抗疫防疫时期，向到鄂及花街院区的医护人员赠送专属新冠肺炎保险保障，为驻村扶贫干部、低收入农户、公安干警赠送新冠保障，其中青田支公司季巧军获中国太保抗击新冠肺炎疫情先进个人称号，景宁县政府授予景宁支公司叶娟珍“疫情防控表现突出个人”称号。　(陈蒙卉)

【平安产险丽水中心支公司】　2020年，中国平安财产保险股份有限公司丽水中心支公司(简称“平安产险丽水中支”)累计保费收入2.31亿元，累计赔付9753万元，获丽水市政府2020年度支持地方经济发展先进单位二等奖、服务最优保险机构等称号。2020年，平安产险丽水中支推出“两精”服务理念，即精准服务、精准理赔，依据线上、数字、生态实现智慧经营，对不同类型客户的需求实现精准服务。加强“最多跑0次”的服务工作，在好车主APP及微信小程序上实现“0手续理赔”、保单查询、无感加油、违章查询、一键挪车、车损测算等用车服务20余项，帮助客户实现“省心”“省力”又“省钱”。平安产险丽水中支和各个高校、人才市场开展人才交流，参与各个学校的招聘会，为学校及社会提供良好的就业保障。疫情期间，平安产险丽水中支向丽水市一线医护人员及其家属无偿提供每人最高50万保额的专属风险保障；组织全体员工开展爱心募捐活动；累计向417家小微企业赠送疫情保险，共计保额4.27亿元。践行社会公益服务，在五一、高考、国庆等节假日期间，持续开展“高速护航”、停车关爱、高温送清凉等公益活动；开展党员志愿行动、“3•15”金融消费者权益保护教育宣传周活动、反洗钱宣传活动、“守住钱袋子•护好幸福家”非法集资宣传活动、“7•8”扶贫健步走公益活动、金融知识宣传活动、《中华人民共和国民法典》普法学习宣传活动等；参与创建文明城市工作，维护城市文明秩序。　(吴蓉蓉)

【新华保险丽水中心支公司】　2020年，新华人寿保险股份有限公司丽水中心支公司(简称“新华保险丽水中心支公司”)全年实现保费收入5.45亿元，同比增长17.44%，市场份额占比14.09%，累计赔付8688.91万元，平均理赔时效1.9天，被丽水市政府授予2020年度支持地方经济发展先进单位二等奖，获丽水银保监分局2020年度服务最优保险机构。

2020年，新华保险开创“业务创新高、党建上台阶”的发展新格局。开展“腾飞大业、冲锋有我”等系列主题党日活动，提升党建工作质量。疫情防控精准施策，与全国人民一道“同心抗疫”，通过17款保险产品扩责、开设绿色理赔通道、畅通线上服务通道等举措支持复工复产，响应《同献爱心，共同战疫》爱心倡议，内外勤员工总计捐助39439.68元，为抗疫贡献新华力量。公司响应国家脱贫攻坚决战决胜年，与浙江省龙泉市竹垟畲族乡良溪村7户贫困家庭结对，贯彻落实“一户一策一干部”，助力全面脱贫。10月14日，公司携手丽水市慈善总会为丽水市莲都区环境卫生服务中心、丽水经济技术开发区建设管理服务中心总计1622名环卫工人，提供保障总保额3.57亿元。智慧新华助力发展，加速科技化发展，围绕客户投保、服务保障和权益守护三方面，升级推出创新服务8项，包括线上投保、智能双录、微信回访、移动保全、自助理赔，逐步推动从“线下人工服务”转向“上下融合服务”，从“保单管理”转向“客户经营”，给客户提供服务新体验。　(麻　蓓)

证　券

【银河证券】　2020年，银河证券丽水营业部全年新开账户3270户，新增资产2亿元，总资产53亿元。全年交易量922亿元，股基债交易量860.35亿元，实现收入4317.70万元，净利润1990万元。为国家和地方实现税收448.14万元。至年底，立融资融券信用账户2594户，日均融资余额4.3亿元。全年期货IB业务合计开户445户。根据客户不同需求推出鑫易雨、鑫新雨、港股通，个股期权、股权质押、新三板等特色业务。发展融资融券业务；同时针对风险测评保守型客户推出金自来、水星、珠联璧合、天天利系列、金山银河系列等固定收益类理财产品。重视投资者教育宣传工作。通过走访社区，开办股民学校，举办投资者教育讲座、柜台宣传、发送投教短信等活动，普及理财知识，引导投资者树立理性投资理念。增强社会公众防范非法证券活动的意识，提高识假防骗的能力。获公司级“2020年度优秀投教营业部”称号。响应国家扶贫号召，与四川省巴中市兴隆乡鱼池村结对帮扶，资助当地特困少年儿童，改善其生活条件。（甘雨婷）

2020年，浙商证券丽水分公司获2019年丽水市金融单位支持地方经济发展一等奖
（周 畅 提供）

【浙商证券】 2020年，浙商证券丽水分公司面对疫情冲击和市场波动，一手抓疫情防控，一手抓复工复产，全体员工勠力同心，逆势奋进，超额完成年度工作目标。全年A股交易额1916.58亿元，同比增长超过50%，占比全市31.9%（数据来源浙江证券业协会）。发挥债券特色业务优势，为辖区经济发展贡献力量。2020年，发行缙云县国有资产投资经营有限公司债券7.2亿元和莲都区国有资产投资经营有限公司企业债5亿元，其中，莲都国资债券结合丽水生态旅游产业的浙江省首批社会领域专项债券，也是丽水市自2015年以来唯一获批企业债。4月，获丽水市人民政府颁发的“丽水市金融支持地方经济发展一等奖”。分公司“三美三亮”党建品牌入选浙江省交通投资集团有限公司21家党建示范品牌，年度党建考核排名公司第一。先后与4家集团在丽下属单位签订党建共建协议，推动党建与业务融合发展。同时，分公司团支部连续3年获评丽水市级青年文明号，并获浙江省交通投资集团有限公司第一批“交投青堡垒”星级团组织。（钟剑佩）

【中信证券】 2020年，中信证券股份有限公司丽水寿尔福路证券营业部（以下简称“营业部”）以“专业创造价值”为经营理念，以优质服务推动业务开展，各项工作规范运作，业务平稳发展。全年营业部股票交易量326亿余元，新增开户数2392户，上缴国家和地方税收470万余元，为客户提供各类金融产品8.5亿元；与公司总部协同完成各类综合业务，为金融机构客户提供账内投顾业务项目规模3亿元，完成本地金融机构发行二级债4亿元，中标本地国有企业PPN项目10亿元。营业部注重对投资者的知识宣传和风险教育，通过投资者教育园地持续展示、开展外部专题宣传活动等渠道，引导投资者树立正确的投资理念，增强风险防范意识。（危 欣）

【财通证券】 2020年，财通证券股份有限公司丽水分公司新增松阳营业部、青田营业部，实现辖属网点6家。牵头推动金融顾问制度，将产业并购打造成“双循环”发展，助力本土经济高质量发展。丽水分公司全年开户10957户，新增新三板账户208户，新增融资融券账户91户，实现金融产品年保有量5.05亿元，权益类公募基金销售获较大突破，销售约7873万元，销售私募产品2.4亿元。公司组织线上投资策略报告会6次，直播访问7000余人次，获宅家炒股客户好评。对接政府平台方面，重点跟进青田、遂昌、缙云及丽水市本级四大政府平台的债券项目。青田县国资委发行20亿元公司债券项目，第一期发行14亿元，利率4.9%；遂昌县国资委10亿公司债拿到深圳证券交易所批文，发行规模10亿元；10月，中标缙云企业债10亿元。接洽落地开发区平台收购上市公司（威帝股份）的股票托管业务，资产规模约5亿元。承揽惠同新材料定增项目，为起步股份、山水集团提供股票质押融资服务，与山水集团在省金控“1+3”走进丽水活动中签订业务合作框架协议。挖掘企业客户需求，协同公司研究所为元立和纳爱斯提供钢铁和化工行业报告。开展基础党建工作，开展“三会一课”，全年递交入党申请书员工10人，组织吸纳入党积极分子和年轻干部参与党建活动，引领团建和业务发展。（郑赏艳）

国内贸易

商　业

【概况】 2020年,全市累计实现社零总额735.1亿元,比上年同期下降0.4%,低于全省下降的2.6%,居全省第三。其中,限上社零总额129.29亿元,同比减少0.8%;限上批发业商品销售额同比增长18%,限上住宿业营业额同比减少16.2%;限上餐饮业营业额同比减少3.2%。全年全市实现网络零售额481.6亿元,同比增长29.4%,高于全省增幅15.1个百分点,居全省第三位;跨境网络零售出口9.1亿元,同比增长35.4%。

2020年社会消费品零售总额分县(市、区)排序一览表

表17

县(市、区)	同比增速(%)	名次	县(市、区)	绝对额(亿元)	名次
全　市	-0.4	—	全　市	735.1	—
云和县	8.8	1	莲都区	204.3	1
松阳县	8.7	2	青田县	106.4	2
龙泉市	8.1	3	缙云县	105.6	3
庆元县	8.1	3	龙泉市	72	4
缙云县	6.9	5	遂昌县	65.9	5
遂昌县	4.9	6	松阳县	58.8	6
景宁县	3.9	7	庆元县	45.8	7
莲都区	-6.8	8	景宁县	38.3	8
青田县	-12.9	9	云和县	37.9	9

【第五届中国农村电商大会在丽水举办】 2020年10月30日,由中国国际电子商务中心、浙江省商务厅、丽水市人民政府主办,浙江省电子商务促进中心、丽水市商务局、共青团丽水市委、丽水市归国华侨联合会、中国电子商务产业园发展联盟共同承办的第五届中国农村电子商务大会在丽水市古堰画乡举办。会议首次以线上线下结合形式举行,以"农村电商 大有可为"为主题,通过主题演讲、政策解读、经验分享、成果展示等方式,发布《中国农村电子商务发展报告(2019—2020)》,评选中国农村电商致富带头人100人和助农直播带头人50人,商务部原副部长、政协第十三届全国委员会经济委员会副主任房爱卿,浙江省商务厅厅长盛秋平,市委副书记李锋等出席会议致辞,副市长杨秀清介绍丽水市农村电子商务经验,砀山县委常委、副县长王胜利,中国农村电商致富带头人代表、四川北川羌族自治县的王华祁,助农直播带头人代表、丽水市松阳县的张俊杰分别分享农村电商发展经验,通过务实对话交流,探索、提升、总结中国农村电子商务发展模式。

【"蓝城农业"电子商务项目获一等奖】 2020年12月22日,"之江创客"2020全球电子商务创业创新大赛总决赛和颁奖典礼在绍兴举行。大赛以"新动能·新数字·新未来"为主题,设置浙江、粤港澳、欧洲、中东、北美等赛区7个,征集全球优质"双创"项目近2000个,丽水市"蓝城农业"项目获"之江创客"2020全球电子商务创业创新大赛总决赛一等奖。"蓝城农业"基于"丽水山耕"区域公共品牌资源,以单品或者组合形式售卖,设计极具产品特点的文创包装,将丽水原生态农特产品整合。以"山耕家宴1.0"模式推向市场,依托电子商务,蓝城农业开通"山耕家宴"线上旗舰店、线下实体体验店,以实体餐饮推动产品再提升和销售,形成"山耕家宴2.0"模式,扶持丽水当地农户、合作社和农产品加工企业,带动农民致富增收,提升"丽水山耕"自有供应链的产、研、储、运能力。　　(梅丽森)

供销合作商业

2020 年 9 月 28 日，全省供销系统首个跨域合作项目在松阳启动　（刘任和　提供）

【概况】 2020 年，全市各级供销社（农合联）面对新冠疫情和经济形势，贯彻中央和省、市党委政府统筹疫情防控和经济社会发展决策部署，深化“三位一体”农合联改革，开展各项为农服务工作，完成年度各项目标任务。全年全市系统实现总经营收入 35.28 亿元，同比下降 18.8%，其中实现总销售规模 11.96 亿元，同比下降 31.9%；全市系统汇总利润 5766.28 万元，同比增加 226.05%，盈利企业盈利额 6637 万元，同比增长 188.82%；所有者权益 32284.65 万元，同比增长 26.63%；实现社会贡献总额 8410 万元，同比增长 32.44%。

【农资保供】 2020 年疫情期间，市供销社第一时间分解做好市、县两级储备任务，制定出台《关于加强全市供销社系统农业生产资料储备和流通体系建设的指导意见》，集中精力加强春耕农资保障，全市供销系统所属 10 家农资企业累计销售农资 6.3 万吨，维护农资市场稳定。按照“两手硬，两战赢”防控要求，发动全市供销系统与农产品销售有关的社有企业，提供疫情期间生鲜蔬菜供应。开展复工复产和租金减免，全市系统社有企业、基层供销社全面复工复产，并通过租金直接减免或返还等方式，减免承租户租金 210.76 万元。

【供销社“三位一体”改革】 2020 年，市委、市政府出台《关于新时代进一步深化生产供销信用“三位一体”改革推动农合联服务乡村振兴的实施意见》。11 月 11 日，全市深化“三位一体”改革现场会在龙泉召开，吹响新一轮深化改革号角。展现服务成效，完善提升“龙泉供销 E 城”、青田侨乡农品城、景宁 600 营销联盟为代表的 3 种模式，各地探索实体化建设，松阳首创省内供销系统跨区域合作项目，推进遂昌山海协作、庆元优选公共平台、云和展示展销平台等一批项目。推进产业农合联规范化建设，新创省级规范化产业农合联 9 个。稳步开展生产、供销、信用服务，实现服务资源整合与服务效率提升。总结推广农合联“服务十法”经验，龙泉供销 E 城经验做法被市《改革先锋》刊发。

【供销社生产服务】 2020 年，市、县两级供销社会同农业部门贯彻落实市委、市政府提出的“对标欧盟、肥药双控”工作，继续推进“农药购买实名制、化肥使用定额制”。加强“农作物放心工程”，全年开展农技培训 21期，培训 1045 人次，完成技术咨询宣传 13 期。新建有服务平台的产业农合联 9 家，新增省级标准的现代农业服务中心 9 家，为农合联会员提供专业化社会服务。各地结合实际探索服务载体，松阳县山海农产品配送中心、云和县“大篷车”代购代销等创新服务平台，得到上级供销社肯定。

【供销社信用服务】 2020 年，市供销社、省农信办丽水办事处共同推进农业产业链、供应链等金融服务创新，继续做实“丰收农合通”惠农金融产品，完成 2027 个产业农合联会员分类管理认定，贷款金额 6.75 亿元。8 月 28 日，全市产业信用服务工作推进会在龙泉召开。在龙泉开展农信担保试点工作，为农合联会员提供担保贷款 8000 万元。创新实施金融顾问进产业农合联服务行动，让农业主体在“家门口”享受金融服务。

【供销服务】 2020 年，全市供销系统借力山海协作方面，跨区域合作取得新突破，龙泉、庆元、遂昌等地供销社与温州老供销、永康华联超市等平台点对点合作，各县（市、区）供销社跨区域建立农产品专柜 9 个，实施山海协作合作项目 3 个。组织开展“山海协作”对接 81 余次，实现农产品销售 3800 万余元。创新展销平台方面，举办首届网上供销年货节、猕猴桃节等，组织参加各类农产品展销会 51 次，加快销售网点布局，拓宽“丽水山耕”销售网络，助力生态产品的价值转化。响应国家脱贫攻坚号召，组织供销骨干、农合联主体到四川开展东西部扶贫协作，青田、遂昌、松阳、缙云、龙泉等地供销社通过工会福利、开设对口地区农产品销售专店、专柜、“线上 832 扶贫电商平台”等渠道，销售南江、邵化等地农产品，销售金额4247.55万元。丽水市茭白产业农合联理事长李春萌获全国脱贫攻坚先进个人。

【农合联增收富民行动】 2020年，全市供销社（农合联）围绕市委、市政府“八个万元”系列增收富民行动，推进“农合联万元钱”各项工作落实，完善生产合作、供销合作、信用合作“三位一体”服务功能，提升农民组织化程度和农业规模化经营水平，促进农业增效、农民增收。通过产业农合联规范化建设和产业服务体系建设，全年实现产业农合联会员总销售收入32.5亿元，带动农户户均销售额4.71万元，人均收入2.36万元。

【丽水市供销合作社联合社第一次代表大会】 2020年11月18日下午，丽水市供销合作社联合社第一次代表大会在丽水市行政中心召开，标志丽水市供销合作社联合社成立，并实行代表大会、理事会、监事会“三会”领导管理体制。省供销社副主任沈省文、市政府领导出席大会并讲话。全市供销社系统的干部职工代表、社员代表57人参加会议。市供销社主任应勇军作大会工作报告。会议选举产生市供销合作社联合社第一届理事会、监事会及领导班子，通过《丽水市供销合作社联合社章程》及相关决议报告。 （刘任和）

粮 食 业

【概况】 2020年，全市粮食行政管理机构10个，事业单位1个，国有粮食企业10个，在岗粮食行政管理人员36人，国有粮食企事业人员331人。全年全市粮食总供给量98.21万吨，其中，市、县外购入60.73万吨；全市总消费96.73万吨，其中，口粮消费48.15万吨，种子用粮0.95万吨，饲料用粮16.83万吨，工业用粮7.83万吨，销往县市外22.97万吨；年末社会粮食库存39.12万吨。全市储备粮轮换74421吨，其中市级轮换13680吨；全市食用油轮换500吨，其中市级轮换150吨。全市落实冻猪肉储备600吨，委托浙江华统肉制品股份有限公司承储在义乌义亭工业园区。

市粮食物资局做好疫情期间粮食市场保供稳市工作。处置市区粮食市场异常波动，累计为粮油保供企业开具通行证200余张，累计调入市区省外粮油5000余吨。丽水市金光粮油有限公司获评国家粮食和物资储备局抗击新冠肺炎疫情工作优秀单位。

【粮食安全责任制考核】 2020年，是国家对粮食安全省长责任制考核的第五年。浙江省省长袁家军与丽水市市长吴晓东签订《粮食安全责任书》，市长吴晓东和各县（市、区）长签订粮食安全责任书，印发2020年度粮食安全县长责任制考核方案，将粮食安全责任制考核纳入市委、市政府对各县（市、区）的综合考核。莲都区、缙云县、龙泉市分别位列前三名。

【“三服务”调研】 2020年8月5日至6日，省粮食和物资储备局局长周维亮一行到龙泉市、庆元县开展“三服务”调研活动。周维亮对两地的粮食生产和储备工作给予肯定，强调保粮食能源安全是“六保”的重要内容，是国计民生，并要求各地要结合当地晚稻生产和收储仓容情况，探索建立粮食订单定品种收购和分仓分品种储备制度，盘活现有国有收纳库点，实施精准管理和质检把控，解决储备粮轮换时难题，创建高质量发展的“最佳实践”。市粮食物资局、龙泉市、庆元县主要领导陪同或出席座谈会。

【仓储项目建设】 2020年，缙云县、青田县仓储设施项目完成验收，云和县完成预验收，庆元县完工；遂昌县、景宁县、庆元县、青田县智能化升级项目完成验收。全市新开项目3个，分别是松阳县储备中心仓储功能提升、莲都区低温准低温改造项目和龙泉光伏项目，竣工项目5个，至年底，在建项目2个，全年完成投资9972.2万元，其中仓储设施项目8933.2万元，粮食信息化建设项目960万元，其他项目79万元。

【优质粮食工程】 2020年，丽水市市本级、莲都区、龙泉市、缙云县8家中国好粮油行动项目建设单位通过省级评审，获预拨2020年“优质粮食工程”中央奖励资金498.9万元。丽水市质检院粮食质量安全检验监测体系建设项目通过市级验收，龙泉市丰穗粮油有限公司“中国好粮油”项目竣工。

【秋粮订单收购】 2020年，全市签订晚稻谷订单15717吨，比上年增加1221吨，共发放粮食预购定金23.24万元，设立收购网点25个，准备收购仓容4万余吨，配备计量设备、检化验仪器、清理设备、烘干设备、输送设备共256台。实际收购14419吨，订单履约率91.7%，比上年减少收购1248吨，订单粮食收购质量提升。收购程序规范，保障农户利益，未发生粮农卖粮难、收购“打白条”现象，让粮农卖“明白粮”“称心粮”“安心粮”。

【粮食产销合作】 2020年，市粮食物资局与梅河口市签订粮食产销合作备忘录，牵头两地重点粮食企业签订购销合作意向书，促成梅河口大米入驻遂昌县。紧密联系福建松溪县、安徽东至县、江西鄱阳县等地，建立省外优质粮源基地，延长粮食省际供应链，弥补全市粮食缺口。市发改委与黑龙江省龙蛙农业发展有限公司签订总部经济合作框架协议，全方位开展粮食产销合作，构建丽水市更高层次、更高质量、更有效率、更可持续的粮食和物资储备安全保障体系。

【粮食产业经济暨“五优联动”试点】 2020年，莲都区获评省级粮食“五优联动”试点县，新增龙泉市、缙云县2个试点。签订“五优联动”优质晚稻订单4149吨，优选“嘉丰优2号”“中浙优8号”为主推品种。全年全市粮油工业总产值13.6亿元，同比增长11.7%。

【粮食质量安全】 2020年，市粮食物资储备局委托市检验检测院负责检测全市19家粮食经营企业质量抽样工作，近100批次，合格率100%。开展放心粮油创建工作，至年底，全市放心粮油示范县2个，粮油示范企业24家，粮油示范店101家，实现县域全覆盖。为基层配置稻谷重金属快速检测仪10台，增强检测能力，把好新粮入库质量安全关。丽水市“青田稻鱼米”获“浙江好粮油”称号，松阳县粮油储备中心被授予“四星级粮库”。

【粮食交易市场】 2020年，丽水市粮油副食品批发市场全年商品交易金额13.55亿元，比上年度减少20%。全市地方储备粮出入库全部实现网上交易，防范各县收储企业粮食轮换风险，杭州国家粮食交易中心丽水分中心年交易量12.94万吨，交易金额3.64亿元。市粮食物流中心全年粮食经营2.33万吨，交易额2373万元。

【粮食监督检查】 2020年，市粮食和物资储备局推行“双随机一公开”抽查监管，加强粮食安全管理，维护区域粮食市场秩序，全市开展粮食收购、粮食流通统计制度执行情况等各类执法督查297次，检查企业452个次，出动检查1126人次。完成库存检查工作，从各县抽调22名干部，组成工作组3个，全面清查列入检查范围的11个国有粮食企业。检查库存粮食146560吨，全市实物库存数量与统计库存和保管账库存一致，达到账实相符、账账相符、质量良好、储存安全。

【粮食安全科普宣传】 2020年，市粮食和物资储备局以食品安全宣传周、粮食质量安全宣传日、粮食科技宣传周、世界粮食日为宣传契机，宣传贯彻《中华人民共和国食品安全法》《粮食流通管理条例》《粮食质量安全监管办法》等法律法规规章，引导社会各界参与粮食安全普法宣传和科学知识普及，参与社会监督。在世界粮食日上，市粮食和物资储备局联合市农业农村局、市教育局、市科技局和市妇联，在莲都区左渠门社区开展粮食安全进社区活动，通过互动性、趣味性活动普及“粮食安全”知识，全市发放宣传资料5000余册，宣传折页500余份，起到良好宣传效果。

【救灾物资储备】 2020年新冠肺炎疫情期间，市粮食物资局调运全市各类物资137次，调用帐篷、行军床、棉被等物资4614件，采购帐篷、棉被、棉大衣等物资5300件。11月，原物资仓库租赁到期，决定将省、市两级的储备物资9000余件物资临时搬至丽水国家粮食储备库，并清查、报废省级代储物资。全年按计划完成物资采购4000余件，共计45.75万元。（蓝　皓　潘菁菁）

烟草专卖

【概况】 2020年，丽水市烟草专卖局（公司）贯彻省局党组“131”战略巩固提升年的决策部署，统筹疫情防控、企业发展“两大战场”，聚焦“突破三关、提升三力”年度主线，各项工作保持良好态势。全年实现卷烟批发销售额43.83亿元，同比增长4.68%；单箱销售额4.31万元，同比增加1489元；实现税利11.07亿元，同比增长6.26%。推进“放管服”和“最多跑一次”改革，率先完成“政务服务2.0”测试工作，全年网上办证率99.94%。参与社会公益活动。2020年，市烟草专卖局（公司）捐赠142万元，用于各项社会公益活动，其中投入扶贫资金118.5万元用于精准脱贫、乡村振兴。

【专卖监管】 2020年，全市查获涉烟违法案件1415起，查获各类违法卷烟6042.7件，其中，专车运假案件25起，涉案卷烟2225.44件，均为历史新高。破获国标网络案5起，其中一级国标网络案1起。破获全省最大在陆上查获的海上走私案件。（赵慧超）

对外经济贸易

对外贸易

【概况】 2020年，丽水市进出口总额343.65亿元，同比增长16.5%。其中，出口300.71亿元，同比增长12.45%；进口42.94亿元，同比增长55.8%，进出口、出口和进口增幅分别位居全省第三、第五和第一。

从企业类型看，生产企业出口144.03亿元，同比增长5.02%，占全市出口总额47.90%。从出口国别看，对日本、新加坡、菲律宾的出口增长快速，同比分别增长80.49%、76.72%和64.85%。从产品类别看，纺织服装、化工产品出口逆势增长，同比分别增长44.12%、29.14%。对美国出口68.89亿元，同比增长29.49%，占全市出口总额的22.91%。对“一带一路”沿线国家出口105亿元，同比增长2.65%，占全市出口总额34.92%。

2020年出口总值分县（市、区）排序（含开发区、含市本级）一览表

表18

县（市、区）	同比增速(%)	名次	县（市、区）	绝对额（万元）	名次
丽水市	12.45	—	丽水市	3007088	—
庆元县	69.19	1	缙云县	770558.7	1
开发区	49.58	2	青田县	736548.6	2
遂昌县	43.25	3	开发区	314967.4	3
松阳县	32.24	4	庆元县	231391.6	4
缙云县	26.53	5	龙泉市	202870.5	5
莲都区	15.29	6	景宁县	162640.9	6
青田县	8.96	7	遂昌县	159340.3	7
景宁县	−9.5	8	莲都区	129598.9	8
龙泉市	−16.79	9	云和县	128612.8	9
云和县	−22.99	10	松阳县	118220.4	10

【第三届华侨进口商品博览会、首届国际咖啡博览会】 2020年11月14至16日，第三届华侨进口商品博览会、首届国际咖啡博览会在青田县举行。侨博会以“青田洋货、世界超市”为主题，设立九大展区，展位1800个，参展商品来自70余个国家和地区，线下参观人数19.5万人次，线上观展人数超过43万人次，专业采购商有5000余人。展会期间，举办签约大会、“线上侨博”海外专场签约活动，签订进口品牌授权代理523个，签约入驻国外酒庄167家，累计意向成交29亿元，比上届增长16.6%。侨博会获中国展会经济产业贡献奖、中国十佳最具潜力展会称号，被评为浙江省级重点展贸平台，成为全国唯一纯进口酒庄展。

【第三届中国国际进口博览会丽水展区】 2020年11月5日至10日，第三届中国国际进口博览会在国家会展中心（上海）举办，丽水市组织267家企业（单位）、684人参展。展会期间，全市18家企业（单位）与来自德国、美国、法国、西班牙等11个国家和地区的参展商达成意向协议27项，实现意向进口3461.14万美元。龙泉玉德青瓷有限公司、龙泉市南宋哥窑瓷业有限公司、青田爱光石雕文化发展有限公司参加非遗展示活动，龙泉青瓷、青田石雕在“灵动浙江”馆展示，受到国内外参展商和国内采购商的一致好评，进口博览会成为丽水市“非遗”文化与全球文化交流平台。

利用外资

【概况】 2020年，全市新设外资企业32家，实际利用外资6005万美元，同比增长16%。实际利用外资分别完成省下达预期目标120.1%，完成市里任务100.1%。从实际利用外资任务

完成情况看，丽水开发区 2879 万美元，占总数 47.9%，完成 144%，缙云县 1687 万美元，占总数 28.1%，完成 105.4%，松阳县 546 万美元，占总数 9.1%，完成 182%，莲都区 400 万美元，占总数 6.7%，完成 100%，云和县 310 万美元，占总数 5.2%，完成124%。高新技术产业实际利用外资占比 59.7%。

2020年实际利用外资分县（市、区）排序（含开发区）一览表

表19

县（市、区）	年度任务完成比例（%）	名次	县（市、区）	绝对额（万美元）	名次
全　市	100.1	—	全　市	6005	—
松阳县	182	1	开发区	2897	1
开发区	144	2	缙云县	1687	2
云和县	124	3	松阳县	546	3
缙云县	105.4	4	莲都区	400	4
莲都区	100	5	云和县	310	5
景宁县	68.5	6	景宁县	137	6
庆元县	10	7	庆元县	20	7
龙泉市	6.7	8	龙泉市	100	8
青田县	0.6	9	青田县	6	9
遂昌县	—	9	遂昌县	0	9

对外经济技术合作

【概况】 2020 年，全市新设境外投资项目 8 个（含增资项目 1 个），中方投资备案额 1401.7 万美元，完成省目标的 140.2%。其中 6 个项目分布在“一带一路”沿线国家和地区，中方投资备案额 891.7 万美元，占 63.6%，高于高质量发展指标体系中对“一带一路”沿线国家投资占对外投资比重 35%的目标值。全年丽水市对外投资覆盖五大洲、26 个国家（地区），主要以美国、澳大利亚和安哥拉等国家和地区为主。疫情期间，邀请盈科律师事务所开展“疫情之下境外投资企业的运营风险与防控”的法律知识讲座，分析印度、柬埔寨、越南、印度尼西亚、菲律宾、泰国等国家投资现状，做好境外投资运行风险预警。

【跨国公司培育工作】 2020 年，丽水市根据《浙江省加快培育本土跨国公司三年行动计划（2020—2022）》要求，实施本土民营跨国公司培育，全市计划培育至少 1 家，至年底，纳爱斯、方正电机、山蒲照明被列入第一批培育对象，其中，山浦照明在美国设立生产基地，纳爱斯收购在安哥拉设立生产基地项目等，加快推进本土跨国公司培育工作。（梅丽森）

海　关

【概况】 2020 年，丽水市实现外贸进出口总值 343.6 亿元，同比增长 16.5%，进出口增幅位列全省第三。其中，出口 300.7 亿元，同比增长 12.5%，出口增幅位列全省第五；进口 42.9 亿元，同比增长 55.8%，进口增幅位居全省第一。监管进出口货值 1.7 亿美元，同比下降 7.8%；征收两税 8097.92 万元，同比增长 33.53%；检验检疫出入境货物 13112 批，货值 23.4 亿元；签发各类原产地证书 8113 份、货值 4.29 亿美元，同比分别增长 5.9%和 7.4%。

【防疫物资通关帮扶】 2020 年，丽水海关落实坚决打赢疫情防控阻击战的要求。面对捐赠物资多、国内外时差大等情况，成立防护物资通关保障工作专班，解答海外华侨咨询 200 余人次，保障进口捐赠防护物资快速高效通关。1 月 27 日，完成杭州关区首批进口捐赠物资通关工作，累计办理进口捐赠物资 136 批次，其中口罩 488.22 万个。加强隔离室建设，落实

丽水市2020年主要出口商品一览表

表20

出口商品	出口额（亿元）	同比（%）
机电产品	143.4	18.6
劳动密集型产品	82.8	14.2
纺织纱线、织物及其制品	26.6	96.0
玩具	18.8	-6.4
钢材	17.1	-26.7

丽水市2020年主要进口商品一览表

表21

出口商品	进口额（亿元）	同比（%）
天然及合成橡胶（包括胶乳）	16.6	43.7
农产品	5.3	14.1
初级形状的塑料	5.0	81.4
机电产品	3.7	200.8
消费品	1.8	103.0

入境人员分时段预约体检和试剂快速筛查等措施。参与丽水市援助海外侨胞抗疫工作专班，开设“海关专场”视频连线5场，向20余个国家、800余名华侨普及疫情防控知识和防疫物资进出口政策。协助丽水市侨联捐赠的防疫中药16.92万包、61.33万只口罩出口欧洲，支援海外侨胞抗击疫情。落实进口冷链食品及包装新型冠状病毒检测采样作业操作指引和消毒处理相关要求，严防通过进口冷链食品传入疫情的风险。

【丽水海关帮扶企业复工复产】 2020年，丽水海关落实“六稳”“六保”工作要求，出台《十二条措施》，开展业务专窗、实行“即到即检”、实施“信用签证”等举措，帮助外贸企业复工复产，全年累计完成复工复产通关业务1023批次，加快验放1029批次，简化农产品、食品进出口手续95批次。开展“三服务”，通过关企互动平台收集解决企业难题115个，为企业新产品研发、产品自控等提供免费检测1000余批次，为30余家企业申请产品CE认证、UL认证提供咨询服务和经费扶持，全年累计减免企业检测费用438万元，减少认证费用125万元。

【通关监管】 2020年，丽水海关巩固压缩整体通关时间成效，实行“7×24小时”通关制度，持续推广“两步申报”和“提前申报”业务。加强自贸协定优惠原产地证书宣传，扩大政策知晓度，实现18种原产地证书办理“一次不用跑”，自助打印比例由8.9%提升至91.87%。持续推进税收征管改革，推广税费“自报自缴”、汇总征税和关税保证保险业务，新一代电子支付率99.5%，自报自缴率93.2%。以辖区高新技术产业作为重点调研对象，通过政策宣讲、问卷调查、实地走访等方式开展税政调研，全年上报税政建议6项，其中不锈钢钢管、药用玻管2项税政建议被国务院采纳，为浙江省企业每年减税近2000万元。

【检验检疫工作】 2020年，丽水海关牢固树立总体国家安全观，加强进口固体废物原料检验监管，严防“洋垃圾”非法入境。加强国门检疫安全，持续加强非洲猪瘟等动物疫情监测和风险防控。严防疫情传入传出，完成出入境人员健康检查457人次。加强进出口食品监管，检验进口食品471批次，货值0.74亿元，其中，检出不合格14批次，监督销毁货物2批，共计6.5吨；检验出口食品1904批次，货值5.88亿元，同比增长13.7%。

2020年7月1日，丽水海关关员助力企业货物通关 （陈 蓓 提供）

【企管稽查缉私】 2020年，丽水海关加强企业信用管理，按照《认证企业标准》做好培育和再认证工作，参与丽水市社会信用体系建设，调整企业信用等级。落实“双随机、一公开”，全年办理稽查作业12起。开展“蓝天2020”和“国门利剑2020”专项行动，惩治制售假劣涉疫情物资出口、野生动物和固体废物走私等违法犯罪活动。

【海关统计分析】 2020年，丽水海关发挥海关统计分析和监测预警作用，围绕新冠疫情影响和丽水市外贸动态，开展分析调研35次，为政府决策提供参考。根据辖区进出口产业结构，做好技贸措施工作，帮助企业解决技术壁垒，全年编发《技术性贸易措施动态》12期，向出口企业、行业协会、相关部门发放1200余册。

【重点项目助推】 2020年，丽水海关帮扶丽水市最大外资项目——肖特玻管（浙江）有限公司生产线建设，审核进口设备及其配件归类160余项，实现“随到随检”，指导企业使用银行保函置换保证金，退还保证金338.75万元，批准以租赁贸易方式进口高价格生产设备，盘活流动资金。11月，该企业1号窑炉生产线投产，每年产能为1万吨。协助做好丽水跨境电商综试区和综合保税区建设工作，9月25日，自跨境电商B2B出口（9710、9810）落地，丽水海关累计指导5家企业完成出口申报，货值约179.78万元。

（蔡胜男）

经济管理

计划管理

【概况】 2020年，全市地区生产总值1540.02亿元，同比增长3.4%。其中，一、二、三产增加值分别增长2.5%、1.0%和5.4%。实现财政总收入240.15亿元，同比增长5.3%。新开工省市县长项目23个，132个政府专项债项目和70个省集中开工重大项目全部开工，省市重点建设项目，省大花园建设重大项目均完成年度投资任务100%以上。全市固定资产投资同比增长6.7%，增幅排名全省第三。

【规划管理与课题研究】 2020年，全市加强规划管理，修订完善规划管理办法，谋划“十四五”规划体系。规划管理更加规范、实用、高效，提升规划质量，发挥规划战略导向作用。全年下达规划（课题）169个，其中“十四五”专项规划68个，涉及经济、社会、民生、生态等领域。至年底，完成规划（课题）98个。发布《丽水市“一带三区”发展规划》等重大规划，完成“十四五”专项课题研究50个。《丽水市国民经济和社会发展第十四个五年规划和二〇三五年远景目标纲要（草案）》基本完成编制。

【年度计划编制与经济分析】 2020年，市发改委编制国民经济和社会发展年度计划，完成《关于丽水市2020年国民经济和社会发展计划执行情况及2021年国民经济和社会发展计划草案的报告》编写。编制2020年《市本级政府投资项目计划》《丽水市重点建设（创新区、大花园）项目形象进度计划》《丽水市重大建设（创新区、大花园）项目前期责任目标计划》《市本级建设项目政策处理及供地责任目标计划》等计划，以大项目带动大投入，推进大发展。加强经济月度监测、季度分析、重点企业监测等基础研判，召开月度、季度全市经济形势分析座谈会，每季度开展重点工业企业网上问卷调查，全年完成经济分析、投资分析等月度、季度和年度分析40余个。

【年度计划执行】 2020年，丽水市国民经济和社会发展13项省出数排名指标中，有8项指标增幅居全省前三位，农村居民人均可支配收入、低收入农户人均可支配收入、第一产业增加值等5项指标增幅位居全省第一。

【重点项目建设】 2020年，全市开展重点建设项目开复工、集中开工、常

2020年全市主要指标增长一览表

表22

指标名称	预期目标（%）	实际增长（%）	增幅在全省排位
地区生产总值	7.5左右	3.4	5
规上工业增加值	8以上	4.5	7
服务业增加值	8	5.4	1
第一产业增加值	2.5以上	2.5	1
一般公共预算收入	7.5	2.9	5
固定资产投资	10以上	6.7	3
社会消费品零售总额	8.5	–0.4	3
网络零售额	15	29.4	3
外贸出口总额	适度增长	12.4	5
空气质量指数（AQI）优良率	95以上	98.9	1
城镇居民人均可支配收入（%）	8.5左右	4.5	4
农村居民人均可支配收入（%）	10左右	7.8	1
低收入农户人均可支配收入（%）	10以上	15.5	1

态化攻坚等活动，通过领导领办、分级协调、亮灯预警、问题“周清”、指数化绩效评价及“三色图”通报、“点穴式服务”等举措，建立全时段、全天候、全链条闭环管理推进体系，抓项目谋项目成效显著。268个全市重点建设项目完成投资467.8亿元，完成年度计划投资114.4%，其中，46个省重点建设项目完成投资99.3亿元，完成年度计划投资136.4%；120个项目入选省“六个千亿元”投资工程计划。30个省大花园建设重大项目完成投资118.3亿元，完成年度计划投资143%。全年全市提前开工、新增实施项目129个，新增年度投资53.93亿元。开展项目谋划大比武活动，全市谋划10亿元以上的重大项目114个，其中百亿元以上项目24个，总投资6721亿元，达成既定的“双百”目标。招商引资逆势上扬，全市引进晶睿电子、水街基金产业园等项目342个，其中，大项目142个，完成年度计划142%，实际内资到位189.2亿元，完成年度计划112.6%。丽水长三角招商中心作为跨区域招商新平台，全年签约项目54个、合同总投资386.72亿元，其中，落地项目37个，总投资179.44亿元。

【产业转型】 2020年，丽水市产业结构调整步伐加快，全市三次产业结构由2019年的6.7∶38.2∶55.1调整为6.8∶36.0∶57.2，一产比重提高0.1个百分点，二产比重下降2.2个百分点，三产比重提高2.1个百分点。工业转型加快。全市装备制造业11.4%、战略性新兴产业7.4%、高新技术产业5.5%分别高于面上增速（4.5%）6.9个百分点、2.9个百分点和1个百分点。六大产业中，数字经济核心产业制造业8.1%、高端装备制造业10.2%、节能环保制造业8.0%、健康产品制造业13.0%、文化制造业15.6%，增速均高于面上增速。数字经济加快发展。“三园一基地”新增入园企业110家，全年营收、税收分别增长41.4%和32.1%。浙江（丽水）工业互联网创新中心、5G互联网智慧工厂联合创新实验室投入使用。电子商务加速发展，全市实现网络零售额481.6亿元，增长29.4%；跨境网络零售出口9.1亿元，增长35.4%。科技创新加快。新增科技创新载体数量创历年新高，新认定国家高新技术企业208家，比上年增长57%；省级科技型中小企业336家，完成年度目标160%。新增省级高新技术企业研发中心24家、省级企业研究院13家、省级重点实验室1家。新增省级科技企业孵化器2家、省级众创空间5家。丽水经济开发区滚动功能部件、青田鞋产业、松阳茶产业3家创新服务综合体列入省级产业创新服务综合体创建名单。实现全市173个乡镇（街道）派遣科技特派员全覆盖。 （余　庆）

应急管理

【安全生产事故】 2020年，全市发生各类生产安全事故105起、死亡66人，同比分别上升1.9%和下降23.3%，未发生较大及以上生产安全事故，安全生产形势平稳有序。其中，工矿商贸领域发生事故15起、死亡14人，同比分别下降42.3%和44%；道路运输领域发生事故90起、死亡52人，同比分别上升16.9%和下降14.8%。未发生生产经营性火灾、水上运输等领域亡人事故。

【因灾经济损失9亿余元】 2020年，全市因灾直接经济损失98918.5万元，其中台风“黑格比”造成直接经济损失61068.17万元；发生地质灾害灾情12起、险情6起，同比分别减少14起和38起；发生森林火灾火情45起，累计过火面积161.9公顷，受害森林面积113.1公顷。

【自然灾害应急指挥体系完善】 2020年，丽水市发布全国首个《自然灾害应急指挥体系建设规范（DB3311/T 134—2020）》地方标准，推动形成统分结合的责任网络和标准化的处置流程。在灾害防治和应急处置的重点环节，建立风险防控、隐患整改、预警发布、人员转移、复盘提升和会商、协调、指令、落实等制度，形成应急指挥工作闭环，优化预警发布机制，明确自然灾害防御市级提前36小时发布指令、县级提前24小时统筹协调、乡级提前12小时组织落实、村级提前6小时实施转移。编制《丽水市应急管理工作模式》，明确值班值守、应急管理、联动、处置等四大类15项具体工作标准，规范工作流程。出台《丽水市防汛防台应急工作指南》，围绕流域性洪水和山洪灾害、地质灾害、城市内涝、农家乐和渔业、旅游安全、暴雨灾害“六个重点”领域，形成响应流程图、指挥流程图、工作流程图和应急工作表的“三图一表”工作体系。

【安全综合治理】 2020年，丽水市启动第二轮安全生产综合治理三年行动，完成年度任务167项。开展安全生产专项治理，检查危化品企业533家次，发现问题隐患832项，立案查处企业29家，处罚金额69.85万元。开展尾矿库汛期安全专项检查，发现重大隐患2项，一般隐患198项，逐项督促企业落实整改。完成小微企业安全生产和消防安全专项整治，全市出动各类检查组2923个，排查企业24765家，检查企业10285家，排查隐

2020年11月10日，市应急管理局牵头开展小化工企业安全生产专项整治工作

（王俊波 提供）

患13985项，惩治非法行为135起，整治违规违章行为185起，停产整顿43家，关闭取缔25家。推进重点行业领域安全生产，道路交通领域改造危桥病隧6座，完成新建和改造提升农村公路1162.8千米，完成安防工程168.3千米，完成1041辆“二客一危”智能化报警装置的安装，降低车辆交通事故；建筑施工领域实现智慧工地“线上”监管359个，覆盖率78.38%，运用“智慧工地”平台开展线上巡查，检查项目229个，发现存在安全隐患项目78个、隐患256条。

【各类灾害应对】 2020年，全市应急救援队伍按照“即时出动、2小时内出动、4小时内出动、12小时内出动”四个梯队实行分级响应机制，灾害发生时救援队伍快速响应、迅速集结、实施救援，应对梅汛强降雨、台风、森林火灾等灾害期间，累计抢险救援队伍447支，救援人员12940人次，救援车辆534台，机械设备155台，解救被困人员143人，转移安置群众17935人次，有效处置各类突发事件。制定并发布《关于森林防火严管严控的通告》，实施森林防火“十个一律”管控措施，要求各地严格落实许可审批、设卡检查、加强巡查、重点人员管控、事后责任追究、复盘评估提升、开展森林火灾公益诉讼等措施，防范森林火灾事故发生。全年全市制止野外违规用火1051起，行政处罚违规野外用火109起，罚款51460元，刑事立案5件。

【应急能力建设】 2020年，市应急管理局提升应急业务能力，与丽水学院共建丽水市应急管理学院，成立全市应急与安全科教创新实验基地，举办应急管理综合素质提升培训，组织全市应急系统干部70人，在中国计量大学围绕应急管理业务知识集中学习培训。提升防灾减灾能力，全市新建规范化避灾安置场所208个，各乡镇（街道）和行政村（社区）配备卫星电话2405部、应急发电机2387台、抽水泵2237台，配备率100%，针对森林防灭火重点区域，配备高压水泵260台，建设森林消防水桶368个、水池154座，铺设森林消防管网224.9千米，建设首批30个应急（安全）宣传教育体验馆。提升应急救援能力，培育覆盖城乡的应急救援力量，全市有消防综合救援队伍23支、1000人；自然灾害、安全生产等专业应急救援队伍308支、7288人；社会救援队伍23支，核心救援队员744人、志愿者1700人。加强应急预案体系建设，完成专项应急预案修编32件，开展防汛防台、森林防灭火、安全生产等应急演练30次。全市9个县（市、区）及开发区按照“一带三区”构架签订应急联动协议，开展重大灾害联合救援。

【应急数字化建设】 2020年，市应急管理局依托丽水“城市大脑”，通过数据归集和建立数据分析模型，建立跨部门、多领域、智能化的应急管理综合指挥平台，12个部门单位的23个应用系统接入指挥大厅。集成全市应急资源、重点目标、救援力量、人员定位、避灾安置等信息，初步建成应急指挥“一张图”，全市避灾安置场所823个、救援队伍297支、应急物资仓库197个、卫生医疗场所188个、9.78万路视频监控资源均“上图”。统筹建立全市应急可视化指挥平台，确保现场声音和画面30分钟内传输到指挥中心，突发状况下实现指挥中心与现场的可视化指挥调度。全市完成33个重点村小流域自然灾害预警系统建设，根据雨量、水位、山塘位移、不稳定斜坡位移等实时监测数据，建立预警模型，实现提前预警、精准指令和标准处置。 （翁武建）

土地管理

【第三次全国国土调查完成】 2020年，丽水市自然资源部门根据自然资源部、省自然资源厅的工作安排，根据国家、省级的工作部署和工作要求，开展以2019年12月31日为标准时点的数据更新，同时开展全市第三次国土调查的初步成果的补充调查和整改，相关调查成果经省三调办检查通过后上报自然资源部。11月中旬，自然资源部通过浙江省各县（市、区）的第三次国土调查成果检查核对确认工作。

【自然资源统一调查和确权登记】 2020年，丽水市政府颁发《丽水市自然资源统一确权登记工作方案》。全市9个县（市、区）在7月底前全部出台《自然资源统一确权登记工作方案》，落实调查经费；青田、缙云、松阳县完成省级自然资源统一确权登记试点工作；全市9个县（市、区）开展第一批水流、国有林地自然资源的地籍调查工作，至年底，完成第一批水流、国有林地自然资源的确权登记工作。

【百山祖国家公园地役权改革】 2020年4月，丽水市政府出台《百山祖国家公园集体林地设立地役权改革的实施方案》，实施方案明确国家公园集体林地设立地役权改革的总体要求、工作目标、方法步骤和保障措施等。4月至6月，丽水市自然资源部门组织龙泉、庆元、景宁县（市）相关部门、乡镇和技术服务单位，以林业“三定”和山林延包工作为基础，开展动员准备、调查实施、登记归档三个阶段工作，基本划清国家公园范围内国有林地与集体林地权属边界，集体林地不同权属边界，以村、村民小组为单位确权登记集体林地所有权。国家公园范围内的32个行政村分别与国家公园管理机构签订设立地役权合同，经双方共同申请，不动产登记机构登记百山祖国家公园范围内96%的集体林地地役权，其中，集体林地的确权登记463宗，地役权登记445宗。让地役权改革，取得生态效益、社会效益和经济效益。（潘孙伟）

【全域土地综合整治与生态修复工程】 2020年，全市自然资源系统申报全域土地综合整治与生态修复项目14个，涉及行政村68个，整治区域面积4.8万公顷，计划投资30.96亿元。其中，莲都区碧湖镇全域土地综合整治与生态修复工程等5个项目列入国家试点工程（缙云2个，莲都、松阳、遂昌各1个）。继续推进2018年度、2019年度项目实施，投入资金13.57亿元，完成总投资74.7%，通过工程实施，新增耕地面积157.8公顷，建设用地复垦47.3公顷。（刘荣华）

【全市争取各类用地指标1607公顷】 2020年，全市向上争取各类用地指标1607公顷（其中国家指标927.5公顷），组建上报农转用97个批次、单独选址项目14个，报批总面积1734.8公顷（新增建设用地1598.5公顷、农用地1370.5公顷），新增建设用地、农用地执行率分别为97.1%、99.34%，保障丽水机场、青田县小溪水利枢纽工程、遂昌县清水源水库等省、市重大项目推进。（江永丽）

【具体建设项目用地供应面积1815公顷】 2020年，全市完成322国道景宁段改建工程等16个标准农田占补（置换、核减）方案审查，涉及标准农田132.11公顷。完成浙江省好溪水利枢纽潜明水库一期淹没区工程等6个单独选址项目、县（市、区）中心城区等42个规划局方案审查报批，涉及调整面积768.86公顷；完成市批乡镇规划局调方案审查报批24个，涉及调整面积31.08公顷。全市供应具体建设用地1815.47公顷，其中，划拨供地1142公顷，出让供地673.47公顷。安排农民建房专项指标108.67公顷，做到应保尽保。（江永丽 蔡轶群）

【市区土地40宗计113.67公顷新收储】 2020年，市区新收储老殡仪馆、富岭粮站、江滨旧城改造1#地块和敏河区块收储项目等40宗，面积113.67公顷（含城中村改造移交土地13宗），库存实物总储备土地面积592.53公顷；市区年度出库储备土地有开发北路与城北路交叉口东南侧、和平路与长林路交叉口西北侧和青林小学南侧等出让地块40宗，面积101.93公顷，其中，商住用地10宗，面积43.4公顷，其他挂牌土地5宗，按出让合同约定时间提前净地交付率100%；对收储项目涉360户次被征收户发放临时安置补助费1400万余元，结算安置房房款800余套，涉安置房款金额23300万元；实施第二水厂南侧、未来社区（灵山）等50余个地块所涉各类项目前期开发建设工程172个，其中，完成电力及各类通信线路迁改（拆除）工程56个，构筑围墙21.2千米，平整场地面积52.96公顷，绿化美化面积26.48公顷，清运城中村改造区块建筑垃圾200869.6立方米。（刘军武）

【商住用地出让261.2公顷】 2020年，丽水市自然资源系统持续完善市区土地供应内部审查机制，加强建设项目审查把关，严格项目准入管理，加强“净地出让”硬性要求，增强土地利用对需求变化的适应性和精准性，减少低效供地和“净地不净”问题发生。推进工业用地“标准地”出让，出让118宗、面积291.9公顷，均实现100%“标准地”供应。全市出让商业、商住用地323.9公顷，出让金306.94亿元，其中，商住用地261.2公顷，出让金279.79

亿元。其中市区实际出让商住用地 9 宗、42.7 公顷，成交价 121.09 亿元，预计可售建筑面积约 81.8 万平方米。

【存量建设用地 338.3 公顷盘活】 2020 年，丽水市自然资源系统以存量撬动增量，出台《关于开展“五未”土地处置专项行动 提升国有土地资源整体管护和精准高效利用水平的实施方案》，推进“批而未供、供而未用、用而未尽、建而未投、投而未达标”五未土地处置专项行动。全市盘活存量建设用地 338.3 公顷、城乡低效用地再开发 163.7 公顷、消化处置批而未供土地 326.9 公顷、处置闲置土地 11.38 公顷，分别完成上级下达任务数 123.8%、163.7%、102.2%、199.68%。（蔡轶群）

【市区土地二级市场管理】 2020 年，丽水市区办理房改房、划拨土地、改变土地用途出让和增加使用年限、超容积率补缴、村集体二、三产业等各类业务 1913 宗，收缴土地二级市场出让金 9088.24 万元。其中，涉及房改房办理出让 93 宗，划拨土地补办出让 133 宗，划拨土地改变土地用途补办出让 41 宗，出让土地改变土地用途补缴出让金 18 宗，集体土地拆迁改变用途补办 7 宗，二、三产业补缴出让金 7 宗，出让土地超容积率补缴出让金 7 宗，出让土地增加使用年限 16 宗，丽水行政权力运行平台录入 927 宗，首次交易审查 664 宗。（叶媛青）

【市区存量房交易管理】 2020 年，市不动产登记中心持续完善和推进丽水市不动产交易登记监管平台建设，实现市本级存量房交易、融资、纳税、登记“一件事”全流程“最多跑一次”；与市建设局、市发改委、市公安局、市市场监管局、丽水银保监会分局 5 个部门在市区 300 余家房地产中介机构，联合开展丽水市长租公寓治理和房地产经纪行业整治专项行动，规范房地产经纪行业行为；组织市区房地产经纪人员开展不动产交易登记监管平台存量房网签、资金监管、交易登记“网上办”等专题培训 4 次，提升房地产经纪人员存量房交易业务能力。市本级存量房交易纳税登记一体化受理 5621 件，存量房交易面积 58.8 万平方米。（沈 婕）

【土地矿产卫片执法检查】 2020 年，土地矿产卫片收到下发监测图斑数 1236 个，总面积 1134.6 公顷，其中，耕地面积 208.4 公顷；违法用地图斑 65 个，违法用地面积 22.3 公顷，其中耕地面积 8.7 公顷；2019 年度全年新增建设用地 1723.2 公顷，其中耕地面积 498.7 公顷；违法占用耕地面积与新增建设用地占用耕地初始比例 1.75%，连续 10 年实现零问责。

【土地例行督察整治整改】 2020 年，耕地保护督察（含往年例行督察遗留问题）下发问题 701 个，面积 5060.6公顷，金额 77302.83 万元。其中，限期整改问题 153 个，面积 259.9 公顷，金额 77302.93 万元；持续关注、加强监管问题 548 个，面积 4800.7 公顷。完成整改 679 个，面积 4983.3 公顷，金额 27071.94 万元，整改完成率 96.86%。其中限期整改问题完成 148 个，面积 244.4 公顷，金额 27071.94 万元，整改完成率 96.73%；持续关注、加强监管问题完成 531 个，面积 4738.8 公顷，整改完成率 96.90%。

【农村乱占耕地建房问题专项整治】 2020 年，丽水市政府按照《浙江省农村乱占耕地建房问题专项整治三年行动方案》要求，由各地自然资源主管部门牵头，逐村逐户，全面摸清农村乱占耕地建房问题，并建立要素完整、内容准确的工作台账。至年底，全市摸排图斑 120331 宗，面积 11896.5 公顷，确认农村乱占耕地建房问题 1766 宗，全部通过省级审核，上报宗数全省排名第八。其中，莲都区（含开发区）256 宗，龙泉市 172 宗，青田县 207宗，云和县 143 宗，庆元县 210宗，缙云县 197 宗，遂昌县 351 宗，松阳县 169宗，景宁县 61 宗。（徐 成）

【国土（自然资源）信息化建设】 2020 年，市自然资源部门加快国土空间“一张图”实施监管信息平台建设，建立数字化智能化空间管控机制，整合规划编制所需的各类空间关联数据和信息 352 个，其中，现状数据 68 个，规划数据 90 个，管理类数据 194 个。数据服务分为接入基础信息平台服务和自发服务。基础信息平台服务包括接入历年地类图斑、矿产数据、影像底图、供地、农转用等数据。自发服务完成 2019 年现状评估成果、丽水市全域双评价成果、资源环境承载能力成果、现行城乡总体规划、现行土地利用总体规划、生态保护红线、城镇开发边界、地理国情普查、莲都区控制性详细规划、三区三线第一轮试划成果。围绕规划编制、审批、监测、评估、预警等全过程业务，形成坐标一致、边界吻合、上下贯通的一张“底图”。（陈 伟）

【不动产登记“最多跑一次”改革】 2020 年，丽水市不动产登记中心推进不动产登记“一件事”改革延伸扩面，实现“总对总”方式“不动产抵押登记+金融信贷”“一件事”改革全市全覆盖，网上办理抵押登记 18393 件。不动产登记云平台与市税务局在线缴税功能上线试运行，实现企业不动产交易纳税登记“一件事”“全网办”;推广不动产登记电子证书(证明),市区范围内原启用不动产登记电子证书(证明)的三类业务,统一发放不动产电子证书(证明),停止发放纸质证书(证明),发放不动产登记电子证书7302本、电子证明18476份;完成全市首个“交房即交证+不动产登记电子证书”试点——绿城留香园首次登记,项目业主在收房的同时,提前2—3个月领取不动产权证书,实现居住权与产权同步;不动产登记提速增效,市区实现不动产登记办理手续不超过2个、办理时间不超过3天(抵押登记2天)、提交材料不超过3件的目标要求,不动产登记各类业务网上受理率80%以上;制定《关于妥善处理市区国有建设用地上不动产登记历史遗留问题的意见(试行)》,解决国有建设用地上因房、地分散登记等原因带来的不动产历史遗留问题,打通不动产登记“中梗阻”,提高登记质量和效率。全市受理各类不动产登记20.3万件,发放不动产登记证书9.9万本,证明8.5万本,办理各类不动产登记信息查询服务10.7万次。市本级受理各类不动产登记9.2万件,其中发放不动产登记证书2.0万本,证明2.8万本,接待服务热线咨询7564人次。市不动产登记中心获丽水市巾帼建功先进集体、丽水市“丽水之干”模范集体。（沈　婕　吴可越）

【土地审批制度改革】 2020年,丽水市自然资源部门出台《关于落实省政府土地审批权下放扩面改革工作有关事项的通知》,明确省政府、市政府土地审批权下放至云和、景宁的具体事项、操作办法、重点审查内容、审批材料用章、档案管理、数据备案及责任承担,实现全覆盖;理顺市本级与莲都区、开发区自然资源和规划领域事权,出台实施《调整完善市与莲都区、丽水开发区在自然资源和规划管理方面有关事权划分的意见》;出台《关于推进规划用地“多审合一、多证合一”改革的实施细则》,合并建设项目选址与用地预审、建设用地规划许可与建设用地批准书、建设项目竣工规划核实与用地复核验收办理。

【土地出让领域生态产品价值转化】 2020年,市自然资源部门推进土地出让领域生态产品价值实现路径探索,在云和开展试点。7月,浙江首宗附带生态环境增值的土地在云和挂牌出让。新华社、中国政府网、中国自然资源报、中国环境报、浙江日报、浙江在线等媒体报道试点情况,省政府常务副省长冯飞专门批示。云和由点到面扩大试点范围,出让核算生态环境增值的土地4宗,累计出让土地面积8028.3平方米,核算生态环境增值资金65.4万元。景宁、庆元、龙泉等县谋划“集体经营性建设用地入市+生态环境增值”土地供应模式探索试点。（留双艺）

物价管理

【概况】 2020年,丽水市价格管理工作围绕高质量绿色发展主题,落实减费降本举措、做好疫情影响稳价工作、深化价格机制改革,发挥价格机制的激励、补偿和约束作用,优化价格环境。落实“水电气减费降本”政策,减轻企业用水用电用气费用负担;加强价格应急监测,提高价格预警能力,加大困难低保群众的价格补贴发放力度;调整市本级公办幼儿园收费标准,出台市本级幼儿园放学后园内托管服务收费、非居民超定额用水累进加价政策等;加强成本监审调查,健全价格成本约束机制。

【价格指数上涨情况】 2020年,丽水市受新冠疫情影响,市区居民消费价格同比上涨2.0%,但涨幅较上年同比缩小1.3个百分点。八大类商品和服务价格累计同比“4涨4跌”,其中,食品烟酒价格涨幅最大,同比上涨8.3%,教育文化和娱乐、医疗保健、其他用品和服务价格同比分别上涨1.7%、0.3%、3.8%,交通和通信、生活用品及服务、衣着和居住价格比上年同比分别下跌4.2%、1.0%、2.5%和0.7%。

【价格应急监测】 2020年2月5日,市发改委启动价格应急监测,加强与9个县(市、区)价格监测机构的联动,采取每日一报的形式报告市场价格动态,关注“菜篮子”、“米袋子”、天然气等重要商品价格情况。全年价格监测948期、111522个价目采集,全年发布52期。其中,组织各县(市、区)监测部门采集39期、11310价目,上报省应急价格监测信息147期、4263价目。加强对苗头性、倾向性、潜在性价格问题的研判,为政府决策提供参考。6月17日,发布《丽水市市场价格异常上涨事件应急预案》,预案明确市场价格异常上涨事件分级分类和响应程序,规定应对重大价格突发事件组织体系、工作机制等内容。提高应急处置能力,保障“米袋子”“菜篮子”保供稳价。

【疫情影响稳价工作】 2020年,市发改委协同市教育部门加强疫情防控期间学校收费管理,落实学费(保教费)收费、住宿费退费有关规定;配合市市场监管局、教育局开展2020年市直教育收费专项检查,规范教育收费行为。加大价格临时补贴工作力度,提高发放范围和标准,将孤儿、事实无人抚养儿童及领取失业补助金人员纳入发放范围，并提高每月价格补贴发放标准1倍，执行时间为2020年3月至6月，做到“应保尽保、应补尽补”。全年全市发放价格临时补贴10913万余元，惠及群众112.73万余人次。从严把控政府定调价项目，暂缓出台可能导致价格上涨的改革措施。

【水电气减费降本政策落实】 2020年，发改部门实施支持性两部制电价政策；除高耗能行业用户外，现执行大工业和一般工商业电价的用户，按原到户电价水平的95%结算；降低企业到户水价10%；全年市区和青田、缙云、庆元县3次降低非居民用管道天然气价格；并明确有关行业及机构执行水电气价格政策。全市水电气减费目标金额3.60亿元，其中，用电3.25亿元、用气0.28亿元、用水0.07亿元，并将水电气减费目标分解到各县(市、区)、实行月度兑现进度通报督促制度，全年全市累计兑现4.07亿元，完成年度减费目标113.09%。2月1日起，农业生产用电销售电价平均降低每千瓦时0.10元，全年全市累计减轻农业生产企业用电负担1422万元；组织召开市区公交电动汽车充换电服务收费协调会，协调确定：自2020年1月1日起，市区公交电动汽车充电服务价格(包括电费和充电服务费)按阶梯价格结算、为全省首创。

【重点领域价格改革】 2020年春节假期期间，市区客运出租车继续实行附加费调节机制，推进客运出租车价格改革。根据丽水市2020年度十方面民生实事之一“全面实施幼儿园放学后托管”要求，会同市教育局、财政局把市本级公办幼儿园保教费调整为750元/生·月，完善幼儿教育收费政策；公布市本级幼儿园放学后园内托管服务收费标准为220元/生·月。配合市民政局公布丽水市公墓服务收费项目，规范公墓价格管理。贯彻落实《省发展改革委关于放开机动车检测检验服务收费的通知》，推进机动车检测检验服务收费市场化改革。配合市水利部门开展各县(市、区)农业水价综合改革工作的市级验收。协同市市场监管局、丽水供电公司推广使用“转供电费码”，规范转供电环节价格行为。会同市建设局出台《丽水市区城镇非居民用水超定额累进加价制度实施意见》，发挥价格杠杆的调节作用和用水定额的引导作用，促进城镇节约用水。明确丽水植物园门票价格实行市场调节价管理，并要求经营者做好价格行为规范。

【成本监审(调查)工作】 2020年，全市开展成本监审(调查)项目63个，完成审核额79997.54万元，核减不应计入定价成本费用1279.69万元。其中市本级完成成本监审工作2项和成本调查5项，分别是城市供水成本定期监审和污水处理成本定期监审，管道燃气配气成本调查、机动车检测费成本调查及瓯江诗路文化黄金旅游带景区成本调研。协助指导各县(市、区)完成全市AAA及以上重点国有景区13个、3家养老服务机构2017年度至2019年度成本调查工作。完成梳理全市养老服务现状和政府优惠现有政策。 (林　敏)

审计管理

【概况】 2020年，丽水审计机关完成审计(专项审计调查)项目182个，查出违规金额58190万元、损失浪费金额22084万元，审计发现非金额计量问题1740个。审计处理处罚金额164950万元，移送司法机关、纪检监察机关和有关部门处理事项36件、涉及42人。审计促进整改落实有关问题金额22106万元，审计后挽回(避免)损失3094万元，核减投资额3114万元。审计提出建议635条，被采纳314条；促进被审计单位制定、完善规章制度13项；提交审计信息610篇，被批示、采用390篇。向社会公告审计结果219篇。市审计局在浙江省审计工作综合考核中排名第三，获优秀奖。全市获省审计厅优秀项目6个。

【国家重大政策措施贯彻落实跟踪审计】 2020年，市审计局在新增财政资金直达市县基层直接惠企利民情况专项审计中，对丽水市本级及9个县(市、区)309244.13万元中央“两直”资金实施审计全覆盖，促进资金规范支出30964.03万元。在丽水市优化营商环境及产业发展政策落实专项审计调查中，查处违规资金1715.4万元，清退涉企保证金3242.71万元。在市区和青田县砂石资源保护和利用情况专项审计调查中，推动出台《丽水市人民政府办公室关于进一步加强和完善矿产资源开发利用管理工作的通知》；促进莲都区、丽水经济技术开发区取缔违规制砂点2个，青田县收回长期欠缴的砂石矿产资源出让收益2615.88万元。

【财政审计】 2020年，市审计局在市本级预算执行和决算(草案)审计中，移送案件线索5条，规范资金212815.98万元，其中促进增收节支158603.72万元；推动出台《丽水市人民政府办公室关于印发丽水市免除殡葬基本服务费用实施办法的通知》，解决市内异地死亡人员殡葬基本服务费用免除手续需回原户籍地办理的问题。在云和、松阳决算审计中，促进规范使用财政资金57.07亿元，督促7878.07万元未收缴资金、4.56亿元收未缴资金、1.92亿元历史遗留出借资金纳入全口径预算管理。首次对市本级88家一级预算单位审计全覆盖，发现71家预算单位（含下属单位）、160个项目、1.59亿元专项资金预算执行率低于50%，6.25亿元土地出让金未及时上缴，市交通局下属过坝管理处出纳涉嫌挪用单位账上资金220.8万元及房租收入9.8万元等问题。

【经济责任审计和领导干部自然资源资产离任审计】 2020年，市审计局按照党政同责、同责同审的要求，对12名市管领导干部开展经济责任审计和自然资源资产离任审计，市委组织部、市审计局首次开展经济责任审计成果运用会商研判。出台《生态产品价值实现机制审计指导意见》《丽水市领导干部自然资源资产离任审计实施办法（试行）》，将生态产品价值实现机制纳入全市17个自然资源资产离任审计项目中。自然资源资产离任审计典型做法入选丽水撤地设市高质量绿色发展创新20大样本名录，并获省委副书记、省长郑栅洁“有益的探索”批示肯定。

【固定资产投资审计】 2020年，市审计局加强对重大民生工程、基础设施工程的审计监督。在云和县、景宁县、庆元县2019年保障性安居工程资金投入和使用绩效审计中，促使庆元县收回相关资金1.03亿元、相关部门向建设单位退还或减免各项税费464.44万元，移送线索15条。在市本级重大水利项目实施情况专项审计调查中，发现履约保证金退还不及时、合同执行管理不到位、项目价款结算不及时、对PPP项目公司资金监管不到位等问题，促进市水利发展有限公司退还履约保证金355.03万元，推动丽水丽阳溪建设投资有限公司（PPP项目公司）收回转出项目资金3.94亿元。

【民生资金（项目）审计】 2020年，市审计局在应对新冠肺炎疫情防控资金和捐赠款物专项审计中，促进拨付使用资金609.27万元，收回专项贷款2230万元，有关单位根据审计结果建章立制3项。在市区公墓经营管理情况专项审计调查中，发现部分农村公益性墓地承包方违规销售墓穴，推动市民政局、莲都区人民政府整治公墓管理乱象。在丽水市扶贫专项和东西部协作扶贫审计中，上缴、调整或归还原渠道资金7386.72万元，揭示虚报冒领、骗取套取、侵占截留等扶贫资金问题线索移送8条，促使相关部门查处扶贫领域不作为、慢作为、乱作为等失职渎职问题；编制《扶贫领域风险清单》《扶贫审计发现共性问题清单》《农饮水、薄弱村消除审计操作指引》。在遂昌县、庆元县残疾人社会保障情况专项审计中，促使25名困难残疾人纳入最低生活保障，215名残疾人纳入2项补贴发放，32名残疾儿童纳入困境儿童生活保障，135名残疾人得到城乡居民养老保险补贴，促使收回各类残疾人相关资金93.08万元。

【内部审计指导和监督】 2020年，市政府召开市直深化单位内部控制建设暨推进财务报销“一件事”改革部署会，常务副市长杜兴林对内审工作提出新要求。加强全市内审第三轮“三年轮审”（2019—2021）工作，贯彻市府办《关于进一步加强全市行政事业单位内部控制建设的若干意见》，全市内审协会会员单位完成审计项目1633个，审计总金额263.09亿元，增收节支0.92亿元。组织推荐2017至2019年度“双先”申报，获全国内部审计先进集体1家（莲都农村商业银行）、全省先进集体4家（丽水市公安局审计处、龙泉市交通运输局内审室、浙江丽水缙云农村商业银行股份有限公司审计部、云和县农村审计服务中心）、全省先进个人9人。向省内审协会推荐第三期专业人才评选16人。开展全国全省课题研究，获省协会论文一等奖1篇、二等奖2篇、三等奖3篇；开展案例撰写，获省协会案例二等奖1篇、三等奖3篇；组织开展内部审计项目评选推荐，获省协会优秀项目3个、表彰项目5个。出台《内部审计人员参与国家审计和巡察工作管理办法》，全年抽调12人次，参加8个项目审计，抽调3人，参加6个单位巡察工作。组织内审培训班3期，全市参加培训500余人。 （郑水斌）

统计管理

【概况】 2020年，市统计局以构建统计组织体系、统计保障体系、统计服务体系、统计改革体系、法治统计体系和数据利用体系6个市域统计治理体系和1个统计治理能力提升为工作抓手，提高统计保障水平和精准服务能力。全年向党委政府及各部门提供各类统计信息1600余篇（条），统计分析300余篇（条）。其中，市统计局向党委政府上报统计专报36期、统计分析36期、统计信息65期、统计快报12期，向市委办、市府办提供统计信息专报341篇次。编撰完成《丽水统计年鉴2020》。

全年市统计局党组落实“第一议题”制度，党组理论学习中心组集中学习18次、专题学习10次。开展新统计大讲堂、走进名校课堂、网络学堂等培训。制定出台局党组关于贯彻落实《党委(党组)落实全面从严治党主体责任规定》10条举措,打造"清廉统计"品牌,分级签订《统计行风建设责任书》,每季度召开廉情分析会。

【统计成果】 2020年,市统计局开发提炼精品统计成果有《新丽水 新跨越——丽水撤地设市二十周年经济社会发展成就综述》《丽水之干担纲丽水之赞,三项指标续写全省第一》等分析文章,《丽水统计信息》《数据丽水》《丽水统计年鉴》等各类统计资料,以及《五个有数——2019年统计调研课题选编》《百山祖国家公园成效统计》《丽水市第四次经济普查报告书》《民调一周年》等书籍成果,受到市委、市政府领导肯定。发挥"12340"政府统计调查热线作用,创新运用"面访+电访"相结合方式,先后组织实施新冠肺炎疫情对企业和居民影响调查、居民疫情后旅游意愿民意调查、交通出行满意度调查、"五水共治"工作群众幸福感预考核调查、丽水市脱贫攻坚工作评估调查等社情民意调查13项,发挥民调辅助领导决策的作用。

【普查工作】 2020年,第七次全国人口普查工作启动,全市明确工作目标,加强协同配合,落实工作责任,严格工作流程,各项工作取得进展。印发《丽水市人民政府办公室关于成立丽水市第七次人口普查领导小组的通知》等机构组建文件,建立市本级、9个县(市、区)、乡镇(街道)173个和2042个村(居)普查机构,选聘"两员"(普查指导员、普查员)1.3万余人,开展普查工作。开通人普专栏、发送宣传短信、悬挂宣传标语、开展乡音说人普和"七彩画卷 共绘人普"、举办"大国点名·没你不行"人口普查宣传月系列活动,营造"人人知人普"氛围。分层组织全市普查工作人员学习普查方案及实施细则、普查法规与纪律要求、数据采集处理流程与程序3项基础工作。组织开展划区绘图、建筑物标绘工作,全市累计标绘建筑物564869个、划分普查小区13582个。按照时间节点,6月,在景宁县红星街道开展全市人口普查综合试点,10月,部署完成清查摸底工作,11月,开始入户登记,12月,完成复查比对和事后质量抽查,工作成效得到国家统计局、浙江省统计局领导肯定,数据质量获上级抽查组认可。

2020年3月27日,百山祖镇调研百山祖国家公园创建工作调研座谈会召开

(吴 群 提供)

【法治统计】 2020年,市统计局成立以局长为组长的法治政府建设工作领导小组,领导市统计局法治政府建设工作。印发全市统计法治工作要点,明确各县(市、区)具体工作要求,并通报考核结果。组织开展案卷评审,梳理2018年至2020年统计违纪违法典型案例、重点案例,编制形成《丽水市统计系统以案释法案例汇编》。推进统计法治进党校,局党组书记、局长周智飞为丽水市委党校2020年秋季中青年干部培训班专题上统计法治课,向全体学员讲授统计法律法规知识,提出依法行政、依法统计要求。举办《中华人民共和国民法典》《依法行政与法治思维》专题讲座,提升全市统计系统干部职工的法治素养。加强统计执法队伍建设,将全市取得中华人民共和国统计执法证的38人,纳入统计执法骨干人才库,提升全市统计执法水平。

【统计造假防范和惩治】 2020年,市统计局制定下发《2020年度统计造假"一票否优"考核细则》,明确县(市、区)两级政府统计、市直部门统计职责范围内的统计调查对象、有关部门和单位,若发生统计造假弄虚作假行为,将实施市委、市政府综合考核"一票否优"。开展防范和惩治统计造假整改自查自纠,全市自查工业、贸易、投资等企业3860家,现场抽查514家,并对5个县局的自查自纠情况开展监督检查,核查规模以上企业50家。加大统计执法检查力度,全年统计执法检查单位363家,"双随机"295家,立案查处企业22家，其中警告8家，实施警告并罚款行政处罚24家，2019年立案到2020年结案的案件10个，罚款金额9.54万元。与市纪委协商建立查处统计违法案件协调工作制度，畅通双方问题线索受理、移送、通报、研判、反馈等环节办理，并排查2013年1月以来发现的统计领域数字造假问题线索，全年收到各类问题线索139条，进行分类梳理核查，做到对统计造假、弄虚作假"零容忍"。

【GDP和GEP转化课题研究】 2020年，丽水市统计局为贯彻丽水"两山"发展大会精神，在全国率先开展GDP和GEP双转化研究，撰写《丽水市GDP和GEP转化研究——探索生态产品价值转换统计方法》，获全省统计学会课题研究二等奖。同时，协助市考核办制定GDP和GEP双考核指标体系，在2020年县(市、区)综合考核指标体系中，增加GDP、GEP转化为GDP，GEP、GDP转化为GEP四方面考核、共指标30项。 (吴　群)

统计调查

【概况】 2020年，国家统计局丽水调查队(简称"调查队")统筹疫情防控和统计调查工作，聚焦生产高质量统计调查数据，提供高水平统计调查服务，全年编发《调查分析》《调查专报》《调查信息》共226期，被国家统计局内网录用14篇次，被国家统计局浙江调查总队(以下简称"总队")采用144篇次，获上级领导批示29篇次，其中，获国务院领导批示2篇次，获省领导批示1篇次，1篇课题获丽水市党政系统优秀调研成果一等奖，2篇课题获丽水统计学会统计调研课题评审一等奖。

围绕市委、市政府中心工作，发挥调查职能，完成总队布置的全面从严治党民意调查、城市公共交通分担率和城市交通满意度调查、营商环境试评价调查、企业群众"一件事"调查，选派干部参加第六届全国文明城市评选综合测评、全省设区市城市文明建设满意度调查和实地测评，受部门委托组织开展全市县级文明城市测评。统筹推进疫情防控、统计调查和机关党建。足额配备防护用品，开展防疫知识培训，出台"疫情防控期间干部管理十项规定"，推行"云办公""云会议""云培训"，保障干部职工的安全健康。关注疫情期间群众生产生活、企业复工复产情况，开展"云调查"、电话调查等专题调研，利用"短平快"信息为市委、市政府提供统计服务。派干部参与市疫情防控指挥部"精密智控"，得到市委常委、统战部部长肯定，组织党员干部180余人次，投身社区、卡点等一线疫情防控。开展"建设清廉调查队、创建模范机关"活动，完成国家统计局巡视反馈意见整改和"灯下黑"问题专项整治工作。制定落实"党支部十项重点工作""党员服务群众'十件实事'"的"双十工程"，促进机关党建与业务融合，推进机关党支部标准化规范化建设。加强干部队伍建设，选拔乡科级副职领导干部2人，晋升三级主任科员1人，完成2名正科级领导干部和2名新录用公务员的试用期满转正考核工作；全年调入2人，调出2人；争取到市委组织部将调查队干部全部纳入地方教育培训，选派86人次参加地方处级干部进修班、科级干部培训班、学法用法三年轮训以及公务员初任培训班等；与市统计局联合举办2020年丽水市统计干部专业能力提升培训班2期。2020年，调查队被市委、市政府评为综合考核优秀单位，财务管理工作获总队年度考核优秀等次，党建、政务管理、法治、制度方法、综合统计调查、劳动力调查、消费价格调查、专项调查、人事管理获良好等次。

【统计调查改革】 2020年，调查队争取到市政府出台《关于进一步加强农业农村统计调查基层基础建设的通知》，并召开全市推进会；与市统计局联合印发《农业农村统计调查人员队伍管理办法》，推行"一库一档一书一证"管理模式；各县(市、区)同步加强基层基础建设和保障，丽水加强农业农村统计调查基层基础工作的做法得到总队队长张斌批示肯定，并入选《浙江调查队系统统计调查基层基础工作优秀案例》。全年完成住户调查样本轮换工作，并推进电子记账，新一轮电子记账率80%；落实畜牧业数据归口管理，加强农业调查数据质量检查；建立"字典库""地址库"，创新开展房地产价格调查；制定"三审制度""纵横对比"，提升工业生产者价格调查水平；编印《采价指南》，做好基期权数调查工作，推进消价调查往实里走；依托融媒体、借力公众号、运用短信通等渠道创新宣传方式，建立调查员备用库，推进月度劳动力调查；建立面访台账、资料开发台账、月报回访台账，夯实采购经理调查工作基础。

【统计调查法治】 2020年，调查队学习贯彻习近平总书记关于统计工作重要讲话指示批示精神和《关于深化统计管理体制改革提高统计数据真实性的意见》《统计违纪违法责任人处分处理建议办法》《防范和惩治统计造假、弄虚作假督察工作规定》精神，开展"数据质量与党风政风作风家风"研讨，组织全市国家调查队举办生产高质量统计调查数据"队长论坛",围绕"防范和惩治统计造假、弄虚作假,生产高质量统计调查数据"主题讨论形成"丽调共识"。常态化开展统计违纪违法案例警示教育,举行统计法治知识测试,通过统计执法资格考试2人,选派3人次参与全省执法监督巡查工作。加强法治审查制度,全年开展企业调查等7次法治审查和备案工作。组织各专业开展数据质量检查,全年统计执法检查企业24家,其中当场警告1家。结合"三服务"开展"送法入企"教育培训,开展"防控疫情、法治同行"法治宣传、"大国点名 没你不行"开放日宣传、"12•4"宪法日统计法治宣传等活动,加强统计法治宣传教育;向市委、市政府宣传统计法治,市委书记、市长等9次就杜绝数据造假提出要求,市委、市政府将统计造假列入"一票否优"考核事项。

【统计调查宣传】 2020年,调查队利用"丽水调查"微信公众号开展"云防疫""云宣传""云教育""云普法""云调查",推动防疫知识、防控要求进百姓家,推进复工复产政策、统计法治"到户到企"。全年发布原创性推文72篇,其中被"统计微讯"采用3篇次,被"浙江调查"采用9篇次,被"丽水发布"采用13篇次。推动"丽水调查"品牌走出去,调查队工作信息被《中国信息报》《中国统计》刊登8篇次,2篇供稿被学习强国浙江学习平台采编。加强数据发布和解读,与丽水日报社、丽水电视台等主流媒体合作报道消费价格、居民收入等民生热点信息。 (黄应飞)

2020年9月20日,"大国点名 没你不行"统计开放日宣传活动举行

(胡杨莹 提供)

市场监督管理

【概况】 2020年,全市市场监管系统战疫情、优服务、促发展、保安全,惠民生,工作稳中有进。至年底,全市有各类市场主体293211户,比2019年同期增加13.84%,增速排名全省第二。其中,内资企业56600户,比上年同期增加13.48%;外资企业475户,比上年同期增加3.04%;农民专业合作社5350户,比上年同期下降15%;个体工商户230699户,比上年同期增加14.86%;常驻代表机构7个,同比增幅16.7%。

【商标品牌建设】 2020年,全市新增注册商标11721件,累计62607件,新增地理标志证明商标3件,累计36件,位居全省第一,新增集体商标3件,累计32件;"丽水覆盆子"成为首个市级地理标志证明商标,"庆元香菇"入选首批欧盟保护地理标志名单,"遂昌竹炭"入选第二批互保名录,全市地理标志证明商标拥有量位居全省第一。全年查处商标侵权案件55件,案值66.56万元,罚没款90.99万元。实施"品牌助力"工程,全年发布"浙江制造"标准17项,出台系列鼓励品牌发展的政策。全市新增"品字标"品牌认证企业9家,获"丽水山耕"认证证书60张,同比增长18%。组织开展品牌企业贴标亮标"四个百分百"专项行动,联合浙江经视开展"品字标"产品网络直播带货专场,累计观看直播群众30万人次。

【市场建设改造】 2020年,全市有各类市场118个。按市场类型分,实体市场113个(其中,消费品市场95个、生产资料市场18个),网上交易市场5个。全市市场交易受疫情影响较大,全市各类市场年成交总额285.50亿元,比2019年388.84亿元下降26.57%,其中实体市场成交额280.56亿元,同比下降26.45%;网上交易市场成交额4.94亿元,同比下降33.15%(全省均已不再新登记新的网上交易市场)。全市累计创成星级农贸市场55家,其中四星级8家,三星级30家,覆盖率94.8%;星级专业市场8家,其中四星5家、三星3家。全市亿元市场从上年的53家降为41家,交易额从2019年的246.09亿元增长到259.90亿元,增长率15.11%,占全市实体市场成交额92.63%。10亿元以上市场8家,交易额177.60亿元,占全市实体市场成交额63.32%。位于市经济开发区的4家实体市场成交额均为1亿元以上,专业各异、业态互补。其中丽水国际车城成交额19.62亿元、丽水市惠民农产品批发市场成交额10.5亿元、丽水红星美凯龙家居生活广场成交额1.8亿元、丽水市南星石材市场成交额1.5亿元。松阳浙南茶叶市场、庆元香菇城等一批重点市场发展形势良好,市场交易环境和管理规范得到改善。

【市场秩序规范】 2020年,市市场监管局完成综合行政执法体制改革,全市累计查办各类违法案件2063件,同比增长24.2%;大要案件253件,罚没款2328万元。移送司法机关案件58件,同比增长81.25%,办结葡萄糖酸钙原料药垄断案,获国家市场监管总局发文表彰。查获特大生产、销售假冒注册商标商品案,破冰知识产权保护领域;一周时间内连续查获17起侵害消费者个人信息案件,开展全省以市场监管部门主导查处该消费安全领域涉刑案件。首次查获米制品"非法添加"行业潜规则案件,实现食品药品领域全链条惩治。市场销售长江流域非法捕捞渔获物专项行动工作成效全省领先。常态化推进扫黑除恶专项斗争工作,排查涉黑涉恶涉乱线索71条,协助各地法院冻结股权1578件。侵犯消费者系列案被评为省扫黑除恶典型案例。发挥打私办综合协调作用,开展为期5个月的无合法来源成品油专项整治行动,共立案查处43件,扣押314吨,罚没款196万元。

【食品安全监管】 2020年,市市场监管局监管食品安全,创建省级食品安全市,食品安全市县实现全覆盖,食品安全群众满意度连续12年位居全省第一,实现食品抽检分离改革全覆盖,全市建成星级基层食安办57家,网格员2871人,食安办牵头、市县乡联动、部门协作的食品安全网格化监管模式基本形成。在全省基层食品安全协管及网格管理能力竞赛中,丽水队获团体赛和个人赛均一等奖。餐饮"红黑榜"制度和推广记分管理办法实现各县(市、区)全覆盖。打造食安金融建设升级版,累计建成科普基地19个、科普站417个。狠抓省民生实事"两厨"项目建设,全市新创省级放心肉菜示范超市5家,建成"农村家宴放心厨房"59家,完成中小学和等级幼儿园食堂智能"阳光厨房"建设170家,并指导莲都区、遂昌县完成农村家宴转型提升试点县工作;联合市文明办牵头全市餐饮行业"厉行节约反对浪费"工作。

【药品安全治理】 2020年,丽水市成立市食药安委办,开展药品安全法规宣贯年、体系构建年、安全提升年、产业赋能年"四个年"活动,"双百尖兵"检查员队伍完成组建。全市基本药物评价性抽检合格率100%,化妆品抽检合格率100%。推行全覆盖式飞行检查,生产环节风险管控精确有效、流通环节主体责任压实,清退高风险药品批发企业1家,完成10家药品生产企业许可换证,助推维康药业上市,"防感合剂"通过省药监局备案。完善全市应急医用防护物资保障体系。落实专人全程精准服务、争取省局绿色审批通道等举措,全市医用防疫产品生产企业实现零的突破,至年底,全市医用口罩、医用防护服、呼吸道湿化器等防护和治疗生产企业家数为5家,医用口罩、防护服日产能分别为200万只、6000件。探索建立化妆品经营领域"双随机 一公开"工作机制,获评全省年度药品安全治理十大创新最佳实践项目。"纳爱斯""100年润发""爱沃玛""绔姿"4个品牌入选2019年度"浙产美妆"十大品牌。完成省民生实事项目——化妆品放心消费示范街1条和创建示范单位92家,指标超额完成10%以上。

【质量强市建设】 2020年,丽水市品牌企业和实施"浙江制造"标准企业销售占规上企业销售比例40.82%,比上年增长1.42个百分点。开展"双百"示范工程十县(市、区)评比活动,向28家品牌创建与质量建设先进单位兑付奖励资金191万元。发布实施"浙江制造"标准17项,新增"品字标"企业55家,新增"品字标浙江农产"发证企业4家。组织开展"品字标浙江制造"品牌企业贴标亮标"四个百分百"专项行动,提高"品字标"品牌知名度,扩大品牌影响力。全市导入卓越绩效管理企业12家、精益生产企业18家、5S现场管理生产企业21家。举办质量建设成果巡回展,组织参与苏浙皖赣沪先进质量管理方法评选活动。

【标准化工作】 2020年,丽水市连续2年将标准化工作纳入市委、市政府对各市直部门的综合考核,在全市范围掀起标准化工作热潮。累计发布"百大"标准117项,28项标准为全国首个,23项标准填补省内空白。市地方标准创制申报数63项,立项数51项。为主或参与制定国家标准23项,行业标准13项,省级地方标准4项,《生态产品价值核算指南》等28个特色标准陆续出台,填补国内、省内空白。打造"季宅模式"纠纷调解等一批国家、省、市级标杆项目,新增国家级标准化试点项目1个,省级标准化试点项目2个,市级标准化试点项目6个。

【知识产权保护】 至2020年,全市专利申请量15078件,比上年同期增长30.5%，其中，发明专利申请量2812件，比上年同期增长42.3%；专利授权量11606件，比上年同期增长55.9%，其中，发明专利授权量426件，比上年同期增长54.9%；有效发明专利拥有量1980件，比2019年底的1653件增长327件；万人有效发明专利拥有量8.95件，比2019年底的7.52件增长19.02%；PCT《专利合作条约》国际专利申请47件，比上年同期增长147.37%；全年全市办理质押登记业务25项，质押专利187件，惠及企业22家，累计完成专利权质押金额2.93亿元，同比增长44.3%。10月，丽水市获批浙江省知识产权质押登记服务窗口（丽水），为企业办理知识产权质押登记提供便利。

【产品质量安全监管】 2020年，市市场监管局建立健全“一库、一单、一机制”机制，全年开展产品质量监督抽查1093批次，合格率97.53%。依法对27家监督抽查不合格企业进行处罚，复查率、整改率为100%。开展块状产业产品质量风险排查、油品质量专项抽查、儿童和学生用品守护等专项行动，守卫工业产品安全。

【特种设备安全监管】 2020年，市市场监管局推进第二轮安全生产综合治理“三年行动”，开展全市特种设备“清库扫盲”行动，推出网上加装电梯超市。完成总局数据库首批试点工作，智能平台选入省政府基层优秀监管案例。全省率先编写“两手册一模板”（《特种设备基层监察指导手册》《特种设备使用管理指导手册》和《特种设备使用管理制度模板》）。全市纳入系统监管的3万余台特种设备上线率100%，网上定检申报率99%以上，严重隐患整改率100%。

2020年丽水市成交额超亿元市场一览表

表23

市场名称	市场类型	年成交额（万元）	经营户数（户）
青田县蔬菜批发市场	蔬菜市场	25000	14
遂昌县龙谷名茶市场	茶叶市场	38000	41
浙江. 浙南茶叶市场	茶叶市场	607236	3000
景宁畲族自治县绿色食品市场	其他农副产品专业市场	56882	480
浙闽赣食用菌交易中心	其他农副产品专业市场	10809.9	38
庆元香菇市场	其他农副产品专业市场	208500	335
青田县温溪小商品市场	日用百货杂品市场	12000	240
缙云县壶镇小商品市场	日用百货杂品市场	10300	74
丽水红星美凯龙家居生活广场	家具市场	18000	108
云和商贸物流城	装修装饰材料市场	15320	143
青田国石文化城	收藏品（工艺美术品、集邮）市场	14000	16
丽水市南星石材市场	建筑工程材料市场	15000	62
丽水国际车城	机动车市场	196228	211
龙泉市新德二手车交易市场	旧机动车市场	13488.64	18
松阳县万诚二手车交易市场	旧机动车市场	39725	5
龙泉罗邦二手车交易市场	旧机动车市场	30839.06	48
松阳县鸿昌二手车交易市场	旧机动车市场	67538	8
龙泉市利众二手车交易市场	旧机动车市场	12678.62	7
浙江丽水鸿汇医药物流网上交易市场	网上消费品市场	31746	1510
缙云县壶镇蔬菜市场	农村农贸市场	16500	78
青田县油竹综合市场	农村农贸市场	17000	46
青田县船寮综合市场	农村农贸市场	18000	37
青田县温溪菜市场	农村农贸市场	18000	139
莲都区灯塔菜市场	城市农贸市场	17524	100
龙泉市新城东农贸综合市场	城市农贸市场	100700	162
景宁畲族自治县中心菜市场	城市农贸市场	17464	120
遂昌县府前中心市场	城市农贸市场	25731	178
缙云县五云蔬菜交易中心	城市农贸市场	15200	62
松阳县西屏城东菜市场	城市农贸市场	17088	84
庆元县国有资产营运有限公司农贸市场	城市农贸市场	18915	106
云和县农贸市场	城市农贸市场	26045	123
云和县菜市场	城市农贸市场	16950	92
青田县鹤城中心菜市场	城市农贸市场	30000	69
莲都区天宁菜市场	城市农贸市场	16578	50
莲都区东银苑菜市场	城市农贸市场	89887	59
丽水市仓前菜市场	城市农贸市场	38742	39
丽水市府前菜市场	城市农贸市场	214889	421
莲都区西银苑菜市场	城市农贸市场	12087	20
丽水市惠民农产品批发市场	其他农副产品综合市场	105033	150
丽水市浙西南农贸城	其他农副产品综合市场	234671	315
丽水市粮油副食品批发市场	粮油市场	108713	235

【民生计量监管】 2020年，全市累计投入80万余元，新建和改造提升社会公用计量标准12项，全市建有社会公用计量标准224项，授权项目总数469项。发挥技术优势，保障疫情防控需求，服务疫情防控，开展计量技术服务1568次，服务医疗卫生及其他单位971家。全年全市免费检定计量器具22.23万余台，为企业减负640万余元。重点污染源排放监控企业环境监测计量器具检定率98%以上。112家年耗能1000吨标准煤以上重点用能单位的能源计量器具配备率90%以上。

【技术能力提升】 2020年，市质检院新增质检项目209项；通过国家实验室复评扩项认可项目参数668个、标准782个；计量新建心电监护仪检定装置等项目11项；获省市级科技部门科研项目立项6项。全年市特检院完成检验23263台，管道32千米，发现隐患2389项，督促整改完成2389项。承接丽水市建设局、市发改委、市市场监管局等部门委托开展设备安全督查17168台，安全状况分类评价128家。优化扩能特种设备动态智能监管平台，实现全市特种设备信息数据覆盖率100%，特种设备定检申报率100%，严重隐患整改率100%。2020年，入选浙江省人民政府“互联网+监管”优秀基层监管案例。全市7365家特种设备使用单位、30000余台（套）特种设备定期检验实现“一次都不跑、事事都办好”。谋划建设丽水市特种设备（电梯）应急处置平台项目。发布省级地方标准1个，获国家发明专利1项，软件著作权2项，发表中文核心期刊论文5篇。主办首届“绿谷工匠”全市电梯维修工职业技能竞赛。 （季颖颖）

矿产资源管理

【矿地综合开发利用采矿权试点工作】 2020年，全市自然资源系统继续推进列入全省首批矿地综合开发利用采矿权试点工作，莲都区南明山街道丽水机场建设项目取土区建筑石料矿、遂昌县云峰街道连头村建筑用花岗岩矿地综合开发利用试点项目、青田县船寮二小等公共服务设施矿地综合开发利用项目建筑用石料（凝灰岩）矿3个矿地综合开发利用试点项目完成矿业权出让工作。其中，遂昌县云峰街道连头村建筑用花岗岩矿地综合开发利用试点项目收取出让收益3.42亿元，青田县船寮二小等公共服务设施矿地综合开发利用项目建筑用石料（凝灰岩）矿收取出让收益3.8亿元。

【矿山生态环境治理】 2020年，丽水市自然资源系统继续推进绿色矿山创建，全市有57座矿山完成绿色矿山第三方评估。自然资源部开展绿色矿山遴选，全市通过省级核查并报部全国绿色矿山名录库矿山2座，通过数量占全省总数20%。开展全市矿山综合整治工作。完成矿山综合整治实施方案编制并下发，排查发现问题112个，整改85个，另发现非法采矿1处，并完成处置。开展市级抽查工作，完成实地抽查5处，发现问题18个，均及时交办。运用卫星遥感图，开展全市非法采矿工作图上研判工作，全市圈出疑似图斑766处，完成图斑实地复核，发现非法采矿点4处，所有完成核查点位均实地拍照留档。 （吴慧峰）

【地质灾害预警监测】 2020年，全市引发地质灾害灾险情18起、直接经济损失221万元，无人员伤亡。成功避让1起，避免人员伤亡14人。市、县两级发布地质灾害气象风险等级三级以上预警182次，发送各类预警短信6万余条；组织地质灾害巡排查2835组次、8812人次，全覆盖排查所有隐患点；出动应急小分队18组次，复核调查灾险情点40个。建成地质灾害专业监测点107个。 （李　俊）

国有资产监督管理

【概况】 2020年年底，全市国有企业资产总额2292.03亿元、负债总额1279.58亿元、所有者权益总额1012.45亿元，比上年分别增长22.98%、26.11%、

2020年4月13日，市属企业工作会议暨全市国资监管工作会议召开

（胡海明　提供）

19.23%；市本级监管企业国有资产总额、负债总额、所有者权益总额分别为850.91亿元、468.2亿元、382.71亿元，比上年分别增长16.06%、9.89%、24.61%。市国资委监管企业共9家，分别为市城投公司、市文旅公司、市农投公司、市交投公司、市数发公司、市数管公司、市公交集团、市储土公司、市国运公司；参股企业共2家，分别为丽水安邦护卫公司、市供排水公司。

【国企改革】 2020年，市国资委全面推进经营性国有资产统一集中监管，完成经营性事业单位纳入国资统一监管的接收工作。至年底，接收丽水市规划建筑设计院、丽水市市场开发服务中心，并保持正常运营状态；推进行政事业单位下属国企清理脱钩，经过摸排，市本级主管部门下属企业需要进行清理脱钩的企业9家，确定划转国资统一监管5家，至年底，4家企业确定清理脱钩方案并报市财政局审批通过，进入资产接收具体协商阶段；推进资产配置，至年底，向市属企业配置资产545项、价值29.41亿元，配置完成率90.23%。全民所有制企业公司制改制工作完成率98%，至年底，全市全民所有企业96家，其中正常经营50家，改制方案批复49家。7月，市城投公司主体信用等级由AA调升至AA+。推进丽水国资国企首个五年规划编制工作，完成市本级国资国企改革"十四五"发展规划初稿。

【产权管理】 2020年，市国资委继续优化国资布局。完成小微分散股权整合，将市国资委持有的丽汽集团23.32%股份、市电影公司100%股权划入市城发公司，市天然气公司49%股权划入市城投公司；7月，完成股权划转充实社保基金，划转市城投公司1.9%的股权和市城发公司10%股权给浙江省财务开发有限责任公司；深化国有资本运营公司改革，优化国有资本结构，提高市本级国有企业综合竞争力，将市国资委持有的市城发公司90%、市农投公司95.71%、市交投公司100%、市数发公司100%和市数管公司80%的国有股权划转给市国运公司；推进市数发公司"三园"融合。1月，城西公租房及安置房（二期大学生创业园）工程项目移交；5月，完成丽水绿谷信息实业有限公司100%股权划转；8月，完成杭州括苍投资有限公司100%股权划转。1月，市公交集团有限公司完成合并开始运营。12月，水务集团公司挂牌成立。开展2017年1月1日至2020年6月30日国有资产交易专项审计，规范企业国有资产交易行为。

【国资监管】 2020年，市国资委出台《市属企业功能界定与分类意见》，将市属企业分为功能类、公益类、竞争类和文化类，加强分类监管；制定《丽水市市属企业全面预算管理办法》，明确全面预算的责任主体，指导市属企业建立健全预算管理体系；出台《改革市属企业工资决定机制实施办法（暂行）》，深化市属企业收入分配体系改革，初步建立企业效益和工资同向联动机制；完成市属企业2019年度工资清算。市属企业基本建立内部考核体系和工资总额预算管理体系；印发《2020年市属企业监事工作计划》，完善专职监事月度报告制度；出台《丽水市市属企业担保管理办法》，明确企业担保事项主体责任和审批流程，防范经营风险。印发《市国资委监管事项清单（第一批）》，开展分类授权管理，明确审批事项和授权审批事项，厘清国资委、企业经营层和董事会的责任界限。至年底，市国资委初步形成"3+2"报送体系，即快报、债务和项目投资、经济运行监测数据分析月报加国有资产统计、国有资产专项报告二份年报，基本实现县（市、区）监管企业快报全覆盖、统计年报全口径报送，为决策提供数据支撑。

【国企党建】 2020年，市国资委贯彻落实《中国共产党国有企业基层组织工作条例（试行）》，新建党委3个、党支部7个。创新开展"短板支部"整转，对132个党支部逐一"体检"，确定并整转相对后进"短板支部"15个。开展"一企一品""一支部一特色"品牌创建，初步形成企业党委、基层党支部、党员等品牌建设体系。探索建立集中换届制度，42个党支部（党总支）完成集中换届选举。推动市、县两级国有企业2424名退休人员全部移交社会化管理，支持指导丽汽集团解决800余名退休人员社会化管理问题。推进清廉国企建设，制定三年行动计划和年度任务清单等工作任务17项，开展投融资领域风险防控样本推广。8月，探索建立国有企业决策风险防控建设样本，以市交投公司为试点，梳理公司党委会、董事会、经理层决策过程中存在的风险点46个，建立决策清单40项，六大关键领域决策风险防控和配套制度9项，以典型样本建设推进廉政风险防控标准化、规范化。指导市属企业深化劳动、人事、分配等"三项制度"改革。修订《丽水市属国有企业人员管理办法》，企业人员实行劳动合同制管理。建立市属企业中层管理人员个人有关事项报告制度，开展市属企业借用和抽调人员清理整改，开展年度选人用人和因私出国（境）专项检查。12月，建立51人的企业优秀年轻经营管理人才库，制定企业骨干人才认定管理办法和职业经理人制度建设意见。组织开展面向高校毕业生公开招聘，全年组织各类公开招聘12批次、招引人才101人。 （周晨欢）

教　　育

综　　述

【概况】 2020年，全市有各级各类学校（包括幼儿园）756所，其中，小学202所，初中78所，普通高中24所，中等职业教育学校13所，高等院校3所，幼儿园427所，特殊教育学校9所。各级各类学校在校生42.386万人，其中，小学15.6552万人，初中8.369万人，普通高中3.6833万人，中等职业教育学校2.9913万人，高等院校3.9369万人，幼儿园7.6724万人，特殊教育779人。全市学前三年幼儿入园率98.55%，小学入学率、巩固率分别为100%、100%，初中入学率、巩固率分别为100%、100%，义务教育三类残疾儿童少年入学率98.68%，

丽水市2020学年各级各类学校情况表

表24

类　别	学校数（个）	毕业生数（人）	招生数（人）	在校生数（人）	班　数（个）	教职工总数（人）	专任教师数（人）
总计	756	113493	122672	423860	10754	36082	27285
学前教育	427	25239	28061	76724	2723	10174	5416
义务教育	280	55748	53710	240242	6358	17871	15026
小学	202	27818	25619	156552	4434	9542	9043
小学	202	24348	21730	133699	3770	9542	9043
九年一贯制学校	—	3290	3805	22159	640	—	—
十二年一贯制学校	—	180	84	694	24	—	—
初中	78	27930	28091	83690	1924	8329	5983
初级中学	49	22966	22017	66307	1505	5168	4803
九年一贯制学校	29	4479	5539	15769	380	3161	2745
十二年一贯制学校	—	282	337	975	25	—	—
完全中学	—	203	198	639	14	—	—
高中	24	11368	12991	36833	880	3814	3359
完全中学	1	348	513	1247	30	143	141
高级中学	22	10751	12018	34384	820	3398	2999
十二年一贯制学校	1	269	460	1202	30	273	219
特殊教育	9	81	67	779	70	144	133
中等职业学校	13	9159	11058	29913	723	2150	1908
中等技术学校	2	336	366	1129	25	158	126
职业高中学校	11	8823	10692	28784	698	1992	1782
高等教育	3	11898	16785	39369	0	1929	1443
丽水学院	1	6111	8524	21894	—	1209	848
丽水职技院	1	2641	3749	9216	—	491	437
丽水电大	1	3146	4512	8259	—	229	158

2020年市直学校基本情况表

表25

学校名称	毕业生数(人)	招生数(人)	班级数(个)	在校学生(人)	毕业班学生数(人)	教职工数(人)	专任教师(人)					学校占地面积(平方米)	校舍建筑面积(平方米)	计算机(台)	图书藏书(册)
							小计	研究生	本科	专科	高中				
丽水中学	757	750	54	2242	740	234	209	67	142	0	0	116667	83754	752	98600
丽水第二高级中学	630	656	48	1916	639	202	176	25	150	1	0	57850	65521	670	57218
丽水学院附属高级中学	590	570	36	1728	586	152	142	15	127	0	0	68670	47325	331	34722
丽水市外国语实验学校(高中部)	269	460	30	1202	340	273	92	7	84	1	—	59104	59094.46	885	135730
丽水市外国语实验学校(初中部)	282	337	25	975	340		69	1	64	4	—				
丽水市外国语实验学校(小学部)	180	84	24	694	207		58	—	47	11	—				
丽水市文元高级中学	289	619	32	1377	325	115	90	10	80	0	0	33645	18252	120	5600
吉时雨中学	104	149	12	385	111	47	33	—	29	4	—	5419	3300	35	5450
丽水市经济开发区中学	614	761	47	2181	681	172	155	6	146	3	—	83390	53436	508	79000
丽水市实验学校(初中部)	262	307	23	1039	353	175	78	12	66		—	49049	39407	726	44740
丽水市实验学校(小学部)	275	269	34	1655	327		86	3	79	3	1				
丽水市文元中学(初中部)	292	324	26	941	288	191	86	—	79	7	—	80588.8	55742.12	383	20000
丽水市文元中学(小学部)	174	187	35	1186	222		101	—	81	19	1				
丽水市经济开发区第一小学	580	413	60	2754	577	163	148	2	135	11	—	40037	23631	225	38000
丽水市经济开发区第二小学	52	125	15	509	62	30	29	—	21	8	—	3500	3595	158	8023
丽水市秀山小学	—	349	33	1501	—	77	77	4	72	1	—	35722.12	23918.9	185	19477
开发区文尚学校(初中部)	11	85	5	186	23	54	11	2	6	3	—	6755	8768.7	103	15500
开发区文尚学校(小学部)	28	133	14	570	45	—	26	—	18	8	—				
丽水市特殊教育学校	17	18	18	171	—	82	77	3	72	2	—	36000	15612	—	25551
丽水市实验幼儿园	531	852	56	1938	—	265	145	—	120	25	—	22584.9	17776.3	—	11924
丽水市实验幼儿园(水木清华园)	140	140	12	420	—	52	27	—	23	4	—	3861	3356.4	—	3150
丽水市实验幼儿园(阳光园)	120	120	12	360	—	53	28	—	7	21	—	2900	2185.7	—	2080
丽水南城实验幼儿园	213	280	20	704	—	89	44	—	29	15	—	17719	5644	—	6621
丽水市职业高级中学	1030	1037	77	3045	959	218	200	26	173	1	—	128063	73910	1519	35198
丽水中等专业学校	190	156	14	543	191	120	99	66	33	—	—	72090	28183	388	75813
丽水护士学校	140	210	11	586	208	38	27	1	26	—	—	7117	5415	130	2650
丽水旅游学校	590	675	49	1854	607	128	93	—	89	4	—	22990	11441	426	25244

全市初升高比例98.64%，高中段招生普职比总体保持在1:1，少数民族学生初升高比例99.25%，高等教育毛入学率62.1%。

2020年，丽水教育事业是丽水教育提质的攻坚年。丽水市教育局贯彻落实市委市政府关于教育提质的决策部署，应对新冠肺炎疫情带来的冲击，集中力量打好教育提质攻坚战，教育提质行动保持良好态势。

加强党对教育工作的领导。完善党委教育工作领导小组的组织体系和工作机制，建立领导小组集中理论学习、成员动态调整、年度述职、联系学校、调研等制度，把重大教育改革和重大教育政策纳入领导小组议事范畴，研究部署中心城区教育资源统筹配置、义务教育"公民同招"、规范中小学进校园活动、中央重大教育政策督察、校外培训机构清查整治等工作。履行全面从严治党、意识形态主体责任，实行党委会前党风廉政建设警示教育常态学习制度，加强党组织领导下的校长负责制试点。规范管理全市中小学教材，推进校园思想文化阵地建设，贯彻教育与宗教相分离的原则。推进教育系统党的建设，实施"清明政风、清净校风、清正教风、清新学风"四大工程，实施清廉学校示范校建设三年行动计划。研制《市直属学校市委备案管理干部选拔任用工作方案》《丽水市教育局机关公务员平时考核实施细则》，加强学校党

2020年高校基本情况表

表26

学校名称	毕业生数（人）	招生数（人）	在校学生（人）	教职工数（人）	专任教师（人） 小计	研究生及以上	本科	专科	学校占地面积（平方米）	校舍建筑面积（平方米）	计算机（台）	图书藏书（册）
丽水学院	6111	8524	21894	1209	848	451	394	3	672033	432374.76	4429	1609122
其中：普通本科	997	1081	2757	—	—	—	—	—	—	—	—	—
普通专科	2765	2777	10678	—	—	—	—	—	—	—	—	—
成人本科	688	1783	3285	—	—	—	—	—	—	—	—	—
成人专科	1661	2883	5174	—	—	—	—	—	—	—	—	—
丽水职业技术学院	2641	3749	9216	491	437	143	293	1	371329.6	226423.92	4010	727000
其中：普通专科	2618	3258	8485	—	—	—	—	—	—	—	—	—
成人专科	23	491	731	—	—	—	—	—	—	—	—	—
丽水电大	3146	4512	8259	229	158	14	142	2	104736.5	50900.62	1485	107729
其中：网络本科	1398	1797	3468	—	—	—	—	—	—	—	—	—
成人专科	1748	2715	4791	—	—	—	—	—	—	—	—	—

组织书记的培养培训和党员教师“双培养”工作，全市被列为“双培养”的优秀青年教师或优秀党员教师94人。

开展教育提质攻坚年行动，实施“五育”并举、资源供给、队伍提升、教育治理、教育开放、学前普惠、小学均衡、初中“壮腰”、普高提质、产教融合十大工程，并实行清单式管理、项目化推进。加快推进教育现代化创建工作，青田县、缙云县通过省教育基本现代化县现场评估，丽水市与全省同步实现教育基本现代化。景宁县在全省首批通过学前教育普及普惠县省级评估，首批23所学校申报创建省现代化学校。推进教育开放办学，融入长三角区域一体化。10月24日，“长三角区域一体化产教融合发展论坛”在丽水市举办，成为闽浙赣皖九方经济区职业教育专委会发起者，聘请上海师范大学教授张民选为绿谷双名工程领衔导师，聘请上海18位知名校长为绿谷双名工程实践导师。加强与宁波市教育山海协作，开展百所学校结对帮扶、推进百名教师结对导学等方面合作，探索中小学实践育人新途径。

2020年10月24日，长三角区域一体化产教融合发展论坛在丽水市举办

（吴伟松　提供）

加强教育资源供给，制定中心城区教育资源统筹和品牌化运作工作方案。制定教育资源供给攻坚行动计划，全市实施教育项目116个，完成投资15.06亿元，完成幼儿园建设项目21个，新增幼儿园学位3600个；完成小学项目7个，新增小学学位6480个；完成初中项目4个，增加初中学位2000个。华东师范大学附属学校新建项目、丽水市实验学校丽阳校区改扩建工程进展顺利。引进上海世外教育集团开展合作办学，引进宁波吉云教育集团举办丽水技师学院，引进北京青鸟教育集团拟举办丽水国际学校。实施幼儿园放学后托管服务，实现有刚性需求的全覆盖。推进老年大学（学堂）建设，完成老年大学4所、老年学堂6所，任务完成率111%，新增老年学位完成30732个，完成率122.93%。加强集团化办学模式，组建学前教育集团49个，学前教

育集团覆盖面58.45%，组建小学教育集团67个，小学教育集团覆盖面88.37%，组建初中教育集团26个，初中教育集团覆盖面70.16%。落实学生资助工作，全市资助家庭经济困难学生8.8万余人次，资助金额6713万余元。

建立“五育并举”培育体系。落实立德树人任务，推进习近平新时代中国特色社会主义思想进教材、进课堂、进头脑工作，推动思政课程向课程思政转变，弘扬践行“浙西南革命精神”，打造丽水三色德育品牌，修编《浙江绿谷》地方教材并投入使用。加强学生心理健康教育，建立中小学心理健康教育专家委员会，公办中小学心理健康辅导室标准化为100%，创成心理健康辅导示范点55个，全市教师心理健康持证率87%以上。加强学校体育美育工作，完善中小学生素质全面发展机制，搭建“绿谷之梦·人文”“绿谷之光·创智”“绿谷之春·艺术”“绿谷之夏·实践”“绿谷之秋·劳育”“绿谷之冬·体育”6类学生素质全面发展展示平台，推进中小学生运动技能达标，编制中小学生运动技能达标标准12个，累计23个，艺术特长达标标准25个，累计39项，中小学生运动技能、艺术特长达标率分别为88.18%、87.30%。加强青少年近视防控工作，青少年总体近视率比上年下降了1.37%。加强学生体质健康测试工作，中小学生体质健康合格率96.42%，优良率52.67%。新增国家级校园足球特色校32所，累计81所，省级27所，累计40所，新增健康促进学校金牌学校10所，累计40所。开展劳动教育清单化管理，落实劳动教育必修课进课表、进课程，认定市级劳动教育试点学校50所，累计102所，获评省级劳动实践基地3个，推荐省级劳动实践基地9个。推进中小学研学旅行，评选丽水市研学实践基地19家，累计53，营地2家，累计10家，社会实践基地115家，累计344家，获省级基地3家，获省级营地1家。制定《丽水市校园安全管理规范》地方标准，校园安全“三化”管理模式向学校全领域管理延伸，获评“丽水市公共管理创新优秀案例”“高质量绿色发展20大创新样本”。

协调发展各级各类教育。制定《丽水市加快学前教育规范普惠发展的实施意见》，扶持民办幼儿园向优质普惠方向发展，公办幼儿园在园幼儿比例42.03%，省一二级幼儿园在园幼儿比例66.73%，专任教师持证率95.53%。推进城乡幼儿园补短提升，16所幼儿园整治任务完成10所，11个乡镇公办园应建尽建项目完成10个。推进“云和木玩游戏”课程改革，举行全国“木玩与幼教”高峰论坛。推进义务教育均衡发展，稳妥实施义务教育公民同招政策，优化区域教育生态。推进小学生阅读工程，创建书香校园。全面深化中考改革，加快推进基于初中学业水平考试成绩、结合综合素质评价的高中阶段学校考试招生录取模式，落实优质高中招生指标分配到区域内初中比例60%，并向非选择生源的初中学校倾斜。组建丽水市初中强校教育督导团，推进初中强校建设。推进普通高中分类办学改革试点，全市域申报浙江省普通高中分类办学特色发展试点区，22所高中申报试点学校，其中丽水中学、缙云中学等5所学校申报省级试点学校。创新型人才培养体系，适应“强基计划”改革试点，健全初高中有效衔接机制，建设学科竞赛指导机制，提升向高水平大学输送优秀人才能力。加强职业教育产教融合，出台《丽水市职业教育产教融合发展实施意见》，丽水第二高级中学、丽水市职业高级中学开展普职融通试点，提升中职教育质量，单考单招上线率99.6%，本科上线人数182人，本科率首次达到全省平均水平(6%)，中职毕业生升学率70%。推进中职“三名工程”建设、高水平职业院校和专业建设，推进“百名大师，千名高徒”工程，全年聘请老师50人左右，学徒400人。推进丽水学院申硕工作，农业、护理、教育3个专业硕士点完成立项。丽水职业技术学院入选全省15所高水平高职院校建设名单，中德合作项目进展顺利，完成第二届中德班96名学生招生工作，其中，机电学生48人，数控学生48人。完成新一轮民办教育扶持政策制定，出台《丽水市本级财政扶持民办教育发展的实施办法》，推进民办学校分类登记管理工作。加强校外培训机构监管，出台《丽水市校外培训机构管理办法》，开展排查整治幼儿园和中小学生、高校学生开展非学历教育培训的校外培训机构。优化特殊教育资源布局，提升特殊教育办学条件，推动特殊教育“向两头”延伸，持证残疾儿童少年学前、高中段入学率为98.01%和94.42%。

提升教育队伍整体素质。执行新时代教师职业行为十项准则，在各类教师评价考核和使用聘任中实行违反师德“一票否决制”，开展在职教职员工从事营利性商业清查活动。9月9日，召开优秀教师表彰大会，市委书记胡海峰接见优秀教师代表，市长吴晓东专门召开教育提质座谈会。落实教师月度、年度考核奖实施办法，建立教师待遇与公务员收入联动机制，各县教师收入均达到公务员平均水平。加强“绿谷名师、名校长”培养，加强理论、实践双导师培养机制，为336名培养对象配置理论导师42人和实践导师69人，邀请20名教育专家开讲绿谷双名讲堂20次。加大教师招聘引进力度，全市招聘教师592人，其中研究生以上41人，占6.92%；双一流高校及浙江师范大学或杭州师范大学以上师范院校毕业生106人，占17.9%。扩大中小学校职称自主评聘改革覆盖面，全市所有公办普通高中纳入省级改革试点范围，新增省级试点学校17所，累计19所，开展高级及以下职称自主评聘，新增市级试点学校68所，累计81所，开展一级教师及以下职称自主评聘。

健全现代教育治理机制。开发涵盖市县校班生5层的“丽教钉”组织架构和应用体系，创建丽水市教育系统掌上工作平台，入学入园报名实现“掌上联办”，开展校园防疫精密智控管理，率先利用“钉钉”开展空中课堂直播教学。开展“互联网+义务教育”实验区建设，新增结对帮扶学校66所，累计205所，促进城乡优质教育资源共享。构建教育大数据治理体系，市域教育大数据中心投入试运行，提供教育教学管理数据支持，推进智慧校园建设，全市近50%学校完成达标校、优质校、示范校的标准。4月10日，省委书记车俊到龙泉浙大中学，检查开学准备工作，市委书记胡海峰陪同检查。到学生入校通道、教室、临时隔离点等重点部位，查看开学后各项防疫措施落实情况。并对学校防控措施和提前实时掌握师生动态活动轨迹的做法予以充分肯定。

【与全省同步实现教育基本现代化】2020年12月，青田县、缙云县通过浙江省教育基本现代化县评估，丽水市如期实现“2020年与全省同步实现教育基本现代化”目标。全市以推进教育基本现代化县创建作为教育工作总抓手，协同推进教育项目建设、标准化学校创建、师资配备、教育均衡等领域工作，提升全市教育水平。（谷俊豪）

学前教育

【概况】　2020年，全市幼儿园430所，公办幼儿园176所，民办幼儿园254所；省三级以上幼儿园419所，其中，一级园28所，二级园170所，三级园221所。在园幼儿数76827人，其中在公办幼儿园入园幼儿数32108人，占在园幼儿总数的41.79%；学前三年入园率98.55%，省三级以上幼儿园覆盖率98.28%。全市幼儿园教师总数5792人，园长347人，专任教师5372人，专任教师持证率97.44%。2020年，对有放学后托管刚性需求家庭，开展放学后托管服务。

【等级幼儿园创建】　2020年，丽水市通过复核，确认云和县城东幼儿园、遂昌县大柘镇中心幼儿园等为二级幼儿园16所；新认定丽水市绿谷幼儿园、云和县星星幼教集团满天星幼儿园等为二级幼儿园22所；预评估通过丽水经济技术开发区睿思幼儿园、庆元县城北幼儿园等二级幼儿园11所。

【云和木玩游戏课程改革】　2020年，丽水市教育局确定莲都区机关幼儿园教育集团三胞园区、莲都区培红幼儿园教育集团秀丽春江园区等106所幼儿园为“云和木玩游戏”第三批试点园，通过对“云和木玩游戏”试点园工作的支持和探索，总结、推广实践“云和木玩游戏”教育模式经验，落实“游戏是幼儿的基本活动”课程理念，提升幼儿园保教质量。

【“木玩与幼教”高峰论坛在云和开幕】　2020年10月25日，2020年“木玩与幼教”高峰论坛在云和县开幕。国家副总督学、中国中小学幼儿教师奖励基金会秘书长王文湛；中国教育国际交流协会教育装备国际交流分会秘书长王玲；教育部学校规划建设发展中心研究与数据处副处长张智；中国质量协会玩具分会副会长杨志彬等参加开幕式。论坛围绕教育、木玩产品产业化、产教融合等主题展开交流，提升云和木制玩教具装备课程化水平，并为“产教共荣”提供建议。（张丽明）

义务教育

【概况】　2020年，全市有小学202所，比上年减少3所。小学毕业生2.7818万人，比上年增加144人；招生2.5619万人，比上年增加449人；在校生15.6552万人，比上年减少1746人。学校规模有所增加，校均规模775人，比上年增加3人。6班及以下学校73所。100人以下的小学43所，其中50人以下的小学22所。小学教职工9542人，比上年减少11人（其中一贯制学校的小学教职工数计入中学），其中，专任教师10578人，比上年增加124人。教师学历水平有提高。研究生学历教师70人，本科学历教师8764人，比上年增加439人；专科学历教师1699人，比上年减少302人；小学教师学历合格率100%。专科及以上学历教师占99.57%，比上年提高0.35个百分点。从专业技术职务情况看，副高级及以上教师710人，中级教师5319人，两者合计占专任教师总数57%。全市有初中78所（初级中学49所，九年一贯制学校29所），初中毕业生2.7930万人，比上年增加1772人；招生数2.8091万人，比上年增加498人；在校生数8.369万人，比上年增加158人。初中规模趋于合理，校均规模从2019年的1099人下降到1073人。初中教职工8329人，专任教师6188人，专任教师学历合格率100%，专任教师本科及以上学历为97.3%，初中具有中高级职称的专任教师4325人，占专任教师总数69.89%。小学入学率、巩固率、小学升初中比例均为100%。初中入学率、巩固率均为100%。初中毕业生升入高中段比例为98.64%，比上年上升0.09个百分点。

2020年，围绕百山祖国家公园创建、垃圾分类教育、网络文明教育、公勺公筷教育等主题开展系列活动，其中国家公园系列活动参与师生数70余万人次，建省级绿色学校10所。组建城乡教育共同体，扩大优质教育资源受惠面，推动城乡孩子同教育同培养，全年全市组建小学城乡共同体127对，初中城乡共同体21对。2020年，丽水市被确定为浙江省“互联网+义务教育”实验区。12月3日，认定莲都区大洋路小学等40所学校为首批中小学数字家长学校。全市中小学319所，至年底，创建健康促进学校294所，覆盖率92.16%，创成金牌学校39所，占12.23%，银牌学校79所，占24.76%，铜牌学校176所，占55.17%。

【法治教育进校园】 2020年9月，丽水市教育局、丽水市司法局联合印发《丽水市普法教育依法治理领导小组办公室关于开展丽水市“依法治校示范校”创建活动的通知》，评选市级依法治校示范校51所，至年底，共创建107所。12月，组织开展宪法晨读活动，在线直播参与活动的丽水中小学生30万余人。12月，调整聘任市直中小学法治副校长。

【劳动研学实践教育】 2020年，丽水市创建市级劳动教育试点学校50所，市级劳动教育示范校9所。出台研学实践基地、营地评审细则，评出丽水市研学实践基地22家、营地2家、社会实践基地105家。至年底，全市有社会实践基地313家，研学实践基地61家，其中8家为省级基地；研学实践营地10家，其中1家为省级营地。

【校园足球特色校建设】 2020年，丽水市创建国家级校园足球特色校（幼儿园）73所，其中，幼儿园27所，小学27所，初中14所，高中5所，足球注册运动员300余人，输送出国培训2人，持有国家CDE级教练员证31人，持有国家级国家一级及以上裁判证16人。获足球类国家一级运动员称号40人，获国家二级运动员称号130人，入选国青女足1人，国少女足2人，输送浙江女足20余人。

（徐建春　江　媛　兰冬英）

校园足球特色校　（谷俊豪　提供）

普通高中教育

【概况】 2020年，全市有普通高中24所，其中，高级中学22所，完全中学1所，十二年一贯制1所。毕业生数1.1368万人，比上年增加144人；招生数1.2991万人，比上年增加718人；在校生数3.6833万人，比上年增加1438人。普通高中总体规模有所扩大，校均规模从1475人上升到1535人。教职工3814人，专任教师3184人，专任教师学历合格率99.87%，专任教师研究生及以上学历为9.3%，具有中高级职称的专任教师为2337人，占专任教师总数73.4%。高中段教育毛入学率98.33%。高考总录取率95.23%，其中，普通高考录取率94.4%，单考单招录取率98.59%；高水平大学录取人数实现逆势增长。

【全市普通高中选用新教材】 2020年，丽水市根据教育部和省教育厅的统一部署，通过成立教材选用委员会、组建学科专家组、召开教材选用学科组会议、召开教材选用委员会会议、公示、备案等程序，全市普通高中学校24所，11个学科全部选用新教材，提高高中段学校教学质量基础，全面落实新课程新教材理念和要求。

【缙云中学获评“全国文明校园”】 2020年11月20日，中央文明委公布《关于表彰第六届全国文明城市、文明村镇、文明单位和第二届全国文明家庭、文明校园及新一届全国未成年人思想道德建设工作先进的决定》，浙江省缙云中学被授予“全国文明校园”称号。

【丽水市直学校试点“普职融通”工作】 2020年，丽水市建立普通教育与职业教育融会贯通、相互衔接、资源共享、多元发展的培养机制，搭建学生成才“立交桥”，丽水第二高级中学、丽水市职业高级中学联合开展普职融通试点工作。试点工作每年招生2个班，列入丽水市职业高级中学总招生计划中，招生录取与一般普通高中同批次，办学点设在丽水第二高级中学，日常管理由丽水第二高级中学负责。　（张俊芳）

中等职业教育

【概况】 2020年，全市中等职业教育学校13所，毕业生数9159人，招生数11058人，占高中段招生比例46.47%；在校学生数29913人，校均规模2301人；教职工2150人，专任教师1908人，专任教师学历合格率98.38%，专任教师研究生及以上学历为8.54%，“双师型”专任教师占比为86.89%；毕业生初次就业率99.41%，其中专业对口率90.48%（包括升入高一级学校继续接受高等教育的学生），平均月薪3116元，毕业生就业分布产业有地方特色的青瓷、宝剑、石雕产业，第一产业农林牧鱼类，第二产业的加工制造类、交通运输类、信息技术类，第三产业的旅游服务类、文化艺术类、财经商贸类、教育类、医药卫生类。

【中职质量提升行动计划】 2016至2020年，丽水市职业教育在浙江省“中职教育质量提升行动计划”项目建设中取得项目63个，其中名校3个，名师工作室9个，名大师工作室7个，品牌专业6个，优势特色专业8个，校企合作共同体6个，德育品牌7个，创新创业教育实验室8个，优秀毕业生典型9个。浙江省中等职业教育“三名工程”建设终期验收中，全市有名校名师名专业建设项目33项，终期验收成绩优秀项目6项，良好16项，其中，龙泉市中等职业学校的名校项目建设为优秀，缙云县职业中等专业学校的名校项目建设为良好，丽水市职业高级中学名校项目建设为合格。

【“双高”建设】 2020年，浙江省高水平职业院校和专业建设项目中，丽水市获批高水平职业学校建设项目4所，高水平专业19个。丽水市职业高级中学、龙泉市中等专业学校、缙云县职业中等专业学校、云和县中等职业技术学校为省中职高水平建设学校；丽水市中等专业学校学前教育、缙云工艺美术学校工艺美术专业为省中职高水平A类专业；松阳县职业中等专业学校电子技术应用、茶叶生产与加工，遂昌职业中等专业学校机电技术应用、电子商务，青田职业技术学校旅游服务与管理、工艺美术（石雕工艺），庆元县职业高级中学木材加工（竹制品加工与营销）、现代农艺技术（食用菌），景宁畲族自治县职业高级中学旅游服务与管理为省中职高水平B类专业。

【产教深度融合】 2020年，市政府印发《丽水市职业教育产教融合发展实施意见》。全年签订中职学校长期合作协议企业521家，其中，大中型企业189家，省级校企合作共同体7个，市级校企合作共同体14个。全市中职校现代学徒试点专业62个，占全部专业比例57.94%，参与学生11045人，占全部学生比例42.18%。市财政局、市人力资源和社会保障局、市教育局联合印发《丽水市职业教育“百名大师、千名高徒”结对培养工程实施方案》，形成丽水特色的“大师结对带高徒”培养机制，打造技能人才培养的“丽水模式”。实施“校—企—校”升学直通车项目，探索中职生多元升学渠道。

【师生技能竞赛】 2020年，中职学生在省级及以上技能大赛中获奖50人次，其中丽水职业高级中学钮华峰和林柯梦“酒店服务项”获省一等奖，代表浙江省队出征全国职业院校中职组获二等奖。11月18日，缙云职业中

2020年11月18日，工业机器人项目比赛现场　（谷俊豪　提供）

等专业学校江超琳、傅国轩在2020年金砖国家技术技能国际挑战赛“工业机器人”竞赛项目第一名(特等奖)。举办丽水市第十八届中职学校师生技能大赛,有参赛选手2439人次。其中,学生参赛选手1401人次,大赛在规模上、形式上、参赛人数上都有提高。

【毕业生升学渠道拓宽】 2020年,丽水市中职类学校通过单招单考进入高校3036人,本科上线人数182人,本科率首次达到全省平均水平(6%)。“中职与应用型本科一体化培养试点招生”全省面向丽水招收99人。丽水市教育局委托天津职业技术师范大学培养公费中职师范生7人,专业方向为自动化、机电技术教育、汽车维修工程教育、焊接技术与工程。2016年第一批10名公费中职师范生全部到协议学校入编执教。 (麻锦霞 郑江涅)

高等教育

【概况】 2020年,全年高等教育毕业生数11898人,招生数16785人,在校学生数39369人。教职工数1929人,其中专任教师1443人。专任教师中,研究生学历及以上608人,本科学历829人,专科及以下6人,分别占专任教师总数的42.13%、57.45%和0.42%。

丽水学院现校园占地面积67.2公顷。设有民族学院、教师教育学院、生态学院、工学院、医学与健康学院、商学院、中国青瓷学院、职业技术学院等二级学院8个,另设有马克思主义学院、继续教育学院、华侨学院、创业学院、中国(丽水)两山学院、丽水市工业技术研究院等教学科研机构。在校教职工1100余人,拥有教授等正高级专业技术职务人员100余人,中国工程院院士1人,国家有突出贡献中青年专家1人,享受国务院特殊津贴专家4人,教育部教学指导委员会专家2人,全国民族教育专家委员会委员专家1人。有浙江省一流学科4个,浙江省“2011协同创新中心”1个,浙江省重点实验室1个,浙江省科技创新服务平台1个,国家民委民族理论政策研究基地1个,省级优势专业2个,省级特色专业7个,省级一流本科专业7个,省级虚拟仿真实验教学项目7个,国家和省级专业认证专业2个(护理学和小学教育专业),教育部中华优秀传统文化传承基地1个,全国少数民族传统体育示范基地1个,省级大学生校外实践基地3个,省级重点实验教学示范中心建设点3个,省级实验教学示范中心4个,省级教学团队3个。全年获纵向科研项目立项110项,其中国家级项目7项(国家社科基金4项, 国家自然科学基金项目3项),教育部人文社科项目2项。发表论文405篇,其中,被SCI等收录75篇,在一级期刊发表论文93篇。学校现有本科专业46个,全日制在校生约13000人,其中普通本科生1万余人。有毕业生3848人(含结业86人),其中本科毕业生2714人(含结业55人), 高职高专毕业生1134人(含结业31人)。2020年毕业生就业率96.39%,与上年基本持平。

1月,有8人入选2019马云乡村教育人才计划100名的师范生培养计划。6月,学生在浙江省高校思政微课大赛中获特等奖;民族学院获“省民族团结进步模范集体”称号。7月31日,学校宣布省委关于学校领导班子换届调整决定。8月,学校入围国家“1+X”幼儿照护职业技能等级证书试点院校,开展幼儿照护低、中、高三级职业技能的培训和考评;小学教育、护理学专业通过教育部专业认证。9月,学校“致敬志愿军,追忆七十载”丽水市抗美援朝老兵代表访谈社会实践团队在2020年浙江省暑期社会实践风采大赛中获全省总冠军、最佳风采奖和十佳团队。10月,学校在“民族魂•中国梦”2020年浙江省大学生艺术节中获一等奖9个、二等奖5个、三等奖6个、校园十佳歌手及校园优秀歌手各一项,舞蹈节目《听•樵》入选闭幕式表演。11月,学校获第四届全国大学生生命科学竞赛一等奖;学校学生代表队在2020年浙江省大学生游泳锦标赛暨第十四届全国大学生运动会游泳锦标赛中获第一名2项,分别是男子丙组200米仰泳、女子丙组200米个人混合泳;第二名2项,分别是女子丙组200米自由泳、男子丙组50米自由泳;第三名5项,分别是女子丙组4×100米自由泳接力、女子甲组50米蝶泳、男子丙组200米自由泳、男子丙组200米仰泳、男子丙组100米自由泳;学校男子足球队在2020年浙江省青少年校园足球联赛中获男子体育系组亚军,在省级赛事中成绩最好。12月,学校视频号位列全国高校第四,获二等奖。2020年,丽水学院承担丽水市“绿谷双名工程”项目,学校通过政府购买服务方式承接丽水各县(市、区)教育局336位名校长和名教师的三年培养任务,项目总经费超过2000万元。

丽水职业技术学院本部占地31.3公顷,开发区绿谷校区占地2.3公顷,规划用地8公顷。设有林业科技、建筑与设计、机电工程、会计、工商管理、旅游与贸易、生态与经济、马克思主义学院8个二级学院,专业29个。现有国家林草局重点建设专业1个、国家骨干专业4个,省级优势专业4个、省级特色专业4个。专业建设成果获国家级教学成果奖3项,省级教学成果奖6项。主编职业教育国家级规划教材45部。学校坚持产教融合、校企合作，助力践行“乡村振兴战略”。现校有中央财政支持实训基地3个，省级示范性实训基地4个。学校获国家社科基金项目2项、全国教科规划教育部重点项目1项、教育部人文社科项目1项，国家民委民族研究项目1项，省部级及以上课题60项。学校有普通全日制在校生8500余人，其中，扩招专项学生560余人，平均就业率98%。教职工474人，其中，教授24人，副教授等副高职称教师136人。省级优秀教学团队3个，省级教学名师、省级优秀教师等高层次人才60人。2020年，是丽水职业技术学院办高职教育20周年、办学110周年，学校举行遴选20件职教大事、评选20名优秀高职校友、发表报告文学《萧文昭与丽水职院》等系列活动。6月，学校独立设置马克思主义学院，加强党的思想理论工作。11月4日，省政府民生实事项目——丽水白云老年大学举行成立暨开学典礼，有专用教室、活动室6间，设施、设备完善，具备同期500人次办学规模。7月，绿谷校区建成，9月，机电工程学院搬迁新址，学校开启白云、绿谷双校区时代。

2020年，共青团中央发布表彰决定，学校团委获“全国五四红旗团委”称号，这是浙江省高职院校中唯一获此称号的团组织。12月，学校被省文明办授予浙江省“文明校园”称号，全省仅有3所高职院校获此称号。

丽水电大校园占地2公顷，建筑面积10500平方米，教职工数60人，其中，教授6人，副教授（含副高职称）13人，硕士学位26人。2020年，学历教育招生1771人，其中，开放教育招生1473人，远程教育招生230人，学校的办学主业开放教育同比增长9%。培养本专科毕业生1229人，其中，开放教育毕业生768人，远程教育毕业生461人，农民大学毕业生102人。学校获2020年度全省市县电大业务工作考核市级电大A等单位，年度招生组织先进单位和全省电大系统招生工作先进单位，全省电大2020年“教育部‘一村一名大学生计划’”学生优秀创新创业案例大赛优秀组织奖，被评为2019—2020年度全省电大系统新闻宣传先进单位，学校选送汤信琴参赛的项目《浙江省第一张“网络货运”牌照——省事物流网络货运平台》在第六届浙江省国际“互联网+”大学生创业创新大赛中，获浙江赛区金奖，全国总决赛铜奖。

【丽水学院中国（丽水）两山学院智库建设】 2020年8月27日，浙江省哲学社会科学重点新型专业智库——中国（丽水）两山研究院在学校揭牌。两山研究院由学校和丽水市委宣传部、省委党校联合共建，建设期为2年。两山学院以“绿水青山就是金山银山”理念与实践为主要研究领域，入选浙江省科学技术协会公布的之江科技智库首批19家研究基地，以“两山”理论与实践为主要研究领域，开展决策咨询和建言献策等工作，为高质量绿色发展提供智力支撑。

【丽水学院举办教育部高等学校民族学类本科专业教学指导委员会工作会议】 2020年12月5日，教育部高等学校民族学类本科专业教学指导委员会工作会议在学校召开。会议由民族学教指委主办，学校承办。教指委主任委员、中央民族大学副校长麻国庆，学校校长李俊杰出席开幕式并致辞。会议围绕“新文科与民族学类本科人才培养”和“新文科视野下的民族学教改实践”主题展开交流，并作民族学专业教材建设、民族学国家一流专业前期评估和部署工作重点。

【丽水电大社区（老年）教育】 2020年，丽水社区大学依托市社区教育指导中心，把社区教育和老年教育工作纳入市教育局工作计划，指导9个县（市、区）建立社区学院和老年开放学院，建立社区大学1所、社区学院10个、成技校46所、乡镇教学点256个的办学格局。全年全市新增老年学位36795个，建设全市老年教育师资库272人。每学年开展对各县市社区教育和学分银行的工作考核与督查工作，全年全市纳入学分银行的非学历教育成果618270条，比例为全市常住人口数29.3%。其中市本级开展老年学期制长班示范教育专业12个。区域内莲都、景宁、龙泉和庆元创建为省级学习型城市，指导省级现代化成技校创建5所；创建浙江省成人教育品牌4个，创建浙江省终身学习品牌2个，创建全省市民终身学习体验基地1个，创建丽水市成教品牌10个，创建市级老年教育特色基地13个；开展社区嘉年华进社区活动8场，举办丽水社区教育干部班1期，举办丽水市校外培训机构举办者和负责人培训班2期，开展青少年素质提升培训2期。市本级开展电大农民大学生宣讲团进乡村文化礼堂宣讲20余场。（金一清　施杨靖　周晓燕）

成人教育与民办教育

【概况】 2020年，全市有浙江省示范学习型城市9个，省级现代化成校20所，省级标准化成校覆盖率100%，新建老年大学（学堂）10所。全市各类职业院校（含成人学校、社区学校）完成社会培训62.02万人次，其中，新型职业农民培训5.38万人次、企业职工培训3.33万人次、家政培训6.05万人次、老年人教育培训18.05万人次、退役士兵0.22万人次，60.94万人次培训成果存入省学分银行。全市开展社区教育文化礼堂898个，社区教育进文化礼堂覆盖率86.02%。完成农民“双证制”教育培训496人。全市有各类民办学校（包括幼儿园）283所，其中幼儿园257所，小学3所，普通中学22所，中等职业学校1所（不含民办技工学校），民办学校（不包括校外培训机构）在校生80383人、教职工8692人。有校外培训机构933所，其中学科类培训机构275所。完成省民生实事老年大学（学堂）建设，新建老年大学4所、老年学堂6所，任务完成率111%，新增老年学位36696个，完成率146.78%。

【成人教育品牌创建】 2020年，莲都区、景宁县、庆元县、青田县获批浙江省示范学习型城市；庆元县成人职业技术学校等5所学校获批浙江省现代化成校；莲都区碧湖区域中心成人文化技术学校《乡村厨师技能与素养提升培训》等4个项目获批浙江省成教品牌。《龙泉现代青瓷烧制技术培训》等10个培训品牌获批丽水市成教品牌。松阳县古市中心成人文化技术学校等6所中心成人技校被评为浙江省现代化社区学校。遂昌县社区学院大柘分校朱宗鹤获浙江省“百姓学习之星”，乡村厨师技能与素养提升培训（莲都区碧湖区域中心成人文化技术学校）和庆元乡村振兴讲习所（庆元县成人职业技术学校）获浙江省“终身学习品牌项目”。

【民办教育引进社会资本】 2020年，市教育局按丽水外国语实验学校、瑾瑜集团有限公司、浙江远大教育投资发展有限公司就丽水外国语实验学校举办者变更协议书，6月11日，核准丽水外国语实验学校举办者变更，颁发新的办学许可证，7月23日，市民政局根据相关程序依法变更学校法定代表人、学校章程及注册资金。9月28日，市政府第67次常务会议审议通过《丽水旅游学校新建项目招商方案》。10月24日，市教育局与上海世外教育集团签订《战略合作协议》。

【民办教育发展扶持政策制定】 2020年，丽水市政府出台《丽水市本级财政扶持民办教育发展的实施办法》，修订《丽水市校外培训机构（文化教育类）管理办法》若干管理条款，市教育局、市发展和改革委员会、市市场监督管理局、市民政局、人民银行丽水市中心支行、市金融办联合出台《关于进一步加强校外培训机构资金管理的通知》。加大对民办学校发展的扶持，规范民办学校资金使用和办学行为，维护校外培训机构和学员的合法权益。

【民办教育机构规范管理】 2020年，丽水市实行义务教育阶段公办学校、民办学校同步报名、同步开展录取、同步注册学籍。“丽水市校外培训机构举办者和负责人培训班”在丽水广播电视大学举办，全市参加此次培训学员265人；联合市场监管、消防等部门开展培训机构专项治理工作，出动检查人员3256人次，检查各类培训机构871家；发布全市校外培训机构“黑白”名单；校外培训机构信息录入全国校外培训机构管理平台、浙江省教育政务服务网。 （盛　夏　余根良）

教师队伍

【概况】 2020年，全市有教职工36082人，其中，小学9542人，初中8329人，普通高中3814人，中等职业教育学校2150人，高等院校1929人，幼儿园10174人，特殊教育学校144人。专任教师28850人，其中小学10578人，初中6188人，普通高中3184人，中等职业教育学校1908人，高等院校1443人，幼儿园5416人，特殊教育学校133人。2020年，推荐获省“春蚕奖”称号15人、省“绿叶奖”称号10人，丽水市人民政府通报表彰“丽水市教育提质工作突出贡献先进集体”40个、“丽水市教育提质工作突出贡献先进个人”199人，评选市优秀校长10人、市优秀教师79人、市优秀班主任50人、市优秀教育工作者20人。入选浙江省“万人计划”教学名师1人，全年评选教坛（德育）新苗365人、教坛（德育）新秀196人、教学（德育）能手198人。继续开展绿谷名校长、绿谷名教师双导师培养工程，加强建设全市教师和校长队伍。

【中小学教师职称改革】 2020年，丽水市遵循职业教育特点和中等职业学校教师职业发展规律，构建中等职业学校教师职称制度。完成全市中职学校教师职称从教师系列过渡到讲师系列。扩大职称自主评聘改革试点范围，全市公办普通高中均纳入省级职称自主评聘改革试点，开展高级及以下职称自主评聘。2020年开始，普通高中职称评审通过人员由学校发文公布，并从取得资格之日起聘任到相应专业技术岗位，主管部门不再发文发证，跨校流动者由流入学校按程序予以重新评聘或认定。首次开展中小学正高级教师二、三级岗位聘任，经评审，杨丽佳为二级岗位聘任人选，叶咏梅、张华燕、张绍军、彭素飞为三级岗位聘任人选。经推荐报省里获评正高级职称教师7人，其中周业宇、林忠港、吴韦春、兰琴岳、陈延付获评正高级教师，胡钰凤、蓝新章获评正高级讲师。首次引进2名特设岗位正高级教师分别到松阳县、缙云县初中任教，服务期6年；经市级职称评委会评审高级教师307人，高级讲师33人，副研究员14人，一级教师14人，讲师4人，二级教师22人，助理讲师3人，二级实习指导师1人。

【教育东西部扶贫】 2020年，全市与四川广元、巴中市结对学校21所，教师结对35对，贫困学生结对527对。选派援川教师10人、援藏教师3人、援疆教师29人。选派省特级教师、市教学名师团队到川送教、送培训11次，参与培训的四川教师3700余人次。接收四川省职业高中建档立卡贫困学生到丽水就读152人，毕业后在浙江省就业13人，平均月薪3000元。

【银龄讲学计划】 2020年，市教育局和市财政局联合印发《关于推进实施银龄讲学计划工作的通知》，缓解全市山区、农村学校和薄弱学校优秀教师不足和教师结构性短缺的矛盾，促进教育均衡发展。全年全市招聘59名退休教师补充到中小学校任教，发挥退休的教研员、优秀骨干教师余热，提升农村等薄弱学校的教育教学质量。 （俞伟毅 吴鑫）

办学条件

【概况】 2020年，全市各级各类教育学校用地总面积11939164平方米（幼儿园1175579平方米、特殊教育52064平方米、小学3348806平方米、初中3349407平方米、普通高中1778364平方米、中等职业教育1086845平方米、高等教育1148099平方米）。全市各级各类教育学校校舍总面积6813047平方米（幼儿园863702平方米、特殊教育26434平方米、小学1751913平方米、初中1845773平方米、普通高中1029092平方米、中等职业教育586434平方米、高等教育709699平方米）。

2020年，全市教育经费总投入115.11亿元，比上年的107.66亿元，增加7.45亿元，增长6.92%。其中，公共财政预算教育经费投入90.94亿元，占总投入79%，比上年增加7.36亿元，增长8.81%。政府性基金预算投入8.39亿元，占总投入7.29%，比上年增加0.06亿元，增长0.72%。校办产业和社会服务收入用于教育0.09亿元，占总投入0.08%。其他属于国家财政性教育经费0.05万元，占总投入0.04%。民办学校中举办者投入0.1亿元，占总投入0.09%。捐赠收入0.27亿元，占总投入0.23%。事业收入12.77亿元，占总投入11.09%，比上年增加0.15亿元，增长1.58%。其他收入2.5亿元，占总投入2.17%，比上年增加1.49亿元，增长147.52%。

【教育项目建设】 2020年，全市列入基本建设投资计划（续建、新建）教育项目116个，总投资70.28亿元，其中2020年计划投资20.21亿元。至年底，完工项目42个，完成投资18.4亿元。9月，缙云县新区小学、缙云县南顿小学、青田县红光小学、青田县湖边学校、龙泉市南大洋小学、龙泉市城东小学等学校交付使用。实验学校丽阳校区扩建项目、莲都区长港背小学、青田县温溪五小等工程施工进展顺利；莲都区接官亭幼儿园、莲都区瓯碧园幼儿园、莲都区留香园幼儿园、缙云县杜桥幼儿园、青田县船寮中心幼儿园、云和县城东幼儿园、景宁县王金垟幼儿园（景宁实验幼儿园新园区）、龙泉市江南幼儿园、松阳县古市闻莺幼儿园、松阳县象溪镇中心幼儿园、遂昌县梅溪幼儿园等一大批幼儿园完成建设并陆续交付使用。

【主城区教育资源谋划】 2020年，丽水市教育局以教育基本现代化为基础，教育现代化为目标，积极推进教育资源统筹配置谋划。各地根据主城区现状情况，编制当地主城区资源配置方案，并经当地人民政府审核，其中《丽水市中心城区教育资源统筹和品牌化运作工作实施意见》通过市人民政府发布，并根据教育提质行动计划，做好新增学位工作。

【扶困助学工作】 2020年，丽水市落实学生资助政策，全市资助中小学（幼儿园）家庭经济困难学生8.8万余人次，资助金额6713万余元；继续实施“学生营养改善提升工程”，城乡义务教育阶段家庭经济困难学生在享受营养餐基础上每人每天再免费增加一杯牛奶和一个鸡蛋，全市受益学生17783人，蛋奶补助经费960万余元；继续实施民族教育券资助，全市资助少数民族学生15575万人，资助金额592万余元。

【省对欠发达地区支持】 2020年，全市争取省补助经费7.6603亿元。其中，教育发展专项0.523亿元，学前教育奖补资金0.2737亿元，学生资助专项1.0894亿元，义务教育保障机制专项2.9299亿元，基础教育办学条件改善专项资金1.2577亿元，义务教育薄弱学校改造工程补助资金0.606亿元，支持市县民族教育发展专项资金0.4948亿元，中等职业教育专项经费0.147亿元，高等教育专项经费0.2839亿元，其他专项经费0.0549亿元。 （周玲 陈长安）

科学技术

自然科学

【概况】 2020年，全市新增省级科技型中小企业344家，新认定国家高新技术企业208家，新增省级高新技术企业研发中心24家，省级企业研究院13家。浙江省航空航天金属导管塑性成型技术与装备重点实验室入选省级重点实验室。缙云臻泰能源入选省领军型创业创新团队，实现零突破。开发区滚动功能部件、青田鞋产业、松阳茶产业3家创新服务综合体列入省级产业创新服务综合体创建，全市评选绿谷精英项目96个。扩大创新券适用范围，提高使用额度，全市发放科技创新券5938.16万元，市本级落实企业研发投入补助资金2016.72万元。出台加大研发后补助、孵化器众创空间减租免租补贴政策，全市科技企业孵化器和众创空间共减免租金1198.12万元。完成发明专利产业化33项，全市实现技术合同交易总额9.4亿元。修订完善《丽水市科技特派员管理办法》，开展“一乡一员三扎根行动”，实现“乡乡都有科技特派员驻点、村村都有科技特派员服务”的全方位农村科技特派员服务体系。百可半导体、晶睿电子、香农通信、上海原能等“高精尖”项目入驻并加紧建设，计划总投资164亿元，半导体全产业链快速成型、初具链条。 （舒 康）

【科技合作】 2020年，市科技局加强与之江实验室、清华长三院、清华大学、浙江大学、复旦大学、武汉大学等大院名校合作，共商共建国家公园创建、合作项目落地等，并组织举办“未来+”科技论坛、第四届全球科技创新大会院士论坛、科技部“战略性先进电子材料”论坛等系列活动100余场次；承办科技部高技术成果推荐会，举办丽水市第三届高层次人才创业大赛，完成22个优质创业类项目落地或接洽；组织海外学子“丽水行”以及之江实验室、百所大学科学家“走进丽水”，推动最美生态、最优人才和最强科技携手；加快市场服务体系完善，积极组织大院名校产业服务中心入驻院校开展企业走访和成果推介等活动，完成服务企业659家次，征集技术难题130项，解决28项，促成校企产学研合作项目132项，达成合作金额4595万元。组织开展数字经济、自动化、装备制造、生态旅游、汽车空调等行业技术对接会7场，征集技术难题46项，对接16项，对接成功率34.8%，直接服务企业75家次。 （吴彦勋）

【科技改革】 2020年，全市持续深化科技领域“放管服”改革，推进“综合集成的科技信息化服务平台”项目建

2020年10月21日，丽水市第三届高层次人才创业大赛在丽水举行

（舒 康 提供）

设,7月,完成初验,并投入试运行。项目围绕数字化驱动科技业务转型,综合集成大数据应用、科学家在线、科技文献服务、竞争情报服务等,提升科技管理和服务创新能力。同时,项目建设科技创新服务总线,通过全市高新技术企业、开发区汽摩配协会等渠道推进平台应用,提升科技三服务(服务企业、服务群众、服务基层)能力。优化科技创新券服务,完善市本级科技创新券管理规定,扩大创新券规模和使用范围,支持各类创新载体为企业和创业者提供合作开发、科技评估、技术查新、测试分析、产品设计、技术培训等服务,推动科技资源开放共享,激发企业自主创新活力。通过数据共享等方式,优化创新券服务系统注册流程,减少50%以上填报内容。推出全年不限次按需申领、在线申请兑付等方式,缩短办理时间,逐步实现"即领即用、见票即兑",兑付时间缩减三分之一,企业最高申请限额提高到20万元。提升人才服务质量,推动外专业务与出入境合署办公窗口建设,减轻企业办理外专业务压力,10月,合署办公窗口运行,业务服务获一致好评。 (吕高卿)

【高新技术产业】 2020年,全市认定国家高新技术企业208家,其中,重新认定90家、首次认定118家,累计有效家数455家。新认定省级科技型中小企业336家,累计1396家。新认定省级高新技术企业研发中心24家,累计183家。新认定省级企业研究院13家,累计55家(其中省级重点企业研究院5家)。获批省级科技企业孵化器2家,累计5家;获批省级众创空间5家,累计15家。新认定市级众创空间2家。获批省级产业创新服务综合体3家,新批准创建市级产业创新服务综合体4家,全市累计拥有省、市级产业创新服务综合体16家,其中省级9家。全市实现高新技术产业增加值119.8亿元,同比增长5.5%,比全省平均增速低4.2个百分点,排名全省第9位,占规上工业增加值比重40.33%,较上年提高3.66个百分点。高新技术产业投资增长-6.3%,排名全省第九位。全市发放科技创新券5938.16万元,确认使用3157.38万元,市本级落实企业研发投入补助资金2016.72万元,新增工业科技特派员50人,累计派出175人。浙江金马逊机械有限公司与丽水学院联合建设的浙江省航空航天金属导管塑性成型技术与装备重点实验室,被列入省级重点实验室名单。完成发明专利产业化33项,全市实现技术合同交易总额9.4亿元。 (余 杨)

【农业科技】 2020年,丽水市申报的"浙江青风农业现代化工厂重点农业企业研究院"和"九川竹木高值化利用重点农业企业研究院"创成省级农业重点企业研究院。"缙云县黄茶特色农业科技园区"经过2年培育期,进入省级农业科技园区创建名单。"山海缘星创天地""雨伞岗雾耕科普小镇星创天地"和"龙泉食药用菌星创天地"3家星创天地获省科技厅备案,全市累计获省级以上星创天地12家。全市开展农业科技领域和社会发展重大战略需求征集工作,编制2021年度市本级重点研发计划项目申报指南,受理重点研发项目82项,公益性项目64项。修订完善《丽水市科技特派员管理办法》,开展"一乡一员三扎根行动",全省率先实现乡镇(街道)派遣科技特派员全覆盖。 (孟月志)

【科技招商】 2020年,市科技局助推高新产业项目引进、落地与实施。支持配合丽水经济开发区谋划建设半导体科技产业园、生命健康科技产业园、中欧科技产业园,支持配合缙云县谋划建设中德科技产业园;百可半导体、晶睿电子、前沿半导体材料、中车交通浙江方正智驱应用技术研究院以及迈瑞微生物识别传感器芯片、光珀智能、珏芯微电子、香农通信、江丰电子、中科半导体、上海原能等"高精尖"项目入驻并加紧建设,计划总投资164亿元。总投资13亿元的国网公司"紧水滩水冷式绿色大数据中心"通过国网省公司决策,并开展项目公司的设立工作。 (吴彦勋)

【防震减灾工作】 2020年,丽水市防震减灾工作在浙江省市县防震减灾工作考核中获优秀单位。完成事业单位机构改革,明确防震减灾的主管部门及职能。完成数据中心机房线路优化改造和联城地震台"标准化"改造,提升观测质量。配合全省地震预警台网建设,完成预警台蓄电池和摄像头安装。做好疫情防控期间科普宣传,提升防震意识,利用公交电视开展为期1个月的防震减灾知识和《中华人民共和国防震减灾法》宣传。全市公交车607辆,每天每车45次,播放近82万次。在市体育馆开展科技活动周防震减灾广场宣传活动,开展市实验学校科普基地改造,将科普教育与互动体验结合,打造一个兼具现代科技性、创新性和知识性的科普体验空间。开展防灾减灾千场科普讲座10场,受众人数2000余人。组织参加第四届全国防震减灾科普讲解大赛全省选拔赛,获三等奖1项、优秀奖1项。完成地震科普立体书编制,将科学与艺术相结合,突破平面编排思维,策划故事情节与互动,激发读者探索欲和阅读兴趣。开展全市建设工程地震安全监管检查工作,检查建设工程

767项，遂昌县作为全国自然灾害风险普查试点地区之一，推进地震灾害风险普查。完善政务服务事项，完成防震减灾行政执法检查工作7项，实现覆盖率100%。与市公安局联合发文建立4000千克梯恩梯炸药当量以上爆破备案制度，收到机场工作组爆破备案34份。举办丽水市防震减灾业务培训班，提高工作人员业务能力。启动《丽水市防震减灾"十四五"规划》编制。（王　燕）

【科技服务】 2020年，全市开展企业走访活动1115家次，促成技术交易、开发、咨询合同307项，金额9019.636万元；运用产学研"三段六步法"模式，组织技术对接会22场次，涉及装备制造行业、带锯床、铅笔、轴承等行业，征集技术难题568项，对接163项，成功率28.70%。开展企业R&D经费统计辅导工作，累计走访企业668家次，发现研发投入相关问题266个，现场解决163个。牵头制定并颁布实施《科技项目绩效评价规范》和《知识产权中介机构服务规范》地方标准2项。完成4家高新技术企业申报和4家企业的知识产权卓越管理评价工作。（吴庆燕）

农林科学研究

【概况】 2020年，丽水市农林科学研究院内设机构为"一办二处八所"，即办公室、科技管理与地方合作处、计财与后勤保障处，农作物、食用菌、茶叶、中药材、现代林业、竹类与特色经济林果、野生动物保护与特色养殖、农林产品加工8个研究所，另设直属机关党委。现有在编人员87人，其中正高职称13人，副高职称31人，中级职称36人；博士4人，硕士29人。农业农村部"杰出青年农业科学家"1人，享受国务院政府特殊津贴专家2人；省"151"第一层次培养人员2人，第二层次培养人员4人，第三层次培养人员8人，其他省级各类人才5人；市杰出人才2人，市杰出创新人才1人，市中青年专业技术拔尖人才4人，市十大杰出青年3人，市突出贡献专家2人，市"138"人才24人（第一层次培养人员9人）。拥有国家级综合试验站（食用菌、茶叶）2个，科技部国家食用菌工程技术研究中心浙江省安全生产技术示范基地1个，国家自然科学基金依托单位（A）类1个，省级博士后科研工作站1个，省农作物区试站1个，省茶树种质资源圃1个，市级科技创新团队（食用菌、茶叶、中药材、蔬菜）4个，市级创新平台1个（农产品加工），丽水市食用菌菌种质量检测中心1个。

2020年，全院党员、职工干部投身抗疫工作，累计参与人数65人次。全年组织33名职工干部，分6批次到防疫工作第一线；抽调1名中层干部担任青田第八留观点负责人，选派2名普通干部驻扎海外人员返丽隔离点；获市级防疫工作先进4人。疫情期间，根据各产业实际情况，组织编写蔬菜、食用菌等技术服务手册，第一时间通过网络发布，为各地产业自救提供经验，收集梳理技术问题清单43项，现场解决问题38项，为各类生产主体开展技术服务近200次。加强科技合作助推"复产复工"，通过项目作者、技术服务方式，与科研院校、其他各县（市、区）、各类企业主体共同开展省重大科技专项、市重点科技项目等项目合作18项，获立项11项，总经费合计555万元。

【院地合作服务形式】 2020年，专技人员对接各类农业主体82个，建各类合作示范基地51个，示范推广自主选育新品种15个，推广面积666.67余公顷。结合对标欧盟肥药双控工作，完成免除草剂黑木耳栽培技术研究，建立免除草剂黑木耳示范基地6.67公顷，蔬菜、水干果新型绿色防控技术示范基地13.33公顷。建立黄菊对标欧盟技术示范基地13.33公顷，经SGS检测产品质量和安全性均超欧盟标准。

2020年7月17日，丽水市高山菜豆对标欧盟肥药双控技术现场会召开
（尹仁福　提供）

【农业科研兴产业】 2020年，市农林科学院针对产业特色，自主设计项目助力发展，申报省市各类科技研发项目46项，获批立项28项，总经费合计1121.5万元，其中“基于蛋白微球技术的益生菌肠道定植及新产品开发”项目获省重大专项立项，市重点研发项目获批5项；参与申报浙江省科学技术奖2项、神农中华农业科技奖1项，梁希科普奖1项，获浙江省科学技术进步奖三等奖1项、梁希林业科学技术奖二等奖1项；完成项目登记5项，编制省地方标准5项、市地方标准3项；申报专利10项，申请植物新品种权保护17个，品种登记5个，审定品种3个。科技项目资金稳步增长，创新能力不断增强。

【技术推广】 2020年，市农林科学院加强与莲都区、松阳、景宁及各产业协会等合作，提升科技服务成效。建立雾耕农业中试基地，建成雾耕特色温室，实现雾耕农业与旅游业的有机结合，引起社会广泛关注与好评，中央七台合作专题报道。协同市农业农村局、市供销社等部门联合召开技术现场会3期。完善科技服务模式，打通农技推广“最后一公里”。组织“农民讲师团”成员、科技人员开展现场培训指导，结合“农作物放心工程”工作，开展技术指导活动13场，培训600余人次，发放资料1000余份；组织黑木耳、茭白、猕猴桃等专业技术培训8期，召开新品种现场会5次，促进农业技术成果推广转化。

【浙江省茶树种质资源圃】 2020年，市农林科学院加强浙江省茶树种质资源圃的建设工作。建成浙江省级茶树种质资源圃14.562公顷，收集保存国内外茶树种质资源2300份，筛选优质资源600余份，资源保存量和绿茶类资源在全国优势明显。省茶树种质资源圃的创建，引起国内外学者关注，接待各类考察学习团队74批、1787人次。 （叶 安）

科技团体

【概况】 2020年，丽水市科学技术协会（以下简称“市科协”）下辖县（市、区）科协9个，县级学会（协会、研究会）183个，乡镇（街道）科协172家，2449个村（社）科普组织；有园区科协7家，企业科协51家，学校科协23家（含高校科协）。全市乡镇（街道）科协吸纳“三长一员”1471人。丽水市科协机关党支部疫情防控工作受市委组织部通报表扬，获评“全国科普日活动优秀组织单位”。

【科协第七次代表大会】 2020年12月9日至10日，丽水市科协第七次代表大会在丽水大剧院召开。大会推选产生来自各条战线正式代表252人，选举产生丽水市科学技术协会第七届委员会89人、常务委员会29人。根据群团改革要求，基层一线科技工作者占代表总数的比例为86%，占新一届委员会的比例为81.3%。市委书记胡海峰出席开幕式并讲话，市政府、市人大、市政协主要领导，市委常委及市政府联系领导出席会议，省科协副主席王忠民到会祝贺。

【“引智”建设】 2020年，“画乡莲都·院士之家”“缙云仙都·院士之家”启用，签约院士24位。邀请戎嘉余等院士30人次到丽水疗休养。牵头邀请到13名院士参加丽水市“人才·科技峰会”，并举办“推进丽水大健康产业高质量快速发展暨生物安全治理战略与政策论坛”，论坛项目为中国工程院与市政府合作的院地合作项目（全省6个项目中唯一地级市），开启中国工程院与丽水市合作新历程，到丽院士与丽水市持续对接项目21个。丽水市同中国电子学会、中国地质学会、上海突出贡献专家协会等达成合作。浙江省自动化学会、浙江电机动力学会等在缙云县联合建立浙江缙云锯床和特色机械装备产业服务站，并举办2020年度浙江省智能制造高峰论坛。推荐浙江金马逊等2家公司成为长三角助力创新联盟团体会员。

【乡村振兴服务】 2020年，市科协继续加强实施“百名专家连百村 科技服务乡村振兴”活动，结合产业和专家的需求变化，动态调整组建由177名专家组成的科技志愿服务队，点对点服务全市村社、农业企业104个。全年专家下乡开展农技帮扶活动超过1300人次、开展农技培训110场、推广优新技术和品种超过120项、推广面积达3333.33余公顷、新增产值5000万元。双百专家之一、缙云县科协兼职副主席李春萌获“全国脱贫攻坚先进个人”表彰。

【系列科普活动】 2020年，丽水市科协按照“疫情不止、科普不断”的要求，“丽水科普”微信号推送专题34期、刊发科普文章157篇、发送科普短信7.9万条次、《科普中国》系列防疫视频在“礼堂家”平台上线；印发《企业复工防护指南》《科学防疫、战疫必胜》宣传册1.3万册；科普大篷车沿厂区开展防疫宣传850千米，满足群众及企业对疫情的科普需求。搭建喜马拉雅有声科普频道，“丽水权威科普”栏目上线音频500个，科普广播剧10部，页面点击量累计358万人次，科普广播剧申请著作权登记。制作并推广科普视频20部，邀请18

名本地专家讲解老百姓身边的科普知识，市科普宣讲团由线下走到线上。加强手机科普短信时效性和权威性，累计发送90万条次。办好第34届丽水市青少年科技创新大赛，摘得省级赛奖项47个。开展“冲刺，科学+”大型科普益智活动线上海选，发动全市中小学生2357人，参与线上答题。科普资源融入新时代文明实践中心云平台。

【科技人才服务】 2020年，市科协宣传科技工作者创新创业先进事迹。入选“浙江省十佳科技追梦人”1人，入选“浙江省百名科技追梦人”6人。5家企业及9名科技工作者入选全省“三百”工作先进。入选浙江省企业“创新达人”5人。联合市人力社保局，对全市创新驱动工作行政嘉奖集体10个、个人40个，其中个人三等功10个。联合市教育局、市卫生健康委、市农业农村局、市科技局4个部门评定市级优秀“三长一员”12人。在市广播电台开办《科技工作者风采》节目50期，报道科技工作者先进事迹。严邦祥、程科军、李泽建等科技工作者事迹登上“学习强国”平台。

【市综合科技馆建设】 2020年，丽水市科普中心(科技馆)工程列入市本级政府性基本建设项目前期计划，开展学习考察、征求业内专家意见工作，提出《丽水市科普中心(科技馆)建设总体构思和工作流程》，提出科技馆用地指标、建设方案、布展内容等初步思路。市长吴晓东、副市长戴邦和先后批示抓紧推进前期相关工作。市科技馆作为丽水市城市中央公园的子项目一并建设，邀请崔愷院士及其团队实地勘察，细化建筑方案。邀请北京、上海等地设计公司对科技馆展馆提出概念性设计方案。

【山海协作工作】 2020年，市科协抓住长三角区域一体化机遇，推动全方位多层次协作。市科协与宁波市科协签署“甬丽科协山海协作合作备忘录”，两地市、县两级科协全面对接。推动莲都区科协与义乌市科协，遂昌县科协与上海市黄浦区科协，景宁县科协与上海市静安区科协，分别签署“山海协作”框架协议，在院士专家共享、学会资源交流、海外智力引进、科普基地共建等方面开展合作。 （雷 珍）

2020年10月15日，丽水市科协与宁波市科协签署“甬丽科协合作备忘录”
（林乃虎 提供）

社会科学

【概况】 2020年，市社科联学习贯彻中共十九大和十九届四中、五中全会精神，省委十四届七次、八次全会精神，市委四届七次、八次、九次全会精神，弘扬践行浙西南革命精神，发挥社科研究、社科普及、社科管理职能，加强“大社科”资政功能，聚力“大社科”平台建设，健全“大社科”工作机制，挖掘“大社科”文化内涵。6月19日，市社科联参与承办，中央党校(国家行政学院)报刊社、省委宣传部、省委党史和文献研究室、市委共同主办的第二届“浙西南革命精神论坛”在丽水举行。8月27日下午，由市社科联、中国(丽水)两山学院共同承办的丽水创新实践“绿水青山就是金山银山”理念15周年暨撤地设市20周年理论研讨会在丽水学院举行，会议宣读省社科联关于授予中国(丽水)两山学院为省新型重点专业智库培育单位的批复，市人民政府与省社科院签订深化全面合作战略协议，并为“浙江省社会科学院丽水研究院”授牌。12月29日，市社科联获全省市、县社科联工作测评“理论研究工作优秀单位”，莲都区、龙泉市、缙云县、松阳县社科联获“县社科联优秀单位”。

【全市社科理论界学习贯彻中共十九届四中全会精神理论研讨会】 2020年1月14日下午，市社科联召开全市社科理论界学习贯彻中共十九届四中全会精神理论研讨会，就深入学习贯彻中共十九届四中全会和市委四届七次全会精神作出部署。各县

(市、区)委宣传部分管理论副部长、社科联专职副主席,丽水学院、丽水职业技术学院、市委党校、丽水电大等16家市直单位负责人参加会议。10月26日至29日,中共十九届五中全会在北京召开,11月13日,市社科联印发《丽水市社科界学习贯彻党的十九届五中全会精神工作安排》,就全市社科界深入学习贯彻中共十九届五中全会精神作出部署。

【“高质量绿色发展”论坛理论征文】 2020年,是习近平总书记“绿水青山就是金山银山”理念提出15周年,是丽水撤地设市20周年,市社科联等单位联合开展以“绿水青山就是金山银山”理念暨高质量绿色发展为主题的征文活动,围绕12个参考选题展开,探讨习近平生态文明思想、新时代美丽浙江建设、“八八战略”再深化、改革开放再出发、大花园建设、乡村振兴战略、污染防治攻坚战、生态产品价值实现机制改革、三把“金钥匙”(跨山统筹、创新引领、问海借力)、生态经济化、经济生态化、GDP和GEP的关系等。至4月25日,收到论文约200篇,市社科联组织专家评审,公布获奖论文60篇,颁发获奖证书。推荐部分优秀论文作者参加省“绿水青山就是金山银山”理念15周年理论研讨会。

【哲学社会科学发展】 2020年4月11日,丽水市根据《中共中央关于加快构建中国特色哲学社会科学的意见》《中共浙江省委关于加快推进哲学社会科学发展的实施意见》精神,市社科联代拟、市委出台《中共丽水市委关于新时代加快推进哲学社会科学发展的实施意见》,同时成立市哲学社会科学工作领导小组,下设办公室,设在市社科联。4月20日,市社科联代拟,市委办、市府办联合出台《中共丽水市委办公室、丽水市人民政府办公室关于加强丽水新型智库建设的实施办法》。7月7日,市哲学社会科学工作领导小组印发《丽水市哲学社会科学工作领导小组议事规则》《丽水市哲学社会科学工作办公室工作规程》。同日,市哲学社会科学工作办公室印发《丽水市新型智库建设管理细则(试行)》《丽水市新型智库联席会议工作制度》。12月11日,市社科联向市委编办报送《丽水市社会科学界联合会机构编制方案》,加强社科工作基础,发展丽水哲学社会科学。

【《处州文献集成》工程实施推进】 2020年,《处州文献集成》编纂工程再次列入2020年4月《丽水市人民政府工作报告》。4月2日,市社科联聘请退休干部杨贤高担任《处州文献集成》编纂工作项目协调员,具体负责编纂学术委员会工作协调和项目推进工作。6月18日,市社科联召开《处州文献集成》编纂学术委员会第一次会议。6月底,完成出版及编纂2个项目招投标,签订出版合同和编纂合同。9月9日,市社科联召开《处州文献集成》编纂工作指导委员会第一次会议,完成第一辑唐宋文献的版本遴选,并提交学术委员会审定。11月13日,市哲学社会科学工作领导小组印发《处州文献集成》编纂方案,明确编纂任务,建立《处州文献集成》编纂工程指导委员会、编纂学术委员会、编纂工作委员会等组织机构,加强对《处州文献集成》编纂工程的组织领导和协调落实。《处州文献集成》以时间为经、内容为纬,分为第一辑唐宋文献、第二辑元明文献、第三辑清代文献、第四辑畲族文献、第五辑方志文献。自2020年3月1日起,花费3年半时间影印出版1912年以前的各类著述(含未刊本)约251部,总字数8600万字,工程总投资约1200万元,是丽水迄今最大的文化项目。

【刘基文化研究与研讨开展】 2020年,市社科联重视刘基文化研究与研讨,梳理刘基文化脉络,揭示刘基文化内涵与底蕴,打造刘基文化品牌。开展刘基文化研究,第一轮实施的“丽水文化研究工程”,推出1—8辑《丽水·瓯江文化丛书》,涉及刘基生平、思想、业绩研究的著作、读本,有《解读刘伯温》《刘基与朱元璋》《括苍文集》《〈郁离子〉校注》《千古人豪——刘基》《刘伯温的传说》《刘基》《刘基文化论丛》等,单篇文章散见于《丛书》其他著作的独立篇章里;第二轮正在实施的“丽水文化研究工程”,即“处州文献集成编纂工程”,计划编纂整理、影印出版丽水自唐代以来至民国的历史文献约251部,多有涉及刘基及刘基后人的著述成果。组织刘基文化研讨。6月,市社科联负责牵头,与市刘基研究会、丽水学院刘基文化研究所、青田县委宣传部、青田县社科联等单位,到温州市、文成县学习取经,就筹备刘基710周年诞辰学术讨论会暨系列活动做好协商对接工作。4月,组织市本级、青田县人大代表和政协委员分别在市“两会”提交人大建议和政协提案,以《丽水社科要报》形式,向市领导及有关部门提交《关于充分挖掘刘基文化资源打造刘基文化品牌的建议》。

【第九辑《丽水·瓯江文化丛书》“处州郡守研究专题”完成编纂出版】 2020年1月至10月,市社科联前期委托丽水学院华侨学院主持完成“处州郡守研究工程”编纂工作,把“处州郡守研究专题”10本书纳入“丽水文化研究工程”总框架，研究成果列入第九辑，11月，通过公开招投标，浙江古籍出版社承接印刷出版。第九辑丛书内容上至隋开皇九年(589年)，下至清宣统三年(1911年)。最终编纂成果为系列专著10本，包括《处州郡守与地方治理》《隋唐五代处州刺史传略》《宋元处州知州总管传略》《明代处州知府传略》《清代处州知府传略》《处州郡守著述研究》《处州郡守与地方文献研究》《处州郡守墨迹题刻研究》《处州郡守与处州名胜古迹》《处州郡守与民间传说故事》。

【“文化浙江大讲堂——瓯江山水诗路篇”电视专题片协助拍摄】 2020年，市社科联协助省社科联、浙江电视台公共新闻频道，在各县(市、区)及市本级拍摄“文化浙江大讲堂——瓯江山水诗路篇”(丽水段)电视专题片，以瓯江山水为路线，以瓯江诗歌为载体，以电视节目形式展示瓯江文化底蕴，用视觉艺术手段展示丽水独特文化，体现瓯江山水诗路的时代特色。其间，市社科联在丽水牵头召开“文化浙江大讲堂——瓯江山水诗路”专题研讨会，省社科联副主席谢利根一行8人出席会议，市直有关单位领导及“瓯江诗派”诗词研究专家14人，参加座谈研讨。拍摄期间，市社科联组织各县(市、区)社科联、市社科专家开展实地调研、选景，制定拍摄方案，撰写电视解说词，确定访谈人选，选取拍摄点位，拍摄电视专题片10期，每周日21:20在浙江新闻频道播出。“丽水社科发布”及时推送，其中，“文化浙江大讲堂——莲都篇”短视频，点击量达100万人次。

【丽水人文大讲堂“从线下到线上”】 2020年1月至12月，市社科联举办丽水人文大讲堂现场版7期，邀请张片红、朱棣云、魏小安、徐祥临、温铁军、李光耀、卢朝升专家7人，主讲《关注营养，打造健康》《青春期的亲子沟通》《休闲度假与丽水文旅》《学懂弄通党中央顶层设计，扎实推进乡村振兴》《学懂弄通党中央顶层设计，扎实推进乡村振兴》《生态资源价值实现与重构新型集体经济》《民法典•关注点》《传统文化的密码之“九族亲和”》等主题。受新冠疫情影响，丽水人文大讲堂削减现场版场次，从“线下”移到“线上”。与丽水电视台合办，开拍网络版丽水人文大讲堂短视频3期，邀请沈烈毅、李永涛、余厚洪本土专家3人，主讲《向自然寻求忠告》《红绿产业融合的一张文学名片：丽水当代山水诗》《不忘初心，奋勇前行——弘扬践行浙西南革命精神》等专题。在丽水电台开设“云上社科”有声科普节目39期，通过“无线丽水”“动听丽水”“FM106.9丽水交通音乐频率”“FM88.3丽水新农村广播”及“丽水社科发布”、丽水网等平台，以图文+音视频形式推出，实现传统科普模式变身。

【《丽水研究》会刊编辑出版】 2020年，市社科联继续聘请12位专家、学者担任会刊《丽水研究》特约编辑，定期开设“新时代，新思想”“学习‘丽水之赞’”“调查研究”“瓯江文化”“社科探寻”等专栏，适时增设“学习中共十九届五中全会精神”“创建百山祖国家公园研究”“浙西南革命精神研究”“学习贯彻市委四届八次全会精神”等栏目。注重把握舆论导向，突出栏目特色性、针对性及创新性，掌握社科专家学者研究动态，挖掘各类具有决策参考价值的研究成果，全年编辑出版普刊6期、财政会计版4期，发表论文、研究报告等300余篇。每期封面刊登丽水生态风光，封二、封三页面刊登社科工作信息。

【“丽水社科发布”“丽水社科要报”重要窗口作用】 2020年，“丽水社科发布”微信公众号推送社科信息近400条。增强服务性，做好工作宣传和科普推广，社科普及内容占三分之二。全年全市社科联工作信息、微信推送内容被省社科联采用总数位居11个市级社科联第一。《丽水社科要报》展示全市社科界最新研究成果，为市委、市政府决策提供智力支持和服务，全年编发10期，第1期《关于充分挖掘刘基文化资源，打造刘基文化品牌的建议》、第2期《连片空心化的乡村振兴——基于丽水西南部18个乡镇的调查报告》受到市领导批示。

【“绿水青山就是金山银山”理念提出15周年暨浙江大花园建设理论研讨会联办】 2020年7月21日，由省社科联为指导单位，市社科联、龙泉市政府等单位联合举办的以“丽水之赞•龙泉实践”——从下山脱贫到全面建成小康社会为主题的“绿水青山就是金山银山”理念提出15周年暨丽水大花园建设研讨会在龙泉召开，各位专家围绕“绿水青山就是金山银山的”历史脉络、哲学思考、理论内涵、实践要义进行探讨。这是省市县、地校、丽川联动的一次重大学术研讨活动。

【中央党校报刊社领导到丽水调研座谈会】 2020年8月27日，中央党校报刊社社长许宝健到丽水调研，围绕打开“两山”通道、推动高质量绿色发展主题，与市直有关单位负责人、社科专家座谈交流。市政府副市长卢彩柳出席，18个单位负责人参会。市发改委、市经信局、市生态林业发展中心、市农业农村局、市文广旅体局、市委改革办作重点汇报，社长许宝健讲话。根据丽水市与中央党校报刊社达成的战略合作协议，中央党校与丽水开展“市校合作”，重点开展浙西南革命精神、“两山”系列研究。赠送丽水《学习时报》500份、《中国党政干部论坛》100份、《理论动态》50份。

【全市社科理论界学习贯彻习近平总书记在浙江考察时的重要讲话精神座谈会】 2020年5月21日，市社科联召开全市社科理论界学习贯彻习近平总书记在浙江考察时的重要讲话精神座谈会。学习、宣传、贯彻习近平总书记在浙江考察调研时就统筹推进新冠肺炎疫情防控和经济社会发展工作发表的重要讲话精神。来自市委政研室、市委改革办、市人大、市政协、丽水学院、丽水职技院、市委党校、中国(丽水)两山学院、丽水经济技术开发区等单位的社科专家10人，参加座谈并发言。会后，市社科联组织专家撰写“疫情防控与经济社会发展”专题文章。

【浙西南红色文化研究会成立】 2020年6月18日，浙西南红色文化研究会成立，并在丽水浙西南革命根据地纪念馆召开第一次会员代表大会，会员代表73人。会议审议通过《浙西南红色文化研究会章程》，选举产生第一届浙西南红色文化研究会理事21人，会长陈国锋，常务副会长余群勇。名誉会长刘红宇、粟志军。成立研究会，传承弘扬红色文化，丰富红色文化表现形式，提升浙西南红色文化影响力，推动浙西南革命精神的研究阐释、宣传普及、价值转化和“红绿”融合。现场颁发浙西南红色文化研究会名誉会长聘书，名誉会长、粟裕大将长孙粟志军作讲话，市委常委、宣传部部长任淑女主持会议。

2020年6月18日，浙西南红色文化研究会成立大会召开　（杨金花　提供）

【百山祖国家公园课题研究创建】 2020年，丽水市创建百山祖国家公园，根据《2020年丽水市创建百山祖国家公园攻坚会战市级任务清单》要求，市社科联承担“开展国家公园保护与发展、品牌推广”等研究任务，3月20日，组织全市社科工作者开展“百山祖+”系列研究课题申报，至5月15日，收到申报课题近100项，7月14日，公布课题57项，8月30日前完成研究成果提交。重点围绕加快创建高标准高质量的国家公园综合研究、创建百山祖国家公园与美丽丽水建设研究、创建百山祖国家公园的路径研究、创建国家公园、打造浙江大花园最美核心区研究、百山祖国家公园保护与发展研究、百山祖国家公园品牌形象推广研究、以国家公园为主体的自然保护地体系建设研究、国家公园保护模式及功能研究、国家公园建设与生物多样性保护研究、国外国家公园建设既有经验及借鉴研究等选题展开研究。《丽水研究》、“丽水社科发布”刊发对策性、应用性研究成果，发挥全市社科界的研究智库作用。其间，邀请中央党校报刊社专家学者调研丽水国家公园创建工作，组织召开“国家公园就是尊重自然”重要论述研讨会，助力形成“丽水是国家公园重要理念萌发地”的重大思想成果。

【浙西南革命精神论坛研究论文征集工作】 2020年，市社科联贯彻落实习近平总书记关于保护红色遗产、弘扬红色文化、传承红色基因的重要讲话和市委四届六次全会精神，推进浙西南革命精神理论研究常态化，并根据《关于支持开展“浙西南革命精神”研究的资助办法》《关于推进浙西南革命精神理论研究常态化的实施意见》《浙西南革命精神弘扬践行常态长效推进责任分工》等精神，继续推进浙西南革命精神研究走深走实。3月25日，市社科联、市委党史研究室联合开展浙西南革命精神研究论文征集，面向全国征集理论研究成果。至5月20日，收到征文100余篇，入选《浙西南革命精神优秀论文集》57篇。推荐10名征文作者参加第二届浙西南革命精神论坛，并以浙西南革命精神专项课题立项。

【浙西南革命精神简明教程及简明读本编撰】 2020年，市社科联组织专家学者编写《浙西南革命精神简明读本》，列入全市党员干部学习教材。会同中央党校党史研究部、省委党校启动编写《浙西南革命精神教程》，包括《浙西南革命与浙西南革命精神概论》《浙西南革命精神与中国共产党精神谱系》《浙西南革命精神述要》《浙西南革命精神与丽水创新实践"绿水青山就是金山银山"理念》《浙西南革命精神与新时代文化建设》《浙西南革命精神与"丽水之干"》专著6本，使之成为中央党校干部培训的辅导读物、省委党校"红色学府"干部教育培训丛书之一、市委党校主体班次干部培训教材。纳入浙江文化研究工程扶持项目。其间，到广西桂林对接"红军长征论坛"事宜，加盟"红军长征论坛"轮流主办城市，把浙西南革命精神融入长征精神。

【丽水首家省级新型智库——中国(丽水)两山研究院建设】 2020年，根据中央办公厅、国务院办公厅印发《关于加强中国特色新型智库建设的意见》，省委宣传部、省社科联印发《关于浙江省新型智库建设管理办法(试行)》，市委办、市府办印发《关于加强丽水新型智库建设的实施办法》，市社科联制定配套实施办法、细则。8月25日，中国(丽水)两山研究院被省社科联列为省新型重点专业智库培育单位扶持建设，培育建设期2年，其间参照《浙江省新智库建设管理办法(试行)》管理。该智库列入市本级新型培育智库，重点研究"绿水青山就是金山银山"理念与习近平生态文明思想，总结山区和民族地区绿色高质量发展的典型经验，探索生态产品价值实现的路径与模式，加快形成高质量研究成果，为浙江省努力建设展示人与自然和谐共生、生态文明高度发达的重要窗口提供理论支撑和智力支持。浙江大花园建设研究院(丽水职技院)、生态经济数字化工程(丽水)研究院(丽水电大)亦被列入市本级新型培育智库建设。

【第26次市社科优秀成果评奖】 2020年9月1日始，市社科联组织开展全市第26次社会科学优秀成果评奖申报，评奖限评2018—2019年度在国内出版(含内部出版，有临时书号)或发表(含市级连续性内部资料出版物，有内部资料准印证)的社会科学研究成果，形式包括专著、编著、译著、科普读物、学术资料整理、工具书、教材、史志、论文集、论文、研究报告等。不宜公开发表的研究报告必须在市(厅)级以上党委、政府部门主办的内部刊物上发表。至9月30日，收到全市社科工作者申报的各类成果300余项。10月至11月，市社科联电脑录入、分类汇总所有申报成果，制定评奖细则，组织经济类、文史类两大学科组共10位专家评委参与评审，获奖结果经提交市委宣传部部务会议讨论确定，最终名单提交市政府发文公布。《中国共产党浙江丽水历史第一卷(1927—1949)》等100项科研成果，分别被评为丽水市2018—2019年度社会科学优秀成果一、二、三等奖，并颁发获奖证书及奖金。

【第十辑《丽水·瓯江文化丛书》编纂座谈会】 2020年9月10日，市社科联召开第十辑《丽水·瓯江文化丛书》编纂座谈会，把"文教系列"《处州孔庙》《处州书院》《处州进士》《处州家训》《处州绘画》《处州武术》6本著作的编撰出版纳入"丽水文化研究工程"总框架，系"四大版块"之一"历史文化专题研究"内容，编入第十辑《丽水·瓯江文化丛书》，分别由周率、卢朝升、黄巧玲、余厚洪、吴志华、王德洪6位作者承担编撰任务。

【全市社科人才骨干培训班】 2020年9月21日至25日，由市社科联主办、浙江工商大学承办的2020年全市社科人才骨干培训班在浙江工商大学杭州市区现场教学点开班。各县(市、区)社科联、市社科新秀、省市级社科普及基地约75人，参加培训，浙江工商大学科研部副部长、人文社科处处长高燕出席开班仪式并讲话。其间，主办方安排现场教学3场次，组织学员们参观考察部分省级社科普及基地，增强市县社科联系统干部业务工作能力，提升社科普及工作科学化、规范化、制度化水平。

【地校合作交流座谈会】 2020年9月24日，丽水市与浙江工商大学地校合作交流座谈会在浙江工商大学下沙校区召开。市委宣传部部务会议成员、市社科联专职副主席余群勇、丽水经济技术开发区党工委副书记蓝金水等出席，浙江工商大学党委书记陈柳裕会见余群勇一行。副校长赵英军主持会议，校研究生院、旅游学院、人文社科处、社会合作办公室、工会、产学研处、后勤服务中心等相关部门负责人及丽水经济技术开发区党群工作部，工商大学派驻丽水挂职干部周荷芳、叶俊，浙江畅亨生态农业发展有限公司(丽水山耕)等参加座谈。就深化推进浙江工商大学丽水高等研究院建设等合作工作作交流，各校地合作机构负责人交换下一步合作内容意见。全市加强与浙江工商大学的战略合作，挂牌设立浙江工商大学丽水高等研究院和浙江工商大学研究生工作站，助推丽水经济技术开发区产业发展。2020年度有2批、13人次的高层次人才在开发区挂职锻炼。青田县、云和县相继邀请浙江工商大学编制北山生态旅游规划和设计木制玩具工作坊项目。

【丽水市社科普及周启动仪式暨广场咨询服务活动】 2020年9月29日，由市社科联主办、遂昌县委宣传部、县社科联、县文明实践中心承办，主题为“共享小康社会，建设‘重要窗口’”的2020年丽水市社科普及周启动仪式暨广场咨询服务活动在遂昌县举行，内容包括新时代文明实践广场咨询服务、社科知识竞答、文艺表演等。参加活动有各县(市、区)社科联专职副主席、秘书长，各院校社科联(科研处)负责人、科普骨干，遂昌县社科类学会(协会、研究会)、社科普及基地代表、志愿者等约200人。12月，市社科联向省社科联推荐7个项目申报省级社科普及创新示范项目，5家市级社科普及基地申报省级社科普及基地。

【丽水市社会科学界联合会第一届学术年会暨“两山发展”第六届河阳论坛】 2020年10月25日至26日，丽水市社会科学界联合会第一届学术年会暨“两山发展”第六届河阳论坛在缙云县仙都街道乡村振兴讲习所举行。论坛由市社科联、中国(丽水)两山学院、丽水学院民族学院、缙云县委宣传部、缙云县社科联、缙云县河阳乡村研究院共同承办，缙云县仙都街道办事处协办，以“红绿”融合的全面小康样本——历史、理论与实践为主题，共同交流小康建设与绿色

2020年10月26日，丽水市社会科学界联合会第一届学术年会暨“两山发展”第六届河阳论坛在缙云举行 （杨金花　提供）

发展的经验，探讨如何在更高境界上实现以人民为中心和人与自然和谐共生的发展。省社科联党组成员、副主席范钧，市委常委、宣传部部长任淑女致辞，丽水学院副院长蒋黎红宣读“两山”发展智库联盟倡议书，缙云县委书记李一波主持会议，参加人员近150人。分论坛有9个，发言专题有42个，主旨发言6个，共有42名国内专家学者应邀参加论坛。会议印发《“两山”发展第六届河阳论坛会议论文集》《“绿水青山就是金山银山”丽水创新实践十五周年大事记》。论坛举办期间，与会专家到河阳考察古民居，到三溪考察“红绿”融合发展。部分嘉宾参加仙都轩辕黄帝祭祀仪式。《光明日报》《浙江日报》等20余家国家级、省级主流媒体推出系列报道。

【《浙西南革命精神丛书》编写提纲专家论证会】 2020年11月6日上午，《浙西南革命精神丛书》编写提纲专家论证会在省社科院举行。省社科院院长何显明、省社科联一级巡视员邵清、省委党史研究室副主任王祖强、省社科院副院长陈野、省社科联规划处副处长董希望及钟春雷等8名《浙西南革命精神丛书》承编作者参加会议。论证会上，何显明介绍《浙西南革命精神丛书》编撰情况。各承编作者汇报编写思路及撰写中存在的难点与问题。省、市专家分别论证丛书编写提纲，重点就每本专著的定位取向、编写体例、框架体系、撰写风格等方面给出具体指导意见。市委常委、宣传部部长任淑女主持论证会并作总结发言。

【市社科联第七次代表大会】 2020年12月31日，市社科联在丽水召开第七次代表大会，正式代表171人。市委书记胡海峰，省社科联党组书记、副主席郭华巍出席开幕式并讲话。市领导虞红鸣、陈瑞商、任淑女、戴邦和等出席会议。市委常委、宣传部部长任淑女在闭幕式上讲话。大会通过举手表决、无记名投票方式，选举产生市社科联第七届理事会理事78人、常务理事20人。

【《丽水市哲学社会科学课题管理办法》出台】 2020年10月15日，市社科联、市财政局联合出台《关于印发〈丽水市哲学社会科学课题管理办法〉的通知》，明确把市社科各类课题

划分为重点课题、常规课题和专项课题三大类别。对2020年后的市社各科类课题从类别、申报、评审、立项、结题、经费资助等环节作明确规定。分别对2018—2020年完成结题的研究课题175项，浙西南革命精神研究、“刘基文化”研究、“地校合作”研究、“国家公园保护与发展、品牌推广”研究等专项课题的完成情况，进行数据汇总、结题建档。

【国家、省、市社科类课题申报、研究】2020年，市社科联开展国家、省、市社科类课题申报、研究工作，包括国家社科基金项目，省社科规划办课题，省社科联研究课题、社科普及课题，市社科联常规课题、专项课题、重点课题等。11月3日，组织申报2021年度市哲学社会科学常规课题，重点围绕10个方向开展研究，分别为习近平新时代中国特色社会主义思

表27

2020年获立项的国家、省社科类课题一览表

编号	题 目	姓名	单位	预期成果形式	课题类别
20BMZ140	解决民族地区相对贫困的长效机制研究	田钊平	丽水学院	专著	2020年度国家社科基金项目
20BYY127	五臣注《文选》音注整理与音义研究	陈小珍	丽水学院	专著	2020年度国家社科基金项目
20CSH059	返贫的信用防范长效机制与循数治理研究	王昀	丽水学院	专著	2020年度国家社科基金项目
19BZQK206	西班牙华侨华人新生代社会变迁研究	陈铁	丽水学院	专著	2020年度中华全国归国华侨联合会课题（延后立项）
19CZQK214	华侨回流二次创业路径与侨联嵌入机制研究	王昀	丽水学院	土专著	2020年度中华全国归国华侨联合会课题（延后立项）
20YJA840018	小镇青年的围城现象和社会支持研究	张龙	丽水学院	论文	2020年度教育部人文社会科学研究项目
20YJAZH048	城乡融合背景下东南地区乡村逆城镇化建设研究	蓝法勤	丽水学院	论文	2020年度教育部人文社会科学研究项目
20TZTSKC022	国家治理现代化视角下共青团引领青年网络政治参与研究	邱开玉	丽水学院	论文	2020年度教育部人文社会科学研究项目
2020-GMB-039	民族地区公共文化服务的实践与基本经验研究——以景宁畲族自治县为例	何义珠	丽水学院	论文	2020年度教育部人文社会科学研究项目
2020-GMD-092	少数民族民歌的保护机制与发展路径研究	吕华珍	丽水学院	专著	2020年度教育部人文社会科学研究项目
20NDYD11Z	以治理防疫中失信行为为契机加强信用浙江建设的建议	吴地花	丽水职业技术学院	研究	2020年度浙江省哲学社会科学规划对策研究类课题（第一批）
20NDYD33YB	打开“两山”转化通道的丽水实践启示与建议	周宏芸	丽水学院	报告	2020年度浙江省哲学社会科学规划对策研究类课题（第一批）
20GXSZ17YB	协同育人视角下高校思想政治教育课堂话语互动提升路径研究	王久鹏	丽水学院	研究	2020年度社科规划“高校思想政治工作”专项课题
20GXSZ18YB	Vlog时代高校主流意识形态话语的注意力生产及实践	吴洪亮	丽水学院	报告	2020年度社科规划“高校思想政治工作”专项课题
21NDJC159YB	GEP理念下丽水道教与礼乐调查研究	程 远	丽水学院	论文	2021年度省社科规划课题、新兴交叉学科和冷门“绝学”重点支持课题（提前立项）
21NDJC160YB	浙南廊桥空间格局与环境要素耦合研究	陈健平	丽水学院	论文	2021年度省社科规划课题、新兴交叉学科和冷门“绝学”重点支持课题（提前立项）
21NDJC161YB	古代货郎图研究	黄卫霞	丽水学院	专著	2021年度省社科规划课题、新兴交叉学科和冷门“绝学”重点支持课题（提前立项）
21NDJC162YB	畲族聚居区汉族民歌创新与传承研究	谢华丽	丽水学院	论文	2021年度省社科规划课题、新兴交叉学科和冷门“绝学”重点支持课题（提前立项）
21NDQN285YB	畲族盘瓠神话的政治文化研究	邱开玉	丽水学院	论文	2021年度省社科规划课题、新兴交叉学科和冷门“绝学”重点支持课题（提前立项）

续表27

编号	题　　目	姓名	单位	预期成果形式	课题类别
21NDQN286YB	基于创新生态系统的浙台两地竹艺青年的创意设计与网络合作研究	戴　莹	丽水学院	专著	2021年度省社科规划课题、新兴交叉学科和冷门"绝学"重点支持课题(提前立项)
21HQZZ042YB	当代中国绿色发展理念研究	郑海友	丽水学院	论文	2021年度浙江省哲学社会科学规划后期资助课题(提前立项)
20LLXC16YB	生态资源资本化:演化逻辑、实践探索与战略取向?	兰菊萍	丽水学院	论文	2020年度社科规划"马克思主义理论研究和建设工程"理论宣传专项课题
20NDYD69YB	引领青年社会组织参与人民调解打造调解工作的浙江青春品牌	潘宇峰	丽水学院	论文	2020年度社科规划对策应用类课题(第二批)
2021N115	浙江优秀地方文化融入高校立德树人的路径研究	吕艳艳	丽水学院	论文	2021年度省社科联研究课题和"三服务"调研专项课题(提前立项)
2021B25	城乡一体化视角下欠发达地区新农村公共文化产品供给研究	黄建清	丽水职业技术学院	论文/研究报告	2021年度省社科联研究课题和"三服务"调研专项课题(提前立项)

想研究,学习宣传贯彻中共十九届五中全会精神研究,丽水成为全面展示浙江高水平生态文明建设和高质量绿色发展成果和经验的重要窗口研究,弘扬践行浙西南革命精神研究,打造丽水瓯江文化品牌、推进文化丽水建设研究,丽水历史文化与特色文化研究,社会治理和党的建设研究,人大制度、政协制度理论和实践研究,创建百山祖国家公园研究,"红绿融合"研究。至11月25日,收到申报课题160项,12月,组织专家评审,立项100项。同时,组织院校等单位申报国家、省社科类课题,获立项有国家社科基金项目3项、省社科类课题22项。

【市哲学社会科学领域特聘专家公布】 2020年12月2日,市社科联聘请中国科学院生态环境研究中心党委书记、主任欧阳志云,全国著名"三农"问题专家、中国人民大学可持续发展高等研究院执行院长温铁军,加拿大皇家学会院士、加拿大西门菲莎大学传播学院副院长赵月枝,省社科院院长何显明,浙江大学马克思主义学院院长刘同舫,浙江大学社科部主任吴晓波6位专家担任市哲学社会科学领域特聘专家,聘期3年,由市社科办发文予以公布并颁发聘书。

【重大课题研究推进】 2020年,市社科联牵头,达成丽水市政府与中央党校报刊社签订战略合作协议,使丽水成为全国第二个、全省第一个与中央党校报刊社开展战略合作的地级市,借助中央党校报刊社平台,提升丽水的对外知名度和影响力。根据《关于支持开展"浙西南革命精神"研究的奖励办法》《关于推进浙西南革命精神理论研究常态化的实施意见》《关于支持开展"两山"研究的资助办法(试行)》,继续推进浙西南革命精神、"绿水青山就是金山银山"理念在丽水的创新实践研究,每年共同主办浙西南革命精神论坛,设立中央党校报刊社"绿水青山就是金山银山"理念实践调研基地。《学习时报》每年至少安排理论专版4个,推荐丽水先进经验优先列入中央党校教学案例库。至年底,推出《红色浙西南,绿色新丽水》《以"丽水之干"担纲"丽水之赞"》《以"丽水样本"展示"重要窗口"——来自浙江丽水创建国家公园的实践与思考》专版报道3篇和《开辟创新实践"两山"理念新境界》《独峰书院:碧涧修筠传文脉》《浙西南:南方三年游击战争的重要游击区》理论文章3篇。全年办理41项来自省内外院校专家完成的浙西南革命精神专题研究成果结题手续。

【省、市社科普及基地创建继续推进】 2020年12月,市社科联组织开展省社科普及创新示范项目及第十批省社科普及基地申报工作,市社科联组织推荐9个项目参与省级社科普及创新示范项目申报,推荐丽水市鱼跃酿造有限公司、丽水中专、缙云县剪纸博物馆、莲都区图书馆、遂昌县乡风文明促进会5家市级基地参与省社科普及基地申报。更新全市125家社科普及基地台账资料、通讯录。12月31日,市社科联公布丽水鱼跃1919文化产业园、丽水书城、乡风文明促进会为第五批市社科普及基地。　（杨全花）

报刊　广播　电视

综　　述

【重大主题宣传】 2020年，全市新闻媒体做好疫情防控和复工复产舆论引导，组织防疫专场新闻发布会和央视新闻报道，开设抗疫专栏专题97个，推出专版276个，原创报道3.9万篇，新媒体作品2.1万件，推送上级报道4.6万篇，发布权威信息980条、辟谣信息770条，总阅读量超3亿人次。全市新闻媒体紧扣全面建成小康社会主线，突出"绿水青山就是金山银山"理念提出15周年，开设"决胜全面小康 决战脱贫攻坚"等专栏专题，策划开展"走向我们的小康生活""红绿融合高质量发展"等大型集中采访活动，推出《不一样的小康路 了不起的亿元村》系列融媒体报道。聚焦丽水撤地设市20周年，策划推出"20年，丽水正青春"系列综述报道、"飞跃丽水再出发"融媒直播、《二十年正青春》微视频等，举办丽水撤地设市20周年成就展，全面、立体呈现丽水取得的历史性成就。围绕十九届五中全会精神、"重要窗口"建设、创建百山祖国家公园、衢宁铁路通车等主题，统筹推进专题宣传报道。全年中央、省级主流媒体和境外媒体刊(播)发涉丽水的正面报道6910余篇(条)，《人民日报》、新华社、中央广播电视总台三大央媒462篇(条)，《浙江日报》、浙江卫视两大主媒795篇(条)，其中，中央电视台82篇，《新闻联播》10条、头条3条，《人民日报》93篇、头版4篇，《浙江日报》280篇、头版20篇，浙江卫视新闻联播140条、头条10条，分别同比增长100%、60%、33%、25%。

【媒体融合发展】 2020年，全市新闻媒体深入实施主流移动传播平台打造工程，升级打造"指尖丽水""无限丽水"和9个县(市、区)自主传播平台客户端，全面拓展"新闻+政务+服务"功能，市、县新媒体用户总量同比分别增长18.4%和14.1%，推出传播量千万级作品19个、百万级作品96个、十万级作品523个，《胡海峰邀您游丽水》《丽水市长吴晓东邀您品味丽水》等短视频全网阅读量1亿人次。加强融媒共建，成立"蓝媒联盟"丽水地区协作中心，开播丽水市广电总台电视新闻综合频道高清节目，组织县级融媒体中心评估工作，开展"红绿融合"融媒体创作大赛。

【新闻业务管理】 2020年，丽水市委宣传部进一步加强新闻业务管理，用好浙江省专业技术职务任职资格申报与评审管理服务平台，开展2020年新闻专业职称评审工作，新调整专家库成员62人，评出记者24人、编辑17人、助理记者4人、助理编辑10人，推荐主任记者4人、主任编辑5人、高级记者1人、高级编辑1人。定期召开新闻通气会，召开宣传统战工作联席会议，完成市级媒体2019年度目标绩效考核工作，制定市级媒体2020年度目标绩效考核办法，开展《丽水日报》《浙江城市广播电视报丽水广播电视》审读工作。开展2020年度"四优三品牌"评选，评选出2020年度优秀记者5人、优秀编辑5人、优秀主持人2人、优秀网络评论员10人、品牌栏目3个、品牌活动2个、品牌新媒体3个。　　(江长峰)

丽水日报报业传媒集团

【概况】 2020年，在新冠肺炎疫情阻击战中，丽水日报报业传媒集团"六管齐下"迅速启动应急预案，全面动员做好疫情防控宣传，抓好集团自身防控措施落实，确保舆论宣传引导正确有力。推出《众志成城 坚决打赢疫情防控阻击战》《在大考中交出"丽水之干"合格答卷》等专版，《丽水日报》刊发疫情防控相关稿件760篇，专版112个，《处州晚报》刊发专版83个。报社旗下各新媒体平台共计刊发疫情相关稿件8756篇，全年"10万+"爆款作品228个。微信单条最高阅读量《大年初一，丽水12名医护人员向武汉出发!》近56万人次。传播正能量,《丽水日报》推出“党旗引领防控阻击战”专栏;《处州晚报》策划推出《守一道门,护一城人》《战役一线,丽水十二时辰》等系列报道,其中2篇稿件的报道对象获阿里巴巴“天天正能量”表彰;新媒体中心推出手绘长图《党旗飘扬在抗“疫”路上》。正确引导舆论,做好“问政直通车”平台管理,收到防疫相关帖文1154条,及时审核、联系部门答复;“指尖丽水”APP先后发布辟谣信息376条。搭建平台开展公益活动,开通滞销农产品线上求助平台,销售滞销农产品1750万公斤;对接沟通,为有资金需求的转产口罩企业提供贷款政策扶持;联合爱心企业捐赠爱心口罩2万只。丽水日报报业传媒集团确保新闻产品质量不出重大事故,全年没有重要差错发生。15件作品获浙江新闻奖,其中一等奖1个,二等奖4个,三等奖10个;13件作品获中国城市党报新闻奖,其中一等奖2个,二等奖4个,三等奖7个。共上报舆情433篇,录用37篇。

1月、12月,丽水日报报业传媒集团开展2批共19名事业编员工招考,同时招录财务会计岗位人员1人。开展内部专业培训,把员工业务培训纳入经营部门目标责任制考核。组织员工参加“云课堂”线上直播培训、新闻采编资格培训等一系列培训,进一步提升员工整体素质。修订《问政直通车、处州论坛管理办法》《丽水网审稿流程》等规章制度30余个,进一步规范、强化意识形态管理工作。

【重大主题报道】 2020年,丽水日报报业传媒集团坚持报、网、端同时发力、融合传播,围绕学习宣传贯彻习近平新时代中国特色社会主义思想及中央、省委、市委的重要会议及工作部署,围绕常态化疫情防控、全面小康及脱贫攻坚、弘扬践行浙西南革命精神、“绿水青山就是金山银山”理念提出15周年、丽水撤地设市20周年、“重要窗口”建设、平台二次创业、红绿融合发展、国家公园创建、“两城创建”等市委、市政府重大决策、重点工作、重大主题,通过专题、专栏、专版、评论及融媒平台开展深入宣传报道,引导全市人民凝聚“丽水之干”的强大动能,推动“三敢三比”不断取得实效,为高质量绿色发展营造深厚的舆论氛围。《丽水日报》刊发相关稿件1200余篇,专版48个,专刊21个;《处州晚报》刊发相关稿件100余篇,专版数10个;新媒体中心在微信公众号、指尖丽水APP、丽水网刊发相关稿件1600余篇。

【民生服务类报道】 2020年,丽水日报报业传媒集团做好“问政直通车”品牌,市本级受理问政帖2346个,切实解决一批民生问题。做好舆论监督报道,针对新冠肺炎疫情防控工作中的保洁与消毒杀菌、复工复产、夜生活与夜经济、公筷公勺、餐桌上的节约和浪费,进行系列的舆论监督,赢得读者和相关部门好评。做好新闻帮扶活动,《处州晚报》和丽水网雷锋团分别通过“大服务·帮办”栏目和“关爱留守老人·爱心理发团在行动”网络公益活动,为遭遇困境的市民筹集爱心款项,先后组织进社区服务7次,为150余名留守老人、空巢老人、独居老人提供理发服务。

【报业经营效益】 2020年,由于新冠肺炎疫情,丽水日报报业传媒集团的广告、发行、印务、文旅、培训等业务受到影响。集团党委及时部署年度经营工作,开展“百日攻坚”会战行动,实现逆市上扬,全年经营收入1.04亿元。文化传播公司开展“三大行动”,“大客户”的保量增量;县(市、区)乡镇市场拓展,增收超百万元;协同网络传媒公司发力视频、移动端业务,举办线上车展,原创“丽水购房指南”新媒体平台。《丽水日报》完成征订60117份,《处州晚报》完成征订38007份,超额完成指标。物流公司开源节流,逐步规范人员用工问题,对外

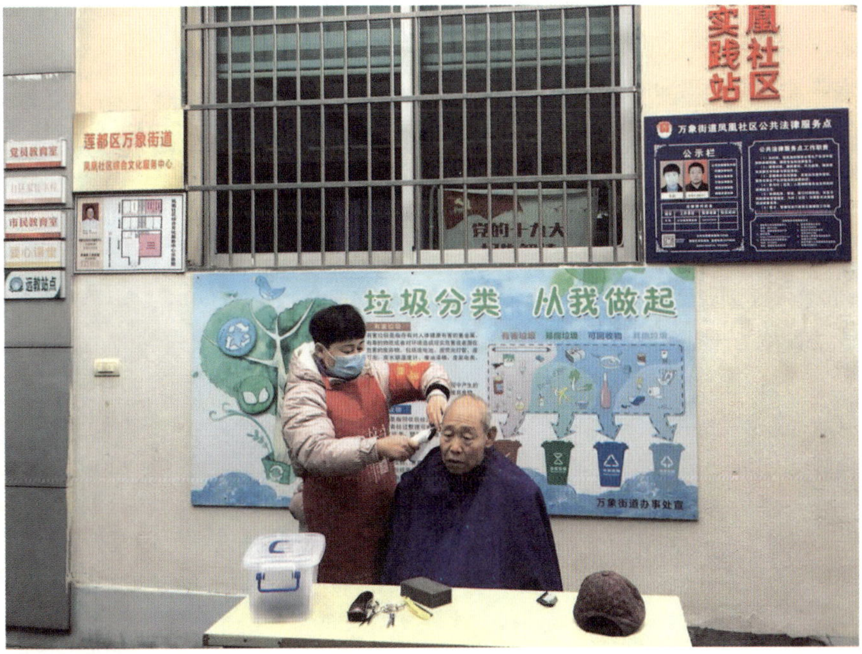

2020年3月,爱心理发团志愿服务 (王斯依 提供)

承包部分物流站，创收960万元，同比增长39%。印务公司深耕主业，根据疫情及时调整经营策略，多元开拓市场。文旅公司在旅游业务受到疫情影响下，落实好惠民卡延长使用时限，承办丽水旅游线上直播、莲都区春节旅游推荐会、2020年丽水莲都“中国农民丰收节”等活动助力复工复产，参与国家公园创建宣传工作，取得良好社会效益和经济效益。丽水日报报业传媒集团与龙泉市委宣传部开展战略合作，成立龙泉全媒体公司，负责龙泉市融媒体中心各项经营工作，首年实现营收入412万元。7月，与庆元县委宣传部签订战略合作协议，成立庆元全媒体公司，负责庆元融媒体中心所有平台广告经营，完成广告签约总量106万元。

【媒体融合转型】 2020年，丽水日报报业传媒集团推动媒体深度融合转型，集团在“绿谷融媒小厨”项目的基础上不断升级改版，获记者编辑一致好评。浙报天目云系统从1.0升级到2.0，飞腾系统从4.1升级到5.5版；优化改版“指尖丽水”APP。增设地方频道，全面打造丽水融媒体联盟的移动端阵地；1月，《处州晚报》再次进行改版，从常规16版缩小到常规8版，推动更多力量向新媒体转型。推进经发大楼项目前期工作。科学谋划“十四五”规划编制。首次制订集团发展规划，深入谋划媒体融合发展平台载体、经发大楼等一批具有战略性、引领性、支撑性的重大项目，并争取市委、市政府政策支持，力争让丽报传媒集团实现长远发展。 （朱　剑）

广播电视

【概况】 2020年，丽水市广播电视总台（丽水广播电视集团）以习近平新时代中国特色社会主义思想为指导，深入学习贯彻中共十九大以及十九届二中、三中、四中、五中全会精神，习近平总书记在浙江考察时的重要讲话精神，以及省委、市委重大决策部署，对标“重要窗口”建设任务，以改革为主线，以绩效为核心，以融合创新为动力，唱好主旋律，打好经营战，改革发展的目标任务落地见效。在2019年度浙江省新闻奖、浙江省广播电视政府奖、浙江省广播电视节目技术质量金鼎奖等评选中，获奖作品29件，其中，《山村“升旗手”》等16件作品获新闻类二、三等奖；《绿谷采风——四季沐歌》等13件作品获金鼎奖一、二、三等奖。全年实现广告经营收入7909万元，广告信用指数99.8分。3个电视频道晚间时段平均收视率8.2%、收视份额19.2%；3个广播频率平均收听率3.21%、收听份额74.3%。

2020年，丽水市广播电视总台为深化融媒改革工作需要，优化干部队伍结构，对中层岗位进行集中调整，其中，正科岗位平级交流5人次；副科岗位提任10人次，平级交流5人次。机构调整后，重新任免正科岗位6人次，副科岗位8人次。招聘事业编4人，以丽水广播电视集团有限公司（下属子公司）招聘引进人才的模式招聘31人。完善专业技术岗位聘任制度，2020年，取得副高职称3人、中级职称4人、初级职称4人；举办各类业务培训13场，共1070人次参加。

【媒体深度融合】 2020年，丽水市广播电视总台进一步推进媒体深度融合，将电视三个频道融合成电视中心，全面推进电视中心、广播中心、新媒体中心三大中心的深度融合和效能提升，实现三大中心各有侧重、差异发展又相互协作。在此基础上，建立全媒体新闻中心，统筹全台整体新闻宣传工作，建立日常业务管理、协同统筹管理、绩效评测管理等工作机制，统筹推进信息资源、内容生产、全媒传播和绩效考核等方面工作，实现策采编播管一体化、大屏小屏融合发展的新传播形态，全面构建符合丽水市广播电视总台实际的大融合大协同工作格局。12月28日，全媒体新闻中心挂牌成立，标志着丽水广电事业发展和媒体深度融合再上新台阶。台属各新媒体平台推出“10万+”新媒

2020年12月28日，丽水市广播电视总台（集团）电视新闻综合频道高清节目开播暨全媒体新闻中心揭牌仪式举行 （黄晶晶　提供）

体爆款作品，其中《胡海峰邀您游丽水》《丽水市长吴晓东邀您品味丽水》等新媒体短视频全网点击量1亿人次。开展《庆元副县长田头带货售“花”》《青春网红、公益助农》等助企助农带货直播40余场，点击量超过1000万人次；开启11场慢直播，古堰画乡、九龙湿地景区入驻“无限丽水”客户端。“茂盛系列”短视频及“老白帮忙”“天晟山居”“名堂精探店”等网红品牌打造初见成效。

【主题宣传报道】 2020年，丽水市广播电视总台围绕市委、市政府中心工作，做好省“两会”和市“两会”宣传报道，推出《代表专访》《委员专访》《代表手记》《委员手记》《关注省“两会”》《丽水好声音》等系列报道，播出稿件200余篇。针对新冠肺炎疫情发展的不同阶段，开设《众志成城 共克时艰》《党旗引领防控阻击战》《两手抓两手硬 两战赢》等专栏，推出述评类栏目《胡杨说“疫”》。围绕丽水撤地设市20周年主题，携手各县（市、区）融媒体中心，推出“飞越丽水再出发”大型媒体行动，通过系列报道、丽水全域航拍、9场融媒直播、20周年成就展四大子项目，全面展现丽水蓬勃发展的新面貌。制作《二十岁 正青春》《丽水撤地设市二十周年新闻大事记》宣传片。开设《创建百山祖国家公园》专栏，报道创建百山祖国家公园工作动态，宣传各地各部门推进工作的好做法、好经验。开设《走进衢宁铁路》专栏，对铁路施工建设、开通情况，沿线干部群众为建设、开通、运营所做的艰苦努力和敬业奉献的精神风貌进行宣传报道。做好《村社换届进行时》《走向我们的小康生活》《常创文明城》《抓好大花园建设 谱写绿色发展新篇章》《大力推进城中村改造》《服务企业 服务群众 服务基层》《耕读丽水 慈孝处州》《振兴路上的乡村故事》等主题报道。

【对外宣传】 2020年，丽水市广播电视总台加大对外新闻协作力度，完善外宣奖惩考核机制。全年被中央电视台录用稿件20条，被中国之声录用稿件7条；被浙江卫视录用的正面宣传新闻稿件662条，其中头条新闻10条，获全省广播电视新闻协作二等奖。新媒体外宣方面，全年被学习强国录用信息363条，在央视新闻客户端、中新网、新蓝网等中央、省级新媒体平台发稿545篇；新媒体中心在新浪微博推送文章7935篇，总阅读量798万余人次；在今日头条号推送文章500余篇，总阅读量100万余人次，获蓝媒联盟新媒体协作（市级）先进集体。

2020年5月27日，“飞越丽水再出发”——丽水撤地设市二十周年大型媒体行动启动

（黄晶晶 提供）

【广播电视栏目创新】 5月24日，丽水市广播电视总台与丽水经济技术开发区合作推出的新闻专题栏目《开发区深一度》在电视文化休闲频道开播，节目时长15分钟，两周一期。该栏目致力于丽水经济技术开发区高质量绿色发展深度报道，重点围绕“五大产业集群”的打造以及“六大发展环境”的提升策划选题、采编节目，深入挖掘经济事件、透彻分析政策措施、准确把握发展脉搏。6月29日，丽水市广播电视总台第一个主持人工作室——“天晟山居工作室”挂牌成立。“天晟山居工作室”是广电总台对主持人个人品牌、节目打造的一种全新尝试，是广播节目向广播品牌转型升级重要体现。工作室围绕丽水民宿内容为核心，在原有广播节目《丽水山居》基础上，制作一个集音频、视频、新媒体推文为一体的融媒体产品。

【媒体产业经营】 2020年，丽水市广播电视总台实现广告经营收入7909万元。推进产业拓展，开办《自然资源之窗》《开发区深一度》《企业家访谈》《红色乡镇》等新栏目，开展撤地设市20周年大型展览、云上电商大会、致敬高温下的劳动者、2020电视观众节、少儿春晚等活动70余场。集团公司下属影视公司试水大电影，文化传播公司提高大型活动承载量，艺术培训公司与浙江少儿频道开展培训合作，文旅公司对接旅游部门和景区开展研学课程研发。与市城投公司、华数公司合资成立公司，主营智

2020年8月28日，丽水市广播电视总台（集团）开展致敬高温下的劳动者——送清凉公益行动　（黄晶晶　提供）

慧城市相关业务；开设华为5G智能生活馆。

【广播电视安全播出和技术保障】 2020年，丽水市广播电视总台完成3个电视频道、3个广播频率的制作和播出技术保障任务，完成中国之声、浙江之声和2个DTMB电视频道以及本台县（市）调频覆盖网的安全转播发射任务，完成5个重要保障期共25天的安播保障任务。根据国家广电总局关于按规划关停地面模拟电视有关工作的统一安排，7月31日24时，关停DS-9浙江卫视、DS-24丽水新闻综合频道、DS-30中央一套和DS-36中央七套的模拟电视播出。完成2场重大工程集中开工仪式信号采集传输任务，保障演播室、转播车使用62场次，微直播技术支持70余场，维修摄录演播设备近20台套次；保障办公网文稿系统及“蓝精灵”APP正常使用，制定《融媒体中心技术平台管理制度》《融媒体中心设备机房管理制度》。做好地面数字电视频道移频准备、音频工作站系统维护等工作。

【广播电视高清化改造】 2020年，丽水市广播电视总台经过研究谋划，制定2020年至2022年事业建设计划，主要包括新闻综合频道高清化改造、广播中心及无线发射系统改造、二三频道高清化改造三大项18个子项，总预算7000万余元。相继完成新闻综合频道高清化摄像机采购项目、电视播总控系统高标清同播改造项目、260演播厅的高清化改造项目，12月28日，新闻综合频道高清节目试播开启。完成新媒体直播车和新闻综合频道非线性高清精编系统建设方案设计。

【党建“三品牌”建设】 2020年，丽水市广播电视总台以“三敢三比”争当“丽水之干”模范集体和先锋人物大比拼活动为载体，深化“名记先锋队”“老白帮忙团”“小秋志愿团”三大党建品牌建设，动员基层党组织和广大党员，发挥战斗堡垒和先锋模范作用。全年开展新闻帮扶600余次，帮助百姓解决消费纠纷、邻里矛盾、环境卫生等问题330余个；开展社区疫情防控、无偿献血、党员服务一条街、认领微心愿、文明巡城等志愿服务活动120余场次。12月，“老白帮忙团”志愿服务月启动，走进莲都区、龙泉市、青田县等地举办活动8场，现场宣讲宪法知识、《丽水市文明行为促进条例》、冬季养生等内容，参与群众近7000人次。电视公共和文化休闲频道被市委、市政府授予“丽水市抗击新冠肺炎疫情先进集体”，俞键被市委、市政府评为“丽水之干”先锋人物。

【丽水华数数字电视有限公司】 2020年，丽水华数数字电视有限公司实现权责总收入5743万元、利润937万元，其中，基本视听收入1248万元、视频增值业务收入581万元、集客总收入2744万元。数字电视大众用户出账数43037户、宽带大众用户出账数13478户。完成投资总额635万元。完成酱园弄、东升南区、北苑新村等11个区块RF模式网优工作，共改造小光站156个，覆盖用户数5620户；敷设主干光缆近44.68千米；完成通信管道建设11处，新增管道近8.8孔千米。完成丽水云视CA同密工作，协助省网完成BRAS设备的更换，二干网丽水站SMTP设备的安装调试，完成中教4节目播出及各县（市、区）分前端的配置，央视3/5/6/8/9节目转换系统设备安装等重点工作。完成机房扩容项目、1550光平台扩容项目、高清卫星接收机扩容项目、营业厅UPS电池更换项目等重点项目安装调试和终验。　（黄晶晶）

【丽水广播电视报】 2020年，丽水广播电视报发行50期，每期20版，原创内容32篇（版），主要包括旅游、养生、美食等内容。新冠肺炎疫情期间，报社记者深入一线，专访丽水首批驰援武汉医疗队、市集中医疗救治点医疗小组等一线医护人员，报道丽水市在抗疫中涌现的各类典型人物的先进事迹等。报社抓住广电小记者故事大王比赛契机，在全市壮大广电小记者队伍，在“丽水在线”微信公众号上开发“丽水广电小记者”小程序，线上举办征文征画比赛等；组织广电小记者参观丽水市广播电视总台并体验新闻采、编、播流程，参观污水处理厂、慈善竞拍等，开展“不灭的窑火”龙泉研学等活动。（汤 颖）

新闻团体

【概况】 2020年，丽水市新闻工作者协会（以下简称市记协）以习近平新时代中国特色社会主义思想为指导，组织全市媒体深入学习宣传贯彻中共十九大精神，组织学习新修订的《中国新闻工作者职业道德准则》。1月30日，市记协刊发《市记协致全市新闻工作者的倡议书》，倡议全市新闻工作者要履行职责使命、社会责任，以及积极加强自我防护，为打胜新冠疫情防控战役提供有力舆论支持、激发强大精神力量。协调全市新闻单位做好有关报道，有力有效打好疫情防控舆情引导主动战。市记协动员组织全市新闻单位围绕市委、市政府中心工作，坚持团结稳定鼓劲、正面宣传为主，做好习近平新时代中国特色社会主义思想宣传贯彻报道、全面建成小康社会、“绿水青山就是金山银山”理念提出15周年、丽水撤地设市20周年等新闻宣传工作。

2020年，市记协组织开展丽水日报传媒集团抗击新冠肺炎疫情主题宣传，以及决胜脱贫攻坚、全面建成小康社会新闻报道二轮互评工作。组织开展好每月1次《丽水日报》审读工作。征集疫情防控阻击战一线记者采访报道故事。做好《“两山”理念优秀报道汇编》编辑出版工作。做好“决战脱贫媒体在行动”主题活动约稿工作。做好践行“绿水青山就是金山银山”理念采风行（丽水组）活动。组织参加中国记协关爱新闻工作者健康在线讲座。组织参加全省新闻界庆祝第二十一个中国记者节暨好记者好作品颁奖报告会等。

市记协组织全市新闻工作者参加省记协的各类业务交流和培训。组织参加省记协举办的云课堂线上直播培训3场，为直接从事采、编、播、制作的新闻工作者进行短视频内容创作技巧等培训。参加新修订的《中国新闻工作者职业道德准则》学习交流会。组织媒体领导和业务采编骨干参加省记协联合兰州大学文学院举办的《传承红色基因，增强“四力”能力》专题研讨班。组织全市新闻工作者参与省记协组织的各项活动和比赛。组织参加第七届浙江省“好记者讲好故事”比赛活动、“走向我们的小康生活”主题采风暨全省记者漂流赛等。

【年度新闻奖评选】 2020年初，开始评选2019年度丽水市新闻奖，与浙江新闻奖、中国新闻奖同期进行。2019年度丽水市获浙江新闻奖的作品共24件，一等奖1个、二等奖6个、三等奖17个，其中，丽水日报社作品《38个红指印换来一个美丽乡村》获报刊类作品一等奖。2019年度丽水市新闻奖评奖项目和标准与浙江新闻奖基本一致，报纸、广播、电视、新媒体和区域报分类进行评选。产生2019年度市新闻奖的获奖作品报纸作品82件，广播电视作品73件，新媒体作品59件，区域报作品23件。

【2020年丽水新闻系统首届气排球比赛举行】 2020年11月13日，在庆祝第二十一个中国记者节之际，丽水市记协主办、丽水市气排球协会协办的2020年丽水新闻系统首届气排球比赛在丽水举行。本次比赛共8支代表队、50余名运动员参加。丽水市记协首次举办此次气排球比赛，目的在于展示全市新闻工作者团结拼搏、昂扬向上、锐意进取的精神风采。最终，丽水日报报业传媒集团、松阳县融媒体中心、缙云县融媒体中心分别获比赛前三名。（郑亚伟）

2020年11月13日，丽水新闻系统首届气排球比赛在丽水举行（市记协 提供）

卫生　红十字会

综　　述

【概况】　2020年，全市有医疗卫生机构1661家，其中，医院59家（综合性医院23家、中医医院9家、专科医院26家、护理院1家），社区卫生服务中心（站）44家，卫生院186家，村卫生室747家，诊所、卫生所、医务室、门诊部583家，疾病预防控制中心10家，妇幼保健院（所、站）9家，采供血机构1家，卫生监督所（中心）10家，计划生育技术服务机构1家，医学在职培训机构1家，临床检验中心（所、站）1家，其他卫生机构9家。

2020年，全市有病床位14290张，拥有卫生人员25323人，卫生技术人员21345人，其中，执业（助理）医师8569人，注册护士8884人，药师（士）1251人，技师（士）（含检验师）1032人，其他（含见习医师）1609人。按常住人口250.8万人，全市每千人床位数、卫生技术人员数、执业（助理）医师数、注册护士数分别为5.70张、8.51人、3.42人、3.54人；按户籍人口270.74万人，全市每千人床位数、卫生技术人员数、执业（助理）医师数、注册护士数分别为5.28张、7.88人、3.17人、3.28人。

2020年，全市卫生事业投入41.36亿元（其中基本建设资金14.48亿元），增长96.95%，同期财政支出增长0.11%，卫生事业投入占财政支出比例7.52%，中医事业费占卫生事业费比例2.17%。全年市本级卫生事业投入增长137.82%，同期财政支出增长7.75%，卫生事业投入占同级财政支出比例15.27%，市本级中医事业费占卫生事业费比例1.87%。　（何群英）

【卫生行政审批】　2020年，全市卫生健康窗口受理并办理各类卫生许可事项8536件。市本级卫生健康窗口办理各类卫生政务服务事项2413件，其中，办理公卫类许可395件，办理医疗机构执业许可220件，中医诊所备案8件，办理省下放事项726件（涉水产品生产企业卫生许可14件、消毒产品生产企业卫生许可12件、护士执业注册682件、中医医疗广告审批3件、职业病诊断医师许可15件），西医广告审批24件，办理医师执业许可661件，办理医疗机构使用麻醉药品、第一类精神药品许可9件，办理放射诊疗卫生许可19件，办理放射诊疗建设项目卫生审查31件，可感染人类的高致病性病原微生物菌（毒）种或样本运输审批192件，食品安全企标备案40件，母婴保健专项技术服务许可4件，母婴保健服务人员资格认定71件，职业健康检查机构备案9件，病媒生物预防控制服务单位备案4件。

【“互联网+政务服务”建设】　2020年，市卫生健康委深化卫生健康领域“放管服”改革和“证照分离”改革，持续优化审批方式，对16项涉企行政许可事项减材料、减环节、压时限，优化审批流程，制定落实事中事后监管举措，实现“证照分离”改革全覆盖。将放射诊疗建设项目卫生审查、放射诊疗许可、医疗广告（西医）核准3个行政审批事项权限下放县级卫生健康行政部门。全面推进政务服务2.0改造升级，77项事项完成系统改造并上线政务2.0，全面规范统一办事指南，办事指南准确率100%，政务服务事项“零次跑”实现率100%，网上办开通率100%，掌上办实现率100%，承诺期限压缩比例98.51%，即办事项比例94.30%，材料电子化比率100%，政务2.0办件发生率100%。

【卫生法治建设】　2020年，市卫生健康委不断加强市卫生健康行政执法人员能力建设，行政执法证持证率100%。全面执行重大行政执法决定法制审核、行政执法公示和行政执法全过程记录“三项制度”，严格落实重大行政决策程序、合法性审查、公平竞争审查制度，加强行政规范性文件管理，进一步推进行政执法规范化建设。市卫生健康委作出重大行政执法决定案件16件，严格执行法制审核和集体讨论制度；新签订行政机关合同64个，均经委法制机构合法性审查并同步征求法律顾问意见，均按照合同管理制度规定的程序签订和执行，未发生合同争议，未发生违约毁约情形。组织开展“防控疫情，法治同行”专项法治宣传行动、《中华人民共和国职业病防治法》宣传周、生活饮用水宣传周、《中华人民共和国基本医疗卫生与健康促进法》主题教育宣传月、《中华人民共和国民法典》宣传、医疗美容法律法规宣传、宪法宣传周等专项法治宣传活动。出台丽水市绿谷分“信易医”信用应用场景实施方案（试行），绿谷分等级为AA级、AAA级的市民享受“信易医”优惠，丽水市中心医院和缙云县人民医院试点运行。

【“三医联动”“六医统筹”改革】 2020年，丽水市成立深化医药卫生体制改革联席会议并建立定期召开联席会议制度，明确各部门分工职责。6月，下发丽水市“三医联动”“六医统筹”（医保体制改革、卫生体制改革与药品流通体制改革联动；扎实推进医保、医疗、医药、医院、中医、医生统筹）市县任务清单（丽医改联席办〔2020〕5号）。加强对县（市、区）医改工作指导，组织开展各县（市、区）总结深化医改工作完成情况，查漏补缺，推进深化医改各项工作。指导遂昌县做好深化医药卫生体制改革“三医联动”“六医统筹”集成改革综合试点工作。（凌如娟）

医政管理

【疫情防控阻击战】 2020年，市卫生健康委按照省卫生健康委“集中病例、集中专家、集中资源、集中救治”统一要求，第一时间筹备启用市集中医疗救治点，组建由市直三甲医院呼吸、感染等专业18名专家组成的市级医疗救治专家组，制定专家组工作规程，指导全市医疗救治工作，实现医护人员“零感染”、确诊病例“零死亡”。1月30日、3月2日，启用市集中医疗救治点，先后遴选市县医院50名医护业务骨干集中入驻。2月27日，在全省率先实现17例本地确诊病例“清零”，是全省最早实现市内本地病例“清零”地级市，省政府主要领导称赞丽水市为“全省最早见阳光的市”。18例境外输入确诊病例于4月30日全部治愈出院。市集中救治医疗小组临时党支部被省委、省政府授予“浙江省抗击新冠肺炎疫情先进集体”“浙江省先进基层党组织”称号。根据省卫生健康委统一部署，从大年初一开始到正月二十，丽水市先后派出5批80人参加援鄂医疗队出征湖北武汉，并完成任务，“零感染”全部安全返回，市委、市政府举行最高规格欢迎仪式迎接抗疫英雄回家。10月26日，派出10名核酸检测人员参加省援喀医疗队出征新疆援助开展全民核酸检测，完成任务安全返回丽水。依托互联网医院服务海外侨胞抗疫，为让40余万名丽水海外侨胞能够便捷地进行在线咨询，6天时间里4次升级丽水互联网医院，在最短时内创新构建互联网诊疗平台，1000余名临床、心理医生入驻互联网医院、300余个微信义诊群，开设18期海外华侨医疗直通车，覆盖30余个国家、15万余名海外侨胞，累计提供咨询等服务1.8万余人次。帮助海外侨胞科学抗疫，受到省委主要领导批示表扬。《“互联网医院”助力海外华侨共抗新冠疫情》项目获浙江省卫生健康2020年度“十大有影响力事件”提名奖和2020年度丽水市宣传思想文化工作创新奖。

2020年3月20日，丽水市互联网医院海外侨胞医疗服务直通车开设中医专场

（潘佳楠　提供）

【常态化疫情防控】 2020年，全市17家发热门诊，全部具备相对独立区域、独立候诊区、三区两通道、候诊区可容纳人数、单人诊室数、留观室数等指标均达省要求。全市确定定点医院10家，核定床位总数4700张，最大可收治新冠患者床位974张，ICU床位占比全部达10%以上。定点医院重症监护床位总数不少于核定床位

总数10%的要求。组织全市“学思践悟 守护生命方舟”秋冬季新冠肺炎医疗救治培训和演练，全市10家定点医院的分管院长、医务处长、护理部主任，市重症医疗救治队成员，各县(市、区)新冠肺炎医疗救治团队骨干，近300人参加。各市直医院及各县(市)均组织开展新冠疫情防控医疗救治培训和演练，演练方式主要为桌面推演、情景模拟、实战演练等，参与人员3000余人。组织举办新冠病毒核酸检测实验室技术人员上岗培训班，通过理论和实验考核共有230人。组织2支代表队共30人参加省卫生健康委组织的新冠病毒核酸检测技能比武，丽水市获地市集体奖第七名，丽水二队获参赛团队奖三等奖，丽水一队获参赛团队奖优胜奖。

【市级公立医院综合改革】 2020年，市卫生健康委推动医疗、医保、医药联动改革，降低虚高药价、减少重复检查、优化医疗服务，有效提升公立医院的服务能力。在2020年度全省公立医院综合改革评价中，丽水市以94.7分位列全省第三位，较2019年第8名上升5位。至年底，全市公立医院门诊均次费用和住院均次费用合理控制，增幅分别低于全省平均5.9个百分点、3.21个百分点。全市医疗服务收入占比31.64%，同比增加1.69个百分点，百元医疗收入医疗支出112.43元，低于全省平均4.45元。在2019年度三级公立医院绩效考核中，丽水市中心医院全国排名第68位，比2018年度排名上升2位，全省排名第9位，等级A+；丽水市中医院全国排名第57位，比2018年度排名上升12位，全省排名第6位，等级A。 (刘　永)

【县域医共体建设】 2020年，全市15个医共体，全部按要求完成省定48项任务。推行“一县一改革”项目，涉及医共体薪酬制度改革、医防融合体系建设、全员岗位管理、片区化管理、信息化建设等方面，探索可复制的医共体“丽水模式”。2020年，全市县域就诊率90.01%，同比2019年提升0.87个百分点；全市基层就诊率52.01%，同比2019年提升3.57个百分点。加强偏远山区巡回医疗服务，新增巡回诊疗车30辆，从2019年16辆提升至46辆，对810个未设有医疗机构的行政村实现巡回服务全覆盖，全年累计开展巡回医疗服务15670个村次，参与巡回医疗服务医务人员20363人次，其中副高以上1893人次，行驶32.3万千米，服务群众49.2万人次，为百姓减少交通费用207.7万元。全市174家乡镇卫生院(社区卫生服务中心)参与“优质服务基层行”活动，青田县温溪镇社区卫生服务中心和松阳县古市镇中心卫生院在“优质服务基层行”活动中表现突出，受到国家卫生健康委通报表扬。青田县医防融合改革在全省医共体建设现场会作经验介绍，庆元县片区化管理改革在全省基层卫生会议上作经验介绍。

【“双下沉、两提升”工作】 2020年，全市12家县级医院(综合医院9家、中医院3家)分别与8家省市三甲医院(省级6家、市级2家)建立14对合作帮扶关系，其中，全面托管8对、重点托管4对、专科托管2对。省市三甲医院向县级医院派出专业技术和管理人员17581人次，指导开展新技术46项、新项目31项。县级医院到省市三甲医院进修学习62人次。12家建立合作帮扶关系的县级医院在疑难危重病例收治能力、三四类手术能力、病床周转能力等方面均有一定程度的提升，其中，庆元县人民医院、遂昌县人民医院、青田县人民医院3家医院CMI值排名提升；龙泉市人民医院、遂昌县人民医院、松阳县人民医院等7家医院平均住院日排名提升；松阳县人民医院、云和县人民医院、龙泉市人民医院3家医院三四类手术占比排名提升。省卫生健康委组织的2019年度“双下沉、两提升”工作评估中，丽水市7家县级医院、1家市级医院评估结果优秀。

【医疗质量安全】 2020年，市中心医院通过三甲综合性医院复评、市人民医院接受三甲综合性医院复评。开展35个市级质控中心年度考核，评出优秀质控中心12个。更新完善《丽水市医疗质量控制中心和医疗技术指导中心管理办法》。以“患者安全”为核心，督促医疗机构围绕“十八项核心制度”开展各项工作，组织病历、麻醉、院前急救等17个市级质控中心对17家县级医院进行联合质控检查。全市25家医疗机构入组“浙江省医院质量管理与服务平台”，二级以上公立医院全覆盖，应用疾病诊断相关组(DRGs)开展医院医疗服务质量与绩效评价工作。开展“学思践悟”大比拼，联合市人力资源和社会保障局、市总工会举办全市中医护理综合技能、临床检验综合技能、超声医学职业技能和医疗设备维护技能4场职业技能竞赛，以赛促学、以赛促行，提高医务人员医疗质量安全意识，确保医疗安全。 (周恺麟)

【医疗服务领域“最多跑一次”】 2020年，市卫生健康委全面推广互联网+智慧医疗，实现互联网医疗、刷脸就医全市22家公立医院全覆盖。制定出台《2020年丽水市深化医疗卫生服务领域“最多跑一次”改革 推进就医全方位体验大提升实施方案》，围绕就医服务、环境、流程提出十五项措施，全方位提升患者就医体验。全市门诊智慧结算率、住院智慧结算率、检查智慧预约率、电子发票使用率分别为 75.84%、70.50%、99.13%、72.11%，同比 2019 年分别提高 3.86 个、10.81 个、24.77 个、21.66个百分点。全市 22 家公立医院 100%开通互联网医院、81.81%实行停车场智能管理、86.36%完成“智慧食堂”建设。基层适用项目延伸拓展到 95%以上基层医疗服务机构，100%的基层医疗卫生机构开展门诊智慧结算、开设夜门诊，提供慢病长处方，电子健康档案开放率 58.02%。全省率先推出残疾证“一件事”联办服务机制，实现残疾人证办理“最多跑一次”“最多跑一地”。

【血液供应和安全】 2020 年，全市无偿献血 37673 人次，其中，全血 34746人次，机采血小板 2927 人次，年度献血人次同比上升 1.43%。总献血量10665.5升，其中，全血献血量 9897.46 升，机采献血量 3840.2 单位，献血总量同比上升 0.84%。临床用血量 9919.64 升，无偿献血量占临床用血量 107.5 %，保质保量地完成临床用血的供应。全市千人献血量、千人献血率位列全省第二位，连续 9 度蝉联“全国无偿献血先进市”称号，被省政府授予“无偿献血先进市”称号。2 月，遂昌县作为全省未发现疫情的低风险县，在省、市卫生健康委支持下和省血液中心技术指导下，在全省率先开展低风险区团体献血工作，3 天时间共有 486 人献血，献血总量 144600 毫升，为保障省、市级临床用血提供坚强后盾，受到省政府主要领导肯定表扬。

【医师资格考试】 2020 年，丽水考点 1297 人网报参加全国医师资格考试，通过资格审核 1067 人，实践技能考试合格 789 人，合格率 73.95%；综合笔试合格人数 467 人，合格率 59.19%。全市医师资格考试总体合格率43.77%。

【“120”急救】 2020 年，市卫生健康委加强院前急救体系建设，新增丽水经济开发区水阁卫生院、丽水二院急救点，缩短急救半径。制订《丽水市院前医疗急救服务能力建设三年行动计划（2021—2023 年）》。组织开展台州、金华、衢州和丽水 4 地第四届院前急救调度员培训班，共 80 余人参加培训，入选浙江省医疗急救人才培养导师 6 人。市“120”急救指挥中心接到报警电话 41563 人次，急救派车 10504 次，回车率 0.39%，救治病人 9089 人次。（刘　永）

中医药工作

【中医药事业发展】 2020 年，全市中医药事业发展经费 7610.63 万元，同比增长 25.86%；公立医院中医药业务收入 6.02 亿元，同比年度增长 56.36%；中医门诊人次 178.56 万人，同比增长 31.51%；中药饮片收入 2.27 亿元，同比增长 11.82%；中医非药物治疗收入 0.74 亿元，同比下降 43.51%；中医类别执业（助理）医师 1255 人，同比增长 4.93%；备案新增中医类诊所 9 家，备案变更诊所 2 家。

【基层中医药服务】 2020 年，市卫生健康委指导督促松阳县、青田县、缙云县创建全国基层中医药工作先进单位。全市县级医院中医门诊人次47.11万人，同比下降 33.11%；中医药业务收入 1.30 亿元，同比下降 44.44%；中药饮片收入 0.68 亿元，同比下降 38.74%。基层医疗机构中医药业务收入 1.06 亿元，同比增长 30.86%；基层中医门诊人次 91.03 万人，同比增长 8.27%。全市 100%的社区卫生服务中心和乡镇卫生院能提供中医药服务，87.82%的社区卫生服务站和村卫生室能提供中医药服务。推进基层医疗机构中医馆建设，全市新建中医馆 6 家，至年底，全市建成中医馆 144 家。

【中医医疗质量】 2020 年，市卫生健康委开展全市县级以上公立医院中药饮片均费用控制和监测，全市县级医院中药饮片均费用为 26.98 元，与 2019 年同比下降 3.92%；市本级医院中药饮片帖均费用为 33.54元，与 2019 年同比下降 0.18%。全市中医医院全年入径总例数 11026 例，入径例数占出院病例数比例 25.84%，较 2019 年提升 8.08 个百分点。

【中医药人才科教】 2020 年，全市备案传统医学师承人员 7 人。1 人被评为省级名中医，5 人被列为省“新苗计划”培养对象，20 人被评为丽水市“绿谷特级名医”，42 人被评为丽水市“绿谷名医”，16 人被评为丽水市“绿谷基层名医”，39 人被评为丽水市“绿谷名护士”。开展岐黄学者、国医名师、省级名中医、新苗计划等人才项目申报工作，以及中医护理优秀人才、中医临床特色技术传承骨干人才培训等项目的年度考核工作。全市新立项省部级项目 4 项，市厅级项目 44 项，县局级项目 14 项。新增省部级中医药科技进步奖 1 项，市厅级中医药科技进步奖 1 项。

【中医药文化宣传】 2020 年，全市举办中医药宣讲活动 561 场，发放宣传资料 218041 份，受益人次 41522 人，开展义诊 459 场，受益人次 30673人。丽水市中医院全年参加录制电视台“养生谈”节目 25 期，举办“绿谷养生大讲堂”27 期，利用微信公众号，共推出百草团之畲药科普系列内容 26

期。遂昌县木槿花康养基地被评为2020年浙江省中医药文化养生旅游示范基地。（张梦梅）

卫生人才

【卫生系统获评先进】 2020年，根据丽编委《关于机构编制事项调整的通知》（丽编委〔2020〕22号）精神，取消市属医院原核定的机构规格（政治待遇）。丽水市中心医院副书记、副院长纪建松被评为“全国先进工作者”；丽水市新型冠状病毒感染肺炎救治医疗小组临时党支部书记、丽水市中心医院老年病科副主任李伟文被评为“全国抗击新冠肺炎疫情先进个人”；丽水市中医院急诊科护士长助理吴倩被评为“全国三八红旗手”；丽水市新型冠状病毒感染肺炎救治医疗小组临时党支部等2个集体被评为“浙江省抗击新冠肺炎疫情先进集体”；丽水市第二人民医院老年呼吸及重症医学科主任江瑞来等4人被评为“浙江省抗击新冠肺炎疫情先进个人”；丽水市疾病预防控制中心李羽敏等4人被评为“浙江省优秀共产党员”；全市医疗卫生系统共有37个集体被评为“丽水市抗击新冠肺炎疫情先进集体”，165名个人被评为“丽水市抗击新冠肺炎疫情先进个人”，7个集体被评为“丽水之干”模范集体，7名个人被评为“丽水之干”先锋人物。

【卫生人才培养】 2020年，全市医疗卫生机构招收定向培养生302人，其中本科、专科层级分别招收229人、73人。市直医疗卫生健康单位共招聘各类人才273人，其中博士研究生5人、硕士研究生40人、大学本科151人。开展基层卫生健康人员培养培训，社区护士岗位培训53人，乡村医生注册培训512人。持续推进全科医生培养培训，全市注册全科（助理全科）1470人，每万户籍人口注册全科医生数达到5.43人。丽水市中心医院副书记、副院长纪建松入选“2020年国家百千万人才工程”，并被授予“有突出贡献中青年专家”；丽水市中医院倪京丽被评为“浙江省名中医”；丽水市人民医院甲乳外科主任施勇被评为“省卫生创新人才”；丽水市中心医院放射科副主任卢陈英等10人被评为“省医坛新秀”；168人次入选市级各项人才。浙江中医药大学附属丽水中医院和温州医科大学附属丽水二院签约。（毛春明）

【卫生职称评审】 2020年，全市2603人参加初中级卫生专业技术资格考试，555人参加护士执业资格考试，初中级专业达国家合格标准人员1602人（其中，初级士107人，初级师755人，中级740人）合格率61.54%，护士执业资格合格人员483人，合格率87.03%。全市934人参加2020年度卫生高级专业实践能力考试。全市自主评聘范围为市属三级医院及牵头医院为二甲（含）以上的县域医共体，共17家实行自主评聘，其中，市直属4家，分别为丽水市中心医院、丽水市人民医院、丽水市中医医院、丽水市第二人民医院；县级13家，分别为龙泉市人民医院医共体、青田县人民医院医共体、青田县中医院医共体、庆元县人民医院医共体、庆元县中医院医共体、缙云县人民医院医共体、缙云县中医院医共体、遂昌县人民医院医共体、遂昌县中医院医共体、松阳县人民医院医共体、松阳县中医院医共体、云和县医疗健康集团、景宁畲族自治县人民医院县域医共体。全市参加自主评聘单位评审对象共586人（其中，正高152人，副高434人），评审通过448人（其中，正高129人，副高319人），评审通过率76.45%，其中，参加市属自主评聘单位评审对象共245人（其中，正高54人，副高191人），评审通过206人（其中，正高52人，副高154人），通过率84.08%；参加县域医共体单位评审对象共341人（其中，正高98人，副高243人），评审通过242人（其中，正高77人，副高165人），通过率70.97%。除自主评聘以外的医疗卫生单位卫生高级资格评审工作，由市卫生高级专业技术职务任职资格评审委员会评审，2020年，经个人申报、单位、县级审核推荐、市级资格审查，参加市卫生高评委评审共102人（其中，正高25人，副高77人），评审通过89人（其中，正高24人，副高65人），通过率87.25%。2020年，参与疫情防控的一线医务人员参加职称评聘时，可享受优惠政策参评，并在评审时适当倾斜，全市享受优惠政策参评对象共109人（其中，正高37人，副高72人），评审通过86人（其中，正高26人，副高60人）。（刘伟美）

【医教科研】 2020年，市卫生健康委推进全市住院医师规范化培训工作，全市招录住院医师234人（含助理全科54人），其中，全科、儿科、麻醉科等7个紧缺专业共招录56人。招录中医住院医师41人（含中医助理全科1人），其中，中医全科、中医妇产科等紧缺专业24人。全年住院医师规范化培训结业考核合格124人，合格率96.12%，位列全省地市排名第四；中医住院医结业合格19人，合格率100%。2020年度全国住院医师业务水平测试，丽水市中心医院位列全国排名第五、浙江省第一。举办浙江省住培高级师资（第一模块）培训2期，共培训406人。2020年，丽水市中心医院纪建松主持的原发性肝癌早期筛检及介入治疗优化的临床应用研究获省科学技术进步二等奖，丽水市中心医院蔡学理主持的灌注 CT 指导下的缺血性脑卒中的动脉溶栓取栓治疗获省科学技术进步三等奖。获国家自然科学基金项目立项 2 项，浙江省重点研发、省公益技术研究计划等省部级项目立项 16项，省医药卫生、中医药科技项目和市本级公益性、自筹类公益性技术应用研究项目共立项 203 项。推进第一批市临床医学研究中心培育期的建设与管理。加强继续医学教育项目和学分管理，2020 年，获国家级继续医学教育项目 9 项（含备案）、省级继续医学教育项目 57 项（含备案）、市级继续医学教育项目审批 215 项，市本级继续医学教育项目专项补助经费 201 万元。普及在线学习，推广“浙卫培训”学习平台，加强防控新型冠状病毒感染的肺炎医务人员培训、国家秋冬季新冠肺炎医疗救治等线上培训，累计培训 4.6 万人次，继续医学教育覆盖率 100%。初级卫技人员岗位培训合格 1699 人。（黄　莺）

基层卫生

【基本公共卫生服务项目】　2020 年，市卫生健康委按照《浙江省基本公共卫生服务规范（第四版）》，做好建立居民健康档案、健康教育、预防接种、0 岁至 6 岁儿童健康管理、孕产妇健康管理、老年人健康管理、高血压和 2 型糖尿病患者健康管理、严重精神障碍患者管理、肺结核患者健康管理等 12 类项目工作，并在开展儿童健康管理过程中，规范开展 0 岁至 6 岁儿童眼保健和视力检查。发挥市级项目专家团队作用，推行“一季一督导、一季一通报、一季一追踪，现场带教、督教结合”管理模式，整体提升项目管理水平。2020 年，全市城乡居民电子健康档案累计建档人数 192.34 万份，电子健康档案建档率 86.94%，居民电子健康档案开放率 67.94%；65 岁及以上老年人健康管理人数 21.83 万人，65 岁及以上老年人健康管理率 71.42%，老年人健康体检表完整率 82.67%；管理高血压患者人数 19.52 万人，完成目标任务数 131.81%，高血压患者规范管理率 71.49%；管理糖尿病患者人数 53170 人，完成目标任务数 127.20%，糖尿病患者规范管理率 70.81%。

【基层医疗卫生服务】　2020 年，市卫生健康委借助医共体（医联体）牵头医院的优势资源，提升基层医疗卫生机构的管理能力、医疗质量和服务水平。莲都区启动“师带徒”培养计划，10 名基层医生与市级专家结对，不断提升专业技能；市中心医院在莲都区开展高血压、糖尿病、卒中、慢性呼吸系统疾病的项目管理，通过专家下沉坐诊、规范用药指导、人员培训等进一步提高基层医务人员的慢病诊疗能力；莲都区基层医疗机构 100%接入丽水市中医辨证论治综合创新平台，在全市率先启动“中医中药一网通”，并率先实现全覆盖。全面推进“中医云药房”服务。龙泉市推进省市优质医疗资源下沉，萧山区中医院小儿科、外科专家每周到查田、八都分院坐诊指导，丽水市人民医院专家每周到剑池分院坐诊并开展外科手术；依托浙大二院、丽水市人民医院远程诊疗平台，实现省市县乡远程医疗互联互通，基层百姓可以在家门口享受省级专家看诊。庆元县加强县域内“人户分离”群体的卫生健康服务，完善同济、同德联合卫生服务中心的管理机制，与县医保局合作开展浙里办 APP（慢病就诊、配药、续方）项目，线上咨询、就诊、付款，线下快递送药上门等服务，在疫情期间有效提高高血压、糖尿病患者规范管理率和规范服药率。松阳县实施中医药服务网络升级行动，以“县级中医院+乡镇中医馆+村级中医室”为主框架，借助“互联网+中医”优势，全面推进中医药服务全覆盖。丽水市创新人才培养，通过“丽水市绿谷基层名医”评选活动，用树立“标兵”的方式在基层医疗机构形成比、学、赶、超的良好工作氛围。打造“乡村流动医院”。配置巡回诊疗车 46 辆，在没有村卫生室的偏远山区开展巡回诊疗工作，实现“20 分钟医疗卫生服务圈”卫生健康服务

2020 年 10 月，松阳县“乡村流动医院”为古市镇偏远山区群众进行巡诊

（潘佳楠　提供）

全覆盖。通过“乡村流动医院”把全科诊室搬到患者家门口，变“村民跑”为“医生跑”，把卫生健康服务送到偏远山区群众家门口，定期为山区慢性病患者、残疾人、长期卧床病人送去卫生健康服务，提升基层群众获得感和满意度。“乡村流动医院”累计派出医务人员20363人次、巡诊9946个村次、行驶里程32.33万千米、服务群众35.57万人次，为百姓减少各类费用207.67万元。至年底，100%基层医疗卫生机构开展门诊智慧结算，100%基层医疗卫生机构能够提供慢病长处方，100%基层医疗卫生机构能提供便民惠民服务，100%基层医疗卫生机构开设24小时夜间门急诊，100%基层医疗卫生机构能开展门诊手术，67.86%基层医疗卫生机构能够提供住院服务，100%基层医疗卫生机构具备诊间预约上级医院号源功能。

【家庭医生签约】 2020年，市卫生健康委进一步规范家庭医生签约服务工作，家庭医生签约服务差异化医保政策落地。4月1日起，全市签约参保人员在签约的基层医疗机构门诊就医并实时报结的，基本医疗保险统筹基金支付比例比原来提高20%。利用“5•19”世界家庭医生日等宣传日开展宣传和现场签约活动，通过电视台、LED显示屏播放宣传片，制作宣传画册、折页、易拉宝等方式进行广泛宣传。开展2020年度全省优秀家庭医生和优秀家庭医生团队推选活动，丽水市有10名家庭医生和10个家庭医生团队被浙江省基层卫生协会评选为浙江省2020年度优秀家庭医生和优秀家庭医生团队。11月1日，全市家庭医生电子化签约工作启动，完成公共卫生信息化系统中签约信息与医保报销信息系统的数据对接，实现签约数据与医保报销系统适时共享互通。至年底，全市常住人口家庭医生签约数106.36万人，常住人口签约率48.08%，全市十类重点人群总数88.03万人，十类重点人群规范签约总数73.33万人，十类重点人群签约率83.30%。

【基层医疗卫生机构补偿机制改革】 2020年，全市9个县（市、区）全部完成基层医疗卫生机构补偿机制改革信息系统的建设并投入运行，并通过当地评估验收，达到健康浙江的考核要求。建立基层医疗机构院内绩效考核系统，基层医疗卫生机构制定内部实施方案，将工作当量精确抓取到个人，实现基层补偿新模式。在完成工作数量要求后，重点考核质量即有效工作量。通过基层医疗卫生机构补偿机制改革，丽水市实现工作数量、工作质量和群众满意度三提高。

【基层卫生信息化建设】 2020年，市卫生健康委推进丽水市人口健康信息化PPP项目建设，不断完善信息系统，提升基层信息化建设和应用水平，以有效支撑基层医疗卫生机构深化改革发展，加快提升服务能力。与丽水运盛公司到遂昌、松阳、青田、缙云等县开展信息化应用情况调研，并在遂昌县、松阳县进行蹲点调研，召集两县有关人员和市卫生健康委相关业务处室一起进行专题梳理，逐个剖析，确定相关责任并整改。此次基层调研收集的反馈问题共97个，其中需要丽水运盛公司解决的问题69个，至11月底，解决问题62个。12月7日，市卫生健康委再次召集相关业务处室对已整改的问题进行确认，并持续跟踪基层卫生信息化问题改进。

【丽水—宁波基层卫生山海协作】 2020年，丽水市选派4名基层卫生健康管理工作者到宁波市基层医疗卫生机构挂职。宁波市指定5家基层医疗卫生机构与丽水市5家规模较大的基层医疗卫生机构开展实地工作结对指导，宁波市基层医疗卫生机构主要开展家庭医生签约服务、基本公共卫生服务及卫生信息化建设等方面的业务指导，提升丽水市结对单位的相关工作水平。8月12日，丽水市基层卫生相关工作人员到宁波市参观江北区庄桥街道社区卫生服务中心，并在宁波市第九医院召开交流座谈会。双方就医共体背景下基本公共卫生服务“两员一中心一团队”（两员指公共卫生专员、联络员，一中心指公共卫生管理中心，一团队指以疾病预防控制机构、妇幼保健机构、卫生监督机构等公共卫生机构为主体，组建医共体公共卫生指导服务团队）组织建设和基层医疗卫生机构信息化建设等工作进行交流讨论。11月16日至17日，2020年宁波—丽水山海协作国家基本公共卫生服务项目和家庭医生签约服务培训专题班在丽水举行。宁波市卫生健康委派出3名基层卫生健康方面的师资到丽水进行授课。分别就家庭医生星级评定方面的创新做法、以慢性病管理为突破口的基层医疗机构管理和医共体下公共卫生实践与探索方面的主要做法和取得的成效作经验分享，探讨国家基本公共卫生服务项目和家庭医生签约服务工作中的难点与困惑，提升丽水基本公共卫生服务项目和家庭医生签约服务工作水平。共有150余人参加培训。 （叶增日）

疾病控制

【疾病监测与报告】 2020年，市卫生健康委进一步加强传染病及突发公共卫生事件监测与报告，严防因业务不精、信息不畅、报告口径不一致等原因导致瞒报、误报、重报、漏报事件发生。抓好新冠肺炎疫情防控工作，做好疫情监测预警、风险评估、流行病学调查、疫点处置等各项工作。全年全市报告法定传染病18083例，报告发病率817.11/10万，其中，无甲类传染病报告；乙类传染病报告4289例，发病率193.81/10万，比2019年下降20.01%（4289/5333），报告死亡病例21例；丙类传染病报告13794例，发病率623.31/10万，比2019年下降48.19%（13794/26626），无死亡病例报告。丽水市甲、乙类传染病报告发病数居前5位病种依次为：梅毒（1235例，占甲、乙类传染病发病数28.79%）、乙肝（1185例，占甲、乙类传染病发病数27.63%）、肺结核（1032例，占甲、乙类传染病发病数24.06%）、淋病（500例，占甲、乙类传染病发病数11.66%）、猩红热（91例，占甲、乙类传染病发病数2.12%）。加强疾病监测数据分析利用，编制《2019年度丽水市公众健康报告》，为健康政策制定提供参考。

【免疫规划】　2020年，丽水市规范开展麻疹、AFP等免疫针对性疾病监测。全年无乙脑、流脑病例报告；报告麻疹病例2例，分别是莲都区和青田县各1例；报告麻疹风疹排除病例61例，排除发病率2.59/10万；报告15岁以下儿童非脊灰AFP病例12例，报告发病率3.30/10万；疑似预防接种异常反应报告发生率6.04/万剂。开展蚊媒乙脑病毒带毒率监测，全市蚊子乙脑病毒核酸检测阳性率15.92%。开展新冠病毒疫苗紧急接种，全市累计接种35018剂次。开展省民生实事“70周岁以上老年人免费接种流感疫苗”及市民生实事“丽水市户籍60周岁以上老年人免费接种1针23价肺炎疫苗并建立长效机制”项目，全市接种流感疫苗48195人、23价肺炎疫苗112290人。在全市助产单位开展卡介苗接种工作。推广使用“浙江省疫苗和预防接种综合管理信息系统”，全市156家儿童预防接种门诊实现使用全覆盖。继续维持疫苗接种率，全市免疫规划疫苗以乡镇为单位单苗单剂次接种率达到90%以上，其中麻类、脊灰疫苗接种率达到95%以上。

【重点传染病防治】　2020年，市卫生健康委推进艾滋病“三扩大”工作，艾滋病抗病毒治疗和结核病防控核心指标均达到省定要求。推进艾滋病扩大检测工作，全市累计检测659323人次，达到常住人口29.98%。完成艾滋病抗病毒治疗各项工作，全市现存活病例抗病毒治疗覆盖率94.49%、新确证病例抗病毒治疗覆盖率94.44%。结合农民健康体检，全面开展老年人HIV筛查检测，针对疫情重点区域60岁以上老年人开展新发感染监测。全市结核病（含结核性胸膜炎）报告发病率46.63/10万，较上年同期下降9.49%，报告肺结核和疑似肺结核患者的总体到位率99.05%、到位确诊肺结核患者收治率99.34%、肺结核患者管理率98.39%、肺结核患者病原学阳性率72.99%、学校肺结核患者密切接触者筛查率100%、初治菌阳患者耐药筛查率98.39%、耐药高危人群耐药筛查率100%、辖区户籍耐药肺结核患者纳入治疗率100%。

【慢病防控】　2020年，市卫生健康委加强死因、慢病监测数据收集、质量控制、分析利用，编撰死因和慢性病监测年度报告，产出人均预期寿命、重大慢性病过早死亡率等健康浙江指标，为决策提供参考。加强慢病综合防治信息化建设，完善丽水市慢性病协同管理平台，推广应用丽水市慢病校验集成系统。在遂昌县开展儿童伤害监测和干预工作试点，探索以学校为基础的学生伤害适宜干预模式。开展“大花园·大健康”丽水市健康生活方式养成大型活动，自主开发微信小程序“丽健e行”，利用线上线下复合方式，倡导激励市民养成健康生活方式。发布丽水市地方标准《健康单位建设规范》（DB3311/T 142—2020），新创成健康单位119家。开展减盐、健康体重等专项行动，累计干预对象1800余人。开展基本公共卫生服务项目慢性病患者管理工作，加强慢病患者管理工作培训、指导、适宜技术试点等，全市已管理高血压患者人数195458人，高血压患者规范管理率72.53%、控制率64.3%；管理糖尿病患者人数53296人，糖尿病患者规范管理率71.55%、控制率57.01%。

【健康教育】　2020年，全市培育健康生活指导师6618人，达到3.4人/千人；创建健康家庭13014户，有效提升居民健康教育素养水平。全市完成省级健康素养巡讲19场、市级以下1211场，累计受益人数12万余人。全市874家农村文化礼堂开展健康素养的“三进”活动，覆盖率87%。开展公众健康科普工作，全年累计举办健康讲座和咨询活动6400余次，累计受益57万余人次，个体化健康教育受益人数118.73万人；常年在丽水广播电台FM94频道《文馨说养生》栏目对《健康素养66条》进行详细解读；发布微信推文近300篇，点击率10万余人次。开展新冠肺炎疫情应急健康教育，内容覆盖全人群，宣传覆盖全媒体，做到家喻户晓、人人皆知。开展健康细胞创建工作，全市新创成健康促进金牌学校9所、银牌学校22所、铜牌学校51所，健康促进学校覆盖率92.8%；新创成健康促进医院2家、通过复评审4家，健康促进医院覆盖率100%；莲都区和云和县开展健康促进县（区）创建，分别通过国家和省级评估；推进无烟党政机关创建，市本级104家党政机关全覆盖，各县（市、区）创建率均达到80%以上。开展公众控烟知识宣传，干预效果明显，15岁以上成人吸烟率21.9%。2020年，丽水市居民健康素养水平达到32.3%，较2019年度提升3.5个百分点。

【精神卫生工作】 2020年，市卫生健康委进一步加强全市严重精神障碍患者服务管理工作，全市排查精神障碍疑似患者543人，严重精神障碍报告患病率5.07‰、规范管理率98.33%、规律服药率82.79%。全市建立9个县级、172个乡级、1961个村级心理服务平台，建成30个心理健康教育阵地，建立由384名心理专业人员组成的“丽水市心理人才库”。新冠肺炎疫情期间，丽水市心理危机干预中心通过“五个一”(一封致隔离观察人员的信、一次主动“暖心”电话、一个24小时心理咨询热线、一个心理危机干预专家组二维码、一本心理援助操作手册)心理云疗方案为新冠肺炎集中医疗救治点确诊患者、一线医护人员及后勤保障人员开展心理援助。通过“海外侨胞医疗服务直通车”提供线上“云服务”，实时解决海外侨胞的心理问题。全市各级医疗卫生单位通过微信群、宣传栏、健康讲座等形式进学校、社区、单位、企业开展心理健康宣传活动共计59场次、义诊2441人次、慰问494人次、讲座47场次、发放宣传资料2786份。市本级、9个县（市、区）均开设专门心理服务热线，全天候为有需求的广大市民提供心理咨询服务。 （陶熠辉）

卫生应急

【传染病监测评估】 2020年，市、县疾控中心根据《2020年丽水市疾病预防控制工作技术大纲》要求，严格按照监测方案对新冠病毒肺炎、肠道传染病、禽流感、狂犬病、艾滋病等重点传染病开展监测分析评估。定时开展突发事件公共卫生事件专题分析和风险评估。全年全市报告突发公共卫生事件1起，相关信息事件25起。开展24小时疫情监控，通过监测系统发现全市传染病自动预警信息1146条，确定疑似事件176条。全市各级疾控机构出动应急队伍处置小疫情共52起，所有应急事件均得到及时规范有效处置，防止疫情蔓延。同时，针对新冠病毒肺炎、流感、登革热、食物中毒、防汛防台防灾等进行公共卫生风险评估，有效保障公众健康，确保丽水市社会经济稳定发展。

【卫生应急】 2020年，市卫生健康委不断总结防控经验，逐步形成相对完善的应急组织指挥体系，初步建立应急指挥、联防联控、监测预警、精密智控、平战结合、“三情”联判、医防融合七大防控工作机制。印发《丽水市秋冬季新冠肺炎疫情防控应急预案》《丽水市突发公共事件医疗卫生应急救援预案》，编写《丽水市新冠肺炎疫情防控工作导则》，为今后全市的突发公共卫生事件应急处置提供指引。制定《丽水市浙西区域卫生应急综合保障基地建设方案》，全面启动中毒救治、创伤和烧伤救治、心理卫生、鼠疫防控和救治卫生应急综合保障基地建设。系统性开展应急演练。全市组织开展新冠疫情处置、医疗救治、卫生监督、大规模核酸筛查等演练，共开展新冠应急演练103场，其中，多部门综合演练8场、疾控系统演练8场、医疗系统演练81场、卫生监督系统演练6场，共4572人参与。做好台风“黑格比”“米克拉”灾后卫生应急救援和防疫工作，做到灾后无大疫。 （李羽敏）

2020年11月16日，开展市、区两级新冠肺炎疫情防控联合演练

（潘佳楠 提供）

卫生监督

【概况】　2020年，全市纳入卫生监管对象10600家，其中，公共场所5538家、医疗机构1644家、放射诊疗单位154家、职业病危害企业2688家、学校359所、餐饮具集中消毒单位9家、消毒产品生产企业14家、职业健康检查机构18家、职业病诊断机构2家、持有有效卫生许可证的集中式供水单位35家、二次供水单位72家、涉水产品生产企业9家、涉水产品经营单位25家、病媒生物预防控制服务单位33家。全市办理各类行政处罚案件2148件，其中大案要案46件，移送公安3件，罚没总额550.17万元。全市受理投诉举报122件，投诉举报立案查处数56件，投诉举报办结率100%。全年办理卫生许可事项8732件。

【“双随机”执法】　2020年，全市认领卫生行政执法检查主项37项，事项覆盖率100%。完成2020年国家随机监督抽查计划，全市抽取1014家，完成945家，完结69家，抽查完结率100%，完成率93.19%。完成2020年省随机监督抽查计划，全市抽取并开展检查1437家，任务完成率、抽查任务及结果公示率100%，浙江省行政执法监管（互联网+监管）平台中“双随机”检查引入信用规则率100%，跨部门监管率21.05%。

【医疗卫生执法】　2020年，全市查处非法行医案件92起，罚没金额208.36万元，未发生非法行医致死、致残事件。开展打击非法行医暗访，组织业务骨干对全市9个县（市、区）开展检查，重点查处“游医”“假医”及非法医疗美容。暗访发现双随机线索12条，查处案件7起。加强丽水市医疗美容综合执法，落实约谈制度，全市所有医疗美容机构将医疗美容项目核定到二级诊疗科目并进行备案。对全市17家医疗美容机构进行全面监督检查，立案查处有证医疗美容机构案件8起，罚款13.54万元，查处无证开展医疗美容案件25起，罚没款66.23万元。推进全市医疗机构多元化监管试点，176家医疗机构负责人参加城区医疗机构依法执业法律法规培训，全市1557家医疗机构按要求全部完成依法执业自查。加强二级以上公立医疗机构依法执业监管，查处市本级案件4起，罚没款10.56万元。

【传染病防控监督执法】　2020年，市卫生监督所开展新冠疫情防控监督检查，全市累计出动卫生监督员14786人次，检查住宿、洗浴、美容美发、医疗等场所11549家次，发出卫生监督意见书2786份，查处违法违规行为189件。疫情期间紧急关停口腔诊疗机构242家，关闭游泳、沐浴等公共场所4300余家，查处公共场所违法疫情防控相关案件128起。对辖区医疗卫生机构开展巡查，对全市10家新冠肺炎定点医疗机构、18家发热门诊开展重点检查。对交通卡点、医学观察点防疫工作进行现场指导，全市累计检查交通卡点129个次，检查医学观察点133家次，整改问题89条。开展医疗废物处置管理专项工作，加强医疗废物智慧化监管，全市255家公立医院、乡镇卫生院（社区服务中心、服务站）等医疗卫生机构的医疗废物收集处置数据及22家二级以上医疗机构医废监控视频实现与省医疗废物智慧监管系统联网，医废预警监测触发钉钉执法任务完成率100%。加强医疗废物实行分类收集，全市医废分类收集合格率99.5%，使用专用包装物及容器合格率99.3%，未在院内丢弃或非贮存地点堆放医疗废物合格率99.5%，医疗废物暂时贮存设施建立合格率99.4%，医疗废物交接运送、暂存及处置登记完整合格率99.9%。全市办理医疗废物管理违法案件101起，罚款5.3万元。集中消毒餐饮具3年（2018年至2020年）提升行动收官，企业自查提交和整改率100%。抽检集中消毒餐具饮具样品615批次，合格率99.67%。

【公共场所卫生监督执法】　2020年，全市办理公共场所行政处罚案件1232起，继续实施公共场所量化分级

2020年8月13日，市卫生监督所开展游泳场所水质检测工作　（侯慧卉　提供）

管理，至年底，全市量化率95%。开展事中事后监管，对通过告知承诺取得卫生许可证的1105家公共场所经营单位进行例行检查。开展“放心游”项目，推进智慧游泳场馆建设，全市47家游泳场馆按照要求网上信息公示，26家游泳馆按照国标完成水质在线监测智慧化改造，9家条件较差的小区游泳池暂停经营。深化“健康民宿”管理试点，出台莲都区“健康民宿”评定细则36条，创新“智慧卫监”阳光保洁系统，14家民宿通过第四批全国健康促进区“健康民宿”专家组验收。

【饮用水卫生监督执法】 2020年，市卫生监督所推进集中式供水单位量化分级管理，审核通过集中式供水单位A级3家，B级5家，C级1家。对持卫生许可证的集中式供水单位每季开展监督检查，全年累计监督检查149家次，监督率100%。加强供水卫生管理，建档立卡二次供水单位71家，对二次供水、城市及农村集中式供水单位出厂水、水源水、管网末梢水等指标进行监督抽检。开展农村供水卫生安全巡查，监督检查在用小型集中式供水设施的乡镇153个，协管巡查乡镇118个，卫生监督检查供水单位1013家，协管巡查供水单位805家。开展涉水产品卫生监督检查，出动卫生健康执法人员121人次，监督检查37家经营单位、10家生产企业，对新办理的涉水产品生产企业签订承诺书，公开承诺不生产和销售无证产品等其他违法经营行为。

【学校卫生监督执法】 2020年，市卫生监督所开展返学期间新冠肺炎疫情专项执法检查，选派驻校助学健康指导员对师生返校进行疫情防控指导，对学校培训、考试、会议等活动进行保障。全面督促落实春秋季学校卫生隐患自查工作，开展学校卫生综合评价358家，评价率100%。做好校园及其周边环境专项整治，对学校周边200米内的重点公共场所及“五小行业”卫生情况进行检查，对医疗机构、既往非法行医点进行排查，杜绝校园周边从事人流、性病治疗业务为主的医疗机构和非法行医点。

【职业和放射卫生监督执法】 2020年，全市办理执业卫生案件213起，一般程序案件48起，大要案件27起，罚款212.96万元，处罚事项覆盖20个，占43.48%。全市纳入尘毒危害专项执法的冶金、化工、建材、矿山等行业用人单位205家，监督全覆盖，申报率99%，体检率97.1%，检测率99%，培训率98.5%。通过普法宣传科普进企、办班培训、集体约谈、自主承诺等方式加强用人单位“三服务”。8月至9月，对各县（市、区）尘毒危害专项执法和尘肺病防治攻坚行动专项工作进行交叉督导检查，发现并向当地移交涉嫌违法线索18条，向县级卫生行政部门下发《卫生行政执法建议书》9份，立案查处15起。加强放射工作人员培训，通过浙江卫生监督考试系统完成在岗培训考试743人。办理违反放射卫生法律法规案件24起，开展放射卫生重点领域监督执法，完成医疗机构放射诊疗许可校验22家。

【卫生法制稽查】 2020年8月至9月，市卫生监督所开展全市“双随机”执法、行政处罚、专项治理、投诉举报、“三项制度”落实等依法履职情况法制稽查，针对问题出具稽查意见书9份，督促各地整改落实并收到整改报告9份。组织年度“十大案件”“优秀案卷”“办案标兵”“办案能手”评选，评选出“云和县某液化石油气有限公司安排未经职业健康检查的劳动者从事接触职业病危害的作业案”等10个案件为2020年度丽水市卫生行政执法“十大案件”，评选出“丽水市某医院未按规定书写病历案”等10个案件为2020年度丽水市卫生行政执法“优秀案件”，评选出潘华妹等10人为2020年度丽水市卫生行政执法“办案标兵”，评选出何野等10人为2020年度丽水市卫生行政执法“办案能手”，并予以通报表彰。

【卫生监督能力建设】 2020年，市卫生监督所通过“卫生管理员培训考试平台”培训卫生管理员4800人次。全市119名卫生监督员通过国家卫生监督网络培训平台学习，人均学习96学时，通过率100%。承办省级公共场所实训基地，3年（2018年至2020年）举办实训7期，培训学员260人，拍摄并向国家卫生监督中心提供现场执法示教片5部，3D场景模拟教学片1部。举办全市第五届卫生监督应急演练暨技能竞赛，全真模拟高风险地区发热门诊卫生监督流程、学校卫生疫情防控检查，周春红、留秀、孙慧芹作为技能竞赛个人前三名被授予“丽水金蓝领”称号。

【信息化建设与信息宣传】 2020年，市卫生监督所启用浙江省统一行政处罚办案系统。部署“数字化”智慧监管系统，投入160万余元部署应用医疗机构预检分诊管理、市区口腔诊疗机构智慧监管、全市集中消毒餐饮具追溯管理等系统，实现口腔消毒灭菌、发热病人预检分诊及集中餐饮具消毒全过程追溯。通过加装视频监控+智能插座，探索住宿场所杯具消毒保洁监管。2020年，通过视频在线监控、数据在线监测等非接触方式开展网上巡查、监督检查243家，发现问题并依法处置18件，办理非现场执法案件12件。开展各类主题普法宣传活动40期，发放宣传资料9600份，发布以案释法案例16篇。“丽水卫生监督”微信公众号发布信息210条；微信推文被“健康浙江”录用3篇、“健康丽水”录用18篇、“卫生监督观察”录用1篇；网站信息被市卫生健康委网站录用10篇；媒体信息被市级发布录用14篇；《健康报》录用1篇；学习强国录用2篇。

【“六小行业”污水整治】　2020年，市卫生监督所结合新冠疫情防控工作监督检查、卫生执法“双随机”抽查等，对住宿、洗浴等行业污水排放进行常态化监管和巡查，检查各类单位1435家次，其中，“双随机”检查281家次，专项、即时检查1153家次，办理相关案件65个，对监管行业发现的排污问题限时整改。完成市截污办治水交办单督促落实、污水零直排区行业巡查和排水告知等工作。

【全国文明城市、国家卫生城市创建巩固】　2020年，市卫生监督所继续落实“网格化管理”与“双随机”监督执法工作相结合，通过反复督查、指导、培训、处罚等措施，督促各行业规范达标，提升经营业主诚信、守法、文明经营意识和卫生管理水平。累计出动监督员1028人次，检查公共场所835家，发放监督意见书131份，立案查处20家，发放宣传资料1500余份，确保医疗机构、小宾馆、小洗浴等监管行业在文明城市经常化创建和国卫巩固中未失分。　（侯慧卉）

妇幼保健

【妇幼健康重点指标】　2020年，全市户籍活产数16582人，较2019年同期（19977人）减少3395人，同比下降16.99%。全市孕产妇死亡率、婴儿死亡率、5岁以下儿童死亡率控制较好，婴儿死亡41例，死亡率2.47‰，5岁以下儿童71例，死亡率4.28‰，全年发生户籍地孕产妇死亡1人，死亡率6.03/10万，均控制在目标范围内。

【妇幼健康服务体系建设】　2020年，丽水市妇幼保健院牵头，建立“X+1+9+X”模式健联体，建立乳腺外科、产前遗传学、儿童康复等11个专家工作站、7个专家委员会。健联体专家工作站的建立，促进省级优质医疗资源下沉，让群众在家门口就能享受到来自省级医疗机构的优质医疗服务，让“专家跑，代替患者跑”，助力医疗服务“最多跑一次”改革。景宁县妇计中心成功创建第三批“省级儿童早期发展优质服务基地”。

【高危孕产妇管理】　2020年，市卫生健康委执行高危孕产妇周通报、月通报制度，及时掌握全市高危孕产妇动态变化情况，对在案管理的高危因素进行分析，提出管理意见，指导各地严格按照五色管理，规范实施孕产妇妊娠风险评估五色标识管理办法，全年全市风险评估分级筛出红、橙、紫色等高危孕产妇3721例，并按照规范进行专案管理。抢救危重孕产妇66例，抢救率98.48%。开展人员培训，出台《丽水市妇幼健康“三个一”工程实施方案》，按照“培训一批、考核一批、竞赛一批”要求，通过两年（2020年至2021年）时间开展全市助产医护人员及妇幼保健工作人员的理论知识培训和操作技能培训，8月、10月，开展第一轮理论和技能操作培训。11月，开展全市妇幼保健技能操作竞赛，其中，丽水市妇幼保健院徐禄禄、青田县人民医院黄丽芬、丽水市妇幼保健院叶丰蕾被市人力资源和社会保障局、市总工会授予“丽水金蓝领”称号。及时开展孕产妇死亡评审，全面分析存在的问题和原因，探讨死亡因素，明确死因诊断，总结救治经验。

【妇幼健康公共卫生项目】　2020年，全市产妇数16353人，系统管理人数15868人，系统管理率95.69%；早孕建册人数15961人，早孕建册率97.60%；产前检查人数16338人，产检率98.52%；产后访视人数16224人，产访率97.84%。全市7岁以下儿童人数156644人，保健覆盖人数152863人，保健覆盖率97.59%；3岁以下儿童人数60596人，系统管理人数58153人，系统管理率95.97%，新生儿访视率98.95%，各项服务指标均达目标要求。举办国家基本公卫妇幼项目管理、免费避孕药具管理培训班。完成重大公共卫生项目，全年户籍地孕产妇艾滋病、梅毒筛查16353人，检测率100.00%，检出梅毒感染孕妇85人，艾滋病感染4人，乙肝阳性孕妇804人。21家助产单位剖宫产率（发生地）44.96%，与2019年同期（46.02%）略有下降。

【出生缺陷综合防控】　2020年，市卫生健康委加强一级预防，关口前移，减少出生缺陷发生。全年全市新增服用叶酸15433人，免费婚前检查11705人，完成孕前优生检测9730人，覆盖率93.81%。规范二级预防，减少缺陷儿出生。全市产前筛查检测15564例，产前筛查率95.17%，比2019年提高0.11个百分点，确诊21-三体综合征18例，18-三体综合征2例，其他染色体异常90例，超声筛查发现异常胎儿226例。优化三级预防流程，减少残疾儿发生。实施新生儿先天性心脏病免费筛查，听力筛查整合至助产机构筛查，完善遗传代谢病筛查工作，加强筛查阳性病例的早期召回和随访工作，并做好普及出生缺陷防治知识，增强群众自我保健意识和能力。全市新生儿疾病筛查17143人，筛查率99.24%，确认遗传代谢性疾病54例。新生儿听力筛查17202人，筛查率99.58%，确诊听力异常39例，对检出异常对象及时落实干预措施。

【省、市民生实事妇幼项目】 作为2020年浙江省十大民生实事之首，3岁以下婴幼儿照护服务受到广泛关注。丽水市任务数为新增机构10家，新增托位240个。丽水市出台《丽水市2020年度3岁以下婴幼儿照护服务民生实事项目实施方案》《2020年度3岁以下婴幼儿照护服务民生实事项目评估细则》等文件，明确各地工作任务和目标。9月，出台《丽水市人民政府办公室关于促进3岁以下婴幼儿照护服务发展的实施意见》，明确各部门职责，更进一步落实婴幼儿照护保障体系。成立丽水市婴幼儿照护服务指导中心，在丽水市妇幼保健院挂牌，指导全市开展婴幼儿家庭育儿指导等活动。2020年，全市完成新增机构18家，托位783个(其中原机构新增托位70个)，全面超额完成工作任务。

【避孕药具服务】 2020年，市妇保院以及各县妇计中心组织开展以“情系疫情、套系爱情”为主题的赠送避孕套进农村进社区活动，为他们被限制出行时候的“性”福生活提供安全保障。全年入库78.83万元，出库共33.78万元，现库存金额45.05万元。及时组织全市基层药具管理人员248人，完成“免费提供避孕药具服务管理业务信息系统”线上培训。

【妇女儿童健康素养教育】 2020年，市卫生健康委开展健康宣讲“五进”和生育关怀大讲堂活动，利用健联体平台，鼓励宣讲老师“走出去”讲课，主动开展健康知识下基层、进社区、进机关、进学校、进企业活动。疫情期间，通过互联网直播的形式开展各类宣传，全市累计举办线上直播课53期，各地妇计中心下基层、进学校、进社区举办妇幼健康知识讲座79期，受众人数共56831人次。发挥“互联网+医疗健康”优势，开通专家在线直播，为孕产妇、儿童家长提供咨询、指导服务，满足广大孕产妇和家长需求。

【妇幼疫情防控】 2020年，孕产妇、儿童在新冠疫情阻击战中是重点保护人群，丽水市各级妇幼保健机构谋划部署、全面排查，为全市孕产妇、儿童的健康提供强有力的保障。针对隔离点结合实际出台《丽水市集中医学观察点孕产妇健康管理工作规范(试行)》《丽水市0—6岁儿童健康管理工作规范》，做好医学观察点内孕妇和儿童信息采集工作，并及时将信息推送至健康管理专班人员，专班人员在入住24小时内做好健康管理指导工作，隔离期满后，及时将信息交换其常住地妇幼工作人员，确保全程健康管理到位。通过公众号发布儿童和孕产妇疫情期间保健防护知识，并开通咨询热线，开展电话咨询和线上孕妇学校等义诊咨询服务，时刻在线为有需求人员答疑解惑，随时保持联系、信息互动、纵横协调、对有高危因素的孕妇和儿童落实高危专案管理加强随访。各地也结合实际做好疫情期间孕产妇及儿童疫情防控工作，缙云县妇计人员深入社区走访、摸排，为居家隔离对象进行健康监测和健康宣教；景宁县妇计中心对医学观察对象中的育龄期妇女、孕妇和儿童进行摸底排查，妇保科医生前往隔离点对产妇进行产后访视和心理疏导；青田县妇计中心为隔离孕妇提供“管家服务”，搭建孕妇与医院产科医生线上沟通桥梁。 (应丽芬)

爱国卫生

【卫生创建】 2020年，丽水市通过省爱卫办对市本级的综合暗访检查和省级技术评估。市爱卫办落实国家卫生城市(县城)巩固工作，对9个县(市、区)开展国家卫生城市(县城)国卫巩固综合评估工作，提升各县(市、区)卫生创建能力和巩固质量。莲都区太平乡、青田县东源镇等26个乡镇通过省级卫生乡镇复审，至年底，丽水市142个乡镇，有国家级卫生乡镇60个，省级卫生乡镇和市级卫生乡镇全覆盖。

【病媒生物防制】 2020年，市爱卫办对云和县开展病媒生物密度控制水平C级评审工作，通过评审加强丽水市病媒生物防制工作水平；在“无蚊村”试点建设基础上，市爱卫办牵头制定市地方标准《无蚊村建设与评价规范》，并印发《丽水市无蚊示范村评审与监督管理办法》，将无蚊村的评审工作制度化、标准化，建立市、县间的长效评价机制，使无蚊村创建工作在乡镇更好开展。

【健康教育】 2020年，市卫生健康委深化健康教育与促进工作。建立健全市、县、乡、村、家庭的五级健康教育网络，发挥爱国卫生运动的组织优势和群众优势，以“千名健康卫士助企复产复工”“改善环境共享健康”等为重点，开展健康教育“五进”(进机关、进企业、进学校、进社区、进农村)

活动。市、县、各乡镇(街道)利用各种媒体,发放宣传册、流动宣传车、软媒体推送、广播电视等多渠道、多平台宣传卫生防病知识,及时准确开展疫情防控和健康科普宣传,普及防控知识与技能;丽水市莲都区在全国第四批健康促进县(区)国家级技术评估活动中,以88.16分在全国64个县区中名列第四位,在全国作典型经验推广。市爱卫办指导云和县开展健康促进县建设并通过省级健康促进县考核评估;继续开展健康中国行——浙江全民健康素养促进活动,依托健康教育讲师团,启动健康素养进农村文化礼堂活动;推进健康促进医院和健康促进学校创建,2020年,新创健康促进金牌学校9所、健康促进银牌学校22所。至年底,全市创建健康促进学校总数243家,其中,银牌学校79所,金牌学校39所;新创省级健康促进医院2家,至年底,全市22家二级以上医院实现省级健康促进医院创建率100%;参加省爱卫办举办的第二届健康家庭大奖赛决赛,丽水市参赛家庭林子升家庭获三等奖,丽水市爱卫办获优秀组织奖。

【改水改厕】 2020年,市卫生健康委配合省爱卫办和市农业农村局完成9个县(市、区)农村户厕改造数据统计和录入,掌握全市农村户厕改造进度。农村卫生厕所68.86万户,普及率100%,无害化卫生厕所68.69万户,普及率99.74%。(赵启源)

人口家庭发展

【概况】 2020年,全市报表上报出生20352人,计划生育率92.98%。卫生国统报表出生婴儿性别比104.82,继续控制在正常范围,是全省控制较好的区域。全员人口数据库户籍人口覆盖率104.62%,主要字段完整率99.40%、准确率99.96%。全市未发现因违法行政而引发的计划生育重大案件,未出现重大计生负面新闻舆情事件,未发生不稳定事件,是全省较为平稳的区域。

【全面两孩政策实施】 全面两孩政策实施以来,丽水市做好各项政策衔接、释疑、解答,推进计生管理服务转型发展,引导群众按政策生育。密切关注出生人口变化,逐月统计通报。2020年,出生人口开始明显回落,政策效应得到有效、平稳释放。全年全市报表上报出生20352人,同比减少5907人,同比减幅22.50%;其中,一孩9141人,减少1954人,同比减幅17.61%;二孩9484人,减少3475人,同比减幅26.82%;多孩1727人,减少478人,同比减幅21.67%。推进计划生育优质服务县创建,景宁畲族自治县获“国家优质计划生育服务县”称号。

【改革生育服务管理制度】 2020年,丽水市对生育两个以内孩子的,不实行审批,由家庭自主安排生育。改进再婚等情形再生育管理,优化办事流程,简化办理手续,全面推行网上办事,进一步简政便民。2020年,全市通过浙里办办理生育登记19370件,再生育审批1005件。取消计划生育“一票否决”制度,评奖、评优、晋级不再和个人生育情况挂钩。

【公共场所母婴设施建设】 2020年,丽水市通过将母婴室建设列入县级文明城市创建内容、实行项目资金补助、专项考核加分等工作机制推进,初步形成“政府主导、部门协作、社会参与、齐抓共建”工作格局,推进各机关、企业单位参与母婴室建设,努力健全相关管理制度,逐一开展实地走访检查,确保各家母婴室有效运行,取得初步成效。至年底,新建母婴室5家,累计92家,配置率100%,其中,火车站4家,商业中心7家,医院31家,旅游景区9家,汽车客运站8家,机关单位12家,事业单位17家,企业单位4家。92家母婴室均上百度地图。

【计划生育奖励扶助和特别扶助】 2020年,全市新增农村部分计划生育家庭奖励扶助对象2464人,累计奖励扶助总人数18776人;新增计划生育家庭特别扶助对象183人,累计特别扶助总人数1697人。开展特殊计划家庭三项制度落实工作,覆盖率100%。市级公益金发放3万元共10人。各县(市、区)通过设立计划生育公益金、独生子女意外伤害保险等对计划生育家庭、独生子女和“农村双女户”在遇到特殊困难时予以帮扶、救助。(叶仁姿)

计生协会

【概况】 2020年,全市有计划生育协会组织2196个,重新登记会员183567万人;组建志愿者队伍1362支,拥有志愿者人数17907人。全市各级计生协学习贯彻中共十九大和省计生协六代会精神,主动顺应机构改革和人口发展新形势,按照省委群团改革决策部署,全市完成计生协机构改革工作。7月,举办全市基层计生协干部综合素质提升班;11月,举办全市协会干部学思践悟培训;12月,组织各级计生协干部、会员、志愿者等参加全省计生协会秘书长培训、心理援助骨干培训、组宣项目工作专题培训等,不断提高各级计生协工作水平和服务能力。

【计生系列保险】 2020年，市计划生育协会组织全市49周岁以上1097名符合条件的特殊家庭参保“住院护理保险”，所需经费131670元由市财政保障。全市计生系列保险投保人数49.95万人，保费金额2889.68万元(其中两性安康保险保费2451.89万元)，保费收入位列全省第一位，计生系列保险为全市计生家庭提供风险保障289.5亿元。

【计生特殊家庭帮扶】 2020年，全市各级计生协开展按需帮扶、精准帮扶工作。组建106名心理援助志愿者、骨干团队，开展“线上线下”“一对一”“多对一”心理干预援助。缙云县、云和县、松阳县、龙泉市等地拓展心理支持，开展关爱第三代活动。建设暖心家园，建成国家级(龙泉市)和省级(庆元县)暖心家园各1个。依托网格服务平台，通过与民政、慈善总会、工会、共青团、妇联、社会志愿者队伍等联手，支持扶助养老中心、老年活动室建设，组织开展健康知识讲座、医疗义诊、暖心交流联谊等活动，帮助他们更好融入社会、重燃生活信心。全市慰问困难计生家庭2245人，慰问金额158.315万元；征集和兑现微心愿781个，帮扶金额13.95万元；困难助学164人，发放助学金21.62万元。

【青春健康教育】 2020年，市计划生育协会培育师资队伍，做好师资储备。11月，全市第一期青春健康教育师资培训班在丽水学院举办，共51名学员参训。12月，松阳县计生协联合县卫健局、教育局组织青春健康教育技能大比武暨县级师资认证活动，新聘县级师资人员10人、主持人6人。全市各县(市、区)中小学校开设青春健康教育课程，受众人数11.7万余人次。

【计生协生育关怀项目】 2020年，市计划生育协会组织实施生育关怀大讲堂讲座132场(其中，线下79场、线上53场)，参加听课人数56831人(其中，线下听众6878人、线上听众49953人)，健康义诊973人次，发放宣传资料1万余份。不断改善育龄群众生殖健康水平和生活质量，促进人口素质提高和家庭幸福和谐。 (张朝阳)

医疗保障

【概况】 2020年，丽水市医疗保障系统坚持以人民为中心的发展思想，一手抓疫情防控、一手抓履行职责，推进医保各项工作，取得明显成效。在全省医保系统考核中，丽水市医疗保障局获优秀等次，遂昌县医疗保障局、庆元县医疗保障局、龙泉市医疗保障局获先进县(市、区)医疗保障局称号。全市医保参保人数239.62万人，参保率99.64%，基本医保统筹基金总收入428502万元，总支出357597万元，分别比2019年同期增加6.76%和减少7.46%，累计结余336426万元。全市医保系统开展“雷锋式医保行风建设年”活动，“雷锋式”医保服务以地级市第一名的得分被评为全国医疗保障行风建设十大典型案例，入选国家局医疗保障系统行风建设资料汇编。组织全体党员干部参与“建设清廉机关、创建模范机关”活动，开展“三敢三比”争当“丽水之干”模范集体和先锋人物大比拼活动，市医保中心被市委、市政府评为“丽水之干”模范集体，何卿被评为“丽水之干”先锋人物。

【医疗疫情防控】 2020年，市医疗保障局与市卫生健康委员会联合印发《关于在疫情防控期间进一步做好中医药医保支付结算工作的通知》(丽医保发〔2020〕16号)，明确对因疫情接受治疗的参保人员实行综合保障，明确对中医治疗的政策支持。通过现场巡查和视频监控方式对定点药店疫情防控亮码、测温管理工作进行监督检查，抽查暗访定点药店223家，对未落实防控措施定点药店下发整改处理意见书；受市疫情防控指挥部委托，开展平价口罩投放工作，共向丽水市区、开发区市民投放平价口罩20.73余万只。全市医保系统向定点医疗机构拨付疫情治疗预付资金5800万元，专项用于定点医疗机构抗疫支出；向定点医疗机构拨付医保周转金13948万元；对全市企业执行阶段性单位缴费减半征收政策，2至6月，全市合计减征21546万元，惠及企业18838家、参保人数22.74万人。开发线上医保结算功能，搭建“互联网医院+医保”服务平台，实现群众慢病就医购药全过程“不见面、不跑腿、不接触”；联系保险公司为全市在一线从事疫情防控工作的近15万名医务工作者、公安干警、社区工作者等“最美逆行者”提供免费人身保险；在复工复产阶段，为医保局联系企业、定点医药机构工作人员提供复工人身保险，共办理近5000人次。

【医疗保障体系】 2020年，市医疗保障局按照“政府主导、公益运行、商保承办、自负盈亏”原则，在全国首创全民健康补充医疗保险制度(“浙丽保”)，为完善多层次医疗保障体系提供丽水经验和丽水模板。“浙丽保”不限年龄、性别、职业、既往病史，全体职工和城乡居民参保人员实行无差别保障，执行相同待遇水平。保障范围包括经基本医保、大病保险报销后个人仍需负担的医疗费用，包括合规医疗费用即医保政策范围内费用和合理医疗费用即医保政策范围外费用。起付标准为 1.8 万元，实行梯次报销比例，不设封顶线。“浙丽保”推出后在省内乃至全国引起广泛的关注和好评。11 月 17 日，“浙丽保”缴费通道开通，实行一年一保，保险期限为 1 年，年度保费为 100 元/人，12 月 31 日前完成参保缴费的于 2021 年 1 月 1 日起“浙丽保”待遇上线结算。至年底，已通过清单管理机制将基本医保范围外的 671 种药品、31 个诊疗服务项目以及符合物价收费规定、符合临床诊疗规定的医用材料全部纳入保障范围，为全市高额、大病群众提供强力治疗保障，有效解决因病致贫、因病返贫难题。

【支付方式改革推进】 2020 年，市医疗保障局推进总额预算下的复合型支付方式改革，确定全市职工医保和城乡居民医保的门诊、住院年度统筹基金支出增长率均确定为 7%，由医保和财政共同发文，确保全市同步调、同力度推进支付方式改革。开展住院医疗费用 DRG 点数法付费结算，完成对全市住院医疗机构 2017 年至 2019 年数据的分组工作，分组数 998 个，入组率 99%；通过业务系统向医院机构下发分组数据，督促定点医疗机构加强医疗费用控制管理；分片区对全市所有统筹区医保工作人员、81 家医疗机构工作人员开展业务培训 12 次，参加培训 1500 余人次；开展 DRG 改革综合评价工作，完成第一轮全市 DRG 特病单议病例审核工作。开展门诊医疗费用按人头付费改革，结合家庭医师签约制度，及时出台门诊按人头付费细则，在全市统一开展总额预算下的门诊按人头付费管理，补齐医保控费工作的“短板”。

【市级基金统筹】 2020 年，市医疗保障局统一全市居民医保个人缴费标准，确定为 480 元/人，自 2012 年新型农村合作医疗和城镇居民医疗保险合并城乡居民医疗保险建立以来首次实现全市同标，并明确政府补助标准的相关要求。开展市级统筹研究分析，做好统计测算，以省、市、县三级协同保障为基础，初步提出建立“政策统一、待遇统一、经办统一、信息统一、征缴统一、分担统一”的“六统一”市级统筹管理模式。加强统一管理，日常基金管理围绕“统一”要求，在政策制定、经办服务、监督管理、考核评价等各个业务环节，考虑“全市一盘棋”的统筹要求。

【医保基金综合监管省级试点】 2020 年，市医疗保障局印发《关于建设浙江省医保基金综合监管试点市实施方案》（丽医保发〔2020〕1 号），细化任务责任主体。全市增设医保监管机构。成立案件审核委员会，下设办公室、行政处罚专委会和协议管理专委会，建立健全重大案件处理集体讨论决策的工作机制和经办机构内控管理制度，厘清医保行政监管和协议管理的关系。全面实现中小定点医药机构视频监控审核，开发完成丽水市医保基金运行管理系统（一期），建立医保管理大数据分析平台。开展第三方经办服务机构自查自纠和考核评价工作，促进第三方机构规范服务。全年全市委托第三方机构开展外伤核查 2.99 万件，核查后存在第三方责任 7183 件，防止医保基金流失 5818.23 万元。探索建立医保信用曝光平台，将医保失信机构、人员在局网站等平台进行曝光。以基金监管集中宣传月为契机，通过电视、广播、微信公众号、电子屏、小区宣传栏等方式进行全域宣传，总受众人数超过 150 万人次。全年全市检查定点医药机构 1171 家，解除服务协议 5 家，暂停服务协议 85 家，追回医保基金 7523.10 万元，全市 1 家定点医药机构和 5 名参保人员涉嫌欺诈骗保被移送司法机关处理。

【医疗服务价格改革】 2020 年 3 月，市医疗保障局实施《丽水市市级公立医院医疗服务价格调整方案》，通过降低 106 项大型医用设备检查治疗和检验价格、取消医用耗材加成腾出空间，上调 36 项技术劳务型医疗服务项目价格。12 月，印发《丽水市公立医院医疗服务价格改革方案》，调整二级以上公立医院医疗服务价格共 819 项，通过压缩不必要药品和医用耗材使用量、控制不必要检查检验等腾出空间，提高体现医务人员劳务价值的医疗服务项目价格。

【药品耗材集中采购】 2020 年，市医疗保障局做好国家组织三批集中带量采购药品、心脏冠脉支架和省集中带量采购人工髋关节、球囊的落地工作。全市第一批带量采购药品采购金额完成协议约定金额的 188%，第二批带量采购药品采购金额完成协议约定金额的 160%，第三批带量采购药品采购金额完成协议约定金额的 155.9%。

【医疗救助体系】 2020 年，市医疗保障局组织全市开展医保扶贫自查和交叉检查工作，指导各县（市、区）医保局出台针对特困、低保、低边人员全额资助参保政策。至年底，全市在册特困、低保、低边人数合计 11.24 万人全部参加基本医疗保险，全市困难群众资助参保率和医疗救助政策落实率达到两个动态 100%。制定《丽水市医疗救助管理办法》，提高救助待遇水平，实现范围对象、待遇标准、基金管理、经办服务、信息系统“五个统一”。至年底，全市 2.85 万名困难人员在 463 家定点医疗机构实行医保待遇和医疗救助待遇“一站式”结算。全市医疗救助“一站式”结算 34.27 万人次，结算医疗救助资金 7418.87 万元。开展 2019 年度个人自负超过 5 万元困难群众高额医疗费用化解工作，全市将 199 名困难人员个人自负医疗费用化解至 5 万元以下。　（支艺霖）

红十字会

【概况】 2020 年 12 月 25 日，丽水市红十字会第四届理事会第二次（扩大）会议召开，会议对部分理事进行调整，原市卫健委党委书记、主任周一红不再担任市红十字会第四届理事会副会长、常务理事、理事；原市政府副秘书长吴郁郁调任市卫健委党委书记、主任，其担任的市红十字会第四届理事会理事、常务理事、副会长不作调整。丽水日报报业传媒集团从原来 2 名理事调整为 1 名理事，调整后的丽水市红十字会第四届理事会共有理事 54 人。5 月 8 日，市红十字会走进丽水交通音乐广播，采取在线访谈的形式，开展“世界红十字日”纪念活动，向社会宣传传播红十字运动基本知识和疫情防控知识。

【红十字会助力疫情防控】 2020 年，新冠肺炎疫情期间，丽水市红十字会发挥群团组织优势，按照市委、市政府和上级红十字会部署，做好社会捐赠款物接受使用，动员红十字会员、应急救援队、志愿服务队等参与联防联控，关心关爱一线医护人员、援鄂医疗队员及其家属，助力复工复产复学，关爱海外侨胞抗疫等工作。自 1 月 28 日丽水市红十字会向社会发出抗击新冠肺炎接收社会募捐公告开始，每天汇总全市红十字系统捐赠款物接受使用情况，定期通过丽水发布、市红十字会网站、丽水新闻、《丽水日报》等渠道公布捐赠款物接受使用明细，主动接受社会各界监督。同时加强对捐赠者的服务，研发捐款二维码，方便捐赠者捐赠和及时获取捐赠证书。全市红十字系统累计接受捐款 2803.73 万元，物资价值 1489.54 万元，其中市本级接受捐款 1043.71 万元，物资价值 705.8 万元。除定向捐赠外省外，全部归集当地疫情防控指挥部统筹安排。全市红十字系统疫情防控工作得到省红十字会和市委、市政府肯定，丽水市红十字会叶青华、庆元县红十字会周青、丽水市鱼跃酿造食品有限公司陈旭东、丽水市残联康复医院杨月毅、丽水市综合行政执法局开发区分局金家明获“浙江省红十字会新冠肺炎疫情防控先进个人”称号；丽水市红十字应急救援队、丽水市莲都区沈姐无偿献血造血干细胞志愿者协会、青田县红十字会、松阳县红十字会获“浙江省红十字会新冠肺炎疫情防控先进集体”称号；浙江维康药业股份有限公司获“浙江省红十字会新冠肺炎疫情防控突出贡献奖”称号；丽水市红十字会周罗平获“全市抗击新冠肺炎疫情先进个人”称号。

2020 年 11 月 24 日，丽水市红十字会开展应急救护培训进校园活动

（叶青华　提供）

【应急救护培训】 2020 年，市红十字会开展应急救护培训“五进”（进机关、进学校、进社区、进农村、进企事业单位）活动。全市红十字系统共普及救护知识 58550 人次，培训红十字救护员 7842 人，参照丽水市 2019 年户籍人口基数，普及培训率分别为 2.16%和 0.29%，超额完成省红十字会下达的 1.5%、0.2%两大指标以及“健康丽水”1.5%的考核目标。为助力乡村振兴，更好地打造“丽水山居”品牌，提高丽水市 A 级旅游景区、民宿应急救护能力，10 月，市红十字会联合市卫生健康委、市财政局、市农业农村局、市文广旅体局等单位印发《“丽水山居”民宿旅游景区“五分钟社会应急救护圈”建设工作实施方案》。2020 年，新增 78 台 AED，对全市 1012 名民宿业主和景区工作人员开展应急救护普及培训。

【生命关爱】 2020 年，全市新增造血干细胞血样入库 263 人份，超额完成省红十字会下达的 200 人份指标；实现造血干细胞捐献 2 例，分别来自缙云县和景宁畲族自治县。全年实现人体器官捐献 13 例、角膜捐献 3 例、遗体捐献 2 例。完成全市二级甲等以上综合医院人体器官捐献宣传牌更换。做好器官捐献者困难家庭孩子助学活动。　（叶青华）

社会生活

民政工作

【概况】 2020年，丽水市城乡低保对象74055人，其中，城镇低保对象2552人，农村低保对象71503人，年度支出低保补助资金4.86亿元，同比增长14.35%。本市共实施临时救助6484户11492人次，累计发放救助金1775万元，人次均救助1544元。全市有特困人员3309人，全年支出供养资金4920万元。全年全市及时救助生活无着人员1562人次，其中，未成年人16人次，精神病或智力障碍患者1049人次。完成护送返乡34人次，其中跨省护送24人次。

2020年度，全市有养老机构126家，机构养老床位数19338张，其中，护理型床位10622张，占比54.93%，新建乡镇（街道）级示范型居家养老服务中心53个和社区嵌入式养老护理机构15家。

2020年，牵头开展市级界线“温丽线”联检工作，组织开展县级界线“青景线”“遂松线”“遂龙线”和县级交会点“龙云景”联检工作。组织动员全市各地申报第二批“浙江省千年古镇（古村落）地名文化遗产”。全市有1个千年古镇、6个千年古村落报名参加认定评审，其中松阳县象溪村入围浙江省第二批千年古村落地名文化遗产预选名录。全年全市火化区内火化遗体17074具，火化率100%；全市办理结婚登记13412对，办理离婚登记6475对，补发结婚证2566件，补发离婚证465件，登记合格率100%。

全市登记社会组织3430家，其中社会团体2109家，民办非企业单位1314家，基金会7家。全市有街道31个，登记枢纽型、支持型社会组织35个；有城市社区128个，登记枢纽型、支持型社会组织160个，实现街道（乡镇）、城乡社区全覆盖。

2020年，丽水市“96345”平台接入话务量157928个，其中，生活服务类87562个，咨询类67511个，特殊群体1538个（含老干部与战疫人员），事务类1317个。 （吴杭轩）

【福利彩票】 2020年，全市销售福利彩票3.08亿元，其中电脑票销售2.61亿元，中福在线销售0.14亿元，即开票销售0.33亿元，筹集国家公益金9704万元，其中市、县级公益金3067万元，全市共中出双色球一等奖5注，二等奖87注；刮刮乐一等奖4个。丽水市福利彩票发行中心开展“福彩暖万家”系列公益活动，全年资助困难少年儿童、困难大学生、困难家庭子女等2000余人，共投入福彩公益金286万元。 （翁婷婷）

【《丽水市养老人才培养实施办法》发布】 2020年8月，市民政局会同市财政局、市人力社保局、市卫健委、市教育局联合发布《丽水市养老人才培养实施办法》，在养老精英人才培

2020年丽水市城乡低保情况表

表28

地区	低保人数（人）	提标前低保标准（元）	提标后低保标准（元）	累计支出低保补助资金（万元）
市本级	588	770	850	428.55
莲都区	10052	770	850	6238.06
龙泉市	10456	770	850	5997.42
青田县	15717	770	850	12671.18
云和县	3865	770	850	2323.44
庆元县	5958	770	850	3802.19
缙云县	10222	770	850	6325.72
遂昌县	5883	770	850	3673.53
松阳县	6104	770	850	4000.41
景宁县	5210	770	850	3108.84
合　计	74055	—	—	48569.33

（诸葛睿）

养、专技人员职称评定、医护人员晋升通道、养老培训标准体系等方面实现多点创新。其中，建立养老服务领域职称评定制度在全省首开先河，并纳入全市专业技术人员职称评定管理。（陈豪杰）

【全市低保调标机制改革】 2020年7月，市政府出台《关于改革最低生活保障标准调整机制的通知》，把全市最低生活保障标准调整与最低工资标准脱钩，与全市居民人均生活消费支出挂钩，最低生活保障标准在全市上年度城镇居民人均生活消费支出的30%至35%。全市最低生活保障标准从每月每人770元提高至每月每人850元，标准增幅为10.3%。（应一诺）

【丽水市合众养护院动工建设】 2020年，丽水市合众养护院项目位于莲都区开发路与绕城路交叉口东北侧地块，总用地面积2.13公顷，项目总投资2.56亿元，设置床位415张，是一家以阿尔兹海默症康复修养为主的专业护理型养护院。市合众养护院为全市重点招商项目，11月2日，市合众养护院完成土地挂牌出让，由浙江润康养老服务有限公司竞得，12月29日，取得项目建筑工程施工许可证，实现动工建设。（叶凌伟）

【革命老区建设】 2020年，市、县(市、区)老促会与民政、组织部、统战部、乡镇(街道)的负责人，深入老区村慰问"三老人员"及遗属、困难群众，为他们送去生活慰问品和慰问金。全市慰问"三老人员"及遗属、困难群众192人，慰问金27.70万元。市、县两级老促会和会员单位参与疫情防控工作，捐款现金25.27万元、口罩2000个。历经3年，完成全市革命老区发展史的编纂工作，莲都区、遂昌县、云和县、松阳县和景宁县的革命老区发展史印制发行，龙泉市、青田县和庆元县的革命老区发展史正在印制，缙云县革命老区发展史完成文稿撰写，并筹备出版印制工作。（吴杭轩）

退役军人事务工作

【双拥创建工作】 2020年5月8日，市委书记、市委退役军人事务工作领导小组组长胡海峰主持召开市委退役军人事务工作领导小组第二次会议暨市双拥工作领导小组会议。市委、市政府把退役军人事务和双拥工作纳入年度考核。10月，丽水市连续3届被命名"全国双拥模范城"；莲都区峰源乡正岙门村村民叶美英被授予"全国爱国拥军模范"称号。（陈忠阳 应文琛）

【退役军人服务保障体系建设】 2020年，丽水市建成退役军人服务中心(站)2202个，创成全国示范型退役军人服务中心(站)122个，其中，县级9个、乡镇街道113个，占县、乡镇级服务中心(站)总数的67%；创成浙江省新时代枫桥式退役军人服务站21个，其中，县级4个，乡镇级9个，村级8个。建成丽水市退役军人服务中心展厅，成立丽水市退役军人服务中心心灵驿站，15名心理咨询师为全市退役军人提供专业心理服务。组织开展丽水市首届退役军人书画大赛，展出获奖作品45件。举办"敬礼老兵"丽水市纪念抗美援朝出国作战70周年志愿军老战士影像展，集中展示100位丽水籍志愿军老战士影像和部分抗美援朝时期实物，观展人数达6500余人次。（吴叶伟）

2020年10月，丽水市获"全国双拥模范城"称号 （市退役军人事务局 提供）

【就业安置工作】 2020年，丽水市退役军人事务局与市人才市场、"96345"市民热线开展合作，对接企业提供"一对一"服务，服务好退役军人就业创业。完成军队转业干部、符合政府安排工作条件退役士兵(退出消防员)、随军家属安置任务。完成退役军人职业技能提升行动培训计划任务，完成职业技能(提升)培训计划，召开退役军人专场招聘会17场次，参与单位数249家。

【优抚工作】 2020年，按政策认定优抚对象，发放抚恤、优待、医疗、物价等各项补助，落实优抚对象抚恤优待补助自然增长机制。完成全市伤残等级评定10人次，调整残疾等级4人次，伤残军人关系接收、转移19份。向全市重点优抚对象发放矫形器、矫形鞋、轮椅车、血压仪等优抚辅具489件，配合省社会福利中心开展残疾军人假肢修理8人次。推进部分退役士兵社保接续工作。

【纪念褒扬工作】 2020年，全市组织开展烈士祭扫活动100余次，参加“9•30”烈士敬献花篮仪式人数2800人次，退役军人到烈士纪念设施祭扫人数2300人次，烈士遗属前往烈士纪念设施祭扫人数276人次，企事业单位参与祭扫人数6000人次，社会各界到烈士纪念设施祭扫人数1.6万余人次。（应文琛）

【退役军人作用发挥及典型激励】 2020年，全市开展“思想政治工作年”活动，动员退役军人参与新型冠状病毒肺炎疫情防控，全市退役军人到新型冠状病毒肺炎疫情防控的各条战线，成立志愿者、突击队、党员先锋队等694支，排查205793人次、109980车次，为疫情防控和复工复产做出贡献。成立丽水市退役军人服务中心志愿服务队，组织各类活动30余次。组织发放中共中央国务院、中央军委颁发的抗美援朝出国作战70周年纪念章270枚。10月27日，市委书记胡海峰为全市9名志愿军老战士代表颁授纪念章。云和县梅小平、龙泉市吴子敬被评为“浙江省模范退役军人”，市国资委、市委编办被评为“浙江省退役军人工作模范单位”，市退役军人事务局安置优抚处处长应文琛被评为浙江省退役军人工作模范个人。继续开展“老兵”风采和寻找丽水“麦香”评选宣传活动，全市评出优秀“老兵”12人、“麦香”式优秀军烈属4人、优秀抗美援朝老战士13人，并于“八一”建军节期间在《丽水日报》《丽水电视台》和市主流网络媒体，分期宣传先进典型事迹。（何建东 吴叶伟）

【退役军人权益维护】 2020年，全市开展困难退役军人排查并录入全国困难退役军人帮扶援助服务系统，通过就业帮扶，生活困难救助、医疗困难救助等措施，加大帮扶救援力度。建立健全常态化走访退役军人制度，春节、中国人民解放军“八一”建军节期间开展大走访。规范办理信访事项，信访事项三级终结6件。（何建东）

移民工作

【概况】 2020年，丽水市移民工作以“三敢三比”活动为契机，围绕攻坚落地年、基础强化年、精准扶持年“三个年”活动，打造全省移民后扶资金绩效评价工作样板和全省平安库区示范样板。2020年，丽水市移民工作获全省考核第一名，实现“四连冠”（2017年至2020年）。

【移民安置工作】 2020年，丽水市移民安置工作贯彻“先移民、后工程”理念，科学制定移民安置年度计划，完成6座（具体）新建大中型水库工程建设，分别是缙云潜明水库一期工程、缙云抽水蓄能电站项目、青田县三溪口水电站工程、松阳黄南水库、庆元兰溪桥扩建工程、遂昌县清水源水库工程，实现新建大中型水库移民安置工作年度计划执行率100%。松阳黄南水库工程复工作为浙江省重点项目复工优秀典型案例上报国家发改委，6月22日，松阳黄南水库工程完成下闸蓄水阶段移民安置终验，实现水库提前蓄水。缙云潜明水库松岩百廿间等文保建筑搬迁项目完成初验并举办演出活动。缙云抽水蓄能水电站导截流阶段移民安置初（自）验工作完成，该电站为丽水市首个单

2020年6月22日，松阳黄南水库完成下闸蓄水阶段移民安置终验，实现水库提前蓄水（邓汉和 提供）

体百亿级投资项目，也是全国抽水蓄能电站项目中移民最多的项目。遂昌清水源水库导截流阶段移民安置验收按照简易程序实施验收，为全省首创。青田三溪口河床式电站工程竣工阶段移民安置初(自)验完成，提供水电站开展移民工作验收经验。庆元兰溪桥水库推进大坝枢纽工程施工期临时供水工程及房屋腾空、房屋拆除、移民安置地建设等工作。副省长王文序对丽水安置工作作“丽水市强化政策、机制建设，改进方式方法、推动安置帮扶做法值得肯定”的批示。

【移民后扶工作】 2020年，丽水市以打造全省移民后扶资金绩效评价体系样板为目标，建立县、乡、村三级比对机制，结合社保、公安等大数据平台，提高社保卡发放涉农资金的利用率，先行探索运用人脸识别技术开展复核，提高直补资金发放准确率。全年全市大中型水库农村移民扶持人口核减取消直补待遇950人。全年争取移民资金2.3亿元，人均占比全省第一。谋划生产扶持的移民资金占比，提高全市造血类扶持项目资金占年度后扶项目资金总量的占比。各县(市、区)基本实现1年内拿回投资本金，解决移民村集体经济增收问题。发挥三级移民资金监管机制作用，通过移民资金内部审计、稽察和项目绩效检查等手段，确保丽水市移民资金用到实处。全市有云和、缙云、松阳、景宁4个县作为后期扶持绩效评估验收单位样本，经综合评定丽水市后扶绩效评估总分位列第一。全年移民人均可支配收入达到农村居民平均水平94%。系统梳理全市自2006年以来的水库移民后扶工作经验，为全国特别是中西部地区提供展示水库移民工作经验的“丽水窗口”。

【和谐库区构筑行动】 2020年，全市开展和谐库区构筑行动，以打造全省平安库区示范样板为目标，开展“入千访万”活动，实现移民群体无异常访、越级访、群体访。落实人员与措施，因地制宜解决滩坑移民历史遗留问题、新建水库有关问题以及其他老库移民新诉求，开展化解销号，解决部分遗留10—20年的信访问题。在解决移民涉法涉诉类纠纷上有新进展，移民涉诉类撤诉1件。开发完善丽水市移民涉稳信息平台，实现全市移民信访问题和人员排摸、梳理全覆盖，累计排摸重点涉稳风险点39个，重点人员192人。开展跨市合作，与衢州市加强移民毗邻合作机制，巩固乌溪江库区移民和谐稳定局面。与温州市建立滩坑移民稳控合作机制，131户、495人的滩坑移民群体得到稳控。与杭州市建立新安江移民合作机制，促进两地移民合作交流。 （蓝　天）

残疾人事业

【概况】 2020年，全市持证残疾人93289人，其中，视力残疾9448人，听力残疾20852人，言语残疾1032人，肢体残疾41345人，智力残疾7518人，精神残疾7846人，多重残疾5248人。全年全市残联紧扣“全面建成小康社会，残疾人一个都不能少”总目标，完成年度各项工作目标。全市享受困难残疾人生活补贴32811人，享受重度残疾人护理补贴34367人。累计发放资金1.06亿元。劳动年龄段持证残疾人城乡居民基本养老保险、持证残疾人城乡居民基本医疗保险、残疾人人身意外伤害保险，实现“三个全覆盖”。全市所有应届高校残疾毕业生实现就业率100%，其中，市特校和市公交公司集团各录用残疾人1人，实现事业单位和国企安置残疾人零的突破。全年举办残疾人线上招聘会4场，新增残疾人就业659人。做好学龄前和高中段学费补助，被浙江特殊教育职业学院录取残疾学生16人，10名应届残疾人大学生子女受到扬帆集团资助，3名残疾人大学毕业生参加全省职业规划比赛。举办全市残疾人之家负责人和县级劳服机构负责人培训班。推进残疾人精准康复服务行动，康复服务率98.99%。完善《丽水市残疾儿童康复定点机构星级评定办法》，落实康复补贴残疾儿童487人。7260名精神残疾人门诊服用基本型抗精神病药物全额保障，家庭签约服务率73.8%。

全市以党建引领事业发展，开展“制度建设年”活动，全面梳理内部管理、事务决策、党风廉政等制度，排摸风险防控点。优化支部建设，采取设立党总支、下设三个党支部的改革措施，制定《争当“丽水之干”模范集体和先锋人物大比拼方案》，形成“四张清单(年度重点工作清单、补短清单、创新亮点清单和残疾人全面小康清单)”任务指标27项，实行每周每月计划推进、季点评和“红黑旗”晾晒，形成赶超氛围。

【残疾人扶助实施办法】 2020年5月，市政府常务会议审议通过《丽水市扶助残疾人实施办法》，出台助力残疾人全面小康扶助意见36条，于7月1日起在全市范围实施，首次实现全市范围内的扶助政策“同城、同标、同待遇”，解决长期以来地域间补助政策和标准的差异性，并在“临时停车待遇”“房屋征迁补助标准上浮”“教育补助扩面”等方面取得突破，如普通学校增设特殊教育“卫星班”、随班就读、送教上门、医教结合，推进特殊教育学校标准化建设，保障适龄残疾人依法接受九年义务教育、对确实丧失运动能力的残疾考生予以体育中考免试并把中考体育成绩按满分计入升学考试总分等，让全市残疾人享受更多政策红利。

【残疾人服务机构建设】 2020年，市残疾人托养中心精神残疾医养结合专区改造项目进入竣工决算阶段，出台《丽水市残疾人托养中心精神残疾人医养结合专区运营合作方案》。除青田外，其他8个县（市、区）残疾人康复托养机构基本完成建设。青田县残疾人托养中心完成项目前期工作。

【残疾人民生实事】 2020年，市残联完成省政府民生实事涉残项目的市级培训"全覆盖"，其中，无障碍家庭改造项目通过视频方式延伸培训到乡镇（街道）专职委员，"残疾人之家"星级改造项目组织集中培训5天。省级民生实事"残疾人之家"改造提升37家，完成率185%，全省排名第一；困难残疾人家庭无障碍改造358户，完成率119%，全省排名第二；康复基本服务人次、辅助器具适配、残疾儿童康复训练等4项市级民生实事均超额完成。

【无障碍环境建设】 2020年，莲都区创成全国首批无障碍环境示范区，龙泉市住龙镇创成全国首批无障碍环境达标镇，创建省级无障碍社区9个，全国人大常委会委员、中残联副主席吕世明和省残联分管领导先后批示表扬。制定全国首个地方标准丽水市《居家无障碍设施改造技术规范》《乡村景区无障碍环境建设指南》。与市自然资源规划局、市行政执法局、市建设局、市旅游局等部门联合出台无障碍设施规划建设、维护、执法等制度8个，保障无障碍规划建设和设施维护执法。调研指导创建第三批省级无障碍社区9个、市级无障碍村9个和无障碍景区5个，督促衢宁铁路丽水4个车站无障碍改造落实，开展无障碍培训班4期，制作、发放无障碍环境建设指导手册1200本。

【助残服务"最多跑一次"改革试点】 2020年，市残联启动全省城乡统筹推进助残服务"最多跑一次""最多跑一地"改革试点，与卫健委部门联合出台《推进残疾评定"最多跑一次""最多跑一地"改革的实施方案》《全市残疾人康复中心服务大提升行动计划》等意见。助残服务改革事项数、办件量为21583件、压缩比75%、即办率75%、零次跑100%、好评率100%等均居全省残联前三。在全省率先推行残疾儿童康复服务大提升行动，占全省年服务残疾儿童百名以上的康复机构中的25%。推进市残联"智慧残联"建设，在全省率先开通市级"助残扶残专区"，残疾人辅具适配"互联网+"、康复医院在线预约和云教学、无障碍地图等信息化系统投入运行。龙泉市残疾人证零跑趟、松阳县帮代办助残服务等改革做法被省改革办《竞跑者》、市改革先锋刊发。

【请你来协商"残疾人全面小康"专题协商会】 2020年，市残联专题调研适龄残疾人接受15年教育、无障碍环境建设、残疾人按比例就业、家庭医生签约、残疾人专职委员配备待遇落实等短板问题。9月14日，召开市政协"请你来协商"现场会，进行"面对面"协商。跟踪反馈协商结果，至年底，全市"适龄残疾人接受15年教育比例"达小康目标值，学前教育入园率预计90%以上，高中教育入学率85%以上，对于不符合《无障碍设计规范》一律不予通过，开展重点项目无障碍环境建设巡查；11月，市国资委面招聘残疾人工作人员1人。

【东西部残联对口协作帮扶】 2020年，市残联推进东西部对口协作，落实帮扶资金674万元，动员社会捐赠6万元，开展业务交流30批次，完成四川巴中、广元等6个县、1590户残疾人的脱贫任务。开展包村促村工作，制定出台《结对帮扶青田县阜山乡双溪村三年行动计划（2020—2022年）》，开展助残日走访慰问、主题教育、考察学习等活动，以"菜单式"帮扶、立体式造血工作法，实现青田帮扶结对村低收入农户和集体经济双增长。

【基层组织建设年活动】 2020年，市残联加快落实《关于加强乡镇（街道）、村（社区）残疾人工作者队伍建设的意见》要求，制定下发《关于全面开展"基层组织建设年"活动进一步加强基层残疾人组织建设的意见》，确定工作意见20条。推进乡镇（街道）专职委员、社区联络员配备工作，全市173个乡镇（街道）残联理事长，残疾人工作专职委员实现全覆盖。以村（社）两委换届为契机，建立村（社）"残协"组织1943个。培训乡镇（街道）残联理事长173人。基层组织建设工作被省残联作为经验介绍。 （叶　菁）

民族工作

【概况】 丽水是浙江省民族工作重点市，辖有景宁畲族自治县，民族乡镇7个、民族村161个，民族乡村数量占全省近一半。丽水以铸牢中华民族共同体意识为主线，推进全国民族乡村振兴示范先行区建设，推动民族团结进步创建，促进民族地区经济社会发展，少数民族农民人均可支配收入达23493元，比上年（21751元）增长8%；与全市农民人均收入水平（23637元）差距持续缩小。10月14日，丽水市第四次民族团结进步大会在丽水召开，市委书记胡海峰出席并讲话。会上表扬全市民族团结进步模范集体25个、模范个人45人。

开展民族团结进步创建。多层次、多形式学习贯彻全国、全省民族团结进步表彰大会精神，全市4个集体、6人获浙江省第六次民族团结进步模范表彰，获评第三批省级民族团结进步创建重点培育单位6家，纳入全省铸牢中华民族共同体意识教育试点学校4所，景宁畲族自治县人民法院获评第八批全国民族团结进步示范单位。创新民族团结进步跨省创建模式，开展“运一车书去墨脱”浙江景宁、西藏墨脱民族团结一家亲活动，开创民族地区之间交流合作的新模式。贯彻执行民族政策法规，办理民族成分变更审核52人，做好少数民族学生中高考加分审核，补助少数民族学生“民族教育券”657.79万元，补助少数民族群众参加城乡居民合作医疗1874.22万元。举办面向全市民族干部、民族村干部、少数民族实用人才的专题培训3期，培训150余人次。

民族乡村振兴建设成效显著。推进全国民族乡村振兴示范先行区建设，建立民族乡村振兴评价指标体系和民族乡村振兴三年行动计划，承办全省民族乡村振兴示范建设推进现场会，纳入省级民族乡村振兴示范带（区）培育名录7条。培育民族地区内生发展动力，全年落实中央发展资金1062万元、省发展资金1440万元，市本级民族发展资金635万元。纳入全省民族乡村振兴“双百村结对行动”民族村86个，对接落实项目58个，到位资金1279万元，撬动部门资金、少数民族发展资金2000余万元。持续推进民族乡村GEP、GDP双核算试点工作，探索“两山银行”“飞地”产业园、互联网直播助力生态农产品销售等特色做法，实现生态保护与乡村治理“双促进”，农业文旅发展“两融合”，促进少数民族地区和少数民族群众增收。

民族文化活动精彩纷呈。承办全国少数民族文艺会演浙江省唯一参演剧目《畲山黎明》首演、第五届中国（浙江）畲族服饰设计展演、首届中国（浙江）畲族文化创意产品设计展演等大型活动。围绕“花园丽水·魅力山哈”主题，开展民族文化系列活动。组织参加浙江农博会、义乌森博会，在两个会展期间设立畲族风情馆，促进经贸交流、弘扬民族文化。弘扬践行“浙西南革命精神”，彰显畲族忠勇精神的时代价值，编印《畲乡红——浙西南畲族革命故事选编》。

【浙江省民族乡村振兴示范建设推进现场会】 2020年9月21至22日，全省民族乡村振兴示范建设推进现场会在景宁畲族自治县召开，省委常委、统战部部长熊建平参加会议并讲话，省委统战部副部长、省民宗委主任楼炳文主持会议，市委书记胡海峰致辞。会议立足民族乡村振兴示范建设，建设“重要窗口”，为民族团结进步事业贡献力量这一主题，总结交流民族乡村振兴示范建设的经验做法，系统部署工作举措和任务，推进民族乡村振兴示范建设。

【获全省民族团结进步模范表彰】 2020年6月29日，浙江省第六次民族团结进步表彰大会在杭州召开，时任省委书记车俊出席会议并讲话。全市获评模范集体4个，分别是丽水市莲都区丽新畲族乡政府、景宁畲族自治县文化和广电旅游体育局、丽水市农业农村局、丽水学院民族学院；获评个人模范称号6人，分别是龙泉市竹垟畲族乡党委书记杨惠民、云和县委统战部民宗科副科长金海伟、遂昌县委统战部副部长蓝水林、松阳县象溪镇象溪圩村党总支书记兰土金、景宁畲族自治县办公室主任雷应江、丽水市委统战部民族工作处处长徐嵘，遂昌县委统战部副部长蓝水林在表彰大会上做交流发言。

【《畲山黎明》民族歌舞剧首演】 2020年10月14日，民族歌舞剧《畲山黎明》首演仪式在丽水大剧院举行，参演人员200余人，观众900余人次，演绎普通畲族群众与红军在革命年代中的亲情。该剧目参加2021年第六届全国少数民族文艺会演，是本届唯一一部代表浙江省登上全国舞台的畲族文艺作品。（李　振）

宗教工作

【概况】 2020年，丽水市五大宗教齐全，有佛教、道教、伊斯兰教、天主教、基督教。全年全市有认定备案的教职人员228人，其中，佛教122人，道教17人，伊斯兰教1人，基督教88人；经批准合法登记宗教活动场所536个，其中，基督教活动场所327个，佛教活动场所139个，天主教活动场所14个，道教活动场所55个，伊斯兰教清真寺1个。建立市佛教协会、市道教协会、市基督教三自爱国会和市基督教协会等市级宗教团体4个，有县级宗教团体25个。纳入登记编号管理的民间信仰活动场所940处。

全年全市宗教界为新冠肺炎疫情防控捐款捐物累计270万余元，在疫情防控初期，市佛教协会利用华侨资源优势，委托西班牙、新加坡等华侨在当地采购到口罩13.6万个，并运回丽水。审核通过的宗教活动场所均在开放首日举行升国旗仪式，普遍举办以爱国爱教和疫情防控为主题的专题宣讲。

【宗教领域防控】 2020年1月21日，丽水市在全省率先暂停所有非通常宗教活动和大型宗教活动，并加强人员管理。1月23日起，全市所有宗教活动场所和民间信仰活动场所暂停开放、暂停活动，严禁私下宗教聚会。市委统战部会同派驻纪检组组成督查组4个，对各县（市、区）和开发区开展专项督查，形成督查通报并逐一印发督查整改通知书，进行清单式管理，限期整改销号。宗教活动场所有序恢复开放后，落实秋冬季疫情防控要求，特别是预约限流措施。12月24日，青田县发现一例境外输入新冠肺炎确诊病例复阳的情况，在圣诞节前紧急暂停全市所有宗教和民间信仰集体活动并做好思想引导工作，阻断宗教领域疫情传播渠道。丽水在全省宗教领域冬春季节疫情防控电视会议上作交流发言。

【宗教活动场所恢复开放】 2020年6月2日，丽水市按照上级"属地管理、受控有序、责任到点"总原则，结合丽水实际开展宗教活动场所有序恢复开放工作。在市疫情防控指挥部架构下成立宗教活动场所疫情防控工作专班，由3位市领导牵头，成员涵盖宣传（网信）、统战（民宗）、公安、自然资源、住建、水利、应急管理、大数据管理、消防救援等部门，编制《丽水市宗教活动场所有序恢复开放疫情防控工作指南》，在浙里办开发丽水市宗教活动场所预约平台、建立"样板房"试点机制、开展宗教活动场所疫情防控培训和演练，成熟一处、开放一处。全市536处宗教活动场所有序恢复开放148处，占27.6%。

【平安宗教场所创建】 2020年，丽水市委统战部（市民宗局）按照管理规范、政治安全、人员安全、活动安全、食品安全、消防安全、建筑安全、网信安全、财务安全、财产安全的"1+9"指标体系和《丽水市宗教工作协调小组关于加强宗教和民间信仰活动场所建筑、消防、电力和人员安全管理工作的实施细则》抓好平安宗教活动场所创建工作。开展宗教活动场所消防安全标准化管理"百优争创"活动，联合市消防救援支队印发《丽水市宗教活动场所消防安全标准化管理规定（试行）》，组队参加省平安宗教活动场所工作推进会暨消防安全大比武活动并获第三名。做好"五一"、中秋、国庆、元旦、春节等重要时间节点和4号台风"黑格比"防御等有关维稳安保工作，全年未发生宗教领域安全事故。牵头建设、交警、消防等部门协调丽水学院笔架园和三岩禅寺间独立通道建设工作。修订完善民宗领域突发事件应急预案，加强应急处置能力建设。

【对标"重要窗口"建设】 2020年，丽水市委统战部（市民宗局）制定《丽水市民族宗教领域"重要窗口"建设的实施意见》，明确在宗教领域，突出宗教中国化、宗教工作法治化、宗教团体建设规范化等重点，成为全国宗教领域治理现代化建设模范生和全省宗教工作特色展示窗口。部署开展全市"美丽宗教活动场所"创建活动，制定创建方案创建标准并编制负面清单。继续深化浙西南革命精神进宗教活动场所和民间信仰活动场所，引导宗教界人士加强爱国爱教意识，《传承红色基因 弘扬革命传统——浙江丽水积极探索宗教与社会主义社会相适应新路径》一文被《中国宗教》杂志采用。开展宗教活动场所审计工作，全市选取10个重点场所作为试点。继续实施"十百千万"普法工程，全年全市创建省级宗教普法示范点1个，普法教育基地9个。加强宗教队伍执法能力建设，举办民宗干部和统战委员培训班。在云和县探索联合执法模式，作出首例行政处罚。举办《中华人民共和国民法典》专题讲座，邀请资深律师为宗教界人士授课，加强宗教界法治意识。

【宗教团体建设】 2020年，丽水市委统战部（市民宗局）建立宗教团体负责人季度政治学习机制，每季度组织宗教团体负责人开展政治学习。持续开展骨干人士教育培养，举办全市宗教界代表人士培训班，组织开展中共十九届五中全会精神学习、"重要窗口"解读、《浙江省宗教团体管理办法》等宗教政策法规学习，组织观看抗美援朝主题电影《金刚川》并分享感想体会。加强对爱国宗教团体的支持力度，分别补助市佛协、市道协、市基督教"两会"办公经费3万元、4万元、4万元，帮助宗教团体正常有序运转。指导市道协承办浙江省道教协会第五届玄门讲经暨第二届全真派冠巾法会，提升丽水道教影响力。规范教职人员备案机制，对基督教传道员在备案前实行考察谈话机制。指导各地做好全省汉传佛教教职人员证书延期审核工作。

【民间信仰事务管理】 2020年，丽水市委统战部（市民宗局）加强民间信仰事务管理，与浙江农林大学合作编写的《丽水市民间信仰调查研究》出版发行，该书系全省第一本民间信仰方面的综合性研究成果。开展"老庙红说"活动，挖掘浙西南革命历程中的民间信仰元素，发挥场所正面导向作用。配合市人大做好对民间信仰事务管理的专题调研工作。

【政府数字化转型】 2020年，市委统战部（市民宗局、市侨办）成立市委统战部（市民宗局、市侨办）政府数字化转型工作领导小组，制定《推进政府数字化转型工作实施方案》，落实政府数字化转型，特别是“互联网+政务服务”“互联网+监管”有关工作。政务服务“2.0”平台建设事项认领、清单编制、基本信息准确率均为100%。全面运用行政执法监管平台，账号激活率100%，依托平台开展“双随机”抽查，在抽查中应用信用规则，抽查事项覆盖率100%，同时。联合市消防支队开展跨部门监管检查，跨部门监管率50%。 （吴云龙）

老龄工作

【概况】 2020年，按户籍人口统计，至年底，全市60岁及以上老年人口55.10万人，占总人口20.35%，进入中度老龄化社会，老年人口与上年同期相比增长2.88%。老龄化程度最高的为遂昌县，老年人口占总人口比重23.98%；其次是缙云县，老年人口占总人口比重21.71%；再次是云和县，老年人口占总人口比重21.26%。老龄化程度最低的为青田县，老年人口占总人口的比重18.10%。全市65岁及以上老年人口40.10万人，70岁及以上老年人口24.97万人，80岁及以上老年人口9.41万人，90岁及以上老年人口1.32万人，100岁及以上老年人口184人。

9月27日至29日，市卫生健康委举办2020年基层医疗机构医养结合培训班，全市各县（市、区）卫生健康局及基层医疗卫生机构参加培训46人。

【丽水“中国长寿之乡”品牌推广利用】 2020年，市发改委（创新办）、市卫生健康委开展丽水长寿之乡建设标准方案制订工作，拟制订形成丽水长寿之乡建设标准体系实施意见。10月20日至23日，联盟第一届理事会第五次扩大会议暨长寿之乡与健康产业高峰论坛在重庆江津召开，全国18个省（市、自治区）48个县（市、区）的中国长寿之乡代表、绿色产业专家学者、相关企业负责人、媒体记者等280余人参加会议，共谋产业发展和长寿之乡品牌建设。11月6日至8日，组织长寿之乡到广州参加第七届中国国际老龄产业博览会，设立长寿之乡特色展区，参加展会长寿之乡企业50余家。开展“2019年度中国长寿之乡品牌建设十大亮点工作”评选活动，龙泉“以长寿文化为抓手，助推文旅产业发展”和缙云的“分析解读密码，深化长寿缙云”2项工作入围评选。在各长寿之乡中组织开展“健康中国我代言——百位健康百岁老人”评选工作，全市9名百岁老人入选。全年联盟网站发布信息1389条，微信公众号发布信息1315条。组织举办全市长寿养生村建设能力推进班。完成《加快打造“中国长寿之乡”助推丽水高质量绿色发展的思路和举措研究》课题。协调市人民医院和市第二人民医院开展长寿老人健康管理与研究项目。

【“敬老月”和“第十九届老年文化艺术周”活动】 2020年，市老龄委组织2020年度“敬老月”活动。策划开展老年维权优待、走访慰问送温暖、关爱老人志愿服务、老年文化体育活动等为老服务活动，弘扬敬老爱老传统。市本级老龄委及各成员单位策划市直老年人趣味运动会、“教爸妈玩转手机”直播课、老年人秋冬季节如何防范新冠肺炎及合理膳食健康讲座等活动，承办浙江省首届老年主题摄影大赛优秀作品展。

【老年宜居环境建设】 2020年，市卫生健康委牵头起草规范性文件《关于推进老年宜居环境建设的实施意见》。组织改造市梅山背公园为孝文化主题公园，添置健身设备，改造孝心廊、慈孝亭，布置敬老爱老文化宣传小品等。推荐上报全国敬老爱老助老模范人物、敬老文明号和省级敬老文明号，全市获全国敬老爱老助老模范人物称号7人，分别是蔡葛林、刘树旺、胡兰花、周剑斌、汤思连、叶冬军、宁利平，中国农业银行股份有限公司丽水分行营业部、缙云县高铁站综合管理中心、缙云县公安办事服务中心、龙泉市城北乡养老服务中心、庆元县公共法律服务中心（挂庆元县法律援助中心牌子）5家单位在第三届敬老文明号创建活动中获评全国敬老文明号，被评为省级“敬老文明号”单位11家，分别是丽水市唯康怡福家园、温州银行丽水分行营业部、青田春满园养老服务有限公司、青田县仁济养护院、云和县石塘镇中心卫生院、温州银行股份有限公司丽水云和小微企业专营支行、缙云县壶镇镇老年活动中心、遂昌县庄山村委会、遂昌县颐养中心、浙江泰隆商业银行股份有限公司丽水松阳支行、景宁畲族自治县公共交通有限公司。

【老年健康服务体系建设】 2020年，市卫生健康委推进医疗卫生服务与养老服务融合发展，通过鼓励具备条件的养老机构开设诊所（卫生室）、医疗卫生机构与周边的养老机构签订合作协议、设立巡回医疗点、家庭医师签约等不同的形式为老年人提供医疗保障。全市医疗机构571家，全部为老年人提供挂号、就医等绿色通道；全市乡镇卫生院（社区卫生服务中心)100%为辖区内正常运营的131家养老机构(居家养老服务照料中心)提供医养结合服务。全市二级以上综合医院和中医医院开设老年病科、康复科比例为85%。100张床位以上养老机构有40家,其中,内设有医疗机构的有16家,医养结合机构占比40%。全市养老机构及医疗机构中有护理型床位数12694张,每百名老年人护理床位2.37张。以医疗护理为主兼顾长期照护的医疗机构老年康复护理床位有3268张,占25.7%,每千名老人医疗机构老年康复护理床位数4张以上。推进基层医疗卫生机构院内开展医养结合试点工作,每个县(市、区)分别确定1家乡镇卫生院(社区卫生服务中心)在院内开展医养结合试点,根据实际设置护理、康复、安宁疗护、养老等床位,重点为农村失能失智老人提供医养结合服务,缙云新建、遂昌云峰2家卫生院开展试点业务运营。继续通过上门巡诊、家庭医生签约等方式为老年患者居家医疗服务,65岁以上老年人健康管理率72.21%。协同推进康复医院进森林工作,确定遂昌县高坪乡卫生院与景宁县东坑镇卫生院为康复医院进森林试点,委托第三方制订丽水市森林康复医院标准。组织举办基层医疗机构医养结合工作培训班。开展老年健康宣传周活动,提升老年人健康素养。

【老年活动中心】 2020年1月,市老年活动中心联合市公安局、市人民医院、市第二人民医院、市地书协会等单位举行第36场为老服务日活动。因新冠疫情影响,2月至12月,市老年活动中心未对外开放,为开放后更好地满足老年人日常活动需要,增设演艺厅、文化长廊,更换监控设施,添置智能化门禁,加强中心设施建设和环境布置。编印《老年人防控指导手册》,通过各县(市、区)老年活动中心赠送给老年人;召开中心会员代表和学员骨干交流培训会,开展疫情防控培训、演练;市老年活动中心作为省老龄文艺大学摄影分院,承办由省卫生健康委(省老龄办)主办的"奔向我们的小康社会"全省首届老年摄影比赛及摄影展活动,并组织摄影比赛获奖者到缙云开展摄影采风活动。市老年活动中心和中国移动丽水分公司联合开展"教爸妈玩转手机"老人智能手机服务公益活动,并参加市2020年丽水市宣传思想文化工作创新奖评选,在市本级的111个中国移动丽水分公司网点增挂"教爸妈玩转手机"服务点牌子,制定服务要求,免费为老年人提供智能手机使用服务;编印《老年人走近"互联网+"使用手卡(二)》5000份。中心与大剧院合作开展为老年人免费送戏活动3次,送出戏票300份。

【老年电视大学】 2020年,因机构改革和新冠肺炎疫情影响下老年电大未开展线下教学等原因,全市老年电大招生82132人次,同比下降19.4%。市本级增加怡福家园和南城福利院教学点2个;开展送课到市自然资源和规划局、民政局等教学点15次。录制老年人疫情防控指导、舞蹈、古筝等微课堂9节,课程通过市老年活动中心公众号推出,做到疫情下停课不停学。全市老年电视大学交流会在云和召开。市老年电大推出线上线下智能手机应用培训课三期、12次;组织线上校花评比,选出兰花为市老年电大校花。

【走访慰问工作】 2020年春节前夕,市老龄委领导带队走访看望市区部分困难老人、百岁老人和空巢老人;老年节前夕,市四套班子领导分别带队走访慰问市区部分困难老人、百岁老人和空巢老人;市卫生健康委(市老龄办)牵头组织对云和、缙云、松阳、龙泉等地部分困难、高龄、空巢老年人的慰问。全年市卫生健康委(市老龄办)牵头组织慰问老年人70人,发放慰问金及慰问品近9万元。全市各县(市、区)结合实际,均在春节和老年节前后广泛组织开展慰问困难、高龄、空巢等老人走访慰问活动,给老人们送去关心关爱。此外,市养生经济促进会联合市卫生健康委(市老龄办)对全市新增百岁老人走访慰问。 (刘光烁)

关心下一代工作

【概况】 2020年,丽水市关心下一代工作委员会(以下简称"市关工委"),根据市编委文件精神,市关工委机关与市委老干部局合署办公。丽水市关工委获评"全国关心下一代工作先进集体",留丽萍、王国荣、李光亮、雷木森、贾国平5人获评"全国关心下一代工作先进个人"。

2020年,市关工委与省有关基金会联系,筹集紧急医用物资,争取省阳光助学基金会、省妇女儿童基金会医用手套3万双,75%消毒酒精7500升,并捐赠给丽水市中心医院和市人民医院,共计近20万元。全市动员社会力量捐资捐物金额129.2万元,"五老"捐资捐物金额45.95万元。全市关工委在职干部47人参与社区卡点志愿者服务活动等一线抗疫工作,助力服务全市复工复产企业44家。

2020年,推动关工委工作纳入基层党组织建设工作责任制,纳入离退休干部党建工作。明确"保持和增强政治性、先进性、群众性,去除机关化、行政化、贵族化、娱乐化"的工作目标,发挥好关工委组织的桥梁纽带和参谋助手作用,把党对青少年的关怀落实到关心下一代各项工作中。

【青少年思想道德建设】 2020年，全市各级关工委组织宣讲团成员围绕青少年关注的思想理论热点问题，全年到学校、社区、乡村、企业开展社会主义核心价值观宣讲教育活动365场次，受教育青少年近17.1万人次。市、县两级关工委利用27家关心下一代教育基地，常年面向青少年开展社会主义核心价值观教育实践活动7.73万人次，其中遂昌县王村口红色教育基地、龙泉市住龙镇青少年思想道德教育实践基地被省关工委命名为第二批“浙江省关心下一代教育基地”。联合市委宣传部、市教育局在全市青少年中部署开展“决胜小康·奋斗有我”主题教育宣讲活动。仅市关工委宣讲团成员进行宣讲49场，受教育青少年16000余人次。7月，关工委干部暨宣讲团骨干成员培训班在丽水职业技术学院举办，组织48名关工委干部、关工委宣讲团骨干成员、中青年骨干教师等人员进行专题培训，并要求宣讲团成员主动进社区、进校园开展主题教育宣讲活动。培育县域特色的青少年思想道德建设品牌工作。全市关工委组织坚持对青少年进行思想道德教育，在缙云、遂昌等地开展“学霸来了青年成长励志讲堂”，引导青少年正确认识贫困，树立正确的世界观、人生观和价值观。

【为青少年办实事做好事解难事】 2020年，全市关工委发动社会爱心人士（企业）结对丽水市家庭困难学生2804人、筹集资金897.395万元，其中，大学新生628人、资金563.5万元，中小学生2176人、资金313.895万元。联合钱江晚报、都市快报、南湖晚报（嘉兴）、处州晚报等媒体，组织记者实地采访贫困大学新生家庭。杭州都市快报社牵头利群阳光助学，结对阳光学子83人，发放助学金41.5万元。钱江晚报牵头结对110人，发放助学金66万元。嘉兴日报社牵头南湖晚报4年全程结对46人。处州晚报推出“公益助学在行动”，宣传报道大学新生14人，并全部结对。联合市政协在庆元县屏都街道菊隆中学开展“送教育下乡助学金发放仪式”，现场向困难学生发放一次性助学金5万元。市关工委借助“丽水市关心下一代助学基金会”平台，联合省关心下一代基金会、中天集团公益基金会、德信蓝基金会、杭州阳光教育基金会、杭州弘厚投资有限公司、森马有限公司等十几家爱心基金会和企业，开展专项助学行动，开展“福彩暖万家　爱心圆梦”“中航助学　爱心圆梦”“保亿助学　爱心圆梦”“关爱成长　爱心圆梦”“决胜小康　爱心圆梦”等系列助学项目，同时，开展“创梦助学”活动。

全年全市参与“双百”活动的老科技专家103人，确定联系村（龙头企业，示范户）125个，帮扶项目128项。11月，全市关工委“双百”活动经验交流会在庆元县召开，与会人员现场参观庆元“双百”活动基地，并交流各县“双百”活动情况和经验，部署市“双百”活动工作。

持续在各中小学、企业、社区开展“关爱明天、普法先行”活动，配合省关工委开展“全省青少年未成年人保护法治宣传教育”活动，增强广大青少年的法治意识。全市各级关工委联合相关部门，以“五老结对关爱农村未成年人”为抓手，以“少儿之家”为阵地，开展农村留守儿童、困境儿童各类关爱保护工作。全年全市参与结对的“五老”有4000余人，代理家长近3000人，结对关爱农村未成年人2.25万人。市、县两级关工委挑选部分“五老”常年担任网吧义务监督员，劝导未成年人远离不良网站，预防网络成瘾。至年底，全市有“五老”网吧义务监督员159人，监督网吧91家。各级关工委联合政法、公安、司法等部门组成帮教团，到监狱、看守所看望在押青少年，并进行帮教工作。（陈　菲）

2020年6月18日，“爱心圆梦·保亿萤火虫助学”活动景宁发放仪式举行
（陈　菲　提供）

县(市、区)

莲 都 区

【概况】 2020年,莲都区辖4个镇、5个乡、5个街道、208个村、31个社区,面积1493平方千米。常住人口56.22万人,户籍人口42.10万人,流动人口18.33万人。

地区生产总值406.97亿元,增长3.3%。其中,第一产业增加值21.23亿元,增长2.7%;第二产业增加值119.28亿元,下降0.1%;第三产业增加值266.45亿元,增长5.2%。

财政总收入93.85亿元,增长7.7%(区属30.35亿元,增长8.0%),其中一般公共预算收入56.43亿元,增长3.3%(区属17.96亿元,增长4.3%)。一般公共预算支出137.17亿元,增长7.0%(区属54.70亿元,增长6.0%)。居民人均可支配收入45697元,比上年增长5.7%,扣除价格因素增长3.6%。

区属固定资产投资增长9.0%;金融机构本外币存款余额1208.34亿元,增长24.2%;本外币的贷款余额是1189.14亿元,增长32.4%。城乡居民人均可支配收入分别为51669元、30365元,分别同比增长3.9%、7.6%。社会消费品零售总额204.34亿元,比上年下降6.8%。

农林牧渔业总产值31.82亿元,增长3.7%。实现农林牧渔业增加值21.49亿元,按可比价格计算增长2.8%。全市最大的农业项目——华统畜禽产业链智能化项目里塘区块正式投产。完成茶叶扩面近553.33公顷,确定"莲城雾峰"为茶叶区域公共品牌。建立全市首个超市产业农合联。生猪增产保供获评省"争先创优"行动"最佳实践"。创成省级渔业健康养殖示范区和省级"平安农机"示范区,老竹镇入选2020年全国农业产业强镇建设名单。"国家水稻分子育种中心丽水示范基地"项目落户碧湖,院士袁隆平为基地亲笔题名。深化"区乡村三级联动办实事"机制,共办结民生实事824件。全面消除农村家庭人均年收入8000元以下现象,低收入农户人均可支配收入12685元,增长14.5%。助力剑阁县实现脱贫"摘帽"。完成村集体经济消薄任务,总收入20万元以上且经营性收入10万元以上的村126个。

全年实现工业增加值87.33亿元,按可比价计算增长1.7%。区属规上工业增加值13.7亿元,同比增长8.5%。设立丽水长三角招商中心莲都招商部,引进康纳自闭症干预等一批装备制造、文化创意和科技创新项目。全年引进项目38个,其中大项目14个,实际利用内资40.9亿元。6个项目被列入省"六个千亿"投资计划。高溪工业小镇完成投资14.7亿元,累计开工建设面积117万平方米、竣工面积超57万平方米、投产企业66家。"安派科生物科技""梦翔教育"先后在美国纳斯达克上市。新增规上工业企业15家、工业机器人35台,整治"低小散"企业26家。与黄浦区开展战略协作,持续深化与义乌市、宁波江北区山海协作,山海协作消薄园首次分红300万元,全省投资额和建筑面积最大的科创飞地——莲都大厦开工建设。新增国家高新技术企业14家、省科技型中小企业24家、省级高新技术企业研发中心3家、"绿谷精英"项目11个,均创历史新高;新认定省级企业研究院1家、市级产业创新服务综合体1家,均实现零的突破;新增省级"星创天地"1家。与浙江清华长三院合作的"帮邦行"项目正式投产运营。出台"莲9条"人才新政,引进国家特聘专家1人,"画乡莲都•院士之家"签约入驻院士17人。

全年服务业增加值266.45亿元,同比增长5.2%。莲都区(含市本级与开发区)实现旅游收入190.43亿元,下降13.4%。区本级实现旅游收入99.74亿元,同比下降13.1%。总投资50亿元的杏福康旅小镇项目如期开工。发行5亿元旅游产业专项债券,实现莲都区企业债券发行破零。启动丽水古堰画乡国家级旅游度假区创建，古堰画乡入选全省首批未来景区创建试点、首批省级职工疗休养基地、长三角最佳文旅融合旅游小镇。入围省级文化和旅游消费试点城市，莲都森林康养乡村旅游线路入选全国休闲农业和乡村旅游精品线路，“大港头—堰头—河边线”获评省美丽乡村夜经济精品线。举办“第二届丽水巴比松国际研讨会暨2020古堰画乡小镇艺术节”、2020全国乡村春晚集中展示活动启动仪式、“莲都100”越野赛。培育商贸业新动能，万象街道入选省文化强镇名单，白云街道入选省首批商贸特色镇，城西村、大港头村获评2020年省电子商务示范村，瓯宝安防、绿盒电子商务获评省新零售示范企业。

2020年8月，古堰画乡小镇艺术节　（章梦雨　提供）

推进政府数字化转型和群众企业“一件事”改革，在全市率先启用政务服务2.0综合受理新模式。优化营商环境，深化“证照分离”改革，一般企业投资项目竣工验收前审批实现“最多80天”。完成全区GEP总量核算。建立“云办税·智慧大厅”，在全省首次使用电子签章，实现涉税事项办理“不见面”“跑零次”。

拥有高等学校3所，在校学生39369人；中等职业学校4所，在校学生6079人；普通高中5所，在校学生8465人；普通初中18所，在校学生18472人；小学19所，在校学生38389人。小学和初中入学率、巩固率均为100%。初中毕业升高中段的比例为99.36%。有幼儿园80所，在园幼儿19442人。推进教育招生新政，公办园覆盖率提升5.5%，一、二级园覆盖率提升11.6%，创成省示范学习型城市。

全区有文化馆2个、公共图书馆2个、文化站15个、美术馆1个、博物馆5个。卫生机构49个（不含诊所、村卫生室），其中医院15个、卫生院19个、社区卫生服务中心5个，卫生机构拥有床位5434张，卫生技术人员7377人。执业医师和执业助理医师3047人（含诊所、村卫生室）。启动第二批“流动医院”巡回诊疗工作，覆盖11个乡镇（街道）、144个偏远村，诊疗服务2.7万人次。新建社区嵌入式小型护理机构3家、居家养老服务中心3个、儿童之家12家。以全国第四名成绩创成全国健康促进区。

2020年，参加职工基本医疗保险参保人数18.37万人，比上年同期增加1.00万人；参加企业职工基本养老保险人数22.56万人，比上年末增加1.23万人。全民健康补充医疗保险“浙丽保”参保率超过85%。农村困难家庭C、D级危房共929户全部完成治理改造，实现动态清零。开工建设既有住宅加装电梯81台，为前五年总和的三倍多。城镇新增就业7692人，城镇登记失业率1.82%。全省首创为退役军人购买小额意外保险，创成全国双拥模范城、全国无障碍环境区。坚持和发展新时代“枫桥经验”，社会矛盾纠纷调处化解中心正式启用，国家、省、市、区四级走访总量较近三年平均值下降38%，化解各级信访积案94件。黄泥墩村“阳光票决制”获全省法治乡村实践优秀案例。白云派出所获评“全国公安机关执法示范单位”。全区群众安全感满意度综合排名跃居全省第三。新发行政诉讼案件同比下降23.59%，败诉率同比下降57.15%。全年共办理人大建议和政协提案303件，满意率99.7%。

2020年，生态环境状况级别为优，生态环境公众满意度达89.65分。国控“水十条”考核断面、交接断面、市控以上地表水断面和县级以上集中式饮用水水源地水质均100%达标。全国首个松材线虫病智控管理平台“云森防”投入使用。市区空气环境综合指数为2.75，在全国168个重点城市中排名第七；市区PM2.5平均浓度为21微克/立方米，全省第二。入列省大花园示范县创建单位名单。在全省以全国第八名成绩实现全国文明城市“两连冠”。全市首个专业装修垃圾处理项目——务岭根垃圾填埋场（三期）投入使用。碧湖全域土地综合整治和生态修复工程入列自然资源部试点名单。市区城中村改造（重点项目征收）拆除房屋11万平方米、征收土地295.13公顷。完成市区老旧小区改造10个、26.45万平方米。完成社区规模调整，新成立陈道门、东港、通济三个社区。碧湖镇入选省级小城市培育试点名单，大港头镇获评新时代美丽城镇省级样板,沙溪村获评全国文明村镇。建成省美丽宜居示范村2个,完成中国传统村落保护利用项目9个,入选国家森林乡村7个。创成省“基本无违建区”。衢丽铁路开工建设。获省“农村饮用水达标提标行动成绩突出县”荣誉称号。主城区及重点乡镇、旅游景区实现5G信号全覆盖。

【央视报道莲都为复工复产注入金融活水】 2020年,在确保疫情防控到位的前提下,各地探索与疫情防控相适应的生产运行秩序,莲都在全面落实中央、省、市惠企政策的基础上,根据本地企业实际需求,加大企业扶持范围和力度,出台《关于应对疫情支持企业健康发展的十条意见》《加强复工企业用工保障的若干政策措施》等政策,从金融支持、减负降本、用工保障、外贸扶持、政务服务等方面加大扶持力度,最大化让利惠企,助力企业加快复工复产。3月12日,央视一套、央视新闻频道《朝闻天下》栏目同步播出莲都出台举措为复工复产注入金融活水,时间达1分30秒。

【全市最大的农业项目里塘区块正式投产】 莲都区华统畜禽产业链智能化项目是莲都区重点招商引资项目,是丽水市史上最大的农业项目,该项目计划总投资7.5亿元,建成投产后将形成“饲料加工—苗猪培育—畜禽养殖—畜禽屠宰—肉制品深加工”的完整产业链。自2018年9月起,华统畜禽产业链智能化项目里塘区块重点项目正式启动。前期莲都区成立政策处理攻坚组,专题研究、入户宣传、逐个攻坚,一个月内就完成项目地块土地流转工作。后成立华统畜禽产业链智能化项目里塘区块重点项目推进领导小组,安排专家驻企开展“一对一”服务指导。2020年10月,完成莲都区华统畜禽产业链智能化项目中的里塘母猪场建设,年底引进种猪10171头。

【杏福康旅小镇项目开工建设】 丽水灵康杏福康旅小镇项目地处丽水市莲都区太平乡小安溪流域吾古村、太平村S湾地段,由灵康控股集团有限公司投资建设。项目总投资50亿元,规划总用地面积约133.33公顷(其中建设用地约54.73公顷,非建设用地约78.60公顷),由研学岛、文华湾、康养港、药王谷四个区块组成。项目中建筑面积约50万平方。主要建设内容有颐养定制中心、医护培训学校、国际康复医院、国医国药一条街、太平庙会广场等。项目投资建设期5年,计划分二期实施。其中项目一期用地28.13公顷,建设范围主要为研学岛、文华湾、康养港(一期)区块。项目二期用地约26.60公顷。2020年4月完成一期用地的征收和征迁工作。6月,一期土地摘牌,并举行开工仪式。7月,完成项目一期土地全部土地款2.51亿元交付。9月,完成一期土地的确认交付。至年底,项目3号地块(康养港)首开区度假酒店结顶,内部装修和室外绿化施工。

【古堰画乡入选全省首批未来景区创建试点】 2020年1月19日,浙江省文化和旅游厅下发《浙江省文化和旅游厅关于报送国家A级旅游景区改革试点方案的通知》。经各地申报推荐和省文化和旅游厅研究遴选,6月16日,浙江省文化和旅游厅下发《浙江省文化和旅游厅关于公布首批未来社区改革试点的通知》,丽水古堰画乡景区入选全省首批未来景区创建试点。7月10日,莲都区文化和广电旅游和体育局印发《莲都区古堰画乡景区未来景区改革试点实施方案》,围绕“一年见成效,两年出品牌,三年成样板”的工作总体目标,推进古堰画乡未来景区建设,加快景区自然资源和高科技技术融合,加快景区艺术业态提档升级,确保完成首批省级未来景区改革试点工作,探索试点经验,形成可复制可推广的做法,为全省的未来景区改革试点工作贡献莲都样本。

【全国文明城市“两连冠”】 莲都区文明城市创建工作实行项目化运作,2020年安排创建经费9990万元,推进开展建设项目、整治项目、活动项目、应急项目等四大类40余项。打造“美丽系列”示范点,建设美丽校园1所,美丽小区3个,对7条处州小巷进行改造提升。该区组织开展创建督查巡查、区领导及区直部门结对帮扶、月赛打擂、点评会等形式,实现文明创建常态长效,全年发放交办单315份,共交办点位数6637个,整改完成率99%。开展“高密度、多层面、全方位”的宣传发动,提升群众对文明城市创建工作的知晓率和支持率。莲都区作为丽水唯一市辖区,通过推进文明城市创建常态长效,助力文明城市创建工作,11月,顺利通过浙江省城市文明程度指数测评,以全国第八的优异成绩在全省取得全国文明城市“两连冠”。

【“国家水稻分子育种中心丽水示范基地”项目落户碧湖】 2020年10月25日上午,第二届“才聚莲都”高层次人才与科技项目对接交流会暨“画乡莲都•院士之家”落成仪式在古堰画乡特色小镇举行。交流会上,莲都区、华智生物、丽水智汇农科三方进行国家水稻分子育种中心丽水示范基地建设项目落地签约,在莲都区碧湖镇打造国家级现代育种智能示范基地。

院士袁隆平为支持这块基地的建设，9月10日，亲笔为水稻试验基地题名：水稻分子育种中心丽水示范基地。这标志着袁隆平团队与莲都区携手在智能生物大数据应用、分子育种技术创新、“丽水山耕”数字化平台建设等领域开展合作，共同推进国家级现代育种智能示范基地建设。

【全国健康促进区创建】 自2014年起，国家卫生健康委员会启动全国健康促进县（区）试点项目。2017年，浙江省确定湖州市吴兴区、绍兴市上虞区、丽水市莲都区等9个县市区作为浙江省第四批全国健康促进县（区）建设试点。莲都区高度重视，成立以区长任组长，分管副区长任副组长的工作专班，推进健康促进区建设，创新工作亮点，提升全区居民健康素养水平。2019年12月，莲都区以全省第一的成绩通过“九进二”省级技术评估。2020年10月，高分通过国家级技术评估，在全国64个县市区中名列第四，并在全国作典型经验推广。

【“阳光票决制”获全省法治乡村实践优秀案例】 2019年，“阳光票决制”写入《中共浙江省委关于认真学习贯彻党的十九届四中全会精神高水平推进省域治理现代化的决定》，为浙江基层社会治理提供莲都样本。2020年，浙江省司法厅、省普法办以法治乡村实践为主题，在全省开展2019年度优秀案例推荐评选工作。经过专家评委评选，《莲都区村级事务“阳光票决制”》案例获评2019年度浙江省法治乡村实践优秀案例。同年获长三角基层依法治理十大优秀案例。丽水市莲都区黄泥墩村在丽水市首推村级事务“阳光票决制”，探索形成“以党建为引领、以法治为保障、以票决为载体”的基层社会治理黄泥墩经验，破解农村事务决策不公开、不规范、不民主等问题，提升农村基层治理水平。至年底，该区208个村全部实施村级事务阳光票决制，表决通过1399个事项。“黄泥墩经验”受到新华网、中新网、中国经济导报等主流媒体报道，治理的典型经验得到推广。（周晶琳）

龙泉市

【概况】 2020年，龙泉市下辖4个街道、8个镇、7个乡，13个社区、236个行政村，总面积3044平方千米，户籍人口28.88万人。实现地区生产总值147.2亿元，同比增长3.0%；其中，一产、二产、三产分别实现增加值16.18亿元、51.13亿元和79.84亿元，分别增长2.2%、0.1%和5.7%。三次产业比重调整为11.0:34.7:54.3；社会消费品零售总额72.0亿元，增长8.1%；城镇、农村常住居民人均可支配收入达50473元、25476元，分别增长4.2%、8.6%；县级城市环境空气质量综合指数全省第一，水质达标率实现“三个100%”。全省26县发展实绩考核连续5年列入第一档次；县级财政管理绩效综合评价连续3年获优秀等次；低收入农户增收工作连续两年获省政府督查激励。连续两年获丽水市综合考核优秀等次。

落实精密智控常态化机制，成为全省11个零病例的县（市、区）之一。在丽水率先出台实施《抗疫助企·暖春行动二十一条意见》，推行“一长两员两车”服务机制，推进“五减”行动和服务企业“365”行动，争取中央“两直”资金和省级惠企利民资金3.9亿元，累计为企业减负8.5亿元、降低企业融资成本1.04亿元。争取竞争性分配资金12.5亿元，以全省第一的竞争评比成绩获得区域协调财政专项激励。

全年实现农林牧渔业总产值25.26亿元，可比价增长2.3%。推动生态农业发展，建成省级“五园”示范基地6个，在全省率先成功试种黑木耳液体菌种，“龙泉灵芝”“龙泉四季豆”“龙泉茄子”成为全国名特优新产品，“龙泉农师” 品牌投入使用，入选中国特色农产品优势区，成为全省首批农业绿色发展先行市和实施乡村振兴战略优秀县。创成新时代美丽乡村76个、花园乡村25个，上垟镇、宝溪乡、竹垟乡创成AAAA景区乡镇，宝溪乡获美丽城镇省级样板。争取省级历史文化保护利用项目村14个。上凉亭二期建成竣工，推进欣南家园、美林公馆建设，完成“大搬快聚”4316人。建成启用丽水首个综合性农村饮用水县级统管平台，让农村百姓喝上“放心水”，获全省农村饮用水达标提标行动成绩突出县。在全国率先开展国家公园集体林地地役权改革。

全年实现工业增加值37.52亿元，同比增长3.1%，其中：规模以上工业增加值18.41亿元，同比增长6.3%。工业投资同比增长5.5%；新拓展工业空间35公顷，盘活低效闲置用地36.93公顷，建成小微园5个；整治低散乱企业50家，获全省淘汰落后产能和“腾笼换鸟”工作考核先进县（市）；新增规上工业企业21家。战略性新兴产业、高新技术产业、数字经济核心产业制造业增加值分别增长11.5%、10.5%、23.5%，数字经济发展综合评价丽水市第一，“两化”融合发展指数跻身全省第一梯队。经济开发区入选全省五金汽配产业链“链长制”试点，获全省美丽示范园区。研发经费支出占生产总值比重达2.06%，跃居丽水首位，科技进步统计监测综合评价全市第一。建成汽车空调产业创新服务综合体，汽车空调产业工程师协同创新中心入选全省试点，龙泉青瓷宝剑技师学院成为国家级高技能人才培训基地,认定国家高新技术企业24家。推进"最多跑一次"改革,企业投资项目全过程审批"最多80天"实现率100%。国镜药业模式入选全国生态产品价值转化典型案例。资源配置市场化改革纵深推进,获评全国公共资源交易百强县。八都镇成为丽水唯一的省级综合行政执法体制改革试点乡镇。

推广"天下龙泉"品牌,举办"天下龙泉·匠心开物"第三届世界青瓷大会,在韩国首尔、西班牙马德里设立海外"龙泉青瓷展示角",龙泉青瓷成为首批"浙江文化印记",龙泉宝剑、"不灭窑火"两个入选省文化和旅游IP库,剑瓷文化知名度和影响力得到提升。剑瓷产业规上产值增长15%、出口增长38%,剑瓷商城平台年销售额达2.8亿元。推动文旅产业复苏,推出"一剑钟情·从瓷开始"万人游龙泉活动,丽水瓯江山水诗路在龙泉启航,入选全省文旅产业融合试验区、全省文化传承生态保护区和山地休闲度假发展试点,创成省级全域旅游示范县(市)。

衢宁铁路通车,温武吉铁路纳入国家《长三角地区交通运输更高质量一体化发展规划》,杭深(广)高铁通道金华至龙泉段(金龙城际)纳入全省铁路网中长期布局规划。举办"问海借力·沪享龙泉"健康生活畅享季活动,成立龙泉(上海)文旅推广中心、剑瓷设计创意研发中心、产业创新孵化中心。打造山海协作升级版,秀洲—龙泉智造园建成投用,推进萧山—龙泉科创园、平湖—龙泉产业园建设,与萧山、秀洲、杭州湾新区共建乡村振兴示范点。推进"两招两争",引进项目48个,其中"孔山回归工程""鹤思生产线"等亿元以上大项目12个,实际利用市外内资26.5亿元,完成全年计划132%。推出2020"人才新政",举办"创新引领 智汇龙泉"人才科技峰会,培育引进各类紧缺人才398人。组织网上广交会、进博会等30余场。东西部扶贫协作和对口支援工作考核获优秀等次。推进名城提质"1139"工程,实施年度项目34个,完成投资32亿元,创成省AAAA景区城和省示范文明城市。西街历史文化街区分步改造,城南火车站场投入使用,上茶街二期建成运营,三江口综合整治推进,留槎洲水环境综合整治工程开工建设,南秦原国镜药业周边区块、江滨北岸凤起路区块等完成征收。城市综合承载能力增强,新建改造污水管网13.1千米,建设雨水管网6.6千米,云和—龙泉天然气管道工程投入使用,城区5G网络实现全覆盖,入选省级资源循环利用试点,通过国家卫生城市复评。打通东茶路、龙福路,塔石隧道、剑川隧道通车,322国道安仁至西街段完工,市域交通内循环畅通。

实现"两不愁三保障"突出问题、家庭人均年收入8000元以下情况、集体经济薄弱村"三个清零",低收入农户收入增长16%。城镇新增就业3369人,登记失业率1.84%。引进启文、翔宇教育集团、杭州建兰中学,推进托管合作,高考总上线人数实现"十连升"。与温州医科大学建立战略合作关系,推进公共卫生应急救治中心、公共卫生综合服务中心等项目。基本养老保险、基本医疗保险参保率分别达到99.17%、99.65%,人均预期寿命81.15岁,高于全省2.02岁。道太乡创成国家卫生乡镇。锦溪镇创成省级农村文化礼堂建设示范乡镇。城北乡养老服务中心获"全国敬老文明号"。查田镇人民调解委员会获全国模范单位。住龙镇获全国无障碍环境达标镇。

生态环境公众满意度位列全省第二名。百山祖国家公园创建通过体制试点评估验收。大花园建设工作获省政府督查激励通报,入选全省大花园示范县建设十大优秀典型案例。发布"三线一单"生态环境分区管控方案,创成省生态文明建设示范市和省清新空气示范区。成为全省首批水生态环境示范试点县,住溪、梅溪获全省"美丽河湖"。兰巨宏山休闲绿道获全省最美绿道。岩樟乡"白云深处又见桃源"风景线获全省美丽乡村风景线。龙渊街道、剑池街道、八都镇、小梅镇创成"无违建乡镇(街道)"。

【获评2019年全省实施乡村振兴战略优秀单位】 2月21日,省委、省政府公布2019年全省实施乡村振兴战略优秀单位名单,龙泉市名列其中。近年来,龙泉市贯彻落实乡村振兴战略决策部署,聚力"美丽乡村增颜值、产业发展助民富、业态融合促升级、脱贫攻坚显成效、民生改善增福祉、乡风文明重传承、机制体制促改革",发挥优势,补齐短板,打造乡村振兴龙泉样板。2019年,实现农林牧渔业总产值23.68亿元,同比增长6.5%;农村居民人均可支配收入23459元,同比增长10.4%;低收入农户人均可支配收入10687元,同比增长14.3%。

【获全省首批"一星平安金鼎"】 4月14日,在全省建设平安浙江工作会议上,省委、省政府对2019年度全省平安建设和综治工作先进进行表彰,龙泉市获全省首批"一星平安金鼎"。近年来,龙泉市紧抓平安建设各项工作,坚持和发展新时代"枫桥经验",创新"平安志愿者大巡防""草根调解超市""走出去"社会心理防护、"三化治理"等机制,推进矛盾纠纷调处化解中心、"一中心四平台一网格"建设,开展扫黑除恶专项斗争,提升平安龙泉建设水平。2019年，矛盾纠纷化解成功率97%以上；万人发案率26.67，远低于全省平均水平。

【两项工作获省政府办公厅督查激励通报】 5月26日，浙江省政府办公厅印发通报，对2019年落实有关重大政策措施真抓实干，取得明显成效的设区市、县（市、区）予以督查激励。龙泉市入选“推进大花园建设成效明显的县（市、区）”，系丽水市唯一，获2020年“诗画浙江”（四条重点线路）资金倾斜，以及在申报中央预算内生态文明建设专项资金、国家级循环经济领域试点示范等方面倾斜支持。同时，入选“打好低收入百姓增收攻坚战、深入实施低收入农户高水平全面小康计划工作主动、成效明显的县（市、区）”，系全省唯一连续两年获此殊荣的县（市），获2020年财政专项扶贫资金倾斜奖励。

【龙泉青瓷宝剑技师学院获批设立】 6月29日，浙江省人民政府发文，龙泉青瓷宝剑技师学院获批设立，为丽水市第一所技师学院。龙泉青瓷宝剑技师学院位于龙泉市金沙路21号（创业大道199号）。学校占地16.2公顷，建筑面积约11万平方米，校内建有6个实训基地和1个创新创业园，其中机电实训基地和青瓷工艺实训基地为省级示范实训基地，产教融合培训基地为国家级高技能培训基地。

【获全省26个县发展实绩考核“五连优”】 8月13日，省委、省政府办公厅对2019年度全省26个县发展实绩考核结果进行通报，龙泉市考核结果为优秀档次。这是龙泉自2015年、2016年、2017年、2018年连续考评优秀基础上的“五连优”，也是全省唯一实现“五连优”的县（市、区）。

2020年9月27日，衢宁铁路（浙江段）龙泉市站开通仪式举行　（叶驰龙　提供）

【衢宁铁路（浙江段）龙泉市站通车】 9月27日，首条通往龙泉的铁路衢宁铁路运营通车，实现了龙泉老百姓千百年来翘首以盼、孜孜以求的“铁路梦”。衢宁铁路龙泉段全长65千米，历经5年建设，北起浙江省衢州市，向南途经浙江丽水境内四个县（市）、福建省南平市，终至福建省宁德市，线路全长379千米，为国铁Ⅰ级客货共线单线电气化铁路，设计时速160千米。衢宁铁路的建成开通，彻底改变遂昌、松阳、龙泉、庆元四县（市）没有铁路的历史，将使浙西南高质量绿色发展迈向新的快速车道。

【获评第四批省级生态文明建设示范市】 10月30日，省政府印发《关于命名第四批省级生态文明建设示范县（市、区）的通知》，龙泉创成省级生态文明建设示范市。近年来，该市围绕助力高质量绿色发展目标，提升生态文明建设水平，PM2.5平均浓度从2017年的24微克/立方米下降到2020年的17微克/立方米，AQI优良率从99.7%提高到100%，全市地表水环境功能区水质达标率、跨行政区域交接断面水质达标率和集中式饮用水水源地水质达标率保持100%。（周毅俊）

青田县

【概况】 2020年，青田县辖4个街道10个镇18个乡，363个行政村，总面积2477平方千米。年末户籍总人口57.23万人。全县实现生产总值249.1亿元，比上年增长2.5%。其中：第一产业增加值10亿元，增长2.8%；第二产业增加值97.8亿元，下降0.4%；第三产业增加值141.3亿元，增长5.1%。三次产业增加值结构调整为4.0:39.3:56.7。

实现一般公共预算收入19亿元，下降9.5%。城镇居民人均可支配收入49728元、农村居民人均可支配收入27215元，分别增长3.7%和7.9%。

全省率先出台疫情防控流程，全市首个开通核酸检测，第一时间建立海外数字网格，搭建海内外疫情联防体系，健全从国门到家门的防控措施，全年累计安全接返和管控境外返青人员9544人，为全国疫情防控大局作出青田贡献，做好稳侨安侨暖侨工作，开通“侨海通”“云问诊”等线上平台，在上海、杭州、温州等入境口岸设立涉侨服务组,累计向海外输送防疫物资1300多万元、防疫药剂9.2万份。

实施农业产业兴旺"五大工程",完成农业增加值10.1亿元。发展稻鱼米示范基地400公顷,举办"稻鱼共生"申遗15周年纪念活动,青田田鱼成为国家农产品地理标志登记产品,青田稻鱼米获国际大米节两项金奖。发展杨梅示范基地800公顷,青田杨梅荣获全省杨梅擂台赛综合品质一等奖。探索油茶产业"五统一"产销模式,改造良种油茶基地533.33公顷。新增高标准基本农田1533.33公顷、"三品一标"农产品17个、"丽水山耕"农产品10个,创成省级农业绿色发展示范县,阜山乡建成省级特色农业强镇。

启动实施生态工业倍增行动,完成规上工业增加值41.9亿元。新开发工业用地70公顷、出让41.53公顷,盘活闲置土地22.27公顷、闲置厂房3.8万平方米。整治"低散乱"企业51家,新培育规上企业28家、亿元企业3家,瑞浦科技入选省"雄鹰行动"培育企业名单,获评全省"小微企业三年成长计划"工作优秀县、小微企业园建设提升重点县。实施数字经济发展五年规划,新增上云企业151家,建成5G基站203个,购置工业机器人60台。

发展特色优势服务业,新增限上服务业企业23家,完成服务业增加值141.3亿元。创成省级全域旅游示范县,千峡湖生态旅游度假区项目重组实质性启动,太鹤湖旅游总体规划完成编制,石门洞、石文化景区被列入长三角"高铁+"旅游产品线路推荐名单。入选全省首批进口贸易促进创新示范区,侨乡进口商品城省政府旗舰店、上海浦东店等32家县外分店开业运营,获评省重点进口平台。举办第三届侨博会、首届咖博会,获评全省

2020年12月6日,第八届青田石雕文化节在青田举行　　(陈向宇　提供)

重点展贸平台。全县年末本外币存贷款余额分别达852.3亿元和343.3亿元。建成电商公共服务中心、电商孵化园,实现网络零售额74.1亿元。

新增城镇就业人员4185人,城镇登记失业率1.4%。投入校建资金3亿元,新增学前教育学位1410个,船寮中心幼儿园、章旦中学一期、湖边学校一期等学校建成使用,幼儿园、小学全面推行校内托管服务,创成省教育基本现代化县。挂牌成立上海东方医院青田分院,与上海一医、省立同德医院合作实现常态化。启动县疾控中心迁建,投用油竹卫生院,新增"120"急救点2个、流动医院4家,实现医疗卫生服务空白村巡诊全覆盖,通过全国基层中医药先进单位创建评审。基本养老保险参保率达99.3%,"浙丽保"参保惠及32万人,特殊病种实现省内异地就医直接结算。建成全市首个智慧养老服务中心,县第二养老中心开工建设,妇女儿童活动中心建成投用,新增乡镇居家养老服务中心14个、社区嵌入式养老护理机构2家、星级残疾人之家10家。新开工保障性安居住房400套,完成农村困难家庭危旧房治理705户。举办第八届石雕文化节,完成新时代文明实践中心、融媒体中心建设,新建农村文化礼堂30个。

完成"美丽县城 品质提升"三年行动计划,通过国家卫生县城复审,成为全国文明城市提名城市。百悦城周边道路及配套工程完成改造提升,北岸至湖边改建工程、石溪大道、东山路道路连接线、四都港二桥等项目进展有序,城市路网逐步完善。改造提升老旧小区3个,开工既有住宅加装电梯85台,建成县养老中心市政配套、县城防洪堤湖口及湖口头段等项目,推进城市有机更新和旧城改造。油竹上村公交客运站建成投用,投放新能源公交车25辆,新增城市公共停车位471个、错时开放机关单位内部停车位482个,启用城市泊车位引导系统,城市管理和群众出行更加智慧便利。

入选全省大花园示范县建设单位,创成省级生态文明建设示范县。科学制定"三线一单"生态环境管控方案,环境空气质量优良率保持99%以上。江北污水处理厂、中部污水处理厂完成清洁排放改造,创成"污水零直排区"7个、美丽河湖2条,断面水质达标率保持100%。生活垃圾焚烧发电厂、有机废弃物处置中心投入使

用，城镇垃圾无害化处理率达100%。整治提升砂石料行业，开展涉林垦造耕地问题整改，完成全域土地综合整治项目2个，创建绿色矿山7座。统筹推进松材线虫病防治和美丽林相建设，新增国土绿化面积1200公顷。

【起步股份有限公司可转债成功发行】 4月16日，起步股份有限公司发布《起步股份公开发行可转换公司债券发行结果公告》，其公开发行的5.2亿元可转换公司债券已获得中国证监会核准并完成认购。“起步转债”的发行，标志着丽水市实现了民营企业发行可转换公司债券“零”的突破，为丽水市未来打开资本市场债券融资工作奠定良好基础。

【全市率先发行二级资本债券】 6月18日，青田农商银行在银行间债券市场成功发行二级资本债券，成为丽水市内首家成功发行二级资本债的农商银行。本期债券发行规模为2亿元，发行期限为5+5年，票面发行利率4.8%，发行利率创近几年全国农商行同评级债券新低。本期债券发行吸引了银行间众多机构投资者参与。通过本期二级资本债券成功发行，青田农商银行资本充足率提升1.5个百分点，释放出更多的信贷资金，增进业务发展动力，加大服务“三农”和小微企业力度，提高服务实体经济能力。

【入选浙江省农村综合改革集成建设项目】 6月10日，根据《浙江省财政厅关于同意列入农村综合改革集成建设项目的批复》，经过公开申报、竞争立项、专家评审、公示，青田县成功入选农村综合改革集成建设项目，全省共15个县(市、区)入选。农村综合改革集成建设项目将于2020年至2021年全面开展试点，每个县获省财政厅下达试点补助资金6000万元。青田县在山口村、大安村、石前村、龙现村等8个行政村约1.1万人的区域内开展试点工作，规划范围约40平方千米、耕地面积533.33余公顷的农村产业类、集体经济类、生态宜居类和机制改革类等4个大类的30个项目，投资估算总额2.36亿元。

【330国道温溪至船寮段改建项目工可获省发改委批复】 8月31日，浙江省发展和改革委员会正式批复330国道青田温溪至船寮段改建项目的工可报告。该项目主线长约33.06千米，同步建设4.95千米两条连接线，估算总投资约45.7亿元，建设工期42个月。主线起点位于青田永嘉交界的温溪镇章山村附近，顺接330国道永嘉段，路线向西经贵岙乡、鹤城街道、三溪口街道，终点位于船寮镇胡岙村，顺接现状330国道。其中起点至沈岙段采用双向四车道一级公路标准建设，设计速度80千米/小时，路基宽21米；沈岙至终点段采用双向二车道二级公路标准建设，设计速度80千米/小时，路基宽12米。

【稻鱼共生全产业链提升综合项目开工仪式举行】 12月31日，青田县稻鱼共生全产业链提升综合扶贫项目开工仪式在油竹街道侨乡工业园区举行。该项目系2020年向省农业厅争取的扶贫试点项目，总投资为4200万元，总用地面积6198.025平方米，主要包括1#、2#厂房工程建设，以及室外路面硬化、给排水、绿化等室外附属工程建设，工期260天。 （陈向宇）

云和县

【概况】 2020年，云和县辖4个街道、3个镇、3个乡、15个社区、71个行政村，县域总面积989.6平方千米。年末总人口11.37万人，全县实现地区生产总值86.99亿元，增长5.8%，高出全省2.2个百分点，跃居全市第一。一般公共预算收入8.1亿元，增长26.5%；城镇居民人均可支配收入46584元，增长5.5%；农村居民人均可支配收入22022元，增长7.6%。

实现农林牧渔增加值5.1亿元，增长2.3%。全年建成高标准农田473.33公顷，完成永久基本农田保护任务6133.33公顷，播种粮食3800公顷，粮食总产量达18107.42吨。建成铠源、嘉泽两家年出栏5000头的生猪养殖场，开工建设年出栏5万头的伏布生猪养殖项目，2020年生猪存栏同比增长89.87%。修订完善《云和县实施乡村振兴战略之产业兴旺26条》产业政策，壮大以“一果两茶一菌一蜂一鱼”为主导的农业产业发展体系。新建和抚育改造油茶基地403.33公顷，新发展和提升改造雪梨面积75公顷；新发展良种茶园40公顷；新种植中药材64.4公顷；养殖蜜蜂1.32万箱、有机鱼2366.67公顷，完成食用菌生产8318万袋。培育“丽水山耕”合作主体8个，实现“丽水山耕”农产品销售额8.71亿元。创成省农业绿色发展先行县。

实现规上工业总产值137.54亿元，同比增长12.7%。开工建设木玩产业创新孵化基地、华宏轧钢生产线等重大产业项目，举办出口网上交易会、“木玩与幼教”高峰论坛，兴昌轴承入选省“隐形冠军”企业。出台应对疫情支持企业渡过难关的政策意见，落实各项惠企措施，兑付“五减”资金4.87亿元、“两直”资金3.98亿元，帮助企业融资4.76亿元。推进传统行业改造提升，完成汇源果汁等低效用地“腾笼换鸟”9家、“零地技改”备案15家，提升亩均税收1万元以下低效企业20家，改造旧厂区2.97万平方米，整治提升“低散乱”企业54家，培育“小升规”企业3家、精细化试点企业6家、专精特新企业26家、清洁生产企业5家，新增“上云企业”49家、“两化融合”试点企业2家。培育出口实绩企业10家，新增对外贸易经营者备案登记企业22家，培育浙江省外贸综合服务试点企业1家，完成实际利用外资265万美元，完成率106%。

实现服务业增加值38.09亿元，增长9.6%。全年实现社会消费品零售总额37.9亿元，累计实现网络零售额31.93亿元，新培育限上电商企业20家(个体户7家)，实现限上电商企业零售额3.6亿元，同比增长31.8%。商贸物流城二期项目完工，推进华鸿云墅、云璟台等房地产项目。出台支持旅游产业发展的激励措施，全年接待游客444.3万人次，实现旅游收入43.2亿元。梅源芒种开犁节入选国家非遗名录，云和梯田入列全省打造大花园耀眼明珠培育对象。实施云和东旅游集散中心、聚仙岛文旅综合体项目，签约投资50亿元的云和湖生态康养小镇项目。全年完成旅游投资3.76亿元、增长3.6%。云和梯田景区入选国家AAAAA级旅游景区创建名单，佛儿岩创AAAA通过省级景观质量评审，崇头、紧水滩、赤石创成省AAAA级景区镇(乡)。

推进大庆寺三期、白水、南门东等棚户区改造，改造面积近11万平方米；完成电信新村老旧小区改造，全民健身文化中心、小镇客厅主体落成。崇头镇创成新时代美丽城镇省级样板，雾溪乡创成全国文明村镇，黄家畲、梅源、石塘村获评省美丽乡村特色精品村，以全省第三成绩创成省新时代美丽乡村示范县。实施农村人居环境提升工程，抓好城乡环境综合整治，获全省深化“千万工程”优秀县。完善城乡基础设施，建成城西广场、大徐三角地等城市微公园，城市人均公园绿地面积达15.04平方米，公园绿地服务半径覆盖率81.9%，建成区绿地率37.12%；瓯江绿道、云龙公路二期、后交二期全线贯通，崇头镇、复兴路综合供能服务站建成投用，天然气“县县通”项目通气。打好污染防治攻坚战，新(改)建城市污水管网5.29千米，全县首个PPP项目污水零直排工程开工建设；县生活垃圾资源化处置利用特许经营项目签约落地，基本实现城乡生活垃圾“零增长、零填埋”目标，完成中央环保督察问题整改。获评国家节水型社会建设达标县、省清新空气示范区。

实施“动态排查+硬核隔离+精密智控”，落实“一码一测一口罩”措施，抓好境外返乡人员、进口冷链食品“全受控、无遗漏”闭环管理，构筑起守护生命的铜墙铁壁。全年纳入管控对象21725人，开展核酸检测23134人次，成为全省为数不多无疫情发生的县(市、区)之一。出台学前教育深化改革规范发展实施意见，落实义务教育“公民同招”政策，完成云和中学整体改造工程，职技校产教融合大楼、城东幼儿园投入使用。推进县域医共体深度融合，启动医共体全员岗位管理改革，完成传染病负压隔离病房改造、核酸检测实验室升级。弘扬践行浙西南革命精神，提升新时代文明实践中心、农村文化礼堂等“建管用育”水平，举办环云和湖铁人三项、梯田山地自行车等赛事。完成云和县志第二轮修编。

决战决胜脱贫攻坚，实行低收入农户“一户一策一干部”结对帮扶，推进“八个万元”富民增收行动，实现“两不愁三保障”突出问题、家庭人均年收入8000元以下情况、集体经济薄弱村、零就业家庭“四个动态清零”，低收入农户人均可支配收入达13893元、增长14.6%，中共云和县委荣获全国脱贫攻坚先进集体。回应群众关切，完成52项省市民生实事。实施就业优先战略，新增城镇就业2029人，城镇登记失业率控制在1.79%。推进社保扩面和养老服务工作，基本养老保险、医疗保险和“浙丽保”参保率分别达98.8%、99.6%和82.5%，县中医院嵌入式养老机构投入运营，养老工作获省政府督查激励。推进全国乡村治理体系建设试点，创新推出街乡共治、乡事城办、乡贤参治等特色做法。推进农村饮用水达标提标行动，水质合格率100%、覆盖率95%。加强食药品安全、生产安全和消防安全工作，夺取全省首批一星“平安金鼎”。

与国家发改委城市和小城镇改革发展中心签订战略合作协议。推进“最多跑一次”改革，41件个人和企业全生命周期事项实现“一件事”全流程办理，100%机关内部非涉密事项实现“一网通办”。深化生态产品价值实现机制改革，推出“信易游”生态守信激励机制，出台全省首个生态产品政府补偿性采购办法，出让全国首宗“生态地”。推进农村产权制度改革，建成农村产权线上交易平台，在全国首创农村产权抵(质)押融资免担保模式。引进重大项目4个，实际利用市外内资8.55亿元、外资310万美元。成立上海招商部，与上海真如铁三角科技园签订合作协议，民族乡村振兴“飞地”产业园在嘉兴港区揭牌，云北木玩智创空间开工建设。与景宁签署特色风情聚落区合作备忘录，云景一体化取得进展。创新要素加速集聚，引进科技特派员5名，新增专利申请量1312件、授权量2020件，全社会研发经费支出增长23%。

【梯田景区通过国家AAAAA级旅游景区景观质量评审】 12月10日，经过文化和旅游部专家评审会的评审和筛选，云和梯田景区通过“国家AAAAA级旅游景区景观质量评审”，入选国家AAAAA级旅游景区创建名单，标志着云和梯田景区创建国家AAAAA级景区工作迈出实质性的一步。

2020年12月10日，云和梯田景区通过国家AAAAA级旅游景区景观质量评审

（刘丽莉　提供）

【入选省第四批“无违建县（市、区）”名单】 12月31日，《中共浙江省委办公厅浙江省人民政府办公厅关于浙江省第四批“无违建县（市、区）”、第五批“基本无违建县（市、区）”的通报》，云和县入选第四批“无违建县（市、区）”名单，这标志着丽水市首个省“无违建县”创建成功，实现全市“无违建县（市、区）”零突破。2013年以来，云和先后修订出台《云和县违法建筑处置办法》《云和县房屋建筑违法装修装饰必拆导则（试行）》等配套政策，累计拆除违法建筑296.52万平方米，完成三改325.127万平方米。

【获评“浙江省新时代美丽乡村示范县”】 2020年，全省11个县（市、区）被命名为“浙江省新时代美丽乡村示范县”，云和县入选。近年来，云和县围绕打造全国山区新型城镇化样板县域“重要窗口”新目标新定位，实施乡村振兴战略，开展“千村示范、万村整治”工程，推进新时代美丽乡村建设，在发展美丽经济、打造美丽环境、培育美丽乡风、共筑美丽生活等方面取得阶段性成效。

【创成“国家慢性病综合防控示范区”】 6月2日，国家卫生健康委员会办公厅公布第五批国家慢性病综合防控示范区建设评估结果，云和县被确定为第五批国家慢性病综合防控示范区，是此次浙江省通过评审的五个县市区之一，也是丽水市首个“国家级”慢性病综合防控示范区。该县在2015年创成省级慢性病综合防控示范区的基础上巩固提升，2019年，提交“国家慢性病综合防控示范区”建设申请。通过“国家慢性病综合防控示范区”的建设，该县提高慢性病综合防控的整体能力，增强全民健康意识，提升全民健康素养。

【入选第三批节水型社会建设达标县】 11月25日，水利部公布第三批节水型社会建设达标县（区）名单，云和县榜上有名。近年来，该县抓住节水型社会达标建设这条主线，以“节水优先、空间均衡、系统治理、两手发力”为指引，坚持边节水边发展、早筹划早部署、有计划分步骤地推动取水科学管理、规划水资源论证、总量控制定额管理等，落实节水工作。

【全国首个农村产权（淘宝）网络竞价平台运行】 11月26日，云和县雾溪畲族乡雾溪村约13.19公顷耕地租赁权等4个农村产权通过云和县农村产权（淘宝）网络竞价平台挂牌，这标志着全国首个农村产权（淘宝）网络竞价平台运行，也标志着该县开启“互联网+农村产权交易”处置模式，走上助力农村资源盘活、农户资产变现的线上之路。　　（詹恩怀）

庆元县

【概况】 2020年，庆元县下辖3个街道、6个镇、10个乡，9个社区、191个行政村，总面积1898平方千米。年末全县户籍总人口20.29万人。全县地区生产总值78.93亿元，增长2.07%；固定资产投资增长5%；财政总收入8.15亿元，其中一般公共预算收入5.25亿元；城镇、农村居民人均可支配收入分别为42642元和20364元，增长5.3%和8.0%。

统筹疫情防控和经济社会发展，采取疫情防控措施，全市率先出台“两个一律”管控措施，落实“硬核隔离+精密智控+全员自控”，用时32天实现病例清零。第一时间转向发展总体战，出台疫情稳企十八条、金融扶企十条等助企政策，实施驻企指导员制度，兑现“五减”“两直”资金7.39亿元，危中寻机打造“庆元公筷”国民品牌，入选首批省级夜间经济培育城市，复工复产考核全市第一，争先创优连续3个月位居全省优秀区间，实现“半年正、全年胜”。

农林牧渔业增加值7.66亿元，增长3.0%。出台低收入农户增收补短板实施意见，“两不愁三保障”突出问题、年家庭人均收入8000元以下情况、集体经济薄弱村实现“三清零”。6033户低收入农户结对帮扶全覆盖，低收入农户人均可支配收入增长16.2%，增速全市第二。在全市率先完成农村饮用水达标提标工程三年计划，受益人口10万人。408户农村困难家庭危房治理率100%，4085人下山进城。国家级和省级农业龙头企业数全市第一，两夺全国县域数字农业农村发展百强先进县，黄坛村成为全国特色产业亿元村。获省乡村振兴产业发展示范建设县，成为全省两个毛竹产业示范县之一，被列入省国乡合作经营改革创新试点县。

实现规上工业增加值10.29亿元，增长2.8%。工业企业数增长至586家，其中规上企业65家、超亿元企业13家，累计新增省“隐形冠军”企业2家、省股权交易中心挂牌企业22家、股份制企业7家。工业发展平台拓展到400公顷，屏都综合新区一期、二期基本建成，生物科技产业园开工，梦天迁建、安益新材料等57家企业入园集聚发展。毛竹特色园建成投用，小微企业孵化园、电商创业园列入首批省级小微企业园。

实现服务业增加值43.11亿元，增长4.4%。举办2020“百山祖国家公园”杯庆元廊桥越野赛、“百山祖国家公园”杯公开水域冬泳邀请赛、百山祖国家公园非物质文化遗产展示展销暨周末经济非遗美食专场活动等近10场活动。创成香菇小镇国家AAA级景区、百山祖省级旅游风情小镇。半湾休闲文化养生园等项目开工，累计建成农家乐综合体7个，明悦酒店等高品质酒店投入运营。实现社会消费品零售总额45.82亿元，增长8.1%；外贸出口总额23.14亿元，增长69.2%，人民币存贷比保持在80%以上。

固定资产投资增长5%，四大结构性指标全市第二。衢宁铁路庆元段建成通车，银屏山隧道完成主体工程的35%。庆景青公路纳入国道调整方案，义乌至龙泉（庆元）高速、苍南至庆元高速、奉化至庆元省道改建及A1通用机场均列入省综合立体交通网规划。推进旧城改造，庆元饭店区块腾空拆除，菇城佳苑交付使用，滨江尚品园主体结顶，黄麻淤安置小区建成主体工程的40%。推进地下综合管网、既有住宅加装电梯、天然气入户等建设，东环路北段建成通车，北岸绿道成为市民打卡地。争取中央预算内投资、专项债等资金4.5亿元，新增建设用地指标64.27公顷。

全市率先实现公共资源交易“最多跑一次”，一般企业投资项目审批“最多80天”，企业开办实现“零成本”“一日办结”，营商环境评价考核全市第二。拓宽“两山”转化通道，开展生态价值转换贷款授信1830万元。推进国企改革，完成融资6亿元。开展“善庆年”活动，嘉善—庆元—九寨沟飞地产业园开园。出台人才科技新政，与西湖大学、浙江中医药大学、浙江省发展规划研究院、上海农科院食用菌研究所等建立战略合作关系，携手龙泉推进跨山统筹发展。出台招商引资项目引荐奖励办法，成立长三角、珠三角驻点招商部，签约项目59个，签约总额75.37亿元，落地开工项目46个。

2020年9月27日，庆元县举办衢宁铁路（浙江段）首发仪式　　（陈士平　提供）

全县共有普通高中2所、职业高中1所、九年一贯制学校3所，初中5所，小学17所、幼儿园29所（其中公办园11所）、特殊教育学校1所，在校学生分别为2313人、1956人、834人、4999人、8187人、4374人和9人，小学入学率、巩固率和升学率都达到100%。落实义务教育“公民同招”政策，实现高考成绩“九连增”，教育现代化发展水平监测跃升至全省中等位次。人民医院迁建、竹口卫生院、江滨幼儿园、后田幼儿园等开工建设。全县医疗卫生机构143家，其中医院3家，卫生院17家、社区卫生服务中心（站）8家，村卫生室75家，诊所（医务室）32家。医疗卫生机构床位数649张，全县卫生技术人员数1210人，其中执业（助理）医师550人，注册护士446人。最低生活保障实现城乡同标850元，基本医疗保险、养老保险参保率达99.18%和99.28%，“浙丽保”参保率87.15%。创成国家级数字档案馆，月山春晚圆梦央视大舞台、引领全市“乡村春晚”入选国家公共文化服务体系示范项目。完成第七次全国人口普查。

连续15年获省级“平安县”称号，夺得全省首批一星平安金鼎，创成“无信访积案县”“无欠薪县”。在全省率先实现县级矛调中心三大功能平台同步建设，承办全省数字赋能县域社会治理现代化推进会。告破一起沉积12年的命案，建成全省首家外籍新娘管理服务中心，“法律援助ETC”模式获全省县乡法治政府建设“最佳实践”项目。创成省示范学习型城市，实现“无违建乡镇（街道）”全覆盖。

2020年12月3日，庆元建成全省首家外籍新娘管理服务中心——“洋媳妇娘家”
（周冰洁　提供）

国家重点生态功能区评价考核两年蝉联全省第一，实现全省生态保护指数“四连冠”、生态环境状况指数“五连冠”。荣登“中国县域全生态百优榜”，入选浙江省大花园示范县，“五水共治”群众幸福感指数全市第一。连续20年出境水质达到功能区标准，2020年PM2.5年均值下降至19微克/立方米，空气优良率100%。百山祖国家公园通过国家公园体制试点评估验收，全市率先完成地役权改革、生态搬迁等硬核任务，上榜“2020中国改革年度十佳案例”，发现全球两栖动物新物种——百山祖角蟾。

【百山祖国家公园通过国家公园体制试点评估验收】 2020年，百山祖国家公园通过国家公园体制试点评估验收，并上榜2020中国改革年度十佳案例。百山祖国家公园总面积505.29平方千米，以凤阳山——百山祖国家级自然保护区为核心，涉及龙泉、庆元、景宁，将整合庆元国家森林公园、庆元大鲵国家级水产种质资源保护区等5个自然保护区和周边生态优良区域进行创建，规划总投资865亿元。在创建过程中，庆元县在全市率先完成地役权改革、生态搬迁等任务，推动百山祖国家公园建设。

【“庆元香菇”入选首批中欧地理标志协定保护名录】 2020年，“庆元香菇”地理标志入选首批中欧地理标志协定保护名录，这是丽水市唯一入选的特色农产品。入选协定后，庆元香菇在欧盟境内得到保护，阻止假冒地理标志的产品，有权使用欧盟的官方认证标志，有利于获得欧盟消费者的认可，开拓欧盟市场，提升庆元香菇的市场知名度和国际影响力，加快庆元香菇产业现代化步伐。

【浙江省示范文明县城创建】 2020年，省委、省政府发布关于表彰新一轮浙江省示范文明城市（县城、城区）、文明村镇、文明单位、文明家庭、文明校园的通报，庆元县入选浙江省示范文明城市县城。自启动创建浙江省示范文明县城工作以来，庆元县秉持“创建为民、创建利民、创建惠民、创建靠民”的工作理念，设置34个创建网格，先后开展文明交通、城市文明、窗口行业服务提升、网吧整治、农贸市场整治、市民素质提升、文明养犬、禁止燃放烟花爆竹、小区规范化管理等行动，设置大小型公益宣传标牌、道旗等共6000幅，发放调查模拟卷8000份，建设文明小巷3条，并成立6个督查小组，发布《督查通报》6期，整改问题1101个，推进文明建设，打造“城市文明新高地”。

【S329（55省道）庆元县兰溪桥段改建工程通车】 2020年1月15日，S329（55省道）庆元县兰溪桥段改建工程举行开通仪式。该工程是配套县兰溪桥水库扩建工程建设需要的民心工程，作为省重点建设项目，是实现庆元县“北连长三角、南接海西区、西出武夷山、东进温州港”大交通发展战略的重要节点之一，也是一条惠及21万菇乡人民的致富之路，至此庆元东部10个乡镇群众出行可减少绕行6千米，离家更进一步。

【全省率先实现县级矛调中心三大功能平台同步建设】 2020年，庆元构建“线上综合指挥平台与线下矛盾纠纷化解实体平台相融合”的县级社会矛盾纠纷调处化解中心新模式，在全省率先实现县级矛调中心三大功能平台同步建设、同步推进。中心建成以来，全县一审民商事收案同比下降15.32%，信访批次同比下降63.30%，人次下降55.40%，群众安全感满意率达99.35%。12月23日，全省数字赋能县域社会治理现代化推进会暨县级社会矛盾纠纷调处化解中心建设互学互比第三次视频交流会在庆元县召开。

【“月山春晚”圆梦央视大舞台】 12月30日，受文化和旅游部公共服务司邀请，庆元“月山春晚”特色节目《一个村的集体记忆》，走进央视的梅地亚演播中心参加“欢乐过大年迈向新征程”2021年全国“村晚”示范展示活动启动仪式。《一个村的集体记忆》是勤劳智慧的月山村民从农业生产、日常生活中汲取灵感，以舞台剧形式展现犁秧田、打稻谷、捉泥鳅、磨豆腐、编草鞋等生产劳作场景和技能，原汁原味原生态呈现农家的创意和韵味。月山春晚北京之行，有助于提升庆元知名度，促进庆元的文旅融合，月山春晚的品牌效应，带动月山村经济发展，提高村民的经济效益。 (柳新楠)

缙 云 县

【概况】 缙云县辖7个镇、8个乡、3个街道，253个行政村，总面积1503平方千米。2020年年末，全县户籍总人口46.96万人，比上年下降1.1‰。其中，男性人口24.15万人，女性人口22.81万人，分别占总人口的51.4%和48.6%。全年出生人口3925人，出生率为8.4‰；死亡人口3042人，死亡率为6.5‰；全年自然增长人口883人，自然增长率为1.9‰。2020年缙云县实现地区生产总值(GDP)243.44亿元，按可比价格计算比上年增长5.5%，其中：第一产业增加值12.04亿元，第二产业增加值106.70亿元，第三产业增加值124.69亿元，分别增长2.8%、5.5%和5.7%。三次产业结构为5.0:43.8:51.2。全年实现财政总收入27.59亿元，比上年增长6.2%，其中：一般公共预算收入17.25亿元，增长3.6%。一般公共预算支出65.67亿元，增长4.3%。全年新增城镇就业4823人，失业人员再就业2153人，年末城镇登记失业率为1.26%，比上年降低0.46%。

全年实现农林牧渔业总产值18.48亿元，按可比价格计算比上年增长2.8%；实现农林牧渔业增加值12.14亿元，按可比价格计算比上年增长2.8%。全年农作物总播种面积17770公顷，比上年增长0.8%。全年实现粮食总产量44105吨，比上年增长2.9%。全年完成高标准农田建设项目866.67公顷，粮食生产功能区提标改造813.33公顷，新发展黄茶基地33.33公顷，全年推广“茭白—麻鸭”套养833.33公顷、“茭白—芥菜”轮作33.33公顷。做好生猪保供，新增规模猪场5家，其中缙云凯阳标准化猪场、大洋镇生态养殖商品猪循环农业基地正式投产。创成舒洪黄龙国家农村产业融合发展示范园；新建休闲农业观光区点3个，打造昆洪千亩麦浪、大佑云天花海、前路彩色水稻等一批美丽田园，仁岸村获评全国一村一品示范村(杨梅)。新增农村生活垃圾分类处理建制村29个，巩固提升村64个，新增省高标准农村生活垃圾分类示范村2个，建制村垃圾分类治理覆盖率达100%，受益农户17.4万户。推进“厕所革命”，创成省级星级农村公厕30座，新建和提升农村公厕61座、累计783座，实现行政村全覆盖，农村卫生公厕普及率达到100%。获评2020年度全省深化“千万工程”建设新时代美丽乡村(农村人居环境提升)工作考核优秀县。全年完成农民劳动力素质提升培训7875人，其中农村实用人才培训728人，普及性培训7147人；培训缙云烧饼师傅154人次、累计10757人次。培训缙云爽面师傅420人次、累计1731人次。

实现全部工业增加值85.54亿元，比上年增长7.7%，其中规上工业增加值51.18亿元，比上年增长12.9%。规上工业企业销售产值增长20.4%，其中出口交货值增长19.4%。规上工业新动能加速壮大，发展韧性增强，全年高新技术产业、装备制造业、战略性新兴产业增加值分别增长14.0%、13.3%、9.0%。十七大重点传统制造业增加值增长8.3%。全年完成建筑业增加值21.19亿元，占GDP的比重为8.7%。

固定资产投资比上年增长0.1%，其中国有投资下降12.8%、占42.9%，非国有投资增长12.7%、占57.1%。高新技术产业投资、民间投资分别增长20.7%和6.1%，交通投资、生态环保和公共设施投资分别下降57.4%和36.2%。全年房地产开发投资比上年增长32.7%，其中住宅投资增长41.0%。商品房销售面积20.24万平方米，比上年下降6.0%；商品房销售额28.75亿元，比上年增长98.0%。

实现社会消费品零售总额105.62亿元，比上年增长6.9%。年末已登记商品交易实体市场14个，交易额为9.22亿元。其中亿元级市场3个。全年完成进出口总额81.21亿元，比上年增长30.6%，其中出口总额77.06亿元，增长26.5%。2020年全年实际利用外资1687万美元，实际利用内资25.8亿元。

全年交通运输、仓储和邮政业

实现增加值6.61亿元，比上年增长3.2%。实现公路货运量604万吨，货物周转量93421万吨千米；公路客运量180万人，旅客周转量7670万人千米。铁路旅客运输量70.50万人、下降33.4%，其中高铁65.68万人、下降32.4%；铁路货物运输量99.58万吨，增长41.5%。全年邮电业务总量3.72亿元，比上年增长5.1%。其中，邮政业务收入0.94亿元，增长10.6%；电信业务收入2.78亿元，增长3.3%。年末全县固定电话用户4.30万户，下降9.9%；移动电话用户42.42万户，增长0.3%。年末固定互联网宽带接入用户数15.78万户，增长6.3%。全年实现旅游总收入143.05亿元，比上年下降22.9%；其中，国内旅游收入143.05亿元，下降22.9%；旅游外汇收入0.5万美元，下降98.5%。

年末金融机构本外币各项存贷款余额分别为404.67亿元和334.27亿元，分别比上年增长17.7%和19.3%。年末金融机构人民币存款余额398.30亿元，比上年增长17.7%；人民币贷款余额332.10亿元，比上年增长19.3%。不良贷款率下降至0.57%，运行在合理水平。全年保险业实现保费收入8.77亿元，比上年下降0.7%。

全县共有普通中学15所、特殊教育学校1所、职业高中2所、小学41所、幼儿园70所，在校学生分别为23331人、110人、5781人、28091人和13549人。小学入学率、巩固率和升学率都达到100%。全县高考接续奋进，再创辉煌。2020年高考普通类第一段上线688人。高职单考单招上线人数367人，上线率达到99.5%，远超全省平均水平。2020年创成浙江省教育基本现代化县。全年专利申请受理数3043件，其中发明706件、实用新型1471件、外观设计866件；专利授权数1823件，其中发明76件、实用新型925件、外观设计822件。

年末全县共有县级艺术表演团体1个，文化馆1个，乡镇文化站18个，公共图书馆1个，博物馆1个，剧场、影剧院3个，文化馆分馆2个、图书分馆12个。全年组织开展送戏下乡演出活动135场次，组织开展文化走亲活动32场次，举办线上文化服务活动38场，完成乡村戏苑修缮补助23家。2020年入选“文化基因解码工程”试点县和全省首批文旅产业融合试验区。全县广播人口覆盖率为100%，电视人口覆盖率为98%。举办浙江省首届生态运动会缙云醉美绿道骑游活动、2020年浙江省青少年摩托车越野联赛。举办壶镇镇第十二届篮球联赛、第二届大姥山自行车爬坡赛、首届木球锦标赛、气排球比赛、羽毛球联赛、围棋擂台赛等群众性体育赛事活动48场。羊上飞行航空营地入选中国体育旅游精品景区、浙江省运动休闲示范旅游示范基地；三溪乡汽车越野小镇入列第三批省级运动休闲小镇培育名单。年末全县卫生机构291家，其中医院11家，乡镇卫生院15家、社区卫生服务中心3家，村卫生室165家，诊所(医务室)89家。年末全县实有床位数2112张，全县卫技人员数2787人，其中医师1100人，注册护士1036人，其他医技人员651人。

全县全体常住居民人均可支配收入35684元，比上年增长7.1%；其中，城镇常住居民人均可支配收入47774元，增长4.8%，农村常住居民人均可支配收入23466元，增长9.2%。全县居民人均生活消费支出25885元，与2019年持平。城镇常住居民和农村常住居民人均生活消费支出分别为33091元和18546元，下降1.2%和增长0.3%。2020年，全县城镇职工基本养老保险参保137191人，基金累计结余24212万元；城乡居民社会养老保险参保167655人；机关事业单位工作人员基本养老保险参保15730人，基金累计结余3704万元；工伤保险参保109427人，基金累计结余426万元；失业保险参保41112人，基金累计结余4094万元。职工基本医疗保险参保单位3220个，参保人员62685人，生育保险参保人数42504人，基金累计结余49769万元；城乡居民基本医疗保险参保人数为349908人，参保率99.59%，基金累计结余20849万元。

全年全县用电总量22.02亿千瓦时，比上年增长19.0%。全年规模以上工业企业能源消费比上年增长26.0%，单位工业增加值能耗降低率为-11.6%。全年完成新造林696.67公顷，完成迹地更新112.4公顷。创成“一村万树”示范村5个，推进村33个，市级绿化示范村8个，省级文化基地1个。全县义务植树达98.21万株，参与人数20.84万人次。全县森林覆盖率达79.39%。全年全县平均气温为18.5℃，比上年高3.4℃。全年降水量1664.1毫米，比上年降低了12.4毫米。全年日照总量为1474.2小时，比上年减少了0.5小时。全年水资源总量14.03亿立方米，比上年减少了33.2%。全年总用水量9585万立方米，比上年增加0.2%，其中：生活用水1956万立方米，农业用水5937万立方米，工业用水1323万立方米，分别比上年增加0.4%、增加3.0%、下降10.2%。

【缙云爽面成功注册国家地理标志证明商标】 2020年3月7日，国家知识产权局商标局和中国商标网同步发布一批国家地理标志证明商标名单，缙云爽面榜上有名。缙云爽面地理标志证明商标注册成功，为缙云爽面品牌建设和保护打下坚实基础。近年来,缙云县高度重视爽面产业发展,创新"合作社+农户"模式,培育缙云爽面师傅队伍,推动产业从粗放经营向集约化经营转变,从小散弱向规模化标准化转变,已逐步发展为具有地方特色的乡愁富民大产业。至年底,缙云县累计培训认证爽面师傅1000余人,建成爽面特色村6个、爽面合作社10个,爽面加工户3000余户,制作师傅6000余人,爽面生产从业人员达6680人,带动全县新增908小麦66.67余公顷。

【"亚运加速度·骑迹满浙江" 首场活动在缙云举行】 2020年5月10日,由第19届亚运会组委会主办,缙云县人民政府和浙江在线新闻网站承办的"亚运加速度·骑迹满浙江"首场活动在缙云举行。该活动秉持"绿色、智能、节俭、文明"的亚运办赛理念,按照"杭州为主,全省共享"的办赛要求,由资深媒体人、运动达人领衔,带领全省各地150余名摩友代表骑行缙云最美路线。启动仪式上,主办方为12支车队颁发亚运徽章并授以队旗。每一面旗帜,都对应缙云的A级景区和特色景点。该活动展现缙云当地的特色文化和美食,普及亚运知识,传递亚运能量。

【"争先创优"连续三月"优+"】 2020年6月,全省MEI评价成绩单公布,缙云县获93.82分,高于全省平均值(83.05分)10.77分,是全市唯一一个连续三轮获"优+"的县市区,且指数得分逐月攀升,完成"二季红、半年正"工作目标。自全省"争先创优"行动部署以来,缙云县紧盯"二季红、半年正、全年胜"的总体目标,靶向月度评价指数(MEI),抢抓机遇、主动出击,提升发展优势,补足短板,巩固经济回升势头。

【网营物联(缙云)智慧供应链产业园项目开工】 2020年8月,网营物联(缙云)智慧供应链产业园项目举行开工仪式,该项目位于丽水市缙云经济开发区(新碧园区),紧邻金丽温高速公路,拥有四位一体12.07公顷,总投资15亿元。该项目建成后将填补缙云县智慧物流行业的空白,成为浙西区域集各项产业供应链集成、VMI、物流、金融、冷链仓储、品牌电商、场景采买、交易结算及大数据服务于一体的高附加值供应链运营中心。

【金谷至方溪道路工程全线通车】 2020年10月30日,缙云县金谷至方溪道路工程C2标、C3标通过交工验收。至此,缙云县金谷至方溪道路工程全线通过交工验收,实现全线通车。缙云县金谷至方溪道路工程为缙云抽水蓄能电站项目的进场道路。项目起点位于金谷村北侧501省道兰舒线与规S218省道平交处,沿大洋方向布置,在方溪乡东北侧预留抽蓄电站场内道路连接线,总用地面29.74公顷。项目采用二级公路标准,全长7.618千米。缙云县金谷至方溪道路工程的建成通车,保障浙江缙云抽水蓄能电站项目建设,对完善缙云公路网骨架,破解南乡区块交通状况,促进区域经济发展,具有积极的意义。

【肖特玻管工厂点火投产】 2020年11月11日,肖特玻管(浙江)有限公司的投产点火仪式在丽缙五金科技产业园举行,标志着肖特玻管项目正式在缙云县投产。缙云项目是肖特集团在德国本土以外投资体量最大的项目,总投资10亿元,用地11.13公顷,达到年产4万吨药用中性硼硅玻管生产能力,主要产品为一级耐水药用玻管。项目引进集团自主研发、具有国际先进水平的特种玻璃熔炼窑炉、成型顶杆机、玻管拉伸机、玻管切割封口机等进口设备,建设以肖特玻管德国总部最先进技术为蓝本的中硼硅比例生产线,与已落户当地的肖特新康等医药包装企业形成上下产业链。

2020年11月11日,肖特玻管工厂投产点火仪式举行　　(张腾尹　提供)

【"小康码"实现扶贫"一张图"赋能精准扶贫】 2020年11月,缙云县承担全省扶贫数字化管理的"小康码"在浙政钉APP上线。缙云扶贫"小康码"平台自5月开发,归集农业农村、民政、人社、残联、教育等20个部门80多万条扶贫数据,覆盖全县低收入农户1.5万人,通过智能抓取和分析扶贫资金补助大数据,将低收入农户划分为因病、因残、因学、因灾、其他等致贫类型，低保、低边、特困等贫困类型，以及重度、中度、轻度等贫困深度，实现低收入农户智能识别、精准帮扶，提升困难群众“幸福指数”。“小康码”还推出预约办、即时办、马上办服务，让低收入农户办事“一次不用跑”。至年底，缙云县5000余名干部“一帮一”“一帮多”，实现结对帮扶“走村不漏户、户户见干部”；缙云县571户751人低保提标、495户633人被调出，临时救助2437人278万元；前期排摸759户危房100%腾空，农村自来水覆盖率100%。（张腾尹）

遂昌县

【概况】 遂昌县区域总面积2539平方千米，辖2个街道、7个镇、11个乡、201个行政村、9个社区。2020年年末，户籍人口总户数8.49万户，户籍人口22.91万人，常住人口19.44万人，人口自然增长率-1.02‰。少数民族31个，少数民族人口1.71万人，其中畲族1.54万人，占遂昌县总人口6.73%。

2020年，实现地区生产总值130.81亿元，比上年增长3.4%，其中：第一产业增加值12.3亿元，增长2.6%；第二产业增加值46.84亿元，增长0.5%；第三产业增加值71.78亿元，增长6.1%。三次产业增加值结构比为9.3:35.8:54.9。人均生产总值67652元，按年平均汇率折算为美元，增长2.6%。

财政总收入18.59亿元，下降2.3%，其中：一般公共预算收入11.4亿元，增长4.3%。社会消费品零售总额65.85亿元，增长4.9%；城乡常住居民人均可支配收入50425元、22264元，分别增长4.5%和7.3%。

农林牧渔业增加值12.3亿元，增长2.6%。新建“600”绿色有机农林产品基地1933.33公顷，“丽水山耕”农产品销售额11.6亿元，培育省级农业龙头企业2家，“遂昌龙谷茶”“遂昌土蜂蜜”通过国家地理标志认证，获国家电子商务进农村综合示范县，入选全国农药减量增效试点县，“农产品‘触网’迸发乡村新活力”入选全省乡村振兴十大模式。美丽乡村迭代升级，发布未来乡村建设导则，推进3个未来乡村、4个精品示范村、5个山海协作乡村振兴示范村、17个特色精品村建设，58个新时代美丽乡村、24个花园乡村通过验收。

工业增加值46.84亿元，增长0.5%，其中规上工业增加值34.4亿元、增长4.2%，高新技术产业增加值占比提升到25.5%。建成金属制品产业创新服务综合体，金属制品产业集群公共服务平台获省级优秀，金属制品特色产业基地列入国家火炬特色产业基地名单；入围省级小微企业园建设提升重点县，化工园区通过省级评定，工业园区获全国首批绿色产业示范基地。招引生态工业项目25个，合同投资54亿元。建立全市首个上海“科创飞地”和“人才飞地”，建成南湖“消薄飞地”和诸暨“产业飞地”一期。签约总部经济项目20个，新增规上企业14家；培育“专精特新”企业20家、专精特新“小巨人”企业1家、省级单项冠军企业2家；整治“低散乱”30家，淘汰落后产能5家，获淘汰落后产能和“腾笼换鸟”工作省级先进。创成省级众创空间、星创天地各1家，中国航天科工集团增材制造技术创新中心落户遂昌。新增国家高新技术企业8家、省科技型中小企业21家、高企研发中心1家、企业研究院1家。新增7个国家标准、2个“浙江制造”团体标准。引进各类人才1530人，比上年增长205%，其中硕士研究生以上人才50人。全社会研发经费支出占生产总值比重提升至1.5%。

服务业增加值71.78亿元，增长6.1%，服务业占GDP比重54.9%。推进农旅融合，建成AAAA级景区镇1个、AAA级景区村2个、省级休闲乡村1个，新增乡村精品酒店2家、精品民宿3家，红星坪温泉度假酒店获全市首个金鼎级特色文化主题饭店，健康养生之旅入围国家级休闲农业和乡村旅游精品景点线路，王村口镇入选新型城镇化标准化国家试点，“天工之城”入选全省首批山地休闲度假发展试点单位。入围全国县域旅游综合实力百强县和全省文旅产业融合试验区。完成全国首笔公共机构会议碳中和交易，开设“两山银行”。首次发行国有公司债券10亿元，在全省率先争取到国开行22亿元“生态产品价值实现”融资授信。

完成固定资产投资43.7亿元，增长8.1%。以市场化为导向招引数字经济头部企业，与阿里云、网易、海康威视、千寻位置等12家企业签约，入选首批省级数字经济创新发展试验区、省级数字生活新服务样板县创建名单；启动配套设施建设，推进网易联合创新中心、仙侠湖会展中心、环湖绿道、湖山自来水厂等项目。衢宁铁路建成通车，连直线三期、天然气“县县通”等工程完工，推进大桥至洋浩公路、新客运中心、清水源水库等项目，528国道、遂江线等70个重大项目开工，新开工项目总投资288.2亿元。

城市建设投入资金19亿元，增长50.6%。完成城南大道一二期、平昌路渡船头段边坡治理等项目，推进北门至月亮湾道路拓宽、龙谷路三期、吴乐畈区块市政道路等工程，开工建设后江路网二期。古院社区入选全省“未来社区”试点，完成市政供水管网延伸工程、火车站市政配套、建材市场等项目。新增公共停车位425个、公交站点5个。开工建设源口社区中心,古院梅溪、金岸区块安置房和后江立体停车场等项目,征收南街、古院后江区块房屋23万平方米。改善城市环境,建成荷花滩公园、鼓山公园、瓯江支流绿道主线等项目。推进环境综合整治专项行动,整治上江、大桥、二都街等重点区域。

环境空气综合指数排名全省第11位,PM2.5排名全省第16位。国考断面Ⅰ—Ⅲ类水比例、跨行政区域河流交接断面出境水质达标率、县级集中式饮用水源地水质达标率均达100%,环境质量指数和生态环境指数位居全省前列。完成上江区块雨污分流、3个小区零直排和污水处理厂提标改造等项目,垃圾焚烧发电一体化项目点火测试,建成省级高标准垃圾分类示范小区1个、示范单位20个,城区生活垃圾无害化处理率达100%;跻身中国净水百佳县市,居全国第四、全省第一。推进新增百万亩国土绿化行动,超额完成1313.33公顷,位居全市第一。森林覆盖率提升至83.59%。

年末金融机构本外币各项存贷款余额分别为244.00亿元和185.81亿元,分别比上年增长26.12%和28.75%。年末金融机构人民币存款余额243.50亿元,比上年增长26.21%;人民币贷款余额185.81亿元,比上年增长28.75%。不良贷款率下降至0.45%,运行在合理水平。全年保险业实现保费收入4.39亿元,比上年增长7.75%。

全县共有普通中学7所、职业高中1所、小学24所、幼儿园31所,在校学生分别为11874人、2305人、9876人、5437人。义务教育质量监测成绩全市前列。完成云峰中心学校扩建,梅溪幼儿园投入使用,推进遂昌三中和实验小学迁建。医疗机构共有158家,其中二级甲等综合性医院1家,二级甲等中医医院1家,直属医疗卫生单位5个,精神专科医院1家,乡镇(社区)卫生院(卫生服务中心)21家,卫生服务站15个,诊所、医务室、卫生室111家,民营医疗机构3家。共有卫生专业技术人员1237人,每千人医生数4.11人,每千人护士数3.08人。医疗机构实际开放床位数985张,千人床位数5.12张。完成妙高中心卫生院改扩建工程,推进人民医院迁建,推进"三大省级改革试点",建立浙大二院"全科与健康管理中心"遂昌分中心,中医院与浙大邵逸夫医院开展合作共建,县域和基层就诊率实现双提升;基本医疗保险参保率达99.6%,"浙丽保"参保率全市第一,资助参保率和医疗救助落实率100%。

举办线上"班春劝农"典礼,承办中国(浙江)首届畲族文化创意产品设计展演和浙江省生态运动会。低收入农户人均可支配收入12673元,增长17.7%;推进村集体经济巩固提升,152个行政村实现总收入20万元且经营性收入10万元以上。推进大搬快聚和危旧房改造,搬迁农户4338人,改造危旧房666户。建成34个农饮水项目,受益人口3.8万。开工建设殡仪馆和公墓、北界和黄沙腰中心敬老院迁建工程;建成儿童之家9家、乡镇级居家养老服务照料中心6家,发放各类残疾人补贴1830.5万元。

【获评国家电子商务进农村综合示范县】 2020年7月,商务部确认遂昌县为2020年度全国电子商务进农村综合示范县。该县作为农村电子商务典型,农村电商发展日趋成熟,形成完备的体系:以本地化电子商务综合服务商作为驱动,带动县域电子商务生态发展,促进地方传统产业,尤其是农业及农产品加工业实现电子商务化。至年底,在淘宝、天猫、京东、亚马逊等PC或移动端平台上注册登记网店共有4079家,以赶街为代表农村电子商务"遂昌模式"已推广至全国17省47县。全县从事农村电子商务产业超过11000人。全年实现网络零售额22.58亿元,同比增长45%。

【遂昌工业园区获全国首批绿色产业示范基地】 2020年12月,国家发改委公布31个绿色产业示范基地名单,遂昌县工业园区榜上有名。近年来,该县工业园区坚持走绿色高质量发展之路,构建现代绿色工业体系,围绕激活"产业中的山水",壮大"山水中的产业",打造金属制品两百亿级、新材料及生命健康百亿级产业集群。推行"链长制",按照"大项目—产业链—园区集群"的招商模式,以大项目为龙头,实现精准绿色产业招商。全年工业园区固定资产投资完成8.09亿元,同比增长55%,推动污水处理厂、垃圾填埋场、绿化公园、能源供应站等基础设施建设落地,实现污水集中处理和集中供热、供气。实现规上工业增加值28.79亿元,同比增长5.71%;新签约生态工业项目21个,其中亿元以上项目17个,实现合同引资62.99亿元。新培育规上企业12家,总数增至74家。

【"未来乡村"研讨会暨遂昌《未来乡村建设导则》发布会】 2020年9月5日,"未来乡村"研讨会暨遂昌《未来乡村建设导则》发布会在杭州举行。该县创造性地提出"未来乡村"概念,围绕建设"三乡"(乡容、乡愁、乡风)共建、"三创"(农创、文创、科创)共融、"三智"(智治、智能、智联)共享的生态、生产、生活共同体,探索一条切合时代主题具有遂昌特色的乡村振兴之路,为全省"重要窗口"的"三农"板块提供遂昌路径、遂昌经验、遂昌样板。

【衢宁铁路(浙江段)遂昌站建成通车】 2020年9月27日,衢宁铁路(浙江段)遂昌站建成通车,这是遂昌县交通运输史上具有里程碑意义的一件大事,凝聚遂昌几代人的梦想,遂昌迈入铁路时代。衢宁铁路(浙江段)遂昌站的启用,开启遂昌跨山涉水、通江达海的崭新篇章,改善遂昌发展环境,成为各地宾朋趋往美丽遂昌的"快进键",成为遂昌追逐高质量绿色发展的"加速器"。该站运输能力为客车5.5对/日,货运20万吨/年,全年运客量25万人次以上。至年底,发送旅客8.62万人次。

【遂昌3个项目入选2020年第二批省重大产业名单】 2021年1月,省发改委、省自然资源厅正式发布2020年第二批省重大产业清单,遂昌县"天工之城•数字绿谷"等3项目入选,总投资63.68亿元。其中,天工之城—数字绿谷项目入选实施类项目,总投资50.68亿元,总用地面积约46.2公顷。该项目以生态经济为理念,以数字经济为方向,以分时经济为模式,以科创、文创、农创为载体,主要建设包括科研办公、户外运动、培训中心、会议会展中心等内容,打造成为浙西南地区创新创业创造的高地、引才引资引智的磁极和产品研发、业态创新、人才培养的端口。高端精密金属件研发生产项目和丽水新能源电动自行车车辆整装制造与动力总成项目入选预选类项目。 (范誉宏)

2020年12月14日,"天工之城•数字绿谷"项目签约仪式在遂昌举行

(范誉宏　提供)

松阳县

【概况】 2020年,松阳县辖3个街道、5个镇、11个乡、203个行政村,县域面积1406平方千米,户籍人口24.03万人。其中,男性人口12.39万人,女性人口11.64万人。全年自然增长人口466人,自然增长率为1.9‰。

全年实现地区生产总值119.49亿元,按可比价计算,同比增长2.8%。其中:第一产业增加值13.46亿元,增长2.4%;第二产业增加值119.49亿元,增长2.8%;第三产业增加值60.92亿元,增长5.7%。三次产业比重为11.2:37.8:51.0,与上年的11.4:40.6:48.0相比,呈"两降一升"态势。人均生产总值60169元;按年平均汇率折算为8723美元,下降0.1%。

财政总收入13.7亿元,增长6.7%,其中,一般公共预算收入8.19亿元,增长3.8%;税收收入6.66亿元,增长3.1%,占一般公共收入的81.4%。一般公共预算支出47.22亿元,增长2.0%。其中,医疗卫生与计划生育支出4.86亿元,增长16.5%;社会保障和就业支出6.89亿元,增长3.7%;城乡社区支出7.72亿元,下降7.5%。

城镇常住居民人均可支配收入42494元,名义增长5.1%,增幅居全市第3;农村常住居民人均可支配收入20804元,名义增长7.4%,增速居全市第8。城乡居民人均收入倍差2.04,比上年同期缩小0.04个百分点。

全年实现农林牧渔业总产值13.46亿元,占全市的12.73%;实现农林牧渔业增加值13.46亿元,按可比价增长2.4%,居全市第7。从主要农产品面积和产量看,茶产量13309吨,增长2.2%;粮食产量3.6万吨,增长2.1%;生猪出栏8万头。新增"丽水山耕"背书产品39个、提升合作主体13家。举办第十三届中国(国际)茶商大会•松阳香茶网络茶叶节和"国际茶日"直播活动,发布"松阳香茶"团体标准。浙南茶叶市场交易量、交易额分别达8.1万吨、62.1亿元。创成省级茶叶主导产业"机器换人"示范县。新建"600基地"1800公顷,古市、玉岩获评省级农业绿色发展示范区。新增油茶213.33余公顷、香榧400余公顷,举办第三届全国香榧炒制大赛。对标欧盟标准推进肥药双减,建成省级"肥药两制"改革农资店10家。茶产业创新服务综合体入选省级创建名单。

全县实现规模以上工业总产值136.60亿元,同比下降0.4%,低于全市3.8个百分点;实现增加值26.22亿元,同比增长1.6%,增速低于全市

2.9个百分点。全年完成规上工业增加值26.2亿元，增长1.6%。规模以上不锈钢企业共46家，规模以上不锈钢企业实现产值61.18亿元，同比下降1.9%；不锈钢规上企业增加值为8.65亿元，占全县规上工业增加值的33%。制定生态工业五年倍增计划，出台工业高质量绿色发展“三十条”、工业人才新政及中介招商、顾问招商等专项政策，累计为企业减负2.8亿元，落实县级财政奖补资金5000余万元。签约亿元以上工业大项目12个，总投资额达30亿元。新获授权专利479件，增长49.7%。举办首届中国不锈钢管高峰论坛，成为“不锈钢管标准领跑者”培育基地，成立全国钢标委松阳县不锈钢管标准工作站。不锈钢管机器换人、茶产业转型升级、“两化融合”三个省级试点项目竣工验收，入选工业节能和绿色制造省级试点。科马摩擦材料成为全县首家省级“隐形冠军”企业、省级企业技术中心，上上德盛建成省级数字化车间。

全县服务业增加值60.92亿元，增长5.7%。实现旅游总收入53.67亿元，比上年下降2.6%。全县农家乐(民宿)498家，床位数4651张，全年接待145.92万人次，营业收入15467.9万元。新建成茶叶电商孵化园，全县实现网络零售额32.8亿元，增长48%，增速居全省第七、全市第二，连续5年获评“中国电子商务发展百佳县”，入选国家电子商务进农村综合示范县。创成全市首个国家全域旅游示范区、首批省级文化和旅游消费试点城市。引进绿谷精英5名，聘用人才科技工作顾问11名，成立“才聚松阳·人才工作室”，引进博士以上高层次人才26名，硕士15名，大学生1615名，17位科技特派员入驻，A、B类人才平台实现“零突破”。

实现社会消费品零售总额58.82亿元，占全市8%。全年完成进出口总额11.95亿元，比上年增长32.6%，其中出口总额11.82亿元，增长32.2%。

全年交通运输、仓储和邮政业实现增加值3.19亿元，比上年增长19.1%。全年全县客运量39万人，周转量2046万人千米；货运量299万吨，周转量46260万吨千米。全年邮电业务总量1.58亿元，比上年增长1.4%。年末固定互联网宽带接入用户数8.44万户，增长2.2%。

14个重点新开工项目全部开工，27个重点续建项目推进，共完成投资12.6亿元。衢宁铁路全线开通。衢丽铁路开工建设，赤卯公路建成通车。黄南水库提前蓄水发电，淹没公路改建工程通过交工验收。中德AI产业园、卯山森林康养2个县(市、区)长项目开工建设。农村饮用水达标提标工程全面完工，并在全市率先通过省级验收，成为省级饮用水达标提质行动示范试点县。全县共有在编在职教职工2120人。现有高中3所(包括1所职高)、初中4所、小学19所、九年一贯制学校1所、特殊教育学校1所、幼儿园48所、广播电视大学1所、区域成技校4所。全县2020学年初共有在校生30964人。2020年高考普通类一段上线率、本科上线率分别为22.77%、65.11%，本科上线率同比提高5个百分点。

松阳县农家乐(民宿)——四都乡陈家铺村　　(胡颖岚　提供)

全县医疗卫生健康机构164家。有卫健系统在岗人员1305人，医疗床位数1145张；常住人口每千人执业(助理)医师数3.28人、护士数3.18人、床位数5.95张，每万人全科医生数4.3人。

基本养老保险、医疗保险参保率分别达97%、99.6%，“浙丽保”参保率88%。年末，企业职工基本养老保险基金收入45025万元，支出80202万元。机关事业养老保险基金收入26019万元，支出26011万元。城乡居民基本养老保险基金收入10663万元，支出7869万元。城镇职工基本医疗保险基金收入16877万元，支出12369万元；城乡居民医疗保险基金收入28712万元(含2021年保费集中征缴)，支出27213万元。工伤保险基金收入3795万元，支出3370万元。被征地农民保障基金收入6637万元，支出3929万元。失业保险基金收入1356万元，支出2171万元。2020年，生产安全事故起数、死亡人数同比分别下降18.2%、20%。

2020年环境优良率达100%，同比上升0.5%，升幅居全市第二；PM2.5年均浓度为21微克/立方米，同比下降5微克/立方米，降幅达19.2%，高于全市平均降幅8个百分点，降幅居全市第一。松阴溪及其支流11个地表水监测断面水质均符合功能区要求，达标率100%；出境水质持续保持良好，全年水质均值达到Ⅱ类水标准。庄门源创成省级美丽河湖。完成35蒸吨以下燃煤锅炉淘汰，推进不锈钢废水集中处理中心提标改造、退火油烟综合整治，完成3个省级“污水零直排区”建设，开展砂石料加工行业雷霆整治专项行动，建成光洁固废处置项目。

【国家全域旅游示范区创建】 2020年12月，国家文旅部公布第二批国家全域旅游示范区名单，松阳县榜上有名，成为丽水市唯一创成国家全域旅游示范区的县。2017年2月，正式启动国家全域旅游示范区创建工作，2018年，创成省级全域旅游示范县，2020年，创成国家全域旅游示范区。在生态文明和乡村振兴的大背景下，松阳把全域旅游作为第一战略支柱产业，紧扣富民强县定位，做好“五个全”，打造“五个百工程”，即“规划在先全域实景、项目为王全做精品、文化引领全面激活、产业融合全链发力、凝聚力量全情投入”，打造茶旅融合百亿产业、复活百座古村、建成百公里绿道、每年举办百场节会、落地百个艺术家工作室，形成人人发力、时时可游、处处是景、行行融合的良好局面。

【入选国家电子商务进农村综合示范县】 2020年6月，松阳县被商务部列入2020年度国家电子商务进农村综合示范县名单。该县通过聚焦乡村振兴发展战略，以现代信息技术为依托，创新引领农村流通转型升级，加快构建完善的县乡村三级快递物流共同配送、农村电商公共服务、农产品上行及工业品下行、农村电子商务市场运营、农村电子商务培训、农村电子商务产业集聚及电子商务脱贫帮扶七大体系，推动农村电商数字化、规模化、品牌化发展，强化数字赋能县域发展，提升电子商务发展水平，撬动生态产品价值转换，努力成为全省展示山区数字经济发展创新实践的“重要窗口”。

【松阳县成为省级大花园示范县建设单位】 2020年11月30日，省发展改革委、省生态环境厅、省交通运输厅、省文化和旅游厅下发《关于公布新一批全省大花园示范县建设单位的通知》(浙发改环资〔2020〕353号)，松阳县列入全省大花园示范县建设单位。松阳出台大花园十大行动方案和任务分解方案，编制完成大花园示范县建设实施方案，谋划五大类59个工程项目，2020年至2022年计划投资约113亿元。

【松阳成为省级饮用水达标提质行动示范试点县】 2020年11月26日，省委、省政府健康浙江建设领导小组印发《省委省政府健康浙江建设领导小组办公室关于印发健康浙江行动师范十点工作方案(2020—2022年)的通知》，松阳县被列为健康浙江饮用水达标提质行动6个省级示范试点县之一，系全市唯一。2018年农村饮用水达标提标三年行动开展以来，松阳县高度重视、多措并举，累计完成达标提标村居255个，新增受益人口12.46万人，超额完成任务0.63万人，实现农村饮用水达标人口100%全覆盖、农村供水工程供水保证率95%、农村供水工程水质达标率96.5%、全县规模化供水工程覆盖人口比例达81.2%、一体化供水覆盖人口比例达74.8%、一体化供水覆盖率稳居全市首位。 (胡颖岚)

景宁畲族自治县

【概况】 景宁县辖2个街道、4个镇、15个乡、136个行政村，总面积1950平方千米。2020年年末全县户籍总人口16.95万人，常住人口为11.1万人。其中，男性人口8.86万人，女性人口8.09万人。人口自然增长率为1.3‰。在总人口中，少数民族人口2.02万人，畲族1.86万人。城镇化率为58.21%。

2020年地区生产总值为74.76亿元，按可比价格计算，同比增长3.5%。第一产业增加值6.8亿元，同比增长2.7%；第二产业增加值16.86亿元，增长0.1%；第三产业增加值51.1亿元，增长4.8%。三次产业结构为9.1:22.6:68.3。全年财政总收入20.21亿元，增长35.2%，其中，一般公共预算收入为8.96亿元，增长28.4%。一般公共预算支出43.81亿元，下降7.8%。年末城镇实有登记失业人员为503人，城镇登记失业率为1.41%。

推进“景宁600”产业富民工程三年行动计划，全年新建提升生态示范基地666.67公顷，“景宁600”品牌销售达18.62亿元。出台促进惠明茶产业发展条例实施细则，改造提升有机茶园346.67公顷，茶叶总产量为2175吨，惠明茶年产值4.89亿元。全年粮食播种面积6401.13公顷；粮食总产量3.46万吨。全年食用菌产量为1994吨，其中香菇产量为1382吨。全年蔬菜播种面积4031公顷，总产量8.25万吨。水果总产量9695吨。油料总产量354吨。药材种植面积775公顷。年末,生猪存栏2.14万头,年内出栏3.23万头,同比上升7.67%;推进“肥药双控”,全年农业化肥施用量(折纯)4057吨,“三品一标”新认证面积101.73公顷,农产品质量安全省级以上抽检连续8年实现合格率100%。

实现工业增加值9.25亿元,增长0.7%。其中,规模以上工业增加值4.41亿元,增长1.1%。规模以上工业中,高新技术产业增加值1.47亿元,装备制造业增加值1.11亿元,战略性新兴产业6991万元。实现规模以上工业总产值15.98亿元;从业人员年平均人数1998人。实现建筑业增加值7.62亿元,同比下降0.8%。全县具有资质等级的建筑企业41家,房屋建筑施工面积64.14万平方米,从业人员年平均人数7885人,实现利润总额6867.4万元。省市县长工程李宝畲王寨、惠明禅茶文化产业园等超10亿元的重大项目相继落地开工。

完成涉旅项目投资22亿元以上。那云•天空之城项目完成投资1.53亿元;百鸟朝凤、畲族风情康养度假等项目前期有效推进;红色毛垟、封金山创成国家AAA级旅游景区;大均乡创成省级旅游风情小镇;大均乡和大漈乡创成AAAA级景区镇;大漈村、上标村、渤海村创成浙江省3A级景区村庄,新增18个A级景区村庄;新增三星级旅游饭店1家、三星级品质旅行社1家、金宿1家,银宿2家。设立七大旅游联络处,举办参加推介会32场,实现引客5.14万余人次。举办旅游精品线路发布会等云上推介活动,累计在线观看超5000万人次。举办参加“长三角云推介会”“上海国际茶文化旅游节”“丽水(上海)周”等活动,景宁列入丽水高铁专列游线。浙西南畲乡非遗技艺体验游入选全国非遗主题旅游线路。完成旅游总收入67.46亿元,下降14.9%。

固定资产投资同比增长8.1%。其中,民间投资增长0.8%,交通投资下降2.9%,生态环保和公共设施投资增长32.6%,高新技术产业下降39.7%。商品房销售面积9.26万平方米,同比增长409.2%,商品房销售额8.83亿元,同比增长523%。

实现社会消费品零售总额38.33亿元,比上年增长3.9%。商品零售额33.12亿元,增长3.9%。年末有超亿元商品交易市场3个。

全年外贸进出口41.36亿元,比上年增长22.3%。年末金融机构人民币各项存款余额125.84亿元,比年初增加5.21亿元,增长4.32%。

全县普通高中1所,在校学生1806人。职业高中1所,在校学生1764人。普通初中6所,在校学生4859人,初中毕业升入高中阶段的比例为98.85%。小学14所,在校学生7584人。有幼儿园25所,在园幼儿3016人。学校教职工数1879人。全年专利申请量379件,专利授权量217件,其中发明授权量18件。全县剧场、影剧院数2个。公共图书馆1个,藏书167500册。医疗卫生机构102个,其中,县级3个、专业公共卫生机构3个,基层医疗卫生机构94家,其他机构2个。卫生机构床位数650张,卫生技术人员940人。

全年交通运输、仓储和邮政业完成增加值1.77亿元,比上年增长11%。境内公路总里程为1977.99千米。移动互联网用户数11.55万户,比上年末增加943户。体育场复建项目基本完成两个主体工程和室外老年气排球场建设。畲族彩带编织技艺入选国家级非遗项目。非遗保护发展指数位列全省第八。“非遗进校园”案例入选全国十大优秀实践案例,为全国唯一县级入选单位和浙江唯一入选案例。获“2019浙江百县千碗工程示范县(区)”“第四届全省博物馆免费开放最佳做法”称号。正式启动“文化基因解码工程”,完成300余项“一张清单”普查,100余项系统录入,启动15项重点元素解码工作。市场化运作“四季景宁”系列文旅节庆活动21场。省级示范项目“文化物流”通过验收。全年向基层送戏140场、送书22839册、送电影1600场,举办群众性活动80余场,开展文化走亲22场次。创新“图书馆+”模式,完成大均民族分馆、城南社区24小时自助书房及7个特色书房建设。新增排练厅2个和多媒体教室1个,通过国家一级馆复评。

年降水量1495.3毫米,水资源量总量为14.3945亿立方米,日照时数1339.1小时。空气质量优良以上天数361天,污水处理厂集中处理率97.79%,生活垃圾无害化处理率100%。建成区绿化覆盖面积201.22公顷,公园绿地面积96.64公顷。省级自然保护区2个,面积3326公顷。全社会用电量28672万千瓦时,增长22.6%。

常住居民人均可支配收入31130元,比上年名义增长6.5%,扣除价格因素实际增长4.4%。全县常住居民人均生活消费支出20778元。居民人均住房建筑面积54.8平方米。有城镇职工基本养老保险参保人数4.02万人(退休9816人),机关事业基本养老保险参保人数8234人(退休2782人);城乡居民养老保险参保人数7.2万人。城镇职工基本医疗保险参保人数2.69万人,城乡居民基本医疗保险参保人数12.38万人。社会福利院数12个,社会福利院床位数1298张,社区服务设施数150个。城乡居民最低生活保障人数5210人,五保供养人员366人。

【"景宁600区域公共品牌助农增收"入选全省精准扶贫十大案例】 2020年10月12日，在景宁举办的国家扶贫日浙江主场活动上，浙江首次对外发布精准扶贫十大案例，"景宁600区域公共品牌助农增收"品牌扶贫案例入选。近年来，景宁县创新产业扶贫模式，探索打造"景宁600"区域公共品牌，为全县海拔600米以上的高山生态精品农产品搭建共建共享的品牌扶贫平台，推动"海拔经济"发展和小农户的增收步伐。

【景宁融入长三角做法入选浙江省争先创优"最佳实践"】 2020年11月2日，省政府通报全省三季度争先创优"最佳实践"17个，景宁融入长三角做法成功入选，并奖励财政资金900万元、土地指标6公顷、能耗指标4.5万吨。2020年，该县作为在长三角一体化中率先与上海达成合作关系的县(市、区)之一，与静安区"山呼海应、山拥海抱"，走出一条浙西南山区县融入长三角一体化的创新之路。

【景宁县人民医院新院区正式启用】 2020年8月13日，景宁县人民医院(浙江大学附属第一医院民族分院)新院区正式启用。新院区位于该县红星街道凤凰大道18号，占地面积13.33公顷，总投资5.6亿元，核定床位800张，其中一期占地6.8公顷，投资3.87亿元，核定床位550张，拥有医疗用房5.4万平方米，是一所符合三级乙等医院建设标准的现代化医院。

2020年10月12日，国家扶贫日浙江主场活动在景宁举行　　(陈晶晶　提供)

【G235景宁溪口至澄照段改建工程通车】 2020年10月30日，G235景宁溪口至澄照段改建工程通车。该项目起点位于溪口，经掌岸、白锄渡船头、滩树岭脚电站、石灰炉，终点位于澄照乡三石村接52省道，概算投资4.2亿元，路线全长9.56千米，采用双向4车道，设计速度60千米/小时，新建长隧道2座，大中桥11座。该项目缓解了"新海线"马岭头隧道至叶府前路段的交通压力，减少该路段的事故风险，为人民群众营造安全、便利的出行条件。

【景宁经济开发区获省级开发区产业链"链长制"试点示范单位】 2020年10月23日，省商务厅公布省级开发区产业链"链长制"试点评审结果，全省27家试点示范单位和38家试点单位上榜，景宁经济开发区"幼教木玩"产业链获试点示范。近年来，景宁经济开发区因地制宜、突出重点、创新发展，引进宇海幼教木玩产业园项目，通过引导龙头企业服务上下游中小企业，带动产业创新链条整体提升，推动幼教木玩产业技术链、价值链、资金链、物流链等多项协同提升发展。2020年累计引进幼教木玩链上实体企业31家，实现工业总产值1亿元，提供就业岗位1500余个。

【精准扶贫公益纪实节目录制】 2020年6月19日至20日，东方卫视《我们在行动5》节目组走进景宁开展节目录制。《我们在行动》是东方卫视推出的全国首档精准扶贫公益纪实节目。景宁县借助《我们在行动》景宁站节目邀请明星嘉宾体验村民生活、品尝特色美食、感受畲族文化，打造"综艺+电商直播"新模式，全力助推生态旅游资源、原生态优质农产品上行。节目录制当天，上海、杭州等省内外企业、机构现场认购"景宁600"优质农产品6130万元；直播累计观看次数超2100万人次，带货销售金额达1893万元，订单数量突破87万单。

【景宁云和两地签约云景特色风情聚落区合作备忘录】 2020年9月30日，景宁县与云和县举行云景特色风情聚落区合作备忘录签约仪式，双方围绕如何做好跨山统筹、实现协同发展，从规划编制、优势互补、产业共建、文旅融合、民生事业等12个方面交流意见。两地将以此次签约为契机，促进双方紧密协作、共同发展，打造云景特色风情聚落区，为全市推进跨山统筹、加快区域协调发展打造样板、作出示范。　(陈晶晶)

人物　名录

新任市领导

【高　波】 女，汉族，1967年7月生，浙江余姚人。1989年8月参加工作，1998年11月加入民建，杭州大学政治系中国革命史专业毕业，大学学历，公共管理硕士。2020年4月，在丽水市政协四届四次会议上当选为政协第四届丽水市委员会副主席。

【王顺发】 男，汉族，1965年8月生，籍贯浙江景宁，出生地浙江庆元，1988年8月参加工作，1990年10月加入中国共产党，浙江师范大学政教系政教专业，大学学历，哲学学士。2020年4月，在丽水市政协四届四次会议上当选为政协第四届丽水市委员会副主席。四届丽水市委委员。　（吴维维）

2020年市和县（市、区）机构及负责人名录

【中国共产党丽水市委员会】

书　记：胡海峰

副书记：吴晓东　李　锋

常　委：任淑女（女）　方文军

方健忠　杜兴林　王小荣

陈　重　赵存志　徐光文

副秘书长：刘云华　李世超　李忠伟

郑家彪　陈志斌

廖宝云（女，至2020年3月）

叶建利　邱文锋

【丽水市人民代表大会常务委员会】

主　任：虞红鸣

副主任：陈建波　朱继坤　戚永远

沈根花（女）　杜光旻

邹培书　郑力平

党组书记：虞红鸣

党组副书记：陈建波　朱继坤

秘书长：吴小平

副秘书长：张金禄　颜小云　吴一平

蔡培新　郑永清

人大常委会办公室

主　任：张金禄

副主任：任正东（2020年11月始）

人大常委会机关党组

党组书记：吴小平（至2020年12月）

党组副书记：张金禄

人大常委会研究室

主　任：吴一平

副主任：潘利军

人大常委会代表与选举任免工作委员会

主　任：叶加荣

副主任：张延福

人大常委会法制工作委员会

主　任：张云高

副主任：陈仰勇

刘文斌（2020年1月始）

人大常委会监察和司法工作委员会

主　任：胡振文

副主任：叶　青（2020年4月始）

人大常委会财政经济工作委员会

主　任：谢志伟

副主任：孙乐明　蔡建熙　陈吉英（女）

人大常委会农业与农村工作委员会

主　任：许　浩

副主任：翁樟明　陈逸龄

人大常委会城乡建设与环境资源工作委员会

主　任：沈明温

副主任：赵正发　徐晓峰

人大常委会教科文卫工作委员会

主　任：李炀德

副主任：任韩高（2020年4月始）

人大常委会民族宗教华侨外事工作委员会

主　任：姚朝阳

副主任：潘志强

人大常委会社会建设工作委员会

主　任：张少荣

副主任：张　妍（女，2020年4月始）

管伟春（女，2020年4月始）

【丽水市人民政府】

市　长：吴晓东

副市长：杜兴林　卢彩柳（女）

杨秀清　毛建国　戴邦和

楼志坚

党组书记：吴晓东

党组副书记：杜兴林

秘书长：沈世山

副秘书长：周劲松　刘海明

叶祖平(2020年11月始)
朱仰钢　叶建光　周瑞琛
曹永跃(2020年7月始)
林宇清(至2020年3月)
吴郁郁(至2020年8月)

【中国人民政治协商会议丽水市委员会】

主　席:陈瑞商
副主席:韦铁民　金爱武　丁绍雄
朱山华　邝平正　汤家友
丁岳清
高　波(女,2020年4月始)
王顺发(2020年4月始)
党组书记:陈瑞商
党组副书记:王小荣(2020年1月始)
秘书长:郑利剑
副秘书长:王亚民
聂陈杰(2020年3月始)
蓝宁虹(女)
吴积雷(至2020年12月)
王　奕(2020年3月始)
俞豪锋(女)　邱旭平
卢汝兰(女)　张德勇
肖　荣
阙忠东(至2020年3月)
胡　兵(女,至2020年3月)
马乾满(至2020年7月)

政协办公室

主　任:王亚民
副主任:吴建明(至2020年12月)
谢小燕(女)

政协机关党组

党组书记:郑利剑
党组副书记:王亚民

政协研究室

主　任:阙忠东(至2020年3月)
聂陈杰(2020年3月始)

政协提案委员会

主　任:熊佩飞
副主任:叶　勤(至2020年4月)
陈祖军
吴积雷(至2020年12月)
王　奕(女,2020年3月始)
俞豪锋(女)　邱旭平
卢汝兰(女)　张德勇
胡　兵(女,至2020年3月)
南林玲(女,2020年3月始)
吴　敏(2020年12月始)

政协委员工作委员会

主　任:刘炳亮(至2020年9月)
副主任:吴　燕(女)　李邦生
徐丽勇

政协经济委员会

主　任:姚志强
副主任:罗江军　肖　荣
蓝先芬(女,2020年3月始)
楼培忠(至2020年3月)

政协农业和农村委员会

主　任:姜　波
副主任:孙福仁
徐国跃　胡晓红(女)
蔡承俊(至2020年4月)

政协人口资源环境委员会

主　任:吴洵麒
副主任:吴　康

政协教育科技卫生体育委员会

主　任:李伟立
副主任:杨　薇(女)　林　莉(女)
邱务土(至2020年4月)

政协社会法制和民族宗教委员会

主　任:蓝跃慧
副主任:雷金松　朱小刚　吴守成

政协港澳台侨和外事委员会

主　任:项芳云(女)
副主任:邢长勇　郭海光　单　炜

政协文化文史和学习委员会

主　任:朱玉康
副主任:雷华英(女)　洪锦木
蓝财兴(2020年3月始)

【中国共产党丽水市纪律检查委员会、丽水市监察委员会】

纪律检查委员会

书　记:方文军
常务副书记:柳向阳
副书记:程巧琴(女)
常　委:郑绍周　黄悌王
尚文勇(2020年3月始)
刘云刚(2020年7月始)
李　萌(女,至2020年7月)

监察委员会

主　任:方文军
副主任:柳向阳　程巧琴(女)
委　员:黄悌王　尚文勇
刘云刚(至2020年7月)
陈永军(2020年3月始)
佘晓君(2020年7月始)

派驻纪检组

派驻市委办纪检监察组
组　长:李建荣
副组长:华志和
派驻市人大机关纪检监察组
组　长:叶云妹(女)
副组长:陈丽伟
派驻市府办纪检监察组
组　长:雷春梅(女)
副组长:傅绍林(至2020年7月)
吴筱珺(2020年7月始)
派驻市政协机关纪检监察组
组　长:朱超模
副组长:孙文喜
派驻市委组织部纪检组
监察组长:马正德(至2020年7月)
李　萌(女,2020年7月始)
副组长:杜军民
派驻市委宣传部纪检监察
组　长:陈洪敏(至2020年7月)
朱峻峰(2020年11月始)
副组长:姚建峰
派驻市委统战部纪检监察组
组　长:楼新英(女)
副组长:管君友
派驻市法院纪检监察组
组　长:梁丽勇(至2020年7月)
阙建平(2020年7月始)
派驻市检察院纪检监察组

组　长：舒维云（至2020年7月）
　　　　章志林（2020年7月始）
派驻市公安局纪检监察组
组　长：付勇斐
副组长：徐东平
派驻市发改委纪检监察组
组　长：刘君龙
派驻市经信局纪检监察组
组　长：张树芳
派驻市教育局纪检监察组
组　长：严金华（女）
派驻市财政局纪检监察组
组　长：季云飞
派驻市自然资源局纪检监察组
组　长：朱峻峰（至2020年11月）
　　　　罗高阅（2020年11月始）
派驻市生态环境局纪检监察组
组　长：陆咸玲（女）
派驻市交通运输局纪检监察组
组　长：罗高阅（至2020年11月）
　　　　季巧峰（2020年11月始）
派驻市农业农村局纪检监察组
组　长：周　杰
派驻市卫生健康委纪检监察组
组　长：童晓彬
派驻市国资委纪检监察组
组　长：管焕新（2020年3月始）
派驻丽水生态产业集聚区（丽水经济技术开发区）管委会纪检监察组
组　长：刘道华
市委直属机关纪检监察工委书记：
　　　　孙丽芬（女）

【市委工作部门】

办公室
主　任：刘云华
副主任：吴新伟　王振军　王志平

组织部
部　长：方健忠
常务副部长：何卫宁
副部长：陈科强　徐丽勇
　　　　刘新民（2020年11月始）
　　　　尚勇庆　潘晓泉
　　　　吴守成（2020年3月始）
　　　　陈立新（至2020年3月）

两新工委
书　记：陈科强
专职副书记：练如库（至2020年3月）
副书记：潘林珠（女，2020年11月始）
　　　　王　炜　刘先林　蓝小明
　　　　何乐君（2020年3月始）
　　　　周仓俊（至2020年3月）

宣传部
部　长：任淑女（女）
常务副部长：任韩高
副部长：张卫英（女）　王培权
　　　　蓝　海

社会主义精神文明办公室
主　任：陈昱龙（2020年7月始）

统战部
部　长：王小荣
常务副部长：李邦生
副部长：金晓伟　金伟庆　王松龙
　　　　王　炜

政法委员会
书　记：李　锋
副书记：毛建国　陈志斌　罗　明
　　　　翁卫芬（女）　关勇刚
政治部主任：胡太顺

政策研究室
主　任：刘云华
副主任：叶鑫垚　徐来来
　　　　徐林周（2020年7月始）

全面深化改革委员会办公室（丽水市最多跑一次改革办公室）
常务副主任：王国锋
副主任：陈茂荣　王　剑
　　　　陈晓珍（女，2020年1月始）

网络安全和信息化委员会办公室
主　任：蓝　海
副主任：魏荣坤

市委编制机构委员会办公室
主　任：尚勇庆
副主任：李建龙　饶　胜　周晓林

台湾工作办公室
主　任：沈丽珺（女）
副主任：叶绍飞　单　炜

市委直属机关工作委员会
书　记：方健忠（2020年3月始）
　　　　廖宝云（女，至2020年3月）
常务副书记：廖宝云（女，2020年3月始）
副书记：刘先林　施东胜　雷徐东

巡察工作领导小组办公室
主　任：郑绍周
副主任：黄绍刚（2020年3月始）
　　　　张雪红（女）
　　　　王　鹏（至2020年3月）
巡察组
第一巡察组
组　长：叶锦伟
副组长：蓝　雄
第二巡察组
组　长：朱丽军（至2020年1月）
副组长：程鹰飞
　　　　宋珍花（女，2020年1月始）
第三巡察组
组　长：陈锡星
副组长：王进伟
第四巡察组
组　长：陈银龙
副组长：张夏菁（女）
第五巡察组
组　长：鲍福平（2020年1月始）
副组长：鲍福平（至2020年1月）
　　　　金海波

市委、市政府信访局
局　长：叶建利
副局长：徐　雄
　　　　瞿茂贤（2020年7月始）
　　　　陈　丰（2020年11月始）
　　　　褚志坚
　　　　季　力（至2020年11月）
　　　　王　峰（至2020年7月）
党组书记：叶建利

老干部局（关工委机关）
局　长：潘晓泉

副局长:黄永伟　雷月伟

【群众团体】

总工会

主　席:郑力平

副主席:叶　青　何　灵(女)
王金焱　程浙军
李伯华(至 2020 年 11 月)
吴晓芳(至 2020 年 2 月)

党组书记:叶　青

中国共产主义青年团丽水市委员会

书　记:张　妍(女)

副书记:徐菊珍(女)　孔金峰
斯　科(2020 年 7 月始)
刘思威
陈悦君(女,至 2020 年 11 月)

党组书记:张　妍(女,至 2020 年 12 月)

妇女联合会

主　席:管伟春(女,2020 年 1 月始)

副主席:管伟春(女,至 2020 年 1 月)
陈霞斌(女)　陈建敏(女)
林曼群(女)　纪旭红(女)
杨丽佳(女)

党组书记:管伟春(女,2020 年 1 月始)

科学技术协会

主　席:潘志强

副主席:叶旭彪(2020 年 11 月始)
徐　瑛(女,2020 年 6 月始)
王善刚(2020 年 11 月始)
戴一仁(2020 年 12 月始)
徐象华(2020 年 12 月始)
张向东(2020 年 12 月始)
陈荣昌(2020 年 12 月始)
林伟明(2020 年 12 月始)
叶荣华(至 2020 年 5 月)
洪中勇(至 2020 年 11 月)
丁丽惠(至 2020 年 11 月)
龚启贤(至 2020 年 12 月)
叶信昌(至 2020 年 7 月)

党组书记:潘志强

社会科学界联合会

主　席:张卫英(女)

副主席:余群勇　叶　俊
刘云华(至 2020 年 12 月)
张少荣(至 2020 年 12 月)
李俊杰(至 2020 年 12 月)
刘克勤(至 2020 年 12 月)
陆亚东(至 2020 年 12 月)
汪亚明(2020 年 12 月始)
周显荣(2020 年 12 月始)
刘建荣(2020 年 12 月始)
叶鑫垚(2020 年 12 月始)

秘书长:叶笑菲(女,2020 年 12 月始)

文学艺术界联合会

主　席:程定飞

副主席:吴积云　潘力峰　洪勇华
许卫东　蔡志蔚
张朝阳(至 2020 年 11 月)
尹晓泉(2020 年 11 月始)

秘书长:邱丹洁(2020 年 12 月始)

党组书记:程定飞

残疾人联合会

理事长:胡晓红(女)

副理事长:谢丽福(至 2020 年 1 月)
吴锦华　王国军　陈旭亮
陈正平(至 2020 年 11 月)
胡培忠(至 2020 年 11 月)
刘杰伟(2020 年 11 月始)
吕建军(2020 年 11 月始)

党组书记:蔡通友

归国华侨联合会

主　席:郭海光

副主席:傅旭蓉(女)　王　俊
方湛鑫　叶先平
叶　芬(女)　叶建毅
叶毅青(女)　吕　侃
孙雄标　纪建松　李　丰
何晓娟(女)　邹建兵
陈海华　项建福　施海平
章利民　傅旭敏

秘书长:陈　燕(女)

党组书记:郭海光

关心下一代工作委员会

名誉主任:方健忠　卢彩柳(女)

主　任:吴炳全

专职副主任:留丽萍(女,2020 年 1 月始)

副主任:戚永远　计勇强　张春法
陈翠仙(女)　蔡　昉
吴郁郁　罗　明
南林玲(女)　叶晓华
张　妍(女)　蒋璟璟(女)
项芳云(女)　胡晓红(女)
王　平　张少荣　叶锦伟
周一红(女)　邢长勇
李志伟　赵正发　邵国平
留丽萍(女,至 2020 年 1 月)

办公室主任:留丽萍(女,至 2020 年 1 月)

计划生育协会

会　长:戚永远

常务副会长:周一红(女,至 2020 年 8 月)

副会长:王　峰

红十字会

会　长:卢彩柳(女)

副会长:王提操　郑丽华(女)
吴郁郁
周一红(女,至 2020 年 12 月)
王　平　潘建青
叶水源　王世强
张　妍(女)　陈旭东

党组书记:王提操

体育总会

主　席:戚永远(至 2020 年 12 月)

专职副主席:周中华(至 2020 年 12 月)

常务副主席:徐兼明(女)

卫健老龄工作委员会

主　任:卢彩柳(女)

副主任:吴郁郁　何卫宁　任韩高
陈立新　潘晓泉　叶水源
周一红(女)

办公室主任:周一红(女)

法学会

会　长:李　锋(2020 年 12 月始)

常务副会长:陈志斌(2020 年 12 月始)

专职副会长:胡太顺(2020 年 12 月始)

副会长:丁文伟(2020 年 12 月始)
叶华松(2020 年 12 月始)

李光耀(2020 年 12 月始)
陈江风(2020 年 12 月始)
陈仰勇(2020 年 12 月始)
柳启东(2020 年 12 月始)
赵延光(2020 年 12 月始)
徐荷生(2020 年 12 月始)
蓝跃慧(2020 年 12 月始)
秘书长:程建枝(2020 年 12 月始)

市人民对外友好协会

会　长:戴邦和(2020 年 12 月始)
常务副会长:刘崇民(2020 年 12 月始)
陈　频(2020 年 12 月始)
陈乃科(2020 年 12 月始)
副会长:刘光利(2020 年 12 月始)
徐文杰(2020 年 12 月始)
应　鹏(2020 年 12 月始)
刘建云(2020 年 12 月始)
施永平(2020 年 12 月始)
季永灵(2020 年 12 月始)
秘书长:吴娜妮(女,2020 年 12 月始)

【丽水市中级人民法院】

院　长:蒋卫宇
副院长:柳启东
李栽标　吴林雄　叶晓生
党组书记:蒋卫宇
党组副书记:柳启东
政治部主任:冯宏伟

【丽水市人民检察院】

检察长:过孟超
副检察长:徐荷生　赵　平　周科庆
张旭勇(至 2020 年 8 月)
揭　萍(女,2020 年 9 月始)
葛朝华(女)
党组书记:过孟超
党组副书记:徐荷生
政治部主任:孙苏平

【市级民主党派】

中国国民党革命委员会丽水市委员会

主　委:戚永远
副主委:胡　兵(女,至 2020 年 2 月)
刘新青　虞海雄
叶伟兰(女)
王　奕(女,2020 年 2 月始)

中国民主同盟丽水市委员会

主　委:汤家友
副主委:吴积雷　张建伟　周贤华
吴　敏(2020 年 11 月始)

中国民主建国会丽水市委员会

主　委:高　波(女)
副主委:任文红(女)　李　浩(女)
俞豪锋(女)

中国民主促进会丽水市委员会

主　委:卢彩柳(女)
副主委:何　灵(女)　邱旭平
陈荣富

中国农工民主党丽水市委员会

主　委:丁岳清
副主委:卢汝兰(女)　徐兼明(女)
郭巧燕(女)　毛伟华

九三学社丽水市委员会

主　委:韦铁民
副主委:张向东　张颖洁(女)
何登伟　张德勇

工商业联合会(总商会)

主　席(会长):张　敏
副主席(副会长):王　炜
肖　荣　张　奇
党组书记:王　炜

【市人民政府工作部门】

办公室

主　任:周劲松
副主任:吴志林　吴成钢
刘　骅(2020 年 7 月始)
党组书记:沈世山
党组副书记:周劲松

发展和改革委员会

主　任:饶鸿来
副主任:罗运乾(至 2020 年 1 月)
朱仰钢　沈利文　麻卫平
赵丽群(女)
曹永跃(至 2020 年 7 月)
董王军　周立军
厉亚萍(女)　吴　磊
党组书记:饶鸿来

经济和信息化局

局　长:翁伟荣
副局长:楼培忠(至 2020 年 3 月)
李建军　周再荣
程忆民(至 2020 年 11 月)
舒杨胤(2020 年 7 月始)
总工程师:陈　杰(至 2020 年 6 月)
党组书记:翁伟荣

教育局

局　长:王　平
副局长:叶信昌(至 2020 年 7 月)
王伟平(女)　桑文勇
党委书记:王　平
党委副书记:叶伟勇(2020 年 1 月始)

科学技术局

局　长:蔡　昉
副局长:吕璞琪(女)　邝时忠
杜永明　林建星
党组书记:蔡　昉

公安局

局　长:毛建国
常务副局长:封宗祥(至 2020 年 1 月)
丁文伟(2020 年 1 月始)
副局长:叶金荣(至 2020 年 11 月)
诸葛俭　金　珍(女)
梅中仁(至 2020 年 11 月)
朱荣华
丁文伟(至 2020 年 1 月)
颜华荣(2020 年 1 月始)
党委书记:毛建国
党委副书记:封宗祥(至 2020 年 1 月)
丁文伟(2020 年 11 月始)
政治部主任:李继仁

民政局

局　长:叶水源
副局长:蓝小明　陈冬生　蒋仲胜
留　洁(女,至 2020 年 11 月)
洪中勇(2020 年 11 月始)

党组书记：叶水源

司法局

局　长：蒋世懿

副局长：夏逸敏　李　浩（女）
　　陈江风　蓝益平　邓伦透

党组书记：蒋世懿

党组副书记：陈江风（2020年7月始）

政治部主任：杨必松

财政局

局　长：潘建青

副局长：魏叶华（女）　叶芳儿
　　张　栋
　　易远明（2020年7月始）

总会计师：阮美莲（女）

党组书记：潘建青

人力资源和社会保障局

局　长：陈立新（至2020年1月）
　　吴守成（2020年3月始）

副局长：吴守成（至2020年3月）
　　章　旭　王旭彪

党组书记：陈立新（至2020年1月）
　　吴守成（2020年3月始）

自然资源和规划局

局　长：张颖洁（女）

副局长：廖永平
　　朱国桥（至2020年9月）
　　丁丽惠　周乐均　丁勇方
　　黄文松　洪勇杰　陈喜民

总规划师：徐礼琼（女）

党委书记：邢志行

党委副书记：廖永平

生态环境局

局　长：雷金松

副局长：虞伟鉱　周国伟
　　何小仁
　　陈　雨（2020年7月始）

总工程师：陈灵敏

党委书记：雷金松

党委副书记：虞伟鉱

生态环境保护综合执法队

队　长：雷金松

副队长：蓝木申（2020年1月始）

住房和城乡建设局

局　长：钟小松

副局长：叶荣林　季高峰　林开武
　　吴新立（2020年11月始）
　　樊甫敏（至2020年11月）
　　舒杨胤（至2020年7月）

总工程师：顾华洛

党组书记：钟小松

交通运输局

局　长：叶旭勇

副局长：高向东　刘　军　龚启贤
　　陈晓敏
　　叶利东（至2020年11月）

总工程师：叶青华（2020年11月始）

党委书记：叶旭勇

交通运输综合行政执法队

队　长：叶旭勇

副队长：龚启贤（2020年1月始）

水利局

局　长：徐为民（至2020年3月）
　　林宇清（2020年3月始）

副局长：卓观园　张映辉　王礼军
　　封　亮

总工程师：赵友敏

党组书记：徐为民（至2020年3月）
　　林宇清（2020年3月始）

农业农村局

局　长：黄力量

副局长：吕晓东　郑建强
　　张晓红（女）　沈元东
　　王永伟
　　阎维萍（女，至2020年11月）
　　何子儋（2020年11月始）

总农艺师：胡丽红（女）

党组书记：黄力量

农业综合行政执法队

队　长：黄力量

副队长：金　立（2020年1月始）

商务局

局　长：孙俐珑

副局长：周冠军（至2020年7月）
　　张志军　常晶静（女）
　　熊勇军（2020年11月始）

党组书记：孙俐珑

文化和广电旅游体育局

局　长：徐兼明（女）

副局长：张建伟（至2020年7月）
　　张福和（至2020年11月）
　　胡其岳（2020年7月始）
　　周益敏　吴立华
　　许卫东
　　王　峰（2020年7月始）
　　樊甫敏（2020年11月始）

党组书记：陈子民

文化市场综合行政执法队

队　长：徐兼明（女）

副队长：魏秀慧（女）

卫生健康委员会

主　任：周一红（女，至2020年9月）
　　吴郁郁（2020年9月始）

副主任：朱雪飞　陈国微　季长友

党委书记：周一红（女，至2020年7月）
　　吴郁郁

党委副书记：林　莉（女）

退役军人事务局

局　长：蒋正鸿

副局长：黄建新　毛伟林

党组书记：蒋正鸿

应急管理局

局　长：王世强

副局长：徐　晖　李雄平　严伟平
　　潘新雄

党组书记：王世强

审计局

局　长：邹向阳

副局长：邱学明　阎家骥　颜登亮

总审计师：刘松文

党组书记：邹向阳

外事办公室

主　任：刘崇民

副主任：刘光利
　　邹玲玲（女，至2020年11月）
　　徐文杰（2020年11月始）

党组书记：刘崇民

国有资产监督管理委员会
主　任：杨　雷
副主任：叶旭彪（至 2020 年 11 月）
　　　高天河
党委书记：杨　雷
党委副书记：陈　巍

市场监督管理局
局　长：夏海国
副局长：周仓俊　胡雪强　宋小军
　　　李和达　李泉清
　　　胡芳泉（至 2020 年 7 月）
　　　潜晓辉　周纪荣　何乐君
　　　王立武（2020 年 4 月始）
党组书记：夏海国
党组副书记：王立武（2020 年 4 月始）

市市场监管综合执法队
队　长：夏海国
副队长：赵伟杰（2020 年 1 月始）

市政府金融工作办公室
主　任：潘碧武（女）
副主任：金雄鸥　李　斐
党组书记：陆亚东

统计局
局　长：周智飞
副局长：陈建斌　谢永平
总统计师：朱国强
党组书记：周智飞

社会经济调查队
队　长：朱卫莉（女）

医疗保障局
局　长：吴筱琳（女）
副局长：毛时薛　周建雄
　　　张如一（女，2020 年 1 月始）
　　　盛奎华（2020 年 11 月始）
党组书记：吴筱琳（女）

人民防空办公室
主　任：詹百松
副主任：魏安龙　徐明福　朱建伟
总工程师：朱建伟
党组书记：詹百松

民防局
局　长：詹百松
副局长：魏安龙　徐明福

综合行政执法局
局　长：周光洪
副局长：何鲜飞　郑丽君（女）
　　　杨晓春（2020 年 1 月始）
　　　程　军（2020 年 6 月始）
党组书记：周光洪

大数据发展管理局
局　长：陈建广
副局长：吴雄飞　杜　战
　　　朱国群（女，2020 年 1 月始）
党组书记：陈建广

生态产业集聚区（经济开发区）管理委员会
主　任：刘志伟
常务副主任：潘惠健
副主任：郑兰富　朱剑成
　　　李　舜（至 2020 年 11 月）
　　　张尚军
　　　陈　磊（2020 年 11 月始）
总工程师：陈志勇
党工委书记：刘志伟
党工委副书记：蓝金水　潘惠健

供销社
主　任：应勇军
副主任：练永嘉
　　　李维强（至 2020 年 11 月）
　　　吴积雷（2020 年 11 月始）
党委书记：应勇军

【市属事业单位】

党　校
校　长：方健忠
常务副校长：周显荣
副校长：胡　飞（至 2020 年 3 月）
　　　叶国勇　陈建伟
　　　罗桂芳（2020 年 7 月始）
教育长：柳一珍（女）
党委书记：周显荣

行政学院
院　长：杜兴林
常务副院长：周显荣
副院长：胡　飞（至 2020 年 3 月）
　　　陈建伟　章　旭

党史研究室（地方志研究室）
主　任：雷华英（女）
副主任：邱理平

档案馆
馆　长：邱文锋
副馆长：汪羽中　朱悦华

丽水日报报业传媒集团（丽水日报社）
社　长：李志伟
副社长：聂陈杰（至 2020 年 3 月）
　　　胡　飞（2020 年 3 月始）
　　　胡建金
总编辑：聂陈杰（至 2020 年 3 月）
　　　胡　飞（2020 年 3 月始）
副总编辑：施龙有　王文勇
党委书记：李志伟
党委副书记：聂陈杰（至 2020 年 3 月）
　　　胡　飞（2020 年 3 月始）

丽水日报报业传媒集团
董事长：李志伟
总经理：李志伟
副总经理：柳　华

市政府驻北京办事处
主　任：罗叶中
副主任：季　力（至 2020 年 11 月）
　　　陈　丰（2020 年 11 月始）

市政府驻上海办事处
主　任：瞿懋平

市政府驻杭州办事处
主　任：褚志坚

行政服务中心
主　任：洪起平（至 2020 年 3 月）
　　　叶群力（2020 年 3 月始）
副主任：蓝先芬（女）
　　　饶连祥　蓝叶培
党组书记：洪起平（至 2020 年 3 月）
　　　叶群力（2020 年 3 月始）

广播电视总台
台　长：徐青清（至 2020 年 7 月）
副台长：应一飞（至 2020 年 7 月）
　　　雷　蕾（女，至 2020 年 7 月）

章友维(至 2020 年 7 月)
总工程师:宋欣欣(至 2020 年 7 月)
党委书记:徐青清(至 2020 年 7 月)

广播电视总台(丽水广播电视集团)
台　长(总裁):
徐青清(2020 年 7 月始)
副台长(副总裁):
王　凡(女,2020 年 7 月始)
副总编辑:赵　刚(2020 年 7 月始)
总工程师:宋欣欣(2020 年 7 月始)
党委书记:徐青清(2020 年 7 月始)
党委副书记:王　凡(女,2020 年 7 月始)

机关事务服务中心
主　任:王　栋
副主任:叶菽茂　胡建仁　杨起恳
占国伟
党组书记:王　栋

大花园建设发展中心
副主任:李瑞华　余后荣
雷绍丽(女,2020 年 11 月始)

生态林业发展中心
主　任:廖永平
副主任:胡　敏　叶胜红(女)
总工程师:何小勇
党组书记:廖永平

全域旅游发展中心
副主任:胡慧红(女)　叶祥深
叶光炳
总工程师:蔡　伟(2020 年 7 月始)

体育发展中心
主　任:洪勇华
副主任:潘智慧　徐晨虹(女)
管志华
党组书记:洪勇华

市政府土地和房屋征收研究指导中心,市政府土地和房屋征收工作办公室
主　任:江少伟
副主任:杨晓春(至 2020 年 1 月)
叶　东(2020 年 6 月始)

市政府土地和房屋征收研究指导中心党组
党组书记:江少伟

农林科学研究院
院　长:金爱武
副院长:程文亮　徐象华　王立新
党组书记:林　远

移民服务中心
主　任:叶群力(至 2020 年 3 月)
留　洁(女,2020 年 11 月始)
副主任:徐云飞(2020 年 2 月始)
吴建国(2020 年 2 月始)
党组书记:叶群力(至 2020 年 3 月)
留　洁(女,2020年11月始)

住房公积金管理中心
主　任:黄金明
党组书记:黄金明

丽水市教育教学研究院
院　长:戴一仁
党支部书记:戴一仁

养老保险服务中心
主　任:吕志充
党支部书记:吕志充

就业服务中心
主　任:金丽芬(女)
党支部书记:金丽芬(女)

道路运输管理局
局　长:龚启贤
副局长:金昌平
党总支书记:江诗仁(至 2020 年 11 月)

公路管理局
局　长:陈晓敏(至 2020 年 11 月)

公路港航与运输管理中心
主　任:蒋春华(2020 年 11 月始)
党委书记:蒋春华(2020 年 11 月始)

畜牧发展中心
主　任:程苏亮

疾病预防控制中心
主　任:季巧英(女)

城市管理监督指挥中心
主　任:林仲远(2020 年 11 月始)
党支部书记:林仲远
(2020 年 11 月始)

公共资源交易中心
主　任:蓝叶培

高铁站综合管理中心
主　任:陈岳波(至 2020 年 11 月)

千峡湖青田县保护与开发管理中心管委会
主　任:尹爱华(2020 年 11 月始)
党组书记:尹爱华(2020 年 11 月始)

千峡湖景宁县保护与开发管理中心管委会
主　任:林　敏(2020 年 11 月始)
党组书记:林　敏(2020 年 11 月始)

【学校、医院】

丽水学院
院　长:肖　刚(至 2020 年 8 月)
李俊杰(2020 年 8 月始)
副院长:徐德钦(至 2020 年 7 月)
李俊杰(至 2020 年 8 月)
蒋黎红
叶沙平(至 2020 年 7 月)
王亚明(2020 年 8 月始)
彭　兵(2020 年 8 月始)
周一红(女,2020 年 8 月始)
党委书记:廖思红(女,至 2020 年 7 月)
王利琳(2020 年 7 月始)
党委副书记:邵国平(至 2020 年 7 月)
叶华松(2020 年 7 月始)
郭献进
李俊杰(2020 年 7 月始)
纪委书记:徐国强(至 2020 年 7 月)
鲁剑伟(2020 年 7 月始)

丽水职业技术学院
院　长:梁伟祥
副院长:潘洪峰　张　奇　汤书福
党委书记:梁忆南
党委副书记:梁伟祥　刘建荣
纪委书记:李升阳

丽水广播电视大学
校　长:杨云峰
副校长:洪耀辉　陈继理
党委书记:杨云峰

丽水中等专业学校(丽水艺术学校)
校　长:王万良(至 2020 年 1 月)

胡锋吉(2020 年 1 月始)
副校长:舒福才　杨　英(女)
池积善
党委书记:王万良(至 2020 年 1 月)
胡锋吉(2020 年 1 月始)
党委副书记:舒福才
丽水中学
校　长:范寿仁
党总支书记:范寿仁
丽水第二高级中学
校　长:陈仕恩
党总支书记:陈仕恩
丽水职业高级中学
校　长:李立金
党总支书记:李立金
丽水学院附属高级中学
校　长:丁闽方
党总支书记:丁闽方
中心医院
院　长:韦铁民
副院长:邵初晓(至 2020 年 1 月)
郑荣宗　涂韶松　曾春来
黄亦良　纪建松
陈美芬(女)
党委书记:邵初晓
党委副书记:纪建松(2020 年 7 月始)
纪委书记:吕耀军(至 2020 年 7 月)
人民医院
院　长:黄　刚
副院长:楼天正　江银华
方炳木(至 2020 年 7 月)
邱伟文(至 2020 年 1 月)
方国美(女)
梅映台(2020 年 1 月始)
党委书记:王　军
党委副书记:黄　刚
楼天正(2020 年 1 月始)
纪委书记:陈一军
中医院
院　长:雷后兴(至 2020 年 1 月)
邱伟文(2020 年 1 月始)
副院长:邹新花(女,至 2020 年 1 月)
倪京丽(女,至 2020 年 7 月)
雷　强(至 2020 年 7 月)
陈礼平
党委书记:邹新花(女)
党委副书记:邱伟文(2020 年 1 月始)
第二人民医院
院　长:吴绍长(至 2020 年 7 月)
叶世伟(2020 年 7 月始)
党委书记:吴绍长(2020 年 7 月始)
党委副书记:叶世伟(2020 年 7 月始)
党总支书记:吴绍长(至 2020 年 7 月)
丽水市妇幼保健院
院　长:张向东
党委书记:雷　强(2020 年 7 月始)

【市属企业】
城市建设投资有限责任公司
董事长:吴小华
副总经理:彭　华(至 2020 年 11 月)
施　波
金　萍(女,2020年11月始)
任小松(2020 年 11 月始)
总工程师:任小松(至 2020 年 11 月)
总经济师:王爱华(2020 年 11 月)
党委书记:吴小华
纪委书记:陈向阳
旅游投资发展有限公司
副总经理:何炯伟
总工程师:王泽锋
纪委书记:叶于明
农业投资发展有限公司
董事长:王井泉
总经理:王井泉(至 2020 年 5 月)
郭巧燕(女,2020年5月始)
副总经理:刘志龙　范庆伟
杨文海(2020 年 11 月始)
党委书记:王井泉
纪委书记:周启荣
交通投资发展有限公司
董事长:叶郑献
总经理:叶瑞平(至 2020 年 11 月)
副总经理:吴伟东　陈妙根
卢利森(2020 年 11 月始)
党委书记:叶郑献
党委副书记:叶瑞平(至 2020 年 11 月)
纪委书记:周建平
丽水经济开发区实业发展集团有限公司
副董事长:叶　茂　刘高深
副总经理:刘高深　鲍玖青
季晓立(2020 年 7 月始)
纪委书记:卢　健(女)
数字经济发展有限公司
副董事长:陈　杰(2020 年 6 月始)
总经理:陈　明(2020 年 6 月始)
副总经理:黄志明(2020 年 6 月始)
钦红杰(2020 年 6 月始)
纪委书记:刘　捷(2020 年 5 月始)
金融投资控股有限责任公司
董事长:陈　磊(至 2020 年 1 月)
吴小波(2020 年 1 月始)
总经理:陈　磊(至 2020 年 1 月)
吴小波(2020 年 1 月始)
政策性融资担保公司
董事长:胡荣炎
总经理:胡荣炎
汽车运输集团
董事长:黄伟君
党委书记:黄伟君

【莲都区】
中国共产党莲都区委员会
书　记:徐光文
副书记:陈　豪　胡伟华
常　委:宋珍花(女,至 2020 年 1 月)
翁伟标
叶祖平(至 2020 年 11 月)
斯基根(至 2020 年 11 月)
任万户　林　峰　郭云强
杨金跃　陈永超
蔡　昱(女,2020 年 1 月始)
陶旭峰
莲都区人民代表大会常务委员会
主　任:陈元龙
副主任:张继芳　雷勇军

江爱军(至2020年8月)
兰仁生(至2020年1月)
陈鲁军
卢　进(2020年4月始)
周贤华

莲都区人民政府

区　长:陈　豪
副区长:杨金跃
斯基根(至2020年12月)
俞丽威
郭巧燕(女,至2020年6月)
雷　成
卢　进(至2020年1月)
谢雅贞(女,2020年6月始)
蔡毓良
张玉洁(女,至2020年7月)
敖正东(至2020年6月)
管兴标(2020年1月始)
陈　勇(2020年10月始)
龚淑娟(女,2020年12月始)

中国人民政治协商会议莲都区委员会

主　席:谷江南(至2020年2月)
陈立新(2020年4月始)
副主席:虞为粮(女,至2020年10月)
叶晓东　任文红(女)
沈建祖　虞海雄

中国共产党莲都区纪律检查委员会、莲都区监察委员会

纪委书记:宋珍花(女,至2020年1月)
蔡　昱(女,2020年1月始)
监委主任:宋珍花(女,至2020年1月)
蔡　昱(女,2020年4月始)
监委代主任:蔡　昱(女,2020年1月至2020年4月)

莲都区人民法院

院　长:李美顺

莲都区人民检察院

检察长:蔡建彧

【龙泉市】

中国共产党龙泉市委员会

书　记:王顺发(至2020年8月)
吴松平(2020年8月始)
副书记:吴松平(至2020年8月)
翁志鸿
蓝景芬(女,2020年11月始)
常　委:熊勇军(至2020年11月)
诸葛春杰　雷　超　徐达伟
王　凡(女,至2020年7月)
李　舜(2020年11月始)
雷　蕾(女,2020年7月始)
廖卫民　郑建青
周吾灿(至2020年11月)
邹海亮

龙泉市人民代表大会常务委员会

主　任:叶砝仙
副主任:叶新亚(至2020年4月)
叶学明
陈有南(2020年4月始)
苏一中
叶伟玲(2020年4月始)
何登新

龙泉市人民政府

市　长:吴松平(至2020年8月)
代市长:翁志鸿(2020年8月始)
副市长:熊勇军(至2020年11月)
李　舜(2020年11月始)
周吾灿(至2020年11月)
张长山　黄国勇
杨洪斌
徐怀坤　廖旭青(女)
占雅静(女)
余华明(2020年9月始)
杨摄智(2020年11月始)

中国人民政治协商会议龙泉市委员会

主　席:刘赤波
副主席:曹新民
陈吉明(至2020年4月)
雷丽亚(女)　童巧隽(女)
卢士俊
徐东华(2020年4月始)

中国共产党龙泉市纪律检查委员会、龙泉市监察委员会

书记、监委主任:郑建青

龙泉市人民法院

院　长:罗　沛

龙泉市人民检察院

检察长:周　翔

【青田县】

中国共产党青田县委员会

书　记:戴邦和(至2020年8月始)
周和平(2020年8月始)
副书记:周和平(至2020年8月)
潘　伟(2020年12月始)
陈　铭
常　委:吴飞飞(女)　潘娅红(女)
陶军友
陈海民(2020年5月始)
邹浙清
颜华荣(至2020年1月)
盛奎华(至2020年11月)
周　雄
何　健(至2020年11月)
朱　敏(女,至2020年6月)
周　龙　金志红(女)
陈　兵(2020年11月始)

青田县人民代表大会常务委员会

主　任:季力华
副主任:邹春平　钟秋毫
叶选君(女)　徐新平
高金华　杨炳甫

青田县人民政府

县　长:周和平
副县长:陶军友
何　健(至2020年12月)
朱　敏(女,至2020年8月)
陈海民(至2020年6月)
朱秀雄
张如一(女,至2020年2月)
尹世锋　吴胜军
李巧勇(2020年2月始)
童森军(2020年5月始)
洪飞云(2020年9月始)
李剑光(2020年12月始)

中国人民政治协商会议青田县委员会
主 席:李飞林
副主席:张晓军 徐永丽(女)
吕大德(至 2020 年 4 月)
赵玉鸣 詹文亮 刘新青
徐啸放(2020 年 4 月始)
中国共产党青田县纪律检查委员会、青田县监察委员会
书记、监委主任:周 龙
青田县人民法院
院 长:徐蓓姿(女)
青田县人民检察院
检察长:阙建平(至 2020 年 8 月)
代检察长:曹莉芳(女,2020 年 8 月始)

【云和县】
中国共产党云和县委员会
书 记:叶伯军
副书记:上官国明 蒋璟璟(女)
常 委:施锦华(至 2020 年 1 月)
杨伟业 饶钦英(女)
吴新立(至 2020 年 11 月)
徐志雄 林建文 胡 坚
黄伟杰
袁 波(至 2020 年 11 月)
李 巍(2020 年 1 月始)
叶建辉(2020 年 11 月始)
孙开用(2020 年 11 月始)
云和县人民代表大会常务委员会
主 任:叶晓勇
副主任:黄文伟 柳春华 谢云生
彭招平 叶晓伟 魏启勤
云和县人民政府
县 长:上官国明
副县长:饶钦英(女)
孙开用(2020 年 11 月始)
袁 波(至 2020 年 11 月)
周 坚 叶时扬 陈伟忠
吴新志
雷绍丽(女,至 2020 年 11 月)
王 涯(至 2020 年 9 月)
缪磊磊(2020 年 9 月始)
中国人民政治协商会议云和县委员会
主 席:王新荣
副主席:王沿伟 陈 岑 叶长火
刘伟玲(女)
中国共产党云和县纪律检查委员会、云和县监察委员会
书记、监委主任:胡 坚
云和县人民法院
院 长:叶爱英(女)
云和县人民检察院
检察长:吴剑锋

【庆元县】
中国共产党庆元县委员会
书 记:蓝伶俐(女)
副书记:胡献如 李见阳
常 委:阎昌远 章作飞
吴灌红(女)
黄绍刚(至 2020 年 3 月)
刘新民(至 2020 年 11 月)
申建军
范国良(至 2020 年 11 月)
陈建波(至 2020 年 6 月)
黄立飞
王 鹏(2020 年 3 月始)
陈帅锋
金 业(2020 年 11 月始)
庆元县人民代表大会常务委员会
主 任:吴青松
副主任:吴泽民(至 2020 年 3 月)
刘义平 王林生 吴建华
林高平(2020 年 4 月始)
叶 武
庆元县人民政府
县 长:胡献如
副县长:章作飞
范国良(至 2020 年 12 月)
陈建波(至 2020 年 8 月)
彭 敏(女,至 2020 年 5 月)
吴小军 胡显平
李 乘(至 2020 年 8 月)
李 鹏(2020 年 5 月始)
潜伟峰 吴秋标
黄卫剑(2020 年 10 月始)
朱惠汉(2020 年 12 月始)
中国人民政治协商会议庆元县委员会
主 席:叶丽娅(女,至 2020 年 4 月)
洪起平(2020 年 4 月始)
副主席:夏家天 林昌富 吴先武
吴碧兰(女,至 2020 年 11 月)
吴新清
中国共产党庆元县纪律检查委员会、庆元县监察委员会
纪委书记:黄绍刚(至 2020 年 3 月)
王 鹏(2020 年 3 月始)
监委主任:黄绍刚(至 2020 年 4 月)
王 鹏(2020 年 4 月始)
庆元县人民法院
院 长:卢岳平(至 2020 年 8 月)
代院长:黄 明(2020 年 8 月始)
庆元县人民检察院
检察长:叶仪俊

【缙云县】
中国共产党缙云县委员会
书 记:李一波(女)
副书记:王正飞 赵建铭
常 委:田健晖 潜春红 朱芝贵
张继南
陈银根(2020 年 1 月始)
李汝东
袁金明(至 2020 年 11 月)
何献忠(至 2020 年 11 月)
潘铭军
黄浩峰(2020 年 11 月始)
缙云县人民代表大会常务委员会
主 任:周保龙
副主任:吕唐镇 李潘良 胡伟忠
陈庆源 楼锦游
卢兆田(至 2020 年 8 月)
缙云县人民政府
县 长:王正飞
副县长:朱芝贵
何献忠(至 2020 年 12 月)

陈银根(至 2020 年 1 月)
汤碧荣　刘洁阳　梁洪明
潘巧玲(女)
赵　栋(至 2020 年 8 月)
陈　卿
楼伟明(2020 年 1 月始)
陈伟健(2020 年 10 月始)
杨国志(2020 年 12 月始)

中国人民政治协商会议缙云县委员会

主　席:刘旭标
副主席:陈湘钟　胡锦伟
钭旭彬(女)　蒋根阳
姚月林　柯建伟

中国共产党缙云县纪律检查委员会、缙云县监察委员会

纪委书记:潘铭军
监委主任:潘铭军(2020 年 4 月始)
监委代主任:潘铭军(至 2020 年 4 月)

缙云县人民法院

院　长:黄玉香(女)

缙云县人民检察院

检察长:张晓峰(至 2020 年 1 月)
高德清(2020 年 4 月始)
代检察长:高德清
(2020 年 1 月至 2020 年 4 月)

浙江丽缙五金科技产业园区管理委员会

主　任:王正飞(至 2020 年 1 月)
田健晖(2020 年 1 月始)
副主任:陈新贤
胡正新(至 2020 年 7 月)
田健晖(至 2020 年 1 月)
李祖荣(2020 年 11 月始)
潘祝平
赵　昳(2020 年 1 月始)
杨长青(2020 年 11 月始)
党工委书记:王正飞
党工委副书记:田健晖(2020 年 1 月始)

【遂昌县】

中国共产党遂昌县委员会

书　记:张壮雄
副书记:胡　刚
罗运乾(2020 年 1 月始)
常　委:周立民　许积标
顾奕滨
陈永军(至 2020 年 3 月)
郭劲松　孙培莲(女)
董光辉(至 2020 年 11 月)
陈　凤(女,至 2020 年 6 月)
梁　成
练如库(2020 年 3 月始)
李　宣(2020 年 7 月始)

遂昌县人民代表大会常务委员会

主　任:尹建中
副主任:鲁子钗(女)　蓝献民
赵文明　张少啸　张仪辉

遂昌县人民政府

县　长:胡　刚
副县长:许积标
董光辉(至 2020 年 11 月)
陈　凤(女,至 2020 年 10 月)
张春根　李建霞(女)
陈积林
包　炜(至 2020 年 7 月)
杨朝晖
谭国庆(2020 年 5 月始)
王向荣
孙闵红(2020 年 9 月始)
张志东(2020 年 11 月始)

中国人民政治协商会议遂昌县委员会

主　席:华治武
副主席:林成高　马翔华　姜雄伟
潘堂根　周黎平

中国共产党遂昌县纪律检查委员会、遂昌县监察委员会

纪委书记:陈永军(至 2020 年 3 月)
练如库(2020 年 3 月始)
监委主任:陈永军(至 2020 年 4 月)
练如库(2020 年 4 月始)

遂昌县人民法院

院　长:陈裕琨(2020 年 5 月始)
代院长:陈裕琨(至 2020 年 5 月)

遂昌县人民检察院

检察长:叶珍华

【松阳县】

中国共产党松阳县委员会

书　记:王　峻(至 2020 年 6 月)
李汉勤(2020 年 8 月始)
副书记:李汉勤(至 2020 年 8 月)
王立武(至 2020 年 4 月)
周鸿飞(2020 年 4 月始)
常　委:潘仲珏
饶庆勤(至 2020 年 11 月)
黄德慧(2020 年 11 月始)
潘力平　雷剑锋
周红霞(女,至 2020 年 11 月)
吴客竹(至 2020 年 11 月)
郑伟坚　江　山
张继森(2020 年 1 月始)
刘斯华(2020 年 11 月始)
诸跃波(2020 年 11 月始)

松阳县人民代表大会常务委员会

主　任:徐为民(2020 年 4 月始)
副主任:毛胜法　孔建民　杨水文
汤根木(至 2020 年 12 月)
潘俊明
(2020 年 4 月至 2020 年 7 月)

松阳县人民政府

县　长:李汉勤
副县长:郑伟坚
周红霞(女,至 2020 年 12 月)
黄德慧(至 2020 年 12 月)
谢雅贞(女,至 2020 年 6 月)
刘　坤
彭　敏(女,2020 年 6 月始)
潘永水　温小运　卢丁方
涂　扬(2020 年 10 月始)
诸跃波(2020 年 12 月始)
梅显云(2020 年 12 月始)

中国人民政治协商会议松阳县委员会

主　席:毛建南
副主席:周永龙　单国亮　叶向东
廖卫民　叶伟兰(女)

中国共产党松阳县纪律检查委员会、松阳县监察委员会

书　记、监委主任:潘仲珏

松阳县人民法院
院　长：林　伟
松阳县人民检察院
检察长：汪　兴

【景宁畲族自治县】
中国共产党景宁畲族自治县委员会
书　记：陈　重
副书记：钟海燕（女）
潘　伟（至2020年12月）
常　委：王　益　季建标　雷应江
蓝跃军　叶龙标　王　乐
吴建明（2020年11月始）
夏国章
陈荣世（至2020年11月）
蓝景芬（女，至2020年11月）
孔德泉（2020年9月始）
仲建锋（2020年11月始）
景宁畲族自治县人民代表大会常务委员会
主　任：严轶华
副主任：罗德伟（至2020年1月）
夏培玲（女）　吴昌亮
杨唐珠（女）
余晓军（2020年4月始）
叶玉琪　钟利海
景宁畲族自治县人民政府
县　长：钟海燕（女）
副县长：王　益
陈荣世（至2020年11月）
徐　瑛（女，至2020年5月）
余晓军（至2020年4月）
严伟华　饶伟贞　毛华庆
孙寒星（至2020年5月）
马　盈（女，2020年5月始）
吴海东（2020年5月始）
孔德泉（2020年9月始）
中国人民政治协商会议景宁畲族自治县委员会
主　席：张　峰
副主席：叶金堂　尤建平
沈秀慧（女）　刘德灵
中国共产党景宁畲族自治县纪律检查委员会、景宁县畲族自治县监察委员会
书　记、监委主任：叶龙标
景宁畲族自治县人民法院
院　长：陈雪平
景宁畲族自治县人民检察院
检察长：瞿承健

（赵素琴）

全国劳动模范

【陈万平】　男，1960年10月出生，汉族，山东烟台人，民进会员，大学本科学历，浙江凯恩特种材料股份有限公司总工程师。他是浙江省重点企业创新团队带头人，先后承担国家、省部级科研课题15项，研制成功国家级重点新产品4个，6次获省部级科技进步奖。负责起草制定国家、国家军工、行业及地方标准23项次，拥有发明专利13项，为中国军工科研生产及电解电容器纸的发展做出贡献。2020年11月，被授予"全国劳动模范"称号。

【洪健萍】　男，1961年12月出生，汉族，浙江青田人，中共党员，大专学历，浙江精创超纤科技有限公司办公室主任。为公司制定节能降耗工作方案，创造经济效益2000万余元。兼任丽水经济技术开发区党工指导员，负责指导26个非公党支部和工会，累计走访企业1000余次，孵化党支部13个。担任7家企业顾问，完善企业制度2000余条。负责招商引资工作，为开发区引进教育企业。协调解决劳资纠纷300起，受到广大职工敬重。2020年11月，被授予"全国劳动模范"称号。

【赖建兵】　男，1972年9月出生，汉族，浙江青田人，中共党员，大专学历，浙江欣宏源生态农业有限公司董事长。1996年，他自筹100万资金建起容纳2000头生猪的猪舍。2007年，投资3200万元建立浙江欣宏源养殖有限公司。2019年，投资2.6亿元建成一座生猪养殖示范区。他攻克生猪养殖路上的技术难题，所在公司获省级骨干农业龙头企业、省农业科技企业等荣誉。他把养殖经验传授给养殖户，带动乡镇养猪规模发展，年出栏生猪100头以上达500余家。2020年11月，被授予"全国劳动模范"称号。

全国先进工作者

【纪建松】　男，1975年10月出生，汉族，浙江丽水人，中共党员，博士研究生学历，丽水市中心医院副院长兼任放射科主任、介入诊疗中心主任。国家重点研发计划首席科学家，全国"新型冠状病毒肺炎影像学诊断标准"制定专家委员会专家，享受国务院特殊津贴。发表论文300余篇，获省部级奖项6项，厅级奖项19项，是中国介入专业领域的领军人物，医疗科技创新的领军人才，对健康中国事业做出突出贡献。2020年11月，被授予"全国劳动模范"称号。

浙江省"五一劳动奖章（奖状）"获得者

【唐　骁】　男，1990年7月出生，汉族，四川广安人，大学本科学历，浙江缙云抽水蓄能有限公司工程部项目管理人员。开展标准工艺应用、质量通病防治培训、引进大型湿喷机、引进单臂锚杆台车、开展技术比武等举措改变工程施工困难、提高工程安全质量。组织和参与的两项QC活动均获2019年电力建设质量管理小组活动成果三等奖。2020年9月，获浙江省

"五一劳动奖章"。

【浙江丽水瓯江风情旅游度假区管理委员会】 浙江丽水瓯江风情旅游度假区管理委员会负责古堰画乡小镇的管理工作。2015年至2019年，累计完成投资固定资产38.76亿元，开发1026亩空间（亩均投入达到318.6万元），建成画乡风情商业街、中国江南巴比松、隐居画乡等一批产业类项目，建设集游客接待、旅游展示等功能的小镇客厅。全国300家高等院校在此建立艺术教育实践基地，年接待写生创作人数15万人次，长期在此创业的创客310余人，油画年产值1.2亿元，获"中国美术家协会写生基地"。与省金控公司和丽水市生态产业基金合作，组建古堰画乡旅游投资有限公司，成为小镇投资、建设、管理等工作的最主要平台。探索PPP、基金等融资方式。2015年至2019年，小镇非国有投资22.1299亿元。2019年9月，莲都古堰画乡小镇入围第三批省级特色小镇，系全市首个通过省级验收命名的特色小镇。2020年9月，获浙江省"五一劳动奖状"。 （梁梦茜）

2020年度取得正高级专业技术资格人员一览表

表29

序号	姓　名	性别	出生年月	工作单位	取得资格时间	正高级专业技术资格名称
1	王周松	男	1963年4月	正达建设有限公司	2020年12月14日	正高级工程师
2	吴明桦	女	1971年11月	浙江鑫直建筑有限公司	2020年12月14日	正高级工程师
3	周锦连	男	1967年7月	丽水市经济作物总站	2020年6月19日	正高级农艺师
4	陈发军	男	1962年8月	丽水市科技创新服务中心	2020年12月22日	研究员
5	林忠港	男	1974年5月	丽水市教育教学研究院	2020年12月	正高级教师
6	周业宇	男	1966年9月	浙江省丽水中学	2020年12月	正高级教师
7	胡钰凤	女	1975年1月	丽水市职业高级中学	2020年12月	正高级教师
8	蓝新章	男	1972年8月	云和县中等职业技术学校	2020年12月	正高级教师
9	兰琴岳	女	1976年1月	云和县云和中学	2020年12月	正高级教师
10	吴韦春	男	1976年7月	庆元县城东小学	2020年12月	正高级教师
11	陈延付	男	1974年4月	景宁畲族自治县景宁中学	2020年12月	正高级教师
12	丁潮洪	男	1974年1月	丽水市农林科学研究院	2020年12月28日	研究员
13	吕明亮	男	1968年8月	丽水市农林科学研究院	2020年12月28日	研究员
14	何卫中	男	1973年4月	丽水市农林科学研究院	2020年12月28日	研究员
15	葛永金	男	1979年1月	华东药用植物园科研管理中心	2020年12月13日	正高级工程师
16	徐真旺	男	1962年1月	遂昌县生态林业发展中心	2020年12月13日	正高级工程师
17	高樟贵	男	1966年1月	松阳县西屏自然资源和规划所	2020年12月13日	正高级工程师
18	丁　镜	女	1978年2月	丽水广播电视大学	2020年12月	教授
19	李伟红	女	1978年11月	丽水职业技术学院	2020年12月26日	教授
20	谭　啸	女	1977年7月	丽水职业技术学院	2020年12月26日	教授
21	徐　徐	女	1980年1月	丽水职业技术学院	2020年12月26日	教授
22	吴春莺	女	1972年4月	丽水学院	2020年12月11日	教授
23	陈光炬	男	1969年11月	丽水学院	2020年12月11日	教授
24	吴新伟	男	1978年1月	丽水学院	2020年12月11日	教授
25	郭　虹	女	1968年3月	丽水学院	2020年12月11日	教授
26	沈其旺	男	1971年12月	丽水学院	2020年12月11日	教授
27	赵建平	男	1973年8月	丽水学院	2020年12月11日	研究员
28	程　丽	女	1978年6月	丽水学院	2020年12月11日	教授

续表29

序号	姓　名	性别	出生年月	工作单位	取得资格时间	正高级专业技术资格名称
29	曹伟平	男	1981年7月	丽水学院	2020年12月11日	教授
30	留　庆	男	1964年5月	丽水学院	2020年12月11日	教授
31	许丽娟	女	1983年11月	丽水学院	2020年12月11日	教授
32	叶选怡	女	1965年4月	丽水学院	2020年12月11日	教授
33	韦　力	男	1979年1月	丽水学院	2020年12月11日	教授
34	尹　春	男	1982年9月	云和县人民医院	2020年12月19日	主任医师
35	涂亮根	男	1976年9月	云和县人民医院	2020年12月19日	主任医师
36	项宏舟	男	1973年9月	云和县人民医院	2020年12月19日	主任医师
37	陈江涛	男	1964年12月	云和县文化馆	2020年12月24日	研究馆员
38	吴新校	男	1979年9月	庆元县人民医院	2020年12月14日	主任医师
39	朱志成	男	1978年1月	庆元县人民医院	2020年12月14日	主任医师
40	吴永茂	男	1979年8月	庆元县人民医院	2020年12月14日	主任医师
41	吴　邦	男	1975年1月	庆元县人民医院	2020年12月14日	主任医师
42	李启武	男	1975年1月	庆元县人民医院	2020年12月14日	主任医师
43	沈英华	女	1974年11月	庆元县人民医院	2020年12月14日	主任医师
44	吴思珺	女	1970年2月	庆元县人民医院	2020年12月14日	主任医师
45	范树帮	男	1973年3月	庆元县中医院	2020年12月23日	主任医师
46	刘晓权	男	1976年12月	庆元县中医院	2020年12月23日	主任医师
47	蔡焕琼	女	1971年3月	庆元县中医院	2020年12月23日	主任护师
48	胡其英	女	1975年12月	庆元县中医院	2020年12月23日	主任护师
49	周莜燕	女	1978年9月	庆元县中医院	2020年12月23日	主任技师
50	吴丽云	女	1972年11月	庆元县中医院	2020年12月23日	主任药师
51	刘　敏	女	1970年9月	青田县人民医院	2020年12月	主任医师
52	罗小瑾	男	1965年4月	青田县人民医院	2020年12月	主任医师
53	陈晓禹	男	1978年5月	青田县人民医院	2020年12月	主任中医师
54	赖晓亮	男	1975年8月	青田县人民医院	2020年12月	主任医师
55	吴伟娟	女	1975年4月	青田县人民医院	2020年12月	主任护师
56	饶冠利	男	1975年12月	青田县人民医院	2020年12月	主任技师
57	程晓珍	女	1977年12月	青田县人民医院	2020年12月	主任药师
58	陈文一	男	1979年11月	青田县人民医院温溪分院	2020年12月	主任中医师
59	汤松平	男	1971年9月	青田县人民医院山口分院	2020年12月	主任医师
60	曾洪华	女	1976年6月	青田县人民医院瓯南分院	2020年12月	主任护师
61	金英杰	男	1977年8月	青田县中医医院	2020年12月	主任中医师
62	徐慧洪	男	1976年5月	青田县中医医院	2020年12月	主任医师
63	梅利纯	女	1974年 6月	青田县中医医院鹤城分院	2020年12月	主任医师
64	蓝　威	男	1977年5月	遂昌县人民医院	2020年12月	主任医师
65	郑天宝	男	1982年1月	遂昌县人民医院	2020年12月	主任医师
66	陈炳柳	男	1974年6月	遂昌县人民医院	2020年12月	主任医师
67	范国才	男	1979年1月	遂昌县人民医院	2020年12月	主任医师

续表29

序号	姓　名	性别	出生年月	工作单位	取得资格时间	正高级专业技术资格名称
68	董大海	男	1980年4月	遂昌县人民医院	2020年12月	主任医师
69	杨豪亮	男	1971年8月	遂昌县中医院	2020年12月31日	主任医师
70	汪艮忠	男	1973年5月	浙江利化爆破工程有限公 司	2020年5月15日	正高级工程师(爆破工程)
71	何益民	男	1963年8月	浙江省遂昌金矿有限公司	2020年12月31日	正高级工程师(采矿工程)
72	华　威	男	1971年12月	遂昌县农业农村局	2020年8月	正高级畜牧师
73	程琳菲	女	1979年8月	遂昌县文化和广电旅游体育局	2020年12月	群文研究馆员
74	李雪莲	女	1976年2月	遂昌县临床医学检验检测中心	2020年12月	主任技师
75	徐菊莲	女	1965年4月	遂昌县妇幼保健计划生育服务中心	2020年12月	主任医师
76	叶立新	男	1968年1月	龙泉市凤阳山管理处	2020年4月24日	正高级工程师
77	李晓珍	女	1976年1月	龙泉市人民医院	2020年12月27日	主任医师
78	朱建香	女	1974年5月	龙泉市剑池街道卫生服务中心	2020年12月27日	主任医师
79	王芳梅	女	1973年1月	龙泉市人民医院	2020年12月27日	主任技师
80	徐起琴	女	1968年4月	龙泉市人民医院	2020年12月27日	主任护师
81	连淑玲	女	1975年11月	龙泉市人民医院	2020年12月27日	主任护师
82	方旭芬	女	1978年4月	松阳县人民医院医共体	2020年12月24日	主任医师
83	包柳明	男	1978年12月	松阳县人民医院医共体	2020年12月24日	主任医师
84	陈剑萍	女	1978年3月	松阳县人民医院医共体	2020年12月24日	主任医师
85	徐超平	男	1979年4月	松阳县人民医院医共体	2020年12月24日	主任中医师
86	黄兴龙	男	1977年1月	松阳县人民医院医共体	2020年12月24日	主任医师
87	潘小娟	女	1974年2月	松阳县人民医院医共体	2020年12月24日	主任医师
88	朱旭声	女	1974年4月	松阳县人民医院医共体古市分院	2020年12月24日	主任护师
89	李云伟	男	1975年5月	松阳县中医医院	2020年12月28日	主任中医师
90	陈　红	女	1975年9月	松阳县中医医院	2020年12月28日	主任护师
91	阙伟红	女	1969年4月	松阳县中医医院医共体水南分院	2020年12月28日	主任医师
92	丁桂华	女	1972年1月	缙云县人民医院	2020年12月12日	主任医师
93	叶春华	男	1971年8月	缙云县人民医院	2020年12月12日	主任医师
94	李瑞东	男	1970年9月	缙云县人民医院	2020年12月12日	主任医师
95	李潘良	男	1964年11月	缙云县人民医院	2020年12月12日	主任医师
96	李霞妃	女	1977年5月	缙云县人民医院	2020年12月12日	主任医师
97	钭伟国	男	1970年4月	缙云县人民医院	2020年12月12日	主任医师
98	姚　鉴	男	1978年1月	缙云县人民医院	2020年12月12日	主任医师
99	吕　虎	男	1974年1月	缙云县人民医院	2020年12月12日	主任中医师
100	丁栽芬	女	1962年11月	缙云县人民医院	2020年12月12日	主任护师
101	陈素珍	女	1966年8月	缙云县人民医院	2020年12月12日	主任护师
102	卢美娇	女	1966年7月	缙云县人民医院	2020年12月12日	主任中药师
103	李彩霞	女	1970年8月	缙云县人民医院	2020年12月12日	主任中药师
104	田勇光	男	1979年12月	缙云县人民医院	2020年12月12日	主任技师
105	陶　红	女	1972年6月	缙云县人民医院	2020年12月12日	主任技师
106	朱　炯	男	1975年4月	缙云县中医医院	2020年12月13日	主任医师

续表29

序号	姓　名	性别	出生年月	工作单位	取得资格时间	正高级专业技术资格名称
107	郑丽芬	女	1972年6月	缙云县第二人民医院	2020年12月20日	主任医师
108	杨瑞月	女	1974年1月	缙云县第二人民医院	2020年12月20日	主任护师
109	章国宝	男	1965年8月	缙云县疾病预防控制中心	2020年12月20日	主任技师
110	顾伟娟	女	1972年1月	莲都区人民医院	2020年12月20日	主任护师
111	颜育云	男	1975年10月	青田县妇幼保健计划生育服务中心	2020年12月20日	主任医师
112	裘晓燕	女	1976年9月	青田县疾病预防控制中心	2020年12月20日	主任医师
113	陈利雄	男	1966年3月	青田县疾病预防控制中心	2020年12月20日	主任医师
114	倪晓媚	女	1978年6月	青田县疾病预防控制中心	2020年12月20日	主任技师
115	胡玉姿	女	1979年6月	庆元县疾病预防控制中心	2020年12月20日	主任医师
116	赖根秀	女	1967年2月	庆元县疾病预防控制中心	2020年12月20日	主任医师
117	叶菊英	女	1977年9月	庆元县疾病预防控制中心	2020年12月20日	主任技师
118	王春红	女	1972年5月	松阳县疾病预防控制中心	2020年12月20日	主任技师
119	周　静	女	1980年2月	丽水市妇幼保健院	2020年12月20日	主任医师
120	邹同安	女	1976年4月	丽水市妇幼保健院	2020年12月20日	主任医师
121	李军胜	男	1976年12月	丽水市妇幼保健院	2020年12月20日	主任医师
122	陈　颖	女	1978年3月	丽水市妇幼保健院	2020年12月20日	主任技师
123	汪淑香	女	1975年10月	丽水市妇幼保健院	2020年12月20日	主任护师
124	李羽敏	女	1977年2月	丽水市疾病预防控制中心	2020年12月20日	主任医师
125	张海芳	女	1977年6月	丽水市疾病预防控制中心	2020年12月20日	主任医师
126	季巧英	女	1973年10月	丽水市疾病预防控制中心	2020年12月20日	主任技师
127	陈秀英	女	1982年8月	丽水市疾病预防控制中心	2020年12月20日	主任技师
128	梅建华	男	1974年4月	丽水市疾病预防控制中心	2020年12月20日	主任技师
129	季红薇	女	1974年7月	丽水市中心医院	2020年12月28日	主任医师
130	毛雪梅	女	1978年1月	丽水市中心医院	2020年12月28日	主任医师
131	武晓敏	女	1978年10月	丽水市中心医院	2020年12月28日	主任医师
132	赵紫婷	女	1975年2月	丽水市中心医院	2020年12月28日	主任医师
133	俞伟杨	男	1979年3月	丽水市中心医院	2020年12月28日	主任医师
134	陈　剑	男	1979年6月	丽水市中心医院	2020年12月28日	主任医师
135	吴小芬	女	1981年5月	丽水市中心医院	2020年12月28日	主任医师
136	李　俊	男	1981年9月	丽水市中心医院	2020年12月28日	主任医师
137	王彦方	女	1981年3月	丽水市中心医院	2020年12月28日	主任医师
138	刘　翀	男	1980年10月	丽水市中心医院	2020年12月28日	主任医师
139	胡武明	男	1979年1月	丽水市中心医院	2020年12月28日	主任医师
140	李伟文	男	1979年8月	丽水市中心医院	2020年12月28日	主任医师
141	田智峰	男	1978年4月	丽水市中心医院	2020年12月28日	主任医师
142	杜德希	男	1967年9月	丽水市中心医院	2020年12月28日	主任医师
143	卢晔芬	女	1981年8月	丽水市中心医院	2020年12月28日	主任医师
144	杨　杰	男	1979年4月	丽水市中心医院	2020年12月28日	主任医师
145	卢陈英	女	1981年11月	丽水市中心医院	2020年12月28日	主任医师

续表29

序号	姓　名	性别	出生年月	工作单位	取得资格时间	正高级专业技术资格名称
146	陈玉叶	女	1978年10月	丽水市中心医院	2020年12月28日	主任护师
147	朱伟珍	女	1973年2月	丽水市中心医院	2020年12月28日	主任护师
148	毛小媛	女	1969年3月	丽水市中心医院	2020年12月28日	主任护师
149	叶蔚蔚	女	1966年7月	丽水市中心医院	2020年12月28日	主任护师
150	施望琼	女	1967年9月	丽水市中心医院	2020年12月28日	主任护师
151	陈旭东	男	1978年7月	丽水市人民医院	2020年12月28日	主任医师
152	项龙波	男	1974年9月	丽水市人民医院	2020年12月28日	主任医师
153	张会江	男	1974年11月	丽水市人民医院	2020年12月28日	主任医师
154	吴星梅	女	1977年9月	丽水市人民医院	2020年12月28日	主任医师
155	游小恩	男	1978年9月	丽水市人民医院	2020年12月28日	主任医师
156	陈剑波	男	1977年10月	丽水市人民医院	2020年12月28日	主任医师
157	沈　川	男	1973年3月	丽水市人民医院	2020年12月28日	主任医师
158	雷文芬	女	1968年11月	丽水市人民医院	2020年12月28日	主任医师
159	冯继红	男	1977年11月	丽水市人民医院	2020年12月28日	主任医师
160	李　刚	男	1980年7月	丽水市人民医院	2020年12月28日	主任医师
161	梁晓美	女	1976年6月	丽水市人民医院	2020年12月28日	主任药师
162	邹慧龙	男	1976年3月	丽水市人民医院	2020年12月28日	主任药师
163	刘五高	男	1975年12月	丽水市人民医院	2020年12月28日	主任技师
164	兰晓红	女	1974年10月	丽水市人民医院	2020年12月28日	主任护师
165	刘淑萍	女	1977年4月	丽水市人民医院	2020年12月28日	主任护师
166	吴金香	女	1976年10月	丽水市人民医院	2020年12月28日	主任护师
167	韩桂花	女	1976年6月	丽水市人民医院	2020年12月28日	主任护师
168	叶益平	男	1962年2月	丽水市中医院	2020年12月23日	主任中医师
169	蓝关翠	女	1973年1月	丽水市中医院	2020年12月23日	主任医师
170	徐晓飞	女	1975年5月	丽水市中医院	2020年12月23日	主任医师
171	雷新军	男	1972年12月	丽水市中医院	2020年12月23日	主任医师
172	杨群菲	女	1980年12月	丽水市中医院	2020年12月23日	主任药师
173	朱建丽	女	1976年4月	丽水市中医院	2020年12月23日	主任药师
174	兰　静	女	1972年4月	丽水市中医院	2020年12月23日	主任护师
175	雷聪云	女	1974年2月	丽水市中医院	2020年12月23日	主任护师
176	叶玉珠	女	1971年5月	丽水市中医院	2020年12月23日	主任护师
177	吴　丹	女	1977年9月	丽水市第二人民医院	2020年12月24日	主任医师
178	赖根祥	男	1965年7月	丽水市第二人民医院	2020年12月24日	主任医师
179	华　英	女	1976年1月	丽水市第二人民医院	2020年12月24日	主任中医师
180	蔡　琳	女	1974年7月	丽水市第二人民医院	2020年12月24日	主任护师
181	施龙有	男	1965年3月	丽水日报社	2020年12月	高级记者

（季媚媚）

文　选

中共丽水市委办公室
丽水市人民政府办公室
关于印发《丽水市“一带三区”发展规划》的通知

（2020 年 12 月 20 日）

为贯彻落实《中共丽水市委关于大力推进跨山统筹全面加快区域协调发展的决定》，高水平构建“一带三区”发展新格局，又好又快推进实现高水平生态文明建设和高质量绿色发展，特编制本规划。

一、总体要求

（一）指导思想

坚持以习近平新时代中国特色社会主义思想为指导，全面贯彻党的十九大和十九届二中、三中、四中、五中全会精神，坚定不移走创新实践“绿水青山就是金山银山”理念发展道路，创新运用跨山统筹“金钥匙”，建设统筹有力、协同有方、竞争有序、合作有效的区域协调发展新机制，构建主体功能聚焦、特色优势互补、整体协同并进的区域经济社会发展新格局，实现跨越式发展，成为全省新发展格局中的新增长极，建成全面展示浙江高水平生态文明建设和高质量绿色发展两方面成果和经验的重要窗口。

（二）发展原则

坚持生态优先。践行“绿水青山就是金山银山”理念，全方位、全地域、全过程开展生态文明建设，对标世界一流，推进生态环境共保联治，提升生态环境治理体系和治理能力现代化水平，生态环境质量保持全国领先。

坚持全域统筹。以一体化、协同化、差异化的发展思维，统筹全域生产力要素布局、资源开发、设施配套、交通建设，优化生产要素配置和主体功能区划。统筹全域空间人口布局，推动生产力由散到聚、以聚促变，实现区域协调发展全国领先。

坚持创新引领。实施创新驱动发展战略，把创新作为推动丽水高质量绿色发展的核心关键，深刻把握“生态经济化、经济生态化”的基本内涵，以创新架起通往现代化生态经济体系的桥梁，实现绿色发展全国领先。

坚持以人为本。牢固树立以人民为中心的发展思想，加快经济发展促进人民增收致富，增加优质公共服务供给，不断保障和改善民生，让全市人民在一体化发展中有更多获得感、安全感、幸福感，实现幸福宜居全国领先。

坚持开放共赢。高质量融入长三角一体化、长江经济带和“一带一路”等国家战略，全面对接浙江省“四大建设”，加快打造“山海协作”工程升级版，实施华侨要素回流工程，完善丽水对外开放合作发展格局，在开放合作中实现共赢发展。

（三）发展定位

——诗画浙江大花园最美核心区。严格落实“多规合一”，按照国家公园理念和标准，统筹推进大花园“1+3+N”建设，促进美丽城市、美丽城镇、美丽乡村与美丽林相、美丽河湖、美丽田园等有机相融、打响"秀山丽水、诗画田园"品牌，争当大花园建设的标准制定者、实践地和示范区。

——长三角知名的健康养生福地。依托"中国长寿之乡"品牌优势，加快发展独具特色、业态突出、融合发展的健康养生产业体系，打造集康养护理、专业理疗、健康培训为一体的长三角知名的健康养生福地。

——全国高质量绿色发展引领区。厚植生态环境优势，健全生态产品价值实现机制，奋力开辟"绿水青山"向"金山银山"转化新通道，构筑现代化生态经济体系，全力打造高能级战略平台，为全国高质量绿色发展提供示范。

——世界一流的生态旅游目的地。以高标准建设国家级全域旅游示范区为带动，建成瓯江山水诗路，绘就现代版"丽水山居图"，推动旅游产品体系全面升级，旅游管理和服务水平全面提升，旅游产业质量、效益达到国际先进水平。

(四)发展目标

1.近期目标

到2025年，"一带三区"发展格局基本确立，市域一体化发展水平明显提升，完备有效的区域协调发展新机制基本成型，现代化生态经济体系建设取得突破性进展，区域协同创新体系基本建成，基础设施互联互通基本实现，基本公共服务均等化水平显著提高。全市地区生产总值达到2250亿元，常住人口城镇化率达70%以上；科技创新活力全面提升，浙西南科创中心初步建成，全社会R&D经费支出占GDP比重达3%，生态环境状况指数保持全省第一，城乡居民收入增速稳居全省前列。

——"一带"发展量质突破。"一带"地区基本实现同城化发展，经济规模适度高速度增长，地区生产总值突破千亿；科技创新能力不断提升，全社会R&D经费支出占GDP比重达到3.2%；生态工业总产值翻一番以上，占全市比重67%；高新技术产业增加值年均增长15%以上；人口加快集聚，城镇常住人口接近百万，常住人口城镇化率达73%以上。

——"三区"发展特色彰显。特色产业加快发展，经典文创、生态农业、特色旅游规模和效益进一步提升，"丽水山耕""丽水山居""丽水山景"品牌效益凸显。各项生态环境指标稳居全国前列，农村常住居民人均可支配收入增幅稳居全省前列。龙庆聚落发展区块依托剑瓷、铅笔等产业基础，延伸发展文创产业总产值达250亿元，旅游总收入五年累计达720亿元；遂松聚落发展区块的休闲农业、乡村旅游、农产品精深加工、智能制造产值实现翻一番，金属制品总产值达300亿元；云景聚落发展区块的旅游总收入五年累计达600亿元，木制玩具产业产值达160亿元。"三区"美丽城镇和美丽乡村建设成效突出。

——跨区交通互联更加便捷。"北承长三角、南接海西区、东通大江海、西连大山河"的综合交通大格局基本形成，水、陆、空综合立体交通网络进一步完善。三大交通圈初步形成，2小时内可到达长三角主要城市，1小时内中心城区可通达杭州以及所有县(市)和主要景区，实现"一带"地区内部半小时相互通达。

——市域统筹机制更加完善。全市统筹协调机制基本成型，共建共治共享的社会治理格局基本形成。全市重大产业、基础设施、公共服务布局形成"一盘棋"，国土空间、财政金融、教育资源、人才资源、产业招商等实现有效统筹。中心城区首位度和城市集聚辐射能力明显提升。

2.中远期目标

到2035年，"一带三区"发展格局全面形成，市域一体化发展达到较高水平，在区域协调发展基础上积累形成更加完备有效的制度体系，建成具有丽水鲜明特色的现代化生态经济体系和区域协同创新体系，建成浙西南综合交通枢纽，全面实现基础设施互联互通、基本公共服务均等化。全市经济发展水平、综合竞争力和可持续发展能力显著提升，地区生产总值力争比2025年翻一番，"一带"占比达到80%。中心城区常住人口超过100万人，首位度和城市集聚辐射能力大幅增强，建成浙西南中心城市。

二、高站位统筹空间布局

遵循丽水自然本底特色，加强跨区域协调互动、城乡融合发展，着力构筑"一心引领、两翼拓展、三区联动、全域美丽"的"一带三区"空间格局。

(一)构筑市域发展核心带

围绕"百万常住人口、千亿GDP"发展目标，积极有序稳妥推动行政区划调整，高标准建成"丽水山居图"，全面推进莲青缙同城化发展，全力构筑集产业链、人才链、投资链、创新链、服务链于一体的创新创业生态，建设高端要素集聚、创新引领发展的高质量绿色发展领跑区。

1.做强"一心"，打造新时代山水花园城市

突出"生态优先、山水辉映、特色突出、幸福宜居"理念，加快拓展发展空间，加快推进"四网"融合发展，打造全市政治、经济、文化、科创中心。

拓展中心城区发展空间。中心城区实施"东扩、西进、北展、南拓"发展战略，以瓯江为脉，激活北城、提升南城、开发碧湖新城，构筑"一脉三城"发展格局。重点推进高铁片区、联城片区建设开发，强化腊口片区、碧湖片区发展"一盘棋"意识，统筹交通、

产业、公共服务、基础设施等生产力布局。莲都、青田、缙云三县(区)共建华侨“双创”试验区。

专栏1:中心城区“东扩、西进、北展、南拓”发展战略

“东扩”:向东扩展至青田县腊口片区,远期联动祯埠、海口、舒桥、海溪等城镇组团,打造产城融合的特色城镇组团。“西进”:向西延伸至松阳县裕溪片区、云和县石塘片区。“北展”:优化联城片区功能布局,远期谋划延展蚂蟥垟片区—老竹丽新片区一体化发展布局,打造雅溪、太平、仙渡等生态城镇组团。“南拓”:拓展南城至利山—中溪片区、章村片区生态开发,探索山地空间生态开发新模式。

专栏2:中心城区“一脉三城”发展格局谋划

1.激活北城。提高北城精细化、智能化空间治理水平,完善城市建设管控体系。完善15分钟生活圈服务体系,推进公园、绿道、城市阳台等项目建设,建成丽阳街、花园路、丽青路城市迎宾道。优化联城片区、城东片区功能布局,推动老城片区有机更新。联通高铁片区、青田县西北部及缙云县南部区域,合力建设华侨“双创”试验区。

2.提升南城。加快推进市本级工业园区整合,完成平台“二次创业”,打造全省高能级战略平台、全市生态工业主阵地。完善创新平台体系,建设浙西南科创走廊核心枢纽与浙西南科创中心首要载体。建设跨境电子商务综合试验区、综合保税区,推进产城融合发展与城市功能提升。

3.建设新城。推进瓯江流域生态治理、九龙湿地保护等工程,打造“丽水山居图”重要组成部分。加快古堰画乡创建国家AAAAA级旅游景区,打造碧湖国家级旅游度假区。推进通济堰保护修复、碧湖平原土地综合整治、农民集中居住,建成碧湖新城。

推进中心城区“四网”融合发展。以交通发展加快城市化进程,构建综合交通网。在现有绕城公路一环和二环的基础上,谋划建设330国道莲都岩泉至青田船寮段、临安至苍南公路莲都区北互通至武义段等高等级公路,拓展绕城公路二环;谋划建设范围更广、带动更大的180千米绕城公路三环,形成中心城区北跨莲都雅溪、西延松阳裕溪、南达青田章村、东至青田腊口的公路环线;推进大溪南路、括苍路南延等工程建设,谋划建设中闲观光轻型磁悬浮轨道项目。加快构建产业创新网,围绕产业综合竞争力提升,推动创新链、产业链、资金链加快融合,以高效的公共服务、先进的技术支撑、有机的产业配套,构筑更具活力的产业创新生态网络。加快完善公共服务网,以标准化促进基本公共服务均等化、普惠化、便捷化。全面提升山水公园网,以“丽水山居图”为核心,建设生态绿廊、城市花园、口袋公园三级公共绿地系统,加快瓯江绿道建设。

2.激活“南翼”,打造市域东大门

以青田为“一带”地区的“南翼”,加快丽水南向通道建设,积极吸引温州都市区产业、金融、人才、创新等发展要素,发挥“侨乡”优势,着力推进瓯江城镇群建设,加快发展生态产业,建设现代商贸中心和对外开放高地,打造联动温州都市区发展的重要枢纽。

打造特色精品瓯江城镇群。深度推进青田与莲都、缙云一体化发展,实现优质公共服务资源互联共享。彰显瓯江山水特色,建设“丽水山居图”青田段,加快温溪、船寮、海口等城镇融合发展,提升瓯江沿线城镇建设风貌与品质。

加快生态产业创新发展。全面推动腊口片区融入市本级产业平台,加快推进温溪寺下、船寮赤岩、东源项村、舒桥、海溪等区块开发。重点发展时尚鞋服、高端不锈钢、精密阀门、新兴产业等主导产业,深化与温州生态产业合作。提升发展华侨总部经济,深入实施华侨要素回流工程,高标准建成浙江(青田)华侨经济文化合作试验区,合力推进华侨“双创”试验区建设。建设千峡湖国家级旅游度假区,联动章村、祯旺、祯埠和莲都峰源,打造“康养600”小镇集群,加快发展大健康产业。

专栏3:高标准建成浙江(青田)华侨经济文化合作试验区

加快浙江(青田)华侨经济文化合作试验区建设,争取上升为国家级试验区。建设华侨经济产业园区,协同推进丽水跨境电商综合试验区建设,提供国际化高品质公共服务产品,创新华侨人才回流机制,推动引技、引资、引智有机结合。持续推进十大标志性工程建设开发,搭建华侨文化交流平台,拓展文化传播渠道,建设华侨旅游休闲中心和华侨文化交流、对外传播基地。推进华侨贸易与投资便利化。

深化丽水与温州生态产业合作,对接温州时尚智造设计中心、环大罗山科创走廊、世界青年科学家峰会等创新平台,激发青田产业创新发展活力。加强两地景区和旅行社合作,拓展惠游政策,加快瓯江山水诗路沿线精品线路和浙西南生态旅游带建设。推动华侨资源要素整合,与世界华商综合发展试验区联动发展,合力扩大对外开放,将青田打造成为丽水对外开放合作的国际门户。

3.激活“北翼”,打造市域北大门

以缙云为“一带”地区的“北翼”,通过创新驱动、城乡联动、山海互动,推动区域融合、红绿融合、产城融合,

实施“一主一副”双核驱动发展战略，提升城乡区域核心竞争力，建设世界文化旅游目的地、对外开放和生态工业发展重地，打造丽水联动金义都市区、融入长三角一体化发展的北大门。

加快新型城镇化建设。加快构筑“一主一副、双核多点”新格局，深度推进缙云与莲都、青田一体化发展。提升缙云县城首位度，建设东渡南城，做好缙云城区的公共服务功能配套。加快壶镇小城市建设，打造县域经济增长副中心。重点打造新建、舒洪、大洋等一批特色小城镇。

发展新经济新平台。以丽缙园和缙云经济开发区为核心平台，整合周边产业园区，创建“万亩千亿”新产业平台和国家级高新技术产业开发区，在做强高端装备、新材料产业的基础上，形成现代装备产业集群。培育沸石产业，以智能家居、运动休闲、医疗器械为特色，形成健康医疗产业集群。以仙都国家AAAAA级旅游景区为龙头，联通大洋、方溪、石笕、胡源，加快发展全域旅游、康养度假、农旅体验，合力推进华侨“双创”试验区建设。

专栏4：打造缙云特色生态经济体系

1.培育先进制造业集群。以壶镇、新碧、五云为发展轴，融入金义都市区产业群，重点发展高端装备、电气机械、运动休闲等优势产业，推进县域产业园区整合，提升高新技术、战略性新兴产业发展水平，创建国家级高新技术产业开发区，打造“万亩千亿”新产业平台。

2.发展高端服务业集群。发展以户外运动体验为主导，以康养度假、山耕体验为特色的体验经济产业集群。建设一批星级酒店、精品民宿、特色餐饮等高品质旅游接待设施，提升现代服务业接待能力。

3.打造长三角山地精品农产品基地。重点推进大洋山高山精品农业示范基地、舒洪黄龙国家农村产业融合发展示范园、现代农业深加工园区建设。扩大特色农产品种植面积，发展仁岸杨梅、铁皮石斛等地方品牌，形成“丽水山耕”品牌下的缙云精品农业产品体系。

（二）加快建设龙庆聚落发展区块

以建设世界经典文创高地为发展目标，推进国家公园建设，构建环国家公园文创大走廊，建设文创特色小镇群，扩大丽水文创影响力，形成百亿文创产业集群。

1.统筹推进“一廊双城”建设。充分利用特色小镇嫁接现代文化功能，在国家公园外围整合建设多个特色小镇，通过文化引领产业发展、新业态复活传统文化、培育多元旅游业态、延展文创产业集群等举措，推动国家公园与特色小镇有机融合发展，建设环国家公园文创走廊。龙泉市以“青瓷宝剑、天下龙泉”为定位，构建“一园一带三景群”的城乡格局与“一江三城”的城市形态，打造龙庆聚落发展区块主中心。庆元县按照“城区+三叶片”的风扇状结构统筹城乡融合发展，提升县城现代化高端服务功能，建设国家公园综合服务承载区，打造聚落发展区块副中心。

2.高标准建设国家公园。按照“一园两区”创建体制，高标准创成百山祖国家公园。健全产权管理、司法保障、政府保障、社会联动机制，提升护林联防、智控保护、社区共管、科技支撑体系，统筹推进生态系统保护、科研监测、自然教育、基础设施建设、社区发展等工程项目。深入开展世界生物圈保护区申报工作。充分发挥国家公园品牌带动作用，构建全域联动发展格局，建设科普教育、天文观测、自然体验等基地，开发森林康养、气候养生、有机食品等产品。

3.促进文创产业发展。加快青瓷遗址保护修缮和活化利用。促进青瓷工艺与时尚元素融合，培育瓷器行业领军企业。推动“青瓷+创意”融合发展，建设青瓷文化创意创业孵化基地，完善“公司+工作室”经营模式，建设手工制作、工业设计、陶瓷艺术“三位一体”的文创综合体。推动宝剑产业进入高端艺术品、体育健身器材、高档实用刀具等领域。促进食用菌三产融合发展，建设香菇文化传承展示基地。培育竹木产业创业、创新、创意设计体系，打造全球铅笔制造之都。培育一批青瓷、宝剑、食用菌、竹木和铅笔等行业“隐形冠军”企业。

4.加快交通一体化发展。把交通一体化发展作为龙庆聚落区块实现协同发展的首要任务，合力谋划建设联通连接浙皖闽赣区域的“山海通道”，打通两地断头路，开通跨区域公交线路，共建丽水市域西部综合交通枢纽，完善水陆空立体化的综合交通体系。积极对接杭广铁路、温武吉铁路等区域铁路大通道，推进龙泉、庆元一类通用航空机场建设，加快528国道、S209奉化至庆元等公路改造提升，全面提升对外联通能力。

（三）加快建设遂松聚落发展区块

以建设全国乡村振兴样板区为发展目标，打造百里美丽河谷，推进科技创新、乡村振兴、精品旅游三条特色走廊建设，构建市域联动金义都市区、融入长三角一体化发展的西大门。

1.构建“一谷三廊四区”发展格局。落实美丽大花园建设要求，推进松阴溪流域生态治理工程，统筹实施河谷地区生态修复工程，完善生态环境监管体系，打造百里美丽河谷。推进科技创新、乡村振兴、休闲度假精品旅游三条特色走廊建设，构建以传统村落为本底，融合数字经济、精品民宿、绿色农业等新经济业态的绿色发展载体。重点打造遂松乡村振兴示范区、遂昌城区、松阳城区、南部红色片区四大核心发展平台，实施"千年古城"复兴计划，统筹民生与基础设施布局建设，加强两地间以及两地与中心城区、金义都市区间交通联系。

2.发展创新经济。加快建设"天工之城"，打造浙西南生态产品价值创新转化基地，全力推动"科创+文创+农创"深度融合，积极搭建数字产业加速平台、数字人才培训平台、数字户外集聚平台，合力打造长三角区域原生态"第二创新空间"、数字人才成长摇篮、山地休闲向往之地。加快推进"智能制造新城"建设，强化科技支撑，大力培育以企业为主体的新型研发机构，促进产业转型升级与平台"二次创业"，推动新旧动能转换。

3.激发乡村活力。以打造国家级传统村落公园为着力点，实施乡村产业振兴、美丽宜居、文化铸魂、治理提升、富民惠民等五大行动，激活土地、金融、人才等要素，撬动乡村"二次开发"，激发乡村内在发展潜力，打造未来乡村愿景地。合力做强茶叶、茶油、中药材等优势农产品，做优中蜂、长粽、菊米等特色产业，构建绿色生态高效的生态农业体系。推进绿色食品标准化生产基地建设，发展数字农业。加快浙西南茶叶市场、美丽田园综合体等项目建设。合力完善革命遗产保护展示体系，建设浙西南干部培训中心、党史教育基地、红色研学实践教育基地、红色文化旅游景区等，推动遂昌、松阳创建红色旅游示范县。

4.加快交通一体化。加大交通基础设施投资力度，打破两地交通联通瓶颈，构建遂松综合交通走廊，共建综合交通枢纽。加快衢丽铁路、通用航空机场等重大交通设施建设，推进义乌至龙泉(庆元)高速、缙云至江山(广丰)高速、235国道、528国道、温岭至常山省道、江北公路等工程建设，谋划建设城际铁路S1线遂昌湖山—松阳城区段，推进农村公路、旅游公路、绿道互联互通，打造松古平原15分钟交通圈、遂松半小时交通圈。

(四)加快建设云景聚落发展区块

以建设全国民族地区城乡融合发展示范区、山区新型城镇化样板区为发展目标，聚力培育发展独具特色风情的优势产业，推进基础设施协商共建，建立健全城乡融合发展体制机制，打造民族特色风情样板。

1.构建"一廊三区"发展格局。统筹谋划区域发展战略，率先探索国土空间协同发展机制，推进云景一体化发展。打造南北纵贯两县的特色风情走廊，形成北起云和仙宫，南联云上天池，统筹云景一体化发展的空间脊梁。加快城区景区化建设，打造云和城区、景宁城区、云景特色风情示范区三大核心发展平台。云和城区加快生态工业、现代服务业联动发展，全面提升公共服务功能；景宁城区加快创建AAAAA级景区城，推进城区品质提升，打造美丽城镇样板；云和崇头、雾溪与景宁大均联合建设云景特色风情示范区。

2.加快全域旅游发展。以云和湖国家级旅游度假区、云和梯田、千峡畲寨风情旅游度假区、环敕木山畲族风情旅游度假区等为重点，打造一批大花园"耀眼明珠"。建设云景旅游公路环线与重点地区旅游交通"微循环"，完善全域旅游集散体系，实现景区串珠成链。推进文旅融合发展，深入挖掘畲族文化、非遗文化、农耕文化、客家文化等地域文化资源，开展中国畲乡三月三、云和开犁节等特色文化活动，建设云和采真里、景宁畲乡之窗等文化创意街区，建设富有少数民族风情的特色民宿，发展民俗风情旅游，打造具有鲜明辨识度的文旅品牌。

3.构建特色生态产业体系。推进产业平台整合，重点发展木玩制造、金属加工、电器制造等生态制造业。推进木制玩具百亿产业发展，加快打造木玩研发、生产、销售全产业链，构筑"木玩+"产业体系，培育自主品牌，建设国际木玩名城。做优做特"景宁600""云和师傅"等品牌，建设一批高山农业、精品农业示范园，推广药稻轮作、稻鱼共生、稻鳖共培等新型种养模式。积极发展数字经济、康养经济、创新经济等新兴产业，推动现代服务业发展。

4.加快推进云景同城化发展。协同共建文化、教育、卫生、体育等公共服务基础设施，探索建立教育、医疗等领域一体化发展机制。统筹布局现代物流、信息、能源、环卫等城市基础设施，以及5G网络、工业互联网等新型基础设施。推进云和、景宁主城区间交通一体化建设，探索制定云和至景宁间高速公路差异化收费政策，谋划开通云和至景宁城际公交。

(五)加强区域合作联动

强化"一带"和"三区"以及"三区"相互之间发展的协作互动，促进全域联动协调发展。加强规划衔接，统筹布局生产生活空间，共享公共服务设施，强化社会治安协同管理，加强重大环保安全事件联合管控与应急处置，共同推动跨区域产城融合发展；加强区域间重大基础设施统筹规划，加快大通道、大枢纽建设；引导区域市场联动发展，推动跨地域跨行业市场互联互通、资源共享；探索共建合作园区等模式，有序推动产业跨区域转移和生产要素双向流动，推动产业深度对接、集群发展。

三、高质量发展生态经济

以加快建设现代化生态经济体系为目标，深入实施创新驱动发展战略,坚持以生态工业高质量发展为主攻方向,促进创新链与产业链深度融合,为市域统筹发展注入强劲动能。

(一)构建浙西南区域协同创新体系

1.优化全市科创布局。加快实施浙西南科创中心发展规划,构建一心支撑、点面联动的浙西南区域创新体系。整合市域科创资源力量,在中心城区布局打造以服务全域孵化为基本特征的浙西南科创中心,加快建设浙西南生态科技城、科创产业园、科创走廊、科创小镇等重大科创平台。市县联动谋划布局和建设一批“科创+特色产业”综合科创平台,建立市县科创“飞地”机制,鼓励各县(市)在中心城区布局科创载体,推动“一带”聚力打造科创发展示范带,创成国家级高新技术产业开发区,支持“三区”聚力打造区域性科创基地。

2.统筹对外区域合作。主动参与长三角科创共同体建设,谋划建设上海丽水国际创新中心,构建“上海研发+丽水智造落地”协同创新格局,推动市内各类平台分类对接上海重点平台、园区、企业集团,力争省级以上开发区(园区)科技合作全覆盖。以“山海协作”结对城市为重点,在长三角、珠三角等重点区域重点城市打造科创“飞地”群。加强与国内外高端研发机构、科技创新主体合作,吸引长三角重要科创平台在丽设立分支机构。联合长三角多家大学成立“互联网大学”,共建国家级大学科技园。

3.壮大科创人才队伍。深化人才发展体制机制改革,全面落实人才科技新政,建设高质量绿色发展人才蓄水池。统筹实施“绿谷精英”创新引领行动计划,吸引高水平科创人才到丽水定居创业。创新柔性引才用才机制,鼓励设立、引进或共建院士工作站、博士后工作站、省级大师工作室以及各级研发机构。实施“银发人才”工程,鼓励各领域资深科创人才来丽工作。深入实施“绿谷英才”“绿谷工匠”等重点人才计划,着重完善青年人才引育工程,谋划建设双创人才特区,为青年人才留丽构筑更多干事创业的成长舞台。以“人才码”为载体优化整合人才政策和服务事项,建设若干集招引、服务、赋能等功能的人才创新创业服务综合体。

4.营造协同创新生态。加大科技政策支持力度,建设功能完备、覆盖全域的科创服务网络。推动市域创新主体与创新要素有机组合,统筹建设特色产业工程师协同创新中心,创新人才、技术、成果等要素资源共享机制,打造若干区域性产业创新服务综合体。探索建立市域统筹创新收益共享机制,推进“人才银行”建设,推广“创新券”“科创贷”“科创投”等科技金融产品,打造华侨风投创投中心,鼓励设立绿色产业、创业投资、科技创新、成果转化引导基金。完善科技成果转化、转让交易与监管体系,健全科技人才收益保障机制,对接长三角技术交易市场联盟,推动区域科技成果在丽水转化落地。促进人力资源服务产业发展,完善人才保障服务体系。

(二)协同构建现代化生态工业体系

1.聚力发展壮大五大主导产业

加快培育半导体全产业链。以芯片制造为核心,瞄准半导体器件、材料、模组及终端制造与封测等产业链环节,构建半导体全链条。以丽水经济技术开发区为主体建设半导体核“芯”区、以杭州丽水数字大厦为主体打造前沿创新基地,形成“一芯一地”发展格局,重点建设丽水半导体产业园等项目。到2025年,全市半导体全链条产值达到150亿元。

大力发展精密制造。按照集群化发展导向,聚焦高端装备、人工智能、节能环保、高端基础件四大领域。围绕直线导轨、轴承、传感器、传动装置生产制造,培育滚动功能部件产业集群;开发智能机床、仪表、专用装备等人工智能装备,打造特色机床小镇;培育高效节能电机、水源热泵、水污染治理等节能环保装备集群;加快提升发展高端不锈钢管、高性能阀门、汽摩配、电气机械和高品质金属新材料等高端基础件。提升钢压延产业,提高产品质量和附加值,着力将其打造成精密制造业的上游产业。到2025年,全市精密制造产值达到1000亿元。

大力发展健康医药。聚焦现代中药、保健品及生物提取、高端化学制剂、生物技术药和保健休闲运动五大领域。重点开发中药饮片、中药配方颗粒、茶保健品、食用菌多糖、灵芝破壁孢子粉、中药茶饮和畲医药等产品,构建现代中药全产业链。鼓励企业开发植物牙膏、植物染料、植物香氛等具有功能性、养生性、食疗性的衍生产品,建设植物作物种植基地。做大做强阿奇霉素肠溶胶囊、红霉素肠溶胶囊等高端化学制剂,开展二次专利仿制创新。积极引进一批抗体药物、重组蛋白、多肽、新型疫苗等生物制药企业。开展生物基因技术和生物保健品、化妆品、药品的研发和产业化。建成大梁山生命健康产业园等项目。到2025年,全市健康医药制造业产值达到100亿元。

创新发展时尚产业。聚焦时尚革材、时尚鞋服、历史经典、传统优势产业四大领域。重点发展超细纤维合成革、水性生态合成革,打造国内最大水性生态革集群;以创意设计为引领,建设时尚创意设计平台,培育鞋革、羽绒、箱包等自主时尚品牌;突出龙泉宝剑、龙泉青瓷、青田石雕等历史经典产业优势,大力发展文化创意产业；推动木制玩具（教具）、文体用品、竹木制品、畲族工艺品向现代时尚产业集群转型提升。到2025年，全市时尚产业产值达到600亿元。

加快发展数字经济。聚焦“数字产业化、产业数字化”，打造数字生态经济先行区、示范区和数字大花园。以物联网、互联网平台和数字文创为特色，统筹提高绿谷信息产业园、杭州丽水数字大厦、丽水数字经济双创园等园区效益，打造丽水数字经济发展主平台。发展5G新兴技术融合应用，打响网红直播经济品牌。推进“大数据+”制造应用，建设数字化车间和智能化工厂，推动工业生产方式、管理模式全方位升级。到2025年，全市数字经济核心产业增加值达到100亿元。

2.推进市域产业平台整合

做强“一心”：市本级产业集聚平台。以丽水经济技术开发区为核心，整合南城片区、碧湖南山片区、青田腊口片区以及丽水工业园区，打造“瓯江新城”市本级产业集聚平台。重点培育半导体全链条、精密制造、健康医药、时尚产业、数字经济五大主导产业及高端服务业，力争到2025年达到1000亿元产能规模，并在全省高能级战略平台布局中占据一席之地。

打造“两翼”：缙云产业集聚区和青田产业集聚区。打造全市产业发展核心经济带的“两翼”，以丽缙智能装备高新技术产业园区、缙云经济开发区为“北翼”的主力平台，以青田经济开发区为“南翼”的主力平台，大力整合周边乡镇工业板块，努力拓展平台发展空间，重点承接金义都市区和温州都市区产业转移，积极招引高端装备制造等产业，促进主导产业规模集聚。到2025年，力争“南北翼”平台均突破500亿元产能规模，在规模体量和发展水平上跻身全省高质量骨干平台前列。

发展“三片区”：遂松片区、龙庆片区、云景片区。打造全市产业发展区域化支撑平台，以各县（市）省级开发区平台为基础，整合乡镇工业板块，推动跨区域产业集聚、组团式发展，大力培育基于比较生态优势的特色产业。遂松片区推进产业平台跨行政区域整合，实现发展效应共进；龙庆片区突出区域特色，个性培育，实现差异发展；云景片区注重产业培育，实现要素重组，提升规模效应。到2025年，力争各县（市）产业平台产能规模实现翻一番，使平台成为助推生态价值转化实现的主要驱动力。

3.提高产业用地利用效率。提高产业发展质量和效益，积极盘活存量工业用地。深化产业用地利用制度改革，按照“总量锁定、存量优化、增量提效、质量提高”原则，以土地利用效率提升促进产业转型升级。探索产业用地混合利用机制，创新产业用地出让和使用方式，在符合国土空间规划要求的前提下，探索混合产业用地供给。实施“亩均效益”综合评价，完善土地综合评价制度，充分运用市场机制盘活存量土地和低效用地，提高产业用地利用效率。

4.搭建协同发展新平台。支持行业龙头企业、互联网企业建立共享平台，推动企业间订单、产能、渠道等方面共享，促进资源的高效协同。支持具有产业链带动能力的核心企业搭建网络化协同平台，带动上下游企业加快数字化转型，促进产业链向更高层级跃升。鼓励以区域、行业、园区为整体，建立企业技术中心、产业创新中心和创新服务综合体，构建产业互联网平台，打通产业链上下游企业数据通道，促进全渠道、全链路供需适配和精准对接，以数据供应链引领物资链，促进产业链高效协同。

（三）协同打造生态安全农产品基地

1.优化农业生产布局。创建浙江（丽水）农业绿色发展先行市，持续推进省级精品绿色农产品基地和省级农产品标准化生产示范县创建。以系统建设“丽水山耕”“丽水山居”“丽水山景”等品牌为牵引，统筹市域农业生态与资源保护和不同海拔、不同区域乡村产业差异化布局，创建5条现代乡村产业示范带、10个山地精品农业示范园区、20个现代农业园区和特色农业强镇。推进中国特色农产品优势区建设，大力发展农产品精深加工和综合利用加工，促进特色农产品“产加销”一体化。构建“一园三片”涉水产业发展布局，统筹建设若干特色水产业发展基地，加快发展水经济。

2.壮大特色优势农业。把科技强农作为推进农业现代化的核心战略，按照“农业资源环境保护、要素投入精准环保、生产技术集约高效、产业模式生态循环、质量标准规范完备”的要求，全面构建以生态安全为导向的农业技术体系，大幅度提高农业劳动生产率、资源利用率和全要素生产率，创建国家农业高新技术产业示范区。深入实施“对标欧盟肥药”双控行动，推行高效互补、生态循环的种养模式，推广应用现代农业新技术新成果新模式，全面提升农业装备现代化水平。大力发展农产品“三品一标”，鼓励和推动青田稻鱼、庆元香菇、松阳香茶、云和雪梨和“景宁600”“金奖惠明茶”“有缙道”等具有地方辨识度的特色产品（品牌）跨区域联合共建，推出一批具有较强规模效应和市场竞争力的拳头产品。打造“丽水山泉”品牌，构建“一园三片”涉水产业发展布局，统筹建设若干特色水产业发展基地，加快发展水经济。推动农地资源整合、农业资产运营、生态农业补贴、农业技术提升等方面创新发展，激发市场主体与农民投身农业生产的积极性。鼓励农业龙头企业发展。建设以食用菌等高山特色农产品为主的种质资源库、种苗培育实验室等，打造国内重要育种基地。

3.统筹建设农产品交易市场。联合建立“线下线上”相结合的农产品交易体系，拓展农产品大宗批发、都市快销、高端订制、私人认购等多元化的销售渠道，做大农产品销售市场。统筹布局建设农产品冷链仓储、农产品加工物流园区和区域性骨干市场，加快浙西南茶叶市场、庆元香菇市场、青田侨乡农品城提档扩能。鼓励发展多类型的特色农产品主题店铺，建设多级实体展销平台；着力构建政府、企业、农户多方参与的“农村电商生态圈”。

（四）协同打造康养休闲旅游目的地

1.构建五大生态旅游产业集群

康养度假产业集群。促进传统观光旅游向康养度假迭代升级，充分发挥中医药、民族医药产业独特优势，整合珍贵药材、道地膏方、畲医畲药、生态食品等资源，培育治未病调养、康复医疗、慢性病治疗、养生民宿等新旅游业态，融合“水养、体养、文养、食养、药养、气养”，大力发展“银发经济”；创新康养产业与互联网、科技、金融等融合发展新模式，积极引进国内外高端医养机构，建设“康养600”小镇集群。

户外运动产业集群。依托丽水优越的山水生态禀赋、丰富多样的地形地貌及绿道资源，建设国家级运动训练基地、极限运动体验营、户外主题公园、徒步营地等体育项目，开展登山越野、汽车越野、低空飞行、徒步露营等户外主题活动，建设百山祖国家公园徒步基地和汽车越野基地、遂昌大柘汽车运动之城，打造“山水陆空”四位一体的中国最美户外运动天堂。与国际专业赛事组织机构合作，举办国际超级马拉松、环丽水自行车赛、极限登山攀岩、国际廊桥越野赛等赛事。

亲子游学产业集群。引入国家级自然地理研究院和国内外一流儿童拓展教育机构，针对长三角地区青少年需求，打造一批青少年游学和亲子活动基地。划定星空保护区，建设观星基地、生物主题公园、儿童训练中心等项目，营建儿童科普教育中心，打造区域性亲子旅游目的地。加快推进红色研学实践教育基地、爱国主义教育基地等红色教育基地建设。依托特色产业发展基础，打造云和木玩、龙泉青瓷、传统戏曲等研学基地。

艺术文创产业集群。完善文旅融合发展机制，建设瓯江文创产业带，打造千亿级艺术文化产业集群。建设瓯江山水诗路，推进诗路文化保护和传承，串联国家公园、缙云仙都等重要资源，建设多条山水诗路游线，培育“旅游+新业态”项目集群，完善配套服务体系。做大“丽水国际摄影名城”品牌，建设丽水国际数码影像中心，开展艺术文化国际性交流活动，打造长三角文艺魅力名城。建设缙云仙都、古堰画乡、千峡湖、青瓷小镇、国家公园、松阳古村落、遂昌南尖岩、云和梯田、畲乡村寨等多个写生基地，吸引美术院校师生在丽水取景写生，设立名家工作室及创作创意基地，打响丽水艺术文创品牌。

乡愁体验产业集群。依托秀美山水、红色文化、畲乡民俗、生态田园、高山村落、特色美食、生态农业等特色资源，以乡村田园综合体为载体，打造一批特色的田园体验集聚区，举办系列田园体验与民俗体验活动。完善乡愁体验旅游产品服务体系，积极引入和培育高端民宿品牌，培育特色精品民宿项目集群，打造长三角区域乡愁体验实景地。

2.筑强全域旅游重大平台

构建市域“一路一环三廊多区”全域旅游发展结构，“一带”地区重点建设“一路一环两区”，即瓯江山水诗路、市域东部特色旅游环、仙都景区、千峡湖景区；“三区”地区重点发展“三廊多区”，即遂松美丽河谷走廊、云景特色风情走廊、龙庆环国家公园走廊及多个特色景区。加快推进丽水—宁波山海协作生态旅游文化产业园建设，全力打造丽水瓯江风情、

云和仙宫湖 （李琳瑜 提供）

景宁畲族风情、松阳田园风情、遂昌金矿、龙泉青瓷、千峡湖、云和湖、大洋山、仙侠湖九大国家级旅游度假区。全力支持云和梯田、古堰画乡、遂昌金矿等景区创建国家AAAAA级旅游景区。到2025年，力争新创成1家国家AAAAA级旅游景区、1家国家级旅游度假区。主题化、簇群化打造十大引领性旅游项目、十条主题线路、十台特色节会、十大文创产品。推动市县联动、政企合作，打造主题鲜明的全域旅游发展平台，引进国内外知名旅游开发运营企业，开发一批具有衍生辐射效应的旅游龙头项目，打造兼具通达、游憩、康养、运动、文化、教育等复合功能的主题旅游线路。鼓励互联网平台和市场主体参与旅游交通大数据产品及增值服务开发。

四、高效率畅联交通网络

按照“域外快达、内部畅通”要求，对接长三角综合交通与全省“大通道”建设，打造融沪连闽通粤的浙西南综合交通枢纽。构建三大交通圈层：2小时交通圈，即2小时内可达长三角核心城市；1小时交通圈，即1小时内中心城区可达杭州、宁波、温州、金义四大都市区及丽水市所有县（市）城区和主要景区；半小时交通圈，即实现“一带”地区半小时内相互通达。

（一）构建区域外联大通道

1.加快建设丽水机场。大力发展航空事业，加快丽水机场与配套设施建设，力争2022年机场建成通航。发挥机场带动效应，建设空港经济区，打造丽水绿色空港门户。

2.构建对外铁路大通道。以前瞻眼光系统谋划和一体推进高速铁路、城际铁路、山地轨道建设，构建“两纵两横、四联八向”畅联铁路网，实现“县县通铁路”。推进衢丽铁路、衢宁铁路（复线）、金台铁路建设，加快杭丽铁路（义乌至缙云段）、温武吉铁路开工建设，融入杭州一小时交通圈，实现两小时联通长三角核心城市。谋划建设丽云、丽南、甬丽、嘉绍丽、金遂松龙高速铁路通道，进一步缩短丽水与宁波、上海、苏州等长三角主要城市的时空距离，打造长三角联通粤港澳大湾区、海西经济区的重要交通枢纽。

3. 加快构建市域高速公路环线。构建外接沪皖闽赣、内联“一带三区”的市域高速公路环线。加快建设青田至文成、合肥至温州等高速公路项目，打造莲青缙市域发展核心带高速公路环线，助推莲缙青同城化发展。推进G4012溧宁高速公路景宁至文成、义乌至龙泉（庆元）、缙云至江山（广丰）等高速公路项目建设，构建“一带三区”高速公路内环线，实现“一带三区”快速联通。谋划建设乐清至青田、苍南至庆元等高速公路项目，形成“一带三区”高速公路外环线，带动“三区”协同发展。全力推进景区化高速公路建设，力争将景宁至文成高速公路建成全省首条景区化高速公路示范项目。

4.畅通瓯江“黄金水道”。以“东部物流提升、西部旅游拓展”为指导，共建港口、航运、旅游联动发展的“一带两核七区”内河水运格局。高标准建成瓯江主干航道，联通温州港、宁波港，打造瓯江“河海联运”综合枢纽，建成通江达海“黄金水道”。做强温溪、腊口两大核心港区，打造温溪海河联运枢纽港；建设腊口“公铁水空”多式联运物流港，打造市域综合性物流货运基地。积极培育中心城区、青田、云和、龙泉、景宁、松阳、遂昌等7个水上交通集散功能区。

5.优化交通枢纽和物流网络布局。联通内外交通网络，加强多种交通方式快捷换乘。打造丽水机场—腊口港区“公、铁、水、空”多式联运、辐射全市的综合交通主枢纽，形成遂昌—松阳、龙泉、云和—景宁三个市域综合交通次枢纽。加强与杭州、宁波、金义、温州四大都市区交通连接，打造内联大都市区、外接赣闽粤的浙西南综合交通枢纽。依托公路、铁路、港口和机场等重要物流集散节点，加快建设综合型和集散枢纽型的物流中心，加强县、镇、村三级邮政快递物流体系建设，构建以城区为中心，以园区为载体，以社区和村镇为基础的现代综合物流体系。

（二）完善全域畅行交通网

1.建设特色智慧轨道网。谋划建设轻型磁悬浮轨道线，提升中心城区通勤效率，布局连接丽水机场和千峡湖景区的“两山”通道，推动5G技术在轨道交通中的应用。积极推进老金丽温铁路电气化改造工程，谋划小编组运营以及开通旅游专列，提高“一带”地区通行效率，实现莲青缙半小时相互通达。研究谋划丽水—云和—景宁、丽水—松阳—遂昌、云和—龙泉—庆元、丽水—缙云—壶镇、丽水—青田—温溪5条放射型市域城际铁路建设，构建串联各县（市、区）与重要旅游资源的特色交通体系。谋划市域铁路接入金义都市区、温州都市区城际轨道交通网络。

2.完善通用航空网络。构建“1+4+4+N”市域通用航空机场建设布局，以丽水机场为核心，建设龙泉、庆元、松阳、缙云4个A1通用航空机场，青田、遂昌、景宁、云和4个A2通用航空机场，并在有条件的核心旅游景区、“康养600”小镇建设直升机起降点，打造快捷空中交通网络。开通浙皖闽赣区域、市域低空航线，缩短丽水与区域城市、中心城区与市域主要节点的交通时间。建设通用航空职业教育培训基地，建立通用航空应急救援体系，发展固定翼飞机、直升机、热气球、滑翔伞等航空产业集群。打造丽水空中游线，开通缙云仙都、古堰画乡、云和梯田、遂昌金矿等主要景区间低空航线，开展飞行比赛、空中摄影、旅游观光等低空飞行活动。

3.构建一体化的市域公路网。建设覆盖主要城镇和产业集聚区域的“十纵六横”普通国省道网络，加快普通国省道提级扩容和城镇过境段绕行改造，提高公路建设标准，打通跨省域、跨市域、跨县域断头路，构建市域畅联公路网络。推进235国道、322国道、S324温岭至常山公路、S325洞头至庆元（庆景青公路）、S209奉化至庆元等公路建设，推动中心城区公路环线与城市快速路网加快成型，实现全市AAAA级以上景区基本开通二级公路。推进330国道东移、青田舒桥至高铁新城通道、缙云至青田快速通道等项目建设，加密“一带”内高等级公路密度，推动市域梗阻路、瓶颈路改造升级，推进公路景观提升工程，加强偏远地区农村公路建设，提升农村公路网通达水平，建设“四好农村路”。

4.打造水上特色交通体系。依托瓯江干流及松阴溪支流，彰显深厚的“海丝之源”历史文化特色，建设省级瓯江上游（龙泉、遂昌至丽水）五级旅游航道，串联流域沿线的古码头、古航道以及自然保护地、人文遗产、特色小镇，打造山水人文相融的瓯江幸福河游线。依托南明湖、云和湖、千峡湖、兰溪桥水库、仙侠湖，形成以瓯江为主脉、统筹全域的精品水上旅游线，打造国内首个内河游艇全航段通行区域。

5. 构建大花园最美绿道交通体系。建成550千米瓯江绿道干流主线与505千米瓯江绿道支流主线，形成串联瓯江水系沿线城乡聚落、公园景区和特色资源的“瓯江翡翠绿链”大枝干。完善市域绿道网络，建成绿道精品线，建设多条精品支线和小循环绿道线，接入环浙江国家步道系统，力争成为浙江“最美绿道”。近期重点推进瓯江绿道串联、环湖绿道、千八户外徒步线、丽水古道修复等建设工程。结合现有乡镇、村落及景区服务设施，建设特色鲜明、数字智能的三级绿道服务驿站体系。

6.完善交通旅游服务设施。全面推进“互联网+交通运输”融合发展，促进互联网与交通创新业务的深度融合。优化车行、步行、骑行、舟行“四行合一”交通线路组织，实现全域公共交通站点、自行车驿站、步道休憩点、游船码头等交通服务设施一体化布局。参照“一般地区30—50公里、重点地区20—30公里建设一处服务基地”标准，建设游客中心、零售店、纪念品售卖点、餐饮住宿、医疗点、公共厕所、紧急维修点等服务设施，为游客提供集观光、休憩、购物休闲为一体的旅游配套服务。改造升级交通枢纽内旅游信息服务系统、标识引导系统等设施，增强自驾游服务等功能。

五、高标准保护生态环境

坚持生态保护优先，把保护和修复生态环境摆在重要位置，加强生态空间共保，推动环境协同治理，夯实绿色发展生态本底。

（一）统筹加强生态保护修复

切实加强生态环境分区管治，强化生态红线区域保护和修复，实施瓯江流域山水林田湖草生态保护修复工程，争取将碧湖全域土地综合整治与生态修复工程列入国家试点并高标准推进实施。建设以百山祖国家公园为核心的自然保护地体系，建立生态资源科学保护与合理利用相结合的体制机制，创建全国生物多样性保护引领区。高标准推进国土绿化美化行动，重点推进山地森林、坡地森林、城市森林、乡村森林和通道森林建设。健全生态安全保护机制和生态灾害预警机制，加强生态保护和生态补偿立法工作。

（二）深化生态环境协同治理

合力提升生态环境质量，统筹推进空气质量改善、水环境质量提升、土壤污染遏制和固废污染防治。落实环保“三线一单”，探索建立环保治理地区性强制标准体系，探索将污染物排放纳入绿色产业认定的规则机制，共同推进“散乱污”企业整治。推进露天矿山扬尘整治工作，严厉打击非法采砂采矿，加强秸秆综合利用，深化工业废气治理，不断改善空气质量。推动跨界水体环境协同治理，共同推进江河湖库水系连通及流域综合治理，强化饮用水源和优良水体保护，改善水环境质量。统筹市域固废源头减量、分类收运、综合利用、污染防治工作，统筹垃圾、污水、污泥、危废等处理设施跨区域合理布局。应用物联网、卫星遥感、低空航测以及点位自动监测等技术，建设覆盖全市域的生态环境监测网络。推动环境污染联防共治，探索与实施环境污染强制责任保险、环境公益诉讼等机制，优化环境安全执法体系，切实防范化解重大生态安全风险。

（三）协同创新生态产品价值实现机制

全域开展生态产品价值核算评估，绘制全市生态产品价值底图，推进核算评估成果全面应用，率先建设全国生态产品价值实现机制示范区。推进自然生态空间确权登记，界定各类生态资产的所有权主体与边界，探索推进生态资产评估工作。健全生态产品市场交易机制，建设国家级生态资产和生态产品交易中心，做强做大华东林业产权交易所，大力推进生态资产、生态产品交易，探索建立生态产品与用能权、排污权、用水权、碳排放权等环境权益的跨区域兑换机制。建立一批碳汇基地，争创中国碳中和先行示范区。健全生态信用制度体系，完善促进生态产品价值实现的金融体系。创建生态产品价值实现创新平台，优化产业扶持政策，支持绿色技术创新，引导和支持市场主体广泛参与发展生态产品利用型产业。健全政府购买生态产品制度，统筹市域各类生态补偿相关资金设立政府购买生态产品专项资金，建立瓯江全流域横向生态补偿机制。建设实体化运作的高端研究院和高端智库，提高中国（丽水）两山学院等研究机构科研能力，举办生态产品价值实现机制高端论坛、绿色发展二十国论坛。

六、高品质提升城乡面貌

坚持以人民为中心，提升城乡公共服务水平，健全现代化城乡基础设施体系，不断满足人民群众日益增长的美好生活需要，全面提升城乡面貌。

（一）提升城乡基础设施

1.打造新时代山水花园城市。按照“古城保护修复、旧城改造提升、新城加快建设”原则，推进历史文化街区保护与利用，重现瓯江“船帮”、处州孔庙、古城六门等历史文化符号，加快龙泉、松阳、缙云等府城（古城）复兴，推进“畲乡景宁”“童话云和”建设。全面提升城市文化品位，加快中央公园、南明山休闲小镇、白云森林康养小镇、三岩寺公园建设，推进景观河道、微型绿地、口袋公园等城市生态系统建设，加快城市周边山体、水系生态治理与景观提升。完善城市功能配套，推进未来社区建设，加快高品质商务楼宇、高星级酒店、大型商业综合体、高品质科技文化体育场馆及邻里中心等项目建设，完善“15分钟生活圈”，实现公共服务标准化、便利化。到2025年，建成15家五星级标准酒店。抓好省级美丽城镇样板镇建设工作，实现美丽城镇建设市域全覆盖。

2.构建安全美丽水利网。以“活水进城、碧水映村”为目标，统筹全市流域治理工作，打造幸福河丽水样板。实施通济堰生态修复与利用工程。全面提升城镇防洪标准，县城防洪标准基本达到50年一遇、乡镇基本达到20年一遇标准，强化分区设防措施，保障青田、缙云、大港头、海口、遂昌等防汛困难地区的城镇安全。建设浙西南大中水库群，推进水资源联库联网，推进北洪南调工程建设，深化优质水资源分质分类开发利用。加强水源地生态保护，按照市区“两源一备”、县城“一源一备”要求，保障城市供水安全。持续推进农村饮水质量提升工程。

3.构建绿色高效能源网。建设生态电网，加快500千伏丽西变及220千伏配套等工程建设，实现网源荷储协同发展，打造生态能源互联网。强化天然气供应保障，加快天然气利用提质扩面，实现天然气“县县通”。加快构建布局合理、功能综合、智慧便民的新型供能服务体系，建成一批综合供能服务站，基本实现新能源汽车充电设施市域全覆盖。打造华东抽水蓄能基地，谋划建设一批抽水蓄能电站，探索柔性中小型抽水蓄能电站建设。

4.超前布局新型基础设施。加快5G网络规模部署和天地一体化信息网络建设，促进工业互联网、物联网、数据中心、IPv6等各类信息网络协同融合发展，建设高速泛在、畅通便捷、覆盖全域、互联互通、资源共享的现代化信息网络和服务体系。围绕公共卫生、工业生产、公共事业、公共安全、智慧城市、智慧教育、智慧农业、环境保护等重点领域和场景，推进新型基础设施拓展应用。推进“花园云”大数据平台建设，完善“城市大脑”，建设“雪亮工程”视频大数据中心，推进“智安小区”建设，形成全要素、多领域体系性的智慧大花园格局。

（二）完善城乡公共服务

1. 全面推进教育优质均衡发展。加大教育投入力度，协同扩大优质教育供给，推进学前教育普惠健康发展，义务教育优质均衡发展，普通高中多元特色发展，职业教育产教融合发展，创建全国义务教育优质均衡发展县。对接长三角等地区优质教育资源，提升高等教育办学水平，支持丽水学院建设服务高质量绿色发展的高水平应用型大学，推进丽水学院松阳校区二期、丽水职业技术学院中德合作办学、缙云技师学院、青瓷宝剑技师学院等建设。构建现代化教育治理体系，深化教育领域“放管服”改革，推进教育数字化转型与智慧校园建设，加强新时代教师队伍建设，构建丽水特色育人机制，打造丽水特色德育品牌。

2.合力共筑文化名城。促进区域文化共融发展和资源优化配置，共同打造特色文化品牌，全面提升文化创造力、竞争力和影响力。弘扬践行浙西南革命精神，加强革命文物保护利用，深化红色资源价值转化研究和实践，推出一批浙西南革命题材的文艺精品，高质量建设若干国家级和省级红色旅游景点景区。继承中华人文始祖文明印记，扩大中国南方黄帝文化中心影响。大力弘扬生态文化，开展生态文化村、生态文化示范社区、生态文化示范企业等创建活动和生态文化体验活动，探索绿色生活标准体系建设，勇当“绿色生活领跑者城市”。加快宝剑文化、青瓷文化、石雕文化、香菇文化、畲族文化、廊桥文化、戏曲文化、中医药文化等的挖掘、保护与利用，谋划建设以青田、莲都、龙泉、松阳为主的市域东、中、西部国际经济文化合作交流平台。加快建设丽水国际摄影名城，引导推进公共文化服务区域联动。

3.推进医疗服务均质化发展。深化医共体建设，优化医疗资源配置，构建优质高效的整合型医疗卫生体系，持续提升人民健康生活水平。积极破解基层医疗卫生健康发展难题，推进基层医疗卫生机构管理、补偿、运行等机制改革。推广中医辨证论治综合创新平台，拓展深化中医养生保健治未病服务。积极引进长三角地区优质医疗机构，推广“互联网+医疗”应用，扩大优质医疗资源覆盖范围。统筹推进医疗保障制度改革，建成以基本医疗保险为主体，医疗救助为托底，补充医疗保险和商业健康保险、慈善捐赠等保障制度协同联动的医疗保障体系。提升应对突发公共卫生事件与重大传染病的防控体系和防控能力，建立灾害事件紧急医学救援合作联动机制。加快生态体育之城建设，完善全民健身运动公共设施体系，鼓励健身步道、骑行道、全民健身中心、体育公园、社区多功能运动场等场地设施共建共享，鼓励居民住宅区配建公共体育设施。

4.统筹健全社会保障体系。稳步推进养老保险制度改革发展，构建覆盖全民、城乡统筹、权责清晰、保障适度、可持续的多层次社会保障体系。进一步完善城镇职工基本养老保险和城乡居民基本养老保险制度，健全基本养老金合理调整机制，实现更高水平精确管理和便捷服务。深入推进工伤宣传和预防，建立工伤预防常态化工作机制。加快推进社会保险经办专业化、标准化、信息化建设，积极推行智慧大厅和综合柜员制，不断提升服务水平。

5.统筹建设人民城市。深化人民城市建设内涵，把握人民城市的人本价值，满足人民群众对美好生活的向往。围绕衣食住行、教育就业、医疗养老、文化体育、生活环境等关乎人民群众切身利益的方面，推进城市社会治理水平提升，建设人民城市、幸福城市。提高城区现代服务业水平，完善基层社区养老、医疗教育、文化体育等便民型公共服务设施体系，建设“一站式”社区服务综合体。积极推动规划师、健康师、律师等社会专业力量进社区，探索设立“社区民生顾问”制度，系统提升基层社区社会治理能力。充分激发人民群众的主人翁意识，探索社区协商、居民联席会制度，鼓励居民参与老旧小区加装电梯、停车位分配等社区公共事务协商裁定。

（三）优化人口空间布局

1.推动“一带”集聚百万城镇人口。以人口向“一带”地区集聚为导向，建立全市最优的人口集聚政策体系，使“一带”成为市域农业转移人口市民化的核心区域、外来流动人口首选集聚地。积极推进以人为核心的新型城镇化，优化“一带”地区的城镇体系，推进公共配套设施补短板强弱项，建立人口变动与城市有机更新联动调整机制，优化完善行政区功能定位、规划用地布局和人口布局指引。强化中心城区人口集聚能力，全面取消落户限制，以高端平台聚人、优质企业引人、贴心服务留人，强化待遇留人政策，深化以房留人举措，优化创新创业环境。建立财政转移支付同农业转移人口市民化挂钩机制，建立城镇建设用地增加规模同吸纳农业转移人口落户数量挂钩机制，保障农业人口向城镇有序转移。

2.促进“三区”城镇人口适度集聚。积极实施“小县大城”发展战略，探索以县城为主载体的新型城镇化策略，引导“三区”人口向县城及中心镇集聚。增强县城人口集聚能力，实施“大搬快聚富民安居”工程，维护进城落户农民合法的农村权益，推动农村人口加快转移。破除龙庆、遂松、云景三个聚落发展区块内部人口流动障碍，探索一体化的基本公共服务体系，促进人口在区域间有效流动和优化配置。优化村庄布局，推动农村人口向中心村和新型农村社区集中。全面开展“乡村振兴十大激活行动”，建立高效完善的“两进两回”机制，进一步畅通人才、科技、资金、乡贤等下乡

大搬快聚富民安居工程之松阳铺门安置小区　（胡颖岚 提供）

通道，让乡村成为投资兴业的沃土、创新创业的热土、安居乐业的净土。

七、高水平创新体制机制

全面深化改革，坚决破除影响区域协调发展的政策制度障碍，消除阻碍生产要素自由有序流动的壁垒，构建国土空间、财政金融、教育资源、人才资源、产业招商等五方面的统筹协调发展新机制，为“一带三区”发展提供强劲动力。

（一）建立国土空间统筹机制

围绕构建“一带三区”发展新格局，市县联动编制国土空间总体规划，优化市域国土空间开发保护格局。以国土空间综合治理为抓手，统筹全域自然资源保护和利用、城镇发展布局、基础设施建设、生态产业发展，优化生态、农业与城镇空间控制线。统筹全域农业空间，以碧湖平原土地综合整治为试点，优化永久性基本农田规划布局，支撑碧湖新城开发建设。统筹全域600米以上高山台地空间，探索点状供地与农村集体建设用地入市实施路径，支撑“康养600”小镇建设。建立土地资源统筹机制，积极向上争取用地指标进行全市域统筹配置。推进城乡建设用地管理制度改革，实施建设用地全周期管理，严格执行土地使用权出让制度，加快批而未供土地消化处置，建立健全城市有机更新与闲置土地使用权收回机制，探索建立土地使用权转让、出租、抵押二级市场。

（二）建立财政金融统筹机制

建立全市资金统筹使用机制，提高资金使用效率，促进全市资金优化配置。探索市域统筹使用项目资金的路径，推进资金跨区域统筹使用，根据项目推进情况，动态调整项目资金，优先保障基础设施、科技、教育、生态、民生等领域的重大项目。探索建立地方性债务统筹机制。协调落实建设资金，积极争取省级各类专项资金支持重点项目建设。推进市县两级共同出资设立“一带三区”高质量绿色发展基金，加强与银行业金融机构的合作对接，谋划设立全市重点项目融资对接平台。建设金融小镇，大力引进培育标杆型资产管理、股权投资、创业投资、产业基金等各类金融机构，服务主导产业发展，构建创新、开放、共享的新型金融生态圈。

（三）建立教育资源统筹机制

加大全市教育统筹力度，形成区域教育整体优势。实施教育项目建设“百亿”工程和基础教育集团化、品质化提升工程，推动基础教育扩容均衡优质发展。统筹城乡教育资源配置，推动全市优质高中段资源共享，适度超前布局优质教育资源。建立全市教育大数据治理体系，建设教育大数据中心，统筹各级各类学校发展性评价。统筹市域校长、教师队伍建设，深化“绿谷名师名校长”培养工程，推进中小学校长职级制改革。统筹实施基础教育高水平人才培养，探索多种类型品牌化运作机制，建设一批高水平高中、初中学校，鼓励名校集团化发展。推进职业教育跨区域合作办学和协同差异发展，建设产教融合公共实训基地。

（四）建立人才资源统筹机制

全面落实人才科技新政，实施更加积极的创新创业人才支持政策。大力引进高层次创新人才，培育壮大优秀青年人才队伍，激发人才创新活力。畅通人才跨区域、跨层级、跨所有制流动渠道，促进劳动力、人才优化配置。创新人才统筹调剂使用方式，着力破解编制总量控制与刚性需求之间的矛盾，推行空编资源“周转使用、多次配置”，探索建立“人才编制池”，促进事业单位人员编制动态调剂、周转使用。重点开展教育领域跨区域、跨层级统筹调剂编制。

（五）建立产业招商统筹机制

以提升营商环境和强化要素保障为抓手，着力构建全链条、全周期、立体化的招商引资体系。突出区域统筹协同发展的招商理念，通过全要素供给、综合性服务实现高质量招商、精准招商。建立全市“一盘棋”招商格局，根据产业园区主导产业定位，共同制定产业规划、产业项目准入标准，制定产业准入正负面清单，深入实施全市产业招商地图，推动一体化强链、补链、畅链。建全产业链链长制，通过考核激励、要素配置、分类指导等方式，做好全市统筹招商工作。做大做强丽水（长三角）招商中心，整合组建开发区国有招商公司。

八、高规格建设示范平台和标志工程

（一）建设五大示范性平台

发挥重点平台对区域统筹发展的牵引作用，高水平规划建设丽水南城生态工业统筹发展示范区、碧湖新城、龙庆经典文创示范区、遂松乡村振兴示范区、云景特色风情示范区等市域统筹示范平台，加快形成“一带三区”发展新格局。

1.丽水南城生态工业统筹发展示范区

以丽水经济技术开发区为核心，整合南城片区、碧湖南山片区，青田腊口片区以及丽水工业园区，探索统筹发展、政策共享、财税平衡等方面的体制机制。“统分结合”推进招商引资、项目审批、融资渠道、基础设施建设等工作。强化政策共享，提高各类园区政策共享化程度，形成“一区多园”管理体制机制。强化财税平衡，创新异地财税与投入资金结算机制，保障各主体基本利益。以建设浙西南科创中心主阵地为目标，高质量建设富岭生态科技城、七百秧综合服务中心、大梁山生命健康区等区块，集聚人才、资金、机构等科创要素，培育多个科创发展平台。

2.碧湖新城统筹建设示范区

探索未来城市和花园社区开发模式，整合生态、旅游资源，探索集聚型点状社区和松散型面状田园景观相结合的城市开发模式。承接北城片区行政服务、科创科教、商务服务、医疗康养等服务功能外溢，建设城市副中心。加强智慧、生态、人文等概念的植入，创建绿色宜居、智慧现代、幸福人文的田园城市和花园社区。探索“高能窄地”的经济业态，积极促进“生态+”“互联网+”“文化+”“共享+”等占地少且对环境要求高的新业态、新模式落地实施。推进道路、市政等城市基础设施建设，率先建设5G等新型基础设施建设工程。

3.龙庆经典文创示范区

坚持“国家公园+”理念，建设国家公园入口社区小镇，联动整合龙泉、庆元的文化资源，串联宝剑小镇、青瓷小镇、铅笔小镇、香菇小镇等特色小镇，联动打造兰巨氧吧长寿小镇、龙南农耕小镇、屏南天空越野小镇、百山祖避暑乐氧小镇、斋郎军旅小镇、贤良慢生活小镇、龙溪茶香小镇等新平台，共建环国家公园文创大走廊。大力发展文创产业，推动文旅融合、农旅融合发展，建设文创产业集聚区。加快谋划建设与旅游交通、产业完备、民生保障等相关的优质项目。

4.遂松乡村振兴示范区

发挥遂松地缘相近、人缘相亲优势，以遂昌云峰街道和松阳古市镇、赤寿乡为空间载体，整合两县优质产业要素，着力推动两县一体化建设。统筹两县财税体制，协调两县基础设施共建共享，重点培育精密制造产业集群、绿色能源基地及绿色农产品精深加工集聚平台，合力打造遂松绿色经济新平台。创新体制机制，探索“两县一体”的管理体制，重点在乡村振兴、产业协同、要素配置、空间布局、基础设施与公共服务事业等领域实现一体化统筹发展。

5.云景特色风情示范区

以彰显畲乡风情、全域旅游协作、生态价值实现为重点，谋划云和崇头镇、雾溪乡与景宁大均乡联动发展，推进云和梯田、畲乡之窗、畲族村寨等景区统筹发展，全力打通“跨乡连村”公路，共建一批高品质旅游服务接待设施项目，合力创建国家AAAAA级旅游景区。深化生态产品价值实现示范乡镇建设，深入探索以畲医药全产业链、畲乡旅游、高山农业、生态信用为主要特色的生态价值实现路径。

（二）实施八大标志性工程

1.“万亩千亿”新产业平台建设工程

建设思路：坚持高起点规划、高标准建设、高水平管理、高效能运营，以丽水经济技术开发区和丽缙园—缙云经济开发区为主，打造以数字经济、智能装备、新材料、健康产业为主导的两个“万亩千亿”新产业平台。预计总投资约1000亿元。

建设重点：加强新产业培育引进，力争引进一批产品技术达到国际领先水平、行业领军型企业投资的项目。建设数字化新产业平台、数字化工厂、数字化车间，实现智慧化管理。坚持国际化，集聚全球高端创新要素，建立具有国际竞争力的产业集群。坚持绿色化，建设绿色工厂、绿色建筑，单位增加值污染物排放量、单位增加值综合能耗处于全省领先水平。坚持共享化，加强企业间创新资源、生产资源的共享，打造研发设计、检测试验、生产能力的共享服务体系。

责任单位：市发改委、市经信局、市科技局、市自然资源局、丽水开发区管委会、丽水机场建设指挥部，青田县、缙云县、景宁县政府。

2.水经济发展示范工程

建设思路：创新水生态产品价值实现机制，建设水能源、水养殖、水制品、水文旅等多类型“水经济”产业项目。建设水能源、水养殖、水制品、水文旅等多类型“水经济”产业项目，完善水经济特色产业结构链群。预计总投资约240亿元。

建设重点：壮大水电产业，推进浙西南水库群、华东抽水蓄能基地等重大水利工程谋划，创建华东绿色能源基地。科学划定水库渔业、河道养殖等特色养殖基地，打造特色水产品牌。深化水资源开发利用研究，发展“高端水”开发利用项目，开发高端饮用水、医用针剂、美容护肤、生物萃取、健康日化、酒水软饮料等产业项目。发展水边经济和水上经济，建设水美城镇、水美乡村、清凉小镇等多类型旅游项目，形成沿水域岸线经济带，发展水上皮划艇、滑水、垂钓等水上运动，建设高品质水旅融合集聚区，打造长三角新兴“水文旅”旅游目的地。建设城市直饮水项目，拓展区域供水线；依托水冷资源优势，发展大数据云中心等高科技项目，形成涉水工业项目集群。

责任单位：市水利局、市生态环境局、市发改委、市文广旅体局、市自然资源局、市建设局、市经信局、市农业农村局，各县（市、区）政府。

3.丽水瓯江山水诗路建设工程

建设思路：以打造丽水瓯江山水诗路“四带四地”为目标，挖掘古城、山水、名人、佛道等文化资源，推进诗路文化保护和传承。擦亮诗路“珍珠”，联动国家公园、缙云仙都等旅游资源，打造高能级旅游平台，实现“串珠成链”统筹发展。打造四大主题13条诗路旅游精品线路，培育“旅游+新业态”六大项目集群，完善交通网络、旅游集散、智慧旅游配套设施。预计总投资约1000亿元。

建设重点：建设一批中国山水画实景与江南原乡生活图景的空间载体，打造中国山水诗实景地。加快城市周边山水环境提升，推进城市生态系统建设，加快碧湖、四都、古堰画乡等片区开发，开展诗路古村落保护与活化工作，建成现代“富春山居图”丽水样板。推进青瓷文化旅游度假区、慧明禅茶文化产业园、中国（青田）欧陆风情体验区、全国红色旅游示范小镇等项目建设，促进红色文化、华侨文化、剑瓷文化、畲乡风情与诗路遗产融合发展。建设诗词主题城市文化公共空间、城市“山水诗”文化中心、山水诗研学旅游基地等项目，举办瓯江山水诗词国际学术研讨会等文化活动，打造中国山水诗研学圣地。实施“彩色林相”“绿谷花海”“增花添彩”专项行动，建成万里骑行绿道工程。建立“数字诗路”大数据平台，完善智慧旅游、绿道e站服务体系，打造瓯江山水网红打卡地。

责任单位：市委宣传部、市民宗局、市发改委、市文广旅体局、市水利局、市生态环境局、市建设局、市自然资源局、市经信局、市商务局、市农业农村局，各县（市、区）政府。

4.“康养600”小镇建设工程

建设思路：依托丽水600米以上高山台地优势，突出特色、强化优势，结合独特的历史文化、生态旅游等资源，发展康养支柱产业，打造功能齐备、优势互补的“康养600”小镇集群。预计总投资约231亿元。

建设重点：建设白云森林康养小镇、灵康杏福康旅小镇、壶镇古韵新潮小镇、中国畲乡东坑民俗爱情小镇、举水文旅风情小镇、祯埠“天湖溪游”小镇、黄家畲清凉小镇、松阳安民红绿寻迹小镇、氧吧长寿小镇、高坪花林天府小镇10个特色小镇。

责任单位：市发改委、市建设局、市经信局、市文广旅体局、市生态林业中心，各县（市、区）政府。

5.“一带三区”通道大畅联工程

建设思路：全力对接全省“大通道”建设，加快实施谋划一批重大交通基础设施项目，强化土地、资金等要素保障，积极创新项目运营模式，构建现代化、全域化、多元化的“快达畅通”交通体系。预计总投资约2720亿元。

建设重点：优化对外综合交通通道，加快建设丽水机场；加快杭丽铁路、衢丽铁路、温武吉铁路等项目建设，构建“三横三纵”铁路网；重点推进市域发展核心带高速环、一带三区高速内环建设，形成“四纵三横”高速公路体系，打造丽水市域交通主枢纽、遂松、云景、龙泉三个交通次枢纽。建设全域畅行交通体系，推进丽水—云和—景宁城际铁路建设、金丽温铁路电气化改造及小班组运营，建设市域特色城际铁路网；完善通用航空网络，建设龙泉、缙云等通用航空机场，形成“1+4+4+N”通用机场体系；推进330国道青田温溪至船寮段、S325洞头至庆元、S219临安至苍南等公路建设，形成“十纵六横”普通国省道网络；推进瓯江航道建设工程，畅通瓯江“黄金水道”，建设温溪港、腊口港，形成市域“一带两核七区”内河水运布局；打造南明湖、千峡湖、云和湖、仙宫湖、仙侠湖五条精品水上游线；推进瓯江绿道贯通及国家公园徒步道建设，串联全域绿道慢行交通体系，完善旅游服务基础设施建设。

责任单位：市交通运输局、市自然资源局、市建设局、丽水机场建设指挥部、市水利局、市铁委办、市文广旅体局、市体育发展中心、丽水开发区管委会、市交投公司、市旅投公司，各县（市、区）政府。

6.百山祖国家公园建设工程

建设思路：以实现重要自然资源统一管理、全民共享、世代传承为目标，以保护原真完整的中亚热带森林生态系统、孑遗植物百山祖冷杉全球唯一分布区、野生大型真菌种质资源重要分布区及珍稀濒危野生动植物等生物多样性为基础，坚持系统修复、科学管控、合理布局、全民参与、保护传承的原则，统筹山水林田湖草系统治理，推进人与自然和谐共生，努力建成具有国际水准的国家公园。预计总投资约144亿元。

建设重点：在保护方面，建立管护体系、森林生态系统保护修复、湿地生态系统保护修复、生物多样性保护和文化遗产保护。在科研监测方面，加快推进科研监测体系、监测队伍、科研监测工程等项目建设。在自然教育方面，突出生态体验与环境教育，建立解说标识系统。在基础设施建设方面，重点推进管理设施、公用工程、环卫设施、安全工程等，建设洞头至庆元公路丽水段。始终坚持全域联动发展的原则，统筹推进国家公园建设。

责任单位：市生态林业中心、市农业农村局、市委编办、市自然资源局、市发改委、市生态环境局、市文广旅体局，庆元县、龙泉市、景宁县政府。

7.瓯江流域山水林田湖草生态保护修复工程

建设思路：坚持“绿水青山就是金山银山”理念，通过山水林田湖草生态保护与修复工程，将瓯江流域打造成为丽水标志性优质生态产品，推进生态价值转化。预计总投资约268亿元。

建设重点：优化瓯江流域生态空间格局，划定生态保护与修复分区。

实施农村土地综合整治，实施农村全域土地综合整治与生态修复工程，建设生态型土地综合整治项目，建设整洁田园。加强区域矿山生态环境保护，全面建设绿色矿山，加大废弃矿山治理力度，推进地质灾害防治。推进流域水环境综合整治和河湖生态修复提升工程，协同保护区域饮用水安全，推进城乡环保基础设施建设。推进污染与退化土地修复治理工程，实施土壤污染防治工程和水土流失防治工程。加强生物多样性保护，实施生物多样性保护示范工程，实施珍稀濒危生物保护工程，加大物种生境保护力度。大力实施“大搬快聚富民安居”工程。

责任单位：市自然资源局、市农业农村局、市水利局、市生态环境局、市建设局、市生态林业中心，各县（市、区）政府。

8.新型基础设施建设工程

建设思路：抓住国家布局新型基础设施建设的重大机遇，超前规划建设以5G、人工智能、工业互联网、物联网为代表的新型基础设施，奠定丽水高质量绿色发展新基础。预计总投资约138亿元。

建设重点：布局5G基建。布局5G基站、物联网、IPv6等新型基础设施，构建市域高速网络基础设施，打造高速畅通、覆盖全域的现代化网络体系。加快电力基础设施建设。加快推进丽西500千伏输变电、220千伏及以下配网建设与改造等工程，提升我市电网供电能力，为丽水人民享受更美好的生活提供电网支撑。建设大数据中心。加快推进丽水大数据中心、国网浙江紧水滩绿色数据中心建设，形成全要素、多领域的智慧大花园格局。建设覆盖丽水全域的无人机自动机场集群。

责任单位：市大数据局、市经信局、国网丽水供电公司、市发改委、丽水开发区管委会，各县（市、区）政府。

九、高要求推进规划实施

（一）加强组织领导。成立丽水市“一带三区”推进工作领导小组，统筹指导和综合协调“一带三区”发展规划实施，研究审议重大政策、重大改革、重大平台、重大项目和年度工作安排，协调解决重大问题，督促落实重大事项。领导小组办公室设在市发改委，承担领导小组日常工作。在领导小组下设立由市领导挂帅、相关市直部门和县（市、区）参加的“一带”和“三区”4个协调工作组，分别指导各县（市、区）和丽水经济技术开发区推动“一带”和“三区”发展及其示范区建设。各县（市、区）和丽水经济技术开发区成立工作专班，确保“一带三区”发展各项目标任务落到实处。

（二）加强规划衔接。以“一带三区”发展规划为引领，推动各级各类发展规划、空间规划、区域规划、专项规划与之有机衔接，确保总体要求和主要指标一致，空间配置和时序安排协调有序。高质量编制实施“一带”南城生态工业、碧湖新城和“三区”经典文创、乡村振兴、特色风情等五个跨山统筹示范性平台建设方案。

（三）健全推进机制。成立国土空间、财政金融、教育资源、人才资源、产业招商等多个专项统筹工作小组，由相关市领导担任组长，市直有关部门主要负责人担任副组长，研究建立统筹机制、制定相关政策。各县（市、区）和丽水经济技术开发区要明确工作分工、完善工作机制、落实工作责任，制定年度工作计划、示范区建设方案和专项推进方案，把规划确定的各项任务落到实处。各地各部门要按照职责分工，积极谋划有利于“一带三区”发展的重大政策、重大改革、重大平台和重大项目。市直有关部门要按照职责分工，加强对规划实施的指导，在相关行动方案编制、重大政策制定、重大项目安排、重大体制创新方面予以积极支持。

（四）强化考评机制。建立“一带三区”推进工作考核评价机制，根据“一带三区”发展规划，对“一带”和“三区”有关县（市、区）实行差别化捆绑考核评价，并纳入市委、市政府年度综合考核，同步建立激励机制。各级组织部门要建立“一带三区”发展干部培养机制，将“一带三区”推进工作业绩作为干部提拔任用的重要依据。

（五）抓好督促落实。加强规划实施的跟踪分析、督促检查、综合协调和经验总结推广，协调解决实施中存在的问题，及时总结可复制可推广的政策措施。完善规划实施的公众参与机制，广泛听取社会各界的意见和建议，营造全社会共同推动“一带三区”发展的良好氛围。

中共丽水市委
关于大力推进跨山统筹全面加快区域协调发展的决定

（2020年8月4日中国共产党丽水市第四届委员会第八次全体会议审议通过）

中国共产党丽水市第四届委员会第八次全体会议为推动解决市域空间布局不优、资源要素配置分散、全域统筹协调不足的现实问题，又好又快推进实现高水平生态文明建设和高质量绿色发展，研究了大力推进跨山统筹、全面加快我市区域协调发展工作，作出如下决定。

一、总体要求

1.指导思想

以习近平新时代中国特色社会主义思想为指导，高举发展的行动旗帜，全面厉行“丽水之干”，以浙西南革命精神注魂赋能立根，创新运用跨山统筹“金钥匙”，建设统筹有力、协同有方、竞争有序、合作有效的区域协调发展新机制，构建主体功能聚焦、特色优势互补、整体协同并进的区域经济社会发展新格局，为打造全面展示浙江高水平生态文明建设和高质量绿色发展两方面成果和经验的重要窗口奠定坚实基础、提供有力支撑。

2.总体原则

一体化推进。强化市域一盘棋思想，破除划山而治的“分散式”路径依赖，统筹市域空间布局、资源开发、设施配套和交通建设，推进资源要素优化配置和产业集聚发展，推动经济在高质量发展前提下实现必要适度的高速度增长。

协同化建设。秉持协同、互补、共赢的理念，强化制度顶层设计，破除影响区域协调发展的政策制度障碍，消除阻碍生产要素自由有序流动的壁垒，构建制度设计更趋完备、制度运行更加有效的区域协调发展新机制。

差异化发展。立足区域资源禀赋和比较优势，进一步区分明确区域功能定位和发展特色，推进分工合作、错位发展，实现各区域发展各尽其能、合作与竞争有机统一。

3.发展格局

以各县（市、区）既有基础和资源禀赋为依循，坚持强强联合、特色结合、优势组合，构建“一带三区”发展新格局。

“一带”，即市域发展核心带，包括东部莲都、青田、缙云3个县（区）和丽水经济技术开发区。突出产业主导、创新驱动，推进一体化和产城融合深度发展，全力主攻生态工业高质量发展，培育先进产业集群，建设高端要素集聚、创新引领发展的高质量绿色发展领跑区。

“三区”，即特色发展示范区，分别由龙泉庆元、遂昌松阳、云和景宁等西部6个县（市），利用地域相连、人缘相亲、产业相近、文化相融的优势，突出协同合作、侧重特色，建设龙庆、遂松、云景三个聚落发展区块，积极创造条件大力发展生态工业，培育差异性特色产业集群，打造市域经济加快发展新增长极，争创高水平生态文明建设样板区和最佳实践地。

4.基本目标

到2025年，基本形成跨山统筹发展格局。“一带三区”发展新格局基本确立，完备有效的区域协调发展新机制基本定型，现代化生态经济体系建设取得突破性进展，区域协同创新体系基本建成，基础设施互联互通基本实现，基本公共服务均等化水平明显提高。地区生产总值达到2250亿元。

到2035年，跨山统筹发展取得决定性成果。"一带三区"发展格局全面形成，在区域协调发展上积累形成更加完备有效的制度体系，建成具有丽水鲜明特色的现代化生态经济体系和区域协同创新体系，全面实现基础设施互联互通和基本公共服务均等化。地区生产总值力争比2025年翻一番。

二、强化空间统揽统筹

*5.完善"一带三区"规划体系。*坚持多规合一，高质量编制实施"一带三区"发展规划。推动各级各类发展规划、空间规划、区域规划、专项规划与之有机衔接。围绕构建"一带三区"发展新格局，市县联动编制国土空间总体规划，科学确定市县乡三级主体功能定位，统筹优化生产、生活、生态空间结构和布局，为市域产能布局重塑、生产力区划重构和生产要素重组奠定空间规划基础。加快编制实施"一带"南城生态工业、碧湖新城和"三区"经典文创、乡村振兴、特色风情等五个跨山统筹示范性平台建设方案，推动"一带三区"规划全面落地。

*6.推进"一带"一体化发展。*坚持一体化发展方向，强化功能互补、交通互联、发展互动，实现"一心两翼"协同发展。中心城区实施"东扩、西进、北展、南拓"发展战略，以瓯江为脉，激活北城、提升南城、开发碧湖新城，构筑"一脉三城"发展格局，增强中心城区首位度。加强中心城区与南翼青田区块、北翼缙云区块的一体统筹、协同发展。支持青田加快华侨要素回流，主动承接温州都市区辐射，打造现代商贸中心和对外开放高地。支持缙云发挥空间和产业基础优势，主动承接金义都市区辐射，打造生态工业发展重地。

*7.推进"三区"组团式发展。*坚持组团式发展方向，以抱团、集聚、协作加强区域空间统筹，优化布局"三区"产业、设施和服务功能，引导"三区"合作开发重点产业平台，积极创造条件大力发展生态工业，培育差异性特色产业集群，实现经济快速提质扩量。以龙庆区块为重点，依托百山祖国家公园和剑瓷、菌菇、竹木等特色产业的优势，大力发展文创产业，打造世界级经典文创高地。以遂松区块为重点，依托美丽乡村建设基础扎实和农耕文化底蕴深厚的优势，全域建设花园乡村，活化保护传统村落，探索未来乡村建设，打造乡村振兴全国样板。以云景区块为重点，依托畲乡民族风情和"小县大城"城镇化优势，加快木玩等特色产业品牌培育步伐，争创全国民族地区城乡融合发展和山区新型城镇化发展示范区，打造民族特色风情样板。

三、强化产业集群集聚

*8.以平台"二次创业"推动生态工业高质量发展。*全面落实"整合、转型、赋能、开放、改制"十字方针，以国家级和省级开发区（工业园区）为龙头，推进平台跨区域合作合并和产业协同协调，完善"亩均论英雄"机制，实行差别化土地、能源、资金、技术和人才政策，集中力量打造主力平台。"一带"协同布局建设3个以上"万亩千亿"新兴产业平台，全力打造高能级战略发展空间；"三区"各组团共建1个以上合作产业园，全力谋划建设"万亩千亿"新兴产业平台。探索建立合作园区"存量不动、增量分成"、合作项目"成本共担、利益共享"、重大工业项目"统筹招商、协同推进"及惠企政策"市县联动、协调整合"等产业协作机制。

*9.以"山"系品牌建设推动现代乡村产业大发展。*以系统建设"丽水山耕""丽水山居""丽水山景"等品牌为牵引，统筹市域农业生态与资源保护和不同海拔、不同区域乡村产业差异化布局，创建5条现代乡村产业示范带、10个山地精品农业示范园区、20个现代农业园区和特色农业强镇，鼓励和推动青田稻鱼、庆元香菇、松阳香茶、"景宁600"等具有地方辨识度的特色产品（品牌）跨区域联合共建。打造"丽水山泉"品牌，构建"一园三片"涉水产业发展布局，统筹建设若干特色水产业发展基地，加快发展水经济。加强农业交易市场建设的市域统筹，布局建设若干现代化、综合型农产品加工物流园区和区域性骨干市场，加快浙南茶叶市场、庆元香菇市场、青田侨乡农品城提档扩能，推进线上线下市场联动发展。统筹推进"大搬快聚"和"两进两回"两大工程，全面开展"乡村振兴十大激活行动"，促进乡村全面振兴和城乡融合发展。

*10. 以跨界融合推动生态旅游高质量发展。*以瓯江山水诗路为主轴，推进旅游资源跨区域整合和旅游业态跨界融合，构筑城市旅游中心和青缙品质休闲、龙庆经典文创、遂松田园牧歌、云景民族民俗风情四个旅游功能版块，打造若干红色旅游精品区块和"红绿融合"发展示范区。以高等级景区、旅游度假区、历史文化名城名镇名村、自然公园为载体，主题化、集团化打造十大引领性旅游项目、十条主题线路、十台特色节会、十大文创产品，培育康养度假、艺术文创、乡愁体验、亲子游学、户外运动等五大优势产业集群。创新市县联动、政企合作的旅游协同发展机制，吸引有实力的旅游开发市场主体，打造主题鲜明的旅游创新发展平台，建成若干具

有引爆效应的重大旅游项目，加快创建国家全域旅游示范区。

四、强化创新协同协作

11.构建“一心支撑、点面联动”的浙西南区域创新体系。坚持创新空间与产业空间、城市生活空间协调发展，在中心城区布局打造浙西南科创中心，谋划建设浙西南生态科技城、科创园、科创走廊、科创小镇、华侨兴业长廊，创意设计建造分时共享研发基地、原生态第二创新空间、“世外桃源”项目集中开发天地等专项平台，提升绿谷信息产业园、数字经济双创园等双创能级，全力打造市域创新发展的核心区。市县联动谋划布局一批“科创+特色产业”综合创新平台，推动“一带”聚力打造科创发展示范带，争创国家级高新技术产业开发区；支持“三区”聚力打造区域性科创基地。

12.营造和优化区域协同创新生态。加强全域科技政策联动，整合各类创新创业资源，加快建设功能完备、辐射全域的科技创新公共服务平台。推动不同创新主体之间充分合作和创新要素有序聚集，重点打造若干区域性产业创新服务综合体。完善“产学研用”协同创新机制，深化与高校院所交流合作，共同建设一批新型研发机构和科技成果转化中心。创新科技金融服务，推广“创新券”“科创贷”“科创投”等科技金融产品。推进“人才银行”建设，探索建立人才创业投资基金。

13.大力培养引进创新创业型人才。全面落实人才科技新政，统筹实施“绿谷精英”创新引领行动计划及“绿谷英才”“绿谷工匠”等重点人才计划，力争高端创新创业人才、博士(博士后)数量实现五年翻番。深化人才发展体制机制改革，以“人才码”为载体优化整合人才政策和服务事项，建设若干集招引、服务、赋能等功能的人才创新创业服务综合体。畅通人才跨区域、跨层级、跨所有制流动渠道，建立“人才编制池”，创新事业单位人才编制动态调剂、周转使用方式。统筹建设特色产业工程师协同创新中心，创新人才、技术、成果等要素资源共享机制。

五、强化交通互联互通

14.构建区域外联大通道。坚定实施交通先行战略，构建多元立体、互联畅达的现代综合交通体系。加快构建“三横三纵”铁路网，实现“县县通铁路”，发展高铁旅游班列、电商快递班列。统筹布局建设3条高速公路环线，即“一带”核心环线和“一带三区”内环线、外环线，探索高速公路差异化收费改革。加快建设丽水机场，打造空港经济区。高标准建成瓯江主干航道。

15.完善市域畅联交通网。建设“十纵六横”普通国省道环线，体系化打造市域高等级公路网，推动“路景产人”高效融合发展。谋划建设城际铁路，打造同城化通勤网络；加快布局旅游轨道网。谋划建设通用机场，打造快捷空中交通网络。建设高品质瓯江绿道网。统筹推进城乡物流设施建设及物流产业发展，打造一体化的现代物流体系。

16.统筹其他重大基础设施建设。整体谋划水利、能源、信息、市政等设施网络一体化布局、集约化配置，推进重大基础设施跨区域协商共建，提高综合使用效率。大力实施新型基础设施建设系统工程，推动5G网络、工业互联网、大数据中心、人工智能等新型基础设施和智慧应用超前布局、协同落地。

六、强化生态联保联治

17.深化生态环境协同治理。落实环保“三线一单”，按照差异化环保管控要求，推进全流域、全区域联防联控和城乡协同治理。深化污染防治攻坚战，统筹垃圾、污水等处理设施跨区域合理布局。建设“花园云”大数据平台，健全跨市县环境联合执法机制和突发性环境污染事件部门应急联动机制。推进生态环境多元协同治理，完善市场化多元化的生态保护补偿机制，迭代升级生态信用体系，培育发展“两山银行”“两山基金”“两山公司”等市场主体，探索开展自然资源资产交易和用水权、用能权、排污权等各类产权交易，建设自然资源资本强市。

18.联动推进国家公园和大花园最美核心区建设。坚持园内严格保护、园外联动发展，建立国家公园管理体制，完善国家公园标准规范和监测保护体系，确保如期创成百山祖国家公园；联动开发国家公园旗舰性产品，打造科普教育、天文观测、森林康养等八大基地，建设国家公园观光体验环线和文创大走廊。按照国家公园理念和标准，统筹实施大花园“1+3+N”建设工程，全域推进大花园建设九大行动，争取瓯江流域山水林田湖草生态保护与修复国家试点，打造瓯江中上游休闲养生新区核心平台，实现大花园空间优化、功能重构、品质提升、形象再造。

七、强化公共服务共建共享

19.全面推进教育提质均衡发展。加大教育资源市域统筹力度，实施教育项目建设“百亿”工程和基础教育集团化、品质化提升工程，推动基础教育扩容均衡优质发展。推进职业教育跨区域合作办学和协同差异发展。建立市域教育大数据治理体系，全域推广“互联网+教育”。统筹“绿谷名师名校长”培养工程，探索教师编制跨区域跨层级调剂周转使用。

20.推进医疗服务均质化发展。深化“三医联动”“六医统筹”改革，大力实施公共卫生基础设施补短工程，谋划建设现代化区域医疗中心，着力提升城市医联体和县域医共体服务能力，增强基层首诊、转诊功能，完善二级以上医疗机构医学检验结果互认和双向转诊合作机制，形成布局合理、结构优化、服务便捷的分级诊疗体系。统筹市域公共卫生应急管理体系建设，建立健全区域重大疫情、突发公共卫生事件联防联控和应急救援联动机制。深化医保支付方式改革，加强市内基本医保制度统一和大病保险统筹。

21.推进公共文化普惠共享。优化城乡公共文化资源配置，以文化馆、图书馆、博物馆、非遗馆、体育馆为重点推进重要文化体育基础设施的区域协同布局和共建共用共享，实现城市阅读一卡通、公共文化服务一网通。发掘整合地方文化资源，实施文化基因解码工程，通过解码、嫁接、创新，培育十大公共文化品牌。强化区域文化联动，完善群众自办文化、巡演巡展、文化走亲等机制，建设全国乡村春晚大本营。

22.完善就业和社会保障。统筹实施就业创业提质工程，以完善"丽创荟"创业服务平台推动构建市域一体化的就业创业公共服务体系，优化就业创业服务流程，推进跨区域劳务合作。推动社会保障服务流程再造，提高社会保险关系转移效能和跨区域社会保障服务便利化程度，以社会保障卡为载体推进居民服务一卡通。开展城乡居民基本养老保险基金省级管理试点，深化区域工伤、失业保险合作，探索建立工伤预防常态化联动机制。

八、保障措施

23. 加强组织领导。在成立全市"一带三区"推进工作领导小组及其办公室的基础上，设立由市领导挂帅、相关市直部门和县(市、区)参加的"一带"和"三区"4个协调工作组，建立联席会议和定期会商制度。领导小组每年至少召开2次会议，各协调工作组原则上每季度召开1次联席会议，及时研究落实各项任务。建立"工作项目化、项目清单化、清单责任化"机制，推动跨山统筹工作、"一带三区"建设任务全面落实。各县(市、区)要成立相应的工作领导小组，"一带""三区"内部要各自建立县(市、区)轮值主持协调机制，加强跨区域合作与发展的县际统筹联络和项目领办。

24.完善工作机制。完善考核评价机制，对"一带"和"三区"各相关县(市、区)和部门实行差别化考核，纳入市委、市政府年度综合考核。完善要素统筹机制，每年争取一定数量的土地指标实行市域统筹，建立高质量绿色发展产业基金，探索政府财政项目资金跨区域跨部门统筹使用和地方性债务统筹。完善干部交流机制，积极有序推进干部跨区域跨层级交流任职。建立项目协同机制，加强跨区域项目合作，打造一批跨山统筹示范性平台和标志性工程，对优质项目实行资金和土地、用能指标奖补。完善市场协同机制，充分发挥行业协会、商会及市场主体在跨山统筹工作中的重要作用。完善法治保障机制，充分运用法治思维和法治方式，提高跨山统筹工作法治化、规范化水平。

25.强化舆论宣传。将跨山统筹工作纳入干部教育培训内容，开展经常性的学习、培训、研讨。宣传部门和新闻媒体及时报道跨山统筹工作的鲜活实践、经验做法和工作成果，激发干部群众主动性和创造性，形成合力推进跨山统筹的良好氛围。

市体育中心全景　（程昌福 提供）

附　　录

重要文献

高扬“丽水之干”奋斗旗帜
开启高水平全面建设社会主义现代化新征程

——在中共丽水市委四届九次全体(扩大)会议上的报告

（2020年12月24日）

中共丽水市委书记　胡海峰

这次全会的主要任务是：以习近平新时代中国特色社会主义思想为指导，认真学习贯彻党的十九届五中全会及省委十四届八次全会精神，听取市委常委会工作报告，审议通过《中共丽水市委关于制定丽水市国民经济和社会发展第十四个五年规划和二〇三五年远景目标的建议》，进一步动员全市上下高扬“丽水之干”奋斗旗帜，牢固树立“没有实现加快发展也是一种风险，没有追求实现加快跨越式发展的意识、决心和胆略更是极端危险”的理念，奋力开启高水平全面建设社会主义现代化新征程。

一、市委四届七次全会以来的主要工作

市委四届七次全会以来，丽水走过了一段极不平凡的发展历程。面对深刻复杂变化的国际国内形势，特别是突如其来的新冠肺炎疫情，市委常委会认真贯彻落实中央和省委重大决策部署，以厉行“丽水之干”推进高质量绿色发展，统筹疫情防控和经济社会发展，高水平全面建成小康社会取得决定性成绩。预计全年地区生产总值超过1500亿元，人均生产总值达到1万美元，城乡居民收入增幅继续保持全省前列。主要抓了以下七方面工作：

（一）众志成城战疫情，交出“两手硬、两战赢”高分报表。市委常委会认为，统筹做好疫情防控和经济社会发展，既是一次大战，也是一次大考，必须坚持人民至上、生命至上，必须统揽全局、果断决策，紧紧依靠全市党员干部群众全员上阵、共克时艰，

确保“两手硬、两战赢”。

市委常委会先后召开10次会议进行研究部署，成立疫情防控领导小组，建立战时指挥体系，科学统筹、精准施策、靠前指挥。在全省最早启动防疫一级响应，最早部署境外疫情防控工作，出台10条最严管控措施，扎紧“精密智控+全员自控”网，外防输入、内防扩散与反弹，倾情倾力稳侨助侨暖侨，慎终如始抓好常态化疫情防控。截至今天，全市已连续265天无新增病例，夺取了疫情防控的阶段性胜利。先后选派100名医疗队员驰援武汉、新疆，圆满完成抗疫援助任务。

在初步遏制疫情蔓延势头后，相机决策，成立“争先创优”行动作战指挥部，全力推进复工复产、复市复学。出台有序开复工指导意见，精准制定支持企业健康发展18条措施，深入开展领导干部走访联系服务企业行动，扎实做好“六稳”工作，全面落实“六保”任务，组织实施“五减”“两直”专项行动，累计减轻企业负担85亿元。企业产能恢复率在全省率先“破百”。经济发展努力实现“半年正、全年胜”。

回顾艰苦卓绝的抗疫历程和逆势挺进的经济社会复苏之路，全市广大党员干部群众团结一心、勇毅前行，凸显了“丽水之干”的行动伟力，辉耀着浙西南革命精神的时代光芒，以实际行动生动诠释了“伟大抗疫精神”，必将激励着我们更加坚定地迈向新的奋斗征程。

(二)纲举目张谋长远，高质量绿色发展体系更加完善。市委常委会认为，加快高质量绿色发展是我们这一代人所肩负的庄严历史使命，必须高举发展的行动旗帜，坚持生产力最高标准，抓纲带目、系统谋划、勇于实践，开辟高质量绿色发展新境界。

召开市委四届八次全会，全景回顾撤地设市20年来经济社会发展取得的历史性成就，深刻总结丽水坚持不懈探索绿色发展新路的创造性经验；明确提出“丽水要坚定不移走创新实践‘绿水青山就是金山银山’理念的发展道路”，打造“全面展示浙江高水平生态文明建设和高质量绿色发展两方面成果和经验的重要窗口”。全会完整总结并确立了“八个坚持”作为指导丽水未来大踏步前进、大跨越发展重要战略的“四梁八柱”，系统部署十二方面具有鲜明时代性、重要战略性和地方标志性的重点工作，科学描绘了丽水未来发展的行动路线图。

综合运用跨山统筹、创新引领、问海借力三把“金钥匙”，激发区域发展活力。作出《关于大力推进跨山统筹全面加快区域协调发展的决定》，编制实施“一带三区”发展规划，积极稳妥推进市域生产力布局重塑。优化落实人才科技新政，启动实施“157创新引领行动计划”，落子打造浙西南科创中心。“智汇丽水”人才科技峰会空前成功，高层次人才参会人数和重大人才科技项目签约数量均为历史之最。与清华大学、西湖大学、之江实验室等大院名校新近建立战略合作关系并深入推进。国家高新技术企业和省级科技型中小企业、产业创新服务综合体、企业研究院新增数量均创历史新高。打造山海协作工程升级版，新签约山海协作产业项目149个，在全省率先成立山海协作产业基金，与宁波合作共建全省首个市级山海协作产业园。接轨上海形成宽领域多层次立体化合作格局，建立张江科创飞地，启动长三角G60(丽水)科创基地建设，加入长三角资本市场城市联盟，设立长三角招商中心。华侨经济加快发展，举办第三届华侨进口商品博览会、首届国际咖啡博览会。

坚定实施交通先行战略，交通基础设施建设取得重大成果。衢宁铁路建成通车，沿线4个县(市)结束不通铁路的历史。杭丽高铁、衢丽铁路等6个重大项目进入国家规划，丽水机场、金台铁路、景文高速、瓯江航道、水东客运枢纽等重大项目加快推进。新建成660千米美丽经济交通走廊，高品质瓯江绿道基本成网。

(三)聚精会神抓经济，现代化生态经济体系加快构建。市委常委会认为，建设现代化生态经济体系是重大战略任务，必须充分发挥生态文明建设成果在新形势下转化为新经济发展的重要推动力作用，全面推进生态经济化、经济生态化。

召开市委经济工作会议，深刻分析当前我市经济发展的“形”与“势”，明确提出“在高质量发展前提下实现必要适度的高速度增长”，强调既要跟过去比“绝对高质量”，又要跑出“相对高速度”，做到发展效果和规模速度统筹兼顾，实现又好又快发展。

召开全市生态工业发展大会，把生态工业确立为高质量绿色发展的主攻方向。全面启动平台“二次创业”，提出“整合、转型、赋能、开放、改制”十字方针，部署开展生态工业发展倍增行动。创设“分区共竞”机制，聚力打造半导体全链条、精密制造、健康医药、时尚产业、数字经济五大产业集群。6条产业链入围省“链长制”示范试点名单。深化“亩均论英雄”改革，制定实施制造业企业资源要素优化配置意见，打造传统制造业改造提升2.0版。出台支持企业股改上市九条意见，新增3家上市公司。全市工业经济实现逆势上扬、稳步向好。

召开全市旅游业发展大会，强调把旅游业培育成为全市经济结构中的战略性支柱产业，提出要坚持全域型、内涵型、开放型、创新型、体验型“五型”发展，打造旅游业升级版。缙云仙都实现“零”的突破，创成国家AAAAA级景区；松阳创成全市唯一国家全域旅游示范区。开展“书记市长带你游丽水”和“云游丽水”系列推广活动，举办上海文旅推介会。旅游业得到全面复苏并实现长足进步。

出台补齐“三农”发展短板确保与全省同步高水平全面建成小康社会的意见，制定深化农合联“三位一体”改革实施意见，推进乡村蝶变振兴。“山”字系品牌影响力进一步增强，前三季度，“丽水山耕”“丽水山居”营销总额分别达到80亿元、14亿元。农业经营主体进一步壮大，新增省级以上农业龙头企业11家。深化农业供给侧结构性改革，“米袋子”“菜篮子”量足价稳，猪肉自给率位居全省前列，农药化肥管控达到欧盟标准。全市农林牧渔业增加值增幅位居全省前列。

深入实施数字经济五年倍增行动计划。完善数字经济平台招商政策，成立数字经济发展有限公司，设立数字经济股权投资基金，建成数字经济双创园，新增入园企业96家。浙江（丽水）工业互联网创新中心、5G互联网智慧工厂联合创新实验室投入使用。前三季度，“三园一基地”数字经济平台主营业务收入、税收收入分别增长21.3%和20.6%。

（四）创新制度提效能，市域治理现代化扎实推进。市委常委会认为，市域治理是一项系统工程，必须坚定中国特色社会主义制度自信，聚焦“制度设计更趋完备、制度运行更加有效”，以制度建设现代化推进市域治理现代化。

支持市人大及其常委会依法履职。完善地方立法体制机制，制定颁布文明行为促进条例、城市养犬管理规定、烟花爆竹经营燃放管理规定等地方性法规。支持市人大及其常委会就做好疫情防控、生态产品价值实现机制改革等重大工作及时作出决议决定，围绕养老服务体系建设、职业教育发展等重大民生关切开展法律监督和工作监督。建立人大代表建议办理工作“一把手责任制”。组织开展省委、市委人大工作会议精神和市委《关于高水平推进新时代人大工作和建设的意见》贯彻落实情况专项督查。

支持市政协发挥专门协商机构作用。出台“请你来协商”平台建设工作实施意见，支持政协就厚植社会主义协商民主文化、养老人才培养机制等重点提案开展专题协商，就全面建成小康社会、市域治理等重大事项开展专项监督。建立政协提案办理工作“一把手责任制”。落实参政党建设“三个文件”，加强党外代表人士队伍建设。民营经济“两个健康”工作有力有效。组织开展中央、省委、市委政协工作会议精神和市委《关于新时代加强和改进人民政协工作的实施意见》贯彻落实情况专项督查。

召开市委政法工作会议、全市建设平安丽水工作会议，启动创建首批全国市域社会治理现代化试点合格城市。完成县级社会矛盾纠纷调处化解中心建设，建成各类矛盾调解组织2538个。扫黑除恶三年专项斗争取得重大成果，累计打掉黑恶团伙83个，查处涉黑涉恶腐败或“保护伞”问题78件。成功夺得全省首批“一星平安金鼎”。

召开市委全面依法治市委员会会议。加强《宪法》《民法典》学习宣传。制定党政主要负责人履行推进法治建设第一责任人职责清单，积极创建全国法治政府建设示范市，4个项目入选浙江省县乡法治政府建设最佳实践。建立涉企行政执法检查备案制度，首创涉企行政执法检查“纪政双督制”。

（五）深化改革激活力，绿色发展动能显著增强。市委常委会认为，推进高质量绿色发展，必须充分发挥改革的突破和先导作用，以改革开辟新路、应对变局、促进发展。

生态产品价值实现机制改革国家试点取得阶段性明显进展。发布国内首个山区市生态产品价值核算地方标准，建立市县乡村四级GEP核算体系，推动GEP进规划、进决策、进项目、进交易、进监测、进考核。探索健全瓯江流域上下游生态补偿机制。建立生态产品政府采购和市场交易制度，设立“两山”基金，组建“两山”银行，培育“两山”公司，累计开展生态产权交易5123宗，实现生态产品可定价、可交易。首创生态信用体系，推出“两山贷”“生态贷”“GEP贷”等绿色金融产品。

国家公园创建取得突破性进展，圆满完成国家公园设立标准试验区试点，额外通过国家公园体制试点评估验收，并入选2020中国改革年度十佳案例。在全国率先开展国家公园集体林地地役权改革，颁发全国第一本集体林地地役权证，该项改革入选国家集体林业综合改革典型案例。建立以国家公园为牵引的大花园核心区“1+3+N”创建机制，全域启动大花园示范县创建，18个项目成为全省大花园“耀眼明珠”培育对象，30个大花园重点项目完成年度计划投资的115%。成功举办“丽水山居图”城市设计国际竞赛，开展花园邻里中心试点。制定最美城市、花园乡村、绿谷花海等建设标准，创成10个美丽城镇省级样板、200个花园乡村。生态环境状况指数和公众满意度保持全省第一，绿色成为丽水发展最动人的色彩。

建立“一把手抓改革”和“常态化抓督察”机制，推动形成比学赶超抓改革的氛围。新争取到7个国家试点、25个省级试点。创成国家跨境电商综合试验区。“最多跑一次”改革延伸扩面，在全省率先实现事业单位工作人员职业生涯全周期管理“一件事”全覆盖。深化营商环境“10+N”便利化行动，一般企业投资项目审批“最多80天”实现率100%。推进政府数字化转型，发布机关办文办事效能指数，事项办理平均提速52%；政务服务事项“网上办”“掌上办”实现率99.8%。

（六）真情为民办实事，交出群众满意的民生答卷。市委常委会认为，改善民生是一切工作的出发点和落脚点，必须坚决扛起创造人民美好生活的重大政治责任，把以人民为中心的发展思想贯彻落实到各项决策部署和实际工作中去。

专题研究部署以“两不愁三保障”为基本要求的高水平全面小康攻坚工作，强调以负责任的高质量确保全面小康攻坚实现高水平。联动开展低收入农户精准脱贫和消除集体经济薄弱村专项攻坚，扎实推进农村困难家庭危房改造，实施农村饮用水达标提标行动，完善防止返贫监测和帮扶机制，实现年总收入10万元且经营性收入5万元以下集体经济薄弱村、年人均收入8000元以下家庭“两个清零”，取得脱贫攻坚决定性胜利。统筹推进“大搬快聚”和“两进两回”工作，帮助29089名高山深山远山群众搬出大山、融入城镇。认真做好东西部扶贫协作和对口支援、对口合作工作，结对帮扶的6个贫困县如期脱贫“摘帽”。

民生事业加快发展。强化稳就业举措，城镇新增就业30464人，城镇登记失业率控制在1.65%。教育提质行动成效显著，创成7个省级教育基本现代化县，高考一段上线率连续3年超过全省平均水平，双一流高校录取率提升到全省中等位次。出台加强学前教育规范普惠发展的意见，实现乡镇公办中心园应建尽建。引进北京、上海等地优质教育资源开展合作办学。教师收入全面达到公务员平均水平。“三医联动”“六医统筹”改革和县域医共体建设扎实推进，出台3岁以下婴幼儿照护服务发展实施意见，家庭医生签约服务深入推进，推出全民健康补充医疗保险“浙丽保”。制定实施国民绿色生活标准体系，健康丽水建设评价获全省优秀。出台新时代民政事业高质量发展的实施意见，完成全国第四批居家和社区养老服务改革试点。老旧小区改造、“儿童之家”建设等十方面民生实事件件有成效。

出台新时代加快推进哲学社会科学发展的实施意见，开展“绿水青山就是金山银山”理念提出15周年系列理论研讨活动。建立弘扬践行浙西南革命精神长效机制，举办浙西南革命精神论坛，开展革命遗址保护立法，组织创作《挺进师》《春风又绿江南》等重大题材影视剧，成为“红军长征论坛”加盟城市。弘扬社会主义核心价值观，累计建成县乡村点四级文明实践阵地3645个、农村文化礼堂1188家，“小园丁”志愿服务蔚然成风，以优异成绩通过全国文明城市复评。城乡公共文化服务标准化均等化建设深入推进，市图书馆新馆建成开放。

（七）坚定自觉扛主责，推动全面从严治党向纵深发展。市委常委会认为，抓党建是主责主业，抓好党建是最大政绩，必须以永远在路上的执着，坚定不移全面从严治党，把各级党组织建设得更加坚强有力。

突出加强党的政治建设。召开“不忘初心、牢记使命”主题教育总结大会，建立健全长效机制。深入实施习近平新时代中国特色社会主义思想教育培训计划，教育引导党员干部增强“四个意识”、坚定“四个自信”、做到“两个维护”。严格执行领导干部政治素质考察实施细则，探索建立领导干部政治素质档案。深入实施“组织力提升工程”。开展“三敢三比”争当“丽水之干”模范集体和先锋人物大比拼，市县联动开展干部跨区域跨部门制度性集中交流，加强年轻干部队伍建设，锻造堪当高质量绿色发展重任的干部队伍。深化新一轮“整乡推进、整县提升”工作，实施“红色领航、村格联心”工程。召开全市村（社区）组织换届工作会议，高质量抓好村社组织换届。常态化推进两新领域“两个覆盖”。面向世界一流大学招引优秀毕业生，开展大学生创梦丽水行动，引进各类人才2.3万人。

充分发挥总揽全局、协调各方作用。专题听取市人大常委会、市政府、市政协、市法检两院党组工作汇报。严格落实党管意识形态主体责任。切实加强统战工作，召开第四次民族团结进步大会，支持景宁开展全国民族地区城乡融合发展试点。统筹加强群团工作。召开市委党管武装工作会议、议军会议，加强退役军人工作，推进军民融合发展，夺取全国双拥模范城“三连冠”。

召开市纪委四届五次全会，全面推进清廉丽水建设，率先建立县级“清廉指数”指标体系，设立清廉丽水“红黑榜”和乡镇（街道）政治生态排行榜。严格落实中央八项规定精神和廉洁自律准则，严肃纠治形式主义、官僚主义，开展会所歪风、餐饮浪费等专项治理。完善亲清政商交往正反面清单，出台纪检监察机关服务民营经济发展10项措施。完善巡视巡察上下联动监督网，实现村（社区）监察工作联络站全覆盖。一体推进不敢腐、不能腐、不想腐，巩固和发展了反腐败斗争压倒性胜利。

打铁必须自身硬。市委常委会高度重视加强自身建设，坚持以上率下、率先垂范，始终把学深悟透习近平新时代中国特色社会主义思想作为重要政治任务，带头贯彻中央和省委重大决策部署，带头执行民主集中制，带头弘扬践行浙西南革命精神，带头严格执行中央八项规定精神，带头厉行“丽水之干”推进高质量绿色发展，示范带领全市党员干部群众共同奋斗。

全市各级党组织和广大党员干部在各自岗位上担当实干、奋勇争先，对市委常委会工作给予了大力支持，也有力推动了各项事业加快发展。在这里，我代表市委常委会，向同志们致以由衷敬意和诚挚感谢！也请同志们对市委常委会工作提出意见和批评。

二、关于规划建议稿的起草说明

“十四五”时期，是丽水在高水平全面建成小康社会之后，乘势而上开启高水平全面建设社会主义现代化新征程的首个五年，也是在经过撤地设市以来20年奋斗求索、开辟高质量绿色发展新路基础上，奋力加快跨越式发展、努力打造“高水平建设和高质量发展重要窗口”的关键时期。制定好“十四五”规划建议，事关丽水长远发展，事关丽水未来前景，具有重大战略意义。

（一）起草过程

市委对“十四五”规划建议起草工作高度重视。市委常委会专门召开会议，就起草工作进行认真研究、作出整体部署，决定成立由我担任组长的文件起草领导小组，同时组织力量成立专班。起草工作始终在市委常委会领导下进行。在起草过程中，市委认真学习贯彻党的十九届五中全会和省委十四届八次全会精神，并专门召开专题学习会，就制定规划建议深入开展研讨。

起草工作坚持政治引领、系统谋划、开门问策、集思广益，始终把加强顶层设计和主动问计于民结合起来，把发扬党内民主和发扬社会主义协商民主结合起来，把总结提炼历史经验与解决当下重大问题结合起来。市领导围绕制定“十四五”规划建议分头开展调查研究，形成重要调研成果。同时进行网上征求意见，把社会期盼、群众智慧、专家意见、基层经验充分吸收进来。建议稿经反复研究、数易其稿，印发各县（市、区）和市直各部门征求意见。近期，按照市委的要求，市领导又分头召开各领域各层次各界别座谈会，当面听取各方面人士意见建议。在充分吸收方方面面意见建议基础上，再进一步修改完善，经市委常委会审议，形成提交全会审议的讨论稿。

从征求意见情况看，各地各部门对建议稿给予充分肯定。大家一致认为，建议稿高扬“丽水之干”奋斗旗帜，反映了加快发展的迫切愿望与紧迫要求，形势研判科学清醒，目标要求高远务实，工作方针旗帜鲜明，任务部署重点突出，思路举措富有创新，为编制“十四五”规划《纲要》提供了重要遵循。

（二）基本原则

在建议稿起草过程中，我们注重贯彻了以下原则：

1.接续递进、求是跨越。“接续递进”体现抓发展要一以贯之、久久为功，“求是跨越”强调促发展要守正创新、大步前进。建议稿秉持“发展阶段不可逾越，发展阶梯可以跨越”理念，从高水平全面建成小康社会向高水平全面建设社会主义现代化新征程迈进的历史进程着眼，从解决丽水当前发展不平衡不充分的突出问题和薄弱环节入手，做到遵循发展的普遍规律与立足丽水当前所处历史方位并把握现阶段发展特殊性的有机统一。建议稿全面贯彻“八个坚持”基本要求，既注重对“十三五”期间重大任务、重点工作、重要政策的紧密衔接和延伸深化，又突出前瞻谋划，尤其是站在未来十年以后乃至更长时间的远景发展目标和长远发展期望回溯定位看五年、定五年，坚决克服和摒弃按部就班、墨守成规的保守主义，敢于确立“用尽全力跳起来摘桃子”的目标。通过谋划一批牵一发而动全身的重大战略抓手，特别是具有突破性、创新性、标志性、引领性、个性化和有显示度的重大行动举措，实现丽水整体发展方式和水平的跨越式重塑和提升。

2.战略聚焦、谋定突破。丽水发展历史欠账较多，资源又相对有限，决定了不能“眉毛胡子一把抓”，不能在各条战线平均用力、齐步前进。为此，我们突出善用矛盾的观点，用好“重点论”的工作方法，以聚敛思维锚定具体目标，采取机动灵活的政策和策略，阶段性地集中优势资源力量逐一打歼灭战，实现战略聚焦和精准致胜相结合。建议稿统筹有所为有所不为、坚持轻重缓急各有侧重，尤其站在全局高度充分审视丽水的比较优势和制约影响未来发展的明显短板和问题，着重就已经看准并基本具备条件或通过努力创造条件可以实现目标的重大战略作出方向性部署，力求尽非常之力、下非常之功、行非常之策，以“不干则已、干则必成”的决心和定力实现一个个的阶段性发展目标，积小胜为大胜，用不断取得的新突破塑造丽水未来发展新优势。

3.自立自强、乘势而进。丽水的发展需要“内外兼修”。既要对外部形势有清醒正确的分析判断，对面临机遇有准确敏锐的把握捕捉，也离不开来自外界方方面面的支持和帮助。但说到底,最重要的还是要靠自己拼命努力,做到自强不息。这是由内因是根本、外因是条件的事物发展客观规律所决定了的,也是一直以来市委始终反复强调"丽水之干"、"丽水之干"还是"丽水之干",并且要以"忠诚使命、求是挺进、植根人民"为内涵的浙西南革命精神注魂、赋能、立根的根本原因。在建议稿起草过程中,既注重了在广阔时空范围看待认识丽水发展所面对的"形"与"势",力求在未来的发展中能够做到因势利导、顺势而为,进而积极以变应变,牢牢把外在变化所制造的"机会窗口"掌握在手中,实现借势而上、乘势而进;更注重充分激发各级主观能动,从上到下昂扬起奋发有为的精神状态,增强必须加快发展的内生劲头,特别是强调自主谋划和自主实现的自我发展能力,在重大改革、重大项目、重大政策、重大平台策划方面坚决突破一般性,力求作出更多具有特殊意义和效果的战略安排,实现非一般性的跨越式发展。

(三)需要说明的重点问题

建议稿明确了"十四五"时期丽水经济社会发展的总体要求、主要目标及2035年基本实现高水平现代化远景目标,并按照新发展理念的内涵要求,分领域提出"十个聚焦"重点任务,作出工作部署。这里就其中六个问题作重点说明。

1.关于发展目标。在征求意见过程中,广大党员干部群众热切表达了一个共同心声,就是丽水一定要高举发展的行动旗帜,增强发展的机遇和挑战意识,全面拓宽"两山"转化通道,奋力实现既有质量效益、又有规模速度的高质量绿色发展。建议稿充分回应大家关切,紧扣发展新阶段新要求,研究提出"七个新"的主要目标。有两条主线贯穿其中:一是充分贯彻"发展服从于保护,保护服务于发展"的理念,把GEP和GDP作为"融合发展共同体"一并确立为核心发展指标。这一考虑,既遵循一般发展规律,又凸显丽水高质量绿色发展的特色追求。建议稿从改进总量性指标与结构性指标的匹配性入手,对资源效率、环境效率、科技贡献率、全要素生产率等结构性指标提出更高要求,有利于促进GDP和GEP"两个较快增长",增强生态优先、绿色发展的核心战略定力。二是充分贯彻"在高质量发展前提下实现必要适度的高速度增长"的要求,明确提出打造全省新发展格局中的新增长极。这一考虑,兼顾了发展需要和条件可能。一方面,补齐短板、跨越追赶,进一步缩小与发达地区的差距,我市有着需要加快发展的迫切要求;另一方面,外部条件环境变化、发展方式转变、增长动力转换,也为我市在"十四五"期间实现中高速度增长提供了可能条件和现实基础。综合考虑各方面因素,经过认真研究,建议稿对"十四五"和到2035年经济发展提出了总体较为积极的预定目标。编制规划《纲要》时可以在细化测算基础上提出相应的具体指标。

2.关于在新发展格局中的角色定位和关键路径。当前构建新发展格局是全国"一盘棋"中的重大战略。对丽水而言,构建新发展格局决不是谋划自身的小循环,而是要在双循环中找准角色定位和发挥比较优势,通过融入大循环、服务大循环、借力大循环,在高端要素流通、资源重组配置中尽可能多地导入引进为我所用。要抓住"两个关键":一是打造供需对接的关键链条。牢牢把握扩大内需这一战略基点、优化供给这一战略支撑,充分发挥我市生态比较优势和未来经济转化优势,着力提升供给体系对需求的适配性,打通经济循环堵点,推动需求创造与供给升级同向发力,形成更高水平的动态平衡。二是打造制度型开放的关键基础。积极推动由商品要素自流动型开放向规则引导的制度型开放转变,强化开放与改革良性互动,建立同国际投资和贸易通行规则相衔接的制度体系,最大限度破除市场准入障碍,全面营造一流营商环境,不断降低全社会交易成本。

3. 关于开辟生态文明建设新局面。进入发展新阶段,丽水生态文明建设理应有更高追求。建议稿提出,全面加强生态环境保护和建设,建设人与自然和谐共生的现代化。强调突出"三个转变":一是从天生丽质向治理提质转变。生态好不等于治理好。"十四五"时期,要把补齐生态治理短板摆上更加重要位置,尤其是注重充分运用新技术新手段,建立全域立体生态监测网,构建起科学高效智慧的生态治理体系,让美丽更可持续。二是从生态颜值向经济价值转变。积极推动"生态佳"迈向"生态+",构建以"生态+"为显著特征的现代化生态经济体系,让绿水青山成为永续,让金山银山成为经济发展的增长点。三是从产品直供向模式提供转变。不仅要成为好山、好水、好空气等优质生态产品的直接供给者,更应该成为全面深入推进生态文明建设各领域改革的积极探索者和实践者,在机制创新、功能拓展、路径开发、标准创设等方面先行先试,形成新时代生态文明建设的"丽水方案"。

4.关于市域一体化发展。这是解决丽水长期以来存在的生产力布局过于分散、发展缺乏规模效应与区域整体竞争优势不强问题的必然要求,也是大势所趋,是发展手段也是发展目标。市委四届八次全会秉持跨山统筹的理念和方法，从顶层设计入手，系统谋划市域一体化发展的目标要求、方法路径、体制机制，作出构建“一带三区”发展新格局的决定。作为一个管长远具有重大战略意义的决定，需要以更加扎实的工作举措来全面推动落实。为此，建议稿设立专章，进一步作出系统部署，力争未来五年在加快推动区域协调发展上取得实质性进展。

5.关于重塑城乡关系。这是丽水面临的一大难题，也是由当前客观存在的现实困难所决定的。一方面，丽水的城镇化率明显低于全省，中心城市能级不高、首位度不强、高端要素集聚不足；另一方面，我市还有相当一部分高山远山深山村，布点分散、建设滞后，人口流失严重，空心化老龄化问题突出。对此，建议稿提出走“以人为核心”的新型城镇化道路，构建工农互促、城乡互补、全面融合、共同繁荣的新型城乡关系。一是以“人的城镇化”为核心，有序推动农业转移人口市民化，增强基本公共服务可及性和公平性，做到聚人兴业、以业强城。二是以城镇建设为主体，统筹推进城镇的高品位规划、高标准建设、高水平管理，优化生态、生产、生活空间，增强城镇发展和服务能力。三是以政府推动为主导，推进“大搬快聚”和“两进两回”政策的延续和创新，推动城乡空间重塑、业态重构、文化重兴，走出一条具有山区特点的城乡融合发展之路。

6.关于统筹发展和安全。在征求意见过程中，大家都强调这一问题的重要性。建议稿明确提出将守住安全底线和追求发展高线统一起来，坚持用大概率思维防范小概率事件，针对各种存量风险化解和增量风险防范，下好先手棋、打好主动仗，既积极塑造有利于经济社会发展的安全环境，又充分运用发展成果夯实维护安全的实力基础，实现发展和安全互为条件、彼此支撑。

三、当前必须抓紧落实的要务

关于“十四五”时期经济社会发展工作，建议稿已作出系统谋划。这里着重强调十项战略举措。

（一）建设浙西南科创中心。创新是引领发展的第一动力，但同时又是丽水最为突出的短板。我们必须攥指成拳，在中心城市率先布局建设高端要素集聚、创新活力勃发的浙西南科创中心，才能更好地服务全域孵化、带动全域创新。建设浙西南科创中心，当前重点是发挥市一级作为资源要素引进和组织者的关键性作用，加快“筑巢引凤”，瞄准我市重点产业领域，以推进创新链与产业链精准适配为导向，建设浙西南科创产业园、科创小镇、科创走廊等重大创新载体，高标准、大手笔创建国际化双创人才特区，引育更多“头部”型企业、创新型领军企业和“专精特新”企业，以超常规力度打造凝聚高水平科研团队、高新技术企业、高端资本协同创新的区域科创“硬核”。

（二）打造高能级产业战略平台。高能级产业平台是引领支撑区域经济快速发展的航空母舰和战略力量，在企业承载、质量效益、竞争优势和辐射带动等方面作用突出。要抓住平台整合优化提升的重大机遇，以前瞻眼光和大胆魄力推进全市平台一体规划和体系重塑，推动“高精尖特”创新主体、重大产业、重要企业、重点项目优先向主力平台布局，力争“十四五”期间在高能级产业战略平台建设上取得重大突破。丽水经济技术开发区要立下雄心壮志，率先建设成为千亿级规模高能级高质量战略平台，跻身国家级经济技术开发区 50 强，并注重加强与各县（市）平台协同互动，引领全市平台向高端跃升。

（三）构建“一带三区”发展新格局。构建“一带三区”发展新格局是为了创造性激发全域规模发展张力、催生加快跨越式发展内生动力。要在思想认识的更深层次更坚决破除“不必统筹”“不愿统筹”“不敢统筹”“不会统筹”的障碍和惰性，切实建立起市域有效统筹的发展格局。要从规划刚性上确立“一带三区”发展规划的统领性和先导性作用，推动各级各类规划与之充分衔接，引领产业布局、城乡融合、交通建设、资源配置和设施配套各项工作，实现主体功能聚焦、特色优势互补、整体协同并进。要在示范带动上加快形成标志性成果，以项目共建为切入点，以平台共筑为突破口，以机制创新为主抓手，以制度建设为基础桩，通过“十四五”时期的持续努力，基本形成“一带三区”发展新格局。

（四）推进以人为核心的新型城镇化。城镇化是现阶段丽水释放人口红利、增加空间腾挪、激活发展潜力、促进民生福祉的重要路径。要坚持市县联动，做好中心城市规模和能级提升、以县城为中心推进城镇化建设这两篇文章。开展中心城市赋能扩容升级行动，实施“东扩、西进、北展、南拓”战略，构建“一脉三城”，大幅提升作为区域性中心城市的综合能级和定位，增强高端要素、高端产业、高端功能集聚和人口承载能力，高品质建设新时代山水花园城市。要深化“小县大城、产城融合、组团发展”战略，统筹推进中心镇发展改革、小城市培育试点，加快县城向中小城市转变，建设和谐宜居、富有活力、各具特色的现代化城市。

（五）建设现代综合立体交通体

系。交通是发展主动脉，是畅通经济循环的基础支撑。要坚定不移实施交通先行战略，推进综合交通五年攻坚大会战。围绕国家大战略谋划大交通，全力争取国家和区域交通干线连结丽水，推动丽水更好地融入广域交通干线网络，高水平打造浙西南综合交通枢纽。围绕生产力布局建设大交通，推动交通布局与“一带三区”发展规划紧密衔接，实现基础设施互联互通、主干支线交织成网、物流客运齐头并进、产业资源合理铺排。围绕美好生活提升大交通，发展美丽交通、智慧交通、畅通交通，织密升级旅游交通网，提升“四好农村路”，推动交通通达从“走得了”迈向“走得好”。

（六）建设大花园最美核心区。基本建成诗画浙江大花园最美核心区，是“十四五”时期的重大任务。要变美丽生态为美丽形态，高标准创成百山祖国家公园，全域推进大花园核心区“1+3+N”工程，精雕细琢打造大花园“耀眼明珠”，串珠成链建设“多彩廊道”，点线面结合构建大花园景观系统，实现大花园示范县全覆盖。要变美丽形态为美丽业态，全方位推进“生态+”“农耕+”“文旅+”，创建具有引擎效应的农业现代化示范区、高等级旅游景区，开发具有引爆效应的旗舰型农文旅融合项目，让美丽大花园更好地服务于人民美好生活。

（七）深化生态产品价值实现机制改革。经过近三年试点，生态产品价值实现机制改革已经成为丽水改革的“金字招牌”，成为拓宽“两山”转化通道的关键一招。必须坚定深化改革的决心和意志，坚持理论创新、制度创设和实践创造并重，形成更多可复制可推广的成果和经验，率先建成全国生态产品价值实现机制示范区。特别要在全面拓展生态产品价值市场化、产业化实现路径上大胆探索创新，健全生态信用制度体系，畅通市场主体参与渠道，培育生态产品交易市场，大力发展以生态产品为核心要素的生态利用型、生态赋能型、生态影响型产业。

（八）以制度型开放构筑对内对外开放体系。制度型开放是新时代高水平开放的鲜明特征。要接轨国际市场通行规则，建立健全竞争中性、市场透明、产权保护等方面制度，围绕商事制度、贸易监管、金融开放创新等内容，持续深化“最多跑一次”改革和市场化改革，营造法治化国际化便利化营商环境。要推进跨区域交流合作，用好长三角一体化国家战略、自贸区改革机遇和“山海协作”制度优势，创设更多制度型开放载体。要扩大跨境交流合作，加强与“一带一路”沿线国家在市场、规则、标准等方面的“软联通”，打造更多科创、产业、经贸国际化合作“硬平台”，提高开放型经济水平。

（九）构建以共同富裕为导向的持续增收机制。实现共同富裕是社会主义的本质要求。虽然高水平全面建成小康社会取得决定性成果，但我市发展不平衡不充分问题仍然突出，加快群众增收依然是今后五年乃至更长时期需要继续密切关注并进一步深入推进的重要工作。我们要把共同富裕作为根本导向，把持续增收作为根本任务，稳住工资性收入增长势头，挖掘经营性收入增长潜力，拓展转移性收入增长空间，释放财产性收入增长红利，确保群众收入增速继续保持全省前列、收入差距稳步缩小。共同富裕不仅包含物质富裕，精神富足也是题中应有之义。要把实现物质和精神共同富裕作为更高层次的目标追求，努力创造更多优秀精神文化产品，满足群众多样化精神文化需求，促进人的全面发展。

（十）建设更高水平的平安丽水。平安是实现高水平现代化的必要基底。要以创建全国市域社会治理现代化试点合格城市为目标，强化“五个统筹”，突出制度创新这个根本，推进社会治理体制、工作布局、治理方式、指挥体系现代化建设，进一步厚植优势、创新实践、打造示范，推动社会治理迈向现代化、平安建设迈上高水平，奋力夺取“长安杯”。要扎实推进整体智治，以科技运用提高治理系统效能，加快建设“城市大脑”，提升“一中心、四平台、一网格”智能化水平，努力让城市会思考、让治理更高效、让生活更美好。

高水平全面建设社会主义现代化，关键在党，关键在人。要加强党的全面领导，完善“不忘初心、牢记使命”长效机制，全面加强党的政治建设，引领和推动全市上下团结一心、艰苦奋斗，把党的政治优势充分转化为发展胜势。要全面贯彻新时代党的组织路线，深入实施“组织力提升工程”和干部队伍现代化建设能力提升工程，推进“两个担当”良性互动，把各级党组织锻造成为可堪领导现代化建设的坚强战斗堡垒，把广大党员干部锻造成为具备领导现代化建设能力的模范中坚。要锲而不舍落实中央八项规定精神，深化清廉丽水建设，完善“四责协同”机制，打造与绿水青山相协调的清廉生态系统，以良好的政治生态保障高水平现代化事业全面健康发展。

同志们，宏伟蓝图已经绘就，砥砺奋进正当其时。让我们高扬“丽水之干”奋斗旗帜，大力弘扬践行浙西南革命精神，坚定不移走创新实践“绿水青山就是金山银山”理念的发展道路，勇于突破、勇开新局、勇立潮头，努力在高水平全面建设社会主义现代化新征程上奋勇争先、跨越前行！

丽水市人民代表大会常务委员会工作报告

2021 年 2 月 24 日
在丽水市第四届人民代表大会第六次会议上

丽水市人大常委会主任　虞红鸣

各位代表：

我受丽水市第四届人民代表大会常务委员会委托，向大会报告工作，请予审议。

过去一年工作回顾

2020 年，是高水平全面建成小康社会和“十三五”规划的收官之年，也是丽水发展极不平凡的一年。一年来，面对错综复杂的国际形势、艰巨繁重的改革发展稳定任务，特别是新冠肺炎疫情的严重冲击，在中共丽水市委的坚强领导下，市人大常委会高举中国特色社会主义伟大旗帜，以习近平新时代中国特色社会主义思想为指导，坚决贯彻党中央和省市委重大决策部署，紧紧围绕打造“高水平建设和高质量发展重要窗口”的历史使命，大力弘扬践行浙西南革命精神，坚定厉行“丽水之干”，发挥职能优势、依法履职尽责，为统筹我市新冠肺炎疫情防控和经济社会发展，高水平全面建成小康社会作出了积极贡献。全年召开常委会会议 8 次、主任会议 17 次，听取和审议专项工作报告 22 个，制定地方性法规 3 部，作出决议决定 8 项，作出审议、视察、评议意见 19 个，圆满完成了市四届人大五次会议确定的目标任务。

一、坚持党的领导，贯彻部署更加有力

常委会始终牢记人大是党领导下的重要政治机关，必须旗帜鲜明讲政治，自觉把党的领导贯穿于人大工作的全过程各领域。

强化政治引领。坚持以政治建设为统领，秉持初心使命，牢牢把握人大工作正确的政治方向。筑牢思想根基。巩固和拓展“不忘初心、牢记使命”主题教育成果，深入学习习近平法治思想、习近平总书记关于坚持和完善人民代表大会制度的重要思想，认真学习习近平总书记考察浙江重要讲话和中央、省市委全会精神，全年召开常委会党组会议 14 次，组织专题学习 15 次，推动政治学习制度化、常态化，做到学深悟透、走深走实。落实主体责任。加强常委会及机关党的建设，认真履行全面从严治党和意识形态工作主体责任，深入贯彻党组工作条例，扎实推进党风廉政建设，严守政治纪律和政治规矩，严格执行重大事项向市委请示报告制度，全年就年度工作开展、立法计划调整等重要事项向市委请示汇报 8 次。依法履职行权。坚持在服务中心大局中体现责任担当，依法行使重大事项决定权和人事任免权，作出推进生态产品价值实现机制改革等决议决定，把党委的决策主张转化为全市人民的共同意志。坚持党管干部与人大依法任免有机结合，全年任免国家机关工作人员 46 人次，完成市委重要人事安排。

助力打赢“两战”。坚决贯彻中央和省市委关于疫情防控的决策部署，行动迅速，保障有力，依法推进我市疫情防控和经济社会发展。提供法治保障。作出全力做好当前新型冠状病毒肺炎疫情防控工作的决定，授权县级以上政府依法采取临时性应急管理措施，推动我市疫情防控在法治轨道上运行。助力复工复产。准确把握分区分级精准防控和复工复产要求，听取和审议了市政府关于疫情防控和复工复产情况报告。深入开展“三服务”活动，主任会议成员带队调研疫情防控和复工复产，分批走访服务联系企业和重点项目，推动惠企帮扶政策落地见效。发动各界参与。及时向全市各级人大代表发出倡议，号召全体人大代表、人大干部积极投身疫情防控、群防群治和应急保障工作，引导代表做疫情防控和复工复产“两不误”的参与者、宣传者、示范者。主动对接侨团侨领，及时了解华侨状况，通报国内防控措施，共筑抗疫坚强防线。

加强基层基础。对标新时代人大工作新要求，加强基层基础建设，推动人大工作高质量发展。推动工作创新。改进法规立项和监督选题方式，积极探索法定职权行使的有效途径，市人大“探索开发区人大监督新模式”获第二届浙江人大工作与时俱进优秀奖。拓展宣传阵地。加强新时期人大工作融媒体宣传，开设《代表故事》《人大关注》《人大聚焦》《人大立法》新媒体专栏。开展庆祝撤地设市20周年暨“绿水青山就是金山银山”理念15周年系列活动，《人大制度在处州大地破茧成蝶》作为浙江人大推荐的系列报道作品之一，获第30届中国人大新闻奖二等奖、浙江省第29届人大新闻奖一等奖。指导基层实践。贯彻落实省市委关于高水平推进新时代人大工作和建设的意见，加强联系指导，开展文件督查，推动省市委文件精神落地见效。积极参与村社组织换届选举工作，推动各地出台乡镇(街道)人大工作机制，明确工作职责，理清工作清单，加强乡镇(街道)人大规范化建设。

二、服务发展大局，监督靶向更加精准

常委会始终坚持在全市工作大局中谋划人大工作，强化目标导向、问题导向、效果导向，创新监督方式、精准靶向监督、增强监督实效，在助推“高水平建设和高质量发展重要窗口”建设中彰显人大担当。

助推高质量发展。自觉将助推高质量绿色发展作为第一任务，厚植绿色发展优势。推动规划落地。精心组织开展“十四五”规划调研，听取和审议市政府“十三五”规划纲要执行与“十四五”规划纲要编制情况、市本级政府重大投资项目2019年计划执行情况及2020年计划草案的报告，审议通过2020年市本级17个亿元以上政府性重大投资项目，主任会议听取丽水市国土空间总体规划编制情况报告，不断强化规划、计划的科学性、严肃性。助力经济发展。听取和审议市政府上半年经济社会发展情况、数字经济发展情况报告，就促进民营工业企业发展开展专题询问，围绕做好“六稳”工作、落实“六保”任务，助推民营企业共克时艰、共渡难关。组织省人大代表丽水中心组调研生态产品价值实现机制试点实施情况，视察“飞地经济”发展、重点项目推进情况。加强财政监管。强化部门预决算审查，重点审查了市统计局、人力社保局、综合执法局及丽水开发区2019年决算，审查批准2019年市本级决算。落实定期债务跟踪监督机制，加强全口径债务管理监督，每半年听取有关债务管理情况报告。听取和审议审计工作报告、审计查出问题整改情况报告，对问题整改进行清单式跟踪监督。开展行政事业性国有资产管理情况专项监督，促进国有资产保值增值。

推动高水平建设。自觉将推动高水平生态文明建设作为第一职责，促进人与自然和谐共生。聚焦城乡建设。持续监督市区征收安置历史欠账问题，听取和审议市区征收安置三年行动计划完成情况报告，并进行满意度测评。定期调研常态化推进全国文明城市创建工作，督促责任落实，助力文明城市复评。紧盯污染防治。受省人大委托，检查了《中华人民共和国土壤污染防治法》在我市的实施情况。开展大气污染防治执法检查，听取和审议执法检查及市政府实施情况报告，就市区大气污染防治情况进行专题询问，推动公众环保意识增强和生态环境质量提升。护航生态安全。贯彻落实全国人大关于全面禁止非法野生动物交易、革除滥食野生动物陋习、切实保障人民群众生命健康安全的决定，省市县联动开展《中华人民共和国动物防疫法》《浙江省动物防疫条例》贯彻执行情况执法检查，专题调研我市野生动物保护情况，及时提出意见建议，促成中央部门明确棘胸蛙养殖划归水生野生动物管理，营造全社会共同关注生态安全的浓厚氛围。

关注高品质生活。自觉将实现人民群众高品质美好生活作为第一追求，依法保障和推动民生改善。促进项目实施。实施市县乡三级民生实事项目票决制，推动代表全程参与，听取市政府2020年民生实事项目进展和完成情况报告，保障民生实事项目如期完成。促进精准帮扶。围绕消除集体经济薄弱村和推动乡村振兴精准发力，专题调研我市消除集体经济薄弱村工作情况、民族村精准帮扶项目实施情况，巩固精准脱贫成果。促进民生改善。主动回应代表关注和群众期盼，听取和审议全市农村饮用水达标提标三年行动实施情况报告，专题调研公共卫生服务体系和养老服务体系建设情况，组织部分市人大代表视察职业教育发展情况并约见政府部门负责人，促进公共服务均衡发展。

三、推进依法治市，法治保障更加完备

常委会始终坚持运用法治思维和法治方式推进依法治市，依法行使地方立法权，加强执法和司法监督，助推市域治理体系和治理能力现代化。

加强法治供给。顺应改革发展需要，坚持制度创新，充分发挥地方立法的引领、推动和保障作用。推进年度立法。突出地方特色、公众参与，审议通过文明行为促进条例、城市养犬管理规定、烟花爆竹经营燃放管理规定3部地方性法规，对革命遗址保护条例进行初审。科学编制2021年立法计划，不断完善立法项目库储备。完善立法机制。认真贯彻市委关于加强党领导立法工作的实施意见，配合市委召开全面依法治市委员会立法协调小组会议，通过了立法协调小组工作规则。研究制定地方性法规立法后评估工作办法，对城市市容和环境卫生管理条例开展立法后评估，评价实施效果，查找存在问题，提出改进建议。改进备案审查。审议了市四届人大以来备案审查工作情况报告，组织开展全市规范性文件个案审查研讨培训，举办规范性文件备案审查制度讲座，加强审查能力建设。接受报备规范性文件37件，重点审查了5件。

强化法律监督。紧扣依法行政、规范执法开展监督。组织执法检查。发挥执法检查"法律巡视"利剑作用，就我市贯彻《浙江省食品小作坊小餐饮店小食杂店和食品摊贩管理规定》《浙江省华侨权益保护条例》开展执法检查，市县联动监督公共文化服务保障"一法一条例"执行情况，保障法规有效实施。助推依法行政。首次审议2019年度法治政府建设情况报告，推动政府转变职能，加快法治政府建设。落实任前法律知识考试、任职表态发言等制度，在市本级处级干部宪法宣誓全覆盖的基础上，重点推进县级国家工作人员履行宪法宣誓，对提请人大常委会任命的审判人员、检察人员通过人大平台进行任前公示，督促被任命人员依法履职尽责。开展履职评议。加强任后监督，对人大任命的政府工作部门负责人开展履职评议，听取和审议了市教育局、国资委、金融办、人防办主任（局长）的履职工作报告，并进行满意度测评，进一步强化了被任命干部的法治观念和人大意识。

丽水市第四届人民代表大会第六次会议会场　　（姚　嫣　提供）

维护社会稳定。推进社会治理法治化，维护社会公平正义、和谐稳定。促进公正司法。听取和审议市法院民商事审判工作情况报告，依法作出加强新时代检察机关法律监督工作的决定，创新提出检察机关实施法律监督年度报告制度，制定《法官检察官履职评议办法》，督促公正行使司法权、检察权。推动矛盾化解。推动社会治理创新，省市县三级联动开展社会矛盾纠纷调处化解"最多跑一地"改革情况专项监督，发动代表参与矛盾纠纷调处化解工作。开展民间信仰事务管理情况专题调研。依法受理群众来信来访，维护群众合法权益，全年接受群众来信来访126件次，推动为民办实事解难事更加精准有效。深化法治宣传。协助市委依法治市委员会出台《关于进一步加强地方性法规普法工作的意见》，对我市地方性法规宣传工作作出制度安排。推动地方性法规纳入全市公职人员专题考试内容。召开《丽水市文明行为促进条例》《丽水市城市养犬管理规定》颁布实施新闻发布会，解读法规主要内容，营造法规实施良好氛围。

四、保障代表履职，作用发挥更加充分

常委会始终牢记尊重代表主体地位就是尊重人民主体地位，服务代表、接受代表监督就是服务人民、接受人民监督，全力支持保障代表依法履职。

深化平台建设。立足联系群众常态化、制度化，深化联络站建设、丰富活动开展。平台建设更规范。推进规范化代表联络站建设三年行动计划，90%的联络站完成规范化建设。鼓励建立延伸机制，向下到村社设置联络室（点），向上在县城建联络总站，向外在外出人口集聚区域建分站，代表活动更加便利。活动开展更丰富。深化代表联络站联系群众主题活动，采取商讨代表建议、听取民生实事项目意见及代表参与基层治理等方式，有效拓宽联系渠道。建立常委会领导与列席常委会会议的代表座谈机制，落实常委会组成人员联系、走访代表制度，邀请更多代表参与立法、监督等活动，强化代表对人大各项工作的参与。代表参与更广泛。深化代表闭会期间履职活动，完善政府部门负责人进代表联络站活动制度，创新代表小组定向视察、主题监督等活动方式，增强活动实效。推动代表通过走访、接待、座谈、微信联系等多种方式保持同人民群众的经常性联系。

优化服务保障。将提升人大代表素质摆在突出位置，支持和保障代表依法履职。加强代表培训。统筹谋划代表培训工作，组织80多名基层市人大代表在全国人大培训中心开展专题培训，实现了基层人大代表专题培训全覆盖。推动代表述职。建立人大代表向选民和选举单位述职制度，首次组织省人大代表向常委会述职，省市县乡四级代表分批开展履职报告，增强了代表自觉接受监督的意识。强化代表管理。细化代表履职登记管理标准，通报履职登记情况、开展履职经验交流、表彰优秀代表建议，推动代表履职经验交流常态化，为代表履职画出“硬杠杠”，晒出“成绩单”，不断激发代表履职的积极性、主动性。

强化建议办理。将提高办理质量作为推动代表建议办理的首要目标。严把质量关。组织代表开展会前调研视察，进行工作情况通报，提供议案建议素材，切实加强培训指导，提升代表的履职能力和水平，引导代表多提好建议、实建议。严把办理关。推动出台市人大代表建议办理工作“一把手责任制”，切实提高建议办理质量。重视闭会期间代表建议的收集和交办，规范建议办理“三见面”形式，不断提高代表建议办理的面商率、解决率和满意率。严把督办关。坚持政府领导领办、人大常委会主任会议成员和人大专（工）委督办制度，通过实施建议办理工作评议、代表约见部门负责人等方式，增强建议督办实效。市四届人大五次会议286件代表建议全部办理完毕。

各位代表，过去一年常委会工作取得的成绩，是市委正确领导的结果，是常委会组成人员和全体代表共同努力的结果，是市政府、市监委、市法院、市检察院积极配合的结果，是市政协委员、各民主党派、各人民团体、驻丽部队和社会各界大力支持的结果。在此，我谨代表市人大常委会，表示衷心的感谢！

对照新时代人大工作新要求、人民群众新期盼，常委会工作还有不少差距和不足。主要是：立法工作机制有待进一步完善；监督工作实效有待进一步增强；代表履职活力有待进一步激发；常委会及机关自身建设有待进一步深化等。我们将虚心听取各方面意见建议，自觉接受人大代表和人民群众的监督，不断改进工作。

今年工作主要任务

各位代表，2021年是中国共产党成立100周年，是实施“十四五”规划开局之年，也是我市开启高水平全面建设社会主义现代化新征程的启动之年。立足新发展阶段，贯彻新发展理念，构建新发展格局，人大工作必须要有新担当新作为。今年市人大常委会工作的指导思想是：以习近平新时代中国特色社会主义思想为指导，深入学习贯彻习近平法治思想、习近平总书记关于坚持和完善人民代表大会制度的重要思想，全面贯彻落实党的十九大和十九届历次全会以及省委、市委全会精神，围绕打造“高水平建设和高质量发展重要窗口”，高扬“丽水之干”奋斗旗帜，大力弘扬践行浙西南革命精神，坚定不移走创新实践“绿水青山就是金山银山”理念发展道路，彰显人大的鲜明优势，发挥人大的独特作用，努力交出履职高分报表，为加快跨越式发展、确保高水平全面建设社会主义现代化起好步提供有力法治保障。

根据上述指导思想，今年常委会工作的主要任务是：

一、对标“重要窗口”新使命，锚定履职行权新坐标

立足新的历史方位和时代坐标，紧紧围绕中央和省市委决策部署，明确新发展阶段人大工作的坐标方位。

坚定制度自信。加强理论武装，深入学习习近平新时代中国特色社会主义思想，充分认识人民代表大会制度的守正固本作用，坚定不移地坚持好、完善好、实践好、发展好人民代表大会制度，持续推动习近平总书记关于坚持和完善人民代表大会制度的重要思想、宪法法律知识进党校（行政学院）和高校课堂。按照中央、省委、市委的部署要求，扎实开展党史学习教育活动。组织开展人大庆祝建党100周年相关活动。

保持政治定力。切实加强常委会党的建设，增强“四个意识”、坚定“四个自信”、做到“两个维护”，坚定政治方向、站稳政治立场，自觉维护市委

总揽全局、协调各方的领导核心地位，人大工作的重大问题、重要事项及时向市委请示报告，不折不扣贯彻执行市委对人大工作的指示和要求。认真行使重大事项决定权和人事任免权，善于通过人大法定程序把“党言党语”转化为“法言法语”、把市委重大决策转化为全市人民的自觉行动，确保人大工作始终与党委同心同向、同频共振。

强化责任担当。坚定不移走创新实践“绿水青山就是金山银山”理念发展道路，高扬“丽水之干”奋斗旗帜，牢固树立“没有实现加快发展也是一种风险，没有追求实现加快跨越式发展的意识、决心和胆略更是极端危险”的理念，聚焦“十四五”时期经济社会发展的总体要求和主要目标，找准自身定位，发挥职能优势，保持创造性张力，创新人大工作理念思路、手段方法、机制载体，推动加快跨越式发展、助力打造“高水平建设和高质量发展重要窗口”。

二、围绕市域治理新理念，彰显地方立法新作为

围绕“制度设计更趋完备、制度运行更加有效”目标，强化立法先行，努力实现从“事”向“制度”“治理”“智慧”转变，为市域治理和法治丽水建设提供有力保障。

健全立法工作机制。坚持党委领导、人大主导、政府依托、各方参与的立法工作格局。健全法规起草机制，完善重要法规起草“双组长”和专班工作制度。改进审议法规草案方式，组织代表分专业有重点参与立法，发挥立法专家库作用，加强法规调研协商论证。建立法规动态维护机制，加大对地方性法规立法质量、实施效果综合评价力度，开展《丽水市饮用水水源保护条例》立法后评估。开展备案审查，探索有关专家或第三方参与机制，做到有件必备、有备必审、有错必纠。

突出重点领域立法。紧扣我市“十四五”改革发展需要，组织开展今后五年立法调研项目库的征集工作，认真落实年度立法计划，审议通过《丽水市革命遗址保护条例》《丽水市扬尘污染防治规定》，做好《丽水市居家养老服务条例》初审，开展电梯安全管理、居住出租房屋安全管理、家政服务业管理、菜市场管理、无偿施救和社会治理促进等立法调研，积极推动地方性法规的宣传与实施。

促进公正执法司法。紧扣法治丽水、法治政府、法治社会一体建设的部署，听取和审议 2020 年度法治政府建设情况报告、市监委专项工作报告、全市检察机关公益诉讼工作情况报告，继续开展政府部门负责人履职评议。立足促进公正文明规范执法，对我市贯彻实施《浙江省劳动保障监察条例》情况开展执法检查，就我市综合行政执法规范化情况开展专题调研。关注社会治理，专题调研我市社区建设和宗教团体管理工作开展情况。听取和审议“七五”法治宣传教育情况报告，并作出“八五”法治宣传教育决议。

三、紧扣绿色发展新目标，打造硬核监督新成果

围绕“十四五”各项发展目标任务落实，致力“盯住法”“管好钱”“把牢图”有机衔接，打好人大监督“组合拳”，积极打造人大监督工作的硬核成果。

聚焦重大部署落地。紧扣“十四五”发展目标和战略举措，聚焦起好步、开好局，依法开展监督，推动市委重大决策部署落地见效。加强计划执行监督，听取和审议市政府上半年经济社会发展情况、市本级政府重大投资项目 2020 年计划执行和 2021 年计划草案报告，推动重大项目、重大平台、重大改革、重大政策集成落地。加强预决算审查监督，重点审查市发改委、公安局、人防办及丽水开发区 2020 年决算，强化预决算全口径监督和债务管理监督。听取和审议审计工作报告、审计查出问题整改情况报告，督促提高问题整改实效。

聚焦绿色发展见效。聚焦加快建设现代化生态经济体系、增创市场经济体制机制新优势，助力打好高质量绿色发展组合拳。紧扣推进大花园最美核心区建设，听取和审议国土空间总体规划的报告，对松材线虫病防治执法检查审议意见办理落实情况开展跟踪监督，落实环境状况和环保目标完成情况报告制度。紧扣加快建设现代产业体系，听取和审议全市和市本级国有资产管理情况综合报告，开展《浙江省民营企业发展促进条例》执法检查，对我市农业龙头企业发展、全域旅游示范县创建和华侨创新创业平台建设情况进行专题调研，组织代表视察中医药发展情况。配合省人大监督推进落实“十四五”规划科技创新发展部署、加快建设高水平创新型省份情况。

聚焦民生福祉改善。自觉践行以人民为中心的发展思想，牢牢守住民生底线，着力推动重大民生问题解决。着眼提升人民群众的满意度，加强对民生实事项目实施情况监督，推动百姓普遍关注项目实施，听取和审议 2021 年政府民生实事项目完成情况报告并开展满意度测评。着眼“两不愁三保障”及“大搬快聚”“两进两回”政策落地见效，听取和审议我市“大搬快聚富民安居”工程实施情况专项报告，促进群众增收致富。积极回应百姓关切，配合省人大开展《浙江省粮食安全保障条例》执法检查，跟踪检查学前教育审议意见落实情况并进行专题询问，组织代表视察滩坑引水工程建设、畲族文化保护与传承等工作情况，不断增强人民群众的获得感、幸福感、安全感。

四、回应人民群众新期待，提升代表履职新效能

尊重代表主体地位，发挥代表主体作用，畅通民意表达渠道，回应人民群众对美好生活的新期待，更好实现人民当家作主。

加强换届指导。深入贯彻新修改的选举法，认真落实新一轮人大代表换届选举的部署要求，加强对换届选举的调研指导，抓好全省网上选民登记系统应用培训，认真答复有关请示，督促各地严把代表"入口关"，确保选举风清气正，切实保障基层群众民主权利。选优新一届人大代表，开展代表系统培训，强化代表政治素质和履职能力提升。

加强代表联系。加强常委会组成人员和代表的联系，健全专工委对口联系代表机制，完善列席常委会会议代表座谈机制，切实发挥代表履职服务平台作用。全面完成规范化代表联络站建设三年行动计划，巩固和拓展代表联络站功能，实现各级领导干部代表进站活动常态化，丰富联络站开展联系人民群众主题活动，加快网上代表联络站建设，支持和推动国家机关负责人进站听取意见建议、回应群众关切、处理解决问题。

加强履职服务。做好代表闭会期间的履职服务，邀请市人大代表参与法规调研、视察监督和执法检查，组织各级代表对民生实事项目实施情况进行跟踪监督。开展本届代表重点建议办理"回头看"，深化代表建议办理"一把手"责任制，通过领导领办督办、办理情况通报等方式，增强建议办理效果。完善代表履职登记制度，严格代表履职登记，推动代表向原选举单位报告履职情况。表彰优秀代表议案建议，加大对履职优秀代表的宣传力度，激发代表履职热情。切实做好在丽全国、省人大代表服务保障工作。

五、适应整体智治新要求，树立"两个机关"新形象

对标"整体智治、高效协同"新要求，适应地方国家权力机关运行新特点，更好发挥"两个机关"作用，为依法有效履职提供有力保障。

强化创新思维。秉持改革破题、创新制胜的理念，推进党领导人大工作绩效考核工作，加大重点领域的创制性立法力度，改进执法检查工作，健全人大监督与审计监督联动机制，发挥乡镇（街道）人大在推进基层治理中的积极作用。积极探索开发区人大工作，加强开发区财政预算审查、国有资产监督。强化工作方式方法创新，发挥各级人大的贯通协同作用，对常委会重点工作、重大任务，加强统筹谋划、专班运作、整体推进，形成攻坚破难的合力。

厚植团队文化。全面贯彻习近平总书记"五个过硬""七种能力"要求，打造"唯实惟先、善作善成"团队文化，建设"更专更精"人大履职队伍。压紧压实党建工作责任，以政治建设为统领，全面加强人大党的政治、思想、组织、作风、纪律等各项建设。健全"不忘初心、牢记使命"主题教育长效机制，不断提升人大干部的政治判断力、政治领悟力、政治执行力，进一步增强履职队伍的系统观念、辩证思维和专业素质。健全比学赶超、担当作为的激励机制，改进工作作风，严格制度执行，服务提质争先，更好凝聚干在实处、走在前列的精气神，不断提升履职行权的新能力。

推动数字赋能。贯彻全省数字化改革大会精神，落实全省人大数字化改革行动方案，推动人大工作数字化转型。围绕人大立法、监督、重大事项决定、人事任免、代表等人大工作主责主业，依托政府已建政务网络、政务云、大数据中心和应用支撑平台，优化完善代表履职服务、预算联网监督、人大网宣、掌上办公等平台，更好地为人大履职服务。

各位代表，新征程赋予新使命，新使命要有新作为。让我们更加紧密团结在以习近平同志为核心的党中央周围，在中共丽水市委的坚强领导下，高扬"丽水之干"奋斗旗帜，忠诚使命、求是挺进、植根人民，为打造"高水平建设和高质量发展重要窗口"、开启高水平全面建设社会主义现代化新征程贡献人大力量，以优异成绩庆祝中国共产党成立100周年！

政府工作报告

2021年2月23日
在丽水市第四届人民代表大会第六次会议上

丽水市人民政府市长 吴晓东

各位代表：

现在，我代表丽水市人民政府向大会报告工作，请予审议，并请市政协委员和其他列席人员提出意见。

一、2020年主要工作和“十三五”发展成就

2020年极不平凡。面对深刻复杂变化的外部环境特别是突如其来的新冠肺炎疫情，在党中央、省委省政府和市委的坚强领导下，全市上下忠实践行“八八战略”、坚定厉行“丽水之干”，统筹推进“两手硬、两战赢”，扎实做好“六稳”工作，全面落实“六保”任务，实现经济逆势挺进、稳步向好。全市生产总值增长3.4%，一般公共预算收入增长2.9%，城镇和农村居民收入分别增长4.5%、7.8%。空气质量列全国168个排名城市第7位，城市地表水环境质量指数稳居全省首位，国考断面Ⅰ–Ⅲ类水比例、跨行政区域河流交接断面出境水质达标率、县级以上集中式饮用水源地水质达标率均达100%。三大攻坚战取得决定性成就，十方面民生实事顺利完成。

（一）“两手硬、两战赢”交出高分报表。众志成城战疫情，慎终如始扎紧织密“精密智控+全员自控”网，“人”“物”并防构筑工作闭环。在全省最早启动防疫一级响应、最早部署境外疫情输入防控，越洋联动海内外丽水人共同战疫，用时32天在全省率先实现本土确诊病例清零，用时60天在全省率先实现境外输入病例全部治愈出院，实现新冠肺炎患者“零病亡”、医务人员“零感染”。用心用情稳侨安侨暖侨，先后选派百名医护人员驰援湖北武汉和新疆。

争先创优稳增长，创新集成“一车一码一员”“一名单一机制一基金”等企业帮扶举措，密集出台79项惠企政策，精准高效落实“五减”“两直”，为企业减负113.96亿元，制造业贷款余额增长21.2%，小微企业贷款新增235.65亿元、增量是上年的1.9倍，企业产能恢复率全省率先“破百”，新设企业增幅全省第一，规上工业增加值增长4.5%。开展“抢时间、补增量”专项行动，提前开工或新增实施项目129个、新增年度投资53.93亿元，新开工省市县长项目23个，132个政府专项债项目全部开工，固定资产投资增长6.7%。实施促消费、稳外贸一揽子政策，社会消费品零售总额、进出口总额增幅均居全省第3。

（二）市域生产力布局加快重塑。发布“一带三区”发展规划，谋划实施标志性项目26个、总投资5139亿元。创设“分区共竞”机制，启动平台“二次创业”，抓好市本级平台整合提升。丽水经济开发区新谋划发展空间2000公顷，新引进重大招商项目114个、总投资131.36亿元，已入园项目中世界500强1个、中国500强3个、央企2个、上市公司7个；新引进总部经济项目25个，落地数字经济项目18个，国家经开区排名从158

位跃升至80位。落子建设浙西南科创中心，市县联动建设“天工之城”等原生态第二创新空间，启用上海张江科创飞地，启动建设长三角G60丽水科创基地。新增省级众创空间5家、省级星创天地3家。引进各类人才数增长54.3%，参加人才科技峰会的高层次人才、签约的重大人才科技项目均为历史之最。国家高新技术企业、省级科技型中小企业、产业创新服务综合体、企业研究院新增数量均创新高，实现省级领军型创新创业团队“零突破”。

（三）生态产业提质增效。把生态工业确定为高质量绿色发展主攻方向，启动实施生态工业高质量绿色发展倍增行动，6条产业链列入省级链长制试点，新引进制造业大项目73个，战略性新兴产业、高新技术产业增加值分别增长7.4%、5.5%。芯片产业园一期、丽水大数据云中心、普洛斯物流园、禾森纳罗氏总部等项目投入运营，肖特玻管、珏芯微电子等项目投产，中广电器智能产业园、龙泉龙商鞋产业基地一期、云和木玩产业创新孵化基地、庆元生物科技产业园等项目开工。设立高质量绿色发展产业基金、产业并购基金，成功控股2家域外上市公司、新增上市公司3家。瓯江山水诗路“启航”，云和梯田获得创AAAAA“入场券”。开展“书记市长带你游丽水”和“云游丽水”活动，完成《丽水山景建设和服务导则》编制，推出丽水山路特色自驾游线路。松阳创成全市首个国家全域旅游示范区，古堰画乡入选全省未来景区试点，灵康杏福康旅小镇、萤火虫文旅小镇等项目开工建设。新评定五星级酒店1家、开工建设4家。丽水山耕蝉联全国区域农业形象品牌榜首位，新增省级以上农业龙头企业12家，建成全省首个大型茶树种质资源圃，创成省级绿色农业先行示范市。

（四）GEP改革为龙头的重大改革稳步推进。出台全国首个山区市GEP核算地方标准，初步构建全市域生态价值底图。完成全国首笔公共机构会议碳中和交易，发放全国首笔GEP贷，实现“两山银行”县（市、区）全覆盖，各类绿色金融产品余额达187.47亿元。建立市级生态产品政府采购和市场交易制度，完成生态产品政府采购5.92亿元。推广基于生态信用的生态绿码，城投公司获评AA+信用等级，全国城市信用监测排名第13位。获批中国（丽水）跨境电子商务综合试验区。政务服务事项“网上办”“掌上办”实现率99.8%，实现企业注册登记1小时、企业投资项目审批“最多80天”。机关事业单位人员职业生涯全周期管理“一件事”改革全面完成。

（五）国家公园全域创建取得新突破。百山祖国家公园通过国家公园体制试点评估验收，完成国家公园设立标准试验区试点，发放全国首本集体林地地役权证，相关经验入选2020中国改革年度十佳案例。完成野生动植物资源编目调查，新记录野生动植物物种（群）81个、居全省首位，发现全球两栖动物新物种——百山祖角蟾。发布“三线一单”生态环境分区管控方案，优先保护单元占全市总面积75.7%。“天眼+地眼+人眼”一体化生态监控体系初步形成，在全省率先完成土壤、地下水采样检测。发布实施大花园河道景观流量标准。全域启动“无废城市”建设，实现市域内危废处置能力与产生量相匹配。

（六）大通道建设势头初显。衢宁铁路建成通车，结束沿线遂昌、松阳、龙泉、庆元不通铁路历史。金台铁路具备通车条件，衢丽铁路一期开工。丽水机场、景文高速加速推进，杭丽铁路、温武吉铁路项目前期稳步推进。国家公园南通道列入国家综合立体交通网规划纲要、北通道列入省高速公路网中长期布局规划，新谋划的7条480千米高速、12条1400千米省道全部进入省路网布局规划。瓯江航道整治主体工程完工。新建和改造提升“四好农村路”1102千米，建成美丽经济交通走廊660千米。

（七）“问海借力”扩面升级。加入长三角资本市场城市联盟，长三角招商中心新签约落地大项目26个。未来建筑科技小镇进入规划实施阶段，原能细胞产业园、惠明禅茶文化产业园等重大项目落地开工。引进上海世外合作办学，华东师大附属丽水学校开工建设，实现与长三角地区门诊医保实时结算。新签订山海协作产业项目118个、实际到位资金187.63亿元，与宁波、嘉兴、湖州共同设立山海协作产业基金，义乌—莲都大厦开工。新增海外飞地4个，侨商回归签约项目24个、总投资133.18亿元。

（八）美丽城乡协调共进。顺利通过全国文明城市复评。举办“丽水山居图”城市设计国际竞赛，“两湖”公园开园，处州府城开街，总投资80亿元的江滨商务中心开工，花园邻里中心启动建设。开展促进咖啡产业发展行动，市区、青田咖啡馆分别达到121家、281家。完成老旧小区改造21个，灯塔社区等4个项目列入全省第二批未来社区试点。实施城市品质提升“五个一”工程项目39个、完成投资62.95亿元，莲都、松阳成为首批省级文化和旅游消费试点城市，青田、庆元成为首批省级夜间经济培育城市。制定实施最美城市、花园乡村建设标准，创成美丽城镇省级样板10个、美丽乡村特色精品村27个，建成乡村振兴示范带6条。缙云河阳、松阳茶排入选第二批全国乡村旅游重点村，庆元黄坛成为全国特色产业亿元村。

(九)民生保障有力有效。入选2020年度中国全面小康特别贡献城市,低收入农户收入增长15.5%,增幅连续5年全省第一。城镇新增就业32669人、城镇登记失业率1.65%。高考总录取率超过全省平均水平,向双一流高校输送优秀人才能力达到全省中等位次。乡镇公办中心幼儿园应建尽建。丽水职技院挺进省高职教育“双高”行列。在全省率先推出全民健康补充医疗保险——“浙丽保”,惠及203.9万人。为11.22万60周岁以上老人免费接种肺炎疫苗,重点人群流感疫苗免费接种4.82万人,重点人群结直肠癌免费筛查14.45万人。实现市级公立医院医疗影像结果互认。创成全国首批无障碍环境示范区,完成残疾人家庭无障碍改造356户、生活困难老年人家庭适老化改造550户。棚改交付4535套。整治农村困难家庭C级危房3720户、D级危房553户,实现动态清零。既有住宅加装电梯开工242台。市图书馆开馆,生态体育公园、水上运动中心开工建设。连续三次获评全国双拥模范城。

(十)政府治理效能持续提升。推进丽水花园云、城市大脑并轨运行,建立每日会商制度,发布首批12个“烦难杂”事项场景应用,“i丽水”上线运行。着眼破难攻坚、高效协同,组建重大工作专班27个。政府工作报告944项细化任务完成率96.3%,补短、整改、滞后“三张清单”销号率84.7%。发布自然灾害应急指挥体系建设地方标准,启动新一轮地质灾害“整体智治”三年行动,生产安全事故起数、死亡人数分别下降23.5%、23.3%。行政诉讼发案量下降18.2%、败诉率下降2.84个百分点。全市非刚性、非重点项目支出压减14.9%。完成第二轮市志修编。廉洁政府建设全面加强,正风肃纪持续推进。

各位代表,2020年主要目标任务的完成,标志着“十三五”发展胜利收官。“十三五”时期是丽水撤地设市20年来具有重要里程碑意义的五年,我们深入学习贯彻习近平新时代中国特色社会主义思想,认真贯彻党中央、省委省政府和市委决策部署,坚持以“丽水之干”担纲“丽水之赞”,奋力开辟“绿水青山就是金山银山”新境界,高水平全面建成小康社会取得决定性成就。在生态环境状况指数连续17年领跑全省的同时,经济总量跃上1500亿元新台阶。全市生产总值年均增长6.7%,高于全省0.2个百分点,人均生产总值达到1万美元;一般公共预算收入由2015年的94.51亿元增加到143.86亿元,年均增长8.8%,高于全省0.3个百分点;城镇和农村居民收入分别从32875元、15000元提高到48532元、23637元,年均增长8.1%、9.5%,高于全省0.6、0.9个百分点,其中农民收入增幅连续12年全省第一。

五年来,我们全面践行创新发展理念,经济发展的内生驱动力显著增强。研发经费支出占生产总值比重从1.19%提高到2%。攻克国家“卡脖子”技术3项、实现进口替代。国家高新技术企业、省级科技型中小企业数均实现翻番,国家火炬特色产业基地、省级高新区实现“零突破”,工程师协同创新中心创建实现县(市、区)全覆盖,与清华大学、浙江大学、西湖大学、之江实验室等高等院校、科研院所战略合作不断深化。建立院士工作站12个,引入国家和省重点人才计划专家22名,青年人才净流入数量逐年递增。纵深推进“最多跑一次”改革,新增国家级改革试点103项,集体林权改革、拯救老屋、小县大城、民族地区城乡融合、河权到户、赶街模式等基层首创多点开花。

五年来,我们全面践行协调发展理念,城乡融合发展水平全面提升。常住人口城镇化率从56.4%提高到65%,城乡居民收入倍差从2.19倍缩小至2.05倍。中心城市建成区面积由34.9平方千米扩展到43.5平方千米,市区完成城中村改造274万平方米、腾出发展空间800公顷,带动城市中央公园等一批地标项目接连落地。完成“大搬快治”、启动“大搬快聚”,10.8万群众下山进城。超三分之一小城镇成为省级小城镇环境综合整治样板镇。交通投资较“十二五”增长62.4%,通车、新建、纳规铁路5条,新增高等级公路286千米。建成瓯江绿道3022千米,主线贯通,基本成网。基本实现城乡同质饮水,实现建制村客车“村村通”、天然气“县县通”、县城以上及重点乡镇5G信号全覆盖。

五年来,我们全面践行绿色发展理念,高质量绿色发展体系更加完善。五大产业集群占规上工业增加值比重达59%,高新技术产业、战略性新兴产业增加值年均分别增长9.9%、11%。芯片、细胞、未来建筑等新产业从无到有,丽水经济开发区滚动功能部件、缙云机床、龙泉汽车空调零部件等特色块状经济向现代产业集群加快转型。新增上市企业5家、雄鹰企业2家、隐形冠军企业10家。“山”字系品牌走向全国,缙云仙都率先成功创AAAAA,农药化肥区域管控初步达到欧盟标准,新增国家级农业龙头企业3家。获评中国美丽乡村建设示范地区,创成全国水生态文明城市,成为全省唯一生物多样性保护试点市。

五年来,我们全面践行开放发展理念,全市域、全方位对外开放格局初步形成。实现与上海“区—县”结对合作全覆盖,设立长三角招商中心、旅游推广中心，落地长三角招商项目37个、总投资179.44亿元，来丽上海游客量年均增长7.9%。实施山海协作项目890个、到位资金910.58亿元，落地科创、产业、消薄飞地20个。世界丽水人大会、侨博会、青瓷大会等活动办出了“丽水影响力”。华侨经济文化合作试验区建设不断深化，“世界超市”进驻63个城市。先后培育全国电商百佳县7个、淘宝村21个，网络零售额从121.4亿元增至481.6亿元，年均增长31.7%。获批国家外贸转型升级基地3个，出口年均增长8.9%。

五年来，我们全面践行共享发展理念，群众获得感幸福感安全感不断提高。顺利实现“四个清零”，最低生活保障实现城乡同标，政府民生类支出较“十二五”增长2.29倍。与全省同步实现教育基本现代化，高等教育毛入学率由49.8%提高到62.1%。居民健康素养水平由19.9%提高到32.3%，人均预期寿命由79.37岁提高到81.04岁。国家卫生城市（县城）、省级卫生乡镇实现全覆盖。基本公共服务均等化全面达标，打造了“乡村春晚”国家公共文化服务体系示范项目，举办了全国首场城市“超马”赛事，办好了中小学空调进教室等一批群众获得感较强的民生实事。成为首批全国市域社会治理现代化试点，夺取全省首批一星平安金鼎。东西部扶贫协作的6个贫困县如期实现脱贫“摘帽”。

各位代表，“十三五”时期取得的成绩来之不易。这是市委正确领导、全市人民奋力拼搏的结果。在此，我代表市人民政府，向全市人民以及广大建设者，向人大代表、政协委员，各民主党派、工商联、人民团体和社会各界人士，向驻丽部队、武警官兵和省部属驻丽各单位，向所有关心支持丽水发展的港澳同胞、台湾同胞、广大侨胞和海内外朋友们，表示衷心的感谢！

我们也清醒地看到，我市经济社会发展仍然面临不少困难和问题，主要是：经济增长动能不足与加快高质量跨越式发展、打造新增长极的矛盾日益凸显，新经济、新业态、新模式、新增长点的培育力度亟须强化；深化高水平开放、融入长三角一体化高质量发展步伐迈得还不够快，尚未完全融入省内1小时交通圈；中心城市能级不高，高端要素集聚能力不强，城乡、区域发展不平衡不充分问题尚未有效解决；补齐生态治理短板还须摆上更加重要日程；一些民生实事办理质量还不够高，优质教育、医疗、养老、婴幼儿照护等群众所急所盼仍有不少薄弱点，教育医疗开放发展水平有待提升；“整体智治”现代政府建设刚刚起步，防范化解风险隐患任务依然繁重；政府部门及干部专业化数字化水平、闭环抓落实能力尚有不足，有的指标任务完成情况未达预期。我们一定高度重视这些问题，采取更加有力措施，认真加以解决。

二、“十四五”时期的奋斗目标和主要任务

根据中共丽水市委“十四五”规划《建议》，市政府编制了《丽水市国民经济和社会发展第十四个五年规划和二〇三五年远景目标纲要（草案）》，提请大会审议。经本次大会批准后，市政府将认真组织实施。

“十四五”时期经济社会发展的指导思想是：以习近平新时代中国特色社会主义思想为指导，深入贯彻党的十九大和十九届历次全会精神，统筹推进“五位一体”总体布局，协调推进“四个全面”战略布局，坚持党的全面领导，坚持以人民为中心，坚持新发展理念，坚持深化改革开放，坚持系统观念，坚持稳中求进工作总基调，高举发展的行动旗帜，坚定不移走创新实践“绿水青山就是金山银山”理念发展道路，围绕打造“高水平建设和高质量发展重要窗口”，以浙西南革命精神注魂赋能立根，全面厉行“丽水之干”不动摇，全面贯彻“八个坚持”基本要求，主动融入新发展格局，奋力推进高质量绿色发展，加快跨越式发展，系统构建以“生态经济化、经济生态化”为显著特征的现代化生态经济体系，全面推进市域治理现代化，促进全市人民走向共同富裕，推动实现经济行稳致远、社会安定和谐、人民美好生活，奋力开启高水平全面建设社会主义现代化新征程。

“十四五”时期经济社会发展的主要目标是：在高质量发展前提下实现必要适度的高速度增长，成为全省新发展格局中的新增长极。全市生产总值（GDP）和生态系统生产总值（GEP）实现“两个较快增长”，GDP增速处于全省第一方阵，规模总量突破2250亿元，人均GDP力争达到10万元，生态产品价值实现率达到48%，生态环境状况指数保持全省第一。数字经济增加值占生产总值比重达到50%，研发经费支出占生产总值比重达到3%，全员劳动生产率增长与经济增长基本同步。常住人口城镇化率达到70%，居民收入增速保持全省前列，城乡居民收入倍差缩小至1.9倍。人均预期寿命达到81.5岁。居民综合阅读率达到全省平均水平。努力推动高质量绿色发展跃上新台阶、改革开放水平实现新提高、城乡融合发展构建新格局、大花园核心区树立新标杆、社会文明建设迈出新步伐、人民生活品质实现新提升、市域现代治理取得新成效，为2035年基本实现高

水平现代化、人均生产总值达到中等发达国家水平打下坚实基础。

实现上述目标，必须牢固树立“没有加快发展也是一种风险，没有追求实现跨越式发展的意识、决心和胆略更是极端危险”的理念，坚持“用尽全力跳起来摘桃子”，重点做到“七个全力”：

（一）以创新驱动为“硬核”，全力打造浙西南科创新高地。加快融入全省打造全球创新策源地布局，主动对接G60科创走廊，积极参与长三角科技创新共同体建设，深入实施六翻番、六突破“创新力提升工程”。基本建成“服务全域孵化、带动全域创新”的浙西南科创中心，打造凝聚高水平科研团队、高新技术企业、高端资本协同创新的区域科创“硬核”。实现县（市、区）省级孵化器、众创空间全覆盖，北上广深科创飞地、海外离岸孵化器全覆盖。高标准、大手笔创建国际化双创人才特区，市县联动布局打造一批“科创+特色产业”区域性科创基地，建设一批生态智创平台。大力引育头部型、创新领军型和“专精特新”企业，争取3所以上大院名校在丽设立实体化研究生分院和研究院。着力推进“卡脖子”技术攻关和“首台（套）、首批次、首版次”应用，打造一批在全省乃至全国具有影响力的新技术新产品新业态示范应用工程。实施“引人入胜”战略，面向世界一流大学广招优秀毕业生，建设青年发展型城市，引进青年人才20万人以上。构建活力高效创新创业生态圈，建立创新创业全生命周期服务体系，各级财政科技投入每年增幅不低于15%，全力打造重点产业“五个有”产业链生态。

（二）以产业扩量提质为方向，全力培育经济新增长极。深化生态工业高质量绿色发展倍增行动，加快发展战略性新兴产业，超前布局发展未来产业，力争五大产业集群产值超2000亿元、占规上工业总产值比重超70%，形成标志性全产业链10条，培育县（市、区）百亿级“新星”产业集群10个。培育引进百亿级规模企业10家。建设数字经济与实体经济深度融合的数字绿谷，联动实施数字产业化突破、产业数字化赋能工程，发展5G新兴技术融合应用，探索建设“未来工厂”。以数字化赋能、绿色化转型、集群化强链持续深化传统产业改造提升，对标国际先进完善行业准入标准体系，加快合成革、金属制品、竹木制品等传统产业凤凰涅槃。全面激活水经济，打造“丽水山泉”高端水品牌，开发高附加值涉水产品。利用低温水资源谋划建设浙西南大数据中心。加快发展现代服务业，打造一批现代服务业创新发展区。对标“产学研用金、才政介美云”十联动要求，推进生产性服务业高端化发展，做强水街基金产业园，积极培育绿色金融、农村金融等特色金融产品。繁荣高品质生活性服务业，实现五星级酒店县（市、区）全覆盖。把提升高水平服务供给、打造高等级平台、开拓中高端市场作为旅游业提质主攻方向，壮大康养度假、艺术文创、乡愁体验、亲子游学、户外运动五大文旅产业集群。依托百山祖国家公园、瓯江山水诗路，打造一批旗舰型、引擎型高等级旅游景区，推出更多场景化、沉浸式旅游消费新业态。加快传统农业现代化变革，创建国家农高区，重点布局打造一批现代乡村产业示范带、山地精品农业示范园区、现代农业园区、特色农业强镇和“康养600”小镇，大力发展现代高端农业、品质农业。扩大“山”字系品牌市场影响力，协同丽水电商、丽水超市，打造线上线下融合、产销游一体化发展的标志性全产业链。

（三）以扩大内需为牵引，全力融入双循环发展新格局。按照“强化全省域海洋意识、沿海意识”的新要求找定位、谋发展，以“双招双引”为突破口推进新一轮扩大有效投资行动，推动优质生态要素和高端要素互联互动。紧盯央企、大型国企、500强企业、行业领军企业、侨资侨企招大引强，新增百亿级项目5个以上。联动实施“四个千亿”投资计划，抓好“两新一重”建设，固定资产投资突破5000亿元。加快建设浙西南消费中心，打造主客共享的时尚网红打卡地、夜间经济地标区、高端消费集聚区，打响“浙丽来消费”品牌。实施繁荣商圈提能级行动，培育中心城市北带、南带、东部三大商圈，鼓励县（市、区）培育地方特色商圈。打造山海融通共赢沪丽发展共同体，推动生态极同发展极跨区域融合、跨维度共生，主动承接上海高端资源要素溢出效应，深度融入长三角生态文化旅游圈，建设长三角最生态、最安全农产品供应地。积极参与全省域海洋经济发展，实现山海协作飞地互设全覆盖。持续做好对口支援帮扶合作。实施新时代华侨要素回流工程，抓好华侨经济“六个一”工程，联动打造华侨产业城等新平台，深化华侨经济文化合作试验区建设，做大做强“世界超市”，建设中国华侨名城。发展开放型“向海”经济，积极创设制度型开放载体，抓好中国（丽水）跨境电子商务综合试验区先行先试，发展更高能级总部经济，高质量建设国际产业合作园，深度参与“一带一路”国际合作交流。

（四）以跨山统筹为方略，全力拓展市域一体化发展新路径。确立“一带三区”发展规划的统领性和先导性，促进各级各类规划充分衔接，推动经济社会发展由散到聚、以聚促变。构建“一带三区”协调发展机制，打造区域统筹发展五大示范性平台、建设八大标志性工程。加快打造“百万人口”中心城市，实施“东扩、西进、北展、南拓”战略，以瓯江为脉，建设活力北城，提升创智南城，开发碧湖田园新城。深入实施“小县大城、产城融合、组团发展”战略，推进中心镇发展改革、小城市培育试点，支持缙云、青田创成全国文明城市。推动产业平台率先跨越，深化平台“二次创业”，新增产业用地2000公顷，推动“高精尖特”创新主体、重大产业、重要企业、重点项目优先向主力平台布局。

代表团讨论会场　（姚　嫣　提供）

打造丽水经济开发区“千亿级规模、百亿级税收”高能级产业主平台，国家经开区排名进入前50。融入国家大战略、谋划丽水大交通，开展综合交通五年攻坚大会战，争取国家和区域交通干线连结丽水，高水平打造浙西南综合交通枢纽。加快建设“211交通圈”，构建“两纵两横、四联八向”畅联铁路网，实现“铁路县县通、基本通高铁”，建成丽水机场，建设空港经济区，大力发展航空经济。统筹建设“四纵三横”高速公路网，加密提升“十纵六横”国省道，打造市域高速“三环线”、中心城区快速交通“三环线”和通勤交通网络。全面复兴瓯江航运，建设腊口综合性物流枢纽基地。高品质建成瓯江绿道网，持续提升“四好农村路”。一体化布局信息、能源、水利、资环等现代化基础设施，构建泛在融合的新一代信息基础设施网，实施天然气入县进镇工程，谋划抓好“风光水储一体化”项目、华东抽水蓄能基地、浙西南大中型水库群、湖库联网工程。实现县城防洪闭合圈20—50年一遇标准，争取省、市级中心镇达到20年一遇标准。

（五）以深化改革为抓手，全力增创体制机制新优势。以数字化改革推动改革多点突破、全面深化、系统集成，加快“整体智治”现代政府建设，迭代升级花园云（城市大脑），持续深化“一件事”集成改革，创造市场有效、政府有为、企业有利、群众受益的营商环境。推进全领域数字孪生，实现城市、乡村、山林、河湖等重点区域物联感知全覆盖，统筹建设智慧城市、数字乡村。把GEP改革作为拓宽“两山”转化通道关键一招，率先建成全国生态产品价值实现机制示范区。推动制定GEP核算国家标准，谋划建设国家级生态资产和生态产品交易中心，推进森林碳增汇，争创中国碳中和先行区。大力发展以生态产品为核心要素的生态利用型、生态赋能型、生态影响型产业，打造自然资源资本强市。打造生态信用领跑者城市。推进现代地方财税金融体制改革，统筹发挥市县政府产业基金撬动作用，积极培植地方税源。实施高标准市场体系建设行动，创新土地、能源、环境容量、水资源、数据等要素市场化、差别化配置改革，探索集体经营性建设用地入市，健全城乡统一建设用地市场。深化国企市场化改革，充分发挥国企助推丽水发展生力军作用。

（六）以建设大花园最美核心区为载体，全力打造生态文明建设新典范。基本建成诗画浙江大花园最美核心区，加快实现从天生丽质向治理提质转变、从生态颜值向经济价值转变、从产品直供向模式提供转变。全域推进大花园核心区“1+3+N”工程，打造一批大花园耀眼明珠、多彩廊道，实现大花园示范县全覆盖，打造美丽中国愿景地。完善生态环境治理地方标准体系，建立生态环境突出问题全过程闭环管控长效机制，空气质量优良天数比例达到97%，地表水质优良比例100%。全域创成“无废城市”。把生物多样性作为生态治理成果的检验标准，打造生物多样性保护国际标杆。争取山水林田湖草生态保护修复工程国家试点。基本建成新时代山水花园城市，系统梳理城市山水肌理、历史文脉，激活城市双创活力、时尚业态，高品质绘就山水城共生、产城人共荣的“丽水山居图”。动态推动城市设计全覆盖，系统推进城市微改造、完善城市微循环、构筑城市微生态，畅通城市水系、绿化、慢行系统，打造全国领先的未来社区、花园邻里中心样板。全域建设花园乡村，开展乡村振兴十大激活行动，推进

"大搬快聚"和"两进两回"政策延续创新，推动乡村空间重塑、业态重构、文化重兴。统筹抓好"拯救老屋"行动和"古村复兴""畲寨复兴"计划，实施"百村示范、千村联动"强村计划，行政村年经营性收入达到15万元。

（七）以共同富裕为导向，全力共创幸福美好新生活。促进城乡居民持续普遍增收，强化就业优先政策供给，确保零就业家庭动态清零，突出抓好失业人员再就业、下山转移群众就业安置，新增城镇就业10万人，农民收入年均增长10%以上，低收入农户收入增速快于农民收入增速。持续优化多层次社会保障体系，健全"一老一小"、残疾人等重点人群社会保障和"大救助"体系，构建居家社区机构相协调、医养康养相结合的养老服务体系，发展普惠托育服务体系，完善住房保障体系。推进教育全阶段提质，实施教育"双百亿"工程，高质量普及学前至高中段15年教育，推动全市优质高中段资源共享，增加优质学位供给，支持丽水学院创建现代产业学院、打造高水平应用型大学，支持丽水职业技术学院打造高水平高职院校，与全省同步实现教育现代化。推进高水平健康丽水建设，健全全生命周期健康服务体系，力争居民主要健康指标达到高收入国家水平。深化"三医联动""六医统筹"，加强以重大疫情防控、救治、应急保障为重点的公共卫生体系建设，完善慢性病防治体系，促进中医药传承创新发展。建设"医后付"等便民场景。推动全民共享高品质公共文化体育服务，实施公共文化设施补短板工程，实现市有7馆、县有5馆。建设全国红色文化传承示范区。打造"山水陆空"四位一体中国最美户外运动天堂。建设更高水平的平安丽水，深化市域社会治理现代化全国试点，实现矛盾化解"最多跑一地"。构建"大安全、大应急、大减灾"体系，建成数字化、网格化全域监测防控体系，建立风险"监测、预警、处置、反馈、复盘"闭环管控机制，建设区域应急救灾中心，建立小流域山洪预警防范体系，提升航空救援能力。高度重视粮食安全，严格保护永久基本农田和44.98万亩粮食生产功能区。守牢安全生产、食品药品安全、社会公共安全、意识形态安全等领域底线红线，奋力夺取"长安杯"。

三、全力推动"十四五"各项工作起好步、开好局

2021年是建党100周年、"十四五"开局之年、全省争创社会主义现代化先行省启动实施之年，也是我市加快高质量跨越式发展、打造新增长极的起跑之年。今年工作的总体要求是：以习近平新时代中国特色社会主义思想为指导，全面贯彻落实党的十九大和历次全会以及省委、市委全会精神，按照市委四届九次全会的决策部署，坚持稳中求进工作总基调，立足新发展阶段，贯彻新发展理念，融入新发展格局，围绕打造"高水平建设和高质量发展重要窗口"，以浙西南革命精神为坚定厉行"丽水之干"注魂赋能立根，全面贯彻"八个坚持"，抓紧落实"十项战略举措"，扎实做好"六稳"工作，全面落实"六保"任务，系统构建以"生态经济化、经济生态化"为显著特征的现代化生态经济体系，推动高质量绿色发展实现新突破、加快跨越式发展迈出新步伐，确保高水平全面建设社会主义现代化起好步，以优异成绩庆祝建党100周年。

根据市委经济工作会议精神，建议2021年全市经济社会发展主要预期目标为：GDP增长8.5%左右，生态环境状况指数保持全省第一、全国领先，生态产品价值实现率达到41.5%；规上工业增加值增长12%以上；研发经费支出占生产总值比重达到2.2%；城乡居民收入增幅保持全省前列，财政收入增长与经济增长基本同步；新增城镇就业人数、单位生产总值能耗等指标完成省定任务，资源效率、环境效率、劳动生产率和科技贡献率稳步提高。

围绕以上要求和目标，抓好八方面重点工作：

（一）毫不放松强化常态化疫情防控

始终绷紧疫情防控这根弦，坚持外防输入、内防反弹，坚持依法、科学、精准防控，深化运用"精密智控+全员自控"机制，强化"人""物"并防，确保疫情风险点不发生失管漏管，确保不发生院内感染、社区传播、聚集性疫情，力争不发生本地新增病例。完善稳侨安侨暖侨机制，进一步加强境外疫情输入防控。强化养老院等特殊场所、农村地区、城乡结合部等重点区域防控工作，严格返乡人员健康管理。稳妥有序推进重点人群疫苗应接尽接，确保进口冷链食品应入尽入集中监管仓。完善市县两级重大疫情预防监测和医疗救治体系、医疗物资保障机制，创新医防融合机制，实施疾病防控机构标准化工程。深入开展爱国卫生运动，推进城乡环境卫生整治。

（二）把"双招双引"作为开局之年"一号工程"

开展招商引资大会战。紧盯制胜区域竞争的重大战略项目以及战略性新兴产业、未来产业，深耕细分产业领域，引育更多植入式、变革型、不设限的产业新增量新变量。绘制资源全集成、管理数字化的花园云（城市大脑）招商引资一张图，建立重大战

略项目"专班化、一对一"盯引清单。集成出台最优招商政策包，强化招商政策刚性兑现。建设市域统筹、资源共享的招商项目库，探索入库招引项目跨区域分配流转和利益协调机制。强化专人专班实体运作，统筹协调全市域范围内重大项目落地事宜。深化北上广深等重点区域驻点招引，做强海外招商驿站，强化产业链招商、基金招商、总部招商、飞地招商、代理招商、大数据招商。建立重大招商项目落地绩效综合评价制度，健全招商引资赛马机制，实施重大招商项目"揭榜挂帅"。今年开始每年滚动谋划3—5个百亿级重点招商攻坚目标，全年新落地亿元以上大项目110个，省市县长项目落地率60%以上、制造业项目占比不低于40%。开展"央企走进丽水大花园核心区"活动，促成与央企合作项目5个。以项目大招商推动投资大发展，固定资产投资增长10%以上，民间投资、制造业投资均增长15%以上。

汇聚招才引智"磁力场"。以高铁新城TOD建设为核心打造国际化双创人才特区，配套出台最优人才政策包，画好招才引智"一张图"。编制实施浙西南科创中心规划。开工建设浙西南科创产业园、未来建筑科创小镇，运营丽水智慧小镇科创园。启动创建丽缙智能装备国家高新技术产业园，力争国家级科技型企业孵化器"零突破"。启动新一轮科技企业"双倍增"行动计划，培育国家高新技术企业50家、省级科技型中小企业170家。加快推进"157创新引领行动"，举办第十届"智汇丽水"人才科技峰会和高层次人才创业大赛，推出科创贷、科创投等系列科技金融产品，设立科技人才产业基金。建立高端人才"白名单"制度，新谋划建设人才公寓3万套以上，推动人才创新创业全生命周期"一码通办"。力争大院名校实体化研究生分院和研究院设立、省级海外工程师培育实现"零突破"，落地"绿谷精英"人才项目40个，新培育省级领军型创新创业团队1个、本土科技领军人才10名，引进高校毕业生4万人。争创首批"科技创新鼎"。

（三）全力推进做大产业扩大税源行动

以"五大产业集群"为重点补链延链强链。实施生态工业高质量跨越式发展新政，出台产业集群培育专项政策，协同推进产业集群培育升级行动、产业基础再造和产业链提升工程。力争在生物医药大健康领域打造"链主型"产业生态，在第三代半导体开发应用上形成产业链比较优势，在大数据应用与开发领域上引进策源性项目，在金属新材料高端领域形成特定进口替代能力，加快落子布局未来产业集群。支持纳爱斯打造千亿级规模全链生态产业体系，实施产业链协同创新项目10个，构筑产业链上下游企业共同体5家。争取"未来工厂"1家，新增智能化技术改造示范项目100个，推广应用首台（套）产品5项。实施数字经济"一号工程"2.0版，与华为共建数字经济创新中心，加快建设紧水滩水冷式绿色数据中心，做大做强优保"互联网+医疗"等数字经济产业平台，"三园一基地"营业及税收收入均增长20%以上，数字经济核心产业增加值增长12%以上。建成5G通信基础设施2000个，实现乡镇及以上重点区域连续覆盖。谋划建设国家级未来建筑全产业链研究中心、未来建筑总部大楼，开工上海城建高端装配式预制构件项目。开工建设中车"中国动力谷"、民德电子晶圆制造及封测、航迅航空智造产业基地等重大产业项目。加快推进丽水经济开发区原能细胞产业园、莲都万洋低碳智造小镇、缙云网营物联智慧供应链、松阳恒兆智能制造产业园等项目达产见效。

深入推进平台"二次创业"。布局建设"1+3+N"产业平台新体系，6月底前完成所有产业平台管理体制改革、基本形成11大主平台架构，支持丽水经济开发区打造"两强两平台"。加强全市域平台协同协作，明确县级骨干平台定位，支持做大做强做特。新增小微企业园7个，新增产业发展用地400公顷。

大力推进"放水养鱼"。集成升级惠企政策，再为企业减负70亿元以上。实施融资畅通工程升级版，新增制造业贷款50亿元。启动万名大学生创业"蓄水池"工程、小微企业新三年成长计划，统筹实施凤凰行动、雄鹰行动、雏鹰行动，新增上市企业2家、上规企业100家、省级隐形冠军（培育）企业5家、制造业单项冠军培育企业8家。实施传统制造业改造提升2.0版，完成重点技改投资40亿元。结合"低散乱"企业整治新三年行动计划，推动企业入园发展300家。

打造具有地域特色的现代农业产业集群。深化"对标欧盟·肥药双控"行动，打造丽水山耕生态农产品直供出口基地。培育发展乡愁产业、非遗农业，组建重要农业文化遗产联盟。与袁隆平团队合作共建国家水稻分子育种中心丽水示范基地，建设浙西南现代育种基地。实施品质农业赋能工程，培育丽水山耕拳头产品10个，抓好丽水香茶产业集群提升项目，推广雾耕农业等现代农业模式，补强"冷链成网"、农产品精深加工等薄弱环节。壮大农业新型经营主体，建设省级以上现代农业产业园8个、省级特色农产品优势区5个，培育市级以上农业龙头企业20家、数字化示范性种养基地50个。压实"米袋子”、拎好“菜篮子”，粮食播种面积稳定在7.21万公顷以上、年末生猪存栏达到48万头。抓好抛荒耕地复耕，新建高标准农田6666.67公顷。

打造高品质文旅产业集群。创成百山祖国家公园，加快瓯江山水诗路文化旅游带建设，抓好松阴溪省大花园耀眼明珠培育，力争首批创成省级全域旅游示范市。加快古堰画乡创国家级旅游度假区、云和梯田创AAAAA，推进千峡湖生态旅游度假区建设。打造瓯江山水诗路实景演出，开工建设丽水数字时光小镇、欧陆风情园三期等项目。新创建丽水山居精品民宿示范项目40个。

(四)持续深化重点领域改革

加快推进数字化集成改革。统筹运用数字化技术、数字化思维、数字化认知，全面对接落实全省数字化改革“1+5+2”工作体系。6月底前正式上线花园云(城市大脑)，发布场景应用50个以上。打造银龄卫士、便捷通、农品宝、智慧电眼等一批惠民兴业优政智治“最佳实践”，推广莲都“云森防”、缙云“幸福清单”等基层场景应用，新推出花园码“码上办”市域全覆盖应用场景10个以上，力争入选省“观星台”应用数量达到全省平均水平。建立“一件事”全生命周期数据库，推动“一件事”向公共服务领域延伸。启动建设CIM全生命周期城市建设综合管理平台，推动中心城市率先实现数字孪生。实施优化营商环境五年行动，推进政务服务“一网通办”，打造丽水“全程帮办”品牌。建立“大数据+生态信用”新型激励机制，持续提升城市信用监测排名。深化规划用地“多审合一、多证合一、多测合一”改革。协同抓好亩均论英雄、标准地改革，亩均增加值、亩均税收均增长7%以上，盘活城镇存量建设用地266.67公顷。实施国企改革三年行动，新增AA+信用等级国企3家。完善基层首创集成推广机制。

加快推进GEP集成改革。编制实施绿水青山向金山银山转化专项规划，打造生态产品价值实现省级创新平台。建立健全GEP“六进”应用体系，构建常态化GEP核算与考核制度，完善GEP全域动态“一张图”。落地运营华东林交所，加快打造全国区域性生态资产和生态产品交易中心。启动碳中和战略研究，完成全市域碳汇潜力调查，探索开展碳交易实践。争取与中国水科院共建“幸福水”研究中心，设立高端水产业发展专项基金，启动华东优质水经济产业园建设，实现“丽水山泉”批量生产。深化生态土壤数字化应用平台建设。建设生态金融综合服务平台，集成GEP贷、生态贷、两山贷、亩均贷等系列金融产品，创建全国普惠金融服务乡村振兴改革试验区。

(五)着力打造双循环重要节点

坚持扩大开放与促进消费并举。加快建设中国(丽水)跨境电子商务综合试验区，启动申报浙江自贸区丽水联动创新区、综合保税区，谋划建设境外并购产业合作园。争创国家华侨产业双向循环试验区，持续放大侨博会溢出带动效应、“世界超市”支点作用。实施鼓励华侨回归创新创业30条，设立华侨产业基金，力争开工华侨总部大楼、欧洲风情街，推动华侨创新创业服务中心、万国风情园、中欧工业园落地。建立丽水全球华侨人才地图。实施促消费十件事，挖掘培育丽水“十大碗”，培育时尚消费集聚区5个。打造东海岸艺术浪漫侨乡，动态绘制咖啡地图，建成咖啡博物馆，启动建设咖啡小镇，全产业链打造“满城咖啡香”城市文化IP。出台流量经济新政，鼓励直播带货。加快补齐现代物流短板，实施快递进村、进厂、出海“两进一出”工程，培育和引进AAA级以上物流企业3家，推进县乡村企物流网络和中心站点建设。完善促消费金融服务体系，建设基于区块链的小超市、小宾馆金融服务平台。落实带薪休假制度，扩大节假日消费。

加快融入长三角一体化高质量发展。建立与上海“区—县”合作项目清单，推进重点部门、园区同上海项目化合作，长三角招商中心新引进大项目40个以上，推动科技、产业、民生等领域接轨合作逐一突破、项目化落地。谋划落地丽水(上海)城市会客厅，建成上海“人才驿站”。完成华东师大附属丽水学校建设。落细落实省支持山海协作飞地高质量建设与发展新政，持续打造山海协作工程升级版。新签订山海协作项目100个，实现到位资金100亿元，每县新增科创、产业、人才等飞地1个以上。全面融入长三角通关一体化。

推动跨山统筹落地见效。完成国土空间总体规划编制。编制“一带三区”五大示范性平台、八大标志性工程建设方案，列出项目单、落实责任人、明确时序表，确保年内全面启动。推进重大基础设施率先统筹，实施“一带三区”通道大畅联工程。完成水东综合交通枢纽主体工程，力争开工衢丽铁路二期，加快杭丽铁路、温武吉铁路项目前期。基本完成丽水机场土石方工程，争取景宁、遂昌、龙泉通用机场选址获批。围绕“通江达海”，实现瓯江航道正式通航。新建和改造提升“四好农村路”800千米。统筹推进丽西500千伏输变电、“三联水网”等重大项目建设。

(六)协同推进大花园城乡融合、品质提升

推进以人为核心的新型城镇化。加快中心城市能级提升，启动“丽水山居图"重要节点项目10个，开工中央公园二期、南明湖岸线改造和丽阳溪、贺家溪、大洋河慢行系统样板段项目，启动白云国家森林公园改造提升工程，完成市规划馆改造。建成桐岭路、联平路，开工建设南明路、好溪路等城市道路，加快推进海潮河区块及刘祠堂背等历史街区改造工程。开展城市"体检"，实施城市内涝治理工程和地下管网减漏行动，新建和改造污水管网89千米。以未来社区理念统筹旧改新建，新增未来社区试点4个，新谋划建设花园邻里中心3个，开工老旧小区改造项目20个。实施县城补短板强弱项行动，加快城市品质提升"五个一"工程布点扩面，打造"5分钟便利店+10分钟农贸市场+15分钟超市"社区生活服务圈。深入实施"百镇样板、千镇美丽"工程，创建省级美丽城镇样板乡镇7个。

推进乡村蝶变振兴。推动脱贫攻坚与乡村振兴有效衔接，启动实施农业农村现代化规划。统筹抓好"大搬快聚"和"两进两回"，鼓励搬迁3万人，打造集体经济示范村140个。推动乡村设计全覆盖，创建新时代美丽乡村标杆县1个、特色精品村27个。深入实施"古村复兴示范工程"，推进历史文化村落保护利用，支持民族乡村加快发展。争创省级数字乡村试点，建设"数字乡村·智慧三农"云平台。创建省级善治村120个。启动实施农村改革集成工程，深化农村"三块地"、金融、农合联等各项改革。开展"百名博士进乡镇、联百村、入百企"系列活动，打造"农三师"升级版。

整体推进大花园生态文明创建。不折不扣抓好第二轮中央环保督察反馈问题和涉林垦造耕地问题整改。开展瓯江水系水生态健康评价，实施瓯江流域生态系统修复工程，争创全国幸福河试点。启动碧湖等5个全域土地综合整治国家试点项目。建设美丽林相4.2万公顷、新增绿化面积5333.33公顷。谋划建设国家生态文化公园，争创全国生物多样性保护引领区，申报联合国教科文组织世界生物圈保护区。深化碧水行动，创成各类省级"污水零直排区"51个，III类及以上水质断面比例达到98%。深化"双控双减"，系统抓好全域禁止河道采砂、秸秆焚烧、明火上山、许可范围外燃放烟花爆竹，市区PM2.5平均浓度低于24微克/立方米。加强土壤污染防治，受污染耕地和污染地块安全利用率均达到93%。支持云和、景宁建成全省首批"无废城市"，城乡生活垃圾分类覆盖面分别达到98%、90%，实现城乡生活垃圾总量"零增长"。

实施大花园品质化微改造行动。以小生态、小循环为切入口实施"增花添彩"示范性工程，制定实施城市景观微改造建设导则，打造城市景观微改造试点项目10个，建成鲜花集市、苔藓公园等一批城市特色窗口。按照"最少、最自然、最不经意的人工干预"原则，建设花园乡村200个、其中精品花园乡村50个，打造A级景区村150个。坚持"不搞大拆大建"，加快古堰画乡景区微改造省级试点建设，完成瓯江山水诗路沿线景区微改造试点建设10个。

（七）实施新时代文化丽水工程

打造"红绿"融合文化产业发展高地。高效贯彻、精准落地国务院《关于新时代支持革命老区振兴发展的意见》，着力打响"红色浙西南、绿色新丽水"区域品牌，健全弘扬践行浙西南革命精神长效机制。启动建设挺进师公园，抓好遂昌王村口、龙泉住龙、庆元斋郎等红色旅游小镇升级改造。高水平建设瓯江山水诗路文化产业带，打造国家公园文创大走廊。建设丽水国际摄影名城，建成运营丽水影像数字中心。发挥龙泉"海丝之路"内陆起始地优势，振兴"丽水三宝"。

提升公共文化服务水平。推动"乡村春晚"向"乡村村晚"提档升级，全域提升农村文化礼堂整体功能。完善城市书房布局，打造书香丽水。建成开放"瓯江文苑"博物馆群、华东药用植物园，开工建设国际会展中心，谋划建设华侨博物馆，支持青田、云和、遂昌等地建设公共博物馆，提升处州府城、龙泉西街、云和采真里、景宁畲乡之窗等文化创意街区。

活化丽水传统文化。实施处州古城复兴工程，支持莲都碧湖、松阳古市争创省级"千年古城"复兴试点。启动处州历史文脉、民风民俗、文化遗存集成研究，谋划建设十大文化地标。发布处州廊桥保护规划，支持龙泉窑大窑—金村遗址"海上丝绸之路"跨国联合申遗、"庆元林菇共育系统"申报全球重要农业文化遗产，推进通济堰生态修复工程、处州孔庙项目前期，新增国家级非遗项目2个。强化好川文化、黄帝文化、青瓷文化、石雕文化、廊桥文化、畲族文化等传统文化保护传承利用。支持松阳打造国家传统村落公园。

（八）用心办好百姓关切的民生实事

把增收富民作为首要工程。支持多渠道灵活就业促增收，做好高校毕业生、农村转移劳动力、退役军人、残疾人等重点群体就业工作。实施村级集体经济巩固提升、低收入群体同步基本实现现代化行动，启动农民增收提速攻坚五年行动，打造"八个万元"助农增收升级版，建立数字化、网格化返贫预警机制。

着力增进民生福祉。协同推进全国义务教育优质均衡发展县、全国学前教育普及普惠县和现代化学校创建。实施第四轮学前教育提升行动计划，推进乡镇公办幼儿园扩容提质，全市公办园在园幼儿占比达到46%。协同推进小初高补短提升、培优创建，完成市实验学校、天宁中学、长岗背小学由上海世外托管办学，建成丽水学院松阳校区、丽水技师学院，落地丽水国际学校。完成中小学食堂微改造100个，实行师生同菜同质同价。实施健康丽水28项行动，基本建成“5分钟社会应急救护圈”，启动县级强院计划，建成市人民医院东城院区，开工建设丽水市第一人民医院，争取落地丽水口腔医院。支持有条件的基层医疗机构院内开展医养结合服务。建成康养联合体8家。实现居家养老服务中心乡镇（街道）全覆盖，推动各县（市、区）持续办好城乡社区居家养老服务照料中心、农村家宴放心厨房。为60岁以上老年痴呆症患者配置防走失黄手环，为60岁以上独居老人住宅增设联网式火灾探测器。开工南城体育中心，加快推进老年体育健身综合馆项目，新增体育场地10万平方米。举办市第五届运动会，备战十七届省运会，继续办好城市“超马”等重大赛事。促进房地产市场平稳健康发展，规范发展长租房市场，强化保障性租赁房建设，开工棚户区改造1506套、建成1160套。常态化推进既有住宅加装电梯。新增停车位5000个，延长主城区夜间免费停车时长。全面推行居民服务一卡通。推动社会救助范围从收入型贫困向支出型贫困拓展，建立健全困境儿童关爱救助保障机制，积极发展社会福利和慈善事业、残疾人事业。进一步做好外事、港澳台侨、民族宗教、国防动员、人防、气象、档案等工作。带着感情高质量办好十方面民生实事。

加快构建闭环管控大平安机制。创建全国市域社会治理现代化试点合格城市，争创全国综治优秀市。构建党建统领“四治”融合的城乡基层治理体系，迭代完善“一中心四平台一网格”。贯通市县乡三级应急指挥平台，建立覆盖全域的小流域自然灾害、森林防火智能监测预警网，开展小型水库系统治理，推进各类隐患即查即治、动态清零。启动农村地区道路交通安全综合治理三年行动，坚决遏制重特大事故，确保生产安全事故起数、死亡人数比前两年平均数下降20%。推进扫黑除恶常态化，深入打击黄赌毒、盗抢骗等违法犯罪活动，加强电信网络诈骗综合治理。争创国家食品安全示范城市。守牢不发生区域性金融风险底线。

各位代表，政府自身建设是干好一切工作的基础性工程，我们将着力提高政府治理现代化水平。一是加强政治建设，坚决做到“两个维护”，把党中央、省委省政府和市委决策部署落到实处。建立市委领导下的“数字赋能+专班运作”工作机制，坚持系统观念，构建表格化、清单化、项目化的抓落实闭环管理机制。二是把抓具体、具体抓作为重要能力和担当，坚持事不避难，推动更多群众所盼、发展所需的重点难点工作破题见效。三是纵深推进法治政府建设，严格规范重大行政决策，着力构建全覆盖的整体政府监管体系和全闭环的行政执法体系，争创全国法治政府建设示范地区。四是探索建立以经济发展和税收增长为取向的内生性税收流量、存量双增长机制，推动政府财力可持续增长和有效统筹、高效利用。坚持政府过紧日子，全市非刚性、非重点项目支出压减不低于10%。五是严格落实中央八项规定及其实施细则精神，深入整治形式主义、官僚主义，继续抓好精文减会、基层减负。依法接受人大监督，自觉接受政协民主监督，加强审计监督、司法监督、监察监督、统计监督、群众监督、舆论监督。压实各级政府和部门党委（党组）主体责任，推动廉洁政府建设取得新成效，切实做到干净干事干成事。

各位代表，蓝图催人奋进，奋进正当其时。让我们更加紧密地团结在以习近平同志为核心的党中央周围，在省委省政府和市委的坚强领导下，坚定厉行“丽水之干”，为开启高水平全面建设社会主义现代化新征程而努力奋斗！

中国人民政治协商会议
第四届丽水市委员会常务委员会工作报告

（2021年2月22日在政协第四届丽水市委员会第五次会议上）

政协丽水市委员会主席　陈瑞商

各位委员、同志们：

现在，我代表政协第四届丽水市委员会常务委员会，向大会报告工作，请各位委员审议，请会议列席人员提出意见。

一、2020年工作回顾

2020年是新中国历史上极不寻常的一年。面对深刻复杂的外部环境变化，面对突如其来的新冠肺炎疫情，中共丽水市委团结带领全市人民，高扬“丽水之干”的行动奋斗旗帜，顽强拼搏，逆势挺进，决胜高水平全面建成小康社会取得决定性成就。市政协常委会紧紧围绕全市工作大局，坚持发扬民主和增进团结双向贯通、建言资政和凝聚共识双向发力，认真履行各项职能，切实发挥专门协商机构作用，在我市创新实践“绿水青山就是金山银山”理念的发展道路上书写了政协篇章。

在极不寻常的一年中，我们始终不渝坚持党对政协工作的全面领导，增强“四个意识”，坚定“四个自信”，做到“两个维护”，把贯彻落实中央、省委和市委政协工作会议精神作为首要政治任务，抓纲带目推进全市政协事业高质量发展，取得了七个方面成效：

一是党的建设全面加强。突出政治建设，坚持政协党组向市委的请示报告制度，细化重大事项党组决定规则，完善“通过政协制度的有效运行和民主程序,把党的主张转化为各党派团体和社会各界人士广泛共识”的办法，切实发挥政协党组在政协工作中把方向、管大局、保落实的重要作用。抓实组织建设，完善党建规范，制定专委会党小组活动方案，在政协全会、委员培训期间建立临时党组织开展活动，实现“两个全覆盖”。推进“清廉政协，模范机关”建设，建立党风廉情预警机制，制定《市政协委员廉洁自律的若干规定》，从严落实中央八项规定精神。

二是理论武装持续深入。采取党组会议集中学、主席读书会专题学、界别委员全员学等形式，组织学习60多场次，举办委员培训班2期，认真学习党的十九届四中、五中全会精神，习近平总书记考察浙江时的重要讲话。大力弘扬践行浙西南革命精神，开展“革命烈士纪念设施建设和保护”调研，强化红色基因传承。开展“把人民政协制度优势转化为国家治理效能”理论研究，获得省政协理论研究成果一等奖1项、二等奖1项。

三是协商氛围更加浓厚。举行“厚植社会主义协商民主文化”协商研讨活动，市委主要领导到会听取意见，对推进协商民主广泛多层制度化发展作出全面部署。常委会主动作为，协助市委出台《请你来协商平台建设的实施意见》等文件，构建了“123+6+X”政协协商工作体系。做好政协协商与基层协商的有效衔接，探索了“协治会”等一批基层协商新模式，引发浙江日报关注，专门刊发了《乡村大小事，百姓一起议》的评论文章。

四是提质增效贯穿始终。真正把提案工作"质量为先，数量适中"的理念树起来，严把立案审查关，四届四次会议共收到提案354件，立案307件，并案后278件，立案率为78.5%。以精品意识打造大会发言品牌，四届四次会议党政领导对大会发言作出批示44条，批示率125.7%。抓实协商质量，市县政协共开展请你来协商活动155次，提出意见建议1295条，被采纳832条，成果转化率64.3%。

五是委员管理不断强化。修订委员管理制度6个，做实委员履职综合评价工作，开展委员述职活动，督促委员落实主体责任，完成好"委员作业"。1名委员被授予"全国先进工作者"荣誉，12名委员被评为"丽水之干"先锋人物，26名委员被评为省、市"最美政协人"。加强政协领导联系走访委员，坚持"三必访"，增强委员对政协的归属感。

六是信息宣传精彩纷呈。发挥社情民意信息"直通车"作用，全年共收到社情民意信息1600多条，编报政协信息专报324期。在学习强国、人民政协报、省政协联谊报等新闻媒体刊发新闻710多篇，播出《委员视点》24期，广泛宣传政协履职活动，展示新时代政协委员新样子。省政协联谊报头版11次报道我市请你来协商活动，"同心苑"公众号点击多次破万。市政协连续七年荣膺全省政协系统新闻宣传先进单位。

七是"两个薄弱"显著改善。协助市委出台《落实市委政协工作会议主要任务分工方案》，开展督查并提出8项24条具体指导意见，推动责任落地见效。市、县两级政协全部成立下属工作机构，落实人员编制，专职常委不占政协机关编制等规定得到较好执行。健全了政协智库、文史专员、特邀信息员队伍，工作力量显著增强。省政协党组高度肯定我市做法，专门在丽水召开解决"两个薄弱"问题的经验交流会。

在极不寻常的一年中，我们始终保持坚不可摧的必胜信心，以忠诚使命的坚定信仰、求是挺进的奋斗姿态、植根人民的崇高情怀，在市委领导下全面厉行"丽水之干"，用干字为先的模范行动、干字当头的履职实绩，回应组织重托、人民期待。

（一）在抗疫斗争上践行丽水之干。新冠肺炎疫情发生后，常委会第一时间发出倡议书、下达动员令，全体委员迅速行动、全员参战，在大战大考中检验担当。医药卫生界委员守初心担使命，舍小家顾大家，日夜奋战，筑起守护人民群众健康的坚固防线。港澳华侨委员和港澳台侨列席代表危难关头凸显血肉亲情、家国情怀，在海外筹集防疫物资折合人民币2100余万元。经济界委员坚持"两手硬、两战赢"，带头复工复产。政协领导和机关干部深入企业、农村开展"三服务"，深入社区、隔离点参加志愿活动，配合党委政府做好"六稳"工作，落实"六保"任务。广大委员积极反映社情民意信息630多条，《建议强化口岸检疫和就近集中隔离》等多篇信息被采纳。紧盯应急能力提升，开展"应急管理体系和能力现代化建设"调研视察，督办"加强公共卫生应急能力建设"重点提案，帮助协调关系破解难题。举行"提高健康服务水平""加强食品安全监管"全会界别协商，征编《丽水卫生印记》《抗疫专集》文史资料，引导群众讲究卫生，大力开展爱国卫生运动。

（二）在思想引领上聚力丽水之干。充分发挥最广泛的爱国统一战线组织功能，坚持和完善新型政党制度，对各民主党派、工商联、无党派人士在政协履职作出机制性安排。各民主党派、工商联、无党派人士在政协的各类履职评比中，优秀大会发言占79.7%、优秀提案占66.7%、优秀信息员占75%。开展宗教团体基层组织建设视察，引导宗教与社会主义相适应。组建政协理论宣讲团，开展宣讲活动380多场次，大力宣讲社会主义协商民主理论、政协知识和丽水跨越式发展的"四梁八柱"。成立政协委员会客厅10个，开展了剑瓷文化、香菇美食文化等32次活动，达到"一个委员影响一众人群"的乘数效应。充分发挥政协在"问海借力"中联系广泛的优势，组织港澳华侨委员和港澳台侨列席代表开展"伟大祖国，中国之治"考察，让大家亲身感受祖国发展成就，吸引华侨要素回流。创新网络议政平台，邀请海外华人华侨通过网络直播参加市两会，进行视频连线协商。市政协与海外华人华侨"云端议政"的做法，荣登人民政协报"政能量"榜。

（三）在协商民主上献计丽水之干。献计高质量绿色发展。常委会举行"创新引领——深化生态产品价值实现机制试点建设"专题议政，就生态产品政府采购和市场交易、转化通道、配套制度等5个方面问题，向市政府提出建议案。献计"十四五"规划编制。召开常委会会议、主席会议专题协商会，就"十四五"主要经济社会发展目标等重要问题提出建议；组织委员开展"我为'十四五'献一计"活动，共梳理出建议76条。献计大花园建设。举行"体育产业赋能大花园建设"请你来协商，就培育品牌赛事、完善基础设施等问题提出建议；积极参与瓯江文化内涵挖掘和"瓯江山水诗路"建设，强化文物传承保护，添彩文旅产业深度融合发展。献计科技人才支撑。就“科技•人才新政落地情况”组织高级人才联合会、科技界委员进行调研视察；举行“建立行之有效的养老人才培养机制”请你来协商，市政府主要领导对委员建议当场采纳落实，相关部门研究出台《丽水市养老人才培养实施办法》，将养老人才纳入人才体系、创新养老专业技术人员职称评定等政策，赢得业内人士高度评价。

（四）在民主监督上推动丽水之干。围绕最顶格的生态保护建诤言。举行“补齐固废处置能力短板”请你来协商，邀请各县（市、区）政府和市直相关部门领导参会，就“跨山统筹”破解固废处置难题达成一定共识；组织“垃圾分类处置”三级政协联动专项民主监督、“提升森林质量情况”调研，向相关部门移交问题清单；举行“毛竹多了还是少了”委员会客厅协商，将毛竹林列入生态公益林试点、建设竹制品小微园区等9条建议，被列为省政府领导领办的重点提案。围绕党政重要决策部署落地“钉钉子”。开展“社会治理领域‘最多跑一地’三级政协联动专项民主监督”，提出的按需配备专职人民调解员等83条建议被吸收采纳，配合相关部门整理《市域治理之丽水实践》典型案例50个，助推我市社会治理工作走在前列；举行“深化美丽乡村建设”全会界别协商、“金融支持乡村振兴”请你来协商，市政府以交办单形式落实政协监督意见，推动我市《政府性融资担保一体化建设方案》等政策出台。围绕重点工程攻坚“干着监督”。市、县两级政协领导根据党委政府安排共联系85个重点项目，抢时间、补增量，确保项目建设按期保质完成。其中所联系的衢宁铁路通车运营，衢丽铁路正式开工，机场建设超额完成投资任务。

政协丽水市四届五次会议会场　　（吴伟松　提供）

（五）在扶贫攻坚上落实丽水之干。组织开展“高水平全面小康路上一个都不落下”系列履职活动，尽锐出战扶贫攻坚。针对考核指标，组织开展《丽水与全省同步高水平全面建成小康社会补短板建议案》再监督、脱贫攻坚和大搬快聚专项视察，提出“千方百计促进农业增效、农民增收，巩固消贫成果”等10个领域36个方面工作建议。针对难点问题，举行“扶贫攻坚专题——民族乡村振兴”常委会协商议政，市政府对委员提出的意见建议进行专题督办落实。针对弱势群体，举行“扶贫攻坚专题——把更多的关爱献给残疾人”请你来协商，提出按比例落实残疾人就业、提升基层对残疾人的服务能力等23条意见，动员华侨爱心人士与残疾人家庭进行一对一帮扶。组织全市政协委员开展“五送下乡”活动、“千名政协委员联系帮扶千户低收入农户”行动，共为178个集体经济薄弱村和2400多个困难户筹措帮扶资金590余万元，扶持项目157个。

各位委员、同志们，回顾极不寻常一年的工作，成绩来之不易，经验弥足珍贵。这是中共丽水市委坚强领导的结果，这是市人大常委会、市政府大力支持，各有关部门和县（市、区）党委政府，老领导、老同志及社会各界热情帮助的结果，也是市政协各参加单位、县（市、区）政协、广大政协委员和政协机关干部团结协作、共同奋斗的结果。

在此，我代表市政协常委会，向所有关心支持政协工作的同志们、朋友们，表示衷心的感谢，并致以崇高的敬意！

在肯定成绩的同时，常委会也清醒认识到，我们的工作还存在一些不足，主要有：专门协商机构的制度还需进一步完善，凝聚共识的载体和途径还需进一步深化，推动数字赋能政协履职的思路还需进一步拓展，政协工作向基层延伸的办法还需进一步探索，委员的担当意识还需进一步增强，等等。请大家多提宝贵意见，我们将切实加以改进。

二、2021年重点工作安排

2021年是实施“十四五”规划、开启全面建设社会主义现代化国家新征程的第一年，也是中国共产党成立100周年。市政协工作的总体要求是：以习近平新时代中国特色社会主义思想为指导，全面贯彻党的十九大和十九届二中、三中、四中、五中全会精神，坚定落实市委四届九次全会重大战略部署，用浙西南革命精神铸魂赋能立根，高扬"丽水之干"的行动奋斗旗帜，立足新发展阶段、贯彻新发展理念、服务新发展格局，切实履行新时代人民政协"三个重要"作用的职责使命，充分释放专门协商机构的潜能效能，为实现"十四五"开好局、起好步，开启高水平全面建设社会主义现代化新征程贡献政协智慧和力量，以优异成绩庆祝中国共产党成立100周年。

具体围绕市委"八个坚持"基本要求、"十个聚焦"重点任务和政协自身建设，做好五方面工作：

（一）坚持党建引领，坚定不移把牢政治方向。把政治建设摆在首要位置，增强"四个意识"，坚定"四个自信"，做到"两个维护"，切实提高政治判断力、政治领悟力、政治执行力。加强理论武装，建立习近平新时代中国特色社会主义思想学习会制度，开展书香政协建设，倡导委员多读书、读好书。以庆祝建党100周年为契机，开展中共党史学习教育，举办"我心向党，初心永挚"系列宣传文化活动，激励全体委员不忘初心、牢记使命，进一步坚定理想信念。以"双拥"为主题深入践行浙西南革命精神，听取"全国双拥模范城市建设"情况通报，鼓励委员积极开展拥军优属活动。抓实政协党建工作，完善党建制度，开展落实《关于加强新时代人民政协党的建设工作的若干意见》调研。强化党要管党、从严治党的政治责任，落实"四责协同"机制；进一步加强政协机关建设，全面打造清廉、能干、高效的服务型机关；以界别组为单位，组织开展《市政协委员廉洁自律的若干规定》学习教育活动，防止利用政协影响力牟取私利行为的发生；支持派驻市政协机关纪检监察组依规开展执纪监督。

（二）坚持服务大局，矢志前行助力跨越发展。紧扣"双招双引"战略举措，发挥政协联系广泛的优势，积极做好牵线搭桥工作，举办"促进创新链与产业链融合发展"请你来协商，献策浙西南科创中心建设。紧扣"十四五"规划，积极开展专项规划的对口协商，推动"十四五"战略目标落细落地落实。紧扣打造高能级产业战略平台，举办"壮大产业集群，提升发展动能，推进跨越发展"请你来协商，促进生态产业布局优化和创新动能提升。紧扣"一带三区"发展新格局，听取"画好丽水山居图，打造新时代山水花园城市""碧湖新城建设"情况通报，突出"国土空间规划""推进无废城市建设"和"应急能力建设"等重点工作开展民主监督，促进市域统筹发展。紧扣现代综合交通体系建设，听取"丽水机场、铁路建设"情况通报，组织在丽的全国和省政协委员就"支持大花园建设，促进区域协调发展"向省政协提出集体提案。紧扣建设数字绿谷，举办"培育数字经济新生态，激活经济发展新动能"主席读书会，推动数字经济"一号工程"2.0版实施。紧扣生态产品价值实现机制改革，开展"深化生态产品价值实现机制试点建设"民主监督，举办"高质量农产品生产""大力发展油茶产业"委员会客厅协商，组织"深入推进大花园建设，加快建设美丽中国先行示范区"三级政协联动民主监督，助推GDP和GEP"两个较快增长"。

（三）坚持双向贯通，众志成城凝聚磅礴伟力。研究制定《关于加强和促进人民政协凝聚共识工作的实施意见》，努力画好最大同心圆。要抓实平台建设。提高政协理论宣讲团工作的组织性，向界别群众大力宣讲政协知识和协商民主理论，深入宣讲"十四五"奋斗目标和行动路线图；拓展各民主党派、工商联、无党派人士在政协履职的多种形式和有效途径，充分发挥他们在协商议政、民主监督中的主体作用；健全委员会客厅、委员工作室组织机构，完善活动机制，落实保障措施，确保长效运行；发挥企业家之友社的作用，加强与非公有制经济人士、新的社会阶层人士的团结联谊。要发挥文化优势。筹建丽水文史馆、办好政协文史专栏，发挥文化文史服务社会的作用；开展"发挥文物传承作用，促进文旅融合"专题调研、"宗祠文化与家风家训"委员视察，用先进文化、良好家风教育熏陶后辈；支持政协之友社、诗书画社、摄影之友活动组通过丰富多彩的活动，延伸思想政治引领的触角。要打造丽水特色。着力扩大缙云仙都民祭轩辕黄帝大典在海内外炎黄子孙中的影响力，增进"四个认同"；开展"畲寨复兴计划"专项调研，助推民族团结进步继续走在全国前列；积极推进政协公共外交，举办"做好涉外婚姻工作"请你来协商。

（四）坚持人民至上，履职为民彰显初心使命。协同做好富民文章，举办"引入保险机制，提高风险化解能力"常委会专题议政、"促进丽水人超市经济健康发展"全会界别协商，听取"强化就业优先政策"落实情况通报，继续开展"五送下乡"活动、"双千"行动，多为群众做好事、办实事。协同做好惠民文章，听取"丽水高等教育发展"情况通报，举办"教育提质行动计划落实情况"全会界别协商，"深化中国气候养生之乡建设""全链式壮大康养产业”“深入实施千万工程，着力打造花园乡村”请你来协商，开展“加强长寿之乡品牌建设，打造老年宜居之城”调研，组织历史文化街区改造和“未来社区”建设委员视察；发挥社情民意直通车作用，及时反映民需民盼。协同做好安民文章，举办“加快数字赋能，推进全国市域治理现代化试点城市创建”常委会民主监督、“社会治理领域‘最多跑一地’改革”全会界别协商，着力推动基层社会治理模式创新；开展新冠肺炎疫情防控工作明察暗访，以社情民意信息等形式提出监督意见，织密织细防控网；围绕群众思想“困惑点”、社会矛盾“易发点”，做好宣传引导、协调关系、化解矛盾工作。

（五）坚持守正创新，提质增效打造丽水样板。加强政协工作的制度化规范化程序化建设，坚持党委会同政府、政协制定年度协商计划制度。配合党委完善协商于决策之前和决策实施之中的落实机制，协助党委制定政协协商工作规则，出台政协协商工作流程规范。把协商成果转化列为协商议政的重要一环来抓，探索建立协商成果转化通报制度、政协办公室和党委政府督查室联合督查机制。深化落实“厚植社会主义协商民主文化”请你来协商成果，成立基层社会主义协商民主研究小组，指导各地开展“协治会+民生议事堂”的实践探索。创新机制和方式，擦亮丽水大会发言的“金字招牌”。继续推进提案提质增效，全面推行提案办理工作“一把手”责任制，探索平时提案审查交办和办理机制，开展重点提案办理绩效调研和提案办理情况“回头看”。在市委领导下做好政协换届相关工作，对本届委员五年履职成效进行评估，根据有关规定做好留任委员推荐。组织本届政协调查研究、创新案例、新闻宣传等履职工作总结，开展“十佳系列”评选。

三、光荣扛起“重要窗口”建设的使命担当

建设“重要窗口”，是习近平总书记赋予浙江的新目标新定位，使命无上光荣。市委四届九次全会擘画了丽水未来发展的新蓝图，吹响了开启新征程的冲锋号。干好“十四五”，实现新跨越，打造“高水平建设和高质量发展重要窗口”，比认识更重要的是实干，比方法更关键的是担当。政协委员作为各党派团体和各族各界的代表人士，要进一步提高政治站位、拉高政治标杆，责无旁贷扛起新时代赋予的历史使命。

要胸怀大局敢担当。胸有大局，方能登高望远。要增强系统思维，自觉将政协工作放到全市大局中来谋划。要锚定“十四五”奋斗目标和大事要事难事，主动作为、靠前服务，以“不干则已，干则必成”的胆魄和韧劲，彰显政协担当。要把坚持真理作为应有的职业操守，做到建言献策奔着问题去，民主监督盯着问题改，与党委政府勠力同心共推发展。

要增强本领能担当。适应丽水实现加快跨越式发展的需要，切实提高履职能力，特别是要提高解决实际问题的能力。历史总是在解决一个个实际问题中前进的。所以不但要向书本学习，还要向实践学习。要扑下身子深入群众、撸起袖子化解矛盾，在经历重大改革破题、献计重要战略落地、参与重点工程攻坚中历练真才实学，不断提高说对话、说准话的能力和水平。

要模范带头勇担当。要做到智者尽其谋，深刻认清当前丽水跨越式发展面临的主要矛盾变化，把“双招双引”作为建言资政和凝聚共识的主攻方向。要做到勇者竭其力，在政协工作中唱主角、在本职岗位上当标兵，全力助推丽水成为全省新发展格局中的新增长极。要做到仁者播其惠，主动当好党委政府改善民生的“好帮手”，让委员履职的过程成为政协为民造福的历程。

要树好形象真担当。政协委员是公众人物，一言一行备受社会关注，必须修身律己，时刻自省自警自励。要自觉遵守宪法法律和政协章程，严格廉洁自律，积极践行社会主义核心价值观，站在道德的高地、立在品行的高峰。一届政协委员，一生政协情缘。今年是本届政协的最后一年，大家要敬终如始，尽心尽力为人民政协事业繁荣发展增光添彩。

各位委员、同志们，站在“两个一百年”的历史交汇点，回望过去，高水平全面建成小康社会的拼搏历程辉煌灿烂。展望未来，高水平全面建设社会主义现代化的壮丽画卷波澜壮阔。让我们更加紧密团结在以习近平同志为核心的党中央周围，在中共丽水市委的坚强领导下，坚定“发展阶段不可逾越，发展阶梯可以跨越”的决心和意志，同舟共济、开拓创新，为开启高水平全面建设社会主义现代化新征程作出政协应有的贡献！

文件目录选编

2020年中共丽水市委文件目录

表30

丽委发文号	发文日期	标　　题
2	2020-02-05	关于充分发挥各级党组织领导核心和战斗堡垒作用为打赢疫情防控阻击战提供坚强政治保证的通知
5	2020-03-23	关于2019年度综合考核结果的通报
7	2020-04-17	关于建立丽水市第四届人民代表大会第五次会议中国人民政治协商会议第四届丽水市委员会第四次会议临时党委和临时党组的通知
8	2020-04-21	关于命名丽水市文明单位、文明村镇文明校园的通知
9	2020-04-27	关于推进新时代民政事业高质量发展的实施意见
10	2020-05-19	关于表彰丽水市三八红旗集体和三八红旗手的决定
11	2020-06-17	关于印发《2020年度县(市、区)综合考核办法》等三个考核办法的通知
13	2020-08-25	关于大力推进跨山统筹全面加快区域协调发展的决定
14	2020-11-06	关于印发《中共丽水市委全面深化党务公开工作实施方案》的通知

2020年丽水市人大常委会文件目录

表31

丽人大常文号	发文日期	标　　题
1	2020-01-20	丽水市人民代表大会常务委员会关于召开丽水市第四届人民代表大会第五次会议的决定
2	2020-03-19	丽水市人民代表大会常务委员会关于市区征收安置三年行动计划完成情况的审议意见
3	2020-03-27	丽水市人大常委会2020年工作要点
4	2020-04-07	丽水市人民代表大会常务委员会关于市本级政府重大投资项目2019年计划执行情况及2020年计划草案报告的审议意见
5	2020-04-07	丽水市人民代表大会常务委员会关于疫情防控和复工复产工作报告的审议意见
6	2020-04-10	丽水市人民代表大会常务委员会关于加强新时代检察机关法律监督工作的决定
7	2020-04-13	丽水市人民代表大会常务委员会关于丽水市第四届人民代表大会第五次会议召开时间的决定
10	2020-06-30	丽水市人民代表大会常务委员会关于印发《丽水市人民代表大会常务委员会法官检察官履职评议办法》的通知
11	2020-06-30	丽水市人民代表大会常务委员会关于我市数字经济发展情况报告的审议意见
12	2020-07-31	丽水市人民代表大会常务委员会关于批准丽水市2019年度市本级财政决算的决议
13	2020-08-26	丽水市人民代表大会常务委员会关于丽水市2020年上半年预算执行情况报告的审议意见
14	2020-08-26	丽水市人民代表大会常务委员会关于2019年度市本级预算执行和其他财政收支审计工作报告的审议意见
15	2020-08-26	丽水市人民代表大会常务委员会关于丽水市2020年上半年经济社会发展和下半年政府工作报告的审议意见
16	2020-08-31	丽水市人民代表大会常务委员会关于检查《中华人民共和国动物防疫法》《浙江省动物防疫条例》实施情况的审议意见

续表31

丽人大常文号	发文日期	标题
17	2020-09-27	丽水市人民代表大会常务委员会关于推进生态产品价值实现机制改革的决定
18	2020-10-30	丽水市人民代表大会常务委员会关于检查大气污染防治"一法一条例"实施情况报告的审议意见
19	2020-10-30	丽水市人民代表大会常务委员会关于市法院民商事审判工作情况报告的审议意见
20	2020-10-30	丽水市人民代表大会常务委员会关于检查公共文化服务保障"一法一条例"实施情况报告的审议意见
21	2020-11-02	丽水市人民代表大会常务委员会关于市教育局局长王平履职工作情况的评议意见
22	2020-11-02	丽水市人民代表大会常务委员会关于市国资委主任杨雷履职工作情况的评议意见
23	2020-11-02	丽水市人民代表大会常务委员会关于丽水市人民政府2019年度全市国有资产管理情况综合报告与2019年度全市和市本级行政事业性国有资产管理情况专项报告的审议意见
24	2020-11-02	丽水市人民代表大会常务委员会关于市人防办主任詹百松履职工作情况的评议意见
25	2020-11-02	丽水市人民代表大会常务委员会关于检查《浙江省食品小作坊小餐饮店小食杂店和食品摊贩管理规定》在我市实施情况报告的审议意见
26	2020-11-25	丽水市人民代表大会常务委员会关于许可对丽水市四届人大代表范道勤依法采取刑事强制措施的决定
27	2020-11-27	丽水市人民代表大会常务委员会关于批准丽水市2020年市本级预算调整方案的决议
29	2020-12-28	丽水市人民代表大会常务委员会关于2019年度市本级预算执行和其他财政收支审计查出问题整改情况报告的审议意见
30	2020-12-28	丽水市人民代表大会常务委员会关于丽水市"十三五"规划纲要执行与"十四五"规划纲要编制情况报告的审议意见

2020年丽水市人民政府文件目录

表32

丽政发文号	发文日期	标题
1	2020-01-19	丽水市人民政府关于公布丽水市2017—2018年度社会科学优秀成果获奖名单的通知
2	2020-02-06	丽水市人民政府关于应对疫情支持企业健康发展的十八条意见
3	2020-02-21	丽水市人民政府关于全面扩大有效投资坚决打赢疫情阻击战的若干意见
4	2020-03-19	丽水市人民政府关于公布丽水市市区房屋征收临时安置补助费、搬迁费、停产停业损失补助费以及房屋改变用途补贴标准的通知
5	2020-04-10	丽水市人民政府关于印发百山祖国家公园集体林地设立地役权改革实施方案的通知
6	2020-04-14	丽水市人民政府关于给予2019年度丽水市区城中村改造工作表现突出的集体和个人行政奖励的决定
9	2020-05-14	丽水市人民政府关于下达2020年丽水市国民经济和社会发展计划的通知
10	2020-05-29	丽水市人民政府关于印发丽水市扶助残疾人实施办法的通知
11	2020-07-03	丽水市人民政府关于表彰雷建松等5位见义勇为先进人物的决定
12	2020-07-03	丽水市人民政府关于给予2019年度丽水开发区城中村改造工作表现突出的集体和个人行政奖励的决定
13	2020-07-27	丽水市人民政府关于改革最低生活保障标准调整机制的通知
14	2020-07-29	丽水市人民政府关于印发丽水市住宅物业保修金管理办法的通知
15	2020-07-30	丽水市人民政府关于印发丽水市物业专项维修资金管理办法的通知
18	2020-08-26	丽水市人民政府关于印发丽水市规划管理办法的通知
20	2020-08-31	丽水市人民政府关于印发丽水市人民政府行政规范性文件管理办法的通知
19	2020-09-03	丽水市人民政府关于印发《钱江源——百山祖国家公园百山祖园区管理办法(试行)》的通知
21	2020-11-03	丽水市人民政府关于调整部分副市长工作分工的通知
23	2020-11-17	丽水市人民政府关于给予梅中仁同志记二等功奖励的决定
24	2020-11-24	丽水市人民政府关于推进健康丽水行动的实施意见

2020年政协丽水市委员会文件目录

表33

丽政协文号	发文日期	标　　题
1	2020-01-21	关于召开中国人民政治协商会议第四届丽水市委员会第四次会议的决定
2	2020-02-17	关于推迟召开中国人民政治协商会议第四届丽水市委员会第四次会议的决定
3	2020-03-20	关于表彰全市政协系统2019年度优秀调研成果的决定
4	2020-03-20	关于表彰全市政协系统2019年度优秀论文的决定
5	2020-03-31	关于同意周庆等同志辞去政协第四届丽水市委员会委员职务的决定
6	2020-03-31	关于责令楼培忠、梅三莲辞去政协第四届丽水市委员会委员职务的决定
7	2020-03-31	政协第四届丽水市委员会委员增补名单
8	2020-03-31	关于同意胡兵等同志辞去政协第四届丽水市委员会常务委员职务的决定
9	2020-03-31	政协第四届丽水市委员会关于聂陈杰等同志职务任免的决定
10	2020-03-31	关于表彰2019年度全市政协反映社情民意信息工作先进单位和个人的决定
11	2020-04-14	关于中国人民政治协商会议第四届丽水市委员会第四次会议召开时间的决定
12	2020-04-24	关于表彰政协第四届丽水市委员会第四次会议优秀大会发言的决定
13	2020-04-24	中国人民政治协商会议第四届丽水市委员会第四次会议公告
14	2020-04-24	中国人民政治协商会议第四届丽水市委员会第四次会议公告
15	2020-05-08	丽水市政协常委会工作报告重点工作分工落实意见
16	2020-07-23	关于同意马乾满同志辞去政协第四届丽水市委员会相关职务的决定
17	2020-09-18	关于调整市政协主席会议成员分工的通知
18	2020-09-23	关于同意刘炳亮同志辞去政协第四届丽水市委员会相关职务的决定
19	2020-09-30	关于“创新引领——深化生态产品价值实现机制”的建议案
20	2020-12-25	关于吴建明同志免职的通知
21	2020-12-29	关于同意吴积雷同志辞去政协第四届丽水市委员会常务委员职务的决定
22	2020-12-29	政协第四届丽水市委员会委员增补名单
23	2020-12-29	关于授权政协第四届丽水市委员会主席会议审议政协第四届丽水市委员会第五次会议有关事宜的决定
24	2020-12-29	政协第四届丽水市委员会关于吴敏等同志职务任免的决定
25	2020-12-31	政协丽水市委员会关于表彰四届四次会议以来优秀提案的决定
26	2020-12-31	关于重点提案双向评议工作的评议意见

统计资料

丽水市社会经济主要指标

表34

	单位	2013年	2014年	2015年	2016年	2017年	2018年	2019年	2020 年
一、年末总人口	万人	263.92	265.65	266.38	268.03	269.27	270.19	270.77	270.74
#城镇人口	万人	45.21	45.49	84.37	85.2	80.11	82.45	85.06	88.11
乡村人口	万人	218.71	220.16	182	182.83	189.17	187.74	185.70	182.63
二、生产总值(当年价格)	亿元	936.50	1000.12	1038.63	1134.13	1215.42	1354.22	1480.96	1540.02

续表34

	单位	2013年	2014年	2015年	2016年	2017年	2018年	2019年	2020年
第一产业	亿元	80.34	83.93	86.01	89.44	92.53	93.85	99.97	104.61
第二产业	亿元	428.07	452.97	443.62	470.40	474.18	529.44	565.34	555.19
第三产业	亿元	428.09	463.23	509.00	574.30	648.71	730.93	815.66	880.22
人均生产总值	元	42223	44263	45138	48364	50939	55867	60214	61811
三、农业									
主要农产品产量									
粮食	吨	393277	384905	361388	337843	340341	358478	361992	374977
油料	吨	17800	18326	18674	5757	6247	6676	7542	9037
# 油菜籽	吨	5179	4573	4073	3379	3779	4180	4552	5006
茶叶	吨	27586	29913	30553	31619	33836	35273	35807	37004
蔬菜	万吨	117.99	121.76	123.39	124.8	127.33	124.12	120.82	120.48
水果	吨	403199	422318	415677	331971	349320	342483	332653	338092
# 柑橘	吨	180027	185901	178162	103313	107085	99797	86484	84609
畜禽肉	吨	79036	73079	66275	65342	66545	67786	46643	59033
禽蛋	吨	11134	12319	10664	11772	12902	13883	14141	12054
水产品	吨	18414	18639	20146	21086	21900	24661	25411	26715
生猪年末存栏数	万头	43.27	42.09	38.55	35.85	35.46	36.86	32.8301	44.13
四、旅客运输量	万人	5877	4629	4183	3831	3652	3306	3611	1523
旅客周转量	万人公里	251092	222432	210319	149826	122800	107201	107578	65045
货物运输量	万吨	4742	5248	5325	5205	5409	5411	5733	5555
货物周转量	万吨公里	718554	722225	726575	744559	784433	824618	826355	835488
邮电业务收入	万元	208958	236485	247319	272336	284706	308379	333648	359865
五、固定资产投资额	亿元	570.42	665.08	751.52	841.65	903.84	—	—	—
# 制造业投资	亿元	144.23	139.64	147.12	151.10	155.36	—	—	—
# 房地产开发投资	亿元	118.88	157.63	158.27	167.61	190.46	202.33	215.49	273.29
六、内外贸易									
社会消费品零售总额	亿元	404.64	454.88	494.33	544.88	605.61	673.61	730.29	727.48
出口总额	万美元、亿元	237302	263696	314419	208.73	205.00	225.91	267.37	300.71
实际利用外资额	万美元	12784	17838	21886	22130	21665	10691	12079	6005
七、财政总收入	亿元	124.22	135.02	151.60	164.87	180.46	211.18	228.13	240.15
# 一般公共预算收入	亿元	73.70	80.96	94.51	103.57	112.91	130.01	139.83	143.86
一般公共预算支出	亿元	195.38	217.27	279.33	341.67	378.64	432.02	526.50	527.10
八、职工工资总额	万元	1056542	1140242	1356848	1450169	1624460	1815473	1976432	—
# 国有单位	万元	692278	755592	940117	1023641	1148348	1278209	1385685	—
# 城镇集体所有制单位	万元	22717	9808	10169	9473	8021	5928	6929	—
职工平均工资	元	60416	66113	77238	85058	92928	103259	110875	—
# 国有单位	元	68075	73138	89249	98261	108803	123064	132954	—
# 城镇集体所有制单位	元	44034	44542	49410	60296	62613	66831	69223	—
九、商品零售价格总指数(市区)	—	102.5	100.8	99.4	100.9	101.7	102.5	102.8	100.9

续表34

	单位	2013年	2014年	2015年	2016年	2017年	2018年	2019年	2020年
居民消费价格总指数(市区)	–	102.9	102.6	101.2	101.7	101.5	102.5	103.6	102
十、城乡居民收入									
城镇常住居民人均可支配收入	元	29045	30413	32875	35968	38996	42557	46437	48532
农村常住居民人均可支配收入	元	10024	13635	15000	16459	18072	19922	21931	23637
城乡居民储蓄存款年末余额	亿元	846.38	937.71	1028.39	1184.76	1287.01	1410.50	1622.58	1852.41
十一、在校学生数									
高等学校	人	39750	39738	37614	36724	37359	39908	36887	39369
普通中学	人	111940	109958	106802	108057	111968	116919	118927	120523
职业中学	人	31975	29885	29898	29964	29305	28060	28404	29913
小学	人	163528	166329	169261	166534	162436	160734	158298	156552
小学适龄儿童入学率	%	100	99.99	99.99	100	100	100	100	100
十二、卫生机构数(不含诊所)	个	332	342	344	333	322	326	332	331
# 医院、卫生院	个	234	238	239	243	241	244	242	245
床位数	张	10197	10999	11957	12754	13256	13472	14314	14290
# 医院、卫生院	张	9863	10724	11635	12383	12905	13181	14000	13960
卫生技术人员	人	15163	16086	17237	18401	19104	19679	20475	21345
# 医生	人	5840	6200	6815	7271	7914	8032	8318	8569

说明：1. 2014年及以前，户籍人口口径为非农业人口和农业人口；2015年开始口径调整为城镇人口和乡村人口

2. 2016 年起研发支出计入地区生产总值，人均地区生产总值按常住人口计算

3. 2011 年起，规模以上工业企业统计口径为年主营业务收入2000万元及以上工业企业

4. 农业总产值2016年起为“三农”普修订后数据；粮食数据2007年起，油菜籽、畜禽肉、禽蛋、生猪存栏、牛奶、蚕茧等数据 2013年起，油料数据2016年起，都经“三农”普修订，为“三农”普修订后数据

5. 旅客周转量、货物运输量、货物周转量2008年为交通部专项调查数据

6. 固定资产投资统计口径为计划总投资500万元及以上项目投资和全部房地产投资

7. 2013年及以前，农村常住居民人均可支配收入为人均纯收入

8. 出口总额指标2016年起为人民币口径

服务指南

丽水市政府驻外联络(办事)处名录

表35

名　　称	地　　址	电　　话	邮　编
驻北京办事处	北京市朝阳区安贞街道浙江大厦912室	(010)64423821　真64423821	100029
驻上海联络处	上海市虹口区中山北一路1250号沪办大厦3号楼1806室	(021)65447821　传真55510430	200437
驻杭州办事处	杭州市下城区皇亲苑小区9幢101室	(0571)86918141 传真85154060	310006

丽水市司法鉴定所名录

表36

名　　称	地　　址	电　　话
丽水市第二人民医院司法鉴定所	浙江省丽水市环北路69号	0578-2298810
丽水市人民医院司法鉴定所	浙江省丽水市大众街15号	0578-2780189
丽水市天平司法鉴定所	浙江省丽水市括苍路288号	0578-2631068
丽水市天平司法鉴定所缙云分所	浙江省缙云县五云镇紫薇北路65-67号	0578-3018369

丽水市律师事务所名录

表37

名　　称	地　　址	电　　话
浙江晟耀律师事务所	浙江省丽水市莲都区括苍路163号四楼	0578-2622720/13757805005
浙江万申佳律师事务所	浙江省丽水市莲都区人民街401号四至六楼	0578-2153038/13967077109
浙江博翔律师事务所	浙江省丽水市莲都区北苑路198号财富大厦A幢12楼	0578-2128500/13567638468
浙江法和律师事务所	浙江省丽水市莲都区城北街368号山山梦想城A座6楼	0578-2183628/13732558020
浙江南明律师事务所	浙江省丽水市中东路557号3楼	0578-2111863/13666560702
浙江丽阳律师事务所	浙江省丽水市莲都区城北街368号绿谷信息产业园南区5幢5楼	0578-2275004/13305787677
浙江汇时律师事务所	浙江省丽水市莲都区体育中心东门左侧	0578-2626306/13666559668
浙江丽大律师事务所	浙江省丽水市莲都区括苍路163号三楼	0578-2554461/15967293729
浙江天干律师事务所	浙江省丽水市莲都区灯塔三村 150号二楼	0578 2183017/13905886018
浙江泽厚(丽水)律师事务所	浙江省丽水市莲都区城北街368号瓯微大厦12楼1203-1206室	0578-2277659/13957076335
浙江三见律师事务所	浙江省丽水市莲都区开发路819号3楼	0578-2161010/13957071010
浙江翰志俊律师事务所	浙江省丽水市莲都区人民路546号	0578-2124898/13905886655
浙江多顺律师事务所	浙江省丽水市莲都区丽阳街544号	0578-2128585/15925710588
浙江泽大(丽水)律师事务所	浙江省莲都区人民街615号商会大厦22楼	18906787799/15268760050?
浙江元新律师事务所	浙江省丽水市莲都区花园路68号三联文体广场3号楼3楼	0578-2116969
北京盈科(丽水)律师事务所	浙江省丽水市莲都区绿谷信息产业园山山梦想城西面6层	0578-2350535
浙江五洲律师事务所	浙江省丽水市青田县龙东路92号上1号	0578-6822075
浙江捷频律师事务所	浙江省丽水市青田县临江东路 155号	0578-6805851/13867079178
浙江潘源律师事务所	浙江省丽水市青田鹤城街道临江东路法院西侧和丰苑1-202室	0578-6512285/13867082575
浙江博翔(青田)律师事务所	浙江省青田县鹤城街道鹤东小区25幢1号	0578-6805002/13506822755
浙江万申佳(龙泉)律师事务所	浙江省龙泉市龙翔路翔宇楼403室	0578-7123833/15990465318
浙江金言律师事务所	浙江省龙泉市龙渊街道后甸路西路口1号	0578-7121258/13906885608
浙江剑瓷律师事务所	浙江省 丽水市 龙泉市 环城东路锦相苑34-36号	0578-7763335/13957064099
浙江金铿律师事务所	浙江省龙泉市龙翔路翔宇楼四楼401室	0578-7121494/13600600954
浙江博翔(缙云)律师事务所	浙江省缙云县五云街道黄龙路486号二楼	0578-3181399
浙江民晖律师事务所	浙江省缙云县五云镇黄龙路647号301室	0578-3122481/18905881970
浙江仙之都律师事务所	浙江省丽水市缙云县五云街道翠竹园巷5号	0578-3133789/15805781058
浙江丽阳(缙云)律师事务所	浙江省缙云县五云街道黄龙路122号	0578-3121283/18806883688
浙江万申佳(景宁)律师事务所	浙江省丽水市景宁畲族自治县鹤溪街道环城南路29号三楼	0578-5082270/13666572223

续表37

名　　称	地　　址	电　话
浙江五豪律师事务所	浙江省景宁畲族自治县红星街道鹤溪北路168号	0578-5091234/13957051373
浙江炉西律师事务所	浙江省景宁县红星街道人民北路105号南三楼	0578-5091248
浙江五楼律师事务所	浙江省丽水市云和县城东路70号二楼	0578-5121681/13967041975
浙江指路人律师事务所	浙江省丽水市云和县浮云街道中山路 23号二楼	0578-5133058/15057853847
浙江君豪律师事务所	浙江省丽水市遂昌县平昌路16弄一支弄8号2楼	0578-8180712/13575362477
浙江开弘律师事务所	浙江省遂昌县妙高街道君子路7弄一号202室	0578-8131400/13884366465
浙江浩平律师事务所	浙江省遂昌县妙高街道平昌路16弄1支弄6号 3楼	0578 8180658/13857040276
浙江庭俊律师事务所	浙江省遂昌县平昌路144号3楼	15024677579
浙江统业律师事务所	浙江省遂昌县妙高街道青云小区12#楼D2-02、D2-03	0578-8128346
浙江松州律师事务所	浙江省丽水市松阳县人民大街16号	0578-8067775/13735921950
浙江绿谷律师事务所	浙江省丽水市松阳县西屏镇环城西路江南豪园1幢9号	0578-8060800/13735933536
浙江君问律师事务所	浙江省丽水市松阳县长虹东路151号二楼	0578-8062031/13906787119
浙江百山祖律师事务所	浙江省庆元县濛洲街道银泰丽晶城40号	0578-6113567/13884372737
浙江天贝律师事务所	浙江省庆元县横城南路 29号	0578-6211148/15967277562
浙江菇乡律师事务所	浙江省丽水市庆元县濛洲街191号(二楼)	0578-6120005/15990476512

丽水市公证处名录

表38

名　　称	地　　址	电　话
丽水市莲城公证处	丽水市莲都区卢镗街新建二区	0578-2106065
青田县公证处	青田县临江东路93号	0578-6821061
龙泉市公证处	龙泉市剑池西路92号	0578-7113715
缙云县公证处	缙云县五云街道寺后路10号	0578-3123667
松阳县公证处	松阳县西屏街道府前街5号	0578-8065813
遂昌县公证处	遂昌县妙高街道平昌路95号	0578-5131662
景宁畲族自治县公证处	景宁县府前西路2号	0578-5080456
庆元县公证处	庆元县濛洲街222号七楼	0578-6380230
云和县公证处	云和县城南路1号	0578-5122089

索　引

说　明：

一、本类目设主题索引、图片索引、图表索引 3 个分目。采用主题分析的方法，按标引词首字汉语拼音（同音字按声调）升序排列；同声同调按笔划顺序排列；首字相同，按第二音序排列，依次类推。数字开头的标引词则按 0—9 数字排序。

二、标引词后的阿拉伯数字表示内容所在页码。数字后的拉丁字母 a、b、c 分别表示页从左至右第一、二、三栏。标引词后有多个号码的，表示参见内容在这些页码中均出现。

三、图片索引、图表索引及类目标引词仅标注所在页码，不标注分栏。

四、本年鉴的“特载”“大事记”“文选”“附录”未作主题索引。

主题索引

0—9

A

B

C

D

E

F

G

H

I

J

K

L

N

O

P

Q

R

S

T

U

V

W

X

Y

Z

图片索引

0—9

A

R

S

T

W

X

Y

Z

图表索引